Gärtners Pflanzenarzt

Gärtners Pflanzenarzt

Zierpflanzen • Gehölze • Landschaftsbau

Der aktuelle Helfer zur Erkennung und Bekämpfung von Krankheiten und Schädlingen an Blumen, Zierpflanzen und Parkgehölzen mit Ratschlägen zur Eindämmung von Unkräutern.

Bearbeitet von:

Dr. Theodor Kock	Schriftleitung, Allgemeiner Teil, Pflanzenschutzgeräte, Gesetze und Verordnungen
Dr. Klaus Müller	Allgemeiner Teil, Spezieller Teil zu Schadursachen an Zierpflanzen, Unkrautbekämpfung
Dr. Marianne Klug	Pflanzen- und Warenbeschau, Handel mit Anbaumaterial
Dr. Ehler Meyer	Pflanzenschutzmittelübersicht, Information und Beratung, Dienststellen und Organisationen, Vorsichtsmaßnahmen bei der Anwendung von Pflanzenschutzmitteln, Registerabschnitt

Alle Autoren sind am Institut für Pflanzenschutz, Saatgutuntersuchung und Bienenkunde der Landwirtschaftskammer Westfalen-Lippe in Münster tätig.

Begründet 1973
von Prof. Dr. H. Heddergott

1999

13., neu bearbeitete Folge

Landwirtschaftsverlag GmbH, Münster-Hiltrup

Landwirtschaftsverlag GmbH,
48084 Münster

13., neu bearbeitete Folge

Gesamtherstellung: LV Druck im Landwirtschaftsverlag GmbH

Gedruckt auf chlorfrei gebleichtem Papier
Printed in Germany

ISBN 3-7843-2934-9

Vorwort

Das Taschenbuch "Gärtners Pflanzenarzt", das jetzt in der 13. Auflage vorliegt, wurde 1973 von Herrn Prof. Dr. H. Heddergott neu herausgebracht, nachdem es wegen des Umfanges der Informationen im Bereich der Blumen-, Zierpflanzen- und Landschaftsgärtnerei nicht mehr im jährlich erscheinenden "Taschenbuch des Pflanzenarztes" unterzubringen war. Der Entschluß, diesen umfangreichen Bereich des Pflanzenschutzes separat dem Gartenbau anzubieten, hat sich bestens bewährt, wie die Nachfrage für die bisherigen Folgen zeigt.

Wir haben uns wie bisher bemüht, den gezielten Pflanzenschutz in den Vordergrund zu rükken, jedoch ist im Blumen- und Zierpflanzenbau das Prinzip der Beachtung von Schadensschwellen ungleich schwieriger zu handhaben als in anderen Kulturpflanzenbereichen. Neben chemischen Pflanzenschutzmitteln sind auch die praktikablen Verfahren biologischer Bekämpfungsmaßnahmen erläutert und Bezugsquellen für diese Nützlinge aufgeführt.

Außer den für spezielle Bereiche des Gartenbaues ausgewiesenen Pflanzenschutzmitteln wurden auch bei dieser Ausgabe noch erfahrungsgemäß gut wirksame und verträgliche Pflanzenschutzmittel für den Zierpflanzenbereich in die Empfehlung aufgenommen, sofern für diese Mittel eine Vertriebszulassung in der Bundesrepublik Deutschland vorliegt. Nur im Ausland zugelassene Mittel wurden nicht genannt, da sie hier nicht vertrieben und auch nicht eingeführt werden dürfen. Bezüglich des Importes von ausländischen Pflanzenschutzmitteln, die identisch mit in Deutschland zugelassenen Produkten sind, wurden im Kapitel 8 unter "Gesetzliche Bestimmungen - Einfuhr, Vertrieb und Anwendung" die rechtlichen Bedingungen dargestellt.

Das Erste Gesetz zur Änderung des Pflanzenschutzgesetzes vom 14. Mai 1998 bringt die lange angekündigte Umsetzung der "EG-Richtlinie (91/414/EWG) über das Inverkehrbringen von Pflanzenschutzmitteln" und führt als wichtigste Änderung für den Anwender von Pflanzenschutzmitteln die "Vertriebszulassung" in eine "Anwendungszulassung" über. Die daraus resultierenden Neuerungen wurden in der Fachpresse berichtet.

Das Kapitel "Pflanzen- und Warenbeschau" von Frau Dr. Klug, das um die Bestimmungen zum Handel mit Anbaumaterial erweitert wurde, und die "Pflanzenschutzmittelübersicht" sowie die Übersichten über Wirkstoffe, Handelspräparate und Vertreiberfirmen von Herrn Dr. Meyer haben sich inzwischen bewährt.

Die Neufassung des Pflanzenschutzgesetzes wurde - trotz des großen Umfanges - im Kapitel 8 vollständig zum Abdruck gebracht. Im Kapitel 8 unter "Gesetzliche Bestimmungen - Einfuhr, Vertrieb und Anwendung" wurden die nunmehr geltenden gesetzlichen Bestimmungen für Zulassung, Vertrieb, Einfuhr und Anwendung dargestellt und die Übergangsregelungen berücksichtigt. Andere bisher abgedruckte gesetzliche Bestimmungen mußten aus Platzgründen wegfallen. Jedoch blieben die Zitate der Gesetze und Verordnungen erhalten.

Für Verbesserungsvorschläge und Ergänzungshinweise bin ich den Benutzern des Taschenbuches sehr dankbar.

Redaktionsschluß für diese Folge war der 18. September 1998.

Münster, im Oktober 1998 Th. Kock

Kapitelübersicht

Inhaltsverzeichnis

1 Allgemeiner Teil

1.1 Empfehlungen zur Benutzung des Taschenbuches

Im vorliegenden Taschenbuch werden außer einer Besprechung der wesentlichen Grundlagen für den Pflanzenschutz in der Blumen-, Zierpflanzen- und Landschaftsgärtnerei die wichtigsten infrage kommenden Pflanzenkrankheiten, Schädlinge und Unkräuter sowie die gegen sie einsetzbaren Bekämpfungsverfahren in tabellarischer Form, nach Pflanzengruppen geordnet, aufgeführt. Innerhalb der jeweiligen Abschnitte sind die zu einer Gruppe gehörenden Pflanzenarten in alphabetischer Reihenfolge angeordnet. Die bei der Darstellung verwendeten Zeichen bedeuten:

□ **WIE** zeigt sich der Schaden?

O **WER** verursacht den Schaden?

Δ **WIE** verhindert man den Schaden?

Da es meist unmöglich ist, bei jeder besprochenen Bekämpfungsmaßnahme sämtliche geeigneten Präparate zu erwähnen, werden in der Regel die Wirkstoffe genannt und zuweilen bei Einzelprodukten das Handelspräparat (in Klammern) dahinter gesetzt. Die Wirkstoffbezeichnungen entsprechen der Terminologie des von der Biologischen Bundesanstalt (Braunschweig) herausgegebenen amtlichen Pflanzenschutzmittelverzeichnisses.

Seit einigen Jahren wird beim Zeitablauf einer Zulassung von Pflanzenschutzmitteln die Verlängerung oft erst erteilt, wenn für eine Neubewertung noch fehlende Unterlagen bei der Zulassungsbehörde eingereicht wurden. Bis zur erneuten Zulassung muß der Vertrieb des Mittels oft nur vorübergehend eingestellt werden. Damit die Anwender von Pflanzenschutzmitteln nicht verunsichert werden, haben wir die **Präparate**, die zur Zeit nicht zugelassen, ihre Wiederzulassung jedoch beantragt ist, mit (1) gekennzeichnet. Im Betrieb befindliche Restmengen können dort noch aufgebraucht werden. Auch **Wirkstoffe** von z.Z. nicht zugelassenen Präparaten werden mit (1) gekennzeichnet. (2) bezeichnet zugelassene Präparate und deren Wirkstoffe, die aber für Zierpflanzen nicht ausgewiesen sind. **Präparate**, die mit (3) gekennzeichnet sind, sind zugelassen; ihre Anwendung aber nur in den in der Gebrauchsanleitung genannten Anwendungsgebieten und nur zu den hier beschriebenen Anwendungsbedingungen erlaubt. Das neue Pflanzenschutzgesetz erlaubt die bisherige Anwendungspraxis für Pflanzenschutzmittel, die **vor dem 1. Juli 1998** zugelassen wurden, **noch bis zum 30. Juni 2001**. Das bedeutet, daß für diese Mittel die Indikationszulassung gemäß § 6a Abs. 1 Satz 1 Nr. 1 endgültig erst ab 1. Juli 2001 beachtet werden muß.

Die lateinischen und deutschen Namen der Kulturpflanzen sowie allgemeine Schadursachen wurden in das **Sachregister** aufgenommen. Zusätzlich werden dort weitere wichtige Begriffe genannt. Dadurch ist in Verbindung mit zusätzlichen **Texthinweisen** eine schnelle Orientierungsmöglichkeit gewährleistet. Außerdem enthält das Buch im **Registerabschnitt Listen mit den Handelsnamen der in der Bundesrepublik Deutschland amtlich zugelassenen Pflanzenschutzmittel**. Die alphabetische Auflistung der Wirkstoffe mit den dazugehörigen Handelsnamen in der genannten und umgekehrten Reihenfolge soll es dem Leser ermögli-

chen, sich über alle zugelassenen Mittel zu informieren. Vorübergehend nicht zugelassene Wirkstoffe und Präparate sind in einer gesonderten Liste aufgeführt (Zulassungsstand beim Redaktionsschluß).
Als **Wirkstoff oder Aktivsubstanz** bezeichnet man den gegen die zu bekämpfenden Schadorganismen wirkenden Bestandteil eines Pflanzenschutzmittels. Außer dem Wirkstoff enthalten die fertigen **Formulierungen der Handelspräparate** in der Regel noch Trägerstoffe, Emulgatoren, Stabilisatoren, Netz- und Haftmittel, Farbstoffe, Antioxydantien und andere Zusätze.

Pflanzenschutzmittel bekommen von der Biologischen Bundesanstalt im Rahmen der **Zulassung** besondere Auflagen, die in der Gebrauchsanleitung angegeben werden müssen. Die Zahl dieser Auflagen wird immer umfangreicher. Seit der Ausgabe 1993 haben wir bei den einzelnen Pflanzenschutzmitteln nur noch die Gefahrenbezeichnungen, die Wasserschutzgebietsauflagen und die Angaben zur Bienengefährlichkeit aufgenommen. Nach unserer Meinung sind diese Kennzeichnungen für die Mittelwahl besonders wichtig. Alle weiteren Auflagen, die zu beachten sind, müssen der Gebrauchsanleitung entnommen werden. Der Anwender ist verantwortlich für die Beachtung dieser Auflagen.

Die Angaben in diesem Taschenbuch entsprechen dem neuesten Stand der Erfahrungen des Pflanzenschutzdienstes und erfolgen nach bestem Wissen des Verfassers. Eine Gewähr für die Richtigkeit aller Angaben sowie eine Haftung für Irrtümer oder für Nachteile, die sich aus der Empfehlung bestimmter Präparate oder Verfahren ergeben könnten, werden aber weder vom Verlag noch von den Autoren übernommen. Das gilt auch für alle mit der Unverträglichkeit mancher Pflanzenarten oder einzelner Sorten gegen bestimmte Präparate zusammenhängenden Folgeerscheinungen.

1.2 Schadursachen an Zierpflanzen und Gehölzen

1.2.1 Unbelebte, nichtparasitäre Umweltfaktoren

Rentabler Anbau von Kulturpflanzen im Freiland ist nur dort möglich, wo geeignete Bodenverhältnisse vorliegen und das für die betreffende Region charakteristische Klima sowie das normalerweise vorherrschende Wetter den zum Anbau vorgesehenen Pflanzenarten ausreichende Belichtung, Wärme und Feuchtigkeit gewährleistet. Neben der Auswahl geeigneter Sorten in bestmöglichem Gesundheitszustand ist die Schaffung guter Kulturbedingungen durch pflanzenbauliche Maßnahmen beim Anbau von Blumen und Zierpflanzen im Freiland unerläßliche Voraussetzung für den Erfolg der Kultur. Entsprechendes gilt für die Anpflanzung von Parkgehölzen.
Zu diesen pflanzenbaulichen Standardmaßnahmen gehören vor allem sorgfältige Bodenpflege und angemessene Wasserversorgung, gut abgewogene Nährstoffzufuhr sowie ständige Orientierung über den jeweiligen **Zustand des Bodens,** am besten durch regelmäßige Bodenuntersuchungen bei einer Landwirtschaftlichen Untersuchungs- und Forschungsanstalt (LUFA) oder einem Spezialinstitut, bei dem die den Zierpflanzenanbau betreffenden Probleme der Boden- und Substratuntersuchung besondere Berücksichtigung finden. Zumindest Allgemeinzustand, pH-Wert und Nährstoffspiegel des Bodens und der verwendeten Kultursubstrate müssen dem Gärtner bekannt sein, da die Kenntnis dieser Faktoren Voraussetzung

für richtige Auswahl und zweckmäßige Nährstoffversorgung der zum Anbau vorgesehenen Pflanzenarten ist.
Ähnlich wichtig ist die Kenntnis über die Bestandteile des **Gießwassers**. Auch hierzu sollten von Zeit zu Zeit Wasser-Analysen gemacht werden.
Noch wichtiger sind manche dieser Voraussetzungen für den Anbau von Blumen und Zierpflanzen unter Glas, wo ja Klima und Wetter weitgehend ausgeschaltet bleiben und praktisch alle Faktoren, die das Wachstum der Pflanzen bestimmen, künstlich gesteuert werden müssen. Nichtparasitäre Schäden durch Fehler in der Kulturführung oder durch falsche Düngung spielen bei der Kultur vieler Blumen- und Zierpflanzenarten oft eine größere Rolle als Krankheiten oder Schädlinge.
Die Abhängigkeit der meisten Pflanzen von bestimmten **Belichtungsverhältnissen, Temperaturen und Feuchtigkeitsgraden** ist hinreichend bekannt, vor allem auch die dadurch entstehenden Schwierigkeiten bei Einführung neuer Arten aus anderen Klimazonen. Jeder Gärtner weiß, daß ein Zuviel an Licht, Wärme oder Feuchtigkeit sich ebenso ungünstig auswirken kann wie ein Zuwenig. So führt Wassermangel im Boden zu Welkeerscheinungen, Vertrocknen der Blattränder oder Triebspitzen, Blatt-, Stengel- und Blütenmißbildungen, Blütenabwurf, vorzeitiger Einstellung des Wachstums oder anderen krankhaften Reaktionen der Pflanze. Wasserüberschuß beeinträchtigt die Bodendurchlüftung und damit das Bodenleben, hemmt die Lebenstätigkeit der Pflanzenwurzeln und begünstigt Wurzelfäulen. Bei vielen Pflanzenarten vergilben die Blätter, oder die ganzen Pflanzen sterben ab.
Die unterschiedliche Auswertung der Nährstoffe durch die einzelnen Blumen- und Zierpflanzenarten erfordert eine dem jeweiligen Bedarf angepaßte **Versorgung der Pflanzen mit Makro- und Mikronährstoffen.** Letztere werden von der Pflanze zwar nur in sehr geringer Menge gebraucht, sind aber trotzdem für sie unentbehrlich. Die wichtigsten Mangelkrankheiten an Blumen und Zierpflanzen werden im tabellarischen Teil als Schadensursache mit aufgeführt.
Pflanzenschädigungen, die sich als Blattflecken, Verbrennungen oder Deformierungen der Blätter und Blüten äußern, können auch durch **unsachgemäße Anwendung von Pflanzenschutzmitteln** entstehen. Dabei spielen nicht nur falsche Dosierung oder unverträgliche Mischungen mehrerer Pflanzenschutzmittel, sondern auch Nichtberücksichtigung der spezifischen Empfindlichkeit mancher Pflanzenarten oder -sorten gegen bestimmte Pflanzenschutzmittel eine wichtige Rolle. Besonders gefährlich sind in dieser Hinsicht manche Präparate zur Unkrautbekämpfung. Wo solche phytotoxischen Schäden bekannt sind, werden sie genannt.
Viele Kulturpflanzen, vor allem Gehölze, aber auch krautige Blumen- und Zierpflanzenarten, können in Industriegebieten oder in der Nähe von Industrieunternehmen, wo der Luftraum mehr oder weniger stark mit **Auswurfstoffen (Emissionen)** verunreinigt ist, empfindlich geschädigt werden. Derartige Emissionen sind entweder fest (Rauch, Staub, Flugasche), flüssig (Nebel) oder gasförmig. Besonders empfindlich sind die meisten Pflanzenarten gegen Ammoniak, Schwefeldioxid, Schwefelwasserstoff, Fluor und andere Halogene sowie gegen weitere starke Mineralsäuren. Haben diese Emissionen eine Auswirkung auf Pflanzen oder deren Standort, so nennt man sie "Immissionen" (= Einwirkungsstoffe). Da die Beurteilung von Pflanzenschäden durch Immissionen besonders schwierig ist, sollte man sie Spezialisten überlassen.
Schwefeldioxid (SO_2): Beim Zusammentreffen des aus Industriebetrieben stammenden gasförmigen Schwefeldioxids (SO_2) mit dem Wasser der Luft entstehen schwefelige Säure (H_2SO_3) und Schwefelsäure (H_2SO_4), die das Chlorophyll zerstören.

Fluorwasserstoff (HF): Nadeln von Koniferen verfärben sich zunächst weißlichgrau, später rötlichbraun. Schäden treten meist schlagartig nach Nebelnässen auf, vor allem in der Nähe von Aluminium- oder Schwermetallverarbeitungs- oder -gewinnungsbetrieben sowie Keramikindustrieanlagen und Ziegeleien.
Ozon: Die Diskussion über das Ansteigen der Ozonwerte und die beispielsweise im Jahre 1994 im Juli/August gemessenen Richtwertüberschreitungen führten zu Fragen möglicher Ozonschäden an Pflanzen aller Art.
Chlor (Cl): Ein typisches Vergiftungsbild ist die gelbbraune Fleckung aller chlorophyllhaltigen Pflanzenteile.
Staubförmige Emissionen: Staub- und Rußemissionen führen meistens zu Wachstumshemmungen, da Staub- und Rußpartikel durch Verstopfung der Spaltöffnungen die Atmung der Pflanzen beeinträchtigen. Kalk- und Zementstaub können zusätzliche Schäden verursachen, vor allem dann, wenn es auf den Pflanzen zum Abbinden dieser Stoffe und damit zu Verätzungen kommt.
Ausdünstungen von Massentierhaltungen dürften bei enger Nachbarschaft für einzelne Betriebe ebenfalls Bedeutung gewinnen, da sie sich unter Umständen ungünstig auf die kultivierten Pflanzen auswirken.

1.2.2 Viren

Viren sind unbelebte, in mancher Hinsicht mit obligaten Parasiten vergleichbare Krankheitserreger, die in Pflanzen und Tieren vorkommen, aber im Gegensatz zu Organismen wie Mykoplasmen, Rickettsien, Bakterien, Pilzen, höheren Pflanzen und tierischen Schädlingen keinen eigenen Stoffwechsel aufweisen. Sie sind **nur** in lebenden Zellen funktions- und "vermehrungs"fähig. Im Körpergewebe geeigneter Wirtspflanzen (oder Wirtstiere) vermögen sie sich unter ständiger Eigen-"Vermehrung" (Autoreduplikation) auszubreiten. Dabei steuern sie den Stoffwechsel der Wirtsorganismen in spezifischer Weise um.
Die Viren variieren in bezug auf Form, Größe und sonstige Eigenschaften untereinander zwar sehr stark, doch handelt es sich ihrem chemischen Aufbau nach immer um Makromoleküle, die aus Ribonucleinsäure (RNS = RNA) oder Desoxyribonucleinsäure (DNS = DNA) und einem diese schützend umhüllenden Eiweißmantel bestehen. Der Form nach unterscheidet man zwischen annähernd kugelförmigen und mehr oder weniger gestreckten Virusmolekülen. Die Länge solcher gestreckter, in Pflanzen vorkommender, also phytopathogener Viren, beträgt 150 bis 2 000 mμ, ihre Dicke 10-25 mμ (ein mμ = 1/1 000 000 mm). Viren sind nur mit dem Elektronenmikroskop sichtbar zu machen. - Viele Viren haben als Erreger von Infektionskrankheiten (Virosen) im Blumen- und Zierpflanzenbau Bedeutung.
Manche Pflanzenkrankheiten hervorrufende Viren behalten ihre Infektionsfähigkeit für eine gewisse Zeit auch außerhalb der intakten Zellen der Wirtspflanze, was die Möglichkeit ihrer **Übertragung durch virushaltigen Pflanzensaft** bedingt. Diese im Saft kranker Pflanzen enthaltenen Virusmoleküle können jedoch nur durch Verletzungen in eine neue Wirtspflanze gelangen, beispielsweise bei Reibung kranker Blätter an gesunden, wobei Blatthaare abbrechen und Saft austreten lassen, ferner durch kontaminierte Messer nach dem Schneiden von Stecklingen, Ausgeizen von Trieben und anderen Arbeiten. Künstlich, also etwa für wissenschaftliche Versuche, kann man virushaltigen Pflanzensaft auch mittels Karborund in gesunde Blätter oder Triebe einreiben oder mittels Röhrchen injizieren und damit eine Infektion erzielen.

Da bei allen Arten der vegetativen Vermehrung die neue Pflanze die gleiche Gewebegrundsubstanz erhält wie der zur Vermehrung verwendete Teil der Mutterpflanze (Knolle, Zwiebel, Steckling, Pfropfreis), erhält diese, falls die Mutterpflanze viruskrank war, ebenfalls die im Gewebe derselben vorhandenen Virusmoleküle und muß von vornherein als infiziert gelten. Gerade die **Verbreitung von Virosen durch vegetative Vermehrung** hat im Blumen- und Zierpflanzenbau besondere Bedeutung. Daher gewinnt die **Testung der Mutterpflanzen** (s. u.) zunehmend an Bedeutung.

Übertragung von Virosen durch den Samen ist nur bei einzelnen Pflanzengruppen, vor allem bei Leguminosen, und auch nur bei bestimmten Arten von Viren von gewisser Bedeutung. Im Zierpflanzenbau spielt Samenübertragung nur eine geringe Rolle. Solange die Mehrzahl der Zierpflanzen nur durch Samen vermehrt wurde, traten Virusinfektionen daher seltener auf als jetzt. Mit Zunahme der vegetativen Vermehrungsmethoden einschließlich der Meristemvermehrung und den damit verbundenen Kulturmaßnahmen vergrößerte sich die Gefahr der Virusausbreitung erheblich.

Die meisten Virosen werden übertragen durch Insekten, vor allem Blattläusen, Blattflöhen, Zikaden, Blattwanzen oder anderen saugenden Schädlingen. Die Überträger werden Vektoren genannt. Die Übertragungsfähigkeit bei den verschiedenen Insektenarten und Virosen nach einmaliger Infektion der Überträger (Vektoren) ist bei den nicht persistenten Viren begrenzt, bei vielen persistenten Viren aber praktisch unbegrenzt. Eine der wichtigsten Virusüberträger ist die **Pfirsichblattlaus** (*Myzodes persicae* Sul.), die nicht nur im Freiland, sondern auch in Gewächshäusern an vielen Blumen- und Zierpflanzenarten häufig vorkommt. - Auch **Nematoden** der Gattungen *Longidorus, Trichodorus* und *Xiphinema* können als Vektoren bestimmter Viren fungieren.

Eine Übersicht über die wichtigsten **Symptome von Virusbefall** an Blumen und Zierpflanzen wird in Kapitel 2.1 "Virosen" gegeben.

Da die Viren selbst mit chemischen oder einfach anwendbaren physikalischen Methoden (mit wenigen Ausnahmen) nicht inaktiviert werden können, ohne auch die Pflanze zu schädigen, muß sich die praktische **Bekämpfung von Virosen** vor allem auf die Verhinderung der Ausbreitung richten.

Dabei gelten folgende Richtlinien:

1. Viruskranke oder krankheitsverdächtige Pflanzen sind möglichst bald auszumerzen.
2. Die Verwendung gesunden Saatgutes hat zwar bezüglich der Gefahr einer Übertragung nur bei einigen Virosen Bedeutung, ist aber schon aus grundsätzlichen Erwägungen, vor allem auch zur Vermeidung der Verschleppung von Bakteriosen und Mykosen, zu fordern.
3. Grundbedingung für eine Verhinderung der Ausbreitung von Virosen ist strengste **Auswahl gesunder Mutterpflanzen** für die Gewinnung von vegetativem Vermehrungsmaterial, also von Knollen, Zwiebeln, Stecklingen und Pfropfreisern, aber auch von Ausgangsmaterial für Gewebekulturen. Das bedingt die Notwendigkeit einer ständigen Kontrolle der Mutterpflanzenbestände auf sichtbaren Virusbefall und, bei latenten Virusträgern oder in Zweifelsfällen, eine Untersuchung (Testung) von ausgewählten Mutterpflanzen durch den Pflanzenschutzdienst oder ein anerkanntes Testlabor (z. B. **Phytotest** - Das Gemeinschaftslabor für Pflanzentests in **Hilden**).

   Falls von einer besonders wertvollen Sorte weder durch Auslese noch durch spezielle Nachweismethoden (Testung) gesundes Ausgangsmaterial zu gewinnen ist, kann man ausgewählte Pflanzen zwecks "Heilung" von Virusbefall einer **Wärmebehandlung**

(Wärmetherapie) unterziehen. Die viruskranken Pflanzen werden dabei bestimmten Grenztemperaturen ausgesetzt, bei denen die vorhandenen Virusmoleküle inaktiviert werden, das Pflanzengewebe aber nicht entscheidend geschädigt wird, so daß ein Neuaufbau von gesunden Klonen aus Gewebeteilen der behandelten Pflanzen durch **Meristemkultur** erfolgen kann.

Testung, Wärmetherapie und Meristemkultur lassen sich in den meisten Fällen jedoch nicht im Erzeugerbetrieb, sondern nur in dafür ausgestatteten Laboratorien oder Spezialinstituten durchführen, da es sich um sehr komplizierte Verfahren handelt, die besonders geschultes Personal und kostspielige Apparaturen erfordern.

4. **Intensive Bekämpfung der als Überträger (Vektoren) in Frage kommenden Nematoden und vor allem der saugenden Insekten** ist besonders wichtig. Besonders die systemisch wirkenden Mittel zur Vektorenbekämpfung bieten Möglichkeiten, die Ansiedlung saugender Insekten auf virusanfälligen Pflanzen und damit die Ausbreitung von Viruskrankheiten stark einzuschränken.
5. **Substratentseuchung durch Dämpfung ist, nachdem chemische Bodenentseuchungsmittel nicht mehr zur Verfügung stehen, die einzige Alternative,** sofern die Aussaat- und Pflanzerde mehrmals benutzt werden muß. Dieses kann zur Vermeidung der Ausbreitung mancher Virosen zwingend erforderlich werden.
6. Als Maßnahmen gegen die Ausbreitung von Virosen ist auch die **Desinfektion von Anzuchtschalen, Töpfen und anderen Arbeitsgeräten** zu nennen, ebenso die **Entseuchung von Schnittwerkzeugen**.

1.2.3 Mykoplasmen

Als **Mykoplasmen** bezeichnet man eine Gruppe sehr kleiner, vielgestaltiger Organismen, die wohl eine dünne Membran, aber keine typische, starre Zellwand besitzen und deshalb in hohem Maße plastisch sind. Die "pleomorphe" Gestalt macht den Mykoplasmen durch Formveränderung des Körpers die Passage durch die Poren der Siebröhrenplatten in den Phloemelementen ihrer Wirtspflanzen möglich. Die Unterschiede gegenüber den Viren liegen, abgesehen davon, daß die Mykoplasmen echte Organismen sind, sowohl in ihrer Größe und Form als vor allem auch in ihrer Struktur. Während sich die Viren nur in lebenden Zellen "vermehren" können, ist es zumindest bei einzelnen Mykoplasmentypen gelungen, sie auf festen oder in flüssigen Nährmedien **ohne** lebende Zellen zu kultivieren.
Charakteristische **Symptome für Befall von Pflanzen durch Mykoplasmen** sind gelbliche oder rötliche Verfärbung der Blätter, die vielfach klein bleiben, gestauchter Wuchs durch Verkürzung der Internodien, Austrieb schlafender Knospen, Vergrünung von Blüten, eine als Phyllodie bezeichnete blattartige Umbildung der Staubgefäße und Stempel von Blüten. Als Überträger von Mykoplasmosen sind vor allem Zikaden und unter diesen besonders die Zwergzikaden bedeutungsvoll.

1.2.4 Rickettsien

Unter den als potentielle Krankheitserreger an Blumen- und Zierpflanzen in Frage kommenden Organismen müssen auch die Rickettsien besprochen werden. Bei diesen winzigen Lebewesen handelt es sich um einzellige Mikroorganismen, die schwierig oder gar nicht filtrierbar und wie Viren obligatparasitisch (obligatpathogen) sind. Sie kommen vor allem in Glie-

derfüßlern (*Arthropoda*), besonders in Insekten, vor und erzeugen hier typische Krankheiten. Insekten sind auch die wichtigsten Zwischenwirte für Rickettsien anderer Organismen, etwa der Wirbeltiere oder des Menschen (Fleckfieber!).
Die systematische Abtrennung der Rickettsien von den Viren ist durch ihren Gehalt an Protoplasma sowie durch ihre Bakterienähnlichkeit, die sich elektronenmikroskopisch bestätigen läßt, gerechtfertigt. Auch ein eigener Stoffwechsel ist bei Rickettsien nachgewiesen. Es gibt autotrophe und heterotrophe Formen.
Bakterienähnlich sind die Rickettsien außer durch ihre kugel-, ei- oder stäbchenartige Form vor allem darin, daß sie eine mehrschichtige ablösbare Zellmembran besitzen. Ihre Vermehrung geschieht durch Teilung. Oft wird ein spezieller Entwicklungszyklus durchlaufen. Auch chemisch sind die Rickettsien ähnlich kompliziert aufgebaut wie die Bakterien. Sie enthalten DNS **und** RNS in bestimmter Anordnung. Im Chromatin liegt die DNS als zentrales Kernäquivalent, die RNS in Form peripherer Strukturen (Paranucleoiden) vor.
Selbst elektronenmikroskopische Bilder von Rickettsien und Bakterien sind oft schwierig zu unterscheiden. Die bei manchen Bakterien nachweisbaren Volutinkörner und Vakuolen fehlen jedoch bei Rickettsien ebenso wie die Sporenbildung und die Begeißelung.
Ferner unterscheiden sich die Rickettsien von den Bakterien auch dadurch, daß sie im allgemeinen nur in lebenden Zellen züchtbar sind. Es fehlt ihnen also eine für das Wachstum notwendige Komponente, die nur lebende Gewebe zu bieten vermögen. Die Vermehrung ist fast ausschließlich innerhalb lebender Zellen (intrazellulär).
Möglicherweise sind die Rickettsien durch parasitäre Lebensweise rückgebildete Formen, denen bestimmte, für die Vermehrung notwendige Stoffe vom Wirtsorganismus geliefert werden müssen. Sie unterscheiden sich hinsichtlich Morphologie und Entwicklung aber so deutlich von den typischen Formen der pleuropneumonieähnlichen Organismen und großen Virusarten, daß wir sie mit Sicherheit zu den echten Lebewesen rechnen dürfen.

1.2.5 Bakterien

Die einzelligen, mikroskopisch kleinen Bakterien oder Spaltpilze sind die einfachsten Lebensformen pflanzlicher Art. Alle als Erreger von Pflanzenkrankheiten wichtigen Bakterien haben die **Form einfacher, unbegeißelter oder begeißelter Stäbchen.** Diese dringen in der Regel passiv, seltener auch mit Hilfe ihrer Geißeln aktiv, vor allem an Wundstellen oder an den Spaltöffnungen der Blätter, aber auch über die Blütenorgane in das Pflanzengewebe ein. Die passive **Verbreitung der Bakterien** über größere Entfernungen erfolgt durch Wasser und Wind oder auch durch Insekten und Vögel sowie vor allem durch Verschleppung mit kranken Pflanzenteilen oder verseuchtem Boden.
Typische Symptome von Bakteriosen an Blumen und Zierpflanzen sind krebsartige Wucherungen an Wurzeln, Stengeln oder Trieben (Bakterienkrebs), glasig-feuchte oder sogar schleimige Flecke an Blättern, Blüten und Trieben sowie Schwarzfärbung der Gefäße und/oder Blattadern.

1.2.6 Pilze

Der Körper der pflanzenparasitären Pilzarten besteht im typischen Fall aus farblosen, verflochtenen Fäden, den **Hyphen,** die in ihrer Gesamtheit das **Mycel** bilden. In der Regel durchwächst das Mycel das Pflanzengewebe und entzieht ihm Nährstoffe. Manche Pilzarten, beispielsweise die Echten Mehltaupilze, leben aber ektoparasitisch. Ihre Hyphen liegen der befallenen Pflanze nur oberflächlich auf und senden besondere Saugorgane (*Haustorien*) in

deren Zellen, um ihnen Nährstoffe zu entnehmen.
Die **Ausbreitung der Pilze im Pflanzengewebe erfolgt durch Wachstum des Mycels, die Verbreitung über größere Entfernungen durch verschiedene Arten von Sporen.** Diese entstehen entweder vegetativ durch Abschnürung, Sprossung oder Zerfall des Mycels oder generativ nach Kopulationsvorgängen in mannigfaltig geformten **Sporangien,** die oft in besonderen Fruchtkörpern zusammengefaßt sind. Durch Abschnürung vom Mycel entstandene Sporen heißen **Konidien.** Da die meist in großer Zahl erzeugten Sporen winzig klein und sehr leicht sind, werden sie durch Regen und Wind sowie durch Pflanzenteile, Insekten, Arbeitsgeräte, Transportmittel und bei Bodenbewegungen leicht verbreitet. Die Sporen mancher Pilzarten haften auch am Saatgut fest und werden so verschleppt, bei primitiveren Pilzgruppen sind sie mit Hilfe von Geißeln im Wasser frei beweglich und heißen **Zoosporen.** Nach kürzeren oder längeren Ruheperioden keimen die Pilzsporen bei günstigen Lebensbedingungen wieder zu einem Mycel aus.
Einige Pilzarten sind befähigt, zur Überwindung ungünstiger Umweltverhältnisse besonders widerstandsfähige Dauerstadien zu bilden, die man als ***Sklerotien*** bezeichnet. Sie bestehen aus zusammengeballten Mycelfäden, die durch Ausscheidungen zu einem harten Körper verkleben, der lange Zeit, mehrere Jahre, in der Erde liegen kann und bei Eintritt günstiger Bedingungen wieder auskeimt. Die Symptome der durch Pilze an Blumen- und Zierpflanzen verursachten Krankheiten (Mykosen) sind sehr mannigfaltig.

1.2.7 Höhere Pflanzen als Konkurrenten (Ungräser, Unkräuter, Unhölzer)

Diese Begriffe werden von Naturliebhabern nicht gerne verwendet, haben sich jedoch in der Phytopathologie seit Jahrzehnten eingebürgert. Sie können nicht durch die Begriffe "Wildgräser", "Wildkräuter" und "Wildhölzer" ersetzt werden, da auch Kulturpflanzen zu "Un"-Pflanzen werden können, beispielsweise in Winterraps auskeimendes Ausfallgetreide.
Ungräser, Unkräuter und Unhölzer sind Nahrungs- und Wasserkonkurrenten der Kulturpflanze. Sie behindern diese ferner durch ihre Platzansprüche und den damit verbundenen Entzug von Licht und Luft. Außerdem fungieren sie gelegentlich als Zwischenwirte für Krankheiten und Schädlinge von Blumen und Zierpflanzen.
Nur wenige Unkrautarten können auf jedem Boden gedeihen. Die meisten entwickeln sich nur dort üppig, wo eine für sie besonders geeignete Zusammensetzung des Bodens und ein bestimmter Feuchtigkeitsgrad vorliegen. Daher vermehren sich in Kulturpflanzenbeständen nur diejenigen Arten übermäßig, deren spezifische Bedürfnisse hier weitgehend erfüllt sind.
Da die (mechanische und) chemische **Unkrautbekämpfung im Zierpflanzenbau, in der Baumschule sowie im Landschaftsgartenbau,** vor allem die sachgemäße Anwendung neuerer Präparate, besondere Bedeutung hat, wird sie in Kapitel 3 ausführlich besprochen. Das ist um so berechtigter, als die chemische Unkrautbekämpfung in den letzten Jahren auch im Blumen- und Zierpflanzenbau zu einem erstrangigen arbeitswirtschaftlichen Problem geworden ist. Die menschliche Arbeitskraft wird laufend teurer und knapper, so daß eine rentable Unkrautvernichtung durch Handarbeit kaum mehr möglich ist. Andererseits verlangt die immer stärker werdende Rationalisierung und Mechanisierung der Anbau- und Pflegemaßnahmen im Gartenbau und der dadurch bedingte zunehmende Einsatz komplizierter Maschinen als Voraussetzung für den störungsfreien Ablauf der Arbeit ein Maß an Unkrautfreiheit der Bestände, das die Bedeutung der Unkräuter als Konkurrenzfaktor für die Kulturpflanzen oft weit übertrifft. Durch diese Entwicklung wird auch der Blumen-, Zierpflanzen- und Land-

schaftsgärtner in zunehmendem Umfange gezwungen, sich in Ermangelung anderer Möglichkeiten der verfügbaren **Spezialherbizide zur Vernichtung von Unkräutern** zu bedienen. Es gibt heute kaum eine Pflanzenkultur, in der nicht chemische Unkrautbekämpfungsmittel in irgendeiner Form zur Erleichterung der Arbeit herangezogen werden könnten. Leider sind die Erfahrungen und Möglichkeiten bei der chemischen Unkrautbekämpfung im Blumen- und Zierpflanzenbau aber noch nicht so ausreichend, daß in jedem Fall präzise Empfehlungen gegeben werden können.

1.2.8 Tierische Schädlinge

Die an Blumen- und Zierpflanzen schädlichen **Nematoden** leben entweder frei in der Erde, in den Wurzeln oder im Stengel- und Blattgewebe. Da sich alle Arten in bestimmten Entwicklungsstadien zumindest für eine kürzere oder längere Zeit im Boden aufhalten, erfolgt die Verseuchung der Pflanzen fast stets von dort her.

Schnecken nagen mit ihrer Reibzunge (Radula) Löcher in die Blattflächen. Im Freiland treten sie vor allem nach nassem, mildem Herbst und Winter auf, sowie in feuchten Gewächshäusern das ganze Jahr über.

Spinnmilben verursachen sowohl im Freiland als auch in Gewächshäusern oft schwere Schäden. Auch **Weichhautmilben** und **Gallmilben** treten an Blumen und Zierpflanzen sowie Parkgehölzen immer stärker in Erscheinung. Ein besonders schwieriges Problem stellt die Bekämpfung der an Wurzeln, Knollen und Zwiebeln sowie der in Knospen und Triebspitzen schädlichen Milbenarten dar.

Die meisten Schädlinge an Blumen- und Zierpflanzen gehören zur großen Gruppe der **Insekten.** Die fertig ausgebildeten Insekten, die man als Vollkerfe oder Imagines bezeichnet, sind meist deutlich in 3 Hauptkörperabschnitte (Kopf, Brust, Hinterleib) gegliedert. Die Körperdecke wird von einer hornartigen Masse, dem Chitin, gebildet. Die Körperabschnitte bestehen aus einzelnen Segmenten, die durch weiche Gelenkhäute scharnierartig beweglich miteinander verbunden sind. Viele Insekten sind als Vollkerfe flugfähig. Die meisten Insektengruppen machen eine **Verwandlung** durch, die im typischen Fall bei Käfern, Netzflüglern (Florfliegen), Hautflüglern (Bienen, Hummeln, Wespen, Ameisen), Schmetterlingen und Zweiflüglern (Mücken, Fliegen) über 4 Entwicklungsstadien führt: Ei, Larve, Puppe, Imago. Das Larvenstadium bezeichnet man bei Schmetterlingen als Raupe, bei Fliegen als Made, bei Käfern als Larve, bei Blattwespen ebenfalls als Larve oder als Afterraupe. Bei einigen Insektengruppen, beispielsweise den meisten **Schnabelkerfen** (Blattlaus- und Zikadenarten,

Blattwanzen), **Geradflüglern** (Heuschrecken) und einigen anderen Gruppen, geht die Verwandlung nicht über deutlich voneinander verschiedene Stadien. Die aus dem Ei sich entwickelnde Larve ist dem Vollinsekt ziemlich ähnlich und verwandelt sich durch mehrere Häutungen allmählich in einen Vollkerf, wobei die Flügel sich auch meistens schrittweise weiterentwickeln.

Recht interessant ist die **Fortpflanzung mancher Blattlausarten,** bei welchen besondere, als "Jungfernläuse" bezeichnete Formen während des Sommers parthenogenetisch, also ohne Befruchtung durch Männchen, in rascher Folge lebende Junge gebären. Auf diese Weise ist eine besonders schnelle Vermehrung der Blattläuse möglich. Im Herbst erscheinen dann die Geschlechtstiere, und zwar sowohl Männchen als auch befruchtungsbedürftige Weibchen. Die befruchteten Weibchen legen Eier, die den Winter überdauern. - Besonders kompliziert ist der Entwicklungsgang bei den wirtswechselnden Blattläusen, deren Sommergenerationen oft an krautigen Pflanzen leben, während die Wintereier meist an Gehölze abgesetzt werden.

Die Insektenordnung der **Pflanzensauger** schließt noch einige andere Gruppen von schädlichen Insekten ein. Diese leben zumindest in manchen Stadien ähnlich wie die Blattläuse. Zu ihnen gehören beispielsweise die **Zikaden,** die dem Beobachter durch ihre Sprungfähigkeit auffallen und an den befallenen Blättern feine, weißliche oder gelbliche fast siebartig verteilte Flecke verursachen. Die ihnen nahestehenden **Blattflöhe** sind nur als Vollkerfe sprungfähig. Ihre Larven ähneln Blattläusen und verursachen wie diese durch ihre Saugfähigkeit Verkrüpplungen der befallenen Blätter und Triebspitzen. Besondere Probleme ergeben sich für den Gärtner, wenn seine Pflanzenbestände durch "Weiße Fliegen" befallen sind. Bei den an Zierpflanzen häufiger in Erscheinung tretenden **Weißen Fliegen** handelt es sich um die vollentwickelten Stadien einer besonderen Insektengruppe, deren Larven weitgehend rückgebildet sind. Einige Stadien der Weißen Fliege sitzen völlig unbeweglich auf den Pflanzen und leiten damit bereits über zu der nächsten Gruppe von Pflanzensaugern, den **Schildläusen.** Bei diesen sind nur die Junglarven und die bei manchen Arten sehr seltenen Männchen beweglich. Die weiblichen Schildläuse werden dagegen bei den meisten Gruppen schon im Larvenstadium geschlechtsreif und verlieren bereits sehr früh die Fähigkeit, sich fortzubewegen.

Der **Schaden,** den die an Kulturpflanzen lebenden Insektenarten anrichten, besteht bei den mit beißenden oder kauenden Mundwerkzeugen versehenen Gruppen in der Schwächung der Pflanze durch Benagen von Blättern und Trieben sowie durch Zerfressen von Holzteilen, bei denen mit saugenden Mundwerkzeugen in dem oft recht erheblichen Saftentzug. Manche saugende Insekten sind befähigt, **Viruskrankheiten** zu übertragen (man nennt sie Vektoren). Sie gewinnen dadurch überragende wirtschaftliche Bedeutung. Unter den Pflanzenschäden verursachenden **Wirbeltieren** können zwar manche **Vogelarten** oft sehr lästig werden, doch ist bei gelegentlichen Verlusten immer zu berücksichtigen, daß die Erhaltung der einheimischen Vogelwelt aus ethischen, ästhetischen und wirtschaftlichen Gründen unbedingt gefordert werden muß. Man soll daher größere Aktionen gegen schädlich auftretende Vögel nur nach Rücksprache mit den zuständigen Pflanzenschutz- und Vogelschutzstellen durchführen und unbedingt versuchen, mit abschreckenden Mitteln auszukommen. Bekämpfungsmaßnahmen sind ohnehin nur nach Zustimmung der Naturschutzbehörden erlaubt. Von den **Säugetieren** haben vor allem **Mäuse** und **Wühlmäuse** sowie andere schädliche Nager wirtschaftliche Bedeutung. Gelegentlich tritt auch jagdbares Wild wie **Kaninchen, Hasen, Rehe sowie Rot- und Schwarzwild** schädigend auf. Bei der Verhütung von **Wildschäden** wird man sich im wesentlichen auf Abschreckungsmittel oder Einzäunung gefährdeter Kulturpflanzenbestände (Elektrozäune) beschränken müssen. Enge Zusammenarbeit mit den Jagdbehörden ist in jedem Fall geboten.

1.3 Vorbeugende Pflanzenschutzmaßnahmen und Betriebshygiene

1.3.1 Kulturmaßnahmen

Jede Pflanze stellt bestimmte Ansprüche an ihren Standort, an Ernährung und Pflege, wenn sie sich optimal entwickeln und widerstandsfähig gegen Krankheiten und Schädlinge sein soll. Unter den Begriff "**Standortbedingungen**" ordnet man einen Komplex von Faktoren ein, von denen sich einige gegenseitig beeinflussen, sich andererseits positiv oder negativ auf die Pflanzen auswirken können. Bei der Unterglaskultur lassen sich diese Faktoren unter Einsatz besonderer Erd- und Torfsubstrate sowie spezieller Nährstoffkombinationen einschließlich der Mikronährstoffe optimal auf die Bedürfnisse jeder Pflanzenart abstimmen, wobei automatische Steuerungseinrichtungen genutzt werden können, um Heizung, Luftumwälzung (Ventilation), Belichtung und Feuchtigkeit im richtigen Verhältnis zueinander zu koppeln und zu regulieren.

Während man im Unterglasanbau für die dort kultivierten Pflanzenarten optimale Standortbedingungen künstlich schaffen kann, müssen die pflanzenbaulichen Maßnahmen im Freiland den örtlichen Gegebenheiten angepaßt werden. Dabei sind spezifische Bodentypen, aber auch sogenannte Sonnen- und Frostlagen, Trockenregionen und andere Standortverhältnisse besonders zu berücksichtigen.

Die Verwendung einwandfreien **Saat- und Pflanzgutes** ist Voraussetzung für eine gesunde Pflanzenanzucht und die weitere Kultur. Auch die Wahl von Sorten, die gegen bestimmte Krankheiten widerstandsfähig sind, sollte angestrebt werden.

Da bei dem sich immer mehr ausweitenden Handel mit Pflanzen und Pflanzenteilen eine erhebliche Gefahr der Einschleppung von Schädlingen und Krankheiten besteht, sollten von auswärts bezogene Pflanzen im Rahmen einer **Betriebsquarantäne** zunächst überprüft und eine Zeitlang beobachtet werden. Dies ist um so wichtiger, als heute die Import-Pflanzenbeschau sich zunehmend auf Stichprobenkontrollen beschränken muß. Die EG-Staaten haben sich darauf geeinigt, daß ab 1. 1. 1993 nur noch die Produkte aus Drittländern bei der Einfuhr in die EG kontrolliert werden; innerhalb der EG-Staaten fallen die Grenzkontrollen völlig weg. An die Stelle des Pflanzengesundheitszeugnisses tritt hier der **Pflanzenpaß**.

Mit der EG-Richtlinie (91/682/EWG) "Über das Inverkehrbringen von Vermehrungsmaterial und Pflanzen von Zierpflanzenarten" soll sichergestellt werden, daß nur hochwertiges und gesundes Vermehrungs- und Pflanzenmaterial in den Verkehr kommt - "**zertifiziertes**" Vermehrungsmaterial. Diese EG-Richtlinie wurde umgesetzt durch die "Verordnung über das Inverkehrbringen von Anbaumaterial von Gemüse-, Obst- und Zierpflanzenarten sowie zur Aufhebung der Verordnung zur Bekämpfung von Viruskrankheiten im Obstbau" vom 16.06.1998 (s. Kapitel 8).

1.3.2 Boden- und Substratentseuchung

1.3.2.1 Physikalische Methoden

Boden- und Substratdämpfung

Die Dämpfung tötet im Boden oder Substrat befindliche bakterielle und pilzliche Krankheitserreger, tierische Schädlinge sowie Unkrautsamen sicher ab und ist daher bei richtiger Durchführung allen chemischen Bodenentseuchungsverfahren überlegen. Sie ist anwendbar bei festliegenden Böden (Anzuchtkästen, Gewächshäuser), aufgeschütteter Erde und anderen Substraten, es besteht allerdings die Gefahr der "Zuwanderung" von Parasiten aus den nicht erfaßten tieferen Bodenschichten. Der Boden muß möglichst tief (ca. 30 cm) feinkrümelig gelockert werden, da größere Kluten oder gar Schollen beim Dämpfen nicht genügend vom Wasserdampf durchdrungen werden. Dasselbe gilt übrigens für die in der Gasphase wirkenden chemischen Bodenentseuchungsmittel. Bei allen Bodenentseuchungsmaßnahmen sollte der Boden mäßig feucht sein und im gleichen Jahr **keine Zufuhr von Stalldung** erfahren haben.

Spezielle **Dämpfgeräte für alle Betriebstypen** sind in unterschiedlicher Bauart im Handel. Vor Anschaffung eines Dämpfgerätes ist es notwendig, eine spezielle Beratung an Ort und Stelle anzufordern!

Die zur Abtötung der im Boden befindlichen Krankheitserreger notwendigen Temperaturen und die erforderliche Einwirkungszeit sind bei den verschiedenen Arten von Schadorganismen unterschiedlich. Gegen die meisten Pilzarten reicht bereits 2stündiges Erhitzen auf 70 °C aus, während zur Inaktivierung von Viren mindestens 90 °C erforderlich sind. Manche Dauerstadien von Pilzen überstehen sogar 2-stdg. Erhitzen auf etwa 100 °C.

Eine optimale Wirkung ist beim Dämpfen daher nur zu erwarten, wenn bis mindestens 30-40 cm Tiefe eine halbe Stunde lang eine Temperatur von 90 ° bis 100 °C gehalten wird. Durch verschiedene Dämpfsysteme (z. B. Dampfpflug, Haubendämpfung oder Unterdruckdämpfverfahren) wird diese Voraussetzung einer gleichmäßigen Temperaturverteilung auch in tieferen Schichten gewährleistet.

Nicht alle Bodenpilze werden durch die normalerweise nur die oberste Bodenschicht von 30-40 cm erfassende Dämpfung abgetötet. Es ist beispielsweise in der Regel nicht möglich, den Erreger der *Phialophora*-Welke an Nelken, der noch in einer Bodentiefe von 80 cm vorkommen kann, durch Dämpfung völlig auszuschalten, so daß immer wieder eine Neuverseuchung aus tieferen Bodenschichten erfolgen kann. Im allgemeinen ist aber die Dämpfung trotz hoher Kosten und erheblichen Arbeitsaufwandes eine besonders empfehlenswerte Maßnahme.

Bei so hohen Temperaturen wird jedoch das gesamte Bodenleben und damit die natürliche Abwehrkraft des Bodens für eine gewisse Zeit inaktiviert. Ferner erhöht sich wegen des kurzzeitigen Fehlens bestimmter Mikroorganismen vorübergehend der Stickstoffgehalt des Bodens, was bei weniger stark stickstoffzehrenden Pflanzen zu Wurzelschäden führen kann. Außerdem wird im Boden vorhandenes Mangan zum Teil in lösliche Form überführt, was bei manchen Pflanzen Manganschäden zur Folge hat. Durch die nach dem Dämpfen bald neu einsetzende Neubesiedlung des Bodens mit Mikroorganismen werden diese negativen Auswirkungen der Dämpfung jedoch schnell wieder ausgeglichen.

Für die Praxis bedeutet dies, **daß Pflanzungen entweder sofort nach dem Dämpfen** in den noch warmen Boden erfolgen sollen, da dann das Wurzelwachstum durch die Bodenwärme gefördert wird und noch keine erhöhte Ammoniak-Konzentration vorliegt, **oder aber**

erst nach 2-3 Wochen, wenn Mikroorganismen das Überangebot an Ammoniak bereits beseitigt haben und das beim Dämpfen in eine pflanzenverfügbare Form umgewandelte Mangan wieder in die nicht aufnehmbare Form zurückgeführt ist.
Zu beachten ist auch, daß einige pilzliche Krankheitserreger, die in frisch gedämpften und somit sterilen Boden gelangen, sich hier wegen des **Fehlens natürlicher Antagonisten** besonders schnell ausbreiten können, beispielsweise die Bodenpilze *Thielaviopsis* und *Verticillium*. Frisch gedämpfte Erde muß daher besonders sorgfältig vor Neuverseuchung geschützt werden, bis sich sowohl chemisch als auch biologisch wieder ein gewisser Gleichgewichtszustand im Boden gebildet hat.
Um eine schnelle Wiederverseuchung des Bodens aus unbehandelten Randbereichen zu verhindern, sind die Fundamente der Gewächshäuser und Sockel der Stützpfeiler sowie die Gewächshaustische durch gründliches Abwaschen und eventuell anschließendem Behandeln mit einem Desinfektionsmittel (z. B. *Dimanin Spezial*, *M & ENNO-TER forte*) zu reinigen.
In entseuchte Böden oder Substrate dürfen keine mit Krankheitskeimen behaftete Pflanzen gebracht werden, da diese Keime sich dann, ungehindert durch Antagonisten, im Boden sehr schnell ausbreiten können.

Dämpfung von Tischen und darauf befindlichem Vermehrungssubstrat
Der Dämpfung von Tischen einschließlich des darauf befindlichen Vermehrungssubstrates kommt besonders bei Jungpflanzenbetrieben, in denen die technischen Voraussetzungen dazu gegeben sind, Bedeutung zu. Sie ist zeit- und arbeitssparend, da nicht nach jedem Vermehrungssatz das Substrat von den Tischen aufgenommen und anderweitig entseucht zu werden braucht. Falls die Arbeit sorgfältig durchgeführt wird, kann durch den Dämpfvorgang die Infektionsgefahr durch Umfallkrankheiten für den Steckling weitgehend ausgeschaltet werden.
Nach dem Räumen eines Satzes werden Substrat und Tische mit einer Dämpffolie überspannt und so lange Dampf unter die Folie geblasen, bis das Substrat eine Temperatur von etwa 100 °C erreicht hat. Es ist darauf zu achten, daß diese Temperatur an allen Stellen im Substrat erreicht wird, da nur so eine befriedigende Desinfektionswirkung erzielt werden kann.
Eine Überprüfung mit einem Thermometer ist unerläßlich. Die Temperatur sollte ungefähr 30 Minuten gehalten werden. Nicht genügend gedämpfte Partien bilden Infektionsquellen, von denen in kurzer Zeit das gesamte Substrat wieder verseucht werden kann. Da bei der Dämpfung auch die Tische auf Temperaturen von etwa 90 °C gebracht werden, ist eine zusätzliche Desinfektion mit chemischen Präparaten wie in diesem Fall nicht mehr erforderlich.
Die Anwendung des geschilderten Dämpfverfahrens ist jedoch dort, wo Heizrohre aus Plastik direkt unter den Tischen oder eingearbeitet in die Bodenplatten verlegt sind, nicht möglich.

1.3.2.2 Chemische Verfahren

(1) = **Präparat** ist zur Zeit nicht zugelassen. Im Betrieb befindliche Restmengen können dort noch bis zum Ablauf des zweiten auf das Ende der Zulassung folgenden Jahres aufgebraucht werden.
(1) = **Wirkstoff** von zur Zeit nicht zugelassenen Präparaten.
(2) = **Präparat** ist zugelassen, aber für den Zierpflanzenbau nicht ausgewiesen.
(2) = **Wirkstoff** von zugelassenen Präparaten, die aber für den Zierpflanzenbau nicht ausgewiesen sind.

(3) = **Präparat** ist zugelassen. Anwendung nur in den in der Gebrauchsanleitung genannten Anwendungsgebieten und nur zu den hier beschriebenen Anwendungsbedingungen. (Bußgeldbewehrte Auflage NW200, s. auch Kapitel "Pflanzenschutzmittelübersicht").

Chemische Bodenentseuchungsverfahren haben nur eine begrenzte, bestimmte Wirkungsbreite. Das kann zum Überhandnehmen der von der Maßnahme nicht erfaßten Schadorganismen in dem teilweise "konkurrenzfrei" gemachten Substrat führen. Die Bodentemperatur sollte bei chemischen Bodenentseuchungen nicht unter 12 °C liegen, nur wenige Präparate wirken auch bei tieferen Temperaturen.
Chemische Bodenentseuchungsmaßnahmen erfordern genaueste Befolgung der Gebrauchsanleitung, vor allem der Anwendungskonzentrationen, die für jeden Zweck verschieden sein können, sowie der Karenzzeiten, die je nach Temperatur 2-3 Wochen und mehr betragen. Nichtbeachtung der Karenzzeiten bedingt die Gefahr von Pflanzenschäden bei der Nachkultur. Einfache Verfahren zur Prüfung auf im Boden verbliebene Reste des Entseuchungsmittels sind der weiter unten beschriebene Kressetest sowie das Probepflanzen von Salat, Tomaten oder anderen Testpflanzen.
Der chemisch zu behandelnde Boden soll kulturfeucht und möglichst tief (30-40 cm) gelokkert sein, damit eine gründliche Durchgasung gewährleistet ist. Die Präparate - z.Zt. steht jedoch nur noch ein Mittel zur Verfügung - werden, soweit nicht anders angegeben, durch Streuen (Granulatstreuer) mit Einregnen, Einarbeiten oder Abdecken oder Einsatz von speziellen Ausbringungsgeräten für besondere Gegebenheiten in den Boden eingebracht. Der behandelte Boden sollte dann möglichst sorgfältig abgedichtet werden (Walzen, Wassersiegel oder Abdecken mit Folie) und nach diesen Maßnahmen so lange ungestört liegenbleiben, wie es die Anwendungsvorschrift verlangt.

Einige Hinweise zu dem chemischen Bodenentseuchungsmittel *Dazomet* (*Basamid Granulat*)

Basamid Granulat ist besonders einfach auszubringen und eignet sich daher vor allem für den Einsatz im Freiland, auch zur Entseuchung größerer Flächen. Es wird in den feuchten gelockerten Boden eingefräst, wobei besonderer Wert auf eine gleichmäßige Verteilung gelegt werden muß, zumal die Wirkung ohnehin nur bis etwa 20 cm Bodentiefe reicht.
Für den Einsatz im Gewächshaus ist *Basamid Granulat* wegen der langen Wartezeiten vor der Wiederbepflanzung (3-4 Wochen) weniger geeignet, zumal manche Pflanzen gegen verdunstende Bestandteile des Präparates empfindlich sind. Nachbarhäuser müssen daher abgedichtet werden. Nachbarhäuser müssen daher abgedichtet werden. Auch im Freiland muß vor Neubepflanzung mit *Basamid Granulat* behandelter Flächen je nach Bodentemperatur und -feuchtigkeit eine Wartezeit von 3-5 Wochen eingehalten werden. Zweckmäßig vor der Neubepflanzung Kresse-Test.

Kresse-Test

In eines von zwei gleich großen Einmachgläsern wird der mit einem chemischen Bodenentseuchungsmittel behandelte Boden als gut durchmischte Durchschnittsprobe bis zur halben Höhe des Glases eingefüllt, in das zweite kommt eine Vergleichsprobe mit unbehandeltem Boden gleicher Art. Dann erfolgt die Aussaat von Kresse und die Gläser werden verschlossen. Bei 20 °C keimt die Kresse in unbehandeltem Boden nach 1-2 Tagen. Verzögerte oder ausbleibende Keimung sind ein Indiz für noch im Boden befindliche pflanzenschädliche Wirkstoffe.

Bodenentseuchungsmittel sind im Kapitel 5 "Pflanzenschutzmittelübersicht" genannt, wobei eine Aufgliederung nach dem Wirkungsbereich (Unkräuter, Bodenpilze und Nematoden) erfolgt. Wichtige Eigenschaften bringt die nachstehende Tabelle:

Eigenschaften der zur Bodenentseuchung im Zierpflanzenbau zugelassenen Präparate in vereinfachter Darstellung
Anwendungsbeschränkungen streng beachten! (Nähere Einzelheiten Gebrauchsanleitung)

Präparat (*Wirkstoff*) Aufwandmenge	**Wirkung gegen** (Pflanzung möglich nach)	**Voraussetzungen**
Basamid Granulat (*Dazomet*) (Xn, B3) 30-50 g/m² oder 200 g/m³ Erde	Bodenpilze, Wandernde und Gallenbildende Wurzelnematoden, Keimende Unkrautsamen (3-4 Wochen)	Anwendung nur bei feuchtem, gelockertem Boden. Wirkung gegen keimende Unkräuter nur im Frühjahr und Frühsommer. Nach der Ausbringung Granulat gut einarbeiten. Ideal "Wassersiegel" von 5-10 mm mit zusätzlicher Folienabdeckung. Mindestbodentemperatur 6 °C. 8-10 Tage nach Anwendung Oberfläche des Bodens lockern. Im Zweifel vor Aussaat oder Bepflanzung Kressetest durchführen.

1.3.2.3 Lagerung entseuchter Erdsubstrate

Entseuchte Erdsubstrate werden schneller wieder von Krankheitskeimen oder Bodenschädlingen besiedelt als unbehandelte, da keine "natürliche Konkurrenz" den neu eindringenden Bodenorganismen Widerstand bietet. Darauf ist es zurückzuführen, daß entseuchte Erde, die auf gewachsenen Boden abgekippt wird, schnell wieder Besatz mit Schadpilzen u. ä. zeigt. Entseuchte Erdsubstrate bleiben daher nur dann längere Zeit steril, wenn sie mit Folie vor Unkrautsamen, Krankheitserregern und Schädlingen sorgfältig geschützt werden. Einigermaßen befriedigend gelingt das unter überdachten Lagerboxen. Gerätschaften, die zum Transport, Umlagern oder Bewegen entseuchter Erdsubstrate verwendet werden, sollte man nicht für gleichartigen Einsatz bei unbehandeltem Boden benutzen.

1.3.2.4 Ankauf steriler Erdsubstrate

Wo keine Voraussetzungen für eine Entseuchung von Erdsubstraten und für geeignete Lagerbedingungen vorliegen, sollte man E-Erde, TKS und andere Substrate in Plastiksäcken beziehen. Diese Verpackung sichert weitgehende Keimfreiheit und leichte Transport- und Lagermöglichkeit. Allerdings muß bei der Weiterverarbeitung dieses Materials darauf geachtet werden, daß nur entseuchte Töpfe, Kulturgefäße und andere Hilfsmittel Verwendung finden.

Vorsicht mit Obstkisten für die Pflanzenanzucht!
Trotz ständiger Warnungen vor der Verwendung von Obstkisten für die Pflanzenanzucht wurden und werden diese immer wieder benutzt und daher traten immer wieder in Jungpflanzenbetrieben bei bestimmten Kistenherkünften, vor allem an Fuchsien, **Totalschäden** auf, sobald die Stecklinge bewurzelt waren und ihre länger werdenden Wurzeln mit dem

Holz der Kisten in Berührung kamen. Das Holz dieser Kisten wird offensichtlich mit einem Holzimprägnierungsmittel behandelt, das pflanzenschädlich ist.
Schadbild: Bei Stecklingen von Calceolarien, Fuchsien, Lantanen, Verbenen und auch Salvienjungpflanzen: Erste Reaktion Wuchshemmung, später Hellerwerden der Triebspitzen, Braunwerden der Pflanzen und Absterben. Alle Versuche, derartige Schäden durch Düngung (oder Behandlung mit Fungiziden zur Verhinderung von sekundären Pilzinfektionen an den Schadstellen) auszugleichen, führten zu keinem Erfolg.

1.3.3 Entseuchung von Geräten, Anzuchtgefäßen, Tischen, Matten, Stellflächen und Kulturräumen

1.3.3.1 Geräte und Anzuchtgefäße sowie Stellflächen

Bei gebrauchten Geräten oder Anzuchtgefäßen besteht immer die Gefahr, daß sie mit Krankheitskeimen oder Schädlingen, etwa Nematoden in anhaftenden Bodenresten, kontaminiert sind. Ebenso wie die Kultursubstrate müssen daher auch alle Geräte und Gefäße sowie Arbeitstische frei von Krankheitserregern und Schädlingen sein oder aber entseucht werden.
Chemische Entseuchungsmittel können **nur** auf vorher sorgfältig gesäuberten Flächen oder Gefäßen zuverlässig wirken.

M & ENNO-TER forte (M & ENNO-Chemie) und ***Dimanin Spezial*** (Bayer Vital)
1 %ig mit guter Wirkung gegen pilzliche und bakterielle Schaderreger, ausgenommen *Cylindrocladium scoparium*. Kulturgefäße 12 Stunden tauchen. 0,25 % bei Geräten gegen bakterielle Schaderreger. Nach der Nutzung tauchen. 30 ml/m² gießen oder spritzen bei Stellflächen mit Sandauflage, 20 ml/m² bei Mattenauflage (Vliesstellbeete). Fläche kann unmittelbar nach Behandlung wieder belegt bzw. Töpfe nach dem Tauchen bepflanzt werden.

1.3.3.2 Leere Kästen und Gewächshäuser

Verbrennen von Schwefel
Für **leere** feste Kästen oder Häuser (nicht bei feuerverzinkten, ungestrichenen Gewächshauskonstruktionen!) ist das durch **Verbrennen von Schwefel** entstehende Schwefeldioxid das billigste Desinfektionsmittel. Man benötigt auf 100 m³ Rauminhalt 1 kg Stück- oder Stangenschwefel, der auf einer nicht brennbaren Unterlage nach Übergießen mit etwas Benzin vorsichtig in Brand gesetzt wird. Durch sorgfältiges Schließen aller Lüftungsklappen und Türen muß dafür gesorgt werden, daß die Schwefeldämpfe nicht an benachbarte Kulturen gelangen, da sonst schwere Schäden möglich sind. Beim Arbeiten Vollmaske tragen!

1.3.3.3 Nicht vollständig geräumte Gewächshäuser

Ausspritzen mit *Dimanin A* 0,5 %, *Dimanin Spezial* oder ***M & ENNO TER-forte*** 1,5 ml/m²
Die Anwendung kann auch in nicht völlig geräumten Häusern erfolgen. Die Wirkung gegen außen anhaftende Schimmelpilze sowie gegen Algen ist gut, nicht aber gegen Moose und Unkräuter.

1.3.4 Gießwasseraufbereitung

Das ideale Gießwasser ist auch heute noch das Regenwasser. Mit niedriger Gesamthärte, geringer Karbonat- und Nichtkarbonathärte, starker Aggressivität und schwach saurer Reaktion hat es Eigenschaften, die sich günstig auf das Pflanzenwachstum auswirken. Regenwasser läßt sich gut in Zisternen speichern. In vielen Zierpflanzenbetrieben wird Grundwasser aus Brunnen oder Leitungswasser zum Gießen verwendet. Da sich in diesem Fall die Gießwasserqualität ständig ändern kann, wird eine regelmäßige Untersuchung von Wasserproben durch eine Landwirtschaftliche Untersuchungs- und Forschungsanstalt (LUFA) oder ein Spezialinstitut unerläßlich, zumal einzelne Pflanzenarten sehr empfindlich auf Art und Menge der Inhaltsstoffe von Wasser reagieren. Beim Auftreten anders nicht erklärbarer Schäden ist sofortige, unter Umständen wiederholte Untersuchung des Gießwassers auf schädliche Beistoffe, vor allem bei Großverbrauch, ratsam.

Die **Härte des Gießwassers** wird durch die darin gelösten Natrium-, Kalium-, Calcium- sowie Magnesiumsalze bestimmt und nach Grad deutscher Härte (°dH) gemessen. 10 mg CaO je Liter Wasser = 1 °dH. Für die üblichen gärtnerischen Kulturpflanzen wird der Grenzwert für die noch tragbare Gießwasserhärte mit 20 °dH angegeben, 6-10 °dH dürfte als ideal für die meisten Kulturen angesehen werden. Für Moorbeetpflanzen, Orchideen und *Bromeliaceen* soll der Wert aber 5 °dH nicht übersteigen.

Bei einer Karbonathärte von über 20 °dH muß eine **Teil- oder** (bei noch vorhandenen Natrium- und Chlorverbindungen) **Vollenthärtung des Gießwassers** durchgeführt werden, die nach verschiedenen Verfahren in besonderen Wasseraufbereitungsanlagen erfolgen kann. Zweckmäßig sollte vor der Anschaffung einer Enthärtungsapparatur eine Spezialberatung angefordert werden.

Der pH-Wert des Wassers hat besondere Bedeutung in Verbindung mit dessen Eisengehalt. Eine **Enteisenung** ist mit Hilfe einfacher Vorrichtungen durch Belüften und Reinigen des Wassers über Sand- oder Kiesfilter möglich.

Generell muß auf größte **Sauberkeit der Vorratsbehälter für Gießwasser geachtet** werden. Ein wiederholter Anstrich der Innenwände von Betonbecken, beispielsweise mit säure- und laugenfestem Kautschukemaillelack, ist empfehlenswert. Algenbildung wird durch Dunkelhalten oder Abdecken vermieden.

Zum Thema **"Wasser-Recycling"**, **"geschlossene Systeme"** und **"Ausbreitung von Schaderregern in geschlossenen Bewässerungssystemen"** gibt es verschiedene Verfahren und Desinfektionsmaßnahmen. Näheres zu den betreffenden Maßnahmen beim Pflanzenschutzdienst erfragen.

1.3.5 Gewinnung einwandfreien Saat- und Pflanzgutes durch gesunde Mutterpflanzen

Krankheitserreger (Bakterien, Blattflecken- und Welkepilze, *Botrytis,* Mehltau, Rost) sowie tierische Schädlinge (Nematoden, Blattläuse, Spinnmilben, Weichhautmilben) werden von infizierten Mutterpflanzen mit den Stecklingen besonders leicht in die Vermehrungsbeete verschleppt. Die hier herrschende hohe Feuchtigkeit und Wärme ist vor allem für die pilzlichen Krankheitserreger, aber auch für Nematoden, Blattläuse und Weichhautmilben besonders günstig, so daß es leicht zu deren schneller Vermehrung kommt. Der Steckling ist ohnehin während der Bewurzelungszeit gegen pilzliche und tierische Schädiger nicht besonders widerstandsfähig.

Die vorbeugende Bekämpfung von Krankheitserregern und Schädlingen hat daher bei der Mutterpflanze zu beginnen, denn "kranke Mutterpflanzen liefern kranke Stecklinge".
Ständige Kontrolle der Bestände auch mittels Blau- und Gelbtafeln ist Voraussetzung für frühzeitiges Erkennen und gezieltes Bekämpfen von Schadorganismen.

1.3.6 Vorbeugende Behandlung von Saat- und Pflanzgut

1.3.6.1 Saatgutbeizung

Nach Entwicklung pflanzenverträglicher Beizmittel kann auch die Beizung von Zierpflanzensamen allgemein empfohlen werden, am besten unmittelbar vor der Aussaat. Da es sich in der Regel nur um kleine Mengen Saatgut handelt und die Dosierung des Beizmittels Schwierigkeiten macht, wird die Beizung zweckmäßig im sogenannten "Überschußverfahren" durchgeführt. Man kann dazu jeden gut verschließbaren Behälter, etwa eine Büchse oder ein Glas mit Schraubverschluß oder eine Flasche, verwenden. Man gibt den Samen und eine etwas größere Menge eines Trockenbeizmittels hinzu und schüttelt 3 Minuten lang kräftig durch. Danach siebt man den Samen mit einem feinen Sieb vom überschüssigen Beizmittel ab und sät sofort aus.
Rauhschalige Samen sollte man besser nicht beizen, da sie zuviel Beizmittel festhalten und geschädigt werden könnten. Auf die Empfindlichkeit mancher Samen gegen bestimmte Wirkstoffe von Beizmitteln muß aber ebenso geachtet werden wie allgemein auf die Pflanzenverträglichkeit bei Anwendung chemischer Pflanzenschutzmittel. Gegebenenfalls empfiehlt sich die Durchführung von Testversuchen oder eine Rückfrage beim Pflanzenschutzdienst.

Für Zierpflanzen zugelassene Saatgutbehandlungsmittel (Beizmittel)	
Wirkstoff *Präparat*	**Zugelassen gegen:**
Metiram(1) *COMPO Pilz-frei* *Gemüse-Spritzmittel Polyram Combi* *Phytox Super, Polyram WG*	Auflaufkrankheiten an Zierpflanzen 10 g/kg Saatgut trocken beizen
Thiram *Aatiram*	Auflaufkrankheiten an Zierpflanzen 3 g/kg Saatgut trocken beizen

1.3.6.2 Behandlung von Rhizomen, Knollen und Zwiebeln

1. Tauchen von Zwiebeln in

Wirkstoff *Präparat*	**Zugelassen gegen:**
Propamocarb *Previcur N*	*Pythium*-Arten an 5 °C-Tulpen unter Glas. Zwiebeln 20 Minuten in 0,3 %ige Spritzflüssigkeit tauchen und vor dem Pflanzen 1,5 ml Präparat in 1 l Wasser je m² Bodenfläche gießen und 10-12 cm tief einarbeiten.

2. Warmwasserbehandlung von Knollen und Zwiebeln

Nematodenarten, vor allem Blatt- und Stengelälchen, aber auch im Innern der Knollen und Zwiebeln vorkommende **Milben** und **Insektenlarven (Narzissenfliegen)** lassen sich durch Warmwasserbehandlung abtöten. Trotzdem hat sich diese **Warmwasserbehandlung** von Knollen und Zwiebeln sowie in Ausnahmefällen auch von Saatgut kaum eingeführt, da das Pflanzmaterial für die in Frage kommenden Zierpflanzen fast ausnahmslos aus den Niederlanden bezogen wird. Hier gilt die Warmwasserbehandlung von Zwiebeln und Knollen bei den für den Export (und Anbau) wichtigen Zierpflanzen seit jeher als eine Routinemaßnahme. Aufgrund langer Erfahrungen sind die Spezialisten in den Niederlanden in der Lage, für die einzelnen Pflanzenarten, etwa *Crocus, Gladiolus, Hippeastrum, Hyacinthus, Iris, Lilium, Narcissus, Tulipa* und andere, genaue Angaben über die zur Abtötung des betreffenden Schädlings erforderliche Temperatur und Dauer des Warmwasserbades sowie über die damit verbundene Pflanzenverträglichkeit zu machen.

Es scheint daher nicht erforderlich, hier auf Einzelheiten einzugehen, zumal für etwaige Interessenten ausgezeichnete tabellarische Zusammenfassungen aus den Niederlanden vorliegen, beispielsweise im Gids voor Ziekten- en Onkruidbestrijding in Land- en Tuinbouw, Wageningen, der etwa alle zwei Jahre neu erscheint. Siehe Kapitel 9 "Informationsquellen - Pflanzenschutz".

Meist bestehen die entsprechenden Maßnahmen aus einer längeren, eine bis mehrere Wochen dauernden **Vorbehandlung** bei relativ niedrigen Temperaturen zwischen 20 und 30 °C je nach Pflanzenart und der kurzen, 2-4stündigen eigentlichen **Warmwasserbehandlung** bei Temperaturen zwischen 39 und 45 °C, je nach Empfindlichkeit der betreffenden Pflanzenart oder -sorte und des zu bekämpfenden Schädlings.

Vorbereitet und ergänzt wird die Warmwasserbehandlung durch spezielle Maßnahmen bei der Ernte, Lagerung, Behandlung mit Fungiziden im Rahmen der Vorbereitung zum Pflanzen oder zum Versand sowie beim Auspflanzen.

1.3.6.3 Behandlung von Sämlingen

Vorbeugende Maßnahmen

Bei Verwendung primär steriler oder entseuchter Anzuchtsubstrate, Desinfektion der Anzuchtgeräte und Beizung des Saatgutes ist eine Bekämpfung der **Umfallkrankheiten an Sämlingen** in der Regel überflüssig. Gegen Bodenpilze der Gattungen *Pythium* und *Phytophthora* an Zierpflanzenaussaaten unter Glas können *Metalaxyl* (*Fonganil Neu*), *Propamocarb* (*Previcur N*) oder ein anderes zugelassenes Fungizid eingesetzt werden: Eine Anwendung **vor** der Aussaat oder gleich **nach** dem Übersieben.

Sollten die vorbeugenden Maßnahmen unterlassen worden sein, so ist es ratsam, die erfahrungsgemäß durch Pilze der Gattungen *Pythium* und *Phytophthora* vom Boden her bedrohten Jungpflanzen je nach Präparat ein- oder mehrmals mit *Metalaxyl* (*Fonganil Neu*), *Propamocarb* (*Previcur N*) oder einem anderen bewährten Mittel zu überbrausen. Allerdings muß auf die Verträglichkeit der zu behandelnden Sämlinge gegenüber den genannten Wirkstoffen geachtet werden, da eventuell ein Wachstumsschock auftreten kann. Die begrenzte Wirkungsbreite der Präparate ist zu berücksichtigen!

Metiram (*Polyram WG, Phytox Super*[1]) kann wegen seiner Breitenwirkung allgemein gegen Auflauf- und Keimlingskrankheiten eingesetzt werden, obwohl die Wirkung gegen *Aphanomyces, Phytophthora und Pythium* nicht immer ganz ausreicht.

Übersicht der im Zierpflanzenbau zugelassenen Präparate zur vorbeugenden Bekämpfung von Bodenpilzen	
Wichtig! Die angegebenen Präparate wirken nicht gegen alle Bodenpilze, sondern **nur** gegen die angegebenen Gattungen.	
Wirkstoff *Präparat*	**Zugelassen gegen:**
Metalaxyl *Fonganil Neu*	*Pythium-, Phytophthora*-Arten unter Glas: Als Gießmittel zur Behandlung der Anzucht- oder Topferde: 100 ml in 5-10 l Wasser/m³, kurz vor Verwendung der Erde. Als Gießmittel nach dem Eintopfen: 0,05 %, 50-100 ml pro Topf bei ∅ 10-14 cm, 50 ml pro Topf bei weniger als 9 cm ∅. 1 Anwendung.
Fosetyl *Aliette*	*Phytophthora*-Arten im Freiland und unter Glas: 0,25 %, 2 l/m² gießen, bei Stecklingen, Jungpflanzen und Topfpflanzen mit schwacher Wurzelbildung. Kulturen und Topfpflanzen ab 9-12er Topf 0,5 % gießen.
Propamocarb *Previcur N*	*Phytophthora*- und *Pythium*-Arten: In Saatbeeten von Zierpflanzen unter Glas 0,25 %ig max. 4 l/m² gießen, 1. Anwendung vor der Saat bzw. gleich nach dem Abdecken. Auf Vermehrungsflächen von Zierpflanzen unter Glas 0,15 % max. 10 l/m² gießen, eine Anwendung vor dem Stecken. Bewurzelte Jungpflanzen von Zierpflanzen und Ziergehölzen unmittelbar vor dem Eintopfen kurz tauchen in 0,15 %ige Spritzflüssigkeit. Topfpflanzen 0,15 %ig ca. 100 ml je 10- bis 11-cm-Topf gießen, max. 6 Anwendungen im Abstand von 21 Tagen, 1. Anwendung sofort nach dem Eintopfen. Im Freiland in Zierpflanzen 0,15 %, max. 6 l/m² sofort nach dem Pflanzen gießen. Gegen *Pythium*-Arten an 5 °C-Tulpen. Zwiebeln 20 Minuten in 0,3 %iger Lösung tauchen und vor dem Pflanzen 15 ml *Previcur N* in 0,5 bis 1 l Wasser je m² auf die Bodenoberfläche gießen und einarbeiten.

Präparate zur vorbeugenden Bekämpfung von Auflaufkrankheiten	
Wirkstoff *Präparat*	**Zugelassen gegen:**
Metiram(1) *Compo-Pilzfrei* *Gemüse-Spritzmittel Polyram-Combi* *Phytox-Super* *Polyram*	Auflaufkrankheiten: Spritzen von Jungpflanzen 0,2 % bzw. 2 l/m² gießen.
Thiram *Aatiram*	

Behandlung bereits erkrankter Sämlinge

Bei bereits aufgetretenem Befall an Sämlingen kann meist noch mit einem der oben genannten Präparate eine Niederhaltung von Pilzkrankheiten erzielt werden. In diesem Falle ist aber eine vorherige **Bestimmung** des vorliegenden Krankheitserregers notwendig (Pflanzenschutzdienst), da jedes Präparat ein spezifisches Wirkungsspektrum hat. Stärker geschädigte Pflanzen sollten vernichtet werden.

Gegen Bodenpilze an Zierpflanzen im Freiland

ist die Anwendung eines der genannten Präparate ebenfalls empfehlenswert, die erste Anwendung erfolgt zweckmäßig sofort nach dem Pflanzen.

1.3.6.4 Behandlung von Stecklingen

Beim Schneiden der Stecklinge können mit den Schnittwerkzeugen Krankheitserreger übertragen werden. Daher nach der Entnahme des Stecklings Schnittwerkzeug durch Erhitzen oder durch Eintauchen in *Lyso rapid* (1-2 Minuten) desinfizieren. Vorsicht, die Präparate haben eine Gasphase.

Tauchbehandlungen der Stecklinge sollten nur in den Betrieben erfolgen, in denen Erfahrungen über die Verträglichkeit der Pflanzenarten und -sorten gegenüber bestimmten Mitteln vorliegen.

Zur *Rhizoctonia*-Bekämpfung haben sich Spritzungen, die auch den Wurzelhals benetzen, mit *Propineb* (*Antracol WG*) oder *Iprodion* (*Rovral*) bewährt. Bei stärkerem Befall Pflanzen sofort entfernen.

Auf die Notwendigkeit der Verwendung geeigneter Anzuchtsubstrate und desinfizierter Gerätschaften wurde in diesem Kapitel bereits hingewiesen.

1.3.7 Bekämpfung von Algen und Moosen im Zierpflanzenbau

Der schnelle Bewuchs von Substraten und Stellflächen mit Algen erschwert bei Aussaaten oft das Auflaufen der Sämlinge und bei Pflanzen mit längerer Kulturdauer behindert er die Wasser- und Sauerstoffzufuhr zu den Pflanzenwurzeln und bewirkt ein ungepflegtes und vernachlässigtes Aussehen der Kultur und begünstigt auch das Auftreten von Trauermücken. Die Beseitigung dieser Algenbeläge ist schwierig, zumal Präparate, die Algen in Wasserkulturen vernichten, auf Kultursubstraten versagen.

Im Gewächshaus sind folgende Möglichkeiten gegeben:

***Dimanin A* 0,5 % gegen Algen**

Wenn Algen (und Schimmelpilze) bekämpft werden sollen, so kann **auf Stellflächen und Tischen** vor dem Aufstellen von Töpfen eine Behandlung mit ***Dimanin A*** 0,5 % erfolgen. Blumentöpfe oder Schalen aus Ton 24 Stunden in 0,5 %iges ***Dimanin A*** tauchen. Die Dauerwirkung beträgt 4 Wochen.

Die **Plattenwege in den Gewächshäusern** können mit ***Dimanin A*** in der angegebenen Konzentration frei von Moos und Algen gehalten werden. ***Dimanin Spezial*** 1,5 ml/m² und ***M & ENNO TER-forte*** 1,5 ml/m² wirken hier vorwiegend gegen Algen.

Algenbekämpfung in Hydrokulturen
Bei Hydrokulturen spielt die Algenbekämpfung eigentlich eine entscheidende Rolle. Dazu steht z. Z. allerdings kein Mittel mehr zur Verfügung.

Moosbekämpfung auf Wegen außerhalb der Gewächshäuser
Zur Freihaltung von Wegen sowie von Flächen zwischen Frühbeetflächen und Gewächshäusern verwendet man Präparate, die gleichzeitig erfolgreich gegen Unkräuter und Gräser sowie gegen Moose wirken, wie beispielsweise:

Diuron (Xn, B4)	
Diuron Bayer	0,7 g/m²
RA 15-Neu	1,4 g/m² Frühjahrsanwendung
Diuron + Glyphosat	
Adimitrol WG Neu	
Rapir	
Tuta Super Neu	1,5 g/m²
Ustinex G Neu	
Vorox G	

Bei der Anwendung von *Diuron*-haltigen Präparaten ist die **Pflanzenschutz-Anwendungsverordnung** unbedingt zu beachten (s. Kapitel 8 "Verordnung über Anwendungsverbote für Pflanzenschutzmittel").

Anwendung auf feuchtem Boden. Vorsicht, nach Niederschlägen können Präparatreste leicht in Kastenanlagen, andere Kulturpflanzen oder Rasenflächen gelangen. Auf Flächen, von denen die Gefahr einer unmittelbaren oder mittelbaren Abschwemmung in die Kanalisation, Drainagen sowie Regenwasserkanäle besteht, ist die Anwendung nicht erlaubt.

Moosbekämpfung auf Plattenwegen, gepflasterten Plätzen, Garageneinfahrten und ähnlichen Stellen.
Siehe Kapitel 3.5 "Unkrautbekämpfung auf Wegen und Plätzen mit Baumbewuchs".

1.4 Einige allgemeine Hinweise

Die Gebrauchsanleitungen
auf den Packungen von Pflanzenschutzmitteln werden im Rahmen der amtlichen Zulassung von der Biologischen Bundesanstalt für Land- und Forstwirtschaft festgelegt. Sie müssen Angaben über die bestimmungsgemäße und sachgerechte Anwendung, über mögliche schädliche Auswirkungen auf die Gesundheit von Mensch und Tier sowie sonstige schädliche Auswirkungen, insbesondere auf den Naturhaushalt, über Vorsichtsmaßnahmen sowie Sofortmaßnahmen bei Unfällen, und über die sachgerechte Beseitigung oder Neutralisierung enthalten. Darüber hinaus dürfen Pflanzenschutzmittel nur in den in der Zulassung festgesetzten und in der Gebrauchsanleitung angegebenen Anwendungsgebieten und Anwendungsbestimmungen angewandt werden. Kein Gärtner kann den Einsatz eines Pflanzenschutzmittels verantworten, dessen Gebrauchsanleitung er nicht genau kennt.

Zahlreiche Anwendungsverbote und -beschränkungen
gelten auch für Pflanzenschutzmittel, die im Zierpflanzenbau und der Landschaftsgärtnerei Verwendung finden. Besondere Bedeutung haben dabei die Bestimmungen für die Anwendung von Pflanzenschutzmitteln in Wasserschutzgebieten. Hier sind einschneidende Änderungen mit der Änderung der **Pflanzenschutz-Anwendungsverordnung** vom 24. Januar 1997 gekommen (siehe Kapitel 8 "Gesetze und Verordnungen"). Erfragen Sie weitere Änderungen bei der für Sie zuständigen Pflanzenschutzdienststelle.

Mindestabstände von Gewässern
Zur Vermeidung des Eintrages von Pflanzenschutzmitteln in Gewässer sind Mindestabstände von Gewässern einzuhalten. Es gehört zum sachkundigen Arbeiten, diese Auflagen, die in der Gebrauchsanleitung angegeben werden, zu beachten. Immer häufiger werden diese Auflagen als "Anwendungsbestimmung" mit Bußgeld-Androhung formuliert.

Sachkundenachweis
Pflanzenschutzmittel darf in einem Betrieb der Landwirtschaft, des Gartenbaus oder der Forstwirtschaft nur der anwenden, der die dafür erforderliche Zuverlässigkeit und die dafür erforderlichen fachlichen Kenntnisse und Fertigkeit hat. Dieses ist der "zuständigen Behörde" auf Verlangen nachzuweisen. Siehe auch "Pflanzenschutz-Sachkundeverordnung" - Kapitel 8 "Gesetze und Verordnungen". Mit dem neuen Pflanzenschutzgesetz wird auch derjenige, der zu gewerblichen Zwecken oder im Rahmen sonstiger wirtschaftlicher Unternehmungen andere über die Anwendung von Pflanzenschutzmitteln beraten will, seine Tätigkeit anzeigen müssen und für diese Tätigkeit einen Pflanzenschutz-Sachkunde-Nachweis führen.

Der Warndienst amtlicher Pflanzenschutzdienststellen
erfaßt in immer stärkerem Ausmaß auch Fragen des Pflanzenschutzes im Zierpflanzenbau und in der Landschaftsgärtnerei. Jeder Betriebsinhaber sollte sich selbst und auch seinen Mitarbeitern über den Bezug des amtlichen Warndienstes ständig aktuelle Informationen über Bekämpfungstermine, Anwendungstechnik und Besonderheiten beim Einsatz bestimmter Präparate verschaffen.

Falsche Sparsamkeit
ist es, wenn man die Ausgabe für geeignete Geräte zum präzisen Abmessen kleiner Mengen von pulverförmigen oder flüssigen Pflanzenschutzmitteln scheut und lieber, wie man es manchmal beobachten kann, eine ungenaue Dosierung vornimmt. Es ist mehr als bedenklich, wie fahrlässig manchmal mit primitiven Meßbechern aller Art oder anderen provisorischen Dosierungshilfsmitteln umgegangen wird. Dann darf man sich aber nicht wundern, wenn an den Zierpflanzenkulturen plötzlich unerwartete Schäden durch falsche Dosierung von Pflanzenschutzmitteln auftreten.

Eine Umrechnungstabelle für das Ansetzen von Spritzflüssigkeiten
finden Sie im Kapitel 6 "Pflanzenschutzgeräte" dieses Buches.

Echte Resistenz
entsteht nicht durch "Gewöhnung" eines Schadorganismus an einen bestimmten Wirkstoff, sondern durch "Selektion" von **Mutanten mit genetisch bedingter stärkerer Widerstandskraft.** Je größer die Verteilungsintensität der Schadorganismenart, um so mehr Chancen ha-

ben die betreffenden Mutanten (eben die resistenten Genotypen), sich in "ökologischen Nischen" der Population durchzusetzen!

Lohnt die Verwendung von Netzmitteln?
Netzmittelzusatz kann zweckmäßig sein, wenn die Benetzung glatter, wachsüberzogener oder aus anderen Gründen wasserabstoßender Pflanzenteile gesichert werden soll. Bei manchen Präparaten verringert der Zusatz eines Netzmittels die Intensität von Spritzbelägen. Verträglichkeit beachten!

Weichmacher in Kunststoffen als Pflanzengifte
haben in einzelnen Fällen zunächst Wachstumsdepressionen und später sogar das Absterben von Pflanzen verursacht. Bei den fraglichen Weichmachern handelte es sich um Inhaltsstoffe von minderwertigem PVC, die bei bestimmten Temperaturen, unter Umständen schon bei +21 °C, austreten und Pflanzenschäden hervorrufen. Weichmacher können auch in PVC-Schläuchen auftreten, die durch Sonneneinstrahlung über 21 °C erhitzt werden. Dabei kommt es bei dem im Schlauch befindlichen Wasser zu Anreicherungen von Weichmachern, die beim ersten Gießen zu Pflanzenschäden führen. Bedingt durch den harten Konkurrenzkampf der Kunststoffverarbeiter ist damit zu rechnen, daß gelegentlich minderwertige PVC-Materialien angeboten werden, bei denen es unter Umständen zu Weichmacher-Austritten kommen kann. Es sollte daher beim Kauf von PVC darauf geachtet werden, daß nur hochwertige Materialien zur Lieferung kommen.

Beim Angießen von Pflanzenschutzmitteln bei getopften Pflanzen
rechnet man für einen Topf bis 9 cm ∅ etwa 50 ml, bei 10-14 cm ∅ 50-100 ml Gießflüssigkeit. Diese wird bei jedem Pflanzenschutzmittel nach Vorschrift angesetzt.

Verträglichkeitsangaben
enthalten immer ein gewisses Risiko. Die Verträglichkeit einer Pflanze für ein Pflanzenschutzmittel kann nämlich nicht nur von der betroffenen Art und Sorte, sondern auch vom jeweiligen Wachstumsstadium sowie von anderen Faktoren (Temperatur, Luftfeuchtigkeit, Substratzusammensetzung, Düngung) abhängen. In Zweifelsfällen hilft nur der selbst vorher durchgeführte Verträglichkeitstest.

Zum Schutz der Aussaaten vor Schaderregern
dienen vor allem die Verwendung neuer, steriler Substrate, Maßnahmen der Substrat- und Bodenentseuchung, Verwendung neuer oder desinfizierter Anzuchtgefäße sowie die Sterilisierung der Stellflächen. Ergänzend wirkt das Überbrausen der Aussaaten mit *Metiram* (*Polyram-Combi, Phytox Super* 0,2 %) oder einem anderen geeigneten Fungizid gegen Pilzinfektionen. Verträglichkeit der Pflanzenarten und -sorten beachten!

Reklamationen bei zugekauften Pflanzen?
Viele Betriebe kaufen Jungpflanzen oder Halbfertigware zu. Dabei kommt es bisweilen zu Reklamationen wegen "mitgelieferter" Pflanzenkrankheiten und Schädlinge. Um erfolgreich reklamieren zu können, sind folgende Maßnahmen unerläßlich:

1. Sofortige, gründliche Kontrolle der Ware bei der Ankunft. Mißbildungen oder Verbräunungen an Blättern, Stengeln und Wurzeln sind immer verdächtig und sollten durch die zuständige Pflanzenschutzdienststelle identifiziert und beurteilt werden. Je früher die

Untersuchung erfolgt, um so sicherer läßt sich Art und Herkunft des Erregers nachweisen.

2. In den ersten 4-6 Wochen nach ihrer Ankunft müssen die zugekauften Pflanzen besonders sorgfältig beobachtet werden. Zeichen von Wachstumsanomalien, Verbräunungen oder Mißbildungen sollten auch jetzt noch sofort Anlaß zur Untersuchung typischer Probepflanzen durch einen Fachmann sein.

3 Notwendige Angaben bei Probeeinsendungen an den Pflanzenschutzdienst:
   a) Liefertermin;
   b) Erzeuger und/oder Lieferbetrieb;
   c) Wann wurden die Schadsymptome festgestellt?
   d) Wie lange standen die Pflanzen schon im Empfängerbetrieb?
   e) Art und Umfang des Schadens;
   f) Wurden bereits Pflanzenschutzmaßnahmen durchgeführt?

Eine große Bedeutung für den Qualitätsnachweis von Anbaumaterial wird die **Verordnung über das Inverkehrbringen von Anbaumaterial von Gemüse-, Obst- und Zierpflanzenarten vom 16. Juni 1998** gewinnen. Weiteres hierzu lesen Sie im Kapitel 8 "Gesetze und Verordnungen".

Geschwächte Pflanzen
sind anfälliger gegen Krankheiten und Schädlinge als kräftige, in gesundem Wachstum befindliche. Die kritische Zeit bei **Sämlingen** ist die Wachstumsperiode bis zum Topfen, bei **Stecklingen** bis zur ausreichenden Bewurzelung. In diesen kritischen Zeiträumen der Jungpflanzenentwicklung bleibt die Schaffung optimaler Kulturbedingungen besonders wichtig. Aber auch für **ältere Pflanzen** sind Fehler in der Kulturführung wie Ballentrockenheit, stauende Nässe, Nährstoffmangel oder Überdüngung immer gefährlich.

Ausgemerzte kranke Pflanzen
gehören nebst der (hoffentlich!) gleichzeitig entfernten umgebenden Erde **nicht auf den Kompost, sondern in den Müllcontainer!**

Die Spritze mit dem großen U (= Unkrautbekämpfungsmittel)
sollte in keinem Betrieb fehlen. Denn wer vor Überraschungen sicher sein will, verwendet für die Ausbringung von Unkrautbekämpfungsmitteln ausschließlich eine besondere, möglichst durch grelle Farben und ein großes U gekennzeichnete Spritze. Es sollte niemals vorkommen, daß mit **dieser** Spritze ein anderes Pflanzenschutzmittel ausgebracht wird. Sonst könnte sich leicht wiederholen, was bereits oft passierte: Mitarbeiter erhalten den Auftrag, einen Zierpflanzenbestand mit einem Fungizid oder Insektizid zu spritzen. Erst später wurde dann festgestellt, daß durch Reste eines hochaktiven Unkrautbekämpfungsmittels, die sich noch in der Spritze bzw. im Spritzschlauch befanden, schwerste Schäden an den behandelten Pflanzen entstanden waren.

In den Firmenprospekten der für den Zierpflanzenbau amtlich zugelassenen Präparate sind Positiv- und Negativlisten
enthalten. Sie geben dem Gärtner wichtige Informationen über die Verträglichkeit der einzelnen Zierpflanzenarten und -sorten. Ihre Beachtung ist für die sachgemäße Anwendung der Präparate unerläßlich.

Blumenzwiebeln
sofort nach Empfang auspacken und genau auf Befall mit Krankheiten oder Schädlinge kontrollieren. Bei Verdacht schalte man den Pflanzenschutzdienst ein, um eventuelle Reklamationen sicher zu fundieren. Möglichst Benutzung neuer Einschlagplätze, Einschlagerde und Einschlagtorfs, bereits früher benutzte Flächen oder Substrate sind zu entseuchen. Temperaturkontrollen vor allem bei warmer Herbstwitterung unerläßlich, ebenso Maßnahmen zur Feuchtigkeitsregulierung.

Bei zu hoher Salzkonzentration im Topfsubstrat
kann es an manchen Pflanzenarten, besonders typisch bei *Poinsettien* und *Saintpaulien,* zum Absterben der feinen Wurzeln kommen. Als mögliche Ursachen einer erhöhten Salzkonzentration im Boden seien genannt:
Ballentrockenheit, unter Umständen bedingt durch Einfüttern der Töpfe in Torf, der Feuchtigkeit aus dem Topfsubstrat entzogen hat, so daß es in der unteren Topfhälfte zu einer erhöhten Salzkonzentration kommt und der Topfballen nur im oberen Teil gut durchwurzelt. Bei Anstaubewässerung kann es dagegen zu einer überhöhten Salzkonzentration in der oberen Ballenhälfte kommen, so daß sich die Wurzeln vorwiegend im unteren Teil des Ballens entwickeln. Die in beiden Fällen ungenügende Durchwurzelung wirkt sich in einer geringeren Wuchsleistung der Pflanze aus.

Wildverbiß an Rosen und anderen Baumschulgehölzen
kann in strengen Wintern mit langen Frostperioden und hoher Schneedecke zu empfindlichen Schäden führen. Wo keine Möglichkeit besteht, die bedrohten Flächen mit Maschendraht einzuzäunen, sollten gefährdete Sträucher bereits während des Frühwinters im Streich- oder Spritzverfahren mit einem für Zierpflanzen zugelassenen **Wildverbißmittel** behandelt werden. Präparate siehe Kapitel 5 "Pflanzenschutzmittelübersicht".

Herr Betriebsinhaber!
Sie sind stolz darauf, daß in Ihrem Betrieb alles gut organisiert ist. Aber gestatten Sie doch bitte folgende Fragen:
Stehen Ihren Mitarbeitern, die mit teilweise hochgiftigen Pflanzenschutzmitteln arbeiten müssen, neben der vorgeschriebenen Schutzkleidung folgende Gerätschaften zur Verfügung?

1. Entsprechend beschrifteter, mit Totenkopf versehener, fester, abschließbarer Schrank für die sichere Aufbewahrung von Pflanzenschutzmitteln (Giftschrank!); bei größeren Mengen an Pflanzenschutzmitteln ein separater Giftraum. Hierzu sind z.B. in NRW durch die Wasserschutzbehörden in Zusammenarbeit mit den Pflanzenschutzdienststellen entsprechende Mindestvorschriften erarbeitet, die aufgrund des Wasserhaushaltsgesetzes zu fordern sind.
2. Nur für diesen Zweck benutzte, genaue Waage zum Abwiegen auch kleinster Mengen von Pflanzenschutzmitteln.
3. Graduierte Meßröhrchen von 10, 50 und 100 ml sowie Pipetten für noch kleinere Mengen zum Abmessen von Flüssigkeiten.
4. Graduierte Meßbehälter von 1/4, 1/2 und 1 Liter sowie Meßeimer für größere Flüssigkeitsmengen.
5. Gegebenenfalls geeignete Behälter für den Transport abgemessener Mengen von Pflanzenschutzmitteln zum Standort der Spritze oder zum Ort des Verbrauchs.

6. Lupen (10- und 20fach) für die Erkennung von Schadsymptomen oder Schädlingen an den Pflanzen.

Und noch zwei Fragen:
Halten Sie von Zeit zu Zeit eine "Informationsstunde" über gesetzliche Bestimmungen zum Gebrauch von giftigen Pflanzenschutzmitteln (Gefahrstoffverordnung!), über Einschränkungen bei der Anwendung (Pflanzenschutz-Anwendungsverordnung) und über entsprechende Vorsichtsmaßregeln und Anwenderschutz ab?
Sind Sie sicher, daß kein Unbefugter sich Zugang zu giftigen Präparaten verschaffen kann?
Denken Sie bitte über diese Fragen einmal nach und erwägen Sie mögliche Konsequenzen!

Einsatz von Bakterienpräparaten gegen Raupen
kann selbst in stark vom Menschen begangenen Parkanlagen sowie an Straßenbäumen und Hecken als biologische Bekämpfungsmaßnahme zweckmäßig sein. Die in der Bundesrepublik amtlich zugelassenen *Bacillus thuringiensis*-Präparate sind für den Menschen und alle Warmblüter, darüber hinaus aber auch für die anderen tierischen Organismen (außer Raupen!) ungefährlich. Sie enthalten Sporen dieses Bakteriums. Nach Aufnahme des in angemessener Verdünnung auf die Blätter gespritzten Präparates gehen anfällige Raupenarten zugrunde. Das Bundesgesundheitsamt schreibt wegen der völligen Unbedenklichkeit für den Menschen bei direkter Behandlung von Obst und Gemüse keine Wartezeiten vor.

Biologische Bekämpfungsverfahren
haben bis jetzt im Zierpflanzenanbau nur in bestimmten Kulturen eine gewisse praktische Bedeutung erlangt. Der Einsatz von **Antagonisten (Gegenspieler, "Feinde") bestimmter Schädlinge** unter Glas hat sich jedoch im Gemüsebau aber auch im Zierpflanzenbau bei sachgemäßer Durchführung als recht erfolgversprechend erwiesen. Gute Erfahrungen liegen vor mit dem Aussetzen von **Schlupfwespen gegen die Weiße Fliege** und von **Raubmilben gegen Spinnmilben.** Interessierte Gärtner mögen sich um Auskunft an den amtlichen Pflanzenschutzdienst wenden. Siehe auch Kapitel 2.3 "Pflanzenschutz bei Innenraumbegrünung - Zusammenstellung der wichtigsten Nützlinge".

An Topfpflanzen in Wohnungen und Blumenfenstern
sollten Schädlinge nur mit hygienisch auch hier voll verantwortbaren Präparaten bekämpft werden. Zu diesen gehören die einfach anzuwendenden, meist Gemische verschiedener Wirkstoffe enthaltenden und daher gegen mehrere Schädlingsarten wirksamen
Sprühdosen: *Pyrethrum + Piperonylbutoxid* oder *Butocarboxim,* ferner die
Pflanzenschutzstäbchen: *Butoxycarboxim* und ähnliche Produkte.

1.5 Pflanzen- und Warenbeschau

Pflanzenbeschau und Pflanzenquarantäne gehören zu den vorbeugenden Maßnahmen des Pflanzenschutzes. Ihre wichtigsten Ziele sind es, die Einschleppung sowie die Ausbreitung von Krankheiten und Schädlingen zu verhindern. Dazu dienen Einfuhrverbote und -beschränkungen. Bei bestimmten Pflanzen und Waren werden spezifische Anforderungen hinsichtlich Pflanzengesundheit und Befallsfreiheit gestellt. Zur Überwachung der Anforderungen ist die Kontrolle an den Einfuhrorten notwendig. Infolge des sehr stark angewachsenen internationalen Handels wird die wirksame Durchführung dieser Pflanzenbeschaumaßnahme immer schwieriger.

Um die Gefahr der Verbreitung von Krankheiten und Schädlingen einzuschränken ohne den Handel zu unterbinden, wird daher bei vielen Pflanzen und Pflanzenerzeugnissen die Einfuhr erlaubt, wenn bestimmte Anforderungen eingehalten werden. Dazu gehören Maßnahmen zur Befallsverhinderung im Erzeugerland, die Bescheinigung des Gesundheitszustandes in Form eines Pflanzengesundheitszeugnisses und die Kontrolle des Pflanzenmaterials beim Grenzübertritt in das Empfangsland. Deshalb dürfen der Pflanzenbeschau unterliegende Pflanzenarten und Waren nur über bestimmte Grenzeinlaßstellen eingeführt werden. Die aktuelle Liste der Einlaßstellen für die Bundesrepublik Deutschland wird im Bundesanzeiger veröffentlicht. Sie können auch beim Pflanzenschutzdienst oder beim Zoll erfragt werden.
Wenn an der Einlaßstelle Befall festgestellt wird, so muß die Ware entweder vernichtet oder zurückgewiesen oder durch eine wirksame Behandlung vom Befall befreit werden. Wenn an der Einlaßstelle nicht untersucht bzw. behandelt werden kann, so muß die Ware in einer geeigneten Verpackung unter Zollverschluß zum Bestimmungsort oder einem anderen Untersuchungsort transportiert werden, wo sie vom zuständigen Pflanzenschutzdienst untersucht wird.
Quarantänemaßnahmen im Binnenland haben die Aufgabe, eingeschleppte Krankheiten und Schädlinge auf ihre Ausgangsherde zu beschränken und den Befall möglichst wieder zu tilgen. Dafür ist es notwendig, daß die Befallsherde festgestellt werden. Bestimmte gefährliche Schaderreger sind deshalb meldepflichtig. Dazu gehören z.B. die Bakterienringfäule sowie die Schleimfäule der Kartoffel, der Kartoffelkrebs, der Feuerbrand und die Scharkakrankheit des Steinobstes. Durch entsprechende Verordnungen soll die weitere Ausbreitung der Schaderreger verhindert werden.

1.5.1 Handel mit Drittländern

Die Handel treibenden Staaten der Erde haben Pflanzenbeschaubestimmungen erlassen, die ihren Bedürfnissen entsprechen. Deshalb sollte man sich vor dem Vertragsabschluß beim zuständigen Pflanzenschutzdienst erkundigen, welche Bedingungen einzuhalten sind und ob Einfuhrverbote bestehen. Dies ist beim Handel mit Pflanzen oder Waren mit anhaftender Erde (Kartoffeln!) immer zu beachten. Besondere Einschränkungen gibt es beim interkontinentalen Handel. Hierauf beziehen sich auch die meisten Einfuhrverbote der Europäischen Union. Davon betroffen sind v.a. Wirtspflanzen des Feuerbrandes, Erdbeeren, Weinreben, Getreidepflanzen, Kartoffelknollen, Nachtschattengewächse, Nadelgehölze sowie beblätterte Eiche, Eßkastanie und Pappel (s. Tab. 1). Die in Tab. 2 genannten Pflanzen und Pflanzenerzeugnisse sind zeugnis- und untersuchungspflichtig, wenn sie aus Drittländern eingeführt werden. Wenn sie den Anforderungen entsprechen, werden sie bei der Einfuhr in die EU dann mit einem Pflanzenpaß versehen, so daß sie im EU-Binnenmarkt frei handelbar sind. Über die einzelnen Anforderungen für den Import oder den Export bestimmter Pflanzen und Waren gibt das Pflanzenschutzamt Auskunft.

1.5.2 Handel innerhalb der Europäischen Union

Für die Staaten der Europäischen Union gibt es eine gemeinsame Pflanzenbeschau - Richtlinie (77/93/EWG), in der die Bedingungen für die Einfuhr in die EU und den Handel zwischen den Mitgliedsstaaten festgelegt worden sind. Die Mitgliedsstaaten sind verpflichtet, diese Richtlinie in ihrer jeweils gültigen Fassung in nationales Recht umzusetzen. In der Bundesrepublik geschieht dies mit der Pflanzenbeschau-Verordnung. Bedingt durch den

Wegfall der Binnengrenzen in der Europäischen Union wurde auch die Pflanzenbeschau im europäischen Binnenmarkt in wesentlichen Teilbereichen neu geregelt.

1.5.2.1 Pflanzenbeschau und Pflanzenpaß

Auch unter den Bedingungen eines grundsätzlich freien Warenverkehrs zwischen den Mitgliedsstaaten soll die Verschleppung von Schaderregern so weit wie möglich vermieden werden. Da die Kontrollen an den Binnengrenzen wegfallen, sind Kontrollen im Inland erforderlich. Damit nur gesunde Pflanzen und saubere Waren die Erzeuger- bzw. Handelsbetriebe verlassen, muß die Überwachung auf Schaderregerbefall in den Betrieben erfolgen. Dies war auch bisher schon der Fall bei Betrieben, die Pflanzen und Pflanzenerzeugnisse exportierten, die phytosanitäre Risiken bergen. Da infolge des Binnenmarktes Exporte in Mitgliedsstaaten und Handel im Inland nicht mehr von einander abgrenzbar sind, sind nun auch die Betriebe betroffen, die bisher ihre Ware nur im Inland absetzen. Deshalb sind alle Erzeuger und Händler bestimmter Pflanzenarten und Waren, die in der Pflanzenbeschauverordnung genannt sind (s. Tab. 3 - 5) registrierungspflichtig. Die **Registrierung** muß beim zuständigen Pflanzenschutzamt erfolgen.

Der Betrieb muß dafür die folgenden Voraussetzungen erfüllen:

1. Dem zuständigen Pflanzenschutzamt muß ein vollständig ausgefüllter Antrag vorliegen.
2. Es muß eine für den Pflanzenschutz im Betrieb verantwortliche Person benannt werden.
3. Im Betrieb muß ein Lageplan vorliegen, aus dem hervorgeht, wo im Betrieb die paßpflichtigen Pflanzen bzw. Waren erzeugt oder gelagert werden.

Der Betrieb erhält eine individuelle Registrierungsnummer. Sie ist Bestandteil des Pflanzenpasses (s.u.). Registrierte Betriebe sind zu folgenden Maßnahmen verpflichtet:

1. Wenn Quarantäneschadorganismen auftreten oder Befall vermutet wird, muß das zuständige Pflanzenschutzamt sofort informiert werden.
2. Über den Einkauf (Datum, Lieferant, Art, Menge) und Verkauf (Art, Menge) der paßpflichtigen Pflanzen- und Warenarten müssen Aufzeichnungen gemacht werden. Die Aufzeichnungen müssen drei Jahre aufbewahrt werden.
3. Es müssen innerbetriebliche Kontrollen auf Befall mit Quarantäneschadorganismen durchgeführt werden.

Tab. 1: Pflanzen, deren Einfuhr aus Drittländern verboten ist

Pflanzengattung	Bemerkungen	**Einfuhrverbot gilt für**		
		Drittländer	Außereuropäische Länder	Andere Länder
Abies			+	
Castanea, beblättert			+	
Cedrus			+	
Chaenomeles	a)		+	
Chamaecyparis			+	
Citrus		+		
Crataegus	a)		+	
Cydonia	a), b)		+	
Fortunella u. Hybriden		+		
Fragaria	b)		+	
Gramineae	c)	+		
Juniperus			+	
Larix			+	
Malus	a), b)		+	
Phoenix				Algerien, Marokko
Photinia			+	
Picea			+	
Pinus			+	
Poncirus u. Hybriden		+		
Populus, beblättert				Nordamerika
Prunus	a), b)		+	
Pseudotsuga			+	
Pyrus	a), b)		+	
Quercus, beblättert			+	
Rosa	a)		+	
Solanaceae, außer knollen- und ausläuferbildende Arten und Kartoffelknollen	d)	+		
Solanum-Arten, ausläufer- und knollenbildende Arten, außer Kartoffelknollen		+		
Solanum tuberosum, Knollen	e)	+		
Tsuga			+	
Vitis		+		

Bemerkungen:

a) außer Pflanzen in Vegetationsruhe

b) aus Australien, Kanada, Kontinental-USA, Neuseeland und Mittelmeerländern darf eingeführt werden.

c) außer mehrjährige Ziergräser

d) außer europäische Länder und Mittelmeerländer

e) außer Schweiz

Tab. 2:	Pflanzen und Waren, die bei der Einfuhr aus Drittländern zeugnis- und untersuchungspflichtig sind
Alle Pflanzen, außer Aquariumpflanzen	
Samen von	
Allium cepa	Medicago sativa
Allium porrum	Oryza
Allium schoenoprasum	Phaseolus
Capsicum	Prunus
Helianthus annuus	Rubus
Lycopersicon lycopersicum	Zea mays
Cruciferae, Gramineae, Trifolium:	Mit Ursprung Argentinien, Australien, Bolivien, Chile, Neuseeland, Uruguay
Pflanzenteile von	
Acer saccharum aus Nordamerika	Pelargonium
Castanea	Phoenix
Coniferales	Populus
Dendranthema	Prunus aus außereuropäischen Ländern
Dianthus	Quercus
Frische Früchte (aus außereuropäischen Ländern) von	
Annona	Prunus
Cydonia	Psidium
Diospyros	Pyrus
Malus	Ribes
Mangifera	Szygium
Passiflora	Vaccinium
Citrus, Fortunella, Poncirus:	aus allen Drittländern
Knollen von Solanum tuberosum	
Holz von	
Acer saccharum	Platanus
Castanea	Populus
Coniferales	Quercus
(je nach Herkunft und Verarbeitungsgrad des Holzes unterschiedliche Bedingungen - Näheres Pflanzenschutzdienst)	
Lose Rinde von	
Acer saccharum	Populus
Castanea	Quercus
Coniferales	

Tab. 3: Auf allen Erzeugungs- und Handelsstufen paßpflichtige Pflanzen und Waren

Pflanzen	
Beta vulgaris	Malus
Chaenomeles	Mespilus
Citrus u. Hybriden	Poncirus u. Hybriden
Cotoneaster	Prunus
Crataegus	Pyrus
Cydonia	Sorbus außer S. intermedia
Eriobotrya	Solanum (ausläufer- u. knollenbild. Arten)
Fortunella u. Hybriden	Vitis
Humulus lupulus	
Pflanzenteile	
Citrus u. Hybriden	Poncirus u. Hybriden
Fortunella u. Hybriden	Vitis
Frische Früchte	
Citrus clementina mit Blättern und Stielen	
Holz (auch als Plättchen, Schnitzel, Späne, Abfälle)	
Castanea, außer entrindetes Holz	Platanus
Rinde	
Castanea	

Die Pflanzengesundheit, die im internationalen Warenverkehr durch ein Pflanzengesundheitszeugnis dokumentiert wird, wird innerhalb des EU-Binnenmarktes durch die Ausstellung eines Pflanzenpasses bestätigt.
Von den in der EU produzierten Pflanzen und Waren unterliegen nur diejenigen der Pflanzenpaßpflicht, die Wirtspflanzen gefährlicher Schaderreger sind und denen eine wirtschaftliche Bedeutung im Anbau zugemessen wird (s. Tab. 3 - 5). Dabei wird unterschieden zwischen Pflanzen und Waren, die in jeder Produktions- und Handelsstufe, d.h. vom Erzeuger bis zum Verkauf an den Endverbraucher mit einem Pflanzenpaß versehen sein müssen (s. Tab. 3) und Pflanzen- und Saatgutarten, die nur auf den Stufen der erwerbsmäßigen gärtnerischen Kultur pflanzenpaßpflichtig sind (s. Tab. 4 und 5).

Tab.: 4 Paßpflichtige Pflanzen für die erwerbsmäßige Weiterkultur

Zierpflanzen	
Argyranthemum	Impatiens-Neu-Guinea-Hybriden
Aster	Leucanthemum
Dendranthema	Lupinus
Dianthus u. Hybriden	Pelargonium
Exacum	Solanaceae, außer ausläufer- und knollenbildende Arten
Gerbera	Tanacetum
Gypsophila	Verbena
Gehölze	
Abies	Platanus
Castanea	Populus
Larix	Pseudotsuga
Picea	Quercus
Pinus	Tsuga
Obstpflanzen	
Fragaria	Rubus
Gemüsepflanzen	
Apium graveolens	Lactuca
Brassica	Spinacia
Cucumis	
Pflanzen, bewurzelt oder mit anhaftendem Kultursubstrat	
Araceae	Persea
Marantaceae	Strelitzia
Musaceae	

Wenn die paßpflichtigen Pflanzen und Waren den Anforderungen der Pflanzenbeschau-Verordnung entsprechen, werden sie mit einem Pflanzenpaß versehen. Der Pflanzenpaß muß folgende Angaben enthalten:

1. die Bezeichnung "EWG-Pflanzenpaß"
2. die Angabe "D"
3. das amtlich bekanntgemachte Kennzeichen des zuständigen Pflanzenschutzamtes
4. die Registriernummer des Betriebes
5. eine Serien-, Partie- oder Wochennummer
6. die botanische Bezeichnung der Pflanzen oder Waren
7. die Menge der Pflanzen oder Waren

8. wenn der Pflanzenpaß einen anderen Pflanzenpaß ersetzt, die Buchstaben "RP"
9. bei Pflanzen oder Waren aus Drittländern den Namen des Ursprungslandes.

Tab. 5: Paßpflichtige Samen, Zwiebeln und Knollen für die erwerbsmäßige Weiterkultur

Samen und Zwiebeln von	
Allium cepa	Allium porrum
Allium ascalonium	Allium schoenoprasum
Zwiebeln und Knollen von	
Camassia	Iris
Chionodoxa	Muscari
Crocus flavus 'Golden Yellow'	Narcissus
Galanthus	Ornithogalum
Galtonia candicans	Puschkinia
Gladiolus	Scilla
Hyacinthus	Tigridia
Hymenocallis	Tulipa

Der Pflanzenpaß besteht entweder aus einem Etikett an der Ware mit allen notwendigen Angaben, oder aus einem Etikett plus einem Warenbegleitpapier, in der Regel dem Lieferschein oder der Rechnung. Bei der Kombination von Etikett plus Warenbegleitpapier muß das Etikett nur die Angaben 1. bis 4. enthalten.
Auf Antrag kann das zuständige Pflanzenschutzamt die Ausstellung der Pflanzenpässe durch die registrierten Betriebe genehmigen. Voraussetzung dafür ist die Untersuchung der Pflanzen bzw. Waren durch den Pflanzenschutzdienst, um festzustellen, ob sie den Anforderungen der Pflanzenbeschau-Verordnung entsprechen. Über jede Sendung und den dazugehörigen Pflanzenpaß muß Buch geführt werden. Diese Aufzeichnungen müssen drei Jahre aufbewahrt werden und dem Pflanzenschutzdienst zur Einsichtnahme vorgelegt werden. Die Pflanzenpässe bzw. Warenbegleitpapiere von zugekaufter Ware müssen ein Jahr aufbewahrt werden.
Über die Anforderungen hinaus, die grundsätzlich an paßpflichtige Pflanzen und Waren gestellt werden, müssen Pflanzen, die in bestimmte Schutzgebiete innerhalb der Europäischen Union geliefert werden, weitere Bedingungen erfüllen. Schutzgebiete sind von den Mitgliedsstaaten festgelegte Gebiete, die als frei von bestimmten Quarantäneschadorganismen gelten. Um die Einschleppung zu verhindern, ist entweder die Lieferung bestimmter Pflanzenarten in die entsprechenden Schutzgebiete verboten (s.o. bei Feuerbrandwirtspflanzen), oder es müssen zusätzliche Untersuchungen durchgeführt werden. Nähere Auskünfte zu Lieferungsbedingungen für Schutzgebiete erteilt das zuständige Pflanzenschutzamt.

1.5.2.2 Der Handel mit Anbaumaterial von Gemüse-, Obst- und Zierpflanzenarten

Neben den phytosanitären Anforderungen, die die Pflanzenbeschau-Richtlinie an zeugnis- bzw. paßpflichtige Pflanzen und Waren stellt, hat die Kommission der Europäischen Union weitere Richtlinien mit gemeinschaftsweit gültigen Anforderungen an die Gesundheit und Qualität von Pflanzen erlassen. Mit der "Verordnung über das Inverkehrbringen von Anbaumaterial von Gemüse-, Obst- und Zierpflanzenarten" wurden diese Richtlinien in deutsches Recht umgesetzt.

Danach sind alle Betriebe, die Pflanzen der in den Tabellen 6 bis 8 genannten Arten bzw. Gattungen für die erwerbsmäßige Weiterkultur produzieren oder damit handeln, verpflichtet, sich bei der zuständigen Behörde - in der Regel der Pflanzenschutzdienst - registrieren zu lassen. Neben der Sortenechtheit und -reinheit stellen Anforderungen an die Pflanzengesundheit den Schwerpunkt der Verordnung dar. Diese sollen durch regelmäßige innerbetriebliche Kontrollen sowie eine mindestens jährliche Überprüfung durch den Pflanzenschutzdienst erfüllt werden. Neben der Dokumentation der Kontrollen und der gegebenenfalls durchgeführten Bekämpfungsmaßnahmen sind auch Aufzeichnungen über die Produktion sowie den Zu- und Verkauf zu führen.

Über die Anforderungen an das Standardmaterial hinaus gibt es für Kern- und Steinobst die Möglichkeit der Anerkennung von Anbaumaterial. Die Pflanzen können als Vorstufenmaterial, Basismaterial oder zertifiziertes Material anerkannt werden. Voraussetzung für die Anerkennung ist neben der Überprüfung der Bestände die lückenlose Dokumentation der Herkunft des Anbaumaterials. Die Anforderungen an anerkanntes Material beziehen sich einerseits auf die Sortenzulassung und andererseits auf Untersuchungen auf Befall mit bestimmten Viren und Phytoplasmen, die als Voraussetzung für die Anerkennung erforderlich sind. Anerkanntes Anbaumaterial kann dann entweder als virusfrei (vf) oder als virusgetestet (vt) in Verkehr gebracht werden.

Sowohl Standardmaterial als auch anerkanntes Material benötigen beim Verkauf ein Etikett oder ein Warenbegleitpapier (Lieferschein, Rechnung), das folgende Angaben enthält:

1. die Bezeichnung "EWG-Qualität"
2. die Angabe "D"
3. die Registrierungsnummer des Betriebes
4. die Serien-, Partie- oder Wochennummer
5. das Ausstellungsdatum
6. die botanische Bezeichnung der Pflanzenart (bei Gemüse die landesübliche Bezeichnung)
7. die Sorten- oder Typenbezeichnung
8. bei Obstpflanzen die Kategoriebezeichnung und die Angabe des Virusstatus
9. die Stückzahl oder das Gewicht
10. bei Anbaumaterial aus Drittländern den Namen des Ursprungslandes oder des Versandlandes.

Anträge zur Registrierung sowie nähere Informationen zu den Anforderungen an das Anbaumaterial sind beim zuständigen Pflanzenschutzdienst erhältlich.

Tab. 6: Gemüsearten, die der Verordnung unterliegen

Artischocke	Kerbel	Riesenkürbis
Aubergine	Knoblauch	Salat
Blattzichorie	Kohlrabi	Schalotte
Blumenkohl	Mangold	Schwarzwurzel
Brokkoli	Melone	Sellerie
Busch-, Stangenbohne	Möhre	Spargel
Cardy, Kardonenartischocke	Rosenkohl	Spinat
Chinakohl	Rote Rübe	Tomate
Dicke Bohne	Paprika	Wassermelone
Erbse, außer Futtererbse	Petersilie	Weißkohl
Feldsalat	Porree	Winterendivie
Fenchel	Prunkbohne	Winterheckenzwiebel
Grünkohl	Radies	Wirsing
Gurke	Rettich	Zucchini
Herbstrübe, Mairübe	Rhabarber	Zwiebel

Tab. 7: Obstarten, die der Verordnung unterliegen

Citrus limon	Juglans regia	Pyrus communis
Citrus sinensis	Malus	Prunus salicina
Citrus aurantiifolia	Prunus amygdalus	Pistacia vera
Citrus paradisi	Prunus armeniaca	Olea europaea
Citrus reticulata	Prunus avium	Ribes
Corylus avellana	Prunus cerasus	Rubus
Cydonia	Prunus domestica	
Fragaria x ananassa	Prunus persica	

Tab. 8: Zierpflanzen- und Ziergehölzarten, die der Verordnung unterliegen

Begonia x hiemalis	Gladiolus	Pinus nigra
Citrus	Lilium	Prunus
Dendranthema x grandiflorum	Malus	Pyrus
Dianthus caryophyllus L. und Hybriden	Narcissus	Rosa
Euphorbia pulcherrima	Pelargonium	
Gerbera	Phoenix	

2 Spezieller Teil zu Schadursachen an Zierpflanzen

Anmerkungen:

(1) = **Präparat** ist zur Zeit nicht zugelassen. Im Betrieb befindliche Restmengen können dort noch bis zum Ablauf des zweiten auf das Ende der Zulassung folgenden Jahres aufgebraucht werden.

(1) = **Wirkstoff** von zur Zeit nicht zugelassenen Präparaten.

(2) = **Präparat** ist zugelassen, aber für den Zierpflanzenbau nicht ausgewiesen.

(2) = **Wirkstoff** von zugelassenen Präparaten, die aber für den Zierpflanzenbau nicht ausgewiesen sind.

(3) = **Präparat** ist zugelassen. Anwendung nur in den in der Gebrauchsanleitung genannten Anwendungsgebieten und nur zu den hier beschriebenen Anwendungsbedingungen. (Bußgeldbewehrte Auflage NW200, s. auch Kapitel "Pflanzenschutzmittelübersicht").

2.1 Beschreibung allgemein auftretender Schadursachen

Bei den in diesem Kapitel genannten Bekämpfungsmaßnahmen gegen an Zierpflanzen und Gehölzen vorkommende Krankheiten und Schadtiere handelt es sich um allgemein mögliche Verfahren. Sind bei einzelnen Pflanzengattungen besondere Umstände zu berücksichtigen, werden sie in den Abschnitten "Schadursachen an einzelnen Zierpflanzen" bzw. "Schadursachen an Gehölzen" bei den infrage kommenden Pflanzengattungen und -arten genannt.

2.1.1 Physiologische Schäden

Physiologische Schäden an Zierpflanzen und Gehölzen haben sehr unterschiedliche Ursachen und Symptome. Diese sind abhängig von der Pflanzenart und ihrem Entwicklungs- und Wachstumszustand. Daher ist es kaum möglich, eine für alle Pflanzen geltende, zusammenfassende Beschreibung bestimmter Erscheinungen von physiologischen Schäden zu geben, die spezifischen Ursachen zugeschrieben werden können. Aus diesem Grunde sind die wichtigsten physiologischen Schäden bei der Besprechung der einzelnen Zierpflanzen- und Gehölzgattungen und -arten genannt. An dieser Stelle soll daher nur am **Beispiel der Chlorose** gezeigt werden, wie viele Faktoren für einen häufigen physiologischen Schaden infrage kommen können.

☐ Hauptsächlich an Blättern, seltener an Sprossen, auftretende Chlorophylldefekte in Form einer Zerstörung des Blattgrüns, in extremen Fällen bereits beim Austrieb. Symptome zunächst an jüngsten Blättern. Interkostalfelder zwischen Blattadern hellen sich auf, während die Adern noch längere Zeit grün bleiben. Später erfolgt mehr oder weniger totales Vergilben sowie Blattfall, die Ausbildung von Blüten bleibt aus, Pflanzen verlieren die Marktfähigkeit.

O **Chlorose**

Δ Symptome der Chlorose können auf Trockenheit oder Staunässe zurückgehen oder eine Folge gestörter Nährstoffversorgung sein, etwa durch Kali- oder Magnesiummangel, Stickstoffdefizit, Eisen- oder Manganmangel und übermäßige Kalkanreicherung. Eisen- oder Manganmangel und Kalküberschuß stehen ursächlich in Abhängigkeit, da Kalk das im Boden verfügbare Eisen oder Mangan festzulegen vermag. Kalkanreicherung und Eisenmangel sind meistens eine Folge zu harten Gießwassers. Der Kalkgehalt (Calciumcarbonat) bestimmt die **"temporäre Härte"** des Wassers, die zuweilen große Schwankungen aufweist und sich durch Kochen als Kalkstein aus dem Wasser beseitigen läßt. Auf dem Gehalt an Kalziumsulfat beruht die "bleibende" oder **"Sulfat-Härte",** die durch Kochen **nicht** verschwindet. Sehr hartes Wasser hat mehr als 20 ° deutscher Härte und ist unverändert für den Zierpflanzenbau als Gießwasser unbrauchbar.

Jeder Zierpflanzenbetrieb sollte sich bei einer LUFA (Landwirtschaftl. Untersuchungs- und Forschungsanstalt) oder einem geeigneten Labor über die Härte seines als Gießwasser vorgesehenen Wasservorrates informieren. Liegen die Härtegrade höher als für den Anbau empfindlicher Zierpflanzen zulässig, müßte eine spezielle Beratung über die Möglichkeit einer Abhilfe angefordert werden. Das kann beispielsweise durch Wasseraufbereitungsanlagen geschehen, die allerdings sehr teuer sind.

Zur Verhinderung der Kalkanreicherung ist der Erde reichlich Torf beizumischen. Der **Eisenmangel** kann durch wiederholte Anwendung eisenhaltiger Präparate beseitigt werden. *Fetrilon* z.B. ist als Zusatz zum Anzuchtsubstrat (20-30 g/m³), als Spritzmittel (nur nach Verträglichkeitstest) oder im Gießverfahren (im Sommer 0,01-0,02 % (10-20 g auf 100 l Wasser) und im Winter 0,01 bis 0,05 % je nach Stärke der Chlorose) einsetzbar. Bei kalkhaltigen Freilandflächen (Rosen!) streut man 15-20 g/m² *Fetrilon* breitwürfig aus und arbeitet es unter oder schwemmt es mit Wasser in den Boden ein.

Sequestren 138 Fe Granulat muß bereits bei Sichtbarwerden der ersten Symptome von Chlorose eingesetzt werden. Es hat als Beimischung zur Topferde (25-50 g/m³) oder bei Gießbehandlung eine besonders lange Wirkungsdauer, bei Blattbehandlungen ist diese jedoch relativ kurz. - Topfpflanzen sollten mit 5-10 g in 1 l Wasser nur über das Gießverfahren behandelt werden. - Zu bereits stehenden Zierpflanzenbeständen können pro m² 5-10 g *Sequestren 138 Fe Granulat* mit Sand gemischt ausgestreut werden, es ist aber sofort einzuarbeiten, da das Präparat lichtempfindlich ist.

Kulturfehler (Staunässe, zu tiefe Bodentemperatur, Sauerstoffmangel im Boden) können durch Zuführung von eisenhaltigen Präparaten natürlich **nicht ausgeglichen** werden.

2.1.2 Virosen (Viruskrankheiten)

Im Rahmen der Diagnose gilt es zu klären, ob die virusähnlichen Pflanzensymptome virös bedingt sind oder durch andere Ursachen hervorgerufen wurden. Dazu kann die **mechanische Virusübertragung** (Abreibung, Inokulation oder Impfung) auf virusempfindliche Testpflanzen durchgeführt werden.

Zu den klassischen Methoden der Virusdiagnose gehören aber auch **serologische Tests**, die auf dem Einsatz von virusspezifischen Antikörpern beruhen. Antikörper sind Eiweißkörper (Globuline), die in Wirbeltierkörpern bei Auftreten von körperfremden Substanzen, auch Antigene genannt (z.B. Proteine, Polysaccharide), zur Infektionsabwehr gebildet werden. In speziellen Laboratorien werden Antiseren gegen Pflanzenviren hergestellt. Hierfür wird das Virus zunächst auf geeigneten Wirtspflanzen vermehrt und anschließend durch aufwendige Reini-

gungsschritte von den Pflanzenbestandteilen getrennt. Mit dem hochgereinigten und konzentrierten Virus wird anschließend ein Wirbeltier, meist Kaninchen, beimpft. Diese Impfung führt zur Antikörperbildung, nicht aber zu einer Erkrankung des Tieres, da sich Pflanzenviren in Wirbeltierzellen nicht vermehren können. Schon 1 - 3 Wochen nach der Impfung wird aus wenigen Millilitern tierischem Blut das Antiserum gewonnen. Das Serum ist bei 4 °C über viele Jahre haltbar.
Das **ELISA-Verfahren** (Enzyme-linked immunosorbent assay) wurde 1976 erstmals zum Nachweis von Pflanzenviren eingesetzt und hat die anderen serologischen Nachweisverfahren wegen seiner hohen Empfindlichkeit, Schnelligkeit, Sparsamkeit im Antiserumverbrauch und der Möglichkeit zur Automatisierung fast vollständig verdrängt. Grundsätzlich läßt sich jedes Pflanzenvirus mittels ELISA nachweisen, sofern ein virusspezifisches Antiserum zur Verfügung steht.
Neben dem Einsatz von Antikörpern, die nach dem o.g. Verfahren hergestellt werden (polyklonale Antikörper, da viele Plasmazellen des Kaninchens beteiligt sind), können für den ELISA auch monoklonale Antikörper verwendet werden. Sie stammen von nur einer einzigen Plasmazelle ab und haben daher dieselbe Spezifität. Da ihre Herstellung einen hohen Zeit- und Kostenaufwand erfordert, werden monoklonale Antikörper meist nur für Viren eingesetzt, die bei der üblichen Serumherstellung Probleme bereiten.
Die Kenntnis von Gestalt und Größe der Viruspartikel ist für die Diagnose wesentlich. Mit Hilfe eines **Elektronenmikroskopes** lassen sich Viren sichtbar machen.
In der Pflanzenvirologie wird das Elektronenmikroskop vorwiegend angewendet bei:

- Untersuchungen von Rohsäften virusverdächtiger Pflanzen

- Morphologie- und Größenstudien von Viren im Rohsaft oder nach einer Virusreinigung

- Nachweis von Viren im Rohsaft mittels virusspezifischer Antikörper.

Da es bisher keine Möglichkeit gibt, eine virusinfizierte Pflanze vollständig virusfrei zu machen, sind für den Erhalt virusfreier Kulturen im Gartenbau vorbeugende Maßnahmen von großer Bedeutung. Diese beginnen bei der Wahl des Pflanzenmaterials, der Anbaufläche und reichen über regelmäßige Bekämpfungsmaßnahmen der Vektoren bis zur strengen Hygiene bei der Kulturführung.
Im Zierpflanzenbau werden viele Kulturen vegetativ vermehrt. Wurde bei der Mutterpflanzenselektion zufällig eine infizierte Pflanze ausgewählt, sind die nachfolgenden Kulturen besonders häufig von Pflanzenviren befallen. Nur mittels ELISA, Elektronenmikroskop und virusempfindlicher Testpflanzen können solche Pflanzen erfaßt und für den Aufbau virusfreier Mutterpflanzenbestände ausgeschlossen werden.
Gesunde Kulturen müssen in regelmäßigen Abständen Kontrolluntersuchungen unterzogen werden.
Zeigen einzelne Pflanzen in gesunden Beständen virusverdächtige Symptome, sollten diese vorsorglich entfernt werden. Aber nicht auf den Kompost werfen, da stabile Viren eine Kompostierung überstehen. Eine mehrstündige Dämpfung oder ein Verbrennen der infizierten Pflanzen beugt einer Verseuchung des zukünftigen Substrates vor.
Für viele Viren sind **Unkräuter** im Freien und unter den Gewächshaustischen die einzigen Überwinterungswirte. Von dort aus erfolgen mittels tierischer Vektoren erste Infektionen in den Kulturbeständen. Daher sind gartenbauliche Kulturen in der Nähe von Wiesen und Weiden besonders gefährdet. Eine Reihe von Pflanzenviren ist bei den Unkräutern samenüber-

tragbar, so daß bei unterlassener Unkrautbekämpfung die Anzahl der Viruswirtspflanzen plötzlich ansteigen kann.
In Mitteleuropa sind 99 % der **tierischen Virusüberträger** Insekten, hauptsächlich Pflanzensauger (Läuse, Thripse und Zikaden). Da die meisten Pflanzenviren nichtpersistent sind (nach Anstich einer infizierten Pflanze kann das Virus sofort auf gesunde Pflanzen übertragen werden), ist eine Bekämpfung der saugenden Insekten mit systemisch wirkenden Präparaten wenig sinnvoll, da das Insekt zwar nach dem Anstich stirbt, die Pflanze aber durch diesen Stich bereits infiziert worden sein kann. Hinzu kommt, daß die Insekten nach Spritzungen ihre Aktivitäten und damit die Zahl der Probestiche erhöhen und folglich die Virusübertragung fördern. Bei persistenten Viren (Virus wird erst nach einer Latenzzeit im Vektor weitergegeben) ist eine chemische Vektorenbekämpfung erfolgversprechend, da der Tod der Insekten vor der Virusübertragung eintreten kann. Bei wiederholten Insektizideinsätzen wird Wirkstoffwechsel empfohlen, um die Bildung resistenter Populationen zu vermeiden.
Als Alternative zur chemischen Insektenbekämpfung gewinnt unter anderem daher im Gewächshaus der Einsatz von Nützlingen immer mehr an Bedeutung.
Die Bekämpfung virusübertragender Nematoden ist problematisch, da die Älchen oft tiefer im Boden leben, die Nematizide aber nur in den oberen Bodenschichten ausreichende Wirkung erzielen. Die Bodendämpfung ist dann eine Alternative für verseuchte Gewächshausböden.
Während der Arbeiten in den Kulturen ist der **Mensch ein wirkungsvoller Überträger** von Pflanzenviren. Arbeitsgeräte, Pflanz- und Transportgefäße sowie Gewächshauseinrichtungen können dabei mit Viren kontaminiert werden. Bei geeigneten Bedingungen bleiben stabile Viren über ein Jahr oder länger infektiös. Deshalb ist eine zuverlässige Desinfektion erforderlich. Geeignet sind offene Flamme, heiße Luft, heißer Dampf oder heißes Wasser. Schnelldesinfektionsmittel für Schnittmesser können nicht überzeugen. Hier sollten Messer mit Wechselklingen verwendet werden, die anschließend ausgekocht werden können.
Grundsätzlich gilt für virusgefährdete Kulturen, die Pflanzen so wenig wie möglich berühren, auch nicht mit Arbeitskleidung und Händen. Besonders Raucher tragen infektiöse Tabakmosaik-Viruspartikeln an den Händen, die leicht in die Bestände gelangen können. Eine sichere Maßnahme bietet das Tragen von Einweghandschuhen.
Durch **hohe Temperaturen** können Virussynthese und Virustransport in nachwachsenden Trieben und Knospen unterdrückt werden. Hierfür werden infizierte Einzelpflanzen in klimatisierten Vegetationskammern Temperaturen zwischen 34 ° und 40 °C ausgesetzt. Die Dauer der Behandlung hängt von der Empfindlichkeit der Pflanze und dem zu eliminierenden Virus ab. Sie kann zwischen 2 und 15 Wochen liegen. Triebe und Knospen sind nach der Wärmebehandlung meist frei von Viruspartikeln, obwohl der Rest der behandelten Pflanze infiziert bleibt. Um das Einwandern der Viruspartikeln in die behandelten Pflanzenteile zu vermeiden, müssen sie sofort von der Mutterpflanze abgetrennt und weiterkultiviert werden. Von den Zierpflanzen werden häufig Nelken, Chrysanthemen, Pelargonien und Hortensien auf diesem Wege virusfrei gemacht. Warmwasserbehandlungen haben sich wegen der erhöhten Pflanzenempfindlichkeit jedoch nicht durchgesetzt, werden aber gelegentlich an ruhenden Pflanzenteilen, wie Reisern oder Knollen, erfolgreich durchgeführt.
Da die Viruskonzentration in Richtung der Vegetationspunkte abnimmt, wird auch die **Gewebekultur** genutzt, um von infizierten Pflanzen virusfreies Ausgangsmaterial zu erhalten. Dabei ist zu beachten, daß die Anzahl virusfreier Explantate um so größer ist, je kleiner die entnommenen Gewebestückchen sind.
Die **Chemotherapie** bleibt, abgesehen von wenigen Einsätzen, bisher auf den Forschungs- und Entwicklungsbereich beschränkt.

Bei Viruskrankheiten an Zierpflanzen können sehr verschiedene Symptome auftreten.

□ Blätter unnatürlich mosaikartig hell- und dunkelgrün gefleckt (Einfaches Mosaik), manchmal auch mit gelblich-grünen Bandzeichnungen (Bandmosaik) oder ringartigen Mustern (Ringmosaik), wobei auch die Blattadern verfärbt sein können. Bei manchen Zierpflanzen auch Blüten zuweilen buntscheckig ("Gebrochene" Blütenfarben). Vor allem bei schwerem Befall daneben Formveränderungen der Blätter (Schmalblättrigkeit) sowie Nekrosen an Blättern und Blüten möglich. An *Callistephus, Dahlia, Dendranthema [= Chrysanthemum], Freesia, Hydrangea, Lilium, Pelargonium, Petunia, Tulipa* und anderen Zierpflanzen.
O **Mosaik-Krankheiten**

□ Blätter unnatürlich gefleckt und gekräuselt, verkümmert oder eingerollt, Verunstaltungen teilweise auch an Blüten zu beobachten. An *Hydrangea, Pelargonium, Phlox, Syringa* und anderen Zierpflanzen.
O **Kräusel- und Blattrollkrankheiten**

□ Ähnliche Symptome wie oben beschrieben, zusätzlich Verkürzung der Stengelglieder, Wuchsstockungen, teilweise Zwergwuchs. An *Dahlia, Dendranthema [= Chrysanthemum], Lilium* und anderen Zierpflanzen.
O **Stauche-, Rosetten- und Verzwergungskrankheiten**

□ Auf den Blättern blasse, kreisrunde Blattflecken, Vergilbungen und wolkige Flecken mit unscharfen Rändern oder Blattflecken mit scharfen Abgrenzungen, Ringmustern, Verkrüppelungen und Mißbildungen der Blüten und Blütenstiele sowie der Blätter, schwarze, ovalringförmige Nekrosen auf dem Blattstiel. Sehr großer Wirtspflanzenkreis, wie *Compositen, Cruciferen, Solanaceen* und *Leguminosen*. Hauptüberträger sind Thripse, besonders *Frankliniella occidentalis* (Pergande).
O **Tomatenbronzefleckenvirus**

□ Gelbliche Verfärbung der Blätter, Blüten teilweise grün. Pflanze oft zusätzlich gestaucht, mit zahlreichen schmalblättrigen Sekundärtrieben. An *Callistephus, Dendranthema [= Chrysanthemum], Dianthus, Lilium, Rosa* und anderen Zierpflanzen. Siehe auch Kapitel 2.1. "Mykoplasmosen" (Mykoplasmakrankheiten).
O **Viröse Gelbsucht**

□ Grüne Blüten mit meist laubblattartigen und verkleinerten Kron-, Staub- und Fruchtblättern. An mehreren Zierpflanzenarten, siehe aber auch unter Kapitel 2.1. "Mykoplasmosen" (Mykoplasmakrankheiten).
O **Viröse Blütenvergrünung**

Δ **Maßnahmen gegen Virosen:** Entscheidend ist die Verwendung von gesundem, bei hochwertigen, virusanfälligen Pflanzenarten oder -sorten virusgetestetem Vermehrungsmaterial. Saat- und Pflanzgut sowie Mutterpflanzen müssen virusfrei sein. Sonstige Ansteckungsquellen ausschalten, viruskranke oder befallsverdächtige Pflanzen sofort aus Kulturen entfernen und vernichten. Auch im geschlossenen Bewässerungssystem können Pflanzenviren, die aus den Wurzeln infizierter Pflanzen in die Nährlösung ausgeschieden werden, über kleinste Wunden in noch gesunde Pflanzen gelangen. Bekämpfung der Unkräuter, die als Wirtspflanzen für Viren infrage kommen können. Messer beim Stecklingsschnitt oder sonstigem Schneiden von Pflanzen in virusverdächtigen Beständen jedesmal wieder desinfizieren. Rechtzeitige und fortlaufende Bekämpfung der Virusüberträger (Vektoren), wozu vor allem saugende Insekten (Blattläuse, *Thrips*) und Nematoden gehören.

2.1.3 Mykoplasmosen (Mykoplasmakrankheiten)

Zu den Pflanzenkrankheiten, deren Entstehung bisher Viren zugeschrieben wurde, für die als Erreger aber wohl vielfach Mykoplasmen infrage kommen, gehören vor allem die als Vergilbung, Viröse Gelbsucht oder Vergrünung von Blüten bezeichneten Erscheinungen. Symptome, die auf Befall von Pflanzen durch Mykoplasmen deuten, sind beispielsweise gelbliche oder rötliche Verfärbung der Blätter, die meist klein bleiben, gestauchter Wuchs durch Verkürzung der Internodien, Austrieb schlafender Knospen, Vergrünung von Blüten und Phyllodie, also blattartige Umbildung der Staubgefäße und Stempel von Blüten. Mykoplasmen können, ähnlich wie viele Virosen, durch Pfropfung übertragen werden. Im Freiland haben Zikaden als Überträgerinnen große Bedeutung. Die wichtigsten, eindeutig als Mykoplasmosen erkannten Krankheiten sind bei den infrage kommenden Zierpflanzenarten genannt.

2.1.4 Bakteriosen (Bakterienkrankheiten)

□ Vorwiegend an Wurzeln oder am Wurzelhals, seltener auch am Stengel oder Trieb verschieden gestaltete, glatte oder rauhe krebs- oder kropfförmige Wucherungen, an krautigen Pflanzen fleischig, an Holzpflanzen verholzt. An *Begonia, Dahlia, Dendranthema [= Chrysanthemum], Nerium oleander, Pelargonium, Rosa* und anderen Zierpflanzen.

O **Bakterienkrebs, Wurzelkropf** (*Agrobacterium tumefaciens* [Smith and Townsend] *Conn.* oder andere Arten)

Δ Gesundes Vermehrungsmaterial. Im Freiland nasse Böden meiden, unter Glas Entseuchung der Pflanzerde. Wurzelbeschädigungen vermeiden, Bodenschädlinge bekämpfen. Kranke Pflanzen sofort in den Müllcontainer, nicht aber auf den Komposthaufen.

□ Blumenkohlartige Wucherungen an den unterirdischen Pflanzenteilen. An *Begonia, Dahlia, Gladiolus, Lilium, Pelargonium* und anderen Zierpflanzen.

O **Rosettengallen** (*Corynebacterium fascians* [Tilford] Dows.)

Δ Gesundes Vermehrungsmaterial verwenden. Befallene Pflanzen vernichten (Müllcontainer!), nicht kompostieren.

□ Am Stengelgrund, teilweise auch in den Blattachseln, Anhäufung kurzer, fleischiger Sprosse. An *Asparagus, Begonia, Dahlia, Dendranthema [= Chrysanthemum], Gladiolus, Pelargonium* und anderen Zierpflanzen.

O **Blättrige Zweig- und Triebgallen** (*Corynebacterium fascians*)

Δ Gesundes Saat- und Pflanzgut. Unter Glas Bodenentseuchung. Kranke Pflanzen sofort in den Müllcontainer, nicht auf den Kompost!

□ Je nach Erreger und Pflanzenart dunkle oder helle, bei Feuchtigkeit oft schleimige Blattflecken, die später zusammenfließen und teilweise auch auf Stengel und Blüten übergreifen. An *Dendranthema [= Chrysanthemum], Delphinium, Iris, Pelargonium.*

O **Blattflecken- oder Ölfleckenkrankheiten** (Verschiedene Bakterien-Arten)

Δ Gesundes Pflanzgut. Beim Stecklingsschnitt vorsichtshalber Messer fortlaufend desinfizieren. Reichliche Kalium- und Kalziumversorgung. Weiter Stand der Pflanzen, diese nur von unten bewässern, im Gewächshaus für niedrige Temperatur und geringe Luftfeuchtigkeit sorgen. Versuchsweise wiederholt vorbeugend mit Kupferpräparaten sprühen oder spritzen. Vernichtung kranker Pflanzen.

□ Naßfäule, zunächst meist an Stammgrund und Blattbasen, später fault der ganze Wurzelstock. An *Calla, Iris, Sansevieria.*

O **Naßfäulen** (Verschiedene Bakterien-Arten)

Δ Gesundes Pflanzgut. Pflanzerde entseuchen. Nicht zu tiefe Pflanzung. Hohe Temperaturen und zu starke Feuchtigkeit vermeiden.

□ Vergilben, Welken und Absterben der Blätter; später kann der ganze Pflanzenbestand eingehen. Gefäßbündel kranker Pflanzen braun verfärbt. An *Cheiranthus, Matthiola, Pelargonium, Tropaeolum* und anderen Zierpflanzen.

O **Bakterien-Welken** (Verschiedene Bakterien-Arten)

Δ Gesundes Saatgut, bei einigen Pflanzenarten Heißwasserbehandlung lohnend. Im Freiland Anbaufläche wechseln, im Gewächshaus Bodenentseuchung.

□ Blüten und Blütenstiele verschiedener *Rosaceae* (s. u.) sind schwarz verfärbt. Blätter braun bis schwarz und hängen lange fest an den Zweigen! Triebspitzen hirtenstabförmig umgeknickt. An der Rinde befallener Äste heben sich im Bereich der Infektionssstellen rötlich bis braune Befallsbereiche deutlich von benachbartem, gesundem Gewebe ab. Hier reißt die Rinde auf und gelbliche Schleimtröpfchen treten aus.

O **Feuerbrand** (*Erwinia amylovora* [Burrill] Winslow et al.)

Δ Wirtschaftlich tragbare und hygienisch vertretbare Bekämpfungsmaßnahmen sind nicht bekannt. Roden und Vernichten befallener Pflanzen. Bei Gehölzneupflanzungen auf Wirtspflanzen verzichten.

Nach der Verordnung zur Bekämpfung der Feuerbrandkrankheit vom 20. 12. 1985 (BGBl. Teil I 1985, S. 2551), zuletzt geändert durch Verordnung vom 21. Nov. 1992 (BGBl I. S. 1895) sind folgende Gattungen Wirtspflanzen: *Amelandner* (Felsenbirne), *Chaenomeles* (Schein- oder Zierquitte), *Cotoneaster* (Zwergmispel), *Crataegus* (Weiß- und Rotdorn), *Cydonia* (Quitte), *Malus* (Apfel), *Pyracantha* (Feuerdorn), *Pyrus* (Birne), *Sorbus* (Eberesche), *Stranvaesia* (Stranvaesie). Davon gelten als **hochanfällige Wirtspflanzen** (nach einer Bekanntmachung der Biologischen Bundesanstalt vom 8. Juli 1986, Bundesanzeiger Nr. 129, S. 9396) folgende Arten und Sorten:

Cotoneaster (Zwergmispel):

C. salicifolius var. floccosus Rehd. et Wils.

C.-Watereri-Hybriden: Sorten, 'Corunbia' und 'Watereri'

Crataegus (Weiß- und Rotdorn):

C. laevigata (Poir.) DC. (= *C. oxyacantha* L.) (Rotdorn)

C. monogyna Jacq. (Weißdorn)

Stranvaesia (Stranvaesie):

St. davidiana Decne.

2.1.5 Mykosen (Pilzkrankheiten)

□ Umfallen der Keimlinge und Stecklinge unter braunschwarzer Verfärbung, oft auch Erweichung des Stengelgrundes. Wurzeln zuweilen schwarz. Fehlstellen auf Vermehrungsbeeten. Untere Pflanzenteile sowie Bodenoberfläche vorwiegend in Vermehrungsbeeten und -kästen bisweilen von Pilzfäden oder schimmelartigen Myzelbelägen überzogen. An Sämlingen und Stecklingen fast aller Kulturpflanzen.

O **Keimlingskrankheiten, Auflaufkrankheiten, Fußkrankheiten an Sämlingen und Stecklingen, Schwarzbeinigkeit, Umfallkrankheiten, Wurzelbrand** (Erreger verschiedene Pilzarten vorwiegend der Gattungen *Aphanomyces, Botrytis, Fusarium, Phytophthora, Pythium, Rhizoctonia* und *Chalara* [*Thielaviopsis*], die von manchen Gärtnern summarisch als "**Vermehrungspilz**" bezeichnet werden).

Δ Strenge Betriebshygiene. Desinfektion der Kästen, Töpfe, Schalen und Stellflächen mit einem geeigneten Präparat. Verwendung gesunder, abgelagerter Anzuchterde (industriell hergestellte Einheitserde oder Eigenmischungen mit Torfsubstrat), sonst wichtigste Maßnahme Bodenentseuchung durch Dämpfung oder mit einem chemischen Mittel zur Bodenentseuchung.

Saatgutbeizung mit *Metiram* (*Compo-Pilzfrei*(1), *Phytox-Super*(1), *Polyram WG*), 10 g/kg Saatgut, auch im Absiebeverfahren.

Keine zu dichte Aussaat oder Pflanzung. Vermeidung übermäßiger Feuchtigkeit. Gute Durchlüftung, bei Bedarf Zusatzbelichtung.

Gegen Keimlings- und Auflaufkrankheiten wirkt die Behandlung des Substrates mit einem dafür zugelassenen Fungizid.

Stecklingsbehandlung gegen *Phytophthora*- und *Pythium*-Arten ist nach Bewurzelung möglich durch Angießen mit *Metalaxyl* (*Fonganil Neu*), *Propamocarb* (*Previcur N*) oder anderen entsprechend zugelassenen Fungiziden. Dies möglichst im Wechsel.

Mit den oben genannten Präparaten können auch die Anzuchten im Abstand von 2-4 Wochen 2- bis 3 mal überbraust werden, jedoch muß die Gebrauchsanleitung für das verwendete Präparat streng beachtet werden.

Bei Anwendung eines Präparates gegen Bodenpilze ist zu bedenken, daß **keines** dieser Mittel gegen **alle "Vermehrungspilze"** wirkt. Auf Verträglichkeit achten!

Gegen *Rhizoctonia* sollen sich *Propineb* (*Antracol WG*(2) 0,2 %), *Iprodion* (*Rovral* 0,1 %) und *Vinclozolin* (*Ronilan WG* 0,1 %) bei vielen Pflanzenarten bewährt haben.

Zur *Botrytis*bekämpfung an heranwachsenden Pflanzen, weniger an Jungpflanzen, steht folgende Auswahl von Präparaten zur Verfügung: *Benomyl* (*Du Pont Benomyl*(2) 0,05-0,1 %, nicht zu oft), *Dichlofluanid* (*Euparen WG* 0,25 %, Spritzflecken!), *Iprodion* (*Rovral* 0,1 %), *Thiabendazol* (*Tecto FL*(1) 0,1 %, nicht zu *Fuchsia*) sowie *Vinclozolin* (*Ronilan WG* 0,1 %).

Wenn möglich, sollten Präparate im Wechsel eingesetzt werden.

□ Pflanzen kümmern und welken, Wurzeln gebräunt, ihre Spitzen zunächst noch hell, im weiteren Verlauf der Krankheit aber abgestorben und vermorscht. An Keimlingen, Stecklingen und älteren Pflanzen von *Begonia, Cyclamen, Kalanchoe, Lathyrus, Viola* und anderen Zierpflanzen.

O **Wurzelbräune** (*Thielaviopsis basicola* [Berk. et Br.] Ferr. = *Chalara elegans* [Nag Raj et B. Kenrd.])

∆ Dämpfung der Böden und von Anzuchtsubstraten. Optimale Kulturbedingungen (pH-Wert). Angießen mit *Benomyl* (*Du Pont Benomyl*[2] 0,05 %) 50 ml/Topf.

□ Pflanzen kümmern, welken und sterben ab. Stengelgrund oder Wurzelhals braunschwarz verfärbt, später auch Wurzeln befallen und dunkel. Erkrankte Pflanzenteile trocken- oder naßfaul, manchmal an ihnen weißlichgelbes oder rötliches Pilzmyzel. An *Antirrhinum, Asparagus, Callistephus, Cineraria, Cyclamen, Dianthus, Gloxinia, Kalanchoe, Narcissus, Viola.*

O **Fußkrankheiten an der stehenden Kultur** (Pilze der Gattungen *Fusarium, Helminthosporium, Phoma, Phytophthora, Pythium, Rhizoctonia* und anderer).

∆ Optimale Kulturbedingungen, Bodenlockerung, Entwässerung, keine zu starke Stickstoffdüngung. Im Freiland bei Befall Anbaufläche wechseln, neue Parzelle gut lockern und entwässern.

Unter Glas Entseuchung des Anzuchtsubstrates. Samen, Zwiebeln, Knollen und Rhizome beizen. Kranke Pflanzen sofort entfernen.

Betreffs des Einsatzes chemischer Präparate entsprechen die Maßnahmen gegen Fußkrankheiten denen bei Keimlingskrankheiten (Auflaufkrankheiten).

Weitere Angaben zu Bekämpfungsmaßnahmen von Fußkrankheiten sind bei den einzelnen Zierpflanzenarten beschrieben.

□ Umknicken der Blätter und Blüten am Stengelgrund, dort bräunliche bis schwärzliche Flecke oder Faulstellen. Dunkle Verfärbungen und Fäulnis auch an unterirdischen Pflanzenteilen. An *Cyclamen, Gloxinia* und anderen Zierpflanzen.

O **Wurzel-, Knollen- und Stielgrundfäule** (*Cylindrocarpon radicicola* Wr.)

∆ Gesundes Pflanzgut, vorschriftsmäßige Lagerung von Zwiebeln, Knollen und Rhizomen. Anzuchterde und Kulturgefäße entseuchen.

Optimale Kulturbedingungen (Substratzusammensetzung, Nährstoffe, Feuchtigkeit) sind wesentliche Voraussetzung. Bei einigen Zierpflanzenarten speziell bewährte Bekämpfungsmaßnahmen sind in Kapitel 1.3. "Vorbeugende Pflanzenschutzmaßnahmen und Betriebshygiene" genannt.

□ Anfangs wässerig-weiche Stellen am Stengel, besonders am Stengelgrund, Pflanze welkt und stirbt ab. Auf kranken Teilen bei feuchter Luft weißes Pilzmyzel mit erst weißlichen, später schwarzen Sklerotien. An *Althaea, Antirrhinum, Dahlia, Dendranthema* [= *Chrysanthemum*], *Delphinium, Gerbera, Lathyrus, Tulipa, Zinnia* und anderen Zierpflanzen.

○ **Sclerotinia-Welke, Sclerotinia-Stengel- und Knollenfäule** (*Sclerotinia*-Arten)

Δ Gesundes Pflanzgut. Im Freiland Anbaufläche wechseln. Im Gewächshaus besonders sorgfältige Dämpfung der Anzuchterde. Wirkung von Fungiziden ist auf Neuinfektionen beschränkt, nicht aber ausreichend zur Abtötung alten Myzels in den Gefäßen der Pflanzen oder gar der *Sklerotien*, daher allgemein unsicher. Jungpflanzen vorbeugend mit *Benomyl* (*Du Pont Benomyl*(2) 0,05-0,1 %), *Iprodion* (*Rovral* 0,1 %), *Thiabendazol* (*Tecto FL*(1) 0,1 %) oder *Vinclozolin* (*Ronilan WG* 0,1 %) angießen. Kranke Pflanzen restlos beseitigen und vernichten. Lagerräume für Zwiebeln und Knollen entseuchen und gut lüften. Siehe auch Kapitel 1.3. "Vorbeugende Pflanzenschutzmaßnahmen und Betriebshygiene".

□ Welken und "Umkippen" der Pflanzen. Stammgrund, vielfach auch Blattspreitenbasis, dunkel verfärbt und weichfaul. An *Gloxinia, Kalanchoe, Petunia, Saintpaulia*.

○ **Phytophthora-Stammgrund- oder Wurzelhalsfäule** (*Phytophthora*-Arten)

Δ Gesundes Pflanzgut. Entseuchung der Anzuchterde. Optimale Kulturbedingungen. Sauberes und angewärmtes Gießwasser verwenden. Vorbeugende Bodenbehandlung mit *Metalaxyl* (*Fonganil Neu* 100 g in 5-10 l Wasser/m^3) oder/und Jungpflanzen vorbeugend wiederholt mit *Fosetyl* (*Aliette* 0,5 %), *Metalaxyl* (*Fonganil Neu* 0,05 %), *Propamocarb* (*Previcur N* 0,15 %) oder mit einem der bei den einzelnen Zierpflanzengattungen genannten Präparat angießen. Kranke Pflanzen vernichten.

□ Wachstum der Pflanzen stagniert, zuweilen Welke, Stengelgrund und Wurzeln erst braun, später faul.

○ **Pythium-Wurzel- und Stengelfäule** (*Pythium*-Arten)

Δ Bekämpfung entspricht im wesentlichen der einer *Phytophthora*-Stammgrund- oder Wurzelfäule. Nähere Angaben bei den in Frage kommenden Zierpflanzenarten.

□ (Meist) plötzliches Welken der Pflanzen unter Graugrün- oder Gelbfärbung der Blätter, Gefäßbündel braun verfärbt. An *Bromeliaceae, Callistephus, Cineraria, Cyclamen, Dendranthema* [= *Chrysanthemum*], *Dianthus, Freesia, Gerbera, Hydrangea, Phlox* und anderen Zierpflanzen.

○ **Gefäßparasitäre Welke und Vergilbung** (Pilze der Gattungen *Fusarium, Verticillium* und anderer Welkeerreger).

Δ Gesundes Vermehrungsmaterial. Im Freiland langfristiger Wechsel der Anbaufläche, im Gewächshaus Bodenentseuchung. Optimale Kulturbedingungen (Bodenlockerung, sachgemäße Düngung, Entwässerung, Unkrautbekämpfung). Vorbeugende Anwendung von bei *Sclerotinia*-Welke genannten Präparaten im Gieß- oder Spritzverfahren hat meist nur mäßigen Erfolg (relativ gut ist der von *Benomyl* [*Du Pont Benomyl*(2)] 0,05-0,1 %).

□ Blattflecken verschiedener Form und Größe, zunächst meist einzeln, sich dann aber mehr oder weniger schnell ausbreitend. Stark befallene Blätter vertrocknen partiell oder total und fallen meist ab. Auch Stengel schließlich fleckig. An *Anthurium, Asparagus, Azalea, Callistephus, Cineraria, Dendranthema* [= *Chrysanthemum*], *Dianthus, Ficus, Gladiolus, Hydrangea, Matthiola, Viola* und anderen Zierpflanzen.

○ **Blattfleckenkrankheiten** (der Gattungen *Alternaria, Ascochyta, Septoria* und anderer)

Δ Wahl gesunden Saatgutes resistenter Sorten. Saatgutbeizung, Anzuchterde entseuchen. Optimale Kulturbedingungen, vor allem keine N-Überdüngung. Wiederholt vorbeugend mit einem Fungizid wie beispielsweise *Dithianon* (*Delan SC 750*(2) 0,05), *Mancozeb* (*Dithane*

Ultra WG 0,2 %), *Metiram* (*Phytox-Super*[1], *Polyram WG*, alle 0,2 %), *Triforin* (*Saprol Neu* 0,15 %), *Benomyl* (*Du Pont Benomyl*[2] 0,05 %) behandeln, spätestens beim ersten Auftreten von Krankheitssymptomen. Dabei ist zu berücksichtigen, daß keines dieser Fungizide **gegen alle** als Erreger von Blattfleckenkrankheiten infrage kommenden Pilzarten wirkt. Befallene Pflanzenteile nach Möglichkeit vernichten. Nähere Angaben dazu in den entsprechenden Abschnitten bei den einzelnen Pflanzengattungen.

□ Vorwiegend an Blattunterseite weißgraues Pilzmyzel, blattoberseitig anfangs helle, unscharfe, später dunkle Flecke. Befall auch an Trieben. An *Antirrhinum, Cheiranthus, Cineraria, Dianthus, Matthiola, Papaver, Primula, Rosa* und anderen Zierpflanzen.

O **Falscher Mehltau** (*Peronosporaceae*)

Δ Entseuchung der Anzuchterde. Hohe Boden- und Luftfeuchtigkeit vermeiden. Kein zu dichter Stand. Entfernung kranker Pflanzen.

Wiederholt vorbeugend mit Mitteln gegen Falsche Mehltaupilze behandeln, beispielsweise mit *Fosetyl* (*Aliette*), *Metalaxyl* (*Fonganil Neu*), *Kupferoxychlorid* oder *Kupferhydroxid* (nur bei sehr robusten, kupferverträglichen Zierpflanzenarten!), *Mancozeb* (*Dithane Ultra WG*, auch gegen Rostpilze), *Maneb* (Vorsicht! Viele Zierpflanzen empfindlich!), *Metiram* (*Phytox-Super*[1], *Polyram WG*). Die besonders geeigneten Präparate sind bei den einzelnen Zierpflanzengattungen unter Angabe der Anwendungskonzentrationen genannt. Blattunterseiten bevorzugt behandeln, da hier Sporenbildung der Falschen Mehltau-Pilze.

In der Praxis haben sich auch Spritzungen mit *Propamocarb* (*Previcur N* 0,15 %) an manchen Zierpflanzen gegen Falschen Mehltau bewährt.

□ Weißer, mehlartiger Pilzmyzelüberzug, der sich später zuweilen dunkel verfärbt, auf Blattober- und -unterseite, auch auf Blüten und Stengeln. An *Aquilegia, Begonia, Callistephus, Cyclamen, Delphinium, Dendranthema [= Chrysanthemum], Dianthus, Erica, Hydrangea, Kalanchoe, Rosa* und anderen Zierpflanzen.

O **Echter Mehltau** (*Erysiphaceae*)

Δ Beste Kulturführung, keine Überdüngung, für anfällige Pflanzengattungen und -arten besonders lockeren Stand, Kulturen unter Glas oft lüften. Entfernung kranker Triebe oder der ganzen befallenen Pflanze bei einzelnen Kulturen wesentlich! Wiederholt vorbeugend mit *Bitertanol* (*Baymat flüssig* 0,075-0,15 %, auch gegen Rost und Sternrußtau), *Dichlofluanid* (*Euparen WG* 0,25-0,5 %, auch gegen *Botrytis* und Rost, aber leider Spritzflecken, nicht in *Dendranthema [= Chrysanthemum]*), *Fenarimol* (*Rubigan* 0,03 %), Schwefelmittel (zahlreiche Präparate, siehe Kapitel 5 "Pflanzenschutzmittelübersicht"), *Thiabendazol* (*Tecto FL*[1] 0,1 %), auch gegen *Botrytis*, nicht bei Fuchsien), *Triforin* (*Saprol Neu, Tarsol Neu* 0,1 %, mit 0,15 % auch gegen Blattfleckenkrankheiten und Rostpilze) oder einem anderen, Mehltau-wirksamen Fungizid wie *Azoxystrobin* (*Amistar*[2] 0,02 %) bzw. einer der vielen Kombinationen (Rosen!) spritzen.

In sehr dichten Pflanzenbeständen kann die (Fortführung der) Bekämpfung des Echten Mehltaus sehr schwierig werden. Bei einigen Pflanzenarten könnte versuchsweise der Einsatz von *Benomyl* (*Du Pont Benomyl*[2] 0,1 %) als Gießmittel lohnend sein. Beratung anfordern!

Wirkung mancher Mittel von Temperatur abhängig! In Gewächshäusern möglichst vorbeugend auch Verdampfen von Schwefel durch *Sulfix-Nebler* oder *Flora-Verdampfer*.

□ Schwarze, rußartige Überzüge auf allen Pflanzenteilen, darunter klebrige Masse. Nur bei Befall durch Blatt-, Schild- und Mottenschildläuse, Blattflöhe oder Zikaden zu beobachten, schwer abwaschbar.

O **Rußtau** (*Apiosporium*-Arten)

Δ Auftreten ist eine Folge des Befalls der Pflanze durch die genannten saugenden Insekten, auf deren zuckerhaltigen Honigtauausscheidungen sich Schwärzepilze ansiedeln. Mit Bekämpfung der Schädlinge und weiterem Pflanzenwachstum nehmen Rußtauüberzüge nicht mehr zu und verschwinden allmählich.

□ Anfangs gelbe oder rostbraune, später meist braunschwarze, pustelartige Sporenlager auf den Blattunterseiten, aus denen nach Aufplatzen dunkle Sporenmassen austreten. An *Althaea, Antirrhinum, Convallaria, Dendranthema [= Chrysanthemum], Dianthus, Erica, Pelargonium, Rosa* und anderen Zier- und Wildpflanzen.

O **Rostkrankheiten** (*Uredinales*)

Δ Gesundes Vermehrungsmaterial. Bei wirtswechselnden Rostarten Beseitigung der Zwischenwirte. Unter Glas für gute Durchlüftung und geringe Luftfeuchtigkeit sorgen.

Rostanfällige Pflanzen mehrmals im Abstand von 1-2 Wochen vorbeugend mit *Bitertanol* (*Baymat flüssig* 0,1 %), auch gegen Echten Mehltau (0,075-0,1 %) und Sternrußtau (0,15 %), *Mancozeb* (*Dithane Ultra WG* 0,2 %), *Maneb* (0,2 %, aber Vorsicht, nur bei robusten Pflanzen), *Metiram* (*Phytox-Super*(1), *Polyram WG*, alle 0,2 %), *Propineb* (*Antracol WG*(2) 0,2 %, vor allem zu Rosen), *Triforin* (*Saprol Neu, Tarsol Neu* 0,15 %, auch gegen Echten Mehltau sowie Blattfleckenkrankheiten) oder einem anderen gegen Rostkrankheiten wirksamen Präparat oder einer entsprechenden zugelassenen Kombination spritzen.

Für einzelne Pflanzengattungen bzw. -arten besonders geeignete Präparate werden bei diesen genannt.

An schwer benetzbaren Gewächsen unter Umständen Zusatz von Haftmittel. Bei immergrünen Gehölzen (*Mahonien*) erst gründlichen Rückschnitt durchführen, dann sorgfältig spritzen.

□ Meist nur an geschwächten Pflanzen oder beschädigten Pflanzenteilen mißfarbige, weiche und faule Stellen, auf denen sich später mausgraues, dichtes Schimmelmycel bildet. Auf Blüten kleine Flecken ("Pocken", "Stippen"). Bei manchen Zierpflanzen weitere charakteristische Symptome möglich, meist rundliche Flecke an Blättern und Blüten, aber auch Blatt- und Triebfäulen, Stengel- und Stammgrundfäulen. Sämlinge und Stecklinge (*Dendranthema [= Chrysanthemum], Fuchsia, Pelargonium*) mancher Pflanzengattungen besonders gefährdet. Vor allem in den lichtarmen Wintermonaten auftretend. An *Cyclamen, Dendranthema [= Chrysanthemum], Erica, Freesia, Gerbera, Fuchsia, Gladiolus, Hydrangea, Lilium, Pelargonium, Rosa, Tulipa* und anderen Zierpflanzen. An kalt gelagerten Schnittblumen von Nelken und Rosen besondere Infektionsgefahr für die Blüten.

O **Grauschimmel** (*Botrytis cinerea* Pers. und andere Arten)

Δ Strengste Betriebshygiene. Meist ist das Auftreten von Grauschimmel ein Zeichen für Mangel an Licht und Luft, übermäßige Feuchtigkeit bei stagnierender Atmosphäre sowie extreme Düngung (Stickstoff) und verschwindet nach Behebung dieser Mängel durch gute Belichtung, lockeren Stand, vorsichtiges Gießen und schnelles Abtrocknen der Pflanzen, eventuell bei geöffneter Lüftung heizen. Ständige Vernichtung kranker Pflanzenteile beim Durchputzen. Schnittblumen grundsätzlich in abgetrocknetem Zustand einlagern, zur Vermeidung von Schwitzwasser erst nach dem Lager einbeuteln.

An einigen Zierpflanzen tritt der Grauschimmel als echter Parasit auf. Dann ist der möglichst vorbeugende und wiederholte Einsatz von Mitteln gegen *Botrytis* zu empfehlen. Bewährt haben sich (neben *Benomyl [Du Pont Benomyl*[2] 0,05 - 0,1 %*]*, bei dem allerdings die Gefahr der schnellen Resistenzbildung, vor allem bei zu häufiger Anwendung, gegeben ist), *Dichlofluanid* (*Euparen WG* 0,25 %, bei Befall 0,5 % auch gegen Echten Mehltau und Rost an Rosen, aber Spritzflecken), *Iprodion* (*Rovral* 0,1 %), *Thiabendazol* (*Tecto FL*[1] 0,1 %, nicht zu *Fuchsia); Vinclozolin* (*Ronilan WG* 0,1 %), *Thiram* (*Aapirol Staub*[2]), wo Behandlungen möglich sind sowie andere geeignete Präparate. Näheres bei den einzelnen Zierpflanzengattungen bzw. -arten. Stets mehrere Präparate im Wechsel einsetzen, zumal bei Jungpflanzen oder Jungaustrieb ein Spritzbelag nicht stört.

☐ An Laub- und Nadelgehölzen. - In Wurzeln und im unteren Stammteil Pilzfäden sowie flache, fächerartige Bänder oder weißliche, derbhäutige Pilzflechtlappen, ferner unter der Rinde **und** im Boden wurzelähnlich verzweigte Stränge (*Rhizomorphen*). Holz wird zerstört. Weißfäule, verpilztes Holz leuchtet zuweilen im Dunkeln. An jungen Nadelhölzern dicke Harzklumpen an den Wurzeln. Im Herbst am Wurzelansatz befallener Bäume eßbare gelbbraune Hutpilze.

Übersicht zur Wirkung einiger Fungizide gegen wichtige Pilzkrankheiten

	Pythium	Phytophthora	Falsche Mehltaupilze	Botrytis (Grauschimmel)	Echter Mehltau	Blattfleckenkrankheiten	Rostkrankheiten
Aliette		+	+				
Amistar[2]					+	+	+
Antracol WG[2]			+			+	+
Baymat flüssig					+		+
Discus[2]				+	+	+	+
Dithane Ultra WG			+			+	+
Euparen WG				+	+	+	+
Fonganil Neu	+	+	+				
Maneb			+				+
Phytox-Super[1]			+			+	+
Polyram WG			+			+	+
Previcur N	+	+	+				
Ronilan WG				+			
Rovral				+			
Rubigan					+		
Saprol Neu					+	+	+
Tecto FL[1]				+	+		

Pilz wird den Bäumen vor allem nach Schwächung durch andere Einflüsse gefährlich. An allen Altersklassen, in Nadelholzkulturen oft sehr schädlich.
O **Hallimasch** (*Armillaria mellea* Kumm.)
Δ Kein Nadelholz auf verseuchten Laubholzflächen nachpflanzen, Isoliergräben um befallene Flächen, Aushieb befallener Stämme. Wahl weniger anfälliger Koniferen (Douglasie, Lärche, Sitkafichte, Tanne).

2.1.6 Tierische Schädlinge

"Lästlinge", zuweilen in Gewächshäusern und Kästen eindringend. Die gelegentlich in Gewächshäusern und Kästen vorkommenden **Ameisen, Asseln, Ohrwürmer** und **Tausendfüßler** (seltener auch **Schaben)** sind am zweckmäßigsten wie folgt zu bekämpfen: Anwendung von *Propoxur* (*Blattanex-Emulsion* 2,5-5,0 %, *Blattanex-Staub*) und *Propoxur + Dichlorvos* (*Blattanex Spezial-Spray*) aber Pflanzen nicht treffen, nur Schlupfwinkel am Boden unter Beachtung der einschlägigen Vorschriften. Meist sind wiederholte Anwendungen notwendig.

Ameisen lassen sich besonders zuverlässig durch spezielle Mittel gegen Ameisen mit den Wirkstoffen *Chlorpyrifos* oder *Phoxim* bekämpfen, vor allem mit Gießmitteln, die längere Wirkung haben, auch bei Nestbehandlungen, beispielsweise auf Basis *Phoxim* (*Ameisenmittel Bayer* 0,5 % gießen oder 4 g/m² streuen) und weitere zugelassene Präparate.
Gegen **Asseln** wirken auch feucht ausgestreute Ködermischungen aus 15 ml *Parathion-Emulsion*, 150 ml Wasser und 1 kg Kleie (Gummihandschuhe!) sowie wiederholtes Sprühen mit den gegen Lästlinge empfohlenen Präparaten *Blattanex-Spezial-Spray* oder *Blattanex Staub* sowie Ausstreuen von *Methiocarb* (*Schneckenkorn Mesurol* 0,3 g/m²), unter Glas auch Räuchern mit *Sulfotep* (*Bladafum II*).

Mäuse

dringen im Herbst gern in Gewächshäuser ein, um hier zu überwintern. Je nach Lage des Betriebes kann es sich um Waldmäuse oder Feldmäuse handeln. Einfache Schlagfallen, mit Rosinen, Nußkernen oder Apfelstückchen beködert, locken Waldmäuse zuverlässig an.
Gegen Feldmäuse legt man besser an abgedeckten, geschützten, trockenen Stellen Ködermittel aus, beispielsweise *Lepit Feldmausköder*(2) 15 kg/ha. Man beachte, daß selbst einzelne Mäuse empfindliche Schäden verursachen können. Besonders gefährdet sind *Convallaria, Crocus, Cyclamen, Dianthus, Gerbera, Iberis, Narcissus, Saintpaulia, Scabiosa* und *Tulipa*. Weitere Angaben über die **Bekämpfung von Mäusen und Wühlmäusen sowie Maulwürfen** siehe unter Abschnitt "Krankheiten und Schädlinge an Laub- und Nadelgehölzen".

Nematoden

□ Pflanzen kümmern ohne äußerlich erkennbare Ursache. An den Wurzeln kleine, weißliche oder gelbliche, rundliche "Zysten", die später abfallen und frei im Boden liegen. An *Cactaceae, Ficus* und anderen Zierpflanzen.
O **Zystenbildende Wurzelnematoden** (*Heterodera*-Arten)
Δ Bodendämpfung oder chemische Bodenentseuchung (keine absolute Tilgung möglich) mit *Dazomet* (*Basamid Granulat*). Pflanzenschutzdienststelle befragen.

Übersicht zur Wirkung einiger Nematizide, Akarizide und Insektizide gegen wichtige tierische Schädlinge										
	Nematoden	Minierfliegen	Weichhautmilben	Spinnmilben	Thrips	Blattläuse	Weiße Fliege	Schildläuse	Raupen	Trauermükkenlarven
Actellic 50(2)							+			
Ambush(2)					(+)		+		+	
Applaud							+			
Apollo(3)				+						
Bladafum II				+	+	+	+	(+)		
Confidor WG 70(3)						+		+		
Curaterr-Granulat										+
Decis flüssig(3)					+	+	+		+	+
Dimecron 20(3)		(+)		+	+	+	+		+	
Dimethoate		(+)		+	+	+	(+)	+	(+)	
Kiron(3)				+						
Magister 200 SC(3)				+			+			
Mesurol flüssig					+					
Metasystox R und *R Spezial*				(+)		+				
Neudosan				+		+	+			
Nomolt(3)							+			
Ordoval				+						
Pirimor-Granulat(3)						+				
Pride Ultra(3)				+			(+)			
Rody(3)			+	+	+		+			
Torque(3)			(+)	+						
Tamaron		(+)		+	+	+	+	+	+	+
Unden flüssig					+	+	+	+	+	+
Vertimec(3)		+	+	+						

\+ = positive Wirkung
(+) = ausreichende Wirkung

□ Pflanzen kümmern ohne äußerlich erkennbare Ursache. Wurzeln mit größeren knotigen, rundlichen oder unregelmäßig geformten Verdickungen. An *Begonia, Cactaceae, Rosa, Viola* und anderen Zierpflanzen.

O **Gallenbildende Wurzelnematoden - Wurzelgallenälchen -** (*Meloidogyne*-Arten)

Δ Im Freiland Anbau anderer Pflanzenarten, in Gewächshäusern Bodendämpfung oder chemische Bodenentseuchung mit *Dazomet* (*Basamid Granulat*).

□ Blätter werden mißfarbig fleckig, beginnend die ältesten. Flecke zunächst glasigfahl, später gelblich-braun und schließlich schwärzlich. Von Blattadern teilweise eckig begrenzt. Stärker befallene Blätter sterben ab. An zahlreichen Zierpflanzenarten, so *Ageratum, Begonia, Calceolaria, Callistephus, Cyclamen, Dendranthema [= Chrysanthemum], Farnen, Gloxinia, Primula, Saintpaulia, Zinnia.*

O **Blattälchen** (*Aphelenchoides*-Arten)

Δ Strenge Betriebshygiene! Im Freiland (Chrysanthemen!) Wechsel der Anbaufläche. In Gewächshäusern Dämpfung oder chemische Entseuchung der Anzuchterde, siehe "Bodenentseuchung".

Stark befallene Pflanzen ausmerzen. Näheres zuständige Pflanzenschutzdienststelle.

Bei Zukauf strenge Kontrolle; Auswahl garantiert gesunder Mutterpflanzen. Stecklingsentseuchung siehe "Behandlung von Pflanzgut".

Wer gute Augen hat,

kann **Blattälchen-**Befall selbst feststellen, indem er die Blätter befallsverdächtiger Pflanzen in kleine Stückchen schneidet, diese in ein Röhrchen legt und mit handwarmem Wasser bedeckt. Nach einer halben Stunde sind die Nematoden aus dem Blattgewebe ausgewandert und schwimmen frei im Wasser. Hält man nun das Röhrchen vor einem dunklen Hintergrund, so lassen sich die Älchen schon **mit bloßem Auge, noch besser aber mit einer Lupe** deutlich erkennen.

□ Pflanze gestaucht, Stengel mit Wachstumsstörungen, gekrümmt, verbogen, verdickt. Teilweise finden sich an Blättern ähnliche Mißbildungen. Vor allem an *Dianthus, Hydrangea, Phlox* und allen Arten von Zwiebelgewächsen.

O **Stengelälchen, Stockälchen** (*Ditylenchus*-Arten)

Δ Bekämpfung sinngemäß wie Blattälchen, aber schwieriger. Bei Befall von Zwiebeln und Knollen Warmwasserbehandlung bei +41 °C (je nach Kultur, Art und Sorte können andere Temperaturen erforderlich werden) bis zu 2 Stunden und anschließend sofortiges Runterkühlen. In Spezialbetrieben in den Niederlanden üblich. Siehe "Vorbeugende Behandlung von Saat- und Pflanzgut".

□ Pflanzen bleiben im Wachstum zurück, Wurzelbildung gehemmt, bei erstem Befall Bildung von Saugflecken (Läsionen) an den Wurzeln, teilweise sind die Wurzeln später knotig oder bärtig, bei stärkerem Befall mit schwarzen Faulstellen.

O **Wandernde Wurzelnematoden** (Vor allem *Pratylenchus-*, *Paratylenchus-*, *Rotylenchus*-Arten)

Δ Bei Auftreten in Gewächshäusern Bodendämpfung oder chemische Bodenentseuchung mit *Dazomet* (*Basamid Granulat*) nach Befallsbestätigung durch Bodenuntersuchung bei Pflanzenschutzdienststelle.

Bodenschädlinge

□ Blätter mit Schabefraßstellen, meist auch mit Schleimspuren. Im Freiland vor allem in nassen Jahren, im Gewächshaus bei hoher Feuchtigkeit. An allen Blumen- und Zierpflanzenkulturen möglich.
O **Schnecken** (*Arion-, Deroceras-* und andere Arten)
Δ Ausstreuen von *metaldehyd-* oder *methiocarbh*altigen Schneckenködern (*Schneckenkorn*), auch Auslegen von *Schneckenbändern,* wobei als Ködermittel möglichst feinkörnige Präparate bevorzugt werden sollten. Lockwirkung erlischt nach einer Woche!

□ Keimblätter von Jungpflanzen oder saftige, fleischige Teile älterer Pflanzen befressen. Am und im Boden vielfüßige, gegliederte Tiere.
O **Tausendfüßler** (*Myriapoda* verschiedener Arten, darunter häufig **Zwergfüßler** (*Scutigerella immaculata* Newp.)
Δ Anwendung von *Methiocarb* (*Schneckenkorn Mesurol*), unter Glas 0,3 g/m² streuen, empfehlenswert. Auch das gründliche Spritzen der Schlupfwinkel mit *Propoxur* (*Unden flüssig* 0,2 %) hat sich bewährt.

□ An Wurzeln, Zwiebeln, Knollen und Rhizomen Fraßstellen und Fraßgänge mit braunem Fraßmehl, vor allem zwischen den Zwiebelschuppen oder oberflächlich an Knollen, darin weißlichgelbe glänzende, etwa 1 mm lange Wurzelmilben, meist als Sekundärschädlinge anzusehen. An *Dahlia, Gladiolus, Hyazinthus, Lilium, Narcissus, Orchidaceae, Tulipa.*
O **Wurzelmilbe** (*Rhizoglyphus echinopus* Fum. et. Rob.)
Δ Befallsfreies Pflanzgut. Zwiebel und Knollen trocken lagern. Optimale Kulturbedingungen. Zwiebeln und Knollen nicht verletzen. Dämpfen bis + 70 °C für 1 Stunde bis auf 30 cm Tiefe. Anbauwechsel.
Warmwasserbehandlung siehe Angaben in Abschnitt "Vorbeugende Behandlung von Saat- und Pflanzgut".

□ Pflanzen welken, vergilben, verkümmern, an Wurzelhals oder Wurzeln weißliche, oft mit weißen Wachsüberzügen versehene oder in Wachsfäden eingebettete Blattläuse. An fast allen Blumen- und Zierpflanzenkulturen dort Befall möglich, wo die Zwischenwirte der genannten Wurzellausarten, nämlich Pappeln, in der Nähe stehen. Siehe auch weiter unten bei Kapitel 2.3 "Populus".
O **Wurzelläuse** (*Pemphigus-* und *Rhizoecus*-Arten)
Δ Bekämpfung erfolgt sinngemäß wie bei Wurzelmilben angegeben, ist ebenfalls schwierig. Minderung des Befalls auch durch Angießen mit *Pirimicarb* (*Pirimor Granulat*[3] 0,05 %), aber vorher Pflanzenverträglichkeit überprüfen. Kein *Propoxur* im Gießverfahren anwenden! Schäden möglich, vor allem bei *Bromeliaceae* und *Pelargonium* besondere Gefahr!

□ Meist im Freiland. Absterben einzelner Pflanzen, manchmal größere Fehlstellen. An Wurzeln und Knollen Fraßschäden. An allen Zierpflanzenkulturen möglich.
O **Drahtwürmer, Engerlinge**
Δ Im Freiland intensive Bodenbearbeitung mit Fräse. Besonders auch nach Errichtung von Gewächshäusern auf zuvor stark befallenen Grünlandflächen. Gegen Engerlinge auch versuchsweiser Einsatz von Nützlingen wie dem parasitischen Nematoden *Steinernema*

sp.. Auf kleineren Flächen gegen Drahtwürmer Auslegen von Kartoffelscheiben, in die sie sich einfressen und dann abgesammelt werden können.

□ Fraßschäden am Wurzelhals, an unteren Blättern oder unterirdischen Pflanzenteilen. An allen Blumen- und Zierpflanzen möglich, vor allem an *Bellis,* Freilandchrysanthemen, *Myosotis, Primula,* Sommerastern und *Viola* sowie zahlreichen Staudenarten. Bei diesen Pflanzen wird meist der Wurzelhals dicht über dem Boden stark angefressen (Freilandchrysanthemen, Sommerastern) oder sogar total abgebissen.

O **Erdraupen** (Raupen von *Agrotis-*, *Orthosia-*, *Mamestra-*, *Triphaena-* und anderen Eulenfalterarten)

Δ Sorgfältige Unkrautbekämpfung. In stehenden Kulturen gegen vorwiegend oberirdisch fressende Arten oder Stadien mit Insektiziden spritzen, gegen überwiegend unterirdisch fressende Arten abends Ausstreuen folgender Ködermischung: 50 ml *Parathion* (*E 605 forte*(3)) + 5 kg Kleie + 500 g Zucker + etwa 10 l Wasser/2 500 m². Wirkung von Ködermischungen tritt meist erst nach 4-5 Tagen ein.

Zierpflanzenbetriebe, die einmal Schäden durch Erdraupen zu verzeichnen hatten, haben in der Regel wegen ihrer disponierten Lage Jahr für Jahr damit zu tun. In diesem Fall sollten die Beete für die anfälligen Zierpflanzenkulturen **vor der Pflanzung** mit einem Streugranulat auf *Chorfenvinphos*-Basis (*Birlane Granulat* 0,5 kg/100 m²) behandelt werden, sofern es sich nur um kleinere Flächen (Preis!) handelt.

Bei schwachem Befall genügt das Absammeln der Erdraupen. Diese sind sehr leicht unter den geschädigten Pflanzen oder in deren Umkreis im Abstand höchstens von 10 cm zu finden.

□ Fraß an Wurzeln, Gänge im Boden, darin etwa 4 cm lange lebhaft, mit grabschaufelähnlichen Vorderbeinen ausgestattete Insekten.

O **Maulwurfsgrille, Werre** (*Gryllotalpa vulgaris L.*)

Δ Gegen Abend Auslegen von Ködermischungen mit *Parathion*(3) wie oben gegen Erdraupen empfohlen.

□ Wurzeln und unterirdische Stengelteile, vor allem von Keimpflanzen, befressen, Samenlappen benagt. Gelegentlich auch Zwiebeln und Knollen angegriffen. An Schadstellen kleine, bis 4 mm lange, springende Insekten (Springschwänze), bei feuchter Erde oft in großen Massen auftretend. An allen Blumen- und Zimmerpflanzenkulturen möglich. - Ähnlich schaden die bis 6 mm langen, mit 12 Beinpaaren versehenen Zwergfüßler.

O **Springschwänze** (*Collembola*), **Zwergfüßler** (*Symphyla*)

Δ Pflanzen und obere Bodenschicht trockener halten. Gründliches Angießen mit *Parathion*(3) 0,035 %. Kein *Propoxur* im Angießverfahren anwenden, als Spritzmittel verträglich! Bei Massenauftreten kann Bodenentseuchung oder Einarbeiten von Bodeninsektiziden notwendig werden.

□ Schwarze, 3-4 mm lange, mit dunklen Flügeln versehene Mücken in Glashäusern; in Topferde oder im Boden 6-7 mm lange, weißliche Larven mit schwarzem Kopf, die an den Wurzeln, am Stengelgrund und im Stengel von Sämlingen und Topfpflanzen fressen. Auch eingelagerte Knollen gefährdet. Besonders starke Schäden in der Vermehrung an bewurzelten und unbewurzelten Stecklingen. Ausfälle entstehen vor allem bei der Beetware; an *Adiantum* und anderen Farnen, Azaleen, *Cyclamen, Gerbera, Cactaceae, Euphorbia pulcherrima, Orchidaceae, Pelargonium* und anderen Zierpflanzen. Von Trauermückenlarven geschädigte Pflanzen sind stärker gefährdet durch Bodenpilze wie *Fusarium* und *Pythium.*

O **Trauermücken,** (*Sciara-* und *Lycoria*-Arten)

Δ Man kann mit *Sulfotep* (*Bladafum II*) und Gelbtafeln die fliegenden Mücken bekämpfen, doch lohnt das im allgemeinen nicht so, wie Maßnahmen gegen die Larven im Substrat. Wesentlich ist ohnehin die Verwendung von entseuchtem Substrat.

Nach dem Räumen der Kultur Moose und Algen von den Stellflächen entfernen. Neben mechanischen Maßnahmen kann dazu auch *Dimanin A* 1 - 2 l/m^2 gegossen werden.

Bekämpfungsmöglichkeiten gegen Trauermückenlarven:

Vorbeugend:

1. **Beimischung** von *Carbofuran* (*Curaterr Granulat* 1 kg/m^3) zum Anzuchtsubstrat oder Ausstreuen (4 g/m^2) auf bewurzelte Stecklinge oder auf Töpfe.
2. **Sorgfältige Algen- und Moosbekämpfung auf den Tischen.** Nach dem Abräumen mit *Dimanin A* 1 %, 1-2 Liter Spritzflüssigkeit je m^2, gießen. Mindestens 2 Tage Wartezeit einhalten.
3. Einsatz von Nützlingen: Gegen Trauermückenlarven eignen sich insektenpathogene Nematoden (*Steinernema feltiae*) oder auch die Raubmilbe (*Hypoaspis miles*). Wichtig sind frühzeitiger Einsatz, ausreichende Bodenfeuchtigkeit und -temperatur (12 °C und mehr). Die Nützlinge werden dem Substrat beigemischt, aufgespritzt, ausgesetzt oder im Gießverfahren ausgebracht.

Bei Befall:

1. **Unbewurzelte und bewurzelte Stecklinge** können mit *Deltamethrin* (*Decis flüssig*[(3)] 0,05 %), *Parathion* (*E 605 forte*[(3)] 0,035 %), *Methamidophos* (*Tamaron* 0,1 %) oder einem geeigneten Präparat mit etwa 1 l Behandlungsflüssigkeit je m^2 überbraust werden.
2. **Bewurzelte Stecklinge** werden sicher durch *Carbofuran* (*Curaterr Granulat* 4 g/m^2) geschützt.
3. **Kulturen im Endtopf oder ausgepflanzte Bestände wie Gerbera**, können mit *Decis flüssig*[(3)], *E 605 forte*[(3)], *Tamaron* oder anderen Mitteln im Gießverfahren behandelt werden, doch ist die Verträglichkeit zu beachten.

4. **Gelbtafeln,** mit Leim beschichtete Plastikplatten zum Wegfangen von Trauermücken, werden in die Kulturen gehängt (4 Tafeln/100 m^2).
5. **Nützlinge** (*Steinernema feltiae*, *Hypoaspis miles*) können auch noch bei bereits festgestelltem Befall eingesetzt werden. Sie werden von verschiedenen Firmen angeboten.

Schädlinge an oberirdischen Pflanzenteilen

□ Blätter weißlich-gelb gefleckt, fahl, schließlich vergilbend und absterbend. Vor allem auf den Blattunterseiten zarte Gespinstüberzüge, darunter bis 0,7 mm große, grüngelbliche oder rötliche Milbenstadien. In Warmhäusern das ganze Jahr. An fast allen Blumen und Zierpflanzen.

O **Spinnmilben** (*Tetranychidae*)

Δ Optimale Kulturbedingungen, Pflanzen nicht zu trocken halten. Alle 1-2 Wochen wiederholtes, gründliches (Blattunterseiten!) Sprühen mit Akariziden.

Gute Ergebnisse ergaben Behandlungen mit *Abamectin* (*Vertimec*(3) 0,025 %), *Fenbutatinoxid* (*Torque*(3) 0,05 %), *Fenpropathrin* (*Rody*(3) 0,05 %), *Methamidophos* (*Tamaron* 0,15 %), *Chlofentezin* (*Apollo*(3) 0,04 %) und einige andere Präparate, wie die bei Zierpflanzen nicht zugelassenen *Amitraz* (*Mitac*(3) 0,25 %), *Flubenzimine* (*Cropotex*(1) 0,1 %) oder *Azocyclotin* (*Peropal*(2) 0,1 %).

Manche Akarizide, die gegen Spinnmilben zugelassen sind, vor allem organische Phosphorverbindungen wie *Oxydemeton-methyl* (*Metasystox R* 0,1 % und *Metasystox R Spezial* 0,25 %), *Dimethoat* (*Roxion* u. andere *Dimethoate* 0,1 %) und andere, aber auch *Sulfotep* (*Bladafum II*) versagen dort weitgehend, wo sehr häufig **nur mit einem** dieser Wirkstoffe gearbeitet wurde, während sie bei sinnvollem Wechsel der eingesetzten Präparate wirksam bleiben.

Bei Befall von Zimmerpflanzen hygienisch unbedenkliche Sprühmittel oder auch *Kali Seife* (*Neudosan*) mit zusätzlicher Wirkung gegen andere Schädlinge, siehe unter "Blattläuse".

Zur Vermeidung von Resistenzbildung Präparate bzw. Wirkstoffe oft wechseln.

Zusammenstellung aller amtlich zugelassenen Akarizide siehe Kapitel 5. "Pflanzenschutzmittelübersicht".

Biologische Bekämpfung durch Raubmilben wie beispielsweise *Phytoseiulus persimilis* oder *Amblyseius cucumeris* für biologisch interessierte Gärtner an langlebigen Kulturen erwägenswert. Beratung durch den Pflanzenschutzdienst.

□ Bräunungen und/oder Mißbildungen von Blättern, Blütenknospen, Blüten und Triebspitzen, Bräunungen und Verkorkungen, vor allem auf der brüchig werdenden Blattspreite, Hauptadern bleiben länger grün. Kleinblättrigkeit, Einrollen des Blattrandes nach oben, Eintrocknen der Blütenknospen. Triebe abnorm ausgebildet, Internodien kurz, Verkrüppelungen an Blättern, Blüten und Trieben, besonders an den Vegetationspunkten, Verkorkungen an Blättern, vor allem blattunterseits auch an Trieben.

Die Schadursache sind sehr kleine (bis 0,2 mm), weißliche Milben. Diese werden oft übersehen, da verborgen lebend. An vielen Zierpflanzenarten vorkommend, so z.B. an *Amaryllis, Aralia, Aphelandra, Azalea, Begonia, Cyclamen, Ficus, Gerbera, Gloxinia, Hedera, Kalanchoe, Narcissus, Orchidaceae, Saintpaulia.*

O **Weichhautmilben, Triebspitzenmilben** (*Tarsonemidae*)

Δ Unverseuchtes Pflanzgut bei optimalen Kulturbedingungen halten. Dazu Pflanzen weit stellen, Luftfeuchtigkeit und Temperaturen möglichst senken.

Bekämpfung ist z.Z. schwierig, da keine ausreichend wirksamen Präparate zugelassen sind. Versuchsweise kann *Abamectin* (*Vertimec*[3] 0,05 %), *Fenpropathrin* (*Rody*[3] 0,05 %) oder *Fenbutatin-oxyd* (*Torque*[3] 0,05 %) eingesetzt werden. Behandlungen sehr sorgfältig durchführen und Wirkstoffe bei den Wiederholungsspritzungen wechseln. Stärker befallene Pflanzen vernichten. Befallene Triebe niemals für Vermehrung verwenden. Da Milben sehr versteckt sitzen, befallsverdächtige Pflanzen beim Pflanzenschutzdienst überprüfen lassen.

Biologische Bekämpfung mit einem Gemisch aus den Raubmilbenarten *Amblyseius cucumeris* und *A. barkeri.*

Bei *Amaryllis* und Narzissenzwiebeln gegen **Zwiebelschalenmilbe** Heißwasserbehandlung nach Spezialverfahren. Siehe auch Kapitel 2.2. "*Amaryllis*", "*Narcissus*".

☐ Zunächst lichtgrüne Stellen an den Blättern, die sich später ausbeulen und rot oder braun werden. Gärtner bezeichnen diese Erscheinung als "Blattpocken". Manchmal auch Triebspitzen mißgebildet, vor allem an Stauden und Gehölzen durch kleine, gestreckte Milben (0,1-0,3 mm).

O **Gallmilben** (*Eriophyidae*)

Δ Bekämpfung der sehr kleinen Milben ist schwierig. Versuchsweise wie bei Weichhautmilben beschrieben.

☐ Blätter und Blüten mit erst fahlen oder hellgelben, später mehr silbrig schimmernden Flekken, Pflanzen erscheinen im Gesamteindruck gesprenkelt und sind mit schwarzen Kotflekken verunreinigt. Blattunterseits an Blattadern verkorkende Saugstellen. Stark befallene Blätter sterben ab, Pflanzen kümmern. Im Gewächshaus das ganze Jahr auftretend, vor allem an *Anthurium, Calla, Cyclamen, Dendranthema [= Chrysanthemum], Dianthus, Euphorbia pulcherrina, Ficus, Gerbera, Gladiolus, Gloxinia, Lilium, Orchidaceae* und *Rosa.*

O **Thrips** (*Thysanoptera*)

Δ Optimale Kulturbedingungen, in Gewächshäusern und Kästen reichlich lüften. Pflanzen nicht zu trocken werden lassen. Zwiebeln und Knollen vor Pflanzung durch Begasen, Tauch- oder Einstäubeverfahren entseuchen, siehe "Behandlung von Pflanzgut".

Im Spritz- oder Räucherverfahren haben sich folgende Wirkstoffe unter Berücksichtigung ihrer Verträglichkeit für die jeweilige Pflanzenart bewährt: *Acephat* (*Orthen* 0,1 %), *Sulfotep* (*Bladafum II* als Räuchermittel), *Deltamethrin* (*Decis flüssig*[3] 0,05), *Dimethoat* (*Roxion* u. a. 0,1 %), *Methamidophos* (*Tamaron* 0,15 %), *Permethrin* (*Ambush*[2] 0,01 %), *Propoxur* (*Unden flüssig* 0,15 %) und andere Präparate. Hydrokulturen kann zur Thrips-

Bekämpfung *Butocarboxim* (*Systemschutz D* 0,1 %) dem Wasser der Gefäße zugegeben werden.

Eine befriedigende Tilgung des Befalls ist nur durch wiederholten Einsatz von chemischen Präparaten, möglichst im Wechsel, erreichbar. Näheres bei den einzelnen Pflanzengattungen. Besondere Schwierigkeiten bereitet die Bekämpfung von *Frankliniella occidentalis*. Gute Wirkung nur bei mehrmaliger Behandlung der befallenen Pflanzen in 2-3tg. Abständen. Befall früh erkennen durch Aufhängen von Gelb- und Blautafeln.

Thripse, besonders *Frankliniella occidentalis*, sind Überträger des umfangreiche Schäden verursachenden **Tomatenbronzefleckenvirus** (TSWV) (siehe Kapitel 2.1. "Virosen").

Beim Einsatz von **Nützlingen** haben sich zur Bekämpfung von *Thrips* die Raubmilbenart *Amblyseius cucumeris* sowie Raubwanzen der Gattung *Orius*, vorwiegend *O. insidiosus* bewährt. Näheres dazu bei den Pflanzenschutzdienststellen erfragen.

□ Blätter, Blütenknospen, Blüten oder Triebspitzen durch Anstechen und Saugtätigkeit von lebhaften, grünlichen oder braun gefärbten Wanzen mit mehr oder minder ausgeprägten Deformationen. An den geschädigten Stellen eingesunkene, braun und nekrotisch werdende und meist zu Löchern mit wulstigem Rand aufreißende Stichstellen. In Gewächshäusern und im Freiland an vielen Pflanzenarten, vor allem an *Azalea, Callistephus, Dahlia, Dendranthema [= Chrysanthemum], Forsythia, Fuchsia, Hydrangea, Rosa.*

○ **Blattwanzen** (*Heteropthera*)

Δ Vorbeugend in der Umgebung der Zierpflanzenkulturen Unkräuter beseitigen. Wiederholtes Sprühen oder feintropfiges Spritzen mit *Dimethoat* oder *Propoxur*. In Gewächshäusern bringt der Einsatz von *Sulfotep* (*Bladafum II*) guten Erfolg.

□ Blätter erst feinfleckig grünlichgelb, gelb oder weißlich gesprenkelt, schließlich vergilbend und absterbend. An der Unterseite kleine, grünlich oder mehr braun gefärbte, springendfliegende Insekten oder ihre Larven.

○ **Zikaden** (*Cicadellidae*)

Δ Spritzen mit organischen Phosphorverbindungen, beispielsweise *Deltamethrin* (*Decis flüssig*(3) 0,05 %) oder *Propoxur* (*Unden flüssig* 0,15 %).

□ An Stengeln und Blättern speichelartige Schaumhäufchen mit Larve.

○ **Schaumzikade** (*Cercopidae*).

Δ Bekämpfung seltener notwendig, entspricht der von Zikaden.

□ Blätter von Holzgewächsen gekräuselt oder sonst deformiert. An der Unterseite blattlausähnliche, saugende Insekten, die sich bei Störungen springend-fliegend fortbewegen, sowie deren flugunfähige Larven, die wegen dichter Wachsausscheidungen schwierig benetzbar sind.

○ **Blattsauger, Blattflöhe** (*Psyllidae*)

Δ Gründliche, zweckmäßig wiederholte Spritzung mit *Permethrin* (*Ambush*[2] 0,01 %), *Propoxur* (*Unden flüssig* 0,15 %) oder einem anderen Präparat gegen saugende Insekten, eventuell Netzmittelzusatz. Gut wirksam ist auch *Sulfotep* (*Bladafum II*).

□ Blätter und Triebe gekräuselt, verkrüppelt, mit Kolonien verschiedenartig gefärbter, weichhäutiger Blattläuse besiedelt. Klebriger "Honigtau" und später schwarzer "Rußtau". In Gewächshäusern das ganze Jahr über lebend, in vielen Arten fast alle Zierpflanzen befallend.

○ **Blattläuse** (*Aphididae*)

Δ Spritzen oder Sprühen mit gegen saugende Insekten zugelassenen Insektiziden:
Acephat (Orthen 0,1 %), *Oxydemeton-methyl (Metasystox R* 0,1 %, oder *Metasystox R Spezial* 0,25 %),
Dimethoat (*Dimethoate* 0,1 %, *Roxion* 0,1 % u. a.),
Ethiofencarb (*Croneton-Granulat* 0,5 g/13-cm-Topf oder 10 cm Balkonkastenlänge),
Kaliseife (*Neudosan* 2 %),
lambda-Cyhalothrin (Karate 0,05 %)
Methamidophos (*Tamaron* 0,1 %),
Phosphamidon (*Dimecron 20*[3] 0,1 %),
Pirimicarb (*Pirimor-Granulat zum Auflösen in Wasser*[3] 0,05 %),
Propoxur (*Unden flüssig* 0,15 %) sowie andere im Gieß- oder Spritzverfahren.

Bei manchen Gewächshauskulturen hat sich gegen Gewächshausschädlinge als Räuchermittel *Sulfotep* (*Bladafum II* 1 Dose/200 m^3 Raum) gut bewährt.

Für **Zimmerpflanzen** besondere, hygienisch unbedenkliche Sprühmittel mit gleichzeitiger Wirkung gegen verschiedene andere Schädlinge. Sie sind im Kapitel 5. "Pflanzenschutzmittelübersicht" gesondert aufgeführt.

Gegen **Blattläuse an Zier- und Zimmerpflanzen in Töpfen** Insektizid-Stäbchen, beispielsweise auf Basis *Butoxycarboxim* (*Plant pin, Pflanzen-Paral-Pflanzenschutz-Zäpfchen*).

Zur biologischen Bekämpfung von Blattläusen eignen sich die Schlupfwespe *Aphidius colemani* und die Gallmücke *Aphidoletes aphidimyza.* Aber auch mit der Florfliege *Chry-*

soperla carnea und der Schlupfwespe *Encarsia formosa* (siehe unter Weißer Fliege) ließen sich gute Bekämpfungserfolge erzielen. Näheres zum Einsatz von Nützlingen bei den Pflanzenschutzdienststellen erfragen.

□ Blätter vergilben partiell oder total und welken oder vertrocknen. Blattunterseits zahlreiche, beim Berühren der Pflanze sofort auffliegende, etwa 2 mm lange, geflügelte, mit weißem Wachsstaub bepuderte Insekten oder deren gelblichgrüne, schildlausähnliche Larven. In Warmhäusern vielfach das ganze Jahr über, vor allem an *Ageratum, Azalea, Dahlia, Dendranthema [= Chrysanthemum], Fuchsia, Gerbera, Hibiscus, Lantana, Pelargonium, Rosa, Salvia* und anderen; an *Azalea, Dahlia* und *Rhododendron* gelegentlich auch im Freiland. Die Tiere produzieren große Mengen von klebrigem "Honigtau", auf dem sich Schwärzepilze ansiedeln, so daß schließlich ein schwarzer "Rußtau" die Blätter überzieht.

O **Weiße Fliegen, Mottenschildläuse** (*Aleyrodidae*)

Δ Grundlage einer erfolgreichen Bekämpfung der Weißen Fliege in Zierpflanzenbetrieben ist eine sachgemäße Unkrautbekämpfung sowohl im Gewächshaus als auch auf den umliegenden Freilandflächen. In warmen Sommern kommt es hier an Unkräutern oft zu einer Massenvermehrung der Weißen Fliege, so daß dauernder Zuflug in die Gewächshäuser erfolgt.

Kulturen nicht zu warm und zu trocken halten. Luftfeuchtigkeit nicht zu stark absenken. Gelbtafeln aufhängen.

Eine befriedigende Bekämpfung der Weißen Fliege kann erreicht werden mit:

Cyfluthrin (Bulldock(3) 0,05 %).
Deltamethrin (*Decis flüssig*(3) 0,05 %),
Fenpropathrin (*Rody*(3) 0,05 %),
Methamidophos (*Tamaron* 0,1 %),
Permethrin (*Ambush*(2) 0,01 %),
Propoxur (*Unden flüssig* 0,2 %),
Teflubenzuron (*Nomolt*(3) 0,05 %) und andere Präparate.

Pflanzen tropfnaß spritzen, dabei Blattunterseite gut benetzen. Behandlungen sind im Abstand von mindestens 4-5 Tagen zu wiederholen.

Ältere Larvenstadien und Puparien sind nur schwer zu bekämpfen. Ebenso Eistadien. Befriedigende Wirkung durch *Mineralöl* (*Para Sommer*) oder *Rapsöl* (*Schädlingsfrei Naturen*).
- Pflanzenverträglichkeit prüfen -

Versuchsweiser Einsatz von Insekten-Entwicklungshemmern: *Diflubenzuron* (*Dimilin 25 WP*(1) 0,05 %), *Fenoxycarb* (*Insegar*(2) 0,04 %).

Vorteilhaft ist häufiger Wechsel der verwendeten Präparate. Es sollten wenigstens 2 Präparate mit unterschiedlichen Wirkstoffen im Wechsel von einigen Wochen eingesetzt werden, um Resistenzbildung zu verringern.

Auch Blattglanzsprays erbrachten im versuchsweisen Einsatz gute Bekämpfungserfolge. Aber Vorsicht, nicht alle sind voll pflanzenverträglich.

Bei Zimmerpflanzen spezielle Sprühmittel (siehe oben "Blattläuse"). Behandlung mehrfach wiederholen, da Eier und Larven der Mottenschildläuse widerstandsfähiger sind als Blattläuse.

In Häusern auch wiederholte Anwendung von speziellen Mitteln gegen Gewächshausschädlinge als Räuchermittel *Sulfotep* (*Bladafum II*, 1 Dose/200 m^3 Raum), wegen Widerstandsfähigkeit der Eier und Larven 3- bis 4mal im Abstand von 4-6 Tagen. Gut bewährt haben sich auch biologische Bekämpfungsverfahren mit der Schlupfwespe *Encarsia for-*

mosa, wenn der Einsatz möglichst früh nach Kulturbeginn erfolgt und es sich nicht um die Art *Bemisia tabaci* handelt. Näheres Pflanzenschutzdienststelle.

□ Pflanzen kümmern, zeigen Verfärbungen, Blattfall oder sterben ab. An holzigen und frischen Pflanzenteilen graue, braune oder schwärzliche, schuppen-, komma- oder napfförmige "Schilde", darunter plumpe kleine, bewegungsunfähige Insekten, oft eingebettet in Wachsausscheidungen. Zeitweise kriechen kleine bewegliche Larven auf den Blättern umher. Honig- und Rußtauüberzüge. Alle Schildlausarten werden leicht verschleppt.

O **Schildläuse** (*Coccidae*)

Δ Bei Befall zur Abtötung der Jungläuse nach dem Festsetzen wiederholte Anwendung von *Mineralöl* (*Para Sommer* 2 %), *Parafinöl* (*Promanal*[1] 3 %) oder *Rapsöl* (*Schädlingsfrei Naturen*, *Telmion* 2 %) oder von *Deltamethrin* (*Decis flüssig*[3] 0,05 %), *Propoxur* (*Unden flüssig* 0,2 %) oder einem anderen zugelassenen Präparat.
An widerstandsfähigen hartblättrigen Grünpflanzen wie Ficus, Lorbeer, Oleander und Palmen kann man auch eines der beiden oben genannten Mineralöle anwenden. Mit letzterem aber *Bromeliaceae* nicht zweimal behandeln!
Von Begasungsmitteln haben sich Blausäure entwickelnde Verbindungen gegen alle Schildlausarten und -stadien bewährt, doch vor der Anwendung Pflanzenschutzdienst befragen und **Rechtsvorschriften beachten!**
Sulfotep als Räuchermittel ist bei wiederholter Anwendung ebenfalls wirksam.
Bei Zimmerpflanzen spezielle Sprühmittel mit Nebenwirkung gegen Schildläuse (Sprühdosen) wie weiter oben unter "Blattläuse" angegeben.
Alle gegen Schildläuse zugelassenen Präparate sind unter Kapitel 5 "Pflanzenschutzmittelübersicht" genannt.
Die Bekämpfung von Schildläusen ist schwierig. Es muß sehr sorgfältig gearbeitet werden. Bei Einsatz von *Mineralöl, Rapsöl* oder *Propoxur* versprechen nur im Abstand von 10 Tagen dreimal wiederholte Spritzungen (ohne Unterbrechung!) Erfolg! Verträglichkeitsteste!

□ Pflanzen kümmern, zeigen Verfärbungen, Blattfall oder sterben ab. An den Pflanzen weiß gepuderte oder von besonderen Wachsausscheidungen umgebene oder spezifische Wachsanhänge tragende, zuweilen langsam kriechende "Schmierläuse". In Gewächshäusern und an Zimmerpflanzen das ganze Jahr. Bei Massenvermehrung dichte Kolonien. Honig- und Rußtauüberzüge. Leichte Verschleppung.

O **Röhrenschildläuse** (*Ortheziidae*)

O **Schmierläuse, Wolläuse** (*Pseudococcidae*)

Δ Bekämpfung erfolgt sinngemäß wie auch für Schildläuse angegeben, ist aber nicht ganz so schwierig.

□ Halbkreisförmige oder buchtige ("Buchtenfraß") Käferfraßspuren an den Blättern, Blattrand zahnradartig gekerbt (*Azalea, Rhododendron*). Wurzeln entrindet und ebenso wie Knollen (*Cyclamen, Gloxinia*) durch Käferlarven tiefer befressen. Vor allem an *Azalea, Cineraria, Cissus, Cotoneaster, Cyclamen, Dendranthema [= Chrysanthemum], Gloxinia, Grünpflanzen, Hedera, Hydrangea, Orchidaceae, Pelargonium, Primula, Rhododendron, Rosa, Syringa, Taxus.*

Käfer am Tage versteckt im Boden, nachts fressend, Larven im Boden. Auch im Freiland, vor allem in Heideerde, oft Larven.

O **Gefurchter Dickmaulrüßler** (*Otiorrhynchus sulcatus F.*)

Δ Wahl sauberer Kultursubstrate, da Einschleppung vor allem mit Laub- und Heideerde erfolgen kann, eventuell besondere Entseuchung. Vorbeugende Anwendung von Streumitteln gegen Bodenschädlinge auf Basis von *Carbofuran* (*Curaterr Granulat* 1-2 kg/m^3 Anzuchtsubstrat oder 10 g/m^2 streuen), *Chlorfenvinphos* (*Birlane Granulat* 1 kg/m^3) als Zusatz zum Anzuchtsubstrat, bei *Curaterr-Granulat* **auch** im Streuverfahren 10 g/m^2, hat sich bewährt, wobei die gleichzeitige Wirkung gegen **Trauermückenlarven** ein besonderer Vorteil ist.

Bei Entdeckung von Befall nach dem Eintopfen Angießen mit *Methamidophos* (*Tamaron* 0,1 %, max. 2 l/m^2 - **Vorsicht, nicht in Wasserschutzzonen** -), *Parathion* (*E 605 forte*[3] 0,05 %), 80-100 ml pro 11- bis 12-cm-Topf, aber Gießverfahren nur bei *E 605 forte*[3] 0,05 % 2 l/m^2 und *Tamaron* 0,1 % 2 l/m^2 befriedigend wirksam.

Bei Topfpflanzen und Containern hat der Einsatz des insektenpathogenen Nematoden *Heterorhabditis*-Art im Versuch gute Wirkungsgrade ergeben. Näheres bei Pflanzenschutzdienststellen erfragen.

Gegen die nachts an den Pflanzen fressenden Käfer kann man mit *Acephat* (*Orthen* 0,1 %), *Parathion* (*E 605 forte*[3] 0,035 %), *Deltamethrin* (*Decis fl.* [3] 0,05 %), *Methamidophos* (*Tamaron* 0,15 %) oder anderen Insektiziden vorgehen. Verträglichkeit beachten.

□ Blätter von krautigen Pflanzen sowie Laubgehölzen von Raupen oder Käfern sowie deren Larven zerfressen; je nach Art des Schädlings Rand-, Loch-, Fenster- oder Skelettierfraß.

O **Freifressende Raupen (Eulenraupen, Spannerraupen, Spinner [Goldafter, Schlehenspinner]), Blattwespenlarven, Käferlarven, Rüsselkäfer, Blattkäfer (Erdflöhe)**

Δ Spritzung mit Insektiziden wie
Acephat (*Orthen* 0,1 %),
beta-Cyfluthrin (*Bulldock*[3] 0,05 %),
Deltamethrin (*Decis flüssig*[3] 0,05 %),
lambda Cyhalothrin (Karate 0,05 %).
Methamidophos (*Tamaron* 0,15 %),
Parathion (*E 605 forte*[3] 0,035 %),
Permethrin (*Ambush*[2] 0,01 %),
Propoxur (*Unden flüssig* 0,2 %),
Teflubenzuron (*Nomolt*[3] 150 ml/ha)

oder anderen vernichten bei rechtzeitiger Anwendung, wenn die Raupen oder Larven noch jung sind, schnell und sicher die meisten beißenden Schädlinge.

Alle genannten Präparate haben eine gute Nebenwirkung gegen Blattläuse und Blattwanzen.

Bei empfindlichen Pflanzen ist auf Verträglichkeit gegenüber den verwendeten Spritzmitteln zu achten. Zweckmäßig werden vorher orientierende Versuche durchgeführt.

Im Freiland unter besonderen Umständen Anwendung von *Bacillus thuringiensis-Präparaten* (*Dipel* 0,1 %, *Thuricide HP* 0,15 % u. a.), beispielsweise zur Bekämpfung von Raupen (Goldafter, Frostspanner, Eichenwickler) an Allee- und Straßenbäumen oder in Stadtparks.

□ In Knospen und zwischen zusammengesponnenen oder in gerollten Blättern fressen lebhaft bewegliche Raupen, die bei Berührung zunächst rückwärts laufen und sich dann meist "abspinnen", andere Raupen leben gesellig in Raupennestern.

○ **Wicklerraupen** (*Tortricidae*)

Δ Im Freiland weitgehend wie unter Freifressende Raupen empfohlen, unter Glas spritzen mit *lambda-Cyhalothrin* (*Karate* 0,05 %), *Deltamethrin* (*Decis flüssig*[3] 0,05 %), *Parathion* (*E 605 forte*[3] 0,035 %), *Permethrin* (*Ambush*[2] 0,01 %) oder anderen Insektiziden.

□ An den Blättern von Gehölzen oder krautigen Pflanzen befinden sich helle Stellen, an denen das Blattgrün durch unter der Blattoberhaupt nagende Raupen weggefressen ist. Diese Fraßgänge, auch "Minen" genannt, können fleckenartig oder mehr gangförmig sein, unter Umständen auch geschlängelt. Sie enthalten körnigen Raupenkot. Ältere Larvenstadien leben meist in Blattrollen oder -tüten (Azaleenmotte).

○ **Miniermottenraupen** (*Gracillariidae*)

Δ Beim ersten Auftreten von Minen Spritzung mit *Abamectin* (*Vertimec*[3] 0,025 %), *Deltamethrin* (*Decis flüssig*[3] 0,05 %), *Dimethoat* (*Roxion* u. a. 0,1 %), *Parathion* (*E 605 forte*[3] 0,035 %) oder *Permethrin* (*Ambush*[2] 0,01 %).

□ Minenartige, helle Fraßgänge in Blättern, entstanden durch Zerstörung des Blattgrüns zwischen Blattoberhaut und -unterhaut, aber keine Kotkörner.

○ **Minierfliegenlarven** (*Agromyzidae*)

Δ Regelmäßige Befallskontrolle unter Verwendung von Gelbtafeln. Erste Hinweise sind kleine Grübchen auf den Blättern. Spätestens bei ersten Befallszeichen wiederholtes Spritzen mit Insektiziden wie gegen Miniermottenraupen in Abständen von 5-7 Tagen.

Die Minierfliegenlarve (*Liriomyza huidobrensis* Blanchard) ist mit Schlupfwespen (*Dacnusa sibirica*, *Diglyphus isaea*) zu bekämpfen. Nützlinge sind rechtzeitig bei Befallsbeginn auszubringen.

An Garten- und Parkteichen, Wassergräben

□ Teich-, Wassergraben-, Bach- und Flußufer, Dämme und Deiche durch größere Nagetiere unterwühlt, Wasser- und Uferpflanzen befressen, Reste schwimmen auf dem Wasser oder liegen am Ufer. In tiefen Bauten am Ufer größere Nagetiere, die zuweilen auch weit über Land wandern, vor allem im Frühjahr. Körperfarbe hellgrau bis braungrau, Bauch graugelb, Füße dunkelbraun, Hinterfüße mit Säumen von Schwimmborsten. Körperlänge etwa 35 cm, Schwanz seitlich abgeplattet, bis 20 cm lang.

O **Bisam** (*Ondatra zibethica* L.)

Δ Sofortige Meldung an Pflanzenschutzdienststelle, die weitere Maßnahmen einleitet. Abfangen nur durch hauptamtliche Bisamjäger oder konzessionierte Privatfänger.

2.2 Schadursachen an einzelnen Zierpflanzen

(Schnittblumen, Topfpflanzen, Beet- und Balkonpflanzen, Stauden, Zwiebel- und Knollengewächse)

2.2.1 Abutilon (Schönmalve)

□ Blätter mit kleinen, hellen Sprenkeln, später trocken werdend.

O **Spinnmilben** (*Tetranychidae*)

Δ Wiederholt unter gründlicher Benetzung der Blattunterseiten spritzen mit *Methamidophos* (*Tamaron* 0,15 %), *Abamectin* (*Vertimec*(3) 0,025 %), *Fenbutatin-oxid* (*Torque*(3) 0,05 %), *Hexythiazox* (*Ordoval* 0,04 %) oder *Fenpropathrin* (*Rody*(3) 0,05 %).

□ Blätter mit hellen Saugstellen, blattunterseits weißbepuderte Motten-Schildläuse. Verschmutzung der Pflanze mit Honigtau und nachfolgende Besiedlung mit Rußtaupilzen.

O **Weiße Fliege** (*Trialeurodes vaporariorum* Westw.)

Δ Wiederholt im Abstand von 3-5 Tagen spritzen mit *Deltamethrin* (*Decis flüssig*(3) 0,05 %) oder *Cyfluthrin* (*Bulldock*(3) 0,05 %, *Sulfotep* (*Bladafum II*, eine Dose je 200 m³ Gewächshaus). Der Einsatz von *Encarsia formosa* (Schlupfwespen) ab Auftreten der ersten Weißen Fliegen ist erfolgreich.

Ferner an *Abutilon*: ***Thrips*** u. **Blattläuse**, die sehr schädlich werden können.

2.2.2 Acalypha (Katzenschwanz)

Reagiert empfindlich auf *Oxydemeton-methyl* u. *Parathion*(3).

An *Acalypha* kommen **Spinnmilben, Blattläuse** sowie **Weiße Fliege** vor. Näheres siehe Kapitel 2.1 "Tierische Schädlinge". Kurz nach dem Topfen kann **Stengelfäule** (*Rhizoctonia solani* Kühn) auftreten. Bekämpfung mit *Iprodion* (*Rovral* 0,2 %). Treten Wurzelschäden durch ***Pythium***- oder ***Phytophthora***-Arten auf, Behandlung mit *Metalaxyl* (*Fonganil Neu* 0,05 %) oder *Propamocarb* (*Previcur N* 0,15 %).

2.2.3 Achillea (Garbe)

□ Einzelne Blüten der Blütenstände schrumpfen, werden braun und vertrocknen. In den Blütenständen grünliche Wanzen.
O **Blattwanzen** (*Calocoris norwegicus* Gm. und andere Arten).
Δ Bekämpfung siehe unter Kapitel 2.1 "Tierische Schädlinge".

Ferner an *Achillea*: **Blattläuse**, **Blattwanzen**, **Wolläuse, Gallenbildende Wurzelnematoden**, **Blattälchen.** Siehe Kapitel 2.1 "Tierische Schädlinge". **Schwarzfleckigkeit** (*Schizothyrioma ptermicae* [Desmazières] von Höhnel) verursacht schwarze Pusteln an allen Pflanzenteilen. Bekämpfung mit *Thiabendazol* (*Tecto FL*(1) 0,1 %) oder *Iprodion* (*Rovral* (0,1 %). **Falscher Mehltau** (*Peronospora*-Art) und **Echter Mehltau** (*Erisyphe cichoriacearum* DC.). Siehe Kapitel 2.1 "Mykosen".

2.2.4 Achimenes (Schiefteller)

□ Blätter mit zunächst hellgelben, später braunen, mehr oder weniger ringförmigen Mustern.
O **Nichtparasitäre Ringflecken**
Δ Schadbild beruht auf übermäßiger Sonnenbestrahlung und/oder zu kaltem Gießwasser, daher bei starker Sonneneinstrahlung schattieren, bei Anzucht die Pflanzen nicht "über den Kopf" gießen, zumindest nicht mit zu kaltem Wasser.

□ Auf den Blättern einzelne oder zahlreiche gelbgrüne wellenartige Bandmuster, zuweilen auch v-förmige Zeichnungselemente sowie Zwergwuchs und/oder Schmalblättrigkeit.
O **Viröse Ringfleckenkrankheit** (*Tobaco rattle virus*)
Δ Die Krankheit wird durch wandernde Wurzelnematoden (*Trichodorus*-Arten) übertragen. Befallene Pflanzen sofort vernichten. Bei Befallsverdacht Bodenuntersuchung auf Befall durch Wandernde Wurzelnematoden und gegebenenfalls Bodenentseuchung. Gesundes Pflanzmaterial verwenden.

□ Wachstum der Pflanzen gehemmt, Wurzeln braun verfärbt, zuweilen mit Anschwellungen, absterbend.
O **Gallenbildende Wurzelnematoden** (*Meloidogyne*-Arten)
Δ Bodendämpfung oder chemische Bodenentseuchung. Siehe auch Kapitel 2.1 "Tierische Schädlinge".

□ Stengelbasis trocken faul, auf dem Substrat braunes, fadenförmiges Pilzgeflecht erkennbar.
O **Stengelgrundfäule** (*Rhizoctonia solani* Kühn)
Δ Nasse Substrate und hohe Luftfeuchtigkeit vermeiden. Stellflächen entseuchen. Behandlung mit *Iprodion* (*Rovral* 0,1 %).

Ferner an *Achimenes*: ***Pythium*-Stengelgrundfäule, Grauschimmel - Blattälchen, *Thrips*, Weiße Fliege, Blattläuse, Spinnmilben, Weichhautmilben**. Siehe Kapitel 2.1 "Mykosen", "Tierische Schädlinge".

2.2.5 Aconitum (Eisenhut)

□ Auf den Blättern hellgrüne Flecken sowie in Längsrichtung verlaufende streifen- und bandförmige Zeichnungen mit teilweise dunkelbrauner Begrenzung. Wuchshemmung.

O **Viruskrankheit(en)**

Δ Näheres über Bekämpfungsmaßnahmen siehe Kapitel 2.1 "Virosen".

□ Pflanzen zeigen Welkeerscheinungen verschiedener Art. Wurzeln und Stengelgrund faulen.

O **Eisenhutwelke** (*Cephalosporium*- oder/und *Pythium*-Arten)

Δ Vermehrungsmaterial nur aus gesunden Beständen, Neupflanzungen auf neuen oder entseuchten Flächen. **Nur** gegen *Pythium*-Arten wirkt Gießbehandlung mit *Metalaxyl* (*Fonganil Neu* 0,05 %) oder *Propamocarb* (*Previcur N* 0,15 %). Bei Einsatz ab Austrieb in mehrmaliger Wiederholung, etwa alle 3-4 Wochen bei *Previcur N,* alle 6 Wochen bei *Fonganil Neu.* Angießen hat nur Sinn, wenn Erreger vorher identifiziert wurde (Pflanzenschutzdienst!). Kranke Pflanzen mit umgebender Erde ausstechen und vernichten. Nicht auf den Kompost.

Gegen *Cephalosporium*-Arten *Thiabendazol* (*Tecto FL*(1) 0,1 %) spritzen.

Gegen beide Erreger auch Gießbehandlung mit *Propamocarb* + *Benomyl* (*Previcur N* + *Du Pont Benomyl*(2) 0,15 % + 0,1 %) 2- bis 3mal ab Anfang Mai.

□ Triebspitzen sowie Blätter zusammengesponnen und durch Raupen befressen.

O **Eisenhutgoldeule** (*Polychrisia moneta* F.)

Δ Da meist nur einzeln auftretend, vorhandene Raupen absammeln.

Ferner an *Aconitum*: **Echter Mehltau, *Verticillium*-Welke, *Rhizoctonia*-Stengelgrundfäule - Blattläuse** . Bekämpfung siehe unter Kapitel 2.1 "Mykosen", "Tierische Schädlinge".
Vermeintliche **Fußkrankheiten** beruhen oft auf Fraßschäden an den unterirdischen Pflanzenteilen durch **Larven von Trauermücken** und lassen sich durch Angießen mit *Deltamethrin* (*Decis flüssig*(3) 0,05 %) oder *Diflubenzuron* (*Dimilin 25 WP*(1) 0,05 %) schnell beheben.

2.2.6 Adiantum (Frauenhaarfarn)

Adiantum ist bezüglich der Verträglichkeit für Pflanzenschutzmittel die empfindlichste Farngattung und kann daher als "Testpflanze" dienen. Verträgt *Adiantum* ein Präparat, so ist es sehr wahrscheinlich auch bei anderen Farngattungen anwendbar.
Krankheiten und Schädlinge an *Adiantum* siehe unter ***Filicales.***

2.2.7 Aechmea (Lanzenrosette)

Krankheiten und Schädlinge an *Aechmea* siehe unter ***Bromeliaceae.*** Hauptproblem bei der Kultur von *Aechmea* ist der Befall durch ***Fusarium*-Welke,** siehe auch unter ***Bromeliaceae.***

2.2.8 Aeschynanthus (Schamblume)

□ Pflanzen sterben ab, Wurzelhals und Wurzeln mit Faulstellen.

O **Fußkrankheit** (*Thanatephorus cucumeris* [Frank] Donk = *Rhizoctonia solani* Kühn)

Δ Bei ersten Befallssymptomen angießen mit *Benomyl* (*Du Pont Benomyl*(2) 0,1 %), versuchsweise auch mit *Iprodion* (*Rovral* 0,1 %) oder *Thiabendazol* (*Tecto FL*(1) 0,1 %).

□ Ältere Blätter bekommen einen bronzenen Farbton. An ihrer Unterseite kleine orangerote Milben.
○ **Spinnmilben** (*Brevipalpus phoenicis* Geijskes)
Δ Spritzung mit *Abamectin* (*Vertimec*(3) 0,025 %), *Fenpropathrin* (*Rody*(3) 0,05 %) oder einem anderen Akarizid. Siehe auch Kapitel 2.1 "Tierische Schädlinge".

Ferner an *Aeschynanthus*: **Phytophthora-Stengelgrundfäule, Blattfleckenkrankheiten**, - **Nematoden, Blattläuse, Schmierläuse, Weichhautmilben.** Gelegentlich kann auch **Echter Mehltau** auftreten. Siehe Kapitel 2.1 "Mykosen", "Tierische Schädlinge".

2.2.9 Agapanthus (Schmucklilie)

□ Blätter zeigen streifen- oder bandförmige, in Längsrichtung verlaufende lichtgrüne bis grüngelbe Verfärbungen.
○ **Viruskrankheit(en)**
Δ Näheres über Bekämpfungsmaßnahmen siehe Kapitel 2.1 "Virosen".

2.2.10 Ageratum (Leberbalsam)

Vor allem junge Pflanzen sind empfindlich gegen *Oxydemeton-methyl* (*Metasystox R*), *Parathion* (z. B. *E 605 forte*(3)) und andere organische Phosphorverbindungen sowie gegen *Vinclozolin* (*Ronilan WG*) in Saatkisten.

□ Blätter mit weißen Flecken, die bei höheren Temperaturen verschwinden. Vor allem die Sorte 'Dondo' ist anfällig.
○ **Nichtparasitäre Blattverfärbung - Weißsprenkelung**
Δ Ursache sind zu niedrige Temperaturen und/oder Trockenheit, daher vor allem im Vorfrühling (Februar, März) auftretend. Nicht zu niedrige Temperaturen, mehr Gießwasser. Ungünstige Lichtverhältnisse vermeiden.

□ Blätter, vor allem an den Triebspitzen, mit Mosaikfleckung, die bei höherer Temperatur nicht verschwindet. Auftreten vor allem März, April.
○ **Viröse Mosaikfleckung** (*Tomaten-Aspermie-Virus - Tomato aspermy virus*, blattlausübertragbar)
Δ Gesunde Mutterpflanzen verwenden, sorgfältige Blattlausbekämpfung. Siehe auch Kapitel 2.1 "Virosen".

□ Pflanzen kümmern, Belaubung wird fahlgrün, die Wurzeln faulen.
○ **Pythium-Wurzelfäule** (*Pythium*-Arten)
Δ (Vorbeugendes) Angießen der Pflanzen mit *Metalaxyl* (*Fonganil Neu* 0,05 %) oder *Propamocarb* (*Previcur N* 0,15 %). Auch Beimischen von 100 g *Fonganil Neu* je m³ Topferde möglich.

□ An der Sproßbasis schwarze Flecke. Stark befallene Pflanzen sterben ab.
○ **Stengelfäule** (*Alternaria zinnia* M.B. Ellis)
Δ Wiederholt bei ersten Befallssymptomen spritzen mit *Mancozeb* (*Dithane Ultra WG* 0,2 %), *Metiram* (*Polyram WG* 0,2 %) oder *Iprodion* (*Rovral* 0,1 %).

□ Triebe kümmern, ihre Blätter sind klein, nach oben gefaltet und meist verkrüppelt. Pflanzen welken leicht.
○ **Blattälchen** (*Aphelenchoides*-Arten)
Δ Vermehrungsmaterial nur von gesunden, nicht befallenen Mutterpflanzen gewinnen. Vorbeugende Behandlung selbst mit *Terbufos* (*Counter SG*(2) 5 g/m²) nicht ganz ohne Risiko. Da befallene Pflanzen meist welken, lassen sie sich ohne große Mühe auslesen und vernichten. Siehe auch Kapitel 2.1 "Tierische Schädlinge".

□ Blätter hellgelblich bis weißlich gefleckt, auf Blattunterseite Spinnmilben und ihre Larven.
○ **Spinnmilben** (*Tetranychidae*)
Δ Bei Befall spritzen mit *Abamectin* (*Vertimec*(3) 0,025-0,05 %), *Methamidophos* (*Tamaron* 0,15 %) oder *Fenbutatin-oxid* (*Torque*(3) 0,05 %). Siehe auch Kapitel 2.1 "Tierische Schädlinge".

Ferner an *Ageratum*: **Keimlingskrankheiten - Blattläuse, Trauermücken, Weichhautmilben, Weiße Fliege, *Thrips*, Gallenbildende Wurzelnematoden**. Siehe Kapitel 2.1 "Mykosen", "Tierische Schädlinge". Zur Bekämpfung der **W. Fliege** können mit guter Wirkung auch Schlupfwespen (*Encarsia formosa*) eingesetzt werden.

2.2.11 Aglaonema-Arten (Kolbenfaden)

Alle *Aglaonema*-Arten werden gelegentlich von **Schmierläusen** befallen. Bei Einfuhrkontrollen zeigten sich vor allem *Aglaonema pseudobracteatum, A. roebelinii* und *A. "Silver King"* als stark verseucht.

Ferner können auftreten: ***Erwinia spp.*, *Xanthomonas dieffenbachiae*** (Dowson) - **Weichhautmilben**. Bekämpfung siehe Kapitel 2.1 "Bakteriosen", "Tierische Schädlinge".

2.2.12 Agyranthemum frutescens

□ Blattvergilbungen an der Triebspitze. Später mausgrauer Belag - nicht mit *Botrytis*-Befall verwechseln -. Blätter sterben ab.
○ **Falscher Mehltau** (*Peronosporaceae*)
Δ Stark befallene Pflanzen vernichten. Luftfeuchtigkeit herabsetzen und Kulturen trockener halten. Ab Befallsbeginn wiederholt spritzen mit *Metalaxyl* (*Fonganil Neu* 0,05 %), *Propamocarb* (*Previcur N* 0,15 %).

Ferner an *Agyranthemum*: **Blatt- und Stengeltumore - Minierfliegenlarven**. Siehe Kapitel 2.1 "Bakteriosen", "Tierische Schädlinge".

2.2.13 Ajuga (Günsel)

□ Blätter mit gelblichen Flecken sowie gleichfarbigen Wellenlinien, Ringmustern und Bandzeichnungen.
○ **Viruskrankheiten**
Δ Näheres über Bekämpfungsmaßnahmen siehe Kapitel 2.1 "Virosen".

Ferner an *Ajuga*: **Gallenbildende Wurzelnematoden, Spinnmilben.** Näheres siehe Kapitel 2.1 "Tierische Schädlinge".

2.2.14 Allium (Lauch)

□ Blätter weisen unregelmäßige Mosaikflecken und Mosaikstreifung auf.
○ **Zwiebelstreifen-Virus** (*Onion yellow dwarf virus,* blattlausübertragbar)
Δ Sofortige Vernichtung befallener Pflanzen. Neuaufbau des Bestandes durch Selektion widerstandsfähiger Stämme oder, wo möglich, Vermehrung durch Aussaat, aber nicht in der Nähe von *Allium*-Beständen.

□ Gelbliche Streifen auf den Blättern in der Nähe der Blattnerven, manchmal auch rechtekkige Zeichnungsmuster.
○ **Tabakmauche-Virus** (*Tobacco rattle virus*)
übertragen durch Wandernde Wurzelnematoden (*Trichodorus*-Arten).
Δ Sofortige Vernichtung kranker Pflanzen. Siehe auch unter Kapitel 2.1 "Tierische Schädlinge - **Wandernde Wurzelnematoden**".

□ Schlechtes Auflaufen, vorzeitiges Vergilben und Verwelken der Pflanzen, Zwiebeln mit grauweißem Belag von Pilzmyzel, darin kleine, schwarze Sklerotien. Befall führt zum Faulen der Zwiebeln im Boden oder zum Vertrocknen auf dem Lager. Sorten reagieren unterschiedlich auf Befall.
○ **Welke, Weißfäule** (*Sclerotium cepivorum* Berk)
Δ Vernichtung befallener Pflanzen mit Zwiebeln und umgebendem Boden. Befallene Flächen früh abernten, Zwiebeln schnell trocknen. Weitgestellte Fruchtfolge. Zum Pflanzen nur gesunde Zwiebeln verwenden, strenge Auslese. Näheres über vorbeugende Beizung der Zwiebeln beim Pflanzenschutzdienst erfragen.

□ Blätter zeigen helle Flecke, manchmal auch Verdrehungen und andere Mißbildungen, können im Wuchs zurückbleiben. Die Zwiebeln weisen von der Basis ausgehende weißliche oder fahlgelbe Verfärbungen auf. Stark befallene Zwiebeln vertrocknen.
○ **Stengelälchen** (*Ditylenchus dipsaci* Kühn)
Δ Bekämpfung siehe in Kapitel 2.1 "Tierische Schädlinge - **Stengelälchen**".

Ferner an *Allium*: **Rost** (*Puccinia allii*) und ***Thrips***. Siehe auch Kapitel 2.1 "Mykosen", "Tierische Schädlinge".

2.2.15 Alstromeria (Inkalilie)

***Alstromerien* reagieren empfindlich auf *Methamidophos* (*Tamaron*), *Oxydemeton-methyl* (*Metasystox R*), *Parathion* (*E 605 forte*(3)), *Propoxur* (*Unden flüssig*).**

□ Auf den Blättern entstehen gelbliche und bräunliche Flecke
○ **Nichtparasitäre Blattfleckung**
Δ Vermeidung zu hoher Temperaturen und Luftfeuchtigkeit bei der Kultur im zeitigen Frühjahr.

□ Nekrotische Flecke, oft kreisförmige blasse bis gelbe Blattflecken, Streifigkeit der Blüten sowie teilweise völliger Ausfall der Blütenbildung. Trieb gestaucht.
○ **Tomaten-Bronzeflecken-Virus** (*Tomato spotted wilt virus*)
Δ Vernichten befallener Pflanzen. Intensive Bekämpfung der die Virose übertragenden

Thripse, da sonst schnelle Ausbreitung des Virus auch auf andere Kulturen. Siehe auch Kapitel 2.1 "Tierische Schädlinge".

□ Die Blätter zeigen mehr oder weniger deutliche Mosaikfleckung.
O **Viröse Mosaikkrankheit** (*Alstroemeria-Mosaik*-Virus)
Δ Verwendung gesunden, virusfreien Vermehrungsmaterials.

□ Blätter weisen lichtgrüne oder mehr gelbliche Ringfleckenmuster auf.
O **Tabakmauche-Virus** (*Tobacco rattle virus,* übertragen durch Wandernde Wurzelnematoden, *Trichodorus*-Arten).
Δ Bei Befallsverdacht Bodenentseuchung zur Abtötung der Nematoden. Siehe auch Kapitel 2.1 "Tierische Schädlinge - **Wandernde Wurzelnematoden".** Verwendung gesunden Vermehrungsmaterials.

□ Wachstum der Pflanzen läßt nach, Vergilben und meist Absterben vor der Blüte.
O **Fußkrankheit** (*Thanatephorus cucumeris* [Frank] Donk = *Rhizoctonia solani* Kühn)
Δ Boden entseuchen. Gesundes Pflanzgut verwenden und nicht zu eng setzen. Temperaturschwankungen vermeiden. Pflanzen vor dem Setzen mit dem Fuß in *Benomyl* (*Du Pont Benomyl*(2) 0,05 %), *Vinclozolin* (*Ronilan WG* 0,1 %) oder *Iprodion* (*Rovral* 0,1 %) oder *Thiabendazol* (*Tecto FL*(1) 0,1 %) tauchen und später mit einem dieser Mittel angießen. Alle 2 Jahre verpflanzen. Das versuchsweise 5 cm tiefe Einfräsen von 3-4 g/m² *Tolclofos-methyl* (*Risolex*(2)) brachte gute Wirkung.

Bei Gefahr durch Infektion mit **Grauschimmel** vorbeugend mit *Dichlofluanid* (*Euparen WG* 0,25 %), *Vinclozolin* (*Ronilan WG* 0,1 %), *Iprodion* (*Rovral* 0,1 %) oder *Thiabendazol* (*Tecto FL*(1) 0,1 %) spritzen. Verträglichkeitstest!

Bei Auftreten von ***Pythium*-Wurzel- und -*Rhizom*fäule** - Wurzeln und Rhizome werden glasig und faulen -, befallenes Pflanzenmaterial vernichten und die Randzonen der Befallsherde mit *Metalaxyl* (*Fonganil Neu* 0,05 %) oder *Propamocarb* (*Previcur N* 0,15 %) mit ca. 0,5 l/Pflanze angießen.

Treten **Blattläuse** auf, sollte wegen seiner guten Verträglichkeit und guten Wirkung bei der Bekämpfung der verschiedenen Arten von *Blattläusen* vor allem *Pirimicarb* (*Pirimor Granulat zum Auflösen in Wasser*(3) 0,05 %) oder *Sulfotep* (*Bladafum-II 1 Dose/200 m³*) eingesetzt werden. Vorsicht mit *Methamidophos* (*Tamaron*), *Oxydemeton-methyl (Metasystox R)* u. *Propoxur* (*Unden flüssig*).

Ferner an *Alstroemeria*: **Keimlingskrankheiten** - **Wurzelnematoden** (*Prathylenchus bolivianus*), **Spinnmilben, Weiße Fliege, *Thrips*, Blattwanzen, Eulenraupen, Schnecken,** mitunter auch **Springschwänze.** Siehe Kapitel 2.1 "Mykosen", "Tierische Schädlinge".

2.2.16 Althaea (Malve, Stockrose)

□ Vor allem auf Blattunterseiten weißliche, später gelb- bis braunviolett werdende Pusteln, denen blattoberseits etwas eingesunkene gelbe Flecke entsprechen. Aus den Pusteln wird später braunes Sporenpulver entlassen.
O **Rost, Malvenrost** (*Puccinia malvacearum* Mont.)

Δ Chemische Bekämpfung siehe Kapitel 2.1 "Mykosen". An Malven bewährt *Bitertanol* (*Baymat flüssig* 0,1 %) sowie *Triforin* (*Saprol Neu* 0,15 %).

Ferner an *Althaea*: **Blattkäferarten (Malvenflohkäfer). Spinnmilben** sind an *Althaea* ein Problem und können mit *Fenpropathrin* (*Rody*[3] 0,05 %) oder *Methamidophos* (*Tamaron* 0,15 %) bekämpft werden. Siehe auch Kapitel 2.1 "Tierische Schädlinge".

2.2.17 Aloe

□ Pflanzen stocken im Wuchs, Blätter vergilben von der Spitze her, Wurzeln und Stammgrund faulen.
O **Wurzelfäule** (*Pythium ultimum* Trow.)
Δ Angießen mit *Metalaxyl* (*Fonganil Neu 0,05* %) *oder Propamocarb* (*Previcur N* 0,15 %).

2.2.18 Alyssum = Lobularia (Steinkraut)

□ Auf Blattoberseite feine, braungrüne Fleckchen, blattunterseits an entsprechenden Stellen weißlichgelbe Wärzchen, die sich becherförmig öffnen und Sporenpulver entlassen.
O **Weißer Rost,** (*Albugo candida* [Pers.] Kuntze)
Δ Siehe Kapitel 2.1 "Mykosen - **Rostkrankheiten".**

□ Blattunterseits weißlich-bräunlicher Pilzrasen. Blätter stellenweise aufgewölbt.
O **Falscher Mehltau** (*Peronospora parasitica* Pers.; Fr.)
Δ Nähere Angaben siehe Kapitel 2.1 "Mykosen - **Falscher Mehltau**".

Ferner an *Alyssum*: **Echter Mehltau.** Näheres siehe Kapitel 2.1 "Mykosen - **Echter Mehltau**".

2.2.19 Amaranthus (Fuchsschwanz)

An *Amaranthus* kommen vor: **Blattläuse, Zikaden, *Thrips*, Wanzen, Raupen.** Siehe Kapitel 2.1 "Tierische Schädlinge".

2.2.20 Amaryllis (Ritterstern)

Siehe unter *Hippeastrum*

2.2.21 Anchusa (Ochsenzunge)

□ Sprosse und Triebe kürzer als normal, verdickt, von warzigem Gesamteindruck. Wohl eine Folge des Befalls durch Bakterien und/oder Blattälchen.
O **Blumenkohlkrankheit**
Δ Befallene Pflanzen vernichten. Pflanzenschutzdienst befragen.

Ferner an *Anchusa:* **Blattälchen, Eulenraupen**. Näheres siehe Kapitel 2.1 "Tierische Schädlinge".

2.2.22 Anemone (Windröschen)

☐ Die Pflanzen laufen allgemein schlecht auf und bleiben zurück.

O **Schlechtes Keimen**

Δ Bodentemperaturen während der Pflanzung unter 18 °C halten. Knollen nicht zu früh oder zu spät ernten und gut trocknen. Keine beschädigten Knollen pflanzen; auf Krankheitsbefall achten.

☐ Blüten vergrünt, mißfarbig oder mit Flecken und/oder Streifen. Blätter mosaikfleckig.

O **Wasserrübenmosaik-Virus** (*Turnip mosaic virus*, blattlausübertragbar und mechanisch)

☐ Blätter mit hellgrünen oder gelblichen Flecken, Blüten wirken durch zahlreich auftretende weißliche Fleckchen und Linienmuster verblaßt. Liegt gleichzeitig Befall durch **Wasserrübenmosaik-Virus** vor, so entstehen Wachstumsstörungen, die zu Petersilienblättrigkeit führen.

O **Gurkenmosaik** (*Cucumber mosaic virus*, blattlausübertragbar)

Δ Bei Verdacht auf Virusbefall sofortige Vernichtung der betreffenden Pflanzen mitsamt der Knolle. Neukultur nicht in der Nähe von Flächen, die mit *Ranunculaceen* bestellt waren oder sind.

☐ Wachstum der Pflanzen stockt. Blätter welken. Wurzeln braun und naß-faul. Schwarzfärbung des Stengelgrundes.

O **Wurzel-** und **Stammgrundfäule** (*Pythium*- und *Phytophthora*-Arten)

Δ Spritzen, auch gießen mit *Metalaxyl* (*Fonganil Neu* 0,05 %) oder *Propamocarb* (*Previcur N* 0,15 %) 2-3 l/m². Spritzbehandlung nach 14 Tagen wiederholen.

☐ Blattkräuselungen und trockene Blütenstiele, teilweise spiralig verdreht, Schwarzverfärbung des Vegetationspunktes. Blütenkranz verkrüppelt.

O **Kräuselkrankheit** (*Colletotrichum acutatum* Sim. ex Sim.)

Δ Ausgeglichene Nährstoffversorgung, befallene Pflanzen vernichten; Spritzen mit *Benomyl* (*Du Pont Benomyl*[2] 0,05-0,1 %) oder *Dichlofluanid* (*Euparen WG* 0,2 %).

☐ Vor allem auf Sandböden bei Knospenkultur, Pflanzen laufen nicht auf oder zeigen nach Auflaufen Wachstumsstockungen und Welkeerscheinungen. An den unterirdischen Stengelteilen braune, etwas eingesunkene Flecke, Wurzel und Knolle ohne Symptome, aber in ihrer Umgebung Pilzmyzelfäden. Zuweilen von ersten Befallsstellen schnelle Ausbreitung.

O **Rhizoctonia** (*Thanatephorus cucumeris* [Frank] Donk = *Rhizoctonia solani* Kühn)

Δ Aus der Praxis werden befriedigende Erfolge durch Angießen der Pflanzen mit *Benomyl* (*Du Pont Benomyl*[2] 0,05-0,1 %), *Vinclozolin* (*Ronilan WG* 0,1 %), *Iprodion* (*Rovral* 0,1 %) sowie mit *Thiabendazol* (*Tecto FL*[1] 0,1 %) berichtet.

☐ Oberirdische Pflanzenteile zeigen Faulstellen mit mausgrauem Schimmelbelag.

O **Grauschimmel** (*Botrytis spec.*)

Δ Anwendung von *Benomyl* (*Du Pont Benomyl*[2] 0,05 %), *Vinclozolin* (*Ronilan WG* 0,1 %) oder *Iprodion* (*Rovral* 0,1 %) im Spritzverfahren. Vermeidung von Blattnässe durch entsprechende Kulturmaßnahmen. Siehe auch Kapitel 2.1 "Mykosen - **Grauschimmel"**.

☐ An *A. blanda* und *A. nemorosa*. Pflanzen sterben gegen Ende der Wachstumsperiode fleckenweise ab. Wurzelhals ist naßfaul, verschleimt, daran meist große bis 3 cm lange *Sklerotien*.

○ **Sclerotinia-Knollenfäule** (*Sclerotinia tuberosa* [Hedw.] Fuck.)

Δ Bodenentseuchung. Keine verdächtigen oder kranken Knollen pflanzen. Vor dem Pflanzen von Jungpflanzen diese vorbeugend in *Benomyl* (*Du Pont Benomyl*[2] 0,05-0,1 %), *Vinclozolin* (*Ronilan WG* 0,1 %) oder *Iprodion* (*Rovral* 0,1 %) tauchen. Kranke Pflanzen mit Wurzeln ausstechen und sofort vernichten. Rest des Bestandes versuchsweise mit vorgenannten Präparaten gründlichst spritzen, nach Möglichkeit vorzeitig ernten und Knollen schnell trocknen. Weitgestellte Fruchtfolge.

☐ Vor allem an *Anemone hybrida* - blasenförmige Anschwellungen an Blättern und Stengeln, die schwarze Sporenmassen entlassen.

○ **Anemonenbrand** (*Urocystis anemones* [Pers.] Wint.)

Δ Kranke Pflanzen beim Auftreten der ersten Krankheitssymptome verbrennen.

Ferner an *Anemone*: **Weitere Viruskrankheiten (Anemonen-Virus 1, Anemonenbraunring-Virus, Tabaknekrose-Virus u. a.) - Falscher Mehltau, Rostkrankheiten - Blatt- u. Wurzelgallenälchen, *Thrips*, Blattläuse, Weiße Fliege, Minierfliegen**. Siehe Kapitel 2.1 "Virosen", "Mykosen", "Tierische Schädlinge". **Vorsicht: Blütenschäden möglich durch *Methamidophos* (*Tamaron*).**

2.2.23 Anthurium (Flamingoblume)

Anthurien, besonders die Jungpflanzen, sind empfindlich gegen Phosphorverbindungen, vor allem *Parathion*[3], *Oxydemeton-methyl*, *Methamidophos*, aber auch gegen manche andere Pflanzenschutzmittel. Blütenschäden sind möglich durch *Oxydemton-methyl*, *Propoxur*, *Sulfotep*.

Nichtparasitäre Schädigungen

☐ Auf den Blättern bilden sich rundliche helle bis graugrüne, scharf begrenzte Vorwölbungen.

○ "**Blattpocken**"

Δ Folge zu tiefer Temperaturen und/oder zu hoher Luftfeuchtigkeit. Überbrausen der Pflanzen möglichst nur in den Morgenstunden, damit die sich bildenden Wassertropfen bald während des Tages verdunsten können.

☐ Blätter mit punktartigen gelblichen, später braun werdenden Flecken und Rändern, Pflanzen wirken matt und kümmern.

○ **Blattvergilbung**

Δ Erscheinung beruht auf Kulturfehlern, etwa zu tiefen Temperaturen oder ungeeignetem Kultursubstrat (zu niedriger pH-Wert, zu hohe Salzgehalte) sowie erhöhte Lichteinstrahlung bei hohen Temperaturen und niedriger Luftfeuchtigkeit.

Viruskrankheiten

☐ Bei *Anthurium andreanum* auf den Blättern "geflammte" Zeichnungsmuster, bei *A. scherzerianum* Vergilben der Blattadern, Auftreten von orangefarbenen Blattflecken oder Blattfall.

○ **Gurkenmosaik** (*Cucumber mosaic virus*, übertragen durch Blattläuse)
Δ Kranke Pflanzen ausmerzen. Regelmäßige Blattlausbekämpfung.

□ Bei *A. scherzerianum* Mißbildungen an den Blättern, Steckenbleiben der Blüten.
○ **Dasheen Mosaik Virus** (Übertragen durch Saft und Blattläuse)
Δ Kranke Pflanzen ausmerzen. Regelmäßige Blattlausbekämpfung.

□ *A. scherzerianum*: Mißbildungen an Blättern und Blüten.
○ **Tomatenmosaik-Virus** (*Tomato mosaic virus*)
Δ Kranke Pflanzen entfernen, Blattläuse und Thrips ständig bekämpfen.

Bakteriosen

□ *A. andreanum*: Auf der Blattunterseite, vom Rand beginnend, unregelmäßige, wässrige Flecke, später nekrotisch und von hellem Rand umgeben. Ältere Blätter vergilben. Auch am Blattstiel auffallend braune Blecke.
○ **Blattflecken** (*Xanthomonas campestris pr. dieffenbachiae*)
Δ Befallene Pflanzen vernichten. Infektion nur bei hoher Luftfeuchtigkeit und Temperaturen über +25 °C. Bakterien dringen über Wunden und natürliche Öffnungen ein. Verbreitung über Wasser, Kleidung, Nematoden. Hygienemaßnahmen einhalten.

□ Auf dem ganzen Blatt auftretende erst kleine, gelbliche, wässrige Flecke, die später rötlich werden. Ältere Flecke sind gelb mit einem rötlichen Zentrum.
○ **Bakterienwelke** (*Xanthomonas campestris pv. dieffenbachiae* [Mc Culloch & Pirone] Dye)
Δ Kranke Pflanzen vernichten. Zu hohe Luftfeuchtigkeit und Temperaturen über 25 °C vermeiden. Verbreitung über Wasser und Kleidung, im Boden über Nematoden möglich - Betriebshygiene. Bekämpfung mit Pflanzenschutzmitteln bisher nicht möglich.

Mykosen

□ Wachstum der Pflanzen stockt. Blätter stumpf fahlgrün, welken oder vergilben, zunächst an den Spitzen und Rändern. Wurzeln braun, naßfaul oder vermorscht, Rindenschicht löst sich leicht ab.
○ **Pythium-Wurzelfäule** (*Pythium splendens* Braun)
Δ Auf optimale Kulturbedingungen achten, besonders aber auf Boden- und Raumtemperaturen, das Substrat, das Gießwasser und den pH-Wert. Zur Anzucht handelsübliche Substrate oder gedämpfte Erde verwenden, eventuell vorbeugend mit *Metalaxyl* (*Fonganil Neu 100* g/m³)behandeln, dabei gründlich durchmischen. Jungpflanzen werden zweckmäßig vor der Pflanzung (*A. andreanum*) oder dem Topfen (*A. scherzerianum*) in *Metalaxyl* (*Fonganil Neu* 0,05 %) oder *Propamocarb* (*Previcur N* 0,15 %) getaucht. Wenn die Krankheit in der stehenden Kultur auftritt, sollte mit einem der genannten Präparate angegossen werden.
Bei Aussaaten, Jungpflanzen oder stehenden Kulturen ebenfalls mögliches Angießen mit 2 l/m² einer 0,05 %igen Spritzflüssigkeit von *Fonganil Neu*.
Bei Einhaltung optimaler Kulturbedingungen, vorsichtigem Gießen und angemessener Temperatur reichen die genannten Behandlungen in der Regel aus.

□ Symptome ähnlich wie bei *Pythium*-Befall, doch geht Fäule mehr von Blattstielbasis aus. Stengelgrund schwarz, Blatt vergilbt.

○ **Stengelgrundfäule** (*Phytophthora nicotiana var. parasitica* Dastur)

Δ Vorbeugende Maßnahmen wie bei *Pythium*-Befall, zusätzlich 1- bis 2maliges Angießen mit *Metalaxyl* (*Fonganil Neu* 0,05 %) oder *Propamocarb* (*Previcur N* 0,15 %) oder mit *Fosetyl* (*Aliette* 0,5 %) spritzen.

□ Braunfärbung der Blütenstiele, Blütenstiele kippen um. Befallene Pflanzen brechen zusammen.

○ **Stielfäule** (*Cylindrocarpon destructans* Scholten, auch *Fusarium spp.*)

Δ Hygienemaßnahmen einhalten, rechtzeitiges Rücken, für schnelles Abtrocknen der Pflanzen sorgen. Auf ausreichende Kalkversorgung achten. Bei Befall spritzen mit *Benomyl* (*Du Pont Benomyl*(2) 0,2 %). Kombination mit *Propamocarb* sinnvoll, da häufig auch *Pythium*- bzw. *Phytophthora*-Arten mit auftreten.

□ Auf den Blättern größere, unregelmäßig gestaltete graue oder mehr braune, von dunklem Rand scharf begrenzte, mit gelber Saumzone versehene Flecke. Im Zentrum dieser Flecke zuweilen schwarze Sporenlager (*Pyknidien*) erkennbar.

○ **Septoria-Blattfleckenkrankheit** (*Septoria anthurii* Kotth.)

Δ Die Krankheit tritt nur bei nachlässiger Kulturführung auf, vor allem bei zu hoher Feuchtigkeit.
Gute Kulturbedingungen sind entscheidend, vor allem Vermeidung jeder überflüssigen Blattbenetzung beim Bewässern, nicht "über den Kopf" brausen. Sonst die allgemein gegen Mykosen empfehlenswerten Vorsichtsmaßnahmen:
Bei der Anzucht vorbeugende Bodenentseuchung. Nur bei starkem, unerwarteten Auftreten nach Prüfung der Sortenverträglichkeit Spritzung mit *Propineb* (*Antracol WG*(2) 0,2 %), *Dithianon* (*Delan SC 750*(2) 0,05 %), *Mancozeb* (*Dithane Ultra WG* 0,2 %), *Metiram* (*Polyram WG* 0,2 %) oder *Triforin* (*Saprol Neu* 0,15 %). Behandlung nach 14 Tagen wiederholen. Nicht überdosieren (Verbrennungsmöglichkeit). Siehe auch Kapitel 2.1 "Mykosen - **Blattfleckenkrankheiten**".

□ An *Anthurium scherzerianum:* Weißlicher, später schmutzig brauner Pilzrasen auf der Oberseite der untersten Blätter, teilweise auf der gesamten Blattoberseite, zuweilen auch nur am Blattrand. Darunter liegendes Blattgewebe kaum geschädigt. Bei sehr starkem Befall Vergilben und schließlich Absterben der Blätter. Pflanzen in der Entwicklung nicht merklich beeinträchtigt.

○ **Echter Mehltau** (*Erysiphe communis* [Wallr.] Lk.-Gruppe)

Δ Bekämpfungsmaßnahmen siehe Kapitel 2.1 "Mykosen - **Echter Mehltau**".

Weitere, seltener vorkommende Blattfleckenkrankheiten werden durch Pilze der Gattungen *Gloeosporium* (aschgraue, scharf gegen gesundes Gewebe abgegrenzte, häufig zusammenfließende Blattflecke, vorwiegend am Blattrand), *Colletotrichum* (anfangs kleine, sich dann vergrößernde Flecken, außen meist dunkel umrandet. Auf diesen Flecken Sporenlager meist kreisförmig angeordnet.) und *Phyllosticta* (unregelmäßige gelbe bis braune Flecke mit aschgrauem Rand) hervorgerufen. Gegenmaßnahmen wie *Septoria*-Blattfleckenkrankheit.

Tierische Schädlinge

Spinnmilben:

Spinnmilben treten besonders an *A. andreanum* auf, aber auch an *A. scherzerianum*. Vor der Bekämpfung bei den empfindlichen Anthurien Pflanzenverträglichkeit der Präparate überprüfen. Eingesetzt werden können beispielsweise *Abamectin* (*Vertimec*[3] 0,025 %), *Fenpropathrin* (*Rody*[3] 0,05 %) oder *Fenbutatin-oxid* (*Torque*[3] 0,05 %), doch sollte man die verwendeten Präparate möglichst oft wechseln. Siehe auch Kapitel 2.1 "Tierische Schädlinge - **Spinnmilben**".

Weichhautmilben

werden mit *Abamectin* (*Vertimec*[3] 0,05 %) oder *Fenbutation-oxyl* (*Torque*[3] 0,05 %) ausreichend bekämpft. Siehe auch Kapitel 2.1 "Tierische Schädlinge - **Weichhautmilben**".

Moosmilben (*Oribatiden*)

beschädigen zuweilen junge Blätter. Spreitenteile werden löchrig. Spritzen mit *Fenpropathrin* (*Rody*[3] 0,05 %) ist wirksam.

Thrips und Blattläuse:

Die **Schäden durch *Thrips*** - vor allem durch *Frankliniella occidentalis* -, an den Blüten von *A. andreanum* sind oft außergewöhnlich stark. Bei Nichtbeachtung dieses Schädlings kann kaum noch eine Blüte als erste Qualität verkauft werden.
In der Praxis wird vor allem mit folgenden Präparaten erfolgreich gearbeitet. *Sulfotep* (*Bladafum II* [trockene Pflanzen]), *Deltamethrin* (*Decis flüssig*[3] 0,05 %), *Permethrin* (*Ambush*[2] 0,01 %) oder *Propoxur* (*Unden flüssig* 0,15 %).
Die verwendeten Präparate sind möglichst oft zu wechseln und nicht zu oft anzuwenden, da Anthurien, vor allem der junge Austrieb, sehr empfindlich gegen die meisten Pflanzenschutzmittel sind. Gelb- und Blautafeln aufhängen.
Nur durch wiederholte Behandlung ist ein Anthurienbestand von *Thrips*-Befall freizuhalten. Die Hauptschwierigkeit bei der *Thrips*-Bekämpfung besteht darin, daß die Larven und Imagines in den eingerollten Blüten nicht zuverlässig erfaßt werden können.
Bei **Blattlausbefall** spritzen mit *Pirimicarb* (*Pirimor Granulat zum Auflösen in Wasser*[3] 0,05 %), *Methamidophos* (*Tamaron* 0,1 %), *Kali Seife* (*Neudosan* 2 %).

Schildläuse:

Gegen bereits vorhandenen Schildlausbefall an Anthurien lassen sich die folgenden Präparate erfolgreich einsetzen: *Propoxur* (*Unden flüssig* 0,2 %) und *Mineralöl* (*Para Sommer* 2 %) einsetzen. Blütenschäden sind möglich.
Gegen Jungläuse haben eine befriedigende Wirkung die Präparate *Deltamethrin* (*Decis flüssig*[3] 0,05 %) und *Permethrin* (*Ambush*[2] 0,01 %).

Ferner an *Anthurium*: **Wandernde Wurzelnematoden, Wurzelläuse, Schnecken, Trauermücken**-Larven. Siehe Kapitel 2.1 "Tierische Schädlinge".

2.2.24 Antirrhinum (Löwenmaul)

□ Pflanzen kümmern und sterben schließlich ab. Fäulniserscheinungen am Wurzelhals.

O **Keimlingskrankheiten, Auflaufkrankheiten, Fußkrankheiten** (*Fusarium-, Pythium-, Rhizoctonia-, Sclerotinia*-Arten und andere Pilze)

Δ Bodenentseuchung, krankheitsfreie Substrate, etwa TKS. Entseuchte Anzuchtgefäße verwenden. Gegen *Pythium-Arten* vorbeugende Anwendung von *Metalaxyl* (*Fonganil Neu* 0,05 %), *Propamocarb* (*Previcur N* 0,25 %), oder einem anderen wirksamen Fungizid z. B. *Iprodion* (*Rovral* 0,1-0,2 %), *Tolclofos-methyl* (*Risolex*[2] 0,1 %) bei *Rhizoctonia sp.*
Bei **Neuaussaaten** die Saatkisten gegen *Pythium* mit *Fonganil Neu* 0,05 % oder *Previcur N* 0,25 % überbrausen. Siehe auch Kapitel 2.1 "Mykosen - **Keimlingskrankheiten**".

□ Weiße Mehltauüberzüge auf Blättern und Stengeln, später braun werdend.

O **Echter Mehltau** (*Oidium*-spec.)

Δ Spritzung mit *Bitertanol* (*Baymat flüssig* 0,1 %, *Dichlofluanid* (*Euparen WG* 0,25 %, bei Befall 0,5 %, Spritzflecken!) oder einem anderen Mittel gegen Echte Mehltaupilze. Wegen gleichzeitiger Wirkung gegen Blattfleckenkrankheiten sowie Rost und Ausbleiben von Spritzflecken hat die Anwendung von *Triforin* (*Saprol Neu* 0,15 %) viele Vorteile.

□ Blattoberseits unregelmäßige, bleichgrüne Flecke, blattunterseits weißlich-grauer bis bräunlicher Pilzbelag.

O **Falscher Mehltau** (*Peronospora antirrhini* Schroet.)

Δ Vorbeugend Angießen mit *Metalaxyl* (*Fonganil Neu*) oder *Propamocarb* (*Previcur N*), zusätzlich periodische Spritzungen mit *Fosetyl* (*Aliette* 0,5 %), *Mancozeb* (Dithane Ultra WG 0,2 % [auch gegen Rost]), *Metalaxyl* (*Fonganil Neu* 0,05 %), *Metiram* (*Polyram WG* 0,2 % [auch gegen Rost]), *Propamocarb* (*Previcur N* 0,15 %).

□ Auf Blattoberseite längliche, gelbliche Flecke, blattunterseits an entsprechenden Stellen rostbraune Pusteln. Stark befallene Pflanzen kümmern. Besonders bei feuchtem Wetter.

O **Löwenmaulrost** (*Puccinia antirrhini* Diet. et Holw.)

Δ Resistentere Sorten bevorzugen. Anbaufläche wechseln. Vorbeugend mehrmals im Abstand von 8-10 Tagen *Mancozeb* (*Dithane Ultra WG* 0,2 %), *Metiram* (*Polyram WG* 0,2 %), oder *Bitertanol* (*Baymat flüssig* 0,1 %) einsetzen. *Triforin* (*Saprol Neu* 0,15 %) wirkt nur bei vorbeugender Anwendung sicher, dann aber auch gleichzeitig gegen Blattfleckenkrankheiten und Echten Mehltau. Siehe auch Kapitel 2.1 "Mykosen - **Rostkrankheiten**".

□ Auf Blättern und Stengeln, zuweilen auch an Samenkapseln, zeigen sich bräunliche, dunkelrandige, runde Flecke.

O **Blatt- und Stengelfleckenkrankheit** (*Phoma poolensis* Taub., *Phyllosticta antirrhini* Pers.)

Δ Im Freiland nach Möglichkeit Anbaufläche wechseln oder zumindest im Herbst alle Pflanzenreste vom Feld entfernen. Saatgut beizen. Wiederholt mit *Mancozeb* (*Dithane Ultra WG*) oder *Metiram* (*Polyram WG*) spritzen.

Ferner an *Antirrhinum*: **Grauschimmel:** gute Kulturführung, nur im Notfall Spritzung mit *Dichlofluanid* (*Euparen WG* 0,25-0,5 %), *Vinclozolin* (*Ronilan WG* 0,1 %) oder *Thiabendazol* (*Tecto FL*(1) 0,1 %). - **Blattläuse:** *Oxydemeton-methyl* (*Metasystox R* 0,1 %), *Pirimicarb* (*Pirimor Granulat zum Auflösen in Wasser*(3) 0,05 %), *Propoxur* (*Unden flüssig* 0,15 %), **Spinnmilben.** Siehe auch Kapitel 2.1 "Mykosen", "Tierische Schädlinge".

2.2.25 Aphelandra (Glanzkölbchen)

***Aphelandra* ist empfindlich gegen *Dimethoat, Parathion*(3) und *Propoxur*, daher Vorsicht! Auch *Vinclozolin* soll Chlorosen hervorrufen.**

Blattfall

kann eintreten, wenn die Pflanzen zu kühl und zu naß gehalten werden , ferner bei zu hoher Salzkonzentration im Boden.

Wellige oder beulig verbogene Blätter

werden in der Regel durch zu starke Belichtung oder übermäßige Stickstoffgaben bei höherer Temperatur verursacht.

□ Untere Blätter werden weich und schlaff und verlieren ihren Glanz. Einseitig beginnt eine Welke, diese schreitet nach oben fort und erfaßt die Triebspitzen, letztere krümmen sich. Schließlich Zusammenbruch der ganzen Pflanze. Am Stengelgrund häufig Entwicklung von Ersatztrieben, neue Triebe gehen jedoch wieder zugrunde. Wurzeln werden nicht äußerlich sichtbar angegriffen. Bei einem schrägen Längsschnitt durch den Stengel wird jedoch eine Verbräunung der Gefäßbündel sichtbar.
O **Verticillium-Welke** (*Verticillium albo-atrum* Reinke et Berth.)
Δ Bekämpfung muß vorbeugend erfolgen. Handelsübliche, keimfreie Substrate oder Erde vorher entseuchen, ebenso Töpfe und Anzuchtgefäße. Stecklinge nur von gesunden Mutterpflanzen schneiden. Darauf achten, daß der Erreger nicht von anderen Kulturen, beispielsweise *Dendranthema* [= *Chrysanthemum*], übertragen werden kann. Bei Befall zur Verhinderung der Ausbreitung die Pflanzen mit *Benomyl* (*Du Pont Benomyl*(2) 0,05-0,1 %) angießen oder *Thiabendazol* (*Tecto FL*(1) 0,1 %) kräftig spritzen.

□ Fäulniserscheinungen am Wurzelhals und den oberen Wurzelpartien.
O **Pythium-Fäule** (*Pythium paroecandrum* Drechsler)
Δ Vorbeugende Anwendung von *Fosetyl* (*Aliette* 0,25-0,5 %), *Metalaxyl* (*Fonganil Neu* 0,05 %) oder *Propamocarb* (*Previcur N* 0,25 %). Kranke Pflanzen entfernen.

□ Pflanzen welken, Stammgrund aufgerissen, Wurzeln werden braun, faulen und sterben ab.
O **Rhizoctonia-Stammgrund- und Wurzelfäule** (*Rhizoctonia*-Art)
Δ Hygienemaßnahmen beachten. Nicht zu tief topfen; hohe Bodenfeuchte vermeiden. Angießen mit *Benomyl* (*Du Pont Benomyl*(2) 0,05-0,1 %) oder mit *Vinclozolin* (*Ronilan WG* 0,1 %, kann *Chlorosen* hervorrufen), *Iprodion* (*Rovral* 0,1 %) oder *Thiabendazol* (*Tecto FL*(1) 0,1 %). Verträglichkeitstest! Bei großer Befallsgefahr Wiederholung der Gießbehandlung nach 3-4 Wochen. Bei gleichzeitig notwendig werdender Bekämpfung von *Pythium* im Wechsel zusätzlicher Einsatz der dort genannten Präparate.

□ Schrumpfen und Absterben der Blütenstände mit Bildung von grauem Schimmelrasen.

O **Grauschimmel** (*Botrytis cinerea* Pers.)

Δ Luftfeuchtigkeit senken, oberirdische Pflanzenteile nicht benetzen. Spritzen wenn erforderlich mit *Vinclozolin* (*Ronilan WG* 0,1 %).

□ Junge Blätter verkrüppeln und zeigen Verdrehungen sowie Aufrollungen des Blattrandes.

O **Weichhautmilben** (*Tarsonemidae*)

Δ Bei Befall an stehenden älteren Pflanzen spritzen mit *Fenpropathrin* (*Rody*(3) 0,05 %) oder versuchsweise *Abamectin* (*Vertimec*(3) 0,05 %).

Gelegentlich werden an *Aphelandra* Schäden durch **Blattläuse** verursacht. Bekämpfung bei stehender Kultur sofort nach Erscheinen der ersten Blattläuse mit *Pirimicarb* (*Pirimor Granulat zum Auflösen in Wasser*(3) 0,05 %). Siehe dazu auch Kapitel 2.1 "Tierische Schädlinge - **Blattläuse**".

Häufig sind an *Aphelandra* auch **Schildläuse** und **Wolläuse,** die die Pflanzen schwer schädigen können. Wiederholt mit *Deltamethrin* (*Decis flüssig*(3) 0,05 %) oder *Permethrin* (*Ambush*(2) 0,01 %) spritzen. Siehe dazu auch Kapitel 2.1 "Tierische Schädlinge - **Schildläuse**".

Ferner an *Aphelandra*: ***Phytophthora*-Stammgrundfäule**, **Wurzelbräune** - **Blattälchen**, **Spinnmilben**, **Weiße Fliege**. Siehe Kapitel 2.1 "Mykosen", "Tierische Schädlinge".

2.2.26 Aquilegia (Akelei)

□ Blätter mit Mosaikscheckung, Adern aufgehellt, Pflanzen bleiben im Wuchs zurück.

O **Akeleimosaik** (*Cucumber mosaic virus,* mechanisch und blattlausübertragbar)

Δ Bekämpfung der Blattläuse. Vernichtung erkrankter Pflanzen. Unkrautbekämpfung auch in der Nachbarschaft der Anbaufläche.

□ Pflanzen gestaucht, Blütenblätter verkümmert und vergrünt, Laub rötlich verfärbt, schließlich Absterben der Pflanzen.

O **Blütenvergrünung, Asterngelbsucht** (*Aster Yellows, Mykoplasmose*)

Δ Ausmerzung erkrankter Pflanzen, gesundes Vermehrungsmaterial.

□ Blätter weisen zunächst dunkelbraune bis schwarze Flecke auf, später werden sie ganz schwarz und sterben ab. Schließlich Absterben der ganzen Pflanze.

O **Blattfleckenkrankheiten** (*Marssonina aquilegiae* (Rabenh.) Lind = *Actinonema aquilegiae* Roum. et Pat., *Alternaria tenuis* Nees, *Gloeosporium aquilegiae* Thuem.)

Δ Vorbeugend beim Austrieb, spätestens nach ersten Befallszeichen, spritzen mit *Dithianon* (*Delan SC 750*(2) 0,05 %), *Mancozeb* (*Dithane Ultra WG* 0,2 %), *Metiram* (*Polyram WG* 0,2 %) oder *Triforin* (*Saprol Neu* 0,15 %).

□ Grünliche, raupenähnliche Larven fressen an den Blättern.

O **Blattwespenlarven** (*Pristiphora alnivora* Htg.)

Δ Spritzung mit *Deltamethrin (Decis flüssig*(3) *0,05* %), *Parathion (E 605 forte*(3) 0,035 %) oder *Propoxur (Unden flüssig* 0,2 %).

□ Weiße, geschlängelte Miniergänge oder flächige oder blasige "Minen" in den Blättern, an diesen Stellen Blattgrün durch Fliegenmaden ausgefressen.

O **Minierfliegen** (*Phytomyza aquilegiae* Hardy)

Δ Mehrmaliges Spritzen mit *Deltamethrin* (*Decis flüssig*(3) 0,05 %), *Dimethoat* (*Dimethoate, Perfekthion, Rogor, Roxion* 0,1 %) oder *Abamectin* (*Vertimec*(3) 0,025 %).

□ Blütenknospen werden braun und sterben ab, in ihnen eine orangefarbene Larve.
O **Akelei-Blütenknospengallmücke** (*Macrolabis aquilegiae* Kieff.)
Δ In befallsgefährdeten Lagen 2malige Spritzung im Abstand von einer Woche mit *Phosphamidon* (*Dimecron* 20(3) 0,1 %) oder *Parathion (E 605 forte*(3) 0,035 %).

Ferner an *Aquilegia*: **Echter Mehltau, Sclerotiniafäule - Blattläuse, Eulenraupen.** Siehe Kapitel 2.1 "Mykosen", "Tierische Schädlinge".

2.2.27 Arabis (Gänsekresse)

□ Auf den Blättern und Stengeln bilden sich weiße Sporenlager.
O **Weißer Rost** (*Albugo candida* [Pers.] Kuntze)
Δ Spritzen mit *Mancozeb* (*Dithane Ultra WG* 0,2 %), *Metiram* (*Polyram WG* 0,2 %) oder *Maneb* (*BASF-Maneb-Spritzpulver* 0,2 %) beim ersten Auftreten. Keine Stecklinge von befallenen Pflanzen.

□ Auf den Stengeln sowie den Blattunterseiten grauweiße Schimmelüberzüge.
O **Falscher Mehltau** (*Peronospora arabidis* Gäum.)
Δ Bekämpfung erfolgt mit gleichen Mitteln wie beim Weißen Rost sowie mit *Fosetyl* (*Aliette* 0,25 %) oder *Metalaxyl* (*Fonganil Neu* 0,05 %).

□ Triebe gestaucht, oft völlig verkrüppelt, mit den ebenfalls verdrehten und extrem verkürzten Blättern ein "Drehherz" bildend. Rote Larven und Puppen.
O **Triebspitzengallen durch Gallmücken** (*Dasyneura*-spec.)
Δ Bei Einzelbefall Gallen abkneifen. Falls starker Befall, wiederholtes Spritzen mit *Parathion* (*E 605 forte*(3) 0,035 %).

Ferner: ***Phytophthora spp., Botrytis cinerea, Septoria arabis*** - **Blattälchen (***Aphelenchoides*-Arten**)**. Siehe Kapitel 2.1 "Mykosen", "Tierische Schädlinge".

2.2.28 Aralia [Fatsia] (Aralie)

Aralien sind unter Umständen empfindlich gegen *Dimethoat, Omethoat, Oxydemeton-methyl, Parathion*(3) und *Propoxur* und Mineralöl.

□ Blätter und Triebspitzen verkrüppelt, Blätter verbogen, nach unten gekrümmt. Manchmal feine Verkorkungen an Blattunterseite.
O **Weichhautmilben** (*Tarsonemidae*)
Δ Frühzeitig mit *Abamectin* (*Vertimec*(3) 0,025 %) oder *Fenpropathrin* (*Rody*(3) 0,05 %) spritzen.

□ Blätter stumpf-graugrünlich verfärbt, mit zahlreichen feinen, weißlich-gelben Flecken.
O **Spinnmilben** (*Tetranychidae*)
Δ Spritzen mit *Fenpropathrin* (*Rody*(3) 0,05 %), *Fenbutatin-oxyd* (*Torque*(3) 0,05 %), *Abamectin* (*Vertimec*(3) 0,025 %) oder anderen verträglichen Akariziden.

Aralia balfouriana = Polyscias balfouriana

A. balfouriana kann geradezu als Testpflanze für die Anwesenheit von **Blattläusen** am Standort gelten. Sehr häufig sind die Pflanzen dicht mit Blattläusen besetzt. Auch Befall durch **Spinnmilben** kommt öfter vor und zeigt sich durch Gelbscheckung der Blätter. Bekämpfung siehe Kapitel 2.1 "Tierische Schädlinge".

***Aralia elegantissima = Dizygotheca elegantissima* Castor**

Die Pflanze reagiert auf den häufigen Befall durch **Spinnmilben** sehr empfindlich durch Scheckigwerden der Blätter und schnellen Blattfall. Auch der gelegentlich vorkommende Besatz mit **Schildläusen** und **Weißer Fliege** schädigt die Pflanze erheblich. Bekämpfung siehe Kapitel 2.1 "Tierische Schädlinge".
Ferner ***Sclerotinia***- und ***Botrytis***-Art. Bekämpfung mit *Benomyl*(2) und *Iprodion*.

Aralia sieboldie = Fatsia japonica

A. sieboldi wird häufig befallen von **Spinnmilben, *Thrips*, Blattläusen** und **Schildläusen.** Bekämpfung siehe Kapitel 2.1 "Tierische Schädlinge".

2.2.29 Araucaria (Zimmertanne)

An *Araucarien* kommen gelegentlich **Schmierläuse** vor. Bekämpfung siehe Kapitel 2.1 "Tierische Schädlinge".

2.2.30 Armeria (Grasnelke)

□ An der Ober- und Unterseite der Blätter bilden sich braune Pusteln, die später rostfarbenen Sporenstaub entlassen.
O **Rost** (*Uromyces armeriae* Lèv.)
Δ Bekämpfung mit Mitteln gegen Rostkrankheiten wie *Mancozeb* (*Dithane Ultra WG* 0,2 %), *Metiram* (*Polyram WG* 0,2 %), *Triforin* (*Saprol Neu* 0,15 %) oder anderen. Siehe auch Kapitel 2.1 "Mykosen - **Rostkrankheiten**".

2.2.31 Asclepias carnosa [= Hoya carnosa] (Wachsblume)

□ Blätter mit hellgrünen oder mehr gelblichen Flecken, Streifen und manchmal auch Ringmustern.
O **Gurkenmosaik** (*Cucumber mosaic virus*)
Δ Näheres zur Bekämpfung siehe Kapitel 2.1 "Virosen".

2.2.32 Asparagus setaceus [= A. plumosus] (Zierspargel)

***Asparagus setaceus* reagiert empfindlich gegenüber einer Reihe von Pflanzenschutzmitteln, vor allem *Dimethoat, Kupferpräparate, Maneb, Methamidophos, Oxydemeton-methyl, Parathion*(3), *Pirimicarb*(3), *Propoxur* und *Thiram*(2) sowie auch gegenüber Ausdünstungen von *Dazomet* (*Basamid-Granulat*) nach Bodenentseuchungen. Vor Anwendung eines Präparates sind Tests auf Verträglichkeit ratsam. Die verwendeten Präparate möglichst oft wechseln und, wenn möglich, Raumbehandlung bevorzugen. Vorsicht bei *Sulfotep*.**

□ Blätter vergilben zunächst partiell, dann total, schließlich fallen sie ab. Die Erscheinung ist meist eine Folge zu hoher Bodenfeuchtigkeit, zuweilen auch zu intensiver Belichtung, falscher Düngung oder zu hohen Salzgehaltes im Gießwasser oder Boden.
○ **Vergilben, Blattfall**
Δ Pflanzen nach Möglichkeit trockener halten, Temperatur dabei vorsichtig erhöhen. Gießwasser und Boden auf Salzgehalt kontrollieren lassen! Bei Bedarf schattieren!

□ Blätter und Stengel zeigen braune Flecken. Die faulenden Gewebebereiche sind, besonders bei hoher Luftfeuchtigkeit, mit grauem Pilzmyzel bedeckt.
○ **Grauschimmel** (*Botrytis cinerea* Pers.)
Δ Zu dichten Stand vermeiden, Luftfeuchtigkeit senken. Spritzen mit *Vinclozolin* (*Ronilan WG* 0,1 %), *Iprodion* (*Rovral* 0,1 %), *Benomyl* (*Du Pont Benomyl*[2] 0,05-0,1 %).

□ Pflanzen kümmern und zeigen Blattfall, Fuß der Wedel verbräunt, einzelne Wedel sterben ab.
○ **Fusarium-Wurzelfäule** (*Fusarium*-spec.)
Δ Anzucht in entseuchtem Substrat. Ebenso Töpfe und Kisten entseuchen. Stellflächen sorgfältig reinigen. Vorbeugendes Angießen der Pflanzen mit *Benomyl* (*Du Pont Benomyl*[2] 0,1 %) oder *Thiabentazol* (*Tecto FL*[1] 0,1 %).

□ Blättchen werden fahl und schließlich graugrün oder weißlich mit schwarzen Kottröpfchen. Sie fallen zum Teil ab.
○ **Thrips** (*Thysanoptera*)
Δ Sorgfältige Beobachtung der Pflanze, spätestens bei ersten Befallszeichen spritzen mit *Deltamethrin (Decis flüssig*[3] 0,05 %), *Omethoat* (*Folimat Rosenspray* 0,1 %) oder *Methamidophos* (*Tamaron* 0,1 %). Siehe auch unter *A. densiflorus.* **Vorsicht bei *Methiocarb*** (*Mesurol flüssig*), Blattspitzen werden gelb.

Betreffs des Befalls von *Asparagus setaceus* mit Blattläusen oder Schildläusen siehe unter *Asparagus densiflorus*, aber kein *Oxydemeton-methyl* (*Metasystox R*) oder *Propoxur* (*Unden flüssig*) einsetzen.

2.2.33 Asparagus densiflorus [= A. sprengeri] (Zierspargel)

Auch *Asparagus densiflorus* ist empfindlich gegen manche Pflanzenschutzmittel, wenn auch nicht so extrem wie *A. setaceus.* Nicht oder nur sehr schlecht vertragen werden Ausdünstungen von *Dazomet* (*Basamid-Granulat*) nach Bodenentseuchungen, *Sulfotep* (*Bladafum II*), *Dimethoat.* Daher vor Anwendung Verträglichkeitstest. Verwendete Präparate oft wechseln.

□ Blätter vergilben zunächst partiell, später total, schließlich fallen sie ab. Die Erscheinung ist eine Folge zu hoher Bodenfeuchtigkeit, zuweilen auch zu intensiver Belichtung, falscher Düngung oder zu hohen Salzgehaltes im Gießwasser oder Boden.
○ **Vergilben, Blattfall**
Δ Pflanzen nach Möglichkeit trockener halten, Temperatur dabei vorsichtig erhöhen. Gießwasser und Boden auf Salzgehalt kontrollieren lassen. Bei Bedarf schattieren!

□ Bronzefarbene Blätter, Herzblätter verwachsen, Stengel mit schwarzen Stippen und Nekrosen.

O **Tomatenbronzeflecken-Virus** (*Tomato spottet wilt virus* = TSWV)

Δ Kranke Pflanzen vernichten. Bekämpfung von *Thrips*, dem Virus-Überträger. Siehe auch unter *Thrips*.

□ Die Blättchen färben sich graugrün bis gelblich, vergilben und vertrocknen, bei *A. plumosus* färben sich die Wedel vorher stumpf graugrün.

O **Spinnmilben** (*Schizotetranychus asparagi* Oudem. und andere Arten).

Δ Pflanzen häufiger gründlich mit Wasser abspritzen. Bei bereits eingetretenem Befall spritzen mit *Abamectin* (*Vertimec*(3) 0,025 %), *Omethoat* (*Folimat Rosenspray* 0,15 %), *Fenbutatin-oxid* (*Torque*(3) 0,05 %), *Fenpropathrin* (*Rody*(3) 0,05 %) oder einem anderen Akarizid.

□ Vor allem während der Sommermonate - Blättchen von *Asparagus densiflorus* mit silbrig glänzenden und braunen korkigen Fleckchen, gekräuselt, zuweilen auch verkrüppelt. Wedel von *Asparagus setaceus* werden weißlich graugrün, ihre Triebe sind verkürzt.

O **Thrips, "Kräuselkrankheit"** (*Thysanoptera*)

Δ Sachgemäße Wasserversorgung der Pflanzen. Zu trockene Luft im Gewächshaus vermeiden. Bei Befall sorgfältiges Spritzen mit *Omethoat* (*Folimat Rosenspray* 0,1 %), *Deltamethrin (Decis flüssig*(3) 0,05 %), *Methamidophos* (*Tamaron* 0,1 %).

Ferner an *Asparagus densiflorus*: **Blattläuse.** Bekämpfung entspricht weitgehend der von *Thrips*, doch ist gegen Blattläuse *Oxydemeton-methyl* (*Metasystox R* 0,1 %) zu empfehlen. Auch *Omethoat* (*Folimat Rosenspray* 0,1 %), *Pirimicarb* (*Pirimor Granulat zum Auflösen in Wasser*(3) 0,05 %) (Verträglichkeitstest) sowie *Propoxur* (*Unden flüssig* 0,15 %) sind bei *A. densiflorus* möglich.

Weichhautmilben. Herabsetzen der Luftfeuchtigkeit und Temperatur. Spritzen in 8tägigem Abstand mit *Abamectin* (*Vertimec*(3) 0,025 %), *Fenpropathrin (Rody*(3) 0,05 %).

Schildläuse (und Rußtaubildung). Zur Schildlausbekämpfung wird Rückschnitt der Wedel sowie Spritzen mit *Methamidophos* (*Tamaron* 0,15 %), *Propoxur (Unden flüssig* 0,15 %) und mit äußerster Vorsicht (Verträglichkeitstest!) auch mit *Mineralöl* (*Para-Sommer* 2 %) empfohlen. Siehe Kapitel 2.1 "Tierische Schädlinge".

2.2.34 Aspidistra (Schildblume, Schusterpalme)

Der häufig sehr starke Befall durch **Spinnmilben** kann die hiergegen besonders empfindliche Pflanze entscheidend schwächen. Auch ***Thrips*** sowie **Schildläuse** kommen an *Aspidistra* oft vor. Bekämpfung siehe Kapitel 2.1 "Tierische Schädlinge".

2.2.35 Aster dumosus, A. novae angliae, A. novi belgii

(Herbstastern, Staudenastern)

An "Herbstastern" kommen vor: Echter Mehltau - ist an dieser Kultur ein Hauptproblem -, ferner treten auf: ***Pythium*-, *Rhizoctonia*-, *Verticillium*-Welke, Grauschimmel, Rost - Blattläuse, Weichhautmilben, Spinnmilben, Blattälchen, *Thripse*** (besonders an blau blühenden Sorten). Näheres siehe Kapitel 2.1 "Mykosen", "Tierische Schädlinge". Vergleiche auch *"Callistephus"*.

2.2.36 Aster ericoides (Septemberkraut)

An "Septemberkraut" ist zu achten auf: ***Botrytis sp.*, Echter Mehltau, *Verticillium*-Welke, *Fusarium sp.* - Blattläuse, Spinnmilben, *Thripse***.
Bekämpfung siehe Kapitel 2.1 "Mykosen", "Tierische Schädlinge"

2.2.37 Astilbe (Prachtspiere)

An *Astilbe* treten auf: **Blattälchen, Blattläuse, Blattwanzen, Dickmaulrüßler**. Näheres siehe Kapitel 2.1 "Tierische Schädlinge".

2.2.38 Azalea (Azalee)

Siehe unter *Rhododendron simsii*.

2.2.39 Begonia (Begonie, Schiefblatt)

Hybriden von Elatior-Begonien, Semperflorens-Begonien, Knollen-Begonien, Lorraine-Begonien und Rex-Begonien.

Empfindlichkeit von Begonien auf Pflanzenschutzmittel				
	B. elatior,	B. semperfl.,	B. tuberhy.	B. Rex-Hybr.
Baymat fl.	-	-	-	
Rovral	-	-	-	
Saprol Neu	-	-		
Ronilan	-		-	
Aliette	-		-	
Euparen WG	-		-	
Curaterr Granulat	-	-		
Baythroid 50	-	-		
Tamaron	-		-	
Bladafum II	-		-	
Decis flüssig(3)	-		-	
Dimecron 20(3)	-	-	-	
E 605 forte(3)	-			-
Metasystox R	-	-	-	
Unden flüssig	-	-	-	

- = Schäden möglich

Hitzebehandlung der Splitstäbe

Die gelegentlich vorkommenden, durch Pilzbefall an den Splitstäbchen bei Elatiorbegonien verursachten Schäden können nur durch vorbeugende **Hitzebehandlung der Stäbe** bei

120 °C (Backofen, Heißluftbehandlung!) vermieden werden. Tauchen der Stäbe in Fungizide ist nicht ausreichend.

Blühende Begonien reagieren empfindlich auf fast alle Pflanzenschutzmittel, *B. semperflorens* immer auf *Oxydemeton-methyl, Propoxur*, *B. elatior* auf *Deltamethrin*(3), *Parathion*(3), *Oxydemeton-methyl, Methamidophos, Propoxur*, *B. tuberhybrida* auf *Methamidophos, Propoxur*. Auch verträgliche Präparate nicht zu oft spritzen!

Nichtparasitäre Schädigungen

□ Knospen aller Entwicklungsstadien oder soeben geöffnete Blüten fallen ab.
O **Abfallen der Knospen**
Δ Pflanzen nicht bei zu trockener Luft halten, vor Verkauf abhärten.

Viruskrankheiten

□ Bei Knollen-Begonien: Blätter mit lichtgrünen, durch typische Linienmuster ("Fingerabdruck") charakterisierte, später braun werdende Flecke.
O **Viruskrankheit** (*Cucumber mosaic virus*)
Δ Bekämpfungsmaßnahmen siehe unter Kapitel 2.1 "Virosen".

□ Bei Semperflorens-Begonien leuchtendes Mosaik und Wachstumshemmungen.
O **Kleegelbmosaik-Virus** (*Clover yellow mosaic virus*)
Δ Gesunde Jungpflanzen beziehen. Kranke Pflanzen vernichten.

□ Blätter mit gelblichgrüner Mosaikfärbung, ringförmigen Flecken mit braunem Zentrum, blasigen Aufwölbungen oder hellen Linien.
O **Tomatenbronzeflecken-Virus** (*Tomato spottet wilt virus - TSWV*)
Δ Kranke Pflanzen vernichten. Intensive Bekämpfung von *Thrips,* dem Überträger.

Bakteriosen

□ Vor allem an Lorraine- und Elatior- sowie Rex-Begonien blattoberseits sowie an Stengeln mißfarbige Stellen, die besonders von blattunterseits im Gegenlicht als wasserhelle, glasige "Ölflecken" gut zu erkennen sind. In ihrem Bereich stirbt das Blattgewebe ab und trocknet ein. Flecken breiten sich schnell aus. Kleinere und größere Teile der Blätter vergilben, vertrocknen oder faulen, Blattadern, Stiele und Stengel verfärben sich dabei schwärzlich, Stengel knicken um. Pflanzen welken und brechen schließlich zusammen. Bei Stengelbefall entstehen zuweilen keine typischen Ölflecken, sondern die Blätter werden bleifarbig.
O **Ölfleckenkrankheit** (*Xanthomonas begoniae* [Takimoto] Dows.)
Δ Hygienemaßnahmen beachten. Entfernen kranker Pflanzen. Wahl widerstandsfähiger Sorten. Neubezogene Pflanzen unter Quarantäne stellen und lange genug beobachten. Stecklinge nur von garantiert gesunden Mutterpflanzen schneiden. Entseuchung der Anzuchterde, der Stellflächen und Anzuchtgeräte mit 70 % vergälltem Alkohol oder *Didecyldimethyl-ammoniumchlorid* (1 %ig *M & Enno Ter forte, Dimanin Spezial*). Vorsichtig mit sauberem Wasser bewässern, Kultur trocken (60 % relative Luftfeuchtigkeit), kühl, luftig halten. Pflanzen weiter stellen, nicht von oben gießen, Benetzung der Blätter beim Gießen

ausschließen, daher Tröpfchenbewässerung, Anstauverfahren. Temperaturen über 22 °C vermeiden.

☐ Kropfartige Verdickungen im unteren Stielbereich.
O **Agrobacterium tumefaciens** (Smith & Townsend) Conn.
Δ Hygienemaßnahmen beachten. Desinfektionen der Stellflächen und Kulturgefäße. Siehe auch unter "Ölfleckenkrankheit".
Befallsverdächtige oder bereits befallene Pflanzen sofort entfernen und vernichten. Quarantänekrankheit, Einfuhrbedingungen streng beachten!

☐ Vor allem an Lorraine-Begonien - An der Basis der Pflanzen blumenkohlartige Bildungen, buschig gestauchte Triebe mit verkrüppelten Blättern.
O **Rosettengallen, Blättrige Gallen** (*Corynebacterium fascians* [Tilford] Dows.)
Δ Bodenentseuchung. Gesunde Mutterpflanzen verwenden. Vernichtung der beim Umtopfen als krank erkannten Pflanzen.

Mykosen

☐ An (Sämlingen und) Kopfstecklingen Fauligwerden des Stengelgrundes, anschließend fleckenweise Umfallen und Absterben der Pflanzen. Bei Blattstecklingen Faulen des Blattstieles und der Blattspreite. Von den erstbefallenen Flecken meist schnelle Ausbreitung der Fäulnis.
O **Keimlingskrankheiten, Vermehrungspilze, Fußkrankheiten an Jungpflanzen** (*Pythium-, Rhizoctonia-, Thielaviopsis [Chalara-]*Arten)
Δ Grundsätze der Bekämpfung siehe Kapitel 2.1 "Mykosen - **Vermehrungspilze".** Vorbeugend gegen *Rhizoctonia* (und *Thielaviopsis*) hohe Bodenfeuchte vermeiden, Stecklinge in *Mancozeb-* oder *Metiram*-Spritzflüssigkeit tauchen, Jungpflanzen damit mehrfach im Abstand von 2 Wochen überbrausen. Die bei Aussaaten von Knollenbegonien verwendeten Gefäße zweckmäßig vorher fein mit gemahlener Holzkohle übersieben. - Gegen *Pythium-* (oder *Phytophthora-*)-Arten wirkt wiederholtes Angießen mit *Metalaxyl* (*Fonganil Neu* 0,05 %) oder *Propamocarb* (*Previcur N* 0,15 %).

☐ Stengel an der Basis braunfleckig, stark eingeschnürt, Rinde trockenfaul.
O **Fußfäule** (*Nectria radicicola* Gerlach et Nilsson = *Cylindrocarpon destructans* (Lins.) Scholten oder/und *Phytophthora cryptogea* Peth. et Laff.)
Δ Vorbeugende Bodenentseuchung. Kranke Pflanzen vernichten. Beteiligte Pilzarten durch Pflanzenschutzdienst bestimmen lassen. Gegen *Nectria* hat sich vorbeugende Bodenbehandlung mit *Thiram*(2) oder Gießen mit *Benomyl* (*Du Pont Benomyl*(2) 0,05 %), gegen *Phytophthora cryptogea* die Anwendung von *Fosetyl* (*Aliette 0,25* %), *Metalaxyl* (*Fonganil Neu* 0,05 %) und *Propamocarb* (*Previcur N 0,15* %) bewährt.

☐ Besonders an Lorraine-Begonien. An Stengeln dunkle Verfärbung, hier knicken Stengel später um.
O **Stengelfäule** (zuweilen verbunden mit **Wurzelbräune).** Meist Befall durch *Botrytis*-Art und/oder *Thielaviopsis basicola* (= *Chalara elegans*) (Berk. et Br.) Ferr., aber auch andere Pilze (*Rhizoctonia*-Art) können beteiligt sein.
Δ Weiter Stand der Pflanzen, regelmäßige Luftumwälzung. Trockenhalten der Kulturen, während der Nacht Niederschlagsbildung vermeiden. Vorbeugend, spätestens beim Ein-

treten erster Befallszeichen mit *Benomyl* (*Du Pont Benomyl*[2] 0,05-0,1 %, auch gegen *Botrytis*), *Mancozeb* (*Dithane Ultra WG*) oder *Metiram* (*Polyram WG*) im Wechsel mit einem Präparat gegen *Botrytis* wie *Vinclozolin* (*Ronilan WG* 0,1 %), *Iprodion* (*Rovral* 0,1 %) (nicht zu Jungpflanzen) oder *Thiabendazol* (*Tecto FL*[1] 0,1 %) spritzen. Auf genaue Dosierung achten, da sonst Schäden möglich.

□ Blätter werden fahlgrau, vor allem die unteren, hängen schlaff herunter, Pflanzen kümmern.
O **Welkekrankheit** (*Verticillium dahliae* Kleb.)
Δ Bodenentseuchung. Wahl gesunder Mutterpflanzen. Kranke Pflanzen vernichten.

□ An Elatior-, Lorraine-, Rex- und Semperflorens-Begonien sowie an *Begonia multiflora*. Auf Blättern, Blattstielen und Blütenstengeln fleckenweise weißlicher, mehlartiger Belag, das Gewebe darunter mißfarbig, scheint bleich durch und stirbt bald ab.
O **Echter Mehltau** (*Microsphaera begoniae Sivanesan = Oidium begoniae var. macrosporum Mendonga et Sequeira*)
Δ Allgemeines zur Bekämpfung siehe Kapitel 2.1 "Mykosen - **Echter Mehltau**". Die verschiedenen Lorraine-Begonien-Sorten sind unterschiedlich anfällig.
Wenn Schwefelverdampfer frühzeitig eingesetzt werden können, ist dies die sicherste Methode, um die Begonien bis zur Blüte mehltaufrei zu halten. Sonst können folgende Präparate **bis zur Blüte** eingesetzt werden: *Bitertanol* (*Baymat flüssig* 0,075 %) oder *Triforin* (*Saprol Neu,* in 0,1 %). Als einigermaßen blütenverträglich gilt *Saprol Neu* 0,075 %, das (mit Vorsicht bei Lorraine-Begonien und Semperflorens-Begonien) noch während des Aufblühens eingesetzt werden kann. Blütenschäden treten auf bei *Saprol Neu, Baymat flüssig* bei normalen Konzentrationen.

□ An den Stengeln und Blättern entstehen dunkelbraune Faulstellen, Stengel knickt um. An Faulstellen manchmal, aber nicht immer, mausgrauer Schimmelrasen. - Bei **Elatiorbegonien** stehen die großen braunen Blattflecke meist einzeln und zeigen keine Schimmelrasen. - Oft große Ausfälle an Stecklingen.
O **Blatt- und Stengelfäulen, Grauschimmel** (*Botrytis*- und andere Pilzarten)
Δ Reichlich lüften, Luft umwälzen, um zu hohe Luftfeuchtigkeit (über 85 %) zu vermeiden. Pflanzen nicht feucht in die Nacht kommen lassen, während der Nacht Absinken der Temperatur vermeiden, um Bildung von Wasserniederschlägen zu verhüten. Vorbeugende, wiederholte Spritzungen mit *Benomyl* (*Du Pont Benomyl*[2] 0,05-0,1 %), *Vinclozolin* (*Ronilan WG* 0,1 %), *Iprodion* (*Rovral* 0,1 %) (Vorsicht! Bei Blatt- und Kopfstecklingen von Elatiorbegonien durch *Ronilan* und *Rovral* sortenbedingt Schäden möglich!), möglichst im Wechsel, eventuell Einsatz von *Dichlofluanid* (*Euparen WG* 0,25 % - Vorsicht bei Lorraine-Begonien mit Blühbeginn. Auch Wachstumshemmung möglich.) oder anderen zugelassenen Mitteln gegen *Botrytis*.

Tierische Schädlinge

□ Typische, mißfarbige, zunächst hellere, später braun bis schwarz werdende Verfärbung der Blattunterseite, auffallend sind von Blattadern teilweise eckig begrenzte Blattflecken.
O **Blattälchen** (*Aphelenchoides*-Arten)
Δ Versuchsweiser Einsatz von *Abamectin* (*Vertimec*[3] 0,025 %). Alle als stärker befallen erkannte Pflanzen vernichten.

☐ Verformung der Blätter bis zum Verkrüppeln. Verbräunung und Verkorkungen an Blattstielen, Stengeln, Blütenknospen und an den Blattunterseiten.
O **Milbenkorkkrankheit, hervorgerufen durch Weichhautmilben** (*Tarsonemidae*)
Δ Steuerung von Temperatur und Luftfeuchtigkeit. Optimum für Weichhautmilben liegt zwischen +23 °C und +28 °C und bei über 85 % relativer Luftfeuchtigkeit. Versuchsweise auch *Abamectin* (*Vertimec*[3] 0,025 %) oder *Fenpropathrin* (*Rody*[3] 0,05 %). Vor Behandlung ganzer Bestände unbedingt Pflanzenverträglichkeit prüfen!

☐ Junge Blätter sind gekräuselt, die Pflanzen stagnieren im Wuchs.
O **Strohmilben** (*Tyrophagus putrecentiae* Schr.)
Δ Vorsichtig, auch Boden, mit *Fenbutatin-oxid (Torque*[3] 0,05 %) oder *Fenpropathrin (Rody*[3] 0,05 %) spritzen. (Vorsicht, Blütenschäden möglich!)

☐ Bei voll ausgebildeten Blättern zeigen sich auf der Oberseite unregelmäßig geschlängelte, rostbraun verkorkende Zeichnungsmuster. An den Triebspitzen und jüngeren Blättern kann ein Schadbild entstehen, wie es durch Weichhautmilben hervorgerufen wird. Die schwarzen Kotspritzer und die etwa 1 mm langen Thripse oder ihre Larven bieten die Möglichkeit einer genauen Identifizierung der Schäden.
O **Thrips** (*Thysanoptera*)
Δ Bei eintretendem Befall ist eine zur Vermeidung von Blattrandschäden besonders behutsame Spritzung mit *Propoxur* (*Unden flüssig* 0,15 %) angebracht. Auch *Deltamethrin* (*Decis flüssig*[3] 0,05 %) oder *Abamectin (Vertimec*[3] *0,025 %*). Gelb- und Blautafeln aufhängen (1 Tafel/20 m^2).

Ferner an *Begonia*: **Chlorose-Blattfleckenkrankheiten, Fuß- und Welkekrankheiten - Blattläuse:** *Sulfotep* (*Bladafum II*), *Oxydemeton-methyl* (*Metasystox R* 0,1 %), *Methamidophos* (*Tamaron* 0,1 %) (Empfindlichkeit von Semperflorens-Begonien beachten!), **Dickmaulrüßler, Eulenraupen, Gallenbildende Wurzelnematoden.** Siehe auch Kapitel 2.1 "Physiologische Schäden", "Mykosen", "Tierische Schädlinge".

2.2.40 Bellis (Maßliebchen)

An *Bellis* kommen vor: **Tomatenbronzeflecken-Virus:** chlorotische, nekrotische Blätter mit Stauchewirkung - **Pythium-Wurzelfäulen, Sclerotinia-Stengelfäule, Rost, Echter Mehltau,**

Grauschimmel - Blattläuse, Erdraupen, Eulenraupen, Spinnmilben, *Thrips.* Siehe Kapitel 2.1 "Mykosen", "Tierische Schädlinge".

2.2.41 Bougainvillea (Bougainvillie)

☐ Starke Vergilbungserscheinungen an den Blättern.
  O **Stickstoffmangel, Eisenmangel**
  Δ Behebung der Mängel aufgrund der Ergebnisse einer Substratuntersuchung.

☐ Die Pflanzen werfen plötzlich die Hochblätter und/oder die Blütenknospen ab.
  O **Abwerfen der Hochblätter und Blütenknospen**
  Δ Die Erscheinung ist eine Reaktion auf veränderte Umweltbedingungen nach dem Standortwechsel vom Betrieb zum Kunden.

Ferner an *Bougainvillea*: ***Phytophthora*-Wurzelfäule:** *Propamocarb* (*Previcur N* 0,15 % - Jungpflanzen gießen), **Blattfleckenkrankheit:** *Metiram* (*Polyram WG, Phytox Super*[1] 0,2 %), **Grauschimmel:** *Iprodion* (*Rovral* 0,1 %), *Vinclozolin* (*Ronilan WG* 0,1 %) - **Blattläuse** und **Spinnmilben** sowie ***Thrips.*** Siehe Kapitel 2.1 "Mykosen", "Tierische Schädlinge".

2.2.42 Bouvardia (Bouvardie)

Die Blüten von *Bouvardien* sind empfindlich gegen viele Pflanzenschutzmittel (*Parathion*[3], *Pirimiphos-methyl, Oxydemeton-methyl, Methamidophos),* daher Vorsicht, Raumbehandlungen bevorzugen!

☐ Braune, bronzefarbene Flecke auf den Blättern. Stengel platzen unterhalb der Knospe auf.
  O **Tomatenbronzeflecken-Virus** (*Tomato spotted wilt virus*)
  Δ Gesundes Jungpflanzenmaterial, *Thrips*bekämpfung sehr wichtig, da Überträger der Virus-Krankheit. Bekämpfung siehe Kapitel 2.1 "Tierische Schädlinge".

☐ Pflanzen bleiben im Wachstum zurück, welken, Wurzeln und Stengelgrund braun, allmählich faulend.
  O **Pythium-Wurzelfäule** (*Pythium*-Arten)
  Δ Vernässung und zu niedrige Temperaturen vermeiden. Anwendung von *Metalaxyl* (*Fonganil Neu* 0,05 %) oder *Propamocarb* (*Previcur N* 0,15 %).

☐ Faulstellen am Stengelgrund, nach oben und unten fortschreitend.
○ **Stengelfäule** (*Rhizoctonia solani* Kuehn)
Δ Hygienemaßnahmen beachten. Vernässung und zu niedrige Temperaturen vermeiden. Wiederholt mit *Propineb* (*Antracol WG*[2] 0,2 %) oder *Iprodion* (*Rovral* 0,1 %) spritzen.

☐ Weißer, mehlartiger Belag auf Blüten, Stengel und Blättern.
○ **Echter Mehltau** (*Oidium*-Art)
Δ Wiederholt spritzen mit *Bitertanol (Baymat flüssig* 0,075 %) oder *Triforin* (*Saprol Neu* 0,1 %).

☐ Blattflecken, Schäden an Stengeln und Fäulnis am Stengelgrund führen zu Welke.
○ **Myrothecium - Blatt- und Stengelfäule** (*Myrothecium roridum* Tode ex Fr.)
Δ Zu hohe Temperaturen (über 25 °C) und zu hohe Luftfeuchtigkeit (über 90 %) vermeiden. Kranke Pflanzen sofort vernichten. Gewächse und Boden nicht mehr als erforderlich benetzen. Beregnung und Spritzmaßnahmen möglichst morgens durchführen und anschließend trockenheizen.

☐ Pflanzen welken und gehen schließlich ein. An den Wurzeln braune Schadstellen.
○ **Wandernde Wurzelnematoden** (*Pratylenchus*-Arten)
Δ Verseuchten Boden dämpfen oder mit *Dazomet* (*Basamid Granulat*) entseuchen.

☐ Mißbildungen an Blättern und Blüten. Blattränder teilweise nach unten gebogen. An Blattstielen und Stengeln grindige, braune Korkflecke.
○ **Weichhautmilben** (*Tarsonemidae*)
Δ Hohe Temperaturen und zu hohe Feuchtigkeit im Bestand vermeiden. Wiederholt mit *Fenpropathrin (Rody*[3] 0,05 %) oder *Abamectin* (*Vertimec*[3] 0,025-0,05 %) spritzen.

☐ Blätter gelbfleckig, Verschmutzung durch Honigtau und Rußtaupilze.
○ **Weiße Fliege** (*Aleyrodidae*)
Δ Wiederholt in kurzen Abständen spritzen mit *Deltamethrin* (*Decis flüssig*[3] 0,05 %), *Methamidophos* (*Tamaron* 0,1 %), *Permethrin* (*Ambush*[2] 0,01 %). Blüten von der Behandlung ausnehmen, da Schäden möglich. Siehe auch Kapitel 2.1 "Tierische Schädlinge".

An *Bouvardia* kommen weiter vor: **Grauschimmel - Wurzelgallenälchen, *Thripse*, Blattläuse, Weiße Fliege, Spinnmilben.** Siehe auch Kapitel 2.1 "Mykosen", "Tierische Schädlinge".

2.2.43 Brachycome (Blaues Gänseblümchen)

☐ Ausgedehnte braune Verfärbungen auf den Stengeln. Absterben einzelner Triebe, teilweise ganzer Pflanzen. Zuweilen helles Pilzgeflecht, später dunkle Dauerorgane (*Sklerotien*).
○ **Stengelfäule** (*Sclerotinia*-Art)
Δ Hohe Feuchtigkeit vermeiden. Wiederholt spritzen mit *Iprodion* (*Rovral* 0,1 %) oder *Vinclozolin* (*Ronilan WG* 0,1 %). Innere Pflanzenteile gut benetzen.

☐ Auf den Blütenblättern entstehen Verfärbungen, Verkrüppelungen und Nekrosen der Blütenblattränder durch flügellose, gelblich gefärbte Larven und erwachsene Tiere. Blüten mit schwarzen Kotflecken verunreinigt.

O **Thrips** (*Thysanoptera*)

Δ Bekämpfung schwierig, da Befall oft zu spät erkannt wird und Tiere sehr versteckt leben und dann von den Wirkstoffen nicht erreicht werden. Daher Pflanzen regelmäßig auf Befall kontrollieren. **Blautafeln** verwenden. Bei erstem Befall wiederholt im Abstand von 2-3 Tagen spritzen mit *Abamectin* (*Vertimec*[3] 0,05 %), *Deltamethrin* (*Decis flüssig*[3] 0,05 %), *Fenpropathrin* (*Rody*[3] 0,05 %), *Methiocarb* (*Mesurol flüssig* 0,1 %), *Methomidophos* (*Tamaron* 0,1 %), *Propoxur (Unden flüssig* 0,15 %) oder *Sulfotep* (*Bladafum II* 1 Dose/200 m³ Raum). Blütenverträglichkeit prüfen. Siehe auch Kapitel 2.1 "Tierische Schädlinge".

□ Saugstellen an den Blättern, Verschmutzung durch Honigtau und Rußtaupilze.

O **Weiße Fliege** (*Aleyrodidae*)

Δ Wiederholt spritzen mit Präparaten wie bei *Thrips* angegeben.

Ferner an *Brachycome*: **Tomatenbronzeflecken-Virus** (TSWV) - **Minierfliegen**, **Trauermückenlarven**. Näheres siehe Kapitel 2.1 "Virosen", "Tierische Schädlinge".

2.2.44 Brodiaea (Triteleya)

An *Brodiaea* treten auf: ***Rhizoctonia*, Schwarzrotz.** Siehe unter *Hyazinthus*.

2.2.45 Bromeliaceae (Bromelien)

(*Aechmea, Billbergia, Guzmannia, Nidularium, Vriesea*)

Zur Vermeidung zu hoher Pflanzenschutzmittelkonzentrationen in den Blatttrichtern ist es zweckmäßig, vor und nach der Behandlung mit reinem Wasser zu spritzen.
Vorsicht bei Anwendung von organischen Phosphorverbindungen, besonders *Methamidophos, Oxydemeton-methyl* oder *Parathion*[3]. Kein *Propoxur* im Gießverfahren verwenden! *Bromeliaceen* reagieren zuweilen sehr empfindlich auf Unterkühlung mit Basisfäulen (*Vriesea splendens*) oder braunen Blattspitzen und Fäulen an der Blattbasis (*Guzmannia*).

□ Vor allem bei *Aechmaea* und *Billbergia* faulen die Herzblätter aus.

O **Ausfaulen der Herzblätter**

Δ Die Pflanzen haben zu kalt gestanden, Temperatur regulieren.

□ Blätter mit erst hellgelben, später zuweilen nekrotisch werdenden Flecken. Vor allem an ***Aechmea, Guzmannia*** und ***Nidularium.***

O **Stippigkeit**

Δ Folge zu hoher Luftfeuchtigkeit, diese absenken, Ventilatoren.

□ Die Blüten sind mißgebildet und mehr oder weniger verkrüppelt.

O **Blütenmißbildungen**

Δ Folge der Anwendung von blühbeschleunigenden Präparaten bei zu tiefen Temperaturen.

Mykosen

□ Pflanzen bleiben im Wuchs zurück, Wurzelkörper bräunlich, schwach ausgebildet.

O **Pythium-Wurzelfäule** (*Pythium*-Arten)

Δ Schäden durch *Pythium*-Wurzelfäule an *Guzmannia, Vriesea* und anderen *Bromeliaceae* treten vor allem nach unsachgemäßem Gießen auf. Gegenmaßnahmen: Jungpflanzen vorbeugend mit *Metalaxyl* (*Fonganil Neu* 0,05 %) oder *Propamocarb* (*Previcur N* 0,15 %) angießen, größere nach Bedarf mit einem der genannten Mittel, möglichst im Wechsel, nach Vorschrift behandeln.

□ Vor allem an *Aechmea fasciata*. Blätter und schließlich ganze Pflanzen welken. Faulstelle am Grunde der Pflanze, später Blattscheiden und, von außen nach innen fortschreitend, basale Teile der Blätter braun, faulend. Die Blattscheiden vertrocknen und knicken ebenso wie die Spreiten der äußeren Blätter nach unten um. Wasserleitungsbahnen, wie im Querschnitt unterhalb des Vegetationspunktes deutlich sichtbar, gebräunt. Auf abgestorbenen Pflanzenteilen lachsfarbene Sporenlager.

O **Fusarium-Welke, Fußfäule** (*Fusarium oxysporum* Schlecht. *f. sp. aechmea* Gordon)

Δ Nur sorgfältig entseuchte Erde verwenden. Desinfektion der Kulturgefäße und Gewächshäuser. Gesundes Vermehrungsmaterial verwenden. Kranke Pflanzen sorgfältig aussortieren und vernichten (Container), den Restbestand vorbeugend angießen mit *Benomyl* (*Du Pont Benomyl*[2] 0,05 %) oder *Thiabendazol* (*Tecto FL*[1] 0,1 %).

□ An *Aechmea fasciata* zunächst kleine, helle, später größer und nekrotisch werdende Flekke auf den Blättern, manchmal auch äußere Blätter mit großen Faulstellen.

O **Blattfleckenkrankheit, Blattfäule** (*Fusarium sacchari var. elongatum* Nirenberg)

Δ Pflanzen weiträumig, mäßig feucht und nicht zu warm halten. Hohe Salzkonzentration in den Blatttrichtern vermeiden. Angießen mit 0,1 % oder Spritzen mit 0,05 % *Benomyl* (*Du Pont Benomyl*[2]) oder *Thiabendazol* (*Tecto FL*[1] 0,1 %) gießen.

□ Blatttrichter zeigen, von innen beginnend, Fäulnis.

O **Blatttrichter-Fäule, Phytophthora-Fäule** (*Phytophthora*-Arten)

Δ Gesundes Vermehrungsmaterial verwenden, sauberes Gießwasser.

Tierische Schädlinge

□ Blätter vergilben, teilweise zeigen sie auch einzelne helle gelbliche Flecke. An den Wurzeln finden sich grauweiße Läuse.

O **Wurzelläuse** (*Rhizoecus*-Arten)

Δ Nach Auftreten von Wurzelläusen in der Kultur Pflanzen durchdringend mit *Pirimicarb* (*Pirimor Granulat zum Auflösen in Wasser*[3] 0,05 %) angießen. Die Behandlung muß nach 2-3 Wochen wiederholt werden. Topfballen tauchen in *Dimethoat* (*Dimethoate* 01 %). *Propoxur* (*Unden flüssig* 0,15 %) hat im Gießverfahren starke Schäden verursacht, im Spritzverfahren wird der Wirkstoff allerdings von allen *Bromeliaceen* vertragen.

□ Auf den Blättern findet man zunächst gelbe Punkte, die sich in dem Maße schneller ausweiten, je stärker die Saugschäden durch die an den Blättern sitzenden Schildläuse, Schmierläuse oder Wolläuse werden. Starke Qualitätsminderungen.

O **Schildläuse, Schmierläuse, Wolläuse** (Verschiedene Arten)

Δ Bekämpfung wegen der dichten Bestände sehr schwierig. Bewährt haben sich *Propoxur* (*Unden flüssig* 0,2 %) und andere Spritzmittel gegen Schildläuse und Schmier- u. Woll-

läuse. Vor Anwendung von *Mineralöl* (*Para Sommer* 2 %), *Promanal* 2 %) Probespritzung durchführen.
Bei sehr starkem Auftreten an einzelnen Arten kann durch die allerdings arbeitsaufwendige Methode des Tauchens eine bessere Wirkung erzielt werden. Aber auch dann muß die Behandlung nach 3-4 Wochen wiederholt werden, weil selbst bei dieser Maßnahme die Eier nicht erfaßt werden. Bei dieser Tauchbehandlung dürfen die Wurzelballen nicht in die Spritzflüssigkeit getaucht werden, da es sonst zu Schäden kommen kann.

Gegen **Spinnmilben** an *Vriesea splendens* setzt man zweckmäßig *Fenbutatin-oxid* (*Torque*(3) 0,05 %), *Fenpropathrin* (*Rody*(3) 0,05 %) oder *Abamectin* (*Vertimec*(3) 0,025 %) ein.
Ferner an *Bromeliaceae*: **Gallenbildende Wurzelnematoden, *Thrips*.** Siehe Kapitel 2.1 "Tierische Schädlinge".

2.2.46 Brunfelsia pauciflora (Brunfelsie)

□ Die Blätter der Pflanzen vergilben mehr oder weniger schnell.

O **Chlorose, Blattvergilbung**

Δ Erscheinung kann beruhen auf Eisenmangel, zu hohem Salzgehalt im Substrat, zu hohem pH-Wert, zu tiefer Temperatur und übermäßiger Feuchtigkeit.

□ Bereits im Vermehrungsbeet, vor allem unter Folie, Fäulnis der Blätter und Stengel. An älteren Pflanzen braune Myzelpolster oder fädige Stränge.

O **Rhizoctonia-Stengelgrund- und Blattfäule** (*Rhizoctonia*-Art)

Δ Pflanzen mäßig feucht halten, zu niedrige Temperaturen vermeiden. Vorbeugend Angießen oder Spritzen mit *Benomyl* (*Du Pont Benomyl*(2) 0,1 %), versuchsweise auch mit *Vinclozolin* (*Ronilan WG* 0,1 %) oder *Iprodion* (*Rovral* 0,1 %). Verträglichkeitstest.

□ Wurzeln und Stengelgrund erst dunkel verfärbt, später schwarzfaul.

O **Pythium-Wurzel- und Stengelfäule** (*Pythium*-Art)

Δ Mäßige Feuchtigkeit, kranke Pflanzen ausmerzen. Angießen mit *Metalaxyl* (*Fonganil Neu* 0,05 %) oder *Propamocarb* (*Previcur N* 0,15 %). Behandlung wiederholen.

□ Welken und Absterben der Pflanzen. Wurzel und Stengelgrund äußerlich gesund. Bei Längsschnitt wird Bräunung der Gefäße sichtbar.

O **Verticillium-Welke** (*Verticillium*-Arten)

Δ Kranke Pflanzen vernichten. Wechsel der Anbaufläche und Bodenentseuchung. Herdbehandlung im Gießverfahren mit *Benomyl* (*Du Pont Benomyl*(2) 0,05 %).

Blattläuse, Spinnmilben, Weichhautmilben

Bei Auftreten von Spinnmilben und Weichhautmilben spritzen mit *Abamectin* (*Vertimec*(3) 0,025-0,05 %), *Fenpropathrin* (*Rody*(3) 0,05 %), *Fenazaquin* (*Pride Ultra*(3) 0,1 %) oder *Fenbutatin-oxid* (*Torque*(3) 0,05 %).
Bei überraschendem Befall gegen **Blattläuse** *Oxydemeton-methyl* (*Metasystox R* 0,1 %) oder *Pirimicarb* (*Pirimor Granulat zum Auflösen in Wasser*(3) 0,05 %) einsetzen. - Siehe auch Kapitel 2.1 "Tierische Schädlinge".

2.2.47 Cactaceae (Kakteen)

Vorsicht bei Anwendung von *Vinclozolin*, wenn zu stark gespritzt wird, *Methamidophos*, *Oxydemeton-methyl*, *Parathion*(3), *Propoxur* oder *Mineralöl*-Präparaten. Tests auf Verträglichkeit zweckmäßig, vor allem an jungen Pflanzen.

Nichtparasitäre Schäden

□ An den Pflanzen braune Korkpolster von verschiedener Gestalt und Größe.
○ **Korkflecke, Korkwucherungen** (Physiologische Störung)
Δ Herabsetzen hoher Luftfeuchtigkeit, vor allem bei niedrigen Temperaturen, für genügend Luftzufuhr sorgen, keine plötzliche Besonnung. Ähnliche Schäden durch Spinnmilben.

Virosen

□ Pflanzen bunt gesprenkelt, zuweilen mit eingesunkenen gelben Flecken. Kranke Pflanzen blühen schwächer.
○ **Kakteenvirus** (*Cactus*-Virus X)
Δ Gesundes Vermehrungsmaterial. Virose kann durch Saft und kranke Pfropfunterlagen übertragen werden. Siehe auch Kapitel 2.1 "Virosen".

Bakteriosen

□ An der Stammbasis orange bis braun-orange Verfärbung. Fleischige Pflanzen schnell über die ganze Basis verfault, fallen um.
○ **Bakterielle Welke** (*Pseudomonas fluorescens* Migula)
Δ Befallene Pflanzen aus dem Bestand entfernen. Desinfektion der Stellflächen. Verwendung von gesundem Vermehrungsmaterial, saubere Substrate.

Mykosen

□ Wurzelhals und gesamtes Stamminneres fault, meist zuerst vom Boden aus. Gewebe wird braun. In Kästen und Beeten an Kakteen oft in gefährlichem Ausmaß auftretend, vor allem bei niederen Temperaturen und hoher Luftfeuchtigkeit.
○ **Phytophthora-Wurzel- und Stengelgrundfäule, Phytophthora-Naßfäule** (*Phytophthora cactorum* Schroet.; *Ph., parasitica* Dast.)
Δ Vorbeugend Bodenentseuchung, Verwendung entsprechender Substrate. Mäßige Feuchtigkeit beugt der *Phytophthora*-Naßfäule am sichersten vor. Chemische Bekämpfung wie unten bei *Pythium*-Naßfäule angegeben. Stark befallene Pflanzen vernichten, schwach befallene lassen sich zuweilen neu abstecken oder pfropfen.

□ Pflanzen welken, untere Teile sowie Wurzeln faulen und sterben ab. Das bodennahe Glied bei *Rhipsalidopsis* oder *Zygocactus* weist graugrüne Verfärbungen auf. Wenige Tage nach Befall manchmal plötzliches Abwerfen der meisten oder auch sämtlicher Glieder. Bei der oft eintretenden zusätzlichen Infektion mit Bakterien faulen die Pflanzen in der Regel von der Basis her und gehen schnell zugrunde.
○ **Pythium-Naßfäule, Pythium-Wurzel- und Sproßfäule** (*Pythium*-Art)
Δ Sauberes Substrat verwenden. Die Vermeidung hoher Boden- und Luftfeuchtigkeit durch vorsichtiges Gießen und Einsatz von Ventilatoren ist die wichtigste, oft allein schon den Befall verhindernde Vorbeugungsmaßnahme. Zur chemischen Bekämpfung angießen mit *Metalaxyl* (*Fonganil Neu* 0,05 %) oder *Propamocarb* (*Previcur N* 0,15 %). Wiederholte Behandlungen im Abstand von 4-6 Wochen notwendig. Bei Gefahr von ***Rhizoctonia*** oder **Fusarium** *Propamocarb* + *Benomyl*[2] (siehe bei ***Rhizoctonia***-Fäule und **Fusariose**).

□ An vielen Kakteenarten, vor allem bei der Vermehrung von *Epiphyllum, Phyllocactus, Zygocactus*-Hybriden und *Rhipsalidopsis* auftretend. Bei verseuchten Substraten an den gesteckten Gliedern nach drei bis vier Tagen in Höhe der Substratoberfläche kleine, rotbraune Faulstellen. In der Regel breitet sich die Fäule nach Eindringen des Krankheitserregers vom Boden in die Abrißwunde der Stecklinge (schnell) nach oben aus. Befallene Gewebe anfangs wäßrig, dunkler, manchmal durch schmalen, helleren Saum gegen das gesunde abgegrenzt, später transparent, welkend und schließlich eintrocknend. Nach 2-3 Wochen verfaulen die Stecklinge.

An Jungpflanzen zuweilen auch an unverletzten unteren Gliedern vom Rand her ausgehende Faulstellen. Oft Infektion über die Wurzeln, zuletzt gesamtes Wurzelwerk befallen. Krankheit dann erst im Endstadium zu erkennen, wenn Pflanzen im Wachstum zurückbleiben, fahl und schlaff werden, eine graue Farbe annehmen und das basale Glied schrumpft. Zuweilen der unterste Teil völlig abgefault. Zusammenbruch älterer Pflanzen oft schlagartig. Gefäße sind häufig rötlich-braun verfärbt.

Bei sukkulenten *Cactaceen* erkennt man zuweilen nur ein leichtes Einschrumpfen der Sproßspitzen, doch sind dann die im Boden oder in Bodennähe befindlichen Teile meist schon stärker verfault oder vermorscht.

O **Fusariose** (*Fusarium oxysporum* Schl. *f. opuntiarum* (Speg.) Gordon)

Δ Betriebshygiene, Entseuchung von Schalen, Töpfen, Tischen; Verwendung entseuchter, keimfreier, gut abgelagerter Substrate, da in frisch entseuchtem Boden besonders schnelle Ausbreitung der Infektion. Verletzung vermeiden, optimale Kulturbedingungen. Überdüngung mit Stickstoff vermeiden. Boden- und Luftfeuchtigkeit niedrig halten. Saatgut mit *Metiram* beizen. Stecklinge nur von gesunden Mutterpflanzen gewinnen und letztere vor der Stecklingsentnahme mit *Benomyl* (*Du Pont Benomyl*(2) 0,05 %) spritzen. Stecklinge nach dem Stecken mit *Benomyl* (*Du Pont Benomyl*(2) 0,05-0,1 %) oder *Thiabendazol* (*Tecto FL*(1) 0,1 %) gründlich spritzen oder angießen. Ständige Kontrolle auf befallene Pflanzen, diese sofort entfernen und vernichten.

Auch ältere Kakteenbestände mehrmals im Abstand von 2-3 Wochen gründlich spritzen oder gießen.

Gleichzeitig auftretende *Pythium*- sowie *Phytophthora*-Arten sind durch eine einmalige Gießbehandlung mit einem der oben unter *Pythium*-Naßfäule genannten Präparate zu bekämpfen; falls erforderlich, kann frühestens nach 4 Wochen eine zweite Behandlung durchgeführt werden.

Da die Krankheit vermutlich durch **Trauermückenlarven** verschleppt wird, sind diese zu bekämpfen.

□ Von Sproßbasis ausgehende, in der Regel gleichmäßig nach oben fortschreitende Fäule. Befallene Partien erst glasig, rasch naßfaul, dunkelgrün bis fast schwarz, schrumpfen und trocknen ein. Wurzeln zuweilen länger gesund. In Vermehrungen Pflanzen innerhalb weniger Wochen absterbend.

O **Rhizoctonia-Fäule** (*Thanatephorus cucumeris* [Frank] Donk [= *Rhizoctonia solani* Kuehn])

Δ Sauberkeit im Betrieb, optimale Kulturbedingungen, Vermehrungssubstrate so trocken wie möglich, schnell abtrocknende Vermehrungssubstrate wie Sand oder Torfsandgemische bevorzugen. Kranke Pflanzen sofort aus dem Bestand entfernen und vernichten. Vorbeugendes Angießen mit *Benomyl* (*Du Pont Benomyl*(2) 0,05-0,1 %), versuchsweise auch mit *Propineb* (*Antracol WG*(2) 0,2 %), *Vinclozolin* (*Ronilan WG* 0,1 %), *Iprodion* (*Rovral*

0,1 %) oder *Thiabendazol* (*Tecto FL*[1] 0,1 %), aber Verträglichkeitstest, besonders bei Sämlingen!

□ Fast nur in Anzuchten. An Basis sowie höher gelegenen Pflanzenteilen dunkle, grünliche oder bräunliche, wäßrige Faulstellen, die sich rasch ausbreiten, später oft mit olivfarbigen, samtartigen Myzel- und Sporenrasen bedeckt. Schließlich faulen und mumifizieren befallene Kakteen völlig. Bei Temperaturen um 25 °C und hoher Luftfeuchtigkeit innerhalb kurzer Zeit große Ausfälle. Samenübertragbar.
O **Triebfäule, Naßfäule** (*Drechslera cactivora* (Petrak) M. B. Ellis = *Helminthosporium cactivorum* Petr.)
Δ Strenge Betriebshygiene, Schaffung optimaler Kulturbedingungen. Nach dem Stecken mehrmals im Abstand von 14 Tagen mit *Propineb* (*Antracol WG*[2] 0,2 %) spritzen. Befallene Pflanzen beseitigen. Saatgut beizen mit *Thiram* (*Aatiram* 3 g/kg). Wenn Verträglichkeit geprüft, nach der Saat angießen mit *Propineb* 1 l/m² oder Jungpflanzen spritzen mit *Propineb* 0,2 %.

Tierische Schädlinge

□ An den Kakteen verschiedene Schildlaus-, Schmierlaus- und Wollaus-Arten, teilweise in dichte Wachsausscheidungen eingehüllt.
O **Schildläuse, Schmierläuse, Wolläuse**
Δ Zur direkten Bekämpfung Pflanzen vorsichtig und wiederholt spritzen mit *Propoxur* (*Unden flüssig* 0,2 %), aber nicht im Gieß- oder Tauchverfahren anwenden, auch mit *Mineralöl* (*Para Sommer* 2 %), *Pirimicarb* (*Pirimor Granulat zum Auflösen in Wasser*[3] 0,05 %) oder *Dimethoaten* 0,1 %. Aber zuvor Verträglichkeit überprüfen.

□ Am unteren Stammteil, an den Wurzeln und zwischen Erde und Topfwand saugen in wollartige, weißliche Wachsfäden eingehüllte Läuse. Bei starkem Befall erfolgt ein langsames Kümmern oder Absterben der Pflanzen.
O **Wurzelläuse**(*Rhizoecus cacticans* Hambleton u. a. Arten)
Δ Angießen der Pflanzen mit den im Kapitel 2.1 "Tierische Schädlinge" unter "**Wurzelläuse**" genannten Mitteln, Behandlung nach 2-3 Wochen wiederholen. Verträglichkeit prüfen!

Ferner an *Cactaceae*: **Fußkrankheiten, weitere Stamm- und Stengelfäulen - Gallenbildende Wurzelnematoden, Zystenbildende Wurzelnematoden, Spinnmilben, Trauermücken, Raupen**. Siehe auch Kapitel 2.1 "Mykosen", "Tierische Schädlinge".

2.2.48 Calceolaria-Hybriden (Pantoffelblume)

Vor allem bei blühenden Pflanzen Vorsicht mit *Dimethoat, Parathion*[3], *Propoxur* sowie *Bitertanol* und *Thiabendazol*[1] besser überhaupt nicht anwenden.

Blattverbrennungen

können durch bereits zeitig im Frühjahr bei hellem, sonnigem Wetter durchgeführte Schattierung vermieden werden.

□ Blätter gelbgrün oder gelb, zuweilen auch weißlichgelb. Pflanzen kümmern.

○ **Gelbsucht** (*Chlorose*)

Δ Für otpimale Temperatur und Belichtung sorgen. Pflanzen vor allem im Winter nicht zu reichlich gießen , guten Wasserabzug sichern.
Bodenuntersuchung (LUFA), bei Nährstoffmangel entsprechende Düngung. Überprüfung des pH-Wertes. Bei Eisenmangel, oft auf falscher Zusammensetzung des Substrates beruhend, lohnt Anwendung von *Fetrilon* oder *Sequestren*. Siehe Kapitel 2.1 "Physiologische Schäden".

□ Braune bis dunkle Stellen an unteren Stengelteilen, später Fäulnis des Stengelgrundes, Absterben der Pflanze.

○ **Phytophthora-** (oder **Pythium-)Stengelgrundfäule, Stammfäule** (*Phytophthora omnivora* de Bary oder *Pythium spec*).

Δ Entseuchung des Substrats. Stauende Nässe, ungünstige Bodenreaktion und zu niedrige Temperaturen vermeiden. Alle erkrankten Pflanzen aussortieren und vernichten. Angießen mit *Metalaxyl* (*Fonganil Neu* 0,05 %), *Propamocarb* (*Previcur N* 0,15 %). Je nach Infektionsgefahr Wiederholung der Behandlung.

□ Vor allem an den unteren Blättern durch Blattadern begrenzte, eckige, gelbliche, später gelblich-braune bis dunkelbraune Nekrosen.

○ **Blattälchen** (*Aphelenchoides fragariae* Chr., *A. ritzemabosi* Steiner u. Buhrer)

Δ Auffällig geschädigte Pflanzen vernichten. Versuchsweise wiederholte Behandlung mit *Oxydemeton-methyl* (*Metasystox R* 0,1 %).

Ferner an *Calceolarie*: **Viruskrankheiten - Keimlingskrankheiten, Grauschimmel, Stengelfäulen:** Pflanzen mit *Metiram* (*Polyram WG* 0,2 %), *Iprodion* (*Rovral* 0,1 %) oder *Benomyl* (*Du Pont Benomyl*(2) 0,2 %) angießen! - ***Thrips*, Blattläuse:** Spritzen mit *Oxydemeton-methyl* (*Metasystox R* 0,1 %), *Pirimicarb* (*Pirimor-Granulat zum Auflösen in Wasser*(3) 0,05 %) oder einem anderen Mittel gegen Blattläuse. Einsatz von Nützlingen. **Minierfliegen, Weiße Fliege, Trauermückenlarven:** Spritzen mit *Permethrin* (*Ambush*(2) 0,01 %), *Deltamethrin* (*Decis flüssig*(3) 0,05 %), *Methamidophos* (*Tamaron* 0,15 %) oder einem anderen Präparat, möglichst im Wechsel. Schnecken treten bei hoher Luftfeuchtigkeit auf. Siehe auch Kapitel 2.1 "Virosen", "Mykosen", "Tierische Schädlinge".

2.2.49 Calendula (Ringelblume)

□ Runde, gelblich- oder grünlichweiße, bis 0,5 cm große Blattflecke, die sich später braun verfärben.

○ **Entyloma-Blattfleckenkrankheit** (*Entyloma calendulae* [Oud.] de Bary)

Δ Spätestens bei ersten Befallszeichen spritzen mit *Mancozeb (Dithane Ultra WG* 0,2 %), *Kupferoxychlorid* (*Funguran, Cupravit OB 21* 0,4 %) bzw. *Kupferhydroxid* (*Funguran OH*(2), *Cuprozin WP*(2) 0,2 %), *Metiram (Polyram WG* 0,2 %), *Triforin (Saprol Neu* 0,15 %) oder einem anderen Mittel gegen Blattfleckenkrankheiten.

Gegen **Echten Mehltau** spritzt man zweckmäßig mit *Bitertanol* (*Baymat flüssig* 0,1 %) oder (gleichzeitig gegen Blattfleckenkrankheit) mit *Triforin* (*Saprol Neu* 0,15 %), gegen *Alternaria*-Blattflecken, die sich als unregelmäßige, braunschwarze Läsionen zeigen, *Metiram* (*Polyram WG* 0,2 %) oder *Mancozeb* (*Dithane Ultra WG* 0,2 %.

2.2.50 Calla (Schweinsohr)

Siehe unter *Zantedeschia*

2.2.51 Callistephus (Einjährige Gartenaster, Sommeraster)

Astern sind empfindlich gegen *Bitertanol, Iporodion, Triforin.* Testspritzungen!

□ Pflanzen sind gestaucht. Blattadern oder ganze Blätter steil aufrecht stehend, aufgehellt, später vergilbend, Blüten vergrünt, verkümmernd. Aus den Blattachseln sprossen vergilbte Triebe.

O **Aster Yellows** (*Mykoplasmose,* durch Zwergzikaden, nicht aber durch Samen übertragbar)

Δ Kranke Pflanzen vernichten, Bekämpfung der Zwergzikaden.

□ Mittlere Blätter weißgebildet mit dunklen Streifen, auch Blüten weißgebildet und sehr klein.

O **Tomatenbronzeflecken-Virus** (*Tomato spottet wilt virus*)

Δ Wird von verschiedenen *Thrips*-Arten übertragen, wobei *Frankliniella occidentalis* besondere Bedeutung zukommt. Wichtig ist daher intensive Bekämpfung der *Thripse.* Kranke Pflanzen sofort vernichten.

□ Pflanzen welken plötzlich, oft einseitig, und sterben ab. Stengelgrund faulend, meist außerdem mit weißem oder rötlichem Pilzmyzelbelag. Stengelquerschnitt zeigt braune Verfärbung der Gefäße. Infektion vom Boden aus, weniger durch infiziertes Saatgut Auftreten meist nesterweise im Bestand.

O **Asternsterben, Fusarium-Welke** (*Fusarium oxysporum f. sp. callistephi* [Beach] Snyd. et Hans.)

Δ Bei Auftreten im Freiland Wechsel der Anbaufläche und frühestens nach 4-5 Jahren wieder mit Sommeraster bepflanzen. Für die Asternkultur vorgesehene Flächen im Vorjahr unkrautfrei halten. Verwendung angebotener widerstandsfähiger Sorten (es gibt keine absolut resistenten Sorten). Saatgutbeizung, Aussaat und Pikieren stets in TKS oder entseuchter Erde. Saat- und Pikierkisten mit *M & ENNO-TER-forte* behandeln. Auch unter Glas (Anzuchtflächen!) Entseuchung der Anzuchterde. Siehe "Bodenentseuchung". Auspflanzen von Astern nur auf geeigneten Böden, Staunässe vermeiden. Vorsicht mit hohen Stickstoffgaben, gute Kalkversorgung. Befallene Pflanzen mitsamt anhaftender Erde sofort vernichten, nicht kompostieren.
Chemische Bekämpfung selbst bei herdweisem Auftreten kaum möglich, sogar Angießen mit *Benomyl* (*Du Pont Benomyl*[2] 0,05-0,1 %), zweimal im Abstand von 4 Wochen, hat in der Regel keinen Erfolg bezüglich Verhinderung einer weiteren Ausbreitung.
Die Asternwelken verursachen zunehmend große Ausfälle in der Anzucht und nach der Pflanzung. Wenn keine entsprechenden vorbeugenden Maßnahmen getroffen werden, sind erhebliche Schäden nicht zu vermeiden. Daher: Aussaat in TKS oder entseuchter Erde, ebenso das Pikieren. Ein Auspflanzen ins Freiland sollte nur auf Flächen erfolgen, auf denen noch keine Astern gestanden haben. Noch sicherer geht man bei Beeten, die vorher entseucht wurden.

O **Verticillium-Welke** (*V. alboatrum* R. et B.)

Δ Die der Fusarium-Welke ähnliche *Verticillium-Welke* ist vor allem daran zu erkennen, daß die Blätter von unten nach oben, oft nur einseitig, fortschreitend vergilben. Gegenmaßnahmen wie bei *Fusarium*-Welke.

O **Stengelgrundfäule** (*Phytophthora*-Arten)

Δ Bei der Stengelgrundfäule ist lediglich der Stengelgrund, nicht aber der ganze Stengel beim Durchschneiden braun verfärbt. Pflanzen welken plötzlich. Gegenmaßnahmen wie bei Fusarium-Welke, aber in diesem Fall Angießen oder gründliches Spritzen mit *Metalaxyl* (*Fonganil Neu* 0,05 %) oder *Propamocarb* (*Previcur N* 0,15 %).

☐ Pflanzen brechen plötzlich zusammen, Stengelgrund dunkel verfärbt, schließlich vermorschend, oft mit rötlichem Sporenbelag

○ **Fusarium-Fuß- und Stengelerkrankung** (*F. lateritium* Nees., *F. culmorum* [Sm.] Sacc.)

Δ Bekämpfung entspricht der des "Asternsterbens". Beide Krankheiten werden von der Praxis als "Asternsterben" bezeichnet, zumal sie oft zusammen vorkommen.

☐ Typische, erst gelbliche, später mehr braune, von den Blattadern teilweise eckig begrenzte "Älchenflecke" auf den Blättern. Mit der Zunahme des Befalls werden die Blätter braun und sterben ab.

○ **Blattälchen** (*Aphelenchoides ritzemabosi* (Schwarz) Steiner et Buhrer und andere Arten)

Δ Kranke Pflanzen sofort vernichten.

☐ Herz der Jungpflanzen verkrüppelt, Blätter später beulig, wellig. Triebspitzen verkümmert, ebenfalls gekräuselt, daran sitzen, meist verdeckt durch vielschichtige Blattanlage, kleine gelbgrüne Blattläuse.

○ **Kleine Pflaumenblattlaus** (*Brachycaudus helichrysi* Kalt.)

Δ Wirtswechselnde Blattlaus, Übergang von *Aster auf Prunus*-Arten, daher der Name "Pflaumenblattlaus".

Schäden durch die besonders kleinen und daher schwer auffindbaren Blattläuse (Lupe benutzen!) an Astern äußern sich schon bald nach dem Auspflanzen ins Freiland durch Mißwuchs.

Eine erfolgreiche Bekämpfung kann nach der Pflanzung noch mit *Methamidophos* (*Tamaron* 0,1 %), *Imidacloprid* (*Confidor WG 70*[3] 0,015 %), *Oxydemeton-methyl* (*Metasystox R* 0,1 %), *Dimethoat* 0,1 % oder *Pirimicarb* (*Pirimor-Granulat zum Auflösen in Wasser*[3] 0,05 %) erfolgen.

○ **Erdraupen**

Δ Sie verursachen an Sommerastern häufig schwere Schäden. Flächenspritzung abends mit *Deltamethrin* (*Decis flüssig*[3] 0,05 %) oder *Permethrin* (*Ambush*[2] 0,01 %). Siehe Kapitel 2.1 "Tierische Schädlinge - Beißende Insekten".

○ **Schnecken**

Δ Schaben besonders gern an Astern. Ausstreuen von *Schneckenkorn Mesurol* (*Methiocarb*), dabei feinkörnige Aufbereitungen bevorzugen.

Ferner an *Callistephus:* **Keimlingskrankheiten, Grauschimmel, *Sclerotinia*-Welke, Echter Mehltau - Blattwanzen, Schaumzikaden, *Thrips*, Wicklerraupen.** Siehe Kapitel 2.1 "Mykosen", "Tierische Schädlinge".

2.2.52 Camassia (Präriekerze)

An *Camassia* kommen vor: **Viruskrankheiten (Mosaikvirus) - *Rhizoctonia*-Stengelfäule.** Siehe Kapitel 2.2 unter "*Hyazinthus*".

2.2.53 Camellia (Kamelie)

Das **Abfallen der Blütenknospen** wird vermieden durch ausgeglichene Düngung in richtiger zeitlicher Verteilung, mäßige Treibwärme und reichliches Spritzen (nur) bis zum Öffnen der Blütenknospen. Kühler heller Standort im Winter. Kamelien sind sehr empfindlich gegen Leuchtgas!

□ An *Camellia japonica*. Bräunliche, rundliche oder mehr unregelmäßige Flecke.

○ **Phyllosticta-Blattfleckenkrankheit** (*Phyllosticta camelliae* West. = *P. camelliaecola* Brun.)

Δ Bei Auftreten erster Symptome Spritzen mit *Dithianon* (*Delan SC 750*[2] 0,05 %), *Mancozeb* (*Dithane Ultra WG* 0,2 %), *Metiram* (*Polyram WG* 0,2 %) oder anderen Mitteln gegen Blattfleckenkrankheiten.

□ Absterben junger Triebe und krebsartige Wucherungen an Trieben, die diese, aber auch ganze Pflanzen zum Absterben bringen.

○ **Kamelien-Sterben** (*Glomerella cingulata* Spauld. et v. Schrenk)

Δ Befallene Pflanzenteile entfernen. Wunden und Schnittstellen versorgen mit Wundverschlußmitteln.

Schildläuse und **Schmierläuse** kommen in mehreren Arten an *Camellia* vor. Die Bekämpfung erfolgt zweckmäßig mit *Propoxur* (*Unden flüssig* 0,2 %). Nähere Angaben, auch über die Bekämpfung von ***Thripsen*** siehe Kapitel 2.1 "Tierische Schädlinge".

2.2.54 Campanula (Glockenblume)

***Campanula* ist empfindlich gegen *Oxydemeton-methyl* und *Parathion*[3]**

□ Helle, graue, oft karmin- oder braunrot umrandete, konzentrisch gezonte Blattflecke. Blätter vertrocknen oder verfaulen (bei hoher Feuchtigkeit).

○ **Ramularia-Blattfleckenkrankheit** (*Ramularia macrospora* oder andere Pilze)

Δ Pflanzen trocken halten, nicht zu dicht stellen, gut belüften. Pflanzen im Knospenstadium vertragen eine vorbeugende Spritzung mit *Dithianon* (*Delan SC 750*(2) 0,05 %), sonst beim Erscheinen der ersten Befallszeichen besser Spritzen mit *Mancozeb* (*Dithane Ultra WG* 0,2 %), *Metiram* (*Polyram WG* 0,2 %) oder *Triforin* (*Saprol Neu* 0,15 %).

□ Zunächst runde, wässerig durchscheinende, schnell schwarz werdende Flecke auf den Blättern, bei starkem Befall auch Blüten und Stengel (unter Braunfärbung) infiziert. Unter Umständen Absterben der Pflanzen.

O **Ascochyta-Blattfleckenkrankheit** (*Ascochyta bohemica* Kab. et Bubak)

Δ Frühzeitige Spritzung im Knospenstadium mit *Dithianon* (*Delan SC 750*(2) 0,05 %), sonst wie bei *Ramularia*-Blattfleckenkrankheit.

□ Blattunterseite mit erst gelblichen oder orangefarbenen, später bräunlichen Pusteln. Die Blätter rollen sich zunächst ein und sterben dann allmählich ab. Besonders anfällig einige Sorten von *C. persicifolia, C. glomerata* und *C. trachelium.*

O **Rost** (*Coleosporium campanulae* [Pers.] Lév., wirtswechselnder Rostpilz, Zwischenwirt *Pinus silvestris* L. und *P. nigra* Rn. u.a.)

Δ Luftfeuchte gering halten, Luftumwälzung. Bei ständiger Befallsgefahr ab Austrieb, sonst ab erstem Auftreten von Befallssymptomen 2- bis 3maliges Spritzen im Abstand von 2-3 Wochen mit *Bitertanol* (*Baymat flüssig* 0,1 %), *Mancozeb* (*Dithane Ultra WG* 0,2 %), *Metiram* (*Polyram WG* 0,2 %) oder mit *Triforin* (*Saprol Neu* 0,15 %). Bei auffälligem Befall, *Triforin* im Abstand von 3-4 Tagen.

Gegen **Spinnmilben** 1- bis 2maliges gründliches Spritzen mit *Abamectin* (*Vertimec*(3) 0,025 %) oder *Fenbutatin-oxid* (*Torque*(3) 0,05 %).

Ferner an *Campanula*: **Viruskrankheiten - Keimlingskrankheiten, *Sclerotinia*-Fäule, Grauschimmel - *Thrips*, Blattläuse, Spinnmilben.** Siehe Kapitel 2.1 "Virosen, "Mykosen", "Tierische Schädlinge".

2.2.55 Canna (Blumenrohr)

An *Canna* kommen vor: **Viruskrankheiten - Blattläuse, Spinnmilben - Schnecken:** Sie können während des Winters erhebliche Schäden verursachen. Bekämpfung mit feinkörnigen Schneckenpräparaten. Siehe Kapitel 2.1 "Virosen", "Tierische Schädlinge".

2.2.56 Capsicum annuum (C. frutescens) (Paprika)

***Capsicum* ist empfindlich gegen *Oxydemeton-methyl* und *Parathion*(3).**

□ Vor allem an den Blüten, aber auch auf Blättern und Stengeln mißfarbene Faulstellen mit grauem Schimmelrasen.

O **Grauschimmel** (*Botrytis cinerea* Pers.)

Δ Gegen den an *Capsicum annuum* häufigen Befall durch *Botrytis* sollte vorbeugend *Vinclozolin* (*Ronilan WG* 0,1 %) eingesetzt werden, das gegenüber dem ebenfalls gut wirksamen *Iprodion* (*Rovral* 0,1 %) bezüglich der Verträglichkeit bei *C. annuum* günstiger liegt. Auch *Dichlofluanid* (*Euparen WG* 0,25 %) kann gegen *Botrytis*-Stengelfäule verwendet werden. Stets für gute Durchlüftung der Häuser sorgen. Zu engen Stand vermeiden.

Ferner an *Capsicum:* **Viruskrankheiten**: **Gurkenmosaik** (*Cucumber mosaic virus*), **Luzernemosaik-Virus** (*Alfalta mosaic virus*) - **Blattläuse, Spinnmilben und Weiße Fliegen** häufig vorkommend. Siehe Kapitel 2.1 "Virosen", "Tierische Schädlinge".

2.2.57 Centaurea (Flockenblume)

An *Centaurea* kommen vor: **Falscher Mehltau, Echter Mehltau - Spinnmilben, Blattläuse, Schaumzikaden, Raupen.** Siehe Kapitel 2.1 "Mykosen", "Tierische Schädlinge".

2.2.58 Chamaedorea (Bergpalme)

***Chamaedorea* reagiert empfindlich gegenüber *Dimethoat*, *Oxydemeton-methyl*, *Permethrin*(2), *Parathion*(3).**
Gegen den häufigen Befall durch *Gliocladium vermoeseni* Thom. erwiesen sich Spritzungen mit *Mancozeb* (*Dithane Ultra WG*), *Maneb* oder *Vinclozolin* (*Ronilan WG*) als unzureichend. Der Befall zeigt sich als dunkelbraune, nekrotische Bereiche der Stengel am Wurzelhals, aber auch in oberen Bereichen, mit gummiartiger Ausscheidung.

2.2.59 Cheiranthus (Goldlack)

□ Pflanzen bleiben im Wachstum zurück, welken und vergilben, an den Wurzeln zeigen sich Verdickungen.

O **Kohlhernie** (*Plasmodiophora brassicae* Wor.)

Δ Im Freiland Wechsel der Anbaufläche unter Ausschaltung aller Kreuzblütler in der Kulturfolge, Kalkgehalt des Bodens in Ordnung bringen, vorher Bodenuntersuchung (LUFA!). Unter Glas Bodenentseuchung durch Dämpfen oder mit *Dazomet* (*Basamid Granulat* 40-50 g/m²). Befallene Pflanzen frühzeitig abräumen und vernichten.

□ Auf der Oberseite der Blätter gelbe Flecke, auf der Unterseite an entsprechender Stelle meist grauer Schimmelrasen, auch an Blüten und Stengeln. Vor allem bei zu engem Stand unter Glas gefährlich.

O **Falscher Mehltau** (*Peronospora cheiranthi* Gäum.)

Δ Vorbeugend, spätestens bei ersten Befallszeichen Spritzungen mit *Fosetyl* (*Aliette* 0,5 %), *Mancozeb* (*Dithane Ultra WG* 0,2 %), *Metiram* (*Polyram WG* 0,2 %), *Propamocarb* (*Previcur N* 0,15 %) oder *Metalaxyl* (*Fonganil Neu* 0,05 %), dabei Blattunterseiten gründlich behandeln. Wirksam auch vorbeugendes Angießen mit *Fosetyl* (*Aliette* 0,5 %), *Metalaxyl* (*Fonganil Neu* 0,05 %) oder *Propamocarb* (*Previcur N* 0,15 %).

□ An den Trieben schwielenartige Ausbeulungen, aus denen weiße Sporenmassen austreten. Befallene Triebe verkrüppeln.

O **"Weißer Rost"** (*Albugo candida* (Hook.) Kuntze).

Δ Die Bekämpfung erfolgt vorbeugend mit *Mancozeb* oder *Metiram*. Befallene Pflanzenteile entfernen.

□ Blätter von Jungpflanzen durch kleine, verschiedenartig gefärbte, springende Käfer siebartig durchlöchert, vor allem bei trockenem Wetter.

O **Erdflöhe** (*Phyllotreta*-Art)

Δ Spritzen mit *Permethrin* (*Ambush*[2] 0,02 %), *Deltamethrin* (*Decis flüssig*[3] 0,05 %) oder *Lambda-Cyhalotrin* (*Karate* 0,05 %). Auf Bienengefährdung achten!

Ferner an *Cheiranthus*: **Keimlingskrankheiten, Grauschimmel, Sclerotinia-Welke und andere Welkekrankheiten - Zystenbildende Wurzelnematoden, Spinnmilben, Raupen** (Anbaufläche wechseln!). - Siehe Kapitel 2.1 "Mykosen", "Tierische Schädlinge".

2.2.60 Chionodoxa (Schneestolz)

□ Blattgrund mit helleren, meist angeschwollenen oder beulig verdickten Flecken oder Streifen, bei stärkerem Befall Blätter mißgebildet, verkrümmt. In der Zwiebel zeigen sich beim Durchschneiden sichel- oder ringförmige, bräunliche Verfärbungen. Befallenes Gewebe sowie befallene Zwiebeln vertrocknen schließlich.

O **Stengelälchen** (*Ditylenchus dipsaci* Kühn, *D. destructor* Thorne)

Δ In den Niederlanden wird Warmwasserbehandlung der Zwiebeln empfohlen, allerdings sind,an manchen Sorten Schäden möglich. Gesundes Pflanzmaterial. Keine Pflanzung in verseuchten Boden.

Ferner an *Chionodoxa*: **Schwarzrotz, *Rhizoctonia*-Fäule** (siehe Kapitel 2.2 "*Hyazinthus*"), ***Penicillium*** (siehe Kapitel 2.2 "*Muscari*").

2.2.61 Chrysanthemum indicum-Hybriden

Siehe unter *Dendranthema grandiflorum*

2.2.62 Chrysanthemum maximum (Margerite)

***Septoria*-Blattfleckenkrankheit:** *Dithianon* (*Delan SC 750*[2] 0,05 %), *Mancozeb* (*Dithane Ultra WG* 0,2 %), *Metiram* (*Polyram WG* 0,2 %), *Triforin* (*Saprol Neu* 0,15 % - Vorsicht - bei einigen Sorten Schäden möglich -). - **Wurzelgallennematoden, Blattälchen, Wurzelläuse, Blattläuse, Zikaden, Wicklerraupen.** Siehe Kapitel 2.2 "*Dendranthema grandiflorum*" [= *Chrysanthemum indicum*"] sowie Kapitel 2.1 "Mykosen", "Tierische Schädlinge".

2.2.63 Cimicifuga (Silberkerze)

An *Cimifuga* kommen vor: **Fußkrankheiten - Gallenbildende Wurzelnematoden.** Näheres siehe Kapitel 2.1 "Mykosen", "Tierische Schädlinge".

2.2.64 Cineraria (Kreuzkraut)

(Nähere Angaben siehe unter Kapitel 2.2 "***Senecio cruentus***")

2.2.65 Cissus (Russischer Wein)

Cissus* ist sehr empfindlich gegen viele Pflanzenschutzmittel, beispielsweise gegen *Dimethoat, Mineralöl, Methamidophos, Oxydemeton-methyl, Parathion*[3], *Propoxur, Sulfotep.

□ Blätter der Pflanzen fallen ab.

O **Blattfall**

Δ Kann auftreten, wenn die Pflanzen im Gewächshaus umgesetzt werden (Standortwechsel-Empfindlichkeit) oder wenn nicht genügend abgehärtete Pflanzen plötzlich aus dem Gewächshaus in Wohnräume mit zu geringer Luftfeuchtigkeit (Zentralheizung!) kommen.

□ Erst glasige, durchscheinende, später gelbe, braun eintrocknende eckige Blattflecken mit scharf begrenztem Rand.

O **Blattflecken durch ungünstige Wachstumsbedingungen**

Δ Zu starke Belichtung und unregelmäßige Bewässerung ist zu vermeiden, vor allem zu reichliche Wassergaben bei kühlem Stand, ebenso jeder Standortwechsel. Temperaturschwankungen vermeiden.

□ Triebe werden welk und sterben ab, am Stengel zeigen sich eingesunkene, braune Stellen.

O **Gloeosporium-Triebwelke** (*Gloeosporium physalospora* Cav.)

Δ Befallene Triebe abschneiden und verbrennen. Versuchsweise spritzen mit *Benomyl* (*Du Pont Benomyl*[2] 0,05 %) oder *Thiabendazol* (*Tecto FL*[1] 0,1 %)

Ferner an *Cissus*: **Echter Mehltau - Blattläuse, Spinnmilben, Weichhautmilben** befallen vor allem die Jungpflanzen von *C. antarctica.*
Gegen Spinnmilben u.a. gut wirksam und pflanzenverträglich *Fenbutatin-oxid* (*Torque*[3] 0,05 %) und *Abamectin* (*Vertimec*[3] 0,025 %). Gegen Weichhautmilben kann man *Fenpropathrin* (*Rody*[3] 0,05 %), *Fenpyroximat* (*Kiron*[3] 0,15 %) oder *Abamectin* (*Vertimec*[3] 0,025 %)einsetzen. Gegen **Blattläuse** siehe Kapitel 2.1 "Tierische Schädlinge".

2.2.66 Citrus sinensis (Apfelsine, Orange, Zitrone)

Vorsicht beim Einsatz von chemischen Pflanzenschutzmitteln, besonders *Phosphorsäureestern.*
Befall durch **Napf-** und **Höhlenschildläuse** sowie "**Unechte Spinnmilben**" (*Brevipalpus phoenicis* Geijskes) ist häufig. Gelegentlich tritt auch die **Weiße Fliege** und ***Thrips*** auf. Bekämpfung siehe Kapitel 2.1 "Tierische Schädlinge".

2.2.67 Clerodendrum (= Chlerodendron) (Losbaum)

An *Clerodendrum thomsoniae* ist Befall durch **Weiße Fliege** häufig. **Blattläuse, Spinnmilben** und **Schmierläuse** treten gelegentlich auf. An *Clerodendrum* ferner: ***Pythium*-Stammgrund- und Wurzelfäule, Echter Mehltau.** Bekämpfung siehe Kapitel 2.1 "Tierische Schädlinge", "Mykosen".

2.2.68 Clivia (Riemenblatt)

□ An den Blättern kleine, erst gelbgrüne, später braune und schließlich korkige, schwielig aufgetriebene Flecke.

O **Korkwucherungen, Korkflecke**

Δ Im Winter ältere Pflanzen um 12 °C halten, jüngere um 12-15 °C. Zu reichliche Wasserzufuhr bei hoher Luftfeuchtigkeit und dunklem, kühlem Stand der Pflanze sowie Überdüngung vermeiden, vor allem bei trockener Luft.

□ Blütenschaft bleibt kurz, er hebt sich nicht über die Blätter hinaus.
O **Kurzer Blütenschaft**
Δ Während des Sommers gleichmäßige Wasserversorgung und wöchentliche Düngergaben, ab August den Pflanzen bei sparsamster Wasserzufuhr und hellem, luftigem Stand Ruheperiode gewähren.

Ferner an *Clivia*: **Schmierläuse**:
Mehrmals mit *Methamidophos* (*Tamaron* 0,15 %) oder *Propoxur* (*Unden flüssig* 0,15 %) spritzen. Siehe Kapitel 2.1 "Tierische Schädlinge - **Schmierläuse**".

2.2.69 Codiaeum (Kroton, Wunderstrauch)

Codiaeum* ist unter bestimmten Umständen empfindlich gegen *Oxydemeton-methyl, Parathion*(3) *und Propoxur.

□ Pflanzen stocken im Wuchs, Blätter welken und fallen schließlich ab, Stengelgrund und Wurzeln werden faul.
O **Pythium-Wurzel- und Stengelgrundfäule** (*Pythium*-Art)
Δ Behandlung des Substrates mit *Metalaxyl* (*Fonganil Neu* 100 g in 5-10 l Wasser/m^3) oder Angießen mit *Fonganil Neu* 0,05 % oder *Propamocarb* (*Previcur N* 0,15 %).

□ Bei Stecklingen faulen die basalen Teile weg, Stecklinge fallen um.
O **Rhizoctonia-Fäule** (*Rhizoctonia solani* Kühn)
Δ Angießen mit *Benomyl* (*Du Pont Benomyl*(2) 0,05 %); siehe auch Kapitel 2.1 "Mykosen".

□ Ähnliche Symptome wie oben bei *Pythium-Wurzel-* und *Stengelfäule* beschrieben.
O **Thielaviopsis-Befall** (*Thielaviopsis basicola* [Berk et Br.] Ferr.- *Chalara elegans* [Nag. Raj et B. Kendr])
Δ Pilzart, die den Befall verursacht hat, schnell bestimmen lassen. Bei *Thielaviopsis*-Befall *Benomyl* (*Du Pont Benomyl*(2) 0,1 %) angießen. Siehe auch Kapitel 2.1 "Mykosen - **Wurzelbräune**".

□ Auf den Blättern große, graubraune Flecken mit gelblichroten Sporenhäufchen. Zuweilen auch Fußfäule.
O **Glomerella-Blattfleckenkrankheit** (*Glomerella cingulata* Spauld. et Schrenk = *Colletotrichum gloeosporioides* Penz.)
Δ Blätter beim Bewässern möglichst nicht befeuchten. Siehe Kapitel 2.1 "Mykosen - **Blattfleckenkrankheiten**".

Ferner an *Codiaeum*: Gegen die an *Kroton* häufig auftretenden **Spinnmilben** haben sich *Methamidophos* (*Tamaron* 0,15 %), *Fenbutatin-oxid* (*Torque*(3) 0,05 %) und *Abamectin* (*Vertimec*(3) 0,025 %) als pflanzenverträglich und wirksam erwiesen.
Thrips: Einsatz von *Abamectin* (*Vertimec*(3) 0,025 %), *Deltamethrin* (*Decis flüssig*(3) 0,05 %), *Methamidophos* (*Tamaron* 0,1 %) oder *Sulfotep* (*Bladafum II* 1 Dose/200 m^3). **Schildläuse**

sowie Schmier- bzw. **Wolläuse** bekämpft man mit *Mineralöl* (*Para Sommer* 2 %), *Dimethoat* (*Roxion* 0,1 %), *Propoxur* (*Unden flüssig* 0,15 %).
Weichhautmilben: Bekämpfung mit *Abamectin* (*Vertimec*(3) 0,025 %), *Fenpropathrin* (*Rody*(3) 0,05 %) oder *Fenpyroximat* (*Kiron*(3) 0,15 %).

2.2.70 Colchicum (Zeitlose)

□ Zunächst bleigraue bis schwarz durchscheinende Streifen an den Blättern und besonders deutlich auch an den Blattscheiden im Boden, später auch an den Blüten. Im Bereich der Streifen entstehen schließlich unter gleichzeitigem vorzeitigem Vergilben der Blätter blasige Auftreibungen, die später aufplatzen und braunschwarze Brandsporen entlassen.
O **Brand** (*Urocystis colchici* [Schlecht.] Rabenh.)
Δ Gesundes Pflanzgut verwenden. Kranke Pflanzen sofort vernichten, weite Fruchtfolge einhalten.

Ferner an *Colchicum*: **Blattälchen, Stengelälchen.** Siehe Kapitel 2.1 "Tierische Schädlinge".

2.2.71 Coleus Blumei-Hybriden (Buntnessel)

□ Blätter der Pflanzen fallen ab.
O **Blattfall**
Δ Pflanzen nicht zu naß oder zu kalt stellen und ausreichend belichten.

Häufig an *Coleus*: ***Pythium*-Wurzel- und Stengelfäule - Blattläuse, Schmier-** bzw. **Wolläuse, Spinnmilben, Weiße Fliege.** Siehe Kapitel 2.1 "Mykosen", "Tierische Schädlinge". - Vorsicht bei *Dimethoat* und *Parathion*(3).

2.2.72 Columnea (Columnee)

Lichtflecken entstehen bei zu starker Sonneneinstrahlung im Vorfrühling, vor allem nach Anwendung zu kalten Spritz- oder Gießwassers. Rechtzeitig schattieren!

An *Columnea* ferner: ***Pythium*-Stengelgrundfäule, - Blattläuse** und **Weichhautmilben.** Siehe Kapitel 2.1 "Mykosen", "Tierische Schädlinge".

2.2.73 Convallaria (Maiglöckchen)

Maiblumenkeime von Flächen, die durch Kartoffelnematoden befallen sind, unterliegen bestimmten Auflagen der Pflanzenbeschauverordnung. Über wirksame Maßnahmen zur Verhinderung der Nematodenverschleppung Pflanzenschutzdienst befragen!

Mykosen

□ Knospen, Wurzelstöcke und Wurzeln der Keime im Einschlag oder in Versandkisten braun- bis schwarzfleckig und faul, an den Wurzelstöcken schorfige Rinde. Keime bleiben stecken oder faulen am Stengelgrund.
O **Schwarzer Tod, Maiblumenpest** (*Sclerotium denigrans* Pape)

Δ Im Freiland Wechsel der Anbaufläche. Sofortige Vernichtung aller Keime mit Krankheitszeichen. Pflanzenschutzdienst um örtliche Beratung bitten. Gepackte Versandkisten sofort ins Kühlhaus.
Tauchbeizung der Pflanzkeime in *Benomyl* (*DuPont Benomyl*[2] 0,1 %), *Vinclozolin* (*Ronilan WG* 0,1 %) oder *Iprodion* (*Rovral* 0,1 %). Tauchdauer 10 Min.

□ Blätter zeigen zunächst rundliche oder meist längliche, lichtbraune, bis 2 cm große, manchmal zusammenfließende Flecken, die dunkelrot bis purpurfarbig umrandet sind. Gewebe fällt hier später aus; es bleiben nur die Gefäßbündel als dünne Fäden erhalten. Gleiche, etwas eingesunkene Flecke auch an Blattstielen und Stengeln. Durch vorzeitiges Absterben der Blätter bedingt mangelhafte Entwicklung der Keime sowie Ausfälle beim Treiben.
O **Brennfleckenkrankheit** (*Gloeosporium convallariae* Allesch.)
Δ Beim ersten Erscheinen von Krankheitssymptomen spritzen mit *Mancozeb* (*Dithane Ultra WG* 0,2 %), *Metiram* (*Polyram WG* 0,2 %), oder *Triforin* (*Saprol Neu* 0,15 %).

□ Stengel zeigt am Grunde einer Blattspreite, dicht über dem Boden, Faulstelle, die Pflanze fällt um. Sowohl im Freiland als auch an Treibpflanzen.
O **Umfallen, Grauschimmel** (*Botrytis cinerea* Pers. f. *convallariae* Kleb.)
Δ Vorbeugende mehrmalige Spritzungen im Tütenstadium mit Mitteln gegen Grauschimmel wie *Dichlofluanid* (*Euparen WG* 0,25 %), *Vinclozolin* (*Ronilan WG* 0,1 %), *Iprodion* (*Rovral* 0,1 %) oder *Thiabendazol* (*Tecto FL*[1] 0,1 %). Gute Benetzung erforderlich. Zusätzliche Spritzungen der Freilandbeete können erforderlich werden.

□ Blattunterseits bleiche Flecken und orangefarbene Sporenlager.
O **Maiblumenrost** (*Aecidium convallariae - Puccinia convallariae digraphidis* Kleb.)
Δ Vorbeugend oder ab Erstbefall spritzen mit *Mancozeb* (*Dithane Ultra WG* 0,2 %), *Triforin* (*Saprol Neu* 0,15 %) oder *Bitertanol* (*Baymat flüssig* 0,1 %). Spritzung wiederholen.

Tierische Schädlinge

□ Verminderung des Blühkeimertrages, Blütenstiele bleiben nach dem Abtreiben stark zurück. Wurzeln und Rhizome zunächst äußerlich gesund, später aber sekundär Nekrosen auf den Wurzeln, die durch Folgeparasiten an den Saugstellen der Nematoden entstehen. Mangelnde Funktionsfähigkeit der Wurzeln erst nach der Ernte, im Sandeinschlag oder nach Kühllagerung deutlich.
O **Wandernde Wurzelnematoden, "Maiblumenälchen"** (*Pratylenchus convallariae* Steinh.)
Δ Entseuchung der Pflanzkeime durch Heißwasserbehandlung: 43,5 °C und 1 Std. Einwirkzeit. Sofort nach Behandlung Keime mit kaltem Wasser abspritzen. Anschließend Tauchbeizung (s. unten). Anbaufläche mit *Dazomet* (*Basamid Granulat* 40-50 g/m²) entseuchen.

□ Pflanzkeime kümmern, Wurzeln zeigen braune oder schwärzliche, nekrotische Flecke sowie Einschnürungen und vermorschen oder verfaulen unter der Keimbasis. Schädigungen durch Nematoden **und** Bodenpilze sind am Zustandekommen dieser Symptome unterschiedlich stark beteiligt.

○ **Keimschädigungen** (Nematoden **und** Bodenpilze)

Δ Bekämpfung der Nematoden wie oben angegeben. Eintauchen der Pflanzkeime vor dem Pflanzen in eine Behandlungsflüssigkeit von *Dichlofluanid* (*Euparen WG), Dithianon (Delan* SC *750*[2]*), Mancozeb (Dithane Ultra WG), Maneb (BASF-Maneb-Spritzpulver), Metiram (Polyram WG), Thiram* (*Aatiram*) oder *Thiabendazol + Propamocarb (Tecto FL*[1]+ *Previcur N)*. Tauchdauer 10 Min. Entwicklung der Keime wird durch die Behandlung mit Fungiziden gefördert.

□ Unterirdische Teile der Pflanze durch gelblichweiße Raupen befressen, Pflanzen welken und sterben schließlich ab.

○ **Wurzelspinner** (*Hepialus lupulinus* L.)

Δ Ende Juli bis Anfang August versuchsweises Angießen der Pflanzen mit *Propoxur* (*Unden flüssig* 0,15 %) oder Parathion (*E 605 forte*[3] 0,035 %).

Ferner an *Convallaria*: **Spinnmilben**, **Blattläuse**. Siehe Kapitel 2.1 "Tierische Schädlinge".

2.2.74 Cordyline (Keulenlilie)

□ Anfangs hellgelbe, später braunschwarze Blattspitzen.

○ **Blattspitzenbräune** und **Blattflecken**

Δ Zu hohe Salzgehalte vermeiden; rechtzeitig schattieren; Luftfeuchte verringern, nicht zu hohe Substrattemperatur.

□ Bei der Vermehrung faulen die Stecklinge weg und fallen um.

○ **Stecklingsfäule** (*Fusarium*-Arten).

Δ Eintauchen der Stengelstecklinge in *Benomyl* (*Du Pont Benomyl*[2] 0,05 %) oder Angießen mit *Benomyl*[2]. Kranke Pflanzen entfernen.

Tierische Schädlinge

Cordyline terminalis wird häufig durch **Spinnmilben** befallen. Es empfiehlt sich zur Bekämpfung der Spinnmilben z.B.: *Fenpropathrin* (*Rody*[3] 0,05 %), *Fenpyroximat* (*Kiron*[3] 0,15 %) oder *Abamectin* (*Vertimec*[3] 0,025 %), gegen Befall durch ***Thrips*** *Deltamethrin* (*Decis flüssig*[3] 0,05 %), *Dimethoat* (*Roxion* u.a. 0,1 %), *Methamidophos* (*Tamaron* 0,1 %) oder *Sulfotep* (*Bladafum II* 1 Dose/200 m^3).

2.2.75 Coreopsis (Mädchenauge)

Echter Mehltau - Blattläuse, Blattwanzen. Zur Bekämpfung siehe Kapitel 2.1 "Mykosen", "Tierische Schädlinge".

2.2.76 Corydalis (Lerchensporn)

Gelegentlich tritt an *Corydalis* **Falscher Mehltau** auf. Bekämpfung siehe Kapitel 2.1 "Mykosen".

2.2.77 Corytholoma (Gesneria)

Nichtparasitäre Schäden

□ Blätter werden mehr oder weniger schnell gelb.
○ **Blattvergilbung**
Δ Schaffung guter Kulturbedingungen, vor allem ausgewogener Substratzusammensetzung.

□ Auf den Blättern entstehen gelbliche Ring- und/oder Linienmuster.
○ **Nichtparasitäre Blattflecken**
Δ Vorsicht beim Gießen mit zu kaltem Wasser bei hohen Temperaturen im Gewächshaus.
An den Blättern zeigen sich braune Randzonen.
○ **Randnekrosen**
Δ Die Erscheinung beruht meist auf zu hoher Salzkonzentration im Substrat. Bodenuntersuchung!

Ferner an *Corytholoma* (*Gesneria*): **Keimlingskrankheiten - *Thrips*, Blattläuse, Spinnmilben.** Siehe Kapitel 2.1 "Mykosen", "Tierische Schädlinge".

2.2.78 Crassula (Dickblatt)

Vorsicht bei Einsatz von *Methamidophos, Oxydemeton-methyl, Parathion*[(3)] und *Propoxur*.

□ Triebe der Pflanzen werden fahlgrün, welken und weisen an der oft mit weißlichem Pilzmyzel durchsetzten Basis Faulstellen auf, auf denen häufig auch rosa gefärbte Sporenhäufchen zu finden sind. Am Grunde Einschnürungen des Stengels.
○ **Fusarium-Triebsterben** (*Fusarium avenaceum* [Fr.] Sacc.)
Δ Verwendung entseuchter Substrate und neuer Töpfe. Beste Kulturbedingungen. Über chemische Bekämpfung Pflanzenschutzdienst befragen. Erkrankte Triebe möglichst tief abschneiden.

An *Crassula* kommen ferner vor: **Keimlingskrankheiten, Fußkrankhelten - Blattälchen, *Thrips*, Blattläuse, Spinnmilben, Weichhautmilben, Schmierläuse, Dickmaulrüßler.** Siehe Kapitel 2.1 "Mykosen", "Tierische Schädlinge".

2.2.79 Crocus (Krokus)

Standardmaßnahmen: Vor der Pflanzung alle kranken Knollen ausmerzen. Lohnend ist eine Tauchbehandlung unmittelbar vor dem Pflanzen in *Metiram* (*Polyram WG* 1,5 %).

Nichtparasitäre Schäden

□ Die Entwicklung der Pflanze stockt, die Blüte vertrocknet.
○ **Papierblütigkeit**
Δ Knollen nicht zu früh aus dem Einschlag nehmen, möglichst nicht vor Anfang Dezember aufsetzen.

□ Im Gewebe gesunder Knollen zeigen sich weiße kreideartige Massen.
○ **Verkalkung**
Δ Ursache noch ungeklärt. Knollen nicht zu früh roden, dabei mechanische Verletzungen und Austrocknen vermeiden.

Viruskrankheiten

□ Vor allem fleckig-streifig verfärbte und mißgestaltete Blüten sowie Mosaikfleckung und Ring- oder Streifenzeichnungen an den Blättern, ferner gekerbte Blattränder. Meist wirkt die Blütenfarbe "gebrochen".
Viruskranke und virusverdächtige Pflanzen sind von der Vermehrung sorgfältig auszuschließen.
O **Schweres Irismosaik-Virus** (*Iris severe mosaic virus* - blattlausübertragbar)
Δ Bekämpfung siehe Kapitel 2.1 "Virosen".

Ferner an *Crocus*: **Arabismosaik-Virus** (*Arabis mosaic virus*), **Bohnengelbmosaik-Virus** (*Bean yellow mosaic virus*), **Gurkenmosaik-Virus** (*Cucumber mosaic virus*), **Tabakmauche-Virus** (*Tobacco rattle virus*).

Mykosen

□ Auf den Knollenhüllblättern kleine, schwarze Sklerotien, im Knollengewebe braune bis schwarze Flecken. Sekundär meist Wurzelfäule, Pflanzen sterben dann ab.
O **Trockenfäule** (*Stromatinia gladioli* [Drayt.] Whet.)
Δ Krokus nicht nach Gladiolen anbauen. Nur gesunde Knollen verwenden, diese vor dem Pflanzen 20-30 Minuten in 1,5 % *Metiram* (*Polyram WG*) tauchen.

□ Pflanzen vergilben und sterben vorzeitig ab. Unter der Bodenoberfläche an der Unterseite der Blattscheiden Bildung von Sklerotien, seltener auch über der Erde, Knolle am Grunde der Schuppen mit schwarzen Flecken.
O **Botrytis-Fäule** (*Botrytis croci* Cke)
Δ Nur gesunde Knollen pflanzen und diese vorbeugend unmittelbar vor dem Pflanzen 20-30 Minuten in 1,5 % *Metiram* (*Polyram WG*) tauchen. Bei Befall spritzen mit *Dichlofluanid* (*Euparen WG* 0,5 %), *Vinclozolin* (*Ronilan WG* 0,1 %), *Iprodion* (*Rovral* 0,1 %) oder *Thiabendazol* (*Tecto FL*(1) 0,1 %).

□ Pflanzen sterben vorzeitig ab oder kümmern, Knollen zeigen an der Basis eingesunkene Stellen mit weißem bis rötlichem Pilzmyzel **(*Fusarium*).** Sekundär meist Befall durch **Wurzelmilben** oder ***Penicillium*.** Infizierte Knollen werden hart. Auch an *Gladiolus* und *Iris*.
Eine andere Erscheinungsform des *Fusarium*-Befalls zeigt sich mit ähnlichen Symptomen wie bei Infektion durch **Rost,** doch fehlen an den Knollenhüllblättern die Rostsporen, und die infizierten Knollen entwickeln entweder gar keine oder nur verkrüppelte Pflanzen. Man bezeichnet diese Erscheinungsformen des *Fusarium*-Befalls als **Falschen Rost.**
O **Fusarium-Knollenfäule, "Falscher Rost"** (*Fusarium oxysporum Schl. f. gladioli* Snyd. et Hans.)
Δ Krokus nicht nach Gladiolen oder Iris pflanzen. Nur gesunde Knollen auspflanzen. Knollen befallsverdächtiger Partien vorzeitig ernten, schnell trocknen und vor der möglichst spät durchzuführenden Pflanzung 20-30 Minuten in *Benomyl* (*Du Pont Benomyl*(2) 0,05 %) tauchen.

□ An Knollenhüllblättern und Blattscheiden graue bis schwarzbraune Streifen, die später braune Rostsporen entlassen. Knollen unter der Basis der Knollenhüllblätter mit braunen

Flecken, die tief in das Gewebe gehen können und scharf gegen den gesunden Teil abgegrenzt sind.
O **Rost** (*Uromyces croci* Pass)
Δ Nur gesunde Knollen, die frei von Flecken sind, pflanzen und diese vorbeugend vor dem Pflanzen (siehe oben!) tauchen.

Ferner an *Crocus*: **Wurzelfäule durch *Pythium*-Befall** ist durch vorbeugende Bodenbehandlung mit *Metalaxyl* (*Fonganil Neu*) oder *Propamocarb* (*Previcur N*) zu vermeiden. Bei Befall lohnt Angießen mit *Fonganil Neu.*
Bei Befall mit ***Rhizoctonia tuliparum*** Whetzel et. Arth. siehe unter Kapitel 2.2 *"Hyazinthus"*.
- **Freilebende Nematoden, *Thrips*, Blattälchen, Stengelälchen.** Siehe Kapitel 2.1 "Tierische Schädlinge".

2.2.80 Crossandra

Mykosen

□ Vor allem an Stecklingen oder Jungpflanzen beginnt der Blattstielgrund zu faulen und zeigt einen Belag mit braunen "Laufhyphen". Blätter sterben ab.
O **Fäule des Blattstielgrundes** (*Rhizoctonia solani* Kühn)
Δ Pflanzen nicht zu feucht halten. Nicht zu kühl, aber hell und luftig stellen. Kranke Pflanzen sofort entfernen. Angießen mit *Benomyl* (*Du Pont Benomyl*(2) 0,1 %) wirkt zuverlässig oder mit *Vinclozolin* (*Ronilan WG* 0,1 %) und *Iprodion* (*Rovral* 0,1 %) sowie *Thiabendazol* (*Tecto FL*(1) 0,1 %) kräftig spritzen.

Tierische Schädlinge

An ***Crossandra infundibuliformis* [= *C. undulaefolia*] und *C. Mona Wallhed*** treten häufiger **Blattälchen, Blattläuse, Schildläuse (wandernde Larvenstadien)** und **Spinnmilben** auf.
Gegen **Blattläuse** ist *Methamidophos (Tamaron* 0,1 %), *Propoxur (Unden flüssig* 0,15 %), *Pirimicarb* (*Pirimor Granulat zum Auflösen in Wasser*(3) 0,05 %), gegen **Weiße Fliege** 2- bis 3mal *Methamidophos* (*Tamaron* 0,15 %), *Teflubenzuron* (*Nomolt*(3) 0,05 %), *Buprofezin* (*Applaud* 0,03 %) oder *Deltamethrin* (*Decis flüssig*(3) 0,05 %) einzusetzen.
Schild- und Schmierläuse bekämpft man mit *Methamidophos* (*Tamaron* 0,15 %), *Propoxur* (*Unden flüssig* 0,15 %).
Gegen **Spinnmilben** wirken *Abamectin* (*Vertimec*(3) 0,025 %), *Fenpropathrin* (*Rody*(3) 0,05 %), *Fenazaquin* (*Pride Ultra*(3) 0,05 % - auch gegen Weiße Fliege, dann aber 0,1 %).
Siehe Kapitel 2.1 "Tierische Schädlinge".

2.2.81 Cyclamen (Alpenveilchen)

Verwendung gedämpfter oder chemisch entseuchter Erde oder Einheitserde besonders wichtig, da andernfalls gefährliche Wurzelerkrankungen die Regel. Saatgut bei Beizung niemals mit *TMTD*-Präparaten behandeln! Vorbeugende Anwendung von *Metalaxyl* (*Fonganil Neu*) oder *Propamocarb* (*Previcur N*) ratsam.
Bei *Cyclamen* kein *Parathion*(3) als Spritzmittel einsetzen, Vorsicht auch bei anderen Phosphorinsektiziden!

Blüten**un**verträglichkeit bei Einsatz von *Deltamethrin*(3), *Methamidophos, Oxydemeton-methyl, Parathion*(3) und *Propoxur* sowie *Dichlofluanid, Vinclozolin;* daher, wenn Blütenverträglichkeit im Betrieb noch nicht überprüft, vor Großflächeneinsatz Probespritzung.

Physiologische Schädigungen

□ Blätter schmaler, langgestreckter als normal, zuweilen ohne Lappenbildung, dann am Übergang in den Blattstiel ein geschlossener Trichter, Blattrand häufig tief eingeschnitten. Knospen zeigen wegen Zurückbleibens der Herzblätter deutlich die Staubgefäße und den Stempel. Blüten klein, Blütenblätter streifig, teilweise auch eingeschnürt.
O **Abweichende Blatt- und Blütenbildung**
Δ Optimale Kulturbedingungen, Kontrolle des Substrats auf zu hohen Salzgehalt. Erscheinung vielleicht erblich bedingt, daher kranke Pflanzen nicht zur Saatgutgewinnung benutzen. Zu tiefe Temperaturen bei Anzucht vermeiden, angemessene Bodenzusammensetzung. Siehe auch unten bei "Cyclamenmilben".

□ Junge Blätter bleiben im Wachstum zurück, ihre Blattspreite meist heller als normal.
O **Stickstoffmangel**
Δ Substratuntersuchung, aufgrund des Ergebnisses eventuell Volldünger mit hohem Stickstoffanteil oder einmalige Kalksalpetergabe.

□ An den Blättern verschieden große, graubraune oder mehr bräunliche, teilweise etwas eingesunkene Flecke. Nicht mit *Thrips*-Schäden verwechseln.
O **Braun- oder Brennflecke**
Δ Die Fleckenbildung kann auf zu starker Sonnenbestrahlung, Spritzung mit zu kaltem Wasser auf erwärmte Pflanzen sowie auf schroffen Temperaturschwankungen und Zugluft beruhen.

□ Die Pflanzen blühen "unter dem Laube".
O **Unter-dem-Laube-Blühen**
Δ Falls nicht Befall durch **Cyclamenmilben** (Weichhautmilben) vorliegt, kann die Erscheinung auf zu nassem und zu kaltem Stand, zeitweiser Ballentrockenheit, unregelmäßiger Bewässerung, zu spätem (Nahrungsmangel bedingendem) Verpflanzen sowie unsachgemäßer Düngung beruhen.

□ Einzelne Blätter schlappen und sterben ab.
O **Blatt- und Stielwelke**
Δ Meist auf stauende Nässe im Boden, schlechte Durchlüftung des Wurzelballens sowie ungeeignete Substrate zurückzuführen.

Virose

□ Nekrosen am Blattstielansatz und Blattrand, chlorotische Ringe und Linien. Blätter vergilben.
O **Tomatenbronzeflecken-Virus** (*Tomato spottet wilt virus*), **Impatiensnekrose-Virus** (*Impatiens necrotic spot virus* - INSV)
Δ Befallene Pflanzen entfernen. Konsequente Thripsbekämpfung.

Bakteriose

☐ Blätter vergilben und welken. Wurzeln und Knollen (Querschnitt!) gebräunt und teilweise naßfaul, unangenehmer Geruch.

O **Knollennaßfäule** (*Erwinia*-Art)

Δ Bakterien dringen durch Wunden an Knollen und Wurzeln ein. Niedriger pH-Wert, übermäßige N-Düngung, Staunässe, hohe Temperaturen (25-30 °C) fördern die Krankheit. Wichtig sind Kulturhygiene und Kulturführung. Kranke Pflanzen vernichten.

Mykosen

☐ An Jungpflanzen - an eben aufgelaufenen Sämlingen werden die Blattstiele und teilweise auch die Knöllchen weichfaul, die Pflanzen fallen um.

O **Keimlingskrankheiten, Umfallen der Sämlinge, Vermehrungskrankheiten** (meist *Thanatephorus cucumeris* [Frank] Donk = *Rhizoctonia solani* Kühn, zuweilen aber auch *Pythium*-Arten beteiligt, siehe daher unten "Wurzel- und Knollenfäule der Sämlinge")

Δ Anzucht in entseuchtem Substrat oder Torf. Entseuchung der Anzuchtschalen. Versuchsweise vorbeugend vorsichtiges Angießen oder Überbrausen mit *Benomyl* (*Du Pont Benomyl*[2] 0,05-0,1 %) oder *Vinclozolin* (*Ronilan WG* 0,1 % - Vorsicht! Niemals überdosieren! Nicht mehr als 15 l/100 m² spritzen. Blütenertragsminderung!) oder *Iprodion* (*Rovral* 0,1 %), die eine beachtliche Wirkung auf *Rhizoctonia* haben. Siehe auch unten "Wurzel- und Knollenfäule der Sämlinge". Eine kombinierte Behandlung zur Erfassung beider Krankheitserreger wäre möglich mit *Benomyl* + *Propamocarb* (*Du Pont Benomyl*[2] 0,05% + *Previcur N* 0,15 %, 50 ml/9er Topf angießen).

☐ An Jungpflanzen - Eben aufgelaufene Sämlinge zeigen Fäulnis an Wurzeln und Knöllchen und fallen schließlich um.

O **Wurzel- und Knollenfäule der Sämlinge** (*Pythium debaryanum* Hesse und weitere *Pythium spp.*)

Δ Vor Bekämpfung Diagnose der Krankheit bei Pflanzenschutzdienst anfordern. Gegen *Pythium* hat sich das vorbeugende Einmischen von *Metalaxyl* (*Fonganil Neu* 100 g/m³ in 5-10 l Wasser) oder das vorbeugende Überbrausen der Jungpflanzen unter Wiederholung nach 3 Wochen mit *Fonganil Neu* 0,05 %(nur eine Anwendung) oder *Previcur N* 0,15 % bewährt. Siehe auch oben "Umfallen der Sämlinge".

☐ Welkeerscheinung zuerst an älteren Blättern. Vergilben der Pflanzen vom Blattgrund aus, Welken, Absterben, meist erst einseitig, an den welken Pflanzenteilen blaßrötliche Sporenlager, Knolle im Innern graubraunfleckig, Gefäße (Querschnitt!) braunverfärbt, Wurzeln teilweise vermorscht. Stärkere Fäulnis erst relativ spät durch hinzutretende Bakterien und andere Pilze. Vor allem bei Wärme von 25-30 °C, so in den Frühlings- und Sommermonaten bei sonnigem Wetter.

O **Cyclamensterben, Cyclamenwelke** (*Fusarium oxysporum* Schl. *f. sp. cyclaminis* Gerlach)

Δ Strenge Betriebshygiene! Das Anzuchtsubstrat muß einwandfrei sein und sauber gelagert werden, im Zweifelsfall ist es zu entseuchen. Kultur in Einheitserde, Torf- oder Torf-Ton-Substraten. Neue oder besonders sorgfältig entseuchte Kulturschalen und Töpfe verwenden, Stellflächen desinfizieren (*M & ENNO-TER-forte* auf Vliesunterlage 20 ml/m²), eventuell zusätzlich Folienauflage. Ausgewogene Düngung.

Da der Pilz erst bei Temperaturen über 20 °C richtig aktiv wird, Temperatur durch Schattieren niedrig halten, aber Wachstumsschock vermeiden. Sauberes Gießwasser, bei Anstaubewässerung äußerste Vorsicht zur Vermeidung der Sporenverschleppung. Als krank erkannte Pflanzen vernichten, aber niemals auf den Kompost. Zuverlässige chemische Bekämpfungsmaßnahmen sind nicht bekannt, allerdings läßt sich durch Angießen mit *Benomyl* (*Du Pont Benomyl*(2) 0,1 %) oder *Thiabendazol* (*Tecto FL*(1) 0,1 %) - 60-70 ml je 11 cm Topf, Behandlung wiederholen - die Ausbreitung sehr einschränken. Eine eventuelle Folge zu häufiger Anwendung von *Benomyl*(2) ist die Zunahme von *Pythium*- und *Phytophthora*-Arten sowie Resistenzbildung.

□ An Pflanzen aller Altersstadien. Vergilben und anschließendes Welken der älteren Blätter, Wachstumsstockung, schließlich Eingehen der Pflanze. Die Wurzeln sind partiell gebräunt, mit trockenen, vermorschenden Faulstellen, ihre Spitzen bleiben aber noch längere Zeit weiß. Vor allem bei übermäßiger Nässe und bei zu hohem Salzgehalt im Substrat.

○ **Wurzelbräune** (*Chalara elegans* [Nag Raj et B. Kendr.] = *Thielaviopsis basicola* [Berk. et Br.]Ferr.)

∆ Die vorbeugende Bekämpfung der Wurzelbräune durch hygienische Maßnahmen erfolgt ebenso wie die der Wurzel- und Knollenfäule. Von chemischen Präparaten hat nur *Benomyl* (*Du Pont Benomyl*(2) 0,1%) im Angießverfahren (50 ml/12 cm Topf) deutliche Wirkung gezeigt. Bei jüngeren Pflanzen nur 0,05 %. Auch das Angießen mit *Prochloraz* (*Sportak*(2) 0,1-0,2 % je nach Entwicklungsstadium) ergab im Versuch gute Ergebnisse.

□ Pflanzen schlappen. Bei Jungpflanzen oft alle Wurzeln braun und abgestorben, bei älteren Knollen eingesunkene, bräunliche Flecke, die später schorfig rissig werden, Gewebe darunter braun verfärbt oder faul, Leitungsbahnen aber im Gegensatz zu Befall durch *Fusarium oxysporum* nicht verbräunt. Wurzeln vor allem an den Ansatzstellen befallen, von hier aus allmählich vermorschend. Blatt- und Blütenstiele am Grunde ebenfalls mit Faulstellen, die zum Umknicken führen. Pflanzen lassen sich leicht aus dem Boden ziehen. Vor allem in den dunklen Wintermonaten auftretend.

○ **Wurzel-, Knollen- und Stengelgrundfäule** (*Nectria radicicola* Gerlach et Nilson = *Cylindrocarpon* destructans [Zins.] Scholten)

∆ Anzucht in entseuchtem Substrat oder Torf. Keine Überdüngung, namentlich nicht mit Stickstoff. Zu hohen Salzgehalt im Substrat vermeiden, aber dem Boden angemessene Menge an Phosphor, Kali und Kalk geben.

Die unter Cyclamensterben und Wurzelbräune genannten Maßnahmen zeigen auch gegen *Cylindrocarpon* ausreichende Bekämpfungserfolge

Versuchsweise auch *Metiram* + *Maneb* (250 g *Polyram WG* + 250 g *BASF-Maneb-Spritzpulver* je m³) dem Substrat beimischen. Die Erfahrungen mit dem Angießen von *Benomyl* (*Du Pont Benomyl*(2) 0,1 %) sind positiv. Bei jüngeren Pflanzen nur 0,05 %.

Siehe Kapitel 2.1 "Mykosen - **Wurzel- und Knollenfäule**".

□ Vom Blattrand beginnend größere, braune, faulende Flecke an Knospen, Blättern, Blatt- und Blütenstielen, vor allem bei hoher Luftfeuchtigkeit, dann meist mit mausgrauem Schimmelrasen bedeckt. Bei Befall der Blütenblätter an diesen kleine, rundliche oder elliptische, je nach Sorte wäßrig durchscheinende oder dunklere Flecke. Diese sind bei weiß oder rosa blühenden Sorten erst rötlich, an dunkelroten Blüten mehr wäßrigdurchscheinend. Schließlich trocknen die Flecke im Zentrum ein und wirken dann graubraun. Zuweilen auch Herzfäule.

O **Grauschimmelfäule** (*Botrytis cinerea* Pers.)

Δ Sauberes Ausputzen, bei warmem Wetter reichliches Lüften (Ventilatoren!); bei kühlerem angemessen heizen, vorsichtiges Gießen oder Spritzen zweckmäßig nur morgens, damit Pflanzen tagsüber abtrocknen und Luftfeuchtigkeit nicht zu hoch wird. Bei unbeständiger Witterung im Spätsommer und Herbst sorgfältige Kontrollen. Vorbeugend, spätestens bei ersten Befallszeichen spritzen mit: *Benomyl* (*Du Pont Benomyl*[2] 0,05-0,1 %, nicht zu oft, da Wachstumsstockung möglich), *Dichlofluanid* (*Euparen WG* 0,25 % nur für Jungpflanzen und Halbfertigware, da Spritzflecken), *Vinclozolin* (*Ronilan WG* 0,1 %), *Iprodion* (*Rovral* 0,1 %) oder *Thiabendazol* (*Tecto FL*[1] 0,1 %) im Wechsel. Bei *Ronilan WG* nicht mehr als 20 l Spritzflüssigkeit/100 m^2. Werden höhere Flüssigkeitsmengen erforderlich, muß die Konzentration auf 0,075-0,05 % verringert werden. Wesentlich ist laufendes Durchputzen mit radikaler Vernichtung befallener Pflanzenteile. Siehe Kapitel 2.1 "Mykosen - **Grauschimmel**".

Pockenbildung durch Blütenbotrytis

an *Cyclamen,* aber auch an *Dendranthema* [= *Chrysanthemum*]*,* Freesien, Gladiolen Rosen, *Poinsettien, Saintpaulien,* Tulpen und anderen Zierpflanzen beruht in der Regel auf zu hoher Luftfeuchtigkeit in stagnierender Gewächshausatmosphäre und entsteht vor allem dann, wenn die Pflanzen nicht "trocken in die Nacht gehen."

Daher: Wässern (und Spritzen) der Kulturen am Vormittag, Einsatz von Ventilatoren, rechtzeitiges Gegenheizen beim Abfallen der Temperatur während der Nacht.

□ Auf den Blütenblättern, nicht aber den Laubblättern, grauweiße, mehlartige Pilzbeläge, die die Blüten zerstören können.

O **Echter Mehltau** (*Oidium cyclaminis* Wenzl.)

Δ Luftfeuchtigkeit möglichst niedrig halten, eventuell bei gleichzeitiger Ventilation heizen. Mehrmals im Abstand von 10-14 Tagen spritzen mit *Triforin* (*Saprol Neu* 0,1 %, keine Spritzflecken).

□ An jungen Trieben, Blütenstielen und Blättern scharf abgegrenzte Nekrosen. Innere Blatt- und Blütenstiele entwickeln sich nicht weiter. Infektion der Stiele älterer Blätter od. Blüten führt zum Umknicken und Vertrocknen oberhalb der Befallsstelle.

O **Brennflecken-Krankheit** (*Cryptocline cyclaminis* [Sibilia] v. Arx.)

Δ Bisher keine befriedigenden Möglichkeiten. Versuchsweise Behandlung der Bestände mit *Dichlofluanid* (*Euparen WG* 0,25 %, 200 ml/m²). Kein *Euparen WG* mehr, wenn Knospen erscheinen. Auch *Prochloraz* (*Sportak*[2] 0,1 %) oder *Fenpropimorph* (*Corbel* 0,1 %) haben im Versuch gute Wirkung gezeigt. Optimale Kulturführung. Blattnässe und hohe Temperaturen möglichst vermeiden. Temperaturen zwischen 18-20 °C anstreben. Luftfeuchte unter 80 % halten. Nur gesundes Saatgut, - ist mit Saatgut übertragbar -, gesunde Jungpflanzen und Halbfertigware in Kultur nehmen. Befallene Pflanzen sofort vernichten. Bestände ständig kontrollieren.

Stellflächen mit *M & ENNO-TER-forte* 1 % behandeln, Sandauflagen mit 30 ml/m² abgießen, sonst 20 ml/m².

Tierische Schädlinge

□ Schon junge Blätter wellig verbogen, Blattrand eingerollt, oft auch gekräuselt oder anderweitig mißgebildet, kleiner als normal. Blütenknospen verkrüppelt oder Blüten mit Flecken ungleichmäßig, teils ebenfalls verkrüppelt, Blütenstiele gekrümmt oder verkürzt, "Blühen unter dem Laube". An den jüngsten Herzblättern winzige, weißliche Milben (Lupe!).

O **Cyclamenmilben, Weichhautmilben** (*Tarsonemus*-Art)

Δ Bekämpfung siehe Kapitel 2.1 "Weichhautmilben". Stark befallene Pflanzen oder Pflanzenteile wie Knospen, Blüten oder verkrüppelte Blätter entfernen. Zugekaufte Pflanzen sorgfältig überprüfen. Rel. Luftfeuchte soweit möglich absenken (> 80 %), ebenso die Temperatur.

Versuchsweiser Einsatz von *Fenpropathrin* (*Rody*[3] 0,05 % - Blütenschäden möglich -), ebenso von *Abamectin* (*Vertimec*[3] 0,025 %) oder *Fenpyroximat* (*Kiron*[3] 0,15 %). Wichtig bei Spritzungen gegen Weichhautmilben: Herz der Pflanzen gründlich benetzen.

□ Blätter auf der Unterseite rötlich bis silbergrau verfärbt, später mit grubig-grindigen, braun werdenden Saugstellen. Blüten braunfleckig, mißgebildet. An Befallsstellen graue Fransenflügler, deren gelbliche Larven sowie schwarze Kotflecke.

O **Thrips** (*Thysanoptera*)

Δ Gut wirksam *Permethrin* (*Ambush*[2] 0,01 %), *Deltamethrin* (*Decis flüssig*[3] 0,05 %), *Fenpropathrin* (*Rody*[3] 0,05 %), *Methamidophos* (*Tamaron* 0,1 % - nicht in Blüte spritzen) sowie *Propoxur* (*Unden flüssig* 0,15 %) und *Abamectin* (*Vertimec*[3] 0,025 %). Bei

Befall mehrere Spritzungen im wöchentlichen Abstand. Bestände laufend auf Befall kontrollieren. Blautafeln aufhängen!

□ Pflanzen welken oder sterben sogar ab, Knolle durch bis 12 mm lange, weißliche, beinlose Rüsselkäferlarven grubig befressen. Zuweilen Käferfraßschaden an Blättern, Nagespuren halbkreisförmig.

O **Dickmaulrüßlerlarven** (*Otiorrhynchus sulcatus* Fabr.)

Δ Vorbeugend Pflanzsubstrat mit Streumitteln gegen Bodenschädlinge *Carbofuran* (*Curaterr Granulat* 1 kg/m^3), *Chlorfenvinphos* (*Birlane-Granulat* 0,5 kg/m^3) behandeln; auch später gegen überraschend auftretende Larven als Zusatz zum Topfsubstrat *Curaterr Granulat* 10 g/m^2 = etwa 0,1 g/12 cm-Topf einsetzbar.

Bei Entdeckung von Befall nach dem Eintopfen Angießen mit *Methamidophos* (*Tamaron* 0,1 %) bis zur völligen Durchtränkung des Wurzelbereiches, etwa 75 ml Gießflüssigkeit je Pflanze (Abtötung nur langsam).Behandlung nach 8-10 Tagen wiederholen.

Wenn die Käfer an Blättern und vor allem an Knospen und Blüten typische halbkreisförmige Buchten ausnagen, muß vorsichtig (Blüten!) mit *Permethrin* (*Ambush*[(2)] 0,02 %), *Deltamethrin* (*Decis flüssig*[(3)] 0,03 %)oder *Methamidophos* (*Tamaron* 0,1 % - Blütenschäden möglich -) gespritzt werden.

Ausführliche Angaben, auch über biologische Bekämpfung, siehe Kapitel 2.1 "Tierische Schädlinge - **Dickmaulrüßler**".

Flächenbehandlung gegen **Trauermückenlarven**

Ausstreuen von *Carbofuran* (*Curaterr Granulat* 10 g/m^2), danach wässern. Befallsfreie Substrate verwenden. Entfernen von Algen und Moosen im Gewächshaus. Gelbtafeln über den Bestand hängen (4 Tafeln/100 m^2). Einsatz von Nematoden (*Steinernema sp.*) einplanen.

Ferner kommen an *Cyclamen* häufiger vor: **Blattläuse:** Bei überraschendem spätem Befall *Oxydemeton-methyl* (*Metasystox R* 0,1 %, Blütenverträglichkeit prüfen), auch *Pirimicarb* (*Pirimor-Granulat zum Auflösen in Wasser*[(3)] 0,05 %) oder *Phosphamidon* (*Dimecron 20*[(3)] 0,1 %).

Die an *Cyclamen* oft lästigen **Eulenraupen** sind im Jugendstadium durch einmalige, später nur durch 2- bis 3malige Spritzung im Abstand von etwa einer Woche mit *Permethrin* (*Ambush*[(2)] 0,01 %), *Deltamethrin,* (*Decis flüssig*[(3)] 0,05 %), *Propoxur* (*Unden flüssig* 0,2% - Blütenschäden möglich), bekämpfbar, aber Herz der Pflanzen gründlich behandeln.

Wicklerraupen erfaßt man mit *Deltamethrin* (*Decis flüssig*[3] 0,05 %), *Permethrin* (*Ambush*[2] 0,02 %) oder *Propoxur* (*Unden flüssig* 0,2 %).
Spinnmilben: Einsatz von *Abamectin* (*Vertimec*[3] 0,025 %) oder *Methamidophos* (*Tamaron* - nicht in die Blüte spritzen!) und *Fenpyroximat* (*Kiron*[3] 0,15 %).
Wurzelmilben finden sich gelegentlich an den Knollen. Angaben zur Bekämpfung siehe Kapitel 2.1 "Tierische Schädlinge - **Wurzelmilben**".
Wurzelgallenälchen: verbräunte Wurzeln mit gallenartig verdickten Stellen. Nur frische oder gedämpfte Substrate verwenden. Befallene Pflanzen sofort entfernen.

2.2.82 Cymbidium (Cymbidie)

Cymbidium ist, vor allem nach übermäßigem Gießen, besonders anfällig und empfindlich für den häufigen und starken Befall durch ***Pythium*-Arten.** Als Gegenmaßnahmen kommen Einschränkung der Wasserzufuhr sowie vorbeugender Einsatz von *Metalaxyl* (*Fonganil Neu*) oder *Propamocarb* (*Previcur N*) durch Substratbehandlung und/oder Angießen mit einem dieser Mittel nach Anwendungsvorschrift infrage.
Containerpflanzen auf Paletten stellen: Guter Wasserabfluß, keine Staunässe.
Gegen die an *Cymbidium* häufig stark auftretenden **Spinnmilben** setzt man, wenn die Pflanzen in Töpfen stehen, *Abamectin* (*Vertimec*[3] 0,025 %), *Fenbutatin-oxid* (*Torque*[3] 0,05 %) oder *Fenpropathrin* (*Rody*[3] 0,05 %) ein. Siehe auch die Angaben weiter unten bei "*Orchidaceae*".

2.2.83 Cypripedium (Frauenschuh)

Gegen den häufigen Befall durch ***Pythium*-Arten** sollte vorbeugend *Metalaxyl* (*Fonganil Neu* 0,05%) oder *Propamocarb* (*Previcur N* 0,15 %) eingesetzt werden.
Das häufige Auftreten von **Weichhautmilben** ist durch versuchsweisen Einsatz von *Abamectin* (*Vertimec*[3] 0,025 %), *Fenpropathrin* (*Rody*[3] 0,05 %) und *Fenpyroximat* (*Kiron*[3] 0,15 %) auszuschalten.
Schildläuse treten an *Cypripedium* ebenfalls stark auf. Bekämpfung siehe Kapitel 2.1 "Tierische Schädlinge", sowie weiter unten bei "*Orchidaceae*".

2.2.84 Dahlia (Dahlie, Georgine)

Nichtparasitäre Schäden

□ Sowohl der Wurzelhals als auch die Knolle sind braun verfärbt.
O **Bräune**
Δ Erscheinung beruht auf zu schnellem Abtrocknen sofort nach der Ernte oder auf Einfluß von Zugluft. Geerntete Knollen daher so schnell wie möglich in geeigneten Lagerraum, austrocknende Luftbewegung vermeiden.

Virosen

□ Blätter, besonders im Frühjahr, vor allem längs der Blattadern, gelblichgrün gescheckt, so daß unter Umständen ein Eichenblattmuster entsteht, zuweilen auch kleiner und/oder schmaler als normal, gewellt oder verkrüppelt. Auch die Blüten oft verkümmert und/oder verkrüppelt. Pflanze wirkt gestaucht und zeigt verstärkte Bildung von Seitentrieben.

○ **Dahlienmosaik** (*Dahlia* mosaic *virus,* übertragen durch Blattläuse, nicht durch Samen)

Δ Keine Knollen oder Stecklinge von kranken Pflanzen verwenden. Besondere Vorsicht bei "latenten" Virusträgern, die, wie etwa die Sorte 'Jersey Beauty', keine Symptome ausbilden. Bekämpfungsmaßnahmen siehe unten bei "**Ringfleckenkrankheit**".

□ Auf den Blättern, vor allem im Frühjahr, ring- und zickzackartige hakenförmige, nekrotische Flecke, Störung der Blütenausbildung, manchmal Wuchshemmung.

○ **Ringfleckenkrankheit, Tomatenbronzeflecken-Virus** (*Tomato spotted wilt virus*)

Δ Das Virus wird durch *Thripse* übertragen. Im Vermehrungsbetrieb Bekämpfung durch insektensichere Gewächshäuser. Entfernung kranker Pflanzen, Bekämpfung der *Thripse* zur Ausschaltung der Überträger, sowie Desinfektion der Schnittwerkzeuge. Kranke Pflanzen sofort und sorgfältig entfernen, keine Knollen oder Stecklinge von kranken Pflanzen.

□ An den Blättern fleckige Aufhellungen, Ring- oder Linienmuster, meist nur schwach ausgeprägt, seltener Blattverformungen.

○ **Bleichfleckenkrankheit** (*Cucumber mosaic virus,* Übertragung durch Blattläuse und durch Saft, auch beim Schnitt).

Δ Bekämpfung wie oben bei **Ringfleckenkrankheit** beschrieben.

Bakteriosen

□ Pflanzen zeigen dunklere Farbe, Wuchshemmungen und/oder in Abhängigkeit von den Wetterbedingungen periodisch Welkeerscheinungen an den Blättern. Bei Querschnitten durch den Stengel zeigt sich braune Verfärbung der Gefäße. Knollen mit braunen, naßfaulen, intensiven Geruch ausströmenden Stellen, zuweilen nach dem Pflanzen völlig verrottend.

○ **Bakterienwelke, Bakterielle Welkekrankheit und Stengelfäule** (*Erwinia carotovora var. chrysanthemi*[Burkh.] Dye)

Δ Weitgestellte Fruchtfolge. Gesundes Pflanzmaterial verwenden. Bei Befallsverdacht vorsichtig bewässern. Alle kranken Pflanzen sofort vernichten. Kein Vermehrungsmaterial von kranken Pflanzen. Desinfektion der Stellflächen und Gefäße.

□ Blumenkohlartige oder mehr rosettenförmige Wucherungen am Wurzelhals; übermäßig viele, aber schwache Triebe.

○ **Bakteriengallen, Rosettengallen** (*Corynebacterium fascians* [Tilford] Dows.)

Δ Neues, gesundes Vermehrungsmaterial. Kranke Pflanzen samt Knollen sofort vernichten.

Mykosen

□ Helle, grünlichgelbe, später graubraune, eckige oder runde, bis 1 cm große Blattflecke, zuerst an den untersten Blättern, später auch am Stengel. Bei starkem Befall vertrocknen die Blätter.

○ **Blattfleckenkrankheit** (*Entyloma dahliae* Syd.)

Δ Weite Pflanzenabstände. Sorgfältiges Spritzen mit *Propineb* (*Antracol WG*(2) 0,2 %),

Mancozeb (*Dithane Ultra WG* 0,2 %), *Metiram* (*Polyram WG* 0,2 %) oder *Triforin* (*Saprol Neu* 0,15 %) beim Auftreten der ersten Krankheitssymptome.

□ Pflanzen oder einzelne Triebe welken plötzlich. An unteren Stengelteilen zunächst wässerige Flecken, später im Stengel weißes Pilzmyzel mit schwarzen Sklerotien.
O **Stengelfäule** (*Sclerotinia sclerotiorum* (Lib.) Mass)
Δ Bei Befall im Bestand alle befallenen Pflanzen mit Wurzelkörper vernichten und die übrigen versuchsweise mit *Benomyl* (*Du Pont Benomyl*(2) 0,05-0,1 %) *Vinclozolin* (*Ronilan WG* 0,1 %), *Iprodion*(Rovral 0,1 %) oder *Thiabendazol* (*Tecto FL*(1) 0,1 %) angießen. Fläche tief umpflügen.

□ Vor allem an den Blüten, aber auch auf Blättern und Stengeln mißfarbene Faulstellen mit grauem Schimmelrasen. Auch die Knollen auf dem Lager werden befallen.
O **Grauschimmel** (*Botrytis cinerea* Pers.)
Δ Spätestens bei Erscheinen der ersten Symptome Spritzen mit *Dichlofluanid* (*Euparen WG* 0,5 %),*Vinclozolin* (*Ronilan WG* 0,1 %), *Iprodion* (*Rovral* 0,1 %) oder *Thiabendazol* (*Tecto FL*(1) 0,1%).

Tierische Schädlinge

□ Blütenblätter vor allem im Zentrum der Blüte zerfressen, dazwischen sitzen "Ohrwürmer".
O **Ohrwurm** (*Forficula auricularia* L.)
Δ Die Pflanzen, besonders den Stammgrund und dessen Umgebung gründlich mit *Propoxur* (*Unden flüssig* 0,15 %) behandeln. Versuchsweise mit Holzwolle Schlupfwinkel herstellen und Ohrwürmer aufsammeln! Ohrwurm zählt zu den Nützlingen im Haus- u. Kleingarten.

□ Blätter, Blütenknospen und Blüten teilweise verkrüppelt, mißgebildet, Blätter zuweilen mit deutlichen, erst gelblichen, später braun werdenden Stichflecken oder braun-trocken gerandeten Löchern.
O **Blattwanzen** (Verschiedene Arten)
Δ Ab Mitte Mai häufiger spritzen mit *Dimethoat* 0,1 % (nicht gegen *Raupen*, aber gut gegen Wanzen und Blattläuse wirksam!), *Methamidophos* (*Tamaron* 0,15 %) oder *Propoxur* (*Unden flüssig* 0,2 %). Blattunterseiten gut benetzen.

□ Blätter mit unregelmäßig verteilter, feiner, weißlich-gelber Sprenkelung. Auf Blattunterseite kleine, blattlausähnliche, grünliche Zikaden und/oder ihre Larven.
O **Zikaden** (Verschiedene Arten)
Δ Die Bekämpfung erfolgt wie unter "**Blattwanzen**" beschrieben.

□ Frühsommer - Speichelartige Schaummassen an Stengel und Blättern, darin gelblichgrüne Larve, die am Pflanzenstengel oder an den Blättern saugt.
O **Schaumzikade** (*Phiaenus spumarius L*)
Δ Nur bei Massenauftreten lohnt Spritzen mit Insektiziden wie gegen **Blattwanzen.**

Ferner an *Dahlia*: **Wurzelkropf** (Wurzel- und Stengeltumoren durch *Agrobacterium radiobacter subsp. tumefaciens*) - ***Pythium*- und *Rhizoctonia*-Schwarzbeinigkeit** - . **Gallenbildende Wurzelnematoden, Wandernde Wurzelnematoden, Spinnmilben, *Thrips*, Blatt-**

läuse - Minierfliegen, Eulenraupen, Schnecken. Siehe Kapitel 2.1 "Bakteriosen", "Mykosen", "Tierische Schädlinge".

2.2.85 Delphinium-Hybriden (Rittersporn)

□ Blätter zeigen gelbgrüne oder gelbliche bis graue Verfärbungen längs der Blattadern oder/und gelbliche Stellen an Blatträndern sowie Blattspitzen. Manchmal kommen gelbliche Linienmuster oder Ring- und Wellenzeichnungen vor. Auch Wachstumsstörungen, Blattmißbildungen und Wuchshemmung können als Folge auftreten.

O **Ritterspornmosaik** (*Cucumber mosaic virus*)

Δ Verwendung gesunden Vermehrungsmaterials. Da blattlausübertragbar, kranke Pflanzen vernichten und sorgfältige Blattlausbekämpfung. Siehe Kapitel 2.1 "Virosen".

□ Auf den Blättern von Staudenrittersporn schwarze, unregelmäßige Flecke, meist von Blattadern begrenzt, gelegentlich auch an Stengeln, Blütenständen, Samenkapseln. Bei frühem Befall vertrocknen Blütenstände. Vor allem bei kühler, nasser Witterung auftretend, dann bisweilen schnelle Ausbreitung. Sortenanfälligkeit unterschiedlich.

O **Bakterien-Schwarzfleckenkrankheit** (*Pseudomonas delphinii* [E. F. Sm.] Stapp)

Δ Wahl widerstandsfähiger Sorten. Kein Vermehrungsmaterial aus befallenen Beständen. Vernichten befallener Pflanzen und Pflanzenteile. Versuchsweise vorbeugend mit *Kupferoxychlorid* (*Funguran* 0,4 % u.a.) im Abstand von 10 Tagen spritzen.

□ Schwarze, rundliche Blattflecke, die später, ohne ihre ursprünglichen Grenzen zu verwischen, zusammenfließen. Sie sind blattoberseits besonders deutlich.

O **Phyllosticta-Blattfleckenkrankheit** (*Phyllosticta ajacis* Thüm.)

Δ Spritzung mit *Mancozeb* (*Dithane Ultra WG* 0,2 %), *Metiram* (*Polyram WG* 0,2 %) oder *Triforin* (*Saprol Neu* 0,15 %).

□ Pflanze welkt und fällt um, untere Stengelpartien verfault, im Wurzelbereich gelbbraune Sklerotien.

O **Welke, Fußvermorschung** (*Sclerotium delphinii* Welch.)

Δ Bei Befall versuchsweise vorbeugendes Angießen mit *Vinclozolin* (*Ronilan WG* 0,1 %) oder *Iprodion* (*Rovral* 0,1 %).

□ Auf den Blättern feiner weißer, mehlartiger Belag, später auch an Stengeln und Blütenständen, dazwischen kleine schwarze Fruchtkörper. Blätter sterben vorzeitig ab, Stengel sind verkrümmt, Blütenknospen bleiben geschlossen, trocknen ein. Vor allem auf zu leichtem Boden bei zu reicher Stickstoffgabe, durch schwüles Wetter gefördert. Besonders beim zweiten Flor stärker auftretend.

O **Echter Mehltau** (*Erysiphe ranunculi* Grev., *forma specialis*)

Δ Wahl widerstandsfähiger Sorten. Regelmäßiges Spritzen mit *Bitertanol* (*Baymat flüssig* 0,07 %), *Triforin* (*Saprol Neu* 0,1 %) oder einem anderen Präparat im Abstand von 7-10 Tagen. Bei sehr starkem Befall lohnt sich Rückschnitt der Pflanzen und mehrmalige, gründliche, vorbeugende Behandlung des Neuaustriebs mit einem der genannten Präparate, möglichst im Wechsel. Siehe Kapitel 2.1 "Mykosen - **Echter Mehltau**".

Trauermückenlarven

schädigen die im Herbst abgeernteten Wurzelstöcke vor der Teilung zuweilen empfindlich.

Daher empfiehlt sich bei Befallszeichen Angießen mit *Parathion* (*E 605 forte*(3) 0,035 %) auf feuchten Boden.

Ferner an *Delphinium*: **Blattläuse, Minierfliegen, Eulenraupen.** Siehe Kapitel 2.1 "Tierische Schädlinge".

2.2.86 Dendranthema grandiflorum (Chrysantheme)

Bei der Vielzahl der sich heute im Anbau befindlichen Sorten und des sich andererseits ständig ändernden Sortenspektrums ist die Verträglichkeit von Pflanzenschutzmitteln immer wieder neu zu überprüfen. Zu den Mitteln, durch die bei *Dendranthema* Schäden verursacht werden können, gehören: ***Carbofuran, Dimethoat, Parathion***(3), ***Oxydemeton-methyl, Omethoat, Methamidophos, Propoxur, Sulfotep, Bitertanol, Triforin*** **und** ***Netzschwefel. Iprodion*** **(*Rovral*) ist bei Mutterpflanzen in erdloser Kultur nur mit Vorsicht einzusetzen.**

Physiologische Schädigungen

□ Die Triebspitzen werden abgestoßen.
O **Abstoßen der Triebspitzen**
Δ Übermäßige Stickstoffdüngung ist zu vermeiden. Bodenuntersuchung!

□ Die Knospen treiben nicht aus sondern bleiben taub.
O **Taubwerden der Knospen**
Δ Mögliche Ursachen: Unsachgemäßer Einsatz von Lang- und Kurztag; zu hohe Nachttemperaturen bei Knospenbildung; zeitweiser Lichtmangel; Störungen des Wasserhaushaltes; Stickstoffüberschuß bei gleichzeitigem Bormangel.

□ Pflanzen zeigen gedrungenen Wuchs, verdickte Stengel, kleinere Blätter und gestörte Entwicklung der Blüten. Mehr Seitenknospenbildung.
O **Ethylenschaden**
Δ Folge von CO-Begasung während der Kurztagsbehandlung bei unvollkommener Verbrennung in stark abgedichteten Gewächshäusern.

□ Blütenblätter vertrocknen an der Spitze oder am Rand, vor allem bei farbigen Sorten.
O **Vertrocknen der Blüten**
Δ Übermäßige Trockenheit vermeiden und sorgfältig schattieren.

□ Bei gefüllt blühenden Sorten erweisen sich Teile des Blütenbodens als verhärtet oder vertrocknet.
O **Vertrocknen des Blütenbodens**
Δ Ursache kann sein: Pflanzen sind zu spät zur Blüte gekommen; plötzliche Bodentrokkenheit; zu saures Gießwasser; Wurzelbeschädigungen.

□ Blüten wachsen nur unregelmäßig und unvollständig aus, bleiben grün.
O **Blütenmißbildung**
Δ Folge zu langer Belichtung, daher diese verkürzen und gleichzeitig Temperatur erhöhen und Luftfeuchtigkeit senken, Pflanzen trockener halten. Pflanzen nicht zu früh auf die Knospe setzen.

☐ Die Blütenstiele sind aufgerissen, quergespalten und verwachsen, vor allem bei starker Wasseraufnahme nach Trockenheitsperioden.

○ **Aufreißen, Spalten und Querplatzen der Blütenstiele**

Δ Gleichmäßig bewässern, an trüben Tagen mit Vorsicht. Starke Temperaturschwankungen vermeiden. Bei empfindlichen Sorten eventuell "Schröpfen", vorbeugende Längsschnitte unterhalb der Knospen, wenn diese beginnen, Farbe zu zeigen. Im Freiland nicht zu stark beschatten.

☐ Ältere Blätter gelbfleckig mit braunen Blattrandnekrosen. Blüten und Knospen schwach entwickelt. Stiele knicken leicht.

○ **Kalimangel**

Δ Düngung nach Bodenuntersuchung (LUFA).

☐ Blätter vergilben vom Rande her, um die Nerven grüner Saum. Sorten unterschiedlich anfällig.

○ **Magnesiummangel**

Δ Bodenuntersuchung (LUFA) und entsprechende Düngung aufgrund des Ergebnisses.

☐ Blätter vergilben fleckig, schließlich total, die Blattadern bleiben grün. Sortenanfälligkeit unterschiedlich.

○ **Manganmangel**

Δ Bodenuntersuchung (LUFA) und Zufuhr von Mangan aufgrund des Ergebnisses, eventuell Spritzung mit *Maneb* oder *Mangansulfat*.

Virosen

☐ Pflanzen zeigen Wachstumshemmung, Verdrehung an jungen Blättern. Auf älteren Blättern anfänglich chlorotische, später braune Flecke, helle Linien und Ringe an Stengel und Blättern, später Nekrosen, hell- und dunkelgrüne Scheckung.

○ **Tomatenbronzeflecken-Virus** (*Tomato spotted wilt virus*)

Δ Wird von verschiedenen *Thrips*-Arten übertragen, wobei *Frankliniella occidentalis* besondere Bedeutung zukommt. Wichtig daher eine intensive Bekämpfung der *Thripse*. Sofortige Vernichtung verdächtiger bzw. infizierter Pflanzen. Bestände in regelmäßigen Abständen untersuchen.

☐ Pflanzen bleiben im Wuchs zurück und bilden übermäßig Seitentriebe. Blätter und Blüten sind kleiner als normal, die Blütenfarbe ist blasser. Häufig tritt verfrühte Blüte auf. Hohe Temperaturen fördern die Symptomausprägung. Virus kann über längere Zeit latent bleiben.

○ **Stauche-Virus, Verzwergungs-Virus** (*Chrysanthemum stunt virus*, saftübertragbar, etwa durch Schnittmesser)

☐ Mosaikfleckung der Blätter, Ringmuster. Blätter und Blüten kleiner als normal, Blüten mißfarbig, verdreht, Wachstumsstockung.

○ **Tomatenaspermie-Virus** (*Tomato aspermy virus,* übertragbar durch Blattläuse, vorrangig aber mechanisch mit Messern und Händen)

☐ Symptome ähnlich wie bei Mosaik-Viren, bei manchen Sorten nicht sichtbar, aber auch Mißbildungen und nekrotische Ringe und Flecken. Blüten teils kleiner und farblich verändert.

O **Chrysanthemen-Virus B** (*Chrysanthemum virus B,* Übertragung durch Blattläuse und mechanisch)

Δ **Gegen alle Virosen** ist die Testung der Mutterpflanzen durch Pflanzenschutzdienst oder Spezialinstitute wichtigste Vorbeugungsmaßnahme. Siehe Kapitel 2.1 "Virosen".

Bakteriosen

□ Im Freiland und Gewächshaus ab Spätsommer. - An den Blättern, vorwiegend den unteren, braunschwarze, meist von den Blattzipfeln, aber auch wohl von den Blattadern ausgehende Flecke. Bei starkem Befall Einkrümmen des Blattrandes, schließlich Absterben der Blätter.

O **Bakterien-Blattfleckenkrankheit** (*Pseudomonas syringae* v. Hall)

Δ Kulturen von oben möglichst trocken halten, für gute Durchlüftung sorgen. Bei anfälligen Sorten lohnen eventuell vorsichtige Spritzungen mit einem Kupferpräparat. Verträglichkeitstest!

□ An Wurzeln und am Wurzelhals, gelegentlich auch an oberirdischen Pflanzenteilen (Blättern, Stengeln) Wucherungen, im frühen Stadium ungefähr erbsengroß, zart und weich mit glatter, weißlicher oder hellbrauner Oberfläche. Wucherungen nehmen schnell an Größe zu, zeigen dann zerklüftete, dunkelbraune Oberfläche. Mit zunehmendem Alter verholzen und zerklüften die Wucherungen immer mehr. Doch gelegentlich entstehen die Tumoren auch an der Basis von Stecklingen verschiedener Sorten.

O **Wurzelkropf, Blatt- und Stengeltumoren** (*Agrobacterium radiobacter subsp. tumefaciens* [Smith et Townsend] Conn.)

Δ Entseuchung von Töpfen, Pikierkisten, Tischen und Stellagen. Bei Beetkulturen Bodenentseuchung. Desinfektion der Stehwandfundamente im Gewächshaus. Verwendung einwandfreier Mutterpflanzen, Zukauf nur gesunder, möglichst getesteter Jungpflanzen. Kulturen möglichst trocken halten, nasse Böden drainieren. Optimale Kulturbedingungen für die Pflanzen schaffen, dadurch Erhöhung der Widerstandskraft gegen den Wurzelkropferreger. Übermäßige Düngung vermeiden! Verhinderung von Wunden, da nur hier Infektionen möglich sind, deshalb auch Nematoden und andere Bodenschädlinge bekämpfen. Kranke Pflanzen sofort entfernen.

□ Anhäufungen gestauchter, verdickter oder/und abgeplatteter Sprosse, blumenkohlähnlich, am Stengelgrund.

O **Rosettengallen, Blättrige Gallen** (*Corynebacterium fascians* [Tilf.] Dows.)

Δ Gleiche Maßnahmen wie oben gegen Wurzelkropf beschrieben.

□ Pflanzen welken bei Tage plötzlich, vor allem bei hohen Temperaturen (Sonneneinstrahlung), und zwar im Spätsommer und Herbst, trotz Feuchtigkeit. Beim Ausziehen der Pflanzen reißt Stengel unterschiedlich hoch ab. In oberer Stengelhälfte oder an Stengelbasis später manchmal einseitig am Stengel erst wäßriggraue, schließlich braune bis schwärzliche Läsionen mit Verbräunung des darunter liegenden Stengelinneren sowie der Gefäße bis in die Wurzeln. Läsionen führen zu Knickung der Stengel. Äußere Krankheitssymptome nicht immer erkennbar. Nicht mit Befall durch ***Ascochyta*** (*Didymella ligulicola*) verwechseln (Stengel bleibt fest!).

O **Bakterienwelke, Stengelgrund- und Wurzelfäule** (*Erwinia carotovora var. chrysanthemi* [Burkh.] Dye. = *Erwinia chrysanthemi* Burk. et al)

Δ Bodendämpfung! Chemische Entseuchung reicht nicht aus. Töpfe und Kisten dämpfen oder 10 Minuten in kochendes Wasser tauchen. Stecklinge nur von gesunden Mutterpflanzen, Schnittwerkzeuge trotzdem vorsichtshalber abflammen. Wärme, große Temperaturschwankungen, hohe Boden- und Luftfeuchte sowie Wunden fördern den Befall. Luftfeuchtigkeit und Temperatur senken - aber auf Taupunkt achten -, kranke und verdächtige Pflanzen radikal entfernen und vernichten. Bei Befall im Freiland Wechsel der Anbaufläche.

□ An den Stengeln schwarze Stellen. Erste Befallssymptome längliche, glasige, rotbraune, später schwarz werdende Streifen. Geringe Haltbarkeit, Pflanzen verhärten.
O **Bakterienstengelbrand** (*Pseudomonas cichorii* [*Swingle*] Stapp.)
Δ Befallene Pflanzen sofort vernichten. Pflanzen möglichst trocken halten und von unten gießen. Hohe Temperatur und Luftfeuchtigkeit vermeiden. Im Sommer und Herbst zu üppiges Wachstum vermeiden.

Mykosen

□ Die noch nicht vollständig bewurzelten Stecklinge fallen um und/oder faulen.
O **"Vermehrungskrankheit", Umfallen der Stecklinge** (Mehrere Pilzarten können das Umfallen der Stecklinge verursachen)
Δ Zunächst die für das Umfallen der Stecklinge verantwortliche Pilzart bestimmen lassen (Pflanzenschutzdienst!), dann im Abstand von etwa 10 Tagen wiederholt angießen mit *Benomyl* (*Du Pont Benomyl*[2]), *Vinclozolin* (*Ronilan WG*), *Iprodion* (*Rovral*) oder *Thiabendazol* (*Tecto FL*[1]) gegen ***Rhizoctonia*** und auch gegen ***Botrytis*****;** mit *Metalaxyl* (*Fonganil Neu*) oder *Propamocarb* (*Previcur N*) gegen ***Pythium-*** und ***Phytophthora*****-Arten.**

□ Pflanzen welken einseitig oder total. Stengel meist einseitig braun oder schwärzlich verfärbt, beginnend am Wurzelhals, Ausbreitung nach oben. Blätter im infizierten Stengelbereich welken. Wurzeln manchmal braun oder faulend.
O **Pythium-Stengelfäule** (*Pythium ultimum* Trow. und andere *Pythium*-Arten)
Δ Wärme und hohe Feuchtigkeit fördern den Befall. Wenn möglich morgens wässern. Bodentemperatur nicht zu hoch ansteigen lassen. Bodenentseuchung und/oder vorbeugende Bodenbehandlung mit *Metalaxyl* (*Fonganil Neu* 0,05 %) oder *Propamocarb* (*Previcur N* 0,15 %) oder *Fonganil Neu* (100 ml in 5-10 l Wasser/m³) der Erde beimischen. Bei Befall Angießen mit *Fonganil Neu* 0,05 %. Befallene Pflanzen entfernen und verbrennen!

□ Stecklinge oder ältere Pflanzen welken, nachts zunächst Erholung, später totale Welke, dann Stengelgrund und Wurzeln faul. Symptome ähnlich der *Pythium*-Stengelfäule.
O **Rhizoctonia-Stengelfäule** (*Rhizoctonia solani* Kühn)
Δ Pflanzen mehrmals behandeln mit *Benomyl* (*Du Pont Benomyl*[2] 0,05-0,1 %), *Vinclozolin* (*Ronilan WG* 0,1 %), *Iprodion* (*Rovral* 0,1 %) oder *Thiabendazol* (*Tecto FL*[1] 0,1 %). Stengelbasis gut benetzen. Befallene Pflanzen vernichten.

□ Während der ganzen Kulturperiode - Jungpflanzen kümmern, welken, vertrocknen. An älteren Pflanzen auf unteren Blättern Verbräunung der Verästelungen der Seitennervatur, dann erst chlorotische, später fahlgelbe Aufhellungen entlang der Adern, schließlich auch des Blattgewebes. Die immer mehr vergilbenden, zuletzt nekrotischen Blätter hängen schließlich am Stengel herab. Bei Erkrankung älterer Pflanzen Laubverfärbung von unten nach oben typisch. Stengelgrund 10 cm über dem Boden schwarzbraun, rissig. Wurzeln zunächst mit rötlichen Läsionen, dann mit dunkelbraunen Flecken, brüchig, Rinde aufgerissen, leicht abziehbar, oft von selbst abplatzend. Längsschnitt durch Sproßbasis zeigt Verbräunung. Die einzelnen Sorten sind unterschiedlich anfällig.

O **Phoma-Wurzel- und Stengelgrundfäule** (*Phoma chrysanthemicola* Hollos)

Δ Bodenentseuchung durch Bodendämpfung. Versuchsweise mit *Metiram* (*Polyram WG* 0,2 %) behandeln. Wichtig, vor allem nach Befall, ist die Durchführung hygienischer Maßnahmen, besonders die Entfernung kranker Pflanzen und die sorgfältige Beseitigung der Ernterückstände. Für gleichmäßiges Wasserangebot sorgen.

□ Pflanzen welken, zunächst an Blättern und Stengeln braune Flecke, die bei Feuchtigkeit weißen Pilzrasen zeigen. Später wird der Stengel weichfaul.

O **Sclerotinia-Stengelfäule** (*Sclerotinia sclerotiorum* [Lib.] Mass.)

Δ Befallene Pflanzen vernichten, nach Abräumen der Kultur Bodenentseuchung. Zur direkten Bekämpfung werden *Benomyl* (*Du Pont Benomyl*[2] 0,05-0,1 %), *Vinclozolin* (*Ronilan WG* 0,1 %) oder *Iprodion* (*Rovral* 0,1 %) im Spritz- oder Angießverfahren empfohlen.

□ Blätter welken, meist einseitig, die unteren zuerst, und verfärben sich gelb, rötlich oder braun und vertrocknen, zuweilen erst nach Krümmung des Blattrandes, bleiben aber am Stengel hängen. Blüte mit Wachstumsanomalien, meist kleiner als normal, öffnet sich schlecht, oft asymmetrisch, ist meist auch verfärbt oder bleich. Gefäßbündel des Stengels (Querschnitt) bräunlich verfärbt, Wurzeln ohne Krankheitssymptome. Die einzelnen Sorten sind sehr unterschiedlich anfällig.

O **Welkekrankheit, Verticilium-Welke** (*Verticillium alboatrum* R. et B. und *V. dahliae* Kleb.)

Δ Nähere Angaben betreffs Bekämpfung von Welkekrankheiten in Kapitel 2.1 "Mykosen - **Welkekrankheiten**". Im Freiland Wechsel der Anbaufläche. Kein Nachbau von Astern-Arten oder *Erigeron*. Für gute Bodenstruktur sorgen. Im Gewächshaus Bodenentseuchung. Stecklinge nur von gesunden, getesteten Mutterpflanzen gewinnen. Bei Auftreten von Befallssymptomen kranke Pflanzen sofort vernichten (und die übrigen mit *Benomyl* (*Du Pont Benomyl*[2] 0,1 %) angießen). Nach Auftreten der Krankheit wird eine gründliche Bodenentseuchung unerläßlich.

□ Blätter und später auch Stengel mit auffällig grauen oder braunen bis schwärzlichen, sich schnell ausdehnenden und ausbreitenden Flecken, später an kranken Stellen faulend oder vertrocknend, Sproß welkt oberhalb der meist am Grunde befindlichen Befallsstellen am Stengel, vor allem bei Stecklingen. Blüten besonders gefährdet, sie zeigen hellbraune, sich schnell ausbreitende Faulstellen. Wurzeln meist ohne Symptome, gelegentlich brüchig, braun. Bei Stecklingen Sproßspitzen- oder Basalfäule, Befallsbild hat gewisse Ähnlichkeit mit Symptomen von Infektion durch **Grauschimmel** (*Botrytis*), **Stengelfäule** (*Pythium*) und Schaden durch **Blattälchen** (*Aphelenchoides*-Arten), daher nicht mit anderen Krankheiten verwechseln und frühzeitig Pflanzenschutzdienst einschalten! Die Verbreitung erfolgt durch sporenhaltiges Wasser, die Verschleppung durch Stecklinge. Besonders gefährdet Mutterpflanzen, Stecklinge und blühende Pflanzen. Quarantänekrankheit!

O **Ascochyta-Krankheit** (*Didymella ligulicola* Arx = *Ascochyta chrysanthemi* Stev.)

Δ Krankheit oft eingeschleppt, daher sorgfältige Kontrolle gekaufter Stecklinge! Bodenentseuchung. Desinfektion der Anzuchtgeräte. Übermäßige Luftfeuchtigkeit vermeiden. Mut-

terpflanzenbestand ca. 3 Tage vor der Stecklingsentnahme mit *Mancozeb* (*Dithane Ultra WG* 0,2 %) behandeln. Auch bei Jungpflanzen vorbeugende, im Abstand von einer Woche wiederholte Anwendung von *Bitertanol* (*Baymat flüssig* 0,15 %), *Dithianon* (*Delan SC 750*(2) 0,05 %). Auch *Triforin* (*Saprol Neu* 0,15 %) und *Mancozeb* (*Dithane Ultra WG* 0,2 %) werden gegen *Ascochyta* empfohlen. Spritzbelag möglich!
Kranke Pflanzen sofort vernichten, die gesunden möglichst trocken halten. Einfuhrbestimmungen beachten!

□ Vor allem an Stecklingen. Graue oder braune Flecken auf den Blättern.
O **Alternaria-Blattfleckenkrankheit** (*Alternaria*-Arten)
Δ Stecklinge nicht zu lange kühl oder zu warm halten. Sonst Bekämpfung wie die der *Septoria*-Blattfleckenkrankheiten, siehe unten.

□ Auf den Blättern 0,5-2 cm große, rundliche, dunkelgraue bis schwärzliche, scharf abgegrenzte Flecke von unterschiedlicher Größe, später zusammenfließend. Absterben der Blätter, zunächst der unteren, Kümmern der Pflanzen. Vor allem bei Nebeneinander von Freiland- und Gewächshauskultur, feuchte Bestände, etwa unter Folien, besonders während Verdunkelungsperiode gefährdet.
O **Septoria-Blattfleckenkrankheiten** (*Septoria chrysanthemi* Allesch., *Septoria obesa* Syd. und andere Pilze)
Δ Kali- und Phosphorsäuredüngung kontrollieren, für genügend Luft und Licht sorgen, Luftfeuchtigkeit senken, weiter Stand. Vorbeugende Anwendung von *Dithianon* (*Delan SC 750*(2) 0,05 %), *Mancozeb* (*Dithane Ultra WG* 0,2 %), *Metiram* (*Polyram WG* 0,2 %), *Triforin* (*Saprol Neu* 0,15 %, auch gegen Echten Mehltau und Rost), oder anderen Mitteln gegen Blattfleckenkrankheiten zweckmäßig, im Freiland vor allem bei Schlechtwetterperioden.

□ Unterseits der Blätter rost- bis schokoladenbraune, oft mit hellerem Hof umgebene, 2-5 mm breite, stäubende Pusteln, blattoberseits an entsprechenden Stellen hellgrüne oder gelbliche Fleckchen. Allmähliches Vergilben und vorzeitiges Absterben der Blätter. Vor allem im Freiland, weniger in gesteuerten Kulturen.
O **Chrysanthemenrost** (*Puccinia chrysanthemi* Roze)
Δ Siehe Kapitel 2.1 "Mykosen - **Rostkrankheiten**". Wahl gesunder Mutterpflanzen widerstandsfähiger Sorten. Bei Befall etwa alle 8-10 Tage spritzen mit *Bitertanol* (*Baymat flüssig* 0,15 %), *Mancozeb* (*Dithane Ultra WG* 0,2 %), *Metiram* (*Polyram WG* 0,2 %), oder *Triforin* (*Saprol Neu* 0,15 %). Blattunterseiten besonders sorgfältig behandeln.

□ Blattoberseits 0,5-2 cm große, rundliche, etwas eingesunkene, grünlich-weiße oder mehr gelbliche Flecke, später mit bräunlichem Zentrum, an entsprechenden Stellen blattunterseits pockenartige Pusteln, anfangs weißlich-wachsartig, später zimt- oder hellkakaofarben, bei Reife von schmutzig-weißem, mehlartigem Flaum überzogen. Fleckenbildung durch Anhäufung der Sporenlager möglich, dann zentral ein eingesunkenes, älteres Sporenlager kreisförmig umgeben von jüngeren Pusteln (Lupe!). Stärker befallene Blätter verkrüppeln. Häufig eingeschleppt. Befall kann vom Boden ausgehen, da Teleutosporen schnell abfallen und dann im Boden liegen. Sporen können auch längere Zeit auf abgefallenen Blättern überleben. Wichtige Quarantänekrankheit, deshalb Auftreten sofort an Pflanzenschutzdienst melden!
O **Weißer Chrysanthemenrost, Weißrost** (*Puccinia horiana* P. Henn.)

Δ Wahl gesunder Mutterpflanzen und widerstandsfähiger Sorten (zu erfragen bei den einzelnen Jungpflanzenfirmen). Kontrolle bei Bezug von Stecklingsmaterial. Für Freilandkulturen windgeschützte, eingeschlossene Lagen meiden. Stecklinge bei Befallsverdacht in *Mancozeb* (*Dithane Ultra WG* 0,2 %), *Metiram* (*Polyram WG* 0,2 %) oder *Triforin* (*Saprol Neu* 0,15 %) tauchen und (möglichst) eine Zeitlang isoliert von anderen Pflanzen kultivieren. *Dendranthema* [= *Chrysanthemum*] nicht zu eng pflanzen. Wenn hohe Luftfeuchtigkeit durch starke Temperaturschwankungen (Besonnung bei Tag und Abkühlung bei Nacht) auftritt und Blätter länger als 4 Std. naß sind, vorbeugend mit einem der oben genannten Präparate oder *Bitertanol* (*Baymat flüssig* 0,1 %) spritzen in Abständen von 14 Tagen, dabei Positiv-Negativ-Listen beachten. Beide Blattseiten gut benetzen. Gute Wirkung auch durch *Azoxystrobin* (*Amistar*(2) 0,1 %) oder *Kresoxim-methyl* (*Discus*(2) 0,05 %), wenn unmittelbar nach Erscheinen der ersten Wasserflecken gespritzt wird. Keine kurative Wirkung. Krankheitsverdächtige und kranke Pflanzen vernichten.

□ Weißlicher, mehlartiger Belag auf den Blättern, Stengeln, Knospen und Blüten. Befallene Blätter sind deformiert und sterben meist vorzeitig ab, Knospen vertrocknen.

O **Echter Mehltau** (*Oidium chrysanthemi* Rab.)

Δ Allgemeines zur Bekämpfung siehe Kapitel 2.1 "Mykosen - **Echter Mehltau**". Gesunde Mutterpflanzen. Übermäßige Feuchtigkeit bei gleichzeitiger Wärme vermeiden, ebenso Zugluft und schroffen Temperaturwechsel. Bei ersten Spuren von Befall spritzen mit *Bitertanol* (*Baymat flüssig* 0,1 %), *Netzschwefel* 0,2 % (Schäden möglich) sowie *Triforin* (*Saprol Neu* 0,15 %, auch gegen Blattflecken- und Rostpilze) unter wiederholter Anwendung alle 8-10 Tage.

□ Blütenblätter zeigen kleine braune Flecke oder an ihrer Spitze größere Faulstellen, oft auch Fäulnis im Innern der Blüte. Auch Blätter fleckig. Die faulenden Gewebe sind, vor allem bei hoher Luftfeuchtigkeit, mit grauem Myzel bedeckt.

O **Grauschimmel, Botrytis-Blütenfäule** (*Botrytis cinerea* Pers.)

Δ Stagnierende Luft im Gewächshaus und auf überbauten Anbauflächen im Freiland vermeiden, reichlich lüften, eventuell gleichzeitig heizen. Eintüten der Blüten kurz bevor die Knospen Farbe zeigen, auch auf absolute Freiheit von Spinnmilben, *Thrips* und Blattläusen achten, da sonst in den Tüten starke Vermehrung. - Entscheidend Vermeidung von Niederschlägen.
Vorbeugend, spätestens beim Auftreten der ersten Spuren von Infektionen, wiederholte Anwendung von Mitteln gegen *Botrytis* wie *Benomyl* (*Du Pont Benomyl*(2) 0,05 %, nicht zu oft,) *Vinclozolin* (*Ronilan WG* 0,1 %), *Iprodion* (*Rovral* 0,1 %), *Thiabendazol* (*Tecto FL*(1) 0,1 %) oder anderer zugelassener Präparate.- Sortenverträglichkeit prüfen! -

□ Blätter verfärben sich einseitig. Symptome häufig auf eine Pflanzenseite beschränkt. Wurzeln vermorschen. Gefäße verbräunen, Pflanze stirbt selten ganz ab.

O **Fusarium-Welke** (*Fusarium oxysporum f. sp. chrysanthemi* Armstrong et al.)

Δ Befallene Pflanzen mit Wurzelballen entfernen. Benachbarte Pflanzen mit *Benomyl* (*Du Pont Benomyl* 0,1 %) angießen. Im Freiland Wechsel der Anbaufläche, unter Glas Bodenentseuchung.

□ Kleine, stecknadelkopfgroße Flecke auf den Blättern, die sich schnell vergrößern und zusammenfließen. Blätter hängen dann schlaff herab.

O **Myrothecium-Blatt- und Stengelfäule** (*Myrothecium roridum* Tode.)

Δ Luftfeuchtigkeit nicht über 85 % LF halten. Kulturtechnische Maßnahmen optimieren, Hygiene beachten.

Schmarotzerpflanze

□ Ein wirres Fadengeflecht umschlingt die Wirtspflanze von rechts nach links und sendet Saugorgane (Haustorien) aus, hauptsächlich in die Blattstiele und Hauptblattadern. Diese durchdringen die Mittellamellen und Zellwände und entziehen dem Wirt lebenswichtige Stoffe. Mit Beginn der Haustorienausbildung nimmt Wachstum des Parasiten zu, Pflanze kümmert.

O **Östliche Seide** (*Cuscuta australis* R. Br.)

Δ Im Unterglasanbau sofortige Vernichtung der befallenen Pflanzen mit Wurzelballen durch Verbrennen. Durch chemische oder physikalische Bodenentseuchung werden die hartschaligen Samen nicht abgetötet, daher Abtragung der obersten Bodenschicht bis auf etwa 5 cm.

Tierische Schädlinge

□ An den Blättern, zuerst an den untersten, die typischen, von den Blattadern geradlinig begrenzten, erst wässerig gelblichen, später braunen oder schwarzbraunen "Älchenflecken". Blätter erst mißfarbig, schließlich absterbend, vertrocknend. Bei Befall von Blütenknospen wird der Blütenboden braun.

O **Blattälchen** (*Aphelenchoides* spec.)

Δ Gesunde Mutterpflanzen verwenden.
Siehe auch Kapitel 2.1 "Tierische Schädlinge - **Blattälchen**".

□ Auf den Blättern, zunächst in der Nähe der Blattadern, zeigen sich kleine Aufhellungen, die sich später ausdehnen. Bei stärkerem Befall unter den Blättern sowie an Trieben und Blüten feine Gespinste mit Milbenstadien.

O **Spinnmilben** (*Tetranychidae*)

Δ Allgemeines zur Bekämpfung der Spinnmilben siehe Kapitel 2.1 "Tierische Schädlinge - **Spinnmilben**". Wenn erster Befall zu beobachten ist, spritzen mit *Clofentezin* (*Apollo*(3) 0,04 %), eventuell auch *Clofentezin* + *Fenpropathrin* (*Apollo*(3) + *Rody*(3) 0,04 % + 0,05 %), vor allem kurz vor Eintüten der Blüten, um Befall in den Tüten zu vermeiden.
Bewährt haben sich gegen Spinnmilben auch *Fenazaquin* (*Pride Ultra*(3) 0,05 %, *Magister 200 SC*(3) 0,05 %), *Fenbutatin-oxid* (*Torque*(3) 0,05 %), *Fenpropathrin* (*Rody*(3) 0,05 %) und *Abamectin* (*Vertimec*(3) 0,025 %), aber Vorsicht bei Erscheinen der ersten Blüten.
Präparate gegen Spinnmilben zur Vermeidung von Resistenzbildung möglichst oft wechseln, spätestens, wenn ihre Wirkung merkbar nachläßt.

□ Blätter, Blütenknospen und Triebe mit eingesunkenen, braun werdenden, zu Löchern mit wulstigem Rand aufreißenden Flecken (Stichstellen!), Blätter teilweise durchlöchert, wie auch die Triebe verkrüppelt, Knospen bleiben sitzen oder werden schief, Blütenboden mit braunen, trockenen Stellen.

O **Blattwanzen** (*Lygus* spec.)

Δ Zur Spritzung gegen Blattwanzen eignen sich *Propoxur* (*Unden flüssig,* 0,2 %), *Permethrin* (*Ambush*(2) 0,01 %) oder *Deltamethrin* (*Decis flüssig*(3) 0,05 %). - Bei *Propoxur* und *Deltamethrin*(3) Schäden möglich. -

☐ Blätter gekräuselt, junge Triebe verkrüppelt, von Blattläusen besetzt, die später auch die Blüten befallen.

O **Blattläuse** (*Aphididae*)

Δ Allgemeine Bekämpfungsanweisungen siehe Kapitel 2.1 "Tierische Schädlinge - **Blattläuse".**

Erweist die Kontrolle Blattlausbefall, so sollten *beta-Cyfluthrin* (*Bulldock*(3) 0,05 %), *Deltamethrin (Decis flüssig*(3) 0,05 %), *Dimethoat* (z.B. *Roxion* 0,1 %), *Imidacloprid* (*Confidor WG 70*(3) 0,01 %), *Oxydemeton-methyl* (*Metasystox R* 0,1 %), *Propoxur* (*Unden flüssig* 0,15 %), oder *Pirimicarb* (*Pirimor-Granulat zum Auflösen in Wasser*(3) 0,05-0,1 %), verwendet werden, besonders kurz vor der Blüte, um das Einwandern in die Blüte zu verhindern. Sortenverträglichkeit zuvor überprüfen.

Blühende Bestände können als Notbehelf nach Unterlassen rechtzeitiger Maßnahmen vorsichtig mit *Pirimicarb* (*Pirimor Granulat zum Auflösen in Wasser*(3)) behandelt werden, doch ist der Erfolg einer Bekämpfung bei Befall der Blüten fast immer unbefriedigend. - Im Gewächshaus auch die Anwendung des *Räuchermittels Sulfotep* (*Bladafum II*).

Probleme macht die *Pirimicarb*-resistente **Grüne Baumwollaus** (*Aphis gossypii* Glor.). Zur Bekämpfung können eingesetzt werden *Imidacloprid* (*Confidor WG 70*(3) 0,01 %), *beta-Cyfluthrin* (*Bulldock*(3) 0,05 %), *Propoxur* (*Unden flüssig* 0,15 %) oder *Sulfotep* (*Bladafum II*).

☐ Wurzeln, vor allem an Jungpflanzen von ca. 5 mm langen schmalen Tieren mit 12 Beinpaaren und langen Fühlern, benagt. An mehreren Pflanzenarten.

O **Zwergfüßler** (*Scutigerella immaculata* Newp. und andere Arten)

Δ Angießen mit *Propoxur* (*Unden flüssig* 0,2 %) auf feuchten Boden. (Sortenverträglichkeit beachten!) Versuchsweise auch *Carbofuran* (*Curaterr Granulat* 10 g/m²).

☐ Nackte, grünliche oder braune (*Brotolomia-, Polia- und Barathra*-Arten) oder behaarte, braunrote (*Acronycta rumicis* L.) Eulenraupen fressen an Blättern und Blüten von Gewächshauschrysanthemen, seltener auch im Freiland. Hier haben **Erdraupen** (die allerdings auch zu den Eulenraupen zählen) größere Bedeutung.

O **Eulenraupen** (*Noctuidae*), ferner **Wicklerraupen** (*Tortricidae*)

Δ Bei ersten Fraßspuren spritzen mit *beta-Cyfluthrin* (*Bulldock*(3) 0,05 %), *Permethrin* (*Ambush*(2) 0,01 %), *Deltamethrin* (*Decis flüssig*(3) 0,05 %), *Parathion* (*E 605 forte*(3) 0,035 %), *Cypermethrin* (*Cymbush* 0,05 %) oder *Propoxur* (*Unden flüssig* 0,2 %). Alle genannten Präparate wirken auch gegen **Blattläuse und Blattwanzen** (Sortenverträglichkeit beachten!.

☐ Fensterfraß durch Raupen auf der Unterseite der Blätter, wobei die Blattoberseite meist gesund bleibt. Erster Befall ist so schwer zu erkennen. Später auch Triebspitzenfraß. Eiablage blattunterseits an unteren Blättern von Jungpflanzen, Raupenfraß, Verpuppung im Boden. Entwicklung einer Generation bei 20 °C etwa 30 Tage.

O **Floridamotte** (*Spodoptera exigua*)

Δ Bekämpfung der etwa 1,5 cm großen, grau-braunen Falter mit *beta-Cyfluthrin* (*Bulldock*(3) 0,05 %), *Deltamethrin* (*Decis flüssig*(3) 0,05 %), *Permethrin* (*Ambush*(2) 0,02 %) oder *Sulfotep* (*Bladafum II* 1 Dose/200 m³ Raum). Junge Raupen, deren Auftreten ständig kontrolliert werden muß, mit *lambda-Cyhalothrin (Karate* 0,05 %), *Permethrin (Ambush*(2) 0,02 %), ältere Raupen mit *Diflubenzuron* (*Dimilin 25 WP*(1) 0,05 %) bekämpfen.

Erdraupenbefall an Freilandchrysanthemen vermeidet man am sichersten durch Ausspritzen und sofortiges Einarbeiten von Pflanzenschutzmitteln vor der Bepflanzung. Siehe Kapitel 2.1 "Tierische Schädlinge - **Erdraupen**".

□ Auf den Blättern helle Miniergänge, darin Fliegenlarven.
O **Minierfliegen** (verschiedene Arten)
Δ Bereits beim Auftreten der ersten Miniergänge muß mit *Permethrin* (*Ambush*(2) 0,02 %), *Deltametrin* (*Decis flüssig*(3) 0,05 %), *Parathion* (*E 605 forte*(3) 0,035 %) oder *Abamectin* (*Vertimec*(3) 0,025 %) gespritzt werden, um die Ausbreitung dieser Schädlinge zu vermeiden. Gelbtafeln aufhängen.

□ Auf Blättern, Blüten und Stengeln kegelförmige, schräg stehende, etwa 3 mm lange Gallen, in diesen gelbrote Larven. Eingeschleppter Schädling!
O **Chrysanthemen-Gallmücke** (*Diarthronomyia chrysanthemi* Ahlb.)
Δ Wiederholtes Spritzen mit *Parathion*(3) verhindert Neubefall und tötet viele Larven in den Gallen. Bei gegen Phosphorinsektizide empfindlichen Sorten Anwendung von Mitteln gegen die fliegenden Mücken.

Ferner an *Dendranthema* [= *Chrysanthemum*]: ***Thrips*, Weiße Fliege, Ohrwürmern, Raupen, Schaumzikaden, Trauermückenlarven** und **Zikaden.** Siehe Kapitel 2.1 "Tierische Schädlinge".

2.2.87 Dianthus barbatus (Bartnelke)

□ An den Blättern zunächst Auftreten chlorotischer Flecke und Ringe, die der Nelkenringfleckigkeit ähneln, später Ausbildung weißlicher, gleichsam "geätzter" nekrotischer Flecke und Ringe von ovaler oder hantelförmiger Gestalt, besonders auf der Mitte der Blattspreiten. Bei einzelnen Sorten am Stengel unregelmäßige Streifen und Ringe. Bei Mischinfektionen mit dem Nelkenscheckungsvirus Bildung flächenförmiger, nekrotischer Verfärbungen von unregelmäßiger Gestalt, schwach bräunlich gefärbt, mit dunkelbrauner Umrandung ("Joker blotch"). Mit der chlorotischen Ringbildung setzt Wachstumshemmung ein, Blütenentwicklung ist verzögert. Buntstreifigkeit der Blüte und gelegentliche Mißbildungen der Blütenblätter.
O **Nelkenätzring-Virus** (*Carnation etched ring-virus* (Überträger ist die Grüne Pfirsichblattlaus [*Myzodes persicae* Sulz.])
Δ Verwendung virusfreien Vermehrungsmaterials. Siehe Kapitel 2.2 "***Dianthus caryophyllus*, Virosen**".

□ An Stengeln und Blättern rundliche bis ovale, hellbraune oder mehr weißlichgraue Flecke mit dunkelpurpurrotem Rand.
O **Nelkenschwärze, Blattfleckenkrankheit,** (*Didymellina dianthi* C. C. Burt = *Heterosporium* echinulatum [Berk] Cke) = *Mycosphaerella dianthi* (C.C. Burt).
Δ Im Freiland Wechsel der Anbaufläche, unter Glas Entseuchung des Anzuchtsubstrates. Sobald sich die ersten Blattflecken zeigen, wiederholte Spritzungen im Abstand von etwa 2 Wochen mit *Propineb* (*Antracol WG*(2) 0,2%), *Mancozeb* (*Dithane Ultra WG* 0,2 %), *Metiram* (*Polyram WG* 0,2 %), *Triforin* (*Saprol* Neu 0,15 %, auch gegen Rost), *Iprodion* (*Rovral* 0,1 %) oder *Dithianon* (*Delan SC 750*(2) 0,05 %).Siehe auch Kapitel 2.1 "Mykosen - **Blattfleckenkrankheiten**".

□ Gelbliche Blattflecke mit dunkelbraunen, pustelartigen Sporangien, die oft in konzentrischen Kreisen angeordnet sind.

O **Bartnelkenrost** (*Puccinia arenariae* [Schum.] Wint.)

Δ Näheres zur Bekämpfung siehe Kapitel 2.1 "Mykosen - **Rostkrankheiten**". Besonders bewährt *Bitertanol* (*Baymat flüssig* 0,1 %), *Mancozeb* (*Dithane Ultra WG* 0,2 %), *Metiram* (*Polyram WG* 0,2 %) sowie *Triforin* (*Saprol Neu* 0,15 %). Behandlung bei ersten Befallszeichen beginnen und mehrmals im Abstand von etwa 10 Tagen wiederholen. Aber auch Überwinterungsrosetten ab September mit einem der vor genannten Präparate wiederholt spritzen.

□ Blüten und Samenanlagen durch bräunliche Raupen befressen.

O **Eulenraupen** (*Dianthoecia*-Art)

Δ Abpflücken befallener Blüten- oder Samenstände. Siehe Kapitel 2.1 "Tierische Schädlinge - **Raupen**".

Ferner an *Dianthus barbartus*: **Blattläuse, *Thrips*** (siehe Kapitel 2.2 "*D. caryophyllus*"), **Stengelälchen, Zystenbildende Wurzelnematoden**. Siehe Kapitel 2.1 "Tierische Schädlinge".

2.2.88 Dianthus caryophyllus (Nelke)

Standardmaßnahmen im Nelkenbau: Gewinnung des Vermehrungsmaterials nur von gesunden Mutterpflanzen, empfehlenswert Testung der Stecklinge auf Befall mit Virosen oder Mykosen (Pflanzenschutzdienst oder Spezialinstitutionen). Anzucht und Kultur möglichst in gedämpften oder chemisch entseuchten Substraten. Foliendämpfung meist nicht ausreichend. Bei Nelkenneupflanzungen wirken sich Kulturfehler (zu tiefes Pflanzen in zu kalten Böden bei hohem Salzgehalt und relativ niedriger Luftfeuchte) durch Verzögerung des Anwachsens der Jungpflanzen begünstigend für Fußkrankheiten aus. Stark gedüngte Böden auf Salzgehalt untersuchen lassen, eventuell durchspülen. Empfehlenswert ist das Verlegen einer Vegetationsheizung.
Nelken reagieren empfindlich auf *Dimethoat, Deltamethrin*(3), *Methamidophos* und *Propoxur, Parathion*(3), *Sulfotep* und *Iprodion.*

Nichtparasitäre Schäden

□ Während der Wintermonate, Stiele der Nelken werden dünn und zeigen mangelnde Festigkeit.

O **Dünnstieligkeit**

Δ Folge von zu kurzer Belichtung bei relativ hohen Temperaturen während der Wintermonate, daher Vorsicht mit der Beheizung.

□ Stengel mancher Nelkensorten erweisen sich vor allem beim Schnitt am Morgen als brüchig.

O **Brüchigwerden der Stengel**

Δ Ursache Periodiziät des Kohlehydratstoffwechsels, daher empfindliche Sorten abends schneiden. Dem Brüchigwerden entgegen wirken durch Steigerung der Lichtstärke und eventuelle Erhöhung der Kaliversorgung.

□ Bei manchen Nelkensorten bleiben während der Wintermonate die Blattspitzen stecken, die Blätter verkrümmen sich.

○ **Steckenbleiben der Blattspitzen, Nichtstrecken der Blätter**

Δ Als Ursachen werden Lichtmangel und nicht angemessene Flüssigdüngergaben bei Lichtmangel angesehen.

□ Knospen öffnen sich nur wenig oder gar nicht, Blütenanlage welkt oder stirbt ab.

○ **Einschlafen der Knospen**

Δ Ursachenkomplex umfaßt zu niedrige Temperaturen, ungünstige Licht- und Bodenverhältnisse, mangelhafte Nährstoffversorgung sowie Trockenheit zur Zeit der Blütenanlage oder/und Einfluß von falsch dosierten Pflanzenschutzmitteln (z.B. : *Parathion*(3) und *Triforin*).

□ Vor allem bei rot blühenden Nelkensorten zeigen sich grauweiße Flecken auf den Blüten.

○ **Pocken**

Δ Entweder Folge zu hoher Luftfeuchtigkeit bei tiefen Temperaturen oder Befall durch *Botrytis* (Grauschimmel). Siehe Kapitel 2.1 "Mykosen - **Grauschimmel".** Luftfeuchtigkeit vor allem bei tiefen Nachttemperaturen vermeiden!

□ Etwa 10-14 Tage vor dem Schnitt reißt der Kelch mit Längsrissen auf, Blütenblätter treten seitlich hervor, vor allem bei viruskranken Pflanzen und Sorten mit gedrungenen, kegelförmigen Knospen und breiter Blütenblattbasis. Regelmäßigkeit und Haltbarkeit der Blüte ist gestört.

○ **Platzen der Blütenkelche**

Δ Vermeidung von Temperaturschwankungen und übermäßiger Luftfeuchtigkeit einige Tage vor dem Öffnen der Kelchblätter. Selektion des Vermehrungsmaterials aus nicht platzenden Beständen. Vermeidung unregelmäßiger, zeitweise übermäßiger Bewässerung und einseitiger Düngung, kein Überschuß an Phosphorsäure, kein Mangel an Stickstoff und/oder Bor. Bezug von Jungpflanzen in Qualitätsbetrieben! Auch virusbefallene Pflanzen können zum Platzen der Blütenkelche neigen.

□ Blüten bleiben aus, schrumpfen oder/und werden schwarz.

○ **Ausbleiben, Schrumpfen, Schwarzwerden der Blüten**

Δ Im Bestand sowie bei Lagerung und Transport der Blumen für genügend Feuchtigkeit in der Umgebung der geschnittenen Blüten sorgen. Nelken nicht länger mit anderen Schnittblumen aufbewahren, bei 5-7 °C und 75 % rel. Luftfeuchte halten.

□ Pflanzen schwachwüchsig, Internodien zwar lang, aber wenig Seitentriebe, Blätter bleiben klein, die unteren heller gefärbt und nur spärlich bereift. In den Wintermonaten Steckenbleiben der Blattspitzen.

○ **Stickstoffmangel**

Δ Angemessene Versorgung mit Stickstoff aufgrund Substratuntersuchung.

□ Wuchs schwach, Triebe weich, Laub bleibt dunkelgrün, Blüten klein, eventuell Nekrosen, die sich vom Rand her ausbreiten oder Absterben der unteren Blätter.

○ **Phosphorsäuremangel**

Δ Angemessene Versorgung mit Phosphorsäure, aber kein Überschuß, da sonst Platzen der Blütenkelche begünstigt wird.

□ Zuwachs schwach, Triebe dünn, weich, an den Blättern braune Stellen, Blattspitzen mit Nekrosen. Blüten klein und schwach gefüllt.
○ **Kalimangel**
Δ Angemessene Versorgung des Bodens mit Kali, Substratuntersuchung.

□ Blätter sterben von der Spitze her nach vorherigem Vergilben ab. Blütenblätter am Rand braun, werden schlaff.
○ **Überdüngung mit Kali**

□ Junge Blätter mit hellen Flecken, an der Basis platzend, Blattspitze schließlich gelb, spröde, verdickt. Rotbraune Verfärbungen längs der Mitteladern. Zahlreiche Achselknospen, Endknospen sterben ab. Blüten mehr oder weniger mißgestaltet. Vor allem bei Stickstoffüberschuß und im hohen pH-Bereich.
○ **Bormangel**
Δ Bordüngung aufgrund des Ergebnisses einer Substratuntersuchung.

□ Blattspitzen der Pflanzen verfärben sich, sterben ab. Partiell bleichfleckig, scharf gegen das gesunde Gewebe abgegrenzt.
○ **Borüberschuß**

□ An den jungen Trieben zeigen sich Spitzennekrosen. Blätter reagieren besonders empfindlich auf Trockenheit. Blattspitzen und Vegetationspunkte zuweilen absterbend, Seitentriebe schwach.
○ **Calciummangel**
Δ Angemessene Versorgung der Pflanzen mit Kalzium aufgrund einer Substratuntersuchung.

□ Interkostalfelder chlorotisch, Blattadern bleiben dunkelgrün. Absterben der Blätter von der Spitze her. An der Basis der Pflanze starker Neuaustrieb.
○ **Magnesiummangel**
Δ Angemessene Versorgung der Pflanzen mit Magnesium aufgrund einer Substratuntersuchung.

□ Pflanzen grau, glanzlos, Blattspitzen mit gelbbraunen Nekrosen, vor allem nach Bodendämpfung an feuchten Stellen.
○ **Manganüberschuß**
Δ Bodenuntersuchung und spezifische Maßnahmen aufgrund des Ergebnisses.

□ Pflanzen chlorotisch. Diese Typen von Chlorosen lassen sich **nicht** durch Eisen-, Mangan- oder Magnesiumgaben beheben.
○ **Überdüngungs-(Salz-)schäden**
Δ Zu hohen Salzgehalt im Boden durch Auswässern beseitigen.

Virosen

Aus Nelken sind bisher etwa 12 verschiedene Viren isoliert worden. Bedeutung haben vor allem das *Carnation mottle virus,* das *Carnation ringspot virus,* das *Carnation mosaic virus,* das *Carnation vein mottle virus,* das *Carnation latent virus* (*Kartoffel-M-Virus*), das *Carnation necrotic fleck virus* und das *Carnation etched ring virus*. Alle genannten Viren sind mechanisch übertragbar.

☐ Adernaufhellung an jungen Blättern, gelegentlich weiße Lokalläsionen, später Adernaufhellung durch schwache Scheckung verdrängt. Bei einigen roten und rosafarbenen Sorten schwache Streifenbildung auf den äußeren Blütenblättern. Symptome vor allem im Frühjahr deutlich. Schnittblumenertrag gemindert.
O **Nelkenscheckungs-Virus,** (*Carnation mottle virus,* durch Preßsaft übertragbar. Schnittmesser!)
Δ Bekämpfungsmaßnahmen siehe weiter unten bei "**Nelkenmosaik-Virus**".

☐ Auf den Blättern Mosaikbildung durch Entstehen grauer und gelber Flecke mit vereinzelten nekrotischen Stellen, Blattrand wellenförmig. Auf Blattspreite junger Blätter 1-2 mm große Ringe, gelegentlich konzentrisch. An älteren Blättern Purpurfärbung und Kräuselung an der Blattbasis, oft weiter Mißgestaltung. Auf Inokulationsblättern nekrotische, häufig konzentrische Ringe. Kelch reißt auf. Blüte ist kleiner und blasser als normal, zuweilen buntstreifig. Blütenkelche neigen zum Platzen, Blütenblätter manchmal mit Buckelerscheinungen.
In verseuchten Beständen ist der Schnittertrag stark gemindert, da Pflanzen im Wuchs wesentlich zurückbleiben.
O **Nelkenringflecken-Virus** (*Carnation ringspot virus,* Übertragung durch Laub- und Wurzelkontakt, mit dem Schnittmesser, Übertragung durch die als Vektoren fungierenden Nematoden *Longidorus macrosoma* Fritzsche und Schmelzer und *Xiphinema diversicaudatum* Fritzsche und Schmelzer, bisher nicht bestätigt).
Δ Bekämpfung siehe weiter unten bei "**Nelkenmosaik-Virus**".

☐ Adernaufhellung an jungen Blättern, später längs der Adern angeordnete chlorotische Flecke und Zeichnungsmuster, besonders deutlich im Sommer. Mit zunehmendem Alter Blattsymptome oft kaum noch erkennbar. Kelchblätter gescheckt, Blüte buntstreifig.
O **Adernscheckungs-Virus** (*Carnation vein mottle virus*, Übertragung mechanisch und durch die Blattlaus *Myzodes persicae* Sulz)
Δ Bekämpfung siehe unten bei "Nelkenmosaik-Virus".

☐ Symptome ähneln denen des Nelkenringflecken-Virus. Chlorotische Flecke auf den Blättern, später weißliche, wie verätzt scheinende Läsionen. Bei Mischinfektionen mit anderen Virosen weitere Symptome.
O **Nelkenätzring-Viren** (*Carnation etched ring virus*, Übertragung mechanisch und durch Pfirsichblattlaus)
Vor allem bei Mischinfektion mit Nelkenscheckungsvirus gefährlich. Bekämpfung siehe unten bei "**Nelkenmosaik-Virus**".

☐ Vor allem die älteren Blätter zeigen weißliche, rötliche oder gelblichbraune, parallel der Adern verlaufende Strichelung, deutlich vor allem im Frühjahr. Blätter sterben ab.
O **Strichelkrankheit** (*Carnation streak virus,* durch Propfung übertragbar)
Δ Bekämpfung siehe weiter unten bei "**Nelkenmosaik-Virus**".

☐ Weißgraue oder purpurrote, nekrotische Flecke auf den Blättern oder Blütenstielen.

O **Nekrotisches Fleckenvirus** (*Carnation necrotic fleck virus*, blattlausübertragbar)
Δ Bekämpfung siehe weiter unten bei "Nelkenmosaik-Virus".

□ Die Pflanzen bleiben symptomlos.
O **Latentes Nelkenviruskrankheit** (*Carnation latent virus,* hervorgerufen vom *Kartoffel-M-Virus;* Übertragung durch die Pfirsichblattlaus *Myzodes persicae* Sulz.)
Δ Bekämpfung siehe weiter unten bei "**Nelkenmosaik-Virus**".

□ Leichte Wachstumsminderung. Junge Blätter zeigen hell- und dunkelgrüne Flecke, Ringe und Streifen als durchscheinende "Fettflecke", die parallel zur Mittelrippe verlaufen. Im älteren Blatt kann Maskierung erfolgen. Daneben treten gelbliche bis graubraune Blattflecke auf, die sich oft zu größeren Flecken und Linien vereinigen, gelegentlich mit nekrotischen Zentren, als deren Folge Kräuselung und Mißbildung der Blätter. Gleichartige Symptome auch an den Stengeln. Bei farbigen, besonders dunkelrosa und roten Sorten "Buntstreifigkeit" der Blüte in Form weißer oder heller, parallel zur Aderung der Blütenblätter verlaufender Streifen. Schnittblumenertrag gemindert.
O **Nelkenmosaik-Virus** (*Carnation mosaic virus,* Übertragung durch Schnittmesser sowie durch die Blattlaus *Myzodes persicae* Sulz., auch Wurzelübertragung)
Δ Zur **Vermeidung des Auftretens von Viruserkrankungen** strengste Selektion des Vermehrungsmaterials, am besten Verwendung *getesteter Mutterpflanzen.*
Über **Wärmebehandlung** (*Carnation mottle virus, Carnation latent virus* und *Carnation etched* ring virus 38 °C - 2 Monate; *Carnation ringspot virus* 36 °C - 4 Wochen) und **Sproßspitzen** (Meristem)-Kultur können virusfreie Mutterpflanzenbestände neu aufgebaut werden.
Es ist aber bisher kaum möglich, solche Kernbestände vor Neuinfektion zu schützen, auch nicht durch regelmäßige vorbeugende Maßnahmen gegen Blattläuse (*Pirimicarb*(3) oder *Oxydemeton-methyl*), deren Durchführung aber trotzdem zur Verzögerung der Neuverseuchung dringend erforderlich ist.
Zur Problematik der Virustherapie und Virusidentifizierung siehe auch Kapitel 2.1 "Virosen".

Bakteriosen

□ Triebspitzen fahl graugrün und welk, Blätter geschrumpft, von der Stammbasis ausgehende Vergilbung der Blätter. Wurzeln und Stengelteil braun verfärbt, wässerig, beim Querschnitt durch den Stengel nicht nur Leitungsbahnen, wie bei der ***Phialophora*-Welke,** sondern auch Rinde und Mark braun verfärbt.
O **Bakterielle Welkekrankheiten**, darunter:
Bakterielle Welke, Stengelaufriß-Bakteriose, Spaltenbakteriose (*Pseudomonas caryophylli* [Burkh.],Starr et Burkh.). Typisch sind die langgezogenen Aufrißstellen am Stengel.
Bakterielle Stauche- und Welkekrankheit (*Pectobacterium parthenii var. dianthicola* Hellm. *Erwinia chrysanthemi pv. dianthicola* [Hellm.] Dickey). Typisch das Steilstehen der Gipfelblätter, das Einrollen der Blattränder und das Schrumpfen des Blattgewebes, schließlich Vergilben und Absterben der Blätter, Sprosse etwas gestaucht, schmalblättrig.
Δ Verwendung entseuchter Substrate. Auswahl gesunder Mutterpflanzen oder Einsatz getesteter oder aus Gewebekultur stammender Stecklinge. Stecklinge möglichst brechen, nicht schneiden. Vermehrungsbeete gründlich desinfizieren (*M & ENNO-TER forte*).

Neupflanzungen in entseuchten Böden und am sichersten in Beete mit abgeschlossener Sohle.

Mykosen

□ Pflanzen oder einzelne Triebe fahlgrün, welken, verdorren. Stengelgrund und Wurzelhals manchmal dunkel, vermorscht mit bräunlichem Holzkörper, zuweilen mit weißem oder rötlichem Pilzbelag bedeckt.

○ **Fußkrankheiten** (*Fusarium-, Rhizoctonia-* und weitere Pilzarten, siehe auch weiter unten), zuweilen auch/oder mit Symptomen von **Welkekrankheiten.**

Δ Im Freiland Wechsel der Anbaufläche, unter Glas Entseuchung des Anzuchtsubstrates und der Anzuchtgeräte, Salzgehalt des Bodens prüfen. Sauberes Gießwasser. Stecklinge nur von gesunden getesteten Mutterpflanzen widerstandsfähiger Sorten gewinnen. Stecklinge nicht in zu kalten Boden und nicht zu tief und dicht setzen, Gewächshäuser luftig, kühl halten. Vorsichtige, aber ausreichende Bewässerung.
Chemische Bekämpfung unsicher. Infrage kommen je nach Art der beteiligten Pilzarten:
Vorbeugende Anwendung:
gegen *Fusarium*-Arten, auch *Rhizoctonia: Benomyl* (*Du Pont Benomyl*[2] 0,05-01,%).
gegen *Pythium*- und *Phytophthora*-Arten: *Metalaxyl* (*Fonganil Neu* 100 g in 5-10 l Wasser/m³ Anzuchtsubstrat oder 0,05 % im Angießverfahren) oder *Propamocarb* (*Previcur N* 0,15 %)angießen.
gegen *Rhizoctonia* (und *Alternaria*): *Vinclozolin* (*Ronilan WG* 0,1 %) und *Iprodion* (*Rovral* 0,1 %) im Angießverfahren.
Wenn trotz Schaffung guter Kulturbedingungen und vorbeugender Gegenmaßnahmen Fußkrankheiten auftreten, Angießen des gesamten Bestandes mit einem der oben genannten Präparate und an den Befallsstellen kranke Pflanzen entfernen. Zusätzliches Angießen oder Spritzen mit den genannten Fungiziden auch später ratsam, zweckmäßig alle 4 Wochen wiederholen, aber dabei Präparate wechseln! -
Die genannten Maßnahmen haben auch Bedeutung für die Bekämpfung der ***Fusarium*-Welke** und ***Phialophora*-Welke.**
Gelegentlich kann auch **Phytophthora-Stengelgrundfäule** (*Phytophthora nicotianae* van Breda de Haan, *P. Cactorum* [Leb. et Cohn] Schroet., *P. parasitica* Dast.) auftreten. Junge Pflanzen verfärben sich und welken. Pflanzenbasis ist trockenfaul. Kranke Pflanzen mit Erde ausheben. Stellen mit *Propamocarb* (*Previcur N* 0,15 %) oder *Metolaxyl* (*Fonganil Neu* 0,05 %) ausgießen.

□ Untere Blätter vergilben und welken paarweise, zuweilen auch einseitig, verfärben sich vorher oft auch rötlich oder grau- bis bläulichgrün, sterben ab, vertrocknen mit strohbleicher Farbe. Auf Stengelquerschnitt in 20-40 cm Höhe gebräunte Wasserleitungsbahnen als Ring erkennbar, Mark aber im Gegensatz zu bakteriellen Welkekrankheiten gesund. Wurzeln scheinen äußerlich gesund, sind aber innen ganz oder teilweise gebräunt. Krankheitssymptome oft nesterweise.

○ **Phialophora-Welke** (*Phialophora cinerescens* [Wr.] van Beyma)

Δ Näheres unter **Fußkrankheiten.** Bodenentseuchung unerläßlich, möglichst durch Dämpfung, bei Grundbeeten ist die Wirkung aber nicht gesichert, da der Pilz bis 75 cm Bodentiefe vorkommen kann. Sofern erforderlich, bei Nelkenkultur Bankbeete vorziehen.

Für den Einsatz von Fungiziden gilt dasselbe, was oben bei Fußkrankheiten angegeben wurde. Auch Angießen mit *Thiabendazol* (*Tecto FL*(1) 0,1 %) möglich.

□ Blätter vergilben oder färben sich rötlich, welken und bleichen aus. Triebe mit Wachstumsstörungen, zum Teil schief. Gefäßbündelring braun verfärbt. Braunfärbung erfaßt im Gegensatz zu *Phialophora*-Befall auch die Rinde und das Stengelmark, Stützgewebe faserig weiß, trocken. Pflanzen werden gelb, welken und vertrocknen.
O **Fusarium-Welke** (*Fusarium oxysporum* Schlecht *f. sp. dianthi* Snyder & Hans. und andere *Fusarium*-Arten)
Δ Siehe oben unter "**Fußkrankheiten**" und "***Phialophora*-Welke**". Besonders wesentlich: Fruchtwechsel oder Bodenentseuchung.

□ Im Bereich der Stengelknoten erst gelbliche, braune oder rötliche Verfärbungen mit dunklerer Umrandung, Gelbwerden der in der Nähe sitzenden Blätter, später Abwelken der betroffenen Sprosse.
O **Fusarium-Stengelfäule und -Fußerkrankung** (*Fusarium avenaceum* [Fr.] Sacc., *F. culmorum* [Sm.] Sacc. und andere *Fusarium*-Arten)
Δ Bodenentseuchung, strenge Betriebshygiene, ausgeglichene Kultur. Sonst wie oben bei **Fußkrankheiten** angegeben.

□ An Stecklingen, auch an erwachsenen Pflanzen, am Stengelgrund braune Flecke mit dunklem Rand. Später wird befallenes Gewebe morsch, Stengel zerstört. Wurzeln bleiben meistens gesund. Mit diesen Symptomen tritt manchmal eine sehr plötzliche Welke ein.
O **Rhizoctonia-Stengelgrundfäule** (*Rhizoctonia solani* K.)
Δ Vorbeugende Maßnahmen wie gegen **Fußkrankheiten**. Pflanzen nicht zu tief in den Boden setzen. Verletzungen der Stengelbasis vermeiden und keine Seitentriebe abbrechen, da alle Wunden Eintrittspforten für Wurzel- und Stengelfäule-Pilze bilden. Bekämpfung mit Fungiziden schwierig, neben *Propineb* (*Antracol WG*(2) 0,2 %) und *Benomyl* (*Du Pont Benomyl*(2) 0,05-0,1 %) sollen *Iprodion* (Rovral 0,1 %) und *Vinclozolin* (*Ronilan WG* 0,1 %), alle im Angieß- oder (sehr gründlichem) Spritzverfahren, eine beachtliche Wirkung gegen *Rhizoctonia* haben.

□ Blätter zeigen gelbliche Flecken, zuweilen mit dunkelviolettem Rand, im Zentrum der Flecken dunkle Fruchtkörper.
O **Septoria-Blattfleckenkrankheit** (*Septoria dianthi* Desm.)
Δ Bekämpfung siehe unten bei "**Alternaria-Blattfleckenkrankheit**".

□ Blattflecken auf den Blättern, zuweilen bandartig angeordnet, oft nur Blattspitzen verfärbt. Gelegentlich auch Stengel und Kelchblätter fleckig. Pflanzen kümmern und sterben schließlich ab.
O **Blattfleckenkrankheit** (*Heteropatella valtellinensis* [Trav.] Wollenw.)
Δ Bekämpfung siehe unten bei "**Alternaria-Blattflecken-, Stengel-** und **Blütenkrankheit**".

□ An Jungpflanzen als Fußkrankheit auftretend. Bei älteren Pflanzen an Blättern, Blüten und Stengeln rundliche bis unregelmäßig längliche, weißliche bis aschgraue, oft stengelumfassende Flecken, im Zentrum mit braunen bis schwärzlichen Sporenlagern.

○ **Alternaria-Blattflecken-, Stengel- und Blütenkrankheit** (*Alternaria dianthi* Stev. et Hall und/oder *A. dianthicola* Neerg.)

Δ Gilt für alle Blattfleckenkrankheiten an Nelken: Luftfeuchtigkeit herabsetzen. Die Mutterpflanzen regelmäßig vorbeugend, die stehende Kultur am besten ebenfalls vorbeugend, spätestens beim ersten Auftreten von Blattflecken, spritzen mit *Propineb* (*Antracol WG*(2) 0,2 %), *Dithianon* (*Delan SC 750*(2) 0,05 %),*Mancozeb* (*Dithane Ultra WG* 0,2 %), *Metiram* (*Polyram WG* 0,2 %), *Triforin* (*Saprol Neu* 0,15% auch gegen Rost) oder einem anderen Mittel gegen Blattfleckenkrankheiten. Auch *Vinclozolin* (*Ronilan* WG 0,1 %), *Iprodion* (*Rovral* 0,1 %) und *Bitertanol* (*Baymat flüssig* 0,125 %) speziell gegen *Alternaria* wirksam. Spritzungen wiederholen.

Mininelken

können durch die **Alternaria-Blattfleckenkrankheit** stark geschädigt werden. Bei Befall ist die Luftfeuchtigkeit zu senken und vorsichtig (Blütenschäden!) mit *Dithianon* (*Delan SC 750*(2) 0,05 %),*Vinclozolin* (*Ronilan WG* 0,1 %), *Iprodion* (*Rovral* 0,1 %) zu behandeln.

□ An Blättern, Blütenknospen und Stengeln rundliche, erst helle, später braune, meist dunkelrote umrandete Flecke, in der Mitte oft mit schwarzem Sporenrasen. Pflanzen kümmern, Blüte schlecht. Zuweilen schnelle Ausbreitung der Krankheit, vor allem bei übermäßiger Luftfeuchtigkeit und extremer, stickiger Wärme, besonders an Chabaud-, Feder- und Landnelken.,

○ **Nelkenschwärze** (*Didymellina dianthi* C. C. Burt. - *Heterosporium echinulatum* [Berk.] Cke. = *Mycosphaerella dianthi* (C. C. Burt)

Δ Im Freiland Wechsel der Anbaufläche, unter Glas Entseuchung des Anzuchtsubstrates, gute Lüftung, auch nachts, vorteilhaft Ventilatoren. Stecklinge nur von gesunden Pflanzen gewinnen. Vorbeugende Anwendung von *Propineb* (*Antracol WG*(2) 0,2 %), *Dithianon* (*Delan SC 750*(2) 0,05 %), *Mancozeb* (*Dithane Ultra WG* 0,2%), *Metiram* (*Polyram WG* 0,2 %), *Triforin* (*Saprol Neu* 0,15 %, auch gegen Rost) oder von *Benomyl* (*Du Pont Benomyl*(2) 0,05-0,1 %). Auch *Vinclozolin* (*Ronilan WG* 0,1 %) und *Iprodion*(Rovral 0,1 %) haben sich bewährt.

□ An den Blättern und Stengeln erst gelbliche Flecken, später in deren Bereich braune bis schwarze Pusteln mit gelblichgrünen Randzonen, die mit Rostporen gefüllt sind. Bei starkem Befall Eintrocknen der Blätter.

○ **Nelkenrost** (*Uromyces dianthi* [Pers.] Niessl. = *Uromyces caryophyllinus* Wint.)

Δ Bekämpfung siehe Kapitel 2.1 "Mykosen - **Rostkrankheiten**". Stagnierende, feuchte Luft vermeiden, Ventilatoren! Pflanzen vor schroffem Temperaturwechsel schützen. Vorbeugend Nelken, vor allem Mutterpflanzen und Jungpflanzen, wiederholt, mindestens 3mal im Abstand von etwa einer Woche, besonders sorgfältig spritzen mit *Mancozeb* (*Dithane Ultra WG* 0,2 %), *Triforin* (*Saprol Neu* 0,15 %), *Bitertanol* (*Baymat flüssig* 0,1 %) oder einem anderen Mittel gegen Rostkrankheiten.

Mit der Rostbekämpfung sollte schon bei den Jungpflanzen begonnen werden, sie ist dann im Turnus von 1-2 Wochen zu wiederholen. Kaligehalte im Boden überprüfen, evtl. nachdüngen.

□ Blütezeit - Blüteninneres mit violettem bis fast schwarzem Sporenstaub durchsetzt, sonst meist nicht nennenswert geschädigt, zuweilen leichte Wachstumshemmung und stärkere Bildung von Nebentrieben. Nur gelegentlich auftretend.

○ **Antherenbrand** (*Ustilago violacea* [Pers.] Roussel)

Δ Niemals Stecklinge aus befallenen Nelkenbeständen zur Vermehrung. Kranke Pflanzen vernichten.

□ Die Blüten bleiben stecken und faulen bereits in der Knospe.

○ **Fusarium-Blütenknospenfäule** (*Fusarium poae* [Peck] Lew.)

Δ Die kranken Blütenknospen sind frühzeitig auszubrechen.

□ Blätter von Stecklingen der **Gebirgs-Hängenelke** welken und verdorren. Stengelgrund, Wurzelhals und Wurzeln braun, faulend. Am Stengelgrund später bisweilen pulvrige, weißrosa bis lachsfarbene Sporenlager.

○ **Fusariumfäule an Hängenelken** (*Fusarium culmorum* Sacc. u. a. *Fusarium*-Arten)

Δ Bodenentseuchung. Sorgfältige Auslese gesunder Mutterpflanzen, sauberer Stecklingsschnitt, nicht zu tiefe Pflanzung. Vermeidung zu hoher Luft- und Bodenfeuchtigkeit. Sonst wie **Fußkrankheiten.**

Tierische Schädlinge

□ Blätter von Gewächshausnelken vom Rande her schartig angefressen, Spitzen versponnen. Im Gespinst bis 20 mm lange, gelbgrüne Raupen. Auch in Blütenknospen und Blüten Fraßlöcher, Gespinste und Raupen. Im Gewächshaus mehrere Generationen. Aus Mittelmeerländern und Südafrika in den letzten Jahren mit Nelkenimporten eventuell mit Importnelken in die Betriebe eingeschleppte Schädlinge.

○ **Nelkenwickler: Südafrikanischer Nelkenwickler** (*Epichoristodes acerbella* Waek.) und

○ **Mittelmeernelkenwickler** (*Cacoecimorpha pronubana* Hb.) und andere *Tortricidae*

Δ **Auftreten sofort der zuständigen Pflanzenschutzdienststelle melden.** Wiederholtes Spritzen mit *Deltamethrin* (*Decis flüssig*(3) 0,05 %), *Permethrin* (*Ambush*(2) 0,01 %), *Propoxur* (*Unden flüssig* 0,15 %) oder anderen Insektiziden, aber kein *Methamidophos* (*Tamaron*) anwenden. Die genannten Präparate wirken auch gegen andere **Wicklerraupen** sowie gegen **Eulenraupen.**

□ Herzblätter und ältere Triebblätter an Bart-, Edel- und Hängenelken zeigen Miniergänge oder/und werden weiß, vergilben, welken und sterben ab. Blattbasis durch minierende Fliegenmaden zerfressen. Triebe mit Fraßgängen. Maden bis 8 mm gelblichweiß.

○ **Braune Nelkenfliege** (*Phorbia brunnescens* Zett.)

Δ Wiederholte Spritzung Ende August bis Oktober im Abstand von 2 Wochen mit *Deltamethrin* (*Decis flüssig*(3) 0,05 %), *Dimethoat* 0,1 % oder *Propoxur* (*Unden* flüssig 0,15 %), dabei auch das Herz der Pflanzen gründlich behandeln. Verwendete Präparate laufend wechseln. Befallene Pflanzenteile entfernen.

□ Blätter weißlichgelb gesprenkelt, fahl werdend, schließlich absterbend.

○ **Spinnmilben** (*Tetranychidae*)

Δ Näheres siehe Kapitel 2.1 "Tierische Schädlinge - **Spinnmilben**". Bei Feststellung von Befall wiederholtes, sorgfältiges Sprühen oder feintropfiges Spritzen auf feuchte Pflanzen (Haftfähigkeit) mit *Fenbutatin-oxid* (*Torque*(3) 0,05 %), *Fenpropathrin* (*Rody*(3) 0,05 %) oder ein anderes Mittel gegen Spinnmilben, aber kein *Methamidophos* (*Tamaron*) anwenden. Vorsicht auch mit *Abamectin* (*Vertimec*(3)). Wirkstoffe ständig wechseln, um Resistenzerscheinungen vorzubeugen. *Clofentezin* (*Apollo*[3] 0,04 %) erfaßt nur Eier und junge Larven, sonst Kombination mit *Fenpropathrin* (*Rody*[3] 0,05 %) gegen schon vorhandene erwachsene Stadien.

□ Speichelartige Schaummassen an den Stengeln, darin gelbliche Larve.
O **Schaumzikade** (*Philaenus spumarius* L)
Δ Spritzungen mit *Propoxur* (*Unden flüssig* 0,15 %) oder bei nicht blühenden Beständen *Dimethoat* 0,1 % lohnen sich nur bei Massenbefall.

□ Auch an Bartnelken, Gartenfedernelken, Remontantnelken und Tiroler Hängenelken, weniger an Edelnelken mißgebildete Triebe sowie unregelmäßige, silberweiße bis nußfarbige Flecke an den jungen Blättern und den sich öffnenden Blüten. Geschädigtes Gewebe schrumpft, Blätter und Blüten verkrüppeln. An allen befallenen Stellenschwarze Kotspritzer.
O **Thrips** (*Thysanoptera*)
Δ Näheres siehe Kapitel 2.1 "Tierische Schädlinge - ***Thrips***".
Bei überraschendem Auftreten, Spritzungen ab Mitte Mai, je nach Präparat im Abstand von etwa 4-7 Tagen mit *Permethrin* (*Ambush*[2] 0,01 %), *Deltamethrin* (*Decis flüssig*[3] 0,05 %) oder *Propoxur* (*Unden flüssig* 0,15 %). Zur Vermeidung von Resistenz Präparate möglichst oft wechseln.

Ferner an *Dianthus*: **(Weitere) Blattfleckenkrankheiten, Echter Mehltau, Grauschimmmel und *Sclerotinia*-Welke**. Siehe Kapitel 2.1 "Mykosen".
Blattläuse: bei unerwartetem Befall *Oxydemeton-methyl* (*Metasystox R* 0,1 %) oder *Pirimicarb* (*Pirimor Granulat zum Auflösen in Wasser*[3] 0,05 %), *Propoxur* (*Unden flüssig* 0,15 %) oder andere Mittel gegen saugende Insekten.
Mäuse können in kurzer Zeit zahlreiche Blüten vernichten und müssen sofort nach Entdekkung der ersten Schäden bekämpft werden.
Gegen **Trauermückenlarven** nach dem Pflanzen vorbeugend *Chlorfenvinphos* (*Birlane-Granulat* ausbringen. Bei überraschendem Befall Angießen mit *Deltamethrin* (*Decis flüssig*[3] 0,03 %), *Permethrin* (*Ambush*[2] 0,02 %).
Gegen **Springschwänze** und/oder **Zwergfüßler** an Jungpflanzen feuchten Boden vorsichtig mit 0,035% *Parathion*[3] angießen. Vorbeugend wirkt *Carbofuran* (*Curaterr Granulat* 10 g/m²). Siehe Kapitel 2.1 "Tierische Schädlinge".

2.2.89 Dianthus plumarius (Federnelke)

□ Blätter mit erst aschgrauen, später mehr braun werdenden Flecken.
O **Alternaria-Blattfleckenkrankheit** (*Alternaria dianthi* F. L. Stevens et J. G. Hall)
Δ Angaben zur Bekämpfung siehe bei "***Dianthus caryophyllus***".

Ferner an *Dianthus plumarius*: ***Thrips*** (siehe Kapitel 2.2 "***D. caryophyllus***")

2.2.90 Dicentra (Tränendes Herz)

□ Blätter werden in den Interkostalfeldern erst hellgelblich, später orangegelb, Adern bleiben zunächst grün. Schließlich das ganze Blatt mehr oder weniger orangegelb.
O **Stengelfäule** (*Sclerotium rolfsii* Sacc., *Sclerotinia sclerotiorum* [Lib.] Mass.))

○ **Stengelgrundfäule** (*Phytophthora cactorum* Schröt.)

Δ Näheres zur Bekämpfung siehe in Kapitel 2.1 "Mykosen".

2.2.91 Dieffenbachia (Dieffenbachie)

□ Im Vermehrungsbeet Auftreten von Naßfäule möglich. Bei Triebspitzenstecklingen Basalfäule, dann welkend und von innen heraus faulend. Bei älteren Pflanzen Befall von Wurzeln, Stengel und Blättern, Wurzeln werden glasig-weich und fallen zusammen. Am Grund des Stengels 5-10 cm lange, gelblichgraue oder schwärzliche, wäßrige Faulstelle. Hier häufig Aufreißen des Stengels und Austritt von gelblichem, an der Luft krustig erstarrendem Schleim. Blattstiele schwach nach unten gekrümmt. Blätter verlieren Glanz, einige vergilben vom Rand her, werden gelb und schließlich braun. Vergilbung unten beginnend, dann nach oben übergreifend. Triebspitze oft noch längere Zeit grün. Pflanzen bleiben im Wachstum zurück.

○ **Bakterienfäule, Bakterienwelke** (*Erwinia chrysanthemi var. carotovora* [Burkh.] Drye)

Δ Verwendung einwandfreien Vermehrungsmaterials aus befallsfreien Betrieben. Nach Befall Entseuchung der Gewächshäuser, Geräte und Erde, dann Aufbau einer neuen Anzucht. Kranke Pflanzen radikal entfernen. Hohe Luftfeuchtigkeit (über 80 %) vermeiden. Nur von unten wässern, Pflanzen zeitig rücken.

□ Rundliche, braune, dunkelbraun gerandete und von einem gelben Hof umgebene, bei Feuchtigkeit mit zartem Schimmelbelag überzogene Flecken auf den Blättern, bei stärkerem Befall Absterben derselben.

○ **Blattfleckenkrankheit** (*Phaeosphaeria eustoma* [Fuckel] Holm)

Δ Vermeidung zu hoher Luftfeuchtigkeit. Vorbeugende Spritzung mit einem Mittel gegen Blattfleckenkrankheiten wie *Mancozeb* (*Dithane Ultra WG* 0,2 %), *Metiram* (*Polyram WG* 0,2 %), *Triforin* (*Saprol Neu* 0,15 %) oder anderen.

Spinnmilben

verursachen zuweilen schwere Schäden. Von Spritzmitteln bewährt: *Abamectin* (*Vertimec*(3) 0,025 %), *Clofentezin* (*Apollo*(3) 0,04 %), *Methamidophos* (*Tamaron* 0,15 %, nicht zu oft!), *Fenbutatin-oxid* (*Torque*(3) 0,05 %) und andere.

Ferner an *Dieffenbachia*: **Fußkrankheiten** (*Fusarium-*, *Pythium*-Arten, *Chalara elegans* [*Thielaviopsis*-Art]), **Blattfleckenkrankheit** (*Colletorichum sp.*) - ***Thrips*, Blattläuse, Schildläuse, Wolläuse.** Siehe Kapitel 2.1 "Mykosen", "Tierische Schädlinge".

2.2.92 Digitalis (Fingerhut)

□ Besonders untere Blätter mit braunen, durch die Blattadern meist eckig begrenzten, bis 7 mm großen Flecken, blattoberseits mit rötlichem Rand, oft zusammenfließend, auf beiden Blattseiten mit lockeren, weißlichen Sporenlagern. Blattgewebe reißt auf.

○ **Blattfleckenkrankheit** (*Ramularia variabilis* [Fuck.] oder *Colletotrichum fuscum* Laub [mit ähnlichen Symptomen])

Δ Spritzen mit *Propineb* (*Antracol WG* 0,2 %), *Mancozeb* (*Dithane Ultra* 0,2 %), *Metiram* (*Polyram-Combi* 0,2 %), *Triforin* (*Saprol Neu* 0,15 %) oder einem anderen Mittel beim Erscheinen der ersten Krankheitssymptome.

Häufig an *Digitalis*: **Blattläuse.** Bekämpfung siehe Kapitel 2.1 "Tierische Schädlinge".

2.2.93 Dizygotheca elegantissima (Fingeraralie)

Siehe Kapitel 2.2 "*Aralia*"

2.2.94 Doronicum (Gemswurz)

□ Pflanzen welken. Wurzeln sehen gesund aus, aber Wurzelhals und die Triebbasis verbräunt. Blattstiele weichfaul. Fäule dehnt sich bis in die Blattspreite aus.
O **Wurzelhalsfäule** (*Phytophthora cryptogea* Pethyb u. Laff.)
Δ Staunässe vermeiden. Angießen mit *Metalaxyl* (*Fonganil Neu* 0,05 %), vorbeugend mit *Propamocarb* (*Previcur N* 0,15 %).

An *Doronicum* kommen ferner vor: **Fußkrankheiten, Echter Mehltau** - **Blattläuse.** Siehe Kapitel 2.1 "Mykosen", "Tierische Schädlinge".

2.2.95 Dracaena

Die einzelnen *Dracaena*-Arten unterscheiden sich deutlich in ihrer Anfälligkeit für bestimmte Krankheiten und Schädlinge. So tritt beispielsweise an *D. deremensis Souvenir* und *D. deremensis Warneckii* lediglich nach übermäßigem Gießen ***Pythium*-Befall** auf. Sonst bleiben die Pflanzen befallsfrei.
Zur vorbeugenden Bekämpfung von *Pythium* sind *Metalaxyl* (*Fonganil Neu*) oder *Propamocarb* (*Previcur N*) geeignet.
D. sanderiana, *D. fragrans Lindenii* und *D. Red Edge* werden von **Spinnmilben** in der Regel stark befallen und reagieren empfindlich durch Scheckigwerden der Blätter.
D. fragrans Massangeana sowie *D. marginata* zeigen dagegen meist nur schwachen Spinnmilbenbesatz, und nur in der Nachbarschaft verseuchter Pflanzen. An *D. thalioides* liegt häufig starker Besatz mit **Spinnmilben** vor, der die Pflanzen schnell unverkäuflich macht, da sie sofort durch Aufhellungen der Blätter reagieren.
Blattläuse kommen an *Dracaena*-Arten gelegentlich ebenfalls vor, vor allem an *D. thalioides.*
Schmierläuse wurden bisher vor allem an eingeführten Pflanzen gefunden, die aus subtropischen oder tropischen Gebieten stammten, besonders an *D. marginata* und *D. marginata tricolor.*
Zur Bekämpfung aller genannten Schädlinge siehe Kapitel 2.1 "Tierische Schädlinge".
Die Einschleppung des Bananentriebbohrers (*Opogona sacchari* Bojer)
mit dem Import von *Dracaena* und *Yucca*stämmchen muß verhindert werden. Bei den "Triebbohrern" handelt es sich um Raupen einer tropischen Nachtschmetterlingsart, die vor allem im Bastteil der Stämme, aber auch tiefer im Holz bohren, wobei die Pflanzen absterben können. Der Schaden wird erst sichtbar, wenn der Bastteil abblättert und die Pflanze zu welken beginnt.
Die Bekämpfung der Triebbohrerraupen ist sehr schwierig. Wichtigste vorbeugende Maßnahme ist Verhinderung der Einschleppung und Vernichtung befallener Pflanzen. Nachquarantäne befallsverdächtiger Pflanzen. Auch Spritzbehandlung mit *Permethrin* (*Ambush*(2) 0,01 %) oder *Deltamethrin* (*Decis flüssig*(3) 0,03 %). Betriebe, in denen dieser Schädling auftritt, sollten eine Beratung durch den Pflanzenschutzdienst anfordern.

Ferner an ***Dracaena*-Arten**: **Wurzel-** und **Stengelgrundfäule** (*Pythium*-, *Rhizoctonia*-Arten), ***Fusarium*-Fäule** und **Grauschimmel - *Thrips*, Schild-** und **Schmierläuse.** Siehe Kapitel 2.1 "Mykosen", "Tierische Schädlinge".

2.2.96 Echeveria (Echeverie)

***Echeverien* sind empfindlich gegen *Parathion*[(3)].**

□ Meist kleine, braune, zuweilen auch mehr rötliche Blattflecke.

O **Blattfleckenkrankheit** (*Stemphylium bolicki* Sob. et. Seym.)

Δ Bei den ersten Symptomen spritzen mit *Mancozeb* (*Dithane Ultra WG* 0,2 %), *Metiram* (*Polyram WG* 0,2 %), *Triforin* (*Saprol Neu* 0,15 %) oder einem anderen Mittel gegen Blattfleckenkrankheiten.

Ferner an *Echeveria*: ***Phytophthora*-Fäule, Rost - Blattläuse, Schmierläuse, Wolläuse, Dickmaulrüßlerlarven.** Bekämpfung siehe Kapitel 2.1 "Mykosen", "Tierische Schädlinge".

2.2.97 Endymion

□ Auf der Zwiebel und oft auch unter der oberen, trockenen Zwiebelhaut graugrüner Schimmelbelag, meist von Verletzungen ausgehend.

O **Penicillium-Zwiebelfäule** (*Penicillium*-Arten)

Δ Zwiebeln vorsichtig ernten, vor Verletzungen schützen, gut trocknen und in Sägemehl lagern.

Ferner an ***Endymion*: Viruskrankheiten** (*Scilla-mosaic-virus*, *Tobacco rattle virus*) **- Wurzelfäulen, Schwarzrotz** (siehe Kapitel 2.2 "*Hyacinthus*").

2.2.98 Epiphyllum (Blattkaktus)

□ Unterstes Phyllocladium fault, Leitungsbahnen braun verfärbt, Pflanze welkt.

O **Fusarium-Fäule** (*Fusarium*-Arten)

Δ Frische Substrate verwenden. Boden und Geräte sorgfältig entseuchen. Strenge Selektion der Mutterpflanzen. Bei Befall Angießen mit *Benomyl* (*Du Pont Benomyl*[(2)] 0,05-0,1 %).

Epiphyllum wird häufig von **Weichhautmilben** befallen, vor allem als Jungpflanze. Bek. siehe Kapitel 2.1 "Tierische Schädlinge".

2.2.99 Epipremnum aureum (Efeutute)

***Epipremnum* reagiert empfindlich auf *Parathion*[(3)].**

□ Blätter vergilben, an den Wurzeln Fäule, Pflanzen sterben ab. Bei Jungpflanzen oft sehr schnell.

O **Pythium-Wurzelfäule** (*Pythium splendens* Braun)

Δ Verwendung entseuchter Kultursubstrate. Vorbeugend Angießen mit *Metalaxyl* (*Fonganil Neu* 0,05 %) oder *Propamocarb* (*Previcur N* 0,15 %), bei dem letzten Präparat auch Tauchen der bewurzelten Jungpflanzen nach Gebrauchsanleitung.

Ferner an *Epipremnum*: **Blattälchen, Blattläuse, Schildläuse, Spinnmilben.** Bekämpfungsmöglichkeiten siehe Kapitel 2.1 "Tierische Schädlinge".

2.2.100 Eremurus (Steppenkerze)

□ Blätter mit erst gelblichgrünen, später mehr weißlichen Streifen- oder Bandzeichnungen. Wachstumshemmung, seltener Absterben der Pflanzen.
○ **Viruskrankheiten**
Δ Angaben zur Bekämpfung siehe Kapitel 2.1 "Virosen".

Ferner an *Eremurus*: **Wurzelfäulen, Grauschimmel - Blattälchen** sowie **Blattläuse, Spinnmilben, Thrips.** Siehe Kapitel 2.1 "Mykosen", "Tierische Schädlinge".

2.2.101 Erica carnea (Glockenheide)

Die wichtigsten an *Erica carnea* auftretenden Krankheiten und Schädlinge werden auch bei ***Erica gracilis*** beschrieben. Gegen die besonders häufige
***Phytophthora*-Welke** (*Phytophthora*-Arten)
haben sich bewährt *Fosetyl* (*Aliette* 0,5 % - Schäden möglich) oder *Metalaxyl* (*Fonganil Neu* 0,05 %) im Angießverfahren, 2 l/m², nach 4 Wochen wiederholen. Bei Jungpflanzen zweckmäßig nur die halbe Konzentration einsetzen. Nicht mit *Benomyl*[(2)] mischen.

2.2.102 Erica gracilis (Erika)

Im Vermehrungsbeet sind *Ericen* empfindlich gegenüber *Benomyl*[(2)] und *Parathion*[(3)]. Wachstumsstockungen bzw. Schäden sind möglich bei *Fosetyl, Triforin, Thiabendazol*[(1)], *Thiram*[(2)] und *Propineb* Anwendungen.

Physiologische Störungen

Chlorosen

können auf Eisenmangel, Festlegung des Eisens im Substrat durch zu hohe Kalkgaben und auf Kulturfehlern (Staunässe, Luftmangel im Boden, zu hohe Salzkonzentration) beruhen.

□ Wuchshemmungen, sehr geringer Blütenansatz.
○ **Bormangel**
Δ Substratuntersuchung, angemessene Zufuhr von Bor.

□ Teilweises Absterben der Triebspitzen.
○ **Kupfermangel**
Δ Düngung nach Bodenuntersuchung.

Bakteriosen

□ Junge, zum Eintopfen bereitgestellte Pflanzen heller als normal, Triebwachstum etwas geringer. Blätter, vor allem an jungen Pflanzen, an den Spitzen rötlich und löffelartig in sich gedreht. Manchmal auch lediglich veränderte Blatthaltung, dann Blättchen steil nach oben gerichtet, der Sproßachse enger anliegend. Zuweilen übermäßige Seitentriebbildung. Wurzeln, auch Seitenwurzeln, mit einem, kurz nach der Bildung zunächst blaßgelben, runden, weichen Knöllchen von etwa 1 mm Stärke. Vor dem Knöllchen Wurzeln keulig verdickt. Später wird das Knöllchen dicker (bis 12 mm) und in der Form unregelmäßig, es verholzt und zerklüftet schließlich.

O **Knöllchenkrankheit** (Entweder komplexe Einwirkung von Bakterien (*Agrobacterium tumefaciens* [Smith et Townsend] Conn.) und rickettsienähnlichen Organismen oder lediglich auf letztere zurückzuführen)

Δ Bodenentseuchung, Säuberung und Desinfektion von Kulturgefäßen und Stellflächen. Verwendung gesunden Anzuchtmaterials. Vernichtung befallener Pflanzen. Mutterpflanzen sorgfältig kontrollieren. Chem. Bekämpfung nicht möglich. Optimale pH-Werte von 4,0 anstreben. Überdüngung vermeiden.

Mykosen

□ Jungpflanzen kümmern, werden fahlgrün, welken und vertrocknen. Ältere Pflanzen zeigen im Frühjahr leichte Wachstumsdepressionen und weisen an den Blättchen der Basis älterer Triebe gelbe oder rötliche Verfärbungen auf. Wurzeln schließlich braun verfärbt und faulend. Während des Sommers zuweilen sehr schneller Verlauf der Krankheit. Selbst kräftige ältere Pflanzen legen die Blätter plötzlich enger an die Triebspitzen, zuweilen werden auch die Triebspitzen nach unten gebogen. Pflanzen kümmern mit Fortschreiten der Krankheit, das oft sehr schnell erfolgt, kränkeln und sterben schließlich ab. Wurzeln braun, zuletzt verrottet, ebenso der Stammgrund.

O **Erikasterben, Phytophthorawelke** (*Phytophthora cinnamomi R.*, vielleicht auch noch andere Pilze)

Δ Strenge Betriebshygiene. Entseuchung aller Geräte für die Anzucht (Pikierschalen, Töpfe, Stellagen) sowie der Anzuchtbeete. Frisches oder/und entseuchtes Substrat verwenden, richtige Boden- und Düngungsverhältnisse. Verwendung gesunder Jungpflanzen. Möglichst nur mäßig feuchte Kultur. Vorbeugende Anwendung von: *Fosetyl* (*Aliette*): Angießen 0,25 %, 2 l/m² bei Stecklingen sowie Jungpflanzen mit schwächer durchwurzelten Ballen; 0,3 % 2 l/m² bei getopften Pflanzen. Wiederholungen nach 2-4 Wochen **(Blattschäden möglich).** Nicht mit *Du Pont Benomyl*[2] mischen!

Metalaxyl (*Fonganil Neu*): 200 g in 5-10 l Wasser/m³ Anzucht- oder Topferde kurz vor deren Verwendung, zusätzlich Angießen nach dem Eintopfen 0,1 % oder Angießen mit 2-4 l/m² im ausgepflanzten Bestand.

Erfahrungsgemäß verlangsamen *Aliette* und *Fonganil Neu* leicht das Wachstum der Eriken, daher bei *Aliette* und *Fonganil Neu* zu Jungpflanzen nur halbe Konzentration.

Propamocarb (*Previcur N*): Auf Vermehrungsflächen 0,15 %, max. 1 l/m² vor dem Stecken angießen, zusätzlich bewurzelte Jungpflanzen vor dem Eintopfen kurz tauchen und/oder Topfpflanzen sofort nach Eintopfen gießen mit 0,15 % 5-8 l Gießflüssigkeit/m², 3- bis 6mal wiederholen nach Bedarf, nicht zu oft, etwa 3 Wochen Abstand.

Bei Befall kranke Pflanzen sofort entfernen und vernichten.

Da ziemlich ähnliche Schädigungen der Wurzeln wie beim parasitären Erikasterben auch durch Ballentockenheit, übermäßiges Gießen und falsche Nährstoffversorgung entstehen können, sollte in jedem Fall eine klärende Untersuchung kranker Pflanzen durch den Pflanzenschutzdienst erfolgen.

□ Blätter verlieren ihre gesunde Farbe, werden graubraun und vertrocknen schließlich. Stengelgrund zunächst mißfarbig verfärbt, dann faulend, Pflanze bricht zusammen. Erste

Krankheitssymptome mit Wasser- oder Nährstoffmangel zu verwechseln. Proben frühzeitig dem Pflanzenschutzdienst zur Diagnose vorstellen.

O **Cylindrocladium-Stammgrund- und Wurzelhalsfäule** (*Cylindrocladium scoparium* Morg.)

Δ Vermeidung von Kulturfehlern wie stagnierender Nässe, verdichtetem Boden, zu hoher Düngergaben. Befallene Pflanzen lassen sich nicht mehr heilen. Einschränkend dürfte mehrmaliges Angießen im Abstand von etwa 2 Wochen mit *Propineb* (*Antracol WG*(2) 0,2 %), *Benomyl* (*Du Pont Benomyl*(2) 0,1 % - Wirkung wegen bereits vorhandener Resistenz nicht sicher), *Thiabendazol* (*Tecto FL*(1) 0,1 % - Vorsicht bei Jungpflanzen -) oder *Dichlofluanid* (*Euparen WG* 0,25 %) wirken, dabei Stammgrund der Pflanzen gut benetzen. Stecklinge nur von gesunden, selektierten Pflanzen nehmen. Kranke Pflanzen sofort vernichten. Töpfe und Stellflächen entseuchen (Heißwasserbehandlung - 60 °C, 20 Min., in der Praxis bewährt). Umfassende Betriebshygiene!

□ Nach dem Stutzen von Erica-Jungpflanzen stagniert das Wachstum. Von der Schnittfläche aus dunkelbraune Läsionen sichtbar. Blättchen vergilben, fallen ab. Achselknospen vertrocknen, auch die krautigen, grau bis rot verfärbten Seitentriebe sowie der Neuaustrieb. Absterbeerscheinungen setzen sich von den Zweigspitzen an basalwärts fort, schließlich bleibt nur ein kahler Stumpf.

O **Parasitäre Trieb-Erkrankung, Triebspitzensterben** (*Glomerella cingulata* Spauld et. v. Schrenk.)

Δ Letztes Stutzen der Jungpflanzen im Herbst frühzeitig, im Frühjahr möglichst spät zur Sicherung des Wundverschlusses. In den Wintermonaten wegen des dann verstärkten Auftretens der Krankheit Luftfeuchtigkeit im Haus herabsetzen, selten, möglichst an hellen, sonnigen Tagen, dann aber gründlich gießen, Temperatur durch sorgfältiges Lüften zeitweise senken und bei Bedarf wieder erhöhen, im Winter etwa um 5-8 °C halten. Chemische Bekämpfung durch mehrmalige, zweckmäßig vorbeugend nach dem Stutzen beginnende Spritzungen mit *Propineb* (*Antracol WG*(2) 0,2 %), *Mancozeb* (*Dithane Ultra WG* 0,2 %) *Benomyl* (*Du Pont Benomyl*(2) 0,05 %), *Metiram* (*Polyram WG* 0,2 %), *Dichlofluanid* (*Euparen WG* 0,25 %) oder *Triforin* (*Saprol Neu* 0,15 %) im Abstand von 10-14 Tagen. Kranke Pflanzen und befallenes Pflanzenmaterial sofort entfernen!

□ Blättchen, vor allem die unteren, sowie Blüten und Triebe von grauem Schimmelüberzug bedeckt, abfaulend. Alle Wachstumsstadien werden, oft sogar sehr schnell, selbst beim Transport befallen, vor allem aber während Überwinterung sowie im Sommer im Verlaufe von Regenperioden.

O **Grauschimmel** (*Botrytis cinerea* Pers.)

Δ Mit Vorsicht gießen. Für rasches Abtrocknen der Bestände sorgen. Bei Infektionsgefahr oder nach dem Stutzen mit *Dichlofluanid* (*Euparen WG* 0,25 % vor allem bei gleichzeitigem Mehltaubefall), *Vinclozolin* (*Ronilan WG* 0,1 %), *Iprodion* (*Rovral* 0,1 %), *Thiabendazol* (*Tecto FL*(1) 0,1 %, bei Jungpflanzen Wachstumsstockung möglich) oder einem anderen Mittel gegen Grauschimmel. Verwendete Präparate oft wechseln und möglichst früh am Vormittag spritzen, damit Pflanzen rechtzeitig trocknen.

□ Grauweißer, mehliger Belag auf Blättern und Trieben, vor allem an den Triebspitzen. Auch auf Blüten, die verbräunen. Blättchen fallen bei starkem Befall ab. Besonders in Waldrandlagen.

O **Echter Mehltau** (*Oidium ericinum* Erikss. und andere Arten)

Δ Optimaler Temperaturbereich für das Wachstum des Pilzes liegt bei 20-25 °C. Sporen keimen schon nach 4 Stunden. Hohe Luftfeuchtigkeit ist für Keimung und Infektion nicht erforderlich wegen des hohen eigenen Wassergehaltes der Sporen. Hohe Luftfeuchtigkeit von 100 % oder Wasserfilm auf Blättern und Blüten hemmen die Sporenkeimung, das Myzelwachstum und die Konidienbildung. Vorbeugend oder spätestens beim Auftreten der ersten Befallssymptome im Abstand von 10-14 Tagen spritzen mit *Bitertanol* (*Baymat flüssig* 0,125 %), *Triforin* (*Saprol Neu* 0,1 % bei 0,15 % auch gegen Rost! Nicht in die Blüte spritzen!) oder einem anderen Präparat gegen Echte Mehltaupilze.
Wesentlich ist laufende Kontrolle der Mutterpflanzen.

□ Vor allem im Mai und Juni bei dichten Pflanzenbeständen, Blättchen zeigen zunächst gelborangefarbige, später dunkler werdende, Sporenstaub entlassende Pusteln. Vorzeitiger Blattfall, Triebe verkahlen.

O **Rost, Erikenrost** (*Thecospora fischeri* Chruch = *Pucciniastrum ericae* [Naum.] Cum.)

Δ Luftfeuchtigkeit, vor allem auch im Winter, niedrig halten. Bei Befall mehrmaliges Spritzen mit *Propineb* (*Antracol WG*(2) 0,2 %), *Mancozeb* (*Dithane Ultra WG* 0,2 %), *Metiram* (*Polyram WG* 0,2 %), *Triforin* (*Saprol Neu* 0,15 % auch gegen Echten Mehltau, aber nicht bei blühenden Pflanzen) oder einem anderen Mittel gegen Rostkrankheiten.

□ Pflanzen nehmen ein buschiges Aussehen an und verfärben sich, von der Triebspitze ausgehend, gelb bis rötlich. Wurzeln verbräunt und abgestorben.

O **Wurzelsterben** (*Olpidium brassicae* Dang.)

Δ Vermeidung ungünstiger Kulturbedingungen. Vorsicht bei der Stickstoffdüngung. Hygienemaßnahmen beachten.

□ Triebe werden an der Basis brüchig und neigen sich nach außen. Blättchen verfärben sich rot und fallen ab. Auch Symptome ähnlich Phytophthorawelken können auftreten.

O **Pestalotia-Blattfall** (*Pestalotiopsis quepini* Steyaert)

Δ Verbesserung der Kulturbedingungen (Substrat, Düngung). Luftfeuchtigkeit niedrig halten. Schattieren bei heißen Witterungsperioden.

Ferner an *Erica*: **Blütenthripse:** Häufige Kontrolle von Knospen und Blüten (Lupe!). Bei ersten Befallsanzeichen behandeln mit *Methamidophos* (*Tamaron* 0,1 %), *Deltamethrin* (*Decis flüssig*(3) 0,05 %), **Blattläuse:** *Oxydemeton-methyl* (*Metasystox R* 0,1 %), *Pirimicarb* (*Pirimor Granulat*(3) 0,05 %), **Spinnmilben,** vor allem an *Calluna vulgaris* und *Erica carnea: Fenpropathrin* (*Rody*(3) 0,05 %),**Trauermückenlarven:** *Chlorfenvinphos* (*Birlane-Granulat* 1 kg/m³ Anzuchtsubstrat) oder Angießen mit *Permethrin* (*Ambush*(2) 0,01 %), *Deltamethrin* (*Decis flüssig*(3) 0,05 %, 2l/m²) oder einem anderen Präparat. Auch versuchsweise Einsatz des **Nematoden** *Steinernema carpocapsae,* Dickmaulrüßler. Siehe auch. Kapitel 2.1 "Tierische Schädlinge".

2.2.103 Erigeron (Berufskraut)

□ Blätter werden gelb, Pflanzen stagnieren, welken und gehen schließlich zugrunde.

O **Welkekrankheit** (*Verticillium*-Art)

Δ Bodenentseuchung. Vermehrungsmaterial nur von gesunden Mutterpflanzen. Bei Befall kranke und als krank verdächtige Pflanzen radikal entfernen, verbleibende zur Verzögerung weiterer Infektionen mit *Benomyl* (*Du Pont Benomyl*[2] 0,05-0,1 %) angießen.

An *Erigeron* häufig: **Echter Mehltau.** Siehe Kapitel 2.1 "Mykosen".

2.2.104 Eryngium (Edeldistel)

An *Eryngium* kommen vor: **Viruskrankheiten - Echter Mehltau** und verschiedene **Blattfleckenerreger** wie ***Cylindrosporium***-, ***Septoria***-, ***Entyloma***-Arten. Siehe Kapitel 2.1 "Virosen", "Mykosen".

2.2.105 Euphorbia fulgens (Korallenranke)

Sehr empfindlich gegenüber Pflanzenschutzmitteln. Wenn keine Erfahrungen mit bestimmten Präparaten vorliegen, unbedingt Testspritzungen bei wenigen Pflanzen vornehmen. Vorsicht auch bei Einsatz von Netzmitteln.

2.2.106 Euphorbia milii (Christusdorn)

Kein Einsatz von *Methamidophos, Oxydemeton-methyl, Parathion*[3] *und Propoxur*, da Schäden möglich. Verträglichkeitstests!

□ Wachstumshemmung, Blätter klein, mißgebildet. Ursache noch fraglich.
O **Blattmißbildungen**
Δ Keine Pflanzen mit Mißbildungen als Vermehrungsmaterial.

□ Zur Zeit der Blütenknospenbildung im Herbst zeigen sich an den Blättern Verbrennungsschäden.
O **Sonnenbrandschäden**
Δ Pflanzen im Herbst besonders sorgfältig vor direkter Sonneneinstrahlung schützen.

□ Die Blätter werden erst fahl, später gelb und fallen schließlich ab.
O **Vergilbung und Blattfall**
Δ Als Ursachen kommen Zugluft, Temperaturschwankungen, Bodentrockenheit oder Düngefehler, etwa zu hohe Salzkonzentrationen, infrage.

□ Pflanzen welken plötzlich ab, meist ohne vorheriges Vergilben der Blätter; Wurzeln dann oft schon braun oder sogar völlig faul.
O **Pythium-Wurzelfäule** (*Pythium ultimum* Trow. und andere *Pythium*-Arten).
Δ Befall ist fast immer eine Folge übermäßiger Feuchtigkeit, etwa durch Vergießen, oder/und Haltung der Pflanzen ohne Bodenheizung. Salzkonzentration und pH-Wert im Substrat prüfen. Ohne Behebung dieser primären Ursachen ist die Bekämpfung durch vorbeugende Bodenbehandlung oder durch Angießen mit *Metalaxyl* (*Fonganil Neu* 0,05 % - örtl. wurden leichte Schäden beobachtet) oder *Propamocarb* (*Previcur N* 0,15 %) aussichtslos.

Ferner kommen an *Euphorbia fulgens* fast alle bei *Euphorbia pulcherrima* beschriebenen **Krankheiten** und **Schädlinge** vor. Siehe daher unten an entsprechenden Stellen.

2.2.107 Euphorbia pulcherrima (Poinsettie, Weihnachtsstern)

Vorsicht! Keine Anwendung von *Chlorfenvinphos, Deltamethrin*[3], *Parathion*[3], *Methamidophos, Oxydemeton-methyl* sowie *Propoxur*, die Blütenschäden verursachen können. Vorsicht auch bei *Fosetyl; Propineb* nicht im Gießverfahren. Liegen keine Erfahrungen über die Verträglichkeit bestimmter Pflanzenschutzmittel vor, sollte vor deren Anwendung ein Verträglichkeitstest erfolgen.

Hygienemaßnahmen

stehen bei der Anzucht und Kultur im Vordergrund. Unerläßlich Entseuchung von Anzucht- und Kulturgefäßen und Stellflächen, einwandfreies, gut durchlässiges Substrat, Gießwasser nicht unter 20 °C.

Zur Vermeidung von **Blattfall, Blattfäule** und **Fußkrankheiten** Zugluft und Abkühlung verhindern.

***Poinsettien* reagieren sehr empfindlich auf zu hohe Salzkonzentrationen im Boden.** Diese verursachen Absterben der feinen Saugwurzeln, was zur Vergilbung der Blätter oder zum plötzlichen Blattfall führen kann. Ursache können größere Mengen Kalcium, Natrium, Chloride und/oder Sulfate sein. Daher ist vor der Verwendung zu Poinsettien die "Härte" des Wassers zu prüfen, die vom Kalcium-Gehalt abhängt.

Erhöhte Salzkonzentration im Boden kann auch bei Ballentrockenheit entstehen.

Bei *Poinsettien*, die auf "kaltem Fuß" stehen und, sei es auch nur einmal, "vergossen" werden, was wegen des hohen Wasserbedarfs der Pflanzen leicht geschieht, schaffen günstige Voraussetzungen für Erreger der *Pythium*-Wurzelfäule.

Physiologische Schädigungen

□ Brakteen klein oder schlecht ausgefärbt, Scheinblüten oft nur einseitig ausgebildet. Blüte kann auch ganz ausbleiben.

O **Einseitige Ausbildung des Hochblattkranzes oder andere Mißbildungen an den Brakteen**

Δ Ursache sind Störungen im Lichtrhythmus. *Poinsettie* ist Kurztagpflanze, kritische Tageslänge etwa 12 Stunden. Bereits geringe Lichtintensität über 12 Stunden beeinträchtigt oder unterbricht Blütenausbildung. Während der Nacht eingeschaltete Lichtquellen (Straßen- oder Hoflampen) in der Nähe von Gewächshäusern können bereits diese Störungen auslösen. Auch größere Temperaturschwankungen während der Blütenbildung und vorübergehende Ballentrockenheit können Ursache sein.

Es gibt aber auch genetisch bedingte Mißbildungen. Daher niemals Pflanzen mit Abnormitäten zur Vermehrung benutzen. Siehe auch unter "Virosen".

□ Bei manchen *Poinsettien*-Sorten zeigen die Brakteen braune Flecke.

O **Fleckigwerden der Brakteen**

Δ Sortenbedingte besondere Empfindlichkeit gegen ungeeignete Temperatur- und Feuchtigkeitsverhältnisse bei der Kultur, daher diese regulieren.

□ In Blumengeschäften beginnen die Hochblätter von Poinsettien zu welken; durch Besprühen tritt keine Besserung ein. Nur bei Rückführung ins Gewächshaus richten sich die Brakteen nach einigen Tagen wieder auf.

O **Welken der Brakteen**

Δ Stoffwechselbedingte Erscheinung. Sie wird verhindert, wenn Pflanzen nicht zu früh verpackt werden und nach dem Verpacken kühl stehen.

□ An mittleren bis jüngeren Blättern zunächst am Rande Aufhellungen und Vergilbungen, die später auf die ganze Blattspreite übergreifen. Stark geschädigte Blätter vertrocknen vom Rande her und fallen ab. Besonders im Bereich unter pH 6 des Kultursubstrates in Verbindung mit hohen Düngergaben.

O **Molybdänmangel**

Δ Vorbeugend wirkt Zusatz von 6 g kohlensaurem Kalk/Liter zum Kultursubstrat. Bei anfälligen Sorten besser dem Kultursubstrat 5-10 g Natrium-Molybdat/m³ zumischen. Auch Spritzungen mit 0,015-0,02 %igem Ammonium- oder Natriummolybdat (0,15-0,2 g/l Wasser) oder entsprechende Zusätze (Nährlösung) versprechen Erfolg.

□ Die Blätter der Pflanzen fallen, oft plötzlich und unerwartet, ab.

O **Blattfall**

Δ Wenn Infektionen durch pilzliche Schaderreger nicht nachzuweisen sind, kann Blattfall auch als Folge zu hoher Luftfeuchte, Bodennässe, Ballentrockenheit, zu niedriger Temperaturen oder großer Temperaturschwankungen auftreten, daher Zugluft und plötzliche Abkühlung vermeiden. Auch Nährstoffmangel, vor allem ein Phosphordefizit, führt zum Abwerfen der Blätter.

□ Asymmetrisch deformierte Blattspreiten. Verunstaltete Seite oft hell, graugrün und gescheckt. "Kräuselkranke" Pflanzen haben meist auch verkrüppelte Brakteen. Nicht mit Viruskrankheiten (siehe unten!) verwechseln.

O **Kräuselkrankheit**

Δ Spontanmutationen oder physiologische Störungen; keine Ausbreitung.

□ Nach Verdunkelung mit schwarzer Polyäthylenfolie und Düngung mit Harnstoff oder ammoniumhaltigen Düngern: Blätter, vor allem in der unteren Sproßhälfte, werden gelb bis gelb-grau, beginnend an der Blattspitze und am Blattrand. Schließlich vertrocknen die Blätter und rollen sich ein, ohne jedoch abzufallen.

O **Schäden durch Ammoniak**

Δ Für Verdunkelung vorgesehene Bestände möglichst nicht mit ammoniumhaltigem Dünger oder mit Harnstoff düngen. Freisetzung von Ammoniak vor allem in alkalischen Böden oder bei überhöhten Kalkgaben.

□ Besonders auf den Brakteen, aber auch auf den Blättern, zeigen sich zunächst helle, später braun werdende Flecke, vor allem im November und Dezember. Das Gewebe im Bereich der Flecke stirbt ab.

O **Geisterflecken**

Δ Ausgeglichene Kulturführung. Temperatur und Luftfeuchtigkeit auf die herrschenden Lichtverhältnisse abstimmen. Tagestemperaturen nicht zu hoch und Unterschied zwischen Tag- und Nachttemperatur nicht zu groß werden lassen. Temperaturansprüche der Sorten sind verschieden.

□ Einige Zellen brechen auf und Milchsaft tritt aus. Zerstörte Zellen werden oft nekrotisch. Eingetrockneter Milchsaft hemmt das Wachstum im Bereich der betroffenen Zone.

O **Austreten von Milchsaft**

Δ Sehr hohe Feuchtigkeit während der Nacht, die bei guter Wurzelarbeit die Verdunstung hemmt, vermeiden.

Virosen

□ Besonders junge Blätter zeigen je nach Sorte und Herkunft mehr oder weniger ausgeprägte Mosaiksymptome sowie netzartige Adernaufhellung, die bei schlechten Kulturbedingungen und niedrigen Temperaturen deutlicher zu sein scheinen.
O **Poinsettienmosaik** (*Poinsettia mosaic virus [PoiMV]*, mechanisch, beispielsweise durch Schneiden von Stecklingen, übertragbar)
Δ Bekämpfung dieser Viruskrankheit ist nur über den Aufbau gesunder Mutterpflanzenbestände möglich, da Verbreitung durch vegetative Vermehrung infizierter Pflanzen.
O **Poinsettia cryptic virus** (*PoiCV*), tritt oft zusammen mit Poinsettienmosaik Virus auf, verursacht meist aber keine Symptome.

□ Wachstumshemmungen, Blattnekrosen entlang der Hauptadern, Blattscheckungen.
O **Tomatenmosaik-Virus** (*Tomato mosaic virus*)
Δ Übertragung mechanisch und in geschlossenen Bewässerungssystemen möglich.

Mykosen

□ Blätter krümmen sich, vergilben und fallen schließlich ab. Stecklinge gehen ein. Wurzeln und Wurzelhals braun oder dunkel verfärbt, faulend, oft Rindengewebe vom Zentralzylinder leicht abziehbar. Wichtigste Krankheit bewurzelter Stecklinge und Jungpflanzen, aber auch an älteren Pflanzen vorkommend, dann meist kleinerer Wuchs.
O **Wurzelfäule (an Jungpflanzen)** (*Pythium*-Arten)
Δ Entseuchte Anzuchtsubstrate verwenden, Trauermückenlarven, die die Infektion begünstigen, bekämpfen. Bodentemperaturen bei 20 °C halten. Bodennässe, besonders Staunässe bei niedrigen Temperaturen, vermeiden. Befallene Pflanzen und Substratreste von Kulturflächen aus dem Betrieb entfernen. Vorbeugend Substratbehandlung mit *Metalaxyl* (*Fonganil Neu* 100 g/m³ in 5-10 Liter Wasser), oder späteres Angießen der Pflanzen auf feuchte Topfballen mit *Metalaxyl* (*Fonganil Neu* 0,05 %) oder *Propamocarb* (*Previcur N* 0,15 %). *Fosetyl* (*Aliette* 0,25 %) mit 2 l/m² gießen kann Schäden machen. Bei *Previcur N* Jungpflanzen vor dem Topfen tauchen, später angießen ratsam. Kein Präparat zu oft anwenden.
Mögliche Mischinfektionen durch ***Fusarium, Pythium, Rhizoctonia* (Stammgrundfäule) und *Thielaviopsis*.**
Bestimmung des oder der die Infektionen verursachenden Pilzarten durch Pflanzenschutzdienst.

□ Pflanzen kümmern, Blattränder krümmen sich nach oben, schließlich Blattfall, Wurzeln werden braun und sterben allmählich ab.
O **Wurzelbräune** (*Thielaviopsis*-Arten = Chalara elegans Nag Raj u. B. Kendr.)
Δ *Poinsettien* nach dem Pflanzen oder Topfen mit *Benomyl* (*Du Pont Benomyl*[2] 0,1 %) oder *Thiabendazol* (*Tecto FL*[1] 0,1 %) oder *Maneb* 0,2 % angießen. Es sind aber nur mäßige Erfolge zu erwarten, denn die chemische Bekämpfung ist schwierig und nur dann sinnvoll, wenn die Pflanzen sachgemäß gegossen werden und auf "warmem Fuß" stehen.

Bei hoher Substratfeuchte und Bodentemperaturen von 18-23 °C findet der Pilz gute Infektionsbedingungen.
Gute Wirkung gegen *Thielaviopsis* zeigt *Prochloraz* (*Sportak*[2]). Es sollte nicht über die Pflanzen gegossen werden, da Wachstumsstockung möglich. Vor dem Einsatz Verträglichkeitsversuche erforderlich.

□ An älteren Pflanzen, aber auch in der Jungpflanzenanzucht, zeigt sich ähnliches Schadbild wie oben beschrieben, Faulstellen am Stengelgrund, Pflanzen fallen um. Bei feuchten Kulturbedingungen sind Pilzhyphen am Wurzelhals gut erkennbar.
O **Stengel- oder Stammfäule** (*Rhizoctonia solani* Kühn)
Δ Vorbeugende Bekämpfungsmaßnahmen entsprechen zum Teil den oben beschriebenen. Bei eingetretenem Schaden an älteren Pflanzen zunächst schädigende Pilzart durch Pflanzenschutzdienst bestimmen lassen. Gegen *Rhizoctonia* haben sich außer *Benomyl* (*Du Pont Benomyl*[2] 0,1 %) auch *Propineb* (*Antracol WG*[2] 0,2 %), *Iprodion* (*Rovral WG* 0,1 %) und *Thiabendazol* (*Tecto FL*[1] 0,1 %) bewährt; Stammgrund gründlich behandeln und nach 4 Wochen erneut spritzen.

□ Starker Kümmerwuchs. Aufhellung der Blattspreiten, zunächst nur innerhalb der Interkostalfelder, Blattrand bleibt grün. Später ganzes Blatt fahlgrün, fällt ab. Blattfall beginnt am Stammgrund, setzt sich nach oben hin fort. An Triebspitzen nur verkümmerte Blätter. Brakteenausbildung verspätet, gehemmt.
O **Blattfall und Stengelgrundfäule** (*Fusarium oxysporum* Schlecht)
Δ Gesunde Jungpflanzen verwenden, diese nur aus anerkannten Betrieben beziehen. Bei eigener Jungpflanzenanzucht äußerste Sauberkeit. Vermehrungsbeete und Töpfe vor jeder Vegetationsperiode desinfizieren. Beete mit neuer Folie auslegen. Stets frisches Substrat verwenden.
Pflanzen beim Pflanzenschutzdienst untersuchen lassen, um Sicherheit über den Befallserreger zu gewinnen. Chemische Bekämpfung durch wiederholte Gießbehandlung im Abstand von 3-4 Wochen mit *Benomyl* (*Du Pont Benomyl*[2] 0,1 %) befriedigend, auch *Thiabendazol* (*Tecto FL*[1] 0,1 %) aussichtsreich. Aufwandmenge bei 10-14 cm Töpfen: 100 ml, bis 9 cm Töpfe: 50 ml.

□ Zunächst Naßfäule an Blatträndern, später daran graue Schimmelrasen.
O **Botrytis-Fäule an Blättern und Brakteen** (*Botrytis cinerea* Pers.)
Δ Luftfeuchtigkeit durch Lüften verringern. Temperatur erhöhen, dabei Sortenempfehlungen beachten. Durch entsprechende Meßeinrichtungen überprüfen, um Taubildung auf Pflanzen zu verhindern. Vorsicht bei Temperaturabsenkungen. Mutterpflanzen und stehende Kulturpflanzen regelmäßig, beginnend bei ersten Befallszeichen, mit *Vinclozolin* (*Ronilan WG* 0,1 %) oder *Iprodion* (*Rovral* 0,1 %) spritzen, aber nicht mehr bei beginnender Brakteenbildung. *Dichlofluanid* (*Euparen WG* 0,25 %) nur vor Brakteenbildung möglich, da Spritzflecken.

Tierische Schädlinge:

Trauermückenlarven, Blattläuse, Schildläuse, Schmierläuse, Wolläuse sowie **Weiße Fliegen:**

Gegen **Trauermückenlarven** ist der vorbeugende Einsatz von *Carbofuran* (*Curaterr-Granulat* 1 kg/m^3) zur Anzuchterde oder 5 g/m^2 streuen und anschließendes leichtes Einwässern ist

ebenfalls möglich, aber **kein** *Chlorfenvinphos* (*Birlane Granulat*) zu *Poinsettien*. Bei später entdecktem Befall sollte man mit *Deltametrin* (*Decis flüssig*(3) 0,05 %)angießen, aber **nicht** auf trockenen Boden. Versuchsweise auch Einsatz der Nematoden *Steinernema carpocapsae*.
Treten später **Blattläuse** auf, so setzt man *Pirimicarb* (*Pirimor Granulat zum Auflösen in Wasser*(3) 0,05 %) ein.
Gegen Befall durch **Weiße Fliege** infolge Neuzuflug, etwa von Unkräutern (!), können eingesetzt werden:
Sulfotep (*Bladafum II* 1 Dose/200 m³ Raum), ferner im Spritzverfahren bei 1- bis 2mal wiederholter sorgfältiger Anwendung auch *Deltamethrin* (*Decis flüssig*(3) 0,05 %), *Fenpropathrin* (*Rody*(3) 0,05 %), *Imidacloprid* (*Confidor WG 70*(3) 0,035 %), *Permethrin* (*Ambush*(2) 0,01 %) und andere Insektizide, gegen **Schmierläuse** *Propuxur* (*Unden flüssig* 0,15 %), jedoch vor Ausbildung der Brakteen, wiederholte Anwendung, aber keinesfalls überdosieren! **Vorsicht, Schäden sind möglich!**
Zur Bekämpfung der genannten Schädlinge, einschließlich des Einsatzes von Nützlingen, siehe auch Kapitel 2.1 "Tierische Schädlinge".

2.2.108 Euphorbia splendens (Christusdorn)

Die wesentlichen **Krankheiten** und **Schädlinge** an *E. splendens* entsprechen denen bei *E. pulcherrima*. Siehe daher oben an entsprechenden Stellen.

2.2.109 Exacum (Blaues Lieschen)

□ Bei hoher Luftfeuchtigkeit kommt es im Bestand zu Stengelgrundfäulen.
O **Grauschimmel** (*Botrytis cinerea* Pers.)
Δ Vermeidung zu hoher Luftfeuchtigkeit. Bei Befallsbeginn spritzen mit *Iprodion* (*Rovral* 0,1 %) oder *Vinclozolin* (*Ronilan* 0,1 %). Dabei Stengelgrund ausreichend benetzen.

□ Absterben der Pflanzen. Schäden an Wurzeln.
O **Trauermückenlarven** (*Sciara*- und *Lycoria*-Arten)
Δ Bekämpfung siehe "Tierische Schädlinge".

Ferner an *Exacum*: **Pythium-** und **Phytophthora-Arten** - **Blattläuse**, **Minierfliegen**. Siehe Kapitel 2.1 "Mykosen", "Tierische Schädlinge".

2.2.110 Fatshedera lizei (Efeuaralie)

Fatshedera* reagiert empfindlich auf *Dimethoat, Parathion*(3) und *Oxydemeton-methyl.
Blattläuse: *Imidacloprid* (*Confidor WG 70*(3) 0,01 %, *Methamidophos* (*Tamaron* 0,1 %) oder *Propoxur* (*Unden flüssig* 0,15 %), alle mit beachtlicher Nebenwirkung gegen Schildlauslarven und (junge) Schildläuse;
Schildläuse: siehe oben und Kapitel 2.1 "Tierische Schädlinge";
Spinnmilben: *Fenbutatin-oxid* (*Torque*(3) 0,05 %), *Fenpropathrin* (*Rody*(3) 0,05 %), *Abamectin* (*Vertimec*(3) 0,025 %) oder wegen Nebenwirkung auf Blattläuse und Schildlauslarven *Methamidophos* (*Tamaron* 0,1 %);
Weichhautmilben: versuchsweise auch mit *Abamectin* (*Vertimec*(3) 0,025 %) oder *Fenpropathrin* (*Rody*(3) 0,05 %).

2.2.111 Fatsia japonica (Zimmeraralie)

Fatsia reagiert empfindlich auf *Oxydemeton-methyl*, *Parathion*(3), *Propoxur*.

Blattläuse: *Pirimicarb* (*Pirimor Granulat*(3) 0,05 %), *Propoxur* (*Unden flüssig* 0,15 %) oder, vor allem wegen Nebenwirkung auf Spinnmilben, Schildlauslarven und junge Schildläuse, besser *Methamidophos* (*Tamaron* 0,1 %).

Spinnmilben: *Fenpropathrin* (*Rody*(3) 0,05 %), *Fenbutatin-oxid* (*Torque*(3) 0,05 %), *Abamectin* (*Vertimec*(3) 0,025 %) oder *Methamidophos* (*Tamaron* 0,1 %).

Schildläuse: Neben den unter "Blattläuse" und "Spinnmilben" genannten Präparaten *Mineralöl*-Präparate (z.B. *Para-Sommer* 2 %) einsetzen. Gründlich spritzen!

Weichhautmilben: siehe unter "*Fatshedera*".

2.2.112 Ficus elastica (Gummibaum) und andere

2.2.113 Ficus-Arten

***Ficus* ist besonders empfindlich gegen Ausdünstungen von *Dazomet* (*Basamid-Granulat*), daher Vorsicht bei Bodenentseuchungen. Schäden können vor allem durch organische Phosphorverbindungen sowie durch Mineralöle entstehen.**
***Ficus benjamina* verträgt kein *Dimethoat*, *Propoxur*, *Pirimiphos-methyl*(2),**
***Ficus indica* kein *Propoxur*,**
***Ficus lyrata* kein *Permethrin*(2),**
***Ficus triangularis* kein *Oxydemeton-methyl* und *Permethrin*(2).**
Daher Vorsicht, Verträglichkeitstest!

□ Blätter, zuerst die unteren, vertrocknen vom Rande her, werden gelb, braun und fallen ab.
O **Blattflecken, Vergilben und Blattfall durch Kulturfehler**
Δ Vermeidung von stauender Nässe im Boden, kaltem Fuß, zu starker Besonnung und Lufttrockenheit (Zentralheizung!). **Gleichmäßige** Wasserversorgung wichtig, kein "Übergießen", keine Ballentrockenheit.

□ Blätter zeigen zunächst kleine gelbliche, durchscheinende Flecke, die später zu pocken- oder schwielenartigen, korkigen Auftreibungen werden.
O **Korkflecke**
Δ Vermeidung von Unterkühlung, zu hoher Bodennässe bei hoher Luftfeuchtigkeit und von starken Temperaturschwankungen.

□ Auf den Blättern, vor allem am Rand, große, gelbbraune, in der Regel durch dunklen Rand scharf abgesetzte, eingesunkene Flecken, darin hellere Pusteln, die rostfarbene Sporen entlassen.
O **Brennfleckenkrankheit** (*Gloeosporium elasticae* Cke. et Mass. = *Colletotrichum elasticae* Cke. et Mass. Zim. mit Hauptfruchtform *Glomerella cingulata* [Ston.] S. et v. S., gelegentlich auch noch andere *Gloeosporium*-Arten).
Δ Stärkere Temperaturschwankungen bei hoher Luftfeuchtigkeit vermeiden! Bei Einzelauftreten erste befallene Blätter vernichten! Spritzung der Jungpflanzen, bei denen Spritzflekken keine Rolle spielen, mit *Propineb* (*Antracol WG*(2) 0,2 %), bei älteren mit *Mancozeb*

(*Dithane Ultra WG* 0,2 %), *Metiram* (*Polyram WG* 0,2 %), *Triforin* (*Saprol Neu* 0,15 %), oder einem anderen Mittel gegen Blattfleckenkrankheiten.

□ Wurzeln der Pflanzen werden dunkel und faulen allmählich ab.
O **Phytophthora-** oder/und **Pythium-Fäule** (*Phytophthora-* und/oder *Pythium*-Arten)
Δ Anwendung von *Metalaxyl* (*Fonganil Neu*) oder *Propamocarb* (*Previcur N*) im Gießverfahren.

Ferner an *Ficus*: Häufig **Spinnmilben,** außerdem **Blattläuse**, ***Thrips,*** **Schildläuse, Schmierläuse** und **Weichhautmilben** sowie **Gallenbildende und Zystenbildende Wurzelnematoden**. Bekämpfung siehe Kapitel 2.1 "Tierische Schädlinge".

2.2.114 Ficus pumila = F. repens (Kletter-Ficus)

□ Junge Blätter bleiben im Wachstum zurück und verkrüppeln. Triebspitzen trocknen ein. Schadbild sehr häufig vorkommend.
O **Weichhautmilben** (*Tarsonemidae*)
Δ Steuerung von Temperatur und Luftfeuchtigkeit. Entwicklungsoptimum der Weichhautmilben liegt zwischen +23 °C und +28 °C und bei 85 % relativer Luftfeuchtigkeit. *Abamectin* (*Vertimec*(3) 0,025 %) oder *Fenpropathrin* (*Rody*(3) 0,05 %). Vor Behandlung ganzer Bestände unbedingt Pflanzenverträglichkeit prüfen!

Hauptschädlinge an *Ficus pumila* neben **Weichhautmilben** noch **Schildläuse.** Siehe Kapitel 2.1 "Tierische Schädlinge".

2.2.115 Filicales (Farne)

Die meisten Farne, vor allem die zartlaubigen Arten und Formen sowie alle jungen Farnpflanzen sind empfindlich gegen eine Reihe von Pflanzenschutzmittel, besonders organische Phosphorinsektizide sowie *Mineralöl, Oxydemeton-methyl, Propoxur* sowie *Sulfotep u.a.*, daher zweckmäßig Verträglichkeitstests. Für diese eignet sich wegen besonders starker Empfindlichkeit gegen fast alle Pflanzenschutzmittel *Adiantum*; weniger empfindlich sind *Pteris* und *Nephrolepis.*

□ Bei *Adiantum* zeigen die Wedel an den Fiedern braune Stellen, vor allem um die Adernregion. Später werden die Wedel braun und vertrocknen. Bei *Platycerium* faulen, wohl unter dem Einfluß von sekundär auftretenden (Bakterien oder) Pilzen, die Wurzeln sowie die Mantelblätter.
O **Blatt- und Nervenbräune**
Δ Primäre Ursache sind Einflüsse nichtparasitärer Art, beispielsweise zu hohe Luftfeuchtigkeit bei niederen Temperaturen oder Ernährungsstörungen infolge zu hohen pH-Wertes oder übermäßigen Salzgehaltes des Bodens. Daher zunächst Regulierung dieser Faktoren, zweckmäßig Bodenuntersuchung. Gegen Sekundärparasiten, vor allem *Pythium*-Arten, Pflanzen mit *Metalaxyl* (*Fonganil Neu* 0,05 %) oder *Propamocarb* (*Previcur N* 0,15 %) angießen.

□ *Prothalien* und junge Farnpflänzchen in Aussaat- oder Pikierschalen faulen und gehen ein, vor allem bei übermäßiger Wärme und Feuchtigkeit.

O **Keimlingskrankheiten, Vermehrungspilze** (*Rhizoctonia-*, *Pythium-*, *Completoria*-Arten)

Δ Bekämpfung siehe Kapitel 2.1 "Mykosen - **Keimlingskrankheiten**".

□ Auf den Blättern gelbliche, bräunliche oder schwärzliche Flecke, meist durch die Adern scharf begrenzt. Später erfolgt Absterben der Blätter. Bei flächig-breitblättrigen Farnen kann es auch zunächst zur Verfärbung einer Blattseite kommen.

O **Blattälchen** (*Aphelenchoides olesistus* Good.)

Δ Zu hohe Luftfeuchte und Benetzung der oberirdischen Pflanzenteile vermeiden. Bekämpfung siehe Kapitel 2.1 "Tierische Schädlinge - **Nematoden**".

□ An den Blättern unregelmäßiger Fenster- und Schabefraß. Manchmal sind auch silbrig glänzende Schleimspuren zu erkennen. Vor allem in dicht besetzten Häusern oft lästig.

O **Schnecken** (*Deroceras laeve* Müll. und andere Arten)

Δ Nähere Angaben siehe Kapitel 2.1 "Tierische Schädlinge - **Schnecken**". Bewährt *Methiocarb* (*Schneckenkorn Mesurol*), *Metaldehyd* (*Schneckenkorn* versch. Firmen).

O **Spinnmilben**

Δ Bei Befall Spritzen mit *Abamectin* (*Vertimec*(3) 0,025 %) - Vorsicht bei *Adiantum*), *Fenazaquin* (*Pride Ultra*(3) 0,05 %), *Fenpropathrin* (*Rody*(3) 0,05 %) oder frühzeitiges Aussetzen von Raubmilben.

O **Blattläuse**

Δ Nach Verträglichkeitstest *Oxydemeton-methyl* (*Metasystox R* 0,1 %) oder das verträgliche *Pirimicarb* (*Pirimor-Granulat zum Auflösen in Wasser*(3) 0,05 %) anwenden.

□ Auf den Blättern saugen rundliche Schildläuse, an Befallsstellen helle Verfärbungen. Pflanzen mit Honigtauüberzügen, zuweilen auch durch Rußtaupilze geschwärzt.

O **Schildläuse** (*Coccidae*)

Δ Nähere Angaben siehe Kapitel 2.1 "Tierische Schädlinge - **Schildläuse**".
Bei vorhandenem Befall an älteren, bereits härteren Farnen mit Vorsicht auch *Propoxur* (*Unden flüssig* 0,2 %). 2- bis 3malige Behandlung alle 10 Tage, Verträglichkeitstest oder gegen junge Schildlausstadien *Deltamethrin* (*Decis flüssig*(3) 0,05 %) und *Permethrin* (*Ambush*(2) 0,01 %).

Ferner an *Filicales*: **Blattfleckenkrankheiten, Blattfäule** (*Cylindrocladium pteridis* Wolf), **Stengel- und Blattkrankheit** (*Ascochyta necans* (Ell. & Ev) - ***Thrips*****, Springschwänze; Trauermückenlarven, Wolläuse.** Siehe Kapitel 2.1 "Mykosen", "Tierische Schädlinge".

2.2.116 Freesia (Freesie)

Freesien sind empfindlich gegen plötzliche Besonnung nach Dunkelperioden (Sonnenbrandschäden!), daher bei Bedarf abschirmen. - Zu kalt gelagerte Knollen laufen nicht auf. - Bei zu kaltem Standort treiben die Knospen schlecht, die Herzblätter werden gelb, die Außenblätter rötlich.

Nichtparasitäre Schäden

□ Ein Teilblatt der mittleren, sich gerade aus der Blattscheide streckenden Blätter vertrocknet plötzlich.

O **Plötzliches Vertrocknen von Teilblättern, Frostschäden**

Δ Meist stellenweise an zugigen oder sonst besonders frostgefährdeten Stellen im Gewächshaus auftretend.

□ Die Spitzen der Blätter werden braun, vor allem im Winter.

O **Braune Blattspitzen**

Δ Häufig Zeichen von Überdüngung, zuweilen sortenbedingt.

□ Blätter zeigen gelbe und braune Flecke.

O **Gelb- und Braunfleckung der Blätter**

Δ Meist Folge schroffer Temperaturschwankungen, etwa nach dem Einräumen.

□ Die Innenblätter der Pflanzen zeigen unnatürliches Aussehen, sind vergilbt und verdreht, Pflanze wirkt buschig und wächst nicht normal.

O **Blattmißbildungen**

Δ Sortenbedingt, daher abnorme Pflanzen vernichten. Zuweilen auch Folge von zu tiefen Temperaturen und/oder Lichtmangel. Zusätzlich heizen.

□ Blattspitzen vergilben und sind zuweilen auch gegen gesundes Gewebe durch braune Zonen abgegrenzt, Nekrosen an Blatträndern, Blütenknospen öffnen sich schlecht.

O **Fluor-Schaden**

Δ Schaden entsteht durch gasförmige Bestandteile fluorhaltiger Reinigungsmittel für Glasscheiben, fluoriertes Gießwasser oder fluorhaltige Düngemittel wie Superphosphat und Thomasschlackenmehl. Zusatz von Frischhaltemitteln (z. B.: *Chrysal*) fördert Blütenausbildung.

□ Die Pflanzen blühen vorzeitig.

O **Vorzeitiges Blühen**

Δ Erscheinung kann auf zeitweiser Trockenheit sowie auf Mangel an Stickstoff beruhen.

□ Die Blütenknospen bleiben stecken und vertrocknen anschließend.

O **Vertrocknen der Blütenknsopen**

Δ Folge zu hoher Temperaturen im Boden und zu geringer Belichtung während der Blütenbildung.

□ Normale Pflanzen entwickeln abnorm lange Blütenscheiden und Blüten.

O **Zu lange Blüten**

Δ Ursache sind wahrscheinlich starke Temperaturschwankungen während der Blütenbildung.

□ Blüten ganz oder teilweise (Stempel, Staubgefäße, Kronblätter) mißgebildet.

O **Blütenmißbildungen**

Δ Folge von zu tiefen Temperaturen während der Blütenbildung. Siehe auch weiter unten bei "**Viruskrankheiten**".

□ Die Blütenstiele gesunder Pflanzen verschrumpeln und vertrocknen.

O **Vertrocknen der Blütenstiele**

Δ Ursache ist zu starkes Absinken der Luftfeuchtigkeit, vor allem in den Morgenstunden, daher sehr früh lüften.

□ Sorten unterschiedlich anfällig. Während der Streckungsperiode bricht der Blütenstiel ab.
O **Brechen der Blütenstiele**
Δ Luftfeuchtigkeit im Gewächshaus abends senken, Ventilatoren!

□ Wurzeln kümmern und sterben schließlich ab. Wachstum der unterirdischen Pflanzenteile stagniert.
O **Störung des Wurzelwachstums**
Δ Die Erscheinung tritt auf, wenn die Bodentemperatur im Hinblick auf die Lufttemperatur zu niedrig ist.

□ Blätter zeigen knapp unter der Spitze Einschnürungen, Spitze stirbt zuweilen ab.
O **Kalimangel**
Δ Substratuntersuchung, aufgrund des Ergebnisses Kalizufuhr.

□ Blätter schmal und kleiner als normal, Farbe dunkelgrün mit violettem Anflug.
O **Phosphorsäuremangel**
Δ Substratuntersuchung und angemessene Phosphorsäurezufuhr aufgrund des Ergebnisses.

Viruskrankheiten

□ Die Blüten zeigen "gebrochene" Farben und sind streifig oder fleckig. Symptome aber bei den einzelnen Sorten unterschiedlich.
O **Freesiamosaik-Virus** (*Freesia mosaic virus*, Übertragung mechanisch und durch Blattläuse)
Δ Bekämpfung der Virosen siehe unten.

□ Die Blüten bleiben klein und sind meist auch mißgebildet, bei manchen Sorten auch plötzliches Vergilben der jungen Blätter, anschließend Braunwerden von der Spitze her und Auftreten nekrotischer Flecken.
O **Bohnengelbmosaik-Virus** (*Bean yellow mosaic virus,* Übertragung durch Blattläuse und *Oidium brassicae*)
Δ Bekämpfung der Virosen siehe unten.

□ Zwergwuchs, deutliche nekrotische Flecken auf den Blättern, spärliche oder ganz ausbleibende Blüte, die wenigen Blüten mißgebildet und fleckig, bald absterbend, zuweilen Knollen faul.
O **Mischinfektion durch Freesienmosaik und Bohnengelbmosaik** (beide mechanisch und blattlausübertragbar).
Δ Bekämpfung der Virosen siehe unten.

□ Blätter, vor allem junge, schwach gelbgrün gescheckt, mit streifen- oder rechteckartigen Mustern.
O **Streifen-Virus, Tabakmauche-Virus** (*Tobacco rattle virus*)

Δ **Gilt für alle Virosen:** Ausgehen von gesundem, virusgetestetem Vermehrungsmaterial. Verdächtige und kranke Pflanzen vernichten, eventuell serologisch auf Virusbefall testen lassen (Pflanzenschutzdienst oder Spezialinstitutionen). Regelmäßige Blattlausbekämpfung. Schnittwerkzeuge sind nach einer Sorte oder Partie zu desinfizieren.

Bakteriosen

□ Stengelbasis mit dunkelgrünen Streifen, Pflanze stirbt von innen her ab. Dunkle Flecken auf der Oberhaut der Knollen und im Gewebe.
O **Bakterienschorf, Lackschorf** (*Pseudomonas marginata* [Mc Cull.] Stapp)
Δ Gesundes Pflanzgut. Verdächtige Bestände früh roden. Kranke Pflanzen vernichten.

Mykosen

□ Platzweise auf infizierte, nicht aufgelaufene Knollen zurückzuführende Fehlstellen im Bestand oder Kümmerpflanzen, die vorzeitig absterben, daneben frisch infizierte Pflanzen mit vergilbenden Blättern, deren Wurzeln und junge Knollen braunfleckig, Gefäßbündel ebenfalls braunverfärbt. In warmen Böden schnelle Ausbreitung. Bei Befall von Sämlingen sterben diese meist bereits unter der Bodenoberfläche ab. Lagernde infizierte Knollen zuweilen mit rosa Schimmelbelag, sekundär Wurzelmilben.
O **Fusarium-Fäule** (*Fusarium oxysporum* Schlecht *f. gladioli* (Mass.) Snyd. et Hans.)
Δ Pflanzgut sorgfältig selektieren, Knollen in entseuchtes Substrat pflanzen. Knollen 30 Minuten in 0,2 % *Benomyl* (*Du Pont Benomyl*(2)) zu tauchen. Sonst auch Knollen 15 Min. tauchen oder angießen mit *Thiabendazol* (*Tecto FL*(1) 0,1 %). Kranke und verdächtige Pflanzen mit Knolle vernichten (die in der Nähe stehenden mit *Du Pont Benomyl*(2) 0,1 % oder *Tecto FL*(1) 0,1 % angießen). Im Freiland nach Befall Wechsel der Anbaufläche unter Berücksichtigung der Tatsache, daß der gleiche Krankheitserreger auch an *Crocus*, *Gladiolus*, *Iris* und *Ixia* vorkommen kann. Aussaaten nur in entseuchten Boden.

□ Blätter sterben von außen nach innen ab, unterirdische Teile der Pflanze mit Sklerotien bedeckt, zerfasern. Knollen im Innern schwarzfleckig.
O **Trockenfäule** (*Sclerotinia [Stromatinia] gladioli* [Mass. J. Drayt. = *Stromatinia gladioli* [Drayt.] Whet.)
Δ Strenge Selektion des Pflanzgutes, Knollen 30 Minuten in 0,5 % *Du Pont Benomyl*(2) tauchen. Kranke Pflanzen mit Knolle vernichten.

□ Blätter mit graubraunen bis grauschwarzen Flecken, die vor allem bei hoher Luftfeuchtigkeit mit mausgrauem, stäubendem (Sporen!) Pilzmyzel bedeckt sind. Blüten erst mit feinen Stippen, die später zu bräunlichen Flecken nachdunkeln. Ganze Pflanze kann wegfaulen.
O **Botrytis-Fäule, Pocken an den Blüten** (*Botrytis cinera* Pers.)
Δ Weiträumige Pflanzung, Vermeidung übermäßiger Luftfeuchtigkeit, bei stagnierender Luft unter gleichzeitiger Heizung Luftumwälzung (Ventilatoren!). Vorbeugend und zur direkten Bekämpfung hat sich vor allem Spritzen mit *Benomyl* (*Du Pont Benomyl*(2) 0,05-0,1 %), *Vinclozolin* (*Ronilan WG* 0,1 %) oder *Iprodion* (*Rovral* 0,1 %), aber auch mit *Thiabendazol* (*Tecto FL*(1) 0,1 %) bewährt. Möglichst in den Morgenstunden spritzen. *Ronilan WG* und *Rovral* verursachen Spritzflecken.

□ Gewächshaus - Blühende Pflanze knicken in etwa 10-20 cm Höhe um, Blätter (besonders an übereinandergreifenden Stellen) und Blütenstengel mit rötlichbraunen oder grauen Läsionen, die verschieden groß und geformt sein können. Blätter trocknen schließlich ein, Gewebe von der Spitze aus zerfasert. Gefäße bis in die Knospen sowie die äußerlich gesund erscheinende Knolle rötlich verfärbt. Befall an Saatfreesien und an Knollenfreesien möglich.

O **Blatt- und Stengelfäule** (*Botrytis gladiolorum* Timm.)

Δ Boden lockern, entwässern, morgens gießen (oder spritzen), Luftfeuchtigkeit senken. Nur einwandfreie Knollen ohne Krankheitszeichen auspflanzen. Vorbeugend, spätestens bei ersten Befallssymptomen *Vinclozolin* (*Ronilan WG* 0,1 %), *Iprodion* (*Rovral* 0,1 %), *Thiabendazol* (*Tecto FL*[1] 0,1 %) oder ein anderes Mittel gegen *Botrytis*-Pilze. Kranke Pflanzen sind sofort zu entfernen. - *Gladiolen* werden von der gleichen Krankheit befallen, daher nicht vor oder nach Freesien kultivieren!

Ferner an *Freesia*: **Blattfleckenkrankheiten - Wurzelmilben, Spinnmilben, *Thrips*, Blattläuse, Schnecken.** Siehe Kapitel 2.1 "Mykosen", "Tierische Schädlinge". Quarantänekrankheiten siehe unter Kapitel 2.2 "*Gladiolus*".

2.2.117 Fritillaria (Kaiserkrone, Kiebitzblume, Schachblume)

□ Zwiebeln faulen auf dem Lager. Faulstellen eingesunken, schließlich naßfaul. An *Fritillaria imperialis*.

O **Fusarium-Fäule** (*Fusarium*-Arten)

Δ Gesundes Pflanzgut verwenden. Beim Schnitt von Zwiebeln zur Vermehrung Messer durch Abflammen desinfizieren. Die Zwiebeln vor dem Pflanzen 15 Minuten in 0,4 % *Benomyl* (*Du Pont Benomyl*[2]) tauchen.

2.2.118 Fuchsia-Hybriden (Fuchsie)

Fuchsien, besonders Blüten, reagieren empfindlich gegenüber *Iprodion*, *Thiabendazol*[1], *Vinclozolin*, *Deltamethrin*[3], *Fenpropathrin*[3], *Methamidophos*, *Permethrin*[2], *Propoxur*.

□ An Jungpflanzen, weniger an verkaufsfertigen Pflanzen, zeigen sich, vor allem bei Trokkenheit, bräunliche Faulstellen, die vom Stengelgrund ausgehend, um den ganzen Stengel gehen können und den Trieb langsam zum Absterben bringen. Bei hoher Luftfeuchtigkeit faulen die Stengel über dem Boden durch, dann an allen Befallsstellen mausgraues Pilzmyzel. Bei zu engem Stand sogar flächenartige Verluste.

O **Grauschimmel, *Botrytis*-Stengel- und Triebfäule, Fußfäule** (*Botrytis*-Art)

Δ Viel lüften, stagnierende Luft vermeiden, weiter Stand. Während der lichtarmen Zeit besonders vorsichtig bewässern, peinliche Sauberkeit, absterbende Pflanzenteile entfernen. Bei Befallsgefahr im Betrieb vorbeugend, spätestens bei ersten Befallszeichen, im Abstand von 2-3 Wochen mit den Präparaten *Vinclozolin* (*Ronilan WG* 0,1 %), *Iprodion* (*Rovral* 0,1 %) oder *Dichlofluanid* (*Euparen WG* 0,25 %; hat Nebenwirkung gegen *Rost*) spritzen. Behandlungen möglichst vormittags durchführen und für schnelles Abtrocknen der Pflanzen vor der Nacht sorgen.

Gegen die durch *Botrytis* hervorgerufene Stamm- und Triebfäule hat sich das Angießen mit *Vinclozolin* (*Ronilan WG*) bewährt. Die Konzentration der Spritzflüssigkeit muß bei Überschreitung von 10 l/100 m² auf 75-50 g/100 l Wasser reduziert werden.
Zur Sicherung der **Gewinnung gesunder Stecklinge** sollte man die Mutterpflanzen, auch wenn sie anscheinend ohne Befall sind, 2-3 Tage vor dem Stecklingsschneiden mit *Dichlofluanid* (*Euparen WG* 0,25 %), *Vinclozolin* (*Ronilan WG* 0,1 %) oder *Iprodion* (*Rovral* 0,1 %) behandeln.

□ Gelb-orange Rostpusteln unter den Blättern, aber im Vergleich zu anderen Rostarten nicht sehr deutlich, mehr als schwacher "Rostbelag" erkennbar. Befallene Blätter vergilben und fallen innerhalb weniger Tage ab, Fuchsien verkahlen von unten nach oben, Blütenbildung wie normal. Verbreitung vor allem durch verseuchte Jungpflanzenbetriebe. Besonders anfällig: 'Beacon', 'Dollarprinzessin', 'El Camino', 'Pink Beacon', 'Verbesserte Henriette Ernst', Verbesserte Muttertag', 'Lady Thumb' sowie die hängenden Sorten 'Lisi', 'Marminka', 'Pink Ballett Girl', 'Red Spider'.

O **Fuchsienrost** (*Pucciniastrum epilobii* [Pers.] Otth. *f. sp. palustris* Gäum.)

Δ Vorbeugende Maßnahmen vor allem in Jungpflanzenbetrieben wichtig. Die Mutterpflanzen müssen rostfrei sein und sind daher alle 1-2 Wochen mit *Propineb* (*Antracol WG*(2) 0,2 %), *Mancozeb* (*Dithane Ultra WG* 0,2 %), *Metiram* (*Polyram WG* 0,2 %), *Bitertanol* (*Baymat flüssig* 0,1 % - Vorsicht bei mehrmaliger Anwendung) oder einem anderen Mittel gegen Rostkrankheiten zu spritzen, dabei Blattunterseiten gründlich benetzen.
Auch die bewurzelten Stecklinge sowie die Jungpflanzen sollten vorbeugend alle 3 Wochen mit einem der aufgeführten Spritzmittel behandelt werden. Falls gegen *Botrytis* chemische Maßnahmen notwendig sind, sollte dabei *Dichlofluanid* (*Euparen WG* 0,25 %) eingesetzt werden, das eine gute Nebenwirkung gegen Rostbefall besitzt.
Die letzten Spritzungen von Verkaufsware sind mit *Triforin* (*Saprol Neu* 0,15 %) durchzuführen, da dann keine Spritzflecken entstehen.
Soweit möglich, sollte man, vor allem in der Nähe von Jungpflanzenbetrieben, den Zwischenwirt des Rostpilzes, das Weidenröschen (*Epilobium*-Arten), nicht dulden.

□ Im Freiland von Juli bis Sept. - Bis fingerlange, grüne, braune oder schwarze Raupen mit bizarrer Augenzeichnung an dem in Ruhestellung verdickten Vorderkörper. Am Hinterende ein kurzes Horn. Gieriger Fraß, große Kotballen.

O **Mittlerer Weinschwärmer** (*Chaerocampa [= Deilephila] elpenor* L.)

Δ Raupen nicht abtöten, sondern lebend zu Unterrichtszwecken weitergeben oder umsetzen an Weidenröschen (*Epilobium*) oder Klebkraut (*Galium*).

□ Verkrüppelungen und Mißbildungen an jungen Blättern und Trieben.

O **Blattläuse** (*Myzus persicae* [Sulzer] u.a.)

Δ Wiederholte Spritzungen mit *Lambda-Cyhalothrin* (*Karate* 0,05 %), *Oxydemeton-methyl* (*Metasystox R* 0,1 %), *Methamidaphos* (*Tamaron* 0,1 %), *Pirimicarb* (*Pirimor Granulat*(3) 0,05 %). Im Frühjahr können auch mehrere Freilassungen von Schlupfwespen (*Aphidius sp.*) vorbeugend erfolgen.

□ Kleine, helle Flecke auf den Blättern. Die Schadstellen trocknen ein, stark befallene Blätter fallen vorzeitig ab.

O **Spinnmilben** (*Tetramychidae*)

Δ Erstes Auftreten bei Pflanzen im Nahbereich von Heizungsrohren. Ab Befallsbeginn mehrere Spritzungen mit *Abamectin* (*Vertimec*(3) 0,025 %), *Fenazaquin* (*Pride Ultra*(3) 0,05 %), *Fenpyroximat* (*Kiron*(3) 0,15 %), *Methamidophos* (*Tamaron* 0,1 %), *Hexythiazox* (*Ordoval* 0,05 %) u.a. Die Blattunterseiten sind gründlich zu benetzen. Auch mit wöchentlichen Aussetzungen von Raubmilben (*Amblyseius sp.*), 25-50 Tiere/m², werden gute Erfolge erzielt. Sie wirken auch gegen Weichhautmilben und *Thrips*.

☐ Blütenschäden, Blattdeformationen sowie Verunreinigungen durch Kottröpfchen und Blattnekrosen.
O **Thripse**, besonders **Kalifornischer Blütenthrips** (*Frankliniella occidentalis* Pergande)
Δ *Frankliniella* ist Überträger des Tomatenbronzeflecken-Virus. Daher schon Jungpflanzen sorgfältig kontrollieren, Kontrollen im Betrieb mit Blautafeln (1 Tafel/20 m²).
Bei Befall mehrere Behandlungen im Abstand von 3-4 Tagen mit *Abamectin* (*Vertimec*(3) 0,05 %), *Deltamethrin* (*Decis flüssig*(3) 0,05 %), *Lambda-Cyhalothrin* (*Karate* 0,05 %), *Methamidophos* (*Tamaron* 0,1 %). Die biologische Bekämpfung erfolgt mit 25-50 Raubmilben/m² (*Amblyseius sp.*), die wöchentlich im Bestand verteilt werden.

☐ Gelbgrüne Larven und weißbeflügelte, mottenähnliche Insekten saugen auf der Blattunterseite.
O **Weiße Fliege** (*Trialeuvodes vaporariorum* Westwood)
Δ Zur Früherkennung Jungpflanzen auf mögliche Eigelege und ovale Puparien kontrollieren. Unkrautbeseitigung unter den Tischen. Wiederholte Behandlungen im Abstand von 3-4 Tagen mit *Abamectin* (*Vertimec*(3) 0,05 %), *Fenazaquin* (*Pride Ultra*(3) 0,1 %), *Methamidophos* (*Tamaron* 0,1 %) oder *Teflubenzuron* (*Nomolt*(3) 0,05 %). Wirkstoffe wechseln.

☐ Blätter an den Triebspitzen mit violetten bis bräunlichen Schadstellen. Triebe mitunter mißgestaltet und Blätter löchrig-zerrissen.
O **Blattwanzen** (*Miridae*)
Δ Wiederholt spritzen mit *Deltamethrin* (*Decis flüssig*(3) 0,05 %), *Methamidophos* (*Tamaron* 0,1 %), *Permethrin* (*Ambush*(2) 0,01 %), *Propoxur* (*Unden flüssig* 0,15 %).

☐ Fraßschäden an den Blättern durch 3-4 mm großen, dunkel-metallisch glänzenden Käfer. Lebt auch an Vogelknöterich und Weidenröschen.
O **Falscher Kohlerdfloh** (*Halticinae*)
Δ Wiederholt spritzen mit *Deltamethrin* (*Decis flüssig*(3) 0,05 %), *Permethrin* (*Ambush*(2) 0,01 %), *Propoxur* (*Unden flüssig* 0,15 %).

Ferner an *Fuchsia*: **Blattfleckenkrankheiten - Blattälchen, Blattläuse, Blattwanzen, Spinnmilben, Weiße Fliege.** Siehe Kapitel 2.1 "Mykosen", "Tierische Schädlinge".
Bei Anwendung von geeigneten Pflanzenschutzmitteln sollte regelmäßig mit verschiedenen Präparaten gearbeitet werden, um den Befall zu tilgen.
Gegen Blattläuse: *Pirimicarb* (*Pirimor Granulat zum Auflösen in Wasser*(3) 0,05 %) und andere Präparate.
Gegen Blattläuse und Weiße Fliege: *Deltamethrin* (*Decis flüssig*(3) 0,05 % - Blütenschäden möglich -), *Methamidophos* (*Tamaron* 0,1 %) und andere Präparate.
Gegen Blattwanzen: *Methamidophos* (*Tamaron* 0,1 %), *Permethrin* (*Ambush*(2) 0,01 %), *Propoxur* (*Unden flüssig* 0,15 %).
Eulenraupen und Wicklerraupen siehe Kapitel 2.1 "Tierische Schädlinge".

2.2.119 Gaillardia (Kokardenblume)

An *Gaillardia* kommen vor: **Blattfleckenkrankheit, Falscher Mehltau - Blattläuse, Schaumzikaden.** Siehe Kapitel 2.1 "Mykosen", "Tierische Schädlinge".

2.2.120 Galanthus (Schneeglöckchen)

□ Kurz nach dem Auflaufen an Pflanzen graubrauner Schimmelbelag, an Zwiebeln schwarze Sklerotien.

O **Grauschimmel** (*Botrytis galanthina* [Berk et Br.] Sacc.)

Δ Im Freiland Wechsel der Anbaufläche. Bodenentseuchung. Gesundes Pflanzgut verwenden. Das Pflanzgut kurz vor dem Auspflanzen 1 Stunde vorbeugend in eine Behandlungsflüssigkeit von *Benomyl* (*Du Pont Benomyl*[2] 0,2 %), *Vinclozolin* (*Ronilan WG* 0,2 %), *Iprodion* (*Rovral* 0,2 %) oder *Procymidon* (*Sumisclex WG* 0,2 %) tauchen. Eventuell lohnt bei Befall ein Angießen oder Spritzen mit *Vinclozolin* (*Ronilan WG* 0,1 %), *Iprodion* (*Rovral* 0,1 %) oder *Procymidon* (*Sumisclex WG* 0,075 %).

□ Zwiebeln zeigen bei der Ernte dunkelbraune, weiche Flecken, die später verhärten. Zwiebelboden verkorkt. Auf dem Lager werden die kranken Zwiebeln hart und zeigen punktförmige, schwarze Sporenlager. Auch Blatt- und Stengelflecken, zunächst klein und intensiv rot gefärbt, später zusammenfließende rotbraune Flecken. Blätter und Blütenstiele zeigen Verkrüppelungen

O **Feuer** (*Stagonospora curtisii* [Berk.] Sacc.)

Δ Optimale Kulturführung ist eine wichtige vorbeugende Maßnahme oder Pflanzgutbehandlung wie bei Grauschimmel angegeben.

2.2.121 Galtonia (Sommerhyazinthe)

An *Galtonia* kommen vor: **Viruskrankheiten** (Tabacmauche-Virus - *Tobacco rattle virus*)- **Stengelälchen:** Siehe Kapitel 2.1 "Virosen", "Tierische Schädlinge" sowie unter "***Hyacinthus***".

2.2.122 Gardenia (Gardenie)

Gardenia jasminoides ist stark durch **Spinnmilben** und **Schildläuse** gefährdet. Befall durch **Weiße Fliege** kommt gelegentlich vor. Siehe Kapitel 2.1 "Tierische Schädlinge".

2.2.123 Gazania (Gazanie)

Zur Bekämpfung der häufiger auftretenden **Eulenraupen** und **Wicklerraupen** siehe Kapitel 2.1 "Tierische Schädlinge".

2.2.124 Gentiana (Enzian)

Unausgeglichene Versorgung mit Kali und/oder Phosphor führt bei manchen *Gentiana*-Arten zum Entstehen von dunklen Blattflecken mit schwarzviolettem Rand, bei denen nicht feststeht, wieweit sekundär Pilzinfektionen eine Rolle spielen.

☐ Vor allem an den unteren Blättern entstehen kleine, runde, gelblichbraune Flecke. Stärker befallene Blätter sterben ab. Bei feuchtem Wetter oft erhebliche Ausfälle.
O **Blattfleckenkrankheit** (*Septoria microsora* Speg.)
Δ Spritzung mit *Mancozeb* (*Dithane Ultra WG* 0,2 %), *Metiram* (*Polyram WG* 0,2 %) oder *Triforin* (*Saprol Neu* 0,15 %) beim ersten Auftreten von Befallssymptomen.

Ferner an *Gentiana*: ***Pythium*-Arten, *Botrytis*-, *Fusarium*-Arten** (Fußkrankheiten), - **Blattälchen, Wandernde Wurzelnematoden.** Bekämpfung siehe Kapitel 2.1 "Mykosen", "Tierische Schädlinge".

2.2.125 Gerbera (Gerbera)

Vorsicht bei Wirkstoffen wie *Dinocap*, *Dichlofluanid*, *Fenarimol*, *Iprodion*, *Triforin*, *Vinclozolin* sowie *Methamidophos*, *Parathion*[3], *Phosphamidon*, *Propoxur*. Sie können Blütenschäden verursachen.

Standardmaßnahmen:
Bei Neupflanzungen von *Gerbera* sollte die dazu vorgesehene Fläche gedämpft werden.
Mißbildungen an Blüten können beruhen auf zu hoher Luftfeuchtigkeit sowie auf dem besonders häufigen und gefährlichen Befall durch **Weichhautmilben.** Siehe unten.

Mangelschäden

☐ Blätter vergilben und werden bis auf die grün bleibenden Blattadern chlorotisch.
O **Chlorose, Eisenmangel**

☐ Blätter vergilben am Rande, werden fleischig dick und spröde.
O **Magnesiummangel**

☐ Blätter sterben vom Rand her ab, sind teilweise chlorotisch.
O **Kalimangel**

☐ Aufgewölbte Interkostalfelder, Nekrosen an Spitze und Blattrand, Blüten deformiert.
O **Molybdänmangel**

☐ Dunkelgrüne Blätter mit häufig violetten Tönen an den Blatträndern, Blätter vertrocknen von der Blattspitze aus bis zum völligen Absterben.
O **Phosphormangel**

☐ Blätter zeigen chlorotisch fleckige Aufhellungen der Blattspreiten und hell- bis dunkelbraune Randnekrosen.
O **Kupfermangel**
Δ Zunächst Bodenuntersuchung und aufgrund der Ergebnisse Düngung vornehmen.

Virosen

☐ In Teilbereichen Blatt- und Stengelnekrosen, Blattdeformationen, hell- und dunkelgrüne Blattmuster od. wolkige Gelbfleckung mit nekrotischem Zentrum. Zwergwuchs.

O **Tomatenbronzeflecken-Virus** (*Tomato spotted wild virus - TSWV*, übertragen durch *Thrips tabaci*, vorwiegend aber *Frankliniella occidentalis*).
Δ Vernichtung befallener Pflanzen. Intensive *Thrips*-Bekämpfung. Siehe Kapitel 2.1 "Tierische Schädlinge - **Thrips**".

Mykosen

☐ Blätter und Blüten welken schnell ab, Basis der Blattrosette wird welk, der Stammgrund fault. Wurzeln entweder zunächst noch gesund (*Fusarium*), später faulend, Faserwurzeln schwarz (*Phytophthora*) oder Leitungsbahnen in Wurzeln und Stammgrund verbräunt (*Verticillium*).
O **Gerbera-Fäule, "Gerberasterben",** (durch Kulturfehler, Folge von Fuß- und Welkekrankheiten, hervorgerufen durch Pilze der Gattungen *Fusarium oxysporum* Schlecht. [geringere Bedeutung], *Phytophthora* [Hauptbedeutung, vor allem *Ph. cryptogea* Peth et Laff] und *Verticillium dahliae* Kleb. [ebenfalls geringere Bedeutung]).
Δ Strenge Betriebshygiene: Gesundes Pflanzgut. Entseuchung der Anzuchtsubstrate und Anzuchtgefäße. Optimale Kulturbedingungen, übermäßige Nässe vermeiden; guter Wasserabzug durch ausreichende Drainage, ferner für ausreichende Bodenwärme sorgen.
Bodenentseuchung durch Dämpfung.
Bei problematischen Wasserverhältnissen wird an Stelle von Grundbeetkultur besser Containerkultur empfohlen. Das setzt aber voraus, daß die Container **nicht** direkt auf den Boden gestellt werden, sondern so auf Paletten stehen, daß in ihnen keine Wasserstauung eintreten kann. Versuchsweise erdlose Kultur.
Beim Gießen Blätter möglichst wenig benetzen. Wasser sollte mindestens Bodentemperatur haben. Direkte chemische Gegenmaßnahmen helfen nicht, wenn Staunässe vorliegt oder sonst Kulturfehler gemacht werden.
Breiten sich trotz günstiger Kulturbedingungen Pilzkrankheiten aus, sollte man den oder die an der Infektion beteiligten Pilze vom Pflanzenschutzdienst bestimmen lassen, da davon die Bekämpfungsmaßnahmen abhängen. Kranke Pflanzen sind radikal auszustechen und zu vernichten.
Gegen *Fusarium* spritzen mit *Benomyl* (*Du Pont Benomyl*[2] 0,1 %).
Gegen *Phytophthora*, den wichtigsten Krankheitserreger, vorbeugend *Metalaxyl* (*Fonganil Neu* 100 g/m³) der Erde oder Substrat untermischen **und** vor dem Pflanzen Wurzelballen mit 0,05 % tauchen oder gießen oder aber sorgfältiges Angießen mit *Fosetyl* (*Aliette* 0,5 %), oder *Propamocarb* (*Previcur N* 0,15-0,25 %). Vorsicht bei erdloser Kultur. *Fonganil Neu* kann Schäden verursachen.

☐ Wurzeln, manchmal auch Sproßbasis, mit braunen Faulstellen, sind teilweise abgestorben. Schlechtes Wachstum, Absterben einzelner Pflanzen.
O **Pythium irregulare** Buisman
Δ Verwendung entseuchter Erde, Geräte und Gefäße. Vorbeugende Behandlung des Substrates mit *Metalaxyl* (*Fonganil Neu*), oder *Propamocarb* (*Previcur N*) und/oder Angießen mit einem dieser Mittel (siehe oben) erhöhen die Sicherheit. Siehe auch "**Gerberasterben**". Vorsicht bei erdloser Kultur!

☐ Einzelne Blätter welken, später Gelb- oder Braunfärbung und Vertrocknen. Absterben einzelner Pflanzen. Erste Symptome oft schon bei frisch gepflanzten Beständen, diese daher sorgfältig beobachten und eventuell sofort Gegenmaßnahmen treffen. Mit zunehmendem Alter Stillstand der Krankheit, zum Teil Austrieb neuer Blätter. Pflanzen bleiben in der Entwicklung zurück.

O **Rhizoctonia-Welke** (*Rhizoctonia solani* Kühn)

Δ 2- bis 3maliges Spritzen der Pflanzen mit geringem Druck, damit die Spritzflüssigkeit am Wurzelhals herunterläuft mit *Propineb* (*Antracol WG*[2] 0,2 %), *Benomyl* (*Du Pont Benomyl*[2] 0,05-0,1 %) oder *Iprodion* (*Rovral* 0,1 %).

□ Langsames Welken der Pflanze ohne erkennbare Stammgrundfäule. Manchmal rötliche Blattfärbung. Gefäßbündel im Wurzelhals verbräunt.

O **Welkekrankheit** (*Verticillium dahliae* Kleb.)

Δ Meist von geringerer Bedeutung. *Benomyl* (*DuPont Benomyl* 0,05 %) im Gießverfahren hat ausreichende Wirkung.

□ Pflanzen beginnen zu schlappen. Im Übergangsbereich von krankem zu gesundem Stengelbereich ist ein dichtes Pilzmyzel, in dem sich erst weiße, später dunkle Sklerotien befinden, zu erkennen.

O **Sclerotonia-Welke** (*Sclerotinia sclerotiorum* [Lib.] de Bary)

Δ Wichtig ist Betriebshygiene. Bestände nicht zu feucht halten, da Sclerotinia bevorzugt unter feuchten Bedingungen auftritt. Bei ersten Befallssymptomen spritzen mit *Procymidon* (*Sumisclex WG* 0,075 %), oder *Vinclozolin* (*Ronilan WG* 0,1 % - Vorsicht: Blütenschäden möglich). Im Grundbeet kann durch Bodenentseuchung *Sclerotinia* befriedigend bekämpft werden.

□ Vor allem in Jungpflanzen-Kulturen, aber auch in älteren Beständen, besonders an dicht stehenden Laubblättern.

O **Grauschimmel** (*Botrytis*-Arten)

Δ Vorsichtig spritzen mit *Dichlofluanid* (*Euparen WG* 0,25 - 0,5 % - Blütenschäden möglich -), *Vinclozolin* (*Ronilan WG* 0,1 %), *Iprodion* (*Rovral* 0,1 %). Herz der Pflanzen besonders sorgfältig behandeln.

□ Weißliche oder mehr grauweiße Mehltauüberzüge auf den Blättern, vor allem bei mangelnder Lüftung (niedrige Außentemperaturen!) und hoher Luftfeuchtigkeit, Spätherbst, Winter.

O **Echter Mehltau** (*Oidium*-Arten)

Δ Beim Auftauchen der ersten Mehltauflecke spritzen mit *Bitertanol* (*Baymat flüssig* 0,075 %) einigermaßen blütenverträglich. Bei *Triforin* (*Saprol Neu* 0,1 %) oder anderen Mitteln gegen Echten Mehltau können Blüten empfindlich reagieren.

□ Auf der Oberseite der Blätter zunächst fleckenartige Aufhellungen und Vergilbungen, später zusammenfließende, braune Nekrosen, die einreißen, ausfallen und im Blatt Löcher oder größere Beschädigungen hinterlassen. Auf der Blattunterseite bilden sich die Sporangien. Nach Aufreißen der Kutikula treten sie als weißes Pulver aus und werden mit dem Wind oder durch Spritzwasser verbreitet.

Durch die Blattschäden kann die Entwicklung der Gerberapflanzen, auch der Blüten, erheblich beeinträchtigt werden.

Der Weiße Rost ist an Gerbera aus mehreren europäischen und außereuropäischen Ländern seit längerem bekannt. Bei den verschiedenen Gerberaformen gibt es Unterschiede in der Anfälligkeit, die für die Entwicklung resistenter Stämme nutzbar gemacht werden sollen.

O **Weißer Rost** (*Albugo tragopogonis [DC.]* S. F. Gray)

Δ Der Weiße Rost kommt zur Zeit örtlich in erheblichem Ausmaß an freistehenden Gerberapflanzen auf Teneriffa vor. **In Deutschland** ist die Krankheit **bisher nicht beobachtet** worden. Da sich aber auf Teneriffa ständig deutsche Touristen befinden und sich dort auch zahlreiche Filialbetriebe deutscher Gartenbauunternehmen angesiedelt haben, ist die Übertragungsgefahr nach Deutschland sehr groß. Bei Befallsverdacht Pflanzenschutzdienst verständigen!

Der Weiße Rost ist an *Gerbera* nur schwer bekämpfbar, doch sollen Spritzungen mit *Maneb* oder *Mancozeb*, vor allem auf die Blattunterseiten der Pflanzen, Erfolge gezeigt haben.

Tierische Schädlinge

□ Blätter und Blüten infolge Schabefraß durchlöchert, Schleimspuren.

O **Schnecken** (Mehrere Arten).

Δ Ausstreuen von Schneckenködern, etwa *Metaldehyd* (*Schneckenkorn* versch. Firmen) oder *Methiocarb* (*Schneckenkorn Mesurol*).

Falls Unsicherheit besteht, ob es sich bei den Fraßspuren um **Schnecken- oder Raupenfraß** handelt, versuchsweise abends an einer geschädigten Pflanze Schneckenköder ausstreuen und am Morgen Kontrolle auf tote Schnecken durchführen.

□ Blätter nach oben gekrümmt, oberseits schwach gebräunt, unterseits oft glänzend. Charakteristisch die zerzaust aussehenden Blütenköpfe, die Mißbildungen und Asymmetrien aufweisen.

O **Weichhautmilben** (*Tarsonemidae*)

Δ Steuerung von Temperatur und Luftfeuchtigkeit. Entwicklungsoptimum der Weichhautmilben liegt zwischen + 23 °C und + 28 °C bei 85 % relativer Luftfeuchtigkeit. Bei jungen, kräftig wachsenden Pflanzen oder später können die Weichhautmilben meist zufriedenstellend mit *Fenpropathrin* (*Rody*(3) 0,05 %) oder *Abamectin* (*Vertimec*(3) 0,025 %) gespritzt werden. Vor Behandlung ganzer Bestände unbedingt Pflanzenverträglichkeit prüfen!

□ Blätter werden erst gelbfleckig und bei starkem Befall schließlich fahl, fast weißlich. An der mit Spinnfäden überzogenen Blattunterseite befinden sich bräunlich verfärbte Saugstellen von Spinnmilben sowie die Tiere selbst, ihre Larven, Häutungsreste und Exkremente.

O **Spinnmilben** (*Tetranychus*-Arten)

Δ Als wirksam haben sich erwiesen: *Fenpyroximat* (*Kiron*(3) 0,15 %), *Fenpropathrin* (*Rody*(3) 0,05 %), *Fenbutatin-oxid* (*Torque*(3) 0,05 %), *Hexythiazox* (*Ordoval* 0,05 %), *Methamidophos* (*Tamaron* 0,15 %) sowie *Abamectin* (*Vertimec*(3) 0,025 %) Die Blattunterseiten besonders gründlich behandeln, aber größte Vorsicht bei blühenden Pflanzen, da die Blüten der einzelnen Klone unterschiedlich empfindlich sind.

Siehe Kapitel 2.1 "Tierische Schädlinge - **Spinnmilben**".

□ Weißbeflügelte, mottenähnliche Insekten sitzen meist blattunterseits.

O **Weiße Fliege** (*Trialeurodes vaporariorum* Westwood und *Bemisia tabaci* Gennadius)

Δ Der Schädling ist an *Gerbera* unter Berücksichtigung der Pflanzenverträglichkeit möglichst durch eine alle 5-7 Tage wiederholte Behandlung über 3-4 Wochen mit einem der nachstehend aufgeführten Präparate soweit auszuschalten, daß keine Behandlungen zu blühenden Pflanzen notwendig sind:
Pirimiphos-methyl (*Actellic 50*[2] - 0,1 %), *Deltamethrin* (*Decis flüssig*[3] 0,05 %), *Methamidophos* (*Tamaron* 0,15 %) sowie *Sulfotep* (*Bladafum II* 1 Dose/200 m³ Raum). Besonders bewährt Einsatz im Wechsel. Die Benetzung der Blattunterseiten ist schwierig, aber besonders wichtig. Der versuchsweise Einsatz im Heißnebelverfahren hat gute Bekämpfungserfolge gezeigt. Bei blühenden Beständen Vorsicht geboten, obwohl mit den meisten der genannten Präparate auch beim (besonders sorgfältigen!) Einsatz während der Blüte gute Erfahrungen vorliegen.
Der Einsatz von Nützlingen gegen Weiße Fliege in *Gerbera* ist nicht ganz problemlos, da die Schlupfwespe *Encarsia formosa* gegen die häufig auftretende *Bemisia tabaci* Schwächen zeigt, andererseits reicht auch die Wirkung von *E. formosa* ab November nicht mehr aus.

Larven von Trauermücken
verursachen durch unterirdischen Fraß an *Gerbera* oft sehr starke, vielfach nicht als solche erkannte Schäden. Siehe Kapitel 2.1 "Tierische Schädlinge - **Trauermücken**".

Ferner an *Gerbera*:
Blattläuse: *Pirimicarb* (*Pirimor Granulat*[3] 0,05 %), *Oxydemeton-methyl* (*Metasystox R* 0,1 %)
Thrips: *Abamectin* (*Vertimec*[3] 0,025 %), *Methamidophos* (*Tamaron* 0,1 %) - Blütenaufhellung möglich)
Blattminierfliegen (Vorsicht bei Zukauf): *Permethrin* (*Ambush*[2] 0,02 %), *Deltamethrin* (*Decis flüssig*[3] 0,05 %), *Abamectin* (*Vertimec*[3] 0,025 %)
Dickmaulrüßler gelegentlich:
Eulenraupen, Wicklerraupen: *Methamidophos* (*Tamaron* 0,1 %), *Propoxur* (*Unden flüssig* 0,15 %),
Mäuse, schon in geringer Zahl sehr schädigend: Auslegen von *Chlorphacinon* (*Lepit Feldmausköder*[2]) oder Fallen aufstellen, aber schon ab Herbst.

2.2.126 Geum (Nelkenwurz)

□ Hellgrüne, mit dunklerem Rückenstreifen gezeichnete raupenähnliche Blattwespenlarven fressen an den Blättern.

○ **Blattwespenlarven** (*Monophadnoides geniculata* Steph.)

Δ Spritzen mit *Parathion* (*E 605 forte*[3] 0,035 %), *Propoxur* (*Unden flüssig* 0,2 %) oder einem anderen Insektizid.

Ferner an *Geum*: **Fußkrankheiten - Gallenbildende Wurzelnematoden, Spinnmilben.** Siehe Kapitel 2.1 "Mykosen", "Tierische Schädlinge".

2.2.127 Gladiolus-Hybriden (Gladiole)

□ Die Blattspitzen der Gladiolen sterben ab, die Blätter vergilben.

○ **Versalzung durch Düngesalze**

Δ Sachgemäße Düngung aufgrund einer Bodenuntersuchung.

□ Die Blattspitzen verfärben sich erst gelblich-weiß, später braun, meist scharf abgesetzt. Sorten sehr unterschiedlich anfällig.

○ **Verfärbung der Blattspitzen (Fluorschaden)**

Δ Mögliche Ursache sind fluorhaltige Emissionen oder fluorhaltiges Wasser, eventuell auch zu hoher Fluorgehalt in Düngemitteln. Gladiolen sind sehr empfindlich gegen Fluor.

□ Sommer - Plötzliches Absterben der Pflanzen. Knollen gesund, aber die Wurzeln eingetrocknet oder faulend. Vor allem bei übermäßiger Bodenfeuchtigkeit, auch unter Glas.

○ **Absterben der Gladiolen (durch Sauerstoffmangel)**

Δ Flaches Legen der Knollen, Bodenbearbeitung, Drainage, mäßig Stickstoff. Keine Kultur von Gladiolen auf zu nassen, kalten Böden vorsehen. Im Gewächshaus Pflanzen im 3- bis 4Blattstadium nicht zu feucht halten.

Virosen

□ Vor allem auf leichten Böden. Pflanzen bleiben fleckenweise im Wuchs zurück. Ihre Blätter zeigen hellbraune bis weißliche Streifen, die Blattränder sind gesägt. Wurzeln stark verzweigt, bärtig, Saugwurzeln reduziert, brüchig. Nekrotische Flecke auf den Zwiebeln.

○ **Kräuselkrankheit** (*Tobacco rattle virus*, übertragen durch Nematoden der Gattung *Trichodorus*)

Δ Flächen vor Pflanzung auf Nematodenbefall überprüfen. Gesundes Pflanzgut. Späte Pflanzung vermindert Befall. Kranke Pflanzen vernichten. Bekämpfung der Nematoden durch Bodenentseuchung.

□ Mosaikfleckung der Blätter in wechselndem Ausmaß und unterschiedlicher Art.
Verschiedene Virusarten mit unterschiedlichen, stark wechselnden Symptomen, vor allem:

○ **Bohnengelbmosaik-Virus** (*Bean yellow mosaic virus* - mechanisch und durch Blattläuse, nicht persistent übertragbar). Auf Blättern leichtes Mosaik, an roten und orangefarbenen Blüten dunkle Streifen.

○ **Gurkenmosaik-Virus** (*Cucumber mosaic virus* - mechanisch und durch Blattläuse übertragen). Auf den Blättern undeutliche, silbrige Mosaikzeichnung, Blütenstände gedrungen oder mißgestaltet, auf Blütenblättern fleckiges oder streifiges Mosaikmuster. Knollen mißgebildet, mit eingesunkenen, helleren Flecken, bei Querschnitten Knolleninneres braun gefärbt oder nekrotisch.

Δ Sorgfältige Auswahl gesunden Pflanzgutes für die Vermehrung. Ausmerzen krankheitsverdächtiger Pflanzen. Bekämpfung von Blattläusen.

Mykoplasmosen

□ Einzelne Pflanzen im Bestand zeigen gegen Ende Juni ein Vergilben erst der jüngsten, später aller Laubblätter. Saugwurzeln braun, absterbend. Bei Schnitten durch die Knollen zeigt sich eine wäßrig bräunliche Verfärbung des zentralen Teils und das Nekrotischwerden der Gefäße. Knollenwachstum stockt, Produktion von Brutablegern läßt nach. Knollen von kranken Pflanzen sind oberflächlich verfärbt und an der Basis hohl. Kranke Knollen entwickeln im 2. Jahr zahlreiche, nur wenige Zentimeter lange, meist im Boden bleibende Sprosse.

O **Hexenbesenkrankheit** (*Mykoplasmose*, übertragen durch Zwergzikaden)

Δ Kein Pflanzgut von kranken Beständen verwenden. Zwergzikaden durch Insektizide (*Oxydemeton-methyl*, *Dimethoat*, *Deltamethrin*(3)) bekämpfen. Kranke Pflanzen vernichten.

Bakteriosen

□ Knollenoberfläche mit eingesunkenen braunen bis schwarzen Flecken, die deutliche, schleimig-lackartige Ausscheidungen aufweisen, die später trocken werden und um die Flecken einen etwas erhöhten Rand bilden. Knollengewebe unter den Flecken braun verfärbt. Auch Blattgrund manchmal mit erhabenen, braunen Flecken, die sich zu dunkelbraunen Flächen ausweiten, ebenso am Stengelgrund, dann Umfallen der Pflanzen. Vor allem an beschädigten Knollen.

O **Lackschorf** (*Pseudomonas gladioli pr. gladioli* [Severini] Young, Dye & Wilkie)

Δ Keine Pflanzung von Gladiolen auf Umbruchflächen (Drahtwürmer!) oder anderen Feldern, die Besatz mit Bodenschädlingen aufweisen, eventuell vor Pflanzung Anwendung von Streumitteln gegen Bodenschädlinge. An den Fraßstellen kann sich nämlich die Bakteriose einnisten!

Mykosen

□ Kurz vor der Ernte zeigen die jungen Knollen erst wässerig erscheinende, später rotbraun werdende eingesunkene Stellen. Auf den Flecken schließlich kleine, schwarze Sporengehäuse. Gewebe darunter schwarz, hart. Knolle schrumpft schließlich ein. Auch an Blättern von kleinblumigen Sorten und an den Brutablegern großblumiger Sorten braune Flecke mit dunklem Rand und Sporengehäusen, krankes, bald absterbendes Gewebe fällt heraus. Pflanzen können vorzeitig zugrunde gehen.

O **Knollen-Hartfäule** (*Septoria gladioli* Pass.)

Δ Brutknöllchen und Knollen unmittelbar vor dem Pflanzen in eine Fungizidflüssigkeit tauchen. Näheres siehe unter "**Trockenfäule**". Falls sich an den Blättern der Brutknöllchen nach dem Pflanzen Flecken zeigen, mit den unten bei ***Botrytis*-Fäule** genannten Mitteln spritzen und so früh wie möglich roden. Kranke Pflanzen einschließlich der Knollen sofort vernichten.

□ Blätter, zuerst die äußeren, werden bleich und sterben ab. Auf den Blattscheiden über und unter der Bodenoberfläche etwa stecknadelkopfgroße schwarze *Sklerotien*, Knollen mit dunklen Flecken, bei stärkerem Befall Gefäßbündel braun verfärbt (Querschnitt!). Wurzeln erst mit braunen Flecken, später faulend. Auch an Knollen und Wurzeln zuweilen *Sklerotien.*

O **Trockenfäule, Stromatinia-Stengelgrundfäule** (*Sclerotinia = Stromatinia gladioli* [Drayt.] Whet.)

Δ Anbau nur auf nicht verseuchten Flächen, unter Glas Bodenentseuchung. Gesundes Pflanzgut auslesen bzw. gießen oder spritzen mit *Iprodion* (*Rovral* 0,1 %) oder *Vinchlozolin* (*Ronilan WG* 0,1 %).

Zur Gewinnung von Vermehrungsmaterial vorgesehene Bestände frühzeitig roden, dabei alle kranken Knollen und Brutableger vernichten. In den Niederlanden werden die Brutknöllchen zur Bekämpfung **aller** Knollenkrankheiten einer Warmwasserbehandlung unterzogen. Näheres Pflanzenschutzdienst.

□ An den Knollen auf dem Lager eingesunkene, korkartig-braune Flecke, bei Feuchtigkeit mit blaugrünem Schimmelbelag. Kleine Sklerotien. Eintrocknen der Knollen.

O **Penicillium-Knollenfäule** (*Penicillium gladioli Mc. Cull. et Thol.*)

Δ Verletzungen der Knollen bei der Ernte und beim Transport vermeiden, Knollen schnell trocknen, luftig, kühl aufbewahren.

Siehe auch "**Trockenfäule**".

□ Auf Blattscheiden und Blättern bleigrau bis schwärzlich durchschimmernde Streifen, aus denen braunschwarzes Sporenpulver austritt. Blätter vergilben vorzeitig. Auch Knollenhüllblätter und Knollengewebe bleifarben oder mehr schwärzlich fleckig. - Vor allem an kleinblühenden Gladiolen wie *Gl. colvillii* und *Gl. nanus*.

O **Gladiolenbrand** (*Urocystis gladiolicola* Ains.)

Δ Brutableger gesondert behandeln. Befallene Pflanzen vernichten. Anbaufläche wechseln. Siehe auch "**Trockenfäule**".

□ Pflanzen treiben gar nicht oder schlecht aus und vergilben, beginnend an der Spitze der Blätter. Blattgrund faul, Pflanzen lassen sich leicht aus dem Boden ziehen, Knolle bleibt zurück. Blattscheiden und Blätter unterseits mit dunkelbraunem Rand. Geerntete Knollen mit tief ins Gewebe reichenden, rotbraunen Flecken, die zuweilen oberflächlich konzentrische Ringe und Schimmelbelag aufweisen. Stark befallene Knollen mumifizieren und verhärten.

O **Fusariumvergilbungskrankheit, (Fusariumwelke), Fusarium-Knollenfäule** (*Fusarium oxysporum* Schlecht. *f. sp. gladioli* [Massey] Snyder et Hansen)

Δ Bei verdächtigen Beständen zur Gewinnung von Vermehrungsmaterial Knollen früh ernten und schnell trocknen. Knollen unmittelbar vor Pflanzung tauchen in *Thiabendazol* (*Tecto FL*(1) 0,1 %) für 30 Min., eventuell Brutableger ebenso behandeln. Siehe auch "**Trockenfäule**". Kranke Pflanzen samt Knollen vernichten. Nach Auftreten im Gewächshaus ist Bodenentseuchung erforderlich. Möglichst Verwendung *Fusarium*-resistenter Sorten.

□ Zunächst kleine, ab Spätsommer größere, länglich braune Faulflecke an Blättern, zuweilen auch an Blüten und am Stengelgrund. Meist hier auch Faulstelle mit mausgrauem Myzelbelag, im Boden große, schwarze Sklerotien. Stark befallene Pflanzen sterben ab. Knollen kleiner als normal mit gelblichen bis braunen Flecken oder Faulstellen, bisweilen tief ins Innere gehend, vor allem am Stengelansatz. Auf dem Lager zeigen solche Knollen zuweilen auch Symptome von Kernfäule, sie werden dann weich und sind mit Sklerotien bedeckt.

O **Botrytis-Blatt-, Blüten-, Stengel-** und **Knollenfäule** (*Botrytis gladiolorum* Timm.)

Δ Möglichst frühe Ernte, Stengel dicht über Knolle abschneiden, Knollen schnell bei etwa 30 °C trocknen, putzen, dann bei etwa 15 °C nachtrocknen und trocken lagern. Unter Glas alle nicht ausgetriebenen Knollen vernichten, übermäßige Luft- und Bodenfeuchtigkeit vermeiden.

Pflanzen alle 2 Wochen vorbeugend mit *Benomyl* (*Du Pont Benomyl*(2) 0,05 %, nicht zu oft einsetzen!), *Dichlofluanid* (*Euparen WG* 0,25 %), *Procymidon* (*Sumisclex WG* 0,075 %), *Vinclozolin* (*Ronilan WG* 0,1 %), *Iprodion* (*Rovral* 0,1 %), *Thiabendazol* (*Tecto FL*(1) 0,1 %) oder einem anderen Mittel gegen *Botrytis* spritzen.

Auch im Freiland alle 8-10 Tage, beginnend mit dem Austrieb, mit einem der genannten Präparate spritzen. Kranke Pflanzen sofort ausstechen und vernichten.

□ Kelchblätter der Blüten werden braun, auf Basis der Blätter zuweilen scharf abgegrenzte, längliche, braune Flecke. Knollen zeigen bräunlich-schwarze Streifen und Flecken, ferner treten ähnliche Symptome an den Knollen auf, wie sie bei Trockenfäule und Fusariumwelke vorkommen.

O **Curvularia-Befall** (*Curvularia trifolii* [Kauffmann] Boed. *f. sp. gladioli* Parmelee & Luttrell)

Δ Kranke Knollen vernichten. Knollenbehandlung wie bei "***Botrytis*-Fäule**" und "**Trockenfäule**".

Tierische Schädlinge

□ Blätter werden mißfarbig und vergilben, Blüten bleiben aus, Pflanzen sterben ab, Knollen mit rauhen, zerkrümelnden Stellen oder sogar völlig zerfallend. Im zerstörten Gewebe oft zahlreiche weißliche Milben.

O **Wurzelmilben** (*Rhizoglyphus echinopus* Fum. et Rob.)

Δ Knollen kühl und trocken lagern. Keine Pflanzung stärker befallener Knollen. Wird Befall an bereits bestehenden Pflanzen bemerkt, als Notbehelf Angießen mit versuchsweise *Fenproximat* (*Kiron*(3) 0,15 %) oder *Parathion* (*E 605 forte*(3) 0,05 %).

□ Blätter und noch geschlossene oder aufgeblühte Blütenstände weiß gesprenkelt oder gestreift, silbrig schimmernd. Blütenknospen vertrocknen oder ergeben verkrüppelte Blüten. An den befallenen Teilen, vor allem zwischen den Blattscheiden und Knospenschuppen, zahlreiche schwarze Fransenflügler (*Thrips*) und ihre orangefarbigen Larven sowie schwarze Kotflecke. Im Herbst wandern die Tiere zur Überwinterung teilweise an die Knollen und verursachen hier bräunliche, grindartige Saugschäden, in deren Bereich die Knollen runzelig werden.

O **Gladiolenthrips** (*Taeniothrips simplex* Morison)

Δ Bei Befall auf dem Felde wiederholtes gründliches Spritzen mit Insektiziden, zweckmäßig unter Netzmittelzusatz, vor allem mit *Permethrin* (*Ambush*(2) 0,01 %), *Deltamethrin* (*Decis flüssig*(3) 0,05 %), *Methamidophos* (*Tamaron* 0,15 %) oder *Propoxur* (*Unden flüssig* 0,2 %).

Ferner an *Gladiolen*: **Rost, *Cladosporium*-Blattdürre - Blattläuse, Erdraupen, Eulenraupen, Schnecken.** Siehe Kapitel 2.1 "Mykosen", "Tierische Schädlinge".

2.2.128 Gloriosa (Ruhmeslilie)

Verbrennungsschäden an Sprossen und jungen Blättern im Frühjahr und Herbst beruhen **auf starken** Schwankungen von Temperatur und Luftfeuchtigkeit.

□ Im Winter fallen an gesunden Pflanzen die Knospen plötzlich ab.
O **Knospenfall**
Δ Die Erscheinung ist eine Folge von Lichtmangel während der Wintermonate.

□ Blätter werden heller gelblichgrün, Adernzonen bleiben dunkelgrün.
O **Stickstoffmangel**
Δ Stickstoffzufuhr durch Blattspritzung oder Bodendüngung aufgrund des Ergebnisses einer Bodenuntersuchung.

□ An den Knollen braune Flecke und braunumrandete Löcher mit Fraßgängen.
O **Wurzelmilben** (*Rhizoglyphus*-Arten)
Δ Bodenentseuchung. Knollen nach dem Roden behandeln oder versuchsweise angießen mit *Fenpyroximat* (*Kiron*(3) 0,15 %). Kühl und trocken lagern. Vor Neupflanzung in *Parathion* (*E 605 forte*(3) 0,05 %) - Spritzflüssigkeit tauchen (10-20 Min.).

Ferner an *Gloriosa* häufig: **Blattläuse, Zwergfüßler.** Siehe Kapitel 2.1 "Tierische Schädlinge".

2.2.129 Gloxinia (Gloxinie)

Siehe unter "***Sinningia***"

2.2.130 Gypsophila elegans (Schleierkraut)

□ Blätter erst aufgehellt, dann vergilbend und welkend. Symptome zunächst an Einzeltrieben, später sterben Triebe und ganze Stauden ab. An Triebbasis Bräunung des Gewebes (Querschnitt!), Wurzeln zersetzt.
O **Phytophthora-Welke** (*Phytophthora cryptogea* Peth. et Laff.)
Δ Nur gesundes Pflanzmaterial verwenden. Bodenentseuchung. Anzucht mit befallsfreier Erde. Vorbeugende Substratbehandlung mit *Metalaxyl* (*Fonganil Neu* 100 g/5-10 l Wasser/m^3) oder/und getopfte Pflanzen vorbeugend mit *Metalaxyl* (*Fonganil Neu* 0,05 %) oder *Propamocarb* (*Previcur N* 0,15 %) in 4wöchentlichem Abstand angießen, auch nach Einsenken der Töpfe im Freiland.

Ferner an *Gypsophila*: **Wurzelkropf, Wurzel- und Stengeltumoren durch Bakterienbefall - Fußkrankheiten, Grauschimmel, Echter Mehltau - *Thrips*, Spinnmilben, Minierfliegen, Raupen. Mäuse** können an *Gypsophila* erhebliche Schäden verursachen. Siehe Kapitel 2.1 "Bakteriosen", "Mykosen", "Tierische Schädlinge".

2.2.131 Gypsophila paniculata (Ausdauerndes Schleierkraut)

□ Auf der ganzen Länge des Stengels von der Basis bis zum Blütenstand erst hellbräunliche Verfärbungen und später ovale bis langgestreckte, nekrotische, im Zentrum etwas eingesunkene Läsionen, bisweilen etwa 5 cm lang und ineinander übergehend. Auch die Blütenstände gelegentlich befallen, dann vertrocknend. Auf den Laubblättern, oft längs des Randes, ovale, rundliche oder unregelmäßige, nicht deutlich begrenzte Flecken, innerhalb derer das Gewebe allmählich nekrotisch wird. Bei fortgeschrittenem Befall hängen die Blätter vertrocknet am Stengel. Vor allem auf den Stengelflecken, aber auch an den Flecken der Blütenstiele, Kelchblätter und Laubblätter zuweilen olivbraune, samtartige Pilzrasen.

O **Alternaria Blatt-, Stengel- und Blütenerkrankung (***Alternaria alternata* [Fr.] Kreisel, *A. tenuis* Nees)

Δ Zur Bekämpfung werden versuchsweise Spritzungen mit *Iprodion* (*Rovral* 0,1 %), *Mancozeb* (*Dithane Ultra WG* 0,2 %) oder *Propineb* (*Antracol WG*(2) 0,2 %) empfohlen, aber vorher Verträglichkeitstest!
Übertragung durch Samen ist möglich!

Weiterhin können schädigend auftreten: **Sproßgallen** (*Erwinia herbicola*) - **Grauschimmel** (*Botrytis cinerea*), **Rost** (*Uromyces dianthi*) und ***Fusarium*-Arten.** Siehe Kapitel 2.1 "Bakteriosen", "Mykosen".

2.2.132 Haemanthus (Blutblume)

□ An den Blättern kleine rote Flecke mit durchscheinend gelblichem Rand. Sie vergrößern sich allmählich zu harten, rotbraunen Befallsstellen, die durch Zusammenfließen ausgedehnter werden können. An den Rändern der Schadstellen vertrocknet das Blattgewebe, bei starkem Befall das ganze Blatt.

O **Blattfleckenkrankheit** (*Fusarium moniliforme* Sheld. *var. subglutinans* Wr. et Rg.)

Δ Luftfeuchtigkeit niedrig halten, Pflanzen möglichst nicht von oben benetzen. Bei ersten Befallssymptomen versuchsweise Spritzung mit *Benomyl* (*Du Pont Benomyl*(2) 0,05 %), *Thiabendazol* (*Tecto FL*(1) 0,1 %) oder mit einem *Kupferoxychlorid*- bzw. *Kupferhydroxid*-Präparat 0,4 % bzw. 0,2%.

□ Am oberen, freiliegenden Teil der Zwiebel und Blatt- und Blütenschaft karminrote, schwielig-erhabene Flecke und Streifen, am Blütenschaft auch rote Querrisse sowie grobrissige, schorfige Läsionen. Als Folge Wachstumshemmungen, Verkrümmungen und Verkrüppelungen.

O **Roter Brenner durch Weichhautmilben** (*Tarsonemidae*)

Δ Gründliche Spritzungen mit *Abamectin* (*Vertimec*(3) 0,025 %) oder *Fenpropathrin* (*Rody*(3) 0,05 %).

2.2.133 Hedera (Efeu)

Einzelne Efeu-Sorten, vor allem die buntblättrigen, sind empfindlich gegen Pflanzenschutzmittel, daher vor Einsatz Verträglichkeitsprüfung durchführen! Möglich sind Schäden durch *Carbofuran, Mineralöl, Parathion*(3)*, Propoxur, Propamocarb.*

☐ Im Freiland und Gewächshaus. - Infektion über Spaltöffnungen auf der Blattunterseite. Auf Blättern erst kleine, scharf begrenzte, glasig durchscheinende, später sich vergrößernde und sich schnell ausbreitende, schwarz werdende Flecke. Nach dem Eintrocknen bricht das zerstörte Gewebe aus, während Ränder rötlich-braune Farbe bekommen. Auch an Stengeln dunkelbraune bis schwarze, aufreißende Stellen, Absterben der darüber liegenden Pflanzenteile. Es kann zu Bildung von orangerotem Bakterienschleim kommen. Besonders anfällig die panaschierten Sorten.

O **Bakterienblattfleckenkrankheit, Efeukrebs** (*Xanthomonas hederae* [Arn.] Dawson)

Δ Nicht über das Blatt gießen. Kranke Pflanzen vernichten, die übrigen mehrfach mit Kupferpräparaten spritzen. Nur gesunde Ranken für Vermehrung verwenden. Niedriger pH-Wert kann Krankheit begünstigen.

☐ Auf Blättern runde, schwarz gezonte, braune, nach der Mitte zu mehr hellgraue, oft purpurgerandete Flecke, als kleine Pünktchen darin blattoberseits die Fruchtkörper des Pilzes. Das nekrotische Blattgewebe fällt oft heraus.

O **Phyllosticta-Blattfleckenkrankheit** (*Phyllosticta hedericola* Dur. et Mont.)

☐ Runde, braune, etwas eingesunkene Flecken auf der Blattspreite. Breite, braune, trockene Blattränder. An den kranken Stellen blattunterseits gelbliche Sporenlager.

O **Gloeosporium-Blattfleckenkrankheit** (*Gloeosporium paradoxum* [de Not.] Fuck.)

Δ Die Bekämpfung beider Krankheiten erfolgt durch mehrmaliges Spritzen mit Kupferpräparaten (*Cupravit Ob 21* - 0,4 %), *Mancozeb* (*Dithane Ultra WG* 0,2 %), *Metiram* (*Polyram WG* 0,2 %), *Triforin* (*Saprol Neu* 0,15 %) oder einem anderen Mittel gegen Blattfleckenkrankheiten. Luftfeuchtigkeit senken, Blätter trocken halten, keine einseitige und zu hohe Stickstoffdüngung.

☐ Auf Blattspreiten ausgedehnte runde, hellbraune, später nachdunkelnde eingesunkene Flecke. Auf den Flecken rosafarbene Sporenlager. Bei panaschiertem Efeu sind sie kleiner, 5-7 mm groß, manchmal schwarz umrandet. Blätter fallen ab. Übergang auf Blattstiele und Triebe, hier "Brennflecken" als begrenzte, eingesunkene, in Stengelrichtung gestreckte Nekrosen, die zu faulen beginnen. Stecklinge faulen an den Schnittstellen.

O **Blattfleckenkrankheit und Stengelfäule** (*Colletotrichum gloeosporioides* Penz *var. hederae* Pass. - *Colletotrichum herdericola* Laub.)

Δ Pflanzen nicht zu feucht halten. Nach dem Gießen für schnelles Abtrocknen sorgen (Luftumwälzung, Ventilatoren). Zu dichten Stand vermeiden. Stecklingsbeete lüften. Vor dem Stecklingsschneiden Mutterpflanzen mit einem der oben unter *Phyllosticta*-Blattfleckenkrankheit genannten Präparate spritzen, Behandlung mehrmals im Abstand von 7 Tagen wiederholen, dabei Blattunterseite gut benetzen.

☐ Blattknospen geschädigt, Blätter klein, entfalten sich nicht, vertrocknen. Befallene Triebe sind gestaucht und bleiben auf längeren Abschnitten kahl. Vor allem an buntblättrigen Sorten oft schwere Schäden.

O **Weichhautmilben** (*Tarsonemidae*)

Δ Bei Befall nach Verträglichkeitsprüfung Spritzung mit *Fenpropathrin* (*Rody*(3) 0,05 %), *Abamectin (Vertimec*(3) 0,025 %), nur im Bedarfsfall wiederholen. Luftfeuchtigkeit senken und keine zu hohen Temperaturen.

Ferner an *Hedera*: **Vermehrungspilze** (*Pythium-*, *Rhizoctonia-*, *Chalara*-Arten), **Wurzelfäulen** (*Phytophthora*-Arten), **Fußkrankheiten** (*Rhizoctonia*-Arten), ***Verticillium*-Welke** (*Verticillium alboatrum*), **Grauschimmel** (*Botrytis*-Arten). Siehe Kapitel 2.1 "Mykosen".
Schildläuse, Schmierläuse: *Propoxur* (*Unden flüssig* 0,2 % - Schäden möglich), 2- bis 3mal im Abstand von 2 Wochen oder *Mineralöl* (*Para Sommer* 2 %). Vorsicht bei hohen Temperaturen.
Spinnmilben: *Fenbutatin-oxid* (*Torque*(3) 0,05 %), *Fenpropathrin* (*Rody*(3) 0,05 %), *Abamectin* (*Vertimec*(3) 0,025 %) oder ein anderes Mittel gegen Spinnmilben. Auch Einsatz von Raubmilben möglich.
Außerdem können schädigen: ***Thripse***, **Blattläuse, Trauermückenlarven, Gefurchter Dickmaulrüßler** und **Eulenraupen.** Siehe Kapitel 2.1 "Tierische Schädlinge".

2.2.134 Helenium (Sonnenbraut)

An *Helenium* kommen vor: **Blattfleckenkrankheiten, Echter Mehltau, Rost.** Siehe Kapitel 2.1 "Mykosen".

2.2.135 Helianthus (Sonnenblume)

An *Helianthus* kommen vor: **Echter Mehltau, Grauschimmel, Welkekrankheiten - Blattwanzen.** Siehe Kapitel 2.1 "Mykosen", "Tierische Schädlinge".

2.2.136 Helichrysum (Strohblume)

□ Blattunterseits weißlicher, beim Eintrocknen graubraun werdender Pilzüberzug, vor allem an den zuerst infizierten unteren Blättern. Befallene Blätter vertrocknen. Infizierte Sämlinge verkrüppeln.
O **Falscher Mehltau** (*Bremia lactucae* Reg.)
Δ Da die Krankheit oft erst im Herbst auftritt, ist die Bekämpfung meist überflüssig, im Bedarfsfall bei ersten Befallszeichen Spritzung mit *Fosetyl* (*Aliette* 0,25 %), *Metalaxyl* (*Fonganil Neu* 0,05 %), *Mancozeb* (*Dithane Ultra WG* 0,2 %), *Metiram* (*Polyram WG* 0,2 %), *Propamocarb* (*Previcur N* 0,15 %) oder einem anderen Mittel gegen Falschen Mehltau.

Ferner an *Helichrysum*: ***Sclerotinia*-** und ***Verticillium*-Welke** sowie **Blattläuse.** Siehe Kapitel 2.1 "Mykosen", "Tierische Schädlinge".

2.2.137 Heliotropium (Heliotrop)

An *Heliotropium* von besonderer Bedeutung:
Weichhautmilben: *Abamectin* (*Vertimec*(3) 0,025 %), *Fenpropatrin* (*Rody*(3) 0,05 %) oder *Fenbutatin-oxyd* (*Torque*(3) 0,05 %).
Weiße Fliege: *beta-Cyfluthrin* (*Bulldock*(3) 0,05 %), *Fenazaquin* (*Pride Ultra*(3) 0,1 %), *Imidacloprid* (*Confidor WG 70*(3) 0,035 %),*Pirimiphos-methyl* (*Actellic 50*(2) 0,1 %), *Permethrin* (*Ambush*(2) 0,01 %) oder *Deltamethrin* (*Decis flüssig*(3) 0,05 %).

2.2.138 Helleborus (Christrose)

□ Blätter mit großen, schwarzbraunen, konzentrisch gezonten Flecken.

O **Schwarzfleckenkrankheit** (*Coniothyrium hellebori* Cke. et Mass.)

Δ Vor Neuaustrieb alte Blätter entfernen und später, beginnend ab Austrieb, spritzen mit *Kupferoxychlorid* (*BASF-Grünkupfer* 0,4 %), *Kupferhydroxid* (*Cuprozin WP*(2), *Funguran-OH*(2) 0,2 %), *Mancozeb* (*Dithane Ultra WG* 0,2 %), *Metiram* (*Polyram WG* 0,2 %), *Triforin* (*Saprol Neu* 0,15 %) oder einem anderen Mittel gegen Blattfleckenkrankheiten. Behandlung mehrfach wiederholen, zur Vermeidung von Neuinfektionen auch nach der Blumenernte fortsetzen.

□ Austreibende Blätter verkümmern und zeigen blattoberseits braune Flecken, blattunterseits graues Pilzmycel.

O **Falscher Mehltau** (*Peronospora pulveracea* Fuckel)

Δ Wo Krankheit regelmäßig auftritt, vorbeugend ab Austrieb alle 3 Wochen spritzen mit *Fosetyl* (*Aliette* 0,5 %), *Mancozeb* (*Dithane Ultra WG* 0,2 %), *Metalaxyl* (*Fonganil Neu* 0,05 %), *Metiram* (*Polyram WG* 0,2 %), *Propamocarb* (*Previcur N* 0,15 %), aber zunächst Verträglichkeitstest! Bei niederen Temperaturen schlechte Wirkung von: *Fosetyl*, *Metalaxyl* und *Propamocarb*. Strenge Kulturhygiene. Kranke Pflanzen frühzeitig vernichten!

Ferner an *Helleborus*: **Viruskrankheiten:** Ackerbohnen Welke-Virus (*Broad bean wilt virus*) - ***Rhizoctonia*-*Rhizom*- und Stengelgrundfäule:** versuchsweise mit *Vinclozolin* (*Ronilan WG* 0,1 %) oder *Iprodion* (*Rovral* 0,1 %) behandeln. Die Präparate wirken auch gegen **Grauschimmel**. **Blattläuse, Schnecken** (Schaden oft empfindlich durch Knospenfraß), **Wandernde Wurzelnematoden und Wurzelspinner:** *Carbofuran* (*Curaterr Granulat* 10 g/m²). Siehe Kapitel 2.1 "Virosen", "Mykosen", "Tierische Schädlinge".

2.2.139 Hemerocallis (Taglilie)

□ Gegenüber den normalen stark verkürzte, geschwollene Blütenknospen, die sich nicht öffnen und absterben, darin Larven. Eiablage ab Mitte Mai in die Blütenknospen.

O **Hemerocallis-Gallmücke** (*Contarinia quinquenotata* F. Loew.)

Δ Vergallte Blütenknospen abpflücken und verbrennen. Nur bei drohendem Massenbefall lohnen Spritzungen mit *Parathion* (*E 605 forte*(3) 0,035 %) zur Zeit der Knospenbildung.

Ferner an *Hemerocallis*: **Wurzelhalsfäulen** durch *Rhizoctonia*- und *Sclerotium*-Arten, **Blatt-** und **Herzfäulen** durch *Botrytis sp.*, **Blattflecken** durch *Cladosporium*- und *Cercospora*-Arten - **Zystenbildende Nematoden**, **Wurzelgallen**- und **Blattälchen**, **Blattläuse** und ***Thrips***. Siehe Kapitel 2.1 "Mykosen", "Tierische Schädlinge".

2.2.140 Heuchera (Purpurglöckchen)

An *Heuchera* kommen vor: **Echter Mehltau - Blattälchen, Spinnmilben.** Siehe Kapitel 2.1 "Mykosen", "Tierische Schädlinge".

2.2.141 Hibiscus (Roseneibisch)

***Hibiscus* reagiert empfindlich auf *Deltamethrin*(3), *Dimethoat*, *Pirimiphos-methyl*(2).**

Abfallen der Knospen,
hervorgerufen durch Ballentrockenheit, vor allem bei stark wechselnder Temperatur und Luftfeuchtigkeit sowie ungünstige Lichtverhältnisse.
Chlorosen
treten bei kühlen Temperaturen nach zu starker Bewässerung auf, vor allem im Winter.
Blattfall
kann eine Folge zu hoher Luftfeuchtigkeit sein, daher lüften und Temperatur vorsichtig erhöhen.
Spinnmilben: Treten nach Knospenbildung Spinnmilben auf, so kann *Fenpropathrin* (*Rody*(3) 0,05 %) oder *Abamectin* (*Vertimec*(3) 0,025 %) eingesetzt werden, gleichzeitig gegen Spinnmilben und Blattläuse wirken *Oxydemeton-methyl* (*Metasystox R* 0,1 %) und *Methamidophos* (*Tamaron* 0,15 %).
Blattläuse: Die Blattlausbekämpfung an *Hibiscus* kann mit *Methamidophos* (*Tamaron* 0,15 %), *Oxydemeton-methyl* (*Metasystox R* 0,1 %), *Pirimicarb* (*Pirimor-Granulat zum Auflösen in Wasser*(3) 0,05 %), *Propoxur* (*Unden flüssig* 0,15 %) durchgeführt werden.
Weiße Fliege: Anwendung von Präparaten wie *Methamidophos* (*Tamaron* 0,15 %), *Permethrin* (*Ambush*(2) 0,01 %), *Pirimiphos-methyl* (*Actellic 50*(2) 0,1 %) und anderer Produkte. Siehe Kapitel 2.1 "Tierische Schädlinge".

Ferner an *Hibiscus*: ***Thrips*, Schildläuse, Wolläuse.** Siehe Kapitel 2.1 "Tierische Schädlinge".

2.2.142 Hippeastrum = Amaryllis (Ritterstern)

☐ Hell- und dunkelgrüne Blattflecken, vor allem längs der Blattränder.

O **Hippeastrummosaik-Virus** (*Hippeastrum mosaik virus*, mechanisch und durch Blattläuse übertragen)

☐ Gelbe, durcheinander laufende Linien- und Ringmuster auf den Blättern.

O **Gurkenmosaik-Virus** (*Cucumber mosaic virus* in Mischinfektion mit *Hippeastrum mosaic virus*)

Δ Vermehrungsmaterial nur von gesunden Pflanzen gewinnen. Beim Schnitt der Zwiebeln Messer ständig desinfizieren. Kranke Pflanzen ausmerzen. Saugende Insekten bekämpfen. Siehe Kapitel 2.1 "Virosen".

☐ Vor allem an den Blütenschäften und Zwiebeln, aber auch an den Blättern kleine, meist in Längslinien angeordnete rissige rote Streifen oder Flecke, die sich teilweise zu größeren ovalen, im Zentrum nekrotisch werdenden Flächen ausweiten. Krüppelwuchs.

O **Roter Brenner** (*Stagonospora curtisii* [Berk] Sacc., *Fusarium* spec. und *Colletotrichum crassipes* [Speg.] v. Arx)

Δ Pflanzen an hellem, luftigem Standort in möglichst kühler, trockener Luft halten, daher nur mäßiges Treiben. Zur Bewässerung statt Spritzen besser vorsichtiges Gießen.
Wenn möglich so gießen, daß oberes Drittel trocken bleibt. Gut in Kultur stehende Bestände sind ohnehin meist so dicht, daß eine chemische Behandlung schwierig ist.
An chemischen Maßnahmen kommen infrage: Zwiebeln nach dem Austrieb alle 2-3 Wochen vorbeugend mit *Propineb* (*Antracol WG*(2) 0,2 %), *Dithianon* (*Delan SC 750*(2) 0,05 %), *Kupferoxychlorid* (*BASF-Grünkupfer* 0,4 %), *Kupferhydroxyd* (*Cuprozin* WP 0,2 %) oder *Mancozeb* (*Dithane Ultra WG* 0,2 %) spritzen. (Versuchsweise vorbeugendes

Tauchen der Zwiebeln kurz vor dem Pflanzen in *Benomyl* (*Du Pont Benomyl*[2] 200 g/100 l) empfohlen, wobei auch *Fusarium*- und *Colletotrichum*-Befall erfaßt wird.)
Bei gleichzeitigem starken Befall durch **Narzissenfliegenlarven oder Weichhautmilben** (siehe unten) lohnt unter Umständen Heißwasserbehandlung der Zwiebeln (1 Std. 43,5 °C).

□ An Zwiebeln, Blättern und Blütenschäften karminrote, schwielige, später grobrissig grindig werdende Flecke oder Streifen, die durch das Saugen von Milben hervorgerufen werden, die vor allem unter den Schuppen an der Zwiebelspitze zu finden sind. Blütenschaft kann sitzen bleiben, Blüten öffnen sich nicht, im Zwiebelgewebe braune Flecke.
O **Zwiebelschalenmilbe, "Milbenbrenner", Weichhautmilben** (*Steneotarsonemus laticeps* Halb.)
Δ Wiederholt sorgfältige Spritzung unter gründlicher Benetzung des Stammgrundes und der Zwiebelschuppen mit *Abamectin* (*Vertimec*[3] 0,025 %), *Dimethoat* (*Rogor*, *Roxion* u.a. 0,1 %). Zwiebeln, in denen die Milben überwintern, können durch Warmwasserbehandlung (1-2 Std. bei 43,5 °C) milbenfrei gemacht werden.

□ Zwiebeln von unterschiedlich großen Fliegenmaden mehr oder weniger zerfressen, als Folge meist Fäulniserscheinungen und Ansiedlung von Wurzelmilben.
O **Große Narzissenfliege** (*Merodon equestris* Fab.)
O **Zwiebelmondfliege, Kleine Narzissenfliege** (*Eumerus strigatus* Fall.)
Δ Schwach befallene Zwiebeln lassen sich durch Auskratzen der Faulstelle und Bestreuen mit Holzkohlenpulver zuweilen retten. Behandlung der Flächen mit *Carbofuran* (*Curaterr Granulat*) oder *Chlorfenvinphos* (*Birlane-Granulat*) mit 5 g/m². Nähere Angaben über Bekämpfung durch Heißwasserbehandlung siehe "*Narcissus*".

Ferner an *Hippeastrum*: **Fußkrankheiten - Wandernde Wurzelnematoden, *Thrips*, Schmierläuse, Wolläuse:**
Bei bereits vorhandenem Befall durch Schmierläuse oder Wolläuse Einsatz von *Propoxur* (*Unden flüssig* 0,2 %). Siehe Kapitel 2.1 "Tierische Schädlinge".

2.2.143 Hoya (Wachsblume)

An *Hoya bella* und *Hoya carnosa* kommen vor:
***Thrips*, Spinnmilben, Schildläuse.** Siehe Kapitel 2.1 "Tierische Schädlinge".

2.2.144 Hyacinthus (Hyazinthe)

Physiologische Störungen

□ Der junge, noch knospige Blütenstand, von den nachwachsenden Laubblättern hochgehoben und abgerissen, sitzt lose im Blattschopf, vertrocknet und fällt zuletzt heraus. Im Längsschnitt zeigt der Stengel glasiges Gewebe von geringer Festigkeit. Bruchstelle meist etwas oberhalb des Zwiebelbodens, so daß Stengelstumpf zurückbleibt.

O **Physiologisches Abstoßen des Blütenstandes**
Δ Folge zu früher Pflanzung bei zu hoher Bodentemperatur oder/und zu feuchtem Boden, fehlerhafter Temperaturbehandlung der Zwiebel vor dem Pflanzen oder zu starker Düngung mit Ammoniumsulfat.

□ Blütenstand fällt ähnlich wie beim physiologischen Abstoßen heraus, zeigt aber kein glasiges, weiches Gewebe und hinterläßt am Zwiebelboden keinen Reststumpf, sondern wird von den wachsenden Laubblättern vollständig herausgezogen.

O **Mechanisches Abstoßen des Blütenstandes**

Δ Tritt vor allem als Folge zu schroffen, starken Temperaturanstieges beim Verbringen der Pflanzen ins zu warme Gewächshaus auf.

□ Blütenstandstiele platt mit verbreiteter Spitze, Zahl der Blüten abnorm erhöht.

O **Abgeplattete Blütenstandstiele**

Δ Temperaturbehandlung der Zwiebeln unter Berücksichtigung der Sortenansprüche sachgemäß durchführen.

□ Blütenstandstiel spaltet auf, junge Blütentraube wird abgeworfen. Es ist eine unterschiedliche Sortenanfälligkeit zu beobachten.

O **Aufspalten des Blütenstandstieles**

Δ Angemessene Wärme während der Zwiebellagerung, späte Pflanzung, keine Düngung mit schwefelsaurem Ammoniak.

□ Blütenstandstengel übermäßig lang, wenig standfest, meist umfallend.

O **Zu lange Blütenstandstiele**

Δ Zeitpunkt des Pflanzens sorgfältig auf den gewünschten Blühtermin abstimmen.

□ Blütenstandstiele abnorm kurz, Blütenstand gestaucht. Folge zu frühen Ansetzens zur Treiberei im Gewächshaus und zu früher Belichtung.

O **Zu kurze Blütenstandstiele**

Δ Pflanzen in Anpassung an die Sortenansprüche zur richtigen Zeit ins Gewächshaus bringen und eventuell noch einige Tage mit schwarzer Folie abdecken.

□ Oberste Blüten des Blütenstandes werden braungelb und vertrocknen. Ursache der Erscheinung noch unbekannt, doch spielen Temperaturen bei Lagerung und Präparation der Zwiebeln eine große Rolle, beispielsweise eine zu kurze Wärmebehandlung beim Präparieren, allerdings nicht einheitlich bei allen Sorten.

O **"Strohblüten", Vertrocknen der Spitzenblüten**

Δ Sachgemäße Wärmebehandlung der Zwiebeln bei und nach der Lagerung; Nachbehandlung bei etwa 18-20 °C günstig zur Vermeidung von Strohblüten, Blüte wird aber verzögert.

□ Bei Treibhyazinthen färben sich die obersten Blüten des Blütenstandes nicht aus, sondern bleiben grün.

O **"Grüne Blütenköpfe", "Grüne Köpfe"**

Δ Zwiebeln, vor allem für die späte Treiberei bestimmte, bei angemessener Temperatur lagern und nicht zu früh ins Gewächshaus bringen. Optimale Temperatur nach dem Pflanzen etwa 9 °C, falls Außentemperatur vermutlich wesentlich höher liegt, Lagerzeit lieber etwas verlängern. Ausreichend lange Wärmebehandlung bei 23 °C bei der Präparation von Zwiebeln für die frühe Treiberei.

□ Oberster Teil des Stengels oder Blütenstandes wird krumm, vor allem bei aus großen Zwiebeln getriebenen Pflanzen mit großen Blütenständen.

O **"Krumme Hälse", "Krumme Köpfe"**

Δ Hyazinthen nicht zu früh aus Einschlag holen und nicht bei zu hoher Temperatur treiben. Bei Präparation längere Lagerung bei 23 °C.

□ Blüten an der Spitze des Blütenstandes blühen früher als die unteren.

O **"Spitzenblüher"**

Δ Pflanzen nicht zu früh zum Treiben ins Gewächshaus bringen.

□ Einzelne Blüten an der Spitze des Blütenstandes faulen, manchmal auch Blütenstiel angefault, daran sekundär Bakterien oder/und Pilzmyzel.

O **"Rotköpfe"**

Δ Erscheinung wird begünstigt durch zu frühe oder zu späte Pflanzung infolge zu kurzer oder zu langer Präparation, zu tiefe Bodentemperaturen und zu hohe (über 13 °C) Lufttemperaturen und zu intensive Treiberei. Gegen Pilzinfektionen Behandlung des Bodens mit einem wirksamen Fungizid und/oder Tauchen der Zwiebeln 30 Minuten in *Benomyl* (*Du Pont Benomyl*(2)).

□ Die Blüten von Treibhyazinthen vertrocknen vor der Entfaltung.

O **Vertrocknen der Blüten**

Δ Folge einer Entwicklungsstörung durch Aethylen oder zu hoher Temperaturen bei der Präparation.

□ Blattspitzen werden erst gelb, dann braun und vertrocknen. Folge zu starker Transpiration nach dem Aufsetzen zur Treiberei oder Frostschaden (Transport).

O **Vertrocknen der Blattspitzen**

Δ Nach Einbringen ins Gewächshaus einige Tage Abdecken der Pflanzen mit Plastikfolie.

□ Gewebe des Zwiebelbodens und des Blütenstandes wird wäßrig-glasig und später braun.

O **Frostschaden**

Δ Folge des längeren Absinkens (über 4 Wochen) der Bodentemperaturen unter -2 °C oder des kurzfristigen Absinkens unter -3 °C.

□ Vor allem bei zu flach gepflanzten Zwiebeln und auf Sandboden. Oberirdische Teile der Pflanze meist ohne Symptome, gelegentlich schwacher Wuchs, Blätter und Blattbasen verdickt, letztere zuweilen von der Zwiebel abgelöst. Auf dem Lager trocknet die Spitze der Zwiebel aus und wird hohl, im übrigen Zwiebelgewebe wäßrig-graue Stellen, starker Wurzelbart.

O **"Hohle Nasen"**

Δ Folge zu flacher Pflanzung oder/und unsachgemäßer Anwendung von Unkrautbekämpfungsmitteln.

Viruskrankheiten

□ Blätter mit gelblichen, später braun werdenden Flecken und/oder Streifen, bei starkem Befall mißgestaltet. Zwiebelschuppen zuweilen braunfleckig.

O **Tabakmauche-Virus** (*Tobacco rattle virus* - mechanisch und durch Nematoden der Gattung *Trichodorus* übertragen)

Δ Nur gesundes Pflanzgut verwenden. Auf verseuchten Flächen Bodenentseuchung.

Bakteriosen

□ Zwiebeln zeigen am Zwiebelboden gelbe Faulstellen und im Längsschnitt vertikale gelbe bis braune Streifen, schließlich sind sie im Innern völlig gelblich verschleimt, wobei streifig-verschleimte Streifen bis in die Blätter gehen. Bei schwachem Befall Wachstum erst normal, später wäßrig-gelbe, braune oder dunkle Streifen oder Flecke an Zwiebelschuppen und Blattspitzen sowie Blatträndern. Nach starkem Befall der Zwiebel Wachstum schwach oder ganz ausbleibend, beim Treiben bleibt der Trieb im Boden stecken, bleibt geschlossen oder die sich entwickelnden Blätter vergilben und/oder schlappen. Blütenschaft bleibt stecken, verschleimt und fault am Grunde. Bei einem anderen Befallstyp schmale, braune Randnekrosen an der Zwiebelspitze, Blattspitzen dunkel, welken ab. Befallsausbreitung vor allem bei hoher Feuchtigkeit. Freiland und Gewächshaus!

O **Gelbrotz, Bakterielle Gelbfäule** (*Xanthomonas hyacinthi* [Wakk.] Dows = *X. campestris pv. hyacinthi* (Wakker) Dye)

Δ Bald nach der Ernte Wärmebehandlung der Zwiebeln in Anpassung an Sortenverträglichkeit. Beispiele: Geerntete Zwiebeln 4 Wochen bei 30 °C, dann 2 Wochen bei 38 °C, dann 3 Tage bei 44 °C und anschließend bei 25-30 °C unter starker Ventilierung lagern. Behandlung wird nicht von allen Sorten gut vertragen, besonders empfindlich die Sorten 'Arentine' 'Arendsen', 'Edelweiß', 'L'Innocence', 'Perle Brillante', 'Pink Pearl', 'Carnegie'. Alternative: Zunächst bis 15. August 4 Wochen bei 30 °C, dann 2 Wochen bei 38 °C und 3 Tage bei 44 °C, anschließend wieder bei 25-30 °C. Vor der Pflanzung Zwiebeln sorgfältig kontrollieren, kranke ausmerzen.

Auch im Feldbestand kranke Pflanzen radikal entfernen. Befallsstelle, Pflanzen und Nachbarpflanzen mit geeignetem Mittel "totspritzen", etwa mit *Glyphosat* (*Roundup* 5 l/ha), bei schwächerem Befall oder bei Befallsverdacht nicht "köpfen". Maschinen, die auf befallenen Flächen eingesetzt waren, sorgfältig entseuchen.

Der Abnehmer von Hyazinthenzwiebeln kann schon bei Druck auf den Zwiebelboden, vor allem aber bei Querschnitten durch die Zwiebel, den Befall leicht erkennen.

□ Kurz vor oder nach dem Roden wird die Zwiebel, an der Spitze (bei zu nassem Einschlag für Frühtreiberei am Zwiebelboden) beginnend, naßfaul, ihr Gewebe weißlich bis gelblich und weich. Die kranke Zwiebel verbreitet einen unangenehmen Geruch und sondert an der Spitze eine zunächst schaumige, später mehr harzartige Masse ab. Nach dem Roden trocknen befallene Zwiebeln auf dem Lager ein. Blätter und Blütenstiele von Treibhyazinthen zeigen langgestreckte, dunkelgrüne Flecke, bei spätem (Sekundär-)Befall zunächst an den Blattspitzen. Stark erkrankte Pflanzen fallen um. Sorten unterschiedlich anfällig.

O **Weißfäule, Weißrotz** (*Pectobacterium carotovorum* [Jones] Waldee - *Erwinia carotovora subsp. carotovora* [Jones] Bergey et al.)

Δ Vor allem in feuchten Jahren rechtzeitig roden, Zwiebeln bei guter Ventilation (Drahtkisten) möglichst schon auf dem Felde schnell trocknen und bei nicht zu hohen Temperaturen lagern. Bei Treiberei nur einwandfreie, mäßig feuchte Erde verwenden. Bodentemperatur um 9 °C. Bei Befall im Gewächshaus kranke Pflanzen sofort entfernen, Temperatur senken, so wenig wie möglich, aber mit sauberem Wasser gießen.

Mykosen

□ Verschiedene Symptome: Äußere Zwiebelschuppen zunächst weich und schleimig, später verhärtend, mit braunen Randflecken. Auch am Zwiebelboden um den Wurzelkranz braune Streifen und Flecken. Zwiebeln vertrocknen auf dem Lager und sind von mehlartigem Sporenpulver bedeckt. - Oder Zwiebelboden verkorkt, rissig, Gefäße braun verfärbt. - Oder äußerlich gesunde Zwiebeln werden, oft einseitig, weich und faulen vom Zwiebelboden her, Zwiebelschuppen braun, mit Schimmelbelag. Zwiebeln vertrocknen auf dem Lager.

O **Fusarium-Krankheit, Fusarium-Zwiebelfäule** (*Fusarium oxysporum* Schlecht.)

Δ Im Freiland Wechsel der Anbaufläche bei Befall. Zwiebeln früh ernten, solche mit Krankheitssymptomen sofort vernichten, die übrigen schnell trocknen und warm, aber luftig lagern. Betreffs einer Tauchbehandlung der Zwiebeln siehe weiter unten bei "**Schwarzer Rotz**".

□ Zunächst zeigen die noch in der Erde steckenden Blattkegel an den Sproßspitzen Fäulen und Zerreißungen. Später auch im Bestand Blätter, Blütenstengel und Blütenblätter mit Läsionen, von Pilzmyzel durchzogen, bei sehr starkem Befall teilweise mit *Sklerotien*. Oberer Teil der durchschnittenen Zwiebel zeigt graue Flecken mit typischen kleinen Löchern.

O **Rhizoctonia-Fäule** (*Rhizoctonia tuliparum* Whet. et J. M. Arth.)

Δ Befallene Flecken im Bestand markieren und bei der Ernte die hier vorhandenen Zwiebeln vernichten. Tauchen der Zwiebeln kurz vor dem Pflanzen in *Benomyl* (*Du Pont Benomyl*[2] 200 g/100 l, 15 Minuten). Versuchsweise auch *Iprodion* (*Rovral* 0,1 %) im Angießverfahren.

□ Pflanzen im Gewächshaus und Freiland (ab Mitte Mai) zeigen fleckenweise Vergilben des ältesten Laubblattes und im unteren Bereich der äußeren Laubblätter, zuweilen auch an Blütenspitzen, hell- bis dunkelbraune Faulstellen, die durch sekundären Bakterienbefall in Naßfäule (Kopffäule) übergehen können. Auch auf noch gesund scheinenden Pflanzenteilen feines Pilzmyzel, durch anhaftenden Staub oder Bodenpartikel sichtbar. Schließlich werden auch die inneren Laubblätter befallen, Pflanzen gehen ein. Zwiebeln ohne Symptome. Sprosse mit großen, sich schon im Boden öffnenden dicken Blütenständen aus großen Zwiebeln, früher und stärker befallen als die schwächeren, aus kleinen Zwiebeln stammenden, deren Blüten im Boden durch die eng anliegenden Laubblätter besser vor Infektion geschützt sind. Hohe Temperaturen begünstigen den Befall, bei 9 °C bleiben Pflanzen fast stets gesund. Krankheit tritt nicht an allen Partien und nicht an allen Sorten gleich stark auf.

O **Kopffäule, Rhizoctonia-Triebspitzenfäule** (*Thanatephorus cucumeris* [Frank] = *Rhizoctonia solani* Kühn)

Δ Zwiebeln kurz vor dem Pflanzen einer Tauchbehandlung unterziehen, wie bei ***Rhizoctonia*-Fäule** (siehe auch unten bei "Schwarzer Rotz"). Bei Einzelbefall versuchsweise *Vinclozolin* (*Ronilan WG* 0,1 %), *Iprodion* (*Rovral* 0,1 %) im Angießverfahren einsetzen. Zum Abdecken vor allem reinen Flußsand mit wenig organischer Substanz verwenden.

□ Kurz nach der Blüte kümmern die Pflanzen, ihre Blätter vergilben, welken, lassen sich leicht von der Zwiebel abziehen, Blattgrund schleimig, grau, verfärbt. Zwiebel mißfarbig, grau, zwischen den grauen, nicht mehr dicht anliegenden Schuppen ein weißlichgraues Pilzgeflecht, außen daran schwarze, meist flache Sklerotien. Pflanzen sterben ab.

O **Schwarzrotz, Schwarzer Rotz, Sclerotinia-Krankheit** (*Sclerotinia bulborum* [Wakk.] Rehm.)

Δ Gesundes Pflanzgut verwenden. Im Freiland Wechsel der Anbau- und Einschlagfläche. Unter Glas Bodenentseuchung. Hyazinthenzwiebeln vor dem Pflanzen einer Tauchbehandlung unterziehen wie bei ***Rhizoctonia*-Fäule** angegeben.

□ Zwiebeln, zunächst meist am unteren Teil, mit braunen Flecken, die sich allmählich strahlig ins Gewebe fortsetzen, grünliche Sporenlager. Zwiebeln liefern Kümmerpflanzen oder wachsen nicht aus. Infektion vom Boden.

O **Penicillium-Fäule** (*Penicillium verrucosum var. corymbiferum* [Westl.] Samson et al.)

Δ Angemessene Wärme, niedrige Luftfeuchtigkeit und gute Ventilation auf dem Lager. Zwiebeln vor dem Pflanzen einer Tauchbehandlung unterziehen, wie bei Rhizoctonia-Fäule angegeben.

□ Pflanzen kümmern fleckenweise, schlappen bei sonnigem Wetter, Blattspitzen vergilben, Wurzeln dünn, glasig, werden später grau und weich.

O **Pythium-Wurzelfäule** (*Pythium-Arten*)

Δ Verdächtige Böden kurz vor dem Pflanzen entseuchen. Versuchsweise *Metalaxyl* (*Fonganil Neu* 0,05 % oder 100 g/m³ Erde beimischen) oder *Propamocarb* (*Previcur N* 0,15 %) behandeln. Kranke Zwiebeln vernichten!

□ An 5 - 8 cm langen noch gelben Dunkelkeimen auf den äußeren Blättern in der Spitzenregion runde bis länglich-ovale, eingesunkene, braune, scharf vom gesunden Gewebe angesetzte Läsionen, Durchmesser Stecknadelkopfgröße bis 1 cm. Manchmal einzelne Läsionen zu größeren Befallsflächen vereinigt. Während des Treibens nur unwesentliche Ausdehnung auf ergrünten Blättern. Später Läsionen von gelben Randzonen umgeben, jetzt unscharfer Übergang in das gesunde Gewebe. Häufung der Nekrosen an Blattspitze hat Braunwerden und Absterben zur Folge. Blütenstand wird nicht befallen.

O **Blattfleckenkrankheit an Hyazinthe** (*Embellisia hyacinthi* de Hoog et Muller)

Δ Luftfeuchtigkeit im Bewurzelungskeller möglichst niedrig halten. Benetzung der jungen Sprosse vermeiden. Versuchsweise mit *Mancozeb* (*Dithane Ultra WG* 0,2 %) oder *Metiram* (*Polyram WG* 0,2 %) spritzen.

□ Blattspitzen werden braun, schrumpfen, zeigen vor allem bei hoher Luftfeuchtigkeit grauen Pilzbelag. Auch Blüten befallen und fleckigfaul, unter Umständen auch die ganze Pflanze.

O **Grauschimmel, Feuer** (*Botrytis hyacinthi* Westerd. et van Beyma und *B. cinera* Pers.)

Δ Tauchbehandlung der Zwiebeln siehe oben bei "*Rhizoctonia*-Fäule".

Bei Befall spritzen mit *Dichlofluanid* (*Euparen WG* 0,25 %), *Procymidon* (*Sumisclex WG* 0,075 %), *Vinclozolin* (*Ronilan WG* 0,1 %), *Iprodion* (*Rovral* 0,1 %), *Thiabendazol* (*Tecto FL*(1) 0,1 %). Pflanzen sorgfältig vor Beschädigungen schützen.

Tierische Schädlinge

□ Vor allem an Zwiebeln mit einer durch Bakterien-, Pilz- oder Nematodenbefall beschädigten Oberfläche. Die Triebe bleiben stecken oder entwickeln sich nur zu Krüppelpflanzen. Zwiebelgewebe zerfressen, mit staubförmigen Fraßfragmenten bedeckt, Blatt- und Stengelbasis angenagt. Im zerstörten Gewebe befinden sich meist zahlreiche, weißlich glänzende Milben.

O **Wurzelmilben** (*Rhizoglyphus echinopus* Fum. et. Rob., *Rh. hyacinthi* B.)

Δ Angaben zur Bekämpfung siehe unter "*Gladiolus*" sowie im Kapitel 2.1 "Tierische Schädlinge - **Wurzelmilben**".

☐ G. Veg. - Blatt- und Blütensprosse im Wachstum gestört, verdreht oder verkümmert. Blätter verbogen, mit hellgelblichen, in der Mitte braun werdenden, länglichen Flecken. Blattgewebe innerhalb der Flecken manchmal geschwollen. Blüten verkrüppelt oder ganz ausbleibend. Zwiebelschuppen gebräunt, im Zwiebelquerschnitt erscheinen Befallsstellen als dunkle Ringe.

O **Älchenringelkrankheit, Hyazinthenstengelälchen** (*Ditylenchus dipsaci* Filip. *var. hyacinthi* de B. O.)

Δ Abtötung der Älchen in Zwiebeln durch Warmwasserbehandlung möglich (2 Std. bei 45 °C). Kranke Zwiebeln samt umgebender Erde entfernen. Auf verseuchten Flächen Anbau von Hyazinthen für mehrere Jahre aussetzen. Bodenentseuchung mit *Dazomet* (*Basamid Granulat*) bringt nur Befallsminderung.

2.2.145 Hydrangea (Hortensie)

***Hydrangea* ist besonders empfindlich gegen Ausdünstungen von *Dazomet* (*Basamid Granulat*), daher Vorsicht bei Bodenentseuchungen. - Wegen der hohen Empfindlichkeit während der Treiberei Probespritzung vor Anwendung von *Bitertanol, Dichlofluanid, Metiram, Triforin* und Schwefelpräparaten (Blattschäden!). Schäden möglich auch durch *Deltamethrin*(3), *Methamidophos, Oxydemeton-methyl, Parathion*(3), *Pirimiphos-methyl*(2), *Propoxur.* - Vorsicht, Blüte gegen Pflanzenschutzmittel sehr empfindlich -. Hortensien vor dem Einschlag mit *Dichlofluanid* (*Euparen WG* 0,5 %), *Iprodion* (*Rovral*) gegen *Botrytis*befall spritzen!**

Physiologische Schäden

☐ Die Blätter färben sich gelbgrün bis gelb und wachsen kaum noch weiter.

O **Chlorose** (Eisenmangel)

Δ Eisenmangel ist meist durch Kalküberschuß im Boden verursacht. Schwachsaure Erde verwenden. Eisenpräparat (*Fetrilon-Chlorosemittel* 20 g je 100 Liter Gießwasser, mehrmals mit schwacher Konzentration) benutzen. Nach Möglichkeit abgelagerte Erde verwenden!

☐ Blütenknospen werden braun und vertrocknen, vor allem in der Treiberei. Siehe aber auch unten bei "***Botrytis*-Knospenfäule**".

O **Vertrocknen der Blütenknospen**

Δ Ursache: Nachtfröste und zu niedrige Luftfeuchtigkeit. Nicht zu früh antreiben. Boden auf Salzgehalt untersuchen lassen.

☐ An den Blättern treten Trockenflecke, sogenannte Brennflecken, auf. Schließlich fallen die Blätter ab.

O **Brennflecken, Blattfall**

Δ Vorsichtige Kultur, Schutz vor greller Sonne, vor allem nach trüben Tagen und Düngung. Keine Düngung bei trockenen Topfballen.

Virosen

□ Äußere Symptome bei den einzelnen Sorten sehr unterschiedlich, manchmal (bei toleranten Sorten) sogar fehlend. Auf älteren Blättern mäßig anfälliger Sorten gelbe Flecke oder gelblich bis bräunlichrot gefärbte Ringmuster. Empfindliche Sorten zeigen an den Blättern Mißbildungen. Asymmetrien oder Kräuselungen, Wuchsstauchungen und verminderte Blütenzahl.

O **Ringfleckigkeit der Hortensie** (*Hydrangea ringspot virus* - mechanisch übertragen)

Δ Übertragung im Bestand vor allem durch Schnittmesser, daher als krank erkannte Pflanzen sofort entfernen. Sorten ohne Symptome sicherheitshalber getrennt von empfindlichen Sorten halten. In Jungpflanzenbetrieben vor allem auf Mutterpflanzen achten, Anzucht isoliert von anderen Beständen, während der Blüte vor Stecklingsschnitt Kontrolle auf Befall, beim Stecklingsschnitt Desinfektion der Schnittmesser (z. B.: "Lyso Rapid", Alkohol [mind. 70 %], Brennspiritus) oder Verwendung von Einwegklingen. Testung auf latenten, nicht äußerlich sichtbaren Virusbefall zur Gesunderhaltung des Stammbestands möglich. Sproßstecklinge von verseuchten, wertvollen Mutterpflanzen können durch Wärmebehandlung virusfrei gemacht werden und dann, wie auch durch Gewebekultur, zur Erzielung virusfreier Mutterpflanzen Verwendung finden.

□ Chlorotische oder nekrotische Aufhellungen der Blattadern.

O **Adernaufhellung** (*Alfalfa mosaic virus* - mechanisch und durch Blattläuse übertragen)

Δ Bekämpfung von Blattläusen. Kranke Pflanzen vernichten. Gesunde Mutterpflanzen.

□ Blattnekrosen mit wolkiger Gelbfleckung, Aufhellungen entlang der Adern und Musterbildung auf den Blättern.

O **Tomatenbronzeflecken-Virus** (*Tomato spotted wilt virus - TSWV*)

Δ Konsequente Bekämpfung von die Virose übertragenden *Thripsen*. Vernichtung befallener Pflanzen. Siehe Kapitel 2.1 "Tierische Schädlinge".

Mykoplasmosen

□ Infloreszenzen zeigen mehr oder weniger zahlreiche, laubartig grüne Blüten mit meist verkleinerten Blütenblättern, teilweise daneben normal ausgefärbte Blüten. In den vergrünten Blüten sind zuweilen auch die Staub- und Fruchtblätter laubartig grün ("Verlaubung"). Übertragung der Vergrünung durch Pfropfung möglich.

O **Blütenvergrünung** (*Mykoplasmose*, *mycoplasma-like-organisms - MLO*)

Δ Strenge Auswahl gesunder Mutterpflanzen für die Vermehrung. Visuelle Kontrolle der Mutterpflanzen zur Blütezeit. Kranke Pflanzen ausmerzen.

Mykosen

□ An den Blattunterseiten weißlichgrauer bis grauvioletter, mehliger, abwischbarer Pilzbelag. Auf der zunächst noch belagfreien Blattoberseite anfangs unscharfe, hellgrün-gelbliche, später rötlich-braun werdende, dann scharf begrenzte Flecke, schließlich ebenfalls Pilzbelag. Hortensiensorten unterschiedlich anfällig.

O **Echter Mehltau** (*Microsphaera polonica* Siem = *Oidium hortensiae* Joerst.)

Δ Widerstandsfähigere Sorten wählen! Blattunterseiten kontrollieren. Bei Auftreten der Krankheit nach Aufstellen zur Treiberei etwa alle 8-10 Tage gründliche Behandlung auch blattunterseits mit *Dichlofluanid* (*Euparen WG* 0,25 %), *Triforin* (*Saprol Neu* 0,1 %) oder einem anderen Präparat gegen Echten Mehltau. Zuvor alte mehltaubefallene Blatt- und Triebteile entfernen. Bei Beständen unter Glas *Sulfix-Nebler* oder *Flora-Verdampfer* zur Schwefelausbringung anwenden. Pflanzenverträglichkeit der einzelnen Präparate überprüfen, besonders in blühenden Beständen! Förderung der Krankheit durch starke Temperaturschwankungen und hohe Luftfeuchtigkeit sowie durch einseitige hohe Stickstoffdüngung.

□ Auf den Blättern entstehen größere, rundliche oder unregelmäßige, graugrüne Flecken mit schwarzen Sporangien (*Phoma*-Befall) oder dunkelbraune Flecken mit rotem Rand (*Septoria*-Befall).

O **Blattfleckenkrankheit** (*Phoma exigua* Desm. = *Ascochyta hydrangeae* M. Arn. et G. Arn. oder *Septoria hydrangeae* Bizz.)

Δ Anfällige Sorten ab Juni vorbeugend, spätestens beim Auftreten der ersten Flecken, mit *Dithianon* (*Delan SC 750*(2) 0,05 %), *Mancozeb* (*Dithane Ultra WG* 0,2 %), *Metiram* (*Polyram WG* 0,2 %), *Triforin* (*Saprol Neu* 0,1 %) oder einem anderen der unter Blattfleckenkrankheiten im Kapitel 2.1 "Mykosen" genannten Fungizide spritzen. Wiederholung der Behandlung alle 2-3 Wochen bis Ende August. Pflanzenverträglichkeit überprüfen.

***Botrytis*-Knospenfäule** (*Botrytis cinerea* Pers.)
verursacht bei Überwinterung im Einschlag oder Kühlraum sowie an aus dem Einschlag kommenden Hortensien nach dem Aufstellen zum Treiben oft erhebliche Ausfälle. Die Pflanzen dürfen daher nicht zu früh eingeschlagen werden. Durch kaliumbetonte Düngung vor Einlagerung für festes Knospengewebe sorgen. Vorbeugend mit *Dichlofluanid* (*Euparen WG* 0,5 %), *Vinclozolin* (*Ronilan WG* 0,1 %), *Iprodion* (*Rovral* 0,1 %) oder *Thiabendazol* (*Tecto FL*(1) 0,1 %) zu spritzen.
Nach dem Aufstellen kann trotzdem auftretender Befall nur durch gründliche Spritzungen (in doppelter Normalaufwandmenge) mit *Euparen WG* 0,5 %, *Ronilan WG* 0,2 % oder *Rovral* 0,2 % getilgt werden. Die normalen Anwendungskonzentrationen der genannten Präparate reichen für diese spezielle Anwendung **nicht** aus.

***Botrytis*-Befall an Stengeln, Blättern und Blüten** (*Botrytis cinerea* Pers.)
ist meist eine Folge zu engen Standes der Pflanzen bei ungünstigen Wachstumsbedingungen. Beim Putzen Blätter nicht abreißen, sondern kurzen Blattstiel am Trieb stehenlassen, da hier leicht Grauschimmel auftreten kann. In Treibräumen müssen die Pflanzen vorsichtig gegossen werden und schnell abtrocknen, eventuell zunächst höhere Temperatur und Ventilation, "schwitzende Knospen" vermeiden. Zur Bekämpfung werden *Vinclozolin* (*Ronilan WG* 0,1 %) oder *Dichlofluanid* (*Euparen WG* 0,25 %) empfohlen.

Tierische Schädlinge

□ Stengel verkürzt und verdickt, meist auch verkrümmt oder anderweitig abnorm ausgebildet, brüchig, zuweilen im unteren Bereich dunkel verfärbt. Blätter klein, verkrüppelt. Sorten unterschiedlich anfällig.

O **Stengelälchen** (*Ditylenchus dipsaci* (Kühn) Filip.)

Δ Wahl gesunder Mutterpflanzen. Bei Verdacht Pflanzenschutzdienst einschalten. Befallene Pflanzen sofort aus dem Bestand entfernen.

□ Blätter vergilben langsam und zeigen auf der Oberseite rötliche Fleckchen. Blattunterseits in feinen Gespinsten gelbliche und rötliche Milbenstadien sowie Häutungsreste. Bei starkem Befall werden die Blätter erst gelblich, dann mehr graugelb und vertrocknen schließlich vollständig.
O **Spinnmilben** (*Tetranychus urticae* Koch)
Δ Laufend auf Befall kontrollieren. Bei Befall *Abamectin* (*Vertimec*(3) 0,025 %), *Clofentezin* (*Apollo*(3) 0,03 %), *Fenazaquin* (*Pride Ultra*(3) 0,1 %, *Fenpropathrin* (*Rody*(3) 0,05 %) oder *Hexythiazox* (*Ordoval* 0,05 %). Weitere Angaben siehe Kapitel 2.1 "Tierische Schädlinge - **Spinnmilben**".

Ferner an *Hydrangea*: Weitere Virosen wie **Arabis**- und **Gurkenmosaik**-, **Tabakringflecken**- und **Tabaknekrose-Virus**. - **Zystenbildende Wurzelnematoden**, **Blattälchen**, **Blattläuse, Blattwanzen.** Siehe Kapitel 2.1 "Tierische Schädlinge".

2.2.146 Hypocyrta glabra (Kußmäulchen)

In Vermehrungsbeeten
tritt an *Hypocyrta* zuweilen die ***Rhizoctonia*-Stengelgrundfäule** auf. Gründliches Überbrausen mit *Benomyl* (*Du Pont Benomyl*(2) 0,05 %) *Propineb* (*Antracol WG*(2) 0,2 %) oder *Iprodion* (*Rovral* 0,1 %) wirkt der Ausbreitung entgegen, doch muß der Fuß der Pflanzen gut benetzt werden.

□ Einige Tage nach dem Stutzen der Stecklinge erfolgt Absterben der Triebe. Auf abgestorbenen Trieben, später auch auf Blättern, bis 3 mm Durchmesser erreichende, anfangs grünliche, später schwarze, von wolligem weißen Myzelsaum umgebene Sporenlager (*Sporodochien*). Infektionsgefahr vor allem bei hoher Luftfeuchtigkeit.
O **Trieb- und Stengelfäule** (*Myrothecium roridum* Tode)
Δ Trockenhaltung der oberen Pflanzenteile, eventuell durch Luftumwälzung. Vorbeugend wiederholte Spritzungen im Abstand von 14 Tagen mit *Mancozeb* (*Dithane Ultra WG* 0,2 %), *Metiram* (*Polyram WG* 0,2 %), *Triforin* (*Saprol Neu* 0,15 %) oder *Benomyl* (*Du Pont Benomyl*(2) 0,05 %). Befallene Pflanzen sofort vernichten.

Ferner an *Hypocyrta*: **Trauermückenlarven.** Siehe Kapitel 2.1 "Tierische Schädlinge".

2.2.147 Impatiens (Balsamine, Springkraut)

***Impatiens* ist empfindlich gegen die meisten Phosphorinsektizide, vor allem *Methamidophos, Oxydemeton-methyl* und *Parathion*(3).**

□ Blätter klein, krumm, mißgebildet, gelbgrün gefleckt, zuweilen mit dunkleren Flecken und Ringmustern. Wachstum der Pflanzen schlecht. Blüten streifig oder fleckig. An Stengeln einzeln auftretende Nekrosen mit abgestorbenem Pflanzengewebe.
O **Tomatenbronzeflecken-Virus** (*Tomato spotted wilt virus*), **Impatiensnekrose-Virus** (*Impatiens necrotic spot virus*). Übertragen durch *Thrips*, besonders *Frankliniella occidentalis*)
Δ Gesundes Pflanzgut. Sorgfältige Bekämpfung der *Thripse*. Kranke Pflanzen vernichten. Bestände ständig kontrollieren.

Weitere **Virosen:**
Gurkenmosaik-Virus (*Cucumber mosaic virus*): schmale Blattspreiten, asymmetrische Blätter, deutliche Scheckung auf Blättern, verkürzte Internodien, kleinere Blütenblätter. Mechanisch und durch Blattläuse übertragbar.
Wasserrübenmosaik-Virus (*Turnip mosaic virus,* mechanisch und durch Blattläuse übertragen): Blattfleckung, Verfärbung an der Blattbasis und Blattspitze, unebene Blattflächen.
Tabakmosaik-Virus (*Tobacco mosaic virus*): deutlicher Kümmerwuchs, reduzierte Blütenbildung, chlorotische und nekrotische Flecke auf Blattspreiten. Pflanzen sterben vorzeitig.
Kulturen regelmäßig kontrollieren. Verdächtige Pflanzen vernichten. Gesunde Mutterpflanzen.

□ Pflanzen zeigen typische Welkesymptome, beginnend an den Blattspitzen und -rändern. Einseitige Hemmung des Wachstums.
O **Verticillium-Welke.** Krankheitskomplex bei *Impatiens balsamina.* Begünstigung des Befalls mit *Verticillium alboatrum* Reinke et. Berth. durch vorherige Saugtätigkeit des freilebenden Nematoden *Pratylenchus penetrans* Cobb.
Δ Beschädigungen der Wurzeln vermeiden. Befallene Pflanzen vernichten. Bekämpfungsverfahren siehe Kapitel 2.1 "Mykosen - **Verticillium**", "Tierische Schädlinge - **Wandernde Wurzelnematoden**".

Ferner an *Impatiens*: **Grauschimmel**, **Schwarzfleckenkrankheit** (*Myrothecium sp.*) - **Weichhautmilben, Spinnmilben, Blattläuse, *Thrips*, Weiße Fliege:** Siehe Kapitel 2.1 "Tierische Schädlinge".

2.2.148 Iris (Schwertlilie)

Rhizom-Iris

□ Bei Rhizom-Iris werden Blattspitzen gelb und vertrocknen. Schößlinge kümmern. Am Grund der Sprosse und jüngeren Rhizomteile Naßfäule.
O **Bakterielle Rhizomfäule** (*Erwinia carotovora* Jones)
Δ Kranke Pflanzen ausstechen und vernichten.

□ Rhizome treiben im Frühjahr schlecht aus, ihr Gewebe ist braun verfärbt, schließlich Fäulnis an Rhizomen und Wurzeln.
O **Botrytis-Rhizomfäule** (*Botrytis convoluta* Whe. et Dray. = *Sclerotinia convoluta* Dray.)
Δ Kranke Pflanzen ausstechen, die noch gesund erscheinenden mit *Dichlofluanid* (*Euparen WG* 0,25-0,5 %), *Procymidon* (*Sumisclex WG* 0,075 %), *Vinclozolin* (*Ronilan WG* 0,1 %), *Iprodion* (*Rovral* 0,1 %) oder *Thiabendazol* (*Tecto FL*(1) 0,1 %) angießen.

□ Auftreten von runden oder mehr länglichen Flecken, beginnend an der Blattspitze. Flecke haben zunächst eine gelblich durchscheinende Randzone, später ist ihr Zentrum graubraun und ihr Rand dunkel. Durch Zusammenfließen mehrerer Flecke können größere Schadstellen entstehen und die Blattspitzen vertrocknen. Bei feuchter Witterung auf den Flecken schwärzlicher Sporenanflug erkennbar.
O **Blattbrand, Blattdürre** (*Heterosporium gracile* Sacc. = *Cladosporium iridis* de Vries)

Δ Bei Auftreten erster Symptome mehrfach mit *Mancozeb* (*Dithane Ultra WG* 0,2 %), *Kupferoxychlorid* 0,4 % oder *Kupferhydroxyd* 0,2 %, *Metiram* (*Polyram WG* 0,2 %) oder *Triforin* (*Saprol Neu* 0,15 %) spritzen.

Ferner an Rhizom-Iris: **Viruskrankheiten** (siehe Zwiebel-Iris) - **Grauschimmel**, **Blattfleckenkrankheiten**, ***Pythium***- und ***Rhizoctonia***-Wurzelfäulen - **Wurzelgallenälchen**, gelegentlich **Wolläuse**. Siehe Kapitel 2.1 "Mykosen", "Tierische Schädlinge".

Iris x hollandica (Zwiebel-Iris)

Standardmaßnahmen:

Zur vorbeugenden Bekämpfung von Nematoden für *Iris*-Zwiebeln eine Warmwasserbehandlung; gegen Pilzkrankheiten (*Fusarium*, *Penicillium* und andere) tauchen in einer Fungizidmischung (*Maneb* 1 % + *Benomyl*[2] 0,2 %) oder andere Kombinationen.

Physiologische Störungen

□ Entwicklung der normal angelegten Blüte stagniert, wenn sich der Stengel zu strecken beginnt, vor allem bei Pflanzen mit starker Laubentwicklung, Blüte vertrocknet.

O **Papierblütigkeit, Vertrocknen der Blütenknospen oder Blüten**

Δ Zwiebeln sachgemäß bei angemessener Temperatur lagern. Keine zu kleinen Zwiebeln zur Pflanzung verwenden, im Gewächshaus für ausreichende Wasserversorgung, gute Belichtung und nicht zu hohe Temperaturen sorgen, vor allem tagsüber.

□ Pflanzen entwickeln keine Blüte, sondern nur **drei,** höchstens **vier** Blätter und bilden dann im Vegetationspunkt der Mutterzwiebel eine Tochterzwiebel.

O **Dreiblättrigkeit**

Δ Keine zu kleinen Zwiebeln verwenden, Zwiebeln nach der Ernte ausreichend warm, aber nicht zu warm, zu dunkel und zu trocken halten, sachgemäße Lagerung.

□ Die halb aufgeblühten Blüten bleiben nach dem Schnitt stecken und vertrocknen.

O **Steckenbleiben der Blüten nach dem Schnitt**

Δ Erst dann schneiden, wenn die Blütenfarbe gut sichtbar ist. Bei herausgezogenen Blütenstengeln Einschnitte bis in den grünen Teil zwecks Sicherung ausreichender Wasseraufnahme.

Virosen

□ Blätter mit hellgelbgrüner und dunkelgrüner Mosaikfleckung. Die Symptome werden mit Herannahen der Blüte deutlicher.

O **Mildes Irismosaik-Virus** (*Iris mild mosaic virus,* mechanisch und durch Blattläuse übertragen)

□ Schon bei aufgelaufenen jungen Pflanzen hellgelbe und fahlgrüne Streifen, die bis unter die Bodenoberfläche durchlaufen. Zurückbleiben im Wuchs. Blütenstiele verkürzt. Bei blau blühenden Sorten auch die Blüten mißfarbig gefleckt oder gestreift.

O **Schweres Irismosaik-Virus** (*Iris severe mosaic virus,* mechanisch und durch Blattläuse übertragbar)

Δ Gesundes Pflanzgut, sorgfältige Blattlausbekämpfung. Kranke Pflanzen wegen der Blattlausübertragbarkeit sofort vernichten.

Bei *Iris* können weitere Viren oder auch Mischinfektionen auftreten. Typisch sind deutliche chlorotische Streifen.

Bakteriosen

□ An der Basis der Blattscheiden ist das Gewebe dunkelgrün verfärbt oder bereits (mit weißlich-gelber Farbe) faulend, auch Sproß fault schließlich und kann herausgezogen werden, oberhalb der Faulstelle vergilben die Pflanzen und fallen um. Schwächer befallene Pflanzen können noch Blüten entwickeln. - An befallenen Zwiebeln erst wäßrig-glasige, später gelblich-breiige, übelriechende Stellen, später wird die ganze Zwiebel weichfaul. Wurzeln ebenfalls glasig weißlich bis gelbgrün. - Infektion der Zwiebeln vom Boden her, vor allem an Wunden, begünstigt durch hohe Temperaturen und übermäßige Luftfeuchtigkeit.
O **Bakterienweichfäule** (*Erwinia carotovora* subsp. *atroseptica* [Van Hall] Dye)
Δ Iriszwiebeln niemals in verseuchten Boden pflanzen. Mit sauberem, nicht verseuchtem Wasser vorsichtig gießen, Luft- und Bodentemperatur nicht zu hoch ansteigen lassen. Befallene Pflanzen radikal entfernen. Über Möglichkeiten der Bodenentseuchung Pflanzenschutzdienst befragen.

Mykosen

□ Freiland - Normal ausgetriebene Pflanzen aus spezialpräparierten, "gehemmten" Zwiebeln vergilben kurz vor oder nach Ausbildung des Knospenstandes und sterben ab. Zuweilen auch ein typisches "Einkrümmen" des Sprosses als erstes Symptom. Später starke Wurzelfäule, bis zum Blühtermin Basalfäule an Zwiebeln deutlich. Vor allem an im Juni/Juli gepflanzten Sätzen bei höheren Bodentemperaturen (> 15 °C). Besonders anfällig die Sorte 'Prof. Blaauw'.
O **Fusarium-Wurzelfäule** (*Fusarium oxysporum* Schl. f. *gladioli* [Massey] Snyd. et Hans.)
Δ Anbau nicht nach Gladiolen oder anderen Iridaceae. Kulturanweisungen der Lieferanten beachten. Wo Befallsgefahr, auf Sommerkultur im Freiland verzichten. Ausreichende Schattierung, Abdeckung des Bodens mit feucht zu haltendem Torf. Zwiebeln wie bei Gladiolen einer Tauchbehandlung in einem Fungizidgemisch unterziehen, wie oben bei Standardmaßnahmen angegeben.

□ Im Gewächshaus - Sproßwachstum gehemmt, Sprosse gekrümmt ("Sicheln"). Entweder, vor allem bei Bodentemperaturen über 13 °C, am Zwiebelboden (*Fusarium sp.*) oder, auch bei niedrigen Temperaturen, an der Seite der Zwiebel (*Penicillium sp.*) glasige Stellen oder bereits Fäulnisherde, die sich ausbreiten und weißen Myzelbelag zeigen. Zwiebelgewebe schließlich braun, Zwiebel vertrocknet, Blattspitzen sind inzwischen gelb geworden.
Meist tritt zunächst *Fusarium*-Befall, anschließend *Penicillium*-Infektion ein, beide vom Boden aus.
O **Fusarium- oder/und Penicilliumfäule an Zwiebeln** (*Fusarium oxysporum* Schlecht oder/und *Penicillium verracosum* var. *corymbiferum* [Westling] Samson et al.)
Δ Zwiebelsendungen sofort auspacken, als krank erkannte Zwiebeln ausmerzen. Bodentemperaturen bei den Pflanzflächen niedrig (unter 13 °C) halten. Tauchen der Zwiebeln in

ein Fungizidgemisch, wie oben bei Standardmaßnahmen angegeben. Verdächtige Parzellen früh ernten, Zwiebeln schnell trocknen, luftig lagern. Auf befallenen Parzellen Fruchtwechsel, keine Krokusse oder Gladiolen nachbauen.

□ Vor allem an zu kühl, unter 17 °C, gelagerten Zwiebeln. Von Infektionsstellen, meist Wunden, ausgehend bläulich-grünliche Verfärbung des Zwiebelgewebes, blau-grünes Myzel. Zwiebeln laufen nicht auf, sie bleiben bei starkem Befall, der sich durch blau-grüne Sporenbeläge zeigt, ganz stecken. Bei schwächerem Befall ergeben sie Kümmerpflanzen.

○ **Penicillium-Zwiebelfäule** (*Penicillium verracosum* var. *corymbiferum* [Westl.] Samson et al.)

Δ Bei Lagerung der Zwiebeln für angemessene Temperatur und gute Durchlüftung sorgen. Nur gesundes Pflanzgut verwenden. Tauchen der Zwiebeln in ein Fungizidgemisch, wie oben bei Standardmaßnahmen angegeben oder in *Thiabendazol* (*Tecto FL*(1) 0,15 %, 30 Min.).

□ Graubraune Faulflecke an Blüten ("Pocken") und Blättern, bei Feuchtigkeit mit grauem Schimmelrasen.

○ **"Pocken", Botrytis-Befall an Blüten und Blättern** (*Botrytis cinerea* Pers.)

Δ Bei ersten Befallszeichen befallene Pflanzen ausstechen, die übrigen mit *Dichlofluanid* (*Euparen WG 0,25* %), *Vinclozolin* (*Ronilan WG* 0,1 %), *Iprodion* (*Rovral* 0,1 %) oder *Thiabendazol* (*Tecto FL*(1) 0,1 %) spritzen.

Tierische Schädlinge

□ Wurzelbildung gehemmt, bis zum Austrieb der Zwiebel nur wenig Seitenwurzeln. Sproß wächst zunächst normal, bleibt dann aber mit ansteigenden Temperaturen im Wachstum zurück. Wurzeln zum großen Teil faul, ihre Rindenzone leicht abziehbar. Noch vor Zwiebelbildung stirbt Pflanze ab.

○ **Wurzelfäule durch Wandernde Wurzelnematoden** (*Pratylenchus penetrans*) **und Pythium-Arten**

Δ Kein Anbau auf verseuchten Flächen. Behandlung des Bodens mit einem Bodenentseuchungsmittel.

Ferner an *Iris*: **Grauschimmel an Zwiebeln - *Thrips*, Blattläuse,** an Rhizomen gelegentlich **Wolläuse.**
An den Zwiebeln können mehrere Arten von **Nematoden** (*Aphelenchoides subtenuis* Cobb., *Ditylenchus*-Arten) vorkommen, vorbeugende Warmwasserbehandlung.
Siehe Kapitel 2.1 "Mykosen", "Tierische Schädlinge".

2.2.149 Ixia (Klebschwertel)

An *Ixia* kommen vor: **Viruskrankheiten** (*Iris mosaic virus*) - ***Fusarium* Fuß-** und **Welkekrankheit, Grauschimmel - Blattläuse.** Siehe Kapitel 2.1 "Virosen", "Mykosen", "Tierische Schädlinge".

2.2.150 Kalanchoe blossfeldiana (Korallenblume)

Vorsicht bei Anwendung von org. Phosphorverbindungen und *Carbamaten*, vor allem bei blühenden Pflanzen. Besondere Vorsicht mit *Methamidophos*, *Oxydemeton-methyl*, *Parathion*(3) und *Propoxur*, aber auch *Bitertanol*, *Fenarimol*, *Triforin*, *Vinclozolin*.

□ Korkartige Wucherungen auf Blättern, Stengeln und Blütenstielen. Blätter fallen später ab.
O **Korkbildung**
Δ Pflanzen immer mäßig feucht und warm genug halten, nicht unter 13 °C.

□ Gelbliche Aufhellung der Blätter, zuweilen auch beulige Aufwölbungen und Verkrüppelungen, Wachstumshemmung.
O **Tomatenmosaik-Virus** (*Tomato mosaic virus*)
Δ Vernichtung kranker Pflanzen. Gesunde Stecklinge verwenden. Übertragung erfolgt mechanisch. Vektorlose Virusübertragung in geschlossenen Bewässerungssystemen möglich.

□ Pflanzen werden stumpf-grau und welken.
O **Bakterielle Welke** (*Erwinia carotovora ssp. carotovora* (Jones) Bergey et al.)
Δ Substratentseuchung, strenge Betriebshygiene, Verwendung einwandfreier, eventuell getesteter Stecklinge.

□ Pflanzen welken, dunkle Stellen an unteren Stammteilen und Wurzelhals, schließlich Faulen des Stammgrundes. Wurzel meist noch scheinbar gesund.
O **Phytophthora-Stammfäule** (*Phytophthora cactorum* [Leb. et. Cohn] Schroet.)
Δ Bodenentseuchung. Angemessene Kulturmaßnahmen, Pflanzen bei etwa 16 °C, niemals zu kühl und/oder zu feucht halten. Kranke Pflanzen sofort entfernen. Vorbeugend wirkt Zusatz von *Metalaxyl* (*Fonganil Neu* 100 g in 5-10 l Wasser/m³) zur Topferde, aber auch wiederholtes Angießen mit *Fonganil Neu* 0,05 % oder *Propamocarb* (*Previcur N* 0,15 %) im Abstand von 4-5 Wochen.

□ Blätter weisen schmutzig weiße Mehlbeläge auf. Befallenes Gewebe stirbt ab, Blätter wölben sich.
O **Echter Mehltau** (*Oidium kalanchoeae* Lüstner)
Δ Häuser gut lüften, Ventilatoren! Pflanzen hell und trocken stellen. Vorbeugend oder bei ersten Befallszeichen spritzen mit *Triforin* (*Saprol Neu* 0,1 %). Vorsicht bei Sonne.
In sehr dicht stehenden Beständen könnte versuchsweise der Einsatz von *Benomyl* (*Du Pont Benomyl*(2) 0,1 %) als Gießmittel lohnend sein.

□ Blätter, Blattstiele und Triebe verbräunen und werden abgestoßen. Die Wurzeln bleiben gesund.
O **Blatt- und Stengelfäule** (*Myrothecium roridum* Tode)
Δ Vermeidung übermäßiger Feuchtigkeit. Tropfstellen beseitigen, befallene Pflanzen entfernen. Bestand mit *Triforin* (*Saprol Neu* 0,1 %) oder *Benomyl* (*Du Pont Benomyl*(2) 0,05 %) tropfnaß spritzen.

Häufig sind ferner: **Keimlings- und Fußkrankheiten, Wurzelbräune, Grauschimmel - Blattläuse, Dickmaulrüßler, Weichhautmilben, Schmierläuse** und **Wurzelläuse** siehe Kapitel 2.1 "Mykosen", "Tierische Schädlinge".

2.2.151 Lantana (Wandelröschen)

Lantanen werden häufig durch **Weiße Fliege** befallen. Auch **Blattläuse** und **Blattflöhe** mit starker Honigtauausscheidung kommen in der Regel vor. Siehe Kapitel 2.1 "Tierische Schädlinge".

2.2.152 Lathyrus odoratus (Edelwicke)

Treibwicken sind besonders empfindlich gegen Pflanzenschutzmittel.

Die **Blüten** von Edelwicken sind gegen die meisten Pflanzenschutzmittel schon bei den üblichen Temperaturen sehr empfindlich, bei höheren Wärmegraden auch die Blätter, daher kühl halten (12 °C).

Außer der **Beizung des Saatgutes** mit *Metiram* (*Polyram WG*) kommt nur bei direkter Gefährdung des Bestandes gegen die häufigen **Auflaufkrankheiten** eine chemische Pflanzenschutzmaßnahme infrage.

☐ Unter Glas. Knospen vergilben und fallen ab. Blütenstiele länger als normal.

O **Abfallen der Knospen**

Δ Erscheinung wird durch austrocknende Zugluft und/oder Schwankungen der Temperatur und Luftfeuchtigkeit sowie durch Wasser und Nährstoffmangel (Kali) hervorgerufen.

☐ Nesterweise bleiben die Pflanzen ohne ersichtliche Ursache im Wuchs zurück, vor allem an trockenen Stellen.

O **Versalzungsschäden**

Δ Substratuntersuchung auf Salzüberschuß und entsprechende Düngung, eventuell mit gut abgelagertem Stallmist anstatt Mineraldünger.

☐ Junge Blätter hell gefleckt, ältere mit Nekrosen, auch Stengel fleckig oder streifig nekrotisch, Blütenfarbe "gebrochen".

O **Mosaikkrankheit** (Bohnengelbmosaik - *Bean yellow mosaic virus*, mechanisch und durch Blattläuse übertragen)

☐ Blätter hellgelb gefleckt und/oder gestreift, an ihrer Unterseite Auswüchse (Enationen). Kronenblätter der Blüten ebenfalls streifig gefleckt.

O **Erbsenenationenmosaik** (*Pea enation mosaic virus*, mechanisch und durch Blattläuse übertragen)

Δ Gesundes Vermehrungsmaterial. Kranke Pflanzen vernichten. Regelmäßige Bekämpfung der Blattläuse.

☐ Bereits junge Pflanzen bleiben im Wachstum zurück, vergilben und sterben ab.

O **Wurzelbräune** (*Thielaviopsis basicola* [Berk. et Br.] Ferr. = *Chalara elegans* Nag Raj u. Kendr.)

Δ Angaben zur Bekämpfung siehe Kapitel 2.1 "Mykosen - **Wurzelbräune**".

□ Auf beiden Blattseiten eckig-unregelmäßige, meist durch Blattadern begrenzte Flecken, die mit weißem oder hellbraunem Sporenstaub bedeckt sind. Blätter schrumpfen ein.
O **Blattfleckenkrankheit, Weißfleckenkrankheit** (*Ramularia deusta* [Fuckl.] K. Baker)
Δ Hohe Luftfeuchtigkeit vermeiden. Vorsichtiges Spritzen mit *Mancozeb* (*Dithane Ultra WG* 0,2 %), *Metiram* (*Polyram WG* 0,2 %) oder (vorher Verträglichkeitstest!) *Triforin* (*Saprol Neu* 0,15 %).

Gegen **Echten Mehltau** kommt **bis** zur Blüte nach Verträglichkeitstest der Einsatz von *Triforin* (*Saprol Neu* 0,1 %) in Frage. (Sicherer ist vorbeugendes Angießen von *Benomyl [Du Pont Benomyl*[(2)] 0,05-0,1 %], erste Behandlung bei 1 m Pflanzenhöhe, zweite 2-3 Wochen später).

Grauschimmel (*Botrytis*) kann nur vorbeugend durch entsprechende Betriebshygiene und, solange die Pflanzen noch nicht blühen, mit *Dichlofluanid* (*Euparen WG* 0,25 %), *Vinclozolin* (*Ronilan WG* 0,1 %) oder *Iprodion* (*Rovral* 0,1 %) sowie mit *Thiabendazol* (*Tecto FL*[(1)] 0,1 %) bekämpft werden (Verträglichkeitstest!).

Ferner an *Lathyrus*: **Blattläuse, Spinnmilben, *Thrips*.** Siehe Kapitel 2.1 "Tierische Schädlinge".

2.2.153 Laurus (Lorbeer)

Allgemein empfindlich gegenüber chemischen Pflanzenschutzmitteln.

□ Die Blätter vergilben mehr oder weniger schnell und fallen schließlich ab.
O **Blattfall**
Δ Beruht meist auf Schädigung der Wurzeln und Ballentrockenheit oder Überdüngung, zuweilen auch auf Frosteinwirkung.

□ Blätter der jüngsten Triebe rollen sich nach unten ein und weisen etwas verdickte Blattränder auf, die sich blaßgrün oder rötlich verfärben. In den Blattrollen mit Wachsausscheidungen bedeckte Larven von Blattflöhen.
O **Lorbeerblattfloh** (*Trioza alacris* Flor.)
Δ Gefährdete Pflanzen ab Aufbruch der Knospen mehrmals mit *Dimethoaten* 0,1 %, *Permethrin* (*Ambush*[(2)] 0,01 %) oder *Propoxur* (*Unden flüssig* 0,15 %) spritzen. *Imidacloprid* (*Confidor WG 70*[(3)] 0,035 %) im Gießverfahren hat eine spät einsetzende, aber gute Wirkung.

Gegen **Schild- und Schmierläuse** an *Laurus* haben sich bewährt: *Mineralöl* (*Para-Sommeröl* 2 %), *Propoxur* (*Unden flüssig* 0,2 %) und andere Mittel gegen Schildläuse. Wiederholte Anwendung erforderlich. Zur Erzielung einer glatten, glänzenden Belaubung als letzte Behandlung Sommeröl bevorzugen, aber Vorsicht!

2.2.154 Lavatera (Bechermalve)

□ Braune, vertrocknende Flecken auf den Stengel und an den Blättern sowie Stengelfäulen. Pflanzen sterben ab.
O **Blattfleckenkrankheit** (*Colletotrichum malvarum* [A. Braun et Casp.] Southworth)

Δ Wiederholte Spritzung der Pflanzen mit *Mancozeb* (*Dithane Ultra WG* 0,2 %), *Metiram* (*Polyram WG* 0,2 %) oder *Triforin* (*Saprol Neu* 0,15 %). Siehe Kapitel 2.1 "Mykosen - **Blattfleckenkrankheiten**".

2.2.155 Liatris (Prachtscharte)

□ Das Herz der Blattrosette fault direkt über dem Boden weg.

O **Herzfäule** (*Thanatephors concumeris* [Frank] Donk = *Rhizoctonia solani* Kühn oder *Botrytis cinerea* Pers.)

Δ Vor dem Pflanzen Knollen tauchen in *Procymidon* (*Sumisclex WG* 0,15 %) oder *Vinclozolin* (*Ronilan WG* 0,2 %) + *Benomyl* (*Du Pont Benomyl*[2] 0,2 %). Versuchsweise angießen oder spritzen mit *Benomyl* (*Du Pont Benomyl*[2] 0,05-0,1 %), *Vinclozolin* (*Ronilan WG* 0,1 %) oder *Iprodion* (*Rovral* 0,1 %).

□ Zuerst färben sich die untersten Blätter gelbgrün, welken und sterben ab. Später setzt sich die Erscheinung am Trieb schnell nach oben fort, zuweilen nur einseitig. An Trieben schließlich kleine Sklerotien (Mikrosklerotien). Wurzeln äußerlich anscheinend gesund, beim Durchschneiden zeigt sich jedoch braune Verfärbung der Gefäße, besonders deutlich am Wurzelstock, aber auch bei den Stengeln. Befallen werden alle Altersstufen der Pflanze. Infektion über die Wurzeln.

O **Verticillium-Welke** (*Verticillium albo-atrum* Reinke u. Berth., *V. dahliae* Kleb.)

Δ Pflanzen (Jungknollen) nur aus krankheitsfreien Beständen. Kontrolle durch Querschnitte der Wurzelstücke bei Stichproben. Anbau auf "neuen", nicht verseuchten oder entseuchten Flächen. Kranke Pflanzen sofort vernichten. Bei beginnendem Befall versuchsweise Angießen mit *Du Pont Benomyl*[2] 0,1 %.

□ Faulstellen an Blättern und Trieben, bei Feuchtigkeit mit mausgrauem Pilzbelag.

O **Botrytis-Fäule** (*Botrytis cinerea* Pers.)

Δ Nicht zu dicht pflanzen! Bei ersten Krankheitszeichen im Abstand von 1-2 Wochen spritzen mit *Dichlofluanid* (*Euparen WG* 0,25 %), *Procymidon* (*Sumisclex WG* 0,075 %), *Vinclozolin* (*Ronilan WG* 0,1 %), *Iprodion* (*Rovral* 0,1 %) oder *Thiabendazol* (*Tecto FL*[1] 0,1 %) oder Einsatz eines anderen Mittels gegen *Botrytis*.

Ferner an *Liatris* möglich: **Blattfleckenkrankheiten, Rost - Blattälchen, Stengelälchen.** Siehe Kapitel 2.1 "Mykosen", "Tierische Schädlinge".

2.2.156 Lilium (Lilie)

Lilien sind empfindlich gegen *Parathion*[3] und andere Phosphorinsektizide.

Physiologische Schäden

□ Blattfläche vergilbt, Blattnerven bleiben grün. Vor allem an *Lilium auratum* sowie an Varietäten von *L. longiflorum* und *L. speciosum*.

O **Chlorose durch Eisenmangel**

Δ Anwendung eines eisenhaltigen Mittels aufgrund einer Bodenuntersuchung. Siehe auch Kapitel 2.1 "Physiologische Schäden".

☐ Blattfarbe wird um so mehr unnatürlich hellgrün als die Blütezeit herankommt.

O **Chlorotische Erscheinungen infolge Stickstoffmangels**

Δ Anwendung schnellwirkender Stickstoffdünger aufgrund einer Bodenuntersuchung.

☐ Pflanzen kürzer als normal und auffallend dunkelgrün, ihre Wurzeln kurz, braun verfärbt, übermäßige Nebenwurzelbildung.

O **Salzschäden**

Δ Vor der Kultur von Lilien Bodenuntersuchung. Vorsicht bei der Düngung von gedämpften Flächen. Beim Auftreten von Symptomen Gießwasser untersuchen lassen.

☐ An *Lilium speciosum*: Blattspitzen reißen auf, Bestand erhält dadurch grauen Schimmer. Schließlich faulen die betroffenen Blätter, Wachstum stockt; vorzeitig gebildete Brutknospen faulen.

O **Aufreißen und Faulen der Blätter und Brutknospen**

Δ Zwiebeln nach dem Pflanzen eine Zeitlang bei etwa 15 °C halten, um Wurzelbildung zu erleichtern. Schwankungen der Luftfeuchtigkeit und Temperatur vermeiden.

☐ Blattspitzen zeigen zunächst dicht beeinander liegende Stippen, die sich schließlich zu grauen Flecken ausdehnen.

O **"Verbrannte" Blattspitzen**

Δ Einige Sorten von *L. tigrinum*, *L. speciosum* und anderen Lilien besonders anfällig, diese nicht "über den Kopf" gießen. Auf ausreichende Calciumversorgung achten.

☐ Die Blütenschäfte der Pflanzen stocken im Wachstum, sie bleiben anomal kurz.

O **Kurzbleiben der Blütenschäfte**

Δ Erscheinung beruht auf zu warmer, wenn auch nur kurzfristiger, Lagerung der Zwiebeln, Temperaturen über 5 °C sind bedenklich. Auch zu starke Belichtung bedingt kürzere Blütenschäfte.

☐ Die Pflanzen zeigen keine Krankheitssymptome, blühen aber nicht.

O **Ausbleiben der Blüte**

Δ Vermeidung später Pflanzung (nach März) unter Glas von Arten und/oder Sorten, die dafür nicht geeignet sind. Kleine Zwiebeln nicht zu lange lagern. Zwiebeln vor Austrocknung während der Lagerung schützen (Kühlzellen, 0,5 - 2 °C je nach Lagerungsdauer, oder auch Einpacken in Kisten mit Torfmull und Abdecken mit Plastikfolie). Kontrolle auf Befall durch Nematoden!

☐ Während der lichtarmen Kulturmonate vertrocknen die etwa 1-2 cm langen Blütenknospen. Die meisten Liliensorten sind anfällig, am wenigsten einige Varietäten von *L. longiflorum* und *L. speciosum*. Ursache meist Lichtmangel.

O **Vertrocknen und Abwurf der Blütenknospen**

Δ Nur die wenig anfälligen Liliensorten sollten im Winter zur Blüte gebracht werden, sonst Kunstlicht. Temperatur auf vorhandene Belichtung abstellen, Pflanze im zügigen Wachstum halten.

☐ Blütenkelche reißen auf, platzen und sind mehr oder weniger deformiert.

O **Platzen der Blütenkelche**

Δ Erscheinung ist eine Folge von Trockenheit oder/und zu hohen Temperaturen.

Virosen

□ Pflanzen können im Wuchs zurückbleiben und weisen unterschiedlich deutliche Mosaikfleckung auf, die sie heller als normal erscheinen läßt, vor allem kurz vor der Blüte. Blüten blaß, zuweilen mißgebildet, später auch wohl mit nekrotischen Flecken.

O **Tulpenbuntstreifigkeits-Virus** (*Tulip breaking virus*, mechanisch und durch Blattläuse übertragen)

Δ Alle kranken Zwiebeln und Pflanzen ausmerzen. Ab Mitte Mai Pflanzen vor Blattlausbefall schützen.

□ An *Lilium tigrinum* - Auf den Blättern entstehen gruppenweise kleine, gelbgrüne Stippen, die später zu größeren Flecken verschmelzen, wobei das betroffene Gewebe nekrotisch wird. Befallene Blätter werden krumm.

Zwiebeln stellenweise weißlich bis cremefarbig, ihre Schuppen weisen glasig-wolkige Flecken auf.

An allen Zwiebelschuppen, vor allem den innersten, können gleichzeitig dunkelbraune, ringartige Zeichnungsmuster und Flecken vorkommen. Stark erkrankte Zwiebeln werden oft sekundär durch pilzliche Fäulniserreger befallen.

O **Arabismosaik-Virus** (*Arabis mosaic virus*, mechanisch und durch Wandernde Wurzelnematoden u.a. der Gattung *Xiphinema* übertragen)

Δ Befallene Zwiebeln und Pflanzen ausmerzen. Vermehrungsgut nur von gesunden Pflanzen. Bodenentseuchung zur Ausschaltung der Nematoden.

□ Blätter mit deutlicher gelbgrüner, streifiger Mosaikfleckung, bei starker Infektion auch mit braunen, nekrotischen Flecken. Zuweilen sind die Blätter mißgestaltet, ebenso Blüten und Blütenknospen. Bei einigen Sorten von *Lilium speciosum* zeigen auch die Blüten Mosaikfleckung. Symptome besonders deutlich vor und während der Blüte. Oft gleichzeitig mit latentem Lilienvirus auftretend.

Kranke Pflanzen sind schwachwüchsig und bleiben klein.

O **Gurkenmosaik-Virus** (*Cucumber mosaic virus*, mechanisch und durch Blattläuse übertragen, nicht über den Samen)

Δ Möglichst von Samen ausgehen, die Jahrgänge getrennt aufpflanzen. Sorgfältige Bekämpfung der Blattläuse. Kranke Zwiebeln und Pflanzen vernichten.

□ Häufig werden Scheckungen, Streifen und Wachstumshemmungen beobachtet. Die Blüten sind verkleinert. Das Virus tritt oft vergesellschaftet mit anderen Viren auf.

O **Latentes Lilienvirus** (*Lily symptomless virus*, mechanisch und durch Blattlaus übertragen)

Δ Vermehrungsgut nur von gesunden Pflanzen, sorgfältige Bekämpfung der Blattläuse.

Mykosen

□ Bereits junge Freilandpflanzen vergilben von unten her, unterer Stengel- sowie Wurzelbereich braun verfärbt, zuweilen unterirdischer Teil des Stengels mit rotbraunen Augenflekken, Stengelgrund bei starkem Befall verfaulend. Zwiebelschuppen an der Basis sowie am oberen Rand dunkelbraun, fleckig.

O **Stengelgrund-Zwiebel- und Wurzelfäule** (*Nectria radicicola* Gerlach et Nilsson = *Cylindrocarpon destructans* [Zins.] Scholten sowie *Fusarium oxysporum* [Schlecht] Snyd. et Hans.)

Δ Gesundes Pflanzmaterial verwenden. Zwiebeln vor der Pflanzung einer Tauchbehandlung (*Du Pont Benomyl*(2) 0,2-0,4 % + *BASF-Maneb-Spritzpulver* 0,4 %) unterziehen. In Gewächshäusern Boden entseuchen. Kranke Zwiebeln und Pflanzen vernichten.

□ Im Gewächshaus. Dunkelbraune Verfärbung des Stengelgrundes, bei stärkerer Infektion auch Stengelbruch.

O **Fußfäule** (*Phytophthora nicotianae* van Breda)

Δ Nach Befall Bodenentseuchung. Boden locker halten und durch Drainage Sauerstoffmangel durch übermäßige Feuchtigkeit verhindern. Bei Einzelbefall angießen mit *Fosetyl* (*Aliette* 0,5 %), *Metalaxyl* (*Fonganil Neu* 0,05 %) oder *Propamocarb* (*Previcur N* 0,15 %).

□ Wurzeln zunächst mit glasig hellen Stellen und/oder von der Spitze ausgehenden Fäulnisherden, später nur noch die äußere Hülle vorhanden.

O **Wurzelfäule** (*Pythium*-Arten)

Δ Die Bekämpfung erfolgt wie oben für die *Phytophthora*-**Fußfäule** angegeben.

□ Vor allem an Tigerlilien und Türkenbundlilien. - Auf den Blättern größere, hellbraune Flekke mit dunklerer Umrandung.

O **Blattfleckenkrankheit** (*Cercosporella inconspicua* (Wint.) v. Höhn.)

Δ Bei ersten Befallszeichen spritzen mit *Dithian* (*Delan SC 750*(2) 0,05 %), *Mancozeb* (*Dithane Ultra WG* 0,2 %), *Metiram* (*Polyram WG* 0,2 %) oder *Triforin* (*Saprol Neu* 0,15 %). Bei den genannten Mitteln, ausgenommen *Triforin*, der Spritzflüssigkeit ein Netzmittel oder Flüssigdünger in halber, angegebener Konzentration zusetzen.

□ An Knospen und Blüten, hier an der Außenseite der Kronenblätter, braune Flecken, Knospen faulen, Blüten verkrüppeln. Auch Blätter zuweilen mit bräunlichen Flecken und Faulstellen, Befallsstellen mit grauem Schimmelrasen bedeckt. Meist bei übermäßiger Feuchtigkeit.

O **Grauschimmel** (*Botrytis elliptica* [Berk.] Cooke und andere *Botrytis*-Arten)

Δ Bei ersten Befallszeichen spritzen mit *Benomyl* (*Du Pont Benomyl*(2) 0,05 % - 0,1 %, nicht zu oft anwenden!) *Dichlofluanid* (*Euparen WG* 0,25 %), *Vinclozolin* (*Ronilan WG* 0,1 %), *Iprodion* (*Rovral* 0,1 %), *Thiabendazol* (*Tecto FL*(1) 0,1 %) oder einem anderen Mittel gegen *Botrytis* ab Mitte Mai bis zum Öffnen der Blüten im Abstand von etwa 10-14 Tagen. Entscheidend ist gute Kulturführung! Siehe Kapitel 2.1 "Mykosen - **Grauschimmel**".

Tierische Schädlinge

□ Mai bis August - Mit kotigem Schleim bedeckte, gelbgraue Larven oder rote Käfer fressen an den Blättern.

O **Lilienhähnchen** (*Crioceris = Lilioceris lilii* Scop.) und **Zwiebelhähnchen** (*Lilioceris merdigera L.*

Δ Sofortiges Spritzen mit *Parathion* (*E 605 forte*(3) 0,035 % - Vorsicht - Schäden möglich -), *Permethrin* (*Ambush*(2) 0,01 %), *Propoxur* (*Unden flüssig* 0,15 %), *Deltamethrin* (*Decis flüssig*(3) 0,05 %), *Dimethoat* 0,1 % oder anderen Insektiziden.

Ferner an *Lilium*: **Weitere Viruskrankheiten - Bakteriell bedingte Wucherungen an Brutzwiebeln** (*Corynebacterium fascians* [Tilford] Dows.), **Zwiebel-Naßfäule** (*Pseudomonas* *gladioli* Severini) - ***Rhizoctonia*-Fäule** (Graufäule), ***Penicillium*-Zwiebelfäule, Zwiebel-Schuppenfäule** (*Sclerotium sp.*), **-Schuppenschwärze** (*Colletotrichum sp*), **- Blattälchen, Wandernde Wurzelnematoden, Wurzelläuse, Wurzelmilben, *Thrips*, Blattläuse.** Siehe Kapitel 2.1 "Virosen", "Bakteriosen", "Mykosen", "Tierische Schädlinge".

2.2.157 Limonium, [Statice] (Meerlavendel)

□ Pflanzen in meist 2- bis 3jährigen Beständen beginnen nesterweise zu kümmern, ihre Blütenstände werden braun und trocknen ein. Die Laubblätter verfärben sich von der Spitze an rötlich und vertrocknen oder verfaulen. Bei stärkerem Befall trocknen auch die Stengel stellenweise, vor allem am Grunde, ab und faulen ab. Bei Querschnitten Gefäßbündelring braun verfärbt.

O **Welkekrankheit** (*Fusarium oxysporum* Schl.)

Δ Wahl geeigneter Standorte ist vor allem für die anfälligen mehrjährigen Arten (*L. tataricum*) wichtig. Ausgeglichene Nährstoffversorgung. Einzelne Befallsherde sofort vernichten; eventuell Angießen der befallsverdächtigen Pflanzen mit *Benomyl* (*Du Pont Benomyl*(2) 0,05-0,1 %). Im Freiland ständiger Flächenwechsel. Bodenentseuchung wirksam nur durch Dämpfung.

Ferner an *Limonium*: Besenartige Blütentriebe durch **Mykoplasmen - Blattfleckenkrankheiten, Grauschimmel, Echter Mehltau, Rost - Chrysanthemenblattälchen (*Aphelenchoides ritzemabosi*), Blattläuse, *Thrips*, Spinnmilben.** Siehe Kapitel 2.1 "Mykoplasmosen", "Mykosen", "Tierische Schädlinge".

2.2.158 Lisianthus [= Eustoma grandiflorum] (Schönmund)

□ Hellbraune Verfärbung an den Blattstielen. Pflanzen sterben ab.

O **Phytophthora-Arten**

Δ Auftreten bei feuchten Bedingungen und hohen Temperaturen. Bei erstem Auftreten 2mal spritzen mit *Metalaxyl* (*Fonganil Neu* 0,05 %) in 5-7 Tagen Abstand. Vorsicht: bei zu häufiger *Metalaxyl*-Anwendung kann es zu Resistenzen kommen.

□ Am unteren Stengelbereich Fäule. Sie tritt bevorzugt an älteren Pflanzen auf.

O **Stengelgrundfäule** (*Botrytis-* u. *Fusarium*-Arten [*Fusarium avenaceum = Gibberella avenacea*])

Δ Behandlung der Pflanzen mit *Benomyl* (*Du Pont Benomyl*(2) 0,1 %) oder vorbeugend mit *Thiram* (*Aatiram* 0,2 %) Verbesserung der Klimabedingungen in der Kultur, und oberirdische Pflanzen möglichst trocken halten. Nicht zu tief pflanzen.

Ferner an *Lisianthus*: **Falscher Mehltau**, **Echter Mehltau**, **Septoria-Blattfleckenkrankheit - Blattälchen**, **Blattläuse**, ***Thripse***. Siehe Kapitel 2.1 "Mykosen", "Tierische Schädlinge".

2.2.159 Lobelia (Lobelie, Männertreu)

□ Pflanzen erscheinen dunkler, bläulich verfärbt. Auf den Blättern, besonders im Bereich der Blattränder, weiße, nekrotische Flecke. Pflanzen welken langsam und bei starkem Befall.

O **Tomatenbronzeflecken-Virus** (*Tomato spottet wilt virus* - TSWV), **Impatiensflecken-Virus** (*Impatiens necrotic spottet virus* - INSV)

Δ TSWV ist eine Quarantänekrankheit. Überträger sind Thripse, besonders *Frankliniella occidentalis*. Daher intensive Vektorenbekämpfung. Kontrolle mit Gelb- und Blautafeln. Chemische Bekämpfung siehe Kapitel 2.1 "Tierische Schädlinge": Thrips.

□ Bei der Sorte *Lobelia erinus* 'Richardii' und 'Azuro' große Ausfälle. An den Blättern zeigen sich, beginnend an den Blattadern, Aufhellungen und Vergilbungen der Blattspreite. Teilweise violette Verfärbung der Blattadern. Ausgangspunkt ist oft der Blattstiel. Vom Blattrand ausgehend auch keilförmige Nekrosen der Interkostalfelder. Blätter sterben später ab. Es folgt dann oft ein rascher Zusammenbruch der ganzen Pflanze.

O **Xanthomonas campestris (**Leyns et al.)

Δ Hohe Temperaturen und Blattnässe fördern Befall. Vernichten erkrankter Pflanzen. Keine Stecklingsvermehrung von kranken Pflanzen. Bezug gesunder Jungpflanzen. Strenge Betriebshygiene. Verbreitung möglich über Schnittwerkzeuge, Gießwasser, Substrat. Desinfektion der Kulturgefäße und Stellflächen mit *Didecyldimethyl-ammoniumchlorid* (*M & ENNO-TER forte*, *Dimanin-Spezial*).

Ferner an *Lobelia*: ***Rhizoctonia*-Wurzelfäule**, **Blattflecken**, **Rost**. Siehe Kapitel 2.1 "Mykosen".

2.2.160 Lupinus (Lupine)

□ Blätter, zunächst die unteren, mit erst einzelnen, später zahlreichen rostbraunen Flecken, letztere auch am Stengel.

O **Blatt- und Stengelfleckenkrankheit** (*Pleiochaeta setosa* [Kirch.] Hughes = *Ceratophorum setosum* Kirchn.)

Δ Bekämpfung siehe Kapitel 2.1 "Mykosen - **Blattfleckenkrankheiten**".

□ Im Frühjahr - Blätter, vor allem an jungen Pflanzen, halbkreisförmig befressen.

O **Blattrandkäfer** (*Sitona*-Arten)

Δ Bei Auftreten der ersten Fraßspuren spritzen mit *Parathion* (*E 605 forte*[3] 0,035 %) oder anderen Insektiziden.

□ Pflanzen welken oder kümmern. Fraßgänge im unteren Stengelteil sowie in den stärkeren Wurzeln.

O **Wurzelspinner** (*Hepialus lupulinus* L.)

Δ Gründliches Angießen der Pflanzen mit einem Gießmittel gegen Bodenschädlinge wie *Methamidophos* (*Tamaron*).

Ferner an *Lupinus*: **Viruskrankheiten:** Gewöhnliches Bohnenmosaik-Virus (*Bean common mosaic virus*), Bohnengelbmosaik-Virus (*Bean yellow mosaic virus*), Tomatenbronzeflecken-Virus (*Tomato spotted wilt virus*) - ***Botrytis*-Stengelfäule:** Angießen mit *Iprodion* (*Rovral* 0,1 %), *Thiabendazol* (*Tecto FL*[1] 0,1 %) oder *Vinclozolin* (*Ronilan WG* 0,1 %), **Echter Mehltau, Welkekrankheiten - Blattläuse, Erdraupen.** Siehe Kapitel 2.1 "Virosen", "Mykosen", "Tierische Schädlinge".

2.2.161 Lychnis (Lichtnelke)

□ Die Staubbeutel in den Blüten entlassen schwarze Brandsporenmassen.

O **Antherenbrand** (*Ustilago violacea* [Pers.] Roussel)
Δ Die befallenen Pflanzen sind möglichst sofort zu vernichten.

Ferner an *Lychnis*: **Fußkrankheiten - Zystenbildende Wurzelnematoden.** Siehe Kapitel 2.1 "Mykosen", "Tierische Schädlinge".

2.2.162 Lythrum (Weiderich)

□ Auf den Blättern bis 1 cm große, unregelmäßig geformte, meist von einem purpurfarbenen Rand umgebene Blattflecken.
O **Blattfleckenkrankheit** (*Septoria brissaceana* Sacc. et Letendre)
Δ Bekämpfung siehe Kapitel 2.1 "Mykosen - **Blattfleckenkrankheiten**".

Ferner an *Lythrum*: **Fußkrankheiten, Grauschimmel, *Rhizoctonia*-Fäule.** Siehe Kapitel 2.1 "Mykosen".

2.2.163 Malva (Malve)

□ Auf Stengeln und Blättern zeigen sich braune Rostpusteln. Blätter welken und sterben ab.
O **Malvenrost** (*Puccinia malvacearum* Bert.)
Δ Vorbeugend 2- bis 3mal im Abstand von 2-3 Wochen mit *Mancozeb* (*Dithane Ultra WG* 0,2 %), *Propineb* (*Antracol WG*(2) 0,2 %), *Metiram* (*Polyram WG* 0,2 %) oder einem anderen Mittel gegen Rostkrankheiten spritzen.

Spinnmilben können an *Malva* sehr starke Schäden verursachen. Bekämpfung mit *Abamectin* (*Vertimec*(3) 0,025 %), *Methamidophos* (*Tamaron* 0,15 %), *Fenbutatin-oxid* (*Torque*(3) 0,05 %) oder *Fenpyroximat* (*Kiron*(3) 0,15 %).

Thrips und **Zikaden**
sind an *Malva* ebenfalls häufig. Siehe Kapitel 2.1 "Tierische Schädlinge".

2.2.164 Marantaceae (Pfeilwurzgewächse)

Alle *Marantaceae* werden leicht durch ***Pythium*-Wurzelfäule** befallen. Deshalb lohnt sich die vorbeugende Einarbeitung nach Gebrauchsanleitung von *Metalaxyl* (*Fonganil Neu*) oder *Propamocarb* (*Previcur N*) in das Substrat.
Bei überraschendem Befall kann mit einem der gleichen Präparate angegossen werden.

□ Wurzelkörper geht in Fäulnis über, die Blätter kräuseln sich.
O **Fusarium-Wurzelfäule** (*Fusarium*-Arten)
Δ Vermeidung übermäßiger Bewässerung. Von chemischen Präparaten lohnt nur *Benomyl* (*Du Pont Benomyl*(2) 0,1 %) im Angießverfahren.

Spinnmilben treten zuweilen an *Marantaceen* sehr stark auf, vor allem an *Calathea*-Arten, ebenso **Weichhautmilben, *Thrips*, Schildläuse** und **Wurzelmilben**.
C. insignis wird häufig durch **Schnecken,** vor allem bereits im Boden angreifende kleine Gehäuseschnecken, geschädigt. Siehe Kapitel 2.1 "Tierische Schädlinge" - Vorsicht bei Anwendung von *Propoxur* (*Unden flüssig*).

2.2.165 Matthiola (Levkoje)

Matthiola reagiert empfindlich auf ***Methamidophos***, ***Propoxur*** und ***Pirimicarb***[3], ***Metalaxyl*** und ***Iprodion***.

□ Dunkle Verfärbungen der Blattadern, Vergilben und Abwelken der Pflanzen sowie Auftreten von eingesunkenen Flecken auf Schoten und Stengeln, unter Umständen Abknicken der Pflanze.

O **Bakterielle Erkrankung der Blätter, Schoten und Stengel** (*Xanthomonas-*, *Pseudomonas-*, *Erwinia*-Arten)

Δ Im Freiland Anbaufläche wechseln, unter Glas Substratentseuchung. Samen nur aus gesunden Beständen. Entfernen befallener Pflanzen. Stellflächen desinfizieren.

□ Pflanzen kümmern, ihre Wurzeln mit kropfartigen Verdickungen.

O **Kohlhernie** (*Plasmodiophora brassicae* Wor.)

Δ Im Freiland Fruchtwechsel, nicht auf Flächen ausweichen, auf denen Kreuzblütler gestanden haben. Vorbeugend Ausstreuen von *Kalkstickstoff* 6-8 kg/100 m². Unter Glas Bodenentseuchung.

□ Am Stengelgrund, zuweilen auch an oberen Stengelteilen, Faulstellen.

O **Phoma-Stengelfäule** (*Phoma lingam* [Tode] Desm.)

Δ Im Freiland Wechsel der Anbaufläche, unter Glas Substratentseuchung.

□ Hellere Blattflecke, denen blattunterseits weißgrauer Pilzbelag entspricht.

O **Falscher Mehltau** (*Peronospora matthiolae* Gäum.)

Δ Spritzung mit *Fosetyl* (*Aliette* 0,5 %), *Mancozeb* (*Dithane Ultra WG* 0,2 %), *Metalaxyl* (*Fonganil Neu* 0,05 %), *Metiram* (*Polyram WG* 0,2 %), *Propamocarb* (*Previcur N* 0,15 %) oder einem anderen Mittel gegen Falschen Mehltau.

Ferner häufig an *Matthiola*: **verschiedene Virosen** wie Wasserrübenmosaik-Virus (*turnip mosaic virus*), Tomatenbronzeflecken-Virus (*Tomato spotted wilt virus*), Blumenkohlmosaik-Virus (*Cauliflower mosaic virus*) - **Keimlingskrankheiten, Fußkrankheiten** (*Pythium-, Fusarium-, Rhizoctonia*-Arten), **Grauschimmel, *Sclerotinia*-Welke und andere Welkekrankheiten, Echter Mehltau, Alternaria-Blattflecken - Blattwanzen, Erdflöhe, Raupen.** Siehe Kapitel 2.1 "Virosen", "Mykosen", "Tierische Schädlinge".

2.2.166 Medinilla magnifica (Medinille)

Gegen die ***Phytophthora*-Fäule** wird mit *Fosetyl* (*Aliette* 0,5 %), *Metalaxyl* (*Fonganil Neu* 0,05 %) oder *Propamocarb* (*Previcur N* 0,15 %) angegossen. Zur Bekämpfung von **Schildläusen** eignen sich *Propoxur* (*Unden flüssig* 0,15 %) und andere Präparate. Siehe Kapitel 2.1 "Tierische Schädlinge - **Schildläuse".**

2.2.167 Monstera (Fensterblatt)

Wenn die Pflanzen keine **Bodenwärme** haben, reagieren sie durch Braunwerden der Blätter und mit Wurzelschäden. *Monstera deliciosa* (= *Ph. pertusum*) zeigt sich gelegentlich besetzt mit **Schildläusen.**

Gegen Schildlauslarven und noch junge Schildläuse wirken *Methamidophos* (*Tamaron* 0,1 %), *Propoxur* (*Unden flüssig* 0,15 %). Sommeröle können Schäden bedingen.

Ferner an *Monstera*: **Thrips:** *Methamidophos* (*Tamaron* 0,1 %), *Propoxur* (*Unden flüssig* 0,15 %), **Blattläuse:** *Imidacloprid* (*Confidor WG 70*(3) 0,035 %), *Oxydemeton-methyl* (*Metasystox R* 0,1 %), *Methamidophos* (*Tamaron* 0,1 %), *Propoxur* (*Unden flüssig* 0,15 %), **Spinnmilben:** *Abamectin* (*Vertimec*(3) 0,025 %), *Fenazaquin* (*Pride Ultra*(3) 0,05 %), *Methamidophos* (*Tamaron* 0,15 %). Siehe Kapitel 2.1 "Tierische Schädlinge".

2.2.168 Muscari (Traubenhyazinthe)

Standardmaßnahmen:
Empfohlen werden kann das Tauchen der Zwiebeln für 20-30 Minuten in *Thiabendazol* (*Tecto FL*(1) 0,1 %) gegen Pilzkrankheiten.

Ferner an *Muscari*: **Viruskrankheit:** Tabakmauche-Virus (*Tobacco rattle virus*) **- Schwarzrotz** (siehe "*Hyazinthus*"), **Wurzel-** und **Zwiebelfäulen** durch ***Rhizoctonia***- und ***Penicillium*-Befall - Stengelälchen.** Siehe Kapitel 2.1 "Virosen", "Mykosen", "Tierische Schädlinge".

2.2.169 Myosotis (Vergissmeinnicht)

□ Blätter sind deformiert mit chlorotischen Flecken.
O **Tomatenbronzeflecken-Virus** (*Tomato spottet wilt virus*)
Δ Pflanzen mit Symptomen sofort durch den Pflanzenschutzdienst überprüfen lassen und bei Befall vernichten. Intensive *Thrips*-Bekämpfung unbedingt erforderlich.

Ferner an *Myosotis*: Weitere **Virosen - Echter Mehltau, Falscher Mehltau, Grauschimmel, Sclerotinia-Fäule - Blattläuse, Erdraupen.** Bekämpfung siehe Kapitel 2.1 "Mykosen", "Tierische Schädlinge".

2.2.170 Myrtus (Myrte)

□ Blätter oberseits mit rotbraunen bis purpurroten Flecken bedeckt, an entsprechenden Stellen blattunterseits graublauer Pilzrasen. Blätter fallen ab. Vor allem bei Lichtmangel und stagnierender, warmer Luft.
O **Myrten-Schütte** (*Cercospora myrti* Erikss.)
Δ Heller Stand. Übermäßige Wärme vermeiden. Befallene Pflanzen zurückschneiden. Wiederholte Spritzungen mit *Mancozeb* (*Dithane Ultra WG* 0,2 %), *Metiram* (*Polyram WG* 0,2 %), *Triforin* (*Saprol* 0,15 %) oder einem anderen Mittel gegen Blattfleckenkrankheiten.

□ Pflanzen welken. Am Stengel im Bereich der Bodenoberfläche mißfarbene Stellen auf der Rinde, die später einsinken und den ganzen Stengel umfassen können. Deutliche Abgrenzung zum gesunden Gewebe. Zuweilen durch Saftstau nach Zerstörung des Rindengewebes vorzeitiger, verstärkter Blütenansatz, aber auch solche Pflanzen welken später und sterben ab.
O **Cylindrocladium-Stammgrundfäule** (*Cylindrocladium scoparium* Morg.)

∆ Strengste Betriebshygiene: Einwandfreie, entseuchte Substrate, neue Anzuchtgefäße, Desinfektion der Tischflächen. Gesunde Mutterpflanzen und Stecklinge, Bodennässe vermeiden. Versuchsweise kräftiges Spritzen des Stammgrundes mit *Thiabendazol* (*Tecto FL*[1] 0,1 %) oder *Iprodion* (*Rovral* 0,1 %).

Ferner an Myrte: **Schildläuse, Schmierläuse, Weiße Fliege.** Siehe Kapitel 2.1 "Tierische Schädlinge".
Gegen **Weiße Fliege** an *Myrtus* wegen gleichzeitiger Wirkung gegen Schildläuse und Schmierläuse, *Propoxur* (*Unden flüssig* 0,2 %), *Methamidophos* (*Tamaron* 0,1 %) oder andere Präparate, möglichst im Wechsel spritzen oder zwischendurch *Sulfotep* (*Bladafum II*) einsetzen.

2.2.171 Narcissus (Narzisse)

Standardmaßnahmen:
Narzissenzwiebeln gegen **Nematoden** und **Narzissenfliegenlarven** routinemäßig einer Warmwasserbehandlung unterziehen und dabei (unter Umständen) noch Fungizide (*Benomyl*[2] und *Maneb*) zufügen.
Tauchbehandlung in *Thiabendazol* (*Tecto FL*[1] 0,1 % - 30 Min.) gegen Pilzkrankheiten.

Nichtparasitäre Schäden

□ Pflanzen bleiben anomal kurz. Folge unsachgemäßer Kühlbehandlung.
O **Zu kurze Pflanzen**
∆ Pflanzen nach sachgemäßer Kühlbehandlung zum richtigen Zeitpunkt zur Treiberei ansetzen.

□ Pflanzen werden anomal lang. Folge zu langer Wachstumsperiode.
O **Zu lange Pflanzen**
∆ Ansetzen zur Treiberei auf gewünschten Blühtermin abstimmen. In Gebieten mit Frühfrost Vorkeimen zur besseren Bewurzelung.

□ Die Blütenscheiden und/oder Blüten vertrocknen.
O **Vertrocknen der Blüten**
∆ Pflanzen nicht zu früh ins Gewächshaus bringen, unter Glas keine zu hohen Temperaturen; für ausreichende Wasserversorgung und genügende Luftfeuchtigkeit sorgen.

Virosen
An Narzissen können eine Reihe von Viruserkrankungen auftreten.

□ Blätter mit hellen gelblichen Streifen und Bändern, meist auch mit rauhen Stellen auf der Blattoberfläche, vor allem an den Blattspitzen. Gelbliche Längsstrichelung bei schwerem Befall auch am Blütenschaft. Blütenfarbe "gebrochen". Verkleinerte Zwiebeln, Wachstumshemmungen möglich.
O **Narzissengelbstreifen-Virus** (*Narcissus yellow stripe virus*, mechanisch und durch Blattläuse übertragen)
∆ Bekämpfung siehe weiter unten bei "**Narzissenspitzennekrose-Viren**".

☐ Blätter mit hellen, gelblichen oder weißlichen Streifen und/oder hellerer Zeichnung im unteren Bereich der Blätter, zuweilen bis unter die Bodenoberfläche reichend.

○ **Narzissenscheckung / Tabakmauche-Virus**(*Tobacco rattle virus*, mechanisch und durch Nematoden der Gattung *Trichodorus* übertragen)

Δ Bodenentseuchung zur Ausschaltung der Nematoden. Gesundes Vermehrungsmaterial. Kranke Pflanzen ausmerzen.

☐ An den Blattspitzen nekrotische Bereiche, die sich basal ausbreiten können und Blätter mit chlorotischen und nekrotischen Zeichnungen, später Nekrosen. Blätter altern schnell. Blüten ohne Symptome.

○ **Narzissenspitzennekrose-Viren** (*Narcissus tip necrosis virus*, mechanisch übertragen)

Δ Alle genannten und die zahlreichen sonst noch an Narzissen vorkommenden Virosen lassen sich nur durch Auswahl gesunden Pflanzgutes vermeiden. Wo das Rattlevirus auftritt, lohnt eine Bodenentseuchung zur Abtötung der als Überträger fungierenden Nematoden.

Mykosen

☐ An der Spitze der Zwiebel und/oder im obersten Bereich der äußersten Zwiebelschuppe (meist noch verwendbare Pflanzen ergebend!) zeigen sich dunkelbraune Fäulnisstellen, an denen sich später im Lager schwarze Sklerotien bilden können. Bei feuchter Lagerung der Zwiebeln oder nach dem Pflanzen greift der Befall auf die Zwiebelbasis über und beeinträchtigt die Wurzelbildung. Sekundär meist Wurzelmilbenbefall. Zwiebeln treiben nicht aus oder ergeben Kümmersprosse, die meist krumm sind. Die Pflanzen zeigen braune Blattspitzen mit grauem Myzelbelag und an den Blattbasen Faulstellen. Auch Blütenblätter zuweilen fleckig. Übertragung der Infektion über die Zwiebeln; Frost und Nässe fördern den Befall.

○ **Botryotinia-Zwiebel- und -triebfäule** (*Botryotinia narcissicola* [Greg.] Buchw. = *Botrytis narcissicola* Kleb., *Stagonosporopsis curtisii* [Berk.]).

Δ Zwiebeln trocken lagern und vor dem Pflanzen 20 Minuten in *Benomyl* (*Du Pont Benomyl*(2) 0,2 %) tauchen und vor Mitte Oktober auspflanzen, siehe auch oben bei "Standardmaßnahmen". Nässe und Frostschäden verhüten. Bei Feldbeständen lohnt eventuell eine Spritzung mit Mitteln gegen *Botrytis*-Pilze wie *Benomyl* (*Du Pont Benomyl*(2) 0,05 %, ausnahmsweise 1- bis 2mal!), *Dichlofluanid* (*Euparen WG* 0,25 %), *Vinclozolin* (*Ronilan WG* 0,1 %), *Iprodion* (*Rovral* 0,1 %), *Procymidon* (*Sumisclex WG* 0,075 %), *Thiabendazol* (*Tecto FL*(1) 0,1 %) oder anderen. Frühe und schnelle Ernte, alle krankheitsverdächtigen Zwiebeln vernichten. Siehe Kapitel 2.1 "Mykosen - **Grauschimmel**".

☐ Auf Blüten und Kelchblättern kleine, wäßrige durchscheinende, später bräunliche Flecke. Auch auf den Laubblättern gelbliche oder braune Flecke, bei Feuchtigkeit von grauem Schimmel bedeckt.

○ **Botrytis-Blatt- und Blütenflecke, Narzissenfeuer** (*Botrytis polyblastis* Dows. = *Botryotinia polyblastis* Greg.)

Δ Bekämpfung erfolgt wie oben bei ***Botryotinia*-Fäule** beschrieben.

☐ An den Blattspitzen kranker Pflanzen unter Glas und im Freiland hellorangefarbene Flekke, die den Wert der Pflanze kaum beeinflussen. Bei Freilandnarzissen zuweilen aber auch Auftreten größerer ovaler, in der Mitte braun werdender "Augenflecke", an denen der

Pilz seine Sporen bildet; Blattspreite vergilbend. Übertragung mit kranken Zwiebeln, die entweder keine Symptome oder nur an der Spitze "Kopffäule" zeigen. Ausbreitung der Krankheit vor allem bei Regen, oft zusammen mit *Botryotinia* auftretend.

O **Blattfleckenkrankheit (und Kopffäule der Zwiebel)** (*Stagonosporopsis curtisii* Berk.)

Δ 1- bis 2malige Spritzung mit *Benomyl* (*Du Pont Benomyl*(2) 0,05-01 %), versuchsweise auch mit *Iprodion* (*Rovral* 0,1 %). Feldbestände wöchentlich mit 2,5 kg/ha *Maneb* spritzen. Einzeln auftretende befallene Pflanzen vernichten.

☐ Pflanzen ausbleibend oder kümmernd, Blätter vergilben an der Spitze, Blütenknospen bleiben stecken. Pflanzen sterben ab. Zwiebeln, basal am Wurzelkranz beginnend, grau- bis braunfaul, mit rötlichem Pilzbelag. Schließlich fault die Zwiebel total. Besonders in nicht entseuchten Gewächshäusern mit Bodenbeheizung auftretend.

O **Zwiebelgrundfäule, Basalfäule** (*Fusarium oxysporum* Schlecht. f. *spec. narcissi* Snyder & Hans.)

Δ Gesundes Pflanzgut verwenden. Zwiebeln sorgfältig auslesen und vor dem Pflanzen in *Thiabendazol* (*Tecto FL*(1) 0,1 % - 30 Min.) tauchen. Siehe dazu oben bei "Standardmaßnahmen" sowie Kapitel 1.3 "Behandlung von Rhizomen, Zwiebeln und Knollen". Zwiebeln sorgfältig ohne Beschädigungen ernten, nach der Ernte rasch trocknen, dann trocken, kühl, luftig lagern. Nach Auftreten dieser Krankheit ist es notwendig, alle befallenen Pflanzen zu vernichten.

☐ Von der "Nase" ausgehende, mehr oder weniger starke Fäulnis. Blüten bleiben stecken oder entwickeln sich nur schwach. Typisch sortengebunden, so besonders an 'Rembrandt', weniger an 'Carlton'.

O **Penicillium-Zwiebelfäule** (*Penicillium corymbiferum* Westl.)

Δ Vorschriftsmäßige Lagerung sofort nach Eintreffen der Zwiebelsendung und vor dem Stecken tauchen in *Benomyl* (*Du Pont Benomyl*(2) 0,2 % - 15 Min.). Siehe auch oben bei "Standardmaßnahmen".

☐ Blätter nach dem Blühen vom Rande vergilbend. Ferner zeigen sich dürre Stellen mit schwarzem Anflug, später vertrocknen die Blätter allmählich, die Zwiebeln bleiben klein.

O **Blattbrand** (*Heterosporium gracile* Sacc.)

Δ Frühzeitige, wiederholte Spritzung mit *Kupfermitteln* oder besser mit organischen Fungiziden wie *Mancozeb* (*Dithane Ultra WG* 0,2 %), *Metiram* (*Polyram WG* 0,2 %), *Triforin* (*Saprol Neu* 0,15 %) oder anderen Fungiziden.

Tierische Schädlinge

☐ Blätter und Sprosse verkümmert, verdreht oder wellig gebogen, mit gelblich verfärbten Schwellungen, die sich beim Anfühlen des Blattes leicht erkennen lassen. Zwiebeln an der Spitze verdickt. Manche Zwiebelschuppen gelblichbraun verfärbt. Befallsstellen im Zwiebelquerschnitt als dunkle Ringe deutlich erkennbar. Stark befallene Zwiebeln faulen, oft durch Einfluß von Sekundärschädlingen.

O **Älchenringelkrankheit** (*Ditylenchus dipsaci* Filipj.)

Δ Ab Mitte August Heißwasserbehandlung der Zwiebeln vor der Verwendung als Pflanzgut: 4stündiges Tauchen nach Vorschrift bei 45 °C tötet die Nematoden ab. Siehe auch "*Hyacinthus*". Befallene Pflanzen müssen sofort vernichtet werden.

□ An Treibnarzissen treten an den Kanten der Blütenstiele braune Streifen oder Risse ("Sägezähnchen"), an den Blatträndern braune Streifen auf, so geschädigte Blütenstiele und Blätter werden krumm. An den Zwiebeln Gewebe oberflächlich braun verfärbt, an Längsschnitten durch die Zwiebel zeigen sich von der Spitze zur Basis verlaufende braune Streifen. Zwischen Zwiebelschuppen winzige, 0,2 mm lange, helle Milben, die leicht verschleppt werden.
O **Narzissenmilbe** (*Steneotarsonemus laticeps* Halb.)
Δ Warmwasserbehandlung der Zwiebeln (2 Stunden Tauchen bei 43,5 °C - nach niederl. Empfehlungen 1 Stunde bei 46 °C -) tötet die Milben ab. Versuchsweise auch kräftiges Spritzen mit *Dimethoaten* (0,1 %). Möglichkeit der Neuverseuchung ausschließen! Hohe Temperaturen (über 18 °C) fördern die Entwicklung der Milben.

□ Zwiebeln bleiben stecken oder ergeben Kümmerpflanzen ohne Blüten. Zwiebelinneres durch Fliegenmaden zerfressen, entweder eine (seltener 2-3) bis 1,5 mm oder bis 30 kleinere, nur bis 8 mm lange Maden.
O **Große Narzissenfliege** (*Lampetia [Merodon] equestris* Fab.)
O **Zwiebelmondfliege, Kleine Narzissenfliege** (*Eumerus strigatus* Fall.) und andere Arten.
Δ Ab August/Mitte September Tauchen für 2 Stunden in Wasser von 43,5 °C möglich. Vorbeugend gegen Befall der Zwiebeln vor dem Pflanzen in *Chlorfenvinphos* (*Birlane-Fluid*[3] 0,1 %) 10 Minuten tauchen. Befallene Zwiebeln vernichten, nicht kompostieren. Importe unbedingt kontrollieren. **Einfuhr madiger Zwiebeln ist verboten.**

Mäuse in Gewächshäusern und Lagerräumen
bekämpft man durch Fallen, die mit Nußkernen, Erdnuß-Schokolade-Brotaufstrich oder Apfelstückchen beködert werden. Gegen Feldmäuse führt Ausstreuen von *Chlorphacinon* (*Lepit Feldmausköder*[2]) sicher zum Erfolg.

Ferner an *Narcissus*: **Weitere Virosen** (*Narcissus latent virus, N. yellow stripe virus, N. mosaic virus, N. strawberry latent ringspot virus* u.a.) - **Wandernde Wurzelnematoden, Wurzelmilben.** Siehe Kapitel 2.1 "Virosen", "Tierische Schädlinge".

2.2.172 Nerine bowdenii (Nerine)

Als Standardmaßnahme eine Tauchbehandlung der Zwiebeln vor dem Pflanzen in *Benomyl* (*Du Pont Benomyl*[2] 0,2 %) durchgeführt.

□ Blätter welken, vergilben, sterben ab. Zwiebeln, auch Tochterzwiebeln, von der Basis aus trockenfaul, Wurzelbildung schlecht oder ganz fehlend. Zwiebeln äußerlich ohne Symptome; der Zwiebellängsschnitt zeigt trocken-braunfaulen Zwiebelboden, zunächst im Wurzelkranzbereich, später "flammenartig" auf Schuppenblätter übergreifend. Stark befallene Zwiebeln weich, lassen sich eindrücken, zwischen den Schuppen weißliches Pilzmyzel.
O **Fusarium-Basal- und Knollenfäule** (*Gibberella fujikuroi* Ito var. *subglutinans* Edwards = *Fusarium sacchari var. elongatum* Nirenberg = *Fusarium moniliforme var. subglutinans* Wr. et Reinking)
Δ Gesundes Pflanzgut, Pflanzung in entseuchten Boden. Vermeidung übermäßiger Bodenfeuchtigkeit und zu hohen Salzgehaltes. Zwiebeln vor Pflanzung 30 Minuten in *Benomyl* (*Du Pont Benomyl*[2] 0,2 %) tauchen. Kranke Pflanzen vernichten.

□ Blütenstiele, Blätter und Zwiebelschuppen zeigen kleine, etwas erhabene rote Flecke, auf den Blütenstielen reihenartig hintereinander. Bei starkem Befall geht Pflanze zugrunde.
O **"Roter Brenner"** (*Stagonosporopsis curtisii* [Berk.] Sacc.), eine Pilzkrankheit, oder **"Milbenbrenner"** (*Steneotarsonemus laticeps* Halb.)
Δ Gesundes Pflanzgut. Bei Befall durch *Stagonosporopsis* Luftfeuchtigkeit herabsetzen, Pflanzen möglichst trocken halten. Spritzen mit *Grünkupfer* 0,4 % oder *Maneb* 0,2 % hemmt die Ausbreitung. Bei Befall durch **Milben** Spritzen versuchsweise mit *Abamectin* (*Vertimec*(3) 0,025 %) oder *Fenpropathrin* (*Rody*(3) 0,05 %).

Ferner an *Nerine*: **Viruskrankheiten - Schmierläuse, Wolläuse.** Siehe Kapitel 2.1 "Virosen", "Tierische Schädlinge".

2.2.173 Nerium (Oleander)

□ Auf den Blättern zunächst kleine, runde, lichtgrüne, wässerig durchscheinende Flecken, woraus später bräunliche, mit gelblichem Rand versehene Anschwellungen werden. Auf den Stengeln unregelmäßige, dunkelbraune bis schwärzliche Anschwellungen.
O **Bakteriengallen, Oleanderkrebs** (*Pseudomonas savastranoi subsp. nerii* C. O. Smith)
Δ Angemessene Luftfeuchtigkeit bei nicht zu dichtem Stand. Pflanzen nicht über den Kopf gießen. Kranke Pflanzen vernichten bzw. erkrankte Pflanzenteile zurückschneiden. Neuaustrieb vorbeugend mit Kupferpräparaten (0,4 bzw. 0,2 %) spritzen.

Ferner an Oleander: **Deckel- und Napfschildläuse** sind mit *Mineralöl* (*Para-Sommer* 2 %) oder *Propoxur* (*Unden flüssig* 0,2 %) bei 2- bis 3maliger Anwendung sicher zu bekämpfen.

2.2.174 Nertera (Korallenbeere)

***Nertera* ist sehr empfindlich gegen Pflanzenschutzmittel, daher Verträglichkeitstest.**
An *Nertera* kommen vor: **Grauschimmel, *Rhizoctonia*-Fußfäule - Blattälchen, Spinnmilben.** Siehe Kapitel 2.1 "Mykosen", "Tierische Schädlinge".

2.2.175 Nymphaea (Seerose)

2.2.176 Nuphar (Teichrose)

An den Blättern von See- und Teichrosen kommen **Blattläuse, Minierraupen, Seerosenblattkäfer** und andere Insektenarten vor. Wegen der Schwierigkeit der Bekämpfung ist bei auftretenden Schäden eine örtliche Beratung anzufordern.

2.2.177 Orchidaceae (Orchideen)

Diese wertvollen Zierpflanzen geben der Bekämpfung der zahlreich vorkommenden Schadorganismen eine besondere Bedeutung. Schwierigkeiten ergeben sich dabei jedoch aus der Vielzahl von oft sehr unterschiedlichen Orchideenarten und ihrer Hybriden, ihren spezifischen Ansprüchen und ihrer besonderen Empfindlichkeit sowohl gegen Schaderreger als auch gegen Pflanzenschutzmittel. Orchideen reagieren auf diese oft genauso unterschiedlich, wie auf

Veränderungen des Substrats, der Ernährung , des pH-Wertes sowie auf Mangel oder Überfluß an Licht, Luft und Feuchtigkeit.
Bei **Import von Orchideen** ist die Einhaltung einer mehrwöchigen Quarantäne dringend erforderlich, will man nicht Gefahr laufen, den ganzen Betrieb mit eingeschleppten Schadorganismen zu verseuchen.
Die Desinfektion von Anzuchträumen und Häusern sollte zumindest alle 2 Jahre selbstverständlich sein. Zur Desinfektion von Tischen und Stellagen eignet sich *Didecyldimethyl-ammoniumchlorid* (*Dimanin Spezial, M & ENNO-TER forte* 30 ml/m² in 3 l Wasser/m² bei Sandbeeten bzw. 20 ml/m² bei Vliesstellbeeten).
Für die Bekämpfung von Algen auf Stellagen und Wegen eignen sich *Dimanin Spezial,* und *M & ENNO-TER forte*, 1,5 ml/m² in 300 ml Wasser/m². *Dimanin Spezial* kann versuchsweise auch gegen Moose eingesetzt werden.

Da Orchideen sehr empfindlich gegen Pflanzenschutzmittel sind, vor jeder größeren chemischen Bekämpfungsmaßnahme eine Spezialberatung durch Pflanzenschutzdienst anfordern bzw. Verträglichkeitstests durchführen!

Viruskrankheiten

Auf Befall mit Viren deuten Verfärbungen an Blättern und Bulben, Minderung der Wüchsigkeit und der Blütenproduktion sowie Deformationen an Blüten und Trieben. Die Ausprägung der Befallssymptome eines bestimmten Virus ist abhängig von Art, Sorte und Alter der befallenen Pflanze und von den Umweltbedingungen, beispielsweise von den Licht- und Temperaturverhältnissen, der Düngung und anderen Faktoren. Bei Mischinfektionen mit verschiedenen Viren sind die Symptome besonders schwierig zu definieren.
Die Orchideenviren werden mit dem Saft der kranken Pflanzen, etwa beim Schnitt und bei der Teilung, zum Teil aber auch durch (Schnecken und) saugende Insekten übertragen.
Virusnachweis: Für den Orchideenzüchter hat der sichere Nachweis von Virusbefall besondere Bedeutung. Er kann über Testpflanzen, über die Verwendung spezifischer Antiseren sowie durch das Elektronenmikroskop erfolgen. Siehe Kapitel 2.1 "Virosen".

☐ *Cattleya:* An erwachsenen Blättern eingesunkene, dunkelbraune bis schwarze Verfärbungen in verschiedenen Formen, gewöhnlich parallele, die ganze Blattfläche einnehmende Längsstreifen, oft auch kreisrunde braunschwarze Flecken, entweder nur auf der Blattunterseite oder beidseitig. An Neutrieben oft Gewebeaufhellungen als ovale Flecke oder längsgestreckte Streifen. Zuweilen fehlt aber jegliches Krankheitsbild.
Krankheitssymptome an offenen Blüten sind eingesunkene nekrotische, braune, punktförmige Flecken. Zuerst erscheinen sie deutlich voneinander abgegrenzt längs der Adern, später verbinden sie sich zu braunen Längsstreifen. Blüte nicht deformiert.
Cymbidium: An Jungtrieben kleine längliche Aufhellungen des Blattgrüns, häufig erst als Längsstreifen in Blattmitte, später als Flecken in deutlichem Kontrast zum gesunden Gewebe. Etwa sechs Monate nach Infektion auf Blattunterseite schwärzliche Streifen und Flecke, schließlich auch auf der Blattoberseite, Blätter, an denen diese nekrotischen Streifen die Assimilationsfähigkeit besonders stark reduzieren, fallen ab. An Blüten keine typischen Schadsymptome zu erkennen, jedoch beeinträchtigt Schwächung der Pflanze Ausfärbung und Größe der Blüten.
Phalaenopsis: Virose besonders deutlich erkennbar, vor allem an jüngeren Blättern durch kleine oder breitflächige, meist hellere Gewebefarbabstufungen.

Nach Ausreifung des Blattes werden diese Aufhellungen zu eingesunkenen schwarzen Flecken, erst hauptsächlich an der Blattunterseite, später auch auf der Blattoberseite. Bei starker Schädigung fallen die infizierten Blätter ab. An Blüten von dunkelfarbenen Sorten deuten Deformierungen und streifige oder scheckige Verfärbungen ebenfalls auf eine Infektion mit *Cymbidium*mosaik-Virus, doch gibt es ähnliche Verfärbungen durch Mutationen, vor allem an dunklen *Phalaenopsis*-Sorten.
O **Cymbidiummosaik-Virus** (*Cymbidium mosaic virus*, mechanisch übertragbar)

□ *Cattleya*blüten*:* Starke Deformierung der Petalen und Sepalen, diese häufig verkrüppelt, wobei sich die schmalblättrigen Petalen unregelmäßig einrollen. An den vegetativen Pflanzenteilen oft leicht aufgehellte, parallele Längsstreifen.
Cymbidium: Zunächst gelblich gescheckte Blätter, im fortgeschrittenen Stadium können schwarze Strichel und Flecken unregelmäßig über die ganze Blattoberfläche verteilt auftreten. Bei blühenden Pflanzen Buntscheckigkeit oder Streifung der Blütenfarbe.
Odontoglossum grande: Einfache oder konzentrische Ringe, auf jüngeren Blättern hellgrün-blaßgelb, auf älteren Blättern nekrotisch.
Oncidium: Ähnliche Schädigungen wie bei *Odontoglossum.*
O **Tabakmosaik-Virus** (bisher nur in Verbindung mit dem *Odontoglossum*ringflecken-Virus beobachtet)

□ Typisch an *Odontoglossum*, aber auch an *Cattleya*, *Cymbidium*, *Laelia* und anderen Orchideenarten mit zum Teil unterschiedlichen Symptomen.
An *Odontoglossum* junge Blätter mit rundlich ovalen gelblichen Flecken oder Ringen, auf den Blättern von *Cymbidium* gelbliche Mosaikzeichnungen in typisch rauten- oder v-förmigem Muster. Bei *Cattleya* kann auch Buntscheckigkeit der Blüten auftreten.
O **Odontoglossumringflecken-Virus** (*Odontoglossum ringspot virus*, leicht mechanisch übertragbar)

□ An *Dendrobium* und *Paphiopedilum:* Unregelmäßige gelbbraune Flecke oder Sprenkel an den Blättern, bei starkem Auftreten Blattfall.
O **Orchideenflecken-Virus** (*Orchid fleck virus*, saftübertragbar)
Δ **Direkte Bekämpfung:** Da für Virosen chemische Bekämpfungsmöglichkeiten bisher nicht gegeben sind und auch durch die Meristemkultur eine Übertragung nicht ganz ausgeschlossen werden kann, ist zu versuchen, alle Übertragungsmöglichkeiten zu beseitigen. Diese Bemühungen müssen schon bei der Auswahl der zu vermehrenden Pflanzen beginnen, indem man eine äußerst strenge positive Selektion betreibt. Beim Hantieren mit Pflanzen, insbesondere aber beim Verpflanzen und beim Schnitt, sind die Arbeitsgeräte, vor allem die Schnittmesser, entweder jedesmal abzuflammen oder 30 Minuten in einer 15prozentigen Trinatriumphosphatlösung oder in 2 %iger Natronlauge zu entseuchen. Bewährt haben sich beim Blumenschnitt die im Handel erhältlichen auswechselbaren Spezialmesser oder die mit Stiel versehenen Rasierklingen, bei denen man für jede Pflanze eine andere Klinge benutzt.
Um die Vorbeugungsmaßnahmen abzurunden, ist der Bekämpfung der Virusüberträger (Schnecken und saugende Insekten) besondere Aufmerksamkeit zu schenken.

Bakteriosen

Bei allen Orchideenarten treten gelegentlich Bakterienkrankheiten auf. Sie verbreiten sich in der Regel sehr schnell.

□ *Cattleya, Epidendrum, Odontoglossum* - Hybriden: Schwammige, fahlgelbe Flecke, unregelmäßig über das Blatt verteilt, meist jedoch an der Blattspitze; unter Umständen werden die Flecke zu größeren Faulstellen und/oder das Gewebe schrumpft unter Braunfärbung ein.
Paphiopedilum und *Paphiopedilum*-Hybriden: Bakterienfäule beginnt in der Regel an der Blattbasis und breitet sich von da über die Blattspreite aus. Dabei ist die deutliche Abgrenzung zum gesunden Gewebe ein typisches Merkmal. Fäule kann auf einzelne Blätter beschränkt bleiben, aber auch auf die ganze Pflanze übergreifen. Die Schadbilder dieser Bakteriose gleichen dem Befall mit *Rhizoctonia*.
Phalaenopsis: Weiche, trübgelbliche Flecken an den Blättern, die meist ihren Ausgang vom Blattrand nehmen. Unter feuchten Bedingungen breitet sich die Fäule über das ganze Blatt aus, so daß innerhalb eines Tages nur noch eine breiige Masse übrigbleibt. Hat die Krankheit den Vegetationspunkt erreicht, greift sie auf die anderen Blätter über, und schließlich verfault die ganze Pflanze.
O **Bakterienfäulen** (Vor allem *Erwinia*- und/oder *Pseudomonas*-Arten)
Δ Entsprechende sehr strenge Kultur- und Hygienemaßnahmen, insbesondere in den lichtarmen Wintermonaten, zur Verhinderung der Ausbreitung von Infektionen. Bestände nicht zu dicht stellen, bei vorsichtigem Gießen weitgehendes Trockenhalten der Blätter. Vermeidung von Wunden, sofortige Beseitigung befallener Blätter oder besser ganzer Pflanzen aus dem Bestand, zumindest Isolierung, besser Vernichtung.

Mykosen

Da Pilze zur Infektion hohe Feuchtigkeit, manche über mehrere Stunden tropfbar flüssiges Wasser und verhältnismäßig hohe Temperaturen benötigen, kann pilzlichen Krankheiten an ober- und unterirdischen Organen der Orchideen durch möglichst sparsames und sinnvolles Spritzen und Gießen, so daß die Sproßteile rasch abtrocknen, sowie weiten luftigen Stand und niedrigere Temperaturen weitgehend vorgebeugt werden.

□ An Sämlingen und jungen Pflanzen, vor allem im Herbst und Winter. Pflanzen fallen um, Wurzeln oder/und Wurzelhals braun oder faulend; manchmal auch an oberirdischen Pflanzenteilen (sekundär) wäßrige Läsionen und/oder Weichfäule. Sehr schnelle Befallszunahme durch Weiterverbreitung der Zoosporen mit Wasserspritzern.
In älteren Pflanzen können die gleichen Pilzarten (*Phytophthora*- und *Pythium*-Arten) braune oder schwarze, sich rasch vergrößernde Faulflecke auf den Blättern, Pseudobulben und Rhizomen (*Cattleya, Vanda*) sowie Herzfäule verursachen. Basale Teile der Pflanzen faulen zuweilen total, dann sterben die Pflanzen ab.
O **Umfallen, Schwarzbeinigkeit an Sämlingen; Schwarzfäule, Weichfäule an größeren Pflanzen** (*Phytophthora*- und *Pythium*-Arten, seltener auch andere Pilzarten beteiligt.)
Δ Entseuchung (Desinfektion) der Anzuchträume, Stellagen und Töpfe mit *Didecyldimethyl-ammoniumchlorid* (*Dimanin Spezial, M & ENNO-TER forte* 1 %), Verbesserung der Kulturbedingungen, insbesondere durch kontrolliertes Gießen, Umtopfen geschwächter Pflanzen, Wechsel des Substrates.
Zur direkten Bekämpfung von *Phytophthora* od. *Pythium* haben sich bewährt:
Metalaxyl (*Fonganil Neu* 0,05 %): Angießen oder (bei größeren Pflanzen) Eintauchen der Wurzeln oder Ballen. Wiederholung nach frühestens 4-6 Wochen.
Propamocarb (*Previcur N* 0,15 %): Angießen oder (bei größeren Pflanzen) Eintauchen der Wurzeln oder Ballen. Wiederholung nach frühestens 4-6 Wochen.

Alle genannten chemischen Maßnahmen sind zwecklos, wenn die Kulturmaßnahmen nicht sachgemäß durchgeführt werden.

□ *Cattleya*, *Laelia* und andere Orchideen: Zunächst an Blättern wäßrig-trübe Flecken, die sich schnell schwärzen und durch gelben Rand vom gesunden Blattgewebe abgegrenzt sind. Zuweilen bleibt Infektion auf einen Blatteil beschränkt. Wenn sie jedoch auf die Pseudobulben oder das Rhizom übergreift, kommt es zu ausgedehnter Weichfäule und völliger Zerstörung der Pflanze.

O **Weichfäulen** (*Phytophthora-* und *Pythium*-Arten)

Δ Harmonische Ernährung der Pflanzen, Vermeidung zu hoher Luftfeuchtigkeit und extrem hoher Temperaturen; Entstehung stagnierender Atmosphäre durch Luftbewegung verhindern; auf mögliche Verseuchung des Gießwassers achten. Befallsgefährdete Bestände niemals mit Wasser überspritzen, da sonst die Zooporen "verteilt" werden. Nur in den Vormittagsstunden gießen, Pflanzen müssen abends abgetrocknet sein.

Durchdringendes Angießen auf feuchte Topfballen mit *Metalaxyl* (*Fonganil Neu* 0,05 %) oder *Propamocarb* (*Previcur N* 0,15 %) gegen *Pythium-* und *Phytophthora*-Arten hat sich bewährt. Wiederholung der Gießbehandlungen, aber erst im Abstand von 5-6 Wochen ratsam. Siehe auch oben "**Schwarzfäule**".

□ An *Cattleya*, *Cymbidium*, *Oncidium*, (vor allem) *Phalaenopsis* und anderen Orchideen, wobei das Befallsbild variiert:

Phalaenopsis: Pilz greift entweder von der Wurzel her an oder infiziert die Pflanzen an der Herzbasis oder dem Rhizom. Fusariosen an *Phalaenopsis*-Wurzeln werden im allgemeinen kaum früh genug erkannt, denn die Pflanzen geben im äußeren Erscheinungsbild den schlechten Wurzelzustand erst spät zu erkennen. Sie sterben sehr langsam; manchmal dauert es ein ganzes Jahr, bis eine Pflanze zusammenbricht.

Bei infizierten *Phalaenopsis*-Wurzeln fallen am weißen Wurzelstrang zunächst rotbraune Verfärbungen auf. Diese vergrößern sich und entwickeln sich zu braunen bis dunkelbraunen Faulstellen, wobei sich an den Infektionsstellen typische Einschnürungen zeigen. Im fortgeschrittenen Krankheitsverlauf werden bald die hellrosafarbenen Sporenträger beobachtet. Die Pflanze reagiert mit Wachstumsdepressionen; bald fallen die älteren Blätter ab, bis schließlich die ganze Pflanze welkt.

Cattleya und *Laelia:* Wie an *Phalaenopsis* erkranken zuerst die Wurzeln. Schneidet man das *Rhizom* einer erkrankten Pflanze durch, so findet man um die Epidermis einen purpurroten Ring. Die tiefer liegenden Leitungsbahnen durchzieht ein hellrosafarbenes Band.

O **Wurzel- und Stammfäule, Fusariose** (*Fusarium oxysporum* Schlecht und andere *Fusarium*-Arten)

Δ Da die *Fusarium*-Arten typische Schwächeparasiten sind, werden die Schäden im Wurzelbereich begünstigt durch Staunässe, Versalzung des Pflanzsubstrats, zu niedrige Bodentemperaturen, Fraßstellen tierischer Schädlinge. All diese Faktoren fördern eine Infektion. Die Vermehrung von Fusarien und anderen Pilzen nimmt in stark torfhaltigen, sterilen Pflanzsubstraten besonders schnell zu, da andere Mikroorganismen als natürliche Gegenspieler in diesen Materialien fehlen.

Zur Einschränkung des Befalls durch *Fusarium* sind Vorbeugungsmaßnahmen, wie bei Besprechung der Weichfäule durch *Phytophthora-* und *Pythium*-Befall bereits ausgeführt, wichtig. Von chemischen Präparaten wirken nur systemische Fungizide, etwa *Benomyl* (*Du Pont Benomyl*[2]) nach Gebrauchsanleitung, vorher Verträglichkeitstest zweckmäßig.

Stark befallene Pflanzen werden am besten vernichtet oder zumindest verpflanzt, wobei alle abgestorbenen Wurzeln sorgfältig entfernt werden müssen.

□ *Phalaenopsis:* Krankheit beginnt meist an Ansatzstellen der Wurzeln. Diese werden abgeschnürt, so daß oft nur noch die lederartig geschrumpfte Wurzelhaut übrigbleibt. Die Mykose kann auch auf das Gewebe am basalen Teil der Pflanze übertreten. Es entsteht dann die bekannte "Stammfäule", an der die rosafarbenen Sporenträger des Pilzes als dichter Pilzrasen sofort ins Auge fallen.

O **Fusarium-Stammfäule** (*Fusarium roseum* Link ex Fr.)

Δ Gegenmaßnahmen wie unter "**Wurzel- und Stammfäule**" beschrieben.

□ Wurzeln mit Faulstellen, unter der sich ablösenden Rindenschicht kräftige, braune Pilzstränge. Als Folge der Wurzelerkrankung, aber auch durch direkten Befall, entstehen an den Blättern unregelmäßig verteilte, vom Rand ausgehende, diffuse gelbbraune, wäßrige Verfärbungen, die sich später zu rotbraunen Flecken mit sichtbaren Sporenlagern umbilden. Wenn die Basis angegriffen wird, steigt die Fäule konzentrisch am Blattgewebe hoch. Pflanzen stocken im Wachstum, schließlich vertrocknen die Blätter.

O **Rhizoctonia-, Herz- und Wurzelfäule** (*Rhizoctonia*-Arten)

Δ *Rhizoctonia*-Sporen werden hauptsächlich durch das Besprühen der Pflanzen übertragen, daher Bestände trockener halten. Versuchsweise *Propineb* (*Antracol WG*(2) 0,2 %), *Benomyl* (*Du Pont Benomyl*(2) nach Gebrauchsanleitung, vorher Verträglichkeitstest), *Vinclozolin* (*Ronilan WG* 0,1 %) oder *Iprodion* (*Rovral* 0,1 %) angießen bzw. kräftig spritzen.

□ Pflanzen faulen am Stengelgrund und fallen um. Befallene Stellen mit weißem Pilzmyzel bedeckt, das später dunkelbraune Sklerotien bildet.

O **Weißfäule** (*Corticium rolfsii* Curzi = *Sclerotium rolfsii* Sacc.)

Δ Temperatur senken. Stärker erkrankte Pflanzen zweckmäßig vernichten oder wenigstens isolieren. Versuchsweise kräftig spritzen mit *Thiabendazol* (*Tecto FL*(1) 0,1 %) oder *Iprodion* (*Rovral* 0,1 %).

Blattfleckenkrankheiten

□ *Lycaste, Miltonia, Odontoglossum, Zygopetalum* und andere weichblättrige Orchideen, vor allem bei Importen: Vorwiegend an den Blättern, zum Teil auch an den Pseudobulben kleine, runde oder unregelmäßige, erst braune, später glänzend schwarze, zuweilen gezonte Flecken, die einen scharfen Kontrast zum gesunden Gewebe bilden. Sie vergrößern sich und können durch Zusammenfließen großflächige, eingesunkene Verbräunungen bilden. An den verdickten Pflanzenteilen fallen diese eingesunkenen Flecken durch ihre schwarze, lackartige Verfärbung auf. Im weiteren Krankheitsverlauf entwickeln sich auf dem zerstörten Gewebe die Sporenlager des Pilzes in Form von konzentrischen Kreisen, aus denen schleimige, rosafarbene bis gelbliche Sporenmassen austreten. Stark befallene Pflanzen verlieren dann oft die Blätter, oder die Bulbenentwicklung ist so gestört, daß sich Neutriebe nicht mehr bilden können.

O **Anthraknose** (*Colletotrichum gloeosporioides* Penzig = *Glomerella cingulata* [Ston.] Spauld et Schrenk)

Δ Bekämpfung siehe unten bei "***Cercospora*-Blattfleckenkrankheit**".

□ *Dendrobium phalaenopsis und D. phalaenopsis*-Hybriden: Zunächst auf beiden Blattseiten, vorwiegend aber im unteren Teil der Blattspreite, Flecke, mit deren Ausdehnung das Blattgewebe bleich und brüchig wird. Größer gewordene Flecke heller, aber meist mit dunkler, braunroter Randzone, unter bestimmten Umständen auch heller begrenzt. Form der Blattflecke unregelmäßig. Stärker befallene Blätter vertrocknen.
O **Fusarium-Blattfleckenkrankheit** (*Fusarium moniliforme* Sheld.)
Δ Bekämpfung siehe unten bei "***Cercospora*-Blattfleckenkrankheit**".

□ An *Odontoglossum und Zygopetalum*, aber auch an vielen anderen Orchideenarten. - Blattflecke, vor allem auch an Sproßteilen Flecke.
O **Cercospora-Blattfleckenkrankheit** (*Cercospora*-Arten)
Δ Gegen die meisten Blattfleckenkrankheiten an Orchideen haben sich Spritzungen mit *Mancozeb* (*Dithane Ultra WG* 0,2 %), *Metiram* (*Polyram WG* 0,2 %), *Thiabendazol* (*Tecto FL*(1) 0,1 %) oder *Triforin* (*Saprol Neu* 0,15 %) bewährt. Bei beginnendem, leichtem Befall Wegschneiden der infizierten Blätter.

□ *Cattleya*, *Epidendrum*, *Laelia*, *Oncidium* und andere Orchideen. An den Blättern gelbliche oder rostbraune Sporenlager, aus denen bei Reife die Rostsporen stäuben.
O **Rost** (Verschiedene Rostarten)
Δ Verbesserung der Kulturbedingungen, Senkung der Luftfeuchte, Ventilatoren! Wiederholte Spritzungen mit *Mancozeb* (*Dithane Ultra WG* 0,2 %), *Metiram* (*Polyram WG* 0,2 %), *Propineb* (*Antracol WG*(2) 0,2 %) oder *Bitertanol* (*Baymat flüssig* 0,1 %).

□ Blüten werden fleckig, vor allem bei hoher Luftfeuchtigkeit und Wasserniederschlägen.
O **Botrytis-Blütenfäule** (*Botrytis*-Arten); gelegentlich verursachen auch *Fusarium*-Arten Blütenflecken.
Δ Herabsetzung der Luftfeuchtigkeit, Vermeidung stagnierender Luft, Ventilatoren!

Tierische Schädlinge

Vorsicht: Pflanzenschäden sind möglich bei Einsatz von *Parathion*(3), *Oxydemeton-methyl*, *Mineralöl*, *Propoxur* und *Sulfotep*.

Schnecken

An Orchideen werden sowohl Nackt- als auch Gehäuseschnecken schädlich. Sie schaben oberflächlich an Wurzelspitzen, Blättern und Blütenknospen. Oft erfolgt ihre Einschleppung mit dem Pflanzsubstrat.
Gegen kleine Schneckenarten und größere Arten sind möglichst feinkörnige *metaldehyd*- oder *methiocarbh*altige Schneckenpräparate, etwa *Schneckenkorn Mesurol*, das auch eine gute Nebenwirkung gegen Asseln und Tausendfüßler hat, *Schneckenkorn* (verschiedene Firmenpräparate) oder andere Mittel gegen Schnecken einzusetzen. Trockene Wattebäusche um den (unbehaarten!) Stiel wertvoller Einzelblüten verhindern ein Hochkriechen von Schnecken.

Blattälchen, Stengelälchen

Auf Befall durch Blattälchen deuten erst hellere, später dunkle Stellen an den Blättern, die sich bei starkem Befall völlig verfärben und absterben. Bei Stengelälchenbefall wird die Blattbasis befallen, die Blätter und zuweilen die ganze Pflanze kippen um. Siehe Kapitel 2.1 "Tierische Schädlinge".

Wurzelmilben

Die Wurzelmilben zerstören die Wurzeln und schaffen ähnlich, wie die Larven der Trauermücke Eingangsstellen für pathogene Pilze. Sie werden besonders schädlich in Sphagnum- und Torfsubstraten. Siehe Kapitel 2.1 "Tierische Schädlinge".

Weichhautmilben

Durch die versteckte Saugtätigkeit am Herzen (Vegetationspunkt) der Pflanze fällt die Schädigung, die sich als Verkrümmung und Verkürzung des Blütenstieles äußert, relativ spät auf. Da hohe Luftfeuchtigkeit und Temperatur den Befall fördern, sollten beide nach Möglichkeit reduziert werden.
Spritzungen mit *Abamectin* (*Vertimec*[3] 0,05 %) oder *Fenpropathrin* (*Rody*[3] 0,05 %) wirksam.

Spinnmilben

Mehrere Arten von Spinnmilben treten an Orchideen auf, vor allem an *Cymbidium*, *Dendrobium*, *Paphiopedilum* und *Phalaenopsis*. Als Spritzmittel sind zu nennen, *Abamectin* (*Vertimec*[3] 0,025 %), *Fenpropathrin* (*Rody*[3] 0,05 %), *Fenbutatin-oxid* (*Torque*[3] 0,05 %) oder *Fenpyroximat* (*Kiron*[3] 0,15 %). Alle übrigen Mittel gegen Spinnmilben bedingen gelegentlich Schäden oder mangelhafte Wirkung (Resistenz?). Die Spritzungen sind bei Massenbefall in Abständen von 5 bis 7 Tagen zu wiederholen. Wechsel der Wirkstoffe bleibt immer vorteilhaft.

Springschwänze (*Collembolen*)

Bei Massenbefall (ab 10 Tiere in 100 ccm Substrat) ist damit zu rechnen, daß die kleinen etwa 1,5 mm großen, weißlich gefärbten Springschwänze neben Torf und Sphagnum auch frischgebildete Wurzelspitzen angreifen. Vorbeugende Bekämpfung: Kulturen luftiger und trockener halten. Spritzen mit *Propoxur* (*Unden flüssig* 0,15 %), *Dimethoat* (0,1 %) oder *Sulfotep* (*Bladafum II*, 1 Dose/200 m^3 Raum).

Fransenflügler (*Thrips*)

Thrips können an Orchideen, vor allem an *Epidendrum*, *Oncidium* und *Phalaenopsis*, empfindliche Schäden verursachen. An *Phalaenopsis* zeigt sich der Schaden durch Aufhellung der Blätter (Weißfärbung), wie sie ähnlich zu beobachten ist, wenn bei Sonneneinstrahlung nicht schattiert wird. Saugschäden sind vor allem an Blütenknospen häufig.
Aufhängen von Gelb- oder Blautafeln.
Die Tilgung eines Befalls ist sehr schwierig, da es sich bei Orchideenkulturen meist um dichte Bestände handelt und *Thripse*, die zwischen aufliegenden Blättern sitzen, nicht sicher erfaßt werden. Bewährt hat sich im allgemeinen der Einsatz von beispielsweise *Methamidophos* (*Tamaron* 0,15 %). Siehe Kapitel 2.1 "Tierische Schädlinge - **Thrips**".

Blattläuse

Bedeutung wegen des Saugschadens an weichen Triebspitzen, Blättern und Blüten, darüber hinaus als potente Virusüberträger. Als verträgliche Präparate haben sich bewährt: *Imidacloprid* (*Confidor WG 70*[3] 0,015 %), *Oxydemeton-methyl* (*Metasystox R* 0,1 % - Vorsicht bei *Cattleya* -), *Propoxur* (*Unden flüssig* 0,15 % - Vorsicht - Schäden möglich -), *Pirimicarb* (*Pirimor Granulat zum Auflösen in Wasser*[3] 0,05 %) oder *Methamidophos* (*Tamaron* 0,1 %). Behandlungen nach Bedarf wiederholen, dabei Wirkstoff wechseln.

Schildläuse, Schmierläuse, Wolläuse

Schildläuse, Schmierläuse und Wolläuse verschiedener Arten verursachen in manchen Orchideenarten wie *Cattleya*, *Cymbidium*, *Dendrobium*, *Oncidium*, *Phalaenopsis* und anderen oft erhebliche Schäden. Ihre Bekämpfung ist schwierig.
Bei bereits eingetretenem Befall folgende Spritzmittel einzusetzen: *Imidacloprid* (*Confidor WG 70*(3) 0,015 %), *Methamidophos* (*Tamaron* 0,1 %) oder *Dimethoate* 0,1 % oder *Propoxur* (*Unden flüssig* 0,2 %). Zur endgültigen Tilgung des Schildlausbefalls sind mindestens 2-3 Behandlungen erforderlich. Sie sollten im Abstand von 2 Wochen durchgeführt werden, wobei ein Wechsel der Präparate zweckmäßig ist. Eine Wiederholung nach 2 Wochen ist wirksamer als zu einem früheren Zeitpunkt, da bei weiterem Abstand der Spritzbehandlungen eine bessere Möglichkeit gegeben ist, die inzwischen geschlüpften Jungläuse zu erfassen.
Bei einzelnen Orchideenarten kann der Befall durch Schildläuse so stark sein, daß nur durch eine Tauchbehandlung eine sichere Abtötung zu erzielen ist. Dabei muß darauf geachtet werden, daß der Wurzelballen nicht mit in die Flüssigkeit getaucht wird, weil es sonst schnell zu Schäden kommen kann. Auch die Tauchbehandlung muß nach 4 Wochen wiederholt werden, da die Eier der Schildläuse durch kein Mittel abgetötet werden.

Trauermückenlarven

Trauermückenlarven treten in Orchideenbetrieben in zunehmendem Maße auf. Ihre glasigweißen Larven zerstören die Wurzeln und begünstigen dadurch auch das Eindringen von Bodenpilzen. Darüber hinaus wird der organische Pflanzstoff (Sphagnum und Torf) vorzeitig zerstört. Wichtigste Gegenmaßnahme ist das Ausstreuen von *Carbofuran* (*Curaterr Granulat* 5 g/m^2), zusätzlich die Beseitigung von Unkräutern (oder Grünpflanzen) als Wirtspflanzen unter den Tischen und an den Wegen. Desinfektion der Matten sowie das Angießen der Pflanzen mit *Diflubenzuron* oder *Parathion*(3) sind ebenfalls empfehlenswert. Eine zusätzliche Bekämpfung der Mücken ist durch Aufhängen von Gelbtafeln und den Einsatz von Nematoden (*Steinernema sp.*) möglich.

□ Vor allem an *Cattleya*, *Dendrobium*, *Laelia*. An den Luftwurzeln in der Nähe der Spitzen gallenartige Auftreibungen, Spitzen sterben ab. In den Gallen gelbliche Larven.
O **Cattleya-Gallmücke** (*Paralelodiplosis cattleyae* Molliard)
Δ Mehrfach wiederholtes Spritzen mit *Parathion* (*E 605 forte*(3) 0,035 %) oder räuchern mit *Sulfotep* (*Bladafum II* 1 Dose/200 m^3 Raum).

□ Vor allem an *Cattleya*, *Laelia*. Knospen am Grunde verdickt, zuweilen nur kümmerlich austreibend, sitzenbleibend oder vertrocknend. Auch an Blättern und Trieben Verdickungen möglich. Im Innern der "Gallen" weiße, beinlose Larven.
O **Orchideenwespe "Cattleya-Fliege"** (*Eurytoma orchidearum* Westw.)
Δ Bekämpfung wie oben bei *Cattleya*-Gallmücke beschrieben.

□ Auf den Blättern und Trieben gelbliche oder blasse Flecke als Folge von Wanzenstichen.
O **Malaiische Orchideenwanze** (*Mertila malayensis* Dist.)
O **Zweifarbige Orchideenwanze** (*Tenthecoris bicolor* Scott)
Δ Bekämpfung dieser eingeschleppten Wanzenarten mit *Propoxur* (*Unden flüssig* 0,15 %).

□ Blattgrund durch etwa 4 mm lange Rüsselkäfer oder deren Larven zerfressen.
O **Orchideenrüsselkäfer** (*Acythopeus aterrimus* Waterh.) **und andere Käferarten sowie deren Larven**

Δ Die Bekämpfung erfolgt am einfachsten durch gründliches Spritzen mit *Methamidophos* (*Tamaron* 0,1 %), *Parathion* (*E 605 forte*[3] 0,035 %) oder *Propoxur* (*Unden flüssig* 0,15 %).

Ferner an *Orchidaceae*: **Ameisen** (fressen an Blüten), **Asseln** (in Anzuchten), **Tausendfüße** (Bekämpfung mit *Schneckenkorn Mesurol*). Siehe Kapitel 2.1 "Tierische Schädlinge".

2.2.178 Ornithogalum (Vogelmilch)

□ Parallel zu den Blattadern auf den Blättern sowie auf den Blütenstengeln helle und dunkler grüne Blattflecken.

O **Milchsternmosaik** (*Ornithogalum mosaic virus*)

Δ Ausgehen von gesundem Vermehrungsmaterial. Blattlausbekämpfung. Kranke Pflanzen vernichten.

□ Unter Glas. Blütenbildung schlecht. Bei starkem Befall Vegetationskegel verschleimt.

O **Bakterienkrankheit** (*Erwinia carotovora subsp. carotovora* Bergey et al.)

Δ Temperatur unter 25 °C halten, dementsprechend Luftfeuchtigkeit senken, an sonnigen Tagen eventuell ventilieren. Blattnässeperioden so kurz wie möglich.

□ Wachstum der Pflanzen stagniert, schließlich Welkeerscheinungen. Wurzeln und Zwiebeln zeigen Fäulniserscheinungen.

O **Wurzelfäule** (*Fusarium oxysporum* Schlecht)

Δ Gesundes Pflanzgut verwenden und vor dem Pflanzen 20 Minuten in *Thiabendazol* (*Tecto FL*[1] 0,5 %) tauchen. Befallsherde mit *Benomyl* (*Du Pont Benomyl*[2] 0,1 %) ausgießen.

Ferner an *Ornithogalum*: **Schwarzrotz, Zwiebelfäulen - Stengelälchen, Gallenbildende Wurzelnematoden.** Siehe Kapitel 2.1 "Mykosen", "Tierische Schädlinge".

2.2.179 Pachysandra (Ysander)

□ **Symptomkomplex:** Stecklingsfäule - Stecklinge werden an den Schnittflächen braun und schließlich faul, von der Schnittfläche breitet sich die Fäule aus, der Steckling stirbt ab. Zur Vermehrung verwendete Triebstücke werden teilweise auch zuerst an oberirdischen Wunden befallen.

Symptomkomplex: Blattfleckenkrankheit - Auftreten von Blattflecken an Blatträndern oder mitten auf der Blattspreite, Flecken oft mit konzentrischen Ringen. Geschädigtes Gewebe trocknet aus, wird hellbraun und brüchig und dann oft abgestoßen. Bei starkem Befall völlige Vernichtung der Blätter möglich.

O **Stecklingsfäule, Blattfleckenkrankheit** (*Pseudonectria pachysandricola* Dodge = *Volutella pachysandricola* Dodge)

Δ Erde oder Substrat entseuchen sowie alle Kulturgefäße und Geräte desinfizieren. Stecklinge nur aus einwandfreien Beständen. Um einer oberirdischen Infektion vorzubeugen, Entstehung von Wunden vermeiden, eventuell sogar auf den Frühjahrsrückschnitt verzichten. Bei Auftreten von Blattflecken Spritzung mit Kupferpräparaten oder *Mancozeb* (*Dithane Ultra WG* 0,2 %), *Metiram* (*Polyram WG* 0,2 %, *Phytox Super*[1] 0,2 %), *Triforin*

(*Saprol Neu* 0,15 %) oder einem anderen wirksamen Fungizid. Siehe Kapitel 2.1 "Mykosen - **Blattfleckenkrankheiten**".

Ferner an *Pachysandra:* **Schildläuse.** Siehe Kapitel 2.1 "Tierische Schädlinge".

2.2.180 Pachystachys lutea (Beloperone, gelbe)

Gegen den häufigen Befall durch **Weiße Fliege** siehe Kapitel 2.1 "Tierische Schädlinge - **Weiße Fliege**", oder Spritzungen mit *Pirimiphos-methyl* (*Actellic 50*(2) 0,1 %), *Permethrin* (*Ambush*(2) 0,01 %), *Deltamethrin* (*Decis flüssig*(3) 0,05 %) oder *Methamidophos* (*Tamaron* 0,1 %).

2.2.181 Paeonia (Pfingstrose)

□ Auf den Blättern unscharf begrenzte, gelblich-grüne Flecken-, Ring- und/oder Linienmusterung. Blütenansatz geringer, Blüten klein, oft steckenbleibend.
O **Ringfleckenkrankheit der Paeonie** (*Peony ring spot virus*)
Δ Nur gesundes Vermehrungsmaterial verwenden. Kranke Pflanzen ausmerzen.

□ Unmittelbar nach dem Austrieb welken die Jungtriebe und fallen um, ihr Stengelfuß ist braun bis braunschwarz verfärbt, später auch die Blattstiele, schließlich faulend. Blütenknospen zuweilen nicht aufbrechend, ebenfalls faulend, dann mit grauweißem Myzel bedeckt, oder eintrocknend. Auch an den Blättern Faulstellen.
O **Botrytis-Knospen-, Blatt- und Stengelfäule, Grauschimmel** (*Botrytis paeoniae* Oud. und/oder *B. cinerea* Pers.)
Δ Pflanzen unmittelbar vor oder beim Austrieb gründlich mit *Dichlofluanid* (*Euparen WG* 0,5 %), *Vinclozolin* (*Ronilan WG* 0,1 %), *Iprodion* (*Rovral* 0,1 %) oder *Thiabendazol* (*Tecto FL*(1) 0,1 %) angießen bzw. kräftig spritzen, nach 4 Wochen wiederholen. Alle kranken Pflanzenteile vernichten. In Befallslagen keinen Winterschutz, im Herbst alles Laub vernichten.

□ Braune bis schwärzliche Faulstellen an den Stengeln, diese sterben ab.
O **Phytophthora-Stengelfäule** (*Phytophthora paeoniae* Cooper et Porter)
Δ Spätestens vor der Blüte, am besten noch früher, spritzen mit *Fosetyl* (*Aliette* 0,5 %), *Metalaxyl* (*Fonganil Neu* 0,05 %), *Mancozeb* (*Dithane Ultra WG* 0,2 %), *Metiram* (*Polyram WG* 0,2 %), *Propamocarb* (*Previcur N* 0,15 % - Angießen!).

□ Auf der Blattoberseite treten bläuliche, mehr violett umrandete Flecken auf. Ihnen entsprechen auf der Blattunterseite hellbraune Pusteln, die später Sporenstaub entlassen.
O **Paeonienrost** (*Cronartium asclepiadeum* Fries. = *Cr. paeoniae* Cast.)
Δ Bei ersten Befallszeichen spritzen mit *Bitertanol* (*Baymat flüssig* 0,1 %), *Mancozeb* (*Dithane Ultra WG* 0,2 %), *Maneb* (*BASF-Maneb-Spritzpulver* 0,2 %), *Metiram* (*Polyram WG*, *Phytox Super*(1) 0,2 %) oder einem anderen Mittel gegen Rostkrankheiten.

□ Auf den Blättern und Stengeln rundliche, gezonte Blattflecke mit purpurfarbener Umrandung, an den Stengeln auch mehr streifig ausgebildet. Die allmählich pergamentartig werdende Innenfläche der Flecken bricht häufig aus.
O **Septoria-Blattfleckenkrankheit** (*Septoria paeoniae* West. *var. berolinensis* Allesch.)

Δ Spritzung mit einem der oben bei **Paeonienrost** genannten Präparate, ausgen. *Bitertanol.*

□ Vor allem an den Spitzen und Rändern der Blätter hellbraune oder blauviolette Flecke, die bald zu vertrocknenden Schadstellen zusammenfließen.
O **Cladosporium-Blattfleckenkrankheit** (*Cladosporium paeoniae* Pass.)
Δ Spritzung mit einem der oben bei **Paeonienrost** genannten Präparate, ausgen. *Bitertanol.*

Ferner an *Paeonia*: **Welkekrankheiten - Blattälchen, Gallenbildende Wurzelnematoden.** Siehe Kapitel 2.1 "Mykosen", "Tierische Schädlinge".

2.2.182 Palmae (Palmen)

Palmen können in beheizten, meist sogar überheizten und daher extrem lufttrockenen Räumen nur dann mit Erfolg gehalten werden, wenn man den Gegebenheiten des vorgesehenen Standortes entsprechend die Palmenart auswählt. **Relativ anspruchslos und ziemlich robust sind:**
Dattelpalme (*Phoenix canariensis*),
Hanfpalme (*Trachycarpus fortunii*),
Zwergpalme (*Chamaerops humilis*).
Im Sommer beanspruchen diese Arten reichlich Wasser. Ein zeitweiliger Aufenthalt im Freien, auf der Terrasse oder in der Loggia, kommt ihren Ansprüchen entgegen. Im Winter sollten sie bei mäßiger Wasserzufuhr in einen möglichst hellen Raum bei ungefähr 10 °C, etwa in einem Treppenhaus, gehalten werden.
Wesentlich empfindlicher und anspruchsvoller sind folgende Palmenarten:
Bergpalme (*Chamaedorea elegans*),
Howeia-Palmen (*Howeia belmoreana* und *H. forsteriana*),
Kokospalme (*Microcoelum weddelianum = Cocos weddeliana*)
und die
Zwergdattelpalme (*Phoenix loureirii*).
Der Standort dieser Arten soll zwar hell, aber sonnenabgewandt sein. Die Überwinterungstemperatur darf 15 °C nicht unterschreiten. Am besten überdauern die genannten Arten, wenn der Topf in ein regelmäßig feuchtzuhaltendes Torfsubstrat eingesenkt wird. Selbst temporäre Ballentrockenheit führt zu Blattschäden.

Nichtparasitäre Wachstumsstörungen

□ Vor allem in Gewächshäusern bei starker Sonneneinstrahlung. Blätter zeigen blaßgelbe bis weißliche, zuweilen auch braungeränderte Trockenflecke.
O **Sonnenbrandflecke**
Δ Bei sonnigem Wetter besonders sorgfältig schattieren.

□ Blattspitzen werden allmählich braun und sterben ab, vor allem während des Winters. Ursache meist Staunässe, zuweilen auch plötzlicher Übergang vom feuchten Gewächshaus in trockene Zimmerluft (besonders empfindlich *Microcoelum weddelianum = Cocos weddeliana*), dann nach Anpassung bei neuen Blättern nicht mehr auftretend.
O **Braune Blattspitzen oder braune Blätter**

Δ Anpassung der Bewässerung an Temperatur der Umgebung, Vermeidung von Staunässe, Abzuglöcher in Töpfen auf Verstopfung durch Wurzeln kontrollieren. Palmen aus feuchten Gewächshäusern erst allmählich an trockene Zimmerluft anpassen und abhärten, vor allem die Kokospälmchen. Trockene Blattspitzen **nicht** bis in das gesunde Gewebe zurückschneiden, da sonst leicht Nekrosen und sekundär Fäulnis.

☐ Blattspreiten rollen sich ein oder/und werden "papierblättrig". Ursache meist Wassermangel.

O **Einrollen der Blattspreite, Papierblättrigkeit**

Δ Wasserversorgung sorgfältig dem Standort und der Jahreszeit anpassen.

☐ Vor allem im Herbst in Warmhäusern. - An den Blättern zeigen sich kleine, gelbe, oft schwielig aufgetriebene Flecken.

O **Gelbsprenkelung der Blätter**

Δ Die Erscheinung beruht auf übermäßiger Nässe, gehemmter Verdunstung infolge zu hoher Luftfeuchtigkeit und/oder ungünstigen Lichtverhältnissen.

☐ Blätter werden gelblich, chlorotisch. Ursache Eisenmangel oder Wurzelschäden, eventuell auch zu hoher pH-Wert oder zu hoher Kalkgehalt des Gießwassers.

O **Chlorose**

Δ Boden- und Wasseruntersuchung. Bei Eisenmangel Einsatz von *Sequestren 138 Fe Granulat.*

☐ Vor allem an Kokospalmen. - Blätter verkrüppeln. Ursache fehlende Bodenwärme.

O **Verkrüppeln der Blätter**

Δ Beim Herausheben des Ballens aus dem Torf durch die bei Palmen häufige, besonders starke Wurzelbildung niemals Wurzeln zurückschneiden, sondern Umpflanzen in größere und vor allem tiefere Gefäße.

Mykosen

☐ Vor allem an Palmen der Gattungen *Chamaerops* und *Phoenix.* - An den Blättern entstehen 1,5-2 mm große, runde, schwielenartige, warzige, harte Erhebungen, die schließlich braun werden und teilweise herausfallen können. Sie stellen Fruchtkörper eines Pilzes dar und enthalten nach Ausreife gelbliche, pulverartige Sporen. Vor allem in warmen Gewächshäusern bei hoher Luftfeuchtigkeit, nicht im Zimmer.

O **Schwielenbrand, Blattschwielenkrankheit** (*Graphiola phoenicis* Poit. und andere *Graphiola*-Arten)

Δ Entfernen der kranken Blätter. Im Gewächshaus Senkung der Luftfeuchtigkeit und Temperatur, kühle, helle und vor allem luftige Kultur. Pflanzen von oben her trocken halten. Mehrmalige Spritzungen im Abstand von 8-10 Tagen mit *Dithianon* (*Delan SC 750*[2] 0,05 %), *Mancozeb* (*Dithane Ultra WG* 0,2 %), *Maneb* (*BASF-Maneb-Spritzpulver* 0,2 %).

☐ Auf den Blättern entstehen gelbliche, ölig-durchscheinende Blattflecke, die oft auch zusammenfließen. Befallsstellen meist von einem gelben Hof umrandet. Blattflecke werden später von innen her braun. In der Regel nur im Gewächshaus.

O **Exosporium-Blattfleckenkrankheit** (*Exosporium palmivorum* Sacc.)

Δ Bekämpfung erfolgt wie oben bei **Schwielenbrand** beschrieben.

Seltener auftretende Blattfleckenkrankheiten

□ Vereinzelt an *Howeia* auftretend. Auf den Blättern bilden sich braune, scharf begrenzte, eingesunkene Flecke.
O **Colletotrichum-Blattfleckenkrankheit** (*Colletotrichum*-Arten)
Δ Bekämpfung siehe unten bei "Pestalotia-Blattfleckenkrankheit".

□ Dunkelbraune, etwa 2 mm große, stets von einem hellen Rand umgebene Blattflecke.
O **Cylindrocladium-Blattfleckenkrankheit** (*Cylindrocladium*-Arten)
Δ Bekämpfung siehe unten bei "*Pestalotia*-Blattfleckenkrankheit".

□ Unregelmäßige, gelblichbraune, meist zusammenfließende Flecke auf den Blättern.
O **Pestalotia-Blattfleckenkrankheit** (*Pestalotia*-Arten)
Δ Versuchsweise spritzen mit *Mancozeb* (*Dithane Ultra WG* 0,2 %) oder *Metiram* (*Polyram WG* 0,2 %).

□ Blätter vergilben und verdorren schließlich. An ihren Stielen bilden sich zuweilen dunkle Faulstellen, die schließlich zu schorfigen Einsenkungen führen. Bei starkem Auftreten fault das Herz der Pflanze aus.
O **"Blattschorf" der Dattelpalmen** (*Thielaviopsis paradoxa* [de Sey] v. Höhn.)
Δ Über die Bekämpfung liegen noch wenig sichere Erfahrungen vor. Stark befallene Teile herausschneiden.

□ Am Blattstiel bilden sich Flecke, die oft in Fäulnis übergehen. Bei starkem Befall können einzelne Blattpartien oder, vor allem bei extremem Befall am Blattgrund, ganze Pflanzen zugrunde gehen.
O **Gloeosporium-Blattgrundfäule** (*Gloeosporium*-Arten)
Δ Versuchsweise Spritzung mit *Mancozeb* (*Dithane Ultra WG* 0,2 %) oder *Metiram* (*Polyram WG* 0,2 %).

□ Endknospen der Pflanzen beginnen nach Welkeerscheinungen zu faulen.
O **Phytophthora-Endknospenfäule** (*Phytophthora*-Arten)
Δ Zur Bekämpfung versuchsweise Spritzungen mit *Metalaxyl* (*Fonganil Neu* 0,05 %) oder *Propamocarb* (*Previcur N* 0,15 %), vorher Verträglichkeitstest!

□ An verschiedenen Palmenarten, vor allem an *Chamaedorea elegans:* Fäulniserscheinungen am Stamm.
O **Stammfäule** (*Penicillium vermoeseni*)
Δ Rechtzeitige, alle 2 Wochen wiederholte Spritzung mit *Dithianon* (*Delan SC 750*[2] 0,05 %), *Mancozeb* (*Dithane Ultra WG* 0,2 %), *Metiram* (*Polyram WG* 0,2 %) oder einem anderen Fungizid; dabei Stamm gut benetzen.

Spinnmilben treten an *Chamaedorea elegans* und anderen Palmenarten häufig auf. Der Befall bewirkt eine gelbliche bis weiße, teilweise auch silbrige Sprenkelung der Blätter, bei starkem Spinnmilbenbesatz werden die Blätter fahl. Im Abstand von einer Woche mit *Abamectin* (*Vertimec*[3] 0,025 %), *Fenpropathrin* (*Rody*[3] 0,05 %), *Methamidophos* (*Tamaron* 0,15 %), *Fenbutatin-oxid* (*Torque*[3] 0,05 %) oder einem anderen Mittel gegen Spinnmilben gespritzt werden.

Thripse
können ein ähnliches Schadbild wie Spinnmilben verursachen. Charakteristisch sind jedoch die winzigen, lacktupferähnlichen schwarzen Kotflecken. Vor allem im Spätsommer treten *Thripse* stärker auf. Bei Befall haben sich Behandlungen mit *Fenpropathrin* (*Rody*(3) 0,05 %), *Methamidophos* (*Tamaron* 0,15 %), *Propoxur* (*Unden flüssig* 0,2 %) sowie Anwendung von *Sulfotep* (*Bladafum II* 1 Dose auf 200 m³ Raum) und anderer Insektizide bewährt.

Schildläuse, Schmierläuse und Wolläuse an Palmen
bekämpft man mit *Dimethoaten* 0,05 %, *Imidacloprid* (*Confidor WG 70*(3) 0,035 %), *Metamidophos* (*Tamaron* 0,2 %), *Mineralöl* (*Para-Sommer* 2 %), *Propoxur* (*Unden flüssig* 0,2 %) oder einem anderen Mittel gegen Schildläuse, möglichst dreimal im Wechsel alle 2 Wochen.

Wurzelläuse
werden an den Wurzeln von Palmen leicht gefunden, wenn kümmernde Pflanzen zur Kontrolle aus dem Topf genommen werden. Zu ihrer Bekämpfung sollte mit *Metamidophos* (*Tamaron* 0,1 %) angegossen werden.

Ferner an Palmen: **Gallenbildende Wurzelnematoden.** Siehe Kapitel 2.1 "Tierische Schädlinge".

2.2.183 Papaver (Mohn)

Wichtig: Die Anpflanzung von Mohn unterliegt auch im Zierpflanzenanbau nach betäubungsrechtlichen Bestimmungen der amtlichen Genehmigungspflicht.

☐ Blattoberseits hellgelbe Flecken, in deren Bereich blattunterseits grauer Myzelbelag.
  O **Falscher Mehltau** (*Peronospora arborescens* [Berk.] De Bary)
  Δ Näheres zur Bekämpfung siehe Kapitel 2.1 "Mykosen".

2.2.184 Pelargonium (Pelargonie)

Hybriden von Pelargonium grandiflorum, P. peltatum, P. zonale
Wegen der starken Verseuchung mancher Bestände mit Viruskrankheiten Stecklinge nur von garantiert gesunden Mutterpflanzen schneiden und eventuell testen lassen (Pflanzenschutzdienst!). Zur Vermeidung von Infektionen der Jungpflanzen durch Bakteriosen und Mykosen, vor allem Fuß- und Welkekrankheiten, strengste Hygienemaßnahmen bei der Vermehrung: Entseuchung der Anzuchtgefäße, Stellagen, Tische, krankheitsfreie oder entseuchte Substrate, Stecklinge nicht zu tief pflanzen, vorsichtige Bewässerung, Vegetationsheizung.
Mutterpflanzen gegen Rostbefall vorbeugend mit *Mancozeb* (*Dithane Ultra WG* 0,2 %) spritzen. Bei beginnendem Befall ist *Bitertanol* (*Baymat flüssig* 0,1 %) oder *Metiram* (*Polyram WG* 0,2 %) einzusetzen.
Bei Pelargonien kein *Triforin* und kein *Acephat*, *Dimethoat*, *Methamidophos* und *Parathion*(3) (im Gießverfahren) anwenden.
Unbewurzelte Pelargoniensstecklinge sind besonders empfindlich gegen manche Pflanzenschutzmittel:

Vinclozolin (*Ronilan WG* 0,1 %) und ***Iprodion*** (*Rovral* 0,1 %, 1 l/m²) wirken sich, allerdings nur geringfügig, negativ auf die Wurzelbildung aus.

□ Besonders an manchen Sorten von *P. grandiflorum* auftretend. Die Blätter sind trichterartig aufgerollt und zeigen zuweilen braune Stippen.
O **Trichterbildung**
Δ Gesundes Pflanzgut von hochwertigen Mutterpflanzen verwenden und Ballentrockenheit vermeiden.

□ An den Blütenstengeln zeigen sich unterhalb des Blütenstandes Querrisse, in deren Bereich das Gewebe verkorkt.
O **Aufreißen des Blütenstengels**
Δ Pflanzen bei hoher Luftfeuchtigkeit nicht zu stark wässern, vor allem nicht am Abend.

□ An den Blattunterseiten, vor allem von *P. peltatum* und *P. zonale*, zeigen sich grünlichbraun gefärbte, korkartige Warzen und Schwielen.
O **Korkwucherungen**
Δ Heller, luftiger Stand der Pflanzen. Übermäßige Luftfeuchtigkeit vor allem bei ungenügender Belichtung vermeiden, nicht am Abend wässern. Unausgewogene Düngung verbessern. Auch Saugtätigkeit von Spinnmilben, Weichhautmilben und *Thrips* (*Frankliniella occidentalis*).

Virosen

□ Vor allem an *P. zonale*. Vom Frühjahr bis Sommer in immer stärkerem Maße gelbgrüne Flecken- und/oder Ringzeichnungen auf den unteren Blättern.
O **Pelargonienlinienmuster-, -ringmuster-Virus** (*Pelargonium line pattern virus*, *P. ring pattern virus*, mechanisch übertragen)

□ Pflanzenwachstum gehemmt. Junge Blätter kleiner als normal und von anomalem Umriß, zuweilen gekräuselt, mit sternförmigen, erst weißlichen, später nekrotisch-braun werdenden Flecken, innerhalb deren das Gewebe zuweilen ausfällt, so daß Löcher entstehen. Symptome werden mit dem Alter der Pflanzen schwächer und verlieren sich schließlich beim Neuzuwachs. - Vor allem an *P. Zonale-Hybriden*.
O **Blattkräusel-Virus, Kräuselkrankheit** (*Pelargonium leaf curl virus*, mechanisch übertragen)

□ An *P.-zonale*-Hybriden Farbbrechungen und Formveränderungen der Blütenblätter besonders bei scharlachroten Sorten. In den Wintermonaten Adernvergilbungen, chlorotische Flecke und Deformationen der Laubblätter.
O **Pelargonienblütenbrechungs-Virus** (*Pelargonium flower-break virus*, mechanisch und durch Stecklinge übertragen)

□ Blätter mehr oder weniger beulig und mit chlorotischen Flecken, Bändern oder Ringzeichnungen. Bei *P.- zonale-Hybriden* ist das dunkle Band verwaschen oder fehlt. Symptome vor allem an älteren Blättern im Herbst und Frühjahr deutlich auch an Sämlingen.
O**Tomatenringflecken-Virus** (*Tomato ringspot virus*, samenübertragbar, mechanisch und durch Nematoden *Xiphinema*)

Δ Gilt für Virosen an *Pelargonium*: Ab Februar Mutterpflanzen scharf selektieren. Stecklinge besser brechen als schneiden. Beim Stecklingsschnitt Messer ständig desinfizieren. Befallene Pflanzen vernichten. Vorsichtshalber Blattlausbekämpfung. Nach Möglichkeit nur virusgetestete Jungpflanzen beziehen.

An Pelargonien können noch eine Reihe weiterer Viren schädigend auftreten wie:

Tomatenbronzeflecken-Virus	-	*Tomato spotted wilt virus*
Gurkenmosaik-Virus	-	*Cucumber mosaic virus*
Tabakringflecken-Virus	-	*Tobacco ringspot virus*
Tomatenschwarzring-Virus	-	*Tomato blackring virus*

Bakteriosen

□ Auf Blattunterseite älterer Blätter wäßrig bis ölig durchscheinende (Gegenlicht!) kleine, dunkelgrüne Flecken mit rötlichgraubraunem Zentrum, schleimiges Exsudat. Flecke fließen zusammen, stark befallene Blätter welken, schrumpfen und trocknen ein. Oft aber Welke und Stengelgrundfäule mit braunschwarzen, trockenen oder nassen Faulstellen (!). Auch die Wurzeln sind mehr oder weniger verfärbt. Blätter welken meist von unten nach oben. Schäden zuerst an den Blatträndern oder/und jenen Teilen der Spreite, die an der Hauptader liegen . Bei Stecklingen beginnt die Fäule an der Basis und breitet sich dann nach oben aus, schlechte Bewurzelung.

Die Symptome der Stengelfäule und Welke können auch unabhängig vom Auftreten der Blattflecke in Erscheinung treten.

Alle Pelargonien-Arten sind anfällig und reagieren mit Symptomen, *P. grandiflorum* und *P. capitatum* können befallen sein, ohne Symptomausbildung.

O **Bakterienwelke, Bakterielle Blatt- und Stengelfäule** (*Xanthomonas campestris pv. pelargonii* [Brown] Starr et Burkh.)

Δ Bekämpfung mit chemischen Mitteln nicht möglich. Befallene Pflanzen sofort vernichten. Kranke Mutterpflanzen liefern kranke Stecklinge. Daher nur kontrollierte Mutterpflanzen verwenden. Mutterpflanzen mit *Kupferhydroxid* (*Cuprozin WP* 0,2 %) behandeln. Hygiene bei allen Arbeiten besonders wichtig. Töpfe, Anzuchtgefäße, Tische, Stellagen mechanisch reinigen. Die Messer, die beim Stecklingsschnitt verwendet werden, müssen rotierend mindestens 1-2 Minuten desinfiziert werden (75 Teile Brennspiritus + 25 Teile destilliertes Wasser, Alkohol [70 %ig] oder *M & Enno Ter forte* 0,25 %).

Pflanzen nicht zu dicht stellen, bei etwa 16 °C möglichst trocken halten, ausreichend lüften. Möglichst am frühen Morgen spritzen, damit Pflanzen abtrocknen. Für schnelles Ablaufen des Gießwassers sorgen. Jede Staunässe vermeiden; ebenso Verletzungen und übermäßige Stickstoffdüngung. Vorsicht: Verbreitung bei Überkopf-Bewässerung möglich. In geschlossenen Bewässerungssystemen kein erhöhtes Krankheitsrisiko. Auch Blattläuse und Trauermücken können das Bakterium verbreiten, daher auch konsequente Schädlingsbekämpfung erforderlich.

Wichtigste Voraussetzung für *Xanthomonas*-freie Pelargonien ist der Aufbau gesunder Mutterpflanzenbestände. Dies erfolgt künftig für alle EU-Länder nach einem vorgeschriebenen Schema zur Erzeugung zertifizierter Jungpflanzen.

□ Wachstum der Pflanzen gehemmt. Zuweilen Mißbildungen und/oder schlechte Blüte. Am Stengelfuß unregelmäßig geformte Geschwulste, gallenartig verdickte Achselsprosse mit verkrüppelten Blattsegmenten, blumenkohlartig.

○ **Rosettengallen** (*Corynebacterium fascians* [Tilford] Dows.)

Δ Alle kranken Pflanzen vernichten. Bodenentseuchung, da Übertragung vorwiegend mit verseuchter Erde, Desinfektion aller Geräte. Ausgehend von gesundem Vermehrungsmaterial.

Mykosen

□ Stecklinge welken, fallen um und sterben unter Schwarzfärbung des Stengelgrundes ab.

○ **Stecklingsfäule, Schwarzbeinigkeit** (Verschiedene bodenbürtige Pilze, darunter *Rhizoctonia solani* und/oder *Pythium*-Arten sowie *Botrytis sp.*)

Δ Desinfektion der Anzuchtgefäße, Tische und Stellagen wie oben bei Bakterienwelke empfohlen. Sauberste Kulturführung. Je später der Schnitt der Stecklinge, desto geringer die Verluste, da vor allem zu weiche Stecklinge stark befallen werden. Hohe Luftfeuchtigkeit bei hoher Temperatur vermeiden. Nach dem Stecken möglichst wenig gießen und übermäßige Nässe vermeiden. Auf richtigen pH-Wert achten. Auch Befall durch Trauermücken vermeiden durch Einsatz insektenpathogener Nematoden (*Steinernema sp.*) und Gelbtafeln. 1- bis 2mal im Abstand von 3-4 Wochen gründliches Überbrausen der Stecklinge mit *Metalaxyl* (*Fonganil Neu* 0,05 %), vor und nach Bewurzelung auch Angießen mit *Propamocarb* (*Previcur N* 0,15 %) möglich, (dabei Zwischenbehandlung mit *Benomyl* (*Du Pont Benomyl*[2] 0,05 %) mit Wirkungsschwerpunkt gegen *Fusarium*-Arten und *Rhizoctonia* eventuell ratsam, aber Vorsicht, da Begünstigung von *Pythium* die Folge sein kann). *Iprodion* (*Rovral*) oder *Vinclozolin* (*Ronilan WG*) können im Gießverfahren oder Überbrausen Schäden verursachen.

Wegen der spezifischen Wirkungsweise der genannten Fungizide ist eine **gezielte Bekämpfung** der Stecklingsfäule **nur nach vorheriger Bestimmung** der vorliegenden Pilzarten möglich, daher Beratung anfordern und Pilzspektrum ermitteln lassen (Pflanzenschutzdienst!).

□ Blätter zeigen, am Rande beginnend, graubraune, sich schnell ausbreitende Flecke, die auch am Stengel und an Blüten auftreten und, vor allem bei hoher Luftfeuchtigkeit, mausgraues Pilzmyzel aufweisen. Befallene Blätter und Stengel faulen, sterben ab.

○ **Grauschimmel, Blatt- und Stengelfäule** (*Botrytis*-Arten)

Δ Pflanzen trocken, kühl und luftig halten. Ausputzen erkrankter Pflanzenteile. Vorbeugend alle 2 Wochen mit *Vinclozolin* (*Rovral* 0,1 %), *Iprodion* (*Ronilan WG* 0,1 %), *Dichlofluanid* (*Euparen WG* 0,25 %) oder *Thiabendazol* (*Tecto FL*[1] 0,1 %).

Alle chemischen Maßnahmen gegen *Botrytis* sind zwecklos, wenn sie nicht durch sachgemäße Kulturführung ergänzt werden.

□ Stengelgrund fault ab, Symptome ähnlich wie bei Grauschimmel-Stengelfäule, aber keine mausgrauen Pilzbeläge.

○ **Pythium-Stengelgrund- oder Wurzelfäule** (*Pythium*-Arten)

Δ Die Krankheit tritt vor allem dort auf, wo die Pflanzen zu feucht gehalten werden. Deshalb sollten die Jungpflanzen in den lichtarmen Monaten November bis Januar nicht automatisch, sondern nur bei Bedarf gegossen werden. Falls nicht reine Torfsubstrate vorliegen, vertragen es gut durchgewurzelte Pelargonien bei bedecktem Wetter durchaus, wenn sie 2-3 Wochen nicht gegossen werden.

Pflanzen vor dem Aufstellen auf die Stellflächen mit *Fosetyl* (*Aliette* 0,4 %), *Metalaxyl* (*Fonganil Neu* 0,05 %) oder *Propamocarb* (*Previcur N* 0,15 %) überbrausen, später Angießen mit einem der genannten Präparate nach Gebrauchsanleitung in entsprechender Konzentration auf feuchte Topfballen. Kranke Pflanzen vor der Fungizidbehandlung aus dem Bestand entfernen.

□ Fast ausschließlich an *Pelargonium zonale* und *P. zonale*-Hybriden. *P. capitate*, *P. grandiflorum* und *P. peltatum* werden nicht befallen. Blattunterseits zunächst kleine, rundliche, gelbliche Flecke, die rasch größer werden (Durchmesser 6-8 mm). Diese Flecke zeigen bald braune, pulverige Rostsporen enthaltende Pusteln, die später häufig in mehreren fast konzentrischen Ringen angeordnet sind. Flecke fließen allmählich zusammen. Blattoberseits gelbliche Flecke mit zentraler, kleiner, bräunlicher Nekrose. Blätter vergilben, fallen ab. Einschleppungsgefahr!

O **Pelargonienrost** (*Puccinia pelargonii-zonalis* Doidge)

Δ Stecklinge von anerkannten Jungpflanzenbetrieben beziehen, nicht "irgendwo" schneiden. Im Gewächshaus Luftfeuchtigkeit durch Umwälzen (Ventilatoren!) senken, Pflanzen möglichst trocken halten. Optimale Entwicklung bei ca. 18 °C und einer Blattnässedauer von wenigstens 48 Stunden. Mindestens 3- bis 4mal im Abstand von 1-2 Wochen vorbeugend mit *Mancozeb* (*Dithane Ultra WG* 0,2 %) oder *Metiram* (*Polyram WG* 0,2 %) spritzen. Bei Befall *Bitertanol* (*Baymat flüssig* 0,1 %). Bei Spritzungen gegen Rost auch Blattunterseiten gründlich benetzen.

Mutterpflanzen gegen Rost vorbeugend mit *Mancozeb* (*Dithane Ultra WG* 0,2 %, oder *Metiram* (*Polyram WG* 0,2 %) behandeln. Kein *Saprol Neu* verwenden!

Alle chemischen Maßnahmen müssen durch sorgfältiges Ausputzen ergänzt werden, Anwendung von Fungiziden erst nach dem Durchputzen unter sorgfältiger Entfernung kranker Blätter. Bei Befall wertvoller Zuchtpflanzen Wärmetherapie erwägen, sonst kranke Pflanzen vernichten. Siehe Kapitel 2.1 "Mykosen - **Rostkrankheiten**".

□ An *P.zonale-Hybriden*, weniger an *P. peltatum-Hybriden*. - Runde, etwa 1 cm große, dunkelgrüne, braun werdende Flecke mit erhöhtem Rand auf den Blättern.

O **Macrosporium-Blattfleckenkrankheit** (*Macrosporium pelargonii* Ell. et Ev.)

Δ Bekämpfung wie unten bei **Phoma-Blattfleckenkrankheit** angegeben.

□ Hellbraune, rundliche, dunkler umrandete Blattflecken, auf diesen kleine schwarze Fruchtkörper von Pilzen.

O **Phoma-Blattfleckenkrankheit** (*Phoma*-Arten)

Δ Mehrmalige Spritzung mit Mitteln gegen Blattflecken, spätestens ab Beobachtung der ersten Symptome. Siehe Kapitel 2.1 unter "**Blattfleckenkrankheiten**". Die unter Pelargonienrost genannten Präparate, ausgen. *Bitertanol*, wirken auch gegen Blattfleckenkrankheiten.

Tierische Schädlinge

Trauermückenlarven

verursachen an Pelargonien, auch bei *P. grandiflorum* vor allem in der Herbstvermehrung oft große, meist unterschätzte Schäden. Man findet die weißen, schwarzköpfigen Larven, die etwa 5 - 6 mm lang sind mit Hilfe der Lupe am Stengelgrund oder im geschädigten Steckling. Die Pflanzen welken, Bakterien- oder *Pythium*befall ist zu vermuten.

Gegen Trauermückenlarven:

1. Bei Entdeckung des Befalls an unbewurzelten Stecklingen überbraust man diese mit 1-2 l/m² *Parathion* (*E 605 forte*[3] 0,035 %). Vorbeugend auch Einsatz insektenpathogener Nematoden (*Steinernema feltiae*), Aufhängen von Gelbtafeln (4 Tafeln/100 m²).
2. Bei bereits bewurzelten Stecklingen kann vorbeugend *Carbofuran* (*Curaterr-Granulat* 5 g/m²) angewendet werden. Sind die Stecklinge bereits geschädigt, lohnt zusätzlich das Angießen mit *Parathion* (*E 605 forte*[3] 0,035 %), *Permethrin* (*Ambush*[2] 0,01 %), 2 l/m² zur schnellen Abtötung der Larven. Einsatz der insektenparasitären Nematoden *Steinernema feltiae*.

Spinnmilben

treten an *Pelargonium zonale* und *P. peltatum*, aber auch *P. grandiflorum* gelegentlich stärker auf. Wird Befall entdeckt, so kann, aber nur gegen Spinnmilben, *Abamectin* (*Vertimec*[3] 0,025 %), *Fenpropathrin* (*Rody*[3] 0,05 %), *Fenpyroximate* (*Kiron*[3] 0,15 %) oder *Fenbutatinoxid* (*Torque*[3] 0,05 %) eingesetzt werden. Vorsicht bei *P. grandiflorum*, die Behandlung muß vor Blühbeginn abgeschlossen sein.

Methamidophos (*Tamaron* 0,15 %) wirkt gegen Spinnmilben, Blattläuse und Raupen, kann aber **Schäden** verursachen.

Weichhautmilben

Bei überraschendem Befall Spritzen mit *Abamectin* (*Vertimec*[3] 0,05 %), *Fenpropathrin* (*Rody*[3] 0,05 %) oder *Fenpyroximate* (*Kiron*[3] 0,15 %).

Thripse

Helle Korkflecken und -warzen auf den Unterseiten jüngerer Blätter. Steckenbleiben der Knospen, Verbräunen und Vertrocknen.

Spritzen im Abstand von 3-4 Tagen mit *Abamectin* (*Vertimec*[3] 0,025 %), *Methamidophos* (*Tamaron* 0,1 %), *Methiocarb* (*Mesurol flüssig* 0,1 %) oder versuchsweise *Permethrin* (*Ambush*[2] 0,01 %). Befall mit Blautafeln überwachen. Siehe Kapitel 2.1 "Tierische Schädlinge".

Blattläuse

bekämpft man mit *Oxydemeton-methyl* (*Metasystox R* 0,1 %), *Deltamethrin* (*Decis flüssig*[3] 0,05 %), *Pirimicarb* (*Pirimor Granulat zum Auflösen in Wasser*[3] 0,05 %). Weitere Präparate siehe Kapitel 2.1 "Tierische Schädlinge".

Weiße Fliege

Sie spielt besonders bei *P. grandiflorum* eine Rolle. Nähere Angaben zur Bekämpfung siehe Kapitel 2.1 "Tierische Schädlinge - **Weiße Fliege**". Bewährt *Pirimiphos-methyl* (*Actellic 50*[2] 0,1 %), *Cyfluthrin* (*Baythroid 50* 0,05 %), *Permethrin* (*Ambush*[2] 0,01 %), *Propoxur* (*Unden flüssig* 0,2 %). Versuchsweise bei *P. grandiflorum* Einsatz von Schlupfwespen (*Encarsia formosa*).

Raupen (Eulenraupen, Wicklerraupen)

müssen frühzeitig, solange sie noch klein sind, bekämpft werden. Beispiele für geeignete Präparate: *Permethrin* (*Ambush*[2] 0,01 %), *Deltamethrin* (*Decis flüssig*[3] 0,05 %), *Parathion* (*E 605 forte*[3] 0,035 %), *Propoxur* (*Unden flüssig* 0,2 %) oder andere.

2.2.185 Pelargonium grandiflorum (Edelpelargonie)

□ Stengelgrund geht unter grünlich-schwarzer Verfärbung in eine Naßfäule über. Bevorzugt werden Pflanzen befallen, die unter Bodenfeuchtigkeit leiden und zu kalt stehen. Pflanzen welken und vergilben.

O **Stengelgrundfäule** (*Pythium*-Arten und/oder *Rhizoctonia solani Kühn*)

Δ Vermeidung zu hoher Bodenfeuchte besonders in lichtarmen und kühlen Monaten. Gießbehandlung eine Woche nach dem Topfen mit *Metalaxyl* (*Fonganil Neu* 0,05 %) oder *Propamocarb* (*Previcur N* 0,15 %). Pflanzen anschließend überbrausen. Befallsherde sofort und gründlich entfernen. Gegen *Rhizoctonia* Pflanzen mit *Benomyl* (*Du Pont Benomyl*(2) 0,05 %) überbrausen. Empfohlen wird auch eine Behandlung mit *Iprodion* (*Rovral* 0,1 %) und *Propamocarb* (*Previcur N* 0,1 %).

□ Pflanzen kümmern und vergilben. An den Wurzeln sind braune, meist trockene Faulstellen.

O **Wurzelbräune** (*Chalara elegans* [Nag Raj et B. Kendr.] = *Thielaviopsis basicola* [Berk et Br.] Ferr.)

Δ Hohe Salzgehalte im Substrat vermeiden, optimale Kulturführung. Behandlungen mit chem. Präparaten können Befall nur eindämmen. Angießen mit *Thiabendazol* (*Tecto FL*(1) 0,1 %) oder versuchsweise auch *Prochloraz* (*Sportak*(2) 0,2 %).

□ Ältere Blätter vergilben oder vertrocknen auf einer Blatthälfte. Befall besonders bei trokkenwarmer Witterung auffallend. Leitungsbahnen sind verbräunt. Vorsicht bei Stecklingsentnahme.

O **Welke** (*Verticillium dahliae* Kleb.)

Δ Gesundes Stecklingsmaterial bzw. Jungpflanzen verwenden. Befallene Pflanzen sofort vernichten. Vorbeugend mit *Benomyl* (*Du Pont Benomyl*(2) 0,05 %) angießen. Wiederholung der Behandlung frühestens nach 4 Wochen, da Sortenempfindlichkeit möglich. Sonst auch *Thiabendazol* (*Tecto FL*(1) 0,1 %), verwenden. Nur frische oder entseuchte Substrate. Gebrauchte Töpfe zuvor entseuchen (*M & Enno Ter forte* 1 %, - 30 Min. tauchen).

□ Auf den Blättern bis zu 1 cm große, dunkelgrüne Flecken, die sich braun verfärben. Charakteristisch ist die erhöhte Randzone.

O **Blattfleckenkrankheit** (*Macrosporium pelargonii* Ell. et Ev.)

Δ Wenn erforderlich mit *Mancozeb* (*Dithane Ultra WG* 0,2 %) oder *Iprodion* (Rovral 0,1 %) behandeln und noch 1- bis 2mal wiederholen.

□ Faulstellen an den Blättern, Blüten und Stengeln. Zuerst an bereits geschädigten oder abgestorbenen Pflanzenteilen. Gefördert durch hohe Luftfeuchte, engen Stand und Lichtmangel.

O **Grauschimmel** (*Botrytis*-Arten)

Δ Bekämpfung wie bei *P. zonale* beschrieben.

Ferner an *Pelargonium grandiflorum:* **Weiße Fliege, *Thripse*, Spinnmilben, Blattläuse, Trauermücken-Larven, Eulenraupen.** - Bekämpfung wie bei *P. zonale* beschrieben. Siehe Kapitel 2.1 "Tierische Schädlinge".

2.2.186 Peperomia (Zwergpfeffer)

□ Blätter werden glanzlos und zeigen ein fahles Aussehen, der Wuchs der Pflanzen ist aber normal.

O **Fahle Blattfarbe**

Δ Tritt als Folge übermäßiger Boden- oder Luftfeuchtigkeit auf.

□ Pflanzen werden graugrün, Wurzeln faulen. Bei der später in der Regel erfolgenden Infektion der Blattbasis wird diese glasig, bald darauf knicken die Blätter um, werden dunkel und faulen.

O **Pythium-Wurzelfäule** (*Pythium splendens* Braun)

Δ Sofortiges Entfernen krankheitsverdächtiger Pflanzen. Der Restbestand ist auf feuchten Ballen mit *Metalaxyl* (*Fonganil Neu* 0,05 %) oder *Propamocarb* (*Previcur N* 0,15 %) anzugießen.

□ Pflanzen welken, Basis der Stengel und Blätter ist schwarz und faul.

O **Phytophthora-Fußfäule** (*Phytophthora*-Arten)

Δ Gute Kulturbedingungen, mäßige Luftfeuchtigkeit. Angießen der Pflanzen mit *Metalaxyl* (*Fonganil Neu* 0,05 %) oder *Propamocarb* (*Previcur N* 0,15 %), nach 4-6 Wochen wiederholen.

Ferner an *Peperomia*: **Grauschimmel - Blattälchen, Blattläuse, Schildläuse, Spinnmilben, Weichhautmilben:** Siehe Kapitel 2.1 "Mykosen", "Tierische Schädlinge".

2.2.187 Petunia (Petunie)

□ An Stecklingen Blattvergilbungen und Marmorierungen sowie Blattkräuselungen und -rollungen. Stecklinge mit gestauchtem Wuchs.

O **Kartoffelvirus Y** (*Potato virus Y*), **Gurkenmosaik-Virus** (*Cucumber mosaic virus*), **Tomatenbronzeflecken-Virus** (*Tomato spotted wilt virus*), **Tomatenzwergbusch-Virus** (*Tomato bushy stunt virus*), **Tomatenmosaik-Virus** (*Tomato mosaic virus*).

Δ Befallene Pflanzen vernichten, keine Stecklinge schneiden, da Viren stecklingsübertragbar. Auch mechanisch, bei Kulturmaßnahmen und durch Blattläuse übertragbar. Thrips überträgt hauptsächlich Tomatenbronzeflecken-Virus. Jungpflanzen aus getesteten Beständen beziehen. Vektorenbekämpfung sowie Pflanzen- und Betriebshygiene, auch Unkrautbekämpfung.

□ An der Stengelbasis als blumenkohlartige Gebilde mißgestaltete Sprosse.

O **Blättrige Gallen** (*Corynebacterium fascians* [Tilf.] Dows.)

Δ Bodenentseuchung. Gesundes Vermehrungsmaterial. Ausmerzen beim Umtopfen als krank erkannter Pflanzen.

□ Pflanzen welken, Stengelgrund und obere Wurzelteile dunkel schwarzbraun verfärbt, schließlich faulend.

O **Phytophthora-Welke, Phytophthora-Wurzelhalsfäule** (*Phytophthora cryptogea* Peth. et Laff., *Ph. parasitica* Dast.)

Δ Entseuchung der Anzuchterde. Radikales Entfernen aller krankheitsverdächtigen Pflanzen, dann Angießen mit *Metalaxyl* (*Fonganil Neu* 0,05 %) oder *Propamocarb* (*Previcur N* 0,15 %), eventuell wiederholen.

Ferner an *Petunia*: Weitere **Viruskrankheiten** möglich; **Vergilbung,** vermutlich eine Mykoplasmose - **Keimlingskrankheiten, Grauschimmel, Wurzelhalsfäule** (*Rhizoctonia sp.*), **Echter Mehltau** - ***Thrips*, Minierfliegen, Blattläuse, Weiße Fliege, Schnecken:** Siehe Kapitel 2.1 "Virosen", "Mykosen", "Tierische Schädlinge".

2.2.188 Philodendron (Baumfreund)

An Philodendron kommen unter anderem vor: **Bakterielle Blatt- u. Stammfäulen** (*Erwinia-*, *Pseudomonas-*, *Xanthomonas*-Arten). - Temperaturschwankungen, hohe Boden- und Luftfeuchte sowie Wunden vermeiden. Kranke und verdächtige Pflanzen vernichten. In der Vermehrung strenge Hygiene. - ***Pythium*-Wurzelfäule:** *Metalaxyl* (100 g *Fonganil Neu* in 5-10 l Wasser/m³) der Topferde beimischen oder Angießen der Jungpflanzen mit *Fonganil Neu* 0,05 % oder *Propamocarb* (*Previcur N* 0,15 %). Siehe auch bei "*Anthurium*".
Maßnahmen gegen die ebenfalls auftretenden **Schildläuse** siehe Kapitel 2.1 "Tierische Schädlinge".
Gegen **Spinnmilben** kann bei Befall 2mal im Abstand von 1 Woche *Abamectin* (*Vertimec*[3] 0,025 %), *Methamidophos* (*Tamaron* 0,15 %) oder ein anderes Mittel gegen Spinnmilben, möglichst im Wechsel angewandt werden.

In der Vermehrung
schädigen **Trauermückenlarven** oft erheblich. Zuweilen werden die Symptome mit dem ebenfalls sowohl in der Vermehrung als auch bei Fertigware häufigen Befall durch ***Pythium*-Wurzelfäule** verwechselt.
Auf Besatz mit **Spinnmilben** muß bei allen *Philodendron*-Arten ständig geachtet werden, auch ***Thrips*** und **Blattläuse** treten häufiger auf, gelegentlich auch **Blattälchen.** Siehe Kapitel 2.1 "Tierische Schädlinge".

2.2.189 Phlox (Flammenblume)

□ Blätter mit unregelmäßig fleckigen, hellgrünen bis gelbgrünen Verfärbungen; zuweilen auch gelbe Flecken und einzelne Ring- und Linienmuster.
Blätter mit kleinen und größeren, erst schwärzlichen, später mehr blaßbraunen bis silberfarbigen, weißen, nekrotischen, zuweilen doppelten Ringzeichnungen. Daneben finden sich Wellenlinien und eichenblattartige Muster.
Blätter und zuweilen auch die Stengel mit rostartig wirkender, brauner bis schwarzer Flecken- oder Streifenzeichnung. Wuchs gedrungen, Blätter beulig, verkniffen, gestaucht.
O **Viruskrankheiten** (*Tobacco necrosis virus*, *T. rattle virus*)
Δ Näheres über Bekämpfung siehe Kapitel 2.1 "Virosen".

□ Vor allem auf den unteren Blättern runde, rötlich-violette Flecke mit verwaschenem Rand und heller Mittelzone, bei starkem Befall vertrocknen die Blätter.
O **Septoria-Blattfleckenkrankheit** (*Septoria phlogis* Sacc. et Speg et al.)

Δ Spätestens bei ersten Befallserscheinungen spritzen mit *Mancozeb* (*Dithane Ultra WG* 0,2 %), *Metiram* (*Polyram WG* 0,2 %), *Triforin* (*Saprol Neu* 0,15 %) oder einem anderen Mittel gegen Blattfleckenkrankheiten.

□ Vergilben und Absterben der Stengel, ähnlich Älchenbefall, außerdem Blattflecken möglich.
O **Ascochyta-Blattfleckenkrankheit und -Triebsterben** (*Ascochyta*-Arten)
Δ Bekämpfung wie oben bei *Septoria*-Blattfleckenkrankheit beschrieben. Besonders sicher wirkt auch *Dithianon* (*Delan SC 750*(2) 0,05 %).

□ Starke Bestockung der Pflanzen, Triebe verkürzt, verdickt, Blätter verdreht oder verkrüppelt, besenartiger Wuchs. Blüten verkümmert.
O **Stockkrankheit, Befall durch Stengelälchen** (*Ditylenchus dipsaci* Filipj.)
Δ Wahl widerstandsfähiger Sorten. Kranke Triebe abschneiden und vernichten. Stecklinge 15 min in lauwarmes Wasser (30-35 °C) tauchen.
Sicherer ist die Vermehrung durch Wurzelschnittlinge, aber diese gründlich unter fließendem Wasser abwaschen.

Ferner an *Phlox*: **Bakterienkrankheit** (Warzenartige Verdickungen auf den Blättern, daher auch **"Blumenkohlkrankheit") - Echter Mehltau, Falscher Mehltau, *Phoma*-Stengelfäule und Triebsterben, *Verticillium*-Welke - Blattälchen, Gallenbildende Wurzelnematoden, Zystenbildende Wurzelnematoden, Schaumzikaden.** Siehe Kapitel 2.1 "Bakteriosen", "Mykosen", "Tierische Schädlinge".

2.2.190 Physalis (Lampionblume)

□ Auf den Blättern unregelmäßige Flecken-, Linien- und Ringzeichnungen sowie braune Stippen.
O **Viruskrankheiten** (*Potato virus Y, Potato leafroll virus, Beet western yellows virus, American plum line pattern virus*)
Δ Nähere Angaben siehe Kapitel 2.1 "Virosen".

Ferner an *Physalis*: **Gallenbildende Wurzelnematoden, Blattläuse, Spinnmilben.** Siehe Kapitel 2.1 "Tierische Schädlinge".

2.2.191 Physostegia (Gelenkblume)

An *Physostegia* kommen vor: **Fußkrankheiten, Grauschimmel - Gallenbildende Wurzelnematoden.** Siehe Kapitel 2.1 "Mykosen", "Tierische Schädlinge".

2.2.192 Pisonia (= Heimerliodendron)

P. brunoniana (= *H. brunonianum*) ist sehr anfällig für **Blattlausbefall** und kann unter den Grünpflanzen geradezu als Testpflanze für das erste Auftreten von Blattläusen dienen. Siehe Kapitel 2.1 "Tierische Schädlinge".

2.2.193 Platycerium (Geweihfarn)

Häufig an *Platycerium*: ***Pythium*-Wurzelfäule:** Wurzeln braun, naßfaul, Blätter fahlgrün, welken zunächst an den Spitzen und Rändern. - Entseuchte Substrate verwenden und vorbeugend mit *Metalaxyl* (*Fonganil Neu* 100 g/m³) behandeln. Wenn die Krankheit in der Kultur auftritt, mit *Metalaxyl* oder *Propamocarb* (*Previcur N* 0,15 %) angießen mit 2 l/m². - Siehe auch unter "*Filicales*".

2.2.194 Poinsettia (Weihnachtsstern)

Siehe "*Euphorbia pulcherrima*"

2.2.195 Potentilla (Fingerkraut)

An *Potentilla* kommen vor: **Echter Mehltau - Blattälchen, Gallenbildende Wurzelnematoden, Spinnmilben.** Siehe Kapitel 2.1 "Mykosen", "Tierische Schädlinge".

2.2.196 Primula-Arten (Primel)

Vorsicht bei Anwendung von *Parathion*(3) und anderen Phosphorinsektiziden, da vor allem junge Blätter empfindlich, sowie bei *Vinclozolin* und *Iprodion* im Gießverfahren.

☐ Im Herbst auf den Blättern zahlreiche kleine, eckige, gelbe oder weißliche, später braun eintrocknende Flecke.
O **Gelbstippigkeit** (Physiologische Störung)
Δ Verwendung gut abgelagerter Erde, pH-Wert kontrollieren. Im Herbst kalten Stand der Pflanzen vermeiden, nicht unter 8 °C, früh einräumen.

☐ Blattränder werden gelb, später braun. Wurzeln an den Spitzen verbräunt. Minderwachstum der Pflanzen. Besonders an *P. obconica*.
O **Salzempfindlichkeit - Übersalzung**
Δ Keine zu hohen Temperaturen bei hohen Düngegaben. Primeln sind sehr salzempfindlich. Nach Bodenuntersuchung düngen.

☐ Pflanzen bleiben im Wuchs zurück und weisen schlecht entwickeltes Wurzelsystem auf, schließlich werden die Blätter fahl. Zuweilen zeigt sich an den Blattadern, Blattstielen und Wurzeln Rotfärbung.
O **Blattvergilbung, Chlorose**
Δ Meist Folge von **Eisenmangel und Manganmangel**, versursacht durch falsches Nährstoffverhältnis oder ungeeigneten pH-Wert (sollte zwischen 6 bis 6,5 liegen) des Bodens. Daher Bodenuntersuchung und aufgrund des Ergebnisses ausgewogene Düngung. Erkrankte Bestände können mit *Fetrilon* oder *Sequestren 138 Fe* behandelt werden. Siehe Kapitel 2.1 "Physiologische Störungen".

☐ Wachstumshemmung. Blätter mit hellen gelblichen Flecken- und Ringzeichnungen, zuweilen auch mit braunen Flecken und buckeliger Oberfläche. Blüten fleckig, ihre Farbe "gebrochen", oft auch nur letzteres Symptom.

O **Viruskrankheiten** (*Tobacco necrosis virus, Tomato spottet wilt virus, Cucumber mosaic virus*)

Δ Näheres zur Bekämpfung siehe Kapitel 2.1 "Virosen".

□ Vergrünung der Blütenblätter (Blütenverlaubung), Blütenverkrüppelung, Blütenverzwergung, Chlorosen an Blüten.

O **Mykoplasmosen**

Δ Pflanzen mit Symptomen vernichten. Übertragung durch Zikaden, Blattläuse, *Thrips*. Bekämpfung der Vektoren durch *Deltamethrin* (*Decis flüssig*(3) 0,05 %), *Methamidophos* (*Tamaron* 0,1 %), *Oxydemeton-methyl* (*Metasystox R* 0,1 %).

□ Blätter werden gelb, Wurzel und Wurzelstock verfärbt, teilweise braune, fleckige Nekrosen. Wachstumshemmung. Später Wurzeln braun. Blätter liegen vertrocknet auf Bodenoberfläche, Herz der Pflanze verfault. Pflanzen sterben ab.

O **Stengelgrundfäule** (*Rhizoctonia solani* Kühn)

Δ Bodenentseuchung. Bei geringem Befall eventuell versuchsmäßiger Einsatz von *Propineb* (*Antracol WG*(2) 0,2 % - Vorsicht bei Jungpflanzen), *Benomyl* (*Du Pont Benomyl*(2) 0,05-0,1 %), *Iprodion* (*Rovral* 0,1 %) oder *Thiabendazol* (*Tecto FL*(1) 0,1 %) im Gießverfahren.

□ Pflanzen welken, Stammgrund und Wurzelansatz faulen, Wurzeln selbst noch gesund.

O **Phytophthora-Wurzelhalsfäule** (*Phytophthora primulae* Tom.)

Δ Bei Befallsgefahr angießen auf feuchte Ballen mit *Metalaxyl* (*Fonganil Neu* 0,05 %, bei Jungpflanzen 0,025 %, 2 l/m^2 oder 100 g/m^3 Erde) oder *Propamocarb* (*Previcur N* 0,15 %).

□ Ältere Blätter vergilben, die jüngsten zeigen rötliche Verfärbungen. An den Wurzeln braune Flecken, schließlich Welken der Pflanze.

O **Wurzelbräune** (*Chalara elegans* Nag Raj & Kendr.)

Δ Angießen oder gründliches Überbrausen mit *Benomyl* (*Du Pont Benomyl*(2) 0,05-0,1 %).

□ Pflanzen wachsen nach dem letzten Umtopfen zunächst gut an, welken aber dann innerhalb weniger Tage. Erste Krankheitsanzeichen an Blättern, diese werden fahlgrün oder gelblich und dann schlaff. Blattadern verbräunen, dadurch deutliches Hervortreten. Schließlich fault der Stammgrund. Wurzeln mit rot-violetten Faulstellen. Symptome besonders in den Herbst- u. Wintermonaten zu beobachten.

O **Mycocentrospora-Wurzel- und Stammfäule** (*Mycocentrospora acerina* [Htg.] Newh.)

Δ Reinigung und Desinfektion von Stellflächen, Kulturgefäßen und Geräten. Erd- oder Substratdämpfung tötet den Pilz im Boden ab. Befallene Pflanzen vernichten. Chemische Bekämpfung unsicher. Vorbeugend angießen mit *Benomyl* (*Du Pont Benomyl*(2) 0,1 %) bringt meist Erfolg oder *Thiabendazol* (*Tecto FL*(1) 0,1 %) - Wachstumshemmungen möglich -. Pflanzen trocken halten, da bei erhöhter Boden- und Luftfeuchtigkeit vermehrter Befall auftritt. Wenn möglich, Wechsel der Stellfläche, aber auch nicht auf Flächen, auf denen im Vorjahr Stiefmütterchen standen.

□ Auf den Blättern bilden sich rundliche oder mehr eckige, ockergelbe, heller grau oder gelblich umrandete Flecke von 1-2 cm Durchmesser, die später graubraun werden. - Besonders häufig an *Primula vulgaris*.

O **Blattfleckenkrankheit** (*Ramularia primulae* Thüm.)

Δ Bei ersten Befallszeichen sorgfältiges, mehrfach wiederholtes Spritzen oder besser Sprühen unter guter Benetzung der Blattunterseiten mit *Dithianon* (*Delan SC 750*(2) 0,05 %), *Mancozeb* (*Dithane Ultra WG* 0,2 %), *Metiram* (*Polyram WG* 0,2 %), *Triforin* (*Saprol Neu* 0,15 % - nicht blütenverträglich) oder einem anderen Mittel gegen Blattfleckenkrankheiten.

□ Auf den Blättern rundliche Flecke mit brauner Mitte und gelblichem Rand. Blattunterseits Flecke grau. Sie fließen später zusammen. Es zeigt sich ein mehltauartiger Belag blattober- und -unterseits. Blätter sterben ab.

O **Ovularia-Blattfleckenkrankheit** (*Ovularia primulana*)

Δ Vermeiden zu hoher Luftfeuchte. Pflanzen ausputzen. Spritzen im Wechsel mit *Iprodion* (*Rovral* 0,1 %) oder *Triforin* (*Saprol Neu* 0,15 % - nicht blütenverträglich).

□ An Blättern und Blüten sowie an den Blatt- und Blütenstielen Faulstellen, bei hoher Luftfeuchtigkeit mit grauem Pilzmyzel bedeckt.

O **Grauschimmel** (*Botrytis cinerea* Pers.)

Δ Strengste Betriebshygiene, richtige Standweite, regelmäßiges Lüften, Pflanzen häufig putzen, vorsichtig gießen. Spritzen mit *Vinclozolin* (*Ronilan WG* 0,1 %), *Iprodion* (*Rovral* 0,1 %), *Dichlofluanid* (*Euparen WG* 0,25 %), *Thiabendazol* (*Tecto FL*(1) 0,1 %) oder einem anderen Mittel gegen Grauschimmel. Ca. 12 Std. vor der Behandlung Temperaturen auf 15 - 18 °C anheben und 12 Std. belassen.

Frei an Blättern fressende Raupen

Spritzen mit *Permethrin* (*Ambush*(2) 0,01 %), *Deltamethrin* (*Decis flüssig*(3) 0,05 %), *Methamidophos* (*Tamaron* 0,1 % - Schäden möglich!) oder *Parathion* (*E 605 forte*(3) 0,035 %).

Erdraupenbefall an Freilandprimeln

in gefährdeten Lagen gründliches Spritzen mit *Permethrin* (*Ambush*(2) 0,01 %) oder *Deltamethrin* (*Decis flüssig*(3) 0,05 %).

Ferner an *Primula*: **Keimlingskrankheiten, Fußkrankheiten, Falscher Mehltau - Gallenbildende Wurzelnematoden, Stengelälchen, Blattälchen, Trauermückenlarven, Wurzelläuse, Blattläuse, Spinnmilben, *Thrips*, Weiße Fliege, Minierfliegen-Larven, Dickmaulrüßler, Schnecken.** Siehe Kapitel 2.1 "Mykosen", "Tierische Schädlinge".

2.2.197 Pyrethrum (Chrysantheme)

An *Pyrethrum* kommen vor: **Fußkrankheiten, Echter Mehltau.** Siehe Kapitel 2.1 "Mykosen".

2.2.198 Ranunculus (Hahnenfuss)

□ An Blättern, Trieben und Blüten braune Faulstellen, die mit einem grauen Pilzrasen überzogen sind. Bei starkem Befall Absterben der Pflanzen.

O **Grauschimmel** (*Botrytis cinerea* Pers.)

Δ Zu hohe Luftfeuchtigkeit und länger anhaltende Blattnässe vermeiden. Spitzen mit *Iprodion* (*Rovral* 0,1 %), *Vinclozolin* (*Ronilan WG* 0,1 %).

□ Auf der Blattunterseite weißgrauer bis mausgrauer Pilzrasen. Blattoberseits zuerst gelbliche Fleckenbildung, die sich später orangerot bis purpurrot verfärben.

○ **Falscher Mehltau** (*Peronosporaceae*)

Δ Zu dichten Stand vermeiden und für ausreichende Belüftung sorgen. Spritzen mit *Propamocarb* (*Previcur N* 0,15 %), *Metalaxyl* (*Fonganil Neu* 0,05 %).

Ferner an *Ranunculus*: **Umfallkrankheiten (*Pythium*-, *Phytophthora*-Arten)**, ***Ramularia*-Blattflecken, Echter Mehltau - Minierfliegen, *Thrips*, Blattläuse.** Siehe Kapitel 2.1 "Mykosen", "Tierische Schädlinge".

2.2.199 Rhaphidophora (Scindapsus) (Efeutute)

Siehe unter "*Epipremnum aureum*"

2.2.200 Rosa (Rose)

Rosen können gegenüber folgenden Wirkstoffen empfindlich reagieren:
***Parathion*[3], *Methamidophos*, *Omethoat*, *Oxydemeton-methyl*, *Phosphamidon*, *Propoxur* sowie *Fosetyl* und *Dichlofluanid*.**

☐ Freiland und Gewächshaus - Schlechtes Längenwachstum der Haupttriebe, Pflanzen bleiben zurück. Auf Flächen, die bereits Rosen oder andere Rosaceen getragen haben.

○ **Bodenmüdigkeit**

Δ Wechsel der Anbaufläche, eventuell "Bodenaufschließung" mit *Dazomet* (*Basamid Granulat*). Aufwandmenge bei *Basamid Granulat* 50 g/m², Einwirkungszeit eine Woche, Wartezeit 4 Wochen (Kressetest!). Beste Temperatur 15-20 °C. Wirkung auch gegen Bodenpilze, Schädlinge (Wandernde Wurzelnematoden!), Unkräuter.

☐ Gewächshaus, Frühjahr, Herbst - Blätter trocknen ein, ohne vorher zu vergilben und fallen bei leisem Luftzug oder leichter Berührung ab.

○ **Nichtparasitärer Blattfall**

Δ Sicherung gleichmäßiger, ausreichender Wärme und Luftfeuchtigkeit, Vermeidung von Niederschlag während der Nacht. Vor allem plötzliche, schroffe Senkung der Wärme und/oder Luftfeuchtigkeit führen zu Blattfall.

☐ Freiland und Gewächshaus. Blätter werden insgesamt gelbgrün oder gelb, chlorotisch, Blattadern, auch feinste Verästelungen, bleiben grün.

○ **Eisenmangel, Chlorose**

Δ Bodenuntersuchung, Verwendung eines Mikronährstoff-Depotdüngers vom Typ des Radigen oder von *Fetrilon* oder *Sequestren 138 Fe*.

☐ An den Blättern chlorotische Ränder, die in braun-violette Nekrosen übergehen.

○ **Kalimangel**

Δ Bodenuntersuchung und entsprechende Düngung. Vorsicht, **Kaliüberschuß** kann Wurzelschäden verursachen. Blätter verfärben und fallen ab.

☐ Freiland und Gewächshaus. Blätter werden vom Rande her gelbgrün oder gelb, nur die Hauptadern bleiben grün.

○ **Manganmangel**

Δ Bodenuntersuchung, Zufuhr von Mangan aufgrund des Ergebnisses. Zweckmäßig Verwendung eines Mikronährstoff-Depotdüngers vom Typ des Radigen.

□ An Freiland- und Gewächshausrosen. Zwischen den Adern färbt sich das Blatt gelb und zeigt später hier braune Nekrosen. Blätter fallen vorzeitig ab.

O **Magnesiummangel**

Δ Bodenuntersuchung und entsprechende Düngung mit Magnesium. Zweckmäßig Verwendung eines Mikronährstoff-Depotdüngers vom Typ des Radigen.

□ Bei einigen Sorten treten kurze, gedrungene, im Bereich des Blütenkelches stark verdickte Blüten mit einer vermehrten Zahl von Blütenblättern auf.

O **Blütendeformation "Bullenköpfe"**

Δ Erscheinung ist eine Folge zu tiefer Temperaturen während der Triebentwicklung. Vor Treibbeginn stärkere Triebe auf 3-4 Augen zurückschneiden, schwächere nur entspitzen. Temperatur zunächst auf 6-7 °C halten, wenn Austrieb etwa 1 cm lang ist, Wärmestoß von über 15-16 °C für eine Woche, dann wieder auf 12 °C zurückgehen. Wenn Knospen erscheinen, tagsüber 22-24 °C, nachts 16-18 °C.

□ Stiele der Blütenknospen werden dicht unterhalb der Spitze schwarz. Knospen welken und sterben ab.

O **Schwarzwerden der Blütenknospenstiele**

Δ Diese Erscheinung beruht vermutlich auf Ernährungsstörungen.

□ An Gewächshausrosen - Auf den Blättern durch dunkle Ränder begrenzte gelbbraune Flecke. Das Gewebe vertrocknet, die Blätter fallen ab, Blattstiele bleiben am Stengel. Zunächst an untersten Blättern wachsender Triebe oder an älteren Blättern nach Erscheinen der Blütenknospen. Oft der ganze Stiel kahl. Vor allem bei dunklem, feuchtem Wetter im Frühjahr und Herbst. Krankheitsbild ähnlich "Falschem Mehltau". Vor allem an einigen Sorten, beispielsweise 'Baccara'.

O **(Baccara-)Rosen-Schwärze, Nichtparasitärer Blattfall** (Physiologische Störung).

Δ Möglichst gleichmäßige Boden- und Luftfeuchtigkeit, diese nicht plötzlich abfallen lassen, Niederschlagsbildung bei Nacht vermeiden. Keine Schwefel-Verdampfung gegen Echten Mehltau, wenn Blätter nicht abtrocknen, vor allem im Herbst und Frühjahr.

□ Triebenden sind fein und zart ausgebildet. Weisen keine Knospenbildung auf. Ist meist eine Sorteneigenschaft.

O **Blindtriebe**

Δ Blindtriebe entstehen vor allem bei niedrigen oder stark schwankenden Temperaturen im Frühjahr, bei schwächerer Belichtung. Wichtig ist das Lichtangebot vor der Ruheperiode. Bei sehr frühem Treiben können auch höhere Temperaturen zu vermehrtem Auftreten von Blindtrieben führen. Einseitige Stickstoffdüngung vermeiden. Auch Befall durch Gallmücken kann Blinde Rosentriebe zur Folge haben.

Viruskrankheiten

□ Mosaikartige helle Flecken und Ringzeichnungen auf den Blättern. Blütenknospenproduktion kann verringert sein.

○ **Nekrotisches Kirschenringfleckenmosaik** (*Prunus necrotic ringspot virus*, mechanisch oder durch Wurzelkontakt übertragen)

Δ Weitergabe des Virus vor allem durch infizierte, vegetativ vermehrte Unterlagen (*Rosa indica major, Rosa manettii*) oder infiziertes Steckholz. Daher virusfreie Unterlagen oder Steckholz oder auf *R. canina* veredeln. Nur gesunde Pflanzen weiterziehen.
Virus tritt oft zusammen mit **Apfelmosaik-Virus** (*Apple mosaic virus*) auf.

□ An Gewächshausrosen. Chlorotische Stippen oder Flecke an den Blättern, verzögerter Wuchs.

○ **Erdbeerringflecken-Virus** (*Strawberry latent ringspot virus*, mechanisch übertragen und durch Nematoden der Gattung *Xiphinema*)

Δ Bodenentseuchung zur Ausschaltung der Nematoden als Überträger.

□ Chlorotische bis nekrotische Flecke, Triebsterben und Zwergwuchs.

○ **Tabakringflecken-Virus** (*Tobacco ringspot virus* - mechanisch und durch *Thrips* übertragen)

Δ Unkraut- und Vektorenbekämpfung für die Ausbreitung von wesentlicher Bedeutung.

Bakteriosen

□ Gallenartige Wucherungen an den Wurzeln und unteren Stammteilen.

○ **Wurzelkropf, Bakterienkrebs** (*Agrobacterium radiobacter subsp. tumefaciens* [Sm. et Town.] Conn.).

Δ Befallene Rosen ausmerzen. Wechsel der Anbaufläche. Quarantänekrankheit.

Mykosen

□ Weißer, mehliger, abwaschbarer Pilzbelag auf beiden Seiten der Blätter, diese dann meist nach oben gefaltet, rötlich angelaufen, schließlich verkrüppelnd. Dicke, weiße, allmählich grau und filzig werdende Myzelbeläge besonders häufig auch an Trieben, Blütenknospen und Fruchtkelchen. - Im Freiland und im Gewächshaus.

○ **Echter Mehltau** (*Sphaerotheca pannosa* Lév. *var. rosae* Wor.)

Gewächshausrosen

Δ Sortenwahl. Bekämpfung vorbeugend ab Vegetationsbeginn durchführen. Im Gewächshaus laufend vorbeugendes Verdampfen von Schwefel durch *Flora-Verdampfer* oder *Sul-*

fix-Nebler (je 150 bis 200 m³ mindestens 1 Gerät) - Schäden durch Schwefel möglich bei Temperaturen über 25 °C. -
Bei Befall periodisches Spritzen mit *Bitertanol* (*Baymat flüssig* 0,15 %), *Triforin* (*Saprol Neu* 0,1 %) oder anderen, keine Spritzbeläge hinterlassenden Präparaten. Bei Befall zunächst 3malige Behandlung in Abständen von 4-5 Tagen notwendig, später alle 10 Tage. Präparate häufiger wechseln.

Freilandrosen

Δ Bei Freilandrosen ist auch die Anwendung von Präparaten zur kombinierten Bekämpfung von Echtem Mehltau, Rost und Sternrußtau, außer den bereits oben genannten Mitteln, wie *Bitertanol (Baymat flüssig)*, *Dichlofluanid (Euparen WG)*, *Triforin (Saprol Neu)* oder anderen empfehlenswert. Ratsam ist häufiger Wechsel der eingesetzten Präparate. - Weitere Angaben siehe Kapitel 2.1 "Mykosen - **Echter Mehltau**".

□ **An Freilandrosen.** Bald nach Austrieb an älterem Holz und jungen, meist gekrümmten oder/und leicht abbrechenden Trieben hell orangerote Schwielen (Aezidien-Sporenlager), im Sommer an den Blättern blattoberseits kleine, gelbliche oder rötliche Flecke, unterseits an den entsprechenden Stellen stecknadelkopfgroße, erst gelblichbraune, im Herbst schwarz werdende Pusteln, die Rostsporen enthalten. Bei starkem Befall Abwerfen der Blätter. Hauptsächlich bei feuchterem Wetter an Freilandrosen vorkommend, regional stärker.

O **Rosenrost** (*Phragmidium mucronatum* [Pers.] Schlecht., *Ph. tuberculatum* J. Müll.)

Δ Bevorzugung weniger anfälliger Rosensorten, beispielsweise von *R. multiflora*-Herkünften und *R. moschata*-Hybriden. Keine einseitige Stickstoffdüngung.

Bis Knospenaustrieb Rückschnitt befallener Triebe und vorbeugende Spritzungen mit Kupfermitteln auch als Zusatz zu einem Austriebsspritzmittel (bei Befall durch tierische Schädlinge).

Ab Beginn der Vegetation spritzen mit Präparaten, die gleichzeitig gegen Echten Mehltau und Sternrußtau wirken.

Sicher gegen **Rost** *Mancozeb* (*Dithane Ultra WG* 0,2 %), *Propineb* (*Antracol WG* 0,2 %) oder *Triforin* (*Saprol Neu* 0,1 %) oder *Bitertanol* (*Baymat flüssig* 0,125 %), die gleichzeitig eine gute Wirkung gegen Echten Mehltau und Sternrußtau haben; möglichst zwei dieser Präparate im Wechsel alle 8-10 Tage.

Pflanzen von unten behandeln, Blattunterseiten müssen gut benetzt werden. Nach dem Blattfall im Herbst wieder besser Kupferpräparate zur Behandlung von Zweigen und Stämmen, vor allem auch gegen andere Pilzkrankheiten.

□ Unregelmäßig rundliche sternförmige, dunkle, braun bis violett-schwarze, oft bis zu einem Zentimeter große Flecke mit strahligem Rand auf der Oberseite der Blätter. Diese vergilben und fallen bei Berührung ab.

O **Sternrußtau** (*Diplocarpon rosae* Wolf = *Actinonema rosae* [Lib.] Fr.)

Δ Feuchte Luft begünstigt Auftreten. Nach kräftigem Rückschnitt im Frühjahr ab Mai/Juni alle 10 Tage wiederholte Spritzung mit *Bitertanol* (*Baymat flüssig* 0,15 %), *Propineb* (*Antracol WG*(2) 0,2 %), *Mancozeb* (*Dithane Ultra WG* 0,2 %), *Metiram* (*Polyram WG* 0,2 %), *Triforin* (*Saprol Neu* 0,1-0,15 %), *Thiabendazol* (*Tecto FL*(1) 0,1 %) oder anderen Präparaten, die gleichzeitig gegen Echten Mehltau (und Rosenrost) wirksam sind. Pflanzen von unten behandeln. Abgefallene Blätter verbrennen. Siehe Kapitel 2.1 "Mykosen".

□ Blätter mit braunen, violett gerandeten Flecken, die schwarze Stippen (Pilzsporangien) aufweisen oder rötliche bis schwarze Blattflecken mit grauweißem Zentrum. Starker Blattfall.

○ **Blattfleckenkrankheiten** (*Phyllosticta rosarum* Pass. = *Sphacelaoma rosarum* [Pass.] Jenk., *Mycosphaerella rosicola* (Pass.) Davies)

Δ Regelmäßige Spritzung mit Fungiziden wie gegen **Sternrußtau.**

□ **Im Freiland und im Gewächshaus.** Blattflecken, an entsprechender Stelle der Blattunterseite manchmal schmutzig weißer Pilzrasen. Bei Blütenbefall Verfärbung der äußeren Blütenblätter, diese bleiben im Längenwachstum zurück. Nach Infektion vieler Blütenblätter gedrungene oder einseitig verkrüppelte Blütenköpfe, Pilzflaum an Blüten aber nur mikroskopisch sichtbar. Welken und Vertrocknen der Knospen und des Knospenstiels.

○ **Falscher Mehltau** (*Peronospora sparsa* Berk.)

Δ Richtige Temperaturführung (niemals unter 15 °C) und angemessene, nicht zu hohe Luft- und Bodenfeuchtigkeit. Zur chemischen Bekämpfung möglichst Präparate einsetzen, die zugleich gegen Echten Mehltau, Rosenrost und Sternrußtau oder wenigstens gegen zwei dieser Krankheiten wirken, etwa *Propineb* (*Antracol WG*(2) 0,2 %), *Mancozeb* (*Dithane-Ultra* 0,2 %), *Metiram* (*Polyram WG* 0,2 %). Nur gegen *Falsche Mehltaupilze* haben sich *Metalaxyl* (*Fonganil Neu* 0,05 %) und *Propamocarb* (*Previcur N* 0,15 %) bewährt. (Präparate haben jedoch keine Zulassung in Rosen.)

□ **Bei Gewächshausrosen** sterben nach Rückschnitt im Frühjahr die Zweige, ausgehend von der Schnittstelle von oben nach unten ab, vor allem bei hoher Luftfeuchtigkeit bei stagnierender Luft. Dauert dieser Zustand längere Zeit, so werden auch die Zweige unterhalb des Knospenansatzes befallen und an der Infektionsstelle braun. Blütenstiele knicken an Befallsstelle ab. Auch die Blüten werden befallen und zeigen *Botrytis*-Flecke.

○ **Botrytis-Befall an Blütenstielen und Blüten, Botrytis-Zweigsterben** (*Botrytis cinerea* Pers.))

Δ Stagnierende Luft und übermäßige Feuchtigkeit vermeiden, Ventilatoren! Nach Rückschnitt Temperatur etwas erhöhen und Pflanzen mit *Dichlofluanid* (*Euparen WG* 0,5 %), *Vinclozolin* (*Ronilan WG* 0,1 %), *Iprodion* (*Rovral* 0,1 %), *Thiabendazol* (*Tecto FL*(1) 0,1 %) oder einem anderen Mittel gegen *Botrytis* spritzen (Vorsicht - Spritzflecken -). Befallene Pflanzenteile (Blütenstiele!) regelmäßig entfernen.
In nicht mehr geheizten Gewächshäusern lohnen sich vorbeugende Spritzungen mit *Ronilan WG* 0,1 % oder *Rovral* 0,1 %.

□ **Im Freiland** bei feuchten Wetterperioden im Sommer. An den Blättern, bei starkem Befall auch an Stengeln, erst gelbgrüne, später gelbliche, grau- oder gelbbraune Flecken. Blattfall. An Stengeln später verschwommene schwärzliche Flecke mit mehr braunem Zentrum und dunkler roter Randzone. Oft auch an Unterlagen auftretend.

○ **Blatt- und Stengelfleckenkrankheit** (*Sphaerulina rehmiana* Jaap = *Septoria rosae* Desm.)

Δ Befallene Triebe entfernen. Versuchsweise bei ersten Befallszeichen mit *Propineb* (*Antracol WG*(2) 0,2 %), *Mancozeb* (*Dithane Ultra WG* 0,2 %), *Metiram* (*Polyram WG* 0,2 %) oder *Triforin* (*Saprol Neu* 0,1-0,15 %) spritzen. Spritzungen mit Kupferpräparaten zur Zeit des Laubfalls im Abstand von 10 Tagen.

□ **Im Freiland und im Gewächshaus.** Die Rinde vorjähriger Triebe weist hellbraune oder braunrötliche, rötlichbraun bis violett umrandete Flecke auf, in deren Bereich die Rinde schließlich trocken wird und unter Aufwölbung der Randpartien einreißt. Häufig auch im Bereich der Augen. Die Triebe oberhalb der Befallsstelle verkümmern oder sterben ab. - *Rosa multiflora* besonders anfällig, möglichst nicht als Unterlage verwenden.

O **Rindenfleckenkrankheit** (*Coniothyrium*-Arten)

Δ Statt mit Laub oder Erde zum Winter mit Nadelholzreisig, aber nicht zu früh, eindecken und Eindeckung zeitig entfernen. Befallene Triebe bis ins gesunde Holz zurückschneiden und verbrennen. Vor dem Austrieb wiederholt mit *Kupferoxychlorid* (*Cupravit OB 21* 0,5 %) oder *Kupferhydroxid* (*Cuprozin WP* 0,2 %) oder/und nach dem Austrieb mit *Mancozeb* (*Dithane Ultra WG* 0,2 %), *Triforin* (*Saprol Neu* 0,15 %) oder versuchsweise *Dithianon* (*Delan SC 750*(2) 0,05 %) spritzen. - Eine besonders gefährliche Form der Rindenfleckenkrankheit wird als **Stammkrebs** (s. u.) bezeichnet.

□ Austrieb schlecht, die kümmerlichen Triebe mit gelblich-blasser Belaubung. An der Rinde einjähriger Triebe braune, oft purpurfarben umrandete Flecke, am Stammgrund und an den oberen Wurzelteilen schwarze Verfärbung. Pflanzen sterben meist ab.

O **Gnomonia-Stammgrundfäule und Rindenbrand** (*Gnomonia rubi* [Rehm] Winter)

Δ Man findet die Krankheit vor allem an Rosen, die im Erdeinschlag überwintert wurden, sowie an Kühlhausrosen. Die gegen Rindenerkrankungen empfehlenswerten Spritzungen mit *Kupferoxychlorid* (*BASF-Grünkupfer* 0,5 %) oder *Kupferhydroxid* (*Cuprozin-WP, Fungoran-OH* 0,2 %) gegen Ende der Vegetationsruhe wirken auch gegen die *Gnomonia*-Stammgrundfäule.

□ Pflanzen kümmern und sterben allmählich ab. Um die Veredlungsstelle wird die Rinde braun, später umfaßt die Bräunung den ganzen Wurzelhals und geht bis tief ins Holz. Gewebe reißt auf und wird morsch, Pflanzen brechen zuweilen um. Vor allem an Winterveredlungen.

O **Cylindrocladium-Stammgrundfäule** (*Cylindrocladium scoparium* Morg.)

Δ Kranke Pflanzen entfernen. Winterveredlungen gut abhärten. Nicht zu tief pflanzen. Bodenentseuchung auf Flächen, wo Befall aufgetreten ist. Wurzelhals behandeln mit *Benomyl* (*Du Pont Benomyl*(2) 0,05 %). Versuchsweise auch *Mancozeb* (*Dithane Ultra WG* 0,2 %).

□ Entweder verwelkt (bei Infektion der Veredlungsstelle) der Edelaugentrieb, einzelne Zweige oder der ganze Strauch. Auftreten gelber, später brauner Bandmuster. Auf kranker Rinde ringförmig angeordnete, schwarze Sporangien.

O **Stammkrebs, Veredlungskrebs** (*Coniothyrium fuckelii* Sacc.)

Δ Sorgfältig veredeln. Kranke Pflanzen sofort vernichten, die übrigen wie gegen **Rindenfleckenkrankheit** (s. o.) behandeln.

□ **An Gewächshausrosen** teilweises Welken der Pflanze. Triebe sterben von oben nach unten ab. Leitungsbahnen im Inneren verbräunt. Beim Antreiben im Februar Welkesymptome, später Kippen der Knospen.

O **Verticillium-Welke** (*Verticillium albo-atrum* Reinke & Berth.)

Δ Kranke Pflanzen entfernen; nach Auftreten Bodenentseuchung zweckmäßig.

☐ **An Freilandrosen.** - Hagebutten sind erst oberflächlich, später auch innen braunfleckig und faulen.

○ **Hagebuttenfäule** (*Glomerella cingulata* Spauld. et Schrenk = *Colletotrichum gloeosporioides* Penz.)

Δ Unmittelbar vor der Blüte, in die Vollblüte und in die Nachblüte spritzen mit *Mancozeb* (*Dithane Ultra WG* 0,2 %) oder *Metiram* (*Polyram WG* 0,2 %).

Tierische Schädlinge

☐ Blätter durch zahlreiche Saugstellen erst gelblich gesprenkelt, schließlich fahl bis weißlich grau. Erste Symptome vor allem längs der Blattadern, später feine Gespinste auf der Blattunterseite. Befall besonders bei zu trockener Luft zunehmend, Blätter verdorren dann und fallen ab.

○ **Spinnmilben** (*Tetranychus urticae* Koch und andere Arten)

Δ **An Freilandrosen** ist während der Ruheperiode vor Austrieb eine Spritzung mit *Mineralöl* (*Promanal*[1] 3,0 %) ratsam. Obwohl die Wirkung gegen Spinnmilben nicht ausreicht, ist sie zur Bekämpfung anderer überwinternder Stadien von Schädlingen vorteilhaft.

Bei Gewächshausrosen nach dem Rückschnitt mit *Clofentezin* (*Apollo*[3] 0,04 %) spritzen, später Einsatz eines der unten genannten Akarizide, Sortenempfindlichkeit beachten. Beginnend mit der Vegetationsperiode wiederholte Spritzung mit *Abamectin* (*Vertimec*[3] 0,025 %), *Fenpropathrin* (*Rody*[3] 0,05 %), *Hexythiazox* (*Ordoval* 0,05 %), *Methamidophos* (*Tamaron* 0,15 %) (besonders breite Wirkung, auch gegen Blattläuse und Raupen, aber Schäden bei einigen Sorten) oder *Fenbutatin-oxid* (*Torque*[3] 0,05 %), *Oxydemeton-methyl* (*Metasystox R* 0,1 %) (wo keine Resistenz beobachtet wurde! - Schäden an 'Baccara' möglich -) oder anderen Mitteln gegen Spinnmilben, aber immer Präparate bevorzugen, die keine Spritzbeläge hinterlassen.

Wichtig: Sorgfältig arbeiten, nicht überdosieren, möglichst Blattunterseite treffen. Wirkstoffgruppen in angemessenen Zeiträumen wechseln, um Aufkommen resistenter Stämme von Spinnmilben zu verhüten.

☐ Mai bis Sept. an **Freilandrosen** - Blätter oberseits weißlich-gelb gescheckt, zunächst vor allem längs der Blattadern, schließlich verdorrend und abfallend. Blattunterseits sitzen bis 3 mm lange blattlausähnliche Larven oder geflügelte, springende Zikaden, bei Trockenheit massenhaft auftretend.

○ **Rosenzikade** (*Edwardsiana rosae* L.)

Δ Bei Beginn des Befalls, meist im Mai, gründliche, im Abstand von einer Woche wiederholte Spritzung mit *Permethrin* (*Ambush*[2] 0,01 %), *Deltamethrin* (*Decis flüssig*[3] 0,05 %), *Propoxur* (*Unden flüssig* 0,15 %) oder anderen Insektiziden. Boden in Strauchnähe mit behandeln.

Auf Bienengefährlichkeit der Präparate achten!.

☐ An **Freilandrosen** im Sommer - Grünliche, gelbe oder mehr rötliche "Schlafäpfel", die im Herbst trocken werden, an Zweigen. In den Gallen leben Larven.

○ **"Schlafäpfel", Rosengallwespe** (*Rhodites rosae* L.)

Δ Wegschneiden der Gallen im Winter lohnt nur bei stärkerem Besatz.

☐ Juni bis Sept. an **Freilandrosen** - Triebenden welken plötzlich und vertrocknen, sie zeigen Bohrlöcher mit weißem Bohrmehl, im Innern Fraßgang mit bis 15 mm langer Larve.

O **Abwärtssteigender Rosentriebbohrer** (*Ardis brunniventris Hartig*), **Aufwärtssteigender Rosentriebbohrer** (*Cladardis elongatula* Klug.)

Δ Rückschnitt der welkenden, befallenen Triebe bis ins gesunde Holz. Bei regelmäßigem Auftreten lohnen Spritzungen mit *Methamidophos* (*Tamaron* 0,15 %), *Propoxur* (*Unden flüssig* 0,15 %) oder *Dimethoaten* 0,1 % ab Mitte Mai wiederholt in Abständen von 14 Tagen.

□ Im Sommer an **Freilandrosen** - Blätter skelettiert, daran 6-10 mm lange, schneckenartige, grünliche Larven. Nur jahrweise stärker auftretend, zuweilen in Massen.

O **Schwarze Rosenblattwespe** (*Endelomyia aethiops* Fabr.)

Δ Spritzen mit wirksamen Insektiziden wie für **Rosenzikade** angegeben.

□ Mai bis Sept. an **Freilandrosen** - Teilblätter von den Rändern zur Mittelrippe nach unten röhrenförmig eingerollt, in der Röhre eine 8-9 mm lange, raupenähnliche Larve.

O **(Kleinste) Blattroll-Rosenblattwespe** (*Blennocampa pusilla* Kl.)

Δ Befallene Blätter entfernen. Im Abstand von einer Woche wiederholte Spritzung mit *Dimethoaten* 0,1 %, *Methamidophos (Tamaron* 0,1 %). *Parathion* (*E 605 forte*(3) 0,035 %) oder anderen Insektiziden.

□ Vor allem an **Freilandrosen** im Sommer - Raupen oder Blattwespenlarven verschiedener Arten fressen frei an Blättern und Trieben oder in Blattrollen, Blattwickeln oder unter dem umgeschlagenen Blattrand sowie an Knospen. Nur in einzelnen Jahren stärkere Schäden.

O **Wicklerraupen, Eulenraupen, Blattwespenlarven**

Δ Bei stärkerem Befall sofortiges Spritzen oder Sprühen mit Insektiziden, beispielsweise mit *Permethrin* (*Ambush*(2) 0,01 %), *Deltamethrin* (*Decis flüssig*(3) 0,05 %), *Parathion* (*E 605 forte*(3) 0,035 %), *Methamidophos* (*Tamaron* 0,15 %), *Propoxur* (*Unden flüssig* 0,2 %) oder anderen Insektiziden. In blühenden Beständen von Freilandrosen nur *Bacillus thuringiensis* (*Dipel, Thuricide HP* 0,1-0,15 %) oder *beta-Cyfluthrin* (*Bulldock*(3) 0,05 %) nach dem Bienenflug einsetzen.

□ Juni bis Aug. an **Freilandrosen** - Bei Okulationen vertrocknen Edelauge und Schildchen sowie teilweise Holz des Wildlings. Unter dem Schildchen rote Larven.

O **Okuliermade** (*Thomasiniana oculiperda* Rübs.)

Δ Nach dem Verbinden Verstreichen der Okulierstellen mit Baumwachs, besonders bei Stammrosen. Zweckmäßig die bewährten Gummi- oder Plastikfolien benutzen. Anhäufeln der veredelten Rosenbestände. Nur bei regelmäßigem Befall lohnt Spritzung der Okulierstellen mit *Parathion-methyl* (*ME 605 - Spritzpulver*(2)).

Ferner an *Rosa* vorkommend: **(Weitere) Viruskrankheiten - Blattfleckenkrankheiten, Welkekrankheiten - Gallenbildende Wurzelnematoden, Wandernde Wurzelnematoden, Blattläuse, Schildläuse, *Thrips*, Weiße Fliegen, Blattwanzen, Gartenlaubkäfer, Dickmaulrüßler:** Siehe Kapitel 2.1 "Mykosen", "Tierische Schädlinge".

Chemische Unkrautbekämpfung in Rosen siehe in Kapitel 3.

2.2.201 Rudbeckia (Sonnenhut)

An *Rudbeckia* kommen zuweilen vor: **Blattälchen, Blattläuse.** Siehe Kapitel 2.1 "Tierische Schädlinge".

2.2.202 Saintpaulia (Usambara-Veilchen)

Vorsicht bei der Anwendung von Pflanzenschutzmitteln, vor allem *Carbofuran, Deltamethrin*(3), *Oxydemeton-methyl* sowie *Parathion*(3) und *Propoxur*. Auch *Fosetyl, Bitertanol, Dichlofluanid, Iprodion, Metalaxyl* (bei Jungpflanzen), ***Thiabendazol*(1), *Triforin* und *Vinclozolin* können bei einigen Sorten Schäden verursachen.**

Nichtparasitäre Schäden

☐ Blätter mit gelben und weißlichen, unregelmäßig ringartigen Flecken (Lichtflecken), aber keine Wachstumshemmung. Nicht mit **Ringfleckenkrankheit** (siehe unten) verwechseln.

○ **Gelbfleckigkeit, Marmorierung (Physiologische Störung)**

Δ Vermeidung starker Temperaturschwankungen, zu starker Besonnung, Zugluft und zu kalten Gießwassers. Schattieren, Blätter bei Sonne nicht benetzen.

☐ Herzblätter verfärben sich grau, welken und faulen, verkrüppeln aber nicht wie bei Befall durch Weichhautmilben. Stammgrund selbst gesund.

○ **Herzfäule**

Δ Erscheinung beruht vermutlich auf zu reichlicher Bewässerung bei zu kühlem Stand oder bei stark schwankenden Temperaturen.

☐ Bei einzelnen Sorten fallen die Blüten ab.

○ **Blütenfall**

Δ Blütenfall ist auf Unterkühlung der Pflanzen und/oder starke Temperaturschwankungen zurückzuführen.

☐ Die jungen Herzblätter der Pflanzen sind verhärtet und deshalb spröde.

○ **Hartherzigkeit**

Δ Salzgehalt im Substrat zu hoch, entweder bedingt durch Mineraldünger oder durch Gießwasser mit zu hohem Gehalt an Calcium oder Natrium, wobei die Wasserverdunstung im Gewächshaus in der Regel höher ist als die zugeführte Gießwassermenge, was eine Minderung der Calcium- oder Natriummenge durch Auswaschen ausschließt. Sorten verschieden empfindlich.

☐ Wurzeln zeigen verbrennungsähnliche Läsionen (lokale Beschädigungen) und sterben zuweilen ab.

○ **Schlechte Wurzelentwicklung durch zu hohen Salzgehalt im Substrat**

Δ Zu hoher Salzgehalt kann durch Ballentrockenheit, Einfüttern der Töpfe in Torf (Entzug von Feuchtigkeit aus Topfsubstrat, das dann im unteren Bereich erhöhte Salzkonzentration aufweist und hier im Gegensatz zum oberen Teil des Topfes nur schlecht durchwurzelt). Bei Anstaubewässerung ist der obere Teil des Topfsubstrates zu salzhaltig, dann sind die Wurzeln im oberen Topfteil schlecht entwickelt, dafür im unteren Teil besser. In beiden Fällen als Folge Wuchsstockungen.

☐ Die Blätter der Pflanzen bleiben klein und sind härter als normal.

○ **Hartlaubigkeit**

Δ Hartlaubigkeit beruht auf zu hohen Lichtwerten, daher besonders im Frühjahr und Sommer bei hohem Lichteinfall auch ohne direkte Sonneneinstrahlung schattieren.

□ Blätter verhältnismäßig groß, aber weicher als normal, Blattstiel länger und weicher. Blütenfarbe zuweilen blasser, Knospenansatz schlechter.

O **Zu weiche Blätter**

Δ Ursache liegt entweder in zu geringen Lichtwerten oder in zu hoher Stickstoffversorgung. Auch extrem hohe Temperatur und Luftfeuchtigkeit kann ein zu weiches Blattwerk verursachen, das dann besonders gefährdet durch Befall mit **Grauschimmel** ist.

Virosen

□ Blätter mit erst hellgelblichen, später braun werdenden Flecken und Ringmustern. Deutliche Wachstumshemmung.

O **Ringfleckenkrankheit** (Tomatenbronzeflecken-Virus, - *Tomato spotted wilt virus* -, übertragen durch *Thripse*)

Δ Gesundes Saat- und Pflanzgut. Sorgfältige Bekämpfung der ***Thripse***, besonders von *Frankliniella occidentalis*. Kranke Pflanzen vernichten. Siehe auch oben "**Gelbfleckigkeit, Marmorierung**".

Bakteriosen

□ **Verschiedene Symptomkomplexe**

a) Befallene Pflanzen zeigen schwächeres Wachstum. Blätter werden dunkelgrün bis braungrün, ihre Behaarung hebt sich deutlich von Blattoberfläche ab, scheint besonders lang zu sein. Beim Durchschneiden von Blattstielen und Sproßachsen Leitbündel oft rotbraun bis braun verfärbt. Naßfäule tritt nicht auf.

b) Blattstiele werden von Basis her glasig, Ausdehnung in Richtung Blattspreite. Gefäße verfärben sich braun. Glasigkeit greift auf Blattspreite über. Schließlich Blattstiele und -spreiten weich, bilden breiige Masse.

c) Auf Blättern wasserdurchtränkte glasige Zonen, diese breiten sich schließlich über ganze Blattspreite aus. Gefäße werden in Richtung Mittelrippe braun, später auch Verfärbung des Blattstiels. Bei hoher Luftfeuchtigkeit erweicht Gewebe, wird zu breiiger Masse. Bei trockener Luft trocknen braungewordene Stellen zu dunkelbraunen Nekrosen ein. Manchmal nur Glasigwerden und Erweichen einer Seite des Blattstiels. Glasige Stellen können später aufplatzen und verkorken. Dann zunächst Stillstand der Krankheit. Bei günstigen Bedingungen jedoch wieder erneuter Ausbruch.

d) Sproßachse und Wurzeln erkrankt. Blätter werden welk, sind etwas dunkler im Grün. Ränder der Blattspreiten rollen sich nach unten ein. Pflanzen lassen sich leicht vom Substrat abheben, da Sproßachse abgefault ist oder keine Wurzeln mehr vorhanden sind. Bei starkwüchsigen Pflanzen eventuell Ausbildung von Abschlußgewebe oder Bildung neuer Wurzeln, in den meisten Fällen jedoch Absterben der Pflanzen.

O **Bakterielle Welke, Bakterielle Naßfäule** (*Erwinia carotovora var. chrysanthemi* [Burkh.] Dye.)

Δ Stecklinge nur von gesunden Mutterpflanzen; wenn erwägenswert, Saintpaulien aus Samen ziehen. Die vorher gründlich gesäuberten Kulturgefäße, Geräte, Gewächshaustische mit einem Desinfektionsmittel desinfizieren. Im Vermehrungshaus peinlichste Sauberkeit. Wer kranke Pflanzen berührt hat, sofort Hände mit Wasser und Seife waschen. Luftfeuchtigkeit und -temperatur senken, aber nicht unter 16 °C gehen, da dann schlechte Wurzelbildung und Begünstigung von Pilzkrankheiten eintreten. Vorsichtig und nur morgens gießen, damit Pflanzen vor Nacht abtrocknen können. Kranke und befallsverdächtige Pflanzen sofort vernichten. Weitgestellte Kulturfolge. Bei Befall gründliche Desinfektion aller Geräte und Bodenentseuchung. Siehe Kapitel 1.3 "Entseuchung von Geräten, Anzuchtgefäßen, Tischen etc.".

Mykosen

□ **Akuter Krankheitsverlauf:** An einzelnen Blättern oder Stielen Faulstellen. Meist breitet sich die Fäule von der Sproßachse auf Stiele und Spreiten der Blätter aus. Befallenes Gewebe wird weich und ist dunkler als gesundes. Abgrenzung von gesundem Gewebe durch schmale, "wäßrig" erscheinende Übergangszone. Später hängen befallene Blätter über den Topfrand herunter und trocknen ein oder werden auf dem Boden zersetzt. Auch Befall der Wurzeln. Pflanze welkt schließlich und stirbt ab.
Latenter, schleichender Krankheitsverlauf: Pflanzen bleiben im Wuchs zurück oder stellen Wachstum ein. Blätter nehmen stumpfe Färbung an und/oder welken. Wurzelsystem schwach ausgebildet. Viele Wurzeln mit braunen Flecken oder abgestorben. Pflanzen gehen aber nur in Ausnahmefällen ein.
O **Phytophthora-Stammgrundfäule** (*Phytophthora nicotianae* var. *parasitica* [Dast.] Waterh.)
Δ Auswahl geeigneter Sorten. Sorgfältige Bodenhygiene. Desinfektion von Kulturgefäßen, Stellflächen und anderen Gewächshausmaterialien mit *Didecyldimethyl-ammoniumchlorid, M & Enno Ter forte* 2 %), 12 Std. wirken lassen. Saubere Entnahme von Stecklingen, die bewurzelten Jungpflanzen vor dem Eintopfen kurz in *Propamocarb* (*Previcur N* 0,15 %) tauchen. - Bei Topfpflanzen bringt mehrmaliges Angießen im Abstand von 4 Wochen mit *Propamocarb* (*Previcur N* 0,15 %) oder *Fosetyl* (*Aliette* 0,25 %, 2 l/m²) guten Erfolg, auch einmaliges Angießen mit *Metalaxyl* (*Fonganil Neu* 0,025 %) oder Erdbeimischung (100 g in 5-10 l Wasser/m³ Anzucht- oder Topferde) wirkt recht gut, eine höhere Aufwandmenge kann bei manchen Sorten als Gießmittel Wachstumshemmungen und andere Schäden verursachen. Sichtbar kranke Pflanzen entfernen.

□ Ähnliche Erscheinungen wie bei der **Phytophthora-Stammgrundfäule.**
O **Rhizoctonia-Stammgrund- und Wurzelfäule** (*Rhizoctonia solani* Kühn)
Δ Befriedigende Ergebnisse mit mehrmaligem, gründlichem, alle 2 Wochen wiederholtem Spritzen von *Vinclozolin* (*Ronilan WG* 0,1 %) oder *Iprodion* (*Rovral* 0,1 % - Vorsicht, Blütenschäden -). *Thiabendazol* (*Tecto FL*(1) 0,1 %) verursacht Blütenschäden und Wuchshemmung.

□ Blätter im Herz der Pflanze zunächst mit Faulstellen, faulen dann total ab, oft als erstes Symptom "Herzfäule" oder "Blütenfäule".
O **Botrytis-Fäule, Herzfäule** (*Botrytis cinerea* Pers.)
Δ Nicht zu tief pflanzen! Allgemeine Maßnahmen gegen *Botrytis* sind entscheidend, siehe Kapitel 2.1 "Mykosen - **Grauschimmel**". Vorbeugend, spätestens beim Auftreten der ersten Symptome, Spritzungen mit *Vinclozolin* (*Ronilan WG* 0,1 %), *Iprodion* (*Rovral* 0,1 %), *Thiabendazol* (*Tecto FL*(1) 0,1 % - Blütenschäden möglich) oder einem anderen Mittel gegen *Botrytis*. Möglich auch *Dichlofluanid* (*Euparen WG* 0,25 bis 0,5 %).

□ Weißer mehlartiger Belag auf Blättern, Blütenstielen und Blüten.
O **Echter Mehltau** (*Oidium*-Arten)

Δ Für ausreichende Lüftung sorgen. Bei Befall 2- bis 3malige Spritzung im Abstand von etwa einer Woche mit *Triforin* (*Saprol Neu* 0,075-0,1 %) oder einem anderen Mittel gegen Echte Mehltaupilze, aber die offenen Blüten nicht treffen. Vorbeugend wirkt Verdampfen von Schwefel, - 3 Verdampfer auf 1 000 m^3 Gewächshausraum, alle 2 Tage abends 1/2 Stunde (Blütenschäden sind möglich). Temperaturen nicht unter 18 °C.

□ Blätter des äußeren Blattkranzes welken und fallen ab. Fäule auf der Unterseite von äußeren Blattstielen, die auf Substrat aufliegen.

O **Blattfallkrankheit** (*Myrothecium roridum* Tode)

Δ Nur wenige Sorten werden befallen; wenn möglich auf deren Anbau verzichten. Sonst Behandlungen mit *Iprodion* (*Rovral* 0,1 % - Blütenschäden möglich) oder *Triforin* (*Saprol Neu* 0,1 % - Blütenschäden möglich).

Tierische Schädlinge

□ Blätter zeigen, vor allem in der Nähe der Adern, oberseits gelbliche bis braune, im Zentrum hellere Flecken, die auf der Blattunterseite eingesunken und besonders deutlich sind. Blätter und Blütenknospen verkümmern, Pflanze stirbt schließlich ab.

O **Blattälchen** (*Aphelenchoides olesistus* Good. und andere Arten)

Δ Gesunde Mutterpflanzen. Pflanzenbestände kontrollieren. Stärker befallene Pflanzen vernichten, sonst befallene Blätter herauspflücken. Versuchsweise *Oxydemeton-methyl* (*Metasystox R* 0,1 %) wiederholt spritzen. Pflanzen beim Gießen trocken halten. Siehe Kapitel 2.1 "Tierische Schädlinge - **Blattälchen**".

□ Junge Blätter und Blüten verkrüppelt, gewellt, stark behaart und leicht brüchig. Die jüngsten Blätter meist verbräunt, abgestorben.

O **Weichhautmilben** (*Hemitarsonemus latus* Bks., *Tarsonemus pallidus* Bks.)

Δ Versuchsweise *Abamectin* (*Vertimec*(3) 0,025 %), *Fenpropathrin* (*Rody*(3) 0,05 %) oder *Fenpyroximate* (*Kiron*(3) 0,15 %). Stagnierende Luft vermeiden, rechtzeitig rücken und lüften.

□ An dunklen Sorten findet man auf dem nach unten gerichteten Blütenblatt in größeren Mengen Pollen. Gleichzeitig entstehen grau-violette Stippen und Blütenrandnekrosen. Blüten trocknen vom Rand her ein.

O **Thrips** (verschiedene Arten, besonders *Frankliniella occidentalis*, Pergande)

Δ Hygienemaßnahmen von besonderer Bedeutung. Blüten von Vorblühern entfernen. Blautafeln aufhängen. Versuchsweise spritzen mit *Methamidophos* (*Tamaron* 0,1 %), sonst auch *Deltamethrin* (*Decis flüssig*(3) 0,05 %), *Abamectin* (*Vertimec*(3) 0,025 %) oder *Fenpropathrin* (*Rody*(3) 0,05 %). 3 Behandlungen im Abstand von 4 Tagen. 300 l/1000 m^2. Spritzmaßnahme möglichst vor der Vollblüte abschließen, um Pflanzenschäden möglichst gering zu halten.

Ferner an *Saintpaulia*: (Weitere) **Fußkrankheiten** (beispielsweise durch *Cylindrocarpon*) - **Wurzelgallenälchen, Wurzelläuse, Blattläuse, Staubmilben** (ähnliche Schadsymptome wie bei Thripsbefall). Siehe Kapitel 2.1 "Mykosen", "Tierische Schädlinge".

2.2.203 Salvia (Salbei)

□ Mehrjährige *Salvia splendens*-Pflanzen zeigen eine deutliche gelbe oder eine leichte grünliche Scheckung. - Vorsicht bei eventuellen Importen aus Südamerika.
O **Gurken-Mosaikvirus** (*Cucumber mosaic virus*, mechanisch und durch Blattläuse übertragen)
Δ Angaben zur Bekämpfung siehe Kapitel 2.1 "Virosen".

Ferner an *Salvia*: **Fußkrankheiten - Gallenbildende Wurzelnematoden, Blattälchen, Blattläuse, Spinnmilben, Weiße Fliege, Blattwanzen, Schnecken.**
Nähere Angaben zur Bekämpfung siehe Kapitel 2.1 "Mykosen", "Tierische Schädlinge".

2.2.204 Sansevieria (Bogenhanf)

Junge Pflanzen sind empfindlich gegen *Parathion*[3].

□ Auf den Blättern zunächst durchscheinende, scharf abgegrenzte Flecken, die später einsinken und weiß eintrocknen. Vor allem im Frühjahr bei Temperaturschwankungen und starker Sonneneinstrahlung. Sekundär Pilzbefall möglich. Zuweilen wird auch der Blattgrund weich, Blätter fallen um.
O **Sonnenbrand, Kälteeinwirkung**
Δ Sorgfältige Schattierung im Frühjahr. Temperatur nicht unter 12 °C, Schwankungen der Temperatur und Luftfeuchtigkeit vermeiden.

□ Auf den Blättern zeigen sich unregelmäßige, braune, korkige Stellen.
O **Nichtparasitäre Korksucht, Korkflecke**
Δ Hohe Luftfeuchtigkeit und (oder) hohe Bodenfeuchtigkeit, vor allem an Tagen geringer Lichtintensität, vermeiden. Pflanzen an hellem Platz aufstellen, für Wärme (mindestens 14 °C) sorgen und sparsam gießen.

□ Die Blätter oder ganze Pflanzen fallen um, ihr Stammgrund ist faul.
O **Nichtparasitäre Blatt- und Stammgrundfäule**
Δ Pflanzen nicht zu kühl stellen, nicht zu naß halten und Überdüngung vermeiden.

□ Auf Blättern bilden sich im Frühjahr eingesunkene durchscheinende Flecke, die später weißlich werden.
O **Nichtparasitäre Blattflecke**
Δ Starke Schwankungen von Temperatur und Luftfeuchtigkeit vermeiden.

□ Blätter zeigen auf beiden Seiten unregelmäßige, eingesunkene rotbraune Flecken mit hellerem, wulstigen Rand.
O **Parasitäre Korkflecke, Blattfleckenkrankheit** (*Gibberella fujikuroi* [Saw.] Ito = *Fusarium moniliforme* Sheldon)
Δ Beim Gießen vorsichtig sein, die Blätter möglichst nicht benetzen. Hohe Luftfeuchtigkeit vermeiden. Spritzen mit *Benomyl* (*Du Pont Benomyl*[2] 0,05 %), *Kupferoxychlorid* (*BASF-Grünkupfer* 0,4 %) oder *Kupferhydroxid* (*Cuprozin WP* 0,2 %) hat nur einschränkende Wirkung. Kranke Pflanzen vernichten.

Ferner an *Sansevieria*: **Gallenbildende Wurzelnematoden, Schildläuse, Schmierläuse, Wolläuse.** Siehe Kapitel 2.1 "Tierische Schädlinge".

2.2.205 Saxifraga stolonifera (S. sarmentosa) (Judenbart)

An *Saxifraga* haben Bedeutung: **Spinnmilben, Weichhautmilben.** Bekämpfung siehe Kapitel 2.1 "Tierische Schädlinge".

2.2.206 Scabiosa (Skabiose)

□ Kleine Raupen befressen die noch geschlossenen Blütenknospen und verursachen Verkrüppelungen.

O **Federmottenraupen** (*Stenoptilia bipunctidactyla* Scop.)

Δ Ab Beginn der Vegetation 3- bis 4mal im Abstand von einer Woche vorbeugend spritzen mit *Parathion* (*E 605 forte*(3) 0,035 %).

Ferner an *Scabiosa*: ***Botrytis* am Triebboden, Fußkrankheiten, Echter Mehltau. - Blattälchen, Blattläuse, Spinnmilben, Wicklerraupen, Mäuse.** Näheres Kapitel 2.1 "Mykosen", "Tierische Schädlinge".

2.2.207 Scaevola aemula

□ Chlorosen an jüngsten Blättern, später violette Verfärbung des Blattrandes. Blütenbildung gestört, wenige kleine Blüten von geringer Haltbarkeit.

O **Eisenmangel**

Δ Zu hohen pH-Wert und zu hohe P-Gaben sowie Staunässe vermeiden. Eventuell düngen mit Eisendünger wie *Flory 72*.

□ Pflanzen kümmern, Blätter vergilben. Wurzeln und Wurzelhals dunkel verfärbt, faulend.

O **Wurzel- und Stengelgrundfäule** (*Pythium*-Arten)

Δ Saubere Anzuchtsubstrate mit guter Wasserführung. Bodennässe, besonders Staunässe, bei niedrigen Temperaturen vermeiden. Befallene Pflanzen entfernen. Vorbeugend *Propamocarb* (*Previcur N* 0,15 %) oder *Metalaxyl* (*Fonganil Neu* 0,05 %) angießen.

□ Pflanzen mit fahlgrünem, welkendem Laub. Trotz ausreichender Bodenfeuchte vertrocknen einzelne Triebe. Leitbündel verbräunt.

O **Welke** (*Verticillium spp.*)

Δ Gesundes Ausgangsmaterial (Mutterpflanzen) verwenden. Befallene Pflanzen vernichten. Gießbehandlung mit *Benomyl* (*Du Pont Benomyl* 0,05 %) kann nur Ausbreitung verhindern, zeigt bei erkrankten Pflanzen keine Wirkung.

Ferner an *Scaevola*: **Tomatenbronzeflecken-Virus (TSWV)** - ***Rhizoctonia*-Stengelgrundfäule** - **Weiße Fliegen**, **Minierfliegen**, ***Thrips***. Siehe Kapitel 2.1 "Virosen", "Mykosen", "Tierische Schädlinge".

2.2.208 Schefflera actinophylla (Strahlenaralie)

Pflanze verträgt keinen "kalten Fuß". Wo keine Bodenheizung vorhanden ist, ergeben sich im Winter leicht Mißerfolge.

Besonders schwere Schäden entstehen an Jungpflanzen durch ***Pythium***-Arten, ***Rhizoctonia***- oder ***Fusarium***-Arten sowie häufig durch tierische Schädlinge wie ***Thrips*****, Blattläuse, Schildläuse, Spinnmilben.** Bekämpfung siehe Kapitel 2.1 "Mykosen", "Tierische Schädlinge".

2.2.209 Sedum (Fetthenne, Mauerpfeffer)

□ In rasenartig stehenden Sedumflächen werden teilweise die Blätter vom Rand her gelb oder rötlich, dann braun und fallen schließlich ab, beginnend am Grunde der Triebe.
O **Verticillium-Welke** (*Verticillium*-Art)
Δ Weiträumiges Ausheben der kranken Pflanzen, Aushub nicht verstreuen, abfahren.

Ferner an *Sedum*: **Blattälchen** und **Blattläuse**, der **Gefurchte Dickmaulrüßler** sowie die gelegentlich auftretende **Sedumgespinstmotte** (*Yponomeuta sedella* Treitsch.) können starke Schäden verursachen, daher häufige Kontrolle ratsam. Siehe Kapitel 2.1 "Tierische Schädlinge".

2.2.210 Sempervivum (Hauswurz)

Zur Bekämpfung der gelegentlich auftretenden **Blattläuse** keine Phosphorinsektizide verwenden, da sonst Schäden möglich. Empfohlen wird *Pirimicarb* (*Pirimor Granulat zum Auflösen in Wasser*[3] 0,05 %).

2.2.211 Senecio bicolor (= Cineraria L.) (Kreuzkraut)

2.2.212 Senecio Cruentus-Hybriden (Cinerarie)

□ Die Blattränder biegen sich erst nach oben und rollen sich später auf.
O **Löffelblättrigkeit**
Δ Erscheinung tritt nur bei zu hohem Salzgehalt im Substrat auf.

□ An jungen Blättern helle Flecke und Kräuselungen, an älteren auf Adern und Blattstielen rotbraune Flecke und Striche, auf den Blattspreiten braune Flecke oder größere braune Stellen. Blätter rollen sich ein, sterben ab.
O **Tomatenbronzeflecken-Virus** (*Tomato spotted wilt virus* [TSWV], übertragen durch *Thripse*).
Δ Von gesundem Pflanzgut ausgehen. Regelmäßige Bekämpfung der *Thripse*. Kranke Pflanzen vernichten.

□ Wurzelhals und Stengelpartie zunächst dunkel verfärbt, später faulend.
O **Phytophthora-Stengelgrundfäule** (*Phytophthora*-Arten)
Δ Kranke Pflanzen vernichten, Bestand mit *Fosetyl* (*Aliette* 0,2-0,5 %, max. 2 l/m²), *Metalaxyl* (*Fonganil Neu* 0,05 %) oder *Propamocarb* (*Previcur N* 0,15 %) angießen.

□ An Jungpflanzen, vor allem an unteren Blättern, unregelmäßig geformte, später auch ineinanderfließende graubraune oder schwärzliche, dunkel umrandete und später meist kreisförmig gezonte Flecken. Blätter stärker befallener Pflanzen verkrüppeln, sterben ab.

Auf Blattoberseite im Fleckenbereich dunkelbrauner Sporenrasen. Besonders anfällig "Silberzwerg". Auch an *Senecio cruentus*-Hybriden (*Cinerarie*), Auflaufschäden verursachend (samenübertragbar!).

○ **Alternaria-Blattfleckenkrankheit** (*Alternaria cinerariae* Hori et Enj. = *Alternaria senecionis* Neerg.)

Δ Weiträumiger, luftiger Stand, Pflanzen trocken halten. Versuchsweise Anwendung von Mitteln gegen Blattfleckenkrankheiten wie *Propineb* (*Antracol WG*(2) 0,2 %), *Dithianon* (*Delan SC 750*(2) 0,05 %), *Mancozeb* (*Dithane Ultra WG* 0,2 %), *Metiram* (*Polyram WG* 0,2 %), *Iprodion* (*Rovral* 0,1 %) oder anderen. Siehe Kapitel 2.1 "Mykosen - **Blattfleckenkrankheiten**".

□ Blätter mit rundlichen braunen Flecken, auf diesen punktartig Fruchtkörper des Pilzes.

○ **Ascochyta-Blattfleckenkrankheit** (*Ascochyta cinerariae* Fl. Tass.)

Δ Spritzungen mit *Dithianon* (*Delan SC 750*(2) 0,05 %), *Triforin* (*Saprol Neu* 0,15 %, nicht in die Blüte spritzen) oder einem anderen Mittel gegen Blattfleckenkrankheiten.

□ An der Unterseite der Blätter hellbraune Pusteln, aus denen später Rostsporen stäuben. Auch an *Senecio vulgaris* (Kreuzkraut: verbreitetes Unkraut). Zwischenwirte *Pinus*-Arten.

○ **Rost** (*Coleosporium tussilaginis* [Pers.] Le 'v. *f. sp. senecionis-silvatica* = *C. senecionis* Fr.)

Δ Keine Kultur in der Nähe von Pinus-Arten, Bekämpfung des als Unkraut häufigen Gemeinen Kreuzkrauts, Spritzen bei ersten Befallszeichen mit *Mancozeb* (*Dithane Ultra WG* 0,2 %), *Metiram* (*Polyram WG* 0,2 %), *Triforin* (*Saprol Neu* 0,15 % - Vorsicht, Blütenschäden möglich), *Bitertanol* (*Baymat flüssig* 0,1 %) oder einem anderen Mittel gegen Rostkrankheiten.

□ Weißlicher Schimmelrasen auf der Unterseite der Blätter, blattoberseits hellgrüne, unregelmäßige Flecke. Befallene Teile schrumpfen und sterben später ab.

○ **Falscher Mehltau** (*Peronospora gangliformis* de Bary)

Δ Behandlungen mit *Mancozeb* (*Dithane Ultra WG* 0,2 %) und *Metiram* (*Polyram WG* 0,2 %) sind zur vorbeugenden Bekämpfung des Falschen Mehltaus geeignet. Auch *Fosetyl* (*Aliette* 0,5 %), *Metalaxyl* (*Fonganil Neu* 0,05 %) und *Propamocarb* (*Previcur N* 0,15 %) haben eine gute Wirkung.

□ Auf allen Pflanzenteilen oberseits mehlartige Überzüge. Blätter verkümmern, befallene Pflanzen bleiben in der Entwicklung zurück und sterben bei starkem Befall zuweilen ab.

○ **Echter Mehltau** (*Oidium*-Arten)

Δ Zur Bekämpfung hat sich *Triforin* (*Saprol Neu* 0,15 %, auch gegen Rost), bewährt. Blütenschäden sind nicht ganz auszuschließen. Bei Befall 2mal im Abstand von 4 Tagen, vorbeugend alle 2 Wochen spritzen und dabei auch Blattunterseiten gut benetzen. Aber auch andere gegen Echten Mehltau wirksame Präparate möglich.

Ferner an *Senecio*: **Schnecken** verursachen an *Senecio* oft beträchtliche Schäden: *Methiocarb* (*Schneckenkorn Mesurol*), *Metaldehyd* (*Schneckenkorn* versch. Firmen).

Blattläuse: Bewährt haben sich auch *Oxydemeton-methyl* (*Metasystox R* 0,1 % - Angießen mit 0,1 % kurz vor dem Aufblühen), *Pirimicarb* (*Pirimor Granulat zum Auflösen in Wasser*(3) 0,05 %), *Methamidophos* (*Tamaron* 0,15 %, jedoch Schäden möglich) und andere Mittel gegen saugende Insekten.

Ferner **Blattälchen, Minierfliegen, Eulenraupen.** Siehe Kapitel 2.1 "Tierische Schädlinge".

2.2.213 Sinningia (Gloxinie)

Vorsicht bei Anwendung von Phosphorinsektiziden.
Standardmaßnahmen: Gloxinien bei pH 5,5-6, relativ hoher Luftfeuchte und Temperaturen von mindestens 20 °C zügig durchkultivieren. Zu dichter Stand und Lichtmangel führen zu Kümmerpflanzen und gesteigerter Anfälligkeit gegen die Stamm- und Blattfäule. Bei zu niedrigen Temperaturen kann es zum Abstoßen von Blüten kommen.

Nichtparasitäre Schäden

□ Auf den Blättern erscheinen gelbliche und bräunliche Flecke (Lichtflecken) oder gewundene Linienmuster, zuweilen auch großflächige bräunliche Schadstellen.
O **Gelb- oder Braunfleckung der Blätter, Lichtflecken**
Δ Erscheinung beruht meist auf plötzlicher Abkühlung durch Spritzen mit zu kaltem Wasser, besonders große Schadstellen bei intensiver Sonneneinstrahlung. Rechtzeitig schattieren!

□ An jungen Sämlingen zeigt der Blattgrund braunschwarze Flecken, die sich weiter über die Blattspreiten und ins Herz der Pflanze ausdehnen.
O **Bormangel**
Δ Substratuntersuchung und Borzufuhr aufgrund des Ergebnisses. Blattrandnekrosen bei Überdosierung möglich.

Virosen

□ Chlorosen der Interkostalflächen, Blütenbrechungen, Wachstumshemmung.
O **Tabakmosaik-Virus** (*Tobacco mosaic virus*, sehr leicht mechanisch übertragbar)
Δ Befallene Pflanzen, auch Pflanzenreste, sehr sorgfältig beseitigen. Virus kann über ein Jahr infektiös in Kompost oder Boden bleiben. **Raucherhände können Infektionsquellen** sein.

□ Blätter mit erst helleren, später dunkelbraun werdenden Ringmustern. Blattvergilbungen, Verkrüppelungen und Absterben ganzer Blätter.
O **Tomatenbronzeflecken-Virus** (*Tomato spotted wilt virus*, übertragen durch *Thrips*)
Δ Gesundes Pflanzgut verwenden. Kranke Pflanzen vernichten, ***Thripse*** bekämpfen. Siehe Kapitel 2.1 "Virosen", "Tierische Schädlinge".

□ Adernverbräunungen und nekrotische Flecken mit konzentrischen Ringen. Junge Blätter in der Pflanzenmitte können absterben.
O **Impatiens Fleckenvirus** (*Impatiens necrosis spotted virus* - INSV)
Δ Das Virus wird mechanisch, hauptsächlich aber durch den Thrips *Frankliniella occidentalis* übertragen. Konsequente Kontrolle und Thripsbekämpfung ist erforderlich. Kranke Pflanzen vernichten.

Mykosen

□ Die knolligen Rhizome mit eingesunkenen schwarzen Flecken, schlechte Wurzel- und Triebbildung.

O **Knollenfäule** (*Nectria radicicola* Gerlach et Nilsson = *Cylindrocarpon destructans* Scholten)

Δ Keine kranken Knollen pflanzen. Bei Auftreten im Bestand versuchsweise Angießen mit *Benomyl* (*Du Pont Benomyl*(2) 0,1 %).

□ Blattstiele, Blätter und Blütenstände faulen, mitunter auch das Herz der Pflanze. Infizierte Pflanzenteile mit mausgrauem Pilzmyzelrasen bedeckt.

O **Grauschimmelfäule** (*Botrytis cinerea* Pers.)

Δ Strenge Betriebshygiene, gute Kulturbedingungen, Luftfeuchtigkeit senken. Vorbeugend mehrmals Angießen oder Spritzen mit *Vinclozolin* (*Ronilan WG* 0,1 %), *Iprodion* (*Rovral* 0,1 %) oder *Thiabendazol* (*Tecto FL*(1) 0,1 %).

□ Blätter welken, hängen schlaff herunter, Blattstielgrund und Wurzelhals weich, naßfaul, dunkel graubraun verfärbt, später auch die Knolle mit braunen, eingesunkenen Flecken.

O **Herzfäule, Stamm- und Blattfäule** (*Phytophthora cryptogea* und andere *Phytophthora*-Arten, manchmal auch *Pythium*-Arten beteiligt).

Δ Dämpfung oder chemische Entseuchung des Anzuchtsubstrates oder Verwendung fertiger, abgesackter Substrate, nicht zuviel Torfzusatz. Sterilisierung der Anzuchtgefäße. Vermeidung übermäßiger Feuchtigkeit, gute Lüftung. Keine übermäßige Stickstoffdüngung. Vor dem Verpflanzen vorbeugendes Einarbeiten von *Metalaxyl* (*Fonganil Neu* 100 g in 5-10 l Wasser/m³ in das Anzuchtsubstrat) oder falls das nicht geschah, einmaliges Angießen mit *Fosetyl* (*Aliette* 0,5 %), *Metalaxyl* (*Fonganil Neu* 0,05 %) oder *Propamocarb* (*Previcur N* 0,15 %).

□ Wurzelhals von Sämlingen oder Jungpflanzen zunächst einseitig, später stammumfassend verbräunt. Sämlinge sterben in kurzer Zeit ab.

O **Wurzelhalsfäule** (*Rhizoctonia solani* Kühn)

Δ Zu hohe Temperatur und gespannte Luft vermeiden. Hygienemaßnahmen beachten. Jungpflanzen nach dem 1. Pikieren mit *Iprodion* (*Rovral* 0,1 %, 2 l/m²) gießen, später spritzen mit *Vinclozolin* (*Ronilan* 0,1 %), *Iprodion* (*Rovral* 0,1 %) oder *Benomyl* (*Du Pont Benomyl* 0,05 %).

Tierische Schädlinge

□ Auf den Blättern erst gelbliche, sich allmählich über braun nach schwarz verfärbende Flecke, meist durch Blattadern scharf geradlinig begrenzt, später faulen Blätter.

O **Blattälchen** (*Aphelenchoides*-Arten)

Δ Befallene Pflanzen vernichten. Wiederholt im Abstand von 4-5 Tagen spritzen mit *Oxydemeton-methyl* (*Metasystox R* 0,1-0,15 %). Schäden sind möglich. Strenge Betriebshygiene. Entseuchung der Stellflächen, neue Bewässerungsmatten.

□ Blätter gekräuselt, mit braunen, grindigen Stellen. Herzblätter und Knospen verkrüppeln und sterben ab.

O **Weichhautmilben** (*Tarsonemidae*)

Δ Steuerung von Temperatur und Luftfeuchtigkeit. Entwicklungsoptimum der Weichhautmilben liegt zwischen + 23 °C und + 28 °C und bei 85 % relativer Luftfeuchtigkeit. Versuchsweise spritzen mit *Abamectin* (*Vertimec*(3) 0,025 %), *Fenpropathrin* (*Rody*(3) 0,05 %)

oder *Fenpyroximat* (*Kiron*(3) 0,15 %). Vor Behandlung ganzer Bestände unbedingt Pflanzenverträglichkeit prüfen.

☐ Auf der Unterseite der Blätter anfangs hellgelbe, später bräunliche Flecke und dunkle Kotspritzer, schließlich Blätter unterseits braun. Zahlreiche kleine Insekten, die an den Blättern saugen. Blüten meist mißgebildet, mit silbrigen oder braunen Flecken.

O **Thrips** (*Thysanoptera*)

Δ Betriebshygiene, Kulturflächen desinfizieren, Befallskontrollen durch Blautafeln und Bestandskontrollen. Blüten von Vorblühern entfernen. Einsatz von Nützlingen (Raubmilbe - *Amblyseius cucumeris* - 50 Stck/m² und Woche) sehr erfolgreich. Chemische Bekämpfung durch Anwendung von *Abamectin* (*Vertimec*(3) *0,025 %*), *Deltamethrin* (*Decis flüssig*(3) 0,05 %), *Fenpropathrin* (*Rody*(3) 0,05 %), *Propoxur* (*Unden flüssig* 0,15 %). Bekämpfung kann sich jedoch als schwierig erweisen. Blütenschäden sind möglich bei *Methamidophos, Oxydemeton-methyl, Propoxur.*

Ferner an *Sinningia*: **Auflaufkrankheiten:** zur Bekämpfung, da es sich sehr oft um *Pythium*-Befall handelt, vorbeugend *Metalaxyl* (*Fonganil Neu* 0,05 %) oder *Propamocarb* (*Previcur N* 0,25 % - Schäden möglich -) nach Vorschrift anwenden. Bei Vorliegen von ***Rhizoctonia*-Wurzelfäule** lohnt Angießen mit Benomyl (*Du Pont Benomyl*(2) 0,05-0,1 %), *Propineb* (*Antracol WG*(2) 0,2 %) oder *Irpodion* (*Rovral* 0,1 %).

Blattläuse: Bekämpfung ebenso wie oben bei ***Thrips*** beschrieben.

2.2.214 Solanum capsicastrum (Korallenstrauch)

☐ Stengel, Blattstiele, Blattnerven und Blattspreiten zeigen Gewebewucherungen.

O **Intumeszenzen**

Δ Folge zu hoher Luftfeuchtigkeit, diese senken (Ventilatoren!).

☐ Kleine, konzentrische helle Ringmuster auf den Blättern, Blattadern mit Nekrosen. Verkrüppelungen und Absterben ganzer Blätter.

O **Tomatenbronzeflecken-Virus** (*Tomato spottet wilt virus*, übertragen durch *Thrips*)

Δ Gesundes Vermehrungsmaterial. Bekämpfung der ***Thripse*.** Siehe Kapitel 2.1 "Tierische Schädlinge - ***Thrips***".

Ferner an *Solanum*: **Blattläuse, Weiße Fliege, Wurzelläuse.** Siehe Kapitel 2.1 "Tierische Schädlinge".

2.2.215 Solidago (Goldrute)

An *Solidago* häufig: **Echter Mehltau.** Siehe Kapitel 2.1 "Mykosen - **Echter Mehltau**".

2.2.216 Spathiphyllum (Blattfahne)

☐ Rundliche, wässrige Flecke auf den Blättern vom Blattrand beginnend. Später werden Flecke nekrotisch und sind von hellem Rand umgeben. Am Blattstiel mitunter Bakterienschleim. Ältere Blätter vergilben.

O **Bakterienfäule** (*Xanthomonas campestris pv. dieffenbachiae* [Mc Culloch & Pirone] Dye)

Δ Kranke Pflanzen vernichten. Zu hohe Luftfeuchtigkeit und Temperaturen über 25 °C vermeiden. Verbreitung über Wasser und Kleidung, im Boden über Nematoden möglich - Betriebshygiene. Bekämpfung mit Pflanzenschutzmitteln bisher nicht möglich.

□ Pflanzen zeigen Wurzel- und Stengelgrundfäule, die zum Welken, Vergilben und Absterben der Pflanzen führt. Im unteren Bereich der Blattstiele meist längliche, zunächst glasige, später dunkelbraun bis schwarz glänzende, eingesunkene Läsionen.
O **Wurzel- und Stengelgrundfäule** (*Cylindrocladium spathiphylli* Schoulties et al.)
Δ Gießbehandlung mit *Benomyl* (*Du Pont Benomyl*(2) 0,05 %) ist gut wirksam in Verbindung mit üblichen pflanzenhygienischen Maßnahmen.

Ferner: Welkeerscheinungen durch ***Pythium***-Arten (Töpfe gießen mit *Metalaxyl* (*Fonganil Neu* 0,1 %). Kranke Pflanzen vernichten. Häufig ist starker Befall durch **Spinnmilben,** der schnelles Vergilben der Blätter bedingt und die Pflanze damit wertlos macht. Siehe Kapitel 2.1 "Tierische Schädlinge".

2.2.217 Statice (Strandflieder, Meerlavendel)

Siehe "*Limonium*"

2.2.218 Stephanotis (Kranzschlinge)

Vorsicht bei der Anwendung von Phosphorinsektiziden.
An *Stephanotis* kommen vor: **Weißfäule** (*Corticium rolfsii* Curzi = *Sclerotium rolfsii* Sacc.) - **Spinnmilben, Schildläuse, Wolläuse.** Siehe Kapitel 2.1 "Mykosen", "Tierische Schädlinge".

2.2.219 Strelitzia (Strelitzie, Paradiesvogelblume)

□ Die Blüten scheiden eine gummiartige, glasklare Flüssigkeit ab.
O **Gummiausscheidung der Blüten**
Δ Erscheinung ist Folge zu hoher Luftfeuchtigkeit während der Blüte.

□ Vegetationskegel im Herzen der Pflanze fault, ebenso die Blütenstengel in der Blattscheide.
O **Herzfäule** (*Gibberella fujikuroi* (Sawada) Ito = *Fusarium moniliforme* Sheldon und/oder *Nectria radicicola* Gerlach et Nilsson = *Cylindrocarpon destructans* Scholten)
Δ Strenge Betriebshygiene. Als krank erkannte Pflanzen vernichten. Gründliche Spritzung mit *Benomyl* (*Du Pont Benomyl*(2) 0,05 %), dabei dafür sorgen, daß die Spritzflüssigkeit zwischen die Blattscheiden gelangt.

Ferner an *Strelitzia*: **Fusarium-Wurzelfäule - Blattläuse, Spinnmilben, Schildläuse.** Siehe Kapitel 2.1 "Mykosen", "Tierische Schädlinge".

2.2.220 Streptocarpus (Drehfrucht)

Die Blüten von *Streptocarpus* sind sehr empfindlich gegen Phosphorinsektizide.

□ Auf den Blättern zunächst dunkelbraune bis schwarze naßfaule Flecken. Am Wurzelhals und an der Blattbasis kommt es zu Braunverfärbung, später Schwärzung und Naßfäule. Blatt wird fahlgrau, welkt und stirbt ab.

○ **Stengelgrundfäule** (*Myrothecium roridum* Tode ex Fr.)

Δ Temperatur und Luftfeuchtigkeit möglichst niedrig halten (unter 21 °C und unter 75 % LF). Versuchsweise 1-2 Spritzungen mit *Prochloraz* (*Sportak*[(2)] 0,2 %). Blattansatzstellen sorgfältig behandeln. Stark befallene Pflanzen vernichten.

An *Streptocarpus* kommen weiter vor: **Viruskrankheiten - Keimlingskrankheiten, Echter Mehltau, Grauschimmel, *Phytophthora*-Herzfäule - *Thripse*, Spinnmilben, Schmierläuse.** Siehe Kapitel 2.1 "Virosen", "Mykosen", "Tierische Schädlinge".

2.2.221 Syngonium (Purpurtute)

□ Wurzel- und Stengelgrundfäule oder auch Blattfleckenkrankheit. Auf den Befallsstellen des Wurzelhalses und der Stengelbasis findet man Perithecien des Pilzes. Pflanzen werden chlorotisch, welken und können vollständig absterben.

○ **Wurzel- und Stengelgrundfäule** (*Ceratocystis fimbriata* Ell. & Halst.)

Δ Da bereits Stecklinge befallen sein können, vorbeugend Tauchbehandlung in *Benomyl* (*Du Pont Benomyl*[(2)] 0,05 %). Eventuell nochmalige Gießbehandlung mit *Du Pont Benomyl*[(2)] 0,05 %.

Befall durch ***Pythium*-Wurzelfäule** ist häufig. Gegenmaßnahmen siehe unter "*Marantha-ceae*".

Spinnmilben treten fast regelmäßig auf, gelegentlich auch **Blattläuse** und **Schildläuse.** Siehe Kapitel 2.1 "Tierische Schädlinge".

2.2.222 Syringa (Flieder)

□ An Treibflieder bleiben die Knospen sitzen oder treiben nur unvollständig. Stark geschädigte Blätter und Blütenstände werden braun und sterben ab.

○ **Frostschäden an Treibflieder**

Δ Besondere Aufmerksamkeit ist bei frühen Herbstfrösten geboten, wenn das Triebwachstum noch nicht abgeschlossen ist. Keine Überdüngung!

□ Blätter weisen heller grüne oder gelbliche Linien-, Band- oder Ringmuster auf, manchmal sind sie auch mißgebildet. Wachstumshemmung.

○ **Ulmenscheckungs-Virus** (*Elm mottle virus*)

Δ Gesundes Vermehrungsmaterial benutzen. Kranke Pflanzen vernichten. Unter Glas nach Befall Bodenentseuchung, im Freiland auf andere Fläche ausweichen.

□ Vor allem an Freilandflieder - In Jahren mit Frost oder starken Niederschlägen an jungen Trieben zunächst streifige braune Flecke, später Rinde schwarz, faulend, Triebe knicken, welken. Auf den Blättern erst helle, wasserdurchtränkte, gelbe Stellen mit Hof, Gewebe der Befallsstelle verfärbt sich bräunlich, trocknet ein.

○ **Feuchter Brand, Fliederseuche** (*Pseudomonas syringae* v. Hall)

Δ Wahl widerstandsfähiger Sorten. Vorsicht mit Stickstoffgaben. Im Freiland Schutz vor Frost. Bestände unter Glas trocken und kühl halten, nicht überbrausen. Vor dem Austrieb tropfnaß spritzen mit *Kupferoxychlorid:* (*Cupravit OB 21*, *Funguran* u. a. 0,5 %) oder *Kupferhydroxid* (*Cuprozin WP*[(2)], *Fungoran-OH*[(2)] 0,2 %), in Abständen von etwa 10 Tagen.

□ Einzelne Knospen bleiben aus oder sterben unter Braunfärbung ab. Triebe und Blätter kümmern, Zweige zeigen eingeschrumpfte, braune Stellen an der Rinde und verdorren.
O **Knospenkrankheit** (*Phytophthora syringae* Kleb.)
Δ Gesundes Steckholz und beim Veredeln gesunde Unterlagen verwenden. Treibflieder möglichst trocken halten. Ab Beginn des Abfallens der Blätter wiederholt mit *Kupferoxychlorid* (*z. B. Cupravit OB 21* 0,5 %), *Kupferhydroxid* (*Cuprozin WP*, *Fungoran-OH* 0,2 %), *Mancozeb* (*Dithane Ultra WG* 0,2 %), *Metalaxyl* (*Fonganil Neu* 0,05 %), *Maneb* (*BASF-Maneb-Spritzpulver* 0,2 %), *Metiram* (*Polyram WG* 0,2 %) spritzen. Kranke Pflanzen vernichten.

□ An älteren Fliederbüschen im Freiland, gelegentlich auch an Treibflieder, hexenbesenartige Auswüchse, Blätter verkrüppelt, Triebteile sterben ab.
O **Fliedergallmilben** (*Eriophyes loewi* Nal.)
Δ Bei Befall versuchsweise spritzen mit *Fenpyroximat* (*Kiron*(3) 0,15 %) oder *Fenpropathrin* (*Rody*(3) 0,05 %). Bei nur geringem Befall lohnt Herausschneiden der Hexenbesen.

□ An Freilandflieder von April bis September - Blätter zunächst mit hellen, später braunen, blasig vertrocknenden Minen, andere Blätter eingerollt und befressen. In den Minen und Blattrollen fressen grünliche Raupen, meist in kleinen Gesellschaften.
O **Fliedermotte** (*Caloptilia syringella* F.)
Δ Wiederholte Spritzung mit *Deltamethrin* (*Decis flüssig*(3) 0,05 %), *Diflubenzuron* (*Dimilin 25 WP*(1) 0,05 %), *Dimethoat*, *Roxion* 0,1 % oder *Parathion* (*E 605 forte*(3) 0,035%). Räupchen müssen vor dem Einrollen in die Blätter getroffen werden.

Ferner an *Syringa*: ***Verticillium*-Welke, Blattfleckenkrankheiten, Echter Mehltau, - *Thrips*, Blattläuse, Blattwespenlarven, freilebende Raupen und Wicklerraupen, Rüsselkäfer.** Siehe Kapitel 2.1 "Mykosen", "Tierische Schädlinge".

2.2.223 Tagetes (Sammetblume, Studentenblume)

□ Blätter mit runden, braunen, schwarz gerandeten Flecken. Triebspitzen bleichen aus, vergilben und vertrocknen. Schließlich können Teile der Pflanzen oder ganze Pflanzen braunfleckig werden, wie verbrannt aussehen und absterben.
O **Bakterienblattflecken- und Welkekrankheit** (*Pseudomonas tagetis* Hellmers und andere Arten)
Δ Die Krankheit tritt vor allem bei feuchter Witterung auf. Bei ersten Befallssymptomen sollte man versuchsweise mehrfach unter Vorsicht mit Kupferpräparaten unter Netzmittelzusatz spritzen. Kranke Pflanzen rechtzeitig ausstechen.

Ferner an *Tagetes*: **Virosen**: Impatiensflecken-Virus (INSV) - **Blattflecken, Grauschimmel - Spinnmilben, Blattläuse, Schnecken.** Siehe Kapitel 2.1 "Virosen", "Mykosen", "Tierische Schädlinge".

2.2.224 Thunbergia (Schwarzäugige Susanne)

An *Thunbergia* kommen häufiger vor: **Blattläuse, Spinnmilben, Weiße Fliege.** Siehe Kapitel 2.1 "Tierische Schädlinge".

2.2.225 Tillandsia (Tillandsie)

□ Allmähliches Absterben einzelner Pflanzen, bei polsterartig wachsenden Arten Übergreifen auf die benachbarten Sprosse. Sproß und Blattscheiden erst glasig durchscheinend, dann bräunliche Verfärbung. Später Sproß weichfaul, läßt sich aus den umgebenden Blattscheiden herausziehen. Pflanze fällt zusammen und trocknet ein. Hohe Luftfeuchtigkeit und Temperaturen um +30 °C beschleunigen den Krankheitsverlauf.
O **Colletotrichum-Fäule** (*Colletotrichum crassipes* [Speg.] *v. Arx*)
Δ Optimale Kulturbedingungen. Vorbeugende und hygienische Maßnahmen: Ausputzen, Vernichten befallener Pflanzen. Einschränkung der Krankheit durch wiederholte Behandlung *Mancozeb* (*Dithane Ultra WG* 0,2 %) oder *Metiram* (*Polyram WG* 0,2 %).

Ferner können vorkommen: **Pythium-Wurzelfäule** - **Spinnmilben**, **Schildläuse**, **Wurzelläuse**. Siehe Kapitel 2.1 "Mykosen", "Tierische Schädlinge".

2.2.226 Tradescantia (Tradeskantie, Dreimasterblume)

***Tradescantia* ist empfindlich gegen zahlreiche Pflanzenschutzmittel.**

□ Blätter mit hellgrüner oder mehr gelblicher Flecken-, Ringmuster- oder Streifenzeichnung.
O **Gurkenmosaik-Virus** (*Cucumber mosaic virus*)
Δ Bekämpfungsmaßnahmen siehe Kapitel 2.1 "Virosen".

Ferner an *Tradescantia*: **Pythium-Wurzel- und Stengelgrundfäule**, **Blattfleckenkrankheiten**, **Grauschimmel** - **Spinnmilben**, **Weiße Fliege**. Siehe Kapitel 2.1 "Mykosen", "Tierische Schädlinge".

2.2.227 Trollius (Trollblume)

□ An Blättern und zuweilen auch an Stengeln blasenförmige Auftreibungen, die schließlich schwarze Sporenmassen entlassen.
O **Brand** (*Urocystis trollii* Nannf.)
Δ Die kranken Pflanzen so frühzeitig wie möglich vernichten. Eventuell vorbeugend spritzen mit *Triforin* (*Saprol Neu* 0,15 %).

Ferner an *Trollius*: **Pythium-Wurzel- und -Stengelgrundfäule, Welkekrankheiten, Blattfleckenkrankheiten, Echter Mehltau - Blattläuse.** Siehe Kapitel 2.1 "Virosen", "Mykosen", "Tierische Schädlinge".

2.2.228 Tulipa (Tulpe)

Keine Tulpenzwiebeln pflanzen, die oben offen sind oder andere Zeichen von Krankheits- oder Schädlingsbefall zeigen.
Beim häufigen Hantieren mit Tulpen können bei sensiblen Personen Allergien in Form von Ekzemen an den Fingerspitzen, zuerst unter den Fingernägeln, auftreten ("Tulpenfinger"!). Empfindliche Personen sollten daher mit Gummihandschuhen arbeiten.

Physiologische Schädigungen

□ An Treibtulpen, vor allem an 5 °-Tulpen, zeigen sich Wachstumsanomalien wie Steckenbleiben der Sprosse, blinde oder taube Blüten oder/und starke Verkrümmungen.
O **Treibfehler** (Ursachenkomplex verschiedener Faktoren)
Δ Nur gut ausgereifte, sachgemäß gelagerte Tulpenzwiebeln treiben. Vorsichtige Düngung! Vermeidung zu hoher und zu tiefer Temperaturen und zu schroffen Temperaturwechsels. Regelmäßige, aber vorsichtige, gut dosierte Bewässerung. Einige spezifische, meist durch Treibfehler bedingte Erscheinungen werden anschließend besprochen.

□ Blätter zeigen weißliche oder mehr hellgelbe, unregelmäßige Flecken- oder Andeutung von Ringzeichnungen.
O **Gelbfleckigkeit der Blätter, Unterkühlung**
Δ Pflanzen niemals mit kaltem, nicht temperiertem Wasser überspritzen oder gießen.

□ Nur an Gewächshaustulpen. Stengel, seltener auch Blätter, zeigen im obersten oder dem darunter liegenden Internodium einen wie wasserdurchsogenen, glasigen Fleck, dessen weiches Gewebe schrumpft. Stengel knickt an dieser Stelle, Pflanze fällt um.
O **Umfallen, Kippen,** (Physiologische Störung, wahrscheinlich Kalziummangel)
Δ Zwiebeln nach der Ernte sachgemäß lagern. Vermeidung zu intensiver Treiberei, keine zu hohe Temperatur, Bodenwärme und Luftfeuchtigkeit, keine Temperaturschwankungen. Auch verlängerte Kühlbehandlung kann Umfallen begünstigen. Vorbeugend wöchentlich 7-10 g Kalksalpeter je 10 l Gießwasser. Geschnittene Tulpen 12-24 Stunden in 1 %ige Kalksalpeterlösung stellen.

□ An Treibtulpen. Entwicklung der Pflanze stockt, Blüte vertrocknet.
O **Papierblütigkeit** (Physiologische Störung)
Δ Vermeidung zu tiefer Kühltemperaturen, zu kurzer (oder zu langer) Kühlbehandlung, zu frühen Treibens, zu niedriger und zu hoher Gewächshaustemperaturen (max. 18-20 °C), vor allem bei unzureichender Wasserversorgung. Auch beim Transport von Zwiebeln hohe Temperaturen vermeiden. Zwiebeln dürfen während der Lagerung oder im Boden keinen, möglicherweise durch ***Fusarium*-Zwiebeltrockenfäule** (siehe weiter unten) bedingten höheren Konzentrationen von Aethylen ausgesetzt werden, daher Boden sorgfältig vorbereiten, auf Salzgehalt kontrollieren und in den ersten Wochen nach der Pflanzung bei 10-11 °C halten, später bei 13 °C.
Pflanzzwiebeln genau kontrollieren, frühe Sorten eventuell "vorkeimen" (Bewurzelungskeller) lassen, um Frostschäden im Freiland auszuschließen. Ausgeglichene Bewässerung.
Größere Zwiebeln bevorzugen, da diese die Erscheinung in geringerem Maße zeigen. Keine gespalteten Zwiebeln pflanzen.
Ab Empfang der 5 °C-Tulpen zur Begründung eventueller Reklamationen die Daten zur Kultur festhalten, vor allem Boden- und Treibtemperaturen.
Siehe auch "***Fusarium*-Zwiebeltrockenfäule**" und "***Pythium*-Wurzelfäule**".

□ Blütenstiele abnorm kurz oder zu lang, schwach, leicht umfallend.
O **Falsche Kühlbehandlung**
Δ Kühlbehandlung sachgemäß nach Anlage der Blüte, nicht zu schwach (verkürzte Pflanzen) und nicht zu stark (langstielige schwache Pflanzen).

□ An Zwiebelschalen mit gummi- oder harzartiger, hell- bis dunkelbrauner Masse gefüllte Blasen, aus Geweberissen oder Beschädigungen tritt Gummi aus, Zwiebeln werden dadurch unansehnlich, aber meist nicht ungeeignet zur Treiberei.

○ **Gummibildung an Zwiebeln**

Δ Erscheinung ist sortenbedingt und beruht auf schlechter Ventilation und/oder Einfluß von Aethylen. 2-4 Wochen nach dem Roden sind Zwiebeln besonders empfindlich. Auch bei Verletzungen der Zwiebeln kann Gummibildung erfolgen. Anfällige Sorten früh roden und bei besonders guter Ventilation lagern. Partien mit kranken Zwiebeln separat lagern, kranke Zwiebeln vernichten.

□ Bei leichter Schädigung zunächst an Staubgefäßen, später, vor allem bei stärkerem Schaden, auch an anderen Teilen der Blüte sowie in Extremfällen unter Umständen auch an Sprossen und Blüten Nekrosen mit braunen oder roten Verfärbungen und/oder Fäulniserscheinungen, Zwiebeln äußerlich gesund, im Innern zuweilen Fäulnis und/oder Absterben des Sprosses, auch schon auf dem Lager. Nicht mit Überhitzungsschäden auf dem Lager oder Transport verwechseln, in diesem Fall schrumpft Blüte in der Zwiebel ein und bleibt weiß.

○ **Kernfäule, Offene Sprosse**

Δ Auswirkungen mehrerer Faktoren, u. a. Aethylen, das aus Tulpenzwiebeln stammen kann, die von ***Fusarium oxysporum*** befallen sind, bedingt "offene Sprosse". Diese ermöglichen **Milben** das Eindringen in die Blüte, die ihrerseits Bakterien und Pilze mitschleppen und Kernfäule verursachen. "Offene Sprosse" können bei einigen Tulpensorten auch als ausschließliche Folge falscher Temperaturbehandlung nach der Ernte entstehen. Ankommende Partien sofort auspacken, unter reichlicher Ventilation 3 Wochen bei 23 °C lagern, Nachbehandlung von frühen Sorten bei 17 °C und von späten bei 13 °C. Von *Fusarium* befallenen Flächen alle kranken Zwiebeln sorgfältig vernichten (Aethylen!).

□ In Jahren mit spätem oder/und unregelmäßigem Absterben der Pflanzen zeigen die Zwiebeln kurz nach dem Roden runde, eingesunkene braune Trockenflecke, die sich vom gesunden Gewebe scharf begrenzt absetzen. In Einzelfällen stirbt die Zwiebel ab. Nicht mit Viruskrankheit verwechseln!

○ **Nichtparasitäre Korkfleckigkeit**

Δ Anfällige Sorten nicht zu früh ernten und bereits 1 Tag nach der Ernte 1 Woche bei 25-34 °C lagern. Überständige Pflanzen totspritzen.

□ Sproß bleibt im Zwiebelhals stecken oder bildet später eine Krüppelpflanze. Oft sortenbedingt, vor allem bei hohen Herbsttemperaturen und kühlem Sommer.

○ **Schwanenhälse**

Δ Zu starkes Austrocknen der Zwiebel und Quetschungen der Zwiebelspitze vermeiden, nicht zu spät pflanzen.

□ Einige Wochen nach der Blüte treten Pflanzen von violetter oder blauer Farbe auf, deren Wachstum stockt und deren Stengelgrund braun verfärbt ist.

○ **Blaue Pflanzen**

Δ Erscheinung kann auf nicht parasitären Ursachen aber auch auf Befall durch Pilzkrankheiten beruhen.

□ Die Pflanzen bleiben anomal kurz und gedrungen oder sogar gestaucht.

○ **Zu kurze Pflanzen**

Δ Erscheinung ist eine Folge nicht ausreichender Kältebehandlung.

□ Die Pflanzen sind anomal lang und von geringer Standfestigkeit.

○ **Zu lange Pflanzen**

Δ Folge unsachgemäßer Kältebehandlung und/oder schlechter Anpassung der Präparation an die vorgesehene Blühzeit. Daher Präparation sorgfältig an Wachstum anpassen, eventuell in frostgefährdeten Lagen Zwiebeln "vorkeimen" (Bewurzelungskeller!).

Viruskrankheiten

□ Fleckenweise im Bestand, vor allem bei früh gepflanzten, aber spät zur Blüte kommenden Tulpen (außer 5 °C-Tulpen!). Pflanzen abnorm kurz, an Blättern und Stengeln längliche, braune Flecke oder Streifen, bei Blättern oft nur einseitig, Blätter dann asymmetrisch oder verbogen. An rotblühenden Sorten an den Blütenblättern parallel zu den Adern dunkle, feine Linien. Unterirdischer Teil des Stengels und junge Zwiebel mit erst wässerig glasigen, später braun-nekrotisch werdenden eingesunkenen Flecken. Wurzeln in der Regel dunkelbraun verfärbt. Meist keine verkaufsfähigen Zwiebeln, diese zuweilen abnorm geformt. Bei starkem Befall frühzeitiges Absterben der Pflanzen.

○ **Augustakrankheit** (*Tobacco necrosis virus*, übertragen durch Zoosporen von *Olpidium brassicae* [Wor.] Dangeard)

Δ Entwässerung. Bodenentseuchung durch Dämpfung 30 Minuten 100 °C, zusätzlich und vor allem im Freiland chemische Entseuchung mit *Dazomet* (*Basamid Granulat* 50 g/m²) gegen *Olpidium brassicae* als Überträger. Einschlagplatz und vorgesehene Pflanzflächen von anderen Kulturen und von Unkraut frei halten, da das Tabaknekrose-Virus auch andere Pflanzen befällt. Auf verdächtigen Flächen spät pflanzen. Bei der Ernte alle kranken Zwiebeln vernichten.

□ Streifen oder ellipsenförmige Flecke auf den Blättern, Streifen auf den Blütenblättern mit intensiver oder fehlender Pigmentierung, auch Streifennekrosen.

○ **Tulpenvirus X** (*Tulip virus X*, mechanisch übertragbar, leicht zu verwechseln mit *Tobacco necrosis virus*)

Δ Gesundes Pflanzgut. Für gute Bodenstruktur und Wasserführung sorgen. Zwiebeln nicht zu tief und bei zu hoher Bodentemperatur pflanzen. Kranke Pflanzen vernichten.

□ Auf den Blättern, bei Neubefall vor allem an der Blattbasis, treten rechteckige Flecken, Streifen sowie Mischmuster davon auf, an den Blüten je nach Sorte dunkle oder hellglasige Streifen. Wachstum deutlich gehemmt, Blütenstiel verkürzt, Blüte beeinträchtigt.

○ **Tabakmauche-Virus** (*Tobacco rattle virus*, mechanisch und übertragen durch Nematoden der Gattung *Trichodorus*)

Δ Sorgfältige Auswahl gesunden Pflanzgutes. Auf befallenen Flächen Bodenentseuchung zur Vernichtung der **Nematoden.** Späte Pflanzung anfälliger Sorten. Kranke Pflanzen vernichten. Beseitigung von Unkräutern.

□ "Brechung" der Blütenfarbe, hellere oder dunklere Mosaikfleckung je nach Sorte und Blütenfarbe. Bei hellblühenden Sorten ist die meist ebenfalls vorhandene, mehr oder weniger ausgeprägte Mißbildung der Blüte oder Verkürzung des Blütenstiels ein Befallssymptom, weniger die "gebrochene" Blütenfarbe.

○ **Tulpenbuntstreifigkeitsvirus** (*Tulip breaking virus*, mechanisch und blattlausübertragbar)

Δ Gesundes Pflanzgut verwenden, Auswahl während der Blüte. Blattlausbekämpfung schon auf dem Lager. Kranke Pflanzen vernichten.

Bakteriosen

□ Im Freiland auf den Blättern graugrüne Flecken, die bei Berührung platzen und trockenes Gewebe freigeben. Stark befallene Pflanzen werden fahl oder bläulich und sterben vorzeitig ab, liefern aber nicht immer infizierte Zwiebeln. Kranke Zwiebeln sind leicht verfärbt und weisen grauweiße, später gelb werdende Stellen auf, vor allem an der Zwiebelscheibe. Querschnitte durch die Zwiebel legen, besonders an den äußeren Teilen, korkiges gelbgefärbtes Trockengewebe bloß. Kranke Zwiebeln laufen nicht auf oder ergeben Kümmerpflanzen mit weißlich gestreiften Blättern und vertrocknenden Blüten.

○ **Gelbpocken** (*Corynebacterium oortii* Saalt. = *Curtobacterium flaccumfaciens pv. oortii* Collins & Jones)

Δ Kranke Pflanzen vernichten. Auf verseuchten Standorten 4-5 Jahre keine Tulpen anpflanzen. Bei Pflanzgut aus befallsverdächtigen Parzellen dieses gesondert naß beizen, um sekundäre Infektion von Zwiebeln mit Bakterien zu vermeiden. Siehe auch unter: "Behandlung von Tulpenzwiebeln".

Mykosen

Behandlung von Tulpenzwiebeln:

In den Niederlanden wird eine vorbeugende Behandlung von Tulpenzwiebeln gegen Pilzkrankheiten mit *Maneb* unter Zusatz von *Benomyl*[2] oder von *Iprodion* (*Rovral*), *Procymidon* (*Sumisclex*) oder *Vinclozolin* (*Ronilan WG*) empfohlen.

Zur vorbeugenden Behandlung gegen ***Pythium***-Arten bei 5 °C Tulpen tauchen mit *Propamocarb* (*Previcur N*, 0,3 %, Tauchdauer 20 Minuten). Zusätzlich soll vor dem Pflanzen eine Bodenbehandlung erfolgen: 15 ml *Previcur N* in 0,5-1 l Wasser/m² gießen und dann 10-12 cm einarbeiten.

Empfohlen wird auch das Tauchen der Tulpenzwiebeln für 20 Minuten in einer Mischung von *Previcur N* 0,3 % + *Du Pont Benomyl*[2] 0,2 % unter Zusatz eines Netzmittels.

□ Sprosse primär vom Boden infizierter oder aus bereits kranker Zwiebel auflaufender Pflanzen bleiben im Wachstum zurück ("stekers"), und zwar sowohl im Einschlag als auch im Freiland, seltener nur äußeres Blatt geschädigt und verdreht. Auf infizierten oberirdischen Stengelteilen graues Pilzmyzel, von wo Weiterinfektion durch Sporen (Konidien) erfolgt, auf unterirdischen sowie Zwiebeln kleine, schwarze Sklerotien. Sekundär durch Sporen infizierte Pflanzen, vor allem solche von spät getriebenen Sätzen, zeigen auf Blättern und Blüten erst glasig-dunkelgrüne, später graubraune Flecke ("Pocken"). Hauptschaden durch schnelle, oft zum Faulen und Absterben ganzer Bestände führende Sekundärinfektionen von einzelnen "stekers". Befallene Zwiebeln braunfleckig, mit kleinen, schwarzen Sclerotien besetzt.

○ **Grauschimmel, Tulpenfeuer** (*Botrytis tulipae* Lind.)

Δ Pflanzgut sorgfältig aussuchen. Zwiebeln vorbeugend behandeln, siehe dazu "Behandlung von Tulpenzwiebeln".

Im Gewächshaus Luftfeuchtigkeit und Niederschlagsbildung, vor allem während der Blüte, durch Lüften vermeiden. Sorgfältiges Ausstechen und Entfernung aller kranken Pflanzen, Blattreste und vor allem der "stekers", da diese Ausgangsquelle für Sekundärinfektionen sind.
Im Freiland auf befallenen Feldern Fruchtwechsel, Aufschlag unterpflügen. Zur direkten Bekämpfung, sobald die Triebe 5 cm lang sind, wiederholtes Spritzen mit *Dichlofluanid* (*Euparen WG* 0,5 % - Schäden unter Glas möglich -), *Iprodion* (*Rovral* 0,1 %), *Procymidon* (*Sumisclex WG* 0,075 %), *Thiabendazol* (*Tecto* FL(1) 0,1 %), *Vinclozolin* (*Ronilan WG* 0,1 %) oder einem anderen Mittel gegen *Botrytis*. Nach der möglichst frühen Ernte schnelles Trocknen der Zwiebeln.
Im Gewächshaus ab Beginn der Treiberei vorsichtige Anwendung der vorgenannten Spritzmittel oder tauchen in *Thiabendazol* (*Tecto FL*(1) 0,3 %) für 15 Minuten.

□ Pflanzen blaßgrün, bei rotblühenden Sorten mit typisch bleich gefärbten Blüten, fleckenweise im Bestand manchmal auch absterbende, "blaue" Pflanzen. Wurzeln und Zwiebeln hellbraun, wässerig, mit mattschwarzen Sklerotien.
O **Botrytis-Fäule** (*Botrytis cinerea* Pers.)
Δ Bekämpfung wie oben bei **"Tulpenfeuer"** beschrieben. Siehe auch oben bei "Behandlung von Tulpenzwiebeln".

□ Bei 5 °C-Tulpen im Gewächshaus zeigen die auflaufenden Laubsprosse, vor allem das älteste Blatt im oberen Teil, fleckenweise im Bestand mehr oder weniger helle braune Flecke oder Streifen, im weiteren Verlauf des Wachstums streifige Risse. Blüte normal, Zwiebeln ohne Symptome. Bei Entnahme der Zwiebeln aus dem Lager für die Kistentreiberei an den hellgelben Sprossen gleiche, aber dunkler braune Flecken und Risse. Im Freiland bei den meisten Sorten nur am ältesten Laubblatt an der Spitze Mißbildungen. Besonders anfällige Sorten laufen nicht oder nur als Kümmerpflanzen auf und sterben später ab, unterer Stengelteil verrottet. Befall erfolgt vom Boden.
O **Rhizoctonia-Krankheiten** (*Thanatephorus cucumeris* [Frank] Donk = *Rhizoctonia solani* Kuehn)
Δ Vorbeugende Behandlung von Tulpenzwiebeln wie oben beschrieben. Siehe auch bei "**Grauschimmel**" und **"Zwiebeltrockenfäule".** Auch Überbrausen der frisch gepflanzten Zwiebeln mit *Iprodion* (*Rovral* 0,1 %) zeigt befriedigende Wirkung.

□ Fleckenweise zeigen sich im Bestand mißgebildete oder kümmernde Pflanzen. Zwiebeln haben im Querschnitt hellbraune Ringzonen, Zwiebeloberfläche mit erst weißen, dann dunkelbraunen Sklerotien, Wurzeln gesund.
O **Rhizoctonia-Fäule** (*Rhizoctonia tuliparum* Whet. et J. M. Arth.)
Δ Kein Anbau von Tulpen nach *Iris*. Gegenmaßnahmen wie bei Befall durch "***Rhizoctonia*-Krankheiten**".

□ Vor allem an 5 °C-Tulpen, frühe Treibsätze bei hohen Bodentemperaturen besonders gefährdet. Wachstum der Pflanzen stagniert, Blattspitzen und schließlich ganze Blätter vergilben, Blütenknospen vertrocknen zuweilen. Typisch ist nesterweises Steckenbleiben und Absterben der Pflanzen vor der Blüte. Sprosse von unten her durch Pilzmyzel befallen (Basalfäule), verfärbt.
Zwiebeln und Stengelgrund bereits kurz nach der Ernte oder auf dem Lager weichwerdend, faulend; Zwiebel zeigt, bei schlechter Bewurzelung, von der Basalplatte ausgehend,

flach eingesunkene, zunächst hellbraune Faulstellen, die sich später vergrößern, dunkler werden und zur Trockenfäule führen.
Bei Wärme (25 °C) gelblich-rosafarbener Myzelrasen und typischer Geruch, "Sauerwerden" der Zwiebeln, die einschrumpfen und vermorschen. Produktion von Aethylen, das Gummibildung, Kernfäule und Papierblütigkeit hervorrufen kann.
O **Fusarium-Zwiebeltrockenfäule, Sauerwerden der Tulpenzwiebeln, Fusarium-oxysporum-Krankheit** (*Fusarium oxysporum* Schlecht. *f. sp. tulipae* Apt)
Δ Infektion erfolgt durch befallene Zwiebeln auf dem Lager oder im Boden, Pilz bleibt hier jahrelang infektionsfähig, daher Bodenentseuchung, die ist jedoch wirksam nur durch Dämpfen.
Bodentemperatur bei Treiberei von 5 °C-Tulpen (Weihnachten!) sowie beim Einschlag für Kistentreiberei so niedrig wie möglich halten (+9 - 13 °C), da Höhe der Temperatur Ausmaß des Befalls bestimmt. Bei befallsverdächtigen oder schwach befallenen Zwiebeln 14 Tage lang 9 °C, dann mit 16 °C weitertreiben.
Vorbeugende Behandlung von Tulpenzwiebeln wie oben beschrieben und 15 Min. tauchen in *Thiabendazol* (*Tecto FL*(1) 0,3 %), vermindert die Infektionsgefahr vom Boden aus. Anfällige Sorten früh roden, schnell trocknen und luftig lagern, häufig kontrollieren, dabei kranke Zwiebeln vernichten.

☐ Auf der noch hellen Haut junger Zwiebeln hellbraune Stippen oder mehr rotbraune Flekken. Bei den erntereifen Zwiebeln ockergelbe Flecken verschiedener Größe, deren Zentrum auf dem Lager verhärtet. Auch violettbraune Verfärbungen und Schimmelbeläge können auftreten.
O **Penicillium-Krankheit** (*Penicillium verrucosum* var. *corymbiferum* Westl.)
Δ Vorbeugungs- und Bekämpfungsmaßnahmen wie oben bei "Behandlung von Tulpenzwiebeln" beschrieben.

☐ Im Gewächshaus Pflanzen kümmernd, Sprosse mit rosafarbigem Myzel, das bei der Sporulation orangefarbig wird. Auch wässerige Blattflecken mit Myzelien. Im Freiland am Stengelgrund, gelegentlich über, meist unter der Bodenoberfläche unregelmäßig geformte Flecke, die oberhalb des Bodens von sporenbildenden, orangefarbigem Myzel bedeckt sind. Vor allem auf Böden mit reichlich organischer Substanz.
O **Befall durch Gibberella avenacea Cook = Fusarium avenaceum (Fr.) Sacc.**
Δ Kranke Pflanzen und Zwiebeln vernichten. Sonst wie "***Fusarium* Zwiebeltrockenfäule**", siehe oben.

☐ Vor allem bei unter hohen Temperaturen (über 14 °C) und starker Luftfeuchtigkeit herangezogenen Treibtulpen. Pflanzen bleiben im Wuchs zurück, zeigen gelbe Blattspitzen und blühen nicht, bei leichtem Befall vertrocknet die Blüte, viele Pflanzen sterben ab. Freilandtulpen werden fleckenweise plötzlich blau und gehen zugrunde. An Wurzeln wässrig-glasige, durch braune Zonen begrenzte Stellen von unterschiedlicher Länge. Bei auf Klei-, Ton- oder Veenböden bei Temperaturen über 13 °C ausgepflanzten 5 °C-Tulpen werden die Zwiebeln nach 1-2 Wochen von innen her weich und zeigen graue oder rotviolette Flecke sowie zunächst zarte, grauweiße Myzelflöckchen, die sich später zu reinweißen oder gelblichen Myzelmatten verdichten. "Saurer" Geruch! Zwiebel wird schließlich weich und wässerig, doch bleiben Zwiebelboden und Wurzeln relativ lange gesund. Sproß fault meist schnell ab, seltener wächst er etwas heran und fällt dann nach Vergilben um.
O **Pythium-Weichfäule** (*Pythium ultimum* Trow.)

Δ Nach Befall Boden dämpfen (Teilwirkung!), gründlich lockern und für guten Wasserabzug sorgen. Nur entseuchte Kisten verwenden. Nach Auftreten von Wurzelfäule Gewächshaustemperaturen senken, zur Vermeidung von Weichfäule Boden 2 Wochen nach Pflanzen unter 12 °C halten.
Zur chemischen Bekämpfung wird empfohlen: Eintauchen der Pflanzzwiebeln in ein Fungizid wie oben bei "Behandlung von Tulpenzwiebeln" angegeben.

□ Pflanzen stehen dünn, Blattspitzen vorzeitig gelb, Wurzeln erst glasig, später braun. Auf zu feuchten Böden werden auch die Zwiebeln infiziert und im äußeren Bereich braun.
O **Pythium-Wurzelfäule** (*Pythium ultimum* Trow.)
Δ Die Bekämpfung entspricht der ***Pythium*-Weichfäule.** Siehe auch oben bei "Behandlung von Tulpenzwiebeln".

□ Vor allem an Treibtulpen auf (zu) feuchtem Boden. Blütenstiel am Grunde graubraun und naßfaul, Wurzeln und schließlich auch Zwiebel braun, verrottend. Bei sehr starkem Befall keine Triebbildung.
O **Phytophthora-Fußfäule** (*Phytophthora erythroseptica* Pethyb. und/oder *P. cryptogea* Pethyb. et Laff.)
Δ Für Entwässerung des Bodens sorgen. Befallene Bodenflächen dämpfen oder chemisch entseuchen, Arbeitsgeräte und Kisten desinfizieren. Alle vorbeugenden und sonstigen Maßnahmen einschließlich des Einsatzes chemischer Mittel entsprechen denen gegen die ***Pythium*-Weichfäule.** Siehe auch oben "Behandlung von Tulpenzwiebeln".

□ Nach der Blüte oder gegen Ende der Vegetationsperiode schlappen die Pflanzen, und es zeigt sich am Stengelgrund und manchmal auch am Zwiebelhals eine erst wässerige, später dunkelbraune bis schwarze Zone mit weißem oder grauem, watteartigem Pilzmyzel und braunschwarzen Sklerotien. Zwiebelkuchen und Wurzeln meist gesund. Infektion durch Zwiebelhals.
O **Schwarzbeinigkeit, Stammgrundfäule** (*Sclerotium wakkeri* Boer.)
Δ Gekaufte Zwiebeln auf Befall kontrollieren, einige durchschneiden. Kranke Pflanzen mit Zwiebeln ausstechen. Siehe auch oben bei "Behandlung von Tulpenzwiebeln".

Ferner an *Tulipa*: **Weitere Viruskrankheiten - Stengelälchen, Blattläuse, Weichhautmilben, Wurzelmilben, Mäuse.** Siehe Kapitel 2.1 "Virosen", "Tierische Schädlinge".

2.2.229 Verbena (Verbene)

An *Verbena* sind häufig: **Echter Mehltau -, Blattläuse, Spinnmilben, *Thrips*, Weiße Fliege, Schnecken.** Siehe Kapitel 2.1 "Mykosen", "Tierische Schädlinge".

2.2.230 Veronica (Ehrenpreis)

□ Auf den Blättern entstehen dunkle Flecke, deren Mitte allmählich eine hellere, nekrotische Fläche bildet.
O **Blattfleckenkrankheit** (*Ramularia*-Arten)
Δ Beim ersten Auftreten von Blattflecken Spritzung mit *Mancozeb* (*Dithane Ultra WG* 0,2 %), *Kupferoxychlorid* 0,5 % oder *Kupferhydroxid* 0,2 %, *Metiram* (*Polyram WG* 0,2 %), *Triforin* (*Saprol Neu* 0,15 %) oder einem anderen Mittel gegen Blattfleckenkrankheiten.

An *Veronica* sind häufig: **Echter Mehltau - Blattwanzen, Spinnmilben, *Thrips*.** Siehe Kapitel 2.1 "Mykosen", "Tierische Schädlinge".

2.2.231 Viola (Veilchen)

□ Mehltauüberzüge an Blättern und Stengeln, vor allem nach starkem Temperaturwechsel.

O **Echter Mehltau** (*Erysiphe polyphaga* Hanmarl.)

Δ Näheres zur Bekämpfung siehe Kapitel 2.1 "Mykosen - **Echter Mehltau**".

□ Die Blätter rollen sich, die Blüten sind mißgebildet, Pflanzen bleiben im Wachstum zurück.

O **Gallmilben** (*Eriophyes violae* Nal.)

Δ Bei nur leichtem Befall befallene Blätter herauspflücken und vernichten. Versuchsweise spritzen mit *Dimethoaten* 0,1 %, *Fenpropathrin* (*Rody*(3) 0,05 %) oder *Fenpyroximat* (*Kiron*(3) 0,15 %).

□ An *Viola odorata*. Blätter vor allem am Blattgrund gekräuselt und verdickt. In den Verdikkungen orangefarbene Larven.

O **Veilchenblattgallmücke** (*Dasyneura affinis* Kleff.)

O **Veilchenblütengallmücke** (*D. violae* F. L. W.)

Δ Beginnend mit dem Auftreten der ersten Befallssymptome wiederholt gründlich spritzen mit *Deltamethrin* (*Decis flüssig*(3) 0,05 %), *Dimethoat* 0,1 %, *Parathion* (*E 605 forte*(3) 0,035 %).

Ferner an *Viola*: **Viruskrankheiten (Gurkenmosaik-Virus)- Blattfleckenkrankheiten, Falscher Mehltau, Rost, Welkekrankheiten - Gallenbildende Wurzelnematoden, Blattläuse, Spinnmilben, Wurzelläuse, Erdraupen.** Näheres siehe Kapitel 2.1 "Mykosen", "Tierische Schädlinge".

2.2.232 Viola x Wittrockiana-Hybriden (Stiefmütterchen)

□ Bereits im Herbst sind bei einzelnen Pflanzen die Triebspitzen bleich, stärker noch im Frühjahr. Befallene Pflanzen kümmern, ihre Sprosse sind gestaucht, die Blätter schmal und verkrüppelt. Blüten faulen oft schon in der Knospe, zuweilen sterben auch die Triebe oder die ganzen Pflanzen ab. Manchmal treten längliche, violette Flecke an Stengeln und Blättern auf. Wurzeln mit schwarzen Stellen, Leitbündel dunkel verfärbt.

O **Bakteriose an Stiefmütterchen** (*Pseudomonas sp.*)

Δ Im Freiland empfiehlt sich bei Auftreten der Krankheit ein Wechsel der Anbaufläche. Unter Glas sowie im Frühbeetkasten und auf Saatbeeten lohnt Bodenentseuchung sowie Behandlung von Saatkisten und Stellflächen mit *Didecyldimethyl-ammoniumchlorid* (*M & ENNO-TER forte* 1 % oder *Dimanin Spezial* 1 %). Spritzungen mit *Kupferoxychlorid* oder *Kupferhydroxid* haben höchstens einschränkende Wirkung.

□ Pflanzen welken im Anzuchtbeet, vor allem nach "Vergießen", oder auch nach dem Auspflanzen. Wurzeln und Wurzelhals dunkel verfärbt oder verfault.

O **Pythium-Wurzelfäule** (*Pythium*-Arten)

Δ Anzucht nur in entseuchter Erde, mäßig gießen. Vorbeugend Behandlung des Anzuchtsubstrats, nach Eintritt von Befall im Aussaatbeet auch Angießen mit *Metalaxyl*

(*Fonganil Neu* 0,05 % bzw. 100 g/m³ Erde) oder *Propamocarb* (*Previcur* N 0,15 %), auch im Wechsel. (Gute Wirkung auch gegen Falschen Mehltau).

□ Bläuliche Verfärbung und Vergilben der älteren Blätter, rasch fortschreitende Welke der Pflanzen, am Stengelgrund Fäulnis.
O **Phytophthora-Stengelgrund- und Wurzelhalsfäule** (*Phytophthora cactorum* [Leb. et Cohn] Schroet.)
Δ Verwendung entseuchter Anzuchtsubstrate. Vorbeugend Substratbehandlung mit *Metalaxyl* oder *Propamocarb* oder Angießen der Saatbeete mit einem dieser Präparate, bei späterem Befall, etwa auf verseuchten Beeten oder Grabbepflanzungen, gründliches Spritzen mit einem dieser Mittel, möglichst im Wechsel.

□ Pflanzen bleiben im Wachstum stark zurück, ihre Blätter bleichen aus und vergilben, schließlich welken die Pflanzen. Wurzelmasse wesentlich verringert. Haupt- und Seitenwurzeln braun und von trockenfauler, korkiger Beschaffenheit.
O **Wurzelbräune** (*Thielaviopsis basicola* [Berk. et Br.] Ferr. = *Chalara elegans* Nag Raj et Kendr.)
Δ Anzucht in desinfizierten Erden oder Substraten. Bodenentseuchung mit *Dazomet* (*Basamid Granulat*) hat sich bewährt. Gefäße und Geräte desinfizieren. Befallsherde können mit *Benomyl* (*Du Pont Benomyl*(2) 0,05-0,1 %) angegossen werden, um die Ausbreitung zu beschränken. Anbauwechsel jährlich durchführen.

□ An der Oberseite der Blätter blauschwarze Flecken, die bis 5 mm Durchmesser erlangen können und ein braunes Zentrum aufweisen, an entsprechender Stelle blattunterseits Naßfäule. Auch Stengel infiziert, hier sind die Flecke mehr streifig. Wurzelhals und Wurzeln zuweilen faulend.
O **Mycocentrospora-Blattfleckenkrankheit, -Wurzelhals- und -Wurzelfäule** (*Mycocentrospora acerina* [Hartig] Newhall)
Δ Strenge Hygienemaßnahmen bei der Anzucht. Stellflächen gründlich reinigen und desinfizieren (*Didecyldimethyl-ammoniumchlorid*). Ab Herbst zur Vorbeugung wiederholt im Abstand von 2-3 Wochen mit *Propineb* (*Antracol WG*(2) 0,2 %), *Mancozeb* (*Dithane Ultra WG* 0,2 %) oder *Metiram* (*Polyram WG* 0,2 %) spritzen. Reichlich Spritzflüssigkeit ausbringen und Herz der Pflanze gut benetzen oder besser angießen, 1- bis 2mal wiederholen. Gute Wirkung zeigt *Benomyl* (*Du Pont Benomyl*(2) 0,05 %). Anzuchtfläche öfter wechseln. Durch Unkrautbekämpfung Infektionsdruck senken.

□ Auf den Blättern kreisförmige bis elliptische 0,1-1 cm große braune, später grau werdende Flecke.
O **Blattfleckenkrankheit** (*Mycovellosiella cajani* P. Henn.)
Δ Bekämpfung wie bei Blattfleckenkrankheit (*Ramularia agrestis*).

□ Die Blätter zeigen oberseits graue Flecken, die braun bis violett gerandet sind. Blattunterseits im Bereich der Flecken weißes Pilzmyzel.
O **Blattfleckenkrankheit** (*Ramularia agrestis* Sacc.)
Δ Beginnend mit dem ersten Auftreten von Flecken spritzen mit Mitteln gegen Blattfleckenkrankheiten. Bewährt haben sich *Mancozeb* (*Dithane Ultra WG* 0,2 %), *Metiram* (*Polyram WG* 0,2 %), *Triforin* (*Saprol Neu* 0,15 %) sowie andere Mittel gegen Blattfleckenkrankheiten.

□ Pflanzen zeigen Wuchsstörungen, Blätter verblassen oder weisen diffuse Gelbfleckung auf. Bei hoher Luftfeuchtigkeit erscheint auf der Unterseite der Blätter ein grauweißer bis grau-violetter, flaumiger Pilzbelag, der aus Sporenträgern mit Sporen besteht.

O **Falscher Mehltau** (*Peronospora violae* de Bary)

Δ Kulturbedingungen überprüfen. Hohe Luftfeuchte und stagnierende Luft vermeiden. Pflanzen so wässern, daß sie abends wieder trocken sind. Kranke Pflanzen aus dem Bestand entfernen. Die Bekämpfung mit chemischen Präparaten ist vor allem deshalb schwierig, weil viele Blätter dem Boden aufliegen. Gerade die Blattunterseite muß aber von dem verwendeten Fungizid getroffen werden. Wirksam sind die Kontaktfungizide *Mancozeb* (*Dithane Ultra WG* 0,2 %), *Metiram* (*Polyram WG* 0,2 %), *Propineb* (*Antracol WG*(2) 0,2 %), wenn ein lückenloser Belag auf der Blattunterseite erzielt wird, systemisch wirken *Fosetyl* (*Aliette* 0,5 %), *Metalaxyl* (*Fonganil Neu* 0,05 %), *Propamocarb* (*Previcur N* 0,15 %).

Tierische Schädlinge

Erdraupen schädigen in manchen Gebieten die Stiefmütterchen auf Freilandflächen. Bei überraschendem Auftreten nach der Pflanzung bleibt nur der Einsatz von *Erdraupenköder*. 5 kg Kleie, 50 cm^3 *Parathion* (*E 605 forte*(3)), 500 g Zucker in 10 l Wasser. Die angegebene Ködermenge reicht für etwa 2 500 m^2, feinkrümelig am Abend ausstreuen. Bei Mischung und Ausstreuen Gummihandschuhe!. Auch Spritzungen in den Abendstunden mit *Deltamethrin* (*Decis flüssig*(3) 0,05 %) oder *Permethrin* (*Ambush*(2) 0,02 %) möglich.

Ferner an *V. x Wittrockiana*: **Umfallen der Sämlinge, Grauschimmelfäule (*Botrytis*),** vor allem an Knospen und Blüten - **Blattläuse, Spinnmilben, Schnecken.** Siehe Kapitel 2.1 "Mykosen", "Tierische Schädlinge".

2.2.233 Yucca (Palmlilie)

□ Grauweiße, filzige mehltauähnliche Flecke auf den Blättern.

O **Gallmilben**

Δ Bei starkem Befall versuchsweise spritzen mit *Fenpropathrin* (*Rody*(3) 0,05 %) oder *Fenpyroximat* (*Kiron*(3) 0,15 %).

□ Austrieb vergilbt, Stämme werden hohl und brechen zusammen. Flinke Larven leben im Stamminneren. Mit Importen eingeschleppt.

O **Triebbohrer** (*Opogona sacchari, Bojer*)

Δ Stämme gut kontrollieren und befallene Pflanzen vernichten. Raumbehandlung gegen Falter mit *Deltamethrin* (*Decis flüssig*(3) 0,05 %) oder *Permethrin* (*Ambush*(2) 0,02 %) spritzen. Gelbtafeln aufhängen.

Ferner an *Yucca*: **Phytophthora-Arten** - **Fusarium-Stammfäulen**, **Blattfleckenkrankheiten** - **Thripse**. Siehe Kapitel 2.1 "Mykosen", "Tierische Schädlinge".

2.2.234 Zantedeschia (Zimmercalla, Schweinsohr)

□ Weißliche Flecken- und Ringzeichnungen auf den Blättern, diese beulig und verdreht. Blütenstiele weißlich gestrichelt, Blüte mißgeformt.

O **Ringfleckenkrankheit** (*Tomato spottet wilt virus,* übertragen durch *Thrips*)

Δ Kranke Pflanzen vernichten. ***Thripse*** bekämpfen. Siehe auch Kapitel 2.1 "Virosen".

□ Blatt- und Blütenstiele faulen in Bodennähe, auch Wurzeln und Knollen fleckig naßfaul. Die Pflanzen kümmern und sterben allmählich ab.

O **Bakterienfäule** (*Pectobacterium carotovorum* [Jones] Weldee var. *aroideae* Graham et Dowson)

Δ Gesundes Vermehrungsmaterial. Kranke Pflanzen sofort entfernen.

□ Verschieden geformte, gelbliche bis dunkelbraune Flecke auf den Blattspreiten, oft auch an den Blatt- und Blütenstielen vorkommend.

O **Blatt- und Blütenfleckenkrankheiten** (*Colletotrichum*-, *Gloeosporium*-, *Phyllosticta*-Arten)

Δ Vorbeugende periodische Spritzungen mit *Kupferpräparaten* (*Cupravit OB 21*, *Funguran* 0,4 %) oder *Kupferhydroxid (Cuprozin WP*(2), *Funguran OH*(2) 0,2 %), *Mancozeb* (*Dithane Ultra WG* 0,2 %), *Metiram* (*Polyram WG* 0,2 %), *Triforin* (*Saprol Neu* 0,15 %) oder anderen Fungiziden. Bei Einzelbefall sofortige Vernichtung befallener Pflanzenteile.

□ Blätter vergilben, Blüte verkümmert oder ausbleibend, Wurzeln faul.

O **Phytophthora-Wurzelfäule** (*Phytophthora richardiae* Buism.)

Δ Vorbeugendes Angießen der Pflanzen mit *Metalaxyl* (*Fonganil Neu* 0,05 %) oder *Propamocarb* (*Previcur N* 0,15 %).

Tierische Schädlinge richten oft sehr starke Schäden bei *Zantedeschia* an, vor allem bei trockener Luft:
Spinnmilben: Bewährt als Spritzmittel: *Abamectin* (*Vertimec*(3) 0,025 %), *Methamidophos* (*Tamaron* 0,15 %), *Fenbutatin-oxid* (*Torque*(3) 0,05 %) oder andere Mittel gegen Spinnmilben. Die Blattunterseiten sollten gut getroffen werden. Bei sehr starkem Auftreten von Spinnmilben ist die Behandlung nach 8 Tagen zu wiederholen.
***Thrips*:** Bekämpfung mit *Sulfotep* (*Bladafum II* im Räucherverfahren. Trockene Pflanzen!) sowie *Methamidophos* (*Tamaron* 0,15 %) u.a. Präparaten gegen *Thrips*.
Blattläuse: Sehr gut wirkt außer *Oxydemeton-methyl* (*Metasystox R 0,1* %), *Pirimicarb* (*Pirimor Granulat zum Auflösen in Wasser*(3) 0,05 %) und *Methamidophos* (*Tamaron* 0,15 %), brauchbar ferner alle Emulsionen, die keine Spritzflecke hinterlassen, etwa *Propoxur* (*Unden flüssig* 0,2 % bei 15 °C und darüber).
Weiße Fliege:. Folgende Präparate können im Wechsel als Spritzmittel eingesetzt werden: *Pirimiphos-methyl* (*Actellic 50*(2) 0,1 %), *Permethrin* (*Ambush*(2) 0,01 %), *Deltamethrin* (*Decis flüssig*(3) 0,05 %), *Methamidophos* (*Tamaron* 0,15 %), *Propoxur* (*Unden flüssig* 0,2 %) oder andere.

2.2.235 Zinnia (Zinnie)

□ Pflanzen zeigen Adernaufhellung, begleitet von Mosaikscheckung der Blätter. Allgemeine "Blässe", Blütenbrechung.

O **Virusbedingte leichte Scheckung und Wasserrübenmosaik-Virus** (*Pea early-browing virus* und *Turnip mosaic virus*, Übertragung mechanisch durch Nematoden und Blattläuse)

Δ Betreffs Bekämpfungsmaßnahmen siehe Kapitel 2.1 "Virosen".

□ Pflanzen welken und gehen zugrunde. Am Stengelgrund dunkle, eingesunkene Verfärbungen oder Faulstellen.

○ **Rhizoctonia-Fußkrankheit, Rhizoctonia-Welke** (*Rhizoctonia*-Arten)

Δ Anbauflächen im Freiland ständig wechseln, unter Glas Bodenentseuchung. Vorbeugend Angießen der Pflanzen in den Saatkisten mit *Benomyl* (*Du Pont Benomyl*[2] 0,05 %), versuchsweise auch mit *Vinclozolin* (*Ronilan WG* 0,1 %) oder *Iprodion* (*Rovral* 0,1 %). Als krank erkannte Pflanzen sofort vernichten.

□ Blätter mit grauen oder mehr braunen, meist purpur- oder violettumrandeten Blattflecken, schließlich absterbend.

○ **Blattfleckenkrankheit, Schwarzfleckenkrankheit** (*Alternaria*-Arten)

Δ Vorbeugende Spritzung mit *Mancozeb* (*Dithane Ultra WG* 0,2 %), *Metiram* (*Polyram WG* 0,2 %), *Triforin* (*Saprol Neu* 0,15 %) oder einem anderen Mittel gegen Blattfleckenkrankheiten, jedoch spätestens bei ersten Befallszeichen. Einzelne, in größeren Beständen als krank erkannte Pflanzen sofort vernichten.

Ferner an *Zinnia*: (Andere) **Fußkrankheiten, Grauschimmel - Blattläuse, Spinnmilben, *Thrips*, Schnecken.** Siehe Kapitel 2.1 "Mykosen", "Tierische Schädlinge".

2.3 Pflanzenschutz bei der Hydrokultur

Die folgenden Hinweise auf Schadorganismen und deren Bekämpfung können auch auf Pflanzen bei der Innenraumbegrünung übertragen werden. Je nach Pflanzenart Wasser-, Licht-, Temperatur- und Nährstoffverhältnisse anpassen. Möglich sind Blattschäden und Blattfall. "Kalte Füße" durch kaltes Gießwasser od. Nährlösungen, zugige Standorte oder Lichtmangel vermeiden. Temperaturen von 18-24 °C einhalten.

□ Erkrankungen im Wurzelbereich.

O **Pythium-Wurzelfäulen** (*Pythium*-Arten)

Δ Vernässungen im Substrat vermeiden. Behandlungen mit *Metalaxyl* (*Fonganil Neu* 0,05 %) oder *Fosetyl* (*Aliette* 0,5 %) im Gießverfahren bringen nur momentane Eindämmung des Pilzes. Wichtig ist Verbesserung der Wachstumsbedingungen.

□ Erkrankungen des Wurzelhalses führt zu Trieb- und Blattschäden.

O **Wurzelhalsfäulen** (*Fusarium sp.*, *Penicillium sp.*)

Δ Verbesserung der Kulturbedingungen durch Auswechseln des Substrates und der Pflanzenart entsprechendes Wässern.

□ Auf den Blättern und Trieben weißlicher, abwischbarer mehlartiger Belag.

O **Echter Mehltau** (*Erysiphaceae*)

Δ Vermeidung zu starker Temperaturschwankungen zwischen Tag und Nacht und den damit verbundenen Anstieg der relativen Feuchte in den Morgenstunden, bei einer rel. Feuchte von nur 40-60 % am Tage. Direkte Bekämpfung mit *Bitertanol* (*Baymat flüssig* 0,075 %), *Lecithin* (*Bio-Blatt-Mehltaumittel* - unverdünnt sprühen), *Triforin* (*Saprol Neu* 0,1 %).

□ Gelbe Sprenkelungen auf den Blättern, die später auch fahlsilbrig werden und vertrocknen.

O **Spinnmilben** (*Tetranychidae*)

Δ Hohe Temperaturen und niedrige Luftfeuchte begünstigen die Entwicklung. Daher Temperaturen möglichst niedrig und die Luftfeuchtigkeit höher fahren. Direkte Bekämpfung mit *Fenpropathrin* (*Rody*(3) 0,05 %), *Clofentezin* (*Apollo*(3) 0,04 %), *Pyrethrine* (*Spruzit flüssig* 0,1 %), *Kali Seife* (*Neudosan* 2 %). Einsatz von Raubmilben kann den Befall eingrenzen (über Einsatzmöglichkeiten Beratung beim Pflanzenschutzamt anfordern).

□ Verkrüppelungen, Verdickungen und Deformationen an Blättern, Trieben und Blütenanlagen durch ca. 0,1 % mm Milben.

O **Weichhautmilben** (*Tarsonemidae*)

Δ Stark befallene Pflanzen vernichten. Versuchsweise Einsatz von *Fenpropathrin* (*Rody*(3) 0,05 %). Bei Innenraumbepflanzung Luftfeuchtigkeit absenken. Rückschnitt befallener Pflanzenteile, versuchsweiser Einsatz von Raubmilben. Sehr stark befallene Pflanzen austauschen.

□ Auf den Blättern und Trieben klebrige Ausscheidungen, auf denen sich ein schwarz-brauner Belag bildet (Rußtau). Pflanzen kümmern, zeigen Verfärbungen, Blattfall oder sterben ab. An den Pflanzen weiß gepuderte oder von Wachausscheidungen umgebene "Schmierläuse".

○ **Wolläuse, Schmierläuse** (*Pseudococcidae*)

Δ Zur Bekämpfung Mineralöle (*Para-Sommeröl* 2 %), *Mineralöl + Lindan* (*Pflanzenspray Hortex*), *Rapsöl* (*Schädlingsfrei Naturen* 2 %) oder Austral. Marienkäfer (*Cryptolemus montrouziere*) einsetzen.

□ Blätter und Triebe gekräuselt, verkrüppelt und mit Kolonien verschiedenartig gefärbter Läuse besiedelt. Wegen der besonderen Klimabedingungen das ganze Jahr über ungeschlechtliche Vermehrung möglich.

○ **Blattläuse** (*Aphididae*)

Δ Direkte Bekämpfung möglich mit *Kaliseife* (*Neudosan* 2 %), *Pyrethrinen* (*Spruzit flüssig* 0,1 %), *Butocarboxim* (*Systemschutz-D* 1 ml/l Nährlösung). Auch biologische Maßnahmen durch Einsatz von Nützlingen (Florfliegen, Räuberische Gallmücken, Schlupfwespen) sind möglich.

□ Blätter zeigen erst fahle oder hellgelbe, später silbrig schimmernde Flecke. Auf der Blattunterseite schwarze Kottröpfchen. Stark befallene Blätter sterben ab.

○ **Thrips** (*Thysanoptera*)

Δ Schädling liebt Wärme und trockene Luft. Bekämpfung ist schwierig. Kontrolle der Kulturen mit Blautafeln. Unter Beachtung der Empfindlichkeit der Pflanzenarten kann *Metamidophos* (*Tamaron* 0,1 %) eingesetzt werden. Sonst versuchsweise besonders bei der Innenraumbegrünung *Butocarboxim* (*Systemschutz D* 1 ml/1 l Nährlösung), *Pyrethrine* (*Spruzit flüssig* 0,1 %). Auch Einsatz von Nützlingen nicht immer sicher. Raubmilben und Räuberische Blumenwanze zeigen gewissen Bekämpfungserfolg.

□ Blattoberseite zuerst gelbe Flecke, später Vergilbungen. Blattunterseits weiß bepuderte Fluginsekten oder flache hellgrüne, schildlausähnliche Larven.

○ **Weiße Fliege** (*Aleyrodidae*)

Δ Bekämpfung schwierig, da die hier anwendbaren Wirkstoffe wie *Fenpropatrin* (*Rody*[3]), *Kali-Seife* (*Neudosan*) oder *Pyrethrine* (*Spruzit flüssig*) nur die Vollinsekten erfassen. Daher kurzfristige Wiederholungsspritzung. Frühzeitiger Einsatz von Nützlingen (Schlupfwespen) zeigt befriedigende Wirkung.

□ Fraß vom Blattrand her durch Käfer und an den Wurzeln durch deren Larven.

○ **Rüsselkäfer-Arten** (*Curculioridae*)

Δ Larven sind mit Pflanzenschutzmitteln kaum zu bekämpfen. Aussichtsreich ist der Einsatz von Nematoden (*Heterorhabditis sp.*, *Steinernema sp.*) bei Bodentemperaturen von mindestens 13 °C und ausreichender, gleichmäßiger Bodenfeuchte. Die meist nachtaktiven Käfer absammeln.

Zur Bekämpfung von Blattläusen und *Thripsen* an Hydrokulturen von Zierpflanzen

eignet sich das Präparat *Butocarboxim* (*Systemschutz D*) Aufwandmenge: 1 ml/l Nährlösung.

Spinnmilben sind oft ein Problem. Geeignete Präparate sind *Fenpropathrin* (*Rody*[3] 0,05 %), *Clofentezin* (*Apollo*[3] 0,05 %) u. a.

Schildläuse sind bekämpfbar mit *Mineralöl* (*Para Sommer* 2 %), *Rapsöl* (*Schädlingsfrei Naturen* 2 %) oder *Lindan + Paraffinöl* (*Pflanzenspray Hortex*).

Weitere Hinweise sind bei den einzelnen Kulturen in Kapitel 2.2 "Schadursachen an einzelnen Zierpflanzen" zu finden.

Hinweis:

Die Bekämpfung von Schadorganismen ist in Innenräumen wegen der ständigen Anwesenheit von Personen problematisch. Eine Behandlung gefährdeter Pflanzen kann daher nur mit äußerster Sorgfalt und nur wenn unbedingt erforderlich, durchgeführt werden. Es sollten zudem nur Pflanzenschutzmittel zur Anwendung gelangen, die keiner Giftklasse zugeordnet sind und die einen geringen Dampfdruck aufweisen. In Restaurants, Krankenhäusern und anderen empfindlichen Bereichen werden sich solche Möglichkeiten kaum eröffnen. Äußerst kritisch sind auch Bereiche mit Klimaanlagen oder Zwangsbelüftungssystemen.

Zusammenstellung der wichtigsten Nützlinge für die Innenraumbegrünung

Nützlinge		**Schädlinge**	**Hersteller/Vertreiber**
Raubmilben	*Phytoseiulus persimilis, Amblyseius californicus*	Spinnmilben	BNO, BRI, FGK, GFH, HWN, KOP, MER, NEU, ÖRE, REN, SUS, TRI
Raubmilben	*Hypoaspis miles*	Thrips, Trauermücken, Sumpffliegen, Collembolen	GFH, KOP, NEU, REN, ÖRE, SUS
Schlupfwespen	*Encarsia formosa*	Weiße Fliegen	BNO, BRI, FGK, GFH, HWN, KOP, MER, NEU, ÖRE, REN, SUS, TRI
Schlupfwespen	*Eretmocerus californicus*	*Bemisia tab.*	GFH, HWN, NEU, REN
Schlupfwespen	*Dacnusa sibirica* und *Dighlyphus isaea*	Minierfliegen	BRI, GFH, HWN, KOP, MER, NEU, ÖRE, REN, SUS, WIL
Schlupfwespen	*Aphidius colemani, Aphidius ervi, Aphelinus abdominalis*	Blattläuse	BNO, BRI, GFH, HWN, KOP, MER, NEU, ÖRE, PKN, REN, SUS, TRI
Schlupfwespen	*Leptomastix dactylopii*	Schmierläuse	GFH, HWN, NEU, ÖRE, PKN, REN, SUS
Schlupfwespen	*Metaphycus helvolus*	Napfschildläuse	HWN, NEU
Florfliegen	*Chrysoperla carnea*	Blattläuse, Thripse	BNO, BRI, GFH, HWN, KOP, MER, NEU, ÖRE, REN, SUS
Australische Marienkäfer	*Cryptolaemus montrouzieri*	Woll- oder Schmierläuse	BNO, BRI, GFH, HWN, KOP, MER, NEU, ÖRE, PKN, REN, SUS, TRI
Marienkäfer	*Coccinella septempunctata*	Blattläuse	HWN, PKN, ÖRE, SUS
Insektenparasitische Nematoden	*Heterorhabditis sp.*	Dickmaulrüßler	BNO, GFH, HWN, KOP, MER, NEU, ÖRE, REN, SUS, TRI
Insektenparasitische Nematoden	*Steinernema feltiae Steinernema carpocapsae*	Trauermücken-Larven, Dickmaulrüßler-Larven	ABP, BNO, CEL, GFH, HWN, KOP, MER, NEU, ÖRE, REN, SUS, TEM, TRI

Firmenadressen

ABP **Agrinova, Biologische Präparate, Produktions- und Vertriebs GmbH**, Hauptstr. 13, 67283 Obrigheim/Mülheim, Tel.: (0 63 59) 9 68 10, Fax: (0 63 59) 32 14

AWM **AWM Nützlinge GmbH**, Außerhalb 54, 64319 Pfungstadt, Tel.: (0 61 57) 99 05 95, Fax: (0 61 57) 99 05 96

BAS **BASF Agrarzentrum Limburgerhof**, Postfach 120, 67114 Limburgerhof, Tel.: (06 21) 6 02 75 54, Fax: (06 21) 6 02 70 79, E-Mail: gisela.paulitsch@msm.basf-ag.de

BNO **Bio Nova, Gesellschaft für angewandte Biologie mbH**, Josefstr. 102, 41462 Neuss, Tel. (0 21 31) 54 10 71, Fax: (0 21 31) 54 10 72

BRI **Brinkmann BV**, L.J. Costerstraat 48, NL-5916 PS Venlo, Tel.: +31-77-3 20 89 00, Fax: +31-77-3 20 89 50

BWA **BayWa AG Kitzingen**, Glauberstr. 7, 97318 Kitzingen, Tel. (0 93 21) 70 07-23, Fax: (0 93 21) 70 07-45, Vertrieb für Koppert = KOP, auch in den Filialen in Augsburg, Fürth, Weinböhla

CEL **Celaflor GmbH**, Konrad-Adenauer-Str. 30, 55218 Ingelheim, Tel.: (0 61 32) 7 80 30, Fax: (0 61 32) 20 67

FGK **Frühgemüsezentrum Kaditz GmbH**, Grimmstr. 79, 01139 Dresden, Tel.: (03 51) 8 30 49 10, Fax: (03 51) 8 30 49 12, nur Selbstabholung der Nützlinge

GFH **Flora Nützlinge - Biologischer Pflanzenschutz**, Friedhofstr. 1, 15517 Fürstenwalde, Tel.: (0 33 61) 30 10 88, Fax: (03 36 32) 2 17

HWN **Welte, Hatto u. Patrick, Nutzinsekten-Vertriebsgesellschaft**, Maurershorn 10, 78479 Insel Reichenau, Tel.: (0 75 34) 71 90 oder 74 00, Fax: (0 75 34) 14 58

KOP **Koppert, B.V.**, P.O. Box 155, NL-2650 AD Berkel en Rodenrijs, Tel.: +31-10-5 14 04 44, Fax: +31-10-5 11 52 03, E-Mail: info@koppert.nl, Internet: http://www.koppert.nl

MER **Merulin Gartenbauservice GmbH & Co. KG**, Karl-Arnold-Str. 25, 47638 Straelen, Tel.: (0 28 34) 91 90, Fax: (0 28 34) 91 92 10, E-Mail: Gartenbauservice@MERULIN.de, Internet: http://www.MERULIN.de, Vertrieb für Koppert = KOP

NEU **W. Neudorff GmbH KG, Abt. Nutzorganismen**, Postfach 1209, 31857 Emmerthal, Tel.: (0 51 55) 6 24 60, Fax: (0 51 55) 6 24 57, E-Mail: W.Neudorff@t-online.de, Internet: http://www.neudorff.de

ÖRE **ÖRE Bio-Protect Biologischer Pflanzenschutz GmbH**, Kieler Str. 41, 24223 Raisdorf, Tel.: (0 43 07) 69 81, Fax: (0 43 07) 71 28

PKN **PK-Nützlingszuchten**, Industriestraße 38, 73642 Welzheim, Tel.: (0 71 82) 43 26, Fax: (0 71 82) 39 62, E-Mail: PKNUETZ@t-online.de

REN **re-natur GmbH**, Am Pfeifenkopf 9, 24601 Stolpe, Tel.: (0 43 26) 9 86 10, Fax: (0 43 26) 9 86 11, Internet: http://www.re-natur.de

SUS **Sautter u. Stepper GmbH**, Rosenstr. 19, 72119 Ammerbuch, Tel.: (0 70 32) 95 78 30, Fax: (0 70 32) 95 78 50, E-Mail: nuetzlinge@t-online.de, Internet: http://home.t-online.de/home/nuetzlinge

TEM **Temmen GmbH**, Ankerstr. 74, 65795 Hattersheim, Tel.: (0 61 45) 99 19-0, Fax: (0 61 45) 99 19 19, nur Mitvertrieb für andere Firmen

TRI **Trifolio-M GmbH**, Sonnenstraße 22, 35633 Lahnau, Tel.: (0 64 41) 6 31 14, Fax: (0 64 41) 6 46 50

WIL **Wilhelm Biologischer Pflanzenschutz GmbH**, Neue Heimat 25, 74343 Sachsenheim, Tel.: (0 70 46) 23 86, Fax: (0 70 46) 1 21 98

2.4 Schadursachen an Gehölzen

2.4.1 Laub- und Nadelholz

☐ Rinde an Stämmchen und Zweigen in Bodennähe benagt, teilweise geringelt, vor allem bei Trockenheit in stark verunkrauteten Anlagen, an Böschungen in Feld- und Wiesennähe. Zahlreiche Mäuselöcher auf Rasenflächen, besonders nach trockenem Herbst und Frühjahr.

O **Feldmaus** (*Microtus arvalis* Pall.)

Δ Freihalten der Anlagen von Unkraut, kein Abdecken mit Laub oder Reisig. Chemische Bekämpfung unter bestimmten Voraussetzungen nach vorheriger Befragung der Pflanzenschutzdienste möglich. Nur organisierte, gleichzeitige Maßnahmen in größeren Bezirken versprechen Erfolg. Nach vorheriger Dichtebestimmung (Pflanzenschutzdienststelle, Warndienst beachten!) im Spätherbst, an milden Wintertagen sowie spätestens im zeitigen Frühjahr Auslegen von fabrikfrischem, gefärbtem Giftgetreide mit Giftlegerohren, 6-10 Körner pro Loch. Bedarf etwa 300-500 g je 1/4 ha je nach Befallsstärke. Befahrene Löcher sind glattrandig, Futterreste liegen umher. Wenn möglich, Löcher am Tage vorher zutreten, nur diejenigen Löcher belegen, die am nächsten Tag geöffnet sind.

Auch Raine und Böschungen berücksichtigen. Niemals Giftgetreide offen ausstreuen, da Gefährdung von Geflügel und Wild! Nach Artikel 1 der Zweiten Verordnung zur Änderung der Pflanzenschutz-Anwendungsverordnung vom 24. Januar 1997 ist die Anwendung von *Zinkphosphid* als Getreideköder in der Form des offenen Auslegens verboten.

Chlorphacinon-haltige Köder wie *Lepit Feldmausköder*[2] (Schering), 15 kg/ha, dürfen dagegen breitflächig ausgestreut werden.

Einsatz von Mitteln gegen Feldmaus nur nach Beratung durch die zuständige Pflanzenschutzdienststelle. Länderverordnungen beachten. Schutz der Taggreifvögel und Eulen! Ansiedlung von Eulen durch Schaffung von künstlichen Nistgelegenheiten (Eulenlöcher, Nistkästen, Niströhren), wo dies möglich ist.

☐ Maulwurfshaufen, Wühlgänge, keine Fraßschäden an Wurzeln.

O **Maulwurf** (*Talpa europaea* L.)

Δ Der **Maulwurf** ist durch die Bundesartenschutzverordnung **geschützt.** Seine Bekämpfung kann nur erlaubt werden , wenn schwerwiegende Schäden abzuwenden sind. Hierfür ist die Genehmigung der nach Landesrecht zuständigen Behörde erforderlich. Näheres Pflanzenschutzdienststelle.

☐ Im Boden flach unter der Erdoberfläche verlaufende Gänge. Rübenartiges Zuschneiden der Hauptwurzeln oder kräftiges Benagen der Nebenwurzeln, die Spuren von Nagezähnen deutlich. Stämmchen gehen meist ein. Junge Bäume locker im Boden, zuweilen herausziehbar.

O **Große Wühlmaus, Mollmaus, Schermaus** (*Arvicola terrestris* L.)

Δ In gefährdeten Lagen Wurzelkörper von Jungbäumen bei bevorzugt befressenen Baumarten oder deren Unterlagen durch verzinkte Maschendrahthüllungen (Maschenweite ca. 15 mm) schützen. Bekämpfung durch Fallen (*Bayrische Drahtfalle*, verschiedene Kippbügelfallen, *Hausmannsche Zangenfalle, Neudorffs Wühlmaus-Fänger*) vor allem im Herbst und Frühwinter bei festen Böden. Wühlmausgang öffnen, Falle fest einschieben und ganz abdecken. Die Fallen nicht mit bloßen Händen anfassen, da der Geruch von den Wühlmäusen wahrgenommen wird und die Tiere warnt. In der vegetationslosen Zeit wirken auch selbsthergestellte oder gebrauchsfertige Giftköder. Begasungsmittel gegen Wühlmäuse, die unter Berücksichtigung der einschlägigen Vorschriften angewendet werden, z. B. Phosphorwasserstoff entwickelnde Verbindungen wie: *Wühlmaus-Patrone Arrex-Patrone, Phostoxin-WM, Polytanol, Neudo-Phosphid S.* Begasungsgeräte zum Einleiten von giftigem Kohlenmonoxid oder des weniger gefährlichen Kohlendioxids in die Wühlmausgänge vor allem bei der großflächigen Bekämpfung zweckmäßig. Über die Anwendung von Spezialverfahren bei Großbekämpfungen Sonderberatung durch Pflanzenschutzdienststelle.

□ Vegetationsruhe - Rinde zeigt mehr oder weniger waagerechte Zahnspuren, auch in das Holz hinein. Stämmchen bis 2 cm Durchmesser dicht oberhalb des Bodens abgebissen. Junge Baumstämme in 10-20 cm Höhe vom Wurzelhals geringelt oder einseitig geschält, untere Äste bis etwa in 2 m Höhe entrindet, Knospen, Triebe und Nadeln abgebissen. Endtriebe junger Fichten und Kiefern benagt oder auch abgebissen. Bevorzugt auf nicht zu trockenen Flächen mit guter Vegetation (Gebüsch), vor allem an Baumrinden von Weichhölzern wie Ahorn, Eberesche, Esche, Hainbuche, Pappel, Rot- und Weißerle, Weide und Lärche.

○ **Erdmaus** (*Microtus agrestis* L.)

Δ Im Spätherbst oder Frühwinter vor dem Schneefall oder im zeitigen Frühjahr vor Beginn der Vegetation nach Befragung der Pflanzenschutzdienststelle Anwendung von Ködermitteln: *Zinkphosphid* (*Arrex-E-Köder, Arrex-M-Köder-klein*) *und Chlorphacinon* (*Lepit-Forstpellets*). Vorschriften beachten!

□ Herbst, Winter - Rinde junger Gehölze wird platz- und streifenweise bis zu völliger Entrindung ganzer Zweige benagt, meist von Oktober bis April. Am stärksten gefährdet sind Ahorn, Buche, Esche, Faulbaum, Linde, Schwarzer Holunder, Schwarzkiefer (Fraß an Spitzenknospen), weniger Espe, Fichte und nur sehr selten Salweide. Schälschäden von den Wurzeln bis zu den Zweigspitzen in 5 m Höhe. Bei Jungtannen Schäden ähnlich denen durch Eichhörnchen, indem Gipfelknospen und Triebe abgebissen werden.
Kiefernknospen sind bis zur Basis ausgefressen, Knospenschuppen bleiben stehen (Vögel hacken Knospen aus!). Wurzeln werden unterirdisch nicht befressen. Vorkommen vor allem in buschigen Biotopen, hier besonders in stark vergrasten Kulturen oft sehr schädlich werdend.

○ **Rötelmaus** (*Clethrionomys glareolus* Schr.)

Δ Wo die Erdbaue gut erkennbar sind, Ködermittel auf Basis von *Zinkphosphid* wie *Arrex-E-Köder*, oder *Arrex-M-Köder-klein* unter strenger Beachtung der Anwendungsvorschriften ausbringen. Folien oder Köder bei stärkerem Befall nachlegen. In gefährdeten Schonungen in bestimmten Abständen Reisighaufen als Lock- und Fangplätze anlegen. Weichholz hierfür besonders geeignet. Vor Bekämpfung Pflanzenschutzdienststelle befragen! Gute Erfolge auch mit *Chlorphacinon* (*Lepit-Forstpellets*).

□ Herbst, Winter - Schäden an jungen Gehölzen durch Benagen von Knospen, Trieben, Rinde. Vor allem an Ahorn, Buche, Eiche, Esche, Espe, Hainbuche, Hasel, Holunder, Salweide, weniger an Nadelholz. Auch Fraß von Baumsamen sowie an Gras und grünen Pflanzenteilen. An Waldrändern, in Feld- und Gartennähe.

○ **Waldmaus** (*Apodemus sylvaticus* L.)

Δ Abfangen in Fallen, die mit Nußkernen oder Apfelstücken beködert sind; auch Nuß-Nougat-Creme ist sehr gut fängig.

2.4.2 Laubholz - allgemein

□ Im Frühjahr an Jungbäumen - Längs der im Herbst von Zikaden zur Eiablage eingeritzten Spalten reißt im Frühjahr die Rinde auf und blättert später ab. Vor allem an Ahorn, Esche, Roterle, Pappel, gebietsweise häufiger.

O **Grüne Zwergzikade** (*Tettigella viridis* L.)

Δ Sofern stärkerer Befall zu erwarten ist, versuchsweise Ende August Spritzungen mit Mitteln gegen rindenbrütende und holzbrütende Borkenkäfer sowie Nutzholzborkenkäfer, beispielsweise *Methamidophos* (*Tamaron* 0,1 %), *Permethrin* (*Decis flüssig*(3) 0,05 %), *Propoxur* (*Unden flüssig* 0,15 %) oder *Dimethoat* (0,1 %)

□ Fraßschäden an Blättern und Trieben von Sträuchern und Bäumen. Käfer oder verschieden gefärbte Raupen fressen an Blättern und Blüten von Birke, Buche, Eiche, Hasel, Hainbuche, Weißdorn und anderen Laubgehölzen.

O **Feldmaikäfer** (*Melolontha melolontha* L.)

O **Waldmaikäfer** (*M. hippocastani* F.)

O **Grünrüßler** (*Phyllobius-Arten*) und andere blattfressende Rüsselkäferarten.

O **Blattkäfer** (*Chrysomelidae*)

O **Kleiner Frostspanner** (*Operophthera brumata* L.)

O **Großer Frostspanner** (*Erannis defoliaria* Cl.)

O **Schwammspinner** (*Lymantria dispar L.*)

O **Goldafter** (*Euproctis chrysorrhoea* L.)

Δ Nur bei kritischer Befallssituation (Pflanzenschutzdienststelle!) Anwendung von Mitteln gegen blatt- und nadelfressende Käfer, beispielsweise *Beta-Cyfluthrin* (*Bulldock*(3) 0,05 %), *Deltamethrin* (*Decis flüssig*(3) 0,05 %), *Parathion* (*E 605 forte*(3) 0,035 %), *Phosalon* (*Rubitox flüssig* 0,15 %), *Triflumuron* (*Alsystin* 0,05 %) oder *Phosphamidon* (*Dimecron 20*(3) 600 ml/ha), die **auch** gegen die genannten Schmetterlingsraupen wirken. Gegen letztere haben sich zudem *Diflubenzuron* (*Dimilin 25 WP*(1) 0,05 %) und Bakterienpräparate wie *Bacillus thuringiensis* (*Dipel* 0,1 %, *Neudorff's Raupenspritzmittel* sowie *Thuricide HP*(1), alle 0,15 %) bewährt, zumal sie besonders **nützlingsschonend** sind und, etwa an Straßenbäumen oder in städtischen Parks, keine Gefährdung von Menschen und höheren Tieren (Vögel, Säugetieren) bedingen. Spezielle Anwendungsvorschriften genau beachten. Näheres Pflanzenschutzdienststelle.

2.4.3 Acer (Ahorn)

□ Ende Juni/Juli zunächst gelbliche, im August auffallend schwarze, teerartige, gelbgerandete, runzelige Flecken auf den Blättern, die vorzeitig abfallen. Vor allem in feuchten Lagen, in Industriegebieten, an *Acer platanoides*, *A. pseudoplatanus* und anderen *Acer*-Arten.

O **Teerfleckenkrankheit, Ahornrunzelschorf** (*Rhytisma acerinum* [Pers.] Fr. = *Melasmia acerina* Lev.)

Δ Fallaub sammeln und verbrennen. Bei regelmäßigem Befall vorbeugend mit *Kupferoxychlorid* (*BASF-Grünkupfer*, *Cupravit OB 21*, *Funguran* 0,5 %) oder *Kupferhydroxid*

(*Cuprozin WP*[2], *Funguran-OH*[2] 0,2 %) spritzen. Bei erstem Befall *Mancozeb* (*Dithane Ultra WG* 0,2 %), *Metiram* (*Polyram WG* 0,2 %), *Triforin* (*Saprol Neu* 0,15 %).

□ Die Knospen treiben nicht aus, die jungen Zweige sterben ab.
O **Zweigsterben** (*Stigmina hartigiana* [Sacc.] Stewart = *Septogloeum hartigianum* Sacc.)
Δ Strenger Rückschnitt der kranken Zweige bis ins gesunde Holz. Wunden mit Wundverschlußmittel verstreichen. Chemische Bekämpfung ist nicht lohnend.

□ Absterben von Ästen, bei den sehr anfälligen *Acer japonicum* und *A. palmatum* auch von ganzen Pflanzen. Orangerote Pusteln (Fruchtlager des Pilzes) an abgestorbenen Pflanzenteilen.
O **Rotpustelkrankheit** (*Nectria cinnabarina*) (Tode ex Fries = *Tubercularia vulgaris* [Tode ex Fries])
Δ Befallene Teile bis ins gesunde Holz zurückschneiden. Wundstellen mit Wundverschlußmittel (*Bayleton-Rindenwundverschluß*, *Baumwachse* versch. Anbieter, *Drawipas*, *Lac Balsam*, *Novaril Rot*, *Santar SM Neu* oder anderen) behandeln. Zusätzlich wirken Spritzungen mit *Kupferoxychlorid*- oder *Kupferhydroxid*-Präparaten im zeitigen Frühjahr nach dem Schnitt bzw. vor dem Austrieb; allerdings nicht durchschlagend (Baumschulen!).

□ Nach langandauernden, feuchten Witterungsperioden 0,2-1 cm große, grauweiße, rundliche Flecke auf der Blattspreite von *A. pseudoplatanus*. Bei stärkerem Befall vorzeitiger Blattabwurf noch grüner Blätter.
O **Weißfleckenkrankheit** (*Cristulariella depraedans* [Cooke] Höhn).
Δ Wirtschaftlich spürbare Schäden selten. Beseitigung des am Boden liegenden Laubes. Eventuell Spritzungen mit *Mancozeb* (*Dithane Ultra WG* 0,2 %) oder *Metiram* (*Polyram WG* 0,2 %).

□ Ab Frühsommer bei *Acer pseudoplatanus* auf der Blattunterseite entlang den Blattadern dunkelbraune Nekrosen.
O **Blattbräune** (*Pleuroceras pseudoplatani* (Tub) Monod)
Δ Pilz überwintert mit Fruchtkörpern auf abgefallenem Laub. Dieses daher rechtzeitig aus dem Bestand entfernen.

Ferner an *Acer*: *Verticillium*-Welke, Echter Mehltau - Blattläuse, Spinnmilben, Gallmilben, Zikaden. Siehe Kapitel 2.1 "Mykosen", "Tierische Schädlinge".

2.4.4 Aesculus (Rosskastanie)

□ An Sämlingen. Auf Blattstielen und Blättern dunkelrostbraune Flecken, Einrollen der Blätter, später meist starker Blattfall.

O **Blattfleckenkrankheit** (*Guignardia aesculi* [DK.] V. B. Stewart = *Phyllosticta sphaeropsoidea* Ell. et Ev.)

Δ Vorbeugend, spätestens beim Auftreten der ersten Blattflecken, spritzen mit *Kupferoxychlorid* (z.B. *Cupravit OB 21 u.a.;* 0,5 %) oder *Kupferhydroxid* (*Cuprozin WP*(2), *Funguran-OH*(2) 0,2 %), *Mancozeb* (*Dithane Ultra WG* 0,2 %) oder *Metiram* (*Polyram WG* 0,2 %). - Herbstlaub entfernen.

Ferner an *Aesculus*: *Verticillium*-Welke, Grauschimmel, Rotpustelkrankheit - Frostspanner, Wanzen, Schildläuse. Siehe Kapitel 2.1 "Mykosen", "Tierische Schädlinge".

2.4.5 Alnus (Erle)

□ An Roterlen, etwa ab 12 Jahren. Absterbeerscheinungen an Zweigen und am Wipfel, sich nach unten bis in den Stamm fortsetzend. Auf den abgestorbenen Stellen erscheint der Wipfelpilz (*Valsa oxystoma* Rehm.) im Zusammenhang mit Schädigung durch Frost, Erlenrüßlerfraß und anderen Faktoren.

O **Erlensterben**

Δ Stets nur qualitativ hochwertiges, standortgemäßes, heimisches Pflanzenmaterial verwenden.

□ Zweigspitzen an 4-10 jährigen Erlen sterben ab. Rinde ist rotbraun verfärbt.

O **Zweigsterben** (*Ditopella ditopa* Schroeter)

Δ Versuchsweise Anwendung von Fungiziden, etwa *Kupferoxychlorid*- oder *Kupferhydroxid*-Präparate 0,5 % bzw. 0,2 %, nach dem Rückschnitt (Baumschulen!). Näheres Pflanzenschutzdienststelle.

□ Juni bis Oktober - In Blattachseln der Triebspitzen saugen mit Wachsflocken bedeckte Larven, an den Blättern später Blattflöhe.

O **Erlenblattfloh** (*Psylla alni* L.)

Δ Nur bei Massenauftreten Bekämpfung mit Mitteln gegen Laubholzläuse (siehe Kapitel 11.5 "Sachregister") oder anderen wirksamen Insektiziden, beispielsweise *beta-Cyfluthrin* (*Bulldock*(3) 0,05 %), *Permethrin* (*Ambush*(2) 0,01 %), *Deltamethrin* (*Decis flüssig*(3) 0,05 %) *Dimethoat* 0,1 %, *Phosphamidon* (*Dimecron 20*(3) 0,1 %), oder *Propoxur* (*Unden flüssig* 0,15 %).

□ Blaue, metallisch glänzende Käfer und (später) ihre schwarzen Larven fressen an Blättern. Käfer verursachen unregelmäßigen Lochfraß, Larven skelettieren die Blätter.

O **Erlenblattkäfer** (*Agelastica alni* L.)

Δ Nur bei sehr starkem Auftreten lohnt die Bekämpfung mit Mitteln gegen blatt- und nadelfressende Käfer oder anderen wirksamen Insektiziden, beispielsweise mit *Permethrin* (*Ambush*(2) 0,05 %, *Talcord 5* 0,05 %), *Deltamethrin* (*Decis flüssig*(3) 0,05 %), *lambda-Cyhalothrin* (*Karate* 0,05 %), *Parathion* (*E 605 forte*(3) 0,035 %), *Methamidophos* (*Tamaron* 0,15 %) oder *Propoxur* (*Unden flüssig* 0,2 %).

Ferner an *Alnus*: **Kräuselkrankheit** (Bekämpfung nur ausnahmsweise in Baumschulen lohnend, am wirksamsten *Kupferoxychlorid*- oder *Kupferhydroxid*-Präparate 0,5 % bzw. 0,2 % bei Vegetationsbeginn oder *Mancozeb* (*Dithane Ultra WG* 0,2 %)). **Echter Mehltau**, **Blattfleckenkrankheit**, **Bleiglanz - Gallmilben**, (Eindellungen der Blattspreite, unterseits [innen] weißfilzig); **Blattläuse, Blattwespenlarven, Rüsselkäfer**. Siehe Kapitel 2.1 "Mykosen", "Tierische Schädlinge".

2.4.6 Amelanchier (Felsenbirne)

□ Mosaikzeichnungen auf den Blättern, erst hellgrüne bis gelbliche, später purpurrot werdende Linien- und Ringmuster. Bei starkem Befall Wachstumshemmung.

O **Ringfleckenmosaik-Virus** (*Apple chlorotic leaf spot virus*, mechanisch übertragen)

Δ Gesundes Pflanzgut verwenden. Siehe Kapitel 2.1 "Virosen".

Ferner an *Amelanchier*: **Feuerbrand** (siehe unter ***Cotoneaster***) - **Echter Mehltau** und **Gespinstmotten.** Siehe Kapitel 2.1 "Bakteriosen", "Mykosen", "Tierische Schädlinge".

2.4.7 Aristolochia (Osterluzei)

□ Blätter mit gelblichen Bandzeichnungen oder gelblichen Flecken.

O **Viruskrankheiten** (*Cucumber mosaic virus*, mechanisch und durch Blattläuse übertragen)

Δ Näheres siehe Kapitel 2.1 "Virosen".

Ferner an *Aristolochia*: **Wurzelfäule - Spinnmilben.** Siehe Kapitel 2.1 "Mykosen", "Tierische Schädlinge".

2.4.8 Azalea (Azalee)

Siehe unter ***Rhododendron simsii***

2.4.9 Berberis (Berberitze)

□ An der Blattunterseite braune Lager, die Aecidienlager des wirtswechselnden, an Getreide wirtschaftlich wichtigen Schwarzrostes.

O **Getreideschwarzrost** (*Puccinia graminis* Pers.)

Δ Vor allem an *Berberis vulgaris;* nicht anfällig sind *B. concinna*, *B. mentorensis*, *B. thunbergii* und andere. Bekämpfung nicht lohnend.

Ferner an *Berberis*: **Wurzelfäule, Echter Mehltau, Glatthaferrost** (Rückschnitt befallener Zweige). - **Blattläuse, Schildläuse, Blattwespen.** Siehe Kapitel 2.1 "Mykosen", "Tierische Schädlinge".

2.4.10 Betula (Birke)

G. Veg. - Vogelnestähnlicher oder besenartiger Mißwuchs der Zweige, vor allem an *Betula pubescens* und an *B. verrucosa*.

O **Hexenbesen** (*Taphrina turgida* Sadeb., *T. betulina* Rostr.)

Δ Im Winter Ausschneiden der vorhanden Hexenbesen samt Tragast.

□ Auf der Blattoberseite gelbe Flecke, blattunterseits an entsprechenden Stellen orangerote Pusteln. Blätter werden gelb und fallen ab.
O **Birkenrost** (*Melampsoridium betulinum* [Fr.] Kleb.)
Δ Bei ersten Befallszeichen spritzen mit *Propineb* (*Antracol WG*(2) 0,2 %), *Mancozeb* (*Dithane Ultra WG* 0,2 %), *Metiram* (*Polyram WG* 0,2 %) oder *Triforin* (*Saprol Neu* 0,15 %).

□ Auf der Blattunterseite typisch mehliger Belag. Blattoberseits gelbliche Flecken erkennbar. Befallene Blätter vertrocknen und fallen ab.
O **Birkenmehltau** (*Phyllactinia guttata* (Wallr. ex Fr.) Lev.)
Δ Bei wiederholt stärkerem Auftreten ab Befallsbeginn spritzen mit *Bitertanol* (*Baymat flüssig* 0,125 %), *Dichlofenamid* (*Euparen WG* 0,25 %), *Triforin* (*Saprol Neu* 0,1 %) u.a.

Ferner an *Betula*: **Blattläuse** und **Spinnmilben.** Minierende **Blattwespen** und **Blattkäfer** sowie ihre **Larven** fressen an Blättern. Befall durch **Gallmilben** zeigt sich durch filzige, leicht rötliche Beläge auf den Blattunterseiten. **Birkenblattroller (Zigarrenwickler)** rollen die Blätter auf zu Blattwickeln, in denen ihre Larven fressen; **andere Rüsselkäfer** fressen frei an den Blättern. Zeitweise treten die **Raupen des Mondflecks** in Massen auf. Näheres siehe unter *Tilia*. Vor Bekämpfung Pflanzenschutzdienststelle befragen! Siehe Kapitel 2.1 "Tierische Schädlinge".

2.4.11 Buddleia (Schmetterlingsstrauch)

□ Blätter mit lichtgrünen, dunkelgrünen oder gelblichen Band-, Ring- oder Fleckenzeichnungen, manchmal auch sehr schmal oder anderweitig mißgebildet.
O **Gurkenmosaik-Virus, Schmalblättrigkeit** (*Cucumber mosaic virus*, mechanisch und durch Blattläuse übertragen)
Δ Näheres über Bekämpfung siehe Kapitel 2.1 "Virosen".

Ferner an *Buddleia*: **Falscher Mehltau. - Blattälchen, Blattläuse, Spinnmilben.** Siehe Kapitel 2.1 "Mykosen", "Tierische Schädlinge".

2.4.12 Buxus (Buchsbaum)

□ Pilz verursacht Blattflecken und Absterben der Triebspitzen. Im Laufe des Sommers erscheinen auf den Blättern orange-rosa Sporenhaufen.
O **Triebsterben, Buchsbaumkrebs** (*Volutella buxi* [Cda.] Berk.)
Δ Bei Auftreten erster Blattflecken wiederholt spritzen mit *Propineb* (*Antracol WG*(2) 0,2 %). Vorbeugend auch mit *Kupferoxychlorid*- oder *Kupferhydroxid*-Präparaten 0,5 % bzw. 0,2 %. Kranke Zweige zurückschneiden.

□ Blätter oberseits gelblich gefleckt, an den entsprechenden Stellen blattunterseits beulige Gallen, in diesen gelbrote Gallmückenlarven. Im Mai hängen aus Gallen Puppenhülsen hervor, ab Mitte Mai Mückenflug. Nur in einzelnen Jahren stärker auftretend.
O **Buchsbaumgallmücke** (*Monarthropalpus buxi Geoffr*)
Δ Rückschnitt, dann 1-2 Spritzungen mit *Deltamethrin* (*Decis flüssig*(3) 0,05 %), *Dimethoat* 0,1 %, *Parathion* (*E 605 forte*(3) 0,035 %), *Phosphamidon* (*Dimecron 20*(3) 0,1 %), *Propoxur* (*Unden flüssig* 0,2 %) Mitte Mai und Ende Juni.

□ Blätter an Triebenden löffelförmig nach oben gekrümmt, zwischen ihnen weiße Wachsausscheidungen, später reichlich Honigtau und schließlich auch Besiedlung mit Rußtau-Pilzen.
○ **Buchsbaumblattfloh** (*Psylla buxi* Lab.)
Δ Entweder eine Austriebsspritzung mit *Mineralöl* (*Para-Sommer* 2 %, *Promanal*(1) 3 %) oder aber wiederholtes Spritzen mit *Deltamethrin* (*Decis flüssig*(3) 0,05 %), *Permethrin* (*Ambush*(2) 0,05 %), *Phosphamidon* (*Dimecron 20*(3) 0,1 %), *Propoxur* (*Unden flüssig* 0,15 %) Bei Auftreten der Larven (April bis Mai) bis etwa Ende Juni.

□ Die Spitzenblättchen sind gekräuselt, die Endknospen sterben ab.
○ **Triebspitzengallmilbe** (*Aceria unguiculatus* Can.)
Δ Beim Austrieb 1- bis 2mal im Abstand von 2-3 Wochen gründlich spritzen mit versuchsweise *Fenpropathrin* (*Rody*(3) 0,05 %), *Fenpyroximat* (*Kiron*(3) 0,15 %) oder *Amitraz* (*Mitac*(3) 0,25 %).

Ferner an *Buxus*: **Schildläuse, Spinnmilben.** Siehe Kapitel 2.1 "Tierische Schädlinge".

2.4.13 Calluna (Besenheide)

Calluna vulgaris ist sehr salzempfindlich. Daher darf keinesfalls überdüngt werden. Bei *Calciumgaben* ist der Kalkgehalt des Gießwassers zu berücksichtigen.

□ Blättchen und junge Triebe werden schwarz und sterben ab, vor allem bei naßkaltem Wetter nach einer Wärmeperiode.
○ **Blattfleckenkrankheit** (*Pestalotia*-Arten)
Δ Versuchsweise bei Befallsgefahr vorbeugend spritzen mit *Mancozeb* (*Dithane Ultra WG* 0,2 %), *Metiram* (*Polyram WG* 0,2 %) *Maneb* (*BASF-Maneb-Spritzpulver* 0,2 %) oder *Triforin* (*Saprol Neu* 0,15 %).

□ Spitzentriebe werden braun und hängen nach unten. Verbräunungen dehnen sich bis zur Triebbasis aus. Pflanzen sterben ab. Nicht mit *Phytophthora* verwechseln.
○ **Triebsterben** (*Glomerella cingulata* [Stow.] Spauld et Schrenk - *Colletotrichum gloeosporioides* Penz.)
Δ Versuchsweise spritzen mit *Dichlofluanid* (*Euparen WG* 0,25 %), *Mancozeb* (*Dithane Ultra WG* 0,2 %), *Metiram* (*Polyram WG* 0,2 %) oder *Triforin* (*Saprol Neu* 0,15 %). Luftfeuchtigkeit im Bestand senken.

□ Blättchen zeigen fahlgrünes Aussehen. Triebspitzen welken und hängen nach unten, verfärben sich rot-braun und sterben ab.
○ **Triebsterben** (*Phytophthora citricola* Sawada)
Δ Versuchsweise Spritzungen mit *Fosetyl* (*Aliette* 0,25 %).

□ An den äußeren Trieben werden die Blattschuppen, von unten nach oben fortschreitend, braun und sterben schließlich ab.
○ **Blattälchen** (*Aphelenchoides*-Arten)
Δ Probe auf Älchenbefall untersuchen. Befallene Pflanzen vernichten.

Ferner an *Calluna*: **Keimlingsfäulen, *Phytophthora*-Wurzelfäule, *Cylindrocladium*-Stengelgrundfäule, Fußkrankheiten, Welkekrankheiten, Echter Mehltau, Grauschimmel,**

Rost - Wandernde Wurzelnematoden, Spinnmilben, Blattkäfer, Dickmaulrüßler. Siehe Kapitel 2.1 "Mykosen", "Tierische Schädlinge".

2.4.14 Carpinus (Hainbuche)

Hainbuchen sind anfällig für Befall durch **Rotpustelkrankheit** (*Nectria cinnabarina* [Tode ex Fr.] Fr.) und **Echten Mehltau** (*Phyllactinia guttata* Lév.)
Spinnmilben, Gallmilben, Blattläuse, Blattsauger und Zikaden treten vor allem an Hainbuchenhecken auf und können hier schwere Schäden verursachen.
An Hainbuche fressen besonders häufig die Raupen von **Frostspannern,** aber auch die anderer **Schmetterlingsarten.** Siehe Kapitel 2.1 "Mykosen", "Tierische Schädlinge".

2.4.15 Catalpa (Trompetenbaum)

□ Bei hohen Temperaturen im Frühsommer plötzliches Welken der Blätter und Absterben der Triebe. Pilz dringt über Wunden ein und wächst in den Leitungsbahnen aufwärts.
O **Welke** (*Verticillium albo-atrum*, Reinke & Berth.)
Δ Kranke Pflanzen vernichten. Schnittstellen und Wunden mit Wundverschlußmitteln behandeln.

Ferner an *Catalpa*: **Grauschimmel - Wurzelgallenälchen, Weiße Fliege**. Siehe Kapitel 2.1 "Mykosen", Tierische Schädlinge".

2.4.16 Chaenomeles (Scheinquitte)

□ Blätter älterer Pflanzen mit hell- oder gelbgrünen Linien-, Band-, Eichenblatt- oder Ringzeichnungen.
O **Gelbflecken-Virus** (*Quince yellow blotch virus*)
Δ Näheres zur Bekämpfung siehe Kapitel 2.1 "Virosen".

□ Blätter zeigen zunächst kleine schwarze Flecke, welken dann und fallen später vorzeitig ab.
O **Blattfleckenkrankheit** (*Diplocarpon maculatum* [Atk.] Jorst = *Entomosporium mespili* [DC] Sacc.)
Δ Anfällige Sorten sollten nicht angepflanzt werden. Alle 2-3 Wochen bis Mitte August vorbeugend mit *Mancozeb* (*Dithane Ultra WG* 0,2 %), *Metiram* (*Polyram WG* 0,2 %) oder *Kupferoxychlorid*- oder *Kupferhydroxid*-Präparaten 0,5 % bzw. 0,2 %, *Triforin* (*Saprol Neu* 0,15 %), *Thiabendazol* (*Tecto FL*(1) 0,1 %) spritzen.

Ferner an *Chaenomeles*: **Feuerbrand** (siehe unter "*Cotoneaster*") - **Echter Mehltau, Grauschimmel - Blattläuse, Schildläuse, Blattwespenlarven.** Siehe Kapitel 2.1 "Bakteriosen", "Mykosen", "Tierische Schädlinge".

2.4.17 Clematis (Waldrebe)

□ Pflanzen welken plötzlich, sterben ab, vor allem auf schweren, undurchlässigen Böden mit stauender Nässe, auch nach Spätfrost. Besonders anfällig *Clematis jackmanni*, veredelte großblütige Hybriden.

O **Clematissterben, Clematiskrankheit** (Verschiedene Ursachen nicht parasitärer Art, Beteiligung verschiedener Pilzarten)

Δ Widerstandsfähige Sorten wählen. Tiefe Pflanzung, möglichst im Herbst. Gute Bodenlockerung und Entwässerung. Vermeidung von Stammgrundverletzungen. - Da oft die unten erwähnte parasitäre **Stengel- und Blattfleckenkrankheit** sowie die **Welkekrankheit** am Krankheitskomplex des "Clematissterbens" beteiligt sind, kommen eventuell auch das Angießen mit *Benomyl* (*Du Pont Benomyl*(2) 0,1 %) oder eine der anderen unten genannten Gegenmaßnahmen in Frage.

□ An Stengeln (und auch Blättern) braune oder dunklere, später zusammenfließende, den Stengel umfassende Flecken. Pflanzenteile welken und sterben oberhalb der Befallsstelle ab.

O **Ascochyta-Stengel- und Blattfleckenkrankheit** (*Ascochyta clematidina* Thüm.)

O **Welkekrankheit** (*Coniothyrium clematidis-rectae* Petrak, auch *Fusarium*- und/oder *Verticillium*-Arten)

Δ Entfernen kranker Pflanzen. Vermeidung von Verletzungen. Angießen mit *Benomyl* (*Du Pont Benomyl*(2) 0,1 %) oder spritzen mit *Thiabendazol* (*Tecto FL*(1) 0,1 %), *Triforin* (*Saprol Neu* 0,15 %). Das plötzliche Absterben der Pflanzen ist in vielen Fällen physiologisch bedingt. Das Welken wird durch ein zu hohes, aber auch ein zu geringes Wasserangebot gefördert. Auch zu geringe Wassernachlieferung durch den engen Stammgrund bei hoher Verdunstungsrate der Blätter könnte zum Welken führen.

Ferner an *Clematis*: **Keimlingskrankheiten, Grauschimmel, Echter Mehltau - *Thrips*, Blattläuse, Spinnmilben, Wurzelgallenälchen.** Siehe Kapitel 2.1 "Mykosen", "Tierische Schädlinge".

2.4.18 Cornus (Hartriegel)

An *Cornus* kommen vor: **Blattfleckenkrankheiten** (*Alternaria*-, *Phoma*-Arten), **Grauschimmel - Schildläuse, Spinnmilben.** Siehe Kapitel 2.1 "Mykosen", "Tierische Schädlinge".

2.4.19 Corylus (Haselnuss)

□ Knospen werden dick und rund, sie treiben nicht aus, in ihnen überwintern Gallmilben.

O **Rundknospen, Knospengallmilbe** (*Phytoptus avellanae* Nal.)

Δ Jungpflanzen beim Austrieb und Temperaturen von mehr als 15 °C 1- bis 2mal spritzen mit *Rapsöl* (*Schädlingsfrei Naturen* 2 %). Versuchsweise *Amitraz* (*Mitac*(3) 0,25 %) oder *Flupyroximat* (*Kiron*(3) 0,15 %), *Mineralöl* (*Para Sommer*, *Promanal*(1) 3 % als Austriebsspritzung). Auch Schwefelpräparate haben gewisse Wirkung. Im Ertrag stehende Sträucher nicht mehr behandeln, da keine Zulassung besteht. Triebe mit befallenen Knospen zurückschneiden.

2.4.20 Cotinus (Perückenstrauch)

An *Cotinus*: **Keimlingskrankheiten, Echter Mehltau, Welkekrankheiten.** Siehe Kapitel 2.1 "Mykosen".

2.4.21 Cotoneaster (Felsenmispel)

Eine Reihe von *Cotoneaster*-Arten wie beispielsweise *Cotoneaster bullatus, C. salicifolius floccosus* und *C. cornubia*-Sorten, *C. Watereri*-Hybriden, *C. multiflorus* sind besonders anfällig für die Feuerbrandkrankheit. Daher vor der Anpflanzung von *Cotoneaster* über entsprechende Einfuhr-, Transport- und Anpflanzungsbeschränkungen orientieren! Näheres Pflanzenschutzdienststelle!

□ Einzelne Triebe oder ganze Zweige oder Büsche welken und verdorren, oft sehr schnell, und wirken wie "verbrannt". In der Regel dringt das Bakterium über die Blüten ein, aber auch durch Korkporen und Verletzungen an den jungen Trieben. Wasserleitungsbahnen werden unterbrochen. Blätter bleiben noch nach dem Laubfall im Herbst an den befallenen Zweigen hängen.

O **Feuerbrand** (*Erwinia amylovora* Burr., Winslow et al.)

Δ Gefährliche Krankheit verschiedener Gehölzgattungen aus der Familie der *Rosaceae*, durch Insekten und Vögeln verbreitet bzw. übertragen. Schon bei Befallsverdacht sofortige Meldung an Pflanzenschutzdienststelle, die weitere Maßnahmen aufgrund der Verordnungen zur Bekämpfung der Feuerbrandkrankheit veranlaßt. Siehe auch Kapitel 8 "Gesetze und Verordnungen". Zur Zeit keine chem. Präparate für eine befriedigende Bekämpfung. Vorbeugende Bekämpfung mit *Kupferoxychlorid* bzw. *Kupferhydroxid*. In Ausnahmefällen besteht die Möglichkeit zur Anwendung von Antibiotika (*Plantomyzin*) nach Absprache mit dem Pflanzenschutzdienst.
Siehe auch unter "Crataegus - Feuerbrand".

□ An Blatträndern größere Nekrosen. Blätter vertrocknen, Seitentriebe sterben von der Spitze her ab. An Trieben Rindennekrosen-Schäden nur in verhältnismäßig trockenen Jahren.

O **Phomopsis-Blattkrankheit** (*Phomopsis cotoneastrie* Punithaligam)

Δ Der Pilz greift nur schwache Pflanzen an, gesunde, kräftige Sträucher werden nicht befallen. Zu hohen Feuchtigkeitsverlust vermeiden.

□ Unter weißen Wachsausscheidungen verborgene Blattläuse an Zweigen, vor allem an Wundstellen, bei stärkerem Befall Wucherungen.

O **Blutlaus, "Blutlauskrebs"** (*Eriosoma lanigerum* Hausm.)

Δ Gründliche Spritzung der Befallsstellen mit *Dimethoat* 0,1 %, *Propoxur* (*Unden flüssig* 0,2 %) oder einem anderen Mittel gegen Blutlaus.

□ Komma-, plättchen-, schuppen- oder napfförmige Schildläuse an den Zweigen, vor allem, wenn die *Cotoneaster*-Sträucher im Schattenbereich anderer Gehölze angepflanzt werden.
O **Schildläuse** (*Coccidae*)
Δ Mehrmalige Spritzungen mit *Mineralöl* (*Para-Sommeröl* 2 %) oder *Propoxur* (*Unden flüssig* 0,2 %) haben sich bewährt.

Ferner an *Cotoneaster*: **Blattläuse, Spinnmilben, Blattwespen, Gespinstmotten, Wicklerraupen.** Siehe Kapitel 2.1 "Tierische Schädlinge".

2.4.22 Crataegus (Weissdorn, Rotdorn)

□ Weiß- oder Rotdornhecken wirken wie "verbrannt", Blätter und Triebe sterben ab. Triebe häufig hakenförmig gekrümmt. Blüten schwarz verfärbt. An der Übergangsstelle von gesundem zum kranken Gewebe unter der Rinde liegender Holzteil rötlich-braun verfärbt. Rinde reißt hier meist auf.
O **Feuerbrand** (*Erwinia amylovora* Burr., Winslow et al.)
Δ Gefährliche Krankheit verschiedener Gattungen von Obstbäumen und Ziergehölzen aus der Familie der *Rosaceae*, durch Insekten und Vögeln übertragen. Sofortige Meldung an zuständige Pflanzenschutzdienststelle, die weitere Maßnahmen aufgrund der Verordnungen zur Bekämpfung der Feuerbrandkrankheit veranlaßt.

Anpflanzungen von Weißdorn, Rotdorn und anfälligen Cotoneaster-Arten begünstigen die Ausbreitung des Feuerbrandes (*Erwinia amylovora* Burr., Winslow et al.)
Der durch ein Bakterium verursachte, durch Bienen und andere Insekten, Wind, Regen und Vögel übertragbare **Feuerbrand** ist eine besonders gefährliche Krankheit an Kernobstgehölzen und einigen Ziersträuchern aus der Familie der *Rosaceae*. In der Bundesrepublik Deutschland tritt diese Bakteriose bereits in allen Ländern auf, jedoch unterschiedlich stark mit örtlichen Schwerpunkten.
Neben erheblichen Schäden durch das Absterben erkrankter Bäume, vor allem Birnen, Quitten und bestimmter *Cotoneaster*-Arten bedingt das Auftreten des Feuerbrandes für die betroffenen Baumschulgebiete **Exportschwierigkeiten.** Informationen hierzu beim Pflanzenschutzdienst einholen.
Bevorzugte Wirtspflanzen des Feuerbrandes sind Apfel, Birne, *Cotoneaster*-Arten (vor allem großlaubige und spätblühende Arten), Eberesche, Felsenbirne, Feuerdorn, Quitte, Weiß- und Rotdorn sowie *Stranvaesia*. Ein Verzicht auf ihre Neuanpflanzung kommt daher bei der Bekämpfung des Feuerbrandes große Bedeutung zu.
Aufgrund dieser Tatsache ist es besonders wichtig, daß **Weißdorn und Rotdorn** sowie die als besonders anfällig bekannten (großlaubigen) ***Cotoneaster*-Arten,** beispielsweise *C. bullatus, C. salicifolius floccosus* und einige *C. cornubia*-Sorten, künftig nicht mehr, zumindest nicht in bestimmten Abständen von besonders gefährdeten Objekten (Baumschulquartiere mit anfälligen Kulturen, Kernobstanlagen), angepflanzt werden. Dabei ist in erster Linie an Anpflanzungen in öffentlichen Anlagen und Einrichtungen sowie an Straßen und Autobahnen gedacht. Auf diese Weise wird vermieden, daß die Pflanzen später mit erheblichen Kosten wieder beseitigt werden müssen, wenn dies nach § 6 Abs. 1 der "Verordnung zur Bekämpfung der Feuerbrandkrankheit" vom 20. Dez. 1985 (BGBl. I, S. 2551), i.d.F. vom 21.Nov.1992 (BGBl. I, S. 1895), angeordnet wird.

Für den Feuerbrand sind im Sinne von § 1 Abs. 1 der Verordnung insbesondere Pflanzen folgender Gattung einschließlich aller Arten und Sorten anfällig:

Amelanchier Medik	*Malus* Mill.
Cotoneaster Ehrh.	*Pyracantha* M. Roem.
Chaenomeles Lindl.	*Pyrus* L.
Crataegus L	*Sorbus* L.
Cydonia Mill.	*Stranvaesia* Lindl.

Vom Feuerbrand nicht befallen werden:
Kirschen, Aprikosen, Zwetschen und andere Steinobstarten. Bei diesen Pflanzen haben ähnliche Krankheitserscheinungen andere Ursachen!

□ Auf den Blättern zunächst kleine, braune Flecke, später Blattfall.

○ **Blattfallkrankheit** (*Diplocarpon maculatum* [Atk.] Jorst = *Entomosporium mespili* [DC] Sacc.)

Δ Beim ersten Zeichen von Befall spritzen mit *Mancozeb* (*Dithane Ultra WG* 0,2 %), *Metiram* (*Polyram WG* 0,2 %), *Triforin* (*Saprol Neu* 0,15 %) oder einem anderen Mittel gegen Blattfleckenkrankheiten.

□ Blattoberseits gelbe Flecke, denen auf der Blattunterseite in Gruppen beieinanderstehende, becherförmige, gelbliche oder rötliche Fruchtkörper entsprechen. Zweige mit gallenartigen Anschwellungen, an letzteren ebenfalls Fruchtkörper.

○ **Weißdornrost** (*Gymnosporangium clavariaeforme* [Wulf] DC; *G. confusum* Plowr. und andere Arten)

Δ Der Zwischenwirt des Rostpilzes, *Juniperus communis* und seine Zierformen, sollten in der Nähe von Weißdornquartieren nicht angepflanzt werden. Eventuell kommen ab April Spritzungen mit *Bitertanol* (*Baymat flüssig* 0,1 %), *Mancozeb* (*Dithane Ultra WG* 0,2 %) oder *Triforin* (*Saprol Neu* 0,15 %) in Frage.

□ Sommer - Triebe und Blätter mit weißen Überzügen, verkrüppeln später.

○ **Mehltau** (*Podosphaera*- und/oder *Phyllactinia*-Arten)

Δ Jungpflanzen mehrfach, beginnend ab Austrieb, mit Mitteln gegen Echte Mehltaupilze, beispielsweise *Netzschwefel*, *Triforin* (*Saprol Neu* 0,15 %) (auch gegen Rost) oder einem anderen Präparat gegen Mehltau spritzen.

□ Frühjahr - Gespinste mit gelblich-weißen, schwarz gepunkteten Raupen.

○ **Gespinstmotte** (*Hyponomeuta* spec.)

Δ Wenn die ersten Raupen beobachtet werden, im Frühjahr Spritzung mit Mitteln gegen freifressende Schmetterlingsraupen, beispielsweise *Deltamethrin* (*Decis flüssig*(3) 0,05 %), *Diflubenzuron* (*Dimilin 25 WP*(1) 0,05 %), *Phosphamidon* (*Dimecron 20*(3) 0,1 %), *Parathion* (*E 605 forte*(3) 0,035 %) oder Einsatz von anderen Insektiziden oder von Bakterienpräparaten wie *Bacillus thuringiensis* (*Dipel*, *Neudorff's Raupenspritzmittel* oder *Thuricide HP*(1)).

Ferner an *Crataegus*: **Blattfloh:** Blätter mit rötlichen Anschwellungen. - **Blattläuse, Blutlaus, Spinnmilben, Frostspanner, Goldafter und Ringelspinner, Blattwespen, Weißdorngallmücke.** Siehe Kapitel 2.1 "Tierische Schädlinge".

2.4.23 Cydonia (Quitte)

Siehe unter "*Chaenomeles*"

2.4.24 Cytisus (Geissklee)

□ Auf Blättern zunächst kleine, später größere braunschwarze Flecke, schließlich auch auf Blattstielen und Stammteilen. Bei starkem Befall kümmern die Pflanzen und sterben ab.

O **Blatt- und Stengelfleckenkrankheit** (*Pleiochaeta setosa* [Kirch.] Hughes = *Ceratophorum setosum* Kirch.)

Δ Wiederholtes Spritzen mit *Kupferoxychlorid* (z.B. *Cupravit OB 21* 0,5 %) oder *Kupferhydroxid* (*Cuprozin WP*(2), *Funguran-OH*(2) 0,2 %) , *Metiram* (*Polyram WG* 0,2 %) oder *Propineb* (*Antracol WG*(2) 0,2 %).

Ferner an *Cytisus*: **Viruskrankheiten** (*Laburnum mosaic virus*)- **Stengelgrundfäule** (*Phytophthora*-Art), **Falscher Mehltau, Rost - Blattläuse, *Thrips*, Spinnmilben, Miniermotten.** Siehe Kapitel 2.1 "Virosen", "Mykosen", "Tierische Schädlinge".

2.4.25 Daphne (Seidelbast)

□ Gelbliche, halbring- oder ringförmige Blattflecke, oft vorgewölbt. Nur bei stärkerem Auftreten Blattfall oder mangelhafte Blütenbildung.

O **Seidelbastmosaik** (*Cucumber mosaic virus*)

Δ Für die Aufschulung nur gesundes Vermehrungsmaterial verwenden.

□ Auf Blättern und Stielen etwa 1 mm große, braune schwielenartige Flecken, vor allem am unteren Blattspreitenteil, später mit wurstförmigen, weißen Sporenmassen. Starker Blattfall. An *Daphne mezerum*.

O **Blattfallkrankheit** (*Marssonina daphnes* Magn.)

Δ Standortkontrolle auf genügende Bodenfeuchtigkeit und Halbschatten. Wiederholt Kupferspritzmittel, *Dithianon* (*Delan SC 750*(2) 0,05 %), *Mancozeb* (*Dithane Ultra WG* 0,2 %) oder *Metiram* (*Polyram WG* 0,2 %) anwenden. Fallaub aufsammeln und verbrennen.

Ferner an *Daphne*: ***Phytophthora***- und ***Verticillium*-Welke**, weitere **Blattfleckenkrankheiten**, **Echter Mehltau - Spinnmilben**, **Gallmücke** und **Blattwanzen**. Siehe Kapitel 2.1 "Mykosen", "Tierische Schädlinge".

2.4.26 Erica carnea (Schnee-, Frühlingsheide)

Angaben zu Krankheiten und Schädlingen siehe Kapitel 2.2 "*Erica gracilis*".

2.4.27 Euonymus (Pfaffenhütchen)

□ Etwa 2 cm lange, gelbliche, schwarz punktierte Raupen fressen unter starker, häufig zeltartiger Gespinstbildung die Sträucher kahl. Falter ab Juli. Junge Raupen überwintern.

O **Pfaffenhütchengespinstmotte** (*Yponomeuta cognatellus* Hbn.)

Δ Bei schwächerem Befall Raupennester ausschneiden und verbrennen. Nach dem Austrieb spritzen mit *Bacillus thuringiensis* (*Neudorff's Raupenspritzmittel* 0,1 %), *lambda-*

Cyhalothrin (*Karate* 0,05 %), *Dimethoat* (*Roxion* 0,1 %), *Permethrin* (*Ambush*(2) 0,05 %), oder *Parathion* (*E 605 forte*(3) 0,035 %).

Ferner an *Euonymus*: **Echter Mehltau - Blattläuse, Spinnmilben, Dickmaulrüßler**-Larven. Siehe Kapitel 2.1 "Mykosen", "Tierische Schädlinge".

2.4.28 Euonymus japonicus (Japanisches Pfaffenhütchen)

Häufig ist sehr starker Befall durch **Echten Mehltau** und durch **Spinnmilben.** Siehe Kapitel 2.1 "Mykosen", "Tierische Schädlinge".

2.4.29 Fagus (Buche)

Für Forstbaumschulen:

Gegen **Keimlingsfäulen** hat es sich bewährt, das Buchensaatgut 24 Stunden in *Promocarb* (*Previcur N* 0,5 %) zu tauchen oder bei erstem Befall Pflanzen tropfnaß mit *Fosetyl* (*Aliette* 0,25 %) zu spritzen.

□ Grüngelbe Blattläuse mit bläulich-weißlichen, wolligen Wachsausscheidungen saugen auf Blattunterseiten und an Frischtrieben.

O **Buchenblatt-Baumlaus** (*Phyllaphis fagi* L.)

Δ Nur bei Massenbefall Einsatz von *Dimethoat* 0,1 %, *Phosphamidon* (*Dimecron 20*(3) 0,1 %), *Methamidophos* (*Tamaron* 0,1 %), *Propoxur* (*Unden flüssig* 0,15 %) oder einem anderen Mittel gegen Laubholzläuse. Auch *Imidacloprid* (*Confidor WG 70*(3) 0,035 %), *lambda-Cyhalothrin* (*Karate* 0,03 %), *Permethrin* (*Ambush*(2) 0,01 %) und *Oxydemeton-methyl* (*Metasystox R* 0,1 %) gut bewährt.

□ Stämme von zahlreichen, wolliges Wachs ausscheidenden, etwa 1 mm langen, fast runden Schildläusen besiedelt. Eiablage im Sommer. Larve überwintert.

O **Buchen-Wollschildlaus** (*Cryptococcus fagi* Bärspr.)

Δ Bei Massenbefall im Frühjahr Stammbehandlung mit Austriebsspritzmittel Mineralöl (*Promanal*(1), *Austriebsspritzmittel Weißöl*(1), *Para Sommer* 3 %) eventuell auch Sommerbehandlung mit *Dimethoat* 0,1 %, *Phosphamidon* (*Dimecron 20*(3) 0,1 %), *Propoxur* (*Unden flüssig* 0,15 %) oder einem anderen Mittel gegen Laubholzläuse.

□ Schwarze Rüsselkäfer, 2-3 mm groß, fressen ab Mai an jungen Blättern. Junge Larven minieren im Blatt. Im Juni Verpuppung im Blatt. Käfer überwintern in der Bodenstreu.

O **Buchenspringrüßler** (*Rhynchaenus fagi* L.)

Δ Sobald erste Fraßschäden im Mai sichtbar, 1- bis 2mal spritzen mit *Deltamethrin* (*Decis flüssig*(3) 0,05 %), *Phosalon* (*Rubitox flüssig* 0,15 %), *Phosphamidon* (*Dimecron 20*(3) 0,1 %), *Parathion* (*E 605 forte*(3) 0,035 %).

Ferner an *Fagus*: **Buchenkrebs** (*Nectria*-Arten), **Buchenblattbräune** (*Gloeosporium*-Arten), **Echter Mehltau -Gallmilben, Blattläuse** , **Gallmücken**, **Grünrüßler**, **Engerlinge von Juni- und Maikäfer, Raupen, Buchenfrostspanner** (*Operophthera boreata* Hb.), **Buchenrotschwanz** (*Dasychira pudibunda* L.), **Mäuse**. Siehe Kapitel 2.1 "Mykosen", "Tierische Schädlinge".

2.4.30 Forsythia (Forsythie, Goldglöckchen)

□ Beim Treiben von Zweigen öffnen sich viele Blütenknospen nicht, sondern vertrocknen.
○ **Vertrocknen der Blütenknospen**
Δ Sträucher vor dem Schnitt der Zweige vor kaltem Wind und vor Trockenheit schützen, im Freiland keine übermäßige Bewässerung.

□ An den Trieben älterer Pflanzen Geschwülste mit rauher, rissiger Oberfläche, bis zu mehreren Zentimetern groß. Oberhalb können Triebe absterben.
○ **Bakterienkrebs an den Zweigen** (*Corynebacterium fascians* [Tilf.] Dows.)
Δ Scharfer Rückschnitt aller befallenen Zweige bis ins gesunde Holz.

□ Blätter bei Befallsbeginn mit kleinen, braunen, heller gerandeten Flecken, bei starkem Befall werden Blätter kraus und schwarz, selbst Blattstiele und Zweige. Vor allem an *Forsythia spectabilis.*
○ **Bakterienseuche, Triebfäule** (*Pseudomonas syringae* van Hall)
Δ Pflanzen gegen scharfen Wind abschirmen. Regelmäßige Spritzung der Sträucher mit *Kupferoxychlorid* (z.B. *Cupravit OB 21* 0,5 %) oder *Kupferhydroxid* (*Cuprozin WP*(2), *Funguran-OH*(2) 0,2 %) nach der Blüte. Befallene Triebe bis in gesundes Holz zurückschneiden und verbrennen. Siehe auch unter "Flieder".

□ Zweige welken plötzlich während der Blüte, Gefäße (Querschnitt!) sind verbräunt, Wurzelkörper äußerlich gesund.
○ **Welkekrankheit** (*Verticillium dahliae* Kleb. und andere *Verticillium*-Arten)
Δ Kranke Sträucher roden und verbrennen. Neuanpflanzungen auf anderen Parzellen.

Ferner an *Forsythia*: **Viruskrankheiten** (*Arabis mosaic virus*, *Elm mottle virus*)**- Fuß- und Wurzelfäule** (Hohen Grundwasserstand vermeiden, gute Bodenverhältnisse schaffen. Kranke Pflanzen roden), **Blattflecken**, **Echter Mehltau** - ***Thrips*****, Blattwanzen, Spinnmilben, Fliedermotte, Dickmaulrüßler-Larven**. Siehe Kapitel 2.1 "Virosen", "Mykosen", "Tierische Schädlinge".

2.4.31 Fraxinus (Esche)

□ Unter der Rinde verschieden geformte Fraßgefäße, vor allem an starken Stämmen. Einbohrlöcher, Rindenwucherungen (Eschenrosen) in den Kronen und in Stangen, entstanden durch den Ernährungsfraß der Käfer.
○ **Eschenbastkäfer** (*Hylesinus fraxini* Pz., *H. crenatus* F.)
Δ Bekämpfung nach Beratung durch die Pflanzenschutzdienststelle. Bei starkem Auftreten kann Einsatz von *lambda-Cyhalotrin* (*Karate* 0,05 %) sinnvoll sein.

□ Junge Blätter am Rand nach unten eingerollt oder Blätter total verkrümmt oder gerollt.
○ **Gallmilben** (*Aceria-Arten*)
Δ Jungpflanzen, die oft schwer geschädigt werden, 2- bis 3mal versuchsweise *Amitraz* (*Mitac*(3) 0,25 %), *Dimethoat* 0,1 %, *Fenpyroximat* (*Kiron*(3) 0,15 %) oder *Mineralöl* (*Para Sommer* 3 %) als Austriebsspritzung.

□ Blasig aufgetriebene Rollung der Blattränder, diese mehr oder weniger ohne Blattgrün, mit rötlicher oder violetter Aderung der Befallsstellen. In den Randrollen mit wolligem Wachs bedeckte Larven.
O **Eschenblattfloh** (*Psyllopsis fraxini* L.)
Δ Nur bei starkem Auftreten lohnt Anwendung eines Austriebspritzmittels Mineralöl (*Promanal*[1], *Para Sommer* 3 %). Nach dem Austrieb können *Deltamethrin* (*Decis flüssig*[3] 0,03 %), *Permethrin* (*Ambush*[2] 0,01 %), *Phosphamidon* (*Dimecron 20*[3] 0,1 %) oder *Propoxur* (*Unden flüssig* 0,15 %) eingesetzt werden.

Ferner an *Fraxinus*: **Eschen-Bakterienkrebs** (*Pseudomonas sp.*) - ***Verticillium*-Welke**, **Eschenkrebs** (*Nectria sp.*) - **Spinnmilben**, **Schildläuse, Gallmücken, Fliedermotte, Weidenbohrer.** Siehe Kapitel 2.1 "Bakteriosen", "Mykosen", "Tierische Schädlinge".

2.4.32 Gaultheria (Scheinbeere)

An *Gaultheria* kommt ein durch den Pilz *Glomerella cingulata* ([Stonem.] Spauld. et Schrenk.) verursachtes **Triebsterben** vor. Bekämpfung versuchsweise mit *Benomyl* (*Du Pont Benomyl*[2] 0,05 %). Außerdem **Wurzelfäule** (*Phytophthora cinnamomi* Rands) an Wurzeln und Stengelgrund. Angießen mit *Fosetyl* (*Aliette* 0,25 %), *Metalaxyl* (*Fonganil Neu* 0,05 %).

2.4.33 Genista (Ginster)

An *Genista* treten auf: **Blattfleckenkrankheiten - Blattläuse, Spinnmilben.** Siehe Kapitel 2.1 "Mykosen", "Tierische Schädlinge".

2.4.34 Gleditsia (Gleditschie)

□ Junge Blätter verdicken sich und bilden eine Art Hülse, worin rote Larven liegen.
O **Blattgallmücke** (*Dasineura gleditchiae* O. S.)
Δ Ab Befallsbeginn spritzen mit *Parathion* (*E 605 forte*[3] 0,035 %), *Phosphamidon* (*Dimecron 20*[3] 0,1 %) oder einem synth. Pyrethroid, sobald die ersten Gallen erscheinen.

2.4.35 Hamamelis (Zaubernuß)

□ An Jungpflanzen Wurzel- und Stengelgrundfäule. Blätter und Triebe welken, Pflanzen können absterben.
O **Wurzelfäule** (*Phytophthora cinnamomi* Rands)
Δ Pflanzen vorbeugend gießen mit *Fosetyl* (*Aliette* 0,25 %) oder *Metalaxyl* (*Fonganil Neu* 0,05 %).

2.4.36 Hedera (Efeu)

Angaben zu Krankheiten und Schädlingen an Efeu siehe Kapitel 2.2 "*Hedera*".

2.4.37 Hibiscus sowie Hydrangea

Angaben zu Krankheiten und Schädlingen siehe Kapitel 2.2 "*Hibiscus*" und "*Hydrangea*".

2.4.38 Hypericum (Johanniskraut)

□ Auf der Blattunterseite verstreut ab Juni polsterförmige, bräunliche Sporenlager. Auf den Blattoberseiten blasse Flecken.

○ **Rost** (*Melampsora hypericorum* Wint.)

Δ Zur Stecklingsgewinnung nur gesundes Pflanzenmaterial, Behandlung der Pflanzen mit *Propineb* (*Antracol WG*(2) 0,2 %), *Bitertanol* (*Baymat flüssig* 0,125 %), *Mancozeb* (*Dithane Ultra WG* 0,2 %), *Triforin* (*Saprol Neu* 0,15 %).

2.4.39 Ilex (Stechpalme)

□ Geschlängelte, unregelmäßig gelappte, helle Larvenminiergänge in den Blättern.

○ **Blattminierfliege** (*Phytomyza ilicis* Curt.)

Δ Wiederholtes Spritzen mit *Dimethoat* 0,1 %, *Deltamethrin* (*Decis flüssig*(3) 0,05 %), *Permethrin* (*Ambush*(2) 0,01 %), *Parathion* (*E 605 forte*(3) 0,035 %) oder anderen Phosphorinsektiziden ab Mitte Mai bis Anfang Juli wirkt gegen die jungen Larven.

□ Die jungen Triebspitzen sind versponnen, in den Gespinsten kleine Raupen, die an Knospen und Triebspitzen fressen.

○ **Triebspitzenspanner** (*Rhopobota naevana* Hueb.)

Δ Bei ersten Befallszeichen Spritzen mit *Deltamethrin* (*Decis flüssig*(3) 0,03 %), *Diflubenzuron* (*Dimilin 25 WP*(1) 0,05 %), *Methamidophos* (*Tamaron* 0,1 %), *Parathion* (*E 605 forte*(3) 0,035 %), *Phosphamidon* (*Dimecron 20*(3) 0,1 %) oder einem anderen Insektizid.

Ferner an *Ilex*: **Blattfleckenkrankheiten**, **Rost** - **Blattläuse, Schildläuse, Wickler.** Siehe Kapitel 2.1 "Mykosen", "Tierische Schädlinge".

2.4.40 Juglans (Walnuß)

□ Blätter mit kleinen, braunen Flecken, Fruchtschale mit dunklen, feuchten Flecken; Früchte innen verschleimend, "naßfaul".

○ **Bakterienkrankheit** (*Xanthomonas juglandis* Dowson)

Δ Mehrmalige Spritzung mit *Kupferoxychlorid*- bzw. *Kupferhydroxid*-Präparaten, besonders bei Knospenaufbruch, ist bedingt wirksam; auch Blattfallspritzungen. Befallene Früchte und Blätter beseitigen.

□ Größere braune, meist eckige Blattflecke, Blattfall.

○ **Blattfleckenkrankheit** (*Gnomonia leptostyla* [Fr.] Ces. et de Not. = *Marsoniella juglandis* [Lib.] Höhn.)

Δ Abgefallene Blätter entfernen. 2- bis 3malige Spritzung mit *Kupferoxychlorid* (z.B. *Grünkupfer* 0,5 %) oder *Kupferhydroxid* (*Cuprozin WP*(2), *Funguran-OH*(2) 0,2 %), *Mancozeb* (*Dithane Ultra WG* 0,2 %), *Metiram* (*Polyram WG* 0,2 %), *Triforin* (*Saprol Neu* 0,15 %).

Ferner an *Juglans*: **Nectria-Arten** - **Blattläuse**, **Gallmilben**, **Schildläuse**, **Schmetterlingsraupen**. Siehe Kapitel 2.1 "Mykosen", "Tierische Schädlinge".

2.4.41 Laburnum (Goldregen)

An Goldregen kommen vor: **Viruskrankheiten** (*Laburnum mosaic virus*)- **Blatt- und Stengelfleckenkrankheiten, Rost, Falscher Mehltau - *Thrips*, Blattläuse, Spinnmilben, Minierfliegen, Miniermotten.** Siehe Kapitel 2.1 "Virosen", "Mykosen", "Tierische Schädlinge".

2.4.42 Ligustrum (Liguster)

□ Unregelmäßig verteilte, gelblichweiße Flecke auf den Blattspreiten, an größeren Befallsstellen gelegentlich Nekrosen. Diffuse Übergangsstellen zwischen aufgehelltem, gelblichweißem und grünem Gewebe. Unregelmäßiger Befall von Zweigen. Größe und Form des Blattes und Fruchtausbildung unterscheiden sich nicht von gesunden Pflanzen.

O **Infektiöse Buntblättrigkeit** (*Ligustrum mosaic virus = Ligustrum infetions chlorosis virus*, durch Pfropfung übertragbar)

Δ Angaben zur Bekämpfung siehe Kapitel 2.1 "Virosen".

□ Zahlreiche Minen, in deren Bereich das Blattgrün durch kleine Räupchen ausgefressen ist. Ältere Raupen verlassen die Minen und rollen das Blatt ein. Im Gespinst weiterer Blattfraß. Bei starkem Befall ganze Ligusterhecken langsam braun werdend. Der Schädling hat mehrere Generationen.

O **Fliedermotte** (*Gracillaria syringella* F.)

Δ Nähere Angaben über Bekämpfung der Fliedermotte siehe unter "*Syringa*" im Kapitel 2.2.

Ferner an *Ligustrum*: **(Weitere) Viruskrankheiten** (*Arabis mosaic virus*, *Raspberry ringspot virus*, *Cherry leaf roll virus*) - **Rost, Blattfleckenkrankheiten - Ligusterschwärmer** (groß, grün, violett gestreift, mit Afterhorn). ***Thrips*, Blattläuse, Gallmücken, Blattwespenlarven, Wicklerraupen.** Siehe Kapitel 2.1 "Tierische Schädlinge".

2.4.43 Lonicera (Geissblatt)

□ Auf Blattoberseite graugrüne Verfärbung, an der Blattunterseite an entsprechenden Stellen dicker, kalkartiger, sporenbildender Schimmelbelag, Blattrand nach unten gebogen. Schnelle Ausbreitung der Infektion, Blätter vertrocknen, bleiben aber bis zum Herbst an Zweigen hängen.

O **Kalkfleckenkrankheit** (*Herpobasidium deformans* Gould = *Glomopsis lonicerae* [Dearn. et House] Hend.)

Δ Keine *Lonicera* auf nassen, wasserstauenden Böden kultivieren. Ab Befallsbeginn spritzen mit *Mancozeb* (*Dithane Ultra WG* 0,2 %), *Metiram* (*Polyram WG* 0,2 %), *Dithianon* (*Delan SC 750*(2) 0,05 %).

Ferner an *Lonicera*: **Viruskrankheiten** (*Cucumber mosaic virus*) **- Echter Mehltau, Blattfleckenkrankheiten** - Häufig treten an *Lonicera*-Trieben die mit Wachsfäden bedeckten Kolonien von **Blasenläusen (Wolläusen)** (*Pemphigus xylostei* D. G.) auf, vor allem an *Lonicera tatarica*, daneben noch andere Arten **Blattläuse,** die Hexenbesen hervorrufen (*Hyadaphis-*, *Rhopalomyzus*-Arten), **Minierfliegen.** Siehe Kapitel 2.1 "Virosen", "Mykosen", "Tierische Schädlinge".

2.4.44 Magnolia (Magnolie)

□ Im Spätsommer und Herbst an den Blättern größere, eckig begrenzte schwarze Flecken.

O **Bakterienblattfleckenkrankheit** (*Pseudomonas syringae* van Hall.)

Δ Praktisch durchführbare Bekämpfungsmaßnahmen sind nicht bekannt. Vielleicht läßt sich durch Blattfall- und Voraustriebsspritzung mit *Kupferoxychlorid* 0,5 % oder *Kupferhydroxid* 0,2 % die Ausbreitung verhindern.

Ferner an *Magnolia*: **Blattfleckenkrankheiten**, ***Botrytis***, **Nectria-Arten**. Siehe Kapitel 2.1 "Mykosen".

2.4.45 Mahonia (Mahonie)

□ Die Blätter zeigen oberseits unterschiedlich große, dunkle Flecken.

O **Phyllosticta-Blattfleckenkrankheit** (*Phyllosticta mahoniae* Sacc.)

Δ Vorbeugend mit *Mancozeb* (*Dithane Ultra WG* 0,2 %), *Metiram* (*Polyram WG* 0,2 %) oder *Triforin* (*Saprol Neu* 0,15 %, auch gegen Echten Mehltau und Mahonienrost) spritzen, spätestens beim ersten Auftreten von Blattflecken Behandlung wiederholen.

□ Blattoberseits rote Flecke, an entsprechenden Stellen der Blattunterseite im Frühjahr vereinzelte gelbe Pusteln, später im Sommer dann braune Pusteln, die Sporen entlassen. Häufige Krankheit der Mahonie, vor allem an trockenen Standorten.

O **Mahonienrost** (*Puccinia mirabilissima* Peck. = *Cumminsiella sanguinea* [Peck.] Arth.)

Δ Örtlich als widerstandsfähig erkannte Pflanzen sind bevorzugt zu vermehren. Bei Befall Rückschnitt im Herbst, im Frühjahr mehrmals im Abstand von etwa 2 Wochen mit *Bitertanol* (*Baymat flüssig* 0,125 %), *Mancozeb* (*Dithane Ultra WG* 0,2 %), *Triforin* (*Saprol Neu* 0,15 %, - auch gegen Echten Mehltau) oder einem anderen Mittel gegen Rostkrankheiten spritzen; da Laub schwierig zu benetzen, eventuell Netzmittelzusatz.

Ferner an *Mahonia*: **Echter Mehltau** - **Blattläuse**, **Blattwespenlarven, Raupen.** Siehe Kapitel 2.1 "Mykosen", "Tierische" Schädlinge".

2.4.46 Malus (Zierapfel)

Viele Zierapfelsorten haben sich in den letzten Jahren als stark verseucht mit mehreren latenten Viren erwiesen.

□ Blätter mit gelblicher oder weißlicher Mosaikfleckung, auch ringartigen Zeichnungsmustern.

O **Apfelmosaik** (*Apple mosaic virus*, mechanisch und durch Pfropfung übertragen) und andere Viruserkrankungen

Δ Siehe allgemeine Angaben im Kapitel 2.1 "Virosen" und Kapitel 8 "Verordnung zur Bekämpfung von Viruskrankheiten im Obstbau".

□ Blätter wie verbrannt, fest an den Trieben mit meist (vor allem bei Birne) umgebogenen Triebspitzen sitzend. Geschwärzte Blüten und Fruchtmumien, bis zum Winter an Zweigen hängend. Bäume sterben ab.

O **Feuerbrand** (*Erwinia amylovora* Burr. Winslow et al.)

Δ Bei Befallsverdacht sofortige Meldung an Pflanzenschutzdienst, der weitere Maßnahmen aufgrund der "Verordnung zur Bekämpfung der Feuerbrandkrankheit" veranlaßt. Kontrolle besonders benachbarter *Crataegus*- und *Cotoneaster*-Pflanzungen. Siehe auch bei "*Crataegus*".

□ An Rinde von Stamm und/oder Zweigen offene, von Umwallungswülsten umgebene oder aber geschlossene Wucherungen.

O **Obstbaumkrebs** (*Nectria galligena* Bres. = *Cylindrocarpon heteronema* [Berk. et Br.] Wr.)

Δ Krebsstellen ausschneiden und mit einem Wundverschlußmittel verstreichen. Wirksam sind ergänzende Spritzungen mit *Kupferoxychlorid* 0,5 % oder *Kupferhydroxid* 0,2 % beim Blattfall und vor dem Austrieb.

□ Im Frühjahr auf Blattoberseite grünlich-schwarze, fleckige Anflüge, später braune bis dunkle Flecke, Blätter sterben ab. An Früchten ebenfalls Flecke, bei Zieräpfeln aber nicht immer ausgeprägt.

O **Schorf** (*Venturia inaequalis* [Cke.] Abderh. = *Fusicladium dendriticum* Fuck.)

Δ Anfällige Zierapfelsorten spritzen mit *Dithianon* (*Delan SC 750*(2) 0,05 %), *Dichlofluanid* (*Euparen WG* 0,15 %), *Fenarimol* (*Rubigan* 0,3 %), *Triforin* (*Saprol Neu* 0,125 %) oder anderen Fungiziden, das erste Mal nach Laubaustrieb, 1- bis 2mal wiederholen. Siehe auch unten "Apfelmehltau".

□ Triebspitzen und Blätter mit erst weißem, mehligen, später graugrünlichen Belag bedeckt, schmal, eingerollt, unter Bräunung absterbend. Blütenbüschel grünlich. Schließlich kahle "Mehltau-Triebe".

O **Apfelmehltau** (*Podosphaera leucotricha* [Ell. et Ev.] Salm.)

Δ Spritzung mit Mitteln gegen Echte Mehltaupilze, besonders bewährt wegen gleichzeitiger Wirkung gegen Schorf (siehe oben "Schorf") und Apfelmehltau *Dichlofluanid* (*Euparen WG* 0,25 %), *Fenarimol* (*Rubigan* 0,03 %), *Triforin* (*Saprol Neu* 0,125 %) und andere.

□ Früchte mit Fraßgang, aus diesem Kotaustritt. Oft Blatt angesponnen von einer im Innern der Frucht bis zum Kerngehäuse fressenden, rötlichen Raupe. Vorzeitiger Fruchtfall.

O **Wickler-Arten** (*Tortricidae*)

Δ Termingerechte Spritzung nach Fruchtansatz mit Mitteln gegen Obstmade (*Bacillus thuringiensis, lambda-Cyhalothrin, Deltamethrin*(3), *Diflubenzuron*(1), *Dimethoat, Parathion*(3) u. a.) ist nur notwendig, wenn das vorzeitige Abfallen der Zieräpfel aus bestimmten Gründen nicht tragbar ist.

Ferner an *Malus*: **Wurzelkropf - Bleiglanz, *Phytophthora sp.*, Blattfleckenkrankheiten - Spinnmilben, Gallmilben, Schildläuse, Blattsauger (Apfelblattsauger), Blattläuse, Blutlaus, Gespinstmotten, Miniermottenraupen, Raupen, Rüsselkäfer.** Siehe Kapitel 2.1 "Bakteriosen", "Mykosen", "Tierische Schädlinge".

2.4.47 Pachysandra (Dickmännchen, Dickanthere)

□ Auf den Blättern braune Flecken. Stengelfäule an Stecklingen.

O **Blattfleckenkrankheit** (*Volutella pachysandricola* Dodge)

Δ Ab Befallsbeginn spritzen mit *Mancozeb* (*Dithane Ultra WG* 0,2 %), *Metiram* (*Polyram WG* 0,2 %). Kranke Jungpflanzen vernichten.

□ Pflanzenwachstum gehemmt. An der Blattunterseite, besonders an Stengeln, braune, austernförmige Schildläuse.

O **Komma-Schildläuse** (*Diaspididae*)

Δ Ab Befallsbeginn spritzen mit *Dimethoat* 0,1 %, *Imidacloprid* (*Confidor WG 70*(3) 0,015 %), *lambda-Cyhalothrin* (*Karate* 0,05 %), *Propoxur* (*Unden flüssig* 0,15 %), *Mineralöl* (*Promanal*(1) 2 %) oder Rückschnitt stark befallener Pflanzen.

2.4.48 Platanus (Platane)

□ Auf Blättern längs Hauptadern braune, unregelmäßige Flecke, auch an Blattstielen. Die Knospen treiben nicht aus, die Triebe vertrocknen. Manchmal überwallte Wundstellen. Vorzeitiger Blattfall.

O **Blattfleckenkrankheit, Blattbräune, Anthraknose** (*Apiognomonia errabunda* [Rob.] Hoehn = *Gloeosporium nervisequum* [Fuck.] Sacc. = *Discula platani* [Pk.] Sacc.)

Δ Artgemäßer Standort, weiträumige Pflanzung. Starker Rückschnitt, aber Aufasten nur in den Wintermonaten, Schnittstellen sofort verstreichen. Vorbeugende Spritzungen mit *Kupferoxychlorid* 0,5 % oder *Kupferhydroxid* 0,2 % nach Knospenaufbruch oder/und nach Blattfall selten erforderlich. Tritt besonders nach feucht-kühlen Frühjahrsmonaten auf.

□ Oberhalb erkrankter Stamm- und Astpartien wird die Rinde bläulich-schwarz, vermischt mit Violett und Orange, und der mehr oder weniger rissige Stamm färbt sich braun; die Belaubung vergilbt. In 4-5 Jahren können alte Platanen abgestorben sein. Infektion erfolgt über Holzverletzungen.

O **Platanenkrebs** (*Ceratocystis fimbriata var. platani* Walter)

Δ Erkrankte Bäume sofort fällen, möglichst bei trockener Witterung und Holz samt Sägemehl verbrennen. Schneiden im Winter, Wundverschluß und Desinfektion der Schnittwerkzeuge. Stämme vor Verletzungen schützen.

□ Helle Punkte auf der Blattoberseite, meist ausgehend vom Blattstiel und längs der Haupt- und Nebenadern gegen die Blattspitze zu fortschreitend. Bei starkem Befall Absterben der Blätter.

O **Platanen-Netzwanze** (*Corythuca ciliata* Say.)

Δ Aus Nordamerika nach Italien eingeschleppter Schädling, bereits über große Teile Nord- und Mittelitaliens und einzelne Regionen Jugoslawiens verbreitet, schnell weiter vordringend. Im Grenzgebiet Basel (Schweiz)/Lörrach (Deutschland), aber auch weiter nördlich bis Karlsruhe bereits gefunden. Funde an Pflanzenschutzdienst melden!

□ Bäume total entlaubt, nur noch Reste verdorrter Blätter an den Zweigen. Mitunter auch noch Blätter mit nach oben gewölbtem Rand bzw. eingerollt. In den eingerollten Blatträndern mit starker Haarbildung nur 0,2 mm große Gallmilben.

O **Platanen-Gallmilbe** (*Rhyncaphytoptus platani* Keifer)

Δ Verbreitung der Milben mit dem Wind oder Pflanzenhandel sowie durch Kulturarbeiten. Bekämpfung im zeitigen Frühjahr, wenn Gallmilben die Winterquartiere verlassen, um in die grün werdenden Knospen zu gelangen. Spritzen mit *Mineralöl* (*Promanal*(1) 3,0 % - Austriebsspritzung -).

Ferner an *Platanus*: Weitere **Blattfleckenkrankheiten** - **Schild**- und **Schmierläuse**, **Blausieb** (besonders an jüngeren Bäumen Fraßgang im Holz). Siehe Kapitel 2.1 "Mykosen, "Tierische Schädlinge".

2.4.49 Populus (Pappel)

□ Auf den Blättern in Nähe der feinen Blattaderverästelungen und ihrer Umgebung hellgrüne bis gelbliche Verfärbungen. Vorzeitige Blattverfärbung und früherer Blattfall im Herbst.

O **Pappelmosaik** (*Poplar mosaic virus*, mechanisch und durch Pfropfung übertragen)

Δ Ausgehen von gesundem, virusgetestetem Vermehrungsmaterial. Kranke Pflanzen vernichten. Stecklingsmesser entseuchen.

□ Erscheinungsbild ähnlich wie bei **Pilzkrebs** (siehe unten), Überwallungen aber von unregelmäßiger Form, bei feuchtem Wetter Schleimfluß. Gefährliche, leicht verschleppbare Pappelkrankheit.

O **Bakterienkrebs** (*Xanthomonas populi* Ridé) Ridí and Ridí

Δ Anpflanzung örtlich als widerstandsfähiger erkannter Sorten. Verletzungen der Ringe vermeiden. Zur Eindämmung der Ausbreitung können Spritzungen mit *Kupferoxychlorid*- oder *Kupferhydroxid*-Präparaten nützlich sein. Erkrankte Stämme roden!

□ Dunkle, graue oder braune Stellen auf der Rinde, die in diesem Bereich abstirbt und einsinkt. Elliptisch geformte Rindenschilder. Rindenrisse, längs oder stammumfassend, oberhalb gelegener Pflanzenteil stirbt in letzterem Fall ab. Holzkörper oft sichtbar, Wunden können aber auch überwallt werden. Unscheinbare *Perithezien* werden meist nur an älteren Befallsstellen sichtbar, deutlicher im Frühjahr und Sommer an der Basis von Seitenzweigen und jüngster Jahrestriebe die Pyknidien. Konzentrische Ausbreitung des Pilzes in Rinde und Kambium. Sortenanfälligkeit an den gleichen Standorten kann unterschiedlich sein.

O **Rindenbrand, Rindentod** (*Cryptodiaporthe populea* Butin = *Dothichiza populea* Sacc. u. Br.)

Δ Bevorzugung weniger anfälliger Arten oder Hybriden. Relativ widerstandsfähig sind *Populus alba, P. tremula, P. balsamifera, P. trichocarpa* sowie *P. regenerata*. Vermeidung zu nasser, stauender Böden für Pappelpflanzungen. Vorsicht mit Stickstoffgaben. Von Juni bis August alle zwei Wochen wiederholte Spritzung mit *Mancozeb* (*Dithane Ultra WG* 0,2 %), *Metiram* (*Polyram WG* 0,2 %) oder auch anderen Fungiziden, bei Jungpflanzen schon ab Laubaustrieb. Im Herbst, zur Zeit des Blattfalls, 2- bis 3mal mit *Kupferoxychlorid* 0,5 % oder *Kupferhydroxid* 0,2 % spritzen. Starker Rückschnitt oder besser noch Pflanzen zur Neutriebbildung auf den Stock setzen. Kranke Bäume roden und verbrennen.

□ Äste sterben, beginnend am Ansatz, ab. Stämme schwellen an, es zeigen sich Risse und Überwallungswülste (in konzentrischen Kreisen), an den Infektionsstellen rötliche, pustelförmige Perithezien, aber kein Schleimfluß.

O **Pappelkrebs** (*Nectria*-Arten)

Δ Anbau resistenter Sorten. Wiederholte Spritzung mit *Kupferoxychlorid*- oder *Kupferhydroxid*-Präparaten oder organischen Fungiziden vom Laubaustrieb an, bei Jungbäumen vorbeugend Mittel zum Wundverschluß auf verdächtige Stellen bringen. Kranke Stämme sind zu roden.

□ Spiegelrinde zeigt beulenartige Auftreibungen, diese später teilweise aufplatzend, auch braun gefärbte, eingesunkene Rindenpartien, an den Befallsstellen Saft- und Schleimfluß.

○ **Braunfleckengrind** (Verschiedene Ursachen, Schwächeparasit)

Δ Anbau weniger anfälliger Sorten (*Populus euramericana cv. serotina*, *P. regenerata*, *P. trichocarpa*). Bei anfälligen Sorten Weitverband vorsehen. Beachtung der Standortansprüche.

□ Auf der Blattunterseite rostrote Sporenlager. Verfärbung der Blätter. Durch vorzeitigen Befall ungenügende Holzausreife. Vor allem Jungpflanzen in Baumschulen sind durch den Blattrost stärker gefährdet.

○ **Blattrost** (*Melampsora*-Arten)

Δ Pappelgärten nicht in der Nähe von Lärchen anlegen. Unkrautbekämpfung (Zwischenwirte). In Baumschulen Anfang Juli mit *Bitertanol* (*Baymat flüssig* 0,125 %), *Propineb* (*Antracol WG*(2) 0,2 %), *Mancozeb* (*Dithane Ultra WG* 0,2 %), *Metiram* (*Polyram WG* 0,2 %), *Triforin* (*Saprol Neu* 0,15 %) oder anderen Fungiziden spritzen, möglichst zwei Wiederholungen, Abstand 14 Tage.

□ Auf den Blättern kleine, runde, schwärzliche, später ineinanderfließende Flecke mit weißlichen Sporenlagern, an Blattstielen und Trieben Nekrosen. Blattabwurf, zunächst werden die unteren und inneren Blätter erfaßt. Zweigenden sind noch normal belaubt. Wuchshemmung, Absterben von Trieben, Ästen und ganzen Bäumen möglich, vor allem in Lagen mit hoher Luftfeuchtigkeit.

○ **Blattfleckenkrankheit** (*Drepanopeziza* = *Marssonina*-Arten)

Δ In Baumschulen mit *Dithianon* (*Delan SC 750*(2) 0,05 %), *Mancozeb* (*Dithane Ultra WG* 0,2 %), *Kupferoxychlorid* 0,3 % oder *Kupferhydroxid* 0,2 %, *Metiram* (*Polyram WG* 0,2 %), *Triforin* (*Saprol Neu* 0,15 %) oder einem anderen Fungizid möglichst feintropfig spritzen. Nicht mit nichtparasitären Krankheiten verwechseln.

□ Auf den Blättern nach oben gewölbte Ausbuchtungen, die blattunterseits erst gelb, später braun werden. Vorzeitiger Blattfall.

○ **Kräuselkrankheit, Blasenkrankheit** (*Taphrina populina* Fr.)

Δ Bekämpfung meist unnötig, eventuell Spritzungen mit *Dichlofluanid* (*Euparen WG* 0,15 %), *Dithianon* (*Delan SC 750*(2) *0,05* %), *Kupferoxychlorid*- oder *Kupferhydroxid*-Präparaten ab Beginn des Knospenschwellens im Abstand von 10-14 Tagen.

□ Auf den Blättern unregelmäßig geformte, dunkel umrandete Nekrosen, die sich rasch ausbreiten. Pilz kann über den Blattstiel in die Rinde junger Triebe eindringen. Trieb und Blätter werden schwarz, Triebspitze krümmt sich.

○ **Triebspitzensterben** (*Venturia macularis*, Fr. = *Pollaccia radiosa*, Lib.)

Δ Ab Mai wiederholte Behandlung mit z. B. *Dichlofluanid* (*Euparen WG* 0,15 %), *Dithianon* (*Delan SC 750*(2) *0,05* %), *Mancozeb* (*Dithane Ultra WG* 0,2 %) oder *Propineb* (*Antracol WG*(2) 0,2 %).

□ An letztjährigen dünnen Zweigen sowie jungen Stämmchen gallenartige Anschwellungen, darin Larve, die später kurzen Zentralgang in die Markröhre frißt und sich im Frühjahr des dritten Jahres verpuppt. Starke Schädigung bis zur Totalzerstörung oder bis zu schweren Mißbildungen an Jungpappeln, vor allem an frisch gesetzten Pflanzen.

○ **Kleiner Pappelbock** (*Saperda populnea* L.)

Δ Vorbeugende Spritzung der Stämmchen mit Mitteln gegen rindenbrütende Borkenkäfer vor Ende Mai gegen die Käfer. Vor Bekämpfung Pflanzenschutzdienststelle befragen. Verbrennen befallener Zweige und geschädigte Stämmchen auf den Stock setzen.

□ Fraßgänge, beginnend unter der Rinde, im Holz aufwärtsgehend, darin bis 40 mm lange Larven. Auswurf grober Nagespäne. Bäume kümmern. Holz durch die etwa fingerstarken Fraßgänge stark entwertet.

O **Großer Pappelbock** (*Saperda carcharias* L.)

Δ Fällen der stark befallenen Stämme. Beratung vor Ort durch Pflanzenschutzdienst.

□ Triebspitzen welken. Unter aufgeblähten, später vertrocknenden Rindenstellen im Splint und Holz Käferlarven. Nagespäne, Fluglöcher, Spechthiebe! Auch an Erle und Birke.

O **Erlenrüßler** (*Cryptorrhynchus lapathi* L.)

Δ Befallene Triebe entfernen. Bekämpfung der Käfer siehe "*Alnus* (*Erle*)".

□ In Knospen, vor allem Endknospen der oberen Kronenregion, frißt Raupe, als Folge Schaftkrümmungen sowie Verbuschung der Krone.

O **Pappelknospenwickler** (*Gypsonoma oppressana* Tr.)

Δ Es wird Triebschnitt gegen die Kronenverbuschung empfohlen.

□ Im Sommer Miniergänge, durch kleine Raupen verursacht, in den Blättern, Überwinterung der Raupen in einer Knospe, im Frühjahr Fraß in austreibenden Knospen und Trieben. An Schwarz- und Pyramidenpappeln.

O **Pappeltriebwickler** (*Gypsonoma aceriana* Dup.)

Δ Befallene Triebe einkürzen. Vor Einbohren der Raupen in Knospen oder zur Zeit des Aufbrechens der Knospen spritzen mit *Dimethoat* 0,1 %, *lambda-Cyhalothrin* (*Karate* 0,05 %), *Parathion* (*E 605 forte*(3) 0,035 %) oder *Permethrin* (*Ambush*(2) 0,02 %).

□ Blattstiele mit kugeligen oder schraubig gedrehten Verdickungen (Gallen), die hohl sind und Blattlausstadien enthalten, die auf Wurzeln von Kopfsalat oder Endivien übergehen.

O **Spiralgallenlaus, Blattgallenlaus, Blasenläuse = Wurzelläuse** (*Pemphigus*-Arten)

Δ Wirtswechselnde Blattläuse, deren Bekämpfung an Pappel nicht lohnt, die aber an krautigen Gemüse- und Zierpflanzen größere Schäden verursachen können. Siehe Kapitel 2.1 "Tierische Schädlinge - **Wurzelläuse**".

□ Bunte, behaarte Raupen mit gelben Rückenflecken fressen an den Blättern, an sonnigen Tagen in Rindenritzen versteckt, zuweilen Kahlfraß. Vor allem in Alleen jahrweise massenhaft auftretend.

O **Weidenspinner, Pappelspinner** (*Leucoma salicis* L.)

Δ Bei nur in einzelnen Jahren vorkommendem Massenauftreten im Frühjahr mit Mitteln gegen freifressende Schmetterlingsraupen oder mit Bakterienpräparaten wie unter Laubholz, allgemein gegen Raupen, Blattwespenlarven und blattfressende Käfer angegeben, spritzen nach vorheriger Beratung durch Pflanzenschutzdienststelle.

Ferner an *Populus*: **(Weitere) Blattfleckenkrankheiten, Bleiglanz - Blattläuse, Spinnmilben, Gallmilben, Gallmücken, Minierfliegen, Schildläuse, Blattwespen, Blattkäferarten,** darunter der relativ große, rote **Pappelblattkäfer, Weidenbohrer, Pappelglasflügler, Minierwespe, Gespinstmotten.** Siehe unter Kapitel 2.1 "Mykosen", "Tierische Schädlinge".

2.4.50 Potentilla (Fingerstrauch)

□ Auf den Blättern und Trieben weißer Myzelbelag.

O **Echter Mehltau** (*Sphaerotheca macularis* (Wallr. ex Fr.) Magn.)

Δ Ab Befallsbeginn wiederholt spritzen mit *Bitertanol* (*Baymat flüssig* 0,125 %), *Triforin* (*Saprol Neu* 0,1 %).

□ An Blättern und jungen Trieben Schaumflocken, in denen hellgrüne Larven sitzen. Blattverkrüppelung und Triebmißbildung durch Saugtätigkeit.

O **Schaumzikaden** (*Cercopidae*)

Δ Spritzen mit *Deltamethrin* (*Decis flüssig*(3) 0,03 %), *Propoxur* (*Unden flüssig* 0,2 %).

2.4.51 Prunus (Zierkirschen, Zierpflaumen)

□ An durch Schnitt, Frostrisse oder mechanische (auch mikrobielle) Verletzungen entstandenen Wunden statt Kallusbildung Gummifluß. Zerstörtes Gewebe bleibt als "Fremdkörper" in der sich vergrößernden Wunde. Vor allem in stärksten Wachstumszentren des Baumes wie an Leitastverteilungsstellen oberhalb des Stammes.

O **Gummosis, Gummifluß** (Ausgelöst durch verschiedene Ursachen)

Δ Wahl humusreicher, lehmiger Böden mit gleichmäßiger Wasserführung. Bei Kirschbaumerziehung auf natürliche Aststreuung achten. Ausschneiden früh erkannter Schadstellen (noch vor "Ringeln" des ganzen Leitastes) bis auf das gesunde Holz aussichtsreich. Dabei auf saubere Wundränder achten, keine "Inseln" stehen lassen. Günstigster Zeitpunkt Frühjahr (vor der Blüte!) bis Hochsommer. Anwendung von Wundverschlußmitteln sowie ständige Kontrollen auf Borkenkäfer und andere kambiumzerstörende Schädlinge (Rindenwickler) sind zusätzlich erforderlich.

□ Blätter mit hellgrünen oder gelblichen Ring- oder Bandzeichnungen, gelblicher Verfärbung der Adern, Nekrosen, oft auch schmaler als normal. Auch Triebwachstum gestört, verbuschte Triebe.

O **Viruskrankheiten** (Mehrere Virus-Arten wie *Prune dwarf virus, Prunus necrotic ringspot virus, Apple chlorotic leaf spot virus, American plum line pattern virus, Plum pox virus, Tomato ringspot virus*)

Δ Näheres über Bekämpfung siehe Kapitel 2.1 "Virosen".

□ Auf den Blättern größere, durchscheinende Flecken, später zu braunviolettroten Nekrosen eingetrocknet. Blüten rötlich verfärbt. Auf der Rinde zunächst vereinzelte, runde, etwas eingesunkene, bräunliche Flecke, die schnell ineinanderfließen. Astpartien oberhalb der Befallsstellen sterben schlagartig ab, an Kirschen meist vorjährige Triebe von der Spitze aus. Krankheit breitet sich stärker aus.

O **Bakterienbrand, Rindenbrand** (*Pseudomonas syringae pv. morsprunorum* [Worm.] Young et al.)

Δ Kranke Pflanzen bis tief in gesundes Holz zurückschneiden. Sortenanfälligkeit verschieden. Vorbeugend wirken Spätwinter- oder/und Blattfallspritzungen mit *Kupferoxychlorid* (*Cupravit OB 21, Funguran, Vitigran conc.* 0,5 %) oder *Kupferhydroxid (Cuprozin WP*(2), *Funguran-OH*(2) 0,2 %). Stärker erkrankte Bäume sollten gerodet werden.

□ Blüten und Jungtriebe verwelken plötzlich, verdorren und sterben ab, Blüten bleiben vertrocknet an Zweigen hängen. Besonders anfällig Mandelbaum (*P. triloba*) und Zwergmandel (*P. nana*) und Zierkirschen.

O **Spitzendürre** (*Monilinia laxa* [Aderh. et Ruhl.] Honey = *Monilia laxa* [Ehr.] Sacc. et Vogl.)

Δ Anfällige Zierkirschen, Mandelbäumchen und Zierpflaumen ab Blühbeginn mit *Bitertanol* (*Baycor Spritzpulver*(2) 0,15 %), *Vinclozolin* (*Ronilan WG* 0,1 %), *Triforin* (*Saprol Neu* 0,15 %) spritzen. Weitere Termine: Während und, je nach Witterungsverhältnissen, in die abgehende Blüte. Auf Verträglichkeit achten!

□ Vor allem in Baumschulen neuerdings stärker auftretend. An Blättern hellgelbe oder mehr weißliche, 2-3 mm große Flecke, an jüngsten Trieben fahlgraue Aufhellungen. Nicht mit Virosen (Mosaik*!*) verwechseln!

O **Gallmilben** (*Aculus fockeui* Nal. et. Tr.)

Δ Im Frühjahr *Oxydemeton-methyl* (*Metasystox R* 0,1 %), versuchsweise *Amitraz* (*Mitac*(3) 0,25 %), *Dimethoat* 0,1 %, *Fenpyroximat* (*Kiron*(3) 0,15 %).

□ Im Herbst auf der Blattspreite von *Prunus laurocerasus* unregelmäßig geformte Löcher, die auch den Blattrand erfassen. Blattoberseits und -unterseits Minen sichtbar. Meistens nur eine Mine, selten mehr als drei; beginnend an der Mittelrippe zum Blattrand hin und zurück zur Blattmitte. Im Spätsommer fällt das von den Minen begrenzte Gewebe aus. Verwechslung mit Schrotschußkrankheit.

O **Schlangenminiermotte** (*Lyonetia clerkella L.*)

Δ Wiederholtes Spritzen mit *Dimethoat* 0,1 %, *Deltamethrin* (*Decis flüssig*(3) 0,05 %), *Methamidophos* (*Tamaron* 0,1 %), *Phosalon* (*Rubitox flüssig* 0,15 %).

Ferner an Zierkirschen und Zierpflaumen: **Bleiglanz, Verticilium-Welke, Sprühflecken-Schrotschußkrankheit, Echter Mehltau, Schorf, Taphrina-Arten - Blattwanzen, Gallmücken - Wurzelgallenälchen, *Thrips*, Blattläuse, Spinnmilben, Schildläuse, Blattwespenlarven, Blatt- und Rüsselkäfer, Knospenwickler.** Siehe Kapitel 2.1 "Mykosen", "Tierische Schädlinge".

2.4.52 Pyracantha (Feuerdorn)

□ Blätter, Zweige, Blüten und Früchte mit olivbraunen bis schwärzlichen Flecken. Grindige Stellen an Zweigen. Vor allem in nassen Sommern.

O **Schorf** (*Spilocaea pyracanthae* [Otth.] Arx)

Δ Vorbeugende, mehrmalige Spritzung mit *Dichlofluanid* (*Euparen WG* 0,15 %), *Triforin* (*Saprol Neu* 0,15 %) oder anderen Fungiziden nach dem Austrieb, wie bei *Malus* angegeben. Schorfresistente Sorten pflanzen wie 'Golden Charmer', 'Orange Glow', 'Red Column'. Schorftolerante Sorten sind meist frostempfindlich, ausgenommen *'Red Column'*.

Ferner an *Pyracantha*: **Feuerbrand** (s. auch "*Crataegus*") - **Rost**, **Echter Mehltau** - **Blattläuse, Blattwespen, Miniermotten**. Siehe Kapitel 2.1 "Bakteriosen", "Mykosen", "Tierische Schädlinge".

2.4.53 Pyrus (Zierbirne)

An Zierbirne kommen vor: **Viruskrankheiten - Feuerbrand** (Blätter und Triebe plötzlich braun, Bäume können absterben. Sofort Pflanzenschutzdienst melden!) - **Blattflecken-krankheiten**. **Birnengitterrost, Birnenschorf** (Bekämpfung siehe "*Malus*") - **Blattläuse, Blattsauger, Gallmilben (Pockenmilben), Wicklerraupen, Rüsselkäfer.** Siehe Kapitel 2.1 "Virosen", "Mykosen", "Tierische Schädlinge".

2.4.54 Quercus (Eiche)

□ Blätter mit weißlichem Pilzmyzel überzogen, wirken wie mit Mehl bestäubt, kümmern, sterben ab. An Jungwuchs, auch an älteren Bäumen, vor allem Stiel- und Traubeneiche.
O **Eichenmehltau** (*Microsphaera alphitoides* Griff. et Maubl.)
Δ Wiederholtes Spritzen mit Mitteln gegen Echte Mehltaupilze, vor allem *Netzschwefel*, aber auch *Triforin* (*Saprol Neu* 0,15 %) u. a. spätestens beim ersten Auftreten, bei Jungpflanzen besser vorbeugend nach Austrieb, lohnend.

□ Im zeitigen Frühjahr 5-15 cm lange, rötlich-gelbe Verfärbungen der Rinde, im Zentrum oft ein Zweigansatz. Befallen werden 2-3 jährige Sämlinge, sowie Heister, meist auf sandigen Böden. Sämlinge sterben häufig ab, Heister nur dann, wenn sich die Nekrose stengelumfassend entwickelt.
O **Rindenbrand** (*Fusicoccum quercus* Oudem.)
Δ Allzu wasserdurchlässige Böden vermeiden. Bewässerung in den Frühjahrsmonaten. Befallene Triebe zurückschneiden. Bei feuchter Frühjahrswitterung Spritzungen mit *Kupferoxychlorid* (z.B. *BASF-Grünkupfer, Funguran, Cupravit OB 21* 0,5 %) oder *Kupferhydroxid* (*Cuprozin WP*(2), *Funguran-OH*(2) 0,2 %).

□ Unterschiedlich geformte und gefärbte, aber meist gelblich-braune oder rötliche "Gallen" unter und/oder auf den Blättern. Letztere werden bei Massenbefall gelb oder vertrocknen sogar.
O **Linsengallen** (*Neuroterus*-Arten) **und andere, meist durch Gallwespen verursachte Gallen,** darunter die großen **"Galläpfel".**
Δ Bekämpfung nicht erforderlich, zudem vor allem an hohen Bäumen kaum möglich. Bei regelmäßigem Massenaufreten Beratung durch Pflanzenschutzdienst anfordern.

□ Blätter zeigen erst an der Unterseite, später auch blattoberseits zahlreiche gelbe, zuweilen dunkler gerandete Flecke, schließlich vergilben oder vertrocknen sie. An der Blattunterseite saugen kleine, grünlich-gelbe Blattläuse. Vor allem an *Quercus robur* und *Quercus petraea* oft empfindliche Schäden durch Vertrocknen der Blätter.
O **Zwergläuse** (*Phylloxera*-Arten)
Δ Mehrmalige Spritzung mit *Imidacloprid* (*Confidor WG 70*(3) 0,015 %), *Oxydemeton-methyl* (*Metasystox R* 0,1 %), *Pirimicarb* (*Pirimor Granulat*(3) 0,05 %) oder *Dimethoat* 0,1 % im Abstand von 2-3 Wochen bringt gute Teilerfolge. Auch Blattunterseite gut benetzen.

□ Zwischen den ganz oder teilweise gefalteten Blättern fressen lebhaft bewegliche, graugrüne Raupen, die sich oft in Massen abspinnen und dadurch in Parkanlagen den Spaziergängern lästig werden. Später braune Puppen zwischen versponnenen Blattresten sowie unter dem Blattrand. Im Juni bis Juli zahlreiche kleine Schmetterlinge mit hellgrünen

Vorderflügeln und grauen Hinterflügeln. Kahlfraß häufig, zuerst in der Baumkrone, vor allem an einzeln stehenden Bäumen, besonders an Stieleiche. Erhebliche Zuwachsverluste. Ähnliches Schadbild zuweilen durch Frostspanner-Raupen, dann aber wegen kürzerer Gradationszeit meist keine Bekämpfung erforderlich.
O **Eichenwickler** (*Tortrix viridana* L.)
Δ Nach Beratung durch Pflanzenschutzdienststelle Anwendung von Mitteln gegen freifressende Schmetterlingsraupen oder Bakterienpräparaten wie unter Laubholz, allgemein, gegen Raupen, Blattwespenlarven und blattfressende Käfer empfohlen. Vogelschutz. Wo möglich, extrem spät austreibende Herkünfte wählen.

□ Mai - Vornehmlich frisch gepflanzte Bäume sterben ab. In den Stamm sind 1-3 cm lange, den Splint furchende Gänge genagt. In ihnen werden Eier abgelegt. Die Larven fressen senkrecht zum Muttergang 10-15 cm lange Larvengänge in die Bastschicht. Bei günstigen Temperaturen 2. Generation, die Mitte bis Ende August schwärmt.
O **Eichensplintkäfer** (*Scolytus intricatus* Ratz.)
Δ Vor der Schwärmzeit im Mai und bei Schwärmzeit dann ca. alle 7 Wochen bis August Behandlung der gefährdeten Bestände mit *lambda-Cyhalothrin* (*Karate* 0,5 %), versuchsweise auch *alpha-Cypermethrin* (*Fastac Forst*(2) 1 %).

Ferner an *Quercus*: **Blattfleckenkrankheit**, **Blattbräune - Baumläuse** (Lachniden), **Erdflöhe, Schildläuse, Miniermotten - Blattkäfer, Frostspanner und andere Raupenarten, Maikäfer.** Siehe Kapitel 2.1 "Mykosen", "Tierische Schädlinge".

2.4.55 Rhododendron (Alpenrose)

□ Endknospen der Triebe werden vollständig braun, Triebe meist nur im angrenzenden Teil. Blätter glanzlos eingerollt, Region der Mittelrippe braun. Zweige welken und sterben ab.
O **Zweigsterben** (*Phytophthora*-Arten)
Δ Befallene Zweige unterhalb der Befallszone abschneiden und vernichten, anschließend Angießen mit Fungiziden wie *Metalaxyl* (*Fonganil Neu* 0,05 %), *Propamocarb* (*Previcur N* 0,15 %) oder einem anderen Fungizid mit Wirkung gegen *Phytophthora*.

□ Auf den Blättern bilden sich unregelmäßige braune Flecken.
O **Cercospora-Blattfleckenkrankheit** (*Cercospora handeli* Bubak)
Δ Bekämpfung siehe unten bei "***Pestalotia*-Blattfleckenkrankheit**".

□ Auf den Blattober- und -unterseiten entstehen braune bis schwarze, zuweilen rot gerandete Flecken.
O **Colletotrichum-Blattfleckenkrankheit** (*Colletotrichum*-Arten)
Δ Bekämpfung siehe unten bei "**Pestalotia-Blattfleckenkrankheit**".

□ Meist an der Blattspitze beginnend treten dunkle Blattflecke mit schwarzen Ringen von Pilzfruchtkörpern und (bei Feuchtigkeit) Schimmelrasen auf.
O **Pestalotia-Blattfleckenkrankheit** (*Pestalotia*-Arten)
Δ Zur Erfassung der drei genannten und weiterer an Rhododendron vorkommender Blattfleckenkrankheiten wird gegebenenfalls *Mancozeb* (*Dithane Ultra WG* 0,2 %), *Kupferoxychlorid* 0,5 % oder *Kupferhydroxid* 0,2 %, *Metiram* (*Polyram WG* 0,2 %), *Triforin* (*Saprol Neu* 0,15 %) oder ein anderes Mittel gegen Blattfleckenkrankheiten von Mai bis Ende Ok-

tober empfohlen, wobei der jüngste Austrieb nicht zu stark benetzt werden sollte, vor allem nicht mit *Kupferoxychlorid, Kupferhydroxid* oder *Triforin.*

□ Knospen beginnen zu vertrocknen, Blätter und Triebspitzen zeigen Saugschäden. Auf den Blattunterseiten Zikaden erkennbar, die bei der Eiablage den Pilz in die Knospen übertragen. Im Frühjahr sind Knospen völlig vertrocknet und zeigen auf den Knospenblättern perlschnurartige Fruchtkörper.

O **Knospenverbräunung** (*Pycnostysanus acaleae* Peck.)

Δ Ab Mitte Mai Rhododendron auf gelbliche Larven von Zikaden hin überprüfen. Die ab Juli bis Oktober auftretenden Vollinsekten sind metallisch grün gefärbt mit orange rot gebänderten Flügeldecken. Bei starkem Befall Bekämpfung mit *Deltamethrin (Decis flüssig*[3] 0,03 %) oder *Propoxur* (*Unden flüssig* 0,15 %). Blattunterseiten gut benetzen. Knospen herausschneiden und vernichten.

□ Vor allem an *Rhododendron*-Sämlingen, bei älteren Pflanzen besonders in eingeschlossenen Lagen. - Blätter und Triebe mit braunen Flecken und Faulstellen.

O **Botrytis-Fäule** (*Botrytis cinerea* Pers.)

Δ Bei Sämlingen vorbeugend, sonst spätestens beim Auftreten der ersten Krankheitssymptome Spritzen mit *Dichlofluanid* (*Euparen WG* 0,3-0,5 %), *Vinclozolin* (*Ronilan WG* 0,1 %), *Iprodion* (*Rovral* 0,1 %) oder *Thiabendazol* (*Tecto FL*[1] 0,1 %).

□ Blätter oberseits hell und dunkel gesprenkelt, unterseits dunkle, lackartige Kotflecke, Blattränder biegen sich nach unten und verdorren allmählich. Pflanzen kümmern, schließlich tritt Blattfall ein.

O **Rhododendronwanzen, Japanische Fliege** (*Stephanitis*-Arten)

Δ Ab Frühjahr wiederholt Spritzen mit *lambda-Cyhalothrin* (*Karate* 0,05 %), *Dimethoat* 0,1 %, *Methamidophos* (*Tamaron* 0,1 %) oder *Propoxur* (*Unden flüssig* 0,15 %), dabei vor allem Blattunterseiten behandeln.

Ferner an *Rhododendron*: ***Phytophthora*-Wurzel- und Stammfäule** (siehe "*Rhododendron simsii*"), **Ohrläppchenkrankheit** (siehe "*Rhododendron simsii*") **Rost, Blütenfäule - Blattläuse, Spinnmilben, Triebspitzenmilben, Weiße Fliege, Wicklerraupen, Dickmaulrüßler.** Siehe dazu Angaben unter "*Rhododendron simsii*" sowie in Kapitel 2.1 "Mykosen", "Tierische Schädlinge".

2.4.56 Rhododendron simsii, früher Azalea (Azalee)

Wichtig für die Kultur sind Verwendung humoser Erde und möglichst groben Substrats zwecks schnellen Wasserabzuges, Schaffung gleichmäßiger Feuchtigkeit ohne Staunässe unter Benutzung möglichst kalkarmen Wassers, kühler, luftiger, nicht zu enger Stand bei ausreichender Schattierung und möglichst häufigem Lüften. Die gute Durchlüftung des Ballens kann durch gröbere Substrate und geeignete Töpfe (nicht alle Kunststofftöpfe geeignet) gefördert werden. Bei der Düngung sind saure, chlorfreie Dünger zu bevorzugen. Die einzelnen Sorten sind unterschiedlich salzempfindlich.
Gegen Mangelerscheinungen schützt am besten die vorbeugende Anwendung eines Mikronährstoff-Depotdüngers vom Typ des Radigen.
Empfindlichkeit gegen Pflanzenschutzmittel:

Iprodion (***Rovral***) und Kupferempfindlichkeit bei Jungpflanzen können zu Schäden führen. Frisch gestutzte Pflanzen können empfindlich auf ***Benomyl*** (***Du Pont Benomyl***[2]) reagieren. ***Chlorfenvinphos-Granulat***, ***Methamidophos*** (***Tamaron***) und ***Parathion*** (***E 605 forte***[3]) sowie ***Sulfotep*** (***Bladafum II***), besonders bei niedrigen Temperaturen, werden von einigen Azaleensorten nicht vertragen.

Standardpflegemaßnahmen für Azaleen:
Nach der Bewurzelung vorsichtig mit *Metalaxyl* (*Fonganil Neu* 0,05 %) oder *Propamocarb* (*Previcur N* 0,25 %) angießen. Nicht zu häufig stutzen, um zu zahlreiche, schwache Seitentriebe zu vermeiden, kein Stutzen von kurzen Trieben ins weiche Holz, nach dem Stutzen Temperatur unter 15 °C absenken, letztes Stutzen der Sortenentwicklung anpassen. Bei Triebabschluß Düngung unterbrechen, nicht zu früh, unausgereift einräumen, vor Bereitstellen zur Treiberei Reife der Knospen überprüfen. Für hellen Stand sorgen.
Vorbeugend gegen ***Phytophthora***- und/oder ***Pythium***-Befall die Jungpflanzen mit einem der oben genannten Präparate angießen oder gründlich spritzen, etwa alle 4-6 Wochen.
Gegen **Blattfleckenkrankheiten** ältere Pflanzen alle 3-4 Wochen mit einem Fungizid spritzen, das keine Spritzflecken hinterläßt, etwa *Dithianon* (*Delan SC 750*[2] 0,05 %) oder *Triforin* (*Saprol Neu* 0,15 %).

Physiologische Störungen durch nichtparasitäre Ursachen

□ Im zeitigen Frühjahr verfärben sich die Interkostalfelder der Blätter braun bis schwarz und vertrocknen.
O **Verfärbung der Interkostalfelder**
Δ Zu hohe Feuchtigkeit ist während des Treibens zu vermeiden.

□ Blätter vergilben von der Spitze her, rollen sich ein und fallen mehr oder weniger stark ab, besonders typisch bei Staunässe im Substrat.
O **Nichtparasitärer Blattfall**
Δ Ursachen können sein: Schroffe Temperatur- und Feuchtigkeitsschwankungen der Luft, Ballentrockenheit, Lichtmangel durch zu engen Stand sowie zu hohe Salzkonzentration im Gießwasser oder im Substrat, etwa durch zu hohe Düngergaben. Daher Ballen beim Auspflanzen oder Eintopfen gut feucht halten, aber vor Staunässe schützen und nicht übermäßig verkleinern, zu hohe Düngergaben vermeiden, zweckmäßig vor dem Pflanzen Bodenuntersuchung. Temperatur zum Treibbeginn nur langsam erhöhen. Auch nach Eintopfen stark wachsender Pflanzen kann infolge zu hoher Transpiration Blattfall eintreten. Gas- oder Raucheinwirkung vermag ebenfalls Blattfall zu bewirken.

□ Blätter der jungen Triebe, vor allem bei 'Ambrosius'-Sorten sowie der Sorte 'Hexe', werden weißfleckig "panaschiert". Später verliert sich diese Erscheinung wieder.
O **Panaschierung, Weißtüpfeligkeit**
Δ Vermeidung von Kälteeinfluß während der Anzucht, vor allem während der Blattausbildung. Im Herbst nicht zu spät stutzen.

□ Blätter abnorm groß, am Rande mit Nekrosen, rollen sich nach innen ein.
O **Stickstoffüberschuß**
Δ Substratuntersuchung, angemessene Düngung.

□ Vollentwickelte Blätter zeigen erst punktförmige, später unregelmäßige fleckige, bräunliche Verfärbungen, Chlorosen und Nekrosen, stärker geschädigte Blätter fallen ab. Vor allem an 'Reinhold Ambrosius'.

O **Bor-Überschuß**

Δ Bodenuntersuchung auf Bor-Überschuß. Überdüngung mit Bor ist möglich bei Verwendung von Volldüngern mit relativ hohem (bis 0,1 %) Borgehalt, besser Volldünger mit geringerem Borgehalt, etwa bis 0,03 %, verwenden. Bedeutung für die Auswirkung eines eventuellen Bor-Überschusses hat der Humusgehalt des Bodens durch Adsorption von Bor und dessen Calciumgehalt durch Festlegung von Bor als Calciumborat. Je geringer der Humusgehalt und je saurer das Pflanzsubstrat, desto mehr Bor kann pflanzenverfügbar werden. Calciumversorgung sorgfältig regeln.

□ Jüngste Blätter, später auch ältere, zeigen starke Chlorosen und schließlich Nekrosen, Blattfall.

O **Gelbsucht, Eisenmangel oder/und Manganüberschuß**

Δ Bodenreaktion überprüfen, vor allem Kalkgehalt. Sauerstoffmangel im Boden durch Staunässe vermeiden. Anwendung eines Mikronährstoff-Depotdüngers vom Typ des Radigen.

□ Blätter werden durch vermehrte Anthozyanbildung von der Spitze her bläulich, vor allem bei Sorten der 'Schäme'-Gruppe.

O **Blauspitzigkeit der Blätter**

Δ Überprüfung des Bodens auf Saureüberschuß als Folge der Zufuhr von schwefelsaurem Ammoniak sowie auf ausgeglichenen Stickstoff-, Kalk-, Magnesium- und Kaligehalt (Nadelstreusubstrate!), Pflanzen wärmer stellen. Soll dann eintreten, wenn vegetatives Wachstum unterbrochen wird und zu reichlich Nährstoffe angeboten werden.

□ Blütenknospen bleiben stecken und sterben, innen braun werdend, ab. Beiaugen treiben aus.

O **Steckenbleiben der Blütenknospen**

Δ Pflanzen vor der Treiberei vor Kälte schützen und vor dem Ansetzen Knospen kontrollieren, nicht zu früh (mit unausgereiften Knospen) treiben, Ballen nicht zu stark verkleinern. Angemessene Belichtung, Temperatur und Feuchtigkeit bei der Treiberei.

□ Blütenknospen trocknen ab.

O **Eintrocknen der Blütenknospen**

Δ Nährstoffmangel und Ballentrockenheit vermeiden.

□ Die Blüten sind nur schwach ausgefärbt und bleiben klein.

O **Verkümmern der Blüten**

Δ Treibtemperaturen den Sommer- und Herbsttemperaturen angleichen, bei Wärme frühe Sätze eventuell kühlen. Während des Aufblühens keine zu hohen Treibtemperaturen.

□ Pflanzen wachsen nur kümmerlich, ihre Blätter sind klein, gelbgrün mit rötlichem Rand, Knospenansatz gering, zuweilen Blattfall.

O **Stickstoffmangel**

Δ Regelmäßige Untersuchung des Substrats auf seinen Nährstoffgehalt, entsprechende Versorgung mit Stickstoff, Phosphorsäure und Kalium.

□ Nach erster guter Entwicklung um die Mitte der Kulturzeit wird Wuchs der Pflanzen schwach, Durchtrieb, Knospenansatz und Holzbildung sind unbefriedigend. Schäden nehmen zu, es zeigen sich Blattverfärbungen, Nekrosen, Vertrocknen, Blattfall, in Extremfällen Eingehen der Pflanze.
O **Calciummangel**
Δ Ausreichende Calciumversorgung verhindert Festlegung von Molybdän (und gleichzeitig Bor-Überschuß). Gießwasser mit Kalk anreichern.

□ Der Durchtrieb zeigt nur kleine, gelblichgrün verfärbte Blätter mit goldgelben Spitzen, später daran Nekrosen. Blütenansatz gering, Blütenknospen vertrocknen.
O **Molybdänmangel**
Δ Molybdänzufuhr aufgrund des Ergebnisses einer Substratuntersuchung.

□ Jüngere Blätter werden vom Rand her chlorotisch. Im Bereich der Mittelrippe grüner Saum. Blattadern rötlich-violett. Blütenansatz ist schlecht.
O **Kalimangel**
Δ Angemessene Düngung nach Substratuntersuchung.

□ Ältere Blätter werden als erste von der Spitze her violett oder braun, später zeigen die meisten Blätter blaue Blattspitzen oder sogar dunkelviolette Blattspreiten.
O **Magnesiummangel**
Δ Magnesiumzufuhr aufgrund einer Substratuntersuchung.

□ Blätter ohne Glanz, fahl. Blattränder hellen sich zunächst gelblich auf, dann werden Blätter von der Spitze her braun. Triebspitzen sterben ab. Nach dem Stutzen verzögerter Durchtrieb, Blätter klein, schmal, verkümmert.
O **Kupfermangel**
Δ Angemessene Kupferversorgung aufgrund einer Substratuntersuchung. Anwendung eines Mikronährstoff-Depotdüngers vom Typ des Radigen.

□ Blätter meist klein, die älteren dunkelgrün mit bräunlichem Überflug, jüngere Blätter violett getönt. Schließlich Blattspitzen braun, absterbend. Wuchs der Pflanzen gering, ebenso der Knospen- und Blütenansatz. Begünstigt Auftreten von Gelbsucht.
O **Phosphorsäuremangel**
Δ Angemessene Versorgung mit Phosphorsäure aufgrund einer Substratuntersuchung.

Schmarotzerpflanze

□ Ein Fadengeflecht umschlingt die Wirtspflanze und sendet Saugorgane (Haustorien) aus, hauptsächlich in die Blattstiele und Hauptblattadern. Diese durchdringen die Zellwände und entziehen dem Wirt lebenswichtige Stoffe. Mit Beginn der Haustorienausbildung nimmt Wachstum des Parasiten rasch zu, Wirtspflanze kümmert.
O **Flachsseide** (*Cuscuta epilinum* Weihe)
Δ Im Unterglasanbau sofortige Vernichtung der befallenen Pflanzen mit Wurzelballen durch Verbrennen. Pflanzen nicht kompostieren oder vergraben. Durch mechanische oder chemische Bodenentseuchung werden die hartschaligen Samen der Seide nicht abgetötet, daher Abtragung der obersten Bodenschicht bis auf etwa 5 cm.

Mykosen

Stammfäulen an Azaleen

Unter dem Begriff "Stammfäulen" faßt man in der Regel eine ganze Gruppe von Krankheiten zusammen, die durch verschiedene Pilzarten verursacht werden. Stammfäulen befallen vor allem Pflanzen unter nicht angemessenen Kulturbedingungen, in vererdeten Substraten sowie bei übermäßiger Düngung und extremen Treibtemperaturen. Als Symptome treten allgemein Verfärbungen und Trockenheit an den Blättern, später Welken und Absterben der Pflanzen auf. Schneidet man die Stengel schräg durch, so läßt sich meist eine braune bis schwärzliche Verfärbung der Leitungsbahnen erkennen.

□ Die Braunfärbung der Stecklinge über der Schnittfläche, der bewurzelten jüngeren und älteren Pflanzen in der Grenzzone unmittelbar an der Bodenoberfläche, ist das Zeichen für die dort erfolgte Infektion. Diese Braunfärbung der Rinde dehnt sich allmählich, aber langsam, nach unten bis zu den Wurzeln und nach oben bis zu den Blättern aus.
Dann bilden sich an den Zweigen begrenzte eingesunkene Rindenpartien, in deren Bereich die Blätter abgeworfen werden, wobei die Triebspitzen vertrocknen. Diese Symptome zeigen sich oft bis in die Blütenregion. Dann werden Kelchblätter, Blütenknospen und Blüten braun.
Die **Blätter** werden im Verlauf des Fortschreitens der Krankheit stumpf-fahlgrün gelb- bis braunfleckig, vertrocknen und **fallen** im Gegensatz zu der *Phytophthora*-Stammgrund- und Wurzelfäule meist schon **nach 3-4 Tagen** ab, dadurch auf dem Boden zu einer neuen Infektionsquelle werdend. Zuweilen werden sie vor dem Abfallen von der Stielbasis her braunfleckig.
Mit dem Fortschreiten der Krankheit treten manchmal am Stammgrund weiße, krustenartige Sporenbeläge auf.
Die Bildung von kleinen Dauerkörpern (Mikrosklerotien) ermöglicht dem an sich wärmeliebenden Pilz auch das Überstehen von extremer Trockenheit und Kälte.
Die Krankheit kommt auch an Eriken, Gewächshausrosen und Myrten vor.
Weniger anfällig sind Sorten mit *A. japonica*-Blut wie 'Rex' oder 'Kirin'.
O **Cylindrocladium-Stammgrund- und Wurzelfäule, - Wurzelhalsfäule, - Welke** (*Cylindrocladium scoparium* Morgan)
Δ **Bei allen Wurzel- und Stammgrundfäulen stehen sorgfältige Hygienemaßnahmen und optimale Kulturführung im Vordergrund der Bemühungen zur Vorbeugung und Bekämpfung.** Dazu gehören: Verwendung einwandfreier Substrate, vor allem hochwertigen, möglichst auf infektionsgesicherten Betonflächen gelagerten Torfs, im Falle von Ungewißheit vorsorgliche Entseuchung des Substrats und/oder Torfs. Anzucht in hellen Kulturräumen mit betonierten Wegen und leicht entseuchbaren Tischflächen. Benutzung fabrikneuer oder entseuchter (*Dimanin spezial* oder *M & ENNO-Ter forte*) Kulturgefäße, die auf infektionssicheren Plätzen gelagert wurden. Näheres siehe Kapitel 1.3 "Entseuchung von Geräten, etc".
Auswahl gesunder Mutterpflanzen und bester Stecklinge (keine Stecklinge von Basistrieben), nicht zu tief pflanzen oder topfen.
Für guten Wasserabzug sorgen, da Bodennässe, vor allem bei Kälte, besonders infektionsfördernd wirkt.
Sichere chemische Bekämpfungsmaßnahme gegen die *Cylindrocladium*-Wurzel- und Stammgrundfäule kaum zu nennen. Die beste vorbeugende Wirkung haben *Be-*

nomyl (*Du Pont Benomyl*[2]) 0,1 %) im Angießverfahren oder als Spritzmittel 0,05 %, dann 2-3 Spritzungen. Einsatz dieses Präparates aber nur, wenn kein gleichzeitiger Befall durch *Phytophthora-* oder *Pythium*-Arten vorliegt.

☐ An Azaleen aller Entwicklungsstadien. - Stecklinge bewurzeln sich nicht oder nur schlecht, sterben ab, schon in der Vermehrung oft große Ausfälle, wobei die Infektion häufig vom Boden her erfolgt. Bereits bewurzelte Stecklinge sowie Jungpflanzen verkümmern, vor allem bei schlechten Kulturbedingungen, schnell, lassen im Wachstum nach oder sterben, oft schlagartig, ab.
An den kranken Pflanzen verlieren die **Blätter** ihren Glanz, werden gelb- bis graugrün oder mehr bräunlich, bei manchen Sorten auch rötlich bis violett, und hängen bald schlaff herunter, ohne aber, wie bei der *Cylindrocladium*-Wurzel- und Stammgrundfäule, nach dem schließlich eintretenden Vertrocknen, von den Ästen abzufallen.
Bereits vor Eintritt dieser oberirdisch sichtbaren Symptome haben sich Stammgrund und Wurzeln braun bis schwärzlich gefärbt. Der die Krankheit verursachende Pilz dringt allmählich immer tiefer in das Stammgewebe ein.
O **Phytophthora-Wurzel und Stammfäule** (*Phytophthora cinnamomi* Rands.)
Δ In der Anbaufolge keine *Ericaceen* sowie keine *Chamaecyparis*, *Taxus* oder andere *Koniferen* (Wirtspflanzenkreis).
Die erforderlichen, strengen **Hygienemaßnahmen** sind die gleichen, wie sie oben bei der *Cylindrocladium*-Wurzel und Stammgrundfäule angegeben sind.
Gegen die *Phytophthora*-Wurzel- und Stammgrundfäule sind außerdem folgende chemischen Bekämpfungsmöglichkeiten gegeben, die aber vorbeugend erfolgen müssen:
Fosetyl (*Aliette*)*:* 0,5 %, 2 l/m² gießen, maximal 6 Anwendungen im Abstand von 30 Tagen.
Metalaxyl (*Fonganil Neu*)*:* 100 g in 5-10 l Wasser/m³ der Anzucht- oder Topferde untermischen, nur eine Anwendung kurz vor Verwendung der Erde.
Oder 0,05 %, 50 ml/Topf bis 9 cm Durchmesser, 50-100 ml/Topf von 10-14 cm Durchmesser angießen, nur eine Behandlung nach dem Eintopfen. Je nach Größe der Pflanzen kann *Fonganil Neu* auch 1- bis 2mal pro Jahr mit 2-4 l/m² in ausgepflanzten Beständen eingesetzt werden.
Propamocarb (*Previcur N*)*:* 0,15 % auf Vermehrungsflächen, 6-8 l/m² vor dem Stecken gießen, nur eine Anwendung.
Oder 0,15 %, bewurzelte Jungpflanzen vor dem Eintopfen kurz tauchen, nach dem Topfen gießen, etwa 100 ml Gießflüssigkeit/10-11 cm Topf. 1. Anwendung sofort nach dem Eintopfen, max. 6 Anwendungen im Abstand von 21 Tagen.
Oder 0,15 % in ausgepflanzten Kulturen, max. 8 l/m² sofort nach dem Pflanzen gießen.
Alle trotz dieser Maßnahmen befallenen Pflanzen müssen ausgegraben und vernichtet werden.

☐ Blätter verlieren zunächst ihren Glanz, werden dann gelb, braun und fallen ab (anders als bei *Phytophthora cinnamomi*), Wuchs der Pflanze stockt, Leitungsbahnen bis in Seitentriebe braun verfärbt, Triebe sterben ab.
O **Phytophthora citricola**
Δ Wie oben für *Phytophthora cinnamomi* Rands angegeben.

☐ Die Stengelbasis der Pflanzen, vor allem an Stecklingen und Jungpflanzen, bei ungünstigen Kulturbedingungen auch an älteren Pflanzen, färbt sich braun und stirbt ab.

○ **Nectria-Fußfäule** (*Nectria radicicola* Gerl. et Nilsson = *Cylindrocarpon destructans* [Zins.] Scholten), (*Fusarium*-Arten)

Δ Gesundes Vermehrungs- und Pflanzmaterial verwenden. Vorbeugend Entseuchung des Substrates. Optimale Kulturführung, kein Übermaß an Feuchtigkeit. Angießen mit *Benomyl* (*Du Pont Benomyl*(2) 0,1 %).

□ Vor allem an zu dicht stehenden Jungpflanzen, besonders nach zu spätem Stutzen sowie an in Knospen stehenden überwinterten Pflanzen. Der Pilz dringt von am Boden liegenden Resten befallener Pflanzen an den Wunden der Stutzschnitte ein und durchwuchert von dort aus die ganzen Pflanzen. Diese kümmern und zeigen später Befall. Typische andere Schadsymptome fehlen meist. Nur selten treten bräunliche Blattflecke oder Stengelpartien auf.

○ **Grauschimmel** (*Botrytis*-Arten)

Δ Es kommt darauf an, die Wunden der Stutzstellen möglichst bald zum Trocknen zu bringen, damit der Pilz nicht eindringen kann, und schnellen Knospenaustrieb zu bewirken. Bei der Überwinterung von in Knospe stehenden Pflanzen ist zum schnellen Abtrocknen der Stutzschnitte und schnellen Austrieb der Knospen für trockenen Untergrund zu sorgen, eventuell Aufstellen mit Unterheizung, aber nicht zu dicht! An chemischen Maßnahmen kommt die vorbeugende gründliche Spritzung unter Einschluß des Bodens mit *Dichlofluanid* (*Euparen WG*, vorbeugend 0,25 %, bei Befall 0,5 %, leider Spritzflecke), *Procymidon* (*Sumisclex WG* 0,075 %), *Vinclozolin* (*Ronilan WG* 0,1 %), *Iprodion* (*Rovral* 0,1 %) oder *Thiabendazol* (*Tecto FL*(1) 0,1 %) in Frage.

□ Blütenknospen eingetrocknet, darin die braun verfärbten Kronenblätter. An den Laubblättern kleine, schwärzliche, nekrotische Flecke, die sich schnell vergrößern und zu Blattfall führen. Wurzeln und Wurzelhals der Pflanzen ohne Symptome.

○ **Blütenschäden durch Rhizoctonia** (*Rhizoctonia*-Arten)

Δ 3-4 Spritzungen mit *Propineb* (*Antracol WG*(2) 0,2 %), *Benomyl* (*Du Pont Benomyl*(2) 0,05 %), *Metiram* (*Polyram WG* 0,2 %) in 1-2 wöchentlichem Abstand verhindern die Ausbreitung der Infektion. (Bei *Du Pont Benomyl*(2) genügen 2-3 Spritzungen im Abstand von 3 Wochen).

□ Auf den Blütenblättern kleine runde Flecke von ca. 1 mm Durchmesser. Äußere Blütenblätter zuerst befallen. Bei Temperaturen zwischen 10 °C und 22 °C, hoher Luftfeuchtigkeit und langer Blattnässedauer kann es innerhalb von 2-3 Tagen zur Totalzerstörung der Blüten kommen. Blüten werden rostbraun (bei weißen Blüten) oder grau bis schmutzig-braun (bei farbigen Blüten). Die Krankheit kann sich mit großer Geschwindigkeit im Bestand ausbreiten.

○ **Ovulinia-Blütenfäule** (*Ovulinia azaleae* Weiss)

Δ Erkrankte Blüten sorgfältig aus dem Bestand entfernen. Luftfeuchtigkeit, wenn möglich, senken. Oberirdische Pflanzenteile beim Gießen möglichst nicht benetzen. Spritzungen mit *Benomyl* (*Du Pont Benomyl*(2) 0,05 %), *Triforin* (*Saprol Neu* 0,125 % - Vorsicht, Blütenschäden möglich!) oder *Triadimenol* (*Bayfidan*(2) 0,03-0,05 % ab dem Farbezeigen). Spritzungen nur bei Rohware und blühender Ware; Behandlung von Jungpflanzen ist nicht sinnvoll.

□ Blätter und Blüten, seltener Triebspitzen, ganz oder teilweise fleischig verdickt, die verunstalteten Teile je nach Sorte zunächst rötlich oder auch gelblich-grün verfärbt, brüchig, später mit weißer Bereifung, den Sporen des die Krankheit verursachenden Pilzes. Befall früher von großer Bedeutung, längere Zeit weniger bedeutungsvoll, aber in den letzten Jahren zunehmend vor allem an 'Hexe'-Typen sowie den Sorten 'Euratom', 'Helmut Vogel', 'Lentegruss'.

O **Ohrläppchenkrankheit, Löffelblättrigkeit** (*Exobasidium japonicum* Shir.)

Δ Wahl widerstandsfähiger Sorten. Vermehrungsmaterial nur von gesunden Pflanzen gewinnen. An heranwachsenden Pflanzen bei offensichtlichem Einzelbefall Auspflücken der Gallen, bei verbreitetem Erscheinen der Befallszeichen aber schon mit dem Auftreten erster Krankheitssymptome beginnende, alle 2 Wochen wiederholte Spritzung mit *Dithianon* (*Delan SC 750*(2) 0,05 %), *Mancozeb* (*Dithane-Ultra* 0,2 %), *Metiram* (*Polyram WG* 0,2 %) oder anderen Mitteln, besonders nach dem Schneiden von Stecklingen oder nach Rückschnitt. *Kupferoxychlorid*- oder *Kupferhydroxid*-Präparate können an Jungpflanzen Verbrennungen verursachen. Kranke Pflanzenteile vor Entstehen der weißen Bereifung (Sporenbildung) vernichten. Hohe Luftfeuchtigkeit vermeiden! Einfuhr kranker Pflanzen verboten.

□ An den Blättern (rötlich-)gelbe, später über rot und braun bis braunschwarz werdende, gelb oder rötlich umrandete, von den Blattadern geradlinig begrenzte Flecke. Sie zeigen sich zunächst am Blattrand und werden besonders deutlich auf den Blattunterseiten sichtbar, wo sich später auch noch schwarze Sporenlager bilden. Blätter trocknen allmählich ein und fallen später meist vorzeitig ab. Unter Umständen schnelle Ausbreitung. Quarantänekrankheit, aber nicht mehr häufig.

O **Blattfleckenkrankheit** (*Septoria azaleae* Vogl.)

Δ Ausgewogene Düngung. Wahl widerstandsfähiger Sorten. Zu starke Besonnung, aber auch Lichtmangel, vor allem im Winter, vermeiden, Pflanzen nicht zu eng stellen. Luftfeuchtigkeit senken. Vorbeugend Angießen und von März bis Oktober 2- bis 3malige Spritzung mit *Dithianon* (*Delan SC 750*(2) 0,05 %), *Mancozeb* (*Dithane Ultra WG* 0,2 %), *Benomyl* (*Du Pont Benomyl*(2) 0,05 %), *Metiram* (*Polyram WG* 0,2 %), *Triforin* (*Saprol Neu* 0,15 %) oder einem anderen Mittel gegen Blattfleckenkrankheiten, vor allem in Anzuchtbetrieben wichtig. Kranke abgefallene Blätter entfernen.

In der gleichen Weise werden auch die **weiteren Blattfleckenkrankheiten an Azaleen** bekämpft. Siehe auch oben bei "*Rhododendron*".

Tierische Schädlinge

□ An Blättern zunächst gangartige, dann blasige, erst fahle, später braun werdende Minen, in denen kleine Raupen fressen. Die größeren Raupen leben frei unter den umgeschlagenen und versponnenen Blatträndern oder Blattspitzen. Blätter fallen schließlich ab. In Gewächshäusern meist mehrere, sich überschneidende Generationen.

O **Azaleenmotte** (*Gracillaria azaleella* Brants.)

Δ Beim Bezug von Pflanzmaterial streng auf Befallsfreiheit bestehen. Bei Befall wiederholt im Abstand von 1-2 Wochen mit *Dimethoat* 0,1 %, *lambda-Cyhalothrin* (*Karate* 0,05 %), *Methamidophos* (*Tamaron* 0,15 %), *Parathion* (*E 605 forte*(3) 0,035 %), *Permethrin* (*Ambush*(2) 0,01 %) oder *Propoxur* (*Unden flüssig* 0,2 %) spritzen. Gegen die Falter in Gewächshäusern ab Februar bis Mai Einsatz von *Sulfotep* (*Bladafum II*, 1 Dose/200 m^3 Raum). Behandlungen mehrmals im Abstand von 8-10 Tagen durchführen.

☐ Knospen, Blätter und Blüten locker versponnen, aber keine Minen daran. Fensterfraß oder (seltener) Lochfraß durch hellgrüne, dunkler längsgestreifte, 1 cm lange Raupen. Verpuppung erfolgt zwischen älteren Blättern.
O **Azaleenwickler** (*Acalla schalleriana* L.)
Δ Bekämpfung wie bei der Azaleenmotte.

☐ Sommer - Triebspitzen mit steckenbleibenden, absterbenden Knospen oder kleinen, gerollten, verkrüppelten Blättern, Wachstum stockt. Einige Azaleensorten sind ganz besonders befallsanfällig.
O **Triebspitzenmilbe** (*Phyllocoptes azaleae* Nal.)
Δ Beginnend kurz nach dem Entspitzen oder sonst nach Rückschnitt, 2- bis 3mal im Abstand von 1-2 Wochen Spritzung mit *Abamectin* (*Vertimec*(3) 0,025 %), *Amitraz* (*Mitac*(3) 0,25 %), *Fenpropathrin* (*Rody*(3) 0,05 %), *Fenpyroximat* (*Kiron*(3) 0,15 %) oder Einsatz von Mitteln gegen Gewächshausschädlinge.

☐ Die Blätter werden erst fahl und später rötlichgelb bis braun, Blattfall.
O **Spinnmilben** (*Brevipalpus inornatus* Banks)
Δ Bei Befallsbeginn alle 1-2 Wochen unter Glas und unter Folie mit *Abamectin* (*Vertimec*(3) 0,025 %), sonst *Fenbutatin-oxid* (*Torque*(3) 0,05 %), *Fenpyroximat* (*Kiron*(3) 0,15 %), *Hexythiazox* (*Ordoval* 0,05 %) oder *Methamidophos* (*Tamaron* 0,15 %), das gleichzeitig eine gute Wirkung gegen die Raupen der Azaleenmotte sowie des Azaleenwicklers und andere Raupen hat, spritzen. Siehe Kapitel 2.1 "Tierische Schädlinge".

☐ Larvenfraß an Rinde von Wurzeln und Stammbasis, Pflanzen welken und gehen ein. An den Blättern charakteristischer Randfraß durch Rüsselkäfer.
O **Gefurchter Dickmaulrüßler** (*Otiorrhynchus sulcatus* F.)
Δ Verschleppung durch Heide und Moorerden, daher Anzucht- und Pflanzerden entseuchen. Als gefährdet bekannte Flächen vor Bepflanzung vorbeugend mit Mitteln gegen Bodenschädlinge behandeln. Bei Azaleen und manchen anderen Zierpflanzen hat sich der Einsatz von Streugranulaten auf *Chlorfenvinphos*-Basis (*Birlane-Granulat* bewährt, wobei gleichzeitige Wirkung gegen **Trauermückenlarven** ein besonderer Vorteil ist. Dosierung: Anzuchterde 1 kg je m^3; Flächenbehandlung 5 g/m^2. Empfehlenswert auch der Einsatz von *Carbofuran* (*Curaterr-Granulat*, 10 g/m^2 streuen). Befallene Pflanzen wiederholt mit Gießmitteln gegen Bodenschädlinge angießen. Vorsichtsmaßnahmen auch bezüglich Nachbau beachten! Siehe Kapitel 2.1 "Tierische Schädlinge - **Dickmaulrüßler**" sowie unter "***Cyclamen***" auch hinsichtlich des Einsatzes von Nützlingen wie *Heterorhabditis sp.* oder *Steinernema sp.*

Ferner an Azaleen: (Weitere) **Blattfleckenkrankheiten - *Thrips*, Blattläuse, Blattwanzen, Trauermückenlarven, Weiße Fliege, Raupen verschiedener Arten.** Siehe Kapitel 2.1 "Mykosen", "Tierische Schädlinge".

2.4.57 Ribes (Zierjohannisbeeren, Zierstachelbeeren)

☐ Blattrand wird zunächst heller grün, biegt sich etwas nach oben und vertrocknet dann.
O **Blattrandkrankheit**
Δ Meist Kalimangel, gelegentlich auch Chlorschaden oder Magnesiummangel. Bodenuntersuchung und entsprechende Düngung durchführen.

☐ Blätter mit kleinen braunen Flecken, fallen bereits im Sommer ab.
O **Blattfallkrankheit** (*Drepanopeziza ribis* [Kleb.] Hoehn. = *Gloeosporidiella ribis* [Lib.] Petr.)
Δ Anfällige Sorten ab Mitte Mai mehrfach im Abstand von 2-3 Wochen spritzen mit *Dithianon* (*Delan SC 750*(2) 0,05 %), *Dichlofluanid* (*Euparen WG* 0,25 %), *Mancozeb* (*Dithane Ultra WG* 0,2 %), *Metiram* (*Polyram WG* 0,2 %) oder einem anderen Fungizid.

☐ Unförmiges Anschwellen der Knospen, der Austrieb unterbleibt, schließlich erfolgt Eintrocknen.
O **Rundknospen, Johannisbeergallmilbe** (*Eriophyes ribis* Nal.)
Δ Rückschnitt und Vernichten befallener Triebe. 2-3 gründliche, "tropfnasse" Spritzungen mit *Netzschwefel*-Präparaten 0,4 %, beginnend kurz vor der Blüte, wenn Blütentrauben sichtbar, aber noch geschlossen sind, von da in 10 tägigem Abstand. Präparate sind nicht bienengefährlich. Versuchsweise auch *Amitraz* (*Mitac*(3) 0,25 %) oder *Tebufenpyrad* (*MASAI* 0,025 %).

☐ Junge Blätter flügelartig gedreht, deformiert, durchlöchert. Juni bis Juli vertrocknen Blättchen der Triebspitzen.
O **Johannisbeergallmücke** (*Dasyneura tetensi* Rübs.)
Δ Maßnahmen gegen die *Johannisbeergallmilbe* erfassen auch die erste Generation der Johannisbeergallmücke. Sonst Sonderspritzungen ab Befallsbeginn mit *Parathion* (*E 605 forte*(3) 0,035 %) oder *Phosphamidon* (*Dimecron 20*(3) 0,1 %).

Ferner an *Ribes*: **Viruskrankheiten** (*Tobacco rattle virus*)- **Blattfleckenkrankheiten, Echter Mehltau, Rost - Blattläuse, Spinnmilben, Blattwespenlarven, Eulenraupen** und **Wicklerraupen** verschiedener Arten. Siehe Kapitel 2.1 "Virosen", "Mykosen", "Tierische Schädlinge".

2.4.58 Robinia (Scheinakazie, Schattendorn)

☐ Rinde verfärbt sich braun und sinkt ein. Absterben der Triebe oberhalb der Befallsstelle.
O **Rindennekrose** (*Fusarium lateritium* Nees: Fr. = *Gibberella baccata* (Wallr.) Sacc.)
Δ Pilz dringt über Wunden ein. Behandlung mit Wundverschlußmittel: *Bayleton Rindenwundverschluß*, *Novaril Rot*, *Negal*, *Drawipas*.

Ferner an *Robinia*: **Viruskrankheiten** (*Strawberry latent ringspot virus*) **- Echter Mehltau - Spinnmilben, Gallmilben.** Siehe Kapitel 2.1 "Virosen", "Mykosen", "Tierische Schädlinge".

2.4.59 Rosa (Rose)

Krankheiten und Schädlinge an Rose siehe Kapitel 2.2 "*Rosa*".

2.4.60 Salix (Weide)

☐ Runde bis ovale Flecken an Blättern und am einjährigen Holz, Triebspitzen welken.
O **Rutenbrenner, Schwarzer Krebs** (*Glomerella miyabeana* v. Arx = *Colletotrichum gloeosporioides* [Penz] Penz u. Sacc.)
Δ Frühzeitige Spritzung mit *Kupferoxychlorid* 0,5 % bzw. *Kupferhydroxid* 0,2 % oder mehrmalige Anwendung von *Propineb* (*Antracol WG*(2) 0,2 %), *Dithianon* (*Delan SC 750*(2) 0,05 %), *Mancozeb* (*Dithane Ultra WG* 0,2 %) oder *Metiram* (*Polyram WG* 0,2 %).

□ Auf den Blättern dunkelbraune, schorfartige Flecke, am unteren Bereich der Triebe schwarze, nekrotische Stellen. Triebspitzen braun, sterben ab.

○ **Weidenschorf** (*Venturia saliciperda* Nuesch = *Pollaccia saliciperda* [Allesch. et Tub.] v. Arx)

Δ Ab Austrieb alle 2-3 Wochen regelmäßige Spritzungen mit *Kupferoxychlorid* 0,5 %, *Kupferhydroxid* 0,2 % oder *Propineb* (*Antracol WG*(2) 0,2 %), *Dithianon* (*Delan SC 750*(2) 0,05 %), *Kresoxim-methyl* (*Discus*(2) 0,05 %), *Mancozeb* (*Dithane Ultra WG* 0,2 %), *Metiram* (*Polyram WG* 0,2 %) oder einem anderen Fungizid.

□ An Trieben schaumartiges Sekret ("Kuckucksspeichel"), darunter Zikadenlarven, die bis in den Splint gehende Einstiche verursachen. Ringförmige Wucherungen, Absterben der Rinde, Splint und Bast gebräunt.

○ **Weidenschaumzikade** (*Aphrophora salicina* Goeze)

Δ Spritzung mit Insektiziden gegen saugende Insekten wie *Cyfluthrin* (*Bulldock*(3) 0,03 %), *Dimethoat* 0,1 %, *Deltamethrin* (*Decis flüssig*(3) 0,05 %) oder *Propoxur* (*Unden flüssig* 0,15 %) nur bei Massenbefall lohnend.

□ In der Kambialschicht älterer Zweige radiär-längliche Kammern mit orangegelben Larven. Verschiedene Generationen des Schädlings an der gleichen Befallsstelle. Rindenfetzen lösen sich los, darunterliegende Splintschicht wabenartig. Zweige sterben ab. In Weidehegern schädlich.

○ **Weidenholzgallmücke** (*Helicomyia saliciperda* Duf.)

Δ Entfernung befallener Äste. Überstreichen der Brutstätte mit Raupenleim, um Ausschlüpfen der Mücken zu verhindern, lohnt aber meist nicht.

□ Bohrgänge im Holz, mit Genagsel an Bohrlöchern. Eiablage in Rindenritzen am Wurzelhals. Raupen fressen ab August unter der Rinde. Später auch im Holz von Stämmen und dicken Zweigen.

○ **Weidenbohrer** (*Cossus cossus* L.)

Δ Verletzungen vermeiden. Wunden sofort verstreichen. Nach 2maliger Überwinterung Schlupf im April. Spritzungen mit *Bacillus thuringiensis* (*Dipel, Thuricide HP*(1) 0,1 %), *Deltamethrin* (*Decis flüssig*(3) 0,05 %), *Parathion* (*E 605 forte*(3) 0,035 %) oder *Propoxur* (*Unden flüssig* 0,15 %) nach der Eiablage Juni/Juli und bevor sich Raupen in die Rinde bohren.

Ferner an *Salix*: **Bakterienkrebs** (an Wurzel, Wurzhals, unteren Stammpartien) - **Bleiglanz, Rost - Blattläuse, Schildläuse, Spinnmilben, Blattwespenlarven, Gespinstmotten- und andere Raupen, Blattkäfer, Rüsselkäfer.** Siehe Kapitel 2.1 "Bakteriosen", "Mykosen", "Tierische Schädlinge".

2.4.61 Sambucus (Holunder)

An *Sambucus* kommen vor: **Viruskrankheiten** (*Cherry leaf roll virus, Tomato ringspot virus* u.a.) **- Blattfleckenkrankheit - Blattläuse, Spinnmilben.** Siehe Kapitel 2.1 "Virosen", "Mykosen", "Tierische Schädlinge".

2.4.62 Sorbus (Eberesche)

□ Auf den Blattunterseiten weißliche bis rötliche Filzrasen aus verstärkter Haarbildung.

O **Gallmilben** (*Eriophyes sorbeus*)

Δ Bekämpfung lohnt meist nicht, da kein wirtschaftlicher Schaden. Einmal beim Austrieb, das zweite Mal etwa 2 Wochen später mit versuchsweise *Amitraz* (*Mitac*(3) 0,25 %) oder *Fenpyroximat* (*Kiron*(3) 0,15 %).

Ferner an *Sorbus*: Auf Befall mit **Feuerbrand** achten! - **Ebereschenrost, Schorf, Echter Mehltau, Obstbaumkrebs, Rotpustelkrankheit - Spinnmilben, Blattläuse, Blattwespenlarven.** Siehe Kapitel 2.1 "Bakteriosen", "Mykosen", "Tierische Schädlinge".

2.4.63 Spiraea (Spierstrauch)

An *Spiraea* tritt gelegentlich **Echter Mehltau** auf. Auch **Blattläuse** und **Blattwespenlarven** sind häufig. Siehe Kapitel 2.1 "Mykosen", "Tierische Schädlinge".

2.4.64 Stranvaesia

Stranvaesia ist eine Wirtspflanze des **Feuerbrandes.** Siehe dazu entsprechende Hinweise bei "*Crataegus*".

2.4.65 Syringa (Flieder)

Krankheiten und Schädlinge an Flieder siehe Kapitel 2.2 "*Syringa*".

2.4.66 Tamarix (Tamariske)

□ Die jungen Triebe werden braunfleckig und verwelken, auf den Flecken, vor allem bei feuchtem Wetter, grauer Schimmelüberzug.

O **Triebsterben, Grauschimmel** (*Botrytis*-Arten)

Δ Weiträumige Pflanzung auf nicht zu feuchten Standort. Spritzen mit *Dichlofluanid* (*Euparen WG* 0,5 %), *Vinclozolin* (*Ronilan WG* 0,1 %), *Iprodion* (*Rovral* 0,1 %), *Thiabendazol* (*Tecto FL*(1) 0,1 %) oder einem anderen Mittel gegen *Botrytis*-Pilze.

2.4.67 Tilia (Linde)

□ An der Rinde junger Stämme sowie an den Ästen runde bis ovale, erst rötliche, später dunkle, eingesunkene Flecke.

O **Rindenfleckenkrankheit** (*Pyrenochaeta pubescens* Rostr. = *Cercospora microsora* sacc.)

Δ Befallene Partien der Rinde, wenn möglich, wegschneiden. Wundstellen mit einem Mittel zum Wundverschluß verstreichen. Spritzen mit *Mancozeb* (*Dithane Ultra WG* 0,2 %).

□ Auf den Blättern runde oder unregelmäßige, scharf umgrenzte, dunkel umrandete blaßockerfarbene Flecke, 4-8 mm breit, oft zusammenfließend, auf beiden Blattseiten sichtbar, Blätter fallen frühzeitig ab. - Krankheit kann in feuchten Jahren, vor allem an *Tilia cordata*, im Juni bis 80 % Blattfall verursachen, allerdings erfolgt Neuaustrieb.

O **Blattfleckenkrankheit** (*Apiognomonia errabunda* [Rob.] v. Hoehn. = *Gloeosporium tiliae* Oud.)

Δ Bei jüngeren Bäumen Spritzung mit *Kupferoxychlorid* (z.B. *Grünkupfer* 0,5 %), *Kupferhydroxid* (*Cuprozin WP*(2), *Funguran-OH*(2) 0,2 %), *Mancozeb* (*Dithane Ultra WG* 0,2 %),

Metiram (*Polyram WG* 0,2 %) oder *Triforin* (*Saprol Neu* 0,15 %) zeitig im Frühjahr, bei Bedarf mehrmals.

□ Blätter werden fahl, vergilben und fallen vorzeitig ab. Im Spätsommer feiner Gespinstschleier, vor allem an *Tilia cordata* häufig.
O **Lindenspinnmilbe** (*Eotetranychus telarius* L.)
Δ Nur bei kritischer Befallsdichte Spritzung mit einem zugelassenen Mittel gegen Spinnmilben wie *Amitraz* (*Mitac*(3) 0,25 %), *Dimethoat* 0,1 %, *Fenbutatin-oxid* (*Torque*(3) 0,05 %) oder *Fenpyroximat* (*Kiron*(3) 0,15 %), *Hexythiazox* (*Ordoval* 0,05 %), wenn Blätter voll entfaltet sind. *Tilia tomentosa* (auch rauchfest) und *T. euchlora* werden geringer befallen, sind daher bei Anpflanzungen zu bevorzugen. Im Sommer auch Stamm und Triebe mitbehandeln, da dort Spinnmilben unter feinem Gespinst sitzen.

□ Blattgrün unterseits von schneckenartigen Larven abgeschabt, Blätter verdorren. Nur jahrweise, dann aber meist in Massen.
O **Kleine Lindenblattwespe** (*Caliroa annulipes* Kgl.)
Δ Bei Massenbefall rechtzeitiges Spritzen mit einem der Präparate, die unter "Laubholz - allgemein", gegen Raupen, Blattwespenlarven und laubfressende Käfer genannt sind.

□ Vor allem an Straßenbäumen einzelne Zweige, an Jungbäumen oft ganze Krone, kahlgefressen. Graugelbe, gesellig lebende Raupen an den Zweigen.
O **Mondfleck** (*Phalera bucephala* L.)
Δ Bei kritischer Befallsdichte Anwendung eines der Präparate, die unter "Laubholz - allgemein", gegen Raupen, Blattwespenlarven sowie laubfressende Käfer empfohlen wurden.

Ferner an *Tilia*: (Weitere) **Blattfleckenkrankheiten, Welkekrankheiten, Rotpustelkrankheit - Blattläuse, Spinnmilben,** mehrere **Gallmilbenarten, Blattwespenlarven.** Siehe Kapitel 2.1 "Mykosen", "Tierische Schädlinge".

2.4.68 Ulmus (Ulme)

□ Belaubung wird dünn, vorzeitiger Blattfall, oft einseitiges Vertrocknen der Blätter in der Krone. Bei Jungbäumen schnelles Absterben, bei älteren erst jahrelanges Kränkeln. Leitbündel im Holz braunschwarz verfärbt. Verschleppung der Krankheit durch Ulmensplintkäfer. Kann verheerend auftreten, vor allem in Alleen und Parkanlagen.
Die "Holländische Ulmenkrankheit" wird durch einen besonders virulenten Stamm von *C. ulmi* Mor. hervorgerufen und befällt auch die gegen den Normalstamm resistenten oder wenig anfälligen *Ulmus-Arten* wie *U. hollandica* oder bestimmte Klone von *Ulmus carpinifolia* und *U. pumila*. Näheres Forst- oder Pflanzenschutzdienststelle.
O **Ulmensterben, Holländische Ulmenkrankheit** (*Ceratocystis ulmi* [Buis.] Mor. = *Graphium ulmi* Schwarz.)
Δ Chemische Bekämpfungsverfahren gegen den Erreger und seinen Überträger haben sich als praktisch wirkungslos erwiesen. Daher Anbau örtlich als widerstandsfähig erkannter Ulmenarten oder -herkünfte. Sofortiges Fällen kranker Bäume beim ersten Auftreten von Krankheitszeichen. Bekämpfung der Ulmensplintkäfer. Hohes Resistenzniveau zeigen 3 amerik. Züchtungen: 'Sapporo Autumn Gold', 'Regal' und 'Recerta'.

□ Unter der Rinde einarmige, von Käfern gefressene Längsgänge sowie seitlich davon zahlreiche Larvengänge.

O **Ulmensplintkäfer** (*Scolytus scolytus* F., *S. multistriatus* Marsh.)

Δ Schlagen befallener Stämme, Verbrennen der Rinde, Anwendung von Mitteln gegen rindenbrütende Borkenkäfer [*lambda-Cyhalothrin* (*Karate* 0,05 %)] oder Spritzung mit Insektiziden zur Flugzeit der Käfer im Mai und August, vorher in jedem Fall Pflanzenschutzdienststelle befragen.

Ferner an *Ulmus*: **Viruskrankheiten** (*Elm mottle virus* - Ulmenscheckungs-Virus), **Welke, Rotpustelkrankheit - Blattläuse verschiedener Arten,** die besonders auffällige Schäden verursachen, beispielsweise Blasengallen, große Triebgallen, Blattrollen **Zikaden.** Siehe Kapitel 2.1 "Virosen", "Mykosen", "Tierische Schädlinge".

2.4.69 Viburnum (Schneeball)

□ Blätter mit braunen, dunkelrot umrandeten Flecken, später abfallend. Zuweilen auch Triebe fleckig.

O **Blattfleckenkrankheit** (*Phoma*-Arten)

Δ Spritzung mit *Mancozeb* (*Dithane Ultra WG* 0,2 %), *Metiram* (*Polyram WG* 0,2 %) oder *Triforin* (*Saprol Neu* 0,15 %) beim ersten Auftreten von Krankheitssymptomen.

□ Blätter siebartig durchlöchert, an ihnen fressen kleine, 0,5 cm lange, gelbbraune Käfer oder deren gelbgrüne Larven.

O **Blattkäfer** (*Chrysomelidae*)

Δ Spritzen mit Präparaten gegen beißende Insekten, beispielsweise *Deltamethrin (Decis flüssig*[3] 0,03 %), *Phosphamidon (Dimecron 20*[3] 0,1 %) oder *Parathion* (*E 605 forte*[3] 0,035 %).

Ferner an *Viburnum*: **Viruskrankheiten** (*Cucumber mosaic virus, Alfalta mosaic virus*) - **Blattfleckenkrankheiten - Blattläuse, Blattwanzen, Spinnmilben.** Siehe Kapitel 2.1 "Virosen", "Mykosen", "Tierische Schädlinge".

2.4.70 Vinca (Immergrün)

□ Blätter mit streifiger Scheckung. Internodien verkürzt, Blüten verkleinert mit weißen Streifen.

O **Blattscheckung** (*Cucumber mosaic virus*, mechanisch und durch Blattläuse übertragen)

Δ Kranke Pflanzen entfernen, Vermehrungsmaterial von gesunden Pflanzen. Blattläuse bekämpfen.

□ An den Trieben scharf abgegrenzte Flecke mit schwarzen Fruchtkörpern. Oberhalb der Befallsstelle Welkeerscheinungen und Absterben des Triebes.

O **Triebsterben** (*Phoma cylindrospora* Berl. et Vogl.)

Δ Vernässung vermeiden. Wiederholt spritzen mit *Mancozeb* (*Dithane Ultra WG* 0,2 %), *Metiram* (*Polyram WG* 0,2 %), *Triforin* (*Saprol Neu* 0,15 %).

□ Blätter gelblich verfärbt. Auf Blattunterseite braun-schwarze Sporenlager.

O **Rost** (*Puccinia vincae* DC.)

Δ Ab Befallsbeginn wiederholt spritzen mit *Mancozeb* (*Dithane Ultra WG* 0,2 %), *Metiram* (*Polyram WG* 0,2 %), sonst auch *Bitertanol* (*Baymat flüssig* 0,125 %), *Triforin* (*Saprol Neu* 0,15 %).

2.4.71 Nadelholz - allgemein

Nichtparasitäre Schäden an Koniferen

Wassermangel
Bei akutem Wassermangel verkahlen vor allem ältere Nadelgehölze von innen her. Ihre Nadeln verfärben sich gleichmäßig von gelb nach braun und fallen schließlich ab. Das darf jedoch nicht mit dem natürlichen Nadelfall eines abgängigen Nadeljahrganges verwechselt werden.

Kälteschäden
An Koniferen treten Kälteschäden bei Früh- oder Spätfrösten als plötzliche Welke der noch frischen Triebe in Erscheinung, später erfolgt Braunfärbung.

Frosttrocknis
Frosttrocknis ist die Regel, wenn die Pflanzen im Winter bei starker Sonneneinstrahlung ihren Wasserbedarf wegen des gefrorenen Bodens über die Wurzeln nicht decken können. Um Verdunstungsfläche einzusparen, werden Nadeln abgeworfen. Symptome der Frosttrocknis bei Neupflanzungen im Herbst häufig, da das Wurzelwerk bei der Pflanzung mehr oder weniger stark verletzt wurde und noch nicht in der Lage ist, Wasser in genügender Menge aus dem Boden aufzunehmen.
Vor Eintritt des Winters sollten daher alle Nadelgehölze gründlich gewässert werden.

Standortbedingte Schadursachen lassen sich schon dadurch weitgehend ausschalten, daß man Böden mit Staunässe für Nadelgehölze meidet, auf gute Humusversorgung achtet und den Boden für die Pflanzung gut vorbereitet. Koniferen bevorzugen in der Regel einen leicht sauren Boden. Der pH-Wert sollte aber nicht unter 5,5 sinken. Die Düngung ist dem pH-Wert des Bodens anzupassen, wobei eine vorherige Bodenuntersuchung ratsam ist.
Häufig an Koniferen sind **Mangelschäden,** vor allem bedingt durch das Fehlen von Kalium, Magnesium, Mangan oder Eisen. Sie zeigen sich manchmal durch typische Symptome. Solche Mangelschäden können auch bei einem Überangebot von Kalk (z. B. Bauschutt im Untergrund) durch Festlegen der Nährstoffe im Boden entstehen.

2.4.72 Abies (Tanne)

□ Die jungen Triebspitzen hängen rotbraun verfärbt nach unten.

O **Grauschimmel, Triebsterben** (*Botrytis cinerea* Pers.)

Δ Bei regelmäßigem Auftreten an wertvollen jüngeren Bäumen lohnt eine Spritzung mit *Benomyl* (*Du Pont Benomyl*[2] 0,05 %), *Dichlofluanid* (*Euparen WG* 0,25 bis 0,5 %), *Iprodion* (*Rovral* 0,1 %), *Thiabendazol* (*Tecto FL*[1] 0,1 %), *Vinclozolin* (*Ronilan WG* 0,1 %) oder einem anderen Mittel gegen *Botrytis*-Pilze beim Austrieb.

□ An jungen Trieben saugen grau-gelbgrüne Blattläuse. Nadeln verkrümmt. Triebe deformiert, sterben ab, Braunfärbung ähnlich wie bei Spätfrostschaden.
O **Weißtannentrieblaus** (*Mindarus abietinus* Koch)
Δ Entweder vor dem Austrieb *Mineralöl* (*Promanal*[1], *Austriebsspritzmittel Weißöl*[1] 3 %) einsetzen oder im Mai/Juni Spritzung mit *Oxydemeton-methyl* (*Metasystox R* 0,1 %), *Pirimicarb* (*Pirimor Granulat*[3] 0,05 %), *Propoxur* (*Unden flüssig* 0,2 %) oder einem anderen Mittel gegen Nadelholzläuse.

Tannentriebläuse (*Dreyfusia*-Arten)
Schadbild: Nadeln krümmen sich und werden gelb, Triebe sterben manchmal ab. Befallene Triebe klebrig, mit weißlichen, wachsausscheidenden Blattläusen befallen.

□ An Zweigen, Trieben und Nadeln von Jungtannen verschiedene Stadien wachsausscheidender Läuse: Aus überwinternden Virgines langrüsselige Larven (Rindensauger), die sich an Zweigen festsetzen und nach Sommerruhe und Überwinterung im April/Mai Eier ablegen. Kurzrüsselige Larven (Nadelsauger) saugen an Nadeln, besonders von Maitrieben, im Juni neue Generation: Rindensauger, die auf Zweige zurückwandern. - Geflügelte Stadien selten. Vor allem in trockenen, warmen, sonnigen Lagen.
O **Einbrütige Tannentrieblaus** (*Dreyfusia nüsslini* CB = *Dreyfusia nordmannianae* = *Adelges nordmannianae* Eckstein)
Δ Bekämpfung siehe unten bei "Zweibrütige Tannentrieblaus".

□ An Stämmen von Alttannen der 3.-6. Altersklasse saugen wachsausscheidende Blattläuse, meist aber keine Nadelsauger und Geflügelte. Eiablage im Frühjahr, Entwicklung von Stammsaugern mit Sommerruhe, Fortpflanzung nach Überwinterung im nächsten Frühjahr. Vor allem in dichteren Beständen an feuchten Standorten.
O **Einbrütige Tannentrieblaus, besondere Rasse** (*Dreyfusia nordmannianae* CB *forma schneideri*)
Δ Bekämpfung siehe unten bei "Zweibrütige Tannentrieblaus".

□ Vorwiegend an Jungtannen der 1. Altersklasse sowie an Alttannen. Vor allem am Stamm saugen wachsausscheidende Blattläuse. Im Frühjahr Zweig- und Nadelsauger sowie Geflügelte, weitere Generationen bis zum Herbst. "Weißwerden" der Stämme besonders im Spätsommer, Äste an der Basis häufig stark gestaucht.
O **Zweibrütige Tannentrieblaus** (*Dreyfusia merkeri* Eichhorn)
Δ **Bekämpfung aller Tannentriebläuse:** Bekämpfung der am Stamm und den Triebachsen sitzenden Stadien vor dem Austrieb mit Austriebsspritzmitteln wie *Mineralöl* (*Promanal*[1], *Austriebsspritzmittel Weißöl*[1] 0,3 %) möglich, aber auch nach Vegetationsbeginn mit Mitteln gegen Nadelholzläuse, wie sie oben bei Weißtannentrieblaus genannt sind.

2.4.73 Cedrus (Zeder)

Grauschimmel (*Botrytis*) an Zedern wird mit *Benomyl* (*Du Pont Benomyl*[2] 0,05 %), *Dichlofluanid* (*Euparen WG* 0,25-0,5 %), *Iprodion* (*Rovral* 0,1 %), *Thiabendazol* (*Tecto FL*[1] 0,1 %) oder *Vinclozolin* (*Ronilan WG* 0,1 %) bekämpft.

2.4.74 Chamaecyparis (Scheinzypresse)

Vorsicht mit Austriebsspritzmitteln und organischen Phosphorinsektiziden, vor allem bei gelben Sorten, da diese leicht Verbrennungen zeigen. Spritzungen nur bei bedecktem Wetter.

□ Zweige zeigen als Folge von Pilzbefall typische Einschnürungen.
O **Einschnürungskrankheit** (*Pestalotia funerea* Desm.)
Δ Befallene Zweige möglichst tief bis ins gesunde Holz zurückschneiden. Jungpflanzen nicht zu feucht halten. Nicht zu dicht pflanzen. Optimale Kulturbedingungen.

□ Wurzeln und unterer Teil des Stammes faulen, wobei sich die Grenze zwischen gesundem und krankem Gewebe scharf abhebt. Blätter, Nadeln oder Schuppen heller, fahler werdend, später braun vertrocknend. Pflanzen sterben ab.
O **Phytophthora-Wurzel- und Stammfäule** (*Phytophthora cinnamomi* Rands)
Δ Nur gedämpfte Kultursubstrate verwenden. Jungpflanzen vor dem Topfen in Container oder vor dem Auspflanzen ins Freiland tauchen in *Metalaxyl* (*Fonganil Neu* 0,05 %) oder *Propamocarb* (*Previcur N* 0,25 %). Bei beginnendem Befall in stehender Kultur Angießen mit *Fosetyl* (*Aliette* 0,5 %), *Metalaxyl* (*Fonganil Neu* 0,05 %) oder *Propamocarb* (*Previcur N* 0,25 %).

□ Bäume bleiben im Wachstum zurück, Belaubung bekommt "ungesunde" Farbe, wird fahl. Zwischen *Phyllocladien* Gespinste mit zahlreichen Milbenstadien. In heißen Sommern oft sehr starke Schäden.
O **Spinnmilben** (Verschiedene Arten, vor allem *Oligonychus ununguis* Jacobi)
Δ Wo noch keine Resistenz beobachtet wurde, Einsatz von *Oxydemeton-methyl* (*Metasystox R* 0,1 %) oder *Dimethoat* 0,1 %, sonst besser *Methamidophos* (*Tamaron* 0,15 %), *Fenpyroximat* (*Kiron*(3) 0,15 %), *Kali Seife* (*Neudosan* 2 %) oder ein anderes Mittel gegen Spinnmilben einsetzen. Präparate oft wechseln!

Ferner an *Chamaecyparis*: Triebsterben (*Kabatina thujae*) - Wandernde Wurzelnematoden, Blattläuse, Baumläuse (*Cinara*-Arten), Schildläuse, *Thuja*-Miniermotte. Näheres siehe Kapitel 2.1 "Mykosen", "Tierische Schädlinge" sowie unter "*Thuja*".

2.4.75 Cupressocyparis (Leylandzypresse)

□ Im Frühjahr vertrocknen einzelne Zweige, später kann die ganze Pflanze absterben.
O **Zweigsterben** (*Kabatina*-Arten)
Δ Mehrmalige Spritzung, vor allem im Spätsommer, mit *Mancozeb* (*Dithane Ultra WG* 0,2 %) oder *Metiram* (*Polyram WG* 0,2 %) hat sich bewährt. Rückschnitt erkrankter Triebe soweit möglich.

2.4.76 Juniperus (Wacholder)

□ Gelatineartig weiche, orangefarbige Polster auf dem partiell geschwollenen Stamm.
O **Wirtswechselnde Rostpilze u.a. folgender Arten:** *Gymnosporangium fuscum* DC = *G. sabinae* [Dicks.] Wint., Zwischenwirt: Birne; *G. cornutum* Arth. et Kern und *G. tremelloi-*

des [Braun] Hartig, Zwischenwirt: Eberesche; *G. clavariaeforme* [Wulf. et Pers.] DC., Zwischenwirte: Birne und Weißdorn.

Δ Vermeidung der Anpflanzung von *Juniperus* in der Nähe von Zwischenwirten. Kranke Pflanzenteile ausschneiden, eventuell mit Mitteln gegen Rostpilze wie *Bitertanol* (*Baymat flüssig* 0,1 %), *Mancozeb* (*Dithane Ultra WG* 0,2 %), *Maneb* (*BASF-Maneb-Spritzpulver* 0,2 %), *Propineb* (*Antracol WG*(2) 0,2 %) oder *Triforin* (*Saprol Neu* 0,15 %) spritzen.

☐ Einzelne Zweigabschnitte und größere einjährige Triebe, auch Haupttriebe jüngerer Pflanzen gelb bis dunkelbraun, bei blaunadeligen Formen mehr schwarzblau oder stumpf graugrün verfärbt und scharf vom gesunden Holz abgesetzt. Kranke Zweige brechen leicht ab. Rinde zersetzt, Zweige sterben ab.

O **Zweigsterben** (*Kabatina juniperi* Schneider et v. Arx)

Δ Vorbeugend ab Spätsommer wiederholt spritzen mit *Benomyl* (*Du Pont Benomyl*(2) 0,05 %), *Mancozeb*, *Maneb* oder *Metiram*, zweckmäßig nochmals nach Rückschnitt. Nährstoffversorgung überprüfen. Versuchsweise mit Magnesium oder/und Mangan düngen.

☐ Absterben einzelner Triebe, zunächst des Terminaltriebes. Nadeln werden braun, später gelbbraun bis grau, fallen aber nicht ab. Trockniserscheinungen und Absterben der Triebspitze, wenn Infektion von Zweigmitte ausgeht. Befall sämtlicher Seitenzweige führt schließlich zum Absterben der Pflanze. Betroffen sind hauptsächlich 2-4 jährige Pflanzen. Sobald Hauptstamm oder Seitenzweige genügend verholzt, Stillstand des Pilzwachstums.

O **Zweigsterben** (*Phomopsis juniperova* Hahn). Bisher nur an *Juniperus virginiana*-Jungpflanzen festgestellt. Aber auch Befall anderer Pflanzen aus den Familien der *Taxaceae* und *Cypressaceae* ist möglich.

Δ Bei stärkerem Befall am besten völlige Räumung der Quartiere. Sonst kranke Triebe herausschneiden. Ab Austrieb wiederholt mit *Kupferoxychlorid* oder *Kupferhydroxid* oder *Benomyl* (*Du Pont Benomyl*(2) 0,05 %) spritzen.

☐ Im Sommer legen kleine dunkle, mit hellen Querstreifen versehene Falter Eier an *Phyllocladien.* Raupen minieren in den Blättchen. Sträucher zeigen braune, ausgetrocknete Triebspitzen (siehe auch "*Thuja*-Miniermotte").

O **Wacholderminiermotte** (*Argyresthia trifasciata* Staudinger)

Δ Bekämpfung siehe unter "*Thuja*-Miniermotte".

☐ Nadeln mit hellen, fleckenartigen Saugstellen, später graubraun verfärbt. Zwischen feinen, weißlichen Spinnfäden Milben und ihre Entwicklungsstadien. Starke Schäden an allen *Juniperus*-Arten in Jahren starker Sommertrockenheit.

O **Nadelholzspinnmilbe** (*Oligonychus ununguis* Jac.)

Δ Mit Austriebsspritzmitteln *Mineralöl* (*Promanal*(1), *Austriebsspritzmittel Weißöl*(1) 3 %) oder *Clofentezin* (*Apollo*(3) 0,04 %). - Dort, wo noch keine Resistenz gegen Phosphorinsektizide beobachtet wurde, kann mit gutem Erfolg *Oxydemeton-methyl* (*Metasystox R* 0,1 %) verwendet werden. Sonst benutzt man besser *Methamidophos* (*Tamaron* 0,15 %), *Fenpyroximat* (*Kiron*(3) 0,15 %) oder ein anderes Mittel gegen Spinnmilben und überzeugt sich durch laufende Kontrollen, wann wieder eine Spritzung stattfinden muß.

☐ Hellbraune, streifig gezeichnete Raupen fressen gesellig in Gespinstnestern mit Nadelresten. Befall der Pflanzen von innen nach außen fortschreitend. Ab Juni/Juli schlüpfen aus den Nestern braune Falter mit weißen Flügelrandstreifen, nach Eiablage an Nadeln ab August Minierfraß der Jungraupen in Nadeln.

○ **Wicklerraupen** (*Dichomeris marginella* Fabr.) **u. a. Raupenarten**

Δ Kontrolle der Wacholderbüsche im August bis September und sofort beim ersten Auftreten von Fraßschäden (April bis Juni) Spritzung mit *Deltamethrin* (*Decis flüssig*[3] 0,03 %), *Parathion* (*E 605 forte*[3] 0,035 %), *Bacillus thuringiensis* (*Dipel, Thuricide HP*[1] 0,1 %), *Methamidophos* (*Tamaron* 0,15 %) oder einem anderen Mittel gegen freifressende Schmetterlingsraupen mit möglichst starkem Druck.

□ Wachstumsstörungen, verschieden geformte, höcker-, plättchen- oder napfförmige Schildchen auf der Rinde und an den Trieben, die sich bei starkem Befall zu braunen Krusten verdichten können. Im Frühjahr und Sommer klebriger Honigtau, anschließend schwarzer Rußtau an den Trieben, durch Ansiedeln der Rußtaupilze. Als Begleiter treten häufig Ameisen auf. Weibliche Altläuse immer unbeweglich, Junglarven wandern, was ihre Verschleppung begünstigt.

○ **Napfschildläuse** (*Lecaniidae*)

Befall und erhebliche Schäden vor allem an *Juniperus chinensis pfitzeriana* und an allen *J. communis*-Rassen, aber auch an allen anderen Arten möglich. Die Braunfärbung der Nadeln fängt an den unteren Zweigen an, die Sträucher sterben von unten her ab. Die Schäden durch Schildlausbefall können bei oberflächlicher Betrachtung mit Spinnmilbenbefall verwechselt werden, doch ist durch Kontrolle sehr schnell festzustellen, ob sich unter den Nadeln tatsächlich die größeren Schildläuse befinden oder die nur mit einer Handlupe feststellbaren kleinen Spinnmilben.

Δ Die Bekämpfung kann durch eine Spritzung etwa eine Woche **vor** dem Austrieb mit *Mineralöl* oder/und nach dem Austrieb mit einem *Mineralöl* (*Promanal*[1] 2 %, *Para-Sommeröl* 2 %), *Propoxur* (*Unden flüssig* 0,2 %) oder einem anderen Mittel gegen Schildläuse erfolgen.

Ferner an *Juniperus*: **Einschnürungskrankheit** (*Pestalotia*-Arten, nähere Angaben siehe "*Chamaecyparis*"). - **Blattläuse, Baumläuse** (*Cinara juniperi* Geer und *C. fresai* Blanch.). Bekämpfung ab Befallsbeginn: *Phosphamidon* (*Dimecron 20*[3] 0,1 %), *Pirimicarb* (*Pirimor Granulat zum Auflösen in Wasser*[3] 0,05 %), *Propoxur* (*Unden flüssig* 0,15 %). Behandlungen im Laufe des Sommers eventuell wiederholen.

2.4.77 Larix (Lärche)

□ Vor allem an Sämlingen und Jungpflanzen von *Larix europaea* gefährlich. Nadeln werden fleckig braun, verbräunen total und fallen ab. Pflanzen sterben bei starkem Befall ab.

○ **Lärchenschütte** (*Meria laricis* Vuill.)

Δ Wiederholt mit *Mancozeb* (*Dithane Ultra WG* 0,2 %), *Maneb* (*BASF-Maneb-Spritzpulver* 0,2 %) oder *Metiram* (*Polyram WG* 0,2 %) spritzen, eventuell auch im Wechsel mit Netzschwefel.

□ Auf der Rinde von Ästen und Stamm der Europäischen Lärche nekrotische Stellen. Befallene junge Triebe sterben ab, Symptome ähnlich wie bei Botrytis. Abgestorbene Stellen an stärkeren Trieben werden überwallt, Ränder wulstig, Harzfluß, Rinde löst sich partiell. Später erscheinen gelbweiße Konidienpolster, schließlich schüsselförmige, innen glatte, orangefarbene Fruchtkörper, zuweilen auch ringförmig angeordnet. Durch jährlich sich wiederholende Infektion über Nadelnarben entsteht "geschlossener" oder "offener" Krebs.

O **Lärchenkrebs** (*Trichoscyphella willkommii* [Hartig] Nannf. = *Dasycypha willkommii* [Hartig] Rehm)

Δ Keine Lärchen in zu feuchten Lagen, sondern auf humose Böden mit niedrigem Grundwasserstand. Anbau krebsfesterer Herkünfte, nicht zu dicht pflanzen, Bevorzugung der weniger anfälligen japanischen Lärche empfehlenswert.

□ Zahlreiche, etwa 1 mm lange, dunkle, lebhaft bewegliche, geflügelte (Fransenflügel) Insekten oder ihre gelben Larven saugen an Trieben und Langtriebnadeln, vor allem an Spitzen (10 cm) der Leittriebe, frühestens, wenn Kurztriebe entwickelt sind. Sie bevorzugen jüngere reine Lärchenbestände. Nadeln werden grau, kümmern und fallen vorzeitig ab. Die Endknospen und Endtriebe verkrüppeln oder sterben ab, als Folge Verbuschung der Krone: "Lärchenwipfelkrankheit", Stammkrümmungen.

O **Lärchen-Thrips, Wipfelsterben** (*Taeniothrips laricivorus* Krat.)

Δ Anbau von Lärche nur unter optimalen Bedingungen auf humosen, nicht zu feuchten Böden. Bevorzugung der japanischen Lärche. Wiederholte Anwendung von *Deltamethrin* (*Decis flüssig*(3) 0,05 %), *Dimethoat* 0,1 %, *Oxydemeton-methyl* (*Metasystox R* 0,1 %) oder einem anderen Mittel gegen *Thrips*.

□ Im Frühjahr kümmern Triebe, ihre Nadeln sind geknickt von mit weißem Wachspelz umgebenen Gallenläusen ("Wolläusen") befallen. Weitere Stadien, auch von anderen wirtswechselnden Gallenläusen, an Rinde überwinternd. Die weitere Entwicklung der beiden hier genannten Fichtengallenlausarten erfolgt unter Wirtswechsel zur Fichte.

O **Kleine oder Rote Fichtengallenlaus, Lärchenwollaus** (*Adelges laricis* Vall.)

O **Grüne Fichtengallenlaus** (*Sacchiphantes viridis* Ratz.)

Δ Vor Austrieb Spritzung mit Austriebsspritzmittel *Mineralöl* oder nach Austrieb Spritzung mit *Dimethoat* 0,1 %, *Oxydemeton-methyl* (*Metasystox R* 0,1 %), *Propoxur* (*Unden flüssig* 0,2 %) oder einem anderen Mittel gegen saugende Insekten.

□ Im Herbst Nadeln von der Spitze her miniert und Blattgrün ausgefressen durch kleine Raupe, die den ausgehöhlten Nadelteil später abbeißt und, mit dem Hinterleib darin steckend, frei umherkriecht. Daher der Name "Sackträgermotten". Nach Überwinterung im zeitigen Frühjahr Fraß an Kurztrieben. Nadeln braun, Schadbild sieht Frostschäden ähnlich. Meist jährlich wiederkehrender Befall aller Altersklassen, dann erhebliche Zuwachsverluste, Kümmern der Bäume.

O **Lärchenminiermotte** (*Coleophora laricella* Hbn.)

Δ Bei Neupflanzungen Auswahl von weniger befallenen Herkünften. Gedüngte und dadurch kräftigere Parzellen von japanischen Lärchen erwiesen sich als bevorzugt befallen. Kritische Zahl bei schlechtwüchsigen Beständen: 0,5-2 Raupen je Kurztriebknospe nach Überwinterung oder minierende Raupen je Kurztrieb im Spätsommer. Bei starkem Befall beim Austrieb Anwendung von Austriebsspritzmitteln auf Basis *Mineralöl* oder *Rapsöl* oder später (im August) Einsatz von *Dimethoat* 0,1 %, *Deltamethrin* (*Decis flüssig*(3) 0,05 %), *lambda-Cyhalothrin* (*Karate* 0,05 %) oder einem anderen Mittel gegen minierende Schmetterlingsraupen im Spritzverfahren, bei mittlerem Befall Bekämpfung erst im April vor der Verpuppung. An bis zu 7 m hohen Lärchen auch einseitige Stammspritzung bis 3 m Höhe mit *Oxydemeton-methyl* (*Metasystox R* 0,1 %), wenn Jungraupen gerade mit Anlage der

Nadelmine beginnen (Kontrollen!), erfolgreich, vorher Pflanzenschutzdienst befragen. Systematischer Singvogelschutz (Meisen!).

Ferner an *Larix*: **Rindenschildkrankheit an Japanischer Lärche,** siehe unter "*Pseudotsuga*" - **Baumläuse** (*Cinara cuneomaculata* d. Guer.), siehe unter "*Thuja* - Triebläuse".

2.4.78 Picea (Fichte)

□ Triebe gekrümmt, mit abgestorbener Endknospe. Befallene Knospen mit krustenförmigen Überzügen aus stecknadelkopfgroßen Fruchtkörpern. Vor allem an *Picea pungens 'Glauca'*.

○ **Knospenkrankheit** (*Cucurbitaria piceae* Borthw.)

Δ Versuchsweise Spritzung mit einem Fungizid wie *Benomyl* (*Du Pont Benomyl*[2] 0,05 %) oder auch *Mancozeb* (*Dithane Ultra WG* 0,2 %), *Metiram* (*Polyram WG* 0,2 %). Befallene Triebe herausschneiden und verbrennen..

□ Junge Triebe welken, hängen herab, als seien sie durch Spätfrost geschädigt, werden braun. Bei feuchter Witterung sind sie von graugrünen Pilzrasen überzogen, auf toten Pflanzenteilen später dunkle, runde *Sklerotien*. Absterben der Triebe im Sommer und Herbst. Auch an anderem Nadelholz. Vor allem in feuchten Jahren.

○ **Grauschimmelfäule** (*Sclerotinia fuckeliana* Fuck. = *Botrytis cinerea* Pers.)

Δ In nassen Sommern lohnt sich an Jungbäumen eine vorbeugende Spritzung mit *Benomyl* (*Du Pont Benomyl*[2] 0,05 %), *Dichlofluanid* (*Euparen WG* 0,5 %), *Iprodion* (*Rovral* 0,1 %), *Thiabendazol* (*Tecto FL*[1] 0,1 %), *Vinclozolin* (*Ronilan WG* 0,1 %) oder einem anderen Mittel gegen *Botrytis*-Pilze. Zurückhaltende Düngung!

□ An Triebbasis auffallende, großschuppige, ananasförmige, zunächst dunkelgrüne, später verholzende Gallen mit Schopf oder Triebende, hasel- bis walnußgroß. Triebe oberhalb abgestorben oder knickend. In der Galle zahlreiche gelbe Galläuse (*Cellares*). Nebenwirt Lärche.

○ **Gelbe Fichtengallenlaus** (*Sacchiphantes abietis* L.)

Δ Im Frühjahr, sobald an Basis der Knospen die ersten weißen Wachshäufchen auftreten (überwinterte Mutterläuse!), meist Ende März bis Anfang April, Spritzung mit *Mineralöl* (*Promanal*[1] 3 %, *Austriebsspritzmittel Weißöl*[1] 3 %). Wiederholung nach 2 Wochen zweckmäßig, dann auch Spritzung mit *Dimethoat* 0,1 %, *Oxydemeton-methyl* (*Metasystox R* 0,1 %), *Propoxur* (*Unden flüssig* 0,2 %) oder einem anderen Mittel gegen Nadelholzläuse möglich. Im Juli/August, wenn Läuse die Gallen verlassen, kann man noch mit gut benetzenden Mitteln gegen Nadelholzläuse sprühen oder spritzen, doch ist der Erfolg viel geringer. Unter starkem Druck besonders Zweigunterseiten behandeln.

□ An den Trieben bleichgrüne bis gelbliche, kirschkerngroße, zapfenartige Gallen ohne Nadelschopf oder mit nur kurzen Nadelresten. Wirtswechselnde Gallenlaus, geflügelte Stadien wandern etwa ab Mitte Juni auf *Larix europaea*.

○ **Kleine Fichtengallenlaus** (*Adelges laricis* Vall.)

Δ Nähere Angaben über Bekämpfungsmaßnahmen siehe unter "*Lärche*".

□ Am Grunde der Maitriebe grüne, eiförmige bis kugelige Gallen. Nadelreste auf Gallenschuppen mit kurz behaarter Oberfläche, besonders an den Spaltenrändern der Gallenkammern. In den Gallen grüne Galläuse (*Cellares*). Wirtswechsel zwischen *Picea*-Arten und Lärche.

○ **Grüne Fichtengallenlaus** (*Sacchiphantes viridis* Ratz.)

Δ Kontrolle benachbarter Lärchen, vor allem im Winter und Frühjahr. Bekämpfung wie bereits oben für Gelbe Fichtengallenlaus angegeben.
Der Befall mit Fichtengallenläusen und der Schaden durch Mißbildungen an Fichten nimmt immer größeren Umfang ein. Trotzdem kann oft beobachtet werden, daß um die Weihnachtsbaumkulturen Lärchen als Windschutz angepflanzt sind. Die Fichten, die in unmittelbarer Umgebung der Lärchen stehen, sind oft völlig mißgestaltet. Die Lärche ist Zwischenwirt der Fichtengallenläuse.

□ Ab Frühjahr zeigen Nadeln, zuerst die Altnadeln, gelbe Flecke, werden dann braun und fallen ab. An ihrer Unterseite, auch denen der Maitriebe, besonders im Schatten, saugen grüne Blattläuse mit rotbraunen Knopfaugen. Vor allem an Sitkafichte, ferner *Picea engelmannii, P. excelsia, P. omorica, P. pungens.* Bei manchen Fichtenarten (*Picea engelmannii, P. morinda*) nur Braunfärbung der Nadeln typisch, jedoch kein Nadelfall.

○ **Sitka(fichten)laus, Fichtenröhrenlaus** (*Liosomaphis abietina* Walk.)

Δ Zur Kontrolle befallsverdächtige Zweige, vor allem von inneren, der Sonne abgewandten Partien unterer Seitentriebe, über heller Unterlage, etwa einem Blatt Papier, abklopfen. Sind mehr als 6 der 1-1,8 mm großen, grünen, durch rotbraune Augen ausgezeichneten Läuse vorhanden, ist die Bekämpfung unerläßlich.
Chemische Bekämpfung möglichst im zeitigen Frühjahr (Eilarven schlüpfen je nach Witterung etwa Anfang März, in milden Wintern oft aber auch früher), da dann nützliche Insekten geschont werden.
Vor Austrieb sind Austriebsspritzmittel auf Basis *Mineralöl* und *Rapsöl* einsetzbar, nach Austrieb bei Temperaturen über 10 °C (Anfang bis Mitte April oder später) spritzen mit *Pirimicarb* (*Pirimor Granulat*[(3)] 0,05 %), *Oxydemeton-methyl* (*Metasystox R* 0,1 %), *Dimethoat* (0,1 %), *Kali-Seife* (*Neudosan* 2 %), *Propoxur* (*Unden flüssig* 0,2 %) oder einem anderen Mittel gegen Nadelholzläuse. Behandlung bei starkem Befall wiederholen. Auch in Hausgärten ist regelmäßige Beobachtung und bei Befall Bekämpfung wichtig.

□ Nadeln mit hellen Flecken, später graubraun gefärbt, an ihnen zwischen weißlichen Gespinstfäden zahlreiche Milbenstadien. Auch an anderen Koniferen.

○ **Nadelholzspinnmilbe** (*Oligonychus ununguis* Jac.)

Δ Austriebsspritzmittel bringen in der Regel, vor allem bei Massenbefall, keine nennenswerten Erfolge. Bewährt haben sich nach extrem starkem Auftreten der Nadelholzspinnmilben im Mai/Juni durchgeführte Spritzungen mit *Methamidophos* (*Tamaron* 0,15 %), *Fenpyroximat* (*Kiron*(3) 0,15 %) und dort, wo noch keine Resistenz gegen Phosphorinsektizide vorliegt, auch mit *Oxydemeton-methyl* (*Metasystox R* 0,1 %) oder *Dimethoat*-Präparaten (0,1 %).

□ Vor allem in Gruppenpflanzungen von Blaufichten und Omorikafichten. 10-15 Nadeln von Raupen zu einem "Nest" versponnen und ausgefressen ("miniert").

O **Fichtennestwickler** (*Epinotia tedella* Cl.)

Δ Spritzung mit *Dimethoat* (0,1 %), *Deltamethrin* (*Decis flüssig*(3) 0,05 %), *Parathion* (*E 605 forte*(3) 0,035 %) oder einem anderen Mittel gegen minierende Schmetterlingsraupen.

□ Vor allem in Gruppenpflanzungen von Blaufichten und Omorikafichten. Auf den schiebenden Triebspitzen sitzen lange anhaftende braune Knospenkappen, darunter durch Raupen röhrig zusammengesponnene ausgehöhlte und zerfressene Nadeln.

O **Kleiner Fichtennadelmarkwickler** (*Epinotia pygmaeana* Hbn.)

Δ Spritzung mit Austriebsspritzmittel *Mineralöl* (*Promanal*(1) 3 %, *Austriebsspritzmittel Weißöl*(1) 3 %) mindert Befall erheblich, ebenso Spritzungen ab Mitte Juni mit *Deltamethrin* (*Decis flüssig*(3) 0,05 %), *Dimethoat* 0,1 %, *Parathion* (*E 605 forte*(3) 0,035 %).

Blattwespenlarven
treten gelegentlich an Fichten auf. Sie können mit *Parathion* (*E 605 forte*(3) 0,035 %), *Propoxur* (*Unden flüssig* 0,2 %), *Methamidophos* (*Tamaron* 0,15 %) oder einem anderen Insektizid ausgeschaltet werden.
Baumläuse (*Cinara-Arten*) kommen an *Picea* vor und schädigen die Nadeln. Zusätzlich starke Rußtaubildung. Siehe unter "*Thuja* - Triebläuse".

2.4.79 Picea omorica (Omorikafichte)

□ An den Zweigspitzen, aber auch an zwei- und dreijährigen Trieben viele erst helle, dann gelbliche und schließlich verbräunte, abgestorbene Nadeln, Nadelfall. Mehrjähriger Nadelfall bewirkt starke Zuwachsverluste, in schweren Fällen Absterben des Baumes.

O **Nadelbräune, "Omorikasterben"**

Δ Omorikafichte gehört nicht auf saure oder zur Staunässe neigende Böden. Optimale Standorte mit guter Magnesiumversorgung sind luftdurchlässige, tiefgründig-lockere Böden mit pH-Werten von 5,5-6,5.
Beim Pflanzen möglichst junges Pflanzgut vorziehen, Pflanzabstand nicht unter 1 m. Ausheben reichlich bemessener Pflanzlöcher wichtig. Das Substrat ist mit geringen Mengen Torf oder Düngetorf und zur Bodenlockerung mit Sand oder Styromull zu vermischen. Pflanzlochsubstrat schon beim Pflanzen mit Kalk oder Kieserit (Magnesiumsulfat) aufdüngen. Nur groß ballierte Ware verwenden. Bei Pflanzung in Rasen oder Wegnähe große Baumscheibe von etwa 1 m Durchmesser; keine Pflanzung in Böden mit stark kalkhaltigem Bauschutt! Da bei hohem Kaligehalt Magnesium nicht in genügendem Maße aufgenommen werden kann, ist Vorsicht mit kalihaltigen Düngemitteln geboten. Zur Stickstoffdüngung sind salpeterhaltige Düngemittel wie Kalksalpeter den ammoniumhaltigen vorzuziehen. Bei Trockenheit wässern, aber eine Verschlämmung des Bodens vermeiden.

Bereits stark an der Nadelbräune erkrankte Omorikafichten können zuweilen noch durch Düngung von 250 bis 500 g Kieserit je Pflanze gerettet werden, aber vorher Bodenuntersuchung notwendig! Da Magnesiumdüngung meist erst nach gewisser Zeit wirkt, bei erkrankten Pflanzen aber eine rasche Magnesium-Zufuhr wichtig ist, sind bereits geschädigte Pflanzen mit Beginn der Vegetationszeit mehrmals mit einer 2 %igen *Magnesiumsulfat*-Lösung unter Zusatz von 0,5 bis 1 %iger *Kalziumnitrat* (*Kalksalpeter*)-Lösung zu spritzen.

Ferner an *Picea omorica*: **Fichtenröhrenlaus, Spinnmilben,** an den Trieben fressende **Raupen.** Siehe unter "*Picea*".

2.4.80 Pinus (Kiefer)

□ An Zweigen und Ästen, bevorzugt an Quirlstellen, brechen aus der Rinde bis 15 mm lange, zunächst gelbrote, später verblassende, blasenartige Rostsporenlager (Äzidien) hervor. Anreicherung der Befallsstelle mit Harz, das Gewebe verkient. Wasserleitung wird erschwert, es entstehen Verdrehungen. Baum wächst oberhalb der verkienten Stelle weiter, Absterben erst nach Jahrzehnten, besonders in trockenen heißen Sommern: Kienzopf.

O **Kiefernrindenblasenrost, Kienzopf** (*Cronartium flaccidum* Wint. = *Peridermium pini* Lev.)

Δ Befallsstellen ausschneiden, mit Mitteln zur Wundbehandlung verschließen. Einzig wirksame Gegenmaßnahme ist der Aushieb befallener Stämme.

□ Vor allem an 1-7 jährigen Kiefern, an Altbäumen nur die älteren, ohnehin bald abfallenden Nadeln befallen. Vereinzelt schon im Herbst und Winter, meist erst im zeitigen Frühjahr, werden die Nadeln erst braunfleckig, später völlig braun. Im April/Mai Abwerfen der abgestorbenen Kurztriebe. Nach diesem "Schütten" begrünen sich die Jungkiefern meist wieder.

O **Kiefernschütte, Kiefernritzenschorf** (*Lophodermium pinastri* Chev.)

Δ Beste Kulturbedingungen, Schaffung lichten Standes. Ende Juli/Anfang August (und Ende August/Anfang September) 1- bis (2)maliges Spritzen mit *Mancozeb* (*Dithane Ultra WG* 0,2 %), *Maneb* (*BASF-Maneb-Spritzpulver* 0,2 %), *Metiram* (*Polyram WG* 0,2 %) oder *Propineb* (*Antracol WG*(2) 0,15 %). Aufwandmenge richtet sich nach Pflanzenhöhe: Bei 60 cm - 1,2 kg/ha, für jede weiteren 10 cm zusätzlich 0,2 kg/ha, jedoch nicht mehr als 3 kg/ha.

□ Im Winter "Wolläuse", in dichte, weiße Wachsfäden eingehüllt, auf der Rinde jüngster Zweige, im Sommer ähnliche Stadien der gleichen Art an Maitrieben, vor allem bei Varietäten von *Pinus silvestris* oft in größerer Zahl auftretend.

○ **Europäische Kiefernwollaus** (*Pineus pini* L.)

Δ An Jungkiefern vor Austrieb Spritzung mit Austriebsspritzmittel *Mineralöl* (*Promanal*[1], *Austriebsspritzmittel Weißöl*[1] 3 %) oder nach Austrieb mit *Dimethoat* (0,1 %), *Oxydemeton-methyl* (*Metasystox R* 0,1 %), *Propoxur* (*Unden flüssig* 0,2 %) oder einem anderen Mittel gegen Nadelholzläuse. Behandlung muß mehrfach wiederholt werden.

□ Endständige Knospe eines Quirles mit 2 Seitenknospen versponnen, durch Einlagerung von Harz ("Harzbrücken") entsteht festes Gehäuse, worin rotbraune Raupe lebt. Nach Überwinterung Fraß an treibenden Knospen, Triebe ausgehöhlt, vertrocknen oder wachsen nach Knickung verkrüppelt weiter (Posthornbildung). Bei mehrjährigem Befall erhebliche Schäden durch Wuchsstörungen und Wertholzminderung. Befällt vor allem auch Zierkiefer-Arten in Hausgärten sowie Bergkiefern.

○ **Kiefernknospentriebwickler** (*Rhyacionia buoliana* D. und Schiff.)

Δ Bevorzugung der weniger anfälligen Schwarzkiefer. Einschränkung des Befalls durch Abschneiden und Verbrennen befallener Triebe und Knospen. Einsatz von *Insektiziden* sehr termingebunden, sollte nur nach Aufforderung (Warndienst!) des zuständigen Pflanzenschutzdienstes erfolgen. Am sichersten Behandlung der Knospenquirle mit *Dimethoat* (0,1 %), *Deltamethrin* (*Decis flüssig*[3] 0,05 %), *lambda-Cyhalothrin* (*Karate WG Forst*), *Parathion* (*E 605 forte*[3] 0,035 %) im Spritzverfahren im September/Oktober, gegen Falter Anwendung von Kontaktinsektiziden im Juni/Juli, aber auch nur nach Beratung durch Pflanzenschutzdienststelle.

□ Gelbbraune bis rosa Raupen fressen in Maitrieben von der Triebspitze bis zur Basis. Falter fliegen von März bis April.

○ **Kieferntriebwickler** (*Rhyacionia duplana* Hueb.)

Δ Wiederholt spritzen ab Mai mit Präparaten wie bei Kiefernknospentriebwickler.

□ Gelbbraune Raupen fressen ab Juni/Juli an der Nadelbasis und höhlen Knospen aus.

○ **Kiefernknospenwickler** (*Blastethia turionella* L.)

Δ Bekämpfung wie bei Kiefernknospentriebwickler.

Ferner an *Pinus*: **Blattläuse,** besonders auffallend die großen, graugrün bis dunkelgrau gefärbten **Baum-** und **Rindenläuse** (*Cinara*-Arten), **Wolläuse**, **Blattwespenlarven, Raupen, Rüsselkäfer.** Siehe Kapitel 2.1 "Tierische Schädlinge".

2.4.81 Pinus strobus (Strobe, Weymouthskiefer)

□ An der Rinde große, blasige, hellgelbe Sporenlager (Äzidien). Wirtswechselnder Rostpilz, Zwischenwirte *Ribes*-Arten. Beträchtliche Schäden möglich.

○ **Weymouthskiefernblasenrost** (*Cronartium ribicola* Fisch. = *Peridermium strobi* Kleb.)

Δ Kein Anbau von Johannisbeeren in der Nähe von Weymouthskiefern, Vernichtung der wild wachsenden *Ribes*-Sträucher in unmittelbarer Umgebung. Näheres Pflanzenschutzdienststelle.

☐ Stämme, Zweige und Triebe mit dichtem weißen Überzug, bestehend aus zahlreichen wachsausscheidenden Blattläusen. Nadelknickung möglich. Bei permanentem Massenbefall Kümmern, später Absterben der Stämme.

O **Strobenrindenlaus** (*Pineus strobi* Htg.)

Δ Vor Austrieb Spritzung mit Austriebsspritzmitteln auf Basis von *Mineralöl* oder *Rapsöl* oder nach Austrieb mit *Dimethoat* 0,1 %, *Methamidophos* (*Tamaron* 0,1 %), *Propoxur* (*Unden flüssig* 0,2 %) oder einem anderen Mittel gegen Nadelholzläuse.

2.4.82 Pseudotsuga (Douglasie)

☐ Im Sommer an Nadeln erst gelbgrüne, später rostrote Flecke. Im ersten Frühjahr Nadeln braun marmoriert, ab April auf der Unterseite gelbbraune Streifen von Sporenbehältern. Infektion der jungen Nadeln ab Mai, danach Nadelabfall an den vorjährigen Trieben. Befall aller Altersklassen, vor allem nach Frostschäden. Zuwachsverluste, gesteigerte Anfälligkeit gegenüber anderen Schädlingen. Bei wiederholtem Auftreten Absterben der Bäume. Große Schäden sind vor allem an Jungbäumen häufig.

O **Gemeine, rostige Douglasienschütte** (*Rhabdocline pseudotsugae* Syd.)

Δ Anbau resistenter Herkünfte (wie *viridis*-Form). Jungbäume von Mai bis Ende Juni wöchentlich spritzen mit z.B. *Mancozeb* (*Dithane Ultra WG* 0,2 %), *Maneb* (*BASF-Maneb-Spritzpulver* 0,2 %), *Metiram* (*Polyram WG* 0,2 %), aber vorher Pflanzenschutzdienst befragen.

☐ An jungen Douglasien und Japanischen Lärchen astumfassendes Absterben von Rinde und Kambium, Befallsbild erscheint durch Wundreaktion wie "Einschnürungskrankheit". An älteren Bäumen platzförmige, tote Rindenteile, wie ein Schild abnehmbar. Schaden vor allem nach Verletzungen (Frost, Wild, Kulturarbeiten), besonders an glattrindigen Formen. Ausbreitung im Winter.

O **Rindenschildkrankheit** (*Phacidiella coniferarum* Hahn = *Phomopsis pseudotsugae* Wils.)

Δ Kein Anbau frostempfindlicher Herkünfte in Frostlagen. Astung und Schnitt nur zwischen März und September.

☐ Nadeln von zahlreichen Läusen besiedelt, die im Frühjahr weißes, wolliges Wachs ausscheiden. Bei Massenbefall Krümmung und Abfallen der Nadeln. Triebe bleiben kurz, vergilben. Wirtswechselnde Wollausart, verursacht Gallenbildung auf *Picea*. Galle hellgrün bis purpurfarben, langgestreckt, bis 7,5 cm lang, oft hakenförmig gekrümmt, Gallenschuppen verwachsen mit Nadelresten. Entwicklungskreislauf kompliziert. Ausbreitung der "Douglasienform" direkt auch von Baum zu Baum.

O **Douglasienwollaus** (*Gilletteella cooleyi* Gill.)

Δ Vor Knospenaufbruch Spritzen oder Sprühen wertvoller Einzelpflanzen mit *Mineralöl* (*Promanal*[1], *Austriebsspritzmittel Weißöl*[1] 3 %). Nach Austrieb Anwendung von *Dimethoat* 0,1 %, *Methamidophos* (*Tamaron* 0,1 %), *Propoxur* (*Unden flüssig* 0,2 %) oder einem anderen Mittel gegen Nadelholzläuse. Kontrolle benachbarter *Picea*-Arten auf Entwicklungsstadien der Douglasienwollaus.

2.4.83 Taxus (Eibe)

☐ Knospen stark verdickt (Rundknospen), die im Frühjahr nicht oder nur unvollständig austreiben. Neutriebe mißgestaltet.

○ **Knospengallmilbe** (*Cecidophyes psilaspis* Nal.)

Δ Zur Zeit des Austriebes wiederholt spritzen mit *Dimethoat* 0,1 %, *Methamidophos* (*Tamaron* 0,15 %) oder *Fenpyroximat* (*Kiron*(3) 0,15 %). Auch Netzschwefel ist gut wirksam, vorher aber Verträglichkeit prüfen. Bei Rückschnitt von Baumschulware Schnittgut entfernen.

□ Zahlreiche rotbraune Schildläuse an Trieben und Zweigen.

○ **Eibennapfschildlaus** (*Eulecanium crudum* Green)

Δ Ab Mitte Juli 2-3 Spritzungen mit *Mineralöl-Sommerspritzmitteln* (*Para-Sommeröl* 2 %) oder *Methamidophos* (*Tamaron* 0,1 %), *Propoxur* (*Unden flüssig* 0,2 %) gegen die Junglarven. Von Dezember bis März auch Austriebsspritzmittel auf Basis von *Mineralöl* oder *Rapsöl* mit gutem Erfolg anwendbar.

□ Fraß an Nadeln und Rinde durch Käfer, an den Wurzeln durch Larven.

○ **Gefurchter Dickmaulrüßler** (*Otiorrhynchus sulcatus* F.)

Δ Siehe Kapitel 2.1 "Tierische Schädlinge - **Dickmaulrüßler**".

Ferner an *Taxus*: **Wurzel- und Stengelgrundfäulen** (*Phytophthora*-Arten). Siehe Kapitel 2.1 "Mykosen".

2.4.84 Thuja (Lebensbaum)

□ Vorwiegend an unteren Trieben vergilben die Schuppen und werden dann braun. Auf den Schuppen rundliche bis ovale Schwielen. Seitentriebe fallen ab, Langtriebe werden kahl.

○ **Nadelbräune, Zweigsterben** (*Didymascella thujina* [Durand] Maire)

Δ Von Juli bis Oktober alle 2 Wochen Spritzung mit *Propineb* (*Antracol WG*(2) 0,2 %), *Mancozeb* (*Dithane Ultra WG* 0,2 %), *Maneb* (*BASF-Maneb-Spritzpulver* 0,2 %) oder *Metiram* (*Polyram WG* 0,2 %).

□ Zunächst Blattschuppen, dann Triebe und Zweige gelbbraun bis braun verfärbt, erkrankte Zone zum älteren Triebteil hin scharf abgegrenzt, zuweilen Krankheitssymptome aber nur im Spitzenbereich der Blattzweige. Zahlreiche ovale, schwarze Sporenlager, auch auf der Rinde abgestorbener Zweige.

○ **Trieb- und Zweigsterben** (*Kabatina thujae* Schneider et v. Arx)

Δ Versuchsweise ab Mitte Mai 3 Spritzungen im Abstand von 14 Tagen mit *Kupferoxychlorid* (z.B. *Cupravit OB 21* 0,5 %) oder *Kupferhydroxid* (*Cuprozin WP*(2) oder *Funguran-OH*(2) 0,2 %), *Mancozeb* (*Dithane Ultra WG* 0,2 %), *Maneb* (*BASF-Maneb-Spritzpulver* 0,2 %), *Metiram* (*Polyram WG* 0,2 %) einem anderen Fungizid.

□ Im Mai "Blättchen" (*Phyllocladien*) von der Spitze her zunächst gelb, dann braun verfärbt. In ihnen mit Kot gefüllte Gänge und grünliche, bis 3 mm lange Raupen. Ende Mai bis Anfang Juni in den minierten *Phyllocladien* die 3 mm langen, zuerst grünen, später braunen Puppen des Schädlings. Aus ihnen schlüpfen Ende Juni etwa 4 mm lange, weißgelbe Falter, die ihre Eier an die Endschuppen der *Thuja*triebe ablegen. Ab Ende August beginnen die Jungraupen der nächsten Generation mit dem Minierfraß, der auch während der Wintermonate bei Temperaturen über dem Gefrierpunkt fortgesetzt wird. *Chamaecyparis lawsoniana columnaris* sowie *Ch. l. alumii* werden ebenfalls befallen.

○ **Thuja-Miniermotte** (*Argyresthia thuiella* Pack.)

Δ Im zeitigen Frühjahr Spritzung mit *Parathion* (*E 605 forte*(3) 0,035%) gegen die in den *Phyllocladien* minierenden Raupen oder gegen Falter ab Anfang Juni mit *Diflubenzuron* (*Dimilin 25 WP*(1) 0,08 %), *Deltamethrin* (*Decis flüssig*(3) 0,05 %), *lambda-Cyhalothrin* (*Karate* 0,05 %) oder *Permethrin* (*Ambush*(2) 0,05 %) und im August gegen die Jungraupen.

☐ Auf jungen Trieben kleinere, braune höckerartige Schildchen.

O **Napfschildlaus** (*Eulecanium fletcheri* Ckll.)

Δ Ab Ende Juli 2- bis 3mal gründlich mit Mitteln gegen Schildläuse wie *Para-Sommeröl* 2 %), *Propoxur* (*Unden flüssig* 0,2 %) oder einem anderen Mittel gegen Schildläuse spritzen, dabei Zweige gut benetzen!

☐ Große Blattläuse saugen an den Trieben. Schuppen fallen ab. Starke Honigtaubildung.

O **Thuja-Triebläuse** (*Cinara cupressi* Buckt.)

Δ Bei Auftreten im zeitigen Frühjahr Austriebsspritzmittel, später *Methamidophos* (*Tamaron* 0,15 %). *Pirimicarb* (*Pirimor Granulat*(3) 0,05 %), *Propoxur* (*Unden flüssig* 0,15 %) oder ein anderes Mittel gegen saugende Insekten.

2.5 Schadursachen an Zier- und Sportrasen

☐ Schwarze, schmierige Stellen im Rasen, die sich in feuchtem Milieu und guter Belichtung schnell ausbreiten. Im Schleim wird das Wasser lange festgehalten. Bodenatmung durch dichten Abschluß stark behindert.

○ **Blaubakterien** (*Cyanobacteria*-Art)

Δ Wachstum des Rasens fördern. Rasen nicht zu kurz schneiden, da Blaubakterien für das Wachstum Licht benötigen. Maßnahmen ergreifen, die einen Wasserstau auf dem Rasen und in der obersten Bodenschicht verhindern.

☐ In den Sommermonaten an den Blättern und Stengeln umrandete, dunkelbraune Flecken, deren Innenfläche später weiß wird. Bei starkem Befall wird Rasen ausgedünnt.

○ **Blattfleckenkrankheit** (*Helminthosporium*-Arten)

Δ Bodenverdichtung und Filzbildung verhindern. Befall auf Intensivflächen mit vielen Schnitten und hohen N-Gaben. Versuchsweiser Einsatz von *Triforin* (*Saprol* Neu 0,175 %) oder *Prochloraz* (*Sportak*(2) 0,2 %) mit 600 l Wasser/ha.

☐ Kleine, runde, helle Flecken von 2-5 cm Durchmesser. Meist in zu hoch gewachsenem Rasen.

○ **Dollarfleckenkrankheit** (*Sclerotinia homoecarpa* F.T. Bennett)

Δ Feuchte und saure Böden vermeiden. Rasen tiefer und häufiger schneiden. Versuchsweise Behandlung befallener Flächen mit *Iprodion* (*Rovral* 0,25 %) oder *Vinclozolin* (*Ronilan WG* 0,25 %) mit 600 l Wasser/ha.

☐ Kreisförmige, tote Zonen von dunkelgrünen Gräsern begrenzt. Das Mycel breitet sich bis zu einer Tiefe von 25 cm sternförmig aus und bildet mitunter lederfarbene Hüte.

○ **Hexenringe, Nelkenschwindling** (*Marasmius oreades* [Bolt. per Fr.] Fr.)

Δ Bodenverdichtungen und Nährstoffmangel vermeiden. Rasenschnitt abräumen. Boden im Bereich des Ringes mindestens 25 cm tief löchern und durchdringend wässern und anschließend versuchsweise 5 l/m² einer Spritzflüssigkeit von *Triforin* (*Saprol Neu* 0,06 %) gießen.

☐ Von Juli bis September nach trockenen Witterungsperioden und dann einsetzender Taubildung zunächst punktartige, dann gelb-braun bis rötliche Sporenlager an Halm und Blättern.

○ **Rostkrankheiten** (*Puccinia*-Arten)

Δ Rasen nicht zu hoch wachsen lassen. Ausreichend düngen und beregnen. Regelmäßiger Schnitt. Pflanzenschutzmittel sind z. Z. nicht zugelassen, daher nur versuchsweiser Einsatz von *Mancozeb* (*Dithane Ultra WG* 0,2 %), *Triadimenol* (*Bayfidan*(2) 0,15 %), *Bitertanol* (*Baymat flüssig* 0,15 %), *Triforin* (*Saprol Neu* 0,15 %).

☐ Die Blätter werden bei hoher Luftfeuchte durch ein rotes Pilzgeflecht verklebt. Der Rasenbestand wird ausgedünnt. Anfällig sind schlecht gedüngte Rasenflächen.

○ **Rotspitzigkeit** (*Corticium fuciforme* [Berk.] Wakef.)

Δ Zu kurzes Mähen vermeiden. Rasenbestand nicht zu feucht halten. Ausreichende Nährstoffversorgung mit Stickstoff, Phosphor und Kali. Versuchsweiser Einsatz von *Iprodion* (*Rovral* 0,1 %), *Mancozeb* (*Dithane Ultra WG* 0,2 %), *Prochloraz* (*Sportak*(2) 0,2 %) oder *Carbendazim* + *Prochloraz* (*Sportak Alpha*(2) 0,25 %).

□ Runde graue, braune bis rosa Flecken von 5-30 cm Durchmesser im Rasen. Treten bei Temperaturen von +1 bis + 5 °C und fehlender Luftzirkulation auf. Häufige Niederschläge und hohe Luftfeuchtigkeit begünstigen den Pilzbefall. Auch eine geschlossene Schneedecke und ein hoher CO-Gehalt der Bodenluft fördern das Pilzwachstum.
O **Schneeschimmel** (*Gerlachia nivalis* syn. *Fusarium nivale* [Fr.] Ces.)
Δ Ausgewogene Düngung. Rasen sollte nicht zu hoch in den Winter gehen. Aber auch extrem kurzer Schnitt während der Herbst- und Wintermonate machen die Gräser anfällig. Verfilzte Rasenflächen durch Vertikulieren auflockern. Behandlungen mit *Metiram* (*Polyram WG* 0,2 %), *Mancozeb* (*Dithane Ultra WG* 0,2 %), *Bitertanol* (*Baycor Spritzpulver*(2) 0,1 %), *Benomyl* (*Du Pont Benomyl* 0,05 %), *Thiabendazol* (*Tecto FL*(1) 0,15 %) oder versuchsweise *Carbendazim* + *Prochloraz* (*Sportak Alpha*(2) 0,25 %), 2- bis 3mal wiederholen im Spätherbst vor Wintereintritt.

□ Runde, hellgrüne Flecken, die später dunkelrotbraun werden. In der Ringmitte Gräser dunkelgrün. Am Rande der etwa 30 cm großen Flecke bei hoher Luftfeuchte rötlicher Pilzmyzel. Filziger Rasen fördert den Befall.
O **Stengelgrundfäule** (*Fusarium culmorum* Sacc.)
Δ Ausgewogene Düngung, Lüften des Rasens, nicht zu kurz schneiden. Versuchsweise Behandlungen mit *Benomyl* (*Du Pont Benomyl* 0,05 %) oder *Thiabendazol* (*Tecto FL*(1) 0,15 %).

□ Nach der Schneeschmelze sterben Blätter aufgrund von Wurzelhalsfäule ab. Bei hoher Luftfeuchte auf den Gräsern blaßrosa Pilzgeflecht erkennbar. Infektion im Herbst und Winter. Unter kühl feuchten Witterungsbedingungen kann der Pilz schwere Schäden verursachen.
O **Typhula-Fäule** (*Typhula incarnata* Lasch ex Fr.)
Δ Versuchsweise Behandlung mit *Triadimenol* (*Bayfidan*(2) 0,075 %) oder *Bitertanol* (*Baymat flüssig* 0,15 %), versuchsweise auch *Carbendazim* + *Prochloraz* (*Sportak Alpha*(2) 0,25 %).

□ Auf den Rasenflächen nesterweise Fahlstellen. Fraßstellen an Wurzeln, stärker aber an oberirdischen Teilen. Hauptfraßzeit April bis Mai durch fußlose grau-schwarze Larven.
O **Wiesenschnake** (*Tipula*-Arten)
Δ Mit Hilfe der Salzwasserprobe Befall feststellen. Wenn mehr als 30 Larven je m^2, dann Bekämpfung notwendig. Auf kleineren Flächen bei feuchtwarmer Witterung Larven absammeln. Auf Rasenflächen im Spritzverfahren möglich: *Parathion* (*E 605 forte*(3) 300 ml/ha im Herbst bzw. 450 ml/ha im Frühjahr). Auf kleineren Flächen auch geperlter oder gemahlener *Kalkstickstoff* 35 g/m^2 (auf gleichmäßige Verteilung achten).

Ferner im Rasen: ***Pythium*-Arten, Braunfleckigkeit (*Rhizoctonia sp.*), Schwarzbeinigkeit, Echter Mehltau - Engerlinge** - Larven von **Maikäfer, Junikäfer, Julikäfer - Maulwurf, Wühlmaus.** Siehe Kapitel 2.1 "Mykosen", "Tierische Schädlinge".

2.6 Gehölze an Straßen und in öffentlichen Grünanlagen

Gehölze an Straßen, Plätzen, in Parks und auf Friedhöfen dicht besiedelter Gebiete dienen nicht nur der Zierde, sondern tragen erheblich dazu bei, die Auswirkungen von Lärm, Smog und Verunreinigung der Luft auf die Gesundheit der Menschen zu mildern. Die meisten Pflanzen in öffentlichen Grünanlagen stehen ständig oder zeitweise unter dem Einfluß ungünstiger Umwelteinflüsse (Immissionen), beispielsweise Verunreinigung der Luft durch Auswurfstoffe (Emissionen), vor allem in großen Städten. Daher sind bei der Anlage und Pflege von Grünanlagen folgende Gesichtspunkte zu beachten:

Behandlung von Stammwunden

Bei Bäumen, die an Straßen oder in öffentlichen Anlagen stehen, kommt es besonders häufig vor, daß sie unbeabsichtigt oder mutwillig durch Anstoßen von Fahrzeugen, Einschnitte in die Rinde oder auf andere Weise verletzt werden. Derartige Schadstellen sind möglichst sofort zu säubern und anschließend mit einem Mittel zum Wundverschluß zu verstreichen. Die Baumscheiben sollten so gestaltet werden, daß ein Befahren mit Autos nicht möglich ist (z. B. Poller oder ähnliches).

Schutz gegen Wildverbiß

Junge, frisch gepflanzte Bäume sind in gefährdeten Lagen mit einem zugelassenen Mittel zur Verhütung von Wildschäden zu behandeln oder auch mit Plastikspiralen zu schützen. Näheres Pflanzenschutzdienststelle!

Auswahl widerstandsfähiger Pflanzenarten

Empfindlich gegen Immissionen sind: Die meisten **Nadelhölzer.** Sie eignen sich nicht für Industrieballungsgebiete, in denen die Luft ständig mit Abgasen, etwa Schwefeldioxyd, verunreinigt wird. Siehe auch nachfolgende Liste einiger Nadelgehölze, die in Großstädten gepflanzt werden können.

Pflanzung

Pflanzgruben für Bäume oder Sträucher in gefährdeter Straßenlage sollten besonders breit und tief ausgehoben und mit einem lange ausreichenden Vorrat an humushaltiger, angemessen mit chloridfreiem Mehrnährstoff-Dünger versorgter Erde ausgefüllt werden. Nach Möglichkeit sollte eine **Bewässerungsdrainage** gleich mit eingebaut werden.
Große, offene Baumscheiben oder **Pflanzstreifen** erleichtern später die notwendige Bodenlockerung, Bewässerung und Düngung.

Zur Vermeidung von Schäden an Straßenbäumen durch Auftausalze

Zur Beseitigung von Schnee und Eisglätte auf den Straßen werden in den Städten während des Winters weiterhin chemische **Auftaumittel,** überwiegend *Natriumchlorid,* verwendet. Daher kommt es häufiger zu Schäden an Straßenbäumen.
Auftausalze sollten in der Nähe von Pflanzenbewuchs nur da angewendet werden, wo es unumgänglich ist. Auf Gehsteigen und kleineren Wegen sollte das Streuen von Sand die Verwendung von Auftausalzen ersetzen. Vielfach verbieten Ortssatzungen auch schon die Salzanwendung. Die Fläche im Wurzelbereich der Pflanzen muß beim Streuen auf jeden Fall ausgespart werden. Einen gewissen Schutz gegen die Wirkung von Auftausalzen bietet das rechtzeitige Abdecken der Baumscheiben mit Rindenmulch.
Ließ es sich aber trotz aller Bemühungen nicht vermeiden, daß Bäume oder Sträucher an Straßen und Wegen längere Zeit ungeschützt der Wirkung von Auftausalzen ausgesetzt waren, so ist nach Ende der Frostperiode zu versuchen, durch gründliches Wässern (150 l/qm) ein Auswaschen des Salzes aus dem Wurzelbereich zu versuchen.

Die als Straßenbäume verwendeten Gehölzgattungen oder -arten sind nicht in gleichem Maße empfindlich gegen *Natriumchlorid*. Von seiten der **Grünflächen- und Gartenbauverwaltungen** sollte daher bei Neuanpflanzungen an salzgefährdeten Standorten verstärkt auf salztolerante oder zumindest weniger salzempfindliche Gehölze zurückgegriffen werden. Das gilt um so mehr, als in absehbarer Zeit keine Aussicht besteht, daß das *Natriumchlorid* als Auftaumittel durch weniger umweltschädliche Stoffe ersetzt werden könnte.
Dieser Entwicklung müssen sich auch **Baumschulen und Landschaftsgärtner** anpassen und in Zukunft für die Neuanpflanzung an salzgefährdeten Standorten nur noch solche Gehölze vorsehen, die sich als weitgehend tolerant gegen Auftausalze erwiesen haben. Sie sind in der folgenden Tabelle aufgeführt.

Anfälligkeit von Straßenbäumen für Salzschäden

(Bei Einwirkung von Auftausalz in Form von *Natriumchlorid* über den Boden)

[Nach LEH, RUGE und STACH (1968-1974)]

Stark anfällig:

Acer pseudoplatanus - A. platanoides
(*Acer saccharinum Wieri*)
Aesculus glabra - A. hippocastanum - A. x carnea
Carpinus betulus
Corylus colurna
Crataegus oxyacantha Paul's Scarlet
Fagus silvatica
Prunus avium - P. serrulata
Tilia-Arten (*geringe Artunterschiede*)
Ulmus glabra - (*U. carpinifolia*)

Mäßig anfällig:

(*Acer saccharinum*)
Fraxinus excelsior
Platanus x acerifolia
Populus x berolinensis, P. simonii
(*Sorbus aucuparia*) *), (*S. intermedia - S. aria*)

Nicht bzw. wenig anfällig:

(*Betula verrucosa*)*)
Gleditsia triacanthos
Quercus robur (*syn. pedunculata*), *Qu. rubra*
Robinia pseudoacacia
Sophora japonica
(*Ulmus pumila var. arborea*)

*)Als Jungbaum stark anfällig
Eingeklammerte Gattungen bzw. Arten = vorläufige Einordnung

Die in die Gruppen "Nicht oder wenig anfällig" eingeordneten oder "vorläufig" eingeordneten Gehölze sind wegen ihrer sonstigen Eigenschaften nicht durchweg zur Anpflanzung im Bereich öffentlicher Straßen geeignet. Die größte Aussicht, die bisher überwiegend verwendeten Gehölzarten *Acer platanoides*, *A. pseudoplatanus*, *Aesculus hippocastanum* sowie *Tilia*-Arten an salzgefährdeten Standorten ersetzen zu können, dürfte *Quercus rubra* und *Qu. robur* zukommen.

Da es aber durchaus möglich ist, durch geeignete **Maßnahmen zur Standortverbesserung** die Widerstandsfähigkeit von Straßenbäumen gegen die Einwirkung von Auftausalzen zu erhöhen (RUGE 1971), sollte auch den nach unseren gegenwärtigen Kenntnissen als "mäßig anfällig" zu bezeichnenden Gehölzen verstärkte Aufmerksamkeit zugewandt werden. So erscheinen insbesondere *Platanus x acerifolia* und *Fraxinus excelsior*, vielleicht auch *Acer saccharinum* sowie *Sorbus*- und *Populus*-Arten selbst an Standorten, an denen weiterhin mit einer stärkeren Salzeinwirkung gerechnet werden muß, durchaus anbauwürdig. Vorausgesetzt wird dabei aber, daß durch "flankierende Maßnahmen" die Standortverhältnisse insbesondere vom Boden her durch kontinuierliche Versorgung mit Wasser und Nährstoffen, Schaffung ausreichender Belüftungsverhältnisse im Wurzelraum, Schutz vor Bodenverdichtungen und andere Maßnahmen wesentlich günstiger gestaltet werden, als dies bisher in den Städten allgemein üblich ist.

Liste einiger Nadelgehölze, die in Großstädten gepflanzt werden können

O Die mit einem Kreis bezeichneten Arten überstehen auch **höhere Verunreinigungsgrade der Luft** noch relativ gut.

Hoch werdend

Cedrus atlantica Glauca
O *Ginkgo biloba*
O *Larix leptolepis und andere Larix-Arten*
O *Metasequoia glyptostroboides*
Picea omorica
O *Picea pungens Glauca*
Pinus griffithii
O *Pinus nigra var. austriaca*
Pinus parviflora
O *Taxodium distichum*
Thuja plicata Excelsa

Mittelhoch werdend

Abies koreana
O *Chamaecyparis lawsoniana und Sorten*
Chamaecyparis lawsoniana Stewartii
Chamaecyparis nootkatensis Pendula
O *Chamaecyparis pisifera Filifera*
Juniperus virginiana Glauca
Picea breweriana
O *Picea glauca Conica*
O *Taxus baccata in vielen Variationen und Sorten*

Niedrig bzw. kriechend

Chamaecyparis lawsoniana Minima Glauca
Chamaecyparis lawsoniana Tharandtensis Caesia
O *Chamaecyparis obtusa Nana Gracilis*
Juniperus chinensis Hetzii
O *Juniperus chinensis Pfitzeriana*
Juniperus chinensis Plumosa aurea
O *Juniperus communis Hornibrookii*
Juniperus horizontalis Glauca
O *Juniperus sabina*
O *Juniperus sabina Cupressifolia*
Juniperus sabina Tamariscifolia
Picea abies Nidiformis
O *Pinus mugo Gnom*
O *Pinus pumila Glauca*
O *Taxus baccata Repandens*

3 Unkrautbekämpfung

Zierpflanzen, Ziergehölze sowie Garten- und Landschaftsbau
Hinweise und Anwendungsbestimmungen zu den genannten Wirkstoffen/Präparaten siehe Kapitel 5 "Pflanzenschutzmittelübersicht".

3.1 Allgemeine Angaben und Übersichten

Die zur Unkrautbekämpfung im Zierpflanzenbau zugelassenen "Bodenherbizide" müssen im allgemeinen **vor** dem Auflaufen der Unkräuter auf den noch "schwarzen" Boden gespritzt werden. Seltener werden auch noch Unkräuter, die schon 1-2 echte Blätter gebildet haben, zuverlässig erfaßt. Voraussetzung für eine gute Wirkung der Bodenherbizide ist ein feinkrümelig vorbereiteter, feuchter Boden. Bei Trockenheit sollte dieser im Freiland **vor** der Spritzung beregnet werden.
Auf leichten **Sandböden mit geringer Sorptionskapazität** können Bodenherbizide durch heftigen Regen (oder durch unsachgemäßes Bewässern **nach** der Ausbringung von Unkrautbekämpfungsmitteln) so stark in die Wurzelzone der Pflanzen eingeschwemmt werden, daß es zu Schäden an den Kulturpflanzen kommen kann. Dagegen halten die schweren, sorptionsstarken Marsch-, Lehm- und Tonböden die Wirkstoffe der Bodenherbizide fest und verringern dadurch die Wirkung.
Die **Wasseraufwandmenge** sollte zur Vermeidung von Abtrift nicht unter 400 l Wasser/ha liegen. Bei **Flachstrahldüsen,** die wegen ihrer großen Genauigkeit bei der Verteilung der Spritzflüssigkeit zur Ausbringung von Herbiziden besonders empfohlen werden, genügen für manche Einsätze allerdings 200 l Wasser/ha.
Für Rückenspritzgeräte eignet sich beispielsweise die Teejet-Bandspritzdüse 'E' mit einem Rechteck-Verteilungsbild. Der Spritzdruck sollte 2,5-3 bar nicht überschreiten. Überlappungen der Spritzstreifen sowie Überdosierungen sind zu vermeiden, da sonst Schäden an den Kulturpflanzen entstehen können.

Wichtig!

Alle Bodenherbizide wirken nur bei Ausbringung auf feuchten Boden!
Unkräuter sollten das **Keimblattstadium,** höchstens das 2Blattstadium noch nicht überschritten haben!

Sonderfälle:

Behandlung von Tischen
Nach dem Abräumen Tische mechanisch, wenn möglich mit Hochdruckreiniger, säubern. Bei Sandauflage und starker Verunreinigung durch Unkräuter und Moose, Austauschen der Sandauflage.

Unkrautbekämpfung unter Tischen

Wenn unter den Tischen bereits stärkerer Unkrautbesatz vorhanden ist, sollte *Glyphosat (Roundup)* oder *Glufosinat (BASTA)* eingesetzt werden. Dosierung für 100 m^2: *Roundup* 40-50 ml, *BASTA* 50 ml.

Algenbekämpfung auf Plattenwegen, Terrassen

Gegen Algen und beginnendes Mooswachstum zwischen Steinplatten, aber auch auf Wegen im Gewächshaus, hat sich das Präparat *Dimanin A* ab 0,3 %, besser 0,5 %, bewährt. Zugelassen sind auch *Dimanin Spezial* und *M & ENNO-TER forte* (1,5 ml/m² und 300 ml Wasser/m²). Im Freiland besteht bei angrenzenden Kulturen, wie Zierrasen oder Stauden, keine Gefahr der Schädigung.

3.1.1 Herbizideinsatz zur Kulturvorbereitung

Glyphosat, Anwendung 5 l/ha mit nachfolgendem Umbruch und anschließendem Anbau von Blumen, Stauden und Gehölzen wie beispielsweise:
Compo Spezial Unkrautvernichter Filatex; DURANO, Egret, Cardinal, Roundup, Spezial-Unkrautvernichter Weedex, gegen **Gräser und zweikeimblättrige Unkräuter.**

3.1.2 Unkrautbekämpfung in Saat- und Pflanzbeeten (auch in Kästen)

Freihaltung der Kästen sowie der Saat- und Pflanzbeete von Unkräutern bei Aussaaten von Sommerblumen im Freiland
durch vorherige Bodenentseuchung mit *Dazomet (Basamid Granulat*) unter genauer Beachtung der Gebrauchsanleitung und der Pflanzenschutz-Anwendungs-VO. Pflanzenschutzdienst hierzu befragen.
Vor dem Auflaufen bzw. vor dem Pflanzen *Glufosinat (BASTA* 5 l/ha) in mindestens 1000 l Wasser/ha. Wirkt nur gegen bereits aufgelaufene ein- und zweikeimblättrige Unkräuter. Es hat keine Dauerwirkung.
Vor dem Auflaufen von Aussaaten oder **vor** dem Pflanzen der Zierpflanzen können bereits vorhandene Unkräuter auch mit *Glyphosat (Spezial Unkrautvernichter Weedex, Compo Spezial Unkrautvernichter Filatex, DURANO, Roundup, Egret, Cardinal*) bekämpft werden. Das Präparat ist mit 3-5 l/ha und 600 bis 1 000 l Wasser je ha auszubringen. Unter entsprechend niedrigem Druck kann es, grobtropfig gespritzt, auch zur **Zwischenreihenbehandlung** verwendet werden, doch dürfen die grünen Teile der Kulturpflanzen dabei nicht getroffen werden, was durch Verwendung eines Spritzschirmes erreicht wird. Die genannten Präparate haben **keine Dauerwirkung**.

3.1.3 Unkrautbekämpfung auf Einsenkflächen für Topfkulturen (Freiland)

Propyzamid
Wo auf Einsenkflächen starker Ungrasaufwuchs vorhanden ist, kann im Herbst bis zeitigem Frühjahr *Propyzamid (Kerb 50 W* 20-30 g/100 m²) gespritzt werden. Die Behandlung sollte im März abgeschlossen sein.

Glyphosat
Zur Vernichtung bereits aufgelaufener oder durch andere Maßnahmen nicht erfaßter Unkräuter einschließlich der Quecken setzt man *Glyphosat*-Präparate ein, beispielsweise:
Compo Spezial Unkrautvernichter Filatex (40 ml/100 m²),
Roundup, *Roundup Ultra* (40 ml/100 m²) oder
Spezial-Unkrautvernichter Weedex (40 ml/100 m²).

Voraussetzung für eine gute Wirkung ist genügend Blattmasse der Unkräuter. Auf Stellflächen liegt der günstigste Anwendungstermin nach dem Räumen. Vorsicht bei der Ausbringung, grüne Teile von Kulturpflanzen dürfen nicht getroffen werden. Abtrift bei Wind ist gefährlich.

3.1.4 Bekämpfung von Algen und Moosen auf Anstaumatten

Sandstellbeete und Topfkulturen
Dimanin A 0,5 % mit einer Aufwandmenge von 0,5 bis 1 l/m² sowie *M & ENNO-TER-forte* und *Dimanin Spezial* 1,5 ml/m² mit 300 ml/m² auf Tische, Anstaumatten und Sandstellbeete spritzen. Anwendung bei beginnender Veralgung oder Vermoosung.
Die genannten Präparate haben **keine Unkrautwirkung.**

3.2 Unkrautbekämpfung in einzelnen Zierpflanzen

Vorbemerkungen:
Bei allen Herbiziden, die nach dem Auflaufen von Aussaaten oder nach dem Pflanzen gegen auflaufende Unkräuter und Ungräser angewendet werden, empfiehlt es sich, die Zierpflanzen nach der Behandlung abzubrausen, um die Gefahr einer Schädigung so gering wie möglich zu halten und damit die Bodenoberfläche zu befeuchten, um die Wirkung der Präparate zu verbessern.
Da es unter ungünstigen Bedingungen wie leichtem Boden, starken Niederschlägen nach der Anwendung, starker Sonneneinstrahlung oder geschwächten Pflanzen auch an solchen Kulturen zu Schäden kommen kann, die sich bisher als verträglich erwiesen haben, sollte ein Herbizid vor einem Großeinsatz an der betreffenden Kultur, wenn möglich, zunächst auf einigen Quadratmetern geprüft werden.
Manche der genannten Präparate dürfen nicht unter Glas eingesetzt werden.
Weitere Hinweise zu den genannten Präparaten wie Gefahrensymbole, Bienengefährlichkeit und Wasserschutzgebietsauflagen sind dem Kapitel 5 zu entnehmen.

Wasseraufwandmenge:
Bei den meisten der nachfolgend genannten Herbizide liegt die günstigste Wasseraufwandmenge bei 10 l/100 m². Abweichungen von dieser Norm werden besonders genannt. Alle Präparate sollen auf feuchten, möglichst feinkrümeligen Boden ausgebracht werden.

Hinweis:
Die genannten Herbizide haben aufgrund von Versuchen eine gute Wirkung gegen Unkräuter bzw. Ungräser und eine ausreichende Verträglichkeit bei den jeweils zugeordneten Kulturen gezeigt. Dennoch sollte vor jeder Anwendung eine Probespritzung erfolgen.

Achillea filipendulina (A. eupatorium)
Haloxyfop
Gallant[1]: 20 ml/100 m² gegen aufgelaufene Gräser, Einjährige Rispe vor der Bestockung, hat sich im Versuch bewährt.

Übersicht zur Wirkung von Unkrautbekämpfungsmitteln

Unkräuter	Unkrautbekämpfungsmittel				
	Afalon[1]	Boxer[2]	Butisan[2]	Stomp SC[3]	Kerb 50 W
Günstigstes Wachstumsstadium der Unkräuter	1-2 Blätter	keimend	1-2 Blätter	1-2 Blätter	
Ackerdistel	-			-	
Ackerfuchsschwanz	+	+	+	+	+
Ackerhellerkraut	+	+	-	+	±
Ackerhohlzahn	±	+	+	+	
Ackersenf	+	+	±	+	+
Ackerspörgel	+		+	+	+
Ackerwinde	-		-	-	
Bingelkraut	+	±	±		-
Brennessel, kleine	+		±		+
Ehrenpreis	±	+	+	+	+
Franzosenkraut	+	+	+	±	-
Gänsedistel	+	±	+		-
Gänsefuß, weißer	+	±	±	+	±
Hederich	+	+	±	+	+
Hirtentäschel	+	+	+	+	-
Kamille-Arten	+	-	+	+	-
Klettenlabkraut	-	+	±	+	
Knöterich-Arten	+	-	±	+	-
Kreuzkraut	+	+	+	±	-
Melde	+	±	±	+	
Nachtschatten, schwarzer	+	+	+		±
Quecke	-	-	-	-	+
Rispe, einjährige	+	+	+		+
Taubnessel	+	+	+	+	±
Vogelmiere	+	+	+	+	+
Wegerich	+				
Wicken-Arten	-	-	-	±	
Wurzelunkräuter	-	-	-	±	

+ = gute, ± = weniger gute, - = nicht ausreichende Wirkung

Prosulfocarb

Boxer[2]: 50 ml/100 m² gegen auflaufende Unkräuter und Ungräser, einschl. Einjähriger Rispe im Versuch ohne Schäden.

Aconitum

Haloxyfop

Gallant(1): 20 ml/100 m² gegen aufgelaufene Gräser, aber Verträglichkeitsprüfung anwenden, da nur wenig Erfahrungen.

Clopyralid

Lontrel 100(2): 12 ml/100 m² gegen Distel- und Kamille-Arten.

Alyssum saxatile und andere Alyssum-Arten (Sorten)

Haloxyfop

Gallant(1): 20 ml/100 m² gegen aufgelaufene Gräser hat sich im Versuch bewährt.

Antirrhinum majus

Isoproturon

Arelon flüssig(3): 20 ml/100 m² gegen auflaufende Unkräuter und Ungräser kurz nach dem Pflanzen im Versuch ohne Schäden.

Metazachlor

Butisan(2): 15 ml/100 m² vor dem Auflaufen der Unkräuter und Ungräser im Versuch ohne Schäden.

Metazachlor + Haloxyfop

Butisan(2) + *Gallant*(1): 15 ml + 20 ml/100 m² gegen aufgel. Unkräuter und Ungräser im Versuch ohne Schäden.

Propyzamid

Kerb 50 W: 20-30 g/100 m² in 6-10 l Wasser nach dem Pflanzen auf feuchten Boden hat sich im Versuch bewährt.

Aster dumosus-Hybriden

Haloxyfop

Gallant(1): 20 ml/100 m² nach dem Auflaufen von Gräsern.

Azalea indica

Siehe unter **Rhododendron simsii**

Bellis-Arten (Sorten)

Pendimethalin

Stomp SC(3): 45 ml/100 m² nach dem Pflanzen, vor dem Aufl. der Unkräuter und Ungräser. Im Versuch keine Schäden. Vorsicht bei höheren Aufwandmengen.

Propyzamid

Kerb 50 W: 30 g/100 m² in 6-10 l Wasser 4-5 Tage nach dem Pflanzen auf unkrautfreien, feinkrümeligen Boden. Leichtes Einarbeiten vorteilhaft.

Calendula officinalis

Haloxyfop

Gallant(1): 20 ml/100 m² nach dem Auflaufen der Ungräser, hat sich im Versuch bewährt.

Callistephus chinensis

Metazachlor

Butisan[2]: 15 ml/100 m² kurz nach dem Pflanzen, vor dem Aufl. der Unkräuter im Versuch ohne Schäden.
Pendimethalin
Stomp SC[3]: 45 ml/100 m² nach dem Pflanzen, vor dem Auflaufen der Unkräuter. Im Versuch keine Schäden.
Prosulfocarb
Boxer[2]: 50 ml/100 m² gegen auflaufende Unkräuter und Ungräser, einschließlich Einjähriger Rispe. Im Versuch ohne Schäden.
Propyzamid
Kerb 50 W: 20-30 g/100 m² in 6-10 l Wasser nach dem Pflanzen auf feuchten Boden.

Campanula glomerata
Haloxyfop
Gallant[1]: 20 ml/100 m² nach dem Auflaufen der Ungräser. Schäden wurden nicht beobachtet.

Centaurea-Arten (Sorten)
Metazachlor
Butisan[2]: 20 ml/100 m² nach dem Pflanzen, vor dem Auflaufen der Unkräuter
Prosulfocarb
Boxer[2]: 50 ml/100 m² gegen aufl. Unkräuter und Ungräser, einschließlich Einjähriger Rispe im Versuch ohne Schäden.
Haloxyfop
Gallant[1]: 20 ml/100 m² gegen aufgelaufene Ungräser. Versuchsweiser Einsatz ohne Schaden.

Centaurea cyanus
Metazachlor
Butisan[2]: 20 ml/100 m² nach dem Pflanzen, vor dem Auflaufen der Unkräuter
Pendimethalin
Stomp SC[3]: 45 ml/100 m² nach dem Pflanzen, vor dem Auflaufen der Unkräuter. Schäden wurden nicht beobachtet.
Prosulfocarb
Boxer[2]: 50 ml/100 m² gegen auflaufende Unkräuter nach dem Pflanzen, wenn Pflanzen gut angewurzelt sind.

Chrysanthemum coccineum
Haloxyfop
Gallant[1]: 20 ml/100 m² gegen aufgelaufene Gräser.

Chrysanthemum frutescens - [= Chrysanthemum x hortorum]
Pendimethalin
Stomp SC[3]: 45 ml/100 m² nach dem Pflanzen, vor dem Auflaufen der Unkräuter. Schäden wurden nicht beobachtet.
Prosulfocarb
Boxer[2]: 50 ml/100 m² nach dem Pflanzen, vor dem Aufl. der Unkräuter und Ungräser im Versuch ohne Schaden.

Chrysanthemum-Indicum-Hybriden - [= Chrysanthemum x hortorum]

Triallat

Avadex 480(2): Einsatz gegen Gräser (Einjährige Rispe!) in Praxiserfahrungen bewährt. Pflanzfertige Freilandbeete mit 25 ml *Avadex 480*(2) in 10 l Wasser/100 m² spritzen, Präparat sofort leicht einarbeiten. Dann kann gepflanzt werden.

Haloxyfop

Gallant(1): 20 ml/100 m² nach dem Pflanzen bis 2Blattstadium der Ungräser.

Chrysanthemum maximum

Isoproturon

Arelon flüssig(3): 20 ml/100 m² auf mittleren Böden, vor Austrieb und wenn Pflanzen gut angewachsen sind.

Coreopsis grandiflora, Coreopsis verticillata

Propyzamid

Kerb 50 W: 20-30 g/100 m² bei Gräsern, vor allem Quecke.

Cosmos bipinnatus

Metazachlor

Butisan(2): 15 ml/100 m² nach dem Pflanzen, vor dem Auflaufen der Unkräuter

Pendimethalin

Stomp SC(3): 45 ml/100 m² nach dem Pflanzen, vor dem Auflaufen der Unkräuter. Schäden sind möglich.

Prosulfocarb

Boxer(2): 50 ml/100 m² gegen auflaufende Unkräuter und Ungräser nach dem Pflanzen.

Dahlia-Hybriden (Dahlia pinnafa (D. variabilis))

Linuron

Afalon(1): 20 g/100 m² in 10 l Wasser zeigte gute Wirkung, auch gegen Kleine Brennessel, Franzosenkraut, Melde, Taubnessel, Vogelmiere.

Pendimethalin

Stomp SC(3): 45 ml/100 m² vor Austrieb der Knolle, vor dem Auflaufen bis Keimblattstadium der Unkräuter.

Pendimethalin + Metazachlor

Stomp SC(3) + *Butisan*(2): 30 ml + 15 ml/100 m² vor Austrieb der Knollen angewandt, hat sich im Versuch ohne Schäden bei Dahlien gezeigt.

Pendimethalin + Prosulfocarb

Stomp SC(3) + *Boxer*(2): 15 ml + 40 ml/100 m² vor Austrieb der Knolle, vor Auflaufen der Unkräuter und Ungräser.

Delphinium-Hybriden

Haloxyfop

Gallant(1): 20 ml/100 m² gegen Gräser. In älteren Pflanzungen keine Schäden bei versuchsweiser Spritzung.

Prosulfocarb

Boxer(2): 50 ml/100 m² nach dem Pflanzen, vor dem Aufl. der Unkräuter und Ungräser im Versuch ohne Schaden.

Dianthus barbatus
Metazachlor
Butisan(2): 15 ml/100 m² nach dem Pflanzen, zeigte gute Wirkung bei guter Verträglichkeit.

Dianthus plumarius
Metazachlor
Butisan(2): 15 ml/100 m² nach dem Pflanzen, vor dem Auflaufen der Unkräuter oder bis 2Blattstadium der Unkräuter und Ungräser.

Doronicum orientale
Propyzamid
Kerb 50 W: 30-40 g/100 m² im Winter bzw. zeitigen Frühjahr bei unter 10 °C gegen Gräser, besonders Quecke.

Echinacea purpurea (Rudbeckia purpurea)
Metazachlor
Butisan(2): 20 ml/100 m² im Winter bei unter 10 °C gegen Gräser und Vogelmiere.

Erigeron-Hybriden
Haloxyfop
Gallant(1): 20 ml/100 m² gegen Gräser. Versuchsweise Behandlung wenn Pflanzen gut angewachsen sind, ergaben keine Schäden.
Prosulfocarb
Boxer(2): 50 ml/100 m² nach dem Pflanzen, vor dem Auflaufen der Unkräuter und Ungräser, im Versuch ohne Schäden.

Gaillardia-Hybriden
Propyzamid
Kerb 50 W: 20-30 g/100 m² im Winter bei unter 10 °C gegen Gräser und Vogelmiere.

Gladiolus-Hybriden
Linuron
Afalon(1): Gegen auflaufende und aufgelaufene Unkräuter 15 g/100 m² auf leichten und mittleren, 20 g/100 m² auf schweren Böden sofort bis eine Woche nach dem Legen. Wirkung gegen Gräser (Einjährige Rispe) nicht immer befriedigend; nicht unter Glas einsetzen. -
Metazachlor
Butisan(2): 15 ml/100 m² nach dem Legen der Knolle, zeigte im Versuch gute Verträglichkeit und Wirkung gegen auflaufende Unkräuter.
Metazachlor + Pendimethalin
Butisan(2): 20 ml/100 m² + *Stomp SC*(3): 30 ml/100 m² nach dem Pflanzen vor Austrieb der Knollen und vor Auflaufen der Unkräuter. Im versuchsweisen Einsatz ohne Schäden.
Vor Auflauf der Knolle:
Glyphosat
Roundup u.a.: 50 ml/100 m² gegen aufgelaufene Unkräuter.

Gypsophila paniculata
Haloxyfop

Gallant[1]: 20 ml/100 m² gegen Gräser nach dem Pflanzen und nach dem Auflaufen der Gräser.

Metazachlor

Butisan[2]: 15 ml/100 m² nach dem Pflanzen vor dem Auflaufen der Unkräuter im Versuch ohne Schäden.

Prosulfocarb

Boxer[2]: 50 ml\100 m² nach dem Pflanzen, vor dem Auflaufen der Unkräuter und Ungräser. Im Versuch ohne Schäden.

Helenium-Hybriden

Propyzamid

Kerb 50 W: 20-30 g/100 m² im Winter bei unter 10 °C gegen Gräser und Vogelmiere.

Helichrysum bracteatum

Metazachlor

Butisan[2]: 15 ml/100 m² etwa 10 Tage nach dem Pflanzen gegen auflaufende Ungräser und Unkräuter zeigte in Versuchen gute Wirkung und Pflanzenverträglichkeit.

Prosulfocarb

Boxer[2]: 50 ml/100 m² nach dem Pflanzen, vor dem Auflaufen der Unkräuter und Ungräser. Im Versuch ohne Schäden.

Pendimethalin

Stomp SC[3]: 30 ml/100 m² nach dem Pflanzen, vor dem Auflaufen der Unkräuter.

Heliopsis helianthoides

Propyzamid

Kerb 50 W: 20-30 g/100 m² im Winter bei unter 10 °C gegen Gräser und Vogelmiere.

Helleborus niger

Propyzamid

Kerb 50 W: 30 g/100 m² gegen Gräser von November bis Februar.

Inula-Arten und -Sorten

Propyzamid

Kerb 50 W: 20-30 g/100 m² im Winter bei unter 10 °C gegen Gräser und Vogelmiere.

Iris sibirica

Propyzamid

Kerb 50 W: 20-30 g/100 m² bei Temperaturen unter 10 °C gegen Gräser und Vogelmiere.

Metamitron

Goltix WG[2]: 10 g/100 m², ca 1 Woche nach dem Pflanzen, bis Keimstadium der Unkräuter.

Kniphofia galpinii

Kniphofia uvaria

Propyzamid

Kerb 50 W: 20-30 g/100 m² im Winter bei Temperaturen unter 10 °C gegen Quecke, andere Gräser und Vogelmiere.

Lavatera

Metazachlor

Butisan(2): 15 ml/100 m² 5-7 Tage nach dem Pflanzen, gegen auflaufende Unkräuter und Ungräser

Liatris spicata

Propyzamid

Kerb 50 W: 20-30 g\100 m² gegen Gräser im November bis Februar. Keine Schäden im Versuch.

Limonium sinuatum (Statice sinuata)

Haloxyfop

Gallant(1): 20 ml/100m² gegen Gräser nach dem Auflaufen der Gräser hat sich im Versuch bewährt.

Pendimethalin + Haloxyfop

Stomp SC(3) + *Gallant*(1): 45 ml + 20 ml/100 m² gegen Unkräuter und Ungräser nach dem Pflanzen, im Versuch ohne Schäden.

Prosulfocarb

Boxer(2): 50 ml/100 m² nach dem Pflanzen, nach dem Auflaufen der Gräser und Unkräuter. Im Versuch keine Schäden beobachtet.

Limonium latifolium

Propyzamid

Kerb 50 W: 30 g/100 m² im Herbst bis Winter bei unter 10 °C gegen Gräser und Vogelmiere.

Myosotis

Metazachlor

Butisan(2): 15 ml/100 m² nach dem Pflanzen und vor Auflaufen der Unkräuter. Im Herbst auftretende Schäden wachsen wieder aus.

Narcissus

Propyzamid

Kerb 50 W: 30 g/100 m². Anwendung im Herbst gegen Gräser.

Haloxyfop - *Gallant*(1): verursacht Schäden.

Phlox paniculata-Hybriden

Haloxyfop

Gallant(1): 20 ml/100 m² können versuchsweise nach dem Pflanzen gegen Gräser eingesetzt werden.

Physostegia virginiana

Propyzamid

Kerb 50 W: 30-40 g/100 m² im Herbst bis Winter bei unter 10 °C gegen Gräser und Vogelmiere.

Salvia

Haloxyfop

Gallant(1): 20 ml/100 m² ach dem Auflaufen der Gräser

Haloxyfop + Pyridat

Gallant(1) + *Lentagran*(1): 20 ml + 20 ml/100 m² nach dem Auflaufen der Unkräuter und Ungräser. Wachstumshemmung ist möglich.

Sedum hybridum, Sedum spurium

Haloxyfop

Gallant(1): 20 ml/100 m² nach dem Auflaufen der Gräser. Im Versuch pflanzenverträglich.

Sidalcea

Metazachlor

Butisan(2): 15 ml/100 m² 4-7 Tage nach dem Pflanzen gegen auflaufende Unkräuter und Ungräser.

Solidago-Hybriden

Propyzamid

Kerb 50 W: 30-40 g/100 m² im Winter bei unter 10 °C gegen Gräser und Vogelmiere.

Statice sinuata

Siehe unter **Limonium sinuatum.**

Tagetes erecta-Hybriden

Metamitron

Goltix WG(2): 50 g\100 m² nach dem Pflanzen. Wirkung allgemein gut gegen Einjährige Rispe und Unkräuter, ebenso Verträglichkeit.

Propyzamid

Kerb 50 W: 20-30 g/100 m² ca. 2 Wochen nach dem Pflanzen.

Prosulfocarb

Boxer(2): 50 ml/100 m² nach dem Pflanzen, vor dem Auflaufen der Unkräuter und Ungräser; im Versuch ohne Schäden.

Tagetes-Patula-Hybriden

Metamitron

Goltix WG(2): 50 g/100 m² etwa 2 Wochen nach dem Pflanzen mit guter Wirkung gegen Einjährige Rispe und zweikeimblättrige Unkräuter. Verträglichkeit im versuchsweisen Einsatz testen.

Viola x Wittrockiana Hybriden (Stiefmütterchen) im Freiland

Triallat

Avadex 480(2): 2,5 l/ha, in 400 l Wasser auf feuchten Boden gegen Gräser spritzen und sofort einarbeiten auf 3-5 cm Tiefe, dann kann gepflanzt werden.

Metazachlor

Butisan(2): 20 ml/100 m² nach dem Pflanzen und vor dem Auflaufen der Unkräuter. Schäden wurden nicht beobachtet.

Prosulfocarb

Boxer: 50 ml/100 m², zugelassen in Stiefmütterchen nach dem Pflanzen gegen ein- und zweikeimblättrige Unkräuter.

Weitere Präparate

Auf Freilandflächen sind zahlreiche Präparate geprüft worden wie **Isoproturon** (*Arelon flüssig*(3)), **Chlortoluron** (*Dicuran 700 flüssig*(2)), **Haloxyfop** (*Gallant*(1)), **Isoxaben** (*Flexidor*(2)), **Phenmedipham** (*Betanal*(2)). Man fordere daher eine spezielle Beratung an.

Zinnia elegans
Metazachlor
Butisan[(2)]: 15 ml/100 m² nach dem Pflanzen, vor dem Auflaufen der Unkräuter. Im Versuch keine Schäden.
Propyzamid
Kerb 50 W: 20-30 g/100 m² nach dem Pflanzen zeigt gute Wirkung und Verträglichkeit.

3.3 Unkrautbekämpfung unter Gehölzen

Die für Park- und Ziergehölzpflanzungen zugelassenen Herbizide sind in der Regel Bodenherbizide, die über die Wurzeln der Unkräuter und Ungräser wirken und so angewendet werden sollen, daß die Blätter der Kulturpflanzen, vor allem auch junge Triebe nicht mitbehandelt werden. Daher werden sie während der Vegetationsruhe sowie vor oder nach dem Austrieb der Gehölze eingesetzt.
Vorbedingung für eine gute Wirkung der Bodenherbizide ist, daß der Boden mäßig feucht ist. Unter Umständen erweist es sich als zweckmäßig, ihn vor der Behandlung zu beregnen. Besonders günstig wirkt sich ein guter Garezustand und eine feinkrümelige Struktur der zu behandelnden Flächen aus. Nicht alle Böden sind für die Anwendung von Bodenherbiziden gleichmäßig gut geeignet. Vor allem auf leichten, humusarmen Böden können leicht Schäden an Gehölzen entstehen.
Die Forderung, daß bei der Ausbringung von Pflanzenschutzmitteln sorgfältig auf richtige Dosierung geachtet werden muß, gilt besonders für Herbizide. Für eine gute Wirkung der meisten Präparate ist eine hohe Wasseraufwandmenge notwendig, die zwischen 600 bis 800 l je ha, also 6-8 l je 100 m², liegt, falls in der Gebrauchsanleitung nicht etwas anderes angegeben ist. Die Spritzung muß mit äußerster Sorgfalt so durchgeführt werden, daß angrenzende Rasenflächen oder Blumenbeete sowie Flächen mit Gemüse oder Obst nicht mit den verwendeten Herbiziden in Berührung kommen, da andernfalls empfindliche Schäden möglich sind. Bei windigem Wetter ist die Spritzmaßnahme zu unterlassen, da Herbizide durch Abtrift auf benachbarte Flächen transportiert werden. Auch Erdbewegungen von behandelten Flächen sollen unter allen Umständen unterbleiben. Selbst die kleinen, an Arbeitsgeräten oder Stiefeln haftenden Herbizidmengen können auf Rasenflächen schon unerfreuliche braune Verbrennungsflecke erzeugen.
Hat man sich zum Einsatz von Herbiziden mit langer Wirkungsdauer entschlossen, sollte der Boden während einer angemessenen Zeit nicht bearbeitet werden. Die oberste Schicht von Flächen, die leicht verschlämmen, kann allerdings flach gelockert werden.
Die für die Anwendung unter Gehölzen zugelassenen Herbizide (Beispiele) sind in der folgenden Übersicht genannt. Man lasse sich vor der Anwendung durch den Pflanzenschutzdienst dahingehend beraten, welches Herbizid bei den auf der in Frage kommenden Fläche vorhandenen Unkräutern und Gehölzen besondere Vorteile bietet.

Zu bestimmten Zeiten anwendbare Herbizide

Zur Kulturvorbereitung

Glyphosat: Anwendung zur Kulturvorbereitung mit nachfolgendem Umbruch und anschließendem Anbau von Gehölzen, gegen ein- und zweikeimblättrige Unkräuter: *Cardinal, DURANO, Egret, Roundup, Compo Spezial Unkrautvernichter Filatex, Spezial-Unkrautvernichter Weedex*, 0,4 ml/m².

Ab Pflanzjahr

Gegen auflaufende Unkräuter

Vor oder/und nach dem Austrieb der Gehölze

Fluazifop: *Fusilade 2000*(1), 0,4 ml/m² nach dem Austrieb ab 3.-4. Blattstadium einkeimbl. Unkräuter, ausgen. Einjähriges Rispengras.
Glyphosat: *Roundup Alphee* unverdünnt spritzen oder sprühen.
Roundup LB: 3 % spritzen mit Spritzschirm.
DURANO, *Glypar*, *Roundup*, *Roundup Ultra*: 3 % Zwischenreihenbehandlung mit Abschirmung

Ab 1. Standjahr

Gegen auflaufende Unkräuter

Vor oder/und nach dem Austrieb der Gehölze

Glufosinat: *BASTA, Difontan, Celaflor Unkrautfrei, Exakt-Unkrautfrei Madit* 0,5 ml/m² gegen ein- und zweikeimblättrige Unkräuter bei einer Unkrauthöhe bis 25 cm. (Spritzschirm erforderlich!)
Linuron: *Afalon*(1) 0,2 g/m², vor Austrieb der Gehölze gegen auflaufende Unkräuter in Verschulbeeten.
Isoxaben: *Flexidor* 0,1 ml/m², vor Austrieb der Gehölze gegen auflaufende Unkräuter.
Simazin: *Gesatop 2 Granulat* 7,5 g/m², vor Austrieb der Gehölze gegen ein- und zweikeimblättrige Unkräuter.

Gegen Quecke und andere einkeimblättrige Unkräuter

Vor dem Austrieb der Gehölze bzw. in der Vegetationsruhe

Propyzamid: *Kerb 50 W*, 0,5 g/m², möglichst schon im November, aber bis spätestens März einsetzen, niedere Temperaturen und Niederschläge sind Voraussetzungen für gute Wirksamkeit. Wirkt auch gegen Vogelmiere, kleinen Ampfer und kleine Brennessel. In vielen Fällen sind 0,15-0,25 g/m² ausreichend (ist abhängig von Art und Stärke der Verunkrautung).
Kerb-Streugranulat, 40 g/m², im Winter (in der Vegetationsruhe) gegen ein- und zweikeimblättrige Unkräuter.

Nach dem Austrieb der Gehölze

Fluazifop-P: *Fusilade ME* 0,4 ml/m² nach dem Pflanzen in Verschulbeeten und Quartieren.

Ab 2. Standjahr

Gegen auflaufende Unkräuter

Vor dem Austrieb der Gehölze

Dichlobenil: Anwendung 4 g/m² unter Ziergehölzen: *Casoron G*; *Ustinex CN-Streumittel*; *Unkrautfrei Ektorex G*, *Prefix G Neu*, *Vinuran*.
Gute Wirkung gegen Ungräser und Unkräuter (mit Ausnahme von Ampfer, Distel, Hahnenfuß und Winde).
Linuron: *Afalon*(1): Anwendung 0,2-0,6 g/m².
Breite Wirksamkeit gegen **Samenunkräuter,** auch gegen schwierig zu bekämpfende Arten wie Ehrenpreis, Gänsedistel, Taubnessel, Kreuzkraut.

Gegen auflaufende Unkräuter und Ungräser

Vor dem Austrieb der Gehölze (Ziergehölze)

Dichlobenil: *Prefix G Neu*; *Casoron G; Gehölze-Unkraut-frei; Ustinex CN-Streumittel; Unkrautfrei Ektorex G, Vinuran*; Anwendung 4 g/m² auf leichten Böden, 6 g/m² auf mittleren und schweren Böden. Auch in **Solitäranlagen.**
Propyzamid + Isoxaben: *Proxuran-Streugranulat*, Anwendung 30 g/m² streuen gegen vorhandene und auflaufende Ungräser und vorhandene Unkräuter. Anwendungszeitpunkt: November bis Dezember.

Bei allen Unkrautbekämpfungsmitteln ist es besonders wichtig, die Gebrauchsanleitungen der einzelnen Präparate genau einzuhalten. Konzentrationsüberschreitungen oder Anwendung zum ungeeigneten Zeitpunkt können schwere Schäden zur Folge haben.

3.4 Unkrautbekämpfung in Zier- und Sportrasen

Ursachen der Verunkrautung

Unkrautsamen befinden sich bei der Vorbereitung einer Neueinsaat von Rasen fast stets mehr oder weniger reichlich im Boden. Zusätzlich kommen manche Arten später durch den Wind oder durch Verschleppung über Mensch und Tier auf die Rasenflächen. Unkräuter entwickeln sich im Rasen vielfach schneller als die wertvollen Gräser. Ihre Anpassungsfähigkeit an die jeweiligen Standortverhältnisse und ihr Verdrängungsvermögen übertrifft das der Kulturgräser oft beträchtlich. Mangelhafte oder falsche Nährstoffversorgung führt **immer** zu einer Verschiebung des Pflanzenbestandes zugunsten der Unkräuter. Das gleiche tritt auch bei anhaltender Trockenheit, übermäßiger Nässe oder zu häufigem Schnitt ein. Letzteres fördert beispielsweise Ehrenpreis, Gänseblümchen, Hornkraut, Löwenzahn, Mastkraut, Wegerich-Arten und Weißklee.

Voraussetzungen für die Anlage und Erhaltung eines unkrautfreien, dichten und dauerhaften Rasens

1. Wahl einer geeigneten, nicht zu stark beschatteten Fläche;

2. Beseitigung des Unkrautbewuchses durch Hacken oder Fräsen, vor allem Entfernung der ausdauernden Wurzelunkräuter, **vor** der Raseneinsaat;

3. Beratung betreffs Auswahl einer für den angestrebten Zweck (Zierrasen, Liegewiese, Sportplatz, Golfplatz) und die anstehende Bodenart geeigneten Gräsermischung;

4. Regelmäßige Pflegemaßnahmen: Nährstoffversorgung (Düngung, möglichst nach vorheriger Bodenuntersuchung), Bewässerung und Schnitt.

Wenn es gelingt, bereits durch diese vorbeugenden Maßnahmen eine geschlossene, dichte Grasnarbe zu erzielen und sie mittels regelmäßigen Schnittes, ausreichender Bewässerung und angemessener Düngung auch zu erhalten, werden sich kaum Unkräuter ansiedeln.

Chemische Unkrautbekämpfung

Die **Anwendung von Unkrautbekämpfungsmitteln** sollte auf unbedingt notwendige Fälle beschränkt werden. Die Gebrauchsanleitungen der Präparate sind genau zu beachten. Vor allem muß jedes Verwehen von Spritzflüssigkeit auf benachbarte Zierpflanzen, Gehölze und

Gemüsebeete vermieden werden. Falls sich eine Düngergabe an den Zeitpunkt der Unkrautbekämpfung angleichen läßt, können dafür zugelassene Kombinationspräparate (Unkrautbekämpfungsmittel + Rasendünger) verwendet werden. Siehe auch Kapitel 5 "Pflanzenschutzmittelübersicht".

Ansaatjahr

Im **Ansaatjahr** ist der Rasen durch Verunkrautung mit Ampfer, Hahnenfuß, Vogelmiere und anderen Pflanzenarten zwar besonders gefährdet, die chemische Unkrautbekämpfung aber meist noch nicht möglich, zumindest aber sehr schwierig. Falls trotz vorheriger Bereinigung der Fläche mit den Gräsern noch Samenunkräuter auflaufen, können diese 3 Monate nach der Saat mit einem ***2,4-D + Dicamba-Salz + Dünger***-Präparat (z. B. *Egesa Unkrautvernichter Neu mit Rasendünger* 30 g/m², *park UV neu + Rasendünger*, *UV RASEN FLORANID*, *Unkrautvernichter Spiess mit Rasendünger* 30 g/m² u. a.) bekämpft werden. Wiederholung nach etwa 4 Wochen erforderlich. Mahd erst 2 Wochen nach Anwendung des Präparates.
Bei **Rasenumbruch vor Neuansaaten** ist *Glyphosat (Roundup, Spezial-Unkrautvernichter Weedex, Compo Spezial Unkrautvernichter Filatex, Egret, Cardinal, DURANO*) zugelassen, und zwar **vor Rasenumbruch,** 0,4 ml/m² gießen oder spritzen.

Ältere Rasenflächen (nach dem Ansaatjahr)

Auf älteren, besonders ungepflegten Rasenflächen, treten oft folgende Unkrautarten auf: Ampfer, Ehrenpreis, Gänseblümchen, Gelbklee, Hahnenfuß, Hornklee, Löwenzahn, Knöterich-Arten, Mastkraut, Wegerich, Weißklee.
Hier versprechen Unkrautbekämpfungsmittel, die Wuchsstoffe enthalten, die besten Erfolge. Bei ihrer Ausbringung nach dem letzten Schnitt ist darauf zu achten, daß die Unkräuter wieder genügend Blattmasse gebildet haben. Benachbarte Bäume, Sträucher sowie in der Nähe liegende Beete dürfen nicht vom Spritznebel getroffen werden.
Nur bei windstillem Wetter spritzen und genügend Abstand zu benachbarten Kulturen halten. Granulatformulierungen sind in dieser Hinsicht günstiger zu beurteilen. Eine zusätzliche Stickstoffdüngung steigert den Erfolg der Bekämpfung, indem die Konkurrenzkraft der Gräser gefördert wird. Einige Unkrautbekämpfungsmittel sind mit einem Dünger kombiniert aufbereitet. Diese Kombinationen (Handelsnamen siehe Kapitel 5 "Pflanzenschutzmittelübersicht") haben die gleichen Vorteile wie Präparate, die als Granulate formuliert sind. Gut bewährt:
Dicamba + MCPA-Salz: *Banvel M, Gabi Rasenunkraut-Vernichter, Rasen Unkrautvernichter Banvel M, Rasen-Utox-flüssig, Hedomat Rasenunkrautfrei* und andere; gute Wirkung gegen Gänseblümchen und andere Unkräuter, nicht aber gegen Ehrenpreis.
2,4-D- + Mecoprop-Salz: *Rasen-Unkrautvernichter Astix MPD, Duplosan KV-Combi, Marks Optica MP Combi, COMPO Rasenunkraut-frei, Rasen-RA-6.*
Chlorflurenol + MCPA + Dünger ist in zahlreichen Präparaten am Markt. Aufwandmenge: 30 g/m" streuen.

Bekämpfung von Moos in Zier- und Sportrasen

Moose siedeln sich bevorzugt auf zu schattigen, übermäßig feuchten, verschlämmten, "versauerten" Rasenflächen bei unzureichender Nährstoffversorgung, zu niedrigem pH-Wert und zu tiefem Schnitt an. Daher läßt sich bereits durch Aufkalken, etwa mit Mergel, viel zur Eindämmung des Moosbewuchses tun. Nur, wenn Standort und Ernährung verbessert werden können, hat die Anwendung von **Präparaten gegen Moose** nachhaltige Wirkung. Zur Auswahl der Präparate siehe Kapitel 5 "Pflanzenschutzmittelübersicht".

3.5 Unkrautbekämpfung auf Wegen und Plätzen

Gemäß § 6 Abs. 2 des Gesetzes zum Schutz der Kulturpflanzen (Pflanzenschutzgesetz - PflSchG) vom 14. Mai 1998 (BGBl I, S. 971) dürfen Pflanzenschutzmittel auf Freilandflächen nur angewandt werden, soweit diese landwirtschaftlich, forstwirtschaftlich oder gärtnerisch genutzt werden. Die zuständige Behörde kann nach § 6 Abs. 3 PflSchG Ausnahmen von Abs. 2 genehmigen. Die Begriffsdefinition der "Nutzung" kann in den einzelnen Bundesländern unterschiedlich formuliert sein.

Die Länder haben daher zu diesem § 6 (3) PflSchG eigene Verwaltungsvorschriften erlassen. Nachfolgend wird als **Muster** die Verwaltungsvorschrift des Landes Nordrhein-Westfalen abgedruckt. Es wird empfohlen, bei Bedarf entsprechende Informationen beim zuständigen Pflanzenschutzdienst einzuholen.

Verwaltungsvorschrift des Landes Nordrhein-Westfalen zur Anwendung von Pflanzenschutzmitteln auf Freilandflächen, die nicht landwirtschaftlich, forstwirtschaftlich oder gärtnerisch genutzt werden.

Gem. RdErl. d. Ministeriums für Umwelt, Raumordnung und Landwirtschaft - II B 2 - 2340/1 - 32505 - u. d. Ministeriums für Stadtentwicklung und Verkehr - Z B 4 - 4287/91 - v. 12. 4. 1991 (MBl.NW-Nr. 32 vom 31. 5. 91, S. 722) geändert durch den Gem. RdErl vom 14.7.93 (MBl.NW-Nr. 59 vom 27.09.1993, S. 1546)

Inhalt

2.3.1 Hof- und Betriebsflächen und Schulhöfe
2.3.2 Böschungen, Bahndämme, Weg- und Straßenränder
2.3.3 Rast- und Parkplätze
2.3.4 Rad- und Wanderwege
2.3.5 Flächen die aus Gründen des Naturschutzes und der Landschaftspflege weitestgehende Schonung erfahren sollen
2.3.6 Gewässerflächen und unmittelbar an oberirdischen Gewässern
2.3.7 Sonstige Freilandflächen

3. Zuständigkeit

4. Antragstellung und Genehmigungsbescheid

5. Schlußbestimmungen

Nach § 6 Abs. 2 des Pflanzenschutzgesetzes vom 14. Mai 1998 (BGBl. I S. 971) dürfen Pflanzenschutzmittel auf Freilandflächen nur angewandt werden, soweit diese landwirtschaftlich, forstwirtschaftlich oder gärtnerisch genutzt werden. Sie dürfen jedoch nicht in oder unmittelbar an oberirdischen Gewässern und Küstengewässern angewandt werden.
Nach § 6 Abs. 3 des Pflanzenschutzgesetzes kann die zuständige Behörde Ausnahmen von Absatz 2 genehmigen, wenn der angestrebte Zweck vordringlich ist und mit zumutbarem Aufwand auf andere Weise nicht erzielt werden kann und überwiegende öffentliche Interessen, insbesondere des Schutzes von Tier- und Pflanzenarten, nicht entgegenstehen.

1. Begriffsbestimmungen

Im Sinne dieser Verwaltungsvorschrift sind

1.1 Pflanzenschutzmittel:
die in § 2 Abs. 1 Nr. 9 des Pflanzenschutzgesetzes ausgeführten Stoffe.

1.2 Freilandflächen:
die nicht durch Gebäude oder Überdachungen ständig abgedeckten Landflächen, unabhängig von der Beschaffenheit der Bodenoberfläche. Zu den Freilandflächen gehören auch Verkehrsflächen jeglicher Art wie Gleisanlagen, Straßen-, Wege-, Hof- und Betriebsflächen Garagenzufahrten, Park- und Abstellflächen sowie sonstige durch Tiefbau- oder Landschaftsbaumaßnahmen veränderte Landflächen.

1.3 Landwirtschaftliche, forstwirtschaftliche oder gärtnerische Nutzung:
Formen der Landbewirtschaftung, die nachhaltig betrieben werden und dabei auf die Gewinnung von Pflanzen oder Pflanzenerzeugnissen oder auf die gärtnerische Gestaltung und Pflege ausgerichtet sind; maßgebend ist die tatsächliche Nutzung. Hierzu gehören auch Haus- und Kleingärten, öffentliche Grünanlagen, Friedhöfe und Versuchsanlagen für wissenschaftliche Zwecke. Ausgenommen sind Wege mit asphaltierter oder betonierter Decke und alle befestigten Flächen innerhalb dieser Gärten und Anlagen sowie Gestaltungs- und Ausgleichsflächen zugunsten des Naturschutzes und der Landschaftspflege.

Eine Nutzung in diesem Sinne liegt nicht vor bei Flächen, die nicht oder nur mittelbar der landwirtschaftlichen Bodennutzung dienen, wie Wege, Böschungen, Feldraine, Hecken, Feldgehölze und Flächen für Ausgleichsmaßnahmen gemäß § 4 ff des Landschaftsgesetzes. Gleiches gilt für Grünflächen und sonstige Außenanlagen, die nicht oder nicht vorwiegend für gärtnerische, sondern für sonstige Zwecke genutzt werden, z. B. Kinderspielplätze, umgrünte Sandspielplätze, Spiel- und Liegewiesen.

1.4 Oberirdische Gewässer:
die in § 1 Abs. 1 Nr. 1 des Wasserhaushaltsgesetzes in der Fassung der Bekanntmachung vom 23. September 1986 (BGBl. I S. 1529) genannten Gewässer. Oberirdische Gewässer werden durch ihre Böschungsoberkanten begrenzt.

1.5 Anwenden unmittelbar an oberirdischen Gewässern:
das Anwenden von Pflanzenschutzmitteln innerhalb eines Abstandes zum Gewässer, bei dem ein Eintrag von Pflanzenschutzmitteln in das Gewässer zu besorgen ist. Als Mindestabstand gelten 10 m. Weitergehende Auflagen aus der Gebrauchsanleitung eines Pflanzenschutzmittels bleiben unberührt.

2. Ausnahmegenehmigungen

2.1 Genehmigungsgrundsätze:

2.1.1 Strenger Maßstab
Bei der Prüfung der Voraussetzungen für eine Ausnahmegenehmigung ist ein strenger Maßstab anzulegen. Die Anwendung von Pflanzenschutzmitteln muß auf das unbedingt notwendige Maß beschränkt werden.

2.1.2 Vordringlicher Zweck
Ein vordringlicher Zweck setzt gewichtige öffentliche oder private Interessen voraus. Diese sind dann anzunehmen, wenn Gefahren für die menschliche Gesundheit oder für erhebliche Sachwerte abgewendet werden sollen, z. B.:

- mangelnde Verkehrs- und Betriebssicherheit,
- Beeinträchtigung der Funktion, des Korrosions-, Brand- oder Explosionsschutzes baulicher Anlagen oder gelagerter Materialien,
- Beeinträchtigung der militärischen Sicherheit.

2.1.3 Zumutbarer Aufwand
Es ist zu prüfen, ob der angestrebte Zweck mit zumutbarem Aufwand ohne Anwendung von Pflanzenschutzmitteln erreicht werden kann. Dabei ist ein höherer Aufwand für alternative Verfahren bis zur Grenze des wirtschaftlich Vertretbaren grundsätzlich zumutbar.

2.1.4 Öffentliche Interessen
Einer Genehmigung entgegenstehende öffentliche Interessen sind insbesondere der Schutz der Bevölkerung, der Tiere und Pflanzen und ihrer Lebensräume sowie des Naturhaushalts vor einer unmittelbaren oder mittelbaren Gefährdung durch Pflanzenschutzmittel. Ob diese Interessen gegenüber dem angestrebten Zweck der Bekämpfungsmaßnahme überwiegen, ist nach Güterabwägung grundsätzlich im Einzelfall festzustellen. In gleichgelagerten Fällen kann auf Einzelfallentscheidungen verzichtet werden, wenn die Wahrnehmung des öffentlichen Interesses dadurch nicht beeinträchtigt wird.

Die Anwendung von Pflanzenschutzmitteln darf auch nicht zu nachteiligen Veränderungen der Beschaffenheit der Gewässer und zu einer Belastung von Kläranlagen führen. Überwiegende öffentliche Interessen werden in aller Regel in Wasserschutzgebieten, außerhalb von Wasserschutzgebieten in bestimmt abgegrenzten Einzugsgebieten von Trinkwasssergewinnungsanlagen oder Heilquellen sowie in Naturschutzgebieten, flächenhaften Naturdenkmalen und sonstigen aufgrund der Biotopkartierung und des Artenschutzes als ökologisch besonders wertvoll bezeichneten Bereichen vorliegen, soweit nicht der Einsatz von Pflanzenschutzmitteln ohnehin schon aufgrund der Schutzvorschriften untersagt ist. Dabei sind auch angrenzende Flächen in einer angemessenen Breite mit einzubeziehen, soweit von ihnen nachteilige Wirkungen auf die genannten schutzwürdigen Flächen ausgehen können.

2.2 Genehmigungsfähige Anwendungen
Genehmigungsfähig ist die Anwendung von Pflanzenschutzmitteln unter Berücksichtigung der o. a. Genehmigungsgrundsätze auf

2.2.1 Anlagen des Verkehrs im Bereich

- der Schienenwege, begrenzt auf Gleisbettung, Schotterflanke und Randweg,
- der Straßen und Wirtschaftswege, die mit einer wassergebundenen oder festen Decke versehen sind, sowie der Mittelstreifen,
- der Flugbetriebsflächen, soweit dies zur Aufrechterhaltung der Flugsicherheit notwendig ist,
- der Hafenverkehrsflächen, soweit dies aus Hafensicherheitsgründen erforderlich ist.

2.2.2 Militärischen Anlagen,
soweit dies zur Aufrechterhaltung der militärischen Sicherheit notwendig ist. Dazu gehören militärische Fahrstraßen mit einer wasserundurchlässigen, festen Decke.

2.2.3 Anlagen des Bundesgrenzschutzes, der Polizei, der Feuerwehr und des Technischen Hilfswerks.
Für diese Anlagen gilt Nummer 2.2.2 entsprechend.

2.2.4 Anlagen mit besonderer Korrosions-, Brand- oder Explosionsgefahr,
z. B. auf direkt an Ölförderstellen, Raffinerien, Depots oder an oberirdische Rohrleitungsanlagen angrenzende Betriebsflächen, die aus Gründen des Korrosions-, Brand- oder Explosionsschutzes bewuchsfrei gehalten werden müssen.

2.2.5 Anlagen von Energieversorgungsunternehmen,
Umspannanlagen und Ortsnetzstationen der Energieversorgungsunternehmen sowie bekieste Flächen innerhalb von Schutzvorrichtungen, die bauartbedingt beim Betrieb nicht begehbar sind.

2.2.6 Sendeanlagen der Post sowie der Rundfunk- und Fernsehanstalten.

2.2.7 Sportanlagen, die nicht überwiegend begrünt sind. Bei diesen Anlagen ist eine Ausnahmegenehmigung möglich, wenn eine bestimmungsgemäße Nutzung oder die Erhaltung der Anlage das Freisein von Bewuchs voraussetzt.

2.2.8 Bürgersteigen und Bahnsteigen.

2.3 Nicht genehmigungsfähige Anwendungen
In der Regel nicht genehmigungsfähig ist die Anwendung von Pflanzenschutzmitteln unter anderem auf

2.3.1 Hof- und Betriebsflächen und Schulhöfen.

2.3.2 Böschungen, Bahndämmen, Weg- und Straßenrändern.

2.3.3 Rast- und Parkplätzen.

2.3.4 Rad- und Wanderwegen.

2.3.5 Flächen, die aus Gründen des Naturschutzes und der Landschaftspflege weitestgehende Schonung erfahren sollen.

Wenn auf Flächen nach Nummern 2.3.1 bis 2.3.5 die Anwendung von Pflanzenschutzmitteln wegen eines unabweisbaren vordringlichen Zwecks erforderlich erscheint, kann nach Anlegung eines strengen Maßstabs eine Ausnahmegenehmigung erteilt werden.

2.3.6 Gewässerflächen und unmittelbar an oberirdischen Gewässern.

2.3.7 Sonstigen Freilandflächen,
die nicht landwirtschaftlich, forstwirtschaftlich oder gärtnerisch genutzt werden, wenn von ihnen ein Eintrag von Pflanzenschutzmitteln in oberirdische Gewässer zu besorgen ist.

3. Zuständigkeit
Genehmigungsbehörde ist der Direktor der Landwirtschaftskammer als Landesbeauftragter. Die Genehmigung zur Anwendung von Pflanzenschutzmitteln auf Freilandflächen darf

- in Wasserschutzgebieten und in bestimmt abgegrenzten Einzugsgebieten von Trinkwassergewinnungsanlagen oder Heilquellen nur im Benehmen mit der untersten Wasserbehörde,
- in Natur- und Landschaftsschutzgebieten sowie auf den in Nummer 2.3.5 genannten Flächen nur im Benehmen mit der unteren Landschaftsbehörde erteilt werden.

Stellungnahmen der Unteren Wasserbehörde und der Unteren Landschaftsbehörde sind außerhalb der vorgenannten Gebiete in den Fällen einzuholen, in denen die zur Behandlung beantragte Fläche eine Größe von 2000 qm überschreitet.

4. Antragstellung und Genehmigungsbescheid
4.1 Der Antrag auf Ausnahmegenehmigung ist schriftlich an die Genehmigungsbehörde zu richten. Er muß folgende Angaben enthalten:

- Name und Anschrift des Antragstellers,
- Begründung der Notwendigkeit für die Anwendung eines Pflanzenschutzmittels, insbesondere hinsichtlich des vordringlichen Zweckes und des unzumutbaren Aufwandes alternativer Verfahren,
- Ort und Zeit der Anwendung und eine Beschreibung der unmittelbar angrenzenden Flächen (geeignete Unterlagen wie Lagepläne, Katasterkarten oder Fotografien sind auf Verlangen der Genehmigungsbehörde beizufügen, soweit Gründe der militärischen oder inneren Sicherheit nicht entgegenstehen),
- vorgesehenes Pflanzenschutzmittel, Aufwandmenge je Hektar, Anwendungshäufigkeit, Anwendungstechnik,
- Name und Anschrift des Anwenders, soweit der Antragsteller nicht selbst anwendet.

Auf Anforderung der Genehmigungsbehörde sind weitere Unterlagen vorzulegen.

Ist eine Prüfung des zumutbaren Aufwandes alternativer Verfahren und deren wirtschaftlicher Vertretbarkeit aufgrund unzureichender Angaben des Antragstellers nicht oder nicht ausreichend möglich, kann eine Genehmigung nicht erteilt werden.

4.2 Ändern sich nach der Antragstellung wesentliche Angaben oder Umstände, ist dies der Genehmigungsbehörde mitzuteilen.

4.3 Die Genehmigungsbehörde entscheidet über den Antrag schriftlich. Unbefristete Ausnahmegenehmigungen dürfen nicht erteilt werden. Wird eine befristete Genehmigung erteilt, so soll der Genehmigungszeitraum die Dauer von drei Jahren nicht überschreiten.
Die Genehmigung kann mit Auflagen verbunden werden.

Die zuständige Behörde kann, sofern es zur Wahrung öffentlicher Interessen notwendig ist, die Wahl bestimmter Pflanzenschutzmittel, deren Aufwandmenge und Anwendungszeitraum sowie die Art des Ausbringungsverfahrens verbindlich vorschreiben.

4.4 Die Genehmigung kann jederzeit widerrufen werden.
4.5 Der Genehmigungsbescheid ist kostenpflichtig.

5. Schlußbestimmungen

5.1 Die Vorschriften des § 64 des Landschaftsgesetzes in der Fassung der Bekanntmachung vom 26. Juni 1980 (GV. NW. S. 734/SGV. NW. 791) bleiben unberührt.

5.2 Dieser Erlaß tritt am 1. Mai 1991 in Kraft.
Unter Beachtung der Rechtsvorschriften können auf Freilandflächen, die nicht gärtnerisch, landwirtschaftlich oder forstwirtschaftlich genutzt werden, Unkrautbekämpfungsmittel eingesetzt werden. Wegen der Vielzahl der für diesen Zweck zugelassenen Handelspräparate wird auf die Zusammenstellung der in Frage kommenden Herbizide im Kapitel 5 "Pflanzenschutzmittelübersicht" hingewiesen. Die Gebrauchsanleitungen und die von der Biologischen Bundesanstalt festgesetzten Anwendungsbestimmungen sind streng einzuhalten, da sonst leicht unbeabsichtigte Schäden an benachbarten Kulturpflanzen oder aber für den Naturhaushalt und den Wasserkreislauf entstehen können.

Kurzübersicht: Unkrautbekämpfung auf Freilandflächen, die nicht gärtnerisch genutzt werden

Beispiele für Handelspräparate für Wege und Plätze mit Holzgewächsen

Gegen: ein- und zweikeimblättrige Unkräuter

Die angegebenen Präparate wirken gut gegen Franzosenkraut, Kamille, Kleine Brennessel, Vogelmiere, Einjährige Rispe sowie andere Samenunkräuter, ferner gegen Algen und Moose. Behandlung möglichst **vor** dem Auflaufen der Unkräuter durchführen, dann etwa ein Jahr Dauerwirkung.

Gegen: bereits vorhandene Unkräuter

Diuron + Glyphosat: *Adimitrol WG Neu*(3), *Rapir*(3), *Ustinex G Neu*(3), *Tuta-Super Neu*(3), *Vorox G*(3) 1,5 g/m².

Diuron + Propyzamid: *Auxuran PD*(3), *Vorox WPD*(3) 1 g/m²

***Glyphosat*:** *Roundup, DURANO, Cardinal, COMPO Spezial-Unkrautvernichter Filatex, Glyfos, Glyper, Egret* 0,5 ml/m² bzw. 3 %.

Glufosinat: *BASTA, Celaflor Unkrautfrei, Difontan, Extra-Unkrautfrei Madit, RA-200-flüssig* 0,5-0,75 ml/m².

4 Vorsichtsmaßnahmen zur Anwendung von Pflanzenschutzmitteln

4.1 Geltende Gesetzgebung zum Umgang mit Gefahrstoffen

Pflanzenschutzmittel, aber auch andere Arbeitsstoffe können für den Menschen gefährlich werden. Dabei ist nicht nur die akute Giftigkeit (Toxizität) bedeutsam, sondern es können auch andere Eigenschaften besondere Vorsichtsmaßnahmen notwendig machen. Daher sind die Einstufung, die Kennzeichnung, die Verpackung und der Umgang mit "Gefahrstoffen" in der Verordnung zum Schutz vor gefährlichen Stoffen (Gefahrstoffverordnung - GefStoffV) und das Inverkehrbringen (Verbote, Beschränkungen, Sachkenntnisprüfung, Gifthandelserlaubnis, Abgabe- und Aufzeichnungsvorschriften) in der Chemikalien-Verbotsverordnung (Chemikalien-VerbotsV) geregelt. Nähere Angaben zu den genannten Verordnungen finden Sie unter "Gesetze und Verordnungen".

Gefahrstoffe im Sinne dieser Verordnungen sind alle Stoffe, die bestimmte gefährliche Eigenschaften aufweisen. Unter den Pflanzenschutzmitteln sind dies insbesondere Stoffe, die als "sehr giftig", "giftig", "gesundheitsschädlich", "ätzend" oder "reizend" eingestuft sind.

Manche Pflanzenschutzmittel sind für Menschen und Haustiere äußerlich durch ätzende Einwirkung auf die Haut oder innerlich nach Eindringen durch die Haut, Einatmen oder Aufnahme durch den Mund giftig. Daher ist bei solchen Pflanzenschutzmitteln größte Vorsicht, genaueste Befolgung der Anwendungsvorschriften und die richtige Dosierung zur Vermeidung von Unfällen und zur gleichzeitigen Sicherung des bestmöglichen Erfolges geboten. Unsachgemäße oder fahrlässige Handhabung mancher Pflanzenschutzmittel kann zu akuten oder chronischen Gesundheitsschädigungen oder sogar zu Todesfällen führen. Daher sind die gesetzlichen Bestimmungen über den Handel und Umgang mit diesen Gefahrstoffen streng zu beachten.

Pflanzenschutzmittel dürfen nur nach amtlicher Zulassung durch die **Biologische Bundesanstalt für Land- und Forstwirtschaft** Braunschweig und nur in abgabefertigen, verschlossenen Originalpackungen der Herstellerfirmen von dazu ermächtigten Stellen in den Verkehr gebracht oder eingeführt werden. Auf den Packungen müssen nach dem Pflanzenschutzgesetz in der Beschriftung folgende Identifikationsangaben enthalten sein:

- Name des Pflanzenschutzmittels
- Zulassungsnummer
- Name und Anschrift des Zulassungsinhabers und - wenn abweichend - desjenigen, der das Pflanzenschutzmittel zur Abgabe an den Anwender verpackt und gekennzeichnet hat.
- Wirkstoffe nach Art und Menge

In den einschlägigen Gesetzen (u.a. Chemikaliengesetz) und Verordnungen sind bei einzelnen Wirkstoffen und Wirkstoffgruppen weitere spezielle Angaben gefordert. Ferner sind genaue Gebrauchsanleitungen beizufügen. Diese Angaben, zusammen mit der Kennzeichnung der Wirkstoffe, ermöglichen einem bei **Unglücksfällen** hinzugezogenen Arzt die richtige Behandlung. Giftige Pflanzenschutzmittel müssen außerdem, falls sie nicht von Natur aus eine ausgesprochen dunkle Eigenfarbe besitzen, deutlich gefärbt sein und, falls dies zur Vermeidung von Vergiftungen erforderlich ist, einen vom Genuß abschreckenden Geschmack aufweisen.

4.1.1 Gefahrensymbole und -bezeichnungen

(Schwarzer Aufdruck auf orangegelbem Grund)

Die geltenden gesetzlichen Bestimmungen enthalten in Form von Anlagen **Hinweise auf besondere Gefahren** sowie **Sicherheitsratschläge** verschiedener Art, die auf den abgabefertigen Packungen der Pflanzenschutzmittel aufgedruckt werden müssen. Sie sind streng zu beachten!

Vorsichtsmaßnahmen beim Umgang mit Pflanzenschutzmitteln und Hinweise und Auflagen zum Umweltverhalten enthält jede Gebrauchsanleitung.

4.2 Hinweise zur Vermeidung von Gesundheits- und Umweltschäden

Beim unvorsichtigen Umgang mit giftigen Pflanzenschutzmitteln können diese zu einer ernsten **Gefahr für Mensch, Tier und den Naturhaushalt** werden. Schon eine kurze Unachtsamkeit bei der Handhabung oder Aufbewahrung kann ungeahnte, schwere Folgen nach sich ziehen. Im folgenden sollen einige besonders wichtige Hinweise zur Vermeidung von Gesundheits- und Umweltschäden gegeben werden.

Umgang mit Pflanzenschutzmitteln

I. Arbeiten mit Pflanzenschutzmitteln dürfen im Erwerbsanbau nur von Personen vorgenommen werden, die die erforderliche Zuverlässigkeit und fachlichen Kenntnisse und Fertigkeiten besitzen (Sachkunde). Der Nachweis kann von der zuständigen Behörde verlangt werden. Jugendliche zwischen 16 und 18 Jahren dürfen solche Arbeiten nur unter sachkundiger Anleitung und Überwachung ausführen. Schwangere Frauen und stillende Mütter dürfen grundsätzlich nicht mit Gefahrstoffen umgehen.

II. Die Handhabung und Anwendung sollte unbedingt nach den Hinweisen in der Gebrauchsanleitung vorgenommen werden. Insbesondere sind die Auflagen zum Anwender- und Umweltschutz zu beachten.

III. Nur jeweils benötigte Menge des Pflanzenschutzmittels ansetzen. Dazu geeignete Dosiergeräte (z.B. Feinwaagen, Meßzylinder, Pipetten) verwenden. Diese Arbeit nicht in der Nähe von Lebens- oder Futtermitteln durchführen. Nie Geräte oder Gefäße dazu verwenden, die sonst als Eßgeräte oder zur Tierfütterung dienen. Reste von Pflanzenschutzmitteln nicht vergießen. Benutzte Geräte und Gefäße gründlich reinigen. Angesetzte Spritzflüssigkeiten, Stäubemittel oder Köder nie unbeaufsichtigt und zugänglich stehen lassen.

IV. Nur mit geeigneter Schutzkleidung (z.B. Schutzanzug, Gummihandschuhe, Atemschutz) gemäß Gebrauchsanleitung arbeiten. Gesicht und Hände nicht in Berührung mit Pflanzenschutzmitteln bringen. Gegebenenfalls (in geschlossenen Räumen oder bei heißem Wetter in dichten Kulturen) Atemschutz benutzen, sofern dies nicht ohnehin vorgeschrieben ist. Spritz-, Sprüh-, Nebel- und Staubwolken nie einatmen, nicht verwehen und abtreiben lassen. Verstopfte Düsen nicht mit dem Mund ausblasen.

V. Während des Arbeitens mit Pflanzenschutzmitteln nicht essen, trinken oder rauchen. Vor jeder Mahlzeit und nach der Arbeit gründlich reinigen.

VI. Grundsätzlich soll bei Vergiftungsverdacht sofort ein Arzt hinzugezogen werden, in schweren Fällen gleichzeitig vorsorglich Überführungsmöglichkeit in ein Krankenhaus vorbereiten. Immer die Art des verwendeten Pflanzenschutzmittels und dessen Wirkstoffe (Packung) dem behandelnden Arzt angeben.

VII. Bei Anwendung von Pflanzenschutzmitteln die mögliche Kontamination von Zwischen-, Unter- und Nachkulturen (Gemüse, Beerenfrüchte, vor allem Erdbeeren) beachten. Bei einer Kontamination anderer Kulturen - soweit vorhanden - die vorgeschriebenen Wartezeiten bis zur Verwendung kontaminierten Erntegutes für die menschliche Ernährung oder Viehfütterung einhalten oder Rückstandsanalysen vornehmen lassen oder auf die Verwertung des betroffenen Erntegutes verzichten.

VIII. Maschinen und Geräte zur Ausbringung von Pflanzenschutzmitteln müssen den gesetzlichen Anforderungen entsprechen, um Gefahren zu vermeiden. Bei Spritzgeräten sind regelmäßige Überprüfungen vorgeschrieben.

Lagerung von Pflanzenschutzmitteln

I. Pflanzenschutzmittel sind so zu lagern, daß sie die menschliche Gesundheit und die Umwelt nicht gefährden.

II. Um das Gefahrenpotential gering zu halten, nur solche Pflanzenschutzmittelmengen einkaufen, die in absehbarer Zeit aufgebraucht werden.

III. Lagerung nur unter Verschluß und zwar entweder in einem fest verschließbaren, gekennzeichneten, frostfreien, beleuchtbaren und belüftbaren Raum mit widerstandsfähigen und glatten Innenwänden oder, bei kleineren Mengen, in einem fest verschließbaren Schrank oder stabilen Behälter (Kiste) mit entsprechender Beschriftung, räumlich getrennt von Lebens- oder Futtermitteln. Hinweise der zuständigen Behörden und der Berufsgenossenschaften in Hinblick auf den Arbeitsschutz beachten.

IV. Aufbewahrung nur in gut verschlossenen, dichten und die Beschriftung der Herstellerfirma aufweisenden Orignalpackungen. Grundsätzlich keine Pflanzenschutzmittel in andere Behälter umfüllen.

V. Die Lagerung wassergefährdender Stoffe (u.a. entsprechend eingestufte Pflanzenschutzmittel und deren nicht gespülte Behälter) muß den rechtlichen Bestimmungen zum Schutz von Grundwasser und von Oberflächengewässern entsprechen. Dazu sind - in Absprache mit den zuständigen Behörden - geeignete Auffangeinrichtungen (z.B. Auffangwannen für ausgetretene Pflanzenschutzmittel oder Löschwasser) zu schaffen und regelmäßig zu kontrollieren.

Beseitigung von Pflanzenschutzmittel-Restmengen

I. Die Entsorgung unbrauchbar gewordener Pflanzenschutzmittel-Restmengen sowie leerer, jedoch nicht gespülter Pflanzenschutzmittelbehälter darf nur durch zugelassene Entsorgungsunternehmen erfolgen. Auskünfte erteilen in der Regel die örtlich zuständigen Ämter der Kommunen und Kreisverwaltungen.

II. Leere, gespülte Pflanzenschutzmittelbehälter können zwar nach derzeitiger Rechtssituation dem Restmüll zugeführt werden. Die Vertreiber von Pflanzenschutzmitteln bieten jedoch inzwischen flächendeckend über den Handel die freiwillige Rücknahme solcher Behälter an. Auskünfte erteilen die örtlichen Vertriebspartner.

III. Die Innen- und Außenreinigung von Pflanzenschutzgeräten sollte nach Möglichkeit unmittelbar nach der Behandlung so vorgenommen werden, daß geringfügig kontaminierte Waschwasser auf dem behandelten Feld ausgebracht werden können. Finden Reinigungsvorgänge an anderer Stelle statt, sollte durch Auffangeinrichtungen (z.B. Waschplätze mit Auffangbehälter) eine Gefährdung des Grundwassers durch Versikkerung sowie von Oberflächengewässern durch Abfluß unbedingt vermieden werden.

4.3 Informations- und Behandlungszentren für Vergiftungsfälle

Verzeichnis von Informations- und Behandlungszentren für Vergiftungsfälle in der Bundesrepublik Deutschland

Zentren mit durchgehendem 24-Stunden-Dienst

Berlin
Beratungsstelle für Vergiftungserscheinungen und Embryonaltoxikologie (ITox im BBGes)
Haus 10 B, Spandauer Damm 130, **14050 Berlin**
Telefon: (0 30) 1 92 40
Telefax: (0 30) 32 68 07 21

Berlin
Giftinformationszentrum, Klinik für Nephrologie und internistische Intensivmedizin, Virchow-Klinikum
Augustenburger Platz 1, **13353 Berlin**
Telefon: (0 30) 45 05 35 55
Telefax: (0 30) 45 05 39 15

Bonn
Informationszentrale gegen Vergiftungen, Zentrum für Kinderheilkunde der Rheinischen Friedrich-Wilhem-Universität Bonn
Adenauerallee 119, **53113 Bonn**
Telefon: (02 28) 2 87 32 11
Telefax: (02 28) 2 87 33 14
Internet: http://www.meb.uni-bonn.de/giftzentrale/
(für das Land Nordrhein-Westfalen)

Erfurt
Gemeinsames Giftinformationszentrum der Länder Mecklenburg-Vorpommern, Sachsen, Sachsen-Anhalt und Thüringen c/o Klinikum Erfurt
Nordhäuser Str. 74, **99089 Erfurt**
Telefon: (03 61) 7 30 73-11/-0
Telefax: (03 61) 7 30 73-17

Freiburg
Universitäts-Kinderklinik Freiburg, Informationszentrale für Vergiftungen
Mathildenstraße 1, **79106 Freiburg**
Telefon: Notrufnr.: (07 61) 2 70 43 61 oder 1 92 40, Zentrale: (07 61) 2 70-43 00/-43 01
Telefax: (07 61) 2 70-44 57

Göttingen
Giftinformationszentrum-Nord (GIZ-Nord), Zentrum Pharmakologie und Toxikologie der Universität Göttingen
Robert-Koch-Straße 40, **37075 Göttingen**
Telefon: (05 51) 1 92 40
Telefax: (05 51) 3 83 18 81
E-Mail: giznord@uni-goettingen.de
Internet: http://www.giz-nord.de
(für die Länder Bremen, Hamburg, Niedersachsen und Schleswig-Holstein)

Greifswald
Institut für Pharmakologie der Ernst-Moritz-Arndt-Universität Greifswald
Friedrich-Loeffler-Str. 23 d, **17487 Greifswald**
Telefon: (0 38 34) 86 56 28 (nur 7-15.30 h)
Telefax: (0 38 34) 86 56 31

Homburg/Saar
Informations- und Beratungszentrum für Vergiftungsfälle, Universitätsklinikum, Klinik für Kinder- und Jugendmedizin
Gebäude 9, **66421 Homburg/Saar**
Telefon: (0 68 41) 1 92 40
Telefax: (0 68 41) 16 83 14

Leipzig
Toxikologischer Auskunftsdienst, Institut für Klinische Pharmakologie der Universität Leipzig
Härtelstr. 16-18, **04107 Leipzig**
Telefon: (03 41) 9 72 46 66
Telefax: (03 41) 9 72 46 59

Mainz
Beratungsstelle bei Vergiftungen, Klinische Toxikologie, Universitätsklinikum
Langenbeckstraße 1, **55131 Mainz**
Telefon: (0 61 31) 1 92 40 oder 23 24 66
Telefax: (0 61 31) 23 24 68

München
Giftnotruf München (Toxikologische Abteilung der II. Medizinischen Klinik rechts der Isar der Technischen Universität München)
Ismaninger Straße 22, **81675 München**
Telefon: (0 89) 1 92 40
Telefax: (0 89) 41 40 24 67

Nürnberg
II. Medizinische Klinik, Klinikum Nürnberg-Nord
Flurstraße 17, **90430 Nürnberg**
Telefon: (09 11) 3 98 24 51
Telefax: (09 11) 3 98 21 17

Rostock
Landeszentrum für Diagnostik und Therapie von Vergiftungen, Universität Rostock, Medizinische Fakultät, Kinder- und Jugendklinik Rostock
Rembrandtstr. 16/17, **18055 Rostock**
Telefon: (03 81) 4 94 71 22 oder 4 94 71 58 (Mo-Fr 8-14.30 h)
Telefax: (03 81) 4 90 22 87

Angaben ohne Gewähr!

5 Pflanzenschutzmittelübersicht

Inhaltsverzeichnis

Erläuterungen

Nach § 11 des Pflanzenschutzgesetzes vom 14. Mai 1998 dürfen Pflanzenschutzmittel in der Bundesrepublik nur in den Verkehr gebracht oder eingeführt werden, wenn sie von der Biologischen Bundesanstalt für Land- und Forstwirtschaft, Braunschweig, zugelassen sind.
Die folgende Pflanzenschutzmittelübersicht wurde aus den Daten der Biologischen Bundesanstalt, die per Datendiskette über den Saphir Verlag, Gutsstraße 15, 38551 Ribbesbüttel zur Verfügung gestellt wurden, entwickelt.
Es wird darauf hingewiesen, daß

- die Biologische Bundesanstalt Eigentümerin der Daten ist,
- sie für die Vollständigkeit und Richtigkeit der Daten keine Gewähr übernimmt und
- der Stand der Daten sich auf den 11.09.1998 bezieht.

Die Auswertung der Daten erfolgte auf der Basis eines eigenen Auswertungsprogrammes und einer Weiterbearbeitung mit Standard-EDV-Programmen. Der Autor kann keine Gewähr für die Vollständigkeit und Richtigkeit der Daten übernehmen. Aus Platzgründen beschränkt sich die Darstellung in den Tabellen auf die wichtigsten Daten. So wurde bewußt auf die differenzierte Darstellung der zu verschiedenen Zeitpunkten und Entwicklungsstadien der Kulturpflanzen vorgesehenen Aufwandmengen und Aufwandbedingungen verzichtet und nur die standardmäßige Aufwandmenge zum ersten Anwendungszeitpunkt wiedergegeben. Aus der Kennzeichnung mit einem Stern **vor** der Aufwandmengenangabe ist zu entnehmen, daß wei-

tere Angaben zu beachten sind. Maßgeblich für die Anwendung von Pflanzenschutzmitteln ist in jedem Fall die jeweilige Gebrauchsanleitung.
Pflanzenschutzmittel, die zur Zeit des oben angegebenen Datums nicht oder nur vorübergehend nicht zugelassen sind, können in den Tabellen nicht berücksichtigt werden, weil sie nicht im Datenbestand der oben genannten Datendiskette enthalten sind.
Pflanzenschutzmittel, die zur Zeit des oben angegebenen Datums zugelassen sind, deren Daten über die Anwendungsgebiete jedoch dem amtlichen Pflanzenschutzdienst zum entsprechenden Zeitpunkt - aus welchen Gründen auch immer - per Datendiskette nicht zur Verfügung gestellt werden, erscheinen in den nachfolgenden Tabellen ebenfalls nicht.
In letzter Zeit wird beim Zeitablauf einer Zulassung von Pflanzenschutzmitteln wegen fehlender Unterlagen für eine Neubewertung oder aus anderen Gründen die Verlängerung oft erst zu einem späteren Zeitpunkt wieder erteilt. Bis zur erneuten Zulassung muß der Vertrieb des Pflanzenschutzmittels oft nur vorübergehend eingestellt werden. In Kapitel "Register - Liste der Pflanzenschutzmittel mit Zulassungsunterbrechung" finden Sie eine entsprechende Übersicht. Diese Präparate dürfen, sofern im Betrieb noch vorhanden, nach dem neuen Pflanzenschutzgesetz noch bis zum Ablauf des zweiten auf das Ende der Zulassung folgenden Jahres eingesetzt werden. Der Vertrieb hingegen ist verboten.

Einsatzgebiete Zierpflanzenbau und Baumschulen

In den Tabellen sind nur die Anwendungsgebiete berücksichtigt, die für die Einsatzgebiete Zierpflanzenbau (Z) und Baumschulen (B) ausgewiesen sind.
Alle anderen Anwendungsgebiete finden Sie in:

Meyer, E., F. Emschermann, J. Frahm, D. Gebel, D. Hänisch, M. Klug, L. Knott, Th. Kock, G. Meinert und G. Schruft: Taschenbuch des Pflanzenarztes (jährliche Erscheinungsweise).

Sonstige Informationsquellen:

Verwiesen wird an dieser Stelle auch auf das von der Biologischen Bundesanstalt herausgegebene amtliche Pflanzenschutzmittel-Verzeichnis 1998 - Teilverzeichnisse:

Teil 1 Ackerbau - Wiesen und Weiden - Hopfenbau - Sonderkulturen - Nichtkulturland
Teil 2 Gemüsebau - Obstbau - Zierpflanzenbau
Teil 3 Weinbau
Teil 4 Forst
Teil 5 Vorratsschutz
Teil 6 Anerkannte Pflanzenschutz- und Vorratsschutzgeräte
Teil 7 Haus- und Kleingarten

Bezug durch Saphir Verlag, Gutsstraße 15, 38551 Ribbesbüttel.

Auflagen:

Pflanzenschutzmittel bekommen von der Biologischen Bundesanstalt im Rahmen der Zulassung besondere Auflagen, die in der Gebrauchsanleitung angegeben werden müssen. Die Zahl dieser Auflagen wird immer umfangreicher. Daher können auch wichtige Angaben aus Gründen der Übersichtlichkeit nicht vollständig übernommen werden. In dieser Ausgabe wurden bei den einzelnen Pflanzenschutzmitteln nur noch die Gefahrenbezeichnungen, die Wasserschutzgebietsauflage (NG237) und die Angaben zur Bienengefährlichkeit aufgenommen. Nach unserer Meinung sind diese Kennzeichnungen für die Mittelwahl besonders wichtig. Alle anderen Auflagen, die zu beachten sind, müssen der Gebrauchsanleitung entnommen werden. Sie enthält alle Vorschriften, die das Pflanzenschutzmittel betreffen und muß daher vor der Anwendung sorgfältig gelesen werden. Der Anwender ist verantwortlich für die Beachtung dieser Auflagen.

Gefahrenbezeichnungen:

T+	=	Sehr giftig	Xi	=	Reizend
T	=	Giftig	F+	=	Hochentzündlich
Xn	=	Gesundheitsschädlich	F	=	Leichtentzündlich
C	=	Ätzend	N	=	Umweltgefährlich

Wasserschutzkennzeichnungen:

W Keine Anwendung in Zuflußbereichen (Einzugsgebieten) von Grund- und Quellwassergewinnungsanlagen, Heilquellen und Trinkwassertalsperren sowie sonstigen grundwasserempfindlichen Bereichen. Dies gilt auch für Tauchbehandlungen (NG237, NG2371).

Bienenschutzkennzeichnungen:

B1 Das Mittel wird als bienengefährlich eingestuft (B1). Es darf nicht auf blühende oder von Bienen beflogene Pflanzen ausgebracht werden; dies gilt auch für Unkräuter. - Bienenschutzverordnung vom 22. Juli 1992, BGBl. I S. 1410, beachten (NB6611).

B2 Das Mittel wird als bienengefährlich, außer bei Anwendung nach dem Ende des täglichen Bienenfluges in dem zu behandelnden Bestand bis 23.00 Uhr, eingestuft (B2). Es darf außerhalb dieses Zeitraumes nicht auf blühende oder von Bienen beflogene Pflanzen ausgebracht werden; dies gilt auch für Unkräuter. - Bienenschutzverordnung vom 22. Juli 1992, BGBl. I S. 1410, beachten (NB6621).

B3 Aufgrund der durch die Zulassung festgelegten Anwendungen des Mittels werden Bienen nicht gefährdet (NB663).

B4 Das Mittel wird bis zu der höchsten durch die Zulassung festgelegten Aufwandmenge bzw. Anwendungskonzentration als nicht bienengefährlich eingestuft (NB664).

Das Mittel wird bis zu der höchsten durch die Zulassung festgelegten Aufwandmenge oder Anwendungskonzentration, falls eine Aufwandmenge nicht vorgesehen ist, als nichtbienengefährlich eingestuft (NB6641).

Wartezeiten:

Bei der Anwendung von Pflanzenschutzmitteln im Zierpflanzenbau und in Baumschulen spielen Wartezeiten keine Rolle, da die behandelten Kulturpflanzen nicht zum Verzehr oder zur Verfütterung bestimmt sind. Bei den nachfolgend aufgeführten Tabellen für den Zierpflanzenbau und für Baumschulen sind jedoch in der letzten Spalte die Kennzeichnungen angegeben, die für diesen Bereich von der Biologischen Bundesanstalt vorgesehen sind. Die Kürzel haben folgende Bedeutung:

Kennzeichnungen:

F = Die Wartezeit ist durch die Anwendungsbedingungen und/oder Vegetationszeit abgedeckt, die zwischen Anwendung und Nutzung (z.B. Ernte) verbleibt bzw. die Festsetzung einer Wartezeit in Tagen ist nicht erforderlich.

N = Die Festsetzung einer Wartezeit ist ohne Bedeutung.

Aufwandmengen:

* = Weitere Angaben

5.1 Einschränkungen bei der Anwendung von Pflanzenschutzmitteln

Pflanzenschutzmittel bekommen von der Biologischen Bundesanstalt im Rahmen der Zulassung Auflagen, die in der Gebrauchsanleitung angegeben werden müssen. Einige Auflagen beschränken die Anwendung in besonderer Weise und werden daher nachfolgend aufgezeigt. Im übrigen wird die Anwendung von Pflanzenschutzmitteln durch die Verordnung über Anwendungsverbote für Pflanzenschutzmittel (Pflanzenschutz-Anwendungsverordnung) geregelt (siehe unter "Gesetze und Verordnungen").

5.1.1 Nachbau von Nahrungsmittelkulturen

Bei einigen Pflanzenschutzmitteln bestehen besondere Einschränkungen hinsichtlich des Nachbaus von Gemüse- und Obstkulturen. Soweit diese Auflagen aus Rückstandsgründen oder wegen Geschmacksbeeinträchtigungen erteilt wurden, werden sie nachfolgend aufgeführt. Aus Platzgründen wird auf die Nennung anderer Anwendungseinschränkungen verzichtet. Beachten Sie in jedem Fall die Hinweise der Gebrauchsanleitung.

Wirkstoff	Handelspräparat	bei Anwendung	Auflage
Carbofuran	Curaterr Granulat, Carbosip	gegen Dickmaulrüßler und Trauermücken im Zierpflanzenbau	VN411: Gemüse frühestens 1 Jahr nach der Anwendung anbauen.
Fosetyl	Aliette	im Zierpflanzenbau (höhere Aufwandmenge)	VN410: Gemüse frühestens 6 Monate nach der Anwendung anbauen.
Propamocarb	Previcur N	im Zierpflanzenbau (höhere Aufwandmenge)	VN411: Gemüse frühestens 1 Jahr nach der Anwendung anbauen.

5.1.2 Anwendung in nicht ausgewiesenen Anwendungsgebieten

Einige Präparate sind mit Auflagen gekennzeichnet, die **jede Anwendung** in anderen als in der Gebrauchsanleitung genannten Anwendungsgebieten untersagen. Soweit die Nichteinhaltung dieser Auflagen mit Bußgeldern belegt worden ist, wurden sie in folgender Übersicht aufgeführt. Andere Auflagen, die Anwendungen in anderer Hinsicht (z.B. Abstände zu Gewässern) einschränken, sind in so großer Zahl und in unterschiedlicher Ausgestaltung erteilt worden, daß sie hier nicht ausführlich dargestellt werden können. Sie können der jeweiligen Gebrauchsanleitung entnommen werden. Es sind nur Präparate aufgeführt, die im Zierpflanzenbau ausgewiesen sind.
Erklärungen zu den benutzten Abkürzungen bezüglich der ersten Spalte sind am Beginn dieses Kapitels und unter "Hersteller- und Vertriebsfirmen" und bezüglich der dritten Spalte am Beginn des Kapitels "Register" dargestellt.

Auflage NW200: Anwendung nur in den in der Gebrauchsanleitung genannten Anwendungsgebieten und nur zu den hier beschriebenen Anwendungsbedingungen.

Präparate	Wirkstoffe	Wirkungsbereich/Einsatzgebiet
Aktuan SC, CYD, Xn	Cymoxanil, 200 g/l Dithianon, 333 g/l	F-(H,W)
Apollo, AVO	Clofentezin, 500 g/l	A-(O,W,Z)
Baythroid 50, BAY, Xn, B1	Cyfluthrin, 51,3 g/l	I-(A,G,H,O,Z)
Baythroid Schädlingsfrei, BAY, Xn, B1	Cyfluthrin, 51,3 g/l	I-(A,G,H,O,Z)
Birlane-Fluid, CYD, T, B2	Chlorfenvinphos, 240 g/l	I-(A,G)
Blattlausfrei Pirimor G, CEL, Xn	Pirimicarb, 500 g/kg	I-(A,F,G,O,Z)
Bulldock, BAY, Xn, B2	beta-Cyfluthrin, 25,8 g/l	I-(A,G,O,Z)
Confidor WG 70, BAY, B1	Imidacloprid, 665 g/kg	I-(H,O,Z)
Cumatol WG, SPI, Xn	Amitrol, 400 g/kg Diuron, 400 g/kg	H-(O,W)
Cyperkill 10, FSG, Xi, B2	Cypermethrin, 100 g/l	I-(A)
Cyperkill 40, FSG, Xn, B1	Cypermethrin, 400 g/l	I-(F)
Decis flüssig, AVO, CEL, Xn, B2	Deltamethrin, 25 g/l	I-(A,F,G,O,R,W,Z)
Detia Gas-Ex-M, DET, DGS, DEG, T+, B3	Methylbromid, 997 g/kg	I-(V)
Detia Pflanzen-Ungezieferfrei-Dimecron, DET, GGG, T, B1	Phosphamidon, 195 g/l	AI-(A,O,Z)
Dimanin-Spezial, BAV, Xn, B3	Didecyldimethyl-ammoniumchlorid, 307 g/l	BFH(Z)
Dimecron 20, CGD, T, B1	Phosphamidon, 195 g/l	AI-(A,O,Z)
Dimilin 80 WG, AVO	Diflubenzuron, 800 g/kg	I-(F,G)
Dipterex MR, BAY, T, B1	Oxydemeton-methyl, 216,5 g/l Trichlorfon, 409,5 g/l	I-(A)
Diuron Bayer, BAY, Xn	Diuron, 800 g/kg	H-(Z)
E 605 forte, BAY, T+, B1	Parathion, 507,5 g/l	AI-(A,G,O,R,W,Z)
E Combi, BAY, T+, B1	Oxydemeton-methyl, 213,8 g/l Parathion, 178,2 g/l	AI-(A,G)
ETISSO Blattlaus-frei, FRU, Xn	Pirimicarb, 500 g/kg	I-(A,F,G,O,Z)
Euparen M WG, BAY, Xi	Tolylfluanid, 505 g/kg	F-(G,O,W)
FASTAC FORST, CYD, Xi, B3	alpha-Cypermethrin, 15 g/l	I-(F,Z)
FASTAC SC, CYD, Xi	alpha-Cypermethrin, 100 g/l	I-(A)
Folicur EM, BAY, Xi	Tebuconazol, 100 g/kg Tolylfluanid, 400 g/kg	F-(W)
Gladio, NAD, Xi	Fenpropidin, 375 g/l Propiconazol, 125 g/l Tebuconazol, 125 g/l	F-(A)
HaTe-PELLACOL, CYD, Xn	Thiram, 121,1 g/l	PF-(F,O,Z)
Hostathion, AVO, T, B1	Triazophos, 400 g/l	AI-(G,Z)
KARATE WG FORST, ZNC, Xn	lambda-Cyhalothrin, 50 g/kg	I-(F,Z)
Karate WG, ZNC, Xn	lambda-Cyhalothrin, 50 g/kg	I-(A,R)
Kupfer 83 V, URA, SPI, DOW, B4	Kupferoxychlorid, 424 g/kg Schwefel, 153 g/kg	F-(H,O,W)
Kupferkalk Spiess-Urania, SPI, URA	Kupferoxychlorid, 261,3 g/kg	F-(W)
Lebaycid, BAY, Xn, B1	Fenthion, 535,5 g/l	I-(O)
M&ENNO-TER-forte, VDZ, MEN, Xn, B3	Didecyldimethyl-ammoniumchlorid, 307 g/l	BFH(Z)
Magister 200 SC, DOW, SPI, URA, Xn	Fenazaquin, 200 g/l	A-(O,Z)
MASAI, CYD, Xn	Tebufenpyrad, 200 g/kg	A-(O,W,Z)
MAVRIK, SAD, SPI, URA, Xn	tau-Fluvalinat, 240 g/l	I-(A)
Methylbromid, DEA, T+, B3	Methylbromid, 1000 g/kg	AI-(V)
P-O-X, ASU, T+, B1	Parathion, 507,5 g/l	AI-(A,G,O,R,W,Z)
Pflanzol Blattlaus-Ex, DDZ, Xn	Pirimicarb, 500 g/kg	I-(A,F,G,O,Z)
Pirimor-Granulat zum Auflösen in Wasser, ZNC, BAS, CEL, SPI, URA, Xn	Pirimicarb, 500 g/kg	I-(A,F,G,O,Z)
PLENUM, NAD	Pymetrozin, 250 g/kg	I-(H)
Prelude FS, AVO, B3	Prochloraz, 200 g/l	F-(A)
PRIDE ULTRA, DOE, Xn	Fenazaquin, 200 g/l	A-(O,Z)

Präparate	Wirkstoffe	Wirkungsbereich/Einsatzgebiet
RA-15-NEU, HEN, Xn	Diuron, 400 g/kg	H-(Z)
Rapir Neu, BAY, Xn	Amitrol, 400 g/kg	H-(O,W)
	Diuron, 400 g/kg	H-(O,W)
Ripcord 10, CYD, SPI, Xn, B2	Cypermethrin, 100 g/l	I-(A,G)
Ripcord 40, CYD, Xn, B1	Cypermethrin, 400 g/l	I-(A,F,G)
Schädlings-Vernichter Decis, CEL, Xn, B2	Deltamethrin, 25 g/l	I-(A,F,G,O,R,W,Z)
TOPAS, NAD, Xi	Penconazol, 100 g/l	F-(W)
Vertimec Hopfen, NAD, Xn, B1	Abamectin, 18 g/l	AI-(G,H,Z)
Vertimec, NAD, Xn, B1	Abamectin, 18 g/l	AI-(G,H,Z)
Vetyl Unkraut-frei-Neu, VET, Xn	Diuron, 400 g/kg	H-(Z)

Auflage NO690: Die Anwendung in anderen als in dieser Gebrauchsanleitung genannten Anwendungsgebieten sowie bei den genannten Anwendungsgebieten unter anderen als den genannten Anwendungsbedingungen ist verboten.

Präparate	Wirkstoffe	Wirkungsbereich/Einsatzgebiet
COMPO Insektenmittel, COM, Xi, B1	Permethrin, 50 g/l	I-(G,O,Z)
Talcord 5, SAG, Xi, B1	Permethrin, 50 g/l	I-(G,O,Z)

Auflage VA231: Keine Anwendung außerhalb der im Rahmen der Zulassung vorgesehenen Anwendungsgebiete und mit mehr als der bei der Zulassung vorgesehenen Aufwandmenge pro Jahr und Fläche.

Zur Zeit keine Präparate

5.2 Herbizide im Zierpflanzenbau

Wirkstoffe/ Präparate/ Kulturen	Schaderreger	Bereich	Aufwand	Hinweise	WZ
2,4-D, 7 g/kg, Dicamba, 1 g/kg					
"Der Gute" Unkrautvernichter mit Rasendünger, GFG ••• Capriflor Unkrautvernichter plus Rasendünger, FLR ••• Chrysal Unkrautvernichter mit Rasendünger, POK ••• Dehner Unkrautvernichter plus Rasendünger NEU, DEN ••• egesa Unkrautvernichter Neu mit Rasendünger, EGE ••• Gartengrün Unkrautvernichter mit Rasendünger, GRT ••• park UV neu + Rasendünger, PGS ••• Raiffeisen Unkrautvernichter mit Rasendünger, RAI ••• Tuta-DU-Rasenunkrautvernichter und Rasendünger, VGM ••• Unkrautvernichter plus Rasendünger, FLO ••• Unkrautvernichter Spiess mit Rasendünger, SPI, URA ••• UV RASEN FLORANID, BAS, COM ••• Wolf Unkrautvernichter plus Rasendünger, WGB					
Rasen	Zweikeimblättrige Unkräuter	Freiland	30 g/m²	Streuen | während der Vegetationsperiode	F
Rasenneueinsaat	Zweikeimblättrige Unkräuter	Freiland	30 g/m²	Streuen | Sommer	F
2,4-D, 8 g/kg, Dicamba, 1,2 g/kg					
Scotts Unkrautvernichter mit Rasendünger, SCO					
Rasen	Zweikeimblättrige Unkräuter	Freiland	20 g/m²	Streuen | während der Vegetationsperiode	F
2,4-D, 8,45 g/kg, Dicamba, 1,15 g/kg					
ASEF UNKRAUTVERNICHTER MIT RASENDÜNGER, ASF, B3 ••• Beckhorn Unkrautvernichter plus Rasendünger, BEC, B3 ••• Cornufera UV Unkrautvernichter + Rasendünger neu, GUN, B3 ••• Einfach Sagenhaft Unkrautvernichter plus Rasendünger, SAF, B3 ••• GREENMASTER Fine Turf Extra, FHD, ASP/BEC/FLR/GFG/GPS/MAI/SHO/, B3 ••• Grüne Welle Unkrautvernichter plus Rasendünger, BAW, B3 ••• Gärtner's Unkrautvernichter mit Rasendünger, KDI, B3 ••• Tuta-DU Unkrautvernichter und Rasendünger, VGM, B3 ••• Wolf Unkrautvernichter und Rasendünger, WGB, B3					
Rasen	Zweikeimblättrige Unkräuter	Freiland	30 g/m²	Streuen | während der Vegetationsperiode	F
2,4-D, 8,57 g/kg, Dicamba, 1,05 g/kg					
Detia Rasenrein mit Unkrautvernichter und Dünger, DET, B3					
2,4-D, 29,7 g/kg, Dicamba, 4,7 g/kg					
Scotts Rasenunkrautvernichter, SCO					
Rasen	Zweikeimblättrige Unkräuter	Freiland	4,5 g/m²	Streuen | Frühjahr bis Herbst	F
2,4-D, 160 g/l, Mecoprop-P, 350 g/l					
COMPO Rasenunkraut-frei, COM, Xn ••• Duplosan KV-Combi, BAS, BAY/CBA/NAD/COM/DPB, Xn ••• Marks Optica MP Combi, AHM, Xn ••• Rasen-Duplosan, BAY, Xn ••• RASEN-RA-6, HEN, Xn ••• Rasen-Unkrautvernichter Astix MPD, CEL, Xn					
Rasen	Zweikeimblättrige Unkräuter	Freiland	0,4 ml/m²	während der Vegetationsperiode	F
Dazomet, 970 g/kg					
Basamid Granulat, BAS, COM/AVO, Xn, B3					
Zierpflanzen	Keimende Unkrautsamen	Anzucht- und Topferde	200 g/m³	Streuen und untermischen | vor der Saat	N
Zierpflanzen	Keimende Unkrautsamen	Freiland oder unter Glas	* 40 g/m²	Streuen mit Einarbeitung | mit Einarbeitung auf 20 cm Tiefe | vor der Saat	N
Dichlobenil, 67,5 g/kg					
Casoron G, AVO, W ••• COMPO Gartenunkraut-Vernichter, COM, W ••• FRANKOL-Spezial-Granulat NEU, FRA, W ••• Gehölze-Unkraut-frei, FLO, W ••• Prefix G Neu, CYD, W ••• RA-4000-Granulat, HEN, W ••• Tutakorn-ZA, VGM, W ••• Unkraut-Stop Herbenta G, ASU, W ••• Unkrautfrei Ektorex G, CEL, W ••• Ustinex-CN-Streumittel, BAY, W ••• Vinuran, URA, SPI, W					
Schutzpflanzungen, ab 1. Standjahr	Aus Samen auflaufende ein- und zweikeimblättrige Unkräuter	Freiland	4 g/m²	Streuen | Winter	N

Wirkstoffe/ Präparate/ Kulturen	Schaderreger	Bereich	Aufwand	Hinweise	WZ
Ziergehölze, ab 2. Standjahr	Aus Samen auflaufende ein- und zweikeimblättrige Unkräuter	Freiland	4 g/m²	Streuen I Winter	N
Didecyldimethyl-ammoniumchlorid, 307 g/l					
Dimanin-Spezial, BAV, Xn, B3 ••• M&ENNO-TER-forte, VDZ, MEN, Xn, B3					
Gehwegplatten und Betonwege	Algen	Freiland	1,5 ml/m²	während der Vegetationsperiode	N
Gehwegplatten und Betonwege	Algen	unter Glas	1,5 ml/m²	während der Vegetationsperiode	N
Diuron, 270 g/kg, Glyphosat, 144 g/kg					
Adimitrol WG Neu, ASU, Xn ••• Rapir, BAY, Xn ••• Tuta-Super Neu, VGM, Xn ••• Ustinex G neu, BAY, Xn ••• Vorox G, URA, SPI, Xn					
Wege und Plätze mit Holzgewächsen, ab 3. Standjahr	Ein- und zweikeimblättrige Unkräuter	Freiland	1,5 g/m²	Frühjahr	N
Diuron, 400 g/kg					
RA-15-NEU, HEN, Xn ••• Vetyl Unkraut-frei-Neu, VET, Xn					
Wege und Plätze mit Holzgewächsen, ab 2. Standjahr	Aus Samen auflaufende ein- und zweikeimblättrige Unkräuter sowie Moosarten	Freiland	1,4 g/m²	Frühjahr	N
Diuron, 400 g/kg, Propyzamid, 100 g/kg					
Auxuran PD, URA, SPI, Xn ••• Vorox WPD, URA, SPI, Xn					
Wege und Plätze mit Holzgewächsen, ab 2. Standjahr	Aus Samen auflaufende ein- und zweikeimblättrige Unkräuter sowie Moosarten	Freiland	1 g/m²	Frühjahr	N
Diuron, 800 g/kg					
Diuron Bayer, BAY, Xn					
Wege und Plätze mit Holzgewächsen, ab 2. Standjahr	Aus Samen auflaufende ein- und zweikeimblättrige Unkräuter sowie Moosarten	Freiland	0,7 g/m²	Frühjahr	N
Eisen-II-sulfat, 140 g/kg					
Bach's Moosvernichter mit Rasendünger "Rasofert", BAC, Xi, B4 ••• Dehner Moosvernichter mit Rasendünger, DEN, Xi, B4 ••• EUFLOR Sanguano Moosvernichter mit Rasendünger, EUF, Xi, B4 ••• Gartencenter Moosvernichter mit Spezial-Rasendünger und Stickstoff-Langzeitwirkung, EUF, Xi, B4 ••• Hagebau Gartenkrone Moosvernichter und Rasendünger, EUF, Xi, B4 ••• MANNADUR Moosvernichter mit Rasendünger, MAN, Xi, B4 ••• Moosvernichter mit Rasendünger, SCO, Xi, B4 ••• Moosvernichter plus Rasendünger, FLO, Xi, B4 ••• Raiffeisen Gartenkraft Moosvernichter mit Rasendünger, EUF, Xi, B4 ••• Scotts Moosvernichter mit Langzeitrasendünger, SCO, Xi, B4 ••• WOLF Moosvernichter mit Rasendünger, WGB, Xi, B4					
Zier- und Sportrasen	Moosarten	Freiland	20 g/m²	Streuen I während der Vegetationsperiode	F
Eisen-II-sulfat, 175,7 g/kg, Eisen-III-sulfat, 75,3 g/kg					
ASEF MOOSVERNICHTER MIT RASENDÜNGER, ASF, Xi ••• Beckhorn Moosvernichter plus Rasendünger, BEC, Xi ••• Cornufera Moosvernichter plus Rasendünger, GUN, Xi ••• Detia Rasenrein mit Moosvernichter und Dünger, DET, Xi ••• Einfach Sagenhaft Moosvernichter plus Rasendünger, SAF, Xi ••• Greenmaster Mosskiller, FHD, Xi ••• Rasen-Floranid Rasendünger mit Moosvernichter, COM, Xi ••• Rasendünger mit Moosvernichter, EGE, Xi ••• Wolf Moosvernichter plus Rasendünger, WGB, Xi					
Zier- und Sportrasen	Moosarten	Freiland	35 g/m²	Streuen I Mai bis August	F

Wirkstoffe/ Präparate/ Kulturen	Schaderreger	Bereich	Aufwand	Hinweise	WZ
Eisen-II-sulfat, 191 g/l					
CUTERYL D Moosvernichter, BAY, Xi, B4 ••• Gabi-Antimoos, flüssig, GAB, Xi, B4 ••• Moosvertilger Gesamoos flüssig, CEL, Xi, B4 ••• Rasen-schön, SRC, Xi, B4					
Zier- und Sportrasen	Moosarten	Freiland	33 ml/m²	Spritzen oder gießen I während der Vegetationsperiode	F
Eisen-II-sulfat, 238 g/kg					
CHRYSAL Moosvernichter mit Rasendünger, POK ••• MV RASEN FLORANID, COM ••• Stodiek Moosvernichter mit Rasendünger, STD, COM ••• Wolf Moosvernichter und Rasendünger, WGB					
Zier- und Sportrasen	Moosarten	Freiland	30 g/m²	Streuen I Mai bis August	F
Eisen-II-sulfat, 546 g/kg					
Moos-Tod, NEN, Xi, B4 ••• Moosvertilger Schacht, FSC, NEN, Xi, B4					
Rasen	Moosarten	Freiland	25 g/m²	Gießen I Frühjahr bis Sommer	F
Eisen-II-sulfat, 588 g/kg					
Gabi-Anti-Moos-S, GAB, Xi, B1					
Zier- und Sportrasen	Moosarten	Freiland	25 g/m²	Gießen I während der Vegetationsperiode	F
Zier- und Sportrasen	Moosarten	Freiland	25 g/m²	Streuen I während der Vegetationsperiode	F
Eisen-II-sulfat, 644 g/kg					
COMPO Moos-Vernichter, COM, Xi, B4 ••• Moos K.O., NEU, Xi, B4					
Zier- und Sportrasen	Moosarten	Freiland	25 g/m²	Gießen I während der Vegetationsperiode	F
Zier- und Sportrasen	Moosarten	Freiland	25 g/m²	Streuen I während der Vegetationsperiode	F
Fluazifop-P, 107 g/l					
Fusilade ME, ZNC, BAS					
Schutzpflanzungen, ab Pflanzjahr	Einkeimblättrige Unkräuter, ausgenommen Einjährige Rispe	Freiland	0,4 ml/m²	nach dem Austrieb	N
Ziergehölze, ab Pflanzjahr	Einkeimblättrige Unkräuter, ausgenommen Einjährige Rispe	Freiland	0,4 ml/m²	nach dem Austrieb	N
Glufosinat, 183 g/l					
BASTA, AVO, NAD, Xn ••• Celaflor Unkrautfrei, CEL, Xn ••• Difontan, AVO, Xn ••• Exakt-Unkrautfrei Madit, CEL, Xn ••• RA-200-flüssig, HEN, Xn ••• Unkrautfrei Weedex, CEL, Xn					
Wege und Plätze mit Holzgewächsen	Ein- und zweikeimblättrige Unkräuter	Freiland	* 0,5 ml/m²	Unkräuter bis 25 cm Höhe I Frühsommer	N
Ziergehölze, ab 1. Standjahr	Aus Samen aufgelaufene ein- und zweikeimblättrige Unkräuter	Freiland	0,5 ml/m²	Spritzen mit Spritzschirm I Unkräuter bis 25 cm Höhe I Frühsommer	N
Glyphosat, 7,2 g/l					
Roundup Alphee, MOT, CYD, B4					
Wege und Plätze mit Holzgewächsen, ab Pflanzjahr	Ein- und zweikeimblättrige Unkräuter	Freiland		Unverdünnt spritzen als Einzelpflanzenbehandlung I während der Vegetationsperod.	N
Zier- und Sportrasen	Ein- und zweikeimblättrige Unkräuter	Freiland		Unverdünnt spritzen I während der Vegetationsperiode	N
Ziergehölze, ab Pflanzjahr	Ein- und zweikeimblättrige Unkräuter	Freiland		Unverdünnt spritzen als Einzelpflanzenbehandlung I während der Vegetationsperiod.	N
Zierpflanzen	Ein- und zweikeimblättrige Unkräuter	Freiland		Unverdünnt spritzen I während der Vegetationsperiode	N

Wirkstoffe/ Präparate/ Kulturen	Schaderreger	Bereich	Aufwand	Hinweise	WZ
Glyphosat, 355,7 g/l					
Egret, MOT, Xi ••• Cardinal, MOT, Xi ••• COMPO Spezial-Unkrautvernichter Filatex, COM, Xi ••• DURANO, MOT, Xi ••• Glyper, AUS, DOW, Xi ••• Roundup, MOT, SPI/URA, Xi ••• Roundup LB, MOT, CEL ••• Saki, MOT, ASU/SOS, Xi ••• Spezial-Unkrautvernichter Weedex, CEL, Xi ••• STEFES MAMBA, AUS, STE, Xi, B4					
Wege und Plätze mit Holzgewächsen, ab Pflanzjahr	Ein- und zweikeimblättrige Unkräuter	Freiland	3 %	Spritzen als Zwischenreihenbehandlung mit Abschirmung I Sommer	N
Wege und Plätze mit Holzgewächsen, ab Pflanzjahr	Ein- und zweikeimblättrige Unkräuter	Freiland	33 %	Streichen mit Dochtstreichgerät zur Einzelpflanzenbehandlung I Sommer	N
Zier- und Sportrasen	Ein- und zweikeimblättrige Unkräuter	Freiland	0,4 ml/m²	Spritzen mit nachfolgendem Umbruch I während der Vegetationsperiode	N
Zierpflanzen	Ein- und zweikeimblättrige Unkräuter	Freiland	1 ml/m²	Spritzen mit nachfolgendem Umbruch I während der Vegetationsperiode	N
Glyphosat, 360 g/l					
Roundup LB Plus, MOT ••• Roundup Ultra, MOT					
Rasen	Abtötung von Pflanzen zur Erleichterung der Neueinsaat	Freiland	0,4 ml/m²	während der Vegetationsperiode	N
Wege und Plätze mit Holzgewächsen	Ein- und zweikeimblättrige Unkräuter	Freiland	3 %	Sommer	N
Wege und Plätze mit Holzgewächsen	Ein- und zweikeimblättrige Unkräuter	Freiland	33 %	Streichen mit Dochtstreichgerät I Sommer	N
Zierpflanzen	Abtötung von Pflanzen zur Kulturvorbereitung	Freiland	1 ml/m²	während der Vegetationsperiode	N
Detia Total - Neu Unkrautmittel, DET ••• Etisso Total Unkrautfrei, FRU ••• Gabi Unkrautvernichter, GAB ••• GLYFOS, CHE, CYD ••• Keeper Unkrautfrei, BAY ••• Unkraut-Stop, NEU					
Wege und Plätze mit Holzgewächsen, ab Pflanzjahr	Ein- und zweikeimblättrige Unkräuter	Freiland	33 %	Streichen mit Dochtstreichgerät zur Einzelpflanzenbehandlung I während der Vegetationsperiode	N
Wege und Plätze mit Holzgewächsen, ab Pflanzjahr	Ein- und zweikeimblättrige Unkräuter	Freiland	0,5 ml/m²	Spritzen mit Spritzschirm I während der Vegetationsperiode	N
Zier- und Sportrasen	Ein- und zweikeimblättrige Unkräuter	zur Kulturvorbereitung	0,5 ml/m²	während der Vegetationsperiode	N
Zierpflanzen	Ein- und zweikeimblättrige Unkräuter	zur Kulturvorbereitung	0,5 ml/m²	während der Vegetationsperiode	N
Glyphosat, 420 g/kg					
Roundup Gran, MOT ••• Roundup Ultragran, MOT					
Wege und Plätze mit Holzgewächsen, ab Pflanzjahr	Ein- und zweikeimblättrige Unkräuter	Freiland	0,5 g/m²	Spritzen als Zwischenreihenbehandlung mit Abschirmung I Sommer	N
Zier- und Sportrasen	Ein- und zweikeimblättrige Unkräuter	Freiland	0,35 g/m²	Spritzen mit nachfolgendem Umbruch I während der Vegetationsperiode	N
Zierpflanzen	Ein- und zweikeimblättrige Unkräuter	Freiland	0,8 g/m²	Spritzen mit nachfolgendem Umbruch I während der Vegetationsperiode	N

Wirkstoffe/ Präparate/ Kulturen	Schaderreger	Bereich	Aufwand	Hinweise	WZ
Glyphosat, 600 g/kg					
Roundup Alphée Tablette, MOT					
Wege und Plätze mit Holzgewächsen, ab Pflanzjahr	Ein- und zweikeimblättrige Unkräuter	Freiland		Spritzen als Einzelpflanzenbehandlung I während der Vegetationsperiode	N
Zier- und Sportrasen	Ein- und zweikeimblättrige Unkräuter	Freiland		Spritzen als Einzelpflanzenbehandlung I während der Vegetationsperiode	N
Ziergehölze, ab Pflanzjahr	Ein- und zweikeimblättrige Unkräuter	Freiland		Spritzen als Einzelpflanzenbehandlung I während der Vegetationsperiode	N
Zierpflanzen	Ein- und zweikeimblättrige Unkräuter	Freiland		Spritzen als Einzelpflanzenbehandlung I während der Vegetationsperiode	N
Glyphosat-trimesium, 480 g/l					
Herburan A, URA, Xn ••• Touchdown, ZNC, Xn					
Weihnachtsbaum- und Schmuckreisigkulturen	Ein- und zweikeimblättrige Unkräuter	-----	0,5 ml/m²	Spritzen als Zwischenreihenbehandlung mit Abschirmung I Mai bis Juni	F
Weihnachtsbaum- und Schmuckreisigkulturen	Ein- und zweikeimblättrige Unkräuter und Holzgewächse	Freiland	3 l/ha	Spritzen (nur mit Bodengeräten) I August bis November	F
Herburan TD, URA, Xn ••• Korax, URA, SPI, Xn ••• Touchdown TD, ZNC, Xn ••• Vorox flüssig, URA, SPI, Xn					
Wege und Plätze mit Holzgewächsen, ab Pflanzjahr	Ein- und zweikeimblättrige Unkräuter	Freiland	0,6 ml/m²	Frühjahr	N
MCPA, 4,71 g/kg, Chlorflurenol, 1,66 g/kg					
Bach's Rasen-Unkrautvernichtung und Düngung, BAC ••• Blumetta Rasen-Unrautvernichtung und Düngung, FGG ••• COMPO Unkrautvernichter mit Rasendünger, COM ••• Cornufera UV Unkrautvernichter + Rasendünger, GUN ••• degro Unkrautvernichter plus Rasendünger, DEN ••• Dehner Unkrautvernichter plus Rasendünger, DEN ••• EUFLOR Rasen - Unkrautvernichter und Dünger, EUF ••• Gabi Rasen-Unkrautvernichter plus Dünger, GAB ••• Gartenkrone Rasenunkrautvernichter und Dünger, HAG ••• MANNADUR UV, Rasendünger, MAN ••• Raiffeisen-Gartenkraft Unkrautvernichter plus Rasendünger, DRW ••• WOLF Unkrautvernichter mit Rasendünger, WGB					
Rasen	Zweikeimblättrige Unkräuter	Freiland	30 g/m²	Streuen I Frühsommer	F
MCPA, 340 g/l, Dicamba, 30 g/l					
BANVEL M, SAD, AVO, Xn ••• Gabi Rasenunkraut-Vernichter, GAB, Xn ••• Hedomat Rasenunkrautfrei, BAY, Xn ••• Rasen Unkrautfrei Utox, SPI, URA, Xn ••• Rasen-Unkrautvernichter Banvel M, CEL, Xn ••• Rasen-Utox flüssig, SPI, URA, Xn ••• Rasenunkrautfrei Rasunex, ASU, Xn					
Rasen	Zweikeimblättrige Unkräuter	Freiland	0,6 ml/m²	Gießen I Mai bis August	28
Rasen	Zweikeimblättrige Unkräuter	Freiland	0,6 ml/m²	Spritzen I Mai bis August	28
Propyzamid, 6,25 g/kg					
Kerb-Streugranulat, URA, SPI, B3					
Schutzpflanzungen, ab 1. Standjahr	Ein-und zweikeimblättrige Unkräuter	Freiland	40 g/m²	Streuen I Winter (in der Vegetationsruhe)	N
Ziergehölze, ab 1. Standjahr	Ein-und zweikeimblättrige Unkräuter	Freiland	40 g/m²	Streuen I Winter (in der Vegetationsruhe)	N
Propyzamid, 8 g/kg, Isoxaben, 1 g/kg					
Proxuran-Streugranulat, URA, SPI					
Schutzpflanzungen, ab 2. Standjahr	Ein- und zweikeimblättrige Unkräuter	Freiland	30 g/m²	Streuen I Spätherbst bis kurz vor Vegetationsbeginn	N
Wege und Plätze mit Holzgewächsen, ab 2. Standjahr	Ein- und zweikeimblättrige Unkräuter	Freiland	30 g/m²	Streuen I Winter (in der Vegetationsruhe)	N

Wirkstoffe/ Präparate/ Kulturen	Schaderreger	Bereich	Aufwand	Hinweise	WZ
Ziergehölze, ab 2. Standjahr	Ein- und zweikeimblättrige Unkräuter	Freiland	30 g/m²	Streuen I Spätherbst bis kurz vor Vegetationsbeginn	N
Propyzamid, 500 g/kg					
Kerb WDG, URA, SPI, Xn					
Schutzpflanzungen, ab 1. Standjahr	Einkeimblättrige Unkräuter	Freiland	0,5 g/m²	Spätherbst bis kurz vor Vegetationsbeginn	N
Ziergehölze, ab 1. Standjahr	Einkeimblättrige Unkräuter	Freiland	0,5 g/m²	Spätherbst bis kurz vor Vegetationsbeginn	N
Kerb 50 W, RHD, Xn					
Schutzpflanzungen, ab 1. Standjahr	Einkeimblättrige Unkräuter	Freiland	0,5 g/m²	Winter (in der Vegetationsruhe)	N
Ziergehölze, ab 1. Standjahr	Einkeimblättrige Unkräuter	Freiland	0,5 g/m²	Winter (in der Vegetationsruhe)	N
Prosulfocarb, 800 g/l					
Boxer, ZNC, Xi, B3					
Garten-Stiefmütterchen (Viola wittrockiana)	Zweikeimblättrige Unkräuter, Ackerfuchsschwanz, Windhalm und Einjährige Rispe	Freiland	0,5 ml/m²	nach dem Pflanzen	N
Quinoclamin, 250 g/kg					
Mogeton, ASU, Xn					
Baumschulen	Lebermoos	Containerkulturen im Freiland	1,5 g/m²	Spritzen mit Spritzschirm I während der Vegetationsperiode (Mai bis August)	N
Zier- und Sportrasen	Moosarten	Freiland	1,5 g/m²	Gießen I während der Vegetationsperiode (Mai bis August)	N
Zier- und Sportrasen	Moosarten	Freiland	1,5 g/m²	Spritzen mit Spritzschirm I während der Vegetationsperiode (Mai bis August)	N

5.3 Fungizide im Zierpflanzenbau

Bitertanol, 0,75 g/kg					
Baymat Zierpflanzenspray, BAY, B4 ••• COMPO Rosen-Spray, COM, B4					
Balkonpflanzen	Echter Mehltau	Freiland		Sprühen I bei Befallsbeginn bzw. bei Sichtbarwerden der ersten Symptome	N
Rosen	Sternrußtau	Freiland		Sprühen I bei Befallsbeginn bzw. bei Sichtbarwerden der ersten Symptome	N
Rosen	Rost	Freiland		Sprühen I bei Infektionsbeginn	N
Rosen	Echter Mehltau	Freiland		Sprühen I bei Befallsbeginn bzw. bei Sichtbarwerden der ersten Symptome	N
Zimmerpflanzen	Echter Mehltau	Zimmer und Büroräume		Sprühen I bei Befallsbeginn bzw. bei Sichtbarwerden der ersten Symptome	N
Bitertanol, 300,2 g/l					
Baymat flüssig, BAY, Xi ••• Baymat Rosenspritzmittel, BAY, Xi ••• COMPO Rosen-Schutz, COM, Xi					
Rosen	Echter Mehltau	unter Glas	0,1 %	bei Befallsbeginn bzw. bei Sichtbarwerden der ersten Symptome	N
Rosen	Echter Mehltau	Freiland	0,125 %	bei Befallsbeginn bzw. bei Sichtbarwerden der ersten Symptome	N

Wirkstoffe/ Präparate/ Kulturen	Schaderreger	Bereich	Aufwand	Hinweise	WZ
Rosen	Rost	Freiland	0,15 %	bei Befallsbeginn bzw. bei Sichtbarwerden der ersten Symptome	N
Rosen	Sternrußtau	Freiland	0,15 %	bei Befallsbeginn bzw. bei Sichtbarwerden der ersten Symptome	N
Zierpflanzen	Rostpilze	unter Glas	0,1 %	bei Befallsbeginn bzw. bei Sichtbarwerden der ersten Symptome	N
Zierpflanzen, ausgenommen Rosen	Echte Mehltaupilze	Freiland	0,125 %	bei Befallsbeginn bzw. bei Sichtbarwerden der ersten Symptome	N
Zierpflanzen, ausgenommen Rosen	Echte Mehltaupilze	unter Glas	0,075 %	bei Befallsbeginn bzw. bei Sichtbarwerden der ersten Symptome	N
Zierpflanzen, ausgenommen Rosen	Rostpilze	Freiland	0,125 %	bei Befallsbeginn bzw. bei Sichtbarwerden der ersten Symptome	N
Chinomethionat, 260 g/kg					
Morestan, BAY, Xi					
Rosen	Echter Mehltau	unter Glas	0,05 %	siehe Auflagen I bei Befallsbeginn bzw. bei Sichtbarwerden der ersten Symptome	N
Rosen	Echter Mehltau	Freiland	0,05 %	siehe Auflagen I bei Befallsbeginn bzw. bei Sichtbarwerden der ersten Symptome	N
Dazomet, 970 g/kg					
Basamid Granulat, BAS, COM/AVO, Xn, B3					
Zierpflanzenbau	Bodenpilze	Freiland oder unter Glas	* 40 g/m²	Streuen mit Einarbeitung I mit Einarbeitung auf 20 cm Tiefe I vor der Saat	N
Zierpflanzenbau	Bodenpilze	Anzucht- und Topferde	200 g/m³	Streuen und untermischen I vor der Saat	N
Dichlofluanid, 500 g/kg					
Euparen, BAY, Xi, B4					
Begonien	Echter Mehltau	unter Glas	0,25 %	bei Befallsbeginn bzw. bei Sichtbarwerden der ersten Symptome/Schadorganismen	N
Rosen	Sternrußtau	Freiland	0,5 %	bei Befallsbeginn bzw. bei Sichtbarwerden der ersten Symptome/Schadorganismen	N
Rosen	Botrytis cinerea	unter Glas	0,5 %	nach der Ernte	N
Rosen	Rost	Freiland	0,5 %	bei Befallsbeginn bzw. bei Sichtbarwerden der ersten Symptome/Schadorganismen	N
Rosen	Echter Mehltau	Freiland	0,5 %	bei Befallsbeginn bzw. bei Sichtbarwerden der ersten Symptome/Schadorganismen	N
Zierpflanzen	Botrytis cinerea	unter Glas	0,25 %	bei Befallsbeginn bzw. bei Sichtbarwerden der ersten Symptome/Schadorganismen	N
Zierpflanzen	Botrytis cinerea	Freiland	0,25 %	bei Befallsbeginn bzw. bei Sichtbarwerden der ersten Symptome/Schadorganismen	N
Zierpflanzen, ausgen. Chrysanthemen	Echte Mehltaupilze	Freiland	0,25 %	bei Befallsbeginn bzw. bei Sichtbarwerden der ersten Symptome/Schadorganismen	N

Wirkstoffe/ Präparate/ Kulturen	Schaderreger	Bereich	Aufwand	Hinweise	WZ
Dichlofluanid, 515 g/kg					
Euparen WG, BAY, Xi, B4 ••• Obst-Spritzmittel WG, CEL, Xi, B4					
Begonien	Echter Mehltau	unter Glas	0,25 %	nach Infektionsbeginn	N
Rosen	Rost	Freiland	0,5 %	nach Infektionsbeginn	N
Rosen	Sternrußtau	Freiland	0,5 %	nach Infektionsbeginn	N
Rosen	Echter Mehltau	Freiland	0,5 %	nach Infektionsbeginn	N
Rosen	Botrytis cinerea	unter Glas	0,5 %	nach der Ernte	N
Zierpflanzen	Botrytis cinerea	unter Glas	0,25 %	nach Infektionsbeginn	N
Zierpflanzen	Botrytis cinerea	Freiland	0,25 %	nach Infektionsbeginn	N
Zierpflanzen, ausgenommen Chrysanthemen	Echter Mehltau	Freiland	0,25 %	nach Infektionsbeginn	N
Didecyldimethyl-ammoniumchlorid, 307 g/l					
Dimanin-Spezial, BAV, Xn, B3 ••• M&ENNO-TER-forte, VDZ, MEN, Xn, B3					
Zierpflanzenbau	Pilzliche und bakterielle Schaderreger, ausgenommen Cylindrocladium scoparium	Vliesstellbeete (unter Glas)	20 ml/m²	Spritzen oder gießen I vorbeugend	N
Zierpflanzenbau	Pilzliche und bakterielle Schaderreger, ausgenommen Cylindrocladium scoparium	Sandstellbeete (unter Glas)	30 ml/m²	Spritzen oder gießen I vorbeugend	N
Zierpflanzenbau	Pilzliche und bakterielle Schaderreger, ausgenommen Cylindrocladium scoparium	Kulturgefäße	1 %	Tauchen I Anwendungsdauer: 12 Stunden I vorbeugend	N
Fenarimol, 0,05 g/kg					
Pflanzen Paral gegen Pilzkrankheiten an Zierpflanzen NEU, JOH, THO, B4					
Rosen	Sternrußtau	Freiland		Unverdünnt sprühen I bei Befallsbeginn bzw. bei Sichtbarwerden der ersten Symptome	N
Zierpflanzen	Echte Mehltaupilze	Freiland		Unverdünnt sprühen I bei Befallsbeginn bzw. bei Sichtbarwerden der ersten Symptome	N
Zierpflanzen	Rostpilze	Freiland		Unverdünnt sprühen I bei Befallsbeginn bzw. bei Sichtbarwerden der ersten Symptome	N
Fenarimol, 0,06 g/kg					
Pflanzen Paral Pilz-Frei N, JOH, THO, B4					
Rosen	Sternrußtau	Freiland		Unverdünnt sprühen I bei Befallsbeginn bzw. bei Sichtbarwerden der ersten Symptome	N
Rosen	Echter Mehltau	Freiland		Unverdünnt sprühen I bei Befallsbeginn bzw. bei Sichtbarwerden der ersten Symptome	N
Rosen	Rost	Freiland		Unverdünnt sprühen I bei Befallsbeginn bzw. bei Sichtbarwerden der ersten Symptome	N
Zierpflanzen	Echte Mehltaupilze	Freiland		Unverdünnt sprühen I bei Befallsbeginn bzw. bei Sichtbarwerden der ersten Symptome	N

Wirkstoffe/ Präparate/ Kulturen	Schaderreger	Bereich	Aufwand	Hinweise	WZ
Zierpflanzen	Rostpilze	Freiland		Unverdünnt sprühen I bei Befallsbeginn bzw. bei Sichtbarwerden der ersten Symptome	N
Pflanzen Paral Pilzspray 140, JOH, THO, B4					
Rosen	Echte Mehltaupilze	Freiland		Unverdünnt sprühen I bei Befall	N
Rosen	Rostpilze	Freiland		Unverdünnt sprühen I bei Befall	N
Rosen	Sternrußtau	Freiland		Unverdünnt sprühen I bei Befall	N
Zierpflanzen	Rostpilze	Freiland		Unverdünnt sprühen I bei Befall	N
Zierpflanzen	Echte Mehltaupilze	Freiland		Unverdünnt sprühen I bei Befall	N
Chrysal Rosenspray, POK, B4 ••• COMPO Rosen-Spray N, COM, B4 ••• Detia Rosen- und Zierpflanzenspray Pilzfrei, DET, B4 ••• Pflanzen Paral gegen Pilzkrankheiten an Balkonpflanzen, JOH, B4 ••• Pflanzen Paral gegen Pilzkrankheiten, JOH, THO, B4 ••• Pilz-frei Spiess-Urania, SPI, URA, B4 ••• Rosenspray Saprol F, CEL, B4					
Rosen	Sternrußtau	Freiland		Unverdünnt sprühen I bei Befallsbeginn bzw. bei Sichtbarwerden der ersten Symptome	N
Zierpflanzen	Echte Mehltaupilze	Freiland		Unverdünnt sprühen I bei Befallsbeginn bzw. bei Sichtbarwerden der ersten Symptome	N
Zierpflanzen	Rostpilze	Freiland		Unverdünnt sprühen I bei Befallsbeginn bzw. bei Sichtbarwerden der ersten Symptome	N
Fenarimol, 120 g/l					
COMPO Rosen-Schutz N, COM, Xn, B4 ••• Curol, SPI, URA, Xn, B4 ••• Pilzfrei Saprol F, CEL, Xn, B4 ••• Rubigan, DOW, SPI/URA, Xn, B4					
Rosen	Echter Mehltau	Freiland	0,03 %	bei Befallsbeginn bzw. bei Sichtbarwerden der ersten Sympt.	N
Fosetyl, 746 g/kg					
Aliette, RPA, Xi ••• Spezial-Pilzfrei Aliette, CEL, Xi					
Zierpflanzen	Phytophthora-Arten	Freiland oder unter Glas	* 0,5 %	Gießen I Kulturen und Topfpflanzen (ab Gefäßgröße 9-12 cm) I bei Infektionsgefahr bzw. ab Warndiensthinweis	N
Iprodion, 500 g/kg					
ROVRAL, RPA, Xn					
Zierpflanzen	Botrytis cinerea	unter Glas	0,1 %	bei Befallsbeginn bzw. bei Sichtbarwerden der ersten Symptome/Schadorganismen	N
Zierpflanzen	Botrytis cinerea	Freiland	0,1 %	bei Befallsbeginn bzw. bei Sichtbarwerden der ersten Symptome/Schadorganismen	N
Kupferoxychlorid, 756 g/kg					
BASF-Grünkupfer, BAS ••• Cupravit OB 21, BAY ••• Funguran, URA, SPI ••• Kupfer Konzentrat 45, ASU ••• Kupferkalk Atempo, NEU ••• Kupferspritzmittel Funguran, URA, SPI ••• Kupferspritzmittel Schacht, FSC					
Zierpflanzen	Falsche Mehltaupilze	Freiland	0,4 %	bei Infektionsgefahr	N
Lecithin, 0,353 g/kg					
BioBlatt-Mehltauspray, NEU					
Zierpflanzen	Echte Mehltaupilze	unter Glas		Unverdünnt sprühen I bei Befallsbeginn bzw. bei Sichtbarwerden der ersten Symptome	N
Zierpflanzen	Echte Mehltaupilze	Freiland		Unverdünnt sprühen I bei Befallsbeginn bzw. bei Sichtbarwerden der ersten Symptome	N

Wirkstoffe/ Präparate/ Kulturen	Schaderreger	Bereich	Aufwand	Hinweise	WZ
Lecithin, 488,8 g/l					
BioBlatt-Mehltaumittel, NEU					
Zierpflanzen	Echte Mehltaupilze	Freiland	0,15 %	bei Befallsbeginn bzw. bei Sichtbarwerden der ersten Sympt.	N
Zierpflanzen	Echte Mehltaupilze	unter Glas	0,15 %	bei Befallsbeginn bzw. bei Sichtbarwerden der ersten Sympt.	N
Zimmerpflanzen	Echte Mehltaupilze	Zimmer und Büroräume	0,15 %	bei Befallsbeginn bzw. bei Sichtbarwerden der ersten Sympt.	N
Mancozeb, 750 g/kg					
Dithane Ultra WG CIBA-GEIGY, CGD, Xi ••• Dithane Ultra WG Hoechst, AVO, Xi ••• Dithane Ultra WG Spiess-Urania, SPI, Xi ••• Dithane Ultra WG, RHD, AVO/SPI/URA, Xi ••• Stefes MANCOFOL, STE, Xi					
Zierpflanzen	Rostpilze	Freiland	0,2 %	bei Befallsbeginn bzw. bei Sichtbarwerden der ersten Sympt.	N
Zierpflanzen	Rostpilze	unter Glas	0,2 %	bei Befallsbeginn bzw. bei Sichtbarwerden der ersten Sympt.	N
Zierpflanzen	Falsche Mehltaupilze	unter Glas	0,2 %	bei Infektionsgefahr	N
Zierpflanzen	Falsche Mehltaupilze	Freiland	0,2 %	bei Infektionsgefahr	N
Mancozeb, 800 g/kg					
Penncozeb, ELF, Xi					
Zierpflanzen	Rostpilze	unter Glas	0,2 %	bei Befallsbeginn bzw. bei Sichtbarwerden der ersten Sympt.	N
Zierpflanzen	Falsche Mehltaupilze	unter Glas	0,2 %	bei Infektionsgefahr	N
Detia Pflanzen - Pilzfrei Pilzol, DET, Xi ••• Dithane Ultra Spiess-Urania, SPI, URA, Xi ••• Dithane Ultra WP, RHD, SPI/URA, Xi					
Zierpflanzen	Rostpilze	unter Glas	0,2 %	bei Befallsbeginn bzw. bei Sichtbarwerden der ersten Sympt.	N
Zierpflanzen	Rostpilze	Freiland	0,2 %	bei Befallsbeginn bzw. bei Sichtbarwerden der ersten Sympt.	N
Zierpflanzen	Falsche Mehltaupilze	unter Glas	0,2 %	bei Infektionsgefahr	N
Zierpflanzen	Falsche Mehltaupilze	Freiland	0,2 %	bei Infektionsgefahr	N
Maneb, 800 g/kg					
BASF-Maneb-Spritzpulver, RHD, BAS, Xi ••• Maneb "Schacht", FSC, Xi					
Zierpflanzen	Falsche Mehltaupilze	unter Glas	0,2 %	bei Infektionsgefahr	N
Zierpflanzen	Falsche Mehltaupilze	Freiland	0,2 %	bei Infektionsgefahr	N
Zierpflanzen	Rostpilze	unter Glas	0,2 %	bei Befallsbeginn bzw. bei Sichtbarwerden der ersten Sympt.	N
Zierpflanzen	Rostpilze	Freiland	0,2 %	bei Befallsbeginn bzw. bei Sichtbarwerden der ersten Sympt.	N
Metalaxyl, 240 g/l					
Fonganil Neu, NAD, Xi, B3					
Zierpflanzen	Pythium- und Phytophthora-Arten	unter Glas	0,05 %	Gießen der bepflanzten Töpfe	N
Zierpflanzen	Pythium- und Phytophthora-Arten	unter Glas	100 ml/m³	Anzucht- und Topferdebehandlung, gießen und untermischen	N
Metiram, 700 g/kg					
COMPO Pilz-frei Polyram WG, COM, Xi, B4 ••• Gemüse-Spritzmittel Polyram WG, CEL, Xi, B4 ••• Polyram WG, BAS, COM, Xi, B4					
Zierpflanzen	Falsche Mehltaupilze	Freiland	0,2 %	bei Infektionsgefahr bzw. ab Warndiensthinweis	N
Zierpflanzen	Rostpilze	unter Glas	0,2 %	bei Befallsbeginn bzw. bei Sichtbarwerden der ersten Sympt.	N
Zierpflanzen	Falsche Mehltaupilze	unter Glas	0,2 %	bei Infektionsgefahr bzw. ab Warndiensthinweis	N
Zierpflanzen	Rostpilze	Freiland	0,2 %	bei Befallsbeginn bzw. bei Sichtbarwerden der ersten Sympt.	N

Wirkstoffe/ Präparate/ Kulturen	Schaderreger	Bereich	Aufwand	Hinweise	WZ
Propamocarb, 604 g/l					
Previcur N, AVO					
5-Grad-Tulpen	Pythium-Arten	unter Glas	0,3 %	Tauchen I vor dem Stecken	N
5-Grad-Tulpen	Pythium-Arten	unter Glas	0,15 %	Gießen I vor dem Stecken	N
Jungpflanzen von Zierpflanzen	Pythium- und Phytophthora-Arten	unter Glas	0,15 %	Tauchen	N
Jungpflanzen von Zierpflanzen	Pythium- und Phytophthora-Arten	unter Glas	0,15 %	Gießen I nach dem Topfen	N
Jungpflanzen von Zierpflanzen	Pythium- und Phytophthora-Arten	unter Glas	0,15 %	Gießen I nach dem Pflanzen	N
Stecklinge von Zierpflanzen	Pythium- und Phytophthora-Arten	unter Glas	0,15 %	Gießen I bei Infektionsgefahr	N
Zierpflanzen	Pythium- und Phytophthora-Arten	Anzuchtbeete, Saatbeete	0,25 %	Gießen I vor der Saat	N
Propineb, 705 g/kg					
Antracol WG, BAY					
Rosen	Rost	Freiland	0,2 %	bei Befallsbeginn bzw. bei Sichtbarwerden der ersten Symptome	N
Pyrazophos, 1 g/kg					
Chrysal Mehltauspray, POK, BRA, B3					
Zimmerpflanzen	Echte Mehltaupilze	Zimmer und Büroräume		Sprühdose I bei Befallsbeginn bzw. bei Sichtbarwerden der ersten Symptome	N
Pyrethrine, 0,09 g/l, Piperonylbutoxid, 0,29 g/l, Lecithin, 0,7 g/l					
Bio-Myctan-Zimmerpflanzenspray, NEU, B3					
Rosen	Echter Mehltau	unter Glas		Unverdünnt sprühen I bei Befallsbeginn bzw. bei Sichtbarwerden der ersten Symptome	N
Zierpflanzen	Echte Mehltaupilze	unter Glas		Unverdünnt sprühen I bei Befallsbeginn bzw. bei Sichtbarwerden der ersten Symptome	N
Zimmerpflanzen	Echte Mehltaupilze	Zimmer und Büroräume		Unverdünnt sprühen I bei Befallsbeginn bzw. bei Sichtbarwerden der ersten Symptome	N
Schwefel, 796 g/kg					
Cosan 80 Netzschwefel, AVO, B4 ••• Netz-Schwefelit, NEU, B4 ••• Netzschwefel "Schacht", FSC, B4 ••• Netzschwefel 80 WP, ASU, B4 ••• Netzschwefel Stulln, JUL, B4 ••• Stefes INSTANT, STE, B4					
Zierpflanzen	Echte Mehltaupilze	Freiland	0,25 %	bei Befallsbeginn bzw. bei Sichtbarwerden der ersten Sympt.	N
Schwefel, 800 g/kg					
Asulfa WG, ASU, B4 ••• COMPO Mehltau-frei Kumulus WG, COM, B4 ••• HORA Thiovit, HOR, B4 ••• Kumulus WG, BAS, B4 ••• Netz-Schwefelit WG, NEU, B4 ••• Netzschwefel WG, CEL, B4 ••• Sufran WG, SPI, URA, B4 ••• THIOVIT, NAD, B4					
Zierpflanzen	Echte Mehltaupilze	Freiland	0,25 %	bei Befallsbeginn bzw. bei Sichtbarwerden der ersten Sympt.	N
Thiram, 656,6 g/kg					
Aatiram, ASU, Xn, B3					
Zierpflanzensaatgut	Auflaufkrankheiten	Freiland	3 g/kg	Beizen I vor der Saat	N

Wirkstoffe/ Präparate/ Kulturen	Schaderreger	Bereich	Aufwand	Hinweise	WZ
Triforin, 190 g/l					
Pilzfrei Saprol Neu, CEL, Xi ••• SAPROL NEU, CYD, Xi ••• Tarsol Neu, AVO, Xi					
Rosen	Sternrußtau	Freiland	0,1 %	bei Befallsbeginn bzw. bei Sichtbarwerden der ersten Sympt.	N
Rosen	Rost	Freiland	0,1 %	bei Befallsbeginn bzw. bei Sichtbarwerden der ersten Sympt.	N
Rosen	Rost	unter Glas	0,1 %	bei Befallsbeginn bzw. bei Sichtbarwerden der ersten Sympt.	N
Zierpflanzen	Echte Mehltaupilze	unter Glas	0,1 %	bei Befallsbeginn bzw. bei Sichtbarwerden der ersten Sympt.	N
Zierpflanzen	Echte Mehltaupilze	Freiland	0,1 %	bei Befallsbeginn bzw. bei Sichtbarwerden der ersten Sympt.	N
Zierpflanzen, ausgenommen Rosen	Rostpilze	Freiland	0,15 %	bei Befallsbeginn bzw. bei Sichtbarwerden der ersten Sympt.	N
Zierpflanzen, ausgenommen Rosen	Rostpilze	unter Glas	0,15 %	bei Befallsbeginn bzw. bei Sichtbarwerden der ersten Sympt.	N
Vinclozolin, 500 g/kg					
Ronilan WG, BAS, Xn, B4					
Zierpflanzen	Botrytis cinerea	Freiland	0,1 %	bei Befallsgefahr	N
Zierpflanzen	Botrytis cinerea	unter Glas	0,1 %	bei Befallsgefahr	N

5.4 Insektizide im Zierpflanzenbau

Wirkstoffe/ Präparate/ Kulturen	Schaderreger	Bereich	Aufwand	Hinweise	WZ
Abamectin, 18 g/l					
Vertimec Hopfen, NAD, Xn, B1 ••• Vertimec, NAD, Xn, B1					
Zierpflanzen	Minierfliegen	unter Glas	0,025 %	bei Befallsbeginn bzw. bei Sichtbarwerden der ersten Symptome/Schadorganismen	N
Zierpflanzenbau	Thripse	unter Glas	0,05 %	bei Befallsbeginn bzw. bei Sichtbarwerden der ersten Symptome/Schadorganismen	N
Zierpflanzenbau	Weiße Fliegen (= Mottenschildläuse)	unter Glas	0,025 %	bei Befallsbeginn bzw. bei Sichtbarwerden der ersten Symptome/Schadorganismen	N
Bacillus thuringiensis, 20 g/kg					
Bactospeine FC, AVO, B4 ••• BIOBIT (BBN 0017), ABB, CEM, B4					
Ziergehölze	Goldafter	Freiland	0,2 %	nach Befallsbeginn oder ab Warndienstaufruf	N
Ziergehölze	Schwammspinner	Freiland	0,2 %	nach Befallsbeginn oder ab Warndienstaufruf	N
Ziergehölze	Freifressende Schmetterlingsraupen, ausgenommen Lymantriiden und Eulen	Freiland	0,2 %	nach Befallsbeginn oder ab Warndienstaufruf	N
Bacillus thuringiensis, 22 g/kg					
Bactospeine XL, ABB, AVO					
Zierpflanzenbau	Freifressende Schmetterlingsraupen	Freiland	4 l/ha	nach Befallsbeginn oder ab Warndienstaufruf	N
Bacillus thuringiensis, 32 g/kg					
Dipel, ASU, B4 ••• Neudorffs Raupenspritzmittel, NEU, B4					
Ziergehölze	Goldafter	Freiland	0,1 %	nach Befallsbeginn oder ab Warndienstaufruf	N
Ziergehölze	Freifressende Schmetterlingsraupen	Freiland	0,1 %	nach Befallsbeginn oder ab Warndienstaufruf	N
Ziergehölze	Schwammspinner	Freiland	0,1 %	nach Befallsbeginn oder ab Warndienstaufruf	N

Wirkstoffe/ Präparate/ Kulturen	Schaderreger	Bereich	Aufwand	Hinweise	WZ
Bacillus thuringiensis, 33,2 g/l					
Dipel ES, ASU					
Ziergehölze	Freifressende Schmetterlingsraupen, ausgenommen Woll- bzw. Trägspinnerarten (Lymantriidae) und Eulenarten	Freiland	0,1 %	nach der Blüte	N
Bacillus thuringiensis, 64 g/kg					
Dipel 2 X, ASU, B4					
Ziergehölze	Freifressende Schmetterlingsraupen, ausgenommen Woll- bzw. Trägspinnerarten (Lymantriidae) und Eulenarten	Freiland	0,05 %	nach Befallsbeginn oder ab Warndienstaufruf	N
Ziergehölze	Goldafter	Freiland	0,05 %	nach Befallsbeginn oder ab Warndienstaufruf	N
Ziergehölze	Schwammspinner	Freiland	0,05 %	nach Befallsbeginn oder ab Warndienstaufruf	N
beta-Cyfluthrin, 25,8 g/l					
Bulldock Gemüseschädlingsfrei, BAY, Xn, B2 ••• Bulldock, BAY, Xn, B2					
Zierpflanzen	Beißende Insekten, ausgenommen blattminierende Kleinschmetterlingsarten, Minierfliegen und Rüsselkäfer	Freiland	0,05 %	bei Befallsbeginn bzw. bei Sichtbarwerden der ersten Symptome/Schadorganismen	N
Zierpflanzen	Saugende Insekten, ausgenommen wollige Laub- und Nadelholzläuse sowie gallenbildende Nadelholzläuse	Freiland	0,05 %	bei Befallsbeginn bzw. bei Sichtbarwerden der ersten Symptome/Schadorganismen	N
beta-Cyfluthrin, 125,1 g/l					
Contur plus, BAY, Xn, B2					
Zierpflanzen	Weiße Fliegen (= Mottenschildläuse)	unter Glas	0,015 %	bei Befallsbeginn bzw. bei Sichtbarwerden der ersten Symptome/Schadorganismen	N
Buprofezin, 250 g/l					
Applaud, ZNC, B3					
Zierpflanzen	Weiße Fliegen (= Mottenschildläuse)	unter Glas	0,03 %	bei Befallsbeginn bzw. bei Sichtbarwerden der ersten Symptome/Schadorganismen	N
Butocarboxim, 0,7 g/kg					
Pflanzen Paral gegen Blattläuse an Zierpflanzen NEU, JOH, THO, B4					
Zierpflanzen	Blattläuse, ausgenommen wollige Laub- und Nadelholzläuse sowie gallenbildende Nadelholzläuse	Freiland		Sprühdose I nach Befallsbeginn	N
Butocarboxim, 0,81 g/kg					
Blattlaus-frei Spiess-Urania für Rosen- und Zier- pflanzen, SPI, URA, B4 ••• Detia Rosen- und Zierpflanzen Spray gegen Blattläuse, DET, B4 ••• Pflanzen Paral für Balkonpflanzen, JOH, THO, B4 ••• Pflanzen Paral für Gartenpflanzen, JOH, THO, B4 ••• Pflanzen Paral gegen Blattläuse NEU, JOH, THO, B4					
Zierpflanzen	Blattläuse, ausgenommen wollige Laub- und Nadelholzläuse sowie gallenbildende Nadelholzläuse	Freiland		Sprühdose I nach Befallsbeginn	N
Butocarboxim, 1 g/kg					
Blituran Neu Sprühschutz gegen Blattläuse, SPI, URA, B1 ••• Detia Rosen- und Zierpflanzenspray Blattlaus-Frei, DET, B1 ••• Pflanzen Paral Blattlaus-Frei, JOH, THO, B1					

Wirkstoffe/ Präparate/ Kulturen	Schaderreger	Bereich	Aufwand	Hinweise	WZ
Zierpflanzen	Blattläuse, ausgenommen wollige Laub- und Nadelholzläuse sowie gallenbildende Nadelholzläuse	Freiland		Sprühdose I bei Befallsbeginn bzw. bei Sichtbarwerden der ersten Symptome/Schadorganismen	N
Butocarboxim, 1,09 g/kg					
Blattlausfrei Neu Spiess-Urania, SPI, URA, B4 ••• Pflanzen Paral Blattlausspray 143, JOH, THO, B4					
Zierpflanzen	Blattläuse, ausgenommen wollige Laub- und Nadelholzläuse sowie gallenbildende Nadelholzläuse	Freiland		Sprühdose I bei Befallsbeginn bzw. bei Sichtbarwerden der ersten Symptome/Schadorganismen	N
Butoxycarboxim, 29 g/kg					
Combi-Stäbchen Neu, CEL, B4 ••• Pflanzen Paral Kombi-Stick, JOH, THO, B4 ••• Plant pin combi, WAC, THO, B4					
Balkonpflanzen	Blattläuse	-----		Stäbchen in Wurzelballen stecken I nach Befallsbeginn	N
Zimmerpflanzen	Blattläuse	-----		Stäbchen in Wurzelballen stecken I nach Befallsbeginn	N
Butocarboxim, 50 g/l					
Blusana Systemschutz D-Hydro, LEN, Xi, B3 ••• Systemschutz D-Hydro, WAC, DOW/LEN, Xi, B3					
Zierpflanzen	Blattläuse	Hydrokultur in Zimmern und Büroräumen	1 ml/l Nährlösung	Gießen I bei Befallsbeginn bzw. bei Sichtbarwerden der ersten Symptome/Schadorganismen	N
Zierpflanzen	Thripse	Hydrokultur in Zimmern und Büroräumen	1 ml/l Nährlösung	Gießen I bei Befallsbeginn bzw. bei Sichtbarwerden der ersten Symptome/Schadorganismen	N
Butoxycarboxim, 98 g/kg					
Pflanzen Paral Pflanzenschutz-Zäpfchen, JOH, THO, B4 ••• Plant pin, WAC, DOW/THO, B4					
Balkonpflanzen	Blattläuse	-----	* 3 Stäbchen pro Pflanze	Stäbchen in Wurzelballen stecken I bei ausgewachsenen Pflanzen I nach Befallsbeginn	N
Zimmerpflanzen	Blattläuse	-----	* 3 Stäbchen pro Pflanze	Stäbchen in Wurzelballen stecken I größere Töpfe I nach Befallsbeginn	N
Carbofuran, 50 g/kg					
Curaterr Granulat, BAY, Xn, B3 ••• Carbosip, SCM, Xn, B3					
Zierpflanzen	Trauermücken	unter Glas	5 g/m²	Streuen I bei Befallsbeginn bzw. bei Sichtbarwerden der ersten Symptome/Schadorganismen	N
Zierpflanzen	Dickmaulrüßler	unter Glas	10 g/m²	Streuen I bei Befallsbeginn bzw. bei Sichtbarwerden der ersten Symptome/Schadorganismen	N
Chlorfenvinphos, 100 g/kg					
Birlane Granulat, CYD, Xn, B3					
Zierpflanzen	Trauermücken	unter Glas	5 g/m²	Streuen I vor dem Pflanzen	N
Chlorpyrifos, 10 g/kg					
Ameisenmittel-N-DowElanco, DOW, B1 ••• Garten-Loxiran, NEU, B1					

Wirkstoffe/ Präparate/ Kulturen	Schaderreger	Bereich	Aufwand	Hinweise	WZ
Zierpflanzen	Garten- und Rasenameisen	Freiland	10 g/m²	Streuen in Nester und auf Laufwege I nach Befallsbeginn	N
Zierpflanzen	Garten- und Rasenameisen	Freiland	10 g/Nest	Gießen in Nester und auf Laufwege I nach Befallsbeginn	N
Chlorpyrifos, 20 g/kg					
Ameisen Streu- und Gießmittel, FSC, B1 ••• Ameisenmittel HORTEX, CEL, B1 ••• Ameisenmittel-forte-DowElanco, DOW, B1 ••• Gabi Ameisenmittel, GAB, B1					
Zierpflanzen	Garten- und Rasenameisen	Freiland	20 g/Nest	Streuen in Nester und auf Laufwege I bei Befall	N
Zierpflanzen	Garten- und Rasenameisen	Freiland	20 g/Nest	Gießen in Nester und auf Laufwege I bei Befall	N
Cyfluthrin, 51,3 g/l					
Baythroid 50, BAY, Xn, B1 ••• Baythroid Schädlingsfrei, BAY, Xn, B1					
Zierpflanzen	Saugende Insekten, ausgenommen wollige Laub- und Nadelholzläuse sowie gallenbildende Nadelholzläuse	Freiland	0,03 %	bei Befallsbeginn bzw. bei Sichtbarwerden der ersten Symptome/Schadorganismen	N
Zierpflanzen	Beißende Insekten, ausgenommen blattminierende Kleinschmetterlingsarten, Minierfliegen und Rüsselkäfer	Freiland	0,03 %	bei Befallsbeginn bzw. bei Sichtbarwerden der ersten Symptome/Schadorganismen	N
Zierpflanzen	Weiße Fliegen (= Mottenschildläuse)	unter Glas	0,05 %	bei Befallsbeginn bzw. bei Sichtbarwerden der ersten Symptome/Schadorganismen	N
Deltamethrin, 25 g/l					
Decis flüssig, AVO, CEL, Xn, B2 ••• Schädlings-Vernichter Decis, CEL, Xn, B2					
Weihnachtsbaum- und Schmuckreisigkulturen	Nadelholzläuse	Freiland	0,05 %	Spritzen (nur mit Bodengeräten) I bei Befallsbeginn bzw. bei Sichtbarwerden der ersten Symptome	N
Zierpflanzen	Beißende Insekten	Freiland	0,05 %	bei Befallsbeginn bzw. bei Sichtbarwerden der ersten Symptome/Schadorganismen	N
Zierpflanzen	Saugende Insekten	Freiland	0,05 %	bei Befallsbeginn bzw. bei Sichtbarwerden der ersten Symptome/Schadorganismen	N
Zierpflanzen	Beißende Insekten	unter Glas	0,05 %	bei Befallsbeginn bzw. bei Sichtbarwerden der ersten Symptome/Schadorganismen	N
Zierpflanzen	Napfschildlaus	unter Glas	0,1 %	bei Befallsbeginn bzw. bei Sichtbarwerden der ersten Symptome/Schadorganismen	N
Zierpflanzen	Saugende Insekten	unter Glas	0,05 %	bei Befallsbeginn bzw. bei Sichtbarwerden der ersten Symptome/Schadorganismen	N
Zierpflanzen	Erdraupen	Freiland	1 l/ha	bei Befallsbeginn bzw. bei Sichtbarwerden der ersten Symptome/Schadorganismen	N
Zierpflanzen	Weiße Fliegen (= Mottenschildläuse)	unter Glas	0,05 %	bei Befallsbeginn bzw. bei Sichtbarwerden der ersten Symptome/Schadorganismen	N
Zierpflanzen	Gefurchter Dickmaulrüßler	Freiland	0,05 %	bei Befallsbeginn bzw. bei Sichtbarwerden der ersten Symptome/Schadorganismen	N

Wirkstoffe/ Präparate/ Kulturen	Schaderreger	Bereich	Aufwand	Hinweise	WZ
Dimethoat, 1 g/kg					
Bi 58 Spray, COM, F+, B1 ••• Blattlaus-frei Spiess-Urania, SPI, F+, B1 ••• COMPO Schildlaus-Spray, COM, F+, B1 ••• COMPO Zierpflanzen-Spray D, COM, F+, B1 ••• Dehner Zierpflanzenspray, DEN, F+, B1 ••• Detia Pflanzenschutz-Spray, DET, F+, B1 ••• Gabi Pflanzenspray, GAB, F+, B1 ••• recozit Pflanzenspray, REC, F+, B1					
Zierpflanzen	Spinnmilben	Freiland		Sprühdose I bei Befallsbeginn bzw. bei Sichtbarwerden der ersten Symptome/Schadorgan.	N
Zierpflanzen	Schildläuse und Mottenschildläuse	Freiland		Sprühdose I bei Befallsbeginn bzw. bei Sichtbarwerden der ersten Symptome/Schadorgan.	N
Zierpflanzen	Blattläuse	Freiland		Sprühdose I bei Befallsbeginn bzw. bei Sichtbarwerden der ersten Symptome/Schadorgan.	N
Zimmerpflanzen	Schildläuse und Mottenschildläuse	in Räumen		Sprühdose I bei Befallsbeginn bzw. bei Sichtbarwerden der ersten Symptome/Schadorgan.	N
Zimmerpflanzen	Blattläuse	in Räumen		Sprühdose I bei Befallsbeginn bzw. bei Sichtbarwerden der ersten Symptome/Schadorgan.	N
Dimethoat, 3,8 g/kg					
Bi 58 Combi-Stäbchen, COM, B3 ••• Combi-Stäbchen, CEL, B3 ••• COMPO Pflanzenschutz-Stäbchen, COM, B3 ••• Etisso Blattlaus-Sticks, FRU, CEL, B3 ••• Etisso Combi-Düngerstäbchen, CEL, B3 ••• Pflanzol Combi-Düngerstäbchen, DDZ, B3 ••• Pflanzenschutz-Zäpfchen, CEL, B3 ••• Pflanzol Pflanzenschutz-Zäpfchen, DDZ, B3					
Balkonpflanzen	Blattläuse	Freiland		Stäbchen in Wurzelballen stecken I bei Befallsbeginn bzw. bei Sichtbarwerden der ersten Symptome/Schadorganismen	N
Zimmerpflanzen	Blattläuse	in Räumen	* 1 Stäbchen pro Topf	Stäbchen in Wurzelballen stecken I Topf bis 10 cm Durchmesser I bei Befallsbeginn bzw. bei Sichtbarwerden der ersten Symptome	N
Dimethoat, 4,009 g/kg					
Detia Pflanzenschutz-Stäbchen, DET, B3 ••• Florestin Pflanzenschutz mit Langzeitwirkung, IHR, B3 ••• Gabi-Combi-Pflanzenschutz-Düngestäbchen, GAB, B3 ••• Kraft Blattlaus-Killer mit Langzeitschutz, KRF, B3 ••• POLY-PLANT Pflanzenschutzstäbchen, DEW, B3					
Balkonpflanzen	Blattläuse	Freiland	2 Stück / l Erde	Stäbchen in Wurzelballen stecken I bei Befallsbeginn bzw. bei Sichtbarwerden der ersten Symptome/Schadorganismen	N
Zimmerpflanzen	Blattläuse	in Räumen	* 1 Stäbchen pro Topf	Stäbchen in Wurzelballen stecken I Topf bis 10 cm Durchmesser I bei Befallsbeginn bzw. bei Sichtbarwerden der ersten Symptome	N
Dimethoat, 16,3 g/kg					
Blattlausfrei-Pflaster, CEL, B3 ••• Rosen-Pflaster, CEL, B3					
Rosen	Blattläuse	Freiland	1 Pflaster/Trieb	Pflaster auftragen I bei Befallsbeginn bzw. bei Sichtbarwerden der ersten Symptome/Schadorganismen	N
Rosen	Blattläuse	unter Glas	1 Pflaster/Trieb	Pflaster auftragen I bei Befallsbeginn bzw. bei Sichtbarwerden der ersten Symptome/Schadorganismen	N

Wirkstoffe/ Präparate/ Kulturen	Schaderreger	Bereich	Aufwand	Hinweise	WZ
Zierpflanzen	Blattläuse	unter Glas	* 1 Pflaster/ Haupttrieb	Pflaster auftragen I Pflanzengröße bis 2 m I bei Befallsbeginn bzw. bei Sichtbarwerden der ersten Symptome/Schadorganismen	N
Zierpflanzen	Blattläuse	Freiland	* 1 Pflaster/ Haupttrieb	Pflaster auftragen I Pflanzengröße bis 2 m I bei Befallsbeginn bzw. bei Sichtbarwerden der ersten Symptome/Schadorganismen	N
Zierpflanzen	Blattläuse	Zimmer, Büroräume und Balkone	* 1 Pflaster/ Haupttrieb	Pflaster auftragen I Pflanzengröße bis 2 m I bei Befallsbeginn bzw. bei Sichtbarwerden der ersten Symptome/Schadorganismen	N
Dimethoat, 400 g/l					
Adimethoat 40 EC, ASU, Xn, B1 ••• Danadim Dimethoat 40, CHE, STI, Xn, B1					
Ziergehölze	Minierende Schmetterlingsraupen	Freiland	0,1 %	bei Befallsbeginn bzw. bei Sichtbarwerden der ersten Symptome/Schadorganismen	N
Zierpflanzen	Schildläuse	unter Glas	0,15 %	bei Befallsbeginn bzw. bei Sichtbarwerden der ersten Symptome/Schadorganismen	N
Zierpflanzen	Schildläuse, ausgenommen San-Jose-Schildlaus und Schmierläuse	Freiland	0,15 %	bei Befallsbeginn bzw. bei Sichtbarwerden der ersten Symptome/Schadorganismen	N
Zierpflanzen	Saugende Insekten	Freiland	0,1 %	bei Befallsbeginn bzw. bei Sichtbarwerden der ersten Symptome/Schadorganismen	N
Zierpflanzen	Saugende Insekten	unter Glas	0,1 %	bei Befallsbeginn bzw. bei Sichtbarwerden der ersten Symptome/Schadorganismen	N
Bi 58, BIT, BAS, Xn, B1 ••• DANADIM 400 EC, CHE, Xn, B1 ••• Insekten-Spritzmittel Roxion, CEL, Xn, B1 ••• PERFEKTHION, BAS, Xn, B1 ••• Rogor 40 L, ISA, Xn, B1 ••• Roxion, CYD, Xn, B1					
Ziergehölze	Minierende Schmetterlingsraupen	Freiland	600 ml/ha	bei Befallsbeginn bzw. bei Sichtbarwerden der ersten Symptome/Schadorganismen	N
Zierpflanzen	Saugende Insekten	Freiland	0,1 %	bei Befallsbeginn bzw. bei Sichtbarwerden der ersten Symptome/Schadorganismen	N
Zierpflanzen	Saugende Insekten	unter Glas	0,1 %	bei Befallsbeginn bzw. bei Sichtbarwerden der ersten Symptome/Schadorganismen	N
Zierpflanzen	Schildläuse, ausgenommen San-Jose-Schildlaus und Schmierläuse	unter Glas	0,15 %	bei Befallsbeginn bzw. bei Sichtbarwerden der ersten Symptome/Schadorganismen	N
Zierpflanzen	Schildläuse, ausgenommen San-Jose-Schildlaus und Schmierläuse	Freiland	0,15 %	bei Befallsbeginn bzw. bei Sichtbarwerden der ersten Symptome/Schadorganismen	N
Dimethoat, 404 g/l					
Rogor, SPI, URA, Xn, B1					
Ziergehölze	Minierende Schmetterlingsraupen	Freiland	600 ml/ha	bei Befallsbeginn bzw. bei Sichtbarwerden der ersten Symptome/Schadorganismen	N
Zierpflanzen	Schildläuse, ausgenommen San-Jose-Schildlaus und Schmierläuse	unter Glas	0,15 %	bei Befallsbeginn bzw. bei Sichtbarwerden der ersten Symptome/Schadorganismen	N
Zierpflanzen	Saugende Insekten	Freiland	0,1 %	bei Befallsbeginn bzw. bei Sichtbarwerden der ersten Symptome/Schadorganismen	N

Wirkstoffe/ Präparate/ Kulturen	Schaderreger	Bereich	Aufwand	Hinweise	WZ
Ethiofencarb, 51 g/l					
Croneton-Blattlausfrei, BAY, B1, W					
Zierpflanzenbau	Blattläuse	Freiland	1 %	nach Befallsbeginn	N
Ethiofencarb, 100 g/kg					
COMPO Blattlaus-frei, COM, B3 ••• Croneton-Granulat, BAY, B3					
Balkonpflanzen	Blattläuse	Freiland		Streuen I siehe Auflagen I nach Befallsbeginn	N
Zimmerpflanzen	Blattläuse	Zimmer und Büroräume		Streuen I siehe Auflagen I nach Befallsbeginn	N
Fenpropathrin, 100 g/l					
Rody, SCD, T, B3					
Zierpflanzen	Weiße Fliegen (= Mottenschildläuse)	unter Glas	0,05 %	bei Befallsbeginn bzw. bei Sichtbarwerden der ersten Symptome/Schadorganismen	N
Fenazaquin, 200 g/l					
Magister 200 SC, DOW, SPI/URA, Xn ••• PRIDE ULTRA, DOE, Xn					
Zierpflanzen	Weiße Fliegen (= Mottenschildläuse)	unter Glas	0,1 %	bei Befallsbeginn bzw. bei Sichtbarwerden der ersten Symptome/Schadorganismen	N
Imidacloprid, 0,25 g/kg					
Lizetan Neu Zierpflanzenspray, BAY, F+, B1					
Zierpflanzen	Weiße Fliegen (= Mottenschildläuse)	unter Glas (Haus- und Kleingarten- Bereich)		Sprühdose I bei Befallsbeginn bzw. bei Sichtbarwerden der ersten Symptome/Schadorganismen	N
Zierpflanzen	Zikaden	Freiland (Haus- und Kleingarten-Bereich)		Sprühdose I bei Befallsbeginn bzw. bei Sichtbarwerden der ersten Symptome/Schadorganismen	N
Zierpflanzen	Thripse	unter Glas (Haus- und Kleingarten- Bereich)		Sprühdose I bei Befallsbeginn bzw. bei Sichtbarwerden der ersten Symptome/Schadorganismen	N
Zierpflanzen	Woll- und Schmierläuse	unter Glas (Haus- und Kleingarten- Bereich)		Sprühdose I bei Befallsbeginn bzw. bei Sichtbarwerden der ersten Symptome/Schadorganismen	N
Zierpflanzen	Blattwanzen	unter Glas (Haus- und Kleingarten- Bereich)		Sprühdose I bei Befallsbeginn bzw. bei Sichtbarwerden der ersten Symptome/Schadorganismen	N
Zierpflanzen	Blattläuse	unter Glas (Haus- und Kleingarten- Bereich)		Sprühdose I bei Befallsbeginn bzw. bei Sichtbarwerden der ersten Symptome/Schadorganismen	N
Zierpflanzen	Zikaden	unter Glas (Haus- und Kleingarten- Bereich)		Sprühdose I bei Befallsbeginn bzw. bei Sichtbarwerden der ersten Symptome/Schadorganismen	N
Zierpflanzen	Blattläuse	Freiland (Haus- und Kleingarten-Bereich)		Sprühdose I bei Befallsbeginn bzw. bei Sichtbarwerden der ersten Symptome/Schadorganismen	N

Wirkstoffe/ Präparate/ Kulturen	Schaderreger	Bereich	Aufwand	Hinweise	WZ
Zimmerpflanzen	Blattwanzen	Zimmer, Büroräume und Balkone (Haus- und Kleingarten- Bereich)		Sprühdose I bei Befallsbeginn bzw. bei Sichtbarwerden der ersten Symptome/Schadorganismen	N
Zimmerpflanzen	Zikaden	Zimmer, Büroräume und Balkone (Haus- und Kleingarten- Bereich)		Sprühdose I bei Befallsbeginn bzw. bei Sichtbarwerden der ersten Symptome/Schadorganismen	N
Zimmerpflanzen	Woll- und Schmierläuse	Zimmer, Büroräume und Balkone (Haus- und Kleingarten- Bereich)		Sprühdose I bei Befallsbeginn bzw. bei Sichtbarwerden der ersten Symptome/Schadorganismen	N
Zimmerpflanzen	Blattläuse	Zimmer, Büroräume und Balkone (Haus- und Kleingarten- Bereich)		Sprühdose I bei Befallsbeginn bzw. bei Sichtbarwerden der ersten Symptome/Schadorganismen	N
Zimmerpflanzen	Weiße Fliegen (= Mottenschildläuse)	Zimmer, Büroräume und Balkone (Haus- und Kleingarten- Bereich)		Sprühdose I bei Befallsbeginn bzw. bei Sichtbarwerden der ersten Symptome/Schadorganismen	N
Zimmerpflanzen	Thripse	Zimmer, Büroräume und Balkone (Haus- und Kleingarten- Bereich)		Sprühdose I bei Befallsbeginn bzw. bei Sichtbarwerden der ersten Symptome/Schadorganismen	N
Imidacloprid, 25 g/kg					
Combi-Stäbchen Hortex Plus, CEL, B3 ••• Lizetan-Combistäbchen, BAY, B3					
Zimmerpflanzen	Schildläuse	Zimmer, Büroräume und Balkone	1 Stäbchen / l Erde	Stäbchen in Wurzelballen stecken I bei Befallsbeginn bzw. bei Sichtbarwerden der ersten Symptome/Schadorganismen	N
Zimmerpflanzen	Weiße Fliegen (= Mottenschildläuse)	Zimmer, Büroräume und Balkone	1 Stäbchen / l Erde	Stäbchen in Wurzelballen stecken I bei Befallsbeginn bzw. bei Sichtbarwerden der ersten Symptome/Schadorganismen	N
Zimmerpflanzen	Saugende Insekten	Zimmer, Büroräume und Balkone	1 Stäbchen / l Erde	Stäbchen in Wurzelballen stecken I bei Befallsbeginn bzw. bei Sichtbarwerden der ersten Symptome/Schadorganismen	N
Imidacloprid, 665 g/kg					
Confidor WG 70, BAY, B1					
Ziergehölze	Saugende Insekten	Freiland	0,015 %	bei Befallsbeginn bzw. bei Sichtbarwerden der ersten Symptome/Schadorganismen	N
Zierpflanzen	Saugende Insekten	Freiland	0,015 %	bei Befallsbeginn bzw. bei Sichtbarwerden der ersten Symptome/Schadorganismen	N
Zierpflanzen	Weiße Fliegen (= Mottenschildläuse)	unter Glas	0,035 %	bei Befallsbeginn bzw. bei Sichtbarwerden der ersten Symptome/Schadorganismen	N
Zierpflanzen	Blattläuse	unter Glas	0,035 %	bei Befallsbeginn bzw. bei Sichtbarwerden der ersten Symptome/Schadorganismen	N

Wirkstoffe/ Präparate/ Kulturen	Schaderreger	Bereich	Aufwand	Hinweise	WZ
Kali-Seife, 10 g/kg					
CHRYSAL Pflanzen-Pump-Spray, BRA, B4 ••• Neudosan AF, NEU, B4 ••• Pflanzen Paral Schädlings-Frei, JOH, THO, B4					
Zierpflanzen	Saugende Insekten, ausgenommen wollige Laub- und Nadelholzläuse sowie gallenbildende Nadelholzläuse	Freiland		Sprühdose I nach Befallsbeginn	N
Zierpflanzen	Weiße Fliegen (= Mottenschildläuse)	unter Glas		Sprühdose I nach Befallsbeginn	N
Kali-Seife, 10,2 g/l					
Blusana Pflanzen Sprühmittel, LEN ••• Blusana Pflanzenschutz, LEN, B4 ••• Neudosan AF Neu, NEU					
Zierpflanzen	Saugende Insekten, ausgenommen wollige Laub- und Nadelholzläuse sowie gallenbildende Nadelholzläuse	Freiland		Sprühdose I bei Befallsbeginn bzw. bei Sichtbarwerden der ersten Symptome/Schadorganismen	N
Zierpflanzen	Weiße Fliegen (= Mottenschildläuse)	unter Glas		Sprühdose I bei Befallsbeginn bzw. bei Sichtbarwerden der ersten Symptome/Schadorganismen	N
Kali-Seife, 515 g/l					
Neudosan Neu, NEU ••• Neudosan, NEU					
Zierpflanzen	Saugende Insekten, ausgenommen wollige Laub- und Nadelholzläuse sowie gallenbildende Nadelholzläuse	Freiland	2 %	bei Befallsbeginn bzw. bei Sichtbarwerden der ersten Symptome/Schadorganismen	N
Zierpflanzen	Weiße Fliegen (= Mottenschildläuse)	unter Glas	2 %	bei Befallsbeginn bzw. bei Sichtbarwerden der ersten Symptome/Schadorganismen	N
lambda-Cyhalothrin, 50 g/kg					
KARATE WG FORST, ZNC, Xn					
Weihnachtsbaum- und Schmuckreisigkulturen	Afterraupen	Freiland	* 150 g/ha	Spritzen (nur mit Bodengeräten) I Pflanzengröße bis 50 cm I nach Befallsbeginn	N
Weihnachtsbaum- und Schmuckreisigkulturen	Blatt- und nadelfressende Käfer	Freiland	* 150 g/ha	Spritzen (nur mit Bodengeräten) I Pflanzengröße bis 50 cm I nach Befallsbeginn	N
Weihnachtsbaum- und Schmuckreisigkulturen	Blattläuse	Freiland	* 150 g/ha	Spritzen (nur mit Bodengeräten) I Pflanzengröße bis 50 cm I bei Befallsbeginn bzw. bei Sichtbarwerden der ersten Symptome	N
Weihnachtsbaum- und Schmuckreisigkulturen	Freifressende Schmetterlingsraupen	Freiland	* 150 g/ha	Spritzen (nur mit Bodengeräten) I Pflanzengröße bis 50 cm I nach Befallsbeginn	N
Ziergehölze	Beißende Insekten	Freiland	0,05 %	bei Befallsbeginn bzw. bei Sichtbarwerden der ersten Symptome/Schadorganismen	N
lambda-Cyhalothrin, 50 g/l					
Karate, ZNC, BAS, Xn, B2					
Ziergehölze	Beißende Insekten, ausgenommen Rüsselkäfer	Freiland	0,05 %	bei Befallsbeginn bzw. bei Sichtbarwerden der ersten Symptome/Schadorganismen	N
Metarhizium anisopliae, 1000 g/kg					
BIO 1020, BAY, Xi, B3					
Baumschulen	Dickmaulrüßler	Freiland	10 g/m²	Streuen mit Einarbeitung bis etwa 10 cm Tiefe I bei Bedarf	N

Wirkstoffe/ Präparate/ Kulturen	Schaderreger	Bereich	Aufwand	Hinweise	WZ
Baumschulen	Wurzelspinner	Freiland	10 g/m²	Streuen mit Einarbeitung bis etwa 10 cm Tiefe I bei Bedarf	N
Containerpflanzen	Dickmaulrüßler	Containerkulturen unter Glas	10 g/m²	Streuen mit Einarbeitung bis etwa 10 cm Tiefe I vor dem Topfen	N
Containerpflanzen	Wurzelspinner	Containerkulturen im Freiland	10 g/m²	Streuen mit Einarbeitung bis etwa 10 cm Tiefe I vor dem Topfen	N
Containerpflanzen	Wurzelspinner	Containerkulturen unter Glas	10 g/m²	Streuen mit Einarbeitung bis etwa 10 cm Tiefe I vor dem Topfen	N
Containerpflanzen	Dickmaulrüßler	Containerkulturen im Freiland	10 g/m²	Streuen mit Einarbeitung bis etwa 10 cm Tiefe I vor dem Topfen	N
Zierpflanzen	Dickmaulrüßler	Dachgarten	10 g/m²	Streuen mit Einarbeitung bis etwa 10 cm Tiefe I bei Bedarf	N
Zierpflanzen	Wurzelspinner	unter Glas	10 g/m²	Streuen mit Einarbeitung bis etwa 10 cm Tiefe I bei Bedarf	N
Zierpflanzen	Dickmaulrüßler	unter Glas	10 g/m²	Streuen mit Einarbeitung bis etwa 10 cm Tiefe I bei Bedarf	N
Zierpflanzenbau	Wurzelspinner	Freiland	10 g/m²	Streuen mit Einarbeitung bis etwa 10 cm Tiefe I bei Bedarf	N
Zierpflanzenbau	Dickmaulrüßler	Freiland	10 g/m²	Streuen mit Einarbeitung bis etwa 10 cm Tiefe I bei Bedarf	N
Methamidophos, 605 g/l					
Tamaron, BAY, T+, B1					
Zierpflanzen	Weiße Fliegen (= Mottenschildläuse)	Freiland	0,1 %	bei Befallsbeginn bzw. bei Sichtbarwerden der ersten Symptome/Schadorganismen	N
Zierpflanzen	Saugende Insekten, ausgenommen wollige Laub- und Nadelholzläuse sowie gallenbildende Nadelholzläuse	Freiland	0,1 %	bei Befallsbeginn bzw. bei Sichtbarwerden der ersten Symptome/Schadorganismen	N
Zierpflanzen	Beißende Insekten	Freiland	0,15 %	bei Befallsbeginn bzw. bei Sichtbarwerden der ersten Symptome/Schadorganismen	N
Zierpflanzen	Weiße Fliegen (= Mottenschildläuse)	unter Glas	0,1 %	bei Befallsbeginn bzw. bei Sichtbarwerden der ersten Symptome/Schadorganismen	N
Zierpflanzen	Beißende Insekten	unter Glas	0,15 %	bei Befallsbeginn bzw. bei Sichtbarwerden der ersten Symptome/Schadorganismen	N
Zierpflanzen	Saugende Insekten	unter Glas	0,1 %	bei Befallsbeginn bzw. bei Sichtbarwerden der ersten Symptome/Schadorganismen	N

Wirkstoffe/ Präparate/ Kulturen	Schaderreger	Bereich	Aufwand	Hinweise	WZ
Methiocarb, 0,5 g/kg, Imidacloprid, 0,25 g/kg					
Lizetan Plus Zierpflanzenspray, BAY, F+, B1					
Zierpflanzen	Spinnmilben	Freiland		Sprühdose I bei Befallsbeginn bzw. bei Sichtbarwerden der ersten Symptome/Schadorganismen	N
Zierpflanzen	Saugende Insekten	Freiland		Sprühdose I bei Befallsbeginn bzw. bei Sichtbarwerden der ersten Symptome/Schadorganismen	N
Zierpflanzen	Saugende Insekten	unter Glas		Sprühdose I bei Befallsbeginn bzw. bei Sichtbarwerden der ersten Symptome/Schadorganismen	N
Zierpflanzen	Thripse	unter Glas		Sprühdose I bei Befallsbeginn bzw. bei Sichtbarwerden der ersten Symptome/Schadorganismen	N
Zierpflanzen	Schildläuse	unter Glas		Sprühdose I bei Befallsbeginn bzw. bei Sichtbarwerden der ersten Symptome/Schadorganismen	N
Zierpflanzen	Weiße Fliegen (= Mottenschildläuse)	unter Glas		Sprühdose I bei Befallsbeginn bzw. bei Sichtbarwerden der ersten Symptome/Schadorganismen	N
Zierpflanzen	Woll- und Schmierläuse	unter Glas		Sprühdose I bei Befallsbeginn bzw. bei Sichtbarwerden der ersten Symptome/Schadorganismen	N
Zierpflanzen	Beißende Insekten	unter Glas		Sprühdose I bei Befallsbeginn bzw. bei Sichtbarwerden der ersten Symptome/Schadorganismen	N
Zierpflanzen	Spinnmilben	unter Glas		Sprühdose I bei Befallsbeginn bzw. bei Sichtbarwerden der ersten Symptome/Schadorganismen	N
Zimmerpflanzen	Weiße Fliegen (= Mottenschildläuse)	in Räumen		Sprühdose I bei Befallsbeginn bzw. bei Sichtbarwerden der ersten Symptome/Schadorganismen	N
Zimmerpflanzen	Thripse	in Räumen		Sprühdose I bei Befallsbeginn bzw. bei Sichtbarwerden der ersten Symptome/Schadorganismen	N
Zimmerpflanzen	Saugende Insekten	in Räumen		Sprühdose I bei Befallsbeginn bzw. bei Sichtbarwerden der ersten Symptome/Schadorganismen	N
Zimmerpflanzen	Beißende Insekten	in Räumen		Sprühdose I bei Befallsbeginn bzw. bei Sichtbarwerden der ersten Symptome/Schadorganismen	N

Wirkstoffe/ Präparate/ Kulturen	Schaderreger	Bereich	Aufwand	Hinweise	WZ
Zimmerpflanzen	Woll- und Schmierläuse	in Räumen		Sprühdose I bei Befallsbeginn bzw. bei Sichtbarwerden der ersten Symptome/Schadorganismen	N
Zimmerpflanzen	Spinnmilben	in Räumen		Sprühdose I bei Befallsbeginn bzw. bei Sichtbarwerden der ersten Symptome/Schadorganismen	N
Zimmerpflanzen	Schildläuse	in Räumen		Sprühdose I bei Befallsbeginn bzw. bei Sichtbarwerden der ersten Symptome/Schadorganismen	N
Methiocarb, 500,4 g/l					
Mesurol flüssig, BAY, T, B3					
Zierpflanzen	Thripse	unter Glas	0,1 %	bei Befallsbeginn bzw. bei Sichtbarwerden der ersten Symptome/Schadorganismen	N
Mineralöle, 12 g/l					
Promanal AF Neu, NEU, B3					
Zierpflanzen	Woll- und Schmierläuse	Zimmer und Büroräume		Unverdünnt sprühen I bei Befallsbeginn bzw. bei Sichtbarwerden der ersten Symptome/Schadorganismen	N
Zierpflanzen	Schildläuse	Zimmer und Büroräume		Unverdünnt sprühen I bei Befallsbeginn bzw. bei Sichtbarwerden der ersten Symptome/Schadorganismen	N
Zierpflanzen	Schildläuse	unter Glas		Unverdünnt sprühen I bei Befallsbeginn bzw. bei Sichtbarwerden der ersten Symptome/Schadorganismen	N
Zierpflanzen	Woll- und Schmierläuse	unter Glas		Unverdünnt sprühen I bei Befallsbeginn bzw. bei Sichtbarwerden der ersten Symptome/Schadorganismen	N
Mineralöle, 22,8 g/l					
CHRYSAL Schildlaus Pumpspray, BRA, B3 ••• Promanal AF, NEU, B3					
Zierpflanzen	Schildläuse	Zimmer und Büroräume		Unverdünnt sprühen I bei Befallsbeginn bzw. bei Sichtbarwerden der ersten Symptome/Schadorganismen	N
Zierpflanzen	Schildläuse	unter Glas		Unverdünnt sprühen I bei Befallsbeginn bzw. bei Sichtbarwerden der ersten Symptome/Schadorganismen	N
Mineralöle, 546 g/l					
Austrieb-Spritzmittel Weißöl, CEL ••• OLIOCIN Austriebsspritzmittel, BAY ••• Promanal Neu, NEU					
Ziergehölze	Schildläuse	Freiland	2 %	bei Befall, unter Beachtung der Schadensschwelle	N
Zierpflanzen	Wolläuse	unter Glas	2 %	bei Befallsbeginn bzw. bei Sichtbarwerden der ersten Symptome/Schadorganismen	N

Wirkstoffe/ Präparate/ Kulturen	Schaderreger	Bereich	Aufwand	Hinweise	WZ
Zierpflanzen	Wolläuse	Zimmer und Büroräume	2 %	bei Befallsbeginn bzw. bei Sichtbarwerden der ersten Symptome/Schadorganismen	N
Zierpflanzen	Schildläuse	unter Glas	2 %	bei Befallsbeginn bzw. bei Sichtbarwerden der ersten Symptome/Schadorganismen	N
Zierpflanzen	Schildläuse	Zimmer und Büroräume	2 %	bei Befallsbeginn bzw. bei Sichtbarwerden der ersten Symptome/Schadorganismen	N
Mineralöle, 654 g/l					
Austrieb-Spritzmittel Weißöl FL, CEL, B4 ••• Para-Sommer, ASU, B4					
Zierpflanzen	Schildläuse	Freiland	2 %	bei Befallsbeginn bzw. bei Sichtbarwerden der ersten Symptome/Schadorganismen	N
Zierpflanzen	Schildläuse	unter Glas	2 %	bei Befallsbeginn bzw. bei Sichtbarwerden der ersten Symptome/Schadorganismen	N
Mineralöle, 807 g/l					
ELEFANT-SOMMERÖL, EPL					
Ziergehölze	Schildläuse	Freiland	2 %	Spritzen oder sprühen I bei Befallsbeginn bzw. bei Sichtbarwerden der ersten Symptome/Schadorganismen	N
Ziergehölze	Saugende Insekten	Freiland	2 %	Spritzen oder sprühen I bei Befallsbeginn bzw. bei Sichtbarwerden der ersten Symptome/Schadorganismen	N
Zierpflanzen	Schildläuse	Freiland	2 %	Spritzen oder sprühen I bei Befallsbeginn bzw. bei Sichtbarwerden der ersten Symptome/Schadorganismen	N
Zierpflanzen	Saugende Insekten	Freiland	2 %	Spritzen oder sprühen I bei Befallsbeginn bzw. bei Sichtbarwerden der ersten Symptome/Schadorganismen	N
Omethoat, 2 g/kg					
COMPO Zierpflanzen-Spray, COM, B1 ••• Folimat-Rosenspray, BAY, B1 ••• Lizetan-Zierpflanzenspray, BAY, B1					
Zierpflanzen	Saugende Insekten	Freiland		Sprühdose I bei Befallsbeginn bzw. bei Sichtbarwerden der ersten Symptome/Schadorganismen	N
Zierpflanzen	Saugende Insekten	unter Glas		Sprühdose I bei Befallsbeginn bzw. bei Sichtbarwerden der ersten Symptome/Schadorganismen	N
Zimmerpflanzen	Saugende Insekten	in Räumen		Sprühdose I bei Befallsbeginn bzw. bei Sichtbarwerden der ersten Symptome/Schadorganismen	N
Oxydemeton-methyl, 110 g/l					
Metasystox R spezial, BAY, Xn, B1					
Zierpflanzen	Saugende Insekten	unter Glas	0,25 %	bei Befallsbeginn bzw. bei Sichtbarwerden der ersten Symptome/Schadorganismen	N

Wirkstoffe/ Präparate/ Kulturen	Schaderreger	Bereich	Aufwand	Hinweise	WZ
Zierpflanzen	Saugende Insekten	Freiland	0,25 %	bei Befallsbeginn bzw. bei Sichtbarwerden der ersten Symptome/Schadorganismen	N
Oxydemeton-methyl, 275,6 g/l					
Metasystox R, BAY, T, B1					
Zierpflanzen	Saugende Insekten, ausgenommen wollige Laub- und Nadelholzläuse sowie gallenbildende Nadelholzläuse	Freiland	0,1 %	bei Befallsbeginn bzw. bei Sichtbarwerden der ersten Symptome/Schadorganismen	N
Parathion, 507,5 g/l					
E 605 forte, BAY, T+, B1 ••• P-O-X, ASU, T+, B1					
Topfpflanzen	Dickmaulrüßler	Topfkulturen unter Glas	0,05 %	Gießen der bepflanzten Töpfe I bei Befallsbeginn bzw. bei Sichtbarwerden der ersten Symptome/Schadorganismen	N
Topfpflanzen	Dickmaulrüßler	Freiland	0,05 %	Gießen der bepflanzten Töpfe I bei Befallsbeginn bzw. bei Sichtbarwerden der ersten Symptome/Schadorganismen	N
Ziergehölze	Dickmaulrüßler	Freiland, Pflanzkultur	0,05 %	Gießen I bei Befallsbeginn bzw. bei Sichtbarwerden der ersten Symptome/Schadorganismen	N
Zierpflanzen	Beißende Insekten	Freiland	0,035 %	bei Befallsbeginn bzw. bei Sichtbarwerden der ersten Symptome/Schadorganismen	N
Zierpflanzen	Beißende Insekten	unter Glas	0,035 %	bei Befallsbeginn bzw. bei Sichtbarwerden der ersten Symptome/Schadorganismen	N
Permethrin, 50 g/l					
COMPO Insektenmittel, COM, Xi, B1 ••• Talcord 5, SAG, Xi, B1					
Zierpflanzen	Beißende Insekten	unter Glas	0,1 %	bei Befallsbeginn bzw. bei Sichtbarwerden der ersten Symptome/Schadorganismen	N
Phosphamidon, 195 g/l					
Detia Pflanzen-Ungezieferfrei-Dimecron, DET, GGG, T, B1 ••• Dimecron 20, CGD, T, B1					
Zierpflanzen	Saugende Insekten	Freiland	0,1 %	bei Befallsbeginn bzw. bei Sichtbarwerden der ersten Symptome/Schadorganismen	N
Zierpflanzen	Beißende Insekten	Freiland	0,1 %	bei Befallsbeginn bzw. bei Sichtbarwerden der ersten Symptome/Schadorganismen	N
Phoxim, 35 g/kg					
Ameisenmittel Bayer, BAY, B1					
Rasen	Garten- und Rasenameisen	Freiland	0,5 %	Gießen in Nester und auf Laufwege I bei Befallsbeginn bzw. bei Sichtbarwerden der ersten Symptome/Schadorganismen	N
Rasen	Garten- und Rasenameisen	Freiland	4 g/m²	Streuen in Nester und auf Laufwege I bei Befallsbeginn bzw. bei Sichtbarwerden der ersten Symptome/Schadorganismen	N

Wirkstoffe/ Präparate/ Kulturen	Schaderreger	Bereich	Aufwand	Hinweise	WZ
Terrassen und Wege	Garten- und Rasenameisen	Freiland	0,5 %	Gießen in Nester und auf Laufwege I bei Befallsbeginn bzw. bei Sichtbarwerden der ersten Symptome/Schadorganismen	N
Terrassen und Wege	Garten- und Rasenameisen	Freiland	4 g/m²	Streuen in Nester und auf Laufwege I bei Befallsbeginn bzw. bei Sichtbarwerden der ersten Symptome/Schadorganismen	N
Pirimicarb, 500 g/kg					
Blattlausfrei Pirimor G, CEL, Xn ••• ETISSO Blattlaus-frei, FRU, Xn ••• Pflanzol Blattlaus-Ex, DDZ, Xn ••• Pirimor-Granulat zum Auflösen in Wasser, ZNC, BAS/CEL/SPI/URA, Xn					
Zierpflanzen	Blattläuse	unter Glas	0,05 %	bei Befallsbeginn bzw. bei Sichtbarwerden der ersten Symptome/Schadorganismen	N
Zierpflanzen	Blattläuse	Freiland	0,05 %	bei Befallsbeginn bzw. bei Sichtbarwerden der ersten Symptome/Schadorganismen	N
Propoxur, 203,7 g/l					
Unden flüssig, BAY, T, B1					
Ziergehölze	Saugende Insekten	Freiland	0,2 %	bei Befallsbeginn bzw. bei Sichtbarwerden der ersten Symptome/Schadorganismen	N
Zierpflanzen	Saugende Insekten	unter Glas	0,15 %	bei Befallsbeginn bzw. bei Sichtbarwerden der ersten Symptome/Schadorganismen	N
Zierpflanzen	Saugende Insekten	Freiland	0,15 %	bei Befallsbeginn bzw. bei Sichtbarwerden der ersten Symptome/Schadorganismen	N
Pyrethrine, 0,09 g/l, Piperonylbutoxid, 0,29 g/l					
COMPO Insekten-Spray, COM ••• ETISSO Blattlaus-Spray, FRU, CEL ••• Florestin Pflanzenspray, LUS ••• Garten-Schädlingsspray, BRA ••• Gartenspray Hortex, CEL ••• Gartenspray Parexan, CEL ••• Gartenspray Pyreth, ASU ••• Pflanzen Paral für Topfpflanzen, JOH, CEL ••• Pflanzol-Blattlaus-Spray, DDZ ••• Spruzit-Gartenspray, NEU ••• Spruzit-Zimmerpflanzenspray, NEU					
Zierpflanzen	Saugende Insekten	unter Glas		Sprühdose I bei Befallsbeginn bzw. bei Sichtbarwerden der ersten Symptome/Schadorganismen	N
Zierpflanzen	Saugende Insekten, ausgenommen wollige Laub- und Nadelholzläuse sowie gallenbildende Nadelholzläuse	Freiland		Sprühdose I bei Befallsbeginn bzw. bei Sichtbarwerden der ersten Symptome/Schadorganismen	N
Zimmerpflanzen	Saugende Insekten	Zimmer und Büroräume		Sprühdose I bei Befallsbeginn bzw. bei Sichtbarwerden der ersten Symptome/Schadorganismen	N
Pyrethrine, 0,09 g/l, Piperonylbutoxid, 0,29 g/l, Lecithin, 0,7 g/l					
Bio-Myctan-Zimmerpflanzenspray, NEU, B3					
Zierpflanzen	Saugende Insekten	unter Glas		Unverdünnt sprühen I bei Befallsbeginn bzw. bei Sichtbarwerden der ersten Symptome/Schadorganismen	N
Zimmerpflanzen	Saugende Insekten	Zimmer und Büroräume		Unverdünnt sprühen I bei Befallsbeginn bzw. bei Sichtbarwerden der ersten Symptome/Schadorganismen	N

Wirkstoffe/ Präparate/ Kulturen	Schaderreger	Bereich	Aufwand	Hinweise	WZ
Pyrethrine, 0,5 g/kg, Piperonylbutoxid, 1,5 g/kg					
egesa-Pflanzen-Insekten-Spray NEU, EGE, B1 ••• Pflanzenspray Hortex Neu, CEL, B1					
Balkonpflanzen	Schildläuse	Freiland		Sprühdose I bei Befallsbeginn bzw. bei Sichtbarwerden der ersten Symptome/Schadorganismen	N
Balkonpflanzen	Weiße Fliegen (= Mottenschildläuse)	Freiland		Sprühdose I bei Befallsbeginn bzw. bei Sichtbarwerden der ersten Symptome/Schadorganismen	N
Balkonpflanzen	Woll- und Schmierläuse	Freiland		Sprühdose I bei Befallsbeginn bzw. bei Sichtbarwerden der ersten Symptome/Schadorganismen	N
Balkonpflanzen	Saugende Insekten	Freiland		Sprühdose I bei Befallsbeginn bzw. bei Sichtbarwerden der ersten Symptome/Schadorganismen	N
Zimmerpflanzen	Weiße Fliegen (= Mottenschildläuse)	in Räumen		Sprühdose I bei Befallsbeginn bzw. bei Sichtbarwerden der ersten Symptome/Schadorganismen	N
Zimmerpflanzen	Schildläuse	in Räumen		Sprühdose I bei Befallsbeginn bzw. bei Sichtbarwerden der ersten Symptome/Schadorganismen	N
Zimmerpflanzen	Saugende Insekten	in Räumen		Sprühdose I bei Befallsbeginn bzw. bei Sichtbarwerden der ersten Symptome/Schadorganismen	N
Zimmerpflanzen	Woll- und Schmierläuse	in Räumen		Sprühdose I bei Befallsbeginn bzw. bei Sichtbarwerden der ersten Symptome/Schadorganismen	N
Pyrethrine, 1,2 g/kg, Piperonylbutoxid, 6 g/kg					
Chrysal Pflanzenspray, BRA, B3					
Zimmerpflanzen	Blattläuse	in Räumen		Sprühdose I bei Befallsbeginn bzw. bei Sichtbarwerden der ersten Symptome/Schadorganismen	N
Pyrethrine, 3 g/kg, Piperonylbutoxid, 10 g/kg					
Detia Pflanzen-Universal-Staub, DET, B4 ••• Insekten-Stäubemittel Hortex NEU, CEL, B4 ••• Spruzit-Staub, NEU, B4					
Zierpflanzen	Blattläuse, ausgenommen wollige Laub- und Nadelholzläuse sowie gallenbildende Nadelholzläuse	Freiland	2,5 g/m²	Stäuben I bei Befallsbeginn bzw. bei Sichtbarwerden der ersten Symptome/Schadorganismen	N
Zierpflanzen	Beißende Insekten, ausgenommen blattminierende Kleinschmetterlingsarten, Minierfliegen und Rüsselkäfer	Freiland	2,5 g/m²	Stäuben I bei Befallsbeginn bzw. bei Sichtbarwerden der ersten Symptome/Schadorganismen	N

Wirkstoffe/ Präparate/ Kulturen	Schaderreger	Bereich	Aufwand	Hinweise	WZ
Pyrethrine, 3 g/kg, Piperonylbutoxid, 8,5 g/kg					
Herba-Vetyl-Staub neu, VET ••• Insekten-Stäubemittel Hortex, CEL					
Zierpflanzen	Blattläuse, ausgenommen wollige Laub- und Nadelholzläuse sowie gallenbildende Nadelholzläuse	Freiland	2,5 g/m²	Stäuben I bei Befallsbeginn bzw. bei Sichtbarwerden der ersten Symptome/Schadorganismen	N
Pyrethrine, 35 g/l, Piperonylbutoxid, 140 g/l					
Herba-Vetyl neu flüssig, VET					
Zierpflanzen	Blattläuse, ausgenommen wollige Laub- und Nadelholzläuse sowie gallenbildende Nadelholzläuse	Freiland	0,1 %	bei Befallsbeginn bzw. bei Sichtbarwerden der ersten Symptome/Schadorganismen	N
Zierpflanzen	Beißende Insekten, ausgenommen blattminierende Kleinschmetterlingsarten, Minierfliegen und Rüsselkäfer	Freiland	0,1 %	bei Befallsbeginn bzw. bei Sichtbarwerden der ersten Symptome/Schadorganismen	N
Pyrethrine, 36 g/l, Piperonylbutoxid, 144 g/l					
COMPO Schädlings-frei, COM ••• Pyreth, ASU ••• Spruzit-flüssig, NEU, ASU/DET/FSC					
Zierpflanzen	Blattläuse, ausgenommen wollige Laub- und Nadelholzläuse sowie gallenbildende Nadelholzläuse	Freiland	0,1 %	bei Befallsbeginn bzw. bei Sichtbarwerden der ersten Symptome/Schadorganismen	N
Zierpflanzen	Beißende Insekten, ausgenommen blattminierende Kleinschmetterlingsarten, Minierfliegen und Rüsselkäfer	Freiland	0,1 %	bei Befallsbeginn bzw. bei Sichtbarwerden der ersten Symptome/Schadorganismen	N
Pyrethrine, 48 g/l, Piperonylbutoxid, 445 g/l					
Bio Insektenfrei, SPI, URA, B4 ••• blitol Insektenfrei, URA, SPI, B4 ••• Schädlingsfrei Parexan, CEL, B4					
Zierpflanzen	Blattläuse, ausgenommen wollige Laub- und Nadelholzläuse sowie gallenbildende Nadelholzläuse	Freiland	0,035 %	bei Befallsbeginn bzw. bei Sichtbarwerden der ersten Symptome/Schadorganismen	N
Zierpflanzen	Beißende Insekten, ausgenommen blattminierende Kleinschmetterlingsarten, Minierfliegen und Rüsselkäfer	Freiland	0,035 %	bei Befallsbeginn bzw. bei Sichtbarwerden der ersten Symptome/Schadorganismen	N
Rapsöl, 15,58 g/l					
SCHÄDLINGSFREI NATUREN AF, TEM, CEL					
Zierpflanzen	Blattläuse	Zimmer und Büroräume		Unverdünnt spritzen I bei Befallsbeginn bzw. bei Sichtbarwerden der ersten Symptome/ Schadorganismen	N
Zierpflanzen	Weiße Fliegen (= Mottenschildläuse)	Zimmer und Büroräume		Unverdünnt spritzen I bei Befallsbeginn bzw. bei Sichtbarwerden der ersten Symptome/ Schadorganismen	N
Zierpflanzen	Schildläuse	Freiland		Unverdünnt spritzen I bei Befallsbeginn bzw. bei Sichtbarwerden der ersten Symptome/ Schadorganismen	N

Karte an der perforierten Linie heraustrennen

Unser gesamtes Angebot mit über 1 000 Titeln finden Sie auch recherchierbar im Internet unter

**http://www.
landwirtschaftsverlag.
com/buch/**

**Per E-Mail:
service@landwirtschafts-
verlag.com**

Postkarte

Bitte aus-reichend frankieren

Landwirtschaftsverlag GmbH

Leserservice

48084 Münster

Landwirtschaftsverlag GmbH
Hülsebrockstraße 2
D-48165 Münster
Tel.: 0 25 01/8 01-0
Fax: 0 25 01/8 01-3 51

Verlagsbüro Leipzig
Bornaische Straße 210
D-04279 Leipzig
Tel.: 03 41/3 38 16 16
Fax: 03 41/3 38 16 11

Niederlassung Österreich
Enzersdorfer Straße 6
A-2340 Mödling
Tel.: 0 22 36/2 87 00-0
Fax: 0 22 36/2 87 00-10

Bestellung

Hiermit bestelle(n) ich/wir

Taschenbuch des Pflanzenarztes ’99

…… Expl. DM 39,–

Gärtners Pflanzenarzt

Blumen · Zierpflanzen · Landschaft

…… Expl. 13. Folge DM 39,–

❑ Ich bin an Ihren monatlichen Buchtips interessiert und bitte um regelmäßige Zusendung der Informationen – kostenlos und unverbindlich.

Bestellung zur Fortsetzung

Bitte senden Sie mir bis auf Widerruf jeweils sofort nach Erscheinen unaufgefordert, beginnend mit der Ausgabe 2000

Taschenbuch des Pflanzenarztes 2000

Erscheint jährlich

…… Expl. zur Fortsetzung

Gärtners Pflanzenarzt

Blumen · Zierpflanzen · Landschaft

Erscheint alle 2 Jahre

…… Expl. beginnend mit 14. Folge

Name, Vorname

Straße, Nr.

PLZ/Ort

Datum ✗ Unterschrift

Bitte hier Kunden-Nr. eintragen, sofern bekannt

▶

1122/23

Anrufen und bestellen:
02501/801-300
Bestellung per Telefon
Bitte nicht nochmals per Brief bestätigen!

Faxen und bestellen:
02501/801-351
Bestellung per Fax
Bitte nicht nochmals per Brief bestätigen!

Karte an der perforierten Linie heraustrennen

Wirkstoffe/ Präparate/ Kulturen	Schaderreger	Bereich	Aufwand	Hinweise	WZ
Zierpflanzen	Weiße Fliegen (= Mottenschildläuse)	Freiland		Unverdünnt spritzen I bei Befallsbeginn bzw. bei Sichtbarwerden der ersten Symptome/ Schadorganismen	N
Zierpflanzen	Blattläuse	Freiland		Unverdünnt spritzen I bei Befallsbeginn bzw. bei Sichtbarwerden der ersten Symptome/ Schadorganismen	N
Zierpflanzen	Schildläuse	Zimmer und Büroräume		Unverdünnt spritzen I bei Befallsbeginn bzw. bei Sichtbarwerden der ersten Symptome/ Schadorganismen	N
Zierpflanzen	Blattläuse	unter Glas		Unverdünnt spritzen I bei Befallsbeginn bzw. bei Sichtbarwerden der ersten Symptome/ Schadorganismen	N
Zierpflanzen	Schildläuse	unter Glas		Unverdünnt spritzen I bei Befallsbeginn bzw. bei Sichtbarwerden der ersten Symptome/ Schadorganismen	N
Zierpflanzen	Weiße Fliegen (= Mottenschildläuse)	unter Glas		Unverdünnt spritzen I bei Befallsbeginn bzw. bei Sichtbarwerden der ersten Symptome/ Schadorganismen	N
Rapsöl, 777 g/l					
Schädlingsfrei Naturen, CEL ••• TELMION, TEM, AVO					
Rosen	Blattläuse	Freiland	2 %	bei Befallsbeginn bzw. bei Sichtbarwerden der ersten Symptome/Schadorganismen	N
Rosen	Blattläuse	unter Glas	2 %	bei Befallsbeginn bzw. bei Sichtbarwerden der ersten Symptome/Schadorganismen	N
Zierkoniferen	Sitkafichtenlaus	Freiland	40 l/ha	bei Befallsbeginn bzw. bei Sichtbarwerden der ersten Symptome/Schadorganismen	N
Zierpflanzen	Blattläuse	unter Glas	2 %	bei Befallsbeginn bzw. bei Sichtbarwerden der ersten Symptome/Schadorganismen	N
Zierpflanzen	Weiße Fliegen (= Mottenschildläuse)	unter Glas	2 %	bei Befallsbeginn bzw. bei Sichtbarwerden der ersten Symptome/Schadorganismen	N
Zierpflanzen	Blattläuse	Freiland	2 %	bei Befallsbeginn bzw. bei Sichtbarwerden der ersten Symptome/Schadorganismen	N
Zierpflanzen	Schildläuse	unter Glas	2 %	bei Befallsbeginn bzw. bei Sichtbarwerden der ersten Symptome/Schadorganismen	N
Zierpflanzen	Weiße Fliegen (= Mottenschildläuse)	Freiland	2 %	bei Befallsbeginn bzw. bei Sichtbarwerden der ersten Symptome/Schadorganismen	N
Zierpflanzen	Schildläuse	Freiland	2 %	bei Befallsbeginn bzw. bei Sichtbarwerden der ersten Symptome/Schadorganismen	N

Wirkstoffe/ Präparate/ Kulturen	Schaderreger	Bereich	Aufwand	Hinweise	WZ
Sulfotep, 185 g/kg					
Bladafum II, BAY, T					
Zierpflanzen	Schildläuse	unter Glas	1 Dose(n) / 200 m³	Räuchern I bei Befallsbeginn bzw. bei Sichtbarwerden der ersten Symptome/Schadorganismen	N
Zierpflanzen	Saugende Insekten	unter Glas	1 Dose(n) / 200 m³	Räuchern I bei Befallsbeginn bzw. bei Sichtbarwerden der ersten Symptome/Schadorganismen	N
Teflubenzuron, 150 g/l					
NOMOLT, CYD, B1					
Zierpflanzen	Weiße Fliegen (= Mottenschildläuse)	unter Glas	0,05 %	bei Befallsbeginn bzw. bei Sichtbarwerden der ersten Symptome/Schadorganismen	N
Triazophos, 400 g/l					
Hostathion, AVO, T, B1					
Zierpflanzen	Blattälchen	unter Glas	0,1 %	nach Befallsbeginn	N
Triflumuron, 250 g/kg					
Alsystin, BAY, B1					
Ziergehölze	Beißende Insekten, ausgenommen blattminierende Kleinschmetterlingsarten, Minierfliegen und Rüsselkäfer	Freiland	0,05 %	bei Befallsbeginn bzw. bei Sichtbarwerden der ersten Symptome/Schadorganismen	N

5.5 Sonstige Pflanzenschutzmittel im Zierpflanzenbau

5.5.1 Bekämpfung von Milben

Abamectin, 18 g/l					
Vertimec Hopfen, NAD, Xn, B1 ••• Vertimec, NAD, Xn, B1					
Zierpflanzen	Spinnmilben	unter Glas	0,025 %	bei Befallsbeginn bzw. bei Sichtbarwerden der ersten Symptome/Schadorganismen	N
Zierpflanzenbau	Weichhautmilben	unter Glas	0,025 %	bei Befallsbeginn bzw. bei Sichtbarwerden der ersten Symptome/Schadorganismen	N
Chinomethionat, 260 g/kg					
Morestan, BAY, Xi					
Zierpflanzen	Spinnmilben	Freiland	0,05 %	bei Befallsbeginn bzw. bei Sichtbarwerden der ersten Symptome/Schadorganismen	N
Zierpflanzen	Spinnmilben	unter Glas	0,05 %	bei Befallsbeginn bzw. bei Sichtbarwerden der ersten Symptome/Schadorganismen	N
Clofentezin, 500 g/l					
Apollo, AVO					
Zierpflanzen	Spinnmilben	unter Glas	0,04 %	bei Befallsbeginn bzw. bei Sichtbarwerden der ersten Symptome/Schadorganismen	N

Wirkstoffe/ Präparate/ Kulturen	Schaderreger	Bereich	Aufwand	Hinweise	WZ
Dimethoat, 404 g/l					
Rogor, SPI, URA, Xn, B1					
Zierpflanzen	Spinnmilben	Freiland	0,1 %	bei Befallsbeginn bzw. bei Sichtbarwerden der ersten Symptome/Schadorganismen	N
Zierpflanzen	Spinnmilben	unter Glas	0,1 %	bei Befallsbeginn bzw. bei Sichtbarwerden der ersten Symptome/Schadorganismen	N
Fenazaquin, 200 g/l					
Magister 200 SC, DOW, SPI/URA, Xn ••• PRIDE ULTRA, DOE, Xn					
Zierpflanzen	Spinnmilben	unter Glas	0,05 %	bei Befallsbeginn bzw. bei Sichtbarwerden der ersten Symptome/Schadorganismen	N
Fenpropathrin, 100 g/l					
Rody, SCD, T, B3					
Zierpflanzen	Spinnmilben	unter Glas	0,05 %	bei Befallsbeginn bzw. bei Sichtbarwerden der ersten Symptome/Schadorganismen	N
Fenpyroximat, 51,3 g/l					
Kiron, AVO, Xi					
Zierpflanzen	Spinnmilben	unter Glas	0,15 %	bei Befallsbeginn bzw. bei Sichtbarwerden der ersten Symptome/Schadorganismen	N
Hexythiazox, 100 g/kg					
Ordoval, BAS					
Zierpflanzen	Spinnmilben	Freiland	0,05 %	bei Befall, unter Beachtung der Schadensschwelle	N
Zierpflanzen	Spinnmilben	unter Glas	0,05 %	bei Befall, unter Beachtung der Schadensschwelle	N
Kali-Seife, 10 g/kg					
CHRYSAL Pflanzen-Pump-Spray, BRA, B4 ••• Neudosan AF, NEU, B4 ••• Pflanzen Paral Schädlings-Frei, JOH, THO, B4					
Zierpflanzen	Spinnmilben	unter Glas		Sprühdose I nach Befallsbeginn	N
Zierpflanzen	Spinnmilben	Freiland		Sprühdose I nach Befallsbeginn	N
Kali-Seife, 10,2 g/l					
Blusana Pflanzen Sprühmittel, LEN ••• Blusana Pflanzenschutz, LEN, B4 ••• Neudosan AF Neu, NEU					
Zierpflanzen	Spinnmilben	Freiland		Sprühdose I bei Befallsbeginn bzw. bei Sichtbarwerden der ersten Symptome/Schadorganismen	N
Zierpflanzen	Spinnmilben	unter Glas		Sprühdose I bei Befallsbeginn bzw. bei Sichtbarwerden der ersten Symptome/Schadorganismen	N
Kali-Seife, 515 g/l					
Neudosan Neu, NEU ••• Neudosan, NEU					
Zierpflanzen	Spinnmilben	unter Glas	2 %	bei Befallsbeginn bzw. bei Sichtbarwerden der ersten Symptome/Schadorganismen	N
Zierpflanzen	Spinnmilben	Freiland	2 %	bei Befallsbeginn bzw. bei Sichtbarwerden der ersten Symptome/Schadorganismen	N

Wirkstoffe/ Präparate/ Kulturen	Schaderreger	Bereich	Aufwand	Hinweise	WZ
Methamidophos, 605 g/l					
Tamaron, BAY, T+, B1					
Zierpflanzen	Spinnmilben	unter Glas	0,15 %	bei Befallsbeginn bzw. bei Sichtbarwerden der ersten Symptome/Schadorganismen	N
Zierpflanzen	Spinnmilben	Freiland	0,15 %	bei Befallsbeginn bzw. bei Sichtbarwerden der ersten Symptome/Schadorganismen	N
Mineralöle, 12 g/l					
Promanal AF Neu, NEU, B3					
Zierpflanzen	Spinnmilben	unter Glas		Unverdünnt sprühen I bei Befallsbeginn bzw. bei Sichtbarwerden der ersten Symptome/Schadorganismen	N
Zierpflanzen	Spinnmilben	Zimmer und Büroräume		Unverdünnt sprühen I bei Befallsbeginn bzw. bei Sichtbarwerden der ersten Symptome/Schadorganismen	N
Mineralöle, 22,8 g/l					
CHRYSAL Schildlaus Pumpspray, BRA, B3 ••• Promanal AF, NEU, B3					
Zierpflanzen	Spinnmilben	Zimmer und Büroräume		Unverdünnt sprühen I bei Befallsbeginn bzw. bei Sichtbarwerden der ersten Symptome/Schadorganismen	N
Zierpflanzen	Spinnmilben	unter Glas		Unverdünnt sprühen I bei Befallsbeginn bzw. bei Sichtbarwerden der ersten Symptome/Schadorganismen	N
Mineralöle, 546 g/l					
Austrieb-Spritzmittel Weißöl, CEL ••• OLIOCIN Austriebsspritzmittel, BAY ••• Promanal Neu, NEU					
Ziergehölze	Spinnmilben (Wintereier)	Freiland	2 %	bei Befall, unter Beachtung der Schadensschwelle	N
Zierpflanzen	Spinnmilben	unter Glas	2 %	bei Befallsbeginn bzw. bei Sichtbarwerden der ersten Symptome/Schadorganismen	N
Zierpflanzen	Spinnmilben	Zimmer und Büroräume	2 %	bei Befallsbeginn bzw. bei Sichtbarwerden der ersten Symptome/Schadorganismen	N
Mineralöle, 807 g/l					
ELEFANT-SOMMERÖL, EPL					
Ziergehölze	Spinnmilben	Freiland	2 %	Spritzen oder sprühen I bei Befallsbeginn bzw. bei Sichtbarwerden der ersten Symptome/Schadorganismen	N
Zierpflanzen	Spinnmilben	Freiland	2 %	Spritzen oder sprühen I bei Befallsbeginn bzw. bei Sichtbarwerden der ersten Symptome/Schadorganismen	N
Omethoat, 2 g/kg					
COMPO Zierpflanzen-Spray, COM, B1 ••• Folimat-Rosenspray, BAY, B1 ••• Lizetan-Zierpflanzenspray, BAY, B1					
Zierpflanzen	Spinnmilben	Freiland		Sprühdose I bei Befallsbeginn bzw. bei Sichtbarwerden der ersten Symptome/Schadorganismen	N

Wirkstoffe/ Präparate/ Kulturen	Schaderreger	Bereich	Aufwand	Hinweise	WZ
Zierpflanzen	Spinnmilben	unter Glas		Sprühdose I bei Befallsbeginn bzw. bei Sichtbarwerden der ersten Symptome/Schadorganismen	N
Zimmerpflanzen	Spinnmilben	in Räumen		Sprühdose I bei Befallsbeginn bzw. bei Sichtbarwerden der ersten Symptome/Schadorganismen	N
Oxydemeton-methyl, 110 g/l					
Metasystox R spezial, BAY, Xn, B1					
Zierpflanzen	Spinnmilben	Freiland	0,25 %	bei Befallsbeginn bzw. bei Sichtbarwerden der ersten Symptome/Schadorganismen	N
Zierpflanzen	Spinnmilben	unter Glas	0,25 %	bei Befallsbeginn bzw. bei Sichtbarwerden der ersten Symptome/Schadorganismen	N
Phosphamidon, 195 g/l					
Detia Pflanzen-Ungezieferfrei-Dimecron, DET, GGG, T, B1 ••• Dimecron 20, CGD, T, B1					
Zierpflanzen	Spinnmilben	Freiland	0,1 %	bei Befallsbeginn bzw. bei Sichtbarwerden der ersten Symptome/Schadorganismen	N
Pyrethrine, 0,09 g/l, Piperonylbutoxid, 0,29 g/l, Lecithin, 0,7 g/l					
Bio-Myctan-Zimmerpflanzenspray, NEU, B3					
Zierpflanzen	Spinnmilben	unter Glas		Unverdünnt sprühen I bei Befallsbeginn bzw. bei Sichtbarwerden der ersten Symptome/Schadorganismen	N
Zimmerpflanzen	Spinnmilben	Zimmer und Büroräume		Unverdünnt sprühen I bei Befallsbeginn bzw. bei Sichtbarwerden der ersten Symptome/Schadorganismen	N
Pyrethrine, 0,5 g/kg, Piperonylbutoxid, 1,5 g/kg					
egesa-Pflanzen-Insekten-Spray NEU, EGE, B1 ••• Pflanzenspray Hortex Neu, CEL, B1					
Balkonpflanzen	Spinnmilben	Freiland		Sprühdose I bei Befallsbeginn bzw. bei Sichtbarwerden der ersten Symptome/Schadorganismen	N
Zimmerpflanzen	Spinnmilben	in Räumen		Sprühdose I bei Befallsbeginn bzw. bei Sichtbarwerden der ersten Symptome/Schadorganismen	N
Rapsöl, 15,58 g/l					
SCHÄDLINGSFREI NATUREN AF, TEM, CEL					
Zierpflanzen	Spinnmilben	Freiland		Unverdünnt spritzen I bei Befallsbeginn bzw. bei Sichtbarwerden der ersten Symptome/Schadorganismen	N
Zierpflanzen	Spinnmilben	Zimmer und Büroräume		Unverdünnt spritzen I bei Befallsbeginn bzw. bei Sichtbarwerden der ersten Symptome/Schadorganismen	N
Zierpflanzen	Spinnmilben	unter Glas		Unverdünnt spritzen I bei Befallsbeginn bzw. bei Sichtbarwerden der ersten Symptome/Schadorganismen	N

Wirkstoffe/ Präparate/ Kulturen	Schaderreger	Bereich	Aufwand	Hinweise	WZ
Rapsöl, 777 g/l					
Schädlingsfrei Naturen, CEL ••• TELMION, TEM, AVO					
Rosen	Spinnmilben	Freiland	2 %	bei Befallsbeginn bzw. bei Sichtbarwerden der ersten Symptome/Schadorganismen	N
Rosen	Spinnmilben	unter Glas	2 %	bei Befallsbeginn bzw. bei Sichtbarwerden der ersten Symptome/Schadorganismen	N
Zierpflanzen	Spinnmilben	Freiland	2 %	bei Befallsbeginn bzw. bei Sichtbarwerden der ersten Symptome/Schadorganismen	N
Zierpflanzen	Spinnmilben	unter Glas	2 %	bei Befallsbeginn bzw. bei Sichtbarwerden der ersten Symptome/Schadorganismen	N
Sulfotep, 185 g/kg					
Bladafum II, BAY, T					
Zierpflanzen	Spinnmilben	unter Glas	1 Dose(n) / 200 m³	Räuchern I bei Befallsbeginn bzw. bei Sichtbarwerden der ersten Symptome/Schadorganismen	N
Tebufenpyrad, 200 g/kg					
MASAI, CYD, Xn					
Zierpflanzen	Spinnmilben	unter Glas	0,02 %	bei Befallsbeginn bzw. bei Sichtbarwerden der ersten Symptome/Schadorganismen	N

5.5.2 Bekämpfung von Nematoden

Wirkstoffe/ Präparate/ Kulturen	Schaderreger	Bereich	Aufwand	Hinweise	WZ
Dazomet, 970 g/kg					
Basamid Granulat, BAS, COM/AVO, Xn, B3					
Zierpflanzenbau	Wandernde Wurzelnematoden	unter Glas	* 30 g/m²	Streuen mit Einarbeitung bis etwa 20 cm Tiefe I auf leichten Böden I vor der Saat	N
Zierpflanzenbau	Wandernde Wurzelnematoden	Freiland	* 30 g/m²	Streuen mit Einarbeitung bis etwa 20 cm Tiefe I auf leichten Böden I vor der Saat	N
Zierpflanzenbau	Gallenbildende Wurzelnematoden	Freiland	* 40 g/m²	Streuen mit Einarbeitung bis etwa 20 cm Tiefe I auf leichten Böden I vor der Saat	N

5.5.3 Bekämpfung von Schnecken

Wirkstoffe/ Präparate/ Kulturen	Schaderreger	Bereich	Aufwand	Hinweise	WZ
Eisen-III-phosphat, 10 g/kg					
Ferramol Schneckenkorn, NEU, B3					
Zierpflanzen	Nacktschnecken	unter Glas	5 g/m²	Köderverfahren, zwischen die Kulturpflanzen streuen I bei Befallsbeginn bzw. bei Sichtbarwerden der ersten Symptome	N
Zierpflanzen	Nacktschnecken	Freiland	5 g/m²	Köderverfahren, zwischen die Kulturpflanzen streuen I bei Befallsbeginn bzw. bei Sichtbarwerden der ersten Symptome	N

Wirkstoffe/ Präparate/ Kulturen	Schaderreger	Bereich	Aufwand	Hinweise	WZ
Metaldehyd, 40 g/kg					
COMPO Schneckenkorn, COM, B3 ••• Schneckenkorn Spiess-Urania, URA, SPI, B3					
Zierpflanzen	Nacktschnecken	Freiland	0,8 g/m²	Köderverfahren, gleichmäßig über den Bestand streuen I nach Befallsbeginn	N
Zierpflanzen	Nacktschnecken	unter Glas	0,8 g/m²	Köderverfahren, gleichmäßig über den Bestand streuen I nach Befallsbeginn	N
Metaldehyd, 50,5 g/kg					
Garda Schneckenkorn, GGG, B3 ••• Schneckenkorn Helarion, FHD, CYD, B3 ••• Schneckenkorn Super, VOR, B3					
Zierpflanzen	Nacktschnecken	unter Glas	0,3 g/m²	Köderverfahren, gleichmäßig über den Bestand streuen I nach Befallsbeginn	N
Zierpflanzen	Nacktschnecken	Freiland	0,3 g/m²	Köderverfahren, gleichmäßig über den Bestand streuen I nach Befallsbeginn	N
Metaldehyd, 58,8 g/kg					
Schneckenkorn Limex Neu, CEL, B3					
Zierpflanzen	Nacktschnecken	Freiland	0,6 g/m²	Köderverfahren, gleichmäßig über den Bestand streuen I bei Befall	N
Zierpflanzen	Nacktschnecken	unter Glas	0,6 g/m²	Köderverfahren, gleichmäßig über den Bestand streuen I bei Befall	N
Metaldehyd, 60 g/kg					
Antischneck Schnecken-Korn, NEU, B3 ••• DELU Schneckenkorn, GEI, B3 ••• Etisso Schneckenfrei, FRU, B3 ••• Glanzit Schneckenkorn, GLA, B3 ••• Pflanzol Schnecken-Ex, DDZ, B3 ••• Pro-Limax, ASU, B3 ••• Schneckenkorn degro, DEN, B3 ••• Schneckenkorn Dehner, DEN, B3 ••• Schneckenkorn Limex, CEL, B3 ••• SCHNECKENKORN, DET, VOR/GGG, B3 ••• Schneckentod, FSC, B3 ••• Snek-Vetyl "neu", VET, B3					
Zierpflanzen	Nacktschnecken	unter Glas	0,6 g/m²	Köderverfahren, zwischen die Kulturpflanzen streuen I nach Befallsbeginn	N
Zierpflanzen	Nacktschnecken	Freiland	0,6 g/m²	Köderverfahren, zwischen die Kulturpflanzen streuen I nach Befallsbeginn	N
Methiocarb, 20 g/kg					
Mesurol Schneckenkorn, BAY, B3					
Zierpflanzen	Nacktschnecken	unter Glas	0,5 g/m²	Köderverfahren, gleichmäßig über den Bestand streuen I nach Befallsbeginn	N
Zierpflanzen	Nacktschnecken	Freiland	0,5 g/m²	Köderverfahren, gleichmäßig über den Bestand streuen I nach Befallsbeginn	N
Methiocarb, 40 g/kg					
Schneckenkorn Mesurol, BAY, Xn, B3					
Zierpflanzen	Nacktschnecken	Freiland	0,3 g/m²	Köderverfahren, gleichmäßig über den Bestand streuen I nach Befallsbeginn	N
Zierpflanzen	Nacktschnecken	unter Glas	0,3 g/m²	Köderverfahren, gleichmäßig über den Bestand streuen I nach Befallsbeginn	N

5.5.4 Bekämpfung bzw. Vergrämung von Nagetieren

Wirkstoffe/ Präparate/ Kulturen	Schaderreger	Bereich	Aufwand	Hinweise	WZ
Aluminiumphosphid, 560 g/kg					
Detia Wühlmaus-Killer, DET, T+, F, B3, W ••• DGS Wühlmauskiller, DGS, T+, F, B3, W ••• NEUDO-Phosphid S, NEU, T+, F, B3, W ••• Phostoxin WM, DET, T+, F, B3, W ••• Super Schachtox, FSC, T+, F, B3, W ••• Wühlmauspille, ASU, T+, F, B3, W					
Zierpflanzenbau	Schermaus	Freiland	* 5 Stück / 8-10 m Ganglänge	Begasen I ganzjährig	N
Zierpflanzenbau	Hamster	Freiland	10 Stück/Bau	Begasen I ganzjährig	N
Zierpflanzenbau	Maulwurf	Freiland	* 5 Stück / 8-10 m Ganglänge	Begasen I ganzjährig	N
Begasungsmittel					
Wühlmaus-Patrone Arrex Patrone, CEL, B3, W					
Zierpflanzenbau	Schermaus	Freiland	1 Stück / 5-7 m Ganglänge	Begasen I nach Befallsbeginn	N
Calciumcarbid, 800 g/kg					
DELU Wühlmaus-Gas, GEI, Xi, F, B3, W ••• Gabi Wühlmaus-Gas, GAB, Xi, F, B3, W ••• recozit Wühlmaus-Gas, REC, Xi, F, B3, W					
Zierpflanzenbau	Vergrämung der Schermaus	Freiland	5 g/Bau	Begasen I ganzjährig	N
Zierpflanzenbau	Vergrämung des Maulwurfs	Freiland	20 g/Bau	Begasen I ganzjährig	N
Calciumphosphid, 280 g/kg					
Polytanol, CFW, T+, B3, W					
Zierpflanzenbau	Schermaus	Freiland	13 Stück/Gang	Begasen I bei Befall	N
Zierpflanzenbau	Maulwurf	Freiland	13 Stück/Gang	Begasen I bei Befall	N
Chlorphacinon, 0,075 g/kg					
Ratron - Feldmausköder, DDZ, B3 ••• Ratron-Pellets "F", DDZ, B3					
Zierpflanzenbau	Feldmaus	Freiland	10 kg/ha	Köderverfahren, streuen I bei Befall	N
Warfarin, 1,3 g/kg					
Quiritox, NEU, B3					
Rasen	Schermaus	Freiland	2 Meßlöffel/Gangöffnung	Verdecktes Auslegen von Giftködern I nach Befallsbeginn	N
Zierpflanzen	Schermaus	Freiland	2 Meßlöffel/ Gangöffnung	Verdecktes Auslegen von Giftködern I nach Befallsbeginn	N
Zinkphosphid, 24 g/kg					
Giftweizen Fischar, FIA, Xn, B3 ••• Pollux Giftkörner, CFW, Xn, B3 ••• Recozit-Mäusefeind/Giftweizen, REC, Xn, B3 ••• Segetan Giftweizen, SPI, URA, T+, B3					
Zierpflanzenbau	Feldmaus	Freiland	5 Stück/Loch	Verdecktes Auslegen von Giftgetreide I bei Bedarf	N
Giftweizen P 140, ASU, T+, B3 ••• Mäusegiftweizen "Schacht", FSC, T+, B3					
Zierpflanzenbau	Feldmaus	Freiland	5 Stück/Loch	Verdecktes Auslegen von Giftgetreide I Frühjahr bis Herbst	N
Zinkphosphid, 25 g/kg					
Giftweizen Neudorff, NEU, T+, B3 ••• Ratron-Giftweizen, DDZ, Xn, B3					
Zierpflanzenbau	Feldmaus	Freiland	5 Stück/Loch	Verdecktes Auslegen von Giftgetreide I bei Bedarf	N

Wirkstoffe/ Präparate/ Kulturen	Schaderreger	Bereich	Aufwand	Hinweise	WZ
Zinkphosphid, 30,4 g/kg					
DELU Wühlmausköder, GEI, T+, B3 ••• Detia Wühlmausköder, DET, T+, B3					
Zierpflanzenbau	Schermaus	Freiland	3 g / 8-10 m G.	Verdecktes Auslegen von Giftködern I bei Bedarf	N
Detia Mäuse Giftkörner, DET, GGG, T+, B3					
Zierpflanzenbau	Feldmaus	Freiland	5 Stück/Loch	Verdecktes Auslegen von Giftgetreide I bei Bed.	N
Zinkphosphid, 56 g/kg					
Rattekal-plus, DDZ, T+, B3					
Zierpflanzenbau	Schermaus	Freiland		Verdecktes Auslegen von Giftködern I bei Bedarf	N

5.5.5 Verhütung von Wildschäden und Vogelfraß

Wirkstoffe/ Präparate/ Kulturen	Schaderreger	Bereich	Aufwand	Hinweise	WZ
Thiram, 121,1 g/l					
HaTe-PELLACOL, CYD, Xn					
Ziergehölze	Nage- und Abbißschäden durch Hasen und Kaninchen	Freiland	* 3,5 l / 1000 Pflanzen	Spritzen, streichen oder tauchen I spritzen I Herbst bis Frühjahr	N
Ziergehölze	Winterwildverbiß	Freiland	* 3,5 l / 1000 Pflanzen	Spritzen oder streichen I spritzen I Herbst bis Frühjahr	N
Ziergehölze (Laubgehölze)	Nageschäden durch Mäuse	Freiland	* 3,5 l / 1000 Pflanzen	Spritzen, streichen oder tauchen I spritzen I Herbst bis Winter	N
Thiram, 277,4 g/l, Verbißmittel, g/l					
Arcotal, ASU, Xn, B3					
Ziergehölze	Winterwildverbiß durch Rehwild und Rotwild	Freiland	5 l / 1000 Pflanzen	Unverdünnt streichen I Herbst bis Winter	N
Verbißmittel, Parfuemöl Daphne, 16,8 g/kg					
COMPO Hasen-Schreck, COM, B4 ••• Wildverbißschutz, FSC, B4					
Zierpflanzenbau	Sommerwildverbiß durch Hasen, Kaninchen und Rehw.	Freiland	5 s/m²	Unverdünnt sprühen I während der Vegetationsperiode	N
Verbißmittel					
Arbin, ASU, Xn, B3 ••• Kornitol, VOP, Xn, B3					
Zierpflanzenbau	Wildverbiß durch Hasen, Kaninchen, Reh- und Rotwild	Freiland	20 ml/Stück	Lappen unverdünnt tränken I ganzjährig	N

5.5.6 Wundverschluß und Veredlung

Baumwachse, Wundbehandlungsmittel, fest

Baumwachs "Brunonia", FSC, B3 ••• Baumwachs flüssig, FSC, B3 ••• Frankol Baumpflaster, FRA, B3 ••• LacBalsam, SDL, B3 ••• Lauril Baumwachs, NEU, B3 ••• Maywax-Baumwachs, FSC, MEY/TRI, B3 ••• Nenninger`s Baumharz warmflüssig, NEN, B3 ••• Nenninger's Baumwachs, kaltstreichbar, NEN, B3 ••• Neudorffs Wundverschluß, NEU, B3 ••• Tervanol, ASU, B3 ••• Tervanol Rot, ASU, B3 ••• Trigol-Baumwachs warmflüssig, FSC, TRI, B3 ••• Trimona Baumwachs, kaltstreichbar, FSC, MEY/NEN/TRI, B3 ••• Wundbalsam, WGB, B3

Wirkstoffe/ Präparate/ Kulturen	Schaderreger	Bereich	Aufwand	Hinweise	WZ
Ziergehölze	Wundverschluß und Veredelung	Freiland		Streichen, auf sauber ausgeschnittene Wunden aller Art oder auf Schnittstellen I bei Bedarf	N
Baum-Wundplast, FSC, B3 ••• Nenninger's flüssiger Wundverschluß ARBAL, NEN, B3 ••• Nenninger's Wundwachs, NEN, B3 ••• Wundtinktur NEU, FSC, B3 ••• Wundwachs Schacht "NEU", FSC, B3					
Ziergehölze	Wundverschluß	Freiland		Streichen, auf sauber ausgeschnittene Wunden aller Art oder auf Schnittstellen	N
Baumwachse, Wundbehandlungsmittel, flüssig					
Baumwachs Pomona kaltstreichbar, ASU, B3 ••• Baumwachs Pomona warmstreichbar, ASU, B3 ••• Dendrosan, SDL, B3 ••• Detia Baumwachs, DET, B3					
Ziergehölze	Wundverschluß und Veredelung	Freiland		Streichen, auf sauber ausgeschnittene Wunden aller Art oder auf Schnittstellen	N
Lauril Wundwachs, NEU, B3 ••• NEU 1131 L, NEU, B3 ••• Novaril Rot, ASU, B3 ••• Wundwachs Schacht, FSC, B3					
Ziergehölze	Wundverschluß	Freiland		Streichen, auf sauber ausgeschnittene Wunden aller Art oder auf Schnittstellen	N
Carbendazim, 20,16 g/kg, Baumwachse, Wundbehandlungsmittel					
Santar SM Neu, SAD, SPI/URA, B3					
Ziergehölze	Wundverschluß	Freiland		Streichen, auf sauber ausgeschnittene Wunden aller Art oder auf Schnittstellen	N
Imazalil, 20 g/kg, Azaconazol, 10 g/kg					
Forst Tervanol, ASU, B3 ••• Lac Balsam plus F, CEL, B3 ••• NECTEC Paste, JPA, CYD/FLU/CEL, B3					
Ziergehölze	Wundverschluß	Freiland		Streichen, auf sauber ausgeschnittene Wunden aller Art oder auf Schnittstellen	N
Thiabendazol, 10 g/kg					
Drawipas, WAC, DOW/CEL, B3 ••• Wundverschluß Drawipas, CEL, B3 ••• Wundverschluß Spisin, SPI, URA, B3					
Ziergehölze	Wundverschluß und Veredelung	Freiland		Streichen, auf sauber ausgeschnittene Wunden aller Art oder auf Schnittstellen	N

5.5.7 Sonstige Anwendungszwecke

Didecyldimethyl-ammoniumchlorid, 307 g/l					
Dimanin-Spezial, BAV, Xn, B3 ••• M&ENNO-TER-forte, VDZ, MEN, Xn, B3					
Zierpflanzenbau	Bakterielle Schaderreger	Geräte	0,25 %	Tauchen I Anwendungsdauer: 1 Minute I vorbeugend	N
Zusatzstoffe, g/l					
Schaumstopp, WAC, DOW					
Alle Kulturpflanzen	Zum Entschäumen	-----	1,4 ml / 100 l Spritzlösung	Keine Angabe	F

5.6 Pflanzenwachstumsregler im Zierpflanzenbau

Wirkstoffe/ Präparate/ Kulturen	Schaderreger	Bereich	Aufwand	Hinweise	WZ
1-Naphthylessigsäure, 1 g/kg					
Rhizopon B 0.1, RHI, HUB, B3					
Stecklinge von Zierpflanzen	Bewurzelung von Stecklingen	unter Glas		Stippen I bei weichen, mittelharten und harten Stecklingen I vor dem Stecken	N
1-Naphthylessigsäure, 2 g/kg					
Rhizopon B 0.2, RHI, HUB, B3					
Stecklinge von Zierpflanzen	Bewurzelung von Stecklingen	unter Glas		Stippen I bei weichen, mittelharten und harten Stecklingen I vor dem Stecken	N
1-Naphthylessigsäure, 100 g/kg					
Rhizopon B Tabletten, RHI, HUB, B3					
Stecklinge von Zierpflanzen	Bewurzelung von Stecklingen	unter Glas	* 4 Stück/l	Tauchen I bei harten Stecklingen I vor dem Stecken	N
3-Indolessigsäure, 5 g/kg					
Rhizopon A Pflanzenwuchsstoffe, RHI, HUB, B3					
Stecklinge von Zierpflanzen	Bewurzelung von Stecklingen	unter Glas		Stippen I bei weichen, mittelharten und harten Stecklingen I vor dem Stecken	N
3-Indolessigsäure, 7 g/kg					
Rhizopon A 0.7 %, RHI, HUB, B3					
Stecklinge von Zierpflanzen	Bewurzelung von Stecklingen	unter Glas		Stippen I bei weichen, mittelharten und harten Stecklingen I vor dem Stecken	N
3-Indolessigsäure, 10 g/kg					
Rhizopon A 1.0 %, RHI, HUB, B3					
Stecklinge von Zierpflanzen	Bewurzelung von Stecklingen	unter Glas		Stippen I bei weichen, mittelharten und harten Stecklingen I vor dem Stecken	N
3-Indolessigsäure, 200 g/kg					
Rhizopon A Tabletten, RHI, HUB, B3					
Stecklinge von Zierpflanzen	Bewurzelung von Stecklingen	unter Glas	* 4 Tablette(n)/l	Tauchen I bei harten Stecklingen I vor dem Stecken	N
4-(-3-Indol)buttersäure, 1 g/kg					
Chryzopon rosa 0.1 %, RHI, HUB, B3					
Stecklinge von Zierpflanzen	Bewurzelung von Stecklingen	unter Glas		Stippen I bei weichen, mittelharten und harten Stecklingen I vor dem Stecken	N
4-(-3-Indol)buttersäure, 2,5 g/kg					
Chryzotop grün 0.25 %, RHI, HUB, B3					
Stecklinge von Zierpflanzen	Bewurzelung von Stecklingen	unter Glas		Stippen I bei weichen, mittelharten und harten Stecklingen I vor dem Stecken	N
4-(-3-Indol)buttersäure, 4 g/kg					
Chryzotek beige 0.4 %, RHI, HUB, B3					
Stecklinge von Zierpflanzen	Bewurzelung von Stecklingen	unter Glas		Stippen I bei weichen, mittelharten und harten Stecklingen I vor dem Stecken	N

Wirkstoffe/ Präparate/ Kulturen	Schaderreger	Bereich	Aufwand	Hinweise	WZ
4-(-3-Indol)buttersäure, 5 g/kg					
Rhizopon AA 0.5, RHI, HUB, B3					
Stecklinge von Zierpflanzen	Bewurzelung von Stecklingen	unter Glas		Stippen I bei weichen, mittelharten und harten Stecklingen I vor dem Stecken	N
4-(-3-Indol)buttersäure, 6 g/kg					
Chryzosan weiss 0.6 %, RHI, HUB, B3					
Stecklinge von Zierpflanzen	Bewurzelung von Stecklingen	unter Glas		Stippen I bei weichen, mittelharten und harten Stecklingen I vor dem Stecken	N
4-(-3-Indol)buttersäure, 8 g/kg					
Chryzoplus grau 0.8 %, RHI, HUB, B3					
Stecklinge von Zierpflanzen	Bewurzelung von Stecklingen	unter Glas		Stippen I bei weichen, mittelharten und harten Stecklingen I vor dem Stecken	N
4-(-3-Indol)buttersäure, 10 g/kg					
RHIZOPON AA 1, RHI, HUB, B3					
Stecklinge von Zierpflanzen	Bewurzelung von Stecklingen	unter Glas		Stippen I bei weichen, mittelharten und harten Stecklingen I vor dem Stecken	N
4-(-3-Indol)buttersäure, 20 g/kg					
Rhizopon AA 2, RHI, HUB, B3					
Stecklinge von Zierpflanzen	Bewurzelung von Stecklingen	unter Glas		Stippen I bei weichen, mittelharten und harten Stecklingen I vor dem Stecken	N
4-(-3-Indol)buttersäure, 40 g/kg					
Rhizopon AA 4 %, RHI, HUB, B3					
Stecklinge von Zierpflanzen	Bewurzelung von Stecklingen	unter Glas		Stippen I bei weichen, mittelharten und harten Stecklingen I vor dem Stecken	N
4-(-3-Indol)buttersäure, 80 g/kg					
Rhizopon AA 8 %, RHI, HUB, B3					
Stecklinge von Zierpflanzen	Bewurzelung von Stecklingen	unter Glas		Stippen I bei weichen, mittelharten und harten Stecklingen I vor dem Stecken	N
4-(-3-Indol)buttersäure, 200 g/kg					
RHIZOPON AA TABLETTEN, RHI, HUB, B3					
Stecklinge von Zierpflanzen	Bewurzelung von Stecklingen	unter Glas	* 4 Tablette(n)/l	Tauchen I bei harten Stecklingen I vor dem Stecken	N
Chlormequat, 310 g/l					
Basacel, BAS, COM/SPI/URA, B3					
Begonia tuberhybrida	Stauchen	Topfkultur einschließlich Beet- und Balkonpflanzen	0,075 %	nach dem Topfen	N
Begonia-elatior-Hybriden	Stauchen	Topfkultur einschließlich Beet- und Balkonpflanzen	0,1 %	bei 8-15 cm Wuchshöhe	N

Wirkstoffe/ Präparate/ Kulturen	Schaderreger	Bereich	Aufwand	Hinweise	WZ
Chrysanthemum frutescens	Stauchen	Topfkultur einschließlich Beet- und Balkonpflanzen	1 %	Gießen I 12-cm-Topf I bei ca. 20 cm Wuchshöhe	N
Euphorbia pulcherrima (Poinsettie, Weihnachtsstern)	Stauchen	Topfkultur einschließlich Beet- und Balkonpflanzen	0,25 %	nach dem mechanischen Stutzen, bei einem Neutrieb von 3-4 cm	N
Fuchsia-Hybriden	Stauchen	Topfkultur einschließlich Beet- und Balkonpflanzen	1 %	Gießen I 12-cm-Topf I nach dem mechanischen Stutzen, bei einer Wuchshöhe von 10-12 cm	N
Hibiscus rosa-sinensis	Stauchen	Topfkultur einschließlich Beet- und Balkonpflanzen	0,15 %	nach dem mechanischen Stutzen, bei einem Neutrieb von 3-4 cm	N
Lilien	Stauchen	Topfkultur einschließlich Beet- und Balkonpflanzen	3 %	Gießen I 15-cm-Topf I bei ca. 10 cm Wuchshöhe	N
Pelargonium peltatum	Stauchen	Topfkultur einschließlich Beet- und Balkonpflanzen	0,15 %	nach dem mechanischen Stutzen, bei einem Neutrieb von 3-4 cm	N
Pelargonium zonale	Stauchen	Topfkultur einschließlich Beet- und Balkonpflanzen	0,15 %	nach dem mechanischen Stutzen, bei einem Neutrieb von 3-4 cm	N
Pelargonium-zonale-F1-hybridum	Stauchen	Topfkultur einschließlich Beet- und Balkonpflanzen	0,25 %	nach der Saat	N
Dikegulac, 185,2 g/l					
Atrinal, CGD, SPI/URA, B3					
Azalea indicum	Stutzen	Topfkulturen unter Glas	3 %	Mitte Mai bis August	N
Azalea indicum	Stutzen	Topfkulturen unter Glas	2 %	März bis Mitte Mai	N
Fuchsia fulgens	Stutzen	Topfkulturen unter Glas	1 %	zum praxisüblichen Zeitpunkt	N
Fuchsia-Hybriden	Stutzen	Topfkulturen unter Glas	* 0,5 %	bei schwach bis mittelstark wachsenden Sorten I zum praxisüblichen Zeitpunkt	N
Verbena-Hybriden	Stutzen	Topfkulturen unter Glas	0,3 %	zum praxisüblichen Zeitpunkt	N
Ethephon, 420 g/l					
Flordimex 420, BIT, RPA, Xi, B3					
Bromelien	Beeinflussung der Blühperiode	unter Glas	0,5 %	bei blühreifen Pflanzen	N
Chrysanthemum-indicum-Hybriden	Förderung der Triebbildung	unter Glas	0,1 %	bei 1 cm Trieblänge	N
Pelargonium-zonale-F1-hybridum	Förderung der Triebbildung	unter Glas	0,1 %	nach Durchwurzelung des Topfes	N

Wirkstoffe/ Präparate/ Kulturen	Schaderreger	Bereich	Aufwand	Hinweise	WZ
Flurprimidol, 15 g/l					
TOPFLOR, DOW, URA, Xi					
Chrysanthemum frutescens	Stauchen	Topfkulturen unter Glas	0,1 %	bei stark wachsenden Sorten I 1-2 Wochen nach Umtopfen in den Endtopf	N
Chrysanthemum frutescens	Stauchen	Topfkulturen unter Glas	0,05 %	bei schwach wachsenden Sorten I 1-2 Wochen nach Umtopfen in den Endtopf	N
Euphorbia pulcherrima	Stauchen	Topfkulturen unter Glas	0,1 %	1-2 Wochen nach Umtopfen in den Endtopf	N

5.7 Pflanzenschutzmittel in Baumschulen

Wirkstoffe/ Präparate/ Kulturen	Schaderreger	Bereich	Aufwand	Hinweise	WZ
Dazomet, 970 g/kg					
Basamid Granulat, BAS, COM/AVO, Xn, B3					
Baumschulen	Keimende Unkrautsamen		200 g/m³	Streuen und untermischen I vor der Saat	N
Baumschulen	Wandernde Wurzelnematoden		* 30 g/m²	Streuen mit Einarbeitung bis etwa 20 cm Tiefe I auf leichten Böden I vor der Saat	N
Baumschulen	Bodenpilze		* 40 g/m²	Streuen mit Einarbeitung I mit Einarbeitung auf 20 cm Tiefe I vor der Saat	N
Baumschulen	Bodenpilze		200 g/m³	Streuen und untermischen I vor der Saat	N
Fluazifop-P, 107 g/l					
Fusilade ME, ZNC, BAS					
Baumschulen	Einkeimbl. Unkr., ausgen. Einjährige Rispe		0,4 ml/m²	nach dem Pflanzen	N
Baumschulen	Einkeimbl. Unkr., ausgen. Einjährige Rispe		0,4 ml/m²	nach dem Austrieb	N
Glufosinat, 183 g/l					
BASTA, AVO, NAD, Xn ••• Celaflor Unkrautfrei, CEL, Xn ••• Difontan, AVO, Xn ••• Exakt-Unkrautfrei Madit, CEL, Xn ••• RA-200-flüssig, HEN, Xn ••• Unkrautfrei Weedex, CEL, Xn					
Baumschulen	Aus Samen aufgelaufene ein- und zweikeimblättrige Unkräuter		0,5 ml/m²	Spritzen mit Spritzschirm I Unkräuter bis 25 cm Höhe I während der Vegetationsperiode	N
Laub- und Nadelhölzer	Aus Samen aufgelaufene ein- und zweikeimblättrige Unkräuter		0,5 ml/m²	Spritzen mit Spritzschirm I Unkräuter bis 25 cm Höhe I während der Vegetationsperiode	N
Glyphosat, 355,7 g/l					
Roundup LB, MOT, CEL					
Baumschulen, Verschulbeete	Ein- und zweikeimblättrige Unkräuter		3 %	Spritzen mit Spritzschirm I Sommer	N
Baumschulen, Quartier	Ein- und zweikeimblättrige Unkräuter		3 %	Spritzen mit Spritzschirm I Sommer	N
Glyper, AUS, DOW, Xi					
Baumschulen, Quartier	Ein- und zweikeimblättrige Unkräuter		3 %	Spritzen als Zwischenreihenbehandlung mit Abschirmung I Sommer	N
Baumschulen, Quartier	Ein- und zweikeimblättrige Unkräuter		33 %	Streichen mit Dochtstreichgerät zur Einzelpflanzenbehandlung I Sommer	N
Baumschulen, Verschulbeete	Ein- und zweikeimblättrige Unkräuter		3 %	Spritzen als Zwischenreihenbehandlung mit Abschirmung I Sommer	N

Wirkstoffe/ Präparate/ Kulturen	Schaderreger	Aufwand	Hinweise	WZ
Baumschulen, Verschulbeete	Ein- und zweikeimblättrige Unkräuter	33 %	Streichen mit Dochtstreichgerät zur Einzelpflanzenbehandlung I Sommer	N
Cardinal, MOT, Xi ••• COMPO Spezial-Unkrautvernichter Filatex, COM, Xi ••• DURANO, MOT, Xi ••• Egret, MOT, Xi ••• Roundup, MOT, SPI/URA, Xi ••• Saki, MOT, ASU/SOS, Xi ••• Spezial-Unkrautvernichter Weedex, CEL, Xi ••• STEFES MAMBA, AUS, STE, Xi, B4				
Baumschulen	Ein- und zweikeimblättrige Unkräuter	33 %	Streichen mit Dochtstreichgerät zur Einzelpflanzenbehandlung I Sommer	N
Baumschulen	Ein- und zweikeimblättrige Unkräuter	3 %	Spritzen als Zwischenreihenbehandlung mit Abschirmung I Sommer	N
Glyphosat, 360 g/l				
Roundup LB Plus, MOT ••• Roundup Ultra, MOT				
Baumschulen	Ein- und zweikeimblättrige Unkräuter	33 %	Streichen mit Dochtstreichgerät I Sommer	N
Baumschulen	Ein- und zweikeimblättrige Unkräuter	3 %	Sommer	N
Glyphosat, 420 g/kg				
Roundup Gran, MOT ••• Roundup Ultragran, MOT				
Baumschulen	Ein- und zweikeimblättrige Unkräuter	0,5 g/m²	Spritzen mit Spritzschirm I Sommer	N
Isoxaben, 500 g/l				
FLEXIDOR, DOW				
Baumschulen, ab 1. Standjahr	Aus Samen auflaufende zweikeimblättrige Unkräuter	0,1 ml/m²	Frühjahr	N
Baumschulen, ab 1. Standjahr	Aus Samen auflaufende zweikeimblättrige Unkräuter	0,1 ml/m²	Frühjahr	N
Phenmedipham, 157 g/l				
Betosip, ASU, Xn				
Baumschulen	Aus Samen auflaufende zweikeimblättrige Unkräuter	0,6 ml/m²	nach dem Austrieb	N
Propyzamid, 500 g/kg				
Kerb WDG, URA, SPI, Xn				
Baumschulquartiere, ab 1. Standjahr	Einkeimblättrige Unkräuter	0,5 g/m²	Spätherbst bis kurz vor Vegetationsbeginn	N
Simazin, 20 g/kg				
Gesatop 2 Granulat, NAD, SPI, Xn, W				
Baumschulen, ab 1. Standjahr	Aus Samen auflaufende ein- und zweikeimblättrige Unkräuter	6 g/m²	Streuen I auf leichten Böden I Winter	N
Baumschulen, ab 1. Standjahr	Aus Samen auflaufende ein- und zweikeimblättrige Unkräuter	7,5 g/m²	Streuen I auf mittleren oder schweren Böden I Winter	N
Baumschulquartiere, ab 1. Standjahr	Aus Samen auflaufende ein- und zweikeimblättrige Unkräuter	6 g/m²	Streuen I auf leichten Böden I nach dem Austrieb	N
Baumschulquartiere, ab 1. Standjahr	Aus Samen auflaufende ein- und zweikeimblättrige Unkräuter	7,5 g/m²	Streuen I auf mittleren oder schweren Böden I Winter	N
Baumschulquartiere, ab 1. Standjahr	Aus Samen auflaufende ein- und zweikeimblättrige Unkräuter	7,5 g/m²	Streuen I auf mittleren oder schweren Böden I nach dem Austrieb	N
Baumschulquartiere, ab 1. Standjahr	Aus Samen auflaufende ein- und zweikeimblättrige Unkräuter	6 g/m²	Streuen I auf leichten Böden I Winter	N

5.8 Hersteller- bzw. Vertriebsfirmen

5.8.1 Pflanzenschutz- und Vorratsschutzmittel

ABB ABBOTT BELGIUM, 15, Avenue de Gasperi, B-1340 Ottinggnies Louvain-La-Neuve
ABP Agrinova Biologische Präparate, Produktions-und Vertriebs GmbH, Hauptstrasse 13, D-67283 Obrigheim/Mühlheim, Tel.(0 63 59) 9 68 11
AGA AGA Gas GmbH, Troplowitzstraße 5, D-22529 Hamburg, Postfach 20 19 54, D-20209 Hamburg
AGL Agrolinz Agrarchemikalien, München GmbH, Arabellastrasse 4, D-81925 München, Postfach 810147, D-81901 München, Tel.: (0 89) 9 10 20 04, Fax: (0 89) 91 60 20
AHM A. H. Marks & Co. LTD, Wyke Bradford, GB-West Yorkshire BD 12 9EJ, Tel.: U.K. (02 74) 67 52 31, Fax: U.K. (02 74) 69 11 76
ALA BREHAG, Erwin Breuer, Königsbergerstrasse 37, D-50321 Brühl
ASF Asef Fison B.V., Postbus 51, Pittelderstraat 20, NL-6940 BB Didam
ASP Aseptafabriek B.V., P.O.Box 33, NL-2207 Delft
ASU Stähler Agrochemie GmbH & Co.KG, Stader Elbstrasse 24-28, D-21683 Stade, Postfach 2047, D-21660 Stade, Tel.: (0 41 41) 20 16, 92 04-0, Fax: (0 41 41) 20 11, 92 04 11
AUS Austrital, Rua Trinta e Um de Janeiro, 80 A 5 E, P-9000 Funchal, Madeira
AVO Hoechst Schering AgrEvo GmbH, Zulassung Pflanzenschutz, Deutschland, Gebäude K 607, D-65926 Frankfurt, Tel.: (0 69) 3 05-0, Fax: (0 69) 3 05-1 76 69
BAC Bach Dünger GmbH, Salzstrasse 178-180, D-74076 Heilbronn, Tel.: (0 71 31) 7 70 99, Fax: (0 71 31) 7 28 82
BAS BASF Aktiengesellschaft, Länderbereich Vertrieb Deutschland, Produkte für die Landwirtschaft, Landwirtschaftliche Versuchsstation, nD-67117 Limburgerhof, Postfach 120, D-67114 Limburgerhof, Tel.: (06 21) 60-0, Fax: (06 21) 60-2 81 35
BAV Bayer Vital GmbH und Co. KG, Geschäftsbereich Tiergesundheit, D-51368 Leverkusen/Bayerwerk, Tel.: (0 21 73) 38-0, Fax: (0 21 73) 38 48 96
BAW BayWa AG, HAbt. Märkte, Einkauf Fachmärkte, Arabellastrasse 4, D-81925 München, Postfach 81 01 08, D-81901 München
BAY Bayer Vital GmbH & Co. KG, Geschäftsbereich Pflanzenschutz, Konrad-Adenauer-Ufer 41-45, D-50668 Köln, Postfach 10 03 44, D-50443 Köln, Tel.: (0 21 73) 38-33 80, Fax: (0 21 73) 38-30 21
BBM B. Braun Melsungen AG, Schwarzerberger Weg 73 - 79, D-34212 Melsungen, Postfach 167, D-34201 Melsungen, Tel.: (0 56 61) 71-0
BCL Barclay Chemicals, Manufacturing Ltd., Registration Department, - Dr. Irene Mc Grath -, Barclay House, Lilmar Industrial Estate, Santry, Dublin 9, Ireland, Tel.: 01 842 5755, Fax: 01 842 5381
BEC Beckmann Vertriebs GmbH, Hauptstrasse 36, D-27243 Beckeln, Tel.: (0 42 44) 10 24, Fax: (0 42 44) 78 43
BER Bertram GmbH, Erlenhöhe 8, D-66871 Konken, Tel.: (0 63 84) 92 10-0, Fax: (0 63 84) 92 10 15
BIO Biochemicals s.a.r.l., 14, rue des Romains, L-2444 Luxembourg
BIT Bitterfelder Chemieanlagen GmbH, Zörbiger Straße, D-06749 Bitterfeld, Tel.: (0 34 93) 7 28 81, Tel.: (0 34 93) 7 24 88, Fax: (0 34 93) 7 28 54, Fax: (0 34 93) 7 28 17
BRA Braun GmbH, Drechselstrasse 15, D-32657 Lemgo, Fax: (0 52 61) 97 56-36

BRE Pharmachemie Willi Breiler, Hoege Nr.1, D-88693 Deggenhausertal, Tel.: (0 75 55) 3 50

BUS Kohlensäure-Werke, Rud. Buse GmbH & Co., Sprudelstrasse, Postfach 241, D-53552 Bad-Hönningen, Tel.: (0 26 35) 7 81-0, Fax: (0 26 35) 7 81 27

CAK CARBO-Kohlensäurewerke, GmbH & Co. KG, Sprudelstrasse, D-53557 Bad Hönningen, Postfach 111, D-53551 Bad Hönningen, Tel.: (0 26 35) 10 01, Fax: (0 26 35) 7 89-10

CBA Caspar Berghoff KG, Möhnestrasse, D-59581 Warstein, Tel.: (0 29 25) 20 01, Tel.: (0 29 25) 20 02, Fax: (0 29 25) 35 94

CEL CELAFLOR GmbH, Konrad-Adenauer-Str. 30, D-55218 Ingelheim, Tel.: (0 61 32) 78 03-0, Fax: (0 61 32) 20 67

CEM CHEMBICO GmbH, Hauptstrasse 13, D-67283 Obrigheim, Tel.: (0 63 59) 8 26 85, Fax: (0 63 59) 32 14

CFP CFPI Agro S. A., 28, Boulevard Camelinat, F-92233 Gennevilliers Cedex, Tel.: 00 33 (1 40) 85 50 50, Fax: 00 33 (1 47) 92 25 45

CFW Chemische Fabrik Wülfel, Just & Dittmar GmbH & Co KG, Hildesheimer Strasse 305, D-30519 Hannover, Postfach 890109, D-30514 Hannover, Tel.: (05 11) 98 49 60, Fax: (05 11) 98 49 64-0

CGD CIBA-GEIGY GmbH, Division Agro, Liebigstrasse 51-53, D-60323 Frankfurt/Main, Postfach 110353, D-60038 Frankfurt/Main, Tel.: (0 69) 71 55-0, Fax: (0 69) 71 55-3 19 od. 72 76 47

CHE Cheminova, P.O. Box 9, DK - 7620 Lemvig

CLI Agrolinz Melamin GmbH, St.-Peter-Strasse 25, A-4021 Linz, Tel.: 00 43 (07 32) 59 14-0, Fax: 00 43 (07 32) 59 14-30 59

COM Compo GmbH, Gildenstrasse 38, D-48157 Münster, Postfach 2107, D-48008 Münster, Tel.: (02 51) 32 77-0, Fax: (02 51) 3 22 25

CSP CONSEP Europe, Ana Salamero, Victor Catalá 18, E-8440 Cardedeu, Tel.: 00 34 (3) 8 71 30 08, Fax: 00 34 (3) 8 71 32 19, E-mail : wmaxwald lander.es

CYD CYANAMID AGRAR GmbH & Co. KG, Konrad-Adenauer-Strasse 30, D-55218 Ingelheim, Postfach 300, D-55209 Ingelheim, Tel.: (0 61 32) 7 89-0, Fax: (0 61 32) 78 91 37

DDZ frunol delicia GmbH, Dübener Straße 137, D-04509 Delitzsch, Postfach 57, D-04502 Delitzsch, Tel.: (03 42 02) 6 53 00, Fax: (03 42 02) 6 53 09

DEA Desinsekta GmbH, Schönberger Weg 3, D-60488 Frankfurt, Tel.: (0 69) 76 30 40, Fax: (0 69) 7 68 10 36

DEG DEGESCH GmbH, Dr. Werner Freyberg Straße 11, D-69514 Laudenbach, Tel.: (0 62 01) 70 80, Fax: (0 62 01) 7 08-205

DEL Dr.Werner Freyberg, Chemische Fabrik Delitia Nachf., Postfach 11 62, D-69510 Laudenbach, Tel.: (0 62 01) 7 80-0, Fax: (0 62 01) 7 08-205

DEN Dehner GmbH & Co KG, Donauwörther-Strasse 222, D-86641 Rain, Postfach 1160, D-86638 Rain, Tel.: (0 90 02) 7 70, Fax: (0 90 02) 7 73 26

DET Detia Freyberg GmbH, Dr. Werner Freyberg Strasse 11, D-69514 Laudenbach, Tel.: (0 62 01) 70 80, Fax: (0 62 01) 7 08-205

DEW Ernst Dettwiler AG, Spezialdüngerwerk, Frowiesstrasse 35, CH-8330 Pfäffikon, Tel.: 00 41 (01) 9 50 18 75, Fax: 00 41 (01) 9 50 50 92

DGS Deutsche Gesellschaft für, Schädlingsbekämpfung, Dr. Werner Freyberg Strasse 11, D-69514 Laudenbach, Tel.: (0 62 01) 70 80, Fax: (0 62 01) 7 08-205

DHD Dr. Dorothee Heimann-Detlefsen, An der Renne 45, D-31139 Hildesheim, Tel.: (0 51 21) 26 74 69, Fax: (0 51 21) 26 56 96

DLH Dänische Landwirtschaftshandel GmbH, HHeinrich-Hertz-Str. 16, D-24837 Schleswig, Postfach 1320, D-24823 Schleswig

DMA UCB Chemie GmbH, Spergauer Strasse, D-06236 Leuna, Tel.: (0 34 61) 43 43 94

DNK DENKA INTERNATIONAL B.V., P.O.Box 337, Hanzeweg 1, NL 3770 AH Barneveld

DOE DowElanco Europe, Letcombe Laboratory, Letcombe Regis, Wantage, GB Oxon OX12 9JT, Tel.: GB (02 35) 77 29 00, Fax: GB (02 35) 77 21 12

DOW Dow AgroSciences GmbH, Truderinger Str. 15, D-81677 München, Tel.: (0 89) 4 55 33-0, Fax: (0 89) 4 55 33-111

DPB DuPont de Nemours, (Deutschland) GmbH, Abteilung Pflanzenschutz, Du Pont Strasse 1, D-61343 Bad Homburg/v.d.H., Tel.: (0 61 72) 87-0, Fax: (0 61 72) 87-14 37, Service Nr. (kostenlos) - 01 30-16, 97 48

DRW Deutsche Raiffeisen Warenzentrale, GmbH, Reuterweg 51-53, D-60323 Frankfurt, Postfach 100643, D-60006 Frankfurt, Tel.: (0 69) 71 51-0

ECO ECON GmbH, Konrad Adenauer Strasse 30A, D-55218 Ingelheim, Tel: (0 61 32) 7 91 79-0, Fax: (0 61 32) 7 91 79-17

EGE egesa-zookauf eG, Einkaufs-, Werbe- und, Marketinggenossenschaft, der Gartenfachgeschäfte,, Gartencenter und Zoofachgeschäfte, Carl-Benz-Strasse 7-11, D-35398 Giessen, Tel.: (06 41) 9 68 50

ELF Elf Atochem Agri B.V., Postbus 60 30, NL-3196 XH Vondelingenplaat/Rt, Tel.: 00 33 (1 30) 81 73 21, Fax: 00 33 (1 30) 55 82 15

EPL Elefant Chemische Produkte GmbH, Ringstrasse 35-37, D-70736 Fellbach, Tel.: (07 11) 5 80 03, Fax: (07 11) 58 00 35

ESK AgroDan A/S, Madevej 80, Postbox 21 09, DK-6705 Esbjerg

EUF Euflor GmbH für Gartenbedarf, Ridlerstraße 75, D-80339 München, Postfach 120129, D-80030 München, Tel.: (0 89) 5 00 93-0, Fax: (0 89) 5 00 93-3 03

FCH Forst-Chemie Ettenheim GmbH, Kreuzerweg 13-15, D-77955 Ettenheim, Postfach 270, D-77951 Ettenheim, Tel.: (0 78 22) 50 37

FGG FLORINA, Gartenbedarf GmbH, Gütersloher Straße 127, D-33415 Verl, Postfach 1146, D-33398 Verl, Tel.: (0 52 46) 5 03-25

FHD Levington Horticulture Limited, Paper Mill Lane Bramford, GB-Ipswich Suffolk IP8 4BZ, Tel.: (00 44 - 4 73) 83 04 92, Fax: (00 44 - 4 73) 83 03 86, Fax: (00 44 - 4 73) 83 00 46

FIA Otto Fischar GmbH & Co KG, Kaiserstrasse 221, D-66133 Saarbrücken/Scheidt, Tel.: (06 81) 81 40 31, Fax: (06 81) 81 79 22

FLO FLORA FREY GmbH & Co KG, Industriegebiet Dycker Feld, Dellenfeld 25, D-42653 Solingen, Postfach 16 01 47, D-42621 Solingen, Tel.: (02 12) 25 70-0, Fax: (02 12) 25 70-2 22

FLR Floralis GmbH, Stuttgarter Str. 23, D-75179 Pforzheim, Postfach 05 50, D-75105 Pforzheim, Tel.: (0 72 31) 5 30 55, Fax: (0 72 31) 5 53 15

FLU FLÜGEL, Forstschutz-Forstgeräte GmbH, Westhöfer Straße 45, D-37520 Osterode am Harz, Postfach 10, D-37514 Osterode-Nienstedt, Tel.: (0 55 22) 8 23 60, Fax: (0 55 22) 8 34 40, Fax: (0 55 22) 8 34 26

FMC FMC Europe N.V., Avenue Louise 480 B9, B-1050 Brussels, Tel.: 00 32 (26) 45 92 11, Fax: 00 32 (26) 40 62 86

FRA Franken-Chemie, Elisabethstrasse 55, D-32791 Lage, Tel.: (0 52 32) 95 81-0, Fax: (0 52 32) 95 81-40

FRO Frowein GmbH & Co, Am Reislebach 83, D-72461 Albstadt, Postfach 1440, D-72437 Albstadt, Tel.: (0 74 32) 95 60, Fax: (0 74 32) 95 61 39

FRU frunol delicia GmbH, Hansastrasse 74, D-59425 Unna, Tel.: (0 23 03) 17 77, Fax: (0 23 03) 1 26 71

FSC F. Schacht GmbH & Co.KG, Chemische Fabrik, Bültenweg 48, D-38106 Braunschweig, Postfach 4823, D-38038 Braunschweig, Tel.: (05 31) 2 38 03-0, Fax: (05 31) 2 38 30-30

FSG Feinchemie Schwebda GmbH, Straßburger Strasse 5, D-37269 Eschwege, Tel.: (0 56 51) 9 23 70, Fax: (0 56 51) 2 24 42, Tel.: (02 21) 49 60 08, Fax: (02 21) 49 60 09

GAB GABI-Biochemie Hündersen, Rhodovi KG, Liemer Strasse 26, D-32108 Bad Salzuflen, Tel.: (0 52 22) 2 10 05, Fax: (0 52 22) 2 07 29

GEI August Geistler GmbH, chem.-pharm. Fabrik, Moselstrasse 12a, D-41464 Neuss 1, Postfach 100524, D-41405 Neuss, Tel.: (0 21 31) 4 21 32, Fax: (0 21 31) 4 38 83, Fax: (0 21 31) 40 91 90

GFG GFG-Gesellschaft für Grün mbH, Wehlingsweg 6, D-45964 Gladbeck

GGG Garda Gartenartikel GmbH, Rohrbergstrasse 19 - 21, D-65343 Eltville

GLA Glanzit-Gesellschaft Pfeiffer & Co, Chemische Fabrik, Obere Hauptstrasse 27, D-67551 Worms, Postfach 128, D-67531 Worms, Tel.: (0 62 41) 3 31 63, Fax: (0 62 41) 3 77 68

GPS Gärtner Poetschke oHG, Beuthener Strasse 4, D-41564 Kaarst

GRF GRIFFIN (Europe) S.A., Minervastraat 8, B-1930 Zaventem, Tel.: 00 32 (27 20) 66 44, Fax: 00 32 (27 20) 51 01

GRI Griffin Corporation, 43 Brookstreet, London W1 Y 2BL, England

GRT Gartengrün GmbH, Otto-Hahn-Strasse 4, D-85435 Erding, Tel.: (0 81 22) 97 49-0, FAX: (0 81 22) 97 49 17

GUN Paul Günther Cornufera GmbH, Weinstrasse 19, D-91058 Erlangen, Tel.: (0 91 31) 60 64-0

GUT Sauerstoffwerk, Friederich Guttroff GmbH, D-97877 Wertheim, Tel.: (0 93 42) 61 76, Fax: (0 93 42) 3 99 71

HAG Handelsgesellschaft für Baustoffe, mbH & Co. KG, Celler Strasse 47, D-29614 Soltau, Tel.: (0 51 91) 8 02-0, Fax: (0 51 91) 8 02-1 55

HAW HAWLIK & HAWLIK GmbH, Schädlingsbekämpfung -, Vorratsschutz, Finkenweg 2, D-86386 Gersthofen, (Industriegebiet), Tel.: (08 21) 49 30 31, Fax: (08 21) 47 16 46

HEN Hentschke und Sawatzki, Leinestrasse 17, D-24539 Neumünster, Tel.: (0 43 21) 9 87 20, Fax: (0 43 21) 98 72 90

HOE Hoechst Aktiengesellschaft, Bereich Landwirtschaft, Produktentwicklung, Gebäude K 607, Brüningstraße 50, D-65929 Frankfurt/Main, Postfach 800320, D-65903 Frankfurt/Main, Tel.: (0 61 90) 8 03-3 33, Fax: (0 61 90) 7 28 16

HOR HORA Landwirtschaftliche, Betriebsmittel GmbH, - Im Hause Ciba Agro -, Liebigstrasse 51-53, D-60323 Frankfurt/Main, Postfach 110353, D-60038 Frankfurt/Main, Tel.: (0 69) 71 55-1

HRN Ing. Alfred Hörnig, Bischofswerdaer Strasse 117, 01900 Großröhrsdorf, Tel.: (03 59 52) 68 00

HUB Paul Hübecker GmbH & Co.KG, Rosenstrasse 77, D-47918 Tönisvorst, Postfach 1233, D-47908 Tönisvorst

HYG	HYGAN Chemie & Service, GmbH & Co. KG, Robert-Bosch-Strasse 18, D-25335 Elmshorn, Postfach 409, D-25304 Elmshorn, Tel.: (0 41 21) 4 57 20
IHR	IhrPlatz Zentrale, Parkstrasse 32, D-49080 Osnabrück, Postfach 37 40, D-49027 Osnabrück
IPC	I. Pi. Ci. SpA Italien, Via Fratelli Beltrami, 11, I-20026 Novate Milanese, Tel.: (0 40) 7 60 20 57
ISA	ISAGRO Srl, Centro Direzionale Milano Oltre, Palazzo Raffaello, Via Cassanese, 224, I-20090 Segrate
ISK	ISK Biosciences Europe, Avenue Louise 480 - 128, B-1050 Bruxelles
JOH	Johnson Wax GmbH, Landstrasse 27-29, D-42781 Haan, Postfach 13 55, D-42757 Haan, Tel.: (0 21 29) 5 47-0, Fax: (0 21 29) 5 74-2 77
JPA	Janssen Pharmaceutica, Agricultural Division, B-2340 Beerse, Tel.: 00 32 (14) 60 32 91, Fax: 00 32 (14) 60 59 51
JUL	JULIA Mineral Veredelung GmbH, Werksweg 4, D-92551 Stulln, Tel.: (0 94 35) 93-2 01, Fax: (0 94 35) 34 93
KCC	Kocide Chemical Corporation, Via Fieschi, 20/3, I-16121 Genova
KDI	Kalk- und Düngerhandel GmbH, Dolomitstrasse 10, D-58099 Hagen, Postfach 18 06, D-58018 Hagen, Tel.: (0 23 31) 5 50 08, Fax: (0 23 31) 58 76 63
KEN	KenoGard TV AB, A KemaNobel Company, P.O. Box 11033, S-100 61 Stockholm
KGM	KILLGERM GmbH-Präparate und, Geräte für Vorratschutz und, Schädlingsbekämpfung, Hansastrasse, D-41460 Neuss, Tel.: (0 21 31) 27 70 21
KIR	KEMIRA Agro Benelux S.A., Avenue Einstein 11, B-1300 Wavre, Tel.: 32 (0 10) 23 27 11, Fax: 32 (0 10) 22 85 59
KRF	Wolfgang Kraft, Garten Kraft, Frielick 8-13, D-59073 Hamm
KVA	KVK AGRO A/S, c/o Sun Chemicals Pigmente GmbH, Rhöndorfer Straße 38b, D-53604 Bad Honnef, Postfach 1406, D-53584 Bad Honnef
KVK	KVK AGRO A/S, Gl. Lyngvej 2, DK-4600 Køge
LEN	Gebr. Lenz GmbH, Gewerbegebiet "Am Schlöten", D-51702 Bergneustadt, Postfach 1352, D-51691 Bergneustadt, Tel.: (0 22 61) 40 99-0, Fax: (0 22 61) 40 99 50
LID	Linde AG, Werksgruppe Technische Gase, Seitnerstraße 70, D-82049 Höllriegelskreuth, Tel.: (0 89) 72 77-0, Fax: (0 89) 7 27 71 44
LIP	Lipha s. a., Dr. Yves Cohetin, Centre de Recherche, et Development, 115 avenue Lacassagne, F-69003 Lyon, Tel.: 00 33 78 53 02 34, Fax: 00 33 72 36 85 28
LON	LONZA AG, Münchensteinerstrasse 38, CH-4002 Basel, Tel.: (0 77 51) 8 20, Fax: (0 77 51) 82-1 82
LUS	LUHNS GmbH, Schwarzbach 91 - 137, D-42277 Wuppertal, Postfach 20 11 54, D-42211 Wuppertal, Tel.: (02 02) 64 71-0, Fax: (02 02) 64 49 74
LUX	LUXAN B.V., Industrieweg 2, NL-6662 PA Elst (Gld.), Postbus 9, NL-6660 AA Elst (Gld.), Tel.: 0031-481-360811, Fax. 0031-481-376734
MAC	MAKHTESHIM-AGAN Deutschland GmbH, Südstrasse 29, D-53757 Sankt Augustin, Tel.: (0 22 41) 92 49 30, Fax: (0 22 41) 92 49-32
MAI	Samen-Maier, Hauptstr. 14, D-84155 Bodenkirchen, Tel.: (0 87 45) 1 80, Fax: (0 87 45) 18-40
MAN	Wilhelm Haug GmbH & Co KG, Manna-Dünger, Eisenbahnstrasse, D-72119 Ammerbuch, Tel.: 0 70 73/3 02-40
MEN	Menno-Chemie-Vertrieb GmbH, Langer Kamp 104, D-22850 Norderstedt

MES Messer Griesheim GmbH, Fütingsweg 34, D-47805 Krefeld, Tel.: (0 21 51) 3 79-0, Fax: (0 21 51) 3 79-3 09
MEY Hermann Meyer, Halstenbecker Weg 100, D-25462 Rellingen
MIC Microsol Handels-GmbH, Leinestraße 17, D-24539 Neumünster, Tel.: (0 43 21) 98 38-0, Fax: (0 43 21) 98 38-99
MOT Monsanto (Deutschland) GmbH, Vogelsanger Weg 91, D-40470 Düsseldorf, Tel.: (02 11) 36 75-0, Fax: (02 11) 36 75-3 41
MRN Marni-Vertrieb chem. Produkte, Albert Rückert, Rheingoldstrasse 2, D-65232 Taunusstein
MRZ Konrad Merz, Langstrasse 81, D-63450 Hanau
NAD Novartis Agro GmbH, Liebigstrasse 51 - 53, D-60323 Frankfurt, Postfach 11 03 53, D-60038 Frankfurt, Tel.: (0 69) 71 55-1, Fax: (0 69) 71 55-319
NEN Ludwig Nenninger, Chemische Fabrikation GmbH, Bültenweg 48, D-38106 Braunschweig
NEU W. NEUDORFF GmbH KG, Chemische Fabrik, An der Mühle 3, D-31860 Emmerthal, Postfach 1209, D-31857 Emmerthal, Tel.: (0 51 55) 6 24-0, Fax: (0 51 55) 60 10
NLI NUFARM GmbH & Co KG, St.-Peter-Strasse 25, A-4021 Linz, Tel.: 00 43 (07 32) 59 18-0
NUF Nufarm b.v., Welplaatweg 12, NL-3197 KS Botlek Rotterdam, Tel.: 00 44 (1 81) 3 11 70 00, Fax: 00 44 (1 81) 3 10 56 36
PBP PROPHYTA Biologischer, Pflanzenschutz GmbH, im TGZ Schwerin/Wismar e. V., Inselstrasse 12, D-23999 Malchow/Poel
PGS park Garten-Service GmbH, Raiffeisenstr. 13, D-45661 Recklinghausen, Postfach 200469, D-45634 Recklinghausen
PHT PHARMATOX, Beratung und Forschung GmbH, Vogtei-Ruthe-Strasse 26, D-31319 Sehnde
POK Pokon und Chrysal B.V., Gooimeer 7, NL-1411 DD Naarden, Postbus 5300, NL-1410 AH Naarden, Tel.: 0 35-6 95 58 88, Fax: 0 35-6 95 58 22
POL Polyplant Limited, P.O. Box 53, Lane End Road, High Xycombe, GB-Buckinghamshire HP12 4 HL
PSA Prosanitas GmbH, Am Vogelherd 4 b, D-85354 Freising, Tel.: (0 62 51) 6 55 73, Fax: (0 62 51) 6 83 91
RAI Raiffeisen Mittel-Vest eG, D-45665 Recklinghausen
REC Reckhaus GmbH, Industriestrasse 53, D-33689 Bielefeld, Postfach 110937, D-33669 Bielefeld, Tel.: (0 52 05) 40 53-4, Fax: (0 52 05) 52 47
REN Rentokil GmbH, Holstenkamp 40, D-22525 Hamburg, Tel.: (0 40) 85 17 59-0, Fax: (0 40) 8 51 23 43
RHD Rohm and Haas Deutschland GmbH, -z. Hd. Dr. B. Distler-, In der Kron 4, D-60489 Frankfurt/Main, Postfach 940322, D-60461 Frankfurt/Main, Tel.: (0 69) 7 89 96-0, Fax: (0 69) 7 89 53 56
RHI RHIZOPON bv, Rijndijk 263a, Postbus 110, NL-2394 ZG Hazerswoude
RPA RHONE-POULENC AGRO GmbH, Emil-Hoffmann-Str. 1a, D-50996 Köln, Tel.: (0 22 36) 39 95-0, Fax: (0 22 36) 39 95-50
SAD Sandoz Agro GmbH, Walsroder Straße 305, D-30855 Langenhagen, Tel.: (05 11) 9 72 90-0, Tel.: (05 11) 9 72 90-33
SAF sagaflor GmbH, Fuldastraße 4, D-34225 Baunatal-Hertingshausen, Tel.: (0 56 65) 99 86 44

SAG Shell Agrar GmbH & Co. KG, Konrad-Adenauer-Strasse 30, D-55218 Ingelheim, Postfach 300, D-55209 Ingelheim, Tel.: (0 61 32) 7 89-0, Fax: (0 61 32) 20 67

SAT SATEC Handelsgesellschaft mbH, Robert-Bosch-Strasse 3, D-25335 Elmshorn, Postfach 1044, D-25310 Elmshorn, Tel.: (0 41 21) 45 78-0, Fax: (0 41 21) 45 78 12

SBC Sipcam Biochemie GmbH, Adamstrasse 4/1, D-80636 München

SCC SCC GmbH, Chemisch-Wissenschaftliche, Beratung GmbH, Eckelsheimer Straße 37, D-55597 Wöllstein, Tel.: (0 67 03) 93 44-0, Fax: (0 67 03) 93 44-44, Email: SCC@scc-gmbh.de

SCD Sumitomo Chemical Deutschland GmbH, Georg-Glock-Strasse 14, D-40474 Düsseldorf, Tel.: (02 11) 45 09 01, Fax: (02 11) 43 21 77

SCH Schering Aktiengesellschaft, Pflanzenschutz Deutschland, Werftstrasse 37, D-40549 Düsseldorf, Postfach 111149, D-40522 Düsseldorf, Tel.: (02 11) 95 08-0, Fax: (02 11) 9 50 81 01

SCM Sipcam spa, Viale Gian Galeazzo 3, I-20136 Milano, Tel.: I (0 03 92) 89 40 78 41

SCO Scotts Europe B.V., Herrn F. Stelder, Koeweistraat 2, NL-4181 CD Waardenburg, Tel.: 00 31 (4 18) 41 86 55-7 00, Fax: 00 31 (4 18) 41 86 55-7 01

SDL Wilhelm Scheidler GmbH & Co. KG, Kutenhauser Strasse 13, D-32425 Minden/Westf., Postfach 3145, D-32388 Minden/Westf., Tel.: (05 71) 4 15 66, Fax: (05 71) 6 18 21

SDS ISK Biosciences, Product Incorporated, Avenue Louise 480 - 12 B, B-1050 Brussels, Tel.: 00 32 (26) 27 86-11, Fax: 00 32 (26) 27 86-00

SER S & A Service und Anwendungs-, technik GmbH, Bahnhofstr. 25, D-27419 Sittensen, Tel.: (0 42 82) 9 32 00, Fax: (0 42 82) 93 20 40

SHO H. Scharnhorst, Gartenland-Produkte, Steinweg 4, D-31535 Neustadt

SKW SKW Trostberg Aktiengesellschaft, Marktbereich Landwirtschaft, Dr.-Alberet-Frank-Straße 32, D-83308 Trostberg, Postfach 12 62, D-83303 Trostberg, Tel.: (0 86 21) 8 60, Fax: (0 86 21) 29 11

SOS SOSTRA Biochemie GmbH, Dres. Blume & Asam, Idea Unternehmensberatung, Adamstrasse 4/1, D-80636 München, Tel.: (0 89) 18 60 41-42, Fax: (0 89) 1 23 62 13

SPI C. F. Spiess & Sohn GmbH & Co., Chemische Fabrik, Hauptstrasse 4, D-67271 Kleinkarlbach, Postfach 12 60, D-67262 Grünstadt, Tel.: (0 63 59) 8 01-0, Fax: (0 63 59) 80 12 09

SRC Schulte, Rohde & Co. GmbH, Hermannstrasse 37, D-58332 Schwelm

STA PULSFOG, Dr. Stahl & Sohn GmbH, Abigstrasse 8, D-88662 Überlingen, Tel.: (0 75 51) 46 03, Fax: (0 75 51) 6 10 63

STD Stodiek Dünger GmbH, Giulinistrasse 2, D-67065 Ludwigshafen

STE Stefes Agro GmbH, Ottostrasse 5, D-50170 Kerpen-Sindorf, Postfach 14 50, D-50143 Kerpen, Tel.: (0 22 73) 5 60 60, Fax: (0 22 73) 56 06 60

STI STINNES AGRAR GmbH, - Hauptverwaltung -, Humboldtring 15, 45466 Mülheim/Ruhr

SUD Sumitomo Deutschland GmbH, Georg-Glock-Strasse 14, D-40474 Düsseldorf, Postfach 16 01 38, D-40036 Düsseldorf, Tel.: (02 11) 4 57 00, Fax: (02 11) 4 54 15 01

TEM TEMMEN GmbH, Pflanzenschutz, Ankerstraße 74, D-65795 Hattersheim, Postfach 1451, D-65795 Hattersheim, Tel.: (0 61 45) 99 19-0, Fax: (0 61 45) 99 19-19

THO Thompson-Siegel GmbH, Erkrather Strasse 230, D-40233 Düsseldorf, Tel.: (02 11) 73 52-2 46, Tel.: (02 11) 73 52-2 47

TOM TOMEN FRANCE S.A., 18, Avenue de L'Opera, F-75001 Paris, Tel.: 00 33 (42) 96 14 56, Fax: 00 33 (42) 96 81 20

TRI Johann Tripmacker, Bültenweg 48, D-38106 Braunschweig

URA Urania Agrochem GmbH, Heidenkampsweg 77, D-20097 Hamburg, Postfach 106220, D-20042 Hamburg, Tel.: (0 40) 2 36 52-0, Fax: (0 40) 2 36 52-255

VDZ Venno GmbH, Langer Kamp 104, D-22850 Norderstedt

VER Vermin-Bielefeld, Kopietz GmbH, Beckheide 9, D-33689 Bielefeld, Tel.: (0 52 05) 78 11, Fax: (0 52 05) 7 24 03

VET Vetyl-Chemie GmbH, Pharmazeutische und chemische, Präparate, Gewerbestrasse 12-14, D-66557 Illingen, Tel.: (0 68 25) 4 40 71, Fax: (0 68 25) 4 40 73

VGM Chemische Fabrik, Bruno Vogelmann GmbH & Co, Pistoriusstrasse 48-50, D-74564 Crailsheim, Postfach 1564, D-74555 Crailsheim, Tel.: (0 79 51) 2 10 45

VLO Hans-Joachim van Loosen GmbH, Bismarckstrasse 160, D-46284 Dorsten

VOP VOPELIUS GmbH, Heinrich-Stanka-Strasse 18, D-90765 Fürth, Tel.: (09 11) 7 68 41-3, Fax: (09 11) 79 55 71

VOR Vorratsschutz GmbH, Dr. Werner Freyberg Strasse 11, D-69514 Laudenbach, Tel.: (0 62 01) 7 08-480, Fax: (0 62 01) 7 08-487

WAC Wacker-Chemie GmbH, Abt. Pflanzenschutz, Hanns-Seidel-Platz 4, D-81737 München, Tel.: (0 89) 2 10 91, Fax: (0 89) 21 09-17 70

WGB WOLF-Garten GmbH & Co KG, Industriestrasse, D-57518 Betzdorf, Tel.: (0 27 41) 2 81-0, Fax: (0 27 41) 28 12 55

ZED Zeller & Demme, Inh. Walter Rieger, Schulstrasse 6, D-34266 Niestetal, Tel.: (05 61) 52 21 37

ZEI ZERA InterAgrar, Chemie Vertriebs GmbH, Oldesloher Strasse 8, D-23843 Travenbrück, Tel.: (0 45 31) 57 24, Tel.: (0 45 31) 55 78, Fax: (0 45 31) 46 02

ZER ZERA Vertriebsgesellschaft für, Agrarchemikalien mbH, Oldesloer Strasse 8, D-23843 Travenbrück, Tel.: (0 45 31) 57 24, Fax: (0 45 31) 46 02

ZNC Zeneca Agro GmbH, Emil-von-Behring-Str. 2, D-60439 Frankfurt/Main, Postfach 500728, D-60395 Frankfurt/Main, Tel.: (0 69) 58 01-00, Fax: (0 69) 58 01-2 34

6 Pflanzenschutzgeräte

6.1 Allgemeine Hinweise

Das Pflanzenschutzgesetz von 1968 führte für den Vertrieb von Pflanzenschutzgeräten keine Zulassungspflicht wie für die Pflanzenschutzmittel ein, sondern es blieb bei einem freiwilligen Anerkennungsverfahren bis zum Pflanzenschutzgesetz von 1986. Zu diesem Zeitpunkt wurde zwar auch keine obligatorische Geräteprüfung, aber eine Erklärungspflicht für die Hersteller, Vertriebsunternehmer oder Einführer eingeführt, mit der bestätigt werden muß, daß das Gerät bestimmte, von der Biologischen Bundesanstalt (BBA) vorgeschriebene Mindestanforderungen erfüllt. Damit soll gesichert werden, daß die (ab 1. Juli 1988) in Verkehr gebrachten Pflanzenschutzgeräte eine bestimmungsgemäße und sachgerechte Verwendung beim Ausbringen von Pflanzenschutzmitteln gewährleisten. Von der Erklärungspflicht ausgenommen sind Kleingeräte. Die BBA erhielt auch die Möglichkeit, eine Prüfung der "erklärten Geräte" durchzuführen, sofern Bedenken bestehen, ob die vorgeschriebenen Anforderungen erfüllt sind. Auch das neue Änderungsgesetz vom 14. Mai 1998 hat keine Zulassungspflicht eingeführt.

Die BBA führt eine Liste der Pflanzenschutzgeräte, für die diese Erklärungspflicht besteht. Diese Liste wird als **Teil 6** des **Pflanzenschutzmittel-Verzeichnisses** herausgegeben; sie liegt z.B. als **46. Auflage (1998)** vor. Aktuelle Ergänzungen werden in regelmäßigen Bekanntmachungen im Bundesanzeiger abgedruckt und sind bei den Pflanzenschutzdiensten abfragbar.

Das Verzeichnis der **Anerkannten Pflanzenschutzgeräte** der BBA untergliedert die fahrbaren Spritz- und Sprühgeräte nach ihrer Eignung für Flächen- und Raumkulturen sowie nach ihrer Bauart in Anbau-, Anhänge- und Aufbaugeräte. Für Raumkulturen sind inzwischen auch Geräte mit Rückführung von Pflanzenschutzmittel-Spritzflüssigkeiten (Recyclinggeräte) anerkannt. Bei diesen Geräten dürfen die z.T. erheblichen Abstände zu Gewässern stark reduziert werden. Informationen hierzu beim amtlichen Pflanzenschutzdienst erfragen! Neben den fahrbaren gibt es die tragbaren Motor-Spritz- und Sprühgeräte sowie die nicht motorisch betriebenen Spritzgeräte mit Druckspeicher oder Kolbenpumpe. Für Spezialeinsätze im Gewächshaus-Gartenbau sind die Heißnebel- und Kaltnebelgeräte aufgeführt. Zur selektiven Unkrautbekämpfung werden tragbare Streichgeräte als Flächenstreichgeräte und Unkrautstäbe aufgelistet. Zur Unkrautbekämpfung auf Wegen und Plätzen werden mechanisch arbeitende Geräte aufgeführt, obwohl sie keine dem Pflanzenschutzgesetz unterliegenden Geräte sind.

Da gerade im Gartenbau oft sehr spezifische Geräte notwendig werden, ist es sinnvoll, den zuständigen Pflanzenschutzdienst (Pflanzenschutzamt/Pflanzenschutzberater) zur Beratung einzuschalten und sich vom Handel nur anerkannte Pflanzenschutzgeräte verkaufen zu lassen.

Die Anforderungen an Pflanzenschutzgeräte sind in der Pflanzenschutzmittelverordnung (siehe Kapitel 8 "Gesetze und Verordnungen") abgedruckt. Diese Verordnung wurde 1992 dahingehend erweitert, daß Verfügungsberechtigte und Besitzer von **Pflanzenschutzgeräten für Flächenkulturen** - außer Kleingeräte - verpflichtet sind, ihre Pflanzenschutzgeräte im "Abstand von vier Kalenderhalbjahren" durch **amtliche** oder **amtlich anerkannte Kontrollstellen** prüfen zu lassen. Diese Prüfung muß durch eine am Gerät angebrachte Prüfplakette nachgewiesen werden. Sofern diese Kennzeichnung bei kennzeichnungspflichtigen Geräten fehlt, **muß die** nach Landesrecht **zuständige Stelle** für die Zeit bis zum Anbringen der erforderlichen Prüfplakette **den Gebrauch des Pflanzenschutzgerätes untersagen** (siehe **Pflanzenschutzmittelverordnung** im Kapitel 8 "Gesetze und Verordnungen").

Die Übergangsfristen für den Beginn der Prüfpflicht sind abgelaufen, so daß ab dem 2. Halbjahr 1996 jedes überprüfungspflichtige Flächenspritzgerät eine neue Prüfplakette aufweisen muß. Lediglich neu gekaufte Geräte haben die 6monatige Karenzzeit.

§ 2 Pflanzenschutzgeräte
Die Änderung der Pflanzenschutzmittelverordnung vom 17. August 1998 führt im neuen § 7a ein Verwendungsverbot ein für Geräte, die keiner vorgeschriebenen Prüfung unterzogen worden sind oder nicht mit einer gültigen Prüfplakette versehen sind. Ein Verstoß gegen dieses Verbot ist eine Ordnungswidrigkeit.

Da Neugeräte ohnehin in den ersten 6 Monaten nach dem ersten Einsatz geprüft werden müssen, ist es zweckmäßig, beim Kauf des Gerätes gleich diese Prüfplakette zu verlangen. Gebrauchtgeräte, die aus dem Ausland eingeführt werden, müssen so beschaffen sein, daß sie die deutschen Vorschriften erfüllen. Das bedeutet, daß die erste Prüfung **vor** dem ersten Einsatz erfolgen muß.

6.2 Anschriften der Hersteller anerkannter Pflanzenschutzgeräte

ACC **Accord-Fähse GmbH, Werk II**, Schulstraße 51, 52353 Düren
ACD **ACCORD Landmaschinen, H. Weiste & Co. GmbH**, Coesterweg 42, 59494 Soest
AGA **AgrAlex**, Alexander Lubinski, PL-78325 REDLO
AGC **Ag-Chem Equipment Co. Inc.**, Smetana Drive, Suite 100, USA-5720 MINNETONKA, MINNESOTA
AGH **Agromehanika**, Hrastje 52a, p.p.111, SLO-4001 KRANJ
AGI **Agrifac B. V.**, Eesveenseweg 15, NL-8330 AB STEENWIJK
AGR **Agrotop GmbH**, Köferinger Straße 5, 93083 Obertraubling-Gebelkofen
AMA **Amazonen-Werke, H. Dreyer GmbH & Co. KG**, Am Amazonenwerk 9 - 13, 49205 Hasbergen-Gaste
AMB **Johannes Ambrosius, Gärtner-Service**, Sommerstraße 9, D-42655 Solingen
ARI **Agricolmeccanica dei F.LLI Tosoratti**, Via Zuino Nord, 4050, I-33050 TORVISCOSA UD
AWE **Agrartechnik H. Wennekamp**, Gewerbegebiet, 99958 Aschara
BAP **N.V. B.A.B. Bamps**, Tomstraat 73, B-3800 BRUSTEM
BBG **BBG Leipzig GmbH**, Weidenweg 19, 04249 Leipzig
BDE **Black & Decker MfG**, 100 Central Avenue, ON K6V5 BROCKVILLE -Canada-
BEG **BE. GA Spezialtechnik für Industrie, Land-, Garten- und Obstbau, Dr. Wilfried Benn**, Rudolf-Diesel-Straße 15, 31311 Uetze
BEI **Bisset Engineering Intern. Ltd.**, P.O. Box 333, NZ-8300 ASHBURTON
BEL **Bertolini, IDROMECCANICA**, Via F. lli Cervi 35/1, I-42100 REGGIO EMILIA
BET **Berthoud S. A.**, BP 193, F-69823 BELLEVILLE-CEDEX
BIN **Binger Seilzug GmbH**, Saarlandstraße 246, 55411 Bingen
BIR **Birchmeier Sprühtechnik AG**, Fabrikstrasse 3, CH-5444 KÜNTEN
BLA **Blasator-Werke GmbH**, Otto-Hahn-Str.14, 26810 Westoverledingen

BLD **Black & Decker GmbH**, Black & Decker Str. 40, 65510 Idstein
BLN **Karl Blank KG**, Affenstein 30, 67246 Dirmstein
BLT **BLT-Brendecke**, Lange Straße 17, 31171 Nordstemmen-Rössing
BOY **The Broyhill Company**, NE 68731-0475, USA- DAKOTA CITY
BRI **Brinkmann b.v.**, Woutersweg 10, NL-2691 PR 's-GRAVENZANDE
BRM **vbbrimont**, Postfach 103, F-8300 RETHEL
BRU **Brühwiler Maschinen AG**, Hauptstraße 1, CH-8362 BALTERSWIL
CAF **Caffini Atomizzatori**, Via Trento, I-1 PALÙ
CAP **Carpi, Giacomo & Luigi**, Via Romana 90, I-42028 POVIGLIO
CAS **Case Germany GmbH**, Heinrich-Fuchs-Str. 124, 69126 Heidelberg
CDA **CDA Limited**, Three Mills, Bromyard, GB- HERFORDSHIRE, HR 7 4 HU
CEB **CEBECO ZADEN B.V.**, P. O. BOX 10.000, NL-5250 GA VLIJMEN
CES **Cesari Gianni**, Via Giacomo Matteotti n. 22, I-40052 BOSCHI DI BARICELLA
CHB **Chembico GmbH**, Hauptstraße 13, 67283 Obrigheim
CIA **CIMA Spa.**, Via Sicilia 2, I-27047 S. MARIA DELLA VERSIA
CIB **Novartis Agro GmbH**, Liebigstraße 51 - 53, 60323 Frankfurt
CMT **Comet**, Via G. Dorso, I-42100 REGGIO-EMILIA
COY **Copyr S.p.A.**, I- MAILAND-CORMANO
DAM **Herbert Dammann GmbH**, Dorfstraße 17, 21614 Buxtehude-Hedendorf
DAN **Danfoil production a/s**, Sjaellandsvej 8, DK-9670 LOGSTOR
DDE **Dal Degan**, Via Turra 21, I-36064 MASON VINCENTINO
DEB **Landmaschinenwerk Debrecen**, MEZÖGEP VALLALAT, H-4001 DEBRECEN
DEP **DENIS-PRIVE GmbH, Förder- und Lagertechnik**, Am Bahnhof 18, 61191 Rosbach v. d. Höhe
DES **Denis SA**, F-28160 BROU
DOU **Machinefabriek Gebr. Douven B. V.**, Energiestraat 16, NL-5961 PT HORST
DRA **Dragone**, Via Bionzo, 2, I-14056 COSTIGLIOLE D'ASTI
DUB **DUBEX B.V.**, Ohmweg 10, NL-9503 GW STADSKANAAL
EEF **Handelsonderneming Eefting v. o. f.**, Oosterstraat 66 - 67, NL-9561 PK TER APEL
EHR **Anton Ehrnstrasser KG**, Am Wasserturm 1, 85290 Geisenfeld
EIN **Leopold Einböck, Landmaschinenbau GmbH**, Schatzdorf 7, A-4751 DORF/PRAM
EKK **EKKO Maskiner Ravning ApS**, Ravningvej 71, DK-7182 BREDSTEN
EMP **EMPAS B.V.**, Huneschans 18, NL-3905 XL VEENENDAAL
END **van der Ende Pompen**, Maasambacht 4, NL-2676 CW MAASDIJK
ETS **ETS Paris S. A.**, R. N. 113, F-47180 SAINTE-BAZEILLE
EUR **European Team Tyler Import BV, Herrn Bos**, Industrieweg 14 c, NL-9781 AC BEDUM
EVA **Evans a. Pearce Trent**, UK-DT94SW SHERBORNE/DORSET
EXE **Exel GSA**, B.P.424, F-69653 VILLEFRANCHE CEDEX
FAD **FARMGEP KFT**, Szoboszlai ut 50, H-4031 DEBRECEN
FAU **Faußner-Wedele**, Eichenweg 27, 78479 Reichenau/Baden
FAV **Favaro Cav. Antonio S.R.L.**, Via Piave 114, I-31044 MONTEBELLUNA (TREVISO)
FAX **Farmex Vertrieb-GmbH**, Bonhoefferstr. 4, 49191 Belm
FET **Metallbau-Landtechnik, Herbert Fettweis**, Heiderpatt 7, 40489 Düsseldorf-Angermund
FFS **Fritz Fischer & Söhne GmbH**, Friedelsheimer Str. 22, 77700 Niederkirchen

FIH **Fischer AG Maschinenfabrik**, CH-1809 FENIL S. VEVEY
FKS **Franz Kleine Maschinenfabrik GmbH & Co.**, Ferdinand-Henze-Straße, 33154 Salzkotten
FLA **Cord-Hinrich Flachsbarth**, Graf-Ludolf-Str. 13, 31515 Wunstorf
FLG **Flügel GmbH, Forstschutz-Forstgeräte**, Westerhöfer Straße 45, 37520 Osterode
FOX **Fox Motori SRL**, Via Romana 7, I-42028 POVIGLIO (RE)
FRE **Detia Freyberg GmbH**, Dr. Werner-Freyberg-Straße 11, 69514 Laudenbach
FRG **Willi Frieg**, Jahnstraße 1, 97320 Sulzfeld
FRO **Frowein GmbH & Co**, Am Reislebach 83, 72461 Albstadt
FRZ **T. J. Frazier Ltd.**, The Airfield Seaton Ross, UK- YO 4 4NF YORK
GAE **Geereking Handelsges. mbH**, Curslacker Deich 194 a, 21039 Hamburg
GAM **Gambettibarre s.r.l.**, Via Della Cooperazionem, 20, I-40026 IMOLA (BO)
GAN **Gandy Company**, 528 Gandrud Road, USA-55060 OWATONNA/MINNESOTA
GAS **Gaspardo S.P.A.**, Via Mussons 7, I-33075 MORSANO AL TAGLIAMENTO
GEB **Gebr. Reith oHG, Landmaschinen**, Ingolstädter Str. 16, 85279 Wolnzach
GEM **GEM - SPRAYERS**, Station Road, North Hykeham, UK- LINCOLN LN6 9AA
GLR **GLORIA-Werke, H. Schulte-Frankenfeld GmbH & Co.KG**, Diestedder Str. 39, 59329 Wadersloh
GOI **Goizper S. Coop Antigua S/N**, AP 0211 2057 Obergara, E-20577 ANTZUOLA (GUIPUZCOA)
GOL **Goldsaat, Agrartechnik GmbH**, Prümtalstraße 20, 54595 Prüm
GRE **Greenland N. V.**, Hoofdweg 1278, NL-2153 LR NIEUW VENNEP
GRL **Hans Gerl, Landtechnik**, Äußere Freisinger Straße 58, 84048 Mainburg
GRW **GreenTec Innovative Produkte GmbH**, Potsdamer Straße 22, 14641 Hoppenrade
HAA **De Haan Landbouwspuittechniek BV**, Gedempte Vleddermond 9, NL-9502 EH STADSKANAAL
HAG **HAGEMA GmbH & Co.KG**, Heilsbachstraße 32, 53123 Bonn
HAH **Wolfgang Harth Landmaschinen**, Höllenhof, 55271 Stadecken-Elsheim
HAR **Hardi International**, Helgeshoj Alle 38, DK-2630 TAASTRUP
HAT **Thomas Hatzenbichler & Sohn**, Fischering 2, A-9433 ST. ANDRÄ
HAY **Degania Sprayers**, IL-15130 EMEK HAYARDEN
HDI **Hoegen-Dijkhof GmbH**, Bahnhofstraße 65, 27386 Westerwalsede
HEE **Hege Maschinen GmbH**, Domäne Hohebuch, 74638 Waldenburg
HEG **Heidegesellschaft, Forstprodukte u. -geräte GmbH**, Alte Poststraße 60, 22929 Schönberg
HEI **HEID Agrartechnik GmbH**, Ernstbrunnerstr. 31-33, A-2000 STOCKERAU
HEM **HEKO Konrad Hendlmeier**, Bruckstraße 1, 93107 Thalmassing/Untersanding
HEN **Hentschke + Sawatzki, Chemische Fabrik GmbH**, Leinestraße 17, 24539 Neumünster
HFA **Horstine Farmery Limited**, North Newbald, UK- YO4 3 SP YORK
HMA **Homburg Machinehandel B.V.**, It Noarderfjild 21, NL-9051 BM STIENS
HOD **Gebr. Holder GmbH & Co., Maschinenfabrik**, Stuttgarter Straße 40 - 46, 72555 Metzingen
HOM **Carl Hoffmann, Landmaschinen-Fachbetrieb GmbH**, Bahnhofstraße 32 - 36, 54498 Piesport/Mosel

HOR **HORA Landwirtschaftliche Betriebsmittel GmbH**, Liebigstraße 51 - 53, 60323 Frankfurt/M.
HRI **HARI Hermann Hanses, Maschinenbau**, Rinsecke 96, 57399 Kirchhundem
HUE **Hülsken GmbH & Co. KG**, Tünter Heide 24, 46414 Rhede
HUN **HÜBNER GmbH & Co.**, Ziegeleistraße 32, 88697 Bermatingen
HYD **Hydro Chafer Limited, 1 Cow Lane Upton**, Gainsborough, GB- LINCS DN21 5 PB
IDL **IDEAL, di Faccio Giuseppe**, Via 25 Aprile 11, I-37040 BEGOSSO DI TERAZZO
IGB **IGEBA Gerätebau GmbH**, Heinrich-Nikolaus-Str. 15, 87480 Weitnau/Seltmans
IMP **Imovilli Pompe**, Via Masaccio 1, I-42100 REGGIO EMILIA
INU **INUMA Fahrzeug-Service und Maschinenbau GmbH**, Hauptstraße 2 a, 99958 Aschara
ITA **ITAL DIFRA**, I-96015 FRANCOFONTE
JAC **M. Jacoby GmbH & Co. KG, Maschinenfabrik**, Bahnhofstraße 65, 54523 Hetzerath
JOC **W. Lipp + M. Panter**, Sasbachrieder Str. 2, 77880 Sasbach
KAH **Kathan Robert**, Poppis 14, 88079 Kressbronn
KAR **Alfred Kärcher GmbH & Co.**, Friedrich-List-Straße 4, 71364 Winnenden
KOC **Landmaschinenfabrik Köckerling GmbH & Co. KG**, Lindenstraße 11, 33415 Verl
KRA **Günther Bernhard, Pflanzenschutz und Landtechnik**, Pistorf 125, A-8443 GLEINSTÄTTEN
KRU **Krumm Landtechnik GmbH**, Stöckstraße 3, 79364 Malterdingen
KUN **KUHN-NODET S.A.**, 30,rue de la Grande Haie (Z.I.), F-77876 MONTEREAU CEDEX
KUR **Ag-Chem Europe B. V.**, Horsterweg 66 a, NL-5971 NG GRUBBENVORST
KYN **Kyndestoft Maskinfabrik Aps**, Li. Hedegardsvej 2, Borbjerg, DK-7500 HOLSTREBRO
LÄS **Lässig Pumpen GmbH**, von-Brandl-Straße 15 a, 83410 Laufen
LEI **Leible Landtechnik, Inh. Eugen Huber**, Bühlmatte 10, 77770 Durbach
LER **Ludwig Lederer GmbH & Co**, Neckarwestheimer Straße 23, 71723 Großbottwar-Winzerhausen
LHA **LH - Agro GmbH**, Carl-Benz-Weg 3, 22941 Bargteheide
LIE **B. E. De Lier b.v.**, Merenweg 16, NL-2665 KM BLEISWIJK
LIN **Lindus Landbrugsmaskiner A/S**, Trinderupvej 6, DK-9560 MARIAGER
LOB **Werksvertretung Walter Lobmeyer, Inh. H. Lobmeyer**, Goethestraße 62, 67435 Neustadt-Lachen
LOC **LOCHMANN PLANTATEC G. m. b. H.**, Meranerstraße 37, I-39010 VILPIANO/TERLANO (BZ)
LOM **LOMA Maskinfabrikken**, Hovedgaden 49, DK-4295 STENLILLE
MAE **Matermacc**, I-33078 SAN VITO AL TAGLIAMENTO
MAR **Di Martino s.r.l.**, Via Pavane 1, I-36065 MUSSOLENTE (VI)
MAT **Matrot**, Siege Social 116, Rue des Pommiers, F-60480 NOYERS SAINT-MARTIN
MAV **Mantovani Giuseppe e Antonio s.n.c.**, Viale del Lavoro 18, I-37050 BELFIORE
MAY **MARUYAMA MFG. CO., INC.**, 4-15 Uchi-Kanda 3-Chome, Chiyoda-Ku, J-101 TOKYO
MES **Mesto Spritzenfabrik, E. Stockburger GmbH**, Ludwigsburger Straße 71, 71691 Freiberg/N.
MGM **MGM a. S.**, Tovarni 1200, CZ-76926 HOLESOV

MIC **MICRON Sprayers LTD**, Three Mills, BROMYARD, UK- HERFORDSHIRE, HR7 4 HU
MLL **Heinz Müller**, Rohrbergstraße 15, 65343 Eltville-Ost
MNI **Lidio Mantovani Landtechnik-Vertrieb**, Benzstraße 8, 88074 Meckenbeuren
MOM **MONOSEM Landmaschinen GmbH**, Landshuter Str. 25, 84051 Essenbach-OT Altheim
MOO **Heinrich Moormann, Werksvertretungen**, Alte Dorfstraße 1, 49377 Langförden
MOT **MOTAN Swingtec GmbH**, Max-Eyth-Weg 42, 88316 Isny
MUE **Spritzenmüller Pflanzenschutzgerätebau**, Industriegebiet, 79241 Ihringen
MUN **J. M. v. d. Munckhof**, Meterikseweg 115, NL-5961 CV HORST
MUS **Mantis GmbH**, Vierlander Straße 11 a, 21502 Geesthacht
NIK **Willy Niklas GmbH Apparatebau**, Dohrweg 55, 41066 Mönchengladbach
NIO **NIKO Nippert Maschinenbau**, Im Mühlgut 1, 77815 Bühl-Weitenung
NOB **NOBILI Costruzioni Meccaniche per L'agricoltura**, Via Circonvallazione Sud n. 14, I-40062 MOLINELLA (BO)
NOM **Nomix Manufacturing Co. LTD**, Portland Building, Portland Street, Stapel Hill, UK-BISTROL BS16, 4 PS
NOR **NoroGard AB**, Industrigatan 10, S-27430 SKURUP
OCK **Johann Ocken**, Victorburer Wilde 6, 26624 Südbrookmerland
OEH **H. Oehler**, Windschläger Str. 107, 77652 Offenburg
ORA **ORA-PLASTIC SNC**, Via M. Polo 10, I-35035 MESTRINO (PD)
OSE **Osella**, Via Vittoria 2, Localita Ca' Nove, I-26038 TORRO DE PICENARDI CR
PAP **PAPE MASCHINEN GMBH**, Schaumburger Straße 17 - 19, 30900 Wedemark
PED **Ulf L. Pedersen**, Hüttenkamp 20, 24536 Neumünster
PET **PETKUS WUTHA**, Eisenacher Str. 42, 99848 Wutha-Farnroda
PIN **August Pinkenburg oHG**, Speckenstr. 10, 31515 Wunstorf
PLO **Hermann Plötz, Gartenbaubetrieb**, Neuengammer Hausdeich 285, 21039 Hamburg
PPV **PPV Horst Wellbrock**, Bargkoppelweg 60, 22145 Hamburg
PUL **Pulverizadores Geno S.A., Poligono Industrial Fuente del Jarro**, Ciudad de Sevilla 48, I-46988 PATERNA/VALENCIA
RAS **Arnold Rausch**, Schillerstraße 41, 69234 Diehlheim
RAU **Maschinenfabrik Rau GmbH**, Gewerbegebiet Au, 73232 Weilheim/Teck
RES **Antonius Reise Landtechnik**, Diestedder Straße 80, 59510 Lippetal-Herzfeld
RIB **Ateliers Ribouleau**, F-79240 LARGEASSE
ROS **S. Rosengrens**, Mek. Verkstad AB, S-27462 RYDSGARD
RPC **Rhône Poulenc Ceres**, 14, rue de la Pierre-Follège, F-91660 MEREVILLE
RSI **Rau Sicam**, F-85130 LES LANDES GENUSSON
RZG **Raiffeisen Zentral-Genossenschaft eG**, Sanderstraße 21, 77767 Appenweier
SAE **S.A.E. Soc. Agricola Estense**, Via Due Abati 17, I-44100 FERRARA
SAH **Sarholz (HONDA-Center)**, Nassauer Straße 19, 56479 Niederroßbach
SAT **SATEC Handelsges. mbH**, Robert-Bosch-Str. 3, 25335 Elmshorn
SCA **Schmotzer Agrartechnic GmbH**, Rothenburger Str. 45, 91438 Bad Windsheim
SCH **Schering AG, Pflanzenschutz Deutschland**, Werftstraße 37, 50549 Düsseldorf
SCR **Ch. Schachtner, Fahrzeug- & Gerätetechnik**, Voithstraße 8/1, 71640 Ludwigsburg-Oßweil
SCS **H. C. Schaumann & Sønner I/S**, DK-5882 VEJSTRUP

SCW **agromec, Christian Schwarz & C.**, Negrellistraße 7, Via Nigrelli, I-39100 BOZEN
SEX **Peter Sexauer**, Gartenstraße 10, 79235 Bischoffingen
SFO **Sfoggia**, Via Feltrina sud 170, I-31030 BIADENE DI MONTEBELLUNA (TREVISO)
SHE **K. Schulze Heiling**, Westendorf 4, 49219 Glandorf
SHN **SCHENK Weinbaugeräte**, Michael-Kern-Str. 22, 74670 Forchtenberg
SIE **Sieger-HD B.V.**, Beneden Dwarsdiep 25, NL-9645 LA VEENDAM
SIV **Silvatec**, Fabriksvej 6, DK-9640 FARSPO
SOL **SOLO Kleinmotoren GmbH**, Stuttgarter Straße 41, 71069 Sindelfingen
SOR **Ernst Steiner, Sprühgeräte - Atomizzatori - Sorarui**, Meranerstraße 34, I-39011 LANA
SSC **Teejet Technical Center-Europe Industriezone Poortakker**, Buchtenstraat 2, B-9051 GENT
STA **Pulsfog Dr. Stahl & Sohn GmbH**, Abigstraße 8, 88662 Überlingen
STB **STAIB Landtechnik GmbH**, Bauseweinallee 8, 81247 München
STI **Andreas Stihl Maschinenfabrik**, Stuttgarter Str. 80, 71332 Waiblingen
STU **Baldur Sturm**, Steigerwaldstraße 8, 97497 Dingolshausen
SUT **SUET, Saat- und Erntetechnik GmbH**, Sudetenlandstraße 26, 37269 Eschwege
TEO **TECNOMA S.A.**, BP 195, F-51206 EPERNAY
TIF **Tifone srl**, Via Modena 250, I-44044 CASSANA
TYL **TYLER INDUSTRIES INC**, East Highway 12, US-56215 BENSON MN
UGR **Unigreen spa**, Via Galvani, 5, I-42011 BAGNOLO IN PIANO (RE)
UHO **Universität Hohenheim, Verfahrenstechnik für Intensivkulturen**, Garbenstraße 9, 70599 Stuttgart
VCA **Vincenzo Caroli**, Via Maioliche 26, I-48018 FAENZA
VNT **Vorpommersche Natur und Technik GmbH**, Elmenhorster Straße 39/1, 18510 Abtshagen
VON **Vogel & Noot, Landmaschinenfabrik GmbH**, A-8661 WARTBERG
WAI **Diethart Waibl**, Nationalstraße 122, I-39012 MERAN-SINICH
WAN **Hans Wanner GmbH, Maschinenbau**, Simoniusstraße 20, 88239 Wangen
WES **Wilfried Weiser**, Dorfstraße 18, 07751 Milda
WILL **Josef Willmes GmbH**, Bahnstraße 81 - 83, 64625 Bensheim
WOL **Wolf GmbH & Co. KG**, Marktstraße 152, 72793 Pfullingen
WUR **Agrartechnik Vertrieb Wurm, Wolfgang Wurm**, Schnaitstraße 3, 82386 Oberhausen
WWS **Geizhals Wagner GmbH**, Peter-Henlein-Str. 19, 78056 Villingen-Schwenningen
ZUB **Zubler Gerätebau GmbH**, Luitpoldstraße 11, 89231 Neu-Ulm
ZUW **ZUWA-Zumpe GmbH**, Franz-Fuchs-Straße 13 - 17, 83410 Laufen/Obb.

6.3 Umrechnungstabelle für das Ansetzen von Behandlungsflüssigkeiten

Anwendungs- konzentration (%)	g, ml oder cm^3 auf 1 Liter Wasser	g, ml oder cm^3 auf 3 Liter Wasser	g, ml oder cm^3 auf 5 Liter Wasser	g, ml oder cm^3 auf 10 Liter Wasser
0,02	0,2	0,6	1,0	2,0
0,025	0,25	0,75	1,25	2,5
0,035	0,35	1,05	1,75	3,5
0,04	0,4	1,2	2,0	4,0
0,05	0,5	1,5	2,5	5,0
0,06	0,6	1,8	3,0	6,0
0,075	0,75	2,25	3,75	7,5
0,1	1,0	3,0	5,0	10,0
0,15	1,5	4,5	7,5	15,0
0,2	2,0	6,0	10,0	20,0
0,25	2,5	7,5	12,5	25,0
0,3	3,0	9,0	15,0	30,0
0,33	3,3	9,9	16,5	33,0
0,4	4,0	12,0	20,0	40,0
0,5	5,0	15,0	25,0	50,0
0,75	7,5	22,5	37,5	75,0
1,0	10,0	30,0	50,0	100,0
1,5	15,0	45,0	75,0	150,0
2,0	20,0	60,0	100,0	200,0
3,0	30,0	90,0	150,0	300,0

6.4 Reinigung von Pflanzenschutzgeräten

Da inzwischen durch zahlreiche Untersuchungen von Hofabläufen und Abwassersammlern von Betrieben, die Pflanzenschutzmittel anwenden, bekannt ist, daß diese Abwässer relativ hohe Konzentrationen von Pflanzenschutzmitteln enthalten, muß künftig die Reinigung der Pflanzenschutzgeräte anders durchgeführt werden:

1. Die Innenreinigung der Geräte muß auf der Anwendungsfläche durch sofortiges Spülen und Ausspritzen des Reinigungswassers auf der behandelten Fläche erfolgen.
2. Auch die Außenreinigung kann, wenn kein separater, ordnungsgemäß entsorgter Waschplatz verfügbar ist, auf der behandelten Fläche ausgeführt werden. Man verwendet dazu eine an den Frischwassertank angeschlossene Autowaschbürste, ggfs. auch einen Hochdruckreiniger.

Die Pflanzenschutzgerätefirmen bieten zu beiden Reinigungsformen die notwendigen Zusatzausrüstungen an.
Da in den Bundesländern möglicherweise verschiedene Möglichkeiten angeboten werden, sollte das Problem mit der zuständigen Pflanzenschutzdienststelle besprochen werden.

7 Information und Beratung, Dienststellen und Organisationen

7.1 Information und Beratung

Wo erhält man Auskunft?

Auskunft über Fragen der Bekämpfung von Schädlingen und Krankheiten an Kulturpflanzen sowie über Vorratsschutz und zur Unkrautbekämpfung erteilen die **Institutionen des Pflanzenschutzdienstes der deutschen Bundesländer, vor allem die Pflanzenschutzämter einschließlich ihrer Bezirks- und Außenstellen,** aber **auch Garten- und Weinbauanstalten, Forstschutz-Institute sowie Institute für Holzschutz.** Adressen siehe unten.

Wenn Sie eine schriftliche Anfrage an die entsprechende Institution richten, sollten Sie das Problem eingehend darstellen, damit Ihnen eine präzise Auskunft ohne weitere Rückfragen gegeben werden kann. Ist eine schnelle Problemlösung notwendig, sollten Sie den Sachverhalt telefonisch mit dem zuständigen Pflanzenschutzberater besprechen. In der Regel erhalten Sie so unbürokratisch und schnell eine gezielte Beratung.
Zeigt es sich, daß Probenmaterial näher untersucht werden muß, geschieht dies am schnellsten dadurch, daß Sie das Untersuchungsmaterial nach telefonischer Vereinbarung direkt zur Pflanzenschutzdienststelle bringen. Das Untersuchungsergebnis erhalten Sie bei einfachen, makroskopischen Untersuchungen häufig unmittelbar oder kann bei schwierigeren Fällen nach wenigen Tagen telefonisch abgefragt werden. Ist ein Probenversand notwendig, sollten die Hinweise im folgenden Abschnitt beachtet werden. Manchmal läßt sich der Sachverhalt jedoch nur durch eine zeitaufwendige, örtliche Besichtigung hinreichend genau ermitteln.

Wie werden Proben verpackt?

Erkrankte Pflanzen sind in frischem Zustand und möglichst vollständig, wenn erforderlich mit stets getrennt verpackter Bodenprobe einzusenden. Meist empfiehlt es sich, mehrere Pflanzen einzuschicken. Grüne Pflanzenteile kann man in feuchtes Papier einpacken, der Wurzelballen wird dabei in Folienbeutel verschnürt. Leicht durchlöcherte Kunststofftüten lassen sich zum Verpacken von frischen Pflanzen und Pflanzenteilen ebenfalls gut verwenden.
Tierische Schädlinge verschickt man entweder lebend in gut schließenden, mit Luftlöchern versehenen Blechschachteln, Tablettenröhrchen oder Klarsichtpackungen unter Beifügung von Nahrung oder abgetötet in einem Fläschchen. Die Verpackung muß so stabil sein, daß unbeschädigte Ankunft gewährleistet ist.
Je ausführlicher das Begleitschreiben zu einer Probe Standortverhältnisse, Vorfrucht, Düngung und andere für die Beurteilung wesentliche Nebenumstände schildert, desto leichter ist das Erkennen der Schadursache.

Pflanzenschutz- Warn- und Informationsdienst

Der Pflanzenschutz- Warn- und Informationsdienst dient der Sicherung des Erfolges und der Rentabilität von Pflanzenschutzmaßnahmen. Die Hinweise dieses Dienstes sollen gezielte Pflanzenschutzmaßnahmen im Sinne des Integrierten Pflanzenschutzes ermöglichen, durch termingerechte Anwendungen den Bekämpfungserfolg sichern und dadurch chemische Be-

kämpfungsmaßnahmen auf das notwendige Maß reduzieren. Gleichzeitig sollen überflüssige Aktionen beispielsweise durch Angabe der Schadensschwellen vermieden werden.
Zur Information der Praxis gibt der Pflanzenschutzdienst daher Warnmeldungen und Informationen heraus, die über Rundfunk (Landfunk), Presse, Landwirtschafts- und Gartenbauschulen, Wirtschaftsberatungsstellen, Versuchsringe, Lohnunternehmen, Spritzgemeinschaften, landwirtschaftliche und gartenbauliche Vereine, Genossenschaften, Landhändler und andere Fachinstitutionen verbreitet werden. Besonders interessierte Betriebe erhalten diese Pflanzenschutzhinweise auf Wunsch im Abonnement auch direkt per Briefpost oder Telefax zugesandt. Die Warnmeldungen und Informationsschriften machen auf drohende Schädlinge oder Pflanzenkrankheiten aufmerksam und fordern auf, die Abwehrmaßnahmen rechtzeitig einzuleiten. Je nach Bedarf erfolgt die Warnung regional oder für größere Anbaugebiete.
Darüber hinaus werden vom amtlichen Pflanzenschutzdienst in einigen Regionen innerhalb der Landfunksendungen oder per Telefon (automatische Anrufbeantworter oder Fernsprechansagedienst = FAD) während der Vegetationsperiode täglich pflanzenschutzliche Hinweise bekanntgegeben.
Einige Pflanzenschutzdienststellen sind mit einem ausgewählten Programm in den Medien Btx oder Internet vertreten. Näheres bei den Pflanzenschutzdienststellen erfragen.

Informationen über Fachliteratur

Die Dokumentationsstelle für Phytomedizin der Biologischen Bundesanstalt für Land- und Forstwirtschaft in Berlin-Dahlem (Königin-Luise-Str. 19, 14195 Berlin, Tel.: 0 30/83 04-21 00, Telefax: 0 30/83 04-21 03) erstellt seit 1965 die Datenbank PHYTOMED.
Sie wurde Ende 1995 mit insgesamt 452 000 bibliographischen Nachweise der internationalen Fachliteratur über Pflanzenkrankheiten und Pflanzenschutz, Phytomedizin, Phytopathologie, Herbologie, Toxikologie u.a. abgeschlossen. Die Datenbank ist die computergespeicherte Version der "Bibliographie der Pflanzenschutzliteratur".
In der Datenbank PHYTOMED kann Literatur nach Schlagworten, nach Sachbegriffen, die im Titel enthalten sind, sowie nach weiteren Merkmalen wie Autoren, Jahreszahlen, geographischen Begriffen und anderen Aspekten, auch in Kombination, gesucht werden.
Die Datenbank "PHYTOMED" der Biologischen Bundesanstalt ist jetzt frei zugänglich im Internet unter **http://www.bba.de**.
Die Daten ab 1996 aus dem deutschen Sprachraum sowie aus Büchern und von Kongressen aus aller Welt sind als "PHYTOMED select" ebenfalls im Internet abrufbar.

7.2 Pflanzenschutzdienst in der Bundesrepublik Deutschland

Verlag und Autor bitten dringend, Änderungen von Institutsbezeichnungen, Adressen, Telefon- und Telefaxnummern dem Autor mitzuteilen, um überholte Angaben zu vermeiden.

Dienststellen für Pflanzen-, Vorrats- und Holzschutz, Organisationen

Baden-Württemberg:

Landesanstalt für Pflanzenschutz, Reinsburgstr. 107, 70197 Stuttgart, Tel.: (07 11) 66 42-4 01, Fax: (07 11) 66 42-4 99

Regierungspräsidium Stuttgart - Pflanzenschutzdienst - Ruppmannstr. 21, 70565 Stuttgart, Postfach 80 07 09, 70507 Stuttgart, Tel.: (07 11) 9 04-0 , Fax: (07 11) 9 04-29 38

Regierungspräsidium Karlsruhe - Pflanzenschutzdienst - Amalienstr. 25, 76133 Karlsruhe, Postfach 53 43, 76035 Karlsruhe, Tel.: (07 21) 9 26-0, Fax: (07 21) 9 26-53 37

Übergebietliche Pflanzenschutzberatung, Trajan-Str. 66, 68526 Ladenburg, Tel.: (0 62 03) 50 06-7

Regierungspräsidium Freiburg - Pflanzenschutzdienst - Erbprinzenstr. 2, 79098 Freiburg, Tel.: (07 61) 2 08-0, Fax: (07 61) 2 08-18 26

Übergebietliche Pflanzenschutzberatung, Winterspürer Str. 25, 78333 Stockach, Tel.: (0 77 71) 9 22-0

Übergebietliche Pflanzenschutzberatung, Okenstraße 22, 77652 Offenburg, Tel.: (07 81) 24 07-1

Regierungspräsidium Tübingen - Pflanzenschutzdienst - Konrad-Adenauer-Straße 20, 72072 Tübingen, Tel.: (07 07 1) 7 57-0, Fax: (07 07 1)7 57-31 90

Übergebietliche Pflanzenschutzberatung, Amt für Landwirtschaft, Rauensteinstr. 64, 88662 Überlingen, Tel.: (0 75 51) 9 3 10

Pflanzenbeschaustellen:

Amt für Landwirtschaft, Landschafts- und Bodenkultur - Pflanzenbeschau - Haagenerstraße 49, 79539 Lörrach, Tel.: (0 76 21) 40 97 63, Fax: (0 76 21) 40 97 69

Pflanzenbeschaustelle Güterbahnhof, 78224 Singen, Tel.: (0 77 31) 6 51 33

Bayern:

Bayer. Landesanstalt für Bodenkultur und Pflanzenbau - Abteilung Pflanzenschutz -, Postfach 38 02 69, 80615 München, Menzinger Straße 54, 80638 München, Tel.: (0 89) 1 78 00-0, Fax: (0 89) 1 78 00-31 3

Regierung:

Abteilung Landwirtschaft, Sachgebiet 720 - Markterzeugung und Beratung

- von Oberbayern	Maximilianstr. 39, 80538 München, Tel.: (0 89) 21 76 36 33
- von Niederbayern	Regierungsplatz 540, 84028 Landshut, Tel.: (08 71) 8 08 17 20
- der Oberpfalz	Emmeramsplatz 8, 93047 Regensburg, Tel.: (09 41) 5 68 07 24
- von Oberfranken	Ludwigstr. 20, 95444 Bayreuth, Tel.: (09 21) 6 04 12 95
- von Mittelfranken	Promenade 27 (Schloß), 91522 Ansbach, Tel.: (09 81) 5 33 14
- von Unterfranken	Peterplatz 9, 97070 Würzburg, Tel.: (09 31) 3 80 15 33
- von Schwaben	Fronhof 10, 86152 Augsburg, Tel.: (08 21) 3 27 22 11

Ämter für Landwirtschaft und Ernährung

- Ansbach	Tel.: (09 81) 8 90 80
- Augsburg	Tel.: (08 21) 43 00 20
- Bayreuth	Tel.: (09 21) 59 10
- Deggendorf	Tel.: (09 91) 20 80
- Ingolstadt	Tel.: (08 41) 31 09 81
- Regensburg	Tel.: (09 41) 2 08 30
- Rosenheim	Tel.: (0 80 31) 3 00 40
- Würzburg	Tel.: (09 31) 80 40 70

Berlin:

Pflanzenschutzamt Berlin: Mohriner Allee 137, 12347 Berlin, Tel.: (0 30) 70 00 06-0, Fax: (0 30) 70 00 06-55

Pflanzenschutzamt Berlin - Amtliche Pflanzenbeschau - (Außenstelle), Beusselstraße 44 n-q, 10553 Berlin, Tel.: (0 30) 3 95 30 11, Fax: (0 30) 3 96 62 46

Brandenburg:

Landesamt für Ernährung, Landwirtschaft und Flurneuordnung- Dezernat 32 - Pflanzenschutzdienst: Postfach 3 79, 15203 Frankfurt, Ringstraße 1010, 15236 Frankfurt, Tel.: (03 35) 5 46-0, Fax: (03 35) 5 46 23 72

Amtliche Pflanzenbeschau, Buschmühlenweg 70, 15230 Frankfurt/Oder, Tel.: (03 55) 32 40 07, Fax: (03 55) 32 40 07

Bremen:

Der Senator für Frauen, Gesundheit, Jugend, Soziales und Umweltschutz - Bereich Umweltschutz und Frauen - Pflanzenschutzdienst: Große Weidestr. 4-16, 28195 Bremen, Tel.: (04 21) 36 1-25 75, Fax: (04 21) 36 1-22 01

Hamburg:

Institut für Angewandte Botanik der Universität Hamburg- Abteilung Pflanzenschutz: (Pflanzenschutzamt Hamburg), Postfach 30 27 62, 20309 Hamburg, Marseiller Str. 7, 20355 Hamburg, Tel.: (0 40) 41 23-23 59, Fax: (0 40) 41 23-65 93

Institut für Angewandte Botanik der Universität Hamburg - Abteilung Amtliche Pflanzenbeschau, Postfach 30 27 62, 20309 Hamburg, Versmannstraße 4, 20457 Hamburg, Tel.: (0 40) 32 85-21 87, Fax: (0 40) 32 85-21 84

Hessen:

Hessisches Landesamt für Regionalentwicklung und Landwirtschaft - Pflanzenschutzdienst - (Dez. 25): Postfach 21 69, 35531 Wetzlar, Frankfurter Str. 69, Gebäude B 5, 35578 Wetzlar, Tel.: (0 64 41) 92 89 - 0, Fax: (0 64 41) 92 89 - 4 94

Außenstelle: Am Versuchsfeld 17, 34128 Kassel, Tel.: (05 61) 98 88-4 52, Fax: (05 61) 98 88-4 58

Mecklenburg-Vorpommern:

Landespflanzenschutzamt Mecklenburg-Vorpommern: Sitz Rostock, Graf-Lippe-Straße 1, 18059 Rostock, Tel.: (03 81) 4 92 26 64, Fax: (03 81) 4 92 26 65

Landespflanzenschutzamt Mecklenburg-Vorpommern, Abt. 3: Außenstelle Greifswald, Grimmer Straße 16, 17489 Greifswald, Tel.: (0 38 34) 5 76 80, Fax: (0 38 34) 50 09 84
Landespflanzenschutzamt Mecklenburg-Vorpommern, Abt. 4: Außenstelle Neubrandenburg, Seestraße 13, 17033 Neubrandenburg, Tel.: (03 95) 5 82 24 34, Fax: (03 95) 58 2 24 35
Landespflanzenschutzamt Mecklenburg-Vorpommern, Abt. 5: Außenstelle Schwerin, Wickendorfer Straße 4, 19055 Schwerin, Tel.: (03 85) 55 75 71, Fax: (03 85) 56 55 00

Niedersachsen:

Landwirtschaftskammer Hannover, Pflanzenschutzamt, Postfach 91 08 10, 30428 Hannover, Wunstorfer Landstraße 9, 30453 Hannover, Tel.: (05 11) 40 05-0, Fax: (05 11) 40 05-1 20

Bezirksstelle Bremervörde der Landwirtschaftskammer Hannover, Fachbereich Pflanzenbau und Pflanzenschutz, Albrecht-Thaer-Str. 6A, 27432 Bremervörde, Tel.: (0 47 61) 99 42-30, Fax: (0 47 61) 99 42-39

Bezirksstelle Uelzen der Landwirtschaftskammer Hannover, Fachbereich Pflanzenbau und Pflanzenschutz, Wilhelm-Seedorf-Str. 3, 29525 Uelzen, Tel.: (05 81) 80 73-0, Fax: (05 81) 80 73-59

Bezirksstelle Nienburg der Landwirtschaftskammer Hannover, Fachbereich Pflanzenbau und Pflanzenschutz, Rühmkorffstraße 12, 31582 Nienburg, Tel.: (0 50 21) 60 26 30, Fax: (0 50 21) 60 26 38

Bezirksstelle Northeim der Landwirtschaftskammer Hannover, Fachbereich Pflanzenbau und Pflanzenschutz, Teichstraße 9, 37154 Northeim, Tel.: (0 55 51) 60 04 92, Fax: (0 55 51) 60 04 11

Bezirksstelle Braunschweig der Landwirtschaftskammer Hannover, Fachbereich Pflanzenbau und Pflanzenschutz, Helene-Künne-Allee 5, 38102 Braunschweig, Tel.: (05 31) 2 89 97-0, Fax: (05 31) 2 89 97 21

Institut für Pflanzenbau und Pflanzenschutz (IPP) der Landwirtschaftskammer Weser-Ems, Postfach 25 49, 26015 Oldenburg, Sedanstraße 4, 26121 Oldenburg, Tel.: (04 41) 8 01-0, Fax: (04 41) 8 01-7 77

Institut für Pflanzenbau und Pflanzenschutz (IPP), Bezirksstelle Oldenburg, Postfach 25 49, 26015 Oldenburg, Mars-la-Tour-Str. 9, 26121 Oldenburg, Tel.: (04 41) 8 01-0, Fax: (04 41) 8 01-1 66

Institut für Pflanzenbau und Pflanzenschutz (IPP), Bezirksstelle Aurich, Am Pferdemarkt 1, 26603 Aurich. Tel.: (0 49 41) 92 11 41, Fax: (0 49 41) 92 11 51

Institut für Pflanzenbau und Pflanzenschutz (IPP), Bezirksstelle Meppen, Postfach 14 03, 49705 Meppen, Mühlenstraße 41, 49716 Meppen, Tel.: (0 59 31) 4 03-50, Fax: (0 59 31) 4 03-58

Institut für Pflanzenbau und Pflanzenschutz (IPP), Bezirksstelle Osnabrück, Am Schölerberg 7, 49082 Osnabrück, Tel.: (05 41) 5 60 08/44-48, Fax: (05 41) 5 60 08 42

Nordrhein-Westfalen:

Pflanzenschutzamt der Landwirtschaftskammer Rheinland: Postfach 30 08 64, 53188 Bonn, Siebengebirgsstr. 200, 53229 Bonn, Tel.: (02 28) 4 34-0, Fax: (02 28) 4 34-1 02

Institut für Pflanzenschutz, Saatgutuntersuchung und Bienenkunde (IPSAB) der Landwirtschaftskammer Westfalen-Lippe: Postfach 59 80, 48135 Münster, Nevinghoff 40, 48147 Münster, Tel.: (02 51) 23 76-6 26, Fax: (02 51) 23 76-6 44, E-Mail: IPSAB_Muenster@t-online.de, Internet: www.lk-wl.de

Rheinland-Pfalz:

Landesanstalt für Pflanzenbau und Pflanzenschutz, Essenheimer Str. 144, 55128 Mainz, Tel.: (0 61 31) 99 30-0, Fax: (0 61 31) 99 30-80, E-Mail: lppmainz.sekretariat@t-online.de, Internet: www.agrarinfor.rpl.de/lpp_mainz

Bezirksregierung Koblenz, Referat 52 - Markt- und Ernährungswirtschaft -Stresemannstr. 3-5, 56068 Koblenz, Tel.: (02 61) 1 20-0, Fax: (02 61) 1 20-62 02

Bezirksregierung Rheinhessen-Pfalz, Referat 52 - Agraraufsicht - Friedrich-Ebert-Str. 14, 67433 Neustadt, Tel.: (0 63 21) 99-0, Fax: (0 63 21) 99-29 15

Bezirksregierung Trier, Referat 52 - Agrarische Hoheitsaufgaben - Willi-Brand-Platz 3, 54290 Trier, Tel. (06 51) 94 94-0, Fax: (06 51) 94 94-5 68

Saarland:

Landwirtschaftskammer für das Saarland - Pflanzenschutz -, Lessingstraße 12, 66121 Saarbrücken, Tel.: (06 81) 6 65 05-0, Fax: (06 81) 6 65 05-12

Sachsen:

Sächsische Landesanstalt für Landwirtschaft - Fachbereich Integrierter Pflanzenschutz, Stübelallee 2, 01307 Dresden, Tel.: (03 51) 4 40 83-0, Fax: (03 51) 4 40 83-25

Sachsen-Anhalt:

Landespflanzenschutzamt Sachsen-Anhalt, Lerchenwuhne 125, 39128 Magdeburg, Tel.: (03 91) 25 69-0, Fax: (03 91) 2 56 94 02

Amt für Landwirtschaft und Flurneuordnung Salzwedel, Fachbereich Pflanzenschutz, Buchenallee 3, 29410 Salzwedel, Tel.: (0 39 01) 84 62 27-30, Fax: (0 39 01) 84 61 00

Amt für Landwirtschaft und Flurneuordnung Magdeburg, Fachbereich Pflanzenschutz, Lerchenwuhne 125, 39128 Magdeburg, Tel.: (03 91) 2 56 90/133-136, Fax: (03 91) 28 24 18

Amt für Landwirtschaft und Flurneuordnung Stendal, Fachbereich Pflanzenschutz, Akazienweg, 39576 Stendal, Tel.: (0 39 31) 63 32 10-2 13, Fax: (0 39 31) 21 31 07

Amt für Landwirtschaft und Flurneuordnung Halberstadt, Fachbereich Pflanzenschutz, Große Ringstr. 20, 38820 Halberstadt, Tel.: (0 39 41) 6 71-0, Fax: (0 39 41) 67 11 99

Amt für Landwirtschaft und Flurneuordnung Bernburg, Fachbereich Pflanzenschutz, Strenzfelder Allee, 06406 Bernburg, Tel.: (0 34 71) 35 55 83, Fax: (0 34 71) 35 53 37

Amt für Landwirtschaft und Flurneuordnung Halle, Fachbereich Pflanzenschutz, Heinrich-und-Thomas-Mann-Str. 19, 06108 Halle, Tel.: (03 45) 2 02 23 42, Fax: (03 45) 2 02 23 42

Amt für Landwirtschaft und Flurneuordnung Weißenfels, Fachbereich Pflanzenschutz, Müllnerstr. 59, 06667 Weißenfels, Tel.: (0 34 43) 2 80 76-78, Fax: (0 34 43) 2 80 80

Amt für Landwirtschaft und Flurneuordnung Wittenberg, Fachbereich Pflanzenschutz, Belziger Straße 1, 06896 Reinsdorf, Tel.: (0 34 91) 61 50 58, Fax: (0 34 91) 61 31 39

Schleswig-Holstein:

Amt für ländliche Räume Kiel, Abteilung Pflanzenschutz, Postfach 29 80, 24028 Kiel, Westring 383, 24118 Kiel, Tel.: (04 31) 8 80-13 02, Fax: (04 31) 8 80-13 14

Amt für ländliche Räume Lübeck, Abteilung Pflanzenschutz, Schönböckener Straße 102, 23556 Lübeck, Tel.: (04 51) 4 79 04-0, Fax: (04 51) 4 79 04-34 mit

Außenstelle Rellingen, Hauptstr. 108, 25462 Rellingen, Tel.: (0 41 01) 54 05-0, Fax: (0 41 01) 54 05-12

Amt für ländliche Räume Husum, Abteilung Pflanzenschutz, Herzog-Adolf-Straße 1b, 25813 Husum, Tel.: (0 48 41) 6 67-5 00 bis 5 05, Fax: (0 48 41) 6 67-5 06

Thüringen:

Thüringer Landesanstalt für Landwirtschaft Jena, Referat 440 - Pflanzenschutz, Kühnhäuser Str. 101, 99189 Erfurt-Kühnhausen, Tel.: (03 62 01) 8 17-0, Fax: (03 62 01) 8 17 40

7.3 Biologische Bundesanstalt

Biologische Bundesanstalt für Land- und Forstwirtschaft Berlin und Braunschweig

Institute und Dienststellen in Braunschweig, Messeweg 11/12, 38104 Braunschweig, Tel.: (05 31) 2 99-9, Fax: (05 31) 2 99-30 00, E-Mail: Hauptverwaltung@bba.de

Abteilung für Pflanzenschutzmittel und Anwendungstechnik, Tel.: (05 31) 2 99-34 00, Fax: (05 31) 2 99-30 02/30 03 mit
Außenstelle Kleinmachnow (Adresse s. unten)

Fachgruppe Biologische Mittelprüfung, Tel.: (05 31) 2 99-36 00, Fax: (05 31) 2 99-30 05

Fachgruppe Chemische Mittelprüfung, Tel.: (05 31) 2 99-35 00, Fax: (05 31) 2 99-30 04

Fachgruppe Anwendungstechnik, Tel.: (05 31) 2 99-36 50, Fax: (05 31) 2 99-30 12

Dienststelle für wirtschaftliche Fragen und Rechtsangelegenheiten im Pflanzenschutz, Tel.: (05 31) 2 99-33 70, Fax: (05 31) 2 99-30 07 mit
Außenstelle Kleinmachnow (Adresse s. unten)

Bibliothek Braunschweig, Tel.: (05 31) 2 99-33 90, Fax: (05 31) 2 99-30 00

Institut für Pflanzenschutz in Ackerbau und Grünland, Tel.: (05 31) 2 99-45 00, Fax: (05 31) 2 99-30 08 mit
Außenstelle Kleinmachnow (Adresse s. unten)

Institut für Biochemie und Pflanzenvirologie, Tel.: (05 31) 2 99-37 00, Fax: (05 31) 2 99-30 06/30 13

Institut für Pflanzenschutz im Forst, Tel.: (05 31) 2 99-46 00, Fax: (05 31) 2 99-30 11

Institut für Pflanzenschutz im Gartenbau, Tel.: (05 31) 2 99-44 00, Fax: (05 31) 2 99-30 09 mit
Außenstelle Dresden-Pillnitz, Pillnitzer Platz 2, 01326 Dresden, Tel.: (03 51) 2 61 09 18, Fax: (03 51) 2 61 09 18 und
Außenstelle Kleinmachnow (Adresse s. unten)

Institut für Unkrautforschung, Tel.: (05 31) 2 99-39 00, Fax: (05 31) 2 99-30 10

Institute und Dienststellen in Berlin: Königin-Luise-Str. 19, 14195 Berlin, Tel.: (0 30) 83 04-1, Fax: (0 30) 83 04-21 03, E-Mail: HV-D@bba.de

Institut für Mikrobiologie, Tel.: (0 30) 83 04-22 00, Fax: (0 30) 83 04-22 03

Institut für ökologische Chemie, Tel.: (0 30) 83 04-23 00, Fax: (0 30) 83 04-23 03

Institut für Ökotoxikologie im Pflanzenschutz (Berlin), Tel.: (0 30) 83 04-24 00, Fax: (0 30) 83 04-24 03

Institut für Vorratsschutz, Tel.: (0 30) 83 04-25 00, Fax: (0 30) 83 04-25 03

Bibliothek mit Dokumentationsstelle für Phytomedizin, Informationszentrum für tropischen Pflanzenschutz, Tel.: (0 30) 83 04-21 00, Fax: (0 30) 83 04-21 03

Außeninstitute

Institut für biologischen Pflanzenschutz, Heinrichstraße 243, 64287 Darmstadt, Tel.: (0 61 51) 4 07-0, Fax: (0 61 51) 4 07-290

Institut für Nematologie und Wirbeltierkunde, Toppheideweg 88, 48161 Münster, Tel.: (02 51) 8 71 06-0, Fax: (02 51) 8 71 06 33

Institut für Pflanzenschutz im Obstbau, Postfach 12 64, 69216 Dossenheim, Schwabenheimer Str. 101, 69221 Dossenheim, Tel.: (0 62 21) 86 62 38, Fax: (0 62 21) 86 12 22

Institut für Pflanzenschutz im Weinbau, Brüningstraße 84, 54470 Bernkastel-Kues, Tel.: (0 65 31) 23 64 u. 27 04, Fax: (0 65 31) 49 36

Außenstelle Kleinmachnow, Stahnsdorfer Damm 81, 14532 Kleinmachnow, Tel.: (03 32 03) 48-0, Fax: (03 32 03) 48-4 25, E-Mail: AP@bba.de

Institut für Folgenabschätzung im Pflanzenschutz, Tel.: (03 32 03) 48-2 65, Fax: (03 32 03) 48-4 24

Institut für Integrierten Pflanzenschutz Tel.: (03 32 03) 48-2 04, Fax: (03 32 03) 48-4 25

Institut für Ökotoxikologie im Pflanzenschutz (Kleinmachnow), Tel.: (03 32 03) 48-3 50, Fax: (03 32 03) 48-2 00

7.4 Bundesanstalt für Züchtungsforschung an Kulturpflanzen

Anstaltsleitung: Neuer Weg 22/23, 06484 Quedlinburg, Tel.: (0 39 46)47- 2 01, Fax: (0 39 46) 47- 2 02

Standort Aschersleben, Theodor-Roemer-Weg 4, 06449 Aschersleben, Tel.: (0 34 73) 8 79-0, Fax: (0 34 73) 27 09

Institute für Resistenzforschung und Pathogendiagnostik, Tel.: (0 34 73) 8 79-1 65, Fax: (0 34 73) 8 79-2 00

Institut für Epidemiologie und Resistenz, Tel.: (0 34 73) 8 79-1 12, Fax: (0 34 73) 27 09

Standort Grünbach, Graf-Seinsheim-Str. 23, 85461 Grünbach, Tel. (0 81 22) 97 57-0, Fax: (0 81 22) 97 57 97

Institut für Resistenzgenetik, Tel. (0 81 22) 97 57-13, Fax: (0 81 22) 97 57 97

7.5 Forstschutz

Biologische Bundesanstalt

Institut für Pflanzenschutz im Forst - Messeweg 11/12, 38104 Braunschweig, Tel.: (05 31) 39 9-6 01

Institut für biologische Schädlingsbekämpfung - Heinrichstr. 243, 64287 Darmstadt, Tel.: (0 61 51) 4 40 61 und 42 25 02

Baden-Württemberg:

Forstliche Versuchs- und Forschungsanstalt Baden-Württemberg, Abt. Waldschutz, Wonnhaldestr. 4, 79100 Freiburg, Tel.: (07 61) 40 18-2 20

Bayern:

Bayerische Landesanstalt für Wald- und Forstwirtschaft, Sachgebiet 5/Waldschutz, Am Hochanger 11, 85354 Freising

Berlin:

Pflanzenschutzamt Berlin, Mohriner Allee 137, 12347 Berlin, Tel.: (0 30) 70 00 06-0

Landesforstamt der Berliner Forsten, Wannseebadweg 10, 14129 Berlin

Brandenburg:

Bundesforschungsanstalt für Forst- und Holzwirtschaft, Institut für Forstpflanzenzüchtung, Eberswalder Chaussee 6, 15377 Waldsieversdorf

Landesforschungsanstalt Eberswalde, Abteilung Waldschutz, Alfred-Möller-Str. 1, 16225 Eberswalde-Finow, Tel.: (0 33 34) 65 10 11 17, Fax: (0 33 34) 6 51 17

Hessen:

Hessische Landesanstalt für Forsteinrichtung, Waldforschung und Waldökologie, Prof.-Oelkers-Str. 6, 34346 Hann. Münden, Tel.: (0 55 41) 70 04 64, Fax: (0 55 41) 70 04 73, E-Mail: 75424.2143acompuserve.com

Mecklenburg-Vorpommern:

Landesamt für Forstplanung, Abteilung Forstliches Versuchswesen, Rogahner Str. 23a, 19061 Schwerin, Tel.: (03 85) 6 70 00, Fax: (03 85) 6 70 02 51

Niedersachsen:

Niedersächsische Forstliche Versuchsanstalt - Abt. B Waldschutz - Grätzelstr. 2, 37079 Göttingen, Tel.: (05 51) 6 94 01-0

Universität Göttingen, Forstliche Fakultät: Institut für Waldbau, Büsgenweg 1, 37077 Göttingen, Tel (05 51) 39 36 72

Institut für Wildbiologie und Jagdkunde, Büsgenweg 3, 37077 Göttingen, Tel.: (05 51) 39 36 22

Nordrhein-Westfalen:

Landesanstalt für Ökologie, Bodenordnung und Forsten/Landesamt für Agrarordnung NRW - Dezernat Forschungsstelle für Jagdkunde und Wildschadensverhütung, Pützchens Chaussee 228, 53229 Bonn, Tel.: (02 28) 48 21 15, Fax: (02 28) 43 20 23

Pflanzenschutzamt der Landwirtschaftskammer Rheinland, Postfach 30 07 99, 53187 Bonn, Siebengebirgsstraße 200, 53229 Bonn, Tel.: (02 28) 4 34-0

Institut für Pflanzenschutz, Saatgutuntersuchung und Bienenkunde der Landwirtschaftskammer Westfalen-Lippe, Postfach 59 80, 48135 Münster, Nevinghoff 40, 48147 Münster, Tel.: (02 51) 23 76-1

Rheinland-Pfalz:

Forstliche Versuchsanstalt Rheinland-Pfalz, Abteilung Waldschutz, Hauptstr. 16, 67705 Trippstadt, Tel.: (0 63 06) 91 11 20, Fax: (0 63 06) 28 21

Saarland:

Landwirtschaftskammer für das Saarland, Pflanzenschutzamt, , Lessingstr. 12, 66121 Saarbrücken, Tel.: (06 81) 6 65 05-0

Sachsen:

Sächsische Landesanstalt für Forsten, Fachbereich Waldbau/Waldschutz, Bonnewitzer Str. 34, 01827 Graupa, Tel.: (0 35 01) 4 82 15

Sachsen-Anhalt:

Forstliche Landesanstalt Sachsen-Anhalt, Abteilung Forstliches Versuchswesen, Dezernat Waldschutz, Behnsdorfer Str. 22, 39345 Flechtingen, Tel.: (03 90 54) 2 25

Schleswig-Holstein:

Amt für Landesforsten - Referat Forstschutz, Düsternbrooker Weg 104-108, 24105 Kiel, Tel.: (04 31) 59 61

Landwirtschaftskammer Schleswig-Holstein - Forstabteilung - Beratung Nichtstaatswald, Holstenstr. 106/108, 24103 Kiel, Tel.: (04 31) 99 21

Thüringen:

Landesanstalt für Wald- und Forstwirtschaft, Postfach 10 06 62, 99856 Gotha, Tel.: (0 36 21) 22 51 06, Fax: (0 36 21) 22 52 22

7.6 Auskunftsstellen für Holzschutz

Institut für Pflanzenschutz im Forst der Biologischen Bundesanstalt, Messeweg 11/12, 38104 Braunschweig, Tel.: (05 31) 39 91

Institut für Bautechnik (IfBt), Reichspietschufer 72-76, 10785 Berlin, Tel.: (0 30) 2 50 31

7.7 Auskunftsstellen für Bienenkunde

Baden-Württemberg:

Privatwissenschaftliches Archiv Bienenkunde, Buchfinkenstr. 2, 76829 Landau-Dammheim, Tel.: (0 63 41) 5 14 30, Fax: (0 63 41) 5 14 30, E-Mail: stever@uni-landau.de

Tierhygienisches Institut Freiburg Abt. Bienenkunde, Am Moosweiher 2, 79108 Freiburg/Br., Tel.: (07 61) 1 50 21 41, Fax: (07 61) 15 02-2 99, E-Mail: poststelle-@thifr.vet.bwlvet.dbp.de

Landesanstalt für Bienenkunde, Universität Hohenheim, August von Hartmannstr. 13, 70593 Stuttgart, Tel.: (0711) 4 59-26 59, Fax: (07 11) 4 59 22 33, E-Mail: bienero@uni-hohenheim.de

Universität Tübingen, Institut für Biologie III, LS Entwicklungsphysiolog., Auf der Morgenstelle 28, 72076 Tübingen, Tel.: (0 70 71) 2 97 46 50, Fax: (0 70 71) 29 69 50, E-Mail: wolf.engels@uni-tuebingen.de

Bayern:

Bayrische Landesanstalt für Bienenzucht, Burgbergstraße 70, 91054 Erlangen, Tel.: (0 91 31) 7 87 30, Fax: (0 91 31) 78 73 22

Berlin:

Institut für allgemeine Zoologie der freien Universität Berlin, Königinnen-Luise-Straße 1-3, 14195 Berlin, Tel.: (0 30) 8 38 39 15, Fax: (0 30) 8 38 39 16, E-Mail: agbienen@zedat.fu-berlin.de

Brandenburg:

Länderinstitut für Bienenkunde, Friedrich-Engel-Straße 32, 16540 Hohen-Neuendorf, Tel.: (0 33 03) 50 03-28 / 33, Fax: (0 33 03) 50 03 37, E-Mail: h0297das@rz.hu-berlin.de

Staatl. Veterinär- und Lebensmitteluntersuchungsamt, Fachg. Honiguntersuchung, Pappelallee 20, 14469 Potsdam, Tel.: (03 31) 56 88-2 61/-3 00, Fax: (03 31) 56 88-3 48/-2 04

Hessen:

Universität Gießen, Zentrum kontinentale Agrarforschung Sektion Tierzucht, Otto Behaghel Str. 10, 35394 Gießen, Tel.: (06 41) 7 02 28 50, Fax: (0 64 09) 8 07 50, E-Mail: peter.schley@zkaw.uni-giessen.de

Hessische Landesanstalt für Tierzucht, Abt. Bienenkunde, Erlenstraße 9, 35274 Kirchhain, Tel.: (0 64 22) 9 40 60, Fax: (0 64 22) 94 06 33, E-Mail: hlt.bienen@t-online.de

Institut für Bienenkunde an der Joh. Wolfg. Goethe Universität Frankfurt, Karl-von-Frisch-Weg 2, 61440 Oberursel, Tel.: (0 61 71) 2 12 78, Fax: (0 61 71) 2 57 69, E-Mail: bienenkunde@em.uni-frankfurt.de

Niedersachsen:

Biologische Bundesanstalt, Untersuchungsstelle für Bienenvergiftungen, Messeweg 11/12, 38104 Braunschweig, Tel.: (05 31) 2 99-45 25/ 2 99-45 77, Fax: (05 31) 2 99 30 08

Niedersächsisches Landesinstitut für Bienenkunde, Wehlstraße 4a, 29221 Celle, Tel.: (0 51 41) 9 05 03-40, Fax: (0 51 41) 9 05 03-44

Obstbauversuchsanstalt York, Abt. Bienenkunde/Pflanzenschutz, Westerminnerweg 22, 21635 York, Tel.: (0 41 62) 6 01 60, Fax: (0 41 62) 60 16 60, E-Mail: ova-york@t-online.de

Nordrhein-Westfalen:

Institut für Landwirtschaftliche Zoologie und Bienenkunde, Abt. Bienenkunde, Melbweg 42, 53127 Bonn, Tel.: (02 28) 28 50 05, E-Mail: ult401@ibm.rhtz.uni-bonn.de

Landwirtschaftskammer Westfalen-Lippe, Institut für Pflanzenschutz, Saatgutuntersuchung und Bienenkunde, Nevinghoff 40, 48147 Münster, Tel.: (02 51) 23 76-6 63, Fax: (02 51) 2 37 6-6 44, E-Mail: IPSAB_Muenster@t-online.de

Rheinland-Pfalz:

Landesanstalt für Bienenzucht, Im Bannen 38-54, 56727 Mayen, Tel.: (0 26 51) 96 05-22, Fax: (0 26 51) 96 05 67, E-Mail: la.f.bienenzucht.mayen@t-online.de

Schleswig-Holstein:

Schleswig-Holsteinische Imkerschule, Hamburger Straße 109, 23795 Bad Segeberg, Tel.: (0 45 51) 24 36, Fax: (0 45 51) 9 31 94

Thüringen:

Friedrich Schiller Universität, Institut für Ernährung und Umwelt, Apidologie und angew. Zoologie, Am Steiger 3, 07743 Jena, Tel.: (0 36 41) 63 53 81 / 63 58 43, Fax: (0 36 41) 63 53 82, E-Mail: bwh@rz.uni-jena.de

7.8 Hochschulinstitute

Hochschulinstitute mit Lehrangeboten in Phytopathologie (Phytomedizin) und Pflanzenschutz in der Bundesrepublik Deutschland

Baden-Württemberg:

Freiburg: Albert-Ludwigs-Universität, Forstwisschenschaftliche Fakultät, Forstzoologisches Institut, Institut für Forstbotanik und Baumphysiologie, Bertoldstr. 17, 79098 Freiburg; Fakultät für Biologie, Institut für Biologie II, Schänzlestr. 1, 79104 Freiburg

Heidelberg: Ruprecht-Karls-Universität, Fakultät für Biologie, Botanisches Institut, Im Neuenheimer Feld 360, 69120 Heidelberg

Konstanz: Universität, Fakultät für Biologie, Lehrstuhl für Phytopathologie, für Physiologie und Biochemie der Pflanzen, Universitätsstr. 10, 78464 Konstanz

Nürtingen: Fachhochschule, Neckarsteige 6-10, 72622 Nürtingen

Stuttgart: Universität Hohenheim, Fakultät III - Agrarwissenschaften I, Institut für Phytomedizin, Fachgebiete Herbologie, Phytomedizin/Angewandte Entomologie, Phytopathologie, Phytopharmakologie, Virologie und Bakteriologie, Otto-Sander-Str. 5, 70599 Stuttgart

Tübingen: Eberhard-Karls-Universität, Fakultät für Biologie, Botanisches Institut, Lehrstuhl Allgemeine Botanik und Pflanzenphysiologie, Physiologische Ökologie der Pflanzen, Spezielle Botanik/Mykologie, Auf der Morgenstelle 1, 72076 Tübingen

Bayern:

München (Freising): Ludwig-Maximilians-Universität, Forstwissenschaftliche Fakultät, Lehrstuhl für Forstbotanik, Hohenbacherstr. 22, 85354 Freising

München (Freising): Technische Universität, Fakultät für Landwirtschaft und Gartenbau, Institut für Bodenkunde, Pflanzenernährung und Phytopathologie, Lehrstuhl für Phytopathologie, 85350 Freising

München (Freising): Fachhochschule Weihenstephan, Staatl. Versuchsanstalt für Gartenbau, Institut für Botanik und Pflanzenschutz, Weihenstephan, 85354 Freising

Würzburg: Bayerische Julius-Maximilians-Universität, Fakultät für Biologie, Lehrstuhl Botanik I und II, Mittlerer Dallenbergweg 64, 97082 Würzburg

Berlin:

Berlin: Humboldt-Universität, Landwirtschaftlich-Gärtnerische Fakultät, Berlin, Fachgebiet Phytomedizin und Phytopathologie, Lentzeallee 55-57, 14195 Berlin

Berlin: Freie Universität, Fachbereich Biologie, Institut für Zoologie, Königin-Luise-Str. 1-3, 14195 Berlin

Bremen:

Bremen: Universität, Fachbereich 2 -Biologie, Chemie, Leobener Str. NW2, 28359 Bremen

Hamburg:

Hamburg: Universität, Fachbereich Biologie, Institut für Angewandte Botanik, Abt. Pflanzenschutz, Marseiller Str. 7, 20355 Hamburg

Hessen:

Gießen: Justus-Liebig-Universität, Fachbereich 17 - Agrarwissenschaften und Umweltsicherung, Institut für Phytopathologie und angewandte Zoologie, Ludwigstr. 23, 35390 Gießen

Kassel: Universität Gesamthochschule, Fachbereich 11 - Landwirtschaft, Fachgebiet Pflanzenschutz, Nordbahnhofstr. 1a, 37213 Witzenhausen

Mecklenburg-Vorpommern:

Rostock: Universität, Agrarwissenschaftliche Fakultät, Fachgebiet Phytomedizin, Satowerstr. 48, 18051 Rostock

Niedersachsen:

Braunschweig: Technische Universität Carolo-Wilhelmina zu Braunschweig, Fachbereich 4 - Biowissenschaften und Psychologie, Institut für Mikrobiologie, Spielmannstr. 7, 38106 Braunschweig

Göttingen: Georg-August-Universität, Fakultät für Agrarwissenschaften, Institut für Pflanzenpathologie und Pflanzenschutz, Grisebachstr. 6, 37077 Göttingen

Hannover: Universität, Fachbereich Gartenbau, Institut für Pflanzenkrankheiten und Pflanzenschutz, Herrenhäuser Str. 2, 30419 Hannover

Osnabrück: Fachhochschule, Fachbereich Agrarwissenschaften, Oldenburger Landstr. 24, 49090 Osnabrück

Nordrhein-Westfalen:

Aachen: Rheinisch-Westfälische Technische Hochschule, Fachbereich 1 - Mathematisch-Naturwissenschaftliche Fakultät, Lehrstuhl und Institut für Biologie III (Pflanzenphysiologie), Worringer Weg 1, 52074 Aachen

Bonn: Rheinische Friedrich-Wilhelms-Universität, Landwirtschaftliche Fakultät, Institut für Pflanzenkrankheiten, Nußallee 9, 53115 Bonn

Soest: Universität - Gesamthochschule - Paderborn, Fachbereich 9 - Landbau (Soest), Windmühlenweg 25, 59494 Soest

Sachsen

Leipzig: Universität, Studienprogramm Agrarwissenschaften, Wissenschaftsbereich Tropische Landwirtschaft, Arbeitsgruppe Pflanzen- und Vorratsschutz, Fichtestr. 28, 04275 Leipzig

Sachsen-Anhalt:

Halle: Martin-Luther-Universität, Landwirtschaftliche Fakultät, Institut für Phytopathologie und Pflanzenschutz, Institut für Biochemie der Pflanzen, Ludwig-Wucherer-Str. 2, 06108 Halle/Saale

Schleswig-Holstein:

Kiel: Christian-Albrechts-Universität, Agrarwissenschaftliche Fakultät, Institut für Phytopathologie, Hermann-Rodewald-Str. 9, 24118 Kiel

Kiel: Fachhochschule, Fachbereich Landbau, Am Kamp 11, 24783 Rendsburg

Thüringen:

Jena: Friedrich-Schiller-Universität, Biologisch-Pharmazeutische Fakultät, Fürstengraben 26, 07743 Jena

7.9 Internationale Pflanzenschutzorganisationen

FAO (Food and Agriculture Organization of the United Nations) Branch Plant Production, Sections Plant Protection, Pest Control, Locust Control etc, Rom/Italien, Viale della Terme de Caracalla

EPPO/OEPP (Europäische Pflanzenschutzorganisation), 1, rue Le Noître, F-750 16 Paris (Frankreich). -

7.10 Pflanzenschutzdienststellen europäischer Länder

Erstellt auf der Basis der EPPO-Mitgliedschaft nach Angaben des BML - Stand: 22.07.1998

Albanien: Plant Protection Bureau, Ministry of Agriculture and Food, Tirana

Belgien: Ministère des Classes Moyennes et de l'Agriculture, DG4 Qualitè des Vègètaux et Protection des Plantes, WTC/3 (6e èt.), Av. Simon Bolivar 30, 1000 Bruxelles

Bulgarien: Ministry of Agriculture, National Service for Plant Protection, Quarantine and Agrochemistry, 55 Hristo Botev Blvd. 1040 Sofia

Bundesrepublik Deutschland: Bundesministerium für Ernährung, Landwirtschaft und Forsten, Postfach 14 02 70, 53123 Bonn

Dänemark: Danish Plant Directorate, Skovbrynet 20, 2830 Lyngby

Estland: Estonian Plant Quarantine Inspection, Lai Street 11, Tallinn EE0001

Finnland: Plant Production Inspection Centre, Dept. of Plant Protection, Vilhonvuorenkatu 11C, 00500 Helsinki

Frankreich: Sous-direction de la protection des vègètaux, Direction Générale de l'Alimentation, 251 rue de Vaugirard, 75732 Paris Cedex 15

Großbritannien: Ministry of Agriculture, Fisheries and Food, Plant Health Division, Room 351, Foss House, Peasholme Green, York Y01 2PX

Guernsey: Committee for Horticulture, Raymond Falla House, P.O. Box 459, Longue Rue, St Martins GY1 6AF

Irland: Department of Agriculture, Food and Forestry, Agriculture House, Kildare street, Dublin 2

Jersey: Department of Agriculture & Fisheries, Howard Davis Farm, P.O. Box 327, Trinity

Kroatien: Institute for Plant Protection, Svetosimunska 25, 41000 Zagreb

Lettland: State Plant Protection Station, 2 Republic Sq., 1981 Riga

Niederlande: Plant Protection Service, Postbus 9102, 6700 HC Wageningen

Norwegen: Norwegian Crop Research Institute, Postbox 100, 1430 AS

Österreich: Bundesamt und Forschungszentrum für Landwirtschaft (BFL), Institut für Phytomedizin, Spargelfeldstr. 191, 1220 Wien

Polen: Ministry of Agriculture and Food Industry, Ul Wspolna 30, 00-930 Warsaw

Portugal: Direccao-Geral de Proteccao dos Culturas, Quinta do Marques, 2780 Oeiras

Rumänien: Laboratoire Central de Quarantaine Phytosanitaire, Sos Afumati nr 11, 72964 Bucarest

Rußland: State Plant Quarantine Inspection, Orlikov per. 1/11 3A, 107139 Moscow

Schweden: Plant Protection Service, Swedish Board of Agriculture, S-551 82 Jönköping

Schweiz: Office fédéral de l'Agriculture, Certification et Protection des Vègètaux, Mattenhofstr. 5, 3003 Berne

Slowakei: Ministry of Agriculture, Dobrovicova 12, 812 66 Bratislava

Slowenien: Ministry of Agriculture, Forestry and Food, Parmova 33, 61000 Ljubljana

Spanien: Subdireccion General de Sanidad Vegetal, MAPA,Velazquez 147, 28002 Madrid

Tschechische Republik: State Phytosanitary Administration, Tesnov 17, 11705 Prague 1

7.11 Zulassungsbehörden in der Europäischen Union

Adressen und Ansprechpartner hinsichtlich des Informationsaustausches gemäß Artikel 12 der Richtlinie 91/414/EWG, Stand: 08.06.1998

Europa: European Commission, General-Directorate for Agriculture, VI.B.II.1, L84 1/10, Rue de la Loi 200, B-1049 Bruxelles

Belgien: Herr G. Houins, Ministère des Classes Moyennes et de l'Agriculture, Inspection générale des matières premières et produits transformés, WTC 3, 8e étage, Boulevard Simon Bolivar 30, B-1000 Bruxelles

Bundesrepublik Deutschland: Herr A. Holzmann, Biologische Bundesanstalt für Land- und Forstwirtschaft, Abteilung für Pflanzenschutzmittel und Anwendungstechnik (AP), Messeweg 11-12, D-38104 Braunschweig

Dänemark: Frau G. Bennekou, Miljoestryrelsen, Strandgade 29, DK-1401 Copenhagen

Finnland: Herr H. Blomqvist, Plant Production Inspection Centre, Pesticide Division, P.O. Box 42, FIN-00501 Helsinki

Frankreich: Herr A. Vernede, Ministère de l'Agriculture, Protection des Végétaux, 175 Rue du Chevaleret, F-75646 Paris Cedex 13

Griechenland: Herr V. Ziogas, Ministry of Agriculture, Directorate of Plant Produce Protection, Department of Pesticides, Hippokratus Str. 3-5, GR-10164 Athens

Großbritannien: Herr D. Williams, Pesticides Safety Directorate, Mallard House, King's Pool, 3 Peasholme Green, UK-York Y01 2 PX

Irland: Herr M. Lynch, Pesticide Control Service, Abbotstown Laboratory Complex, Abbotstown, Castleknock, IRL-Dublin 15

Italien: Herr R. Marabelli, Ministero della Sanità, Dipartimento per l'Igiene degli Alimenti e della Sanità Pubblica Veterinaria, Piazza Marconi 25, I-00144 Roma

Luxemburg: Herr A. Aschman, Administration des Services Techniques de l'Agriculture, 16 route d'Esch, BP 1904, L-1019 Luxembourg

Niederlande: Herr A. Meijs, Board for the Authorization of Pesticides, P.O. Box 217, NL-6700 AE Wageningen

Österreich: Herr M. Lentsch, Bundesministerium für Land- und Forstwissenschaft, Abteilung VI/C/9, Stubenring 12, A-1012 Wien

Portugal: Herr H. Seabra, Centro National de Protecção da Produção Agricola, Quinta do Marquês, P-2780 Oeiras

Spanien: Herr J.R. Martinez,Ministerio de Agricultura, calle Velasquez 147, E-28002 Madrid

Schweden: Frau V. Bernson, Kemikalie Inspektionen, P.O. Box 1384, S-17127 Solna

7.12 Industrieverbände

Weltverband: Global Crop Protection Federation (GCPF). Der Verband koordiniert die Mitarbeit der Pflanzenschutzmittel-Hersteller in internationalen Gremien, wie beispielsweise die UNO-Landwirtschafts- und Gesundheitsorganisationen. Er bemüht sich unter anderem um die weltweite Vereinheitlichung der Pflanzenschutzmittel-Gesetzgebung sowie um die Aufstellung sicherer und sinnvoller Toleranzen für Rückstände von Pflanzenschutzmitteln in Lebensmitteln

Europa: European Crop Protection (ECPA), 6, Avenue Van Vieuwenhuyse, B-1160 Brussels

Belgien: Association Belge de l'Industrie des Produits Phytosanitaires (PHYTOPHAR), 49 Square Marie-Louise, B-1040 Brussels

Bundesrepublik Deutschland: Industrieverband Agrar e. V. (IVA) , Karlstraße 21, 60329 Frankfurt

Dänemark: Danish Crop Protection Association (DCPA), Amalievej 20, DK-1875 Frederiksberg C

England: British Agrochemicals Association Ltd. (BAA), 4 Lincoln Court, Lincoln Road, GB-PE1 2 RP Peterborough

Finnland: Agrochemical Producers Association of Finland (APAF), Etelärante 10, P.O. Box 4, SF-00131 Helsinki

Frankreich: Union des Industries de la Protection des Plantes (UIPP), 2 rue Denfert-Rochereau, B.P. 127, F-92106 Boulogne-Billancourt Cedex

Griechenland: Greek Agrochemical Association (GAA), Patission 53, GR-10433 Athen

Irland: Animal & Plant Health Association (APHA), Franklin House, 140 Pembroke Road, IR-4 Dublin

Italien: Associazione Industrie Difesa Produzioni Agricole (AGROFARMA), Via Accademia 33, I-20131 Milano

Niederlande: Nederlandse Stichting voor Fytofarmacie (NEFYTO), 16 Hogeweg, NL-2508 GM Den Haag

Norwegen: Norsk Plantevern Forening (NPF), Tarnveien 13, N-1430 Äs

Portugal: The Director ANIPLA, Rua Dos Navegantes 48 R/C DT, POR-1200 Lisboa

Österreich: Fachverband der Chemischen Industrie Österreichs, Wiedner Hauptstraße 63, A-1045 Wien

Spanien: Asociacion Empresarial para la Proteccion de las Plantas (AEPLA), Almagro 44, E-28010 Madrid

Schweden: Industrin för Växt- och Träskyddsmedel (IVT), 19 Storgatan, Box 5501, S-11485 Stockholm

Schweiz: Schweizerische Gesellschaft für Chemische Industrie, Nordstraße 15, CH-8035 Zürich

Türkei: TISIT Defterdar Yokusu Sungu, Sokak Guneydogu Ishanl Kat. 3, Daire: 15, TR-80040 Tophane/Istanbul

Ungarn: Hungarian Chemical Industry Association (HCIA) Erzsebet kirelyne utja 1/C, H-1406 Budapest 76 Pf. 40

7.13 Berufsständische Organisationen

DEUTSCHE PHYTOMEDIZINISCHE GESELLSCHAFT e. V., Nussallee 9, 53115 Bonn, Tel.: (02 28) 73 96 26, Fax: (02 28) 73 96 27

7.14 Pflanzenliebhaber-Gesellschaften

Arbeitsgemeinschaft Deutscher Pflanzenliebhaber-Gesellschaften, Godesberger Allee 142 bis 148, 35390 Bonn.

Europäische Bambusgesellschaft Deutschland (EBS), Geschäftsführerin Edeltraud Weber, John-Wesley-Str. 4, 63584 Gründau, Tel.: (0 60 51) 1 74 51; **Bonsai Club Deutschland e.V.,** Geschäftsführer Dietmar Schüler, Konviktstr. 1, 79098 Freiburg, Tel.: (07 61) 27 71 10; **Deutsche Bromelien-Gesellschaft e.V. DBG,** Vorsitzender Dr. Klaus Eichstetter, Steiler Weg 15, 57076 Siegen, Tel.: (02 71) 4 55 11, Fax: (02 71) 48 50 16; **Deutsche Kameliengesellschaft,** Geschäftsführer Gerhard Kasimir, Stahlbühlring 96, 68526 Ladenburg, Tel.: (0 62 03) 28 73, Fax: (0 62 03) 1 31 98; **Deutsche Dahlien, Fuchsien- und Gladiolen-Gesellschaft e.V. (DDFGG),** Geschäftsführer Dipl.-Ing. (FH) Elisabeth Göring, Drachenfelsstr. 9a, 53177 Bonn, Tel.: (02 28) 35 58 35, Fax: (02 28) 35 58 37; **Deutsche Dendrologische Gesellschaft e.V. DDG,** Geschäftsführer Andreas Bärtels, Hünstollenstr. 32, 37136 Bösinghausen ü. Waake, Tel.: (0 55 07) 9 13 87, Fax: (0 55 07) 9 13 88; **Gesellschaft für Fleischfressende Pflanzen im deutschsprachigen Raum - G.F.P. - e.V.,** Geschäftsführer Klaus-Peter Dickscheidt, Zweibrückenstr. 31, 40625 Düsseldorf, Tel.: (02 11) 23 42 85; **Deutsche Fuchsien-Gesellschaft e.V.,** Geschäftsführer Hans-Peter Peters, Pankratiusstr. 10, Groß Förste, 31180 Giesen, Tel.: (0 50 66) 37 17; **Deutsche Gesellschaft für Hydrokultur e.V. (DGHK),** Präsident Heinrich Bömken, Kurt-Schumacher-Str. 36, 45699 Herten, Tel.: (0 23 66) 3 51 72, Fax: (0 23 66) 88 55 92; **Deutsche Kakteen-Gesellschaft e.V. (DKG),** Geschäftsstelle: Frau Gretel Rothe, Betzenriedweg 44, 72800 Eningen unter Achalm, Tel.: (0 71 21) 88 05 10 oder 8 32 48, Fax: (0 71 21) 88 05 11; **EPIG - Interessengemeinschaft Epiphytischer Kakteen,** Schriftführer Prof. Dr. Jochen Bockemühl, Postfach 26 15 51, 20505

Hamburg, Tel.: (0 40) 7 89 64-2 01, Fax: (0 40) 7 89 64-2 74; **Deutsche Orchideen-Gesellschaft e.V. (DOG),** Präs./GF: Gerd Röllke, Flößweg 11, 33758 Schloß Holte-Stukenbrock, Tel.: (0 52 07) 92 06 07, Fax: (0 52 07) 92 06 08; **Vereinigung Deutscher Orchideenfreunde e.V.,** Vorsitzender Roland Schettler, Döbelner Str. 9, 44139 Dortmund, Tel.: (02 31) 10 18 25, Fax: (0 23 53) 30 27; **Verein Deutscher Rosenfreunde e.V. (VDR),** Geschäftsführer Hanni Bartetzko, Waldseestr. 14, 76530 Baden-Baden, Tel.: (0 72 21) 3 13 02, Fax: (0 72 21) 3 83 37; **Gesellschaft der Staudenfreunde e.V. (GdS),** Geschäftsführerin Brigitte Wörfel, Meisenweg 1, 65795 Hattersheim, Tel.: (0 61 90) 36 42, Fax: (0 61 90) 36 42; **Internationale Clematis Gesellschaft,** Geschäftsführer Walter Hörsch, Hagenwiesenstr. 3, 73066 Uhingen, Tel.: (0 71 63) 41 96, Fax: (0 7163) 47 89; **I.G. Passionsblumen**, Präsident Jens Buddrich, Amselstr. 75, 24837 Schleswig, Tel.: (0 46 21) 5 32 24; **Heliconien** - Botanischer Garten der Ruhr-Universität, Herrn Bernd Kirchner, 44780 Bochum, Tel.: (02 34) 7 00-66 66; **Heliconia Soc. Int.,** Präsidentin Agneta Becker, Langer Kornweg 14, 65451 Kelsterbach, Tel. (0 61 07) 60 95, Fax: 0 61 07) 6 29 90; **International Water Lily Society**, Präsident Karl Wachter, Wendenhofsiedlung 8, 93194 Walderbach, Tel.: (094 64) 4 76, Fax: (0 94 64) 12 28; **Gesellschaft der Heidefreunde e.V**., Jürgen Schröder, Lütjenmoor 66, 22850 Norderstedt, Tel.: (0 40) 5 25 62 59; **Deutsche Rhododendron-Gesellschaft e.V**., Geschäftsführer Dr. Lothar Heft, Marcusallee 60, 28359 Bremen, Tel.: (04 21) 3 61-30 25, Fax: (04 21) 36 10. **Deutsche Efeu-Gesellschaft,** Geschäftsführer Robert Krebs, Hauptstr. 48, 24890 Stolk, Tel.: (0 46 23) 15 02.

8 Gesetze und Verordnungen

Inhaltsverzeichnis

8.1 Gesetz zum Schutz der Kulturpflanzen (Pflanzenschutzgesetz - PflSchG)

Bekanntmachung der Neufassung des Pflanzenschutzgesetzes

Vom 14. Mai 1998 (BGBl. I S. 971)
(in der Fassung der **Berichtigung** vom 16. Juni 1998 (BGBl. I S. 1527),
ergänzt um den **Artikel 4** des Änderungsgesetzes, der den § 46 (Inkrafttreten, Außerkrafttreten) zum Inhalt hat.

Auf Grund des Artikels 4 des Ersten Gesetzes zur Änderung des Pflanzenschutzgesetzes vom 14. Mai 1998 (BGBl. I S. 950) wird nachstehend der Wortlaut des Pflanzenschutzgesetzes in der ab 1. Juli 1998 geltenden Fassung bekanntgemacht. Die Neufassung berücksichtigt:

1. das im wesentlichen am 1. Januar 1987 in Kraft getretene Gesetz vom 15. September 1986 (BGBl. I S. 1505),
2. den am 1. August 1990 in Kraft getretenen Artikel 3 des Gesetzes vom 14. März 1990 (BGBl. I S. 493),

3. den am 1. Juli 1990 in Kraft getretenen Artikel 15 des Gesetzes vom 28. Juni 1990 (BGBl. I S. 1221),
4. den am 13. März 1993 in Kraft getretenen Artikel 45 der Verordnung vom 26. Februar 1993 (BGBl. I S. 278),
5. den am 26. November 1993 in Kraft getretenen Artikel 1 des Gesetzes vom 25. November 1993 (BGBl. I S. 1917),
6. den am 1. Juli 1994 in Kraft getretenen Artikel 8 § 13 des Gesetzes vom 24. Juni 1994 (BGBl. I S. 1416),
7. den am 1. November 1994 in Kraft getretenen Artikel 10 des Gesetzes vom 27. Juni 1994 (BGBl. I S. 1440),
8. den am 9. Mai 1998 in Kraft getretenen Artikel 2 Abs. 2 des Gesetzes vom 30. April 1998 (BGBl. I. S. 823) und
9. den im wesentlichen am 1. Juli 1998 in Kraft tretenden Artikel 1 des eingangs genannten Gesetzes.

Bonn, den 14. Mai 1998

Der Bundesminister
für Ernährung, Landwirtschaft und Forsten

Erster Abschnitt
Allgemeine Bestimmungen

§ 1
Zweck

Zweck dieses Gesetzes ist,

1. Pflanzen, insbesondere Kulturpflanzen, vor Schadorganismen und nichtparasitären Beeinträchtigungen zu schützen,
2. Pflanzenerzeugnisse vor Schadorganismen zu schützen,
3. (weggefallen)
4. Gefahren abzuwenden, die durch die Anwendung von Pflanzenschutzmitteln oder durch andere Maßnahmen des Pflanzenschutzes, insbesondere für die Gesundheit von Mensch und Tier und für den Naturhaushalt, entstehen können,
5. Rechtsakte der Europäischen Gemeinschaft im Bereich des Pflanzenschutzrechts durchzuführen.

§ 2
Begriffsbestimmungen

Im Sinne dieses Gesetzes sind

1. Pflanzenschutz:
   a) der Schutz von Pflanzen vor Schadorganismen und nichtparasitären Beeinträchtigungen,
   b) der Schutz der Pflanzenerzeugnisse vor Schadorganismen (Vorratsschutz)

einschließlich der Verwendung und des Schutzes von Tieren, Pflanzen und Mikroorganismen, durch die Schadorganismen bekämpft werden können;

2. integrierter Pflanzenschutz: eine Kombination von Verfahren, bei denen unter vorrangiger Berücksichtigung biologischer, biotechnischer, pflanzenzüchterischer sowie anbau- und kulturtechnischer Maßnahmen die Anwendung chemischer Pflanzenschutzmittel auf das notwendige Maß beschränkt wird;
3. Pflanzen:
   a) lebende Pflanzen,
   b) Pflanzenteile, einschließlich der Früchte und Samen, die zum Anbau bestimmt sind;
4. Pflanzenerzeugnisse:
   a) Erzeugnisse pflanzlichen Ursprungs, die nicht oder nur durch einfache Verfahren, wie Trocknen oder Zerkleinern, be- oder verarbeitet worden sind, ausgenommen verarbeitetes Holz,
   b) Pflanzenteile, einschließlich der Früchte und Samen, die nicht zum Anbau bestimmt sind;
5. Pflanzenarten: Pflanzenarten und Pflanzensorten sowie deren Zusammenfassungen und Unterteilungen;
6. Naturhaushalt: seine Bestandteile Boden, Wasser, Luft, Tier- und Pflanzenarten sowie das Wirkungsgefüge zwischen ihnen;
7. Schadorganismen: Tiere, Pflanzen und Mikroorganismen in allen Entwicklungsstadien, die erhebliche Schäden an Pflanzen oder Pflanzenerzeugnissen verursachen können. Viren und ähnliche Krankheitserreger werden den Mikroorganismen, nicht durch Schadorganismen verursachte Krankheiten werden den Schadorganismen gleichgestellt;
8. Befallsgegenstände: Pflanzen, Pflanzenerzeugnisse oder sonstige Gegenstände, die Träger bestimmter Schadorganismen sind oder sein können;
9. Pflanzenschutzmittel: Stoffe, die dazu bestimmt sind,
   a) Pflanzen oder Pflanzenerzeugnisse vor Schadorganismen zu schützen,
   b) Pflanzen oder Pflanzenerzeugnisse vor Tieren, Pflanzen oder Mikroorganismen zu schützen, die nicht Schadorganismen sind,
   c) die Lebensvorgänge von Pflanzen zu beeinflussen, ohne ihrer Ernährung zu dienen (Wachstumsregler),
   d) das Keimen von Pflanzenerzeugnissen zu hemmen

   ausgenommen sind Wasser, Düngemittel im Sinne des Düngemittelgesetzes und Pflanzenstärkungsmittel; als Pflanzenschutzmittel gelten auch Stoffe, die dazu bestimmt sind, Pflanzen abzutöten oder das Wachstum von Pflanzen zu hemmen oder zu verhindern, ohne daß diese Stoffe unter Buchstabe a oder c fallen;

9a. Wirkstoffe: chemische Elemente oder deren Verbindungen, wie sie natürlich vorkommen oder zu gewerblichen Zwecken hergestellt werden, einschließlich der Verunreinigungen, mit Wirkung auf
   a) Schadorganismen oder
   b) Pflanzen oder Pflanzenerzeugnisse;

Mikroorganismen einschließlich Viren und ähnliche Organismen sowie ihre Bestandteile sind den chemischen Elementen gleichgestellt;

9b. Rückstände: Stoffe in oder auf Pflanzen, Pflanzenerzeugnissen, eßbaren Erzeugnissen tierischer Herkunft oder anderweitig vorhandene Stoffe, deren Vorhandensein von der Anwendung der Pflanzenschutzmittel herrührt, einschließlich ihrer Metabolite, Abbau- oder Reaktionsprodukte;

10. Pflanzenstärkungsmittel: Stoffe, die
    a) ausschließlich dazu bestimmt sind, die Widerstandsfähigkeit von Pflanzen gegen Schadorganismen zu erhöhen,
    b) dazu bestimmt sind, Pflanzen vor nichtparasitären Beeinträchtigungen zu schützen,
    c) für die Anwendung an abgeschnittenen Zierpflanzen außer Anbaumaterial bestimmt sind;

11. Pflanzenschutzgeräte: Geräte und Einrichtungen, die zum Ausbringen von Pflanzenschutzmitteln bestimmt sind;

12. Kultursubstrate: Erden und andere Substrate in fester oder flüssiger Form, die Pflanzen als Wurzelraum dienen;

13. Inverkehrbringen: das Anbieten, Vorrätighalten zur Abgabe, Feilhalten und jedes Abgeben an andere;

13a. Anwendungsgebiet: bestimmte Pflanzen, Pflanzenarten oder Pflanzenerzeugnisse zusammen mit denjenigen Schadorganismen, gegen die die Pflanzen und Pflanzenerzeugnisse geschützt werden sollen, oder der sonstige Zweck, zu dem das Pflanzenschutzmittel angewandt werden soll;

14. Mitgliedstaat: Mitgliedstaat der Europäischen Union;

15. Freilandflächen: die nicht durch Gebäude oder Überdachungen ständig abgedeckten Flächen, unabhängig von ihrer Beschaffenheit oder Nutzung; dazu gehören auch Verkehrsflächen jeglicher Art wie Gleisanlagen, Straßen-, Wege-, Hof- und Betriebsflächen sowie sonstige durch Tiefbaumaßnahmen veränderte Landflächen.

Zweiter Abschnitt
Pflanzenschutz
§ 2a
Durchführung des Pflanzenschutzes

(1) Pflanzenschutz darf nur nach guter fachlicher Praxis durchgeführt werden. Die gute fachliche Praxis dient insbesondere

1. der Gesunderhaltung und Qualitätssicherung von Pflanzen und Pflanzenerzeugnissen durch
    a) vorbeugende Maßnahmen,
    b) Verhütung der Einschleppung oder Verschleppung von Schadorganismen,
    c) Abwehr oder Bekämpfung von Schadorganismen und

2. der Abwehr von Gefahren, die durch die Anwendung, das Lagern und den sonstigen Umgang mit Pflanzenschutzmitteln oder durch andere Maßnahmen des Pflanzenschutzes, insbesondere für die Gesundheit von Mensch und Tier und für den Naturhaushalt, entstehen können.

Zur guten fachlichen Praxis gehört, daß die Grundsätze des integrierten Pflanzenschutzes und der Schutz des Grundwassers berücksichtigt werden.

(2) Das Bundesministerium für Ernährung, Landwirtschaft und Forsten erstellt unter Beteiligung der Länder und unter Berücksichtigung des Standes der wissenschaftlichen Erkenntnisse sowie den Erfahrungen der Pflanzenschutzdienste und des Personenkreises, der Pflanzenschutzmaßnahmen durchführt, die Grundsätze für die Durchführung der guten fachlichen Praxis im Pflanzenschutz. Das Bundesministerium für Ernährung, Landwirtschaft und Forsten gibt diese Grundsätze im Einvernehmen mit den Bundesministerien für Gesundheit und für Umwelt, Naturschutz und Reaktorsicherheit im Bundesanzeiger bekannt.

§ 3

Pflanzenschutzmaßnahmen

(1) Das Bundesministerium für Ernährung, Landwirtschaft und Forsten wird ermächtigt, soweit es zur Erfüllung der in § 1 genannten Zwecke erforderlich ist, durch Rechtsverordnung mit Zustimmung des Bundesrates

1. anzuordnen, das Auftreten oder den Verdacht des Auftretens von Schadorganismen, den Anbau oder das Vorkommen bestimmter Pflanzenarten, sonstige für das Auftreten oder Bekämpfen von Schadorganismen erhebliche Tatsachen oder die Anwendung bestimmter Pflanzenschutzmittel, Pflanzenschutzgeräte oder Verfahren des Pflanzenschutzes der zuständigen Behörde anzuzeigen;
2. Verfügungsberechtigte und Besitzer zu verpflichten, Befallsgegenstände, Grundstücke, Gebäude oder Räume auf das Auftreten von Schadorganismen zu überwachen, zu untersuchen oder untersuchen zu lassen;
3. Verfügungsberechtigte und Besitzer zu verpflichten, bestimmte Schadorganismen zu bekämpfen oder bekämpfen zu lassen, sowie bestimmte Pflanzenschutzmittel, Pflanzenschutzgeräte oder Verfahren hierfür vorzuschreiben oder zu verbieten;
4. (weggefallen)
5. anzuordnen, daß die zuständigen Behörden Pflanzen und Grundstücke auf das Auftreten bestimmter Schadorganismen überwachen und bestimmte Schadorganismen bekämpfen;
6. das Vernichten, Entseuchen oder Entwesen von Befallsgegenständen und das Entseuchen oder Entwesen des Bodens, von Kultursubstraten oder von Gebäuden oder Räumen anzuordnen sowie bestimmte Mittel, Geräte oder Verfahren hierfür vorzuschreiben oder zu verbieten;
7. die Verwendung bestimmter Kultursubstrate für die Anzucht oder den Anbau bestimmter Pflanzen vorzuschreiben oder zu verbieten;
8. die Nutzung befallener, befallsverdächtiger oder befallsgefährdeter Grundstücke zu beschränken sowie Vorschriften über die Sperre solcher Grundstücke zu erlassen;
9. die Verwendung nicht geeigneten Saat- oder Pflanzguts oder nicht geeigneter zur Veredlung bestimmter Pflanzenteile zu verbieten oder zu beschränken;
10. den Anbau bestimmter Pflanzenarten zu verbieten oder zu beschränken;
11. das Inverkehrbringen bestimmter Pflanzen, die für die Erzeugung von Pflanzen oder sonst zum Anbau bestimmt sind (Anbaumaterial),

a) bei Befall oder Verdacht des Befalls mit bestimmten Schadorganismen zu verbieten oder zu beschränken,
b) von dem Ergebnis einer Untersuchung auf Befall mit bestimmten Schadorganismen oder auf Resistenz gegen bestimmte Schadorganismen oder von einer Genehmigung abhängig zu machen;

12. anzuordnen, daß befallene, befallsverdächtige oder befallsgefährdete Grundstücke von bestimmten Pflanzen freizumachen oder freizuhalten sind;
13. das Befördern, das Inverkehrbringen und das Lagern bestimmter Schadorganismen und Befallsgegenstände zu verbieten, zu beschränken oder von einer Genehmigung oder Anzeige abhängig zu machen;
14. das Züchten und das Halten bestimmter Schadorganismen sowie das Arbeiten mit ihnen zu verbieten, zu beschränken oder von einer Genehmigung oder Anzeige abhängig zu machen;
15. anzuordnen, daß Grundstücke, Gebäude, Räume oder Behältnisse, die dem Lagern von Pflanzen oder Pflanzenerzeugnissen dienen, zu entseuchen, zu entwesen oder zu reinigen sind, und bestimmte Mittel, Geräte oder Verfahren hierfür vorzuschreiben oder zu verbieten;
16. Vorschriften zum Schutz von Tieren, Pflanzen oder Mikroorganismen

    a) vor ihrer Gefährdung durch Pflanzenschutzmittel, Pflanzenschutzgeräte oder sonstige Geräte und Einrichtungen, die im Pflanzenschutz benutzt werden, oder
    b) im Hinblick auf ihren Nutzen für die Bekämpfung von Schadorganismen

    zu erlassen;
17. Vorschriften über das Inverkehrbringen und die Verwendung von Tieren, Pflanzen oder Mikroorganismen zur Bekämpfung bestimmter Schadorganismen zu erlassen; dabei kann es das Inverkehrbringen und die Verwendung von Tieren, Pflanzen oder Mikroorganismen von einer Genehmigung abhängig machen sowie die Voraussetzungen und das Verfahren hierfür regeln.

(2) Rechtsverordnungen nach Absatz 1 Nr. 3, 6, 15, 16 und 17 bedürfen des Einvernehmens mit den Bundesministerien für Arbeit und Sozialordnung, für Gesundheit und für Umwelt, Naturschutz und Reaktorsicherheit, soweit sie sich auf die Anwendung bestimmter Pflanzenschutzmittel oder anderer Stoffe beziehen.

(3) Die Landesregierungen werden ermächtigt,

1. Rechtsverordnungen nach Absatz 1 zu erlassen, soweit das Bundesministerium für Ernährung, Landwirtschaft und Forsten von seiner Befugnis keinen Gebrauch macht,
2. durch Rechtsverordnung, soweit es zur Erfüllung der in § 1 genannten Zwecke erforderlich ist,

    a) in Gebieten, die für den Anbau bestimmter Pflanzenarten besonders geeignet sind, den Anbau bestimmter Pflanzenarten zu verbieten oder die Verwendung bestimmten Saat- oder Pflanzenguts sowie bestimmte Anbaumethoden vorzuschreiben,
    b) vorzuschreiben, daß Pflanzen oder Pflanzenerzeugnisse nur in bestimmter Art und Weise gelagert werden dürfen.

Sie können durch Rechtsverordnung diese Befugnis auf andere Behörden übertragen und dabei bestimmen, daß diese ihre Befugnis durch Rechtsverordnung auf nachgeordnete oder ihrer Aufsicht unterstehende Behörden weiter übertragen können.

§ 4
Maßnahmen gegen Ein- und Verschleppung von Schadorganismen

Das Bundesministerium für Ernährung, Landwirtschaft und Forsten wird ermächtigt, soweit es

1. zum Schutz gegen die Gefahr
   a) der Einschleppung von Schadorganismen in die Mitgliedstaaten,
   b) der Verschleppung von Schadorganismen innerhalb der Europäischen Gemeinschaft oder in ein Drittland oder
2. zum Schutz bestimmter Gebiete vor Schadorganismen und Befallsgegenständen

erforderlich ist, durch Rechtsverordnung mit Zustimmung des Bundesrates das Befördern, das Inverkehrbringen, die Einfuhr und die Ausfuhr von Schadorganismen und Befallsgegenständen zu verbieten oder zu beschränken. Es kann dabei insbesondere

1. das Befördern, das Inverkehrbringen, die Einfuhr und die Ausfuhr von Schadorganismen und Befallsgegenständen abhängig machen
   a) von einer Genehmigung oder Anzeige,
   b) von einer Untersuchung oder vom Nachweis einer durchgeführten Entseuchung, Entwesung oder anderen Behandlung,
   c) von der Begleitung durch bestimmte Bescheinigungen,
   d) von einer bestimmten Verpackung oder Kennzeichnung,
   e) von einer Zulassung oder Registrierung des Betriebs, der die Pflanzen erzeugt oder angebaut hat oder der die Pflanzen, Pflanzenerzeugnisse, Kultursubstrate oder andere Befallsgegenstände in den Verkehr bringt, einführt oder lagert;
2. Vorschriften erlassen über
   a) die Durchführung von Untersuchungen einschließlich der Probenahme,
   b) die Beobachtung, Verwendung oder Behandlung einschließlich der Vernichtung der Befallsgegenstände,
   c) die Verpflichtung zu Aufzeichnungen, insbesondere über durchgeführte Untersuchungen, über das Auftreten von Schadorganismen, über deren Bekämpfung sowie über den Verbleib von Befallsgegenständen,
   d) Inhalt, Form und Ausstellung der Bescheinigungen nach Nummer 1 Buchstabe c,
   e) die Schließung von Packungen und Behältnissen sowie die Verschlußsicherung,
   f) die Aufbewahrung von Bescheinigungen und Aufzeichnungen sowie deren Vorlage bei der zuständigen Behörde,
   g) die Voraussetzungen und das Verfahren für die Zulassung oder Registrierung der Betriebe nach Nummer 1 Buchstabe e einschließlich des Ruhens der Zulassung, von Beschränkungen für zugelassene oder registrierte Betriebe bei der Pflanzenerzeugung, beim Pflanzenanbau und beim Befördern, Inverkehrbringen oder Lagern von Befallsgegenständen sowie der Verarbeitung und Nutzung der in dem Verfahren erhobenen Daten,

h) die Voraussetzungen und das Verfahren für die Zulassung von Einrichtungen, die Pflanzen, Pflanzenerzeugnisse oder Kultursubstrate auf den Befall mit Schadorganismen untersuchen, einschließlich des Ruhens der Zulassung oder von Beschränkungen der Untersuchungstätigkeit sowie der Verarbeitung und Nutzung der in dem Verfahren erhobenen Daten.

§ 5
Eilfälle

(1) Besteht Gefahr im Verzuge oder ist es zur unverzüglichen Durchführung von Rechtsakten der Europäischen Gemeinschaft erforderlich, so kann das Bundesministerium für Ernährung, Landwirtschaft und Forsten Rechtsverordnungen nach § 3 Abs. 1 und 2 und § 4 ohne Zustimmung des Bundesrates und ohne Einvernehmen mit den anderen Bundesministerien erlassen; sie treten spätestens sechs Monate nach ihrem Inkrafttreten außer Kraft. Ihre Geltungsdauer kann nur mit Zustimmung des Bundesrates verlängert werden.

(2) Die zuständigen Behörden können bei Gefahr im Verzuge Maßnahmen nach § 3 Abs. 1 und § 4 Satz 1 in Verbindung mit Satz 2 Nr. 1 Buchstabe a bis d und Nr. 2 Buchstabe a bis f anordnen, soweit ein sofortiges Eingreifen erforderlich ist.

Dritter Abschnitt
Anwendung von Pflanzenschutzmitteln

§ 6
Allgemeines

(1) Bei der Anwendung von Pflanzenschutzmitteln ist nach guter fachlicher Praxis zu verfahren. Pflanzenschutzmittel dürfen nicht angewandt werden, soweit der Anwender damit rechnen muß, daß ihre Anwendung im Einzelfall schädliche Auswirkungen auf die Gesundheit von Mensch und Tier oder auf Grundwasser oder sonstige erhebliche schädliche Auswirkungen, insbesondere auf den Naturhaushalt, hat. Die zuständige Behörde kann Maßnahmen anordnen, die zur Erfüllung der in den Sätzen 1 und 2 genannten Anforderungen erforderlich sind.

(2) Pflanzenschutzmittel dürfen auf Freilandflächen nur angewandt werden, soweit diese landwirtschaftlich, forstwirtschaftlich oder gärtnerisch genutzt werden. Sie dürfen jedoch nicht in oder unmittelbar an oberirdischen Gewässern und Küstengewässern angewandt werden.

(3) Die zuständige Behörde kann Ausnahmen von Absatz 2 genehmigen, wenn der angestrebte Zweck vordringlich ist und mit zumutbarem Aufwand auf andere Weise nicht erzielt werden kann und überwiegende öffentliche Interessen, insbesondere des Schutzes von Tier- und Pflanzenarten, nicht entgegenstehen.

§ 6a
Besondere Anwendungsvorschriften

(1) Pflanzenschutzmittel dürfen einzeln oder gemischt mit anderen nur angewandt werden, wenn sie zugelassen sind und nur

1. in den in der Zulassung festgesetzten und in der Gebrauchsanleitung angegebenen, in den nach § 18 Abs. 1 Satz 1 genehmigten und nach § 18a Abs. 4 bekanntgemachten oder in den nach § 18b Abs. 1 Satz 1 genehmigten Anwendungsgebieten und
2. entsprechend den in der Zulassung festgesetzten und in der Gebrauchsanleitung angegebenen oder nach § 18a Abs. 4 bekanntgemachten Anwendungsbestimmungen.

Sie dürfen im Haus- und Kleingartenbereich nur angewandt werden, wenn sie mit der Angabe "Anwendung im Haus- und Kleingartenbereich zulässig" gekennzeichnet sind.

(2) Für Pflanzenschutzmittel, deren Inverkehrbringen oder Einfuhr nach § 11 Abs. 2 Nr. 2 und 3 genehmigt worden ist, gilt Absatz 1 Satz 1 entsprechend.

(3) Abweichend von Absatz 1 Satz 1 dürfen Pflanzenschutzmittel, deren Zulassung nach § 16 Abs. 1 oder 2 Satz 1 endet, noch bis zum Ablauf des zweiten auf das Ende der Zulassung folgenden Jahres angewandt werden. Sie dürfen nicht angewandt werden, soweit die Anwendung durch Rechtsverordnung auf Grund dieses Gesetzes beschränkt ist oder die Biologische Bundesanstalt nach Ende der Zulassung durch Allgemeinverfügung festgestellt hat, daß die Voraussetzungen für eine Rücknahme oder einen Widerruf vorgelegen hätten.

(4) Absatz 1 Satz 1 gilt nicht für

1. Pflanzenschutzmittel, die zu Forschungs-, Untersuchungs- und Versuchszwecken (Versuchszwecke) angewandt werden,
2. Pflanzenschutzmittel, deren Anwendung nach § 3 Abs. 1 Nr. 3, 6 und 15 oder nach § 4 Satz 1 in Verbindung mit Satz 2 Nr. 2 Buchstabe b, jeweils in Verbindung mit § 5 Abs. 2, angeordnet worden ist,
3. Pflanzenschutzmittel, die für landwirtschaftliche, forstwirtschaftliche oder gärtnerische Zwecke zur Anwendung im eigenen Betrieb hergestellt werden, soweit dazu nicht Mittel verwandt werden, die Stoffe oder Zubereitungen enthalten, die zu gewerblichen Zwekken oder im Rahmen sonstiger wirtschaftlicher Unternehmungen in den Verkehr gebracht oder eingeführt worden sind, es sei denn, die Stoffe und Zubereitungen
   a) dürfen nach den Vorschriften der Europäischen Gemeinschaft bei der Erzeugung von Produkten aus ökologischem Anbau angewandt werden und
   b) sind in einer Liste der Biologischen Bundesanstalt aufgeführt,
4. Mittel, die zur Bekämpfung pflanzlicher Mikroorganismen angewandt werden
   a) innerhalb geschlossener Räume oder Rohrsysteme in Betrieben und Anlagen, die einer gewerbe-, bergbau-, atom- oder gesundheitsrechtlichen Aufsicht unterliegen; dies gilt nicht für die Anwendung in Räumen, die der Erzeugung von Pflanzen oder dem Inverkehrbringen von Pflanzen oder Pflanzenerzeugnissen dienen,
   b) in Anlagen des sanitären Bereichs.

Die Biologische Bundesanstalt nimmt Stoffe und Zubereitungen in die Liste nach Satz 1 Nr. 3 Buchstabe b auf, wenn keine Anhaltspunkte vorliegen, daß sie bei sachgerechter Anwendung oder als Folge einer solchen Anwendung schädliche Auswirkungen, insbesondere auf die Gesundheit von Mensch und Tier, das Grundwasser und den Naturhaushalt haben. Die Biologische Bundesanstalt macht die Liste im Bundesanzeiger bekannt.

§ 7
Anwendungsverbote

(1) Das Bundesministerium für Ernährung, Landwirtschaft und Forsten wird ermächtigt, soweit es zum Schutz der Gesundheit von Mensch oder Tier oder zum Schutz vor Gefahren, insbesondere für den Naturhaushalt, erforderlich ist, im Einvernehmen mit den Bundesministerien für Wirtschaft, für Arbeit und Sozialordnung und für Gesundheit sowie im Falle der Nummer 1 auch mit dem Bundesministerium für Umwelt, Naturschutz und Reaktorsicherheit durch Rechtsverordnung mit Zustimmung des Bundesrates

1. die Anwendung
   a) bestimmter Pflanzenschutzmittel oder von Pflanzenschutzmitteln mit bestimmten Stoffen,
   b) von Pflanzenschutzmitteln unter Verwendung bestimmter Geräte oder Verfahren,
2. den Anbau bestimmter Pflanzenarten auf Grundstücken, deren Böden mit bestimmten Pflanzenschutzmitteln behandelt worden sind, sowie die Verwendung bestimmter dort gewonnener Pflanzen oder Pflanzenerzeugnisse,
3. das Abgeben von Pflanzenschutzmitteln, die unter eine Regelung nach Nummer 1 Buchstabe a fallen, an den Anwender,
4. das Inverkehrbringen, die Einfuhr oder die Verwendung von Saatgut, Pflanzgut oder Kultursubstraten, die bestimmte Pflanzenschutzmittel enthalten oder denen bestimmte Pflanzenschutzmittel anhaften,

zu verbieten, zu beschränken oder von einer Genehmigung oder Anzeige abhängig zu machen; dabei kann vorgesehen werden, daß die Genehmigung von der Biologischen Bundesanstalt zu erteilen und die Anzeige ihr gegenüber zu erstatten ist.

(2) Soweit durch Rechtsverordnung nach Absatz 1 Nr. 1 die Anwendung von Pflanzenschutzmitteln beschränkt wird, können insbesondere Zweck, Art, Zeit, Ort und Verfahren der Anwendung des Pflanzenschutzmittels vorgeschrieben oder verboten sowie die aufzuwendende Menge und nach der Anwendung einzuhaltende Wartezeit vorgeschrieben werden.

(3) Ein mit der Zulassung eines Pflanzenschutzmittels festgesetztes Anwendungsgebiet darf durch Rechtsverordnung nach Absatz 1 Nr. 1 nicht ausgeschlossen werden, es sei denn, daß zuvor die Zulassung unter Anordnung der sofortigen Vollziehbarkeit zurückgenommen oder widerrufen worden ist. Wird die Rücknahme oder der Widerruf der Zulassung unanfechtbar aufgehoben, so ist die Rechtsverordnung insoweit nicht mehr anzuwenden.

(4) Bei Gefahr im Verzuge kann das Bundesministerium für Ernährung, Landwirtschaft und Forsten Rechtsverordnungen nach Absatz 1 ohne Zustimmung des Bundesrates und ohne Einvernehmen mit anderen Bundesministerien erlassen; sie treten spätestens sechs Monate nach ihrem Inkrafttreten außer Kraft. Ihre Geltungsdauer kann nur mit Zustimmung des Bundesrates verlängert werden.

(5) Die Landesregierungen werden ermächtigt, Rechtsverordnungen nach Absatz 1 Nr. 1 Buchstabe b zu erlassen, soweit das Bundesministerium für Ernährung, Landwirtschaft und Forsten von seiner Befugnis keinen Gebrauch macht.

§ 8
Weitergehende Länderregelungen

Befugnisse der Länder,

1. Vorschriften zu erlassen, über
   a) die Anwendung von Pflanzenschutzmitteln in Schutzgebieten nach wasserrechtlichen oder naturschutzrechtlichen Bestimmungen,
   b) die Einzelheiten der Anwendung von Pflanzenschutzmitteln an oberirdischen Gewässern oder Küstengewässern oder
   c) die Anwendung von Pflanzenschutzmitteln auf Freilandflächen, die nicht landwirtschaftlich, forstwirtschaftlich oder erwerbsgärtnerisch genutzt werden, oder

2. a) die Anwendung von Pflanzenschutzmitteln unter Verwendung bestimmter Geräte oder Verfahren oder
   b) den Anbau bestimmter Pflanzenarten auf Grundstücken, deren Böden mit bestimmten Pflanzenschutzmitteln behandelt worden sind, sowie die Verwendung bestimmter dort gewonnener Pflanzen oder Pflanzenerzeugnisse

   zu verbieten, zu beschränken oder von einer Genehmigung oder Anzeige abhängig zu machen,

bleiben unberührt.

§ 9
Anzeige

Wer Pflanzenschutzmittel für andere - außer gelegentlicher Nachbarschaftshilfe - anwenden oder zu gewerblichen Zwecken oder im Rahmen sonstiger wirtschaftlicher Unternehmungen andere über die Anwendung von Pflanzenschutzmitteln beraten will, hat dies der für den Betriebssitz und der für den Ort der Tätigkeit zuständigen Behörde vor Aufnahme der Tätigkeit anzuzeigen. Die Landesregierungen werden ermächtigt, durch Rechtsverordnung die näheren Vorschriften über die Anzeige und das Anzeigeverfahren zu erlassen. Sie können durch Rechtsverordnung diese Befugnis auf oberste Landesbehörden übertragen.

§ 10
Persönliche Anforderungen

(1) Wer

1. Pflanzenschutzmittel in einem Betrieb
   a) der Landwirtschaft einschließlich des Gartenbaus oder der Forstwirtschaft oder
   b) zum Zwecke des Vorratsschutzes

   anwendet,

2. eine nach § 9 anzeigepflichtige Tätigkeit ausübt oder

3. Personen anleitet oder beaufsichtigt, die Pflanzenschutzmittel im Rahmen eines Ausbildungsverhältnisses anwenden, soweit dies zur Ausbildung gehört,

muß die dafür erforderliche Zuverlässigkeit und die dafür erforderlichen Kenntnisse und Fertigkeiten haben und dadurch die Gewähr dafür bieten, daß durch die Anwendung von Pflanzenschutzmitteln keine vermeidbaren schädlichen Auswirkungen auf die Gesundheit von Mensch oder Tier oder keine sonstigen vermeidbaren schädlichen Auswirkungen, insbesondere auf den Naturhaushalt, auftreten.

(2) Die zuständige Behörde kann die in Absatz 1 bezeichneten Tätigkeiten ganz oder teilweise untersagen, wenn Tatsachen die Annahme rechtfertigen, daß derjenige, der diese Tätigkeiten ausübt, die dort genannten Voraussetzungen nicht erfüllt.

(3) Die erforderlichen fachlichen Kenntnisse und Fertigkeiten sind der zuständigen Behörde auf Verlangen nachzuweisen. Die Bundesregierung wird ermächtigt, durch Rechtsverordnung mit Zustimmung des Bundesrates nähere Vorschriften über Art und Umfang der erforderlichen fachlichen Kenntnisse und Fertigkeiten sowie über das Verfahren für deren Nachweis zu erlassen. Die Landesregierungen werden ermächtigt,

1. Rechtsverordnungen nach Satz 2 zu erlassen, soweit die Bundesregierung von ihrer Befugnis keinen Gebrauch macht,

2. durch Rechtsverordnung, soweit es zur Erfüllung der in § 1 genannten Zwecke erforderlich ist, den Anwendungsbereich des Absatzes 1 auf Personen auszudehnen, die Pflanzenschutzmittel auf Grundstücken anwenden, die im Besitz juristischer Personen des öffentlichen Rechts stehen.

Die Landesregierungen können diese Befugnis durch Rechtsverordnung auf andere Behörden übertragen.

§ 10a
Anwendung zu Versuchszwecken

(1) Pflanzenschutzmittel dürfen zu Versuchszwecken nur angewandt werden, wenn die Anwendung keine schädlichen Auswirkungen auf die Gesundheit von Mensch und Tier oder auf Grundwasser sowie keine sonstigen schädlichen Auswirkungen, insbesondere auf den Naturhaushalt, erwarten läßt. Sie dürfen ferner nur angewandt werden, wenn der Anwender die dafür erforderlichen fachlichen Kenntnisse und Fertigkeiten nachgewiesen hat. Die erforderlichen Kenntnisse und Fertigkeiten sind der zuständigen Behörde durch Vorlage der durch Rechtsverordnung nach Absatz 3 vorgesehenen Bescheinigungen nachzuweisen. Im Einzelfall kann die zuständige Behörde abweichend von Satz 2 auf Antrag die Anwendung von Pflanzenschutzmitteln zu Versuchszwecken genehmigen, sofern dadurch keine schädlichen Auswirkungen auf die in Satz 1 genannten Schutzgüter zu erwarten sind. Die Sätze 2 und 3 gelten nicht für Versuche, die von der Biologischen Bundesanstalt oder den nach § 34 zuständigen Behörden durchgeführt werden.

(2) Die zuständige Behörde kann die Anwendung von Pflanzenschutzmitteln zu Versuchszwecken ganz oder teilweise untersagen, wenn Tatsachen die Annahme rechtfertigen, daß derjenige, der Pflanzenschutzmittel zu Versuchszwecken anwendet, die erforderliche Zuverlässigkeit oder die erforderlichen fachlichen Kenntnisse und Fertigkeiten nicht besitzt.

(3) Das Bundesministerium für Ernährung, Landwirtschaft und Forsten wird ermächtigt, im Einvernehmen mit den Bundesministerien für Arbeit und Sozialordnung, für Gesundheit und für Umwelt, Naturschutz und Reaktorsicherheit durch Rechtsverordnung mit Zustimmung des Bundesrates Näheres über Art und Umfang der Anwendung von Pflanzenschutzmitteln zu Versuchszwecken und der erforderlichen fachlichen Kenntnisse und Fertigkeiten sowie das Verfahren für deren Nachweis zu regeln.

Vierter Abschnitt
Verkehr mit Pflanzenschutzmitteln
§ 11
Zulassungsbedürftigkeit

(1) Pflanzenschutzmittel dürfen in der Formulierung, in der die Abgabe an den Anwender vorgesehen ist, nur in den Verkehr gebracht oder eingeführt werden, wenn sie von der Biologischen Bundesanstalt zugelassen sind. Dies gilt nicht

1. für Pflanzenschutzmittel, die für die Ausfuhr bestimmt sind oder sich im Falle der Einfuhr in einem Freihafen oder als Zollgut unter zollamtlicher Überwachung befinden,

2. für Mittel, die zur Bekämpfung pflanzlicher Mikroorganismen

   a) innerhalb geschlossener Räume oder Rohrsysteme in Betrieben und Anlagen, die einer bergbau-, atom- oder gesundheitsrechtlichen Aufsicht unterliegen, oder
   b) in Anlagen des sanitären Bereichs

bestimmt sind.

(2) Die Biologische Bundesanstalt kann das Inverkehrbringen oder die Einfuhr nicht zugelassener Pflanzenschutzmittel genehmigen

1. für Versuchszwecke,
2. bei Gefahr im Verzuge für die Bekämpfung bestimmter Schadorganismen oder
3. zur Anwendung an Pflanzen oder Pflanzenerzeugnissen, die für die Ausfuhr bestimmt sind, sofern für diese im Bestimmungsland abweichende Anforderungen gelten,

für eine bestimmte Menge und für einen bestimmten Zeitraum, der in den Fällen der Nummern 2 und 3 jeweils 120 Tage nicht überschreiten darf. Dabei hat sie die Anwendungsgebiete sowie die zum Schutz der Gesundheit von Mensch und Tier und die zum Schutz vor sonstigen schädlichen Auswirkungen, insbesondere auf den Naturhaushalt, erforderlichen Anwendungsbestimmungen, einschließlich solcher über die zur Anwendung berechtigten Personen, festzusetzen und die erforderlichen Auflagen zu erteilen. Die Genehmigung kann mit dem Vorbehalt des Widerrufs verbunden werden. Sie kann erneut erteilt werden. Im Falle des Satzes 1 Nr. 3 wird die Genehmigung im Benehmen mit dem Bundesinstitut für gesundheitlichen Verbraucherschutz und Veterinärmedizin und dem Umweltbundesamt erteilt.

(3) Saatgut, Pflanzgut und Kultursubstrate, die Pflanzenschutzmittel enthalten oder denen Pflanzenschutzmittel anhaften, dürfen nur in den Verkehr gebracht oder eingeführt werden, wenn

1. die Pflanzenschutzmittel in einem Mitgliedstaat zugelassen sind, die Zulassung den Anforderungen des Artikels 4 Abs. 1 Buchstabe b bis e der Richtlinie 91/414/EWG des Rates vom 15. Juli 1991 über das Inverkehrbringen von Pflanzenschutzmitteln (ABl. EG Nr. L 230 S. 1) in der jeweils geltenden Fassung entspricht und die Anwendung der Pflanzenschutzmittel nicht durch Rechtsverordnung nach § 7 Abs. 1 verboten ist oder
2. die Biologische Bundesanstalt auf Antrag festgestellt hat, daß die Pflanzenschutzmittel in ihrer Zusammensetzung und Wirkung einem in der Bundesrepublik Deutschland zugelassenen Pflanzenschutzmittel entsprechen.

Absatz 1 Satz 2 und Absatz 2 gelten entsprechend.

§ 12
Zulassungsantrag

(1) Die Zulassung kann beantragen, wer Pflanzenschutzmittel erstmalig in den Verkehr bringen oder einführen will.

(2) Wer in einem Mitgliedstaat weder Wohnsitz noch Niederlassung hat, kann die Zulassung nur beantragen, wenn er einen Vertreter mit Wohnsitz oder Geschäftsraum im Geltungsbereich dieses Gesetzes bestellt hat. Dieser ist im Zulassungsverfahren zur Vertretung befugt.

(3) Dem Antrag auf Zulassung sind die zur Prüfung der Zulassungsvoraussetzungen erforderlichen Angaben, Unterlagen und Proben beizufügen. Das Bundesministerium für Ernährung, Landwirtschaft und Forsten wird ermächtigt, im Einvernehmen mit den Bundesministerien für Arbeit und Sozialordnung, für Gesundheit und für Umwelt, Naturschutz und Reaktorsicherheit durch Rechtsverordnung mit Zustimmung des Bundesrates Inhalt und Umfang des

Antrages sowie Art und Umfang der dem Antrag beizufügenden Angaben, Unterlagen und Proben unter Beachtung der von der Europäischen Gemeinschaft erlassenen Bestimmungen über das Inverkehrbringen von Pflanzenschutzmitteln zu regeln; es kann dabei bestimmte Versuchsanstellungen und ihre Durchführung einschließlich der zu verwendenden Analyseverfahren vorschreiben.

(4) Soweit es zur unverzüglichen Durchführung von Rechtsakten der Europäischen Gemeinschaft erforderlich ist, kann das Bundesministerium für Ernährung, Landwirtschaft und Forsten Rechtsverordnungen nach Absatz 3 Satz 2 ohne Zustimmung des Bundesrates und ohne Einvernehmen mit den anderen Bundesministerien erlassen; sie treten spätestens sechs Monate nach ihrem Inkrafttreten außer Kraft. Ihre Geltungsdauer kann nur unter den Voraussetzungen des Absatzes 3 Satz 2 verlängert werden.

§ 13
Verwertung von Erkenntnissen aus Unterlagen Dritter

(1) Unterlagen, die Anträgen auf Grund des § 12 Abs. 3 beigefügt werden müssen, sind nicht erforderlich, soweit der Biologischen Bundesanstalt ausreichende Erkenntnisse aus Unterlagen eines anderen Antragstellers (Vorantragsteller) vorliegen und, wenn

1. der Vorantragsteller deren Verwertung schriftlich zugestimmt hat oder
2. die erstmalige Zulassung des Pflanzenschutzmittels des Vorantragstellers, auf das sich die beabsichtigte Verwertung bezieht, in einem Mitgliedstaat länger als zehn Jahre zurückliegt.

Ist keiner der in dem Pflanzenschutzmittel enthaltenen Wirkstoffe in Anhang I der Richtlinie 91/414/EWG aufgenommen, so beginnt die Zehnjahresfrist nach Satz 1 Nr. 2 mit der erstmaligen nach dem 1. Juli 1998 durch die Biologische Bundesanstalt erteilten Zulassung.

(2) Abweichend von Absatz 1 Satz 1 Nr. 2 beginnen die Zehnjahresfristen für Unterlagen, die dem Antrag zur Prüfung eines Wirkstoffs beizufügen sind, mit dessen erstmaliger Aufnahme in Anhang I der Richtlinie 91/414/EWG.

(3) Unterlagen, die der Biologischen Bundesanstalt nach § 15a Abs. 1 und 2 zur Prüfung eines Wirkstoffs vorgelegt worden sind, dürfen zugunsten anderer Antragsteller oder Zulassungsinhaber (Dritter) nur nach schriftlicher Zustimmung desjenigen Vorantragstellers oder Zulassungsinhabers verwertet werden, der die Unterlagen vorgelegt hat. Satz 1 gilt nicht, wenn die in Artikel 13 Abs. 3 Buchstabe d der Richtlinie 91/414/EWG genannte Entscheidung der Kommission, bei der die Erkenntnisse aus diesen Unterlagen erstmalig berücksichtigt werden konnten, länger als fünf Jahre zurückliegt. Abweichend von Satz 2 dürfen Unterlagen nach § 15a Abs. 1 und 2 nur nach Ablauf der in Absatz 2 vorgesehenen Frist verwertet werden, wenn diese Frist für denselben Wirkstoff zu einem späteren Zeitpunkt als die Fünfjahresfrist nach Satz 2 endet.

§ 14
Verwertung von Erkenntnissen aus Versuchen mit Wirbeltieren

(1) Unterlagen, die Anträgen auf Grund des § 12 Abs. 3 beigefügt werden müssen, und die Versuche mit Wirbeltieren voraussetzen, sind nicht erforderlich, soweit der Biologischen Bundesanstalt ausreichende Erkenntnisse aus Unterlagen eines Vorantragstellers vorliegen. In diesen Fällen teilt die Biologische Bundesanstalt diesem und dem Antragsteller mit, welche Unterlagen eines Vorantragstellers sie zugunsten des Antragstellers zu verwerten beab-

sichtigt, sowie jeweils Name und Anschrift des anderen. Satz 2 gilt nicht, wenn die erstmalige Zulassung des Pflanzenschutzmittels des Vorantragstellers, auf das sich die beabsichtigte Verwertung bezieht, in einem Mitgliedstaat länger als zehn Jahre zurückliegt. § 13 Abs. 1 Satz 2 und Abs. 2 gilt entsprechend.

(2) Der Vorantragsteller kann der Verwertung seiner Unterlagen im Falle des Absatzes 1 Satz 1 innerhalb einer Frist von drei Monaten nach Zugang der Mitteilung nach Absatz 1 Satz 2 widersprechen. Im Falle des Widerspruchs ist das Zulassungsverfahren für einen Zeitraum von fünf Jahren nach Stellung des Zulassungsantrags, längstens jedoch bis zum Ablauf von zehn Jahren nach der erstmaligen Zulassung des Pflanzenschutzmittels des Vorantragstellers in einem Mitgliedstaat, auszusetzen. Ist keiner der im Pflanzenschutzmittel enthaltenen Wirkstoffe in Anhang I der Richtlinie 91/414/EWG aufgenommen, so beginnt die Zehnjahresfrist nach Satz 2 mit dem in § 13 Abs. 1 Satz 2 genannten Zeitpunkt, im Falle des § 13 Abs. 2 mit der erstmaligen Aufnahme des Wirkstoffs in Anhang I der Richtlinie 91/414/EWG. Würde der Antragsteller für die Beibringung eigener Unterlagen einen kürzeren als den in Satz 2 oder 3 jeweils genannten Zeitraum benötigen, so ist das Zulassungsverfahren nur für diesen Zeitraum auszusetzen. Vor Aussetzung des Zulassungsverfahrens sind der Antragsteller und der Vorantragsteller zu hören.

(3) Wird das Pflanzenschutzmittel im Falle des Absatzes 2 vor Ablauf der sich aus § 13 Abs. 1 Satz 1, auch in Verbindung mit Satz 2, und Absatz 2 ergebenden Zehnjahresfristen unter Verwertung seiner Unterlagen zugelassen, so hat er gegen den Antragsteller Anspruch auf eine Vergütung in Höhe von 50 vom Hundert der vom Antragsteller durch die Verwertung ersparten Aufwendungen. Der Vorantragsteller kann dem Antragsteller das Inverkehrbringen des Pflanzenschutzmittels untersagen, solange dieser nicht die Vergütung gezahlt oder für sie in angemessener Höhe Sicherheit geleistet hat.

§ 14a

Verwertung neuer Erkenntnisse aus Versuchen mit Wirbeltieren

(1) Unterlagen, die Versuche mit Wirbeltieren voraussetzen und der Biologischen Bundesanstalt nach § 15a Abs. 1 und 2 zur Prüfung eines Wirkstoffs vorgelegt worden sind, dürfen zugunsten Dritter nur verwertet werden, wenn die Biologische Bundesanstalt diesen und dem Vorantragsteller oder Zulassungsinhaber, der die Unterlagen vorgelegt hat, mitgeteilt hat, welche dieser Unterlagen sie zugunsten des Dritten zu verwerten beabsichtigt, sowie jeweils Name und Anschrift des anderen. § 13 Abs. 3 Satz 2 und 3 gilt entsprechend.

(2) Der Vorantragsteller oder Zulassungsinhaber, der die Unterlagen vorgelegt hat, kann der Verwertung seiner Unterlagen nach Absatz 1 innerhalb einer Frist von drei Monaten nach Zugang der Mitteilung nach Absatz 1 Satz 1 widersprechen. Im Falle des Widerspruchs ist das Zulassungsverfahren für einen Zeitraum von fünf Jahren nach Stellung des Zulassungsantrags, längstens jedoch bis zum Ablauf des nach § 13 Abs. 3 Satz 3 vorgesehenen Zeitraums, auszusetzen. § 14 Abs. 2 Satz 4 und 5 gilt entsprechend.

(3) Wird das Pflanzenschutzmittel im Falle des Absatzes 2 vor Ablauf der sich aus § 13 Abs. 3 Satz 2 und 3 ergebenden Fristen unter Verwertung der Unterlagen des Vorantragstellers oder Zulassungsinhabers, der sie vorgelegt hat, zugelassen, so hat er gegen den Dritten, zu dessen Gunsten die Unterlagen verwertet worden sind, Anspruch auf eine Vergütung in Höhe von 50 vom Hundert der vom Dritten durch die Verwertung ersparten Aufwendungen. Der Vorantragsteller oder Zulassungsinhaber, der die Unterlagen vorgelegt hat, kann dem

Dritten das Inverkehrbringen des Pflanzenschutzmittels untersagen, solange dieser nicht die Vergütung gezahlt oder für sie in angemessener Höhe Sicherheit geleistet hat.

§ 14b
Nachforderungen

Müssen zum Nachweis der Zulassungsvoraussetzungen für bereits zugelassene Pflanzenschutzmittel von mehreren Zulassungsinhabern inhaltlich gleiche Unterlagen, die Versuche mit Wirbeltieren voraussetzen, nach § 15a Abs. 1 nachgefordert werden, so teilt die Biologische Bundesanstalt jedem Zulassungsinhaber mit, welche Unterlagen für die weitere Beurteilung erforderlich sind, sowie Name und Anschrift der übrigen beteiligten Zulassungsinhaber. Die Biologische Bundesanstalt gibt den beteiligten Zulassungsinhabern Gelegenheit, sich innerhalb einer von ihr zu bestimmenden Frist zu einigen, wer die Unterlagen vorlegt. Kommt eine Einigung nicht zustande, so entscheidet die Biologische Bundesanstalt nach pflichtgemäßem Ermessen und unterrichtet hiervon unverzüglich alle Beteiligten. Diese sind, sofern sie nicht den Widerruf der Zulassung ihres Pflanzenschutzmittels beantragen, verpflichtet, sich jeweils mit einem der Zahl der beteiligten Zulassungsinhaber entsprechenden Bruchteil an den Aufwendungen für die Erstellung der Unterlagen zu beteiligen; sie haften als Gesamtschuldner. Die Sätze 1 bis 4 gelten entsprechend, wenn inhaltlich gleiche Unterlagen von mehreren Antragstellern in laufenden Zulassungsverfahren gefordert werden.

§ 15
Zulassung

(1) Die Biologische Bundesanstalt läßt ein Pflanzenschutzmittel zu, wenn

1. der Antrag den auf Grund des § 12 Abs. 3 Satz 2 oder Abs. 4 oder den nach Absatz 5 festgesetzten Anforderungen entspricht,

2. die Wirkstoffe des Pflanzenschutzmittels in Anhang I der Richtlinie 91/414/EWG aufgeführt sind,

3. die Prüfung des Pflanzenschutzmittels ergibt, daß das Pflanzenschutzmittel nach dem Stande der wissenschaftlichen Erkenntnisse und der Technik bei bestimmungsgemäßer und sachgerechter Anwendung oder als Folge einer solchen Anwendung
   a) hinreichend wirksam ist,
   b) keine nicht vertretbaren Auswirkungen auf die zu schützenden Pflanzen und Pflanzenerzeugnisse hat,
   c) bei Wirbeltieren, zu deren Bekämpfung das Pflanzenschutzmittel vorgesehen ist, keine vermeidbaren Leiden oder Schmerzen verursacht,
   d) keine schädlichen Auswirkungen auf die Gesundheit von Mensch und Tier und auf das Grundwasser hat und
   e) keine sonstigen nicht vertretbaren Auswirkungen, insbesondere auf den Naturhaushalt sowie auf den Hormonhaushalt von Mensch und Tier, hat,

4. a) die Wirkstoffe und die für die Gesundheit oder den Naturhaushalt bedeutsamen Hilfsstoffe und Verunreinigungen des Pflanzenschutzmittels nach Art und Menge und
   b) die bei bestimmungsgemäßer und sachgerechter Anwendung des Pflanzenschutzmittels entstehenden, für die Gesundheit von Mensch und Tier und für den Naturhaushalt bedeutsamen Rückstände

   mit vertretbarem Aufwand zuverlässig bestimmt werden können und

5. das Pflanzenschutzmittel hinreichend lagerfähig ist.

(2) Die Biologische Bundesanstalt entscheidet im Rahmen der Zulassung unter Beachtung der in Anhang I der Richtlinie 91/414/EWG festgesetzten Beschränkungen über

1. die Anwendungsgebiete des Pflanzenschutzmittels,
2. die zum Schutz der Gesundheit von Mensch und Tier und die zum Schutz vor sonstigen schädlichen Auswirkungen, insbesondere auf den Naturhaushalt, erforderlichen Anwendungsbestimmungen, einschließlich solcher über
   a) die Aufwandmenge,
   b) die Wartezeit,
   c) den zum Schutz von Gewässern erforderlichen Abstand bei der Anwendung und
   d) die zur Anwendung berechtigten Personen,

   und
3. die Eignung des Pflanzenschutzmittels für die Anwendung im Haus- und Kleingartenbereich, unter Berücksichtigung insbesondere der Eigenschaften der Wirkstoffe, der Dosierfähigkeit, der Anwendeform und der Verpackungsgröße.

(3) Die Biologische Bundesanstalt entscheidet über das Vorliegen der Voraussetzungen, jeweils in Verbindung mit Absatz 2,

1. nach Absatz 1 Nr. 3 Buchstabe d und e und Nr. 4 Buchstabe b hinsichtlich der Gesundheit, im Falle des Absatzes 1 Nr. 3 Buchstabe e hinsichtlich der Vermeidung gesundheitlicher Schäden durch Belastung des Bodens, im Einvernehmen mit dem Bundesinstitut für gesundheitlichen Verbraucherschutz und Veterinärmedizin,
2. nach Absatz 1 Nr. 3 Buchstabe d und e hinsichtlich der Vermeidung von Schäden durch Belastung des Naturhaushaltes sowie durch Abfälle des Pflanzenschutzmittels im Einvernehmen mit dem Umweltbundesamt.

Über die Zulassung ist innerhalb einer Frist von zwölf Monaten nach Eingang des Antrags und der nach § 12 Abs. 3 Satz 2 und Abs. 4 sowie Absatz 5 vorzulegenden Angaben, Unterlagen und Proben zu entscheiden.

(4) Die Biologische Bundesanstalt verbindet die Zulassung unter Beachtung der in Anhang 1 der Richtlinie 91/414/EWG festgesetzten Beschränkungen mit den Auflagen, die

1. für die sachgerechte Anwendung sowie
2. zum Schutz der Gesundheit von Mensch und Tier und zum Schutz vor sonstigen schädlichen Auswirkungen, insbesondere auf den Naturhaushalt,

erforderlich sind, soweit Regelungen nach Absatz 2 nicht getroffen werden. Ferner verbindet die Biologische Bundesanstalt die Zulassung mit dem Vorbehalt der nachträglichen Aufnahme, Änderung oder Ergänzung von Auflagen.

(5) Die Biologische Bundesanstalt kann vom Antragsteller während der Prüfung die Vorlage weiterer Angaben, Unterlagen und Proben verlangen, soweit dies zum Nachweis der Zulassungsvoraussetzungen erforderlich ist.

(6) Rechtsbehelfe gegen Auflagen nach Absatz 4 haben keine aufschiebende Wirkung.

(7) Die Biologische Bundesanstalt kann, soweit dies für den in § 1 Nr. 4 aufgeführten Schutzzweck erforderlich ist, durch Auflagen anordnen, daß während der Dauer der Zulas-

sung bestimmte Erkenntnisse bei der Anwendung des Pflanzenschutzmittels gewonnen, gesammelt und ausgewertet und ihr die Ergebnisse innerhalb einer bestimmten Frist mitgeteilt werden. Auf Verlangen sind ihr die entsprechenden Unterlagen und Proben vorzulegen.

§ 15a
Neue Erkenntnisse

(1) Die Biologische Bundesanstalt kann vom Zulassungsinhaber zum Nachweis des fortdauernden Vorliegens der Zulassungsvoraussetzungen Angaben, Unterlagen und Proben innerhalb bestimmter Fristen nachfordern, soweit neue Erkenntnisse eine Überprüfung der Zulassung erfordern.

(2) Der Antragsteller und der Zulassungsinhaber haben der Biologischen Bundesanstalt

1. Änderungen gegenüber den im Zusammenhang mit der Antragstellung mitgeteilten Angaben und vorgelegten Unterlagen und
2. neue Erkenntnisse über Auswirkungen des Pflanzenschutzmittels auf die Gesundheit von Mensch und Tier sowie auf den Naturhaushalt

unverzüglich anzuzeigen. Der Anzeige sind die Angaben, Unterlagen und Proben beizufügen, aus denen sich die Änderungen oder die neuen Erkenntnisse ergeben.

(3) Die Biologische Bundesanstalt kann den Zulassungsinhaber verpflichten, Angaben und Unterlagen nach den Absätzen 1 und 2 der Kommission der Europäischen Gemeinschaft und den zuständigen Behörden anderer Mitgliedstaaten innerhalb bestimmter Fristen vorzulegen und ihr die Vorlage anzuzeigen.

§ 15b
Zulassung von in anderen Mitgliedstaaten zugelassenen Pflanzenschutzmitteln

(1) Die Biologische Bundesanstalt läßt ein Pflanzenschutzmittel, das in einem anderen Mitgliedstaat entsprechend den Anforderungen des Artikels 4 der Richtlinie 91/414/EWG zugelassen ist, abweichend von § 15 zu, wenn

1. der Antrag und die Antragsunterlagen den nach Absatz 6 festgesetzten Anforderungen entsprechen,
2. die Wirkstoffe des Pflanzenschutzmittels in Anhang I der Richtlinie 91/414/EWG aufgeführt sind und
3. die für die Anwendung des Pflanzenschutzmittels im Inland bedeutsamen Verhältnisse, insbesondere hinsichtlich
    a) des Pflanzenschutzes sowie der sonstigen Belange der Landwirtschaft, einschließlich des Gartenbaus, und der Forstwirtschaft,
    b) der Auswirkungen auf die Gesundheit von Mensch und Tier und auf Grundwasser sowie
    c) der sonstigen Auswirkungen, insbesondere auf den Naturhaushalt,

denen des Mitgliedstaates entsprechen, in dem das Pflanzenschutzmittel zugelassen worden ist, und deshalb widerleglich angenommen werden kann, daß das Pflanzenschutzmittel den Voraussetzungen nach § 15 Abs. 1 Nr. 3 bis 5 genügt.

(2) Für Zulassungen nach Absatz 1 gilt § 15 Abs. 2 entsprechend. Im Rahmen der Entscheidung über die Anwendungsgebiete und Anwendungsbestimmungen sind, vorbehaltlich

des Absatzes 3, die Anwendungsgebiete und Anwendungsbestimmungen festzusetzen, die denjenigen Bestimmungen entsprechen, die bei der Zulassung des Pflanzenschutzmittels in dem anderen Mitgliedstaat vorgesehen worden sind.

(3) Entsprechen die für die Anwendung des Pflanzenschutzmittels bedeutsamen Verhältnisse im Inland nicht vollständig denjenigen in dem Mitgliedstaat, in dem das Pflanzenschutzmittel zugelassen worden ist, kann die Biologische Bundesanstalt, soweit es zum Ausgleich der Unterschiede der bedeutsamen Verhältnisse erforderlich ist, abweichend von Absatz 2 Satz 2 Anwendungsgebiete ausschließen oder einschränken oder andere Anwendungsbestimmungen festsetzen. Reichen die Einschränkungen oder Festsetzungen nach Satz 1 zum Ausgleich der Unterschiede der für die Anwendung des Pflanzenschutzmittels bedeutsamen Verhältnisse nicht aus, ist die Zulassung zu versagen.

(4) Die Biologische Bundesanstalt entscheidet über das Vorliegen der Voraussetzungen, jeweils in Verbindung mit den Absätzen 2 und 3,

1. nach Absatz 1 Nr. 3 Buchstabe b und c hinsichtlich der Auswirkungen auf die Gesundheit, im Falle des Absatzes 1 Nr. 3 Buchstabe c hinsichtlich der Vermeidung der Auswirkungen auf die Gesundheit durch Belastung des Bodens, im Einvernehmen mit dem Bundesinstitut für gesundheitlichen Verbraucherschutz und Veterinärmedizin,
2. nach Absatz 1 Nr. 3 Buchstabe b und c hinsichtlich der Auswirkungen durch Belastung des Naturhaushaltes sowie durch Abfälle des Pflanzenschutzmittels im Einvernehmen mit dem Umweltbundesamt.

(5) Soweit Regelungen nach Absatz 2 nicht getroffen worden sind, hat die Biologische Bundesanstalt die Zulassung mit den Auflagen zu verbinden, die denjenigen Bestimmungen entsprechen, die bei der Zulassung des Pflanzenschutzmittels in dem anderen Mitgliedstaat für die bestimmungsgemäße und sachgerechte Anwendung sowie zum Schutz der Gesundheit von Mensch und Tier und zum Schutz vor sonstigen schädlichen Auswirkungen, insbesondere auf den Naturhaushalt, vorgesehen worden sind. Absatz 3 gilt für Auflagen entsprechend. Die Biologische Bundesanstalt verbindet die Zulassung mit dem Vorbehalt der nachträglichen Aufnahme, Änderung oder Ergänzung von Auflagen.

(6) Der Antragsteller hat durch geeignete Angaben und Unterlagen nachzuweisen, daß das Pflanzenschutzmittel in einem Mitgliedstaat zugelassen ist und die für die Anwendung des Pflanzenschutzmittels im Inland bedeutsamen Verhältnisse nach Absatz 1 Nr. 3 denen in diesem Mitgliedstaat entsprechen. Das Bundesministerium für Ernährung, Landwirtschaft und Forsten wird ermächtigt, im Einvernehmen mit den Bundesministerien für Arbeit und Sozialordnung, für Gesundheit und für Umwelt, Naturschutz und Reaktorsicherheit durch Rechtsverordnung mit Zustimmung des Bundesrates Art und Umfang der Angaben und Unterlagen zu regeln.

(7) Soweit eine Entscheidung der Europäischen Gemeinschaft nach Artikel 10 Abs. 3 der Richtlinie 91/414/EWG die Zulassung eines Pflanzenschutzmittels, das in einem anderen Mitgliedstaat zugelassen ist, vorschreibt, läßt die Biologische Bundesanstalt das Pflanzenschutzmittel im Rahmen des durch die Entscheidung vorgesehenen Umfangs zu.

(8) § 15 Abs. 5, 6 und 7 und § 15a gelten für Zulassungen nach den Absätzen 1 und 7 entsprechend.

§ 15c
Zulassung vor Entscheidung der Europäischen Gemeinschaft

(1) Die Biologische Bundesanstalt kann ein Pflanzenschutzmittel abweichend von § 15 Abs. 1 Nr. 2 bis 5 und Abs. 3 für einen Zeitraum von höchstens drei Jahren zulassen, wenn

1. das Pflanzenschutzmittel einen Wirkstoff enthält, über dessen Aufnahme in Anhang I der Richtlinie 91/414/EWG noch nicht entschieden worden ist und
2. keine Anhaltspunkte vorliegen, aus denen sich ergibt, daß
   a) das Pflanzenschutzmittel bei bestimmungsgemäßer und sachgerechter Anwendung oder als Folge einer solchen Anwendung
      aa) nicht hinreichend wirksam ist,
      bb) nicht vertretbare Auswirkungen auf Pflanzen und Pflanzenerzeugnisse hat,
      cc) bei Wirbeltieren, zu deren Bekämpfung das Pflanzenschutzmittel vorgesehen ist, vermeidbare Leiden oder Schmerzen verursacht,
      dd) schädliche Auswirkungen auf die Gesundheit von Mensch und Tier und auf das Grundwasser hat und
      ee) sonstige nicht vertretbare Auswirkungen, insbesondere auf den Naturhaushalt, hat,
   b) aa) die Wirkstoffe und die für die Gesundheit oder den Naturhaushalt bedeutsamen Hilfsstoffe und Verunreinigungen des Pflanzenschutzmittels nach Art und Menge und
      bb) die bei bestimmungsgemäßer und sachgerechter Anwendung des Pflanzenschutzmittels entstehenden, für die Gesundheit von Mensch und Tier und für den Naturhaushalt bedeutsamen Rückstände

      nicht mit vertretbarem Aufwand zuverlässig bestimmt werden können und
   c) das Pflanzenschutzmittel nicht hinreichend lagerfähig ist.

§ 15 Abs. 1 Nr. 1, Abs. 2 und 4 bis 7 und § 15a Abs. 2 und 3 gelten für Zulassungen nach Satz 1 entsprechend.

(2) Die Biologische Bundesanstalt entscheidet über das Vorliegen der Voraussetzungen nach Absatz 1 in Verbindung mit

1. § 15 Abs. 1 Nr. 3 Buchstabe d und e und Nr. 4 Buchstabe b und Abs. 2 hinsichtlich der Gesundheit, im Falle des § 15 Abs. 1 Nr. 3 Buchstabe e und Abs. 2 hinsichtlich der Vermeidung gesundheitlicher Schäden durch Belastung des Bodens, im Einvernehmen mit dem Bundesinstitut für gesundheitlichen Verbraucherschutz und Veterinärmedizin,
2. § 15 Abs. 1 Nr. 3 Buchstabe d und e und Abs. 2 hinsichtlich der Vermeidung von Schäden durch Belastung des Naturhaushaltes sowie durch Abfälle des Pflanzenschutzmittels im Einvernehmen mit dem Umweltbundesamt.

(3) Die Biologische Bundesanstalt kann die Zulassung nach Absatz 1 nach Maßgabe einer Entscheidung der Europäischen Gemeinschaft nach Artikel 8 Abs. 1 Satz 5 der Richtlinie 91/414/EWG auf Antrag bis zu dem Zeitpunkt verlängern, an dem die Entscheidung über die Zulassung des Pflanzenschutzmittels nach § 15 getroffen wird.

§ 16
Ende der Zulassung

(1) Zulassungen nach den §§ 15 und 15b enden zehn Jahre nach Ablauf des Jahres, in dem sie erteilt worden sind; sie können erneut erteilt werden. Im Einzelfall kann die Biologische Bundesanstalt eine kürzere Zulassungsdauer festsetzen. Zulassungen nach § 15b Abs. 1 und 7 dürfen abweichend von Satz 1 nur bis zu dem Zeitpunkt erteilt werden, an dem die Zulassung in dem Mitgliedstaat endet, auf die sich der Antragsteller zur Begründung der Voraussetzungen nach § 15b Abs. 1 bezogen hat.

(2) Ist über einen Antrag auf erneute Zulassung nicht entschieden worden, bevor eine nach den §§ 15 und 15b erteilte Zulassung endet, so kann die Biologische Bundesanstalt die Zulassung auf Antrag bis zu dem Zeitpunkt verlängern, an dem die Entscheidung über die erneute Zulassung getroffen wird. Eine Verlängerung der Zulassung setzt voraus, daß

1. die erneute Zulassung höchstens drei Jahre und spätestens ein Jahr vor Ablauf der Zulassung beantragt worden ist,
2. der Antrag auf erneute Zulassung den festgesetzten Anforderungen entspricht und
3. keine Anhaltspunkte vorliegen, aus denen sich ergibt, daß das Pflanzenschutzmittel die Voraussetzungen nach § 15 Abs. 1 Nr. 3 bis 5 nicht erfüllt.

§ 16a
Widerruf; Rücknahme; Ruhen der Zulassung

(1) Zulassungen können außer in den Fällen des § 49 Abs. 2 Satz 1 des Verwaltungsverfahrensgesetzes widerrufen werden, wenn

1. der Inhaber der Zulassung es beantragt oder,
2. vorbehaltlich des Absatzes 2, eine der Voraussetzungen für die Zulassung nachträglich weggefallen ist.

(2) Zulassungen sind zu widerrufen, wenn eine der Voraussetzungen nach § 15 Abs. 1 Nr. 2 bis 5, § 15b Abs. 1 Nr. 2 und 3 oder § 15c Abs. 1 Nr. 2 nachträglich weggefallen ist.

(3) Zulassungen nach § 15c Abs. 1 sind zu widerrufen, wenn die Europäische Gemeinschaft entschieden hat, den im Pflanzenschutzmittel enthaltenen Wirkstoff nicht in Anhang I der Richtlinie 91/414/EWG aufzunehmen oder die Aufnahme des Wirkstoffs in Anhang I in der jeweils geltenden Fassung mit einer Beschränkung nach Artikel 5 Abs. 4 der Richtlinie 91/414/EWG versehen hat, die der Zulassung entgegensteht. In diesem Fall besteht kein Anspruch auf Ausgleich eines Vermögensnachteils.

(4) Zulassungen sind zurückzunehmen, wenn der Antragsteller die Zulassung

1. durch arglistige Täuschung, Drohung oder Bestechung oder
2. vorsätzlich oder grob fahrlässig durch Angaben, die in wesentlicher Beziehung unrichtig oder unvollständig waren,

erwirkt hat. Im übrigen bleibt § 48 des Verwaltungsverfahrensgesetzes unberührt.

(5) Die Biologische Bundesanstalt kann, auch in den Fällen der Absätze 2 und 4, an Stelle der Rücknahme oder des Widerrufs bis zur Beseitigung der Rücknahme- oder Widerrufsgründe das Ruhen der Zulassung für einen bestimmten Zeitraum anordnen.

(6) In den Fällen des Absatzes 1 Nr. 2 und des Absatzes 2 gilt § 49 Abs. 6 des Verwaltungsverfahrensgesetzes entsprechend.

§ 16b
Rückgabe von Pflanzenschutzmitteln

(1) Nach Beendigung der Zulassung eines Pflanzenschutzmittels ist dessen Rückgabe an

1. den Zulassungsinhaber,
2. den Einführer oder dessen Vertreter oder

an einen von diesen beauftragten Dritten zulässig.

(2) Die zuständige Behörde soll die Rückgabe anordnen, wenn die Biologische Bundesanstalt die Zulassung zurückgenommen, widerrufen oder nach Ablauf der Zulassung festgestellt hat, daß die Voraussetzungen für eine Rücknahme oder einen Widerruf vorgelegen hätten. Der Zulassungsinhaber, der Einführer und dessen Vertreter sind im Falle des Satzes 1 zur unverzüglichen Annahme zurückgegebener Pflanzenschutzmittel verpflichtet.

(3) Im Falle der Rücknahme oder eines Widerrufs nach § 49 Abs. 2 Satz 1 Nr. 3 bis 5 des Verwaltungsverfahrensgesetzes oder nach § 16a Abs. 2 ist ferner die Rückgabe an einen Betrieb, der Pflanzenschutzmittel zu gewerblichen Zwecken in den Verkehr bringt, zulässig. Ordnet die zuständige Behörde in einem solchen Fall die Rückgabe an, so ist dieser Betrieb zur unverzüglichen Annahme zurückgegebener Pflanzenschutzmittel verpflichtet.

(4) Das Bundesministerium für Ernährung, Landwirtschaft und Forsten wird ermächtigt, im Einvernehmen mit den Bundesministerien für Wirtschaft, für Gesundheit und für Umwelt, Naturschutz und Reaktorsicherheit durch Rechtsverordnung mit Zustimmung des Bundesrates nähere Einzelheiten der Rückgabe und der Rücknahme zu regeln und zu bestimmen, wer die Kosten für die Rückgabe oder die Rücknahme zu tragen hat.

(5) Die Biologische Bundesanstalt teilt den zuständigen Behörden die Gründe für die Rücknahme, den Widerruf oder die Feststellung mit, daß die Voraussetzungen für eine Rücknahme oder einen Widerruf vorgelegen hätten.

§ 17
Ermächtigung

(1) Das Bundesministerium für Ernährung, Landwirtschaft und Forsten wird ermächtigt, im Einvernehmen mit den Bundesministerien für Wirtschaft, für Arbeit und Sozialordnung, für Gesundheit und für Umwelt, Naturschutz und Reaktorsicherheit durch Rechtsverordnung mit Zustimmung des Bundesrates

1. unter Beachtung der von der Europäischen Gemeinschaft erlassenen Bestimmungen über das Inverkehrbringen von Pflanzenschutzmitteln die näheren Einzelheiten über die Voraussetzungen einer Zulassung nach § 15 Abs. 1 Nr. 3 bis 5, § 15b Abs. 1 Nr. 3 oder § 15c Abs. 1 Nr. 2,
2. das Verfahren der Zulassung von Pflanzenschutzmitteln sowie,
3. soweit es zur Erfüllung der in § 1 genannten Zwecke erforderlich ist, die Voraussetzungen und das Verfahren der Anerkennung von Einrichtungen, die die Wirksamkeit von Pflanzenschutzmitteln zur Erstellung der Angaben und Unterlagen für die Zulassung von Pflanzenschutzmitteln untersuchen,

zu regeln.

(2) Das Bundesministerium für Ernährung, Landwirtschaft und Forsten wird ermächtigt, soweit es zur Erfüllung der in § 1 genannten Zwecke erforderlich ist, im Einvernehmen mit dem Bundesministerium der Finanzen durch Rechtsverordnung ohne Zustimmung des Bundesrates vorzuschreiben, daß Pflanzenschutzmittel in oder aus Staaten, die nicht Mitgliedstaaten sind, nur über bestimmte Zollstellen eingeführt oder ausgeführt werden dürfen.

(3) Die Biologische Bundesanstalt macht im Bundesanzeiger bekannt:

1. die Zulassung von Pflanzenschutzmitteln und zugleich den Zeitpunkt, an dem die Zulassung endet,
2. die Rücknahme, den Widerruf oder das Ruhen der Zulassung und
3. Allgemeinverfügungen nach § 6a Abs. 3 Satz 2.

§ 18
Genehmigung

(1) Die Biologische Bundesanstalt genehmigt auf Antrag die Anwendung eines zugelassenen Pflanzenschutzmittels in einem anderen als den mit der Zulassung festgesetzten Anwendungsgebieten, wenn

1. an der Anwendung ein öffentliches Interesse besteht,
2. die zum Nachweis der Genehmigungsvoraussetzungen nach Nummer 4 erforderlichen Angaben und Unterlagen vorgelegt worden sind,
3. Kenntnisse vorliegen, daß das Pflanzenschutzmittel in den beantragten Anwendungsgebieten wirkt und keine nicht vertretbaren Auswirkungen auf die zu schützenden Pflanzen und Pflanzenerzeugnisse hat,
4. die Prüfung ergibt, daß bei bestimmungsgemäßer und sachgerechter Anwendung oder als Folge einer solchen Anwendung die Anforderungen nach § 15 Abs. 1 Nr. 3 Buchstabe c bis e erfüllt werden und
5. die Anwendung vorgesehen ist
   a) an Pflanzen, die nur in geringfügigem Umfang angebaut werden oder deren Anbau von geringfügiger Bedeutung ist,
   b) an Pflanzenerzeugnissen, deren Gewinnung von geringfügiger Bedeutung ist,
   c) gegen Schadorganismen, die nur gelegentlich oder in bestimmten Gebieten erhebliche Schäden verursachen, oder
   d) in anderen Fällen in lediglich geringfügiger Menge.

Unterlagen nach Satz 1 Nr. 2 sind nicht erforderlich, soweit der Biologischen Bundesanstalt ausreichende Erkenntnisse für die Prüfung nach Satz 1 Nr. 4 vorliegen.

(2) Auf Genehmigungen nach Absatz 1 sind § 15 Abs. 2 Nr. 2, Abs. 4 und 6 und § 15a Abs. 2 Satz 1 anzuwenden.

(3) Die Biologische Bundesanstalt entscheidet über das Vorliegen der Voraussetzungen nach Absatz 1 Satz 1 Nr. 4 in Verbindung mit

1. § 15 Abs. 1 Nr. 3 Buchstabe d und e und Abs. 2 Nr. 2 hinsichtlich der Gesundheit, im Falle des § 15 Abs. 1 Nr. 3 Buchstabe e und Abs. 2 Nr. 2 hinsichtlich der Vermeidung

gesundheitlicher Schäden durch Belastung des Bodens, im Einvernehmen mit dem Bundesinstitut für gesundheitlichen Verbraucherschutz und Veterinärmedizin,

2. § 15 Abs. 1 Nr. 3 Buchstabe d und e und Abs. 2 Nr. 2 hinsichtlich der Vermeidung von Schäden durch Belastung des Naturhaushaltes sowie durch Abfälle des Pflanzenschutzmittels im Einvernehmen mit dem Umweltbundesamt.

(4) Die Genehmigung gilt nur

1. für die Dauer der Zulassung und soweit die Zulassung nicht ruht und
2. für die Anwendung in Betrieben der Landwirtschaft, einschließlich des Gartenbaus, und der Forstwirtschaft.

§ 6a Abs. 3 gilt entsprechend.

§ 18a
Genehmigungsverfahren

(1) Die Genehmigung können, außer dem Zulassungsinhaber, beantragen:

1. derjenige, der Pflanzenschutzmittel zu gewerblichen Zwecken oder im Rahmen sonstiger wirtschaftlicher Unternehmungen in einem Betrieb der Landwirtschaft, einschließlich des Gartenbaus, oder der Forstwirtschaft anwendet,
2. juristische Personen , deren Mitglieder Personen nach Nummer 1 sind, oder
3. amtliche und wissenschaftliche Einrichtungen, die in den Bereichen Landwirtschaft, einschließlich des Gartenbaus, oder der Forstwirtschaft tätig sind.

(2) Ist der Antragsteller nicht der Zulassungsinhaber, so ist vor der Entscheidung über die Genehmigung der Zulassungsinhaber zu hören. Wendet dieser gegen die Erteilung der Genehmigung ein, daß das Pflanzenschutzmittel in dem beantragten Anwendungsgebiet nur unzureichend wirkt oder unvertretbare Schäden an den zu schützenden Pflanzen oder Pflanzenerzeugnissen verursacht, darf die Biologische Bundesanstalt die Genehmigung nur erteilen, soweit die Einwände des Zulassungsinhabers nachweislich unbegründet sind.

(3) Das Bundesministerium für Ernährung, Landwirtschaft und Forsten wird ermächtigt, im Einvernehmen mit den Bundesministerien für Wirtschaft, für Arbeit und Sozialordnung, für Gesundheit und für Umwelt, Naturschutz und Reaktorsicherheit durch Rechtsverordnung mit Zustimmung des Bundesrates das Genehmigungsverfahren, insbesondere Art und Umfang der Angaben und Unterlagen nach § 18 Abs. 1 Satz 1 Nr. 2, näher zu bestimmen.

(4) Die Biologische Bundesanstalt macht die Genehmigung und deren Inhalt sowie die Rücknahme oder den Widerruf der Genehmigung im Bundesanzeiger bekannt.

§ 18b
Genehmigung im Einzelfall

(1) Die zuständige Behörde kann auf Antrag im Einzelfall die Anwendung eines zugelassenen Pflanzenschutzmittels in einem anderen als den mit der Zulassung festgesetzten Anwendungsgebieten genehmigen, wenn

1. die Anwendung vorgesehen ist
   a) an Pflanzen, die nur in geringfügigem Umfang angebaut werden, oder

b) gegen Schadorganismen, die nur in bestimmten Gebieten erhebliche Schäden verursachen,

und

2. die vorgesehene Anwendung derjenigen in einem mit der Zulassung festgesetzten Anwendungsgebiet entspricht.

§ 18a Abs. 1 Nr. 1 und 2 gilt entsprechend.

(2) Eine Genehmigung nach Absatz 1 zum Zwecke der Anwendung des Pflanzenschutzmittels an Pflanzen und Pflanzenerzeugnissen, aus denen Lebensmittel gewonnen werden können, darf nur erteilt werden, wenn

1. für die bei bestimmungsgemäßer und sachgerechter Anwendung jeweils zu erwartenden Rückstände des Pflanzenschutzmittels in oder auf Lebensmitteln pflanzlicher Herkunft eine Höchstmenge nach der Rückstands-Höchstmengenverordnung vom 1. September 1994 (BGBl. I S. 2299) in der jeweils geltenden Fassung festgesetzt worden ist, und

2. die aus diesen Pflanzen oder Pflanzenerzeugnissen gewonnenen Lebensmittel nur in geringfügigem Umfang zur täglichen durchschnittlichen Verzehrsmenge beitragen.

(3) Vor Erteilung der Genehmigung ist der Biologischen Bundesanstalt Gelegenheit zur Stellungnahme zu geben.

(4) Die Genehmigung ist mit

1. den erforderlichen Auflagen zum Schutz der Gesundheit von Mensch und Tier und zum Schutz vor sonstigen schädlichen Auswirkungen, insbesondere auf den Naturhaushalt, sowie

2. dem Vorbehalt des Widerrufs

zu verbinden. Die Genehmigung ist zu befristen. § 18 Abs. 4 Satz 1 Nr. 1 gilt entsprechend.

§ 18c

Geheimhaltung

(1) Angaben, die ein Betriebs- oder Geschäftsgeheimnis darstellen oder enthalten, dürfen von der Biologischen Bundesanstalt nicht offenbart werden, soweit der Antragsteller oder der Zulassungsinhaber die Angaben als geheimhaltungsbedürftig kenntlich gemacht hat. Satz 1 gilt nicht, wenn die Biologische Bundesanstalt unter Berücksichtigung des Geheimhaltungsinteresses der Beteiligten ein überwiegendes öffentliches Interesse an der Offenbarung feststellt. Die §§ 13 bis 14b bleiben unberührt.

(2) Nicht unter das Betriebs- und Geschäftsgeheimnis nach Absatz 1 fallen:

1. die Bezeichnung des Pflanzenschutzmittels sowie Name und Anschrift des Zulassungsinhabers,

2. die Angabe der Wirkstoffe nach Art und Menge,

3. die physikalisch-chemischen Angaben zum Pflanzenschutzmittel und zum Wirkstoff,

4. die Zusammenfassung der Ergebnisse der Untersuchungen und Versuche zur Wirksamkeit und zu den Auswirkungen auf die Gesundheit von Mensch und Tier sowie den sonstigen Auswirkungen, insbesondere auf den Naturhaushalt,

5. Angaben zu Vorsichtsmaßnahmen sowie Sofortmaßnahmen bei Unfällen,

6. Analyseverfahren zur Bestimmung der Wirkstoffe, Hilfsstoffe, Verunreinigungen und Rückstände nach § 15 Abs. 1 Nr. 4 und § 15c Abs. 1 Nr. 2 Buchstabe b,

7. Angaben über Verfahren zur sachgerechten Beseitigung oder Neutralisierung des Pflanzenschutzmittels, dessen Behältnis oder Verpackung sowie des Wirkstoffs.

(3) Antragsteller und Zulassungsinhaber haben der Biologischen Bundesanstalt unverzüglich die von ihnen veranlaßte Veröffentlichung derjenigen Angaben und Unterlagen mitzuteilen, die sie zuvor nach Absatz 1 Satz 1 als geheimhaltungsbedürftig kenntlich gemacht haben.

§ 19
Meldepflicht

(1) Jährlich bis zum 31. März haben der Biologischen Bundesanstalt für das vorangegangene Kalenderjahr zu melden

1. der Hersteller von Pflanzenschutzmitteln,

2. derjenige, der ein Pflanzenschutzmittel erstmals in den Verkehr gebracht hat, und

3. bei der Einfuhr von Pflanzenschutzmitteln derjenige, der die Ware in den freien Verkehr überführt oder überführen läßt,

Art und Menge der von ihm an Empfänger mit Wohnsitz oder Sitz im Inland abgegebenen oder ausgeführten Pflanzenschutzmittel und der jeweils in ihnen enthaltenen Wirkstoffe. Die Meldung hat für jedes Pflanzenschutzmittel getrennt und unter Angabe der Bezeichnung zu erfolgen. Die Sätze 1 und 2 finden keine Anwendung, soweit Pflanzenschutzmittel auf Grund einer Genehmigung nach § 11 Abs. 2 abgegeben werden.

(2) Das Bundesministerium für Ernährung, Landwirtschaft und Forsten wird ermächtigt, im Einvernehmen mit den Bundesministerien für Wirtschaft, für Gesundheit und für Umwelt, Naturschutz und Reaktorsicherheit durch Rechtsverordnung, die nicht der Zustimmung des Bundesrates bedarf, Näheres über Inhalt und Form der Meldungen zu regeln.

(3) Die Biologische Bundesanstalt unterrichtet die zuständigen Behörden der Länder über die Ergebnisse der Meldungen.

§ 20
Kennzeichnung

(1) Die Vorschriften der §§ 13 bis 15 des Chemikaliengesetzes über die Kennzeichnung sind

1. auf das Inverkehrbringen von Pflanzenschutzmitteln, die keine Stoffe oder Zubereitungen im Sinne des § 3 Nr. 1 oder 4 des Chemikaliengesetzes sind,

2. auf das Inverkehrbringen von Pflanzenschutzmitteln durch Vertriebsunternehmer sowie

3. auf die Einfuhr von Pflanzenschutzmitteln

entsprechend anzuwenden.

(2) Pflanzenschutzmittel dürfen nur in den Verkehr gebracht oder eingeführt werden, wenn zusätzlich zu der Kennzeichnung nach den §§ 13 und 14 des Chemikaliengesetzes auf den

Behältnissen und abgabefertigen Packungen in deutscher Sprache und in deutlich sichtbarer, leicht lesbarer Schrift unverwischbar angegeben sind:

1. die Bezeichnung des Pflanzenschutzmittels,
2. die Zulassungsnummer,
3. der Name und die Anschrift des Zulassungsinhabers und desjenigen, der das Pflanzenschutzmittel zur Abgabe an den Anwender verpackt und kennzeichnet, soweit dieser nicht der Zulassungsinhaber ist,
4. die Wirkstoffe nach Art und Menge,
5. das Verfallsdatum bei Pflanzenschutzmitteln mit längstens zweijähriger Haltbarkeit,
6. die Gebrauchsanleitung
   a) mit den nach § 15 Abs. 2, § 15b Abs. 2 und 3, auch in Verbindung mit § 15 Abs. 2, oder § 15c Abs. 1 Satz 2 in Verbindung mit § 15 Abs. 2 festgesetzten Anwendungsgebieten und Anwendungsbestimmungen,
   b) entsprechend den Auflagen nach § 15 Abs. 4 Satz 1, § 15b Abs. 5 Satz 1 und 2, auch in Verbindung mit Abs. 3, oder § 15c Abs. 1 Satz 2 in Verbindung mit § 15 Abs. 4 Satz 1,
   c) mit der Angabe "Anwendung im Haus- und Kleingartenbereich zulässig" soweit die Biologische Bundesanstalt die Eignung nach § 15 Abs. 2 Nr. 3, auch in Verbindung mit § 15b Abs. 2 Satz 1 und § 15c Abs. 1 Satz 2, mit der Zulassung festgestellt hat,
7. nach § 3 Abs. 1 Nr. 3 und § 7 Abs. 1 Nr. 1 und 2 erlassene Verbote oder Beschränkungen.

(3) In die Gebrauchsanleitung sind die von der Biologischen Bundesanstalt festgesetzten Anwendungsgebiete und Anwendungsbestimmungen unter der Überschrift: "Von der Biologischen Bundesanstalt für Land- und Forstwirtschaft festgesetzte Anwendungsgebiete und -bestimmungen" deutlich getrennt von den übrigen Angaben und Aufschriften aufzunehmen.

(3a) Die Absätze 1 und 2 gelten nicht hinsichtlich der Einfuhr eines Pflanzenschutzmittels durch den Hersteller oder Vertriebsunternehmer.

(4) Absatz 2 gilt nicht für Pflanzenschutzmittel, die für die Ausfuhr bestimmt sind oder sich im Falle der Einfuhr in einem Freihafen oder als Zollgut unter zollamtlicher Überwachung befinden.

(5) Das Bundesministerium für Ernährung, Landwirtschaft und Forsten wird ermächtigt, im Einvernehmen mit den Bundesministerien für Arbeit und Sozialordnung, für Gesundheit und für Umwelt, Naturschutz und Reaktorsicherheit durch Rechtsverordnung mit Zustimmung des Bundesrates

1. soweit es zur Erfüllung der in § 1 genannten Zwecke erforderlich ist,
   a) den Inhalt der Angaben nach Absatz 2 näher zu bestimmen,
   b) vorzuschreiben, daß zusätzlich zu den Angaben nach den Absätzen 1 bis 3 auf Behältnissen und abgabefertigen Packungen bestimmte weitere Angaben anzubringen sind und ihren Inhalt festzulegen,
   c) Art und Form der Kennzeichnung näher zu regeln,

d) die Verwendung bestimmter Behältnisse, Packungen oder Verpackungsmaterialien vorzuschreiben sowie die Schließung der Behältnisse oder Packungen einschließlich der Verschlußsicherung zu regeln,
e) für das Inverkehrbringen von Kultursubstraten, die Pflanzenschutzmittel enthalten oder denen Pflanzenschutzmittel anhaften, eine bestimmte Kennzeichnung vorzuschreiben;

2. soweit dadurch die in § 1 genannten Zwecke nicht beeinträchtigt werden vorzusehen, daß Angaben nach den Absätzen 1 bis 3 sowie Angaben, die auf Grund einer Rechtsverordnung nach Nummer 1 Buchstabe a, b und e anzubringen sind, auf einer das Behältnis oder die Packung begleitenden Packungsbeilage enthalten sein können; in diesen Fällen ist auf den Behältnissen und abgabefertigen Packungen auf die Packungsbeilage hinzuweisen.

§ 21
Verbotene Angaben

Beim Inverkehrbringen von Pflanzenschutzmitteln zu gewerblichen Zwecken oder im Rahmen sonstiger wirtschaftlicher Unternehmungen oder in der Werbung für Pflanzenschutzmittel dürfen keine Angaben verwendet werden, die darauf hindeuten, daß diese Mittel in größerer Menge, in höherer Konzentration, zu anderer Zeit oder unter Einhaltung kürzerer Wartezeiten angewandt werden können, als sich aus der Gebrauchsanleitung oder einer im Bundesanzeiger nach § 18a Abs. 4 bekanntgemachten Genehmigung ergibt. Dies gilt nicht für Pflanzenschutzmittel, die für die Ausfuhr bestimmt sind.

§ 21a
Anzeigepflicht

Wer Pflanzenschutzmittel zu gewerblichen Zwecken oder im Rahmen sonstiger wirtschaftlicher Unternehmungen in den Verkehr bringen oder zu gewerblichen Zwecken einführen will, hat dies der für den Betriebssitz und den Ort der Tätigkeit, im Falle der Einfuhr der für den Betriebssitz oder die Niederlassung zuständigen Behörde vor Aufnahme der Tätigkeit anzuzeigen. Die Landesregierungen werden ermächtigt, durch Rechtsverordnung die näheren Vorschriften über die Anzeige und das Anzeigeverfahren zu erlassen. Sie können diese Befugnis durch Rechtsverordnung auf andere Behörden übertragen.

§ 22
Abgabe

(1) Pflanzenschutzmittel dürfen nicht durch Automaten oder durch andere Formen der Selbstbedienung in den Verkehr gebracht werden. Die Vorschriften über die Abgabe gefährlicher Stoffe oder Zubereitungen, die auf Grund des § 17 Abs. 1 Nr. 1 Buchstabe a und c des Chemikaliengesetzes erlassen worden sind, gelten für die Abgabe von Pflanzenschutzmitteln entsprechend.

(2) Bei der Abgabe im Einzel- und Versandhandel haben der Gewerbetreibende und derjenige, der für ihn Pflanzenschutzmittel abgibt, den Erwerber über die Anwendung des Pflanzenschutzmittels, insbesondere über Verbote und Beschränkungen zu unterrichten.

(3) Das Feilhalten und die Abgabe von Pflanzenschutzmitteln im Einzel- oder Versandhandel ist von der zuständigen Behörde ganz oder teilweise zu untersagen, wenn Tatsachen die Annahme rechtfertigen, daß der Gewerbetreibende oder derjenige, der für ihn Pflanzenschutzmittel abgibt, nicht die erforderliche Zuverlässigkeit und die für eine sachgerechte Un-

terrichtung des Erwerbers über die Anwendung der Pflanzenschutzmittel und die damit verbundenen Gefahren erforderlichen fachlichen Kenntnisse hat.

(4) Die erforderlichen fachlichen Kenntnisse sind der zuständigen Behörde auf Verlangen nachzuweisen. § 10 Abs. 3 Satz 2 bis 4 gilt entsprechend.

§ 23
Ausfuhr

(1) Soweit nicht Regelungen in anderen Rechtsvorschriften getroffen worden sind dürfen Pflanzenschutzmittel zu gewerblichen Zwecken oder im Rahmen sonstiger wirtschaftlicher Unternehmen in andere als Mitgliedstaaten nur ausgeführt werden, wenn

1. auf den Behältnissen und abgabefertigen Packungen in deutlich sichtbarer, leicht lesbarer Schrift unverwischbar die Bezeichnung des Pflanzenschutzmittels, die Wirkstoffe nach Art und Menge und das Verfallsdatum bei Pflanzenschutzmitteln mit längstens zweijähriger Haltbarkeit angegeben sind und
2. den Behältnissen und abgabefertigen Packungen eine Gebrauchsanleitung mit Angaben über
   a) die bestimmungsgemäße und sachgerechte Anwendung,
   b) mögliche schädliche Auswirkungen auf die Gesundheit von Mensch und Tier sowie auf den Naturhaushalt,
   c) Vorsichtsmaßnahmen sowie Sofortmaßnahmen bei Unfällen,
   d) die sachgerechte Beseitigung oder Neutralisierung

   beigefügt ist.

Im übrigen sind bei der Ausfuhr internationale Vereinbarungen, insbesondere der Verhaltenskodex für das Inverkehrbringen und die Anwendung von Pflanzenschutz- und Schädlingsbekämpfungsmitteln der Ernährungs- und Landwirtschaftsorganisation der Vereinten Nationen, zu berücksichtigen.

(2) Für die Ausfuhr bestimmte Pflanzenschutzmittel, die

1. nicht nach den Vorschriften dieses Gesetzes zugelassen sind,
2. nicht nach § 20 Abs. 2 Nr. 2, 6 und 7 und Abs. 3 gekennzeichnet sind oder
3. mit Angaben nach § 21 versehen sind,

sind von den für die Anwendung innerhalb des Geltungsbereichs dieses Gesetzes bestimmten Pflanzenschutzmitteln getrennt zu halten und entsprechend kenntlich zu machen. Satz 1 Nr. 2 gilt entsprechend für Kultursubstrate, für die die Kennzeichnung in einer Rechtsverordnung nach § 20 Abs. 5 Nr. 1 Buchstabe e vorgeschrieben worden ist.

(3) Das Bundesministerium für Ernährung, Landwirtschaft und Forsten wird ermächtigt, soweit dies

1. zur Durchführung von Rechtsakten der Europäischen Gemeinschaft oder
2. zur Abwehr erheblicher, auf andere Weise nicht zu behebender Gefahren für die Gesundheit von Mensch oder Tier oder sonstiger Gefahren, insbesondere für den Naturhaushalt,

erforderlich ist, im Einvernehmen mit den Bundesministerien für Wirtschaft, für Arbeit und Sozialordnung, für Gesundheit, für Umwelt, Naturschutz und Reaktorsicherheit und für wirtschaftliche Zusammenarbeit und Entwicklung durch Rechtsverordnung mit Zustimmung des Bundesrates die Ausfuhr bestimmter Pflanzenschutzmittel oder von Pflanzenschutzmitteln mit bestimmten Stoffen in Staaten außerhalb der Europäischen Gemeinschaft zu verbieten. § 5 Abs. 1 gilt entsprechend.

§ 23a
Getrennte Lagerung

Lebensmittel oder Futtermittel, die für die Ausfuhr bestimmt sind und die mit Pflanzenschutzmitteln behandelt worden sind, deren Inverkehrbringen oder Einfuhr nach § 11 Abs. 2 Satz 1 Nr. 3 genehmigt worden ist, sind von den für das Inverkehrbringen im Inland bestimmten Lebensmitteln und Futtermitteln getrennt zu halten und entsprechend kenntlich zu machen.

Fünfter Abschnitt
Pflanzenschutzgeräte
§ 24
Inverkehrbringen; Einfuhr

Pflanzenschutzgeräte dürfen nur in den Verkehr gebracht oder eingeführt werden, wenn sie so beschaffen sind, daß ihre bestimmungsgemäße und sachgerechte Verwendung beim Ausbringen von Pflanzenschutzmitteln keine schädlichen Auswirkungen auf die Gesundheit von Mensch und Tier und auf Grundwasser sowie keine sonstigen schädlichen Auswirkungen, insbesondere auf den Naturhaushalt, hat, die nach dem Stande der Technik vermeidbar sind.

§ 25
Erklärung

(1) Vor dem erstmaligen Inverkehrbringen oder der erstmaligen Einfuhr von Pflanzenschutzgeräten außer Kleingeräten hat der Hersteller, der Vertriebsunternehmer, wenn er das Pflanzenschutzgerät erstmalig in den Verkehr bringen will, oder derjenige, der das Pflanzenschutzgerät erstmalig zu gewerblichen Zwecken einführt, der Biologischen Bundesanstalt zu erklären, daß der Gerätetyp den Anforderungen nach § 24 entspricht.

(2) Die Erklärung muß enthalten:

1. den Namen und die Anschrift des Herstellers, Vertriebsunternehmers oder Einführers,
2. die Bezeichnung des Gerätetyps und den Verwendungsbereich.

(3) Der Erklärung müssen beigefügt sein:

1. die Gebrauchsanleitung,
2. die Beschreibung des Gerätetyps und
3. die sonstigen für die Beurteilung erforderlichen Unterlagen.

(4) Bei Änderungen des Gerätetyps, die das Ausbringen der Pflanzenschutzmittel beeinflussen, müssen die Unterlagen nach Absatz 3 neu eingereicht oder ergänzt werden.

(5) Die Biologische Bundesanstalt kann auf die Erklärung verzichten, wenn die Pflanzenschutzgeräte für Forschungs-, Untersuchungs-, Versuchs- oder Ausstellungszwecke bestimmt sind.

§ 26
Pflanzenschutzgeräteliste

(1) Die Biologische Bundesanstalt führt eine Liste der Gerätetypen, für die eine Erklärung nach § 25 abgegeben worden ist (Pflanzenschutzgeräteliste).

(2) Die Biologische Bundesanstalt macht die Eintragung in die Pflanzenschutzgeräteliste und die Löschung der Eintragung im Bundesanzeiger bekannt.

§ 27
Prüfung

(1) Die Biologische Bundesanstalt kann Pflanzenschutzgeräte daraufhin prüfen, ob sie den Anforderungen nach § 24 entsprechen. Sie hat mit Vorrang die Pflanzenschutzgeräte zu prüfen, für die die Erklärung oder die ihr beigefügten Unterlagen zu Bedenken Anlaß geben, ob die Pflanzenschutzgeräte den Anforderungen nach § 24 entsprechen.

(2) Die Biologische Bundesanstalt kann im Einzelfall anordnen, daß der Hersteller, Vertriebsunternehmer oder Einführer ihr ein Pflanzenschutzgerät zur Prüfung übersendet.

§ 28
Ergebnis der Prüfung

Ergibt die Prüfung, daß ein Pflanzenschutzgerät nicht den Anforderungen entspricht, so löscht die Biologische Bundesanstalt die Eintragung in der Pflanzenschutzgeräteliste. Bei leichteren Mängeln kann die Biologische Bundesanstalt zunächst von der Löschung absehen und dem Hersteller, Vertriebsunternehmer oder Einführer eine angemessene Frist zur Beseitigung der Mängel setzen. Bis zum Ablauf der Frist dürfen Pflanzenschutzgeräte dieses Gerätetyps abweichend von § 24 mit diesen Mängeln weiterhin in den Verkehr gebracht werden.

§ 29
Gebrauchsanleitung

Bei der Einfuhr und beim Inverkehrbringen eines Pflanzenschutzgerätes ist die Gebrauchsanleitung in deutscher Sprache mitzuliefern. Auf ihr sind zusätzlich anzugeben:

1. der Name und die Anschrift des Herstellers, Vertriebsunternehmers oder Einführers,
2. die Bezeichnung des Gerätetyps und der Verwendungsbereich.

§ 30
Ermächtigungen

(1) Das Bundesministerium für Ernährung, Landwirtschaft und Forsten wird ermächtigt, durch Rechtsverordnung mit Zustimmung des Bundesrates,

1. soweit es zur Erfüllung des in § 1 Nr. 4 genannten Zwecks erforderlich ist,
   a) die Anforderungen an Pflanzenschutzgeräte nach § 24 näher festzusetzen,
   b) Verfügungsberechtigte und Besitzer zu verpflichten, im Gebrauch befindliche Pflanzenschutzgeräte prüfen zu lassen,
   c) die Verwendung von Pflanzenschutzgeräten zu verbieten, die den in einer Rechtsverordnung nach Buchstabe a festgesetzten Anforderungen nicht entsprechen oder nicht nach Buchstabe b geprüft sind,
2. den Begriff der Kleingeräte nach § 25 Abs. 1 abzugrenzen,

3. das Verfahren der Prüfung von Pflanzenschutzgeräten, insbesondere Art und Umfang der Unterlagen nach § 25 Abs. 3, zu regeln.

(2) Die Landesregierungen werden ermächtigt, durch Rechtsverordnung, soweit es zur Erfüllung des in § 1 Nr. 4 genannten Zwecks erforderlich ist, Verfügungsberechtigte und Besitzer zu verpflichten, im Gebrauch befindliche Pflanzenschutzgeräte prüfen zu lassen und das Verfahren hierfür zu regeln, soweit das Bundesministerium für Ernährung, Landwirtschaft und Forsten von seiner Befugnis keinen Gebrauch macht. Dabei können sie auch bestimmen, daß die Prüfung durch amtlich anerkannte Kontrollwerkstätten vorgenommen wird, sowie die Anforderung an die Anerkennung, den Verlust der Anerkennung und das Verfahren zur Anerkennung regeln. Die Landesregierungen können durch Rechtsverordnung diese Befugnis auf oberste Landesbehörden übertragen und dabei bestimmen, daß diese ihre Befugnis durch Rechtsverordnung auf nachgeordnete oder ihrer Aufsicht unterstehende Behörden weiter übertragen können.

Sechster Abschnitt
Pflanzenstärkungsmittel; Zusatzstoffe; Wirkstoffe

§ 31
Inverkehrbringen von Pflanzenstärkungsmitteln

(1) Pflanzenstärkungsmittel dürfen nur in den Verkehr gebracht werden, wenn sie

1. bei bestimmungsgemäßer und sachgerechter Anwendung oder als Folge einer solchen Anwendung keine schädlichen Auswirkungen, insbesondere auf die Gesundheit von Mensch und Tier, das Grundwasser und den Naturhaushalt, haben,
2. in eine Liste der Biologischen Bundesanstalt über Pflanzenstärkungsmittel aufgenommen worden sind und
3. auf den Behältnissen und äußeren Umhüllungen oder Packungsbeilagen mit den Angaben nach § 31a Abs. 1 Satz 2 Nr. 1 bis 5, der Angabe "Pflanzenstärkungsmittel" und der Listennummer versehen sind.

(2) Für die Abgabe von Pflanzenstärkungsmitteln gilt § 22 Abs. 1 entsprechend.

§ 31a
Aufnahme in die Liste

(1) Pflanzenstärkungsmittel werden in die Liste nach § 31 Abs. 1 Nr. 2 aufgenommen, wenn der Hersteller, Vertriebsunternehmer oder Einführer die Aufnahme beantragt. Der Antrag muß enthalten:

1. den Namen und die Anschrift des Antragstellers,
2. die Bezeichnung des Pflanzenstärkungsmittels,
3. Angaben über die Zusammensetzung nach Art und Menge mit den gebräuchlichen wissenschaftlichen Bezeichnungen,
4. Angaben über die Wirkungsweise,
5. die Gebrauchsanleitung und
6. die für die Behältnisse und äußeren Umhüllungen oder für die Packungsbeilagen vorgesehene Kennzeichnung.

Mit dem Antrag ist ferner zu erklären, daß das Pflanzenstärkungsmittel den Anforderungen nach § 31 Abs. 1 Nr. 1 entspricht. Das Bundesministerium für Ernährung, Landwirtschaft und Forsten wird ermächtigt, im Einvernehmen mit den Bundesministerien für Wirtschaft, für Arbeit und Sozialordnung, für Gesundheit und für Umwelt, Naturschutz und Reaktorsicherheit durch Rechtsverordnung mit Zustimmung des Bundesrates das Verfahren der Aufnahme in die Liste über Pflanzenstärkungsmittel, insbesondere Inhalt und Form des Antrags, zu regeln.

(2) Die Biologische Bundesanstalt kann, sofern die ihr vorgelegten Angaben und Unterlagen zu Bedenken Anlaß geben, ob das Pflanzenstärkungsmittel den Anforderungen nach § 31 Abs. 1 Nr. 1 entspricht, vom Antragsteller die Vorlage der für eine Prüfung des Pflanzenstärkungsmittels erforderlichen Unterlagen und Proben verlangen.

(3) Die Biologische Bundesanstalt entscheidet innerhalb von vier Monaten nach Eingang des Antrags über die Aufnahme in die Liste über Pflanzenstärkungsmittel. Sie trifft ihre Entscheidung hinsichtlich möglicher schädlicher Auswirkungen auf die Gesundheit von Mensch und Tier im Benehmen mit dem Bundesinstitut für gesundheitlichen Verbraucherschutz und Veterinärmedizin sowie hinsichtlich möglicher schädlicher Auswirkungen auf den Naturhaushalt im Benehmen mit dem Umweltbundesamt. Verlangt die Biologische Bundesanstalt Unterlagen oder Proben nach Absatz 2, bevor das Pflanzenstärkungsmittel in die Liste aufgenommen worden ist, entscheidet sie innerhalb von vier Monaten nach Eingang der Unterlagen oder Proben.

(4) Ergibt sich aus den Unterlagen oder Proben, daß ein Pflanzenstärkungsmittel den Anforderungen nach § 31 Abs. 1 Nr. 1 nicht entspricht, so lehnt die Biologische Bundesanstalt die Aufnahme des Pflanzenstärkungsmittels in die Liste ab.

(5) Der Antragsteller hat der Biologischen Bundesanstalt Änderungen gegenüber den Angaben und Unterlagen nach Absatz 1 Satz 2 und Absatz 2 unverzüglich anzuzeigen.

§ 31b
Prüfung

(1) Die Biologische Bundesanstalt kann Pflanzenstärkungsmittel, auch nach Aufnahme in die Liste, daraufhin prüfen, ob sie den Anforderungen nach § 31 Abs. 1 Nr. 1 entsprechen. Sie hat mit Vorrang die Pflanzenstärkungsmittel zu prüfen, für die der Antrag, die ihm beigefügten Angaben oder die Unterlagen und Proben nach § 31a Abs. 2 zu Bedenken Anlaß geben, ob das Pflanzenstärkungsmittel den Anforderungen nach § 31 Abs. 1 Nr. 1 entspricht.

(2) Ergibt eine nachträgliche Prüfung, daß ein in die Liste aufgenommenes Pflanzenstärkungsmittel den Anforderungen nach § 31 Abs. 1 Nr. 1 nicht entspricht, so streicht die Biologische Bundesanstalt das Pflanzenstärkungsmittel aus der Liste. In diesem Fall ist die Rückgabe des Pflanzenstärkungsmittels an den Hersteller oder einen von ihm beauftragten Dritten zulässig.

(3) Die Biologische Bundesanstalt macht die Aufnahme in die Liste über Pflanzenstärkungsmittel und das Streichen aus der Liste im Bundesanzeiger bekannt.

§ 31c
Zusatzstoffe

(1) Stoffe, die dazu bestimmt sind, Pflanzenschutzmitteln zugesetzt zu werden, um ihre Eigenschaften oder Wirkungen zu verändern (Zusatzstoffe), ausgenommen Wasser und Düngemittel im Sinne des Düngemittelgesetzes, dürfen in der Formulierung, in der die Abgabe

an den Anwender vorgesehen ist, nur in den Verkehr gebracht werden, wenn sie die Anforderungen nach § 31 Abs. 1 Nr. 1 erfüllen und in eine Liste der Biologischen Bundesanstalt über Zusatzstoffe aufgenommen worden sind.

(2) Für Zusatzstoffe gelten die Vorschriften über Pflanzenstärkungsmittel entsprechend. Das Bundesministerium für Ernährung, Landwirtschaft und Forsten wird ermächtigt im Einvernehmen mit den Bundesministerien für Wirtschaft, für Arbeit und Sozialordnung, für Gesundheit und für Umwelt, Naturschutz und Reaktorsicherheit durch Rechtsverordnung mit Zustimmung des Bundesrates das Verfahren der Aufnahme in die Liste über Zusatzstoffe, insbesondere Inhalt und Form des Antrags, zu regeln.

§ 31d
Verkehr mit Pflanzenschutzmittelwirkstoffen

(1) Wirkstoffe, die zur Herstellung von Pflanzenschutzmitteln oder zur Verwendung als Pflanzenschutzmittel bestimmt sind, dürfen nur in den Verkehr gebracht oder eingeführt werden, wenn

1. die Wirkstoffe nach den §§ 13 bis 15 des Chemikaliengesetzes eingestuft, verpackt und gekennzeichnet sind und
2. den Mitgliedstaaten und der Kommission der Europäischen Gemeinschaft die nach Anhang II der Richtlinie 91/414/EWG erforderlichen Angaben und Unterlagen unter Beifügung einer Erklärung vorgelegt worden sind, daß der Wirkstoff zur Verwendung in Pflanzenschutzmitteln oder zur Anwendung als Pflanzenschutzmittel bestimmt ist; dies gilt nicht für Wirkstoffe, die zu Versuchszwecken in den Verkehr gebracht oder eingeführt werden.

(2) Das Bundesministerium für Ernährung, Landwirtschaft und Forsten wird ermächtigt, soweit es zur Erfüllung der in § 1 genannten Zwecke erforderlich ist, im Einvernehmen mit den Bundesministerien für Wirtschaft, für Arbeit und Sozialordnung, für Gesundheit und für Umwelt, Naturschutz und Reaktorsicherheit durch Rechtsverordnung mit Zustimmung des Bundesrates das Verfahren der Vorlage, insbesondere Art und Umfang der Unterlagen, zu regeln.

Siebter Abschnitt
Entschädigung; Forderungsübergang

§ 32
Entschädigung

(1) Soweit auf Grund dieses Gesetzes Pflanzen oder Pflanzenerzeugnisse, die weder befallen noch befallsverdächtig sind, oder sonstige Gegenstände, die weder Träger von Schadorganismen sind noch im Verdacht stehen, Träger von Schadorganismen zu sein, vernichtet werden, ist eine angemessene Entschädigung in Geld zu leisten. Die Entschädigung ist unter gerechter Abwägung der Interessen der Allgemeinheit und der Beteiligten festzusetzen.

(2) Wird durch eine Maßnahme auf Grund dieses Gesetzes dem Betroffenen ein Vermögensnachteil zugefügt, der nicht nach Absatz 1 abzugelten ist, so ist eine Entschädigung in Geld zu gewähren, soweit dies zur Abwendung oder zum Ausgleich unbilliger Härten geboten erscheint.

(3) Eine Entschädigung wird nicht gewährt, wenn der vom Eingriff Betroffene oder sein Rechtsvorgänger zu der Maßnahme durch eine Zuwiderhandlung gegen dieses Gesetz oder

gegen eine nach diesem Gesetz erlassene Rechtsverordnung oder Anordnung Anlaß gegeben hat.

(4) Für Streitigkeiten über die Entschädigungsansprüche ist der ordentliche Rechtsweg gegeben.

§ 32a
Forderungsübergang

Wird eine Entschädigung nach § 32 Abs. 1 oder 2 geleistet oder ein Ausgleich aus Anlaß behördlich angeordneter Maßnahmen zur Bekämpfung oder Verhinderung der Verschleppung von Schadorganismen gewährt und beteiligt sich die Europäische Gemeinschaft an der Entschädigung oder dem Ausgleich, kann das Bundesministerium für Ernährung, Landwirtschaft und Forsten, soweit es zur Durchführung von Rechtsakten der Europäischen Gemeinschaft erforderlich ist, durch Rechtsverordnung mit Zustimmung des Bundesrates vorschreiben, daß Forderungen auf Entschädigung oder Schadensersatz eines Entschädigungs- oder Ausgleichsberechtigten, die ihm gegen Dritte zustehen, auf die Europäische Gemeinschaft in Höhe der anteiligen Finanzierung der Entschädigung oder des Ausgleichs an diese übergehen. Nähere Einzelheiten des Forderungsübergangs und ein Forderungsübergang im übrigen auf die Länder, insbesondere Umfang und Verfahren, können in der Rechtsverordnung nach Satz 1 geregelt werden.

Achter Abschnitt
Behörden; Überwachung
§ 33
Biologische Bundesanstalt

(1) Die Biologische Bundesanstalt ist eine selbständige Bundesoberbehörde im Geschäftsbereich des Bundesministeriums für Ernährung, Landwirtschaft und Forsten.

(2) Die Biologische Bundesanstalt hat, zusätzlich zu den Aufgaben, die ihr durch dieses Gesetz, durch Rechtsverordnungen nach den §§ 7, 17 Abs. 1, 18a Abs. 3, 19 Abs. 2, 30 Abs. 1, 31a Abs. 1 Satz 4, 31c Abs. 2 Satz 2, 31d Abs. 2 und 38 b Satz 2 oder durch andere Rechtsvorschriften übertragen sind oder werden, folgende Aufgaben:

1. die Unterrichtung und Beratung der Bundesregierung auf dem Gebiet des Pflanzenschutzes,
2. Forschung im Rahmen des Zwecks dieses Gesetzes, einschließlich bibliothekarischer und dokumentarischer Erfassung, Auswertung und Bereitstellung von Informationen,
3. Mitwirkung bei der Überwachung zugelassener Pflanzenschutzmittel und in die jeweilige Liste aufgenommene Pflanzenstärkungsmittel und Zusatzstoffe,
4. Mitwirkung bei der Überwachung der Pflanzenschutzgeräte der in der Pflanzenschutzgeräteliste eingetragenen Gerätetypen,
5. die Prüfung von Pflanzenschutzgeräten,
6. die Prüfung und die Entwicklung von Verfahren des Pflanzenschutzes sowie die Mitwirkung beim Schließen von Bekämpfungslücken,
7. die Prüfung von Pflanzen auf ihre Widerstandsfähigkeit gegen Schadorganismen,
8. die Untersuchung von Bienen auf Schäden durch zugelassene Pflanzenschutzmittel,

9. Mitwirkung bei der Bewertung von Stoffen nach dem Chemikaliengesetz,
10. Mitwirkung bei der Bekanntmachung der Liste nach § 10c des Bundesseuchengesetzes,
11. Prüfung von Pflanzenschutzmittelwirkstoffen nach den von der Europäischen Gemeinschaft erlassenen Bestimmungen.

(3) Die Biologische Bundesanstalt kann prüfen:

1. Pflanzenschutzmittel, die nicht der Zulassung bedürfen,
2. Stoffe, die zur Anwendung im Pflanzenbau bestimmt, aber keine Pflanzenschutzmittel, Pflanzenstärkungsmittel oder Zusatzstoffe sind,
3. Geräte und Einrichtungen, die im Pflanzenschutz benutzt werden, aber keine Pflanzenschutzgeräte sind.

(4) Die Biologische Bundesanstalt veröffentlicht eine beschreibende Liste

1. der zugelassenen Pflanzenschutzmittel mit Angaben über die für die Anwendung der Pflanzenschutzmittel wichtigen Merkmale und Eigenschaften, insbesondere die Eignung der Pflanzenschutzmittel für bestimmte Anwendungsgebiete, Boden und Klimaverhältnisse und den Haus- und Kleingartenbereich, sowie den Zeitpunkt, an dem die Zulassung der Pflanzenschutzmittel endet;
2. der in die Pflanzenschutzgeräteliste eingetragenen Pflanzenschutzgeräte mit Angaben über die für die Verwendung der Pflanzenschutzgeräte wichtigen Merkmale und Eigenschaften;
3. der in die jeweilige Liste eingetragenen Pflanzenstärkungsmittel und Zusatzstoffe.

Prüfungsergebnisse aus der Praxis des Pflanzenschutzes können verwertet werden.

(5) Bei der Biologischen Bundesanstalt wird ein Sachverständigenausschuß gebildet, dessen Mitglieder vom Bundesministerium für Ernährung, Landwirtschaft und Forsten berufen werden. Der Sachverständigenausschuß ist zu hören

1. vor der Entscheidung über die Zulassung von Pflanzenschutzmitteln nach den §§ 15, 15b oder 15c,
2. vor der Entscheidung über die Genehmigung nach § 18,
3. vor der Rücknahme oder dem Widerruf einer Zulassung oder Genehmigung außer bei Gefahr im Verzuge.

(6) Das Bundesministerium für Ernährung, Landwirtschaft und Forsten wird ermächtigt, im Einvernehmen mit den Bundesministerien für Arbeit und Sozialordnung, für Gesundheit und für Umwelt, Naturschutz und Reaktorsicherheit durch Rechtsverordnung mit Zustimmung des Bundesrates die näheren Vorschriften über den Sachverständigenausschuß zu erlassen.

§ 34
Durchführung in den Ländern

(1) In den Ländern obliegt die Durchführung dieses Gesetzes einschließlich der Überwachung der Einhaltung seiner Vorschriften sowie der nach diesem Gesetz erlassenen Rechtsverordnungen und erteilten Auflagen den nach Landesrecht zuständigen Behörden.

(2) Als Pflanzenschutzdienst haben die zuständigen Behörden insbesondere folgende Aufgaben:

1. die Überwachung der Pflanzenbestände sowie der Vorräte von Pflanzen und Pflanzenerzeugnissen auf das Auftreten von Schadorganismen,
2. die Überwachung des Beförderns, des Inverkehrbringens, des Lagerns, der Einfuhr und der Ausfuhr von Pflanzen, Pflanzenerzeugnissen und Kultursubstraten im Rahmen des Pflanzenschutzes sowie die Ausstellung der für diese Tätigkeiten erforderlichen Bescheinigungen,
3. die Beratung, Aufklärung und Schulung auf dem Gebiet des Pflanzenschutzes einschließlich der Durchführung des Warndienstes auch unter Verwendung eigener Untersuchungen und Versuche,
4. die Berichterstattung über das Auftreten und die Verbreitung von Schadorganismen,
5. die Prüfung von Pflanzenschutzmitteln, Pflanzenschutzgeräten, Verfahren des Pflanzenschutzes, der Resistenz von Pflanzenarten sowie die Mitwirkung beim Schließen von Bekämpfungslücken,
6. die Durchführung der für die Aufgaben nach den Nummern 1 bis 5 erforderlichen Untersuchungen und Versuche.

§ 34a
Behördliche Anordnungen

Die zuständige Behörde kann im Einzelfall die Anordnungen treffen, die zur Beseitigung festgestellter oder zur Verhütung künftiger Verstöße gegen dieses Gesetz oder gegen die auf Grund dieses Gesetzes erlassenen Rechtsverordnungen notwendig sind. Sie kann insbesondere untersagen:

1. die Anwendung eines Pflanzenschutzmittels zur Verhütung von Verstößen gegen § 6 Abs. 2 oder § 6a oder
2. das Inverkehrbringen eines Pflanzenschutzmittels, Pflanzenstärkungsmittels oder eines Pflanzenschutzgerätes, wenn die erforderliche Zulassung oder Genehmigung nicht vorliegt oder die erforderliche Aufnahme in die Liste über Pflanzenstärkungsmittel und die Pflanzenschutzgeräteliste nicht erfolgt ist.

§ 35
Mitwirkung von Zollstellen

(1) Das Bundesministerium der Finanzen und die von ihm bestimmten Zollstellen wirken bei der Einfuhr, Durchfuhr und Ausfuhr von Schadorganismen und Befallsgegenständen sowie der Einfuhr und Ausfuhr von Pflanzenschutzmitteln und Pflanzenschutzgeräten mit.

(2) Das Bundesministerium der Finanzen wird ermächtigt, im Einvernehmen mit dem Bundesministerium für Ernährung, Landwirtschaft und Forsten durch Rechtsverordnung ohne Zustimmung des Bundesrates die Einzelheiten des Verfahrens der Überwachung zu regeln. Es kann dabei insbesondere Pflichten zu Anzeigen, Anmeldungen, Auskünften und zur Leistung von Hilfsdiensten sowie zur Duldung der Einsichtnahme in Geschäftspapiere und sonstige Unterlagen und zur Duldung von Besichtigungen und von Entnahmen unentgeltlicher Muster und Proben vorsehen.

§ 36
Einlaßstellen

Das Bundesministerium für Ernährung, Landwirtschaft und Forsten gibt im Einvernehmen mit dem Bundesministerium der Finanzen im Bundesanzeiger die Zollstellen bekannt, bei denen

1. Sendungen von Schadorganismen sowie Befallsgegenstände zur Einfuhr oder Ausfuhr abgefertigt werden, wenn die Einfuhr oder Ausfuhr durch Rechtsverordnung nach § 4 oder
2. Pflanzenschutzmittel zur Einfuhr oder Ausfuhr abgefertigt werden, wenn die Einfuhr oder Ausfuhr durch Rechtsverordnung nach § 17 Abs. 2

geregelt ist.

§ 37
Kosten

(1) Die Biologische Bundesanstalt erhebt Kosten (Gebühren und Auslagen) für

1. Amtshandlungen nach diesem Gesetz und
2. berichterstattende Tätigkeiten, die sie im Rahmen eines Arbeitsprogramms nach Artikel 8 Abs. 2 der Richtlinie 91/414/EWG in Verbindung mit den durch Verordnung der Europäischen Gemeinschaft festgesetzten Durchführungsbestimmungen ausführt.

Bei der Bemessung der Höhe der Gebühren nach Satz 1 ist auch der mit den Mitwirkungshandlungen des Bundesinstituts für gesundheitlichen Verbraucherschutz und Veterinärmedizin und des Umweltbundesamtes verbundene Verwaltungsaufwand zu berücksichtigen. Im Falle des Satzes 1 Nr. 2 sind die Kosten von demjenigen zu erheben, der die Prüfung eines Wirkstoffs zur Aufnahme in Anhang I der Richtlinie 91/414/EWG veranlaßt hat; in diesem Falle gilt das Verwaltungskostengesetz entsprechend.

(2) Das Bundesministerium für Ernährung, Landwirtschaft und Forsten wird ermächtigt, im Einvernehmen mit den Bundesministerien der Finanzen und für Wirtschaft durch Rechtsverordnung, die nicht der Zustimmung des Bundesrates bedarf, die gebührenpflichtigen Tatbestände zu bestimmen und dabei feste Sätze oder Rahmensätze vorzusehen. Der Nutzen der Pflanzenschutzmittel, Pflanzenschutzgeräte, Verfahren des Pflanzenschutzes sowie der Geräte und Einrichtungen, die im Pflanzenschutz benutzt werden, für die Allgemeinheit ist angemessen zu berücksichtigen. Die zu erstattenden Auslagen können abweichend vom Verwaltungskostengesetz geregelt werden.

Neunter Abschnitt
Auskunftspflicht; Übermittlung von Daten; Straf- und Bußgeldvorschriften

§ 38
Auskunftspflicht

(1) Natürliche und juristische Personen und nichtrechtsfähige Personenvereinigungen haben der zuständigen Behörde auf Verlangen die Auskünfte zu erteilen, die zur Durchführung der der Behörde durch dieses Gesetz oder auf Grund dieses Gesetzes übertragenen Aufgaben erforderlich sind.

(2) Personen, die von der zuständigen Behörde beauftragt sind, dürfen im Rahmen des Absatzes 1 Grundstücke, Geschäftsräume, Betriebsräume und Transportmittel des Auskunftspflichtigen während der Geschäfts- und Betriebszeit betreten und dort

1. Besichtigungen sowie Untersuchungen auf Schadorganismen vornehmen und Pflanzenschutzgeräte prüfen,

2. Proben ohne Entgelt gegen Empfangsbescheinigung entnehmen und
3. geschäftliche Unterlagen einsehen;

sie können dabei von Sachverständigen der Kommission der Europäischen Gemeinschaft oder anderer Mitgliedstaaten begleitet werden. Zur Verhütung dringender Gefahren für die öffentliche Sicherheit und Ordnung dürfen die Grundstücke, Geschäftsräume, Betriebsräume und Transportmittel auch betreten werden, wenn sie zugleich Wohnzwecken des Auskunftspflichtigen dienen. Der Auskunftspflichtige hat die Maßnahmen zu dulden, die mit der Überwachung beauftragten Personen zu unterstützen und die geschäftlichen Unterlagen vorzulegen.

(3) Die von der zuständigen Behörde mit der Durchführung von Überwachungs- und Bekämpfungsmaßnahmen nach § 3 Abs. 1 Nr. 5 beauftragten Personen dürfen im Rahmen ihres Auftrages tagsüber an Werktagen Grundstücke betreten und dort Überwachungs- und Bekämpfungsmaßnahmen durchführen. Der Verfügungsberechtigte oder Besitzer hat diese Maßnahme zu dulden.

(4) Das Grundrecht der Unverletzlichkeit der Wohnung (Artikel 13 des Grundgesetzes) wird im Rahmen der Absätze 2 und 3 eingeschränkt.

(5) Der Auskunftspflichtige kann die Auskunft auf solche Fragen verweigern, deren Beantwortung ihn selbst oder einen der in § 383 Abs. 1 Nr. 1 bis 3 der Zivilprozeßordnung bezeichneten Angehörigen der Gefahr strafgerichtlicher Verfolgung oder eines Verfahrens nach dem Gesetz über Ordnungswidrigkeiten aussetzen würde.

§ 38a
Übermittlung von Daten

(1) Die Biologische Bundesanstalt kann den zuständigen Behörden anderer Mitgliedstaaten und der Kommission der Europäischen Gemeinschaft Entscheidungen und Maßnahmen mitteilen und Angaben und Unterlagen, die sie bei der Wahrnehmung ihrer Aufgaben nach den §§ 15 bis 16a und 18 erlangt hat, übermitteln, soweit dies durch Rechtsakte der Europäischen Gemeinschaft vorgeschrieben oder zur Durchführung des Abkommens über den Europäischen Wirtschaftsraum erforderlich ist.

(2) Die zuständigen Behörden können, soweit es zum Schutz gegen die Gefahr der Einschleppung oder Verschleppung von Schadorganismen erforderlich oder durch Rechtsakte der Europäischen Gemeinschaft vorgeschrieben ist, Daten, die sie bei der Durchführung dieses Gesetzes gewonnen haben, den zuständigen Behörden anderer Länder, des Bundes oder anderer Mitgliedstaaten sowie der Kommission der Europäischen Gemeinschaft mitteilen.

§ 38b
Außenverkehr

Der Verkehr mit den zuständigen Behörden anderer Mitgliedstaaten und der Kommission der Europäischen Gemeinschaft obliegt dem Bundesministerium für Ernährung, Landwirtschaft und Forsten. Es kann diese Befugnis durch Rechtsverordnung ohne Zustimmung des Bundesrates auf die Biologische Bundesanstalt übertragen. Ferner kann es diese Befugnis durch Rechtsverordnung mit Zustimmung des Bundesrates auf die zuständigen obersten Landesbehörden übertragen. Die obersten Landesbehörden können diese Befugnis nach Satz 3 auf andere Behörden übertragen.

§ 39
Strafvorschriften

(1) Mit Freiheitsstrafe bis zu fünf Jahren oder mit Geldstrafe wird bestraft, wer Schadorganismen verbreitet und dadurch

1. Bestände von Pflanzen besonders geschützter Arten im Sinne des § 20 a Abs. 1 Nr. 7 des Bundesnaturschutzgesetzes,
2. fremde Pflanzenbestände von bedeutendem Wert oder
3. Pflanzenbestände von bedeutendem Wert für Naturhaushalt oder Landschaftsbild

gefährdet.

(2) Der Versuch ist strafbar.

§ 40
Bußgeldvorschriften

(1) Ordnungswidrig handelt, wer vorsätzlich oder fahrlässig

1. einer Rechtsverordnung
   a) nach den §§ 3, 4, 5 Abs. 1, § 9 Satz 2, den §§ 17 Abs. 2, 20 Abs. 1 in Verbindung mit § 14 des Chemikaliengesetzes, § 20 Abs. 5 Nr. 1 Buchstabe b bis e, § 23 Abs. 3 oder § 30 Abs. 1 Nr. 1 Buchstabe c oder nach § 3 des durch § 44 Abs. 1 Nr. 1 dieses Gesetzes aufgehobenen Pflanzenschutzgesetzes oder
   b) nach § 7

   zuwiderhandelt, soweit sie für einen bestimmten Tatbestand auf diese Bußgeldvorschrift verweist,
2. einer vollziehbaren Anordnung
   a) nach § 5 Abs. 2, § 6 Abs. 1 Satz 3, § 10 Abs. 2, § 10a Abs. 2, § 16b Abs. 2 Satz 1, § 22 Abs. 3 oder § 34a Satz 1,
   b) nach § 15a Abs. 3, auch in Verbindung mit § 15b Abs. 8 oder § 15c Abs. 1 Satz 2, oder
   c) auf Grund einer Rechtsverordnung nach § 3 Abs. 1 oder 3, § 5 Abs. 1 in Verbindung mit § 3 Abs. 1, nach § 7 Abs. 1 oder 4 in Verbindung mit Abs. 1, nach § 10a Abs. 3, § 21a Satz 2 oder § 30 Abs. 1 Nr. 1 Buchstabe c, soweit die Rechtsverordnung für einen bestimmten Tatbestand auf diese Bußgeldvorschrift verweist,

   zuwiderhandelt,
3. (weggefallen)
4. entgegen § 6 Abs. 2, § 6a Abs. 1 Satz 1, auch in Verbindung mit Abs. 2, oder § 6a Abs. 1 Satz 2 oder § 10a Abs. 1 Satz 1 oder 2, jeweils in Verbindung mit einer Rechtsverordnung nach Abs. 3, ein Pflanzenschutzmittel anwendet,
5. entgegen § 9 Satz 1 oder § 21a Satz 1, auch in Verbindung mit einer Rechtsverordnung nach § 21a Satz 2, eine Anzeige nicht oder nicht rechtzeitig erstattet,
6. entgegen § 11 Abs. 1 Satz 1 ein nicht zugelassenes Pflanzenschutzmittel oder entgegen § 11 Abs. 3 Satz 1 Saatgut, Pflanzgut oder Kultursubstrat in den Verkehr bringt oder einführt,

7. einer vollziehbaren Auflage nach § 11 Abs. 2 Satz 2, § 15 Abs. 4 Satz 1, auch in Verbindung mit § 15c Abs. 1 Satz 2 oder § 18 Abs. 2, nach § 15 Abs. 7 Satz 1, auch in Verbindung mit § 15b Abs. 8, nach § 15b Abs. 5 Satz 1 oder § 18b Abs. 4 Satz 1 Nr. 1 oder einer mit einer Zulassung nach § 15b Abs. 7 verbundenen vollziehbaren Auflage zuwiderhandelt,

8. entgegen § 15a Abs. 2 Satz 1, auch in Verbindung mit § 15b Abs. 8, § 15c Abs. 1 Satz 2 oder § 18 Abs. 2, oder entgegen § 31a Abs. 5, auch in Verbindung mit § 31c Abs. 2 Satz 1, eine Anzeige oder entgegen § 19 Abs. 1 Satz 1 oder 2 eine Meldung nicht, nicht richtig, nicht vollständig, nicht in der vorgeschriebenen Weise oder nicht rechtzeitig erstattet,

8a. entgegen § 16b Abs. 2 Satz 2 oder Abs. 3 Satz 2 ein Pflanzenschutzmittel nicht, nicht vollständig oder nicht rechtzeitig annimmt,

9. entgegen § 20 Abs. 1 in Verbindung mit § 13 oder § 15 des Chemikaliengesetzes, entgegen § 20 Abs. 2, auch in Verbindung mit einer Rechtsverordnung nach Abs. 5 Nr. 1 Buchstabe a, ein Pflanzenschutzmittel ohne die vorgeschriebene Kennzeichnung in den Verkehr bringt oder einführt,

10. der Vorschrift des § 21 Satz 1 über verbotene Angaben zuwiderhandelt,

11. entgegen § 22 Abs. 1 Satz 1, auch in Verbindung mit § 31 Abs. 2, dieser auch in Verbindung mit § 31c Abs. 2 Satz 1, ein Pflanzenschutzmittel, ein Pflanzenstärkungsmittel oder einen Zusatzstoff in den Verkehr bringt,

11a. entgegen § 22 Abs. 2 den Erwerber nicht, nicht richtig, nicht vollständig oder nicht rechtzeitig über Verbote oder Beschränkungen unterrichtet,

12. entgegen § 23 Abs. 1 Satz 1 ein Pflanzenschutzmittel ausführt oder entgegen § 23 Abs. 2 ein für die Ausfuhr bestimmtes Pflanzenschutzmittel oder Kultursubstrat nicht getrennt hält oder nicht entsprechend kenntlich macht,

13. entgegen § 24 ein Pflanzenschutzgerät in den Verkehr bringt oder einführt, das einer Rechtsverordnung nach § 30 Abs. 1 Nr. 1 Buchstabe a nicht entspricht,

14. entgegen § 25 Abs. 1 bis 3 in Verbindung mit einer Rechtsverordnung nach § 30 Abs. 1 Nr. 2 oder 3 eine Erklärung nicht, nicht richtig, nicht vollständig oder nicht rechtzeitig abgibt oder entgegen § 25 Abs. 4 Unterlagen nicht einreicht oder nicht ergänzt,

15. entgegen § 29 Satz 1 die Gebrauchsanleitung nicht mitliefert,

16. entgegen § 31 Abs. 1 Nr. 2 oder 3, auch in Verbindung mit § 31c Abs. 2 Satz 1, ein Pflanzenstärkungsmittel oder einen Zusatzstoff oder entgegen § 31c Abs. 1 einen in die dort genannte Liste nicht aufgenommenen Zusatzstoff in den Verkehr bringt,

16a. entgegen § 31d Abs. 1 Nr. 1 einen Wirkstoff in den Verkehr bringt oder einführt oder

17. entgegen § 38 Abs. 1 eine Auskunft nicht, nicht richtig oder nicht vollständig erteilt, entgegen § 38 Abs. 2 Satz 3 eine Maßnahme nicht duldet, eine mit der Überwachung beauftragte Person nicht unterstützt oder geschäftliche Unterlagen nicht vorlegt oder entgegen § 38 Abs. 3 Satz 2 eine Maßnahme nicht duldet.

(2) Die Ordnungswidrigkeit kann in den Fällen des Absatzes 1 Nr. 1, 2 Buchstabe a und c, Nr. 4, 6, 7, 9, 10, 13 und 16a mit einer Geldbuße bis zu hunderttausend Deutsche Mark, in

den Fällen des Absatzes 1 Nr. 2 Buchstabe b, Nr. 5, 8, 8a, 11 bis 12, 14 bis 16 und 17 mit einer Geldbuße bis zu zwanzigtausend Deutsche Mark geahndet werden.

(3) Pflanzen, Pflanzenerzeugnisse, Kultursubstrate, Pflanzenschutzmittel, Pflanzenstärkungsmittel, Zusatzstoffe, Wirkstoffe und Pflanzenschutzgeräte, auf die sich eine Ordnungswidrigkeit nach Absatz 1 Nr. 1 bis 4, 6, 7, 9, 13, 16 oder 16a bezieht, können eingezogen werden.

(4) Verwaltungsbehörde im Sinne des § 36 Abs. 1 Nr. 1 des Gesetzes über Ordnungswidrigkeiten ist in den Fällen des Absatzes 1 Nr. 2 Buchstabe b, Nr. 8 und 14 die Biologische Bundesanstalt.

Zehnter Abschnitt
Schlußbestimmungen

§ 41
Unberührtheitsklausel

Unberührt bleiben

1. das Lebensmittel- und Bedarfsgegenständegesetz,
2. das Bundes-Immissionsschutzgesetz,
3. das Chemikaliengesetz,
4. das Gerätesicherheitsgesetz und
5. das Gentechnikgesetz

sowie die auf diese Gesetze gestützten Rechtsverordnungen.

§ 42
Besondere Vorschriften zur Bekämpfung der Reblaus

Durch Rechtsverordnung des Bundesministeriums für Ernährung, Landwirtschaft und Forsten mit Zustimmung des Bundesrates nach § 3 Abs. 1 wird die Bekämpfung der Reblaus (Daktulosphaira vitifoliae Fitch) geregelt. Darüber hinaus können die Länder

1. über Rechtsverordnungen nach § 3 Abs. 1 hinaus weitergehende Regelungen zur Bekämpfung der Reblaus treffen,
2. die Entschädigung für Maßnahmen zur Bekämpfung der Reblaus abweichend von § 32 Abs. 1 bis 3 regeln,
3. abweichend von § 34 Abs. 2 einen besonderen Rebschutzdienst einrichten und ihm Aufgaben übertragen, soweit sie den Schutz der Reben betreffen.

§ 43
Allgemeine Verwaltungsvorschriften

Das Bundesministerium für Ernährung, Landwirtschaft und Forsten erläßt mit Zustimmung des Bundesrates die allgemeinen Verwaltungsvorschriften, die zur Durchführung dieses Gesetzes erforderlich sind. Allgemeine Verwaltungsvorschriften zur Durchführung des § 15 Abs. 3, § 15b Abs. 4, § 15c Abs. 2 und § 18 Abs. 3 bedürfen des Einvernehmens der Bundesministerien für Gesundheit und für Umwelt, Naturschutz und Reaktorsicherheit.

§ 44
Aufhebung von Vorschriften

(weggefallen)

§ 45
Übergangsvorschriften

(1) § 6a Abs. 1 Satz 1 Nr. 1 ist auf Pflanzenschutzmittel, die

1. bis zum 1. Juli 1998 zugelassen worden sind oder

2. nach § 15 zugelassen werden,

bis zum 1. Juli 2001 nicht anzuwenden.

(2) § 6a Abs. 1 Satz 2 ist erst ab dem 1. Juli 1999 anzuwenden.

(3) § 10a Abs. 1 und 2 sowie Rechtsverordnungen auf Grund des § 10a Abs. 3 sind erst ab dem 1. Juli 2000 anzuwenden; hinsichtlich der Anwendung von Pflanzenschutzmitteln zu Versuchszwecken bleiben die allgemeinen Anforderungen an die Anwendung nach § 6 Abs. 1 Satz 2 unberührt.

(4) Die §§ 13 bis 14b gelten nicht für die Verwertung von Unterlagen zugunsten eines Antragstellers, wenn die Biologische Bundesanstalt die Unterlagen bereits nach den §§ 13 und 14 in der bis zum 30. Juni 1998 geltenden Fassung zu seinen Gunsten verwertet hat. Auf die Verwertung von Unterlagen, die Versuche mit anderen Tieren als mit Wirbeltieren voraussetzen, finden die §§ 13 und 14 des Pflanzenschutzgesetzes in der bis zum 30. Juni 1998 geltenden Fassung Anwendung, soweit die Biologische Bundesanstalt die Mitteilungen nach § 13 Abs. 1 Satz 2 oder § 14 Abs. 2 Satz 1 oder 5 in Verbindung mit Satz 1 des Pflanzenschutzgesetzes in der bis zu diesem Zeitpunkt geltenden Fassung vorgenommen hat.

(5) Bis zu einer Entscheidung über die Aufnahme eines Wirkstoffs in Anhang I der Richtlinie 91/414/EWG findet § 15 Abs. 1 Nr. 2 keine Anwendung auf Pflanzenschutzmittel, die diesen Wirkstoff enthalten und die in einem Mitgliedstaat vor dem 27. Juli 1993 zu gewerblichen Zwecken oder im Rahmen sonstiger wirtschaftlicher Unternehmungen in den Verkehr gebracht worden sind. Auf Verlangen der Biologischen Bundesanstalt hat der Antragsteller nachzuweisen, daß das Pflanzenschutzmittel in einem Mitgliedstaat vor dem 27. Juli 1993 nach Satz 1 in den Verkehr gebracht worden ist.

(6) § 15c findet keine Anwendung auf Pflanzenschutzmittel, die in einem Mitgliedstaat vor dem 27. Juli 1993 zu gewerblichen Zwecken oder im Rahmen sonstiger wirtschaftlicher Unternehmungen in den Verkehr gebracht worden sind.

(7) Zulassungen von Pflanzenschutzmitteln, die in einem Mitgliedstaat vor dem 27. Juli 1993 zu gewerblichen Zwecken oder im Rahmen sonstiger wirtschaftlicher Unternehmungen in den Verkehr gebracht worden sind, sind zu widerrufen, wenn die Europäische Gemeinschaft nach Artikel 8 Abs. 2 Satz 7 der Richtlinie 91/414/EWG entschieden hat, einen Wirkstoff nicht in Anhang I der Richtlinie 91/414/EWG aufzunehmen oder die Aufnahme des Wirkstoffs in Anhang I in der jeweils geltenden Fassung mit einer Beschränkung nach Artikel 5 Abs. 4 der Richtlinie 91/414/EWG versehen hat, die der Zulassung entgegensteht.

(8) § 31d Abs. 1 Nr. 2 findet keine Anwendung auf Wirkstoffe, die in einem Mitgliedstaat vor dem 27. Juli 1993 zu gewerblichen Zwecken oder im Rahmen sonstiger wirtschaftlicher Unternehmungen in den Verkehr gebracht worden sind.

(9) Pflanzenschutzmittel, die vor dem 1. Juli 1998 nach § 15 dieses Gesetzes in der zu diesem Zeitpunkt geltenden Fassung zugelassen worden sind, dürfen noch bis zum 30. Juni 2001 nach den Vorschriften dieses Gesetzes in der vor dem 1. Juli 1998 geltenden Fassung in den Verkehr gebracht, eingeführt und angewandt werden. Endet die Zulassung nach dem 30. Juni 2001, darf das Pflanzenschutzmittel bis zum Ende der Zulassung nur in den Verkehr gebracht, eingeführt und angewandt werden, wenn

1. die Biologische Bundesanstalt zuvor die Anwendungsgebiete und Anwendungsbestimmungen entsprechend § 15 Abs. 2 festgesetzt hat und
2. das Pflanzenschutzmittel nach § 20 Abs. 1 bis 3 oder auf Grund einer nach § 20 Abs. 5 erlassenen Rechtsverordnung gekennzeichnet ist.

Die Festsetzung der Anwendungsgebiete und Anwendungsbestimmungen ist vom Zulassungsinhaber bis zum 1. Februar 1999 bei der Biologischen Bundesanstalt zu beantragen.

(10) Pflanzenstärkungsmittel, die vor dem 1. Juli 1998 nach den bis zu diesem Zeitpunkt geltenden Vorschriften in den Verkehr gebracht worden sind, dürfen noch bis zum 30. Juni 2000 in den Verkehr gebracht werden. Pflanzenstärkungsmittel nach § 2 Nr. 10 Buchstabe b und Zusatzstoffe dürfen noch bis zum Ende der Zulassung in den Verkehr gebracht werden, soweit sie als Pflanzenschutzmittel zugelassen sind und die Zulassung nach dem in Satz 1 genannten Zeitraum endet.

§ 46
Inkrafttreten; Außerkrafttreten

(1) Dieses Gesetz tritt, vorbehaltlich des Absatzes 2, am 1. Juli 1998 in Kraft.

(2) Vorschriften des durch Artikel 1 geänderten Pflanzenschutzgesetzes, die zum Erlaß von Rechtsverordnungen ermächtigen, sowie Artikel 2 Abs. 1 Nr. 2 und 3 treten am Tage nach der Verkündung in Kraft.

(3) Die Bisamverordnung vom 20. Mai 1988 (BGBl. I S. 640), geändert durch Artikel 3 Abs. 6 der Verordnung vom 10. November 1992 (BGBl. I S. 1887), tritt mit Ablauf des 31. Dezember 1999 außer Kraft.

Verordnung zur Durchführung des Pflanzenschutzgesetzes vom 4. Oktober 1988 (GV.NW 1988, S.420), geändert durch Verordnung vom 18. Februar 1992 (GV.NW 1992, S. 7823). (Wird z.Z. wegen der Änderungen im Pflanzenschutzgesetz überarbeitet.).

NRW-Verwaltungsvorschrift zur Anwendung von Pflanzenschutzmitteln auf Freilandflächen, die nicht landwirtschaftlich, forstwirtschaftlich oder gärtnerisch genutzt werden. Gem. Rd.Erl. d. Ministeriums für Umwelt, Raumordnung und Landwirtschaft u.d. Ministeriums für Stadtentwicklung und Verkehr **vom 14. Juli 1993** (Mbl. NW 1993 S. 1546).

8.2 Pflanzenschutzmittelverordnung

**Bekanntmachung
der Neufassung der Pflanzenschutzmittelverordnung
Vom 17. August 1998**

Auf Grund des Artikels 3 der Verordnung zur Änderung der Pflanzenschutzmittelverordnung und der Pflanzenbeschauverordnung vom 17. August 1998 (BGBl. I S. 2156) wird nachstehend der Wortlaut der Pflanzenschutzmittelverordnung in der ab 20. August 1998 geltenden Fassung bekanntgemacht. Die Neufassung berücksichtigt:

1. die im wesentlichen am 1. Juli 1988 in Kraft getretene Verordnung über Pflanzenschutzmittel und Pflanzenschutzgeräte vom 28. Juli 1987 (BGBl. I S. 1754),
2. die am 1. Juli 1992 in Kraft getretene Erste Verordnung zur Änderung der Pflanzenschutzmittelverordnung vom 11. Juni 1992 (BGBl. I S. 1049),
3. den am 13. März 1993 in Kraft getretenen Artikel 82 der Verordnung vom 26. Februar 1993 (BGBl. I S. 278),
4. den am 1. Juli 1994 in Kraft getretenen Artikel 8 § 14 des Gesetzes vom 24. Juni 1994 (BGBl. I S. 1416) und
5. den am 20. August 1998 in Kraft getretenen Artikel 1 der eingangs genannten Verordnung.

Verordnung über Pflanzenschutzmittel und Pflanzenschutzgeräte

Erster Abschnitt

Pflanzenschutzmittel

§ 1

Zulassungsantrag

(1) Der Antrag auf Zulassung eines Pflanzenschutzmittels ist in vierfacher Ausfertigung nach einem von der Biologischen Bundesanstalt für Land- und Forstwirtschaft (Biologische Bundesanstalt) im Bundesanzeiger bekanntgegebenen Muster zu stellen.

(2) Die einem Antrag nach § 12 Abs. 3 Satz 1 des Pflanzenschutzgesetzes beizufügenden Unterlagen müssen hinsichtlich der erforderlichen Angaben und der durchzuführenden Untersuchungen die Anforderungen des Anhangs II (Wirkstoff) und des Anhangs III (Pflanzenschutzmittel) der Richtlinie 91/414/EWG des Rates vom 15. Juli 1991 über das Inverkehrbringen von Pflanzenschutzmitteln (ABl. EG Nr. L 230 S. 1) in der jeweils geltenden Fassung erfüllen. Für chemische Zubereitungen sind die Unterlagen nach Teil A und für Zubereitungen aus Mikroorganismen oder Viren nach Teil B der Anhänge II und III der Richtlinie 91/414/EWG vorzulegen. Soweit dies für die Prüfung der Zulassungsvoraussetzungen erforderlich ist, kann die Biologische Bundesanstalt die Vorlage weiterer Unterlagen verlangen.

(3) Soweit in Anhang II oder III der Richtlinie 91/414/EWG Untersuchungen zur Erstellung von Unterlagen vorgesehen sind, sind diese durchzuführen.

(4) Sofern der Antragsteller Unterlagen nach Absatz 2 nicht vorlegt, hat er hinreichend schriftlich zu begründen, weshalb die Unterlagen für die Prüfung der Zulassungsvoraussetzungen des Pflanzenschutzmittels nicht erforderlich sind. Die Biologische Bundesanstalt kann in den Fällen, in denen der Antragsteller andere als die in Anhang II und III der Richtlinie 91/414/EWG genannten oder beschriebenen Prüfrichtlinien verwendet, verlangen, daß die verwendeten Prüfrichtlinien vorgelegt werden und etwaige Abweichungen davon ausführlich beschrieben und hinreichend begründet werden.

(5) Unterlagen über einen in einem Pflanzenschutzmittel enthaltenen Wirkstoff müssen nicht vorgelegt werden, wenn

1. der Wirkstoff in Anhang I der Richtlinie 91/414/EWG aufgeführt ist und die für die Aufnahme in Anhang I für die Beurteilung des Anwendungsgebiets erforderlichen Unterlagen bei der Biologischen Bundesanstalt eingereicht worden sind, und
2. es gegenüber der für die Aufnahme in Anhang I angegebenen Zusammensetzung keine wesentlichen Unterschiede hinsichtlich des Reinheitsgrads oder der Art der Verunreinigungen gibt.

(6) Bei jeder dem Antrag beigefügten Probe muß auf der Packung die Bezeichnung des Pflanzenschutzmittels oder eine andere Bezeichnung, die die Zugehörigkeit zu dem Antrag eindeutig angibt, fest angebracht sowie der Entwurf der Gebrauchsanleitung beigefügt sein.

§ 1a
Untersuchungen

(1) Sofern nach Anhang II oder III der Richtlinie 91/414/EWG und nach dem Stand der wissenschaftlichen Erkenntnisse und der Technik das Vorliegen der Zulassungsvoraussetzungen im Einzelfall nur durch Tierversuche nachgewiesen werden kann, müssen den vorgeschriebenen Untersuchungen Tierversuche zugrunde liegen.

(2) Die Untersuchungen, die zur Prüfung der Wirksamkeit eines Pflanzenschutzmittels durchzuführen sind, müssen die Anforderungen des Anhangs III der Richtlinie 91/414/EWG unter Einhaltung der Grundsätze der Guten Experimentellen Praxis (GEP) erfüllen. Der Antragsteller hat die Einhaltung dieser Grundsätze dadurch sicherzustellen, daß die Versuche von einer amtlichen oder einer nach § 1c amtlich anerkannten Versuchseinrichtung erstellt werden. Dies ist mit dem Stellen eines Antrags nach § 1 Abs. 1 nachzuweisen durch:

1. eine Erklärung der Einrichtung auf dem Versuchsbericht, daß der Versuch nach den Grundsätzen der Guten Experimentellen Praxis durchgeführt worden ist, und
2. im Falle einer amtlich anerkannten Versuchseinrichtung zusätzlich durch die Vorlage einer Ablichtung der Anerkennungsbescheinigung.

Der Antragsteller hat durch eine regionale Verteilung der Versuche zu gewährleisten, daß die Versuchsbedingungen und die Bedingungen, unter denen das Pflanzenschutzmittel nach der Zulassung angewendet werden soll, vergleichbar sind.

(3) Absatz 2 findet keine Anwendung auf Versuche, mit deren Durchführung vor dem 1. Juli 1999 begonnen worden ist, wenn die Biologische Bundesanstalt deren Verwertbarkeit für die Prüfung der Wirksamkeit im Einzelfall festgestellt hat.

(4) Die Versuchsanstellung und ihre Durchführung müssen dem Stand der wissenschaftlichen Erkenntnisse und der Technik entsprechen. Die Analysemethoden, die bei Kontrollen nach der Zulassung und zu Überwachungszwecken erforderlich sind, sollen mit allgemein gebräuchlichen Geräten und mit vertretbarem Aufwand durchführbar sein.

(5) Die Biologische Bundesanstalt übermittelt den zuständigen Dienststellen der Wasserwirtschaftsverwaltungen, der Umweltverwaltung und der Gesundheitsverwaltung sowie den Betreibern öffentlicher Wasserversorgungsanlagen auf Anforderung die Angaben über Analysemethoden zur Bestimmung von Rückständen eines nach § 15 Abs. 1 des Pflanzenschutzgesetzes zugelassenen Pflanzenschutzmittels.

(6) Die Prüfung der Anträge und die Erteilung von Zulassungen erfolgt, soweit chemische Zubereitungen betroffen sind, auf der Grundlage der in Anhang VI der Richtlinie 91/414/EWG festgelegten einheitlichen Grundsätze.

§ 1b
Antrag für eine Genehmigung nach § 18 des Pflanzenschutzgesetzes

(1) Der Antrag auf Genehmigung der Anwendung eines zugelassenen Pflanzenschutzmittels in einem anderen als mit der Zulassung festgesetzten Anwendungsgebiet ist in vierfacher Ausfertigung nach einem von der Biologischen Bundesanstalt im Bundesanzeiger bekanntgegebenen Muster zu stellen.

(2) Dem Antrag sind folgende, die Anforderungen des Anhangs III der Richtlinie 91/414/EWG erfüllende Angaben beizufügen:

1. Name und Anschrift des Antragstellers,
2. Wirkungsbereich,
3. Angaben über die Anwendung,
4. Angaben über die Analysemethoden zur Untersuchung von Rückständen für das beantragte Anwendungsgebiet,
5. Angaben über die toxikologischen Untersuchungen zur Abschätzung der Anwenderexposition sowie im Falle eines Pflanzenschutzmittels, das Mikroorganismen oder Viren enthält, Angaben über die Untersuchungen zur Pathogenität und Infektiösität.

Soweit dies für die Prüfung der Anwendung eines zugelassenen Pflanzenschutzmittels in einem anderen als den mit der Zulassung festgesetzten Anwendungsgebieten erforderlich ist, kann die Biologische Bundesanstalt die Vorlage weiterer Angaben und die Durchführung weiterer Untersuchungen nach Anhang II oder III der Richtlinie 91/414/EWG verlangen.

(3) § 1 Abs. 4 ist entsprechend anzuwenden.

§ 1c
Amtliche Anerkennung einer Versuchseinrichtung

(1) Versuchseinrichtung im Sinne dieser Verordnung ist eine amtliche oder amtlich anerkannte Einrichtung mit organisatorisch selbständiger, eigener sachlicher und personeller Ausstattung zum Zweck der Durchführung von Versuchen zur Ermittlung der Wirksamkeit von Pflanzenschutzmitteln. Nicht amtliche Versuchseinrichtungen, die von einem privaten oder öffentlichen Träger betrieben oder eingerichtet werden, werden auf Antrag amtlich anerkannt.

(2) Der Antrag auf amtliche Anerkennung ist schriftlich bei der zuständigen Behörde des Landes zu stellen, in dem die Einrichtung ihren Hauptsitz hat. Die Anerkennung wird erteilt, wenn

1. ein ständiger Versuchsleiter beschäftigt ist, der über ein abgeschlossenes Hoch- oder Fachhochschulstudium im Bereich der Agrar-, Gartenbau-, Forst- oder vergleichbarer Wissenschaften verfügt und eine mindestens zweijährige Berufserfahrung in der Durchführung entsprechender Versuche hat,
2. ein geeigneter Stellvertreter für den Versuchsleiter benannt ist,
3. eine ausreichende Anzahl qualifizierter Mitarbeiter beschäftigt ist,
4. für eine ordnungsgemäße Versuchsdurchführung geeignete
   a) Räumlichkeiten in ausreichender Anzahl,
   b) Labor- und Freilandausrüstungen,

c) Versuchsflächen in ausreichendem Umfang,
d) soweit erforderlich, Gewächshäuser und Klimakammern,

zur Verfügung stehen,

5. die zu verwendenden Prüfrichtlinien dem Personal bekannt sind und zur Verfügung stehen,
6. eine Liste der laufenden und abgeschlossenen Versuche für Zulassungszwecke geführt wird und
7. alle im Rahmen der Versuchsdurchführung erfolgten Aufzeichnungen aufbewahrt werden.

Der Antragsteller hat das Vorliegen der Voraussetzungen nach Satz 2 durch geeignete Nachweise bei der Antragstellung zu belegen. Die Aufzeichnungen nach Satz 2 Nr. 7 sind mindestens zwölf Jahre nach Abschluß der Wirksamkeitsuntersuchungen aufzubewahren.

(3) Sind die Unterlagen vollständig, führt die zuständige Behörde vor der amtlichen Anerkennung eine Prüfung der Versuchseinrichtung durch. Die Anerkennung wird für fünf Jahre erteilt.

(4) Die zuständige Behörde berücksichtigt bei der Prüfung des Vorliegens der Anerkennungsvoraussetzungen Nachweise über vorhandene Qualitätssicherungssysteme der Versuchseinrichtung, insbesondere GLP-Bescheinigungen und Akkreditierungen.

(5) Nach Erteilung der amtlichen Anerkennung wird der Versuchseinrichtung eine Anerkennungsbescheinigung nach dem Muster in Anlage 5 ausgestellt.

(6) Die zuständige Behörde kann von einer amtlich anerkannten Versuchseinrichtung verlangen, daß ihr Auskunft über laufende und geplante Versuche, insbesondere über das zu prüfende Pflanzenschutzmittel und den Versuchsstandort, erteilt wird.

§ 2
Sachverständigenausschuß

(1) Der Sachverständigenausschuß nach § 33 Abs. 5 des Pflanzenschutzgesetzes besteht aus 25 Mitgliedern aus den Fachbereichen Pflanzenschutz, Gesundheitsschutz, Umwelt- und Naturschutz. Vertreter der Biologischen Bundesanstalt, des Bundesinstitutes für gesundheitlichen Verbraucherschutz und Veterinärmedizin und des Umweltbundesamtes nehmen an den Beratungen teil. Andere Sachverständige können zu den Beratungen hinzugezogen werden.

(2) Die Mitglieder des Sachverständigenausschusses werden für fünf Jahre berufen; Wiederberufung ist zulässig. Der Vorsitzende und seine Stellvertreter werden auf Vorschlag des Sachverständigenausschusses vom Bundesministerium für Ernährung, Landwirtschaft und Forsten bestellt.

(3) Die Mitglieder des Sachverständigenausschusses sind ehrenamtlich tätig.

(4) Die Bundesministerien für Ernährung, Landwirtschaft und Forsten, für Gesundheit und für Umwelt, Naturschutz und Reaktorsicherheit können zu den Sitzungen des Ausschusses Vertreter entsenden; diesen ist auf Verlangen das Wort zu erteilen.

(5) Die Biologische Bundesanstalt führt die Geschäfte des Sachverständigenausschusses und lädt zu den Sitzungen ein.

(6) Der Sachverständigenausschuß gibt sich eine Geschäftsordnung. Sie bedarf der Zustimmung des Bundesministeriums für Ernährung, Landwirtschaft und Forsten, das seine Entscheidung im Einvernehmen mit den Bundesministerien für Gesundheit und für Umwelt, Naturschutz und Reaktorsicherheit trifft.

§ 3
Meldung

(1) Die Meldung der Wirkstoffe nach § 19 Abs. 1 des Pflanzenschutzgesetzes muß außer den dort genannten Angaben den Namen und die Anschrift des Meldepflichtigen sowie die Zulassungsnummern der Pflanzenschutzmittel enthalten.

(2) Die Meldung ist in einfacher Ausfertigung nach einem von der Biologischen Bundesanstalt im Bundesanzeiger bekanntgegebenen Muster zu machen.

§ 3a
Verkehr mit Pflanzenschutzmittelwirkstoffen

Die nach § 31d Abs. 1 Nr. 2 des Pflanzenschutzgesetzes erforderlichen Angaben und Unterlagen sind der Biologischen Bundesanstalt eine Woche vor dem Inverkehrbringen oder der Einfuhr von Pflanzenschutzmittelwirkstoffen vorzulegen.

§ 3b
Aufnahme in die Liste über Pflanzenstärkungsmittel; Aufnahme in die Liste über Zusatzstoffe

(1) Der Antrag auf Aufnahme eines Pflanzenstärkungsmittels in die Liste nach § 31a des Pflanzenschutzgesetzes ist bei der Biologischen Bundesanstalt in dreifacher Ausfertigung nach einem von der Biologischen Bundesanstalt im Bundesanzeiger bekanntgemachten Muster zu erstellen.

(2) Für den Antrag auf Aufnahme eines Zusatzstoffs in die Liste nach § 31c des Pflanzenschutzgesetzes gilt Absatz 1 entsprechend.

§ 3c
Ein- und Ausfuhr von Pflanzenschutzmitteln

Pflanzenschutzmittel aus Staaten, die nicht Mitgliedstaaten sind, dürfen nur über die nach § 36 Nr. 1 des Pflanzenschutzgesetzes für pflanzenbeschaupflichtige Einfuhren im Bundesanzeiger bekanntgegebenen Zollstellen eingeführt werden. Für die Ausfuhr von Pflanzenschutzmitteln in Staaten, die nicht Mitgliedstaaten sind, gilt Satz 1 entsprechend.

Zweiter Abschnitt

Pflanzenschutzgeräte

§ 4
Anforderungen

(1) Die Anforderungen an Pflanzenschutzgeräte - außer Kleingeräte -, die in den Verkehr gebracht oder eingeführt werden sollen, ergeben sich aus Anlage 1.

(2) Die Biologische Bundesanstalt kann Merkmale im Bundesanzeiger bekanntmachen, die sie als notwendig zur Beurteilung der Einhaltung der Anforderungen ansieht.

§ 5
Kleingeräte

Kleingeräte sind Pflanzenschutzgeräte,

1. die von Hand oder durch verdichtetes Gas betrieben werden und ein Füllvolumen von höchstens 5 Litern, bei abgabefertig mit Treibgas versehenen Behältern von höchstens 1 Liter, haben oder
2. mit denen Pflanzenschutzmittel ausschließlich unter Ausnutzung der Schwerkraft ausgebracht werden und deren Füllvolumen bei Gießgeräten höchstens 20 Liter, bei Granulatstreugeräten höchstens 3 Liter, sonst höchstens 1 Liter, beträgt

und die nach ihrer Konstruktion von einer Person getragen werden.

§ 6
Erklärung

(1) Die Erklärung nach § 25 des Pflanzenschutzgesetzes ist in einfacher Ausfertigung abzugeben.

(2) Die Gebrauchsanleitung muß die in Anlage 2 aufgeführten Angaben enthalten.

(3) Die Beschreibung des Gerätetyps muß enthalten:

1. eine Gesamtdarstellung einschließlich der Angaben zur Technik und Funktion sowie ausreichende bildliche Darstellungen des Pflanzenschutzgerätes,
2. Einzeldarstellungen aller für die Ausbringung von Pflanzenschutzmitteln wichtiger Teile, insbesondere der Dosier- und Verteileinrichtungen.

(4) Die Erklärung und die Beschreibung des Gerätetyps sind nach einem von der Biologischen Bundesanstalt im Bundesanzeiger bekanntgegebenen Muster zu erstellen.

(5) Zu den sonstigen für die Beurteilung erforderlichen Unterlagen gehören Angaben

1. über Einstellung und Betrieb einschließlich der Fehlergrenzen und
2. zu möglichen Reaktionen der pflanzenschutzmittelführenden und -enthaltenden Teile des Gerätetyps bei Verwendung zugelassener Pflanzenschutzmittel unter Beifügung entsprechender Unterlagen.

(6) Bei Pflanzenschutzgeräten, die für die Ausfuhr bestimmt und entsprechend kenntlich gemacht sind, sind Absatz 2 in Verbindung mit Anlage 2 Nr. 4, 8, 9, 11 und 12 sowie Absatz 5 Nr. 2 nicht anzuwenden.

§ 7
Prüfung

(1) Verfügungsberechtigte und Besitzer (Besitzer) haben ihre im Gebrauch befindlichen Pflanzenschutzgeräte für Flächenkulturen - außer Kleingeräten -, in Zeitabständen von vier Kalenderhalbjahren durch amtliche oder amtlich anerkannte Kontrollstellen prüfen zu lassen. Pflanzenschutzgeräte für Flächenkulturen im Sinne dieser Verordnung sind Pflanzenschutzgeräte, die mit einem horizontal ausgerichteten Spritz- oder Sprühgestänge ausgestattet sind, wie sie insbesondere im Ackerbau als Traktoranbau-, -aufbau- oder -anhängegeräte oder als selbstfahrende Geräte verwendet werden.

(2) Die Prüfung hat sich auf die Anforderungen der Anlage 1 Abs. 1 Nr. 1 bis 3, 6, 7 und 10 bis 15 zu erstrecken. Die zu prüfenden Teile ergeben sich aus Anlage 3.

(3) Erstmals in Gebrauch genommene Pflanzenschutzgeräte müssen spätestens bei Ablauf des sechsten Kalendermonats nach ihrer Ingebrauchnahme geprüft worden sein; der Zeitpunkt der Ingebrauchnahme ist durch geeignete Unterlagen glaubhaft zu machen. Diese

Prüfung beschränkt sich darauf, ob die in Anlage 3 Nr. 2, 6 und 9 aufgeführten Teile des Pflanzenschutzgerätes den sie betreffenden Anforderungen der Anlage 1 entsprechen.

(4) Der Besitzer hat das Kalenderhalbjahr, in dem das Pflanzenschutzgerät nach Absatz 1 Satz 1 zu prüfen ist, durch eine Prüfplakette nach dem Muster der Anlage 4 nachzuweisen. Die Prüfplakette ist von der Kontrollstelle durch Angabe ihrer Anschrift sowie des betreffenden Kalenderjahres und Halbjahres auszufüllen und anzubringen, wenn die Prüfung die einwandfreie Arbeitsweise des Gerätes erwiesen hat. Die Kontrollstelle kann die Prüfplakette mit einer Kontrollnummer versehen. Die Prüfplakette kann von der Kontrollstelle angebracht werden, wenn das Pflanzenschutzgerät lediglich geringe Mängel aufweist und der Besitzer sich zur unverzüglichen Beseitigung der Mängel verpflichtet.

(5) Die Prüfplakette ist an dem Pflanzenschutzgerät deutlich sichtbar und untrennbar anzubringen; sie muß so beschaffen sein, daß sie bei ihrer Entfernung zerstört wird.

(6) Die Prüfplakette wird mit dem Ablauf des auf ihr angegebenen Kalenderhalbjahres ungültig.

(7) Wird ein gebrauchtes Pflanzenschutzgerät, für das eine Prüfpflicht besteht, eingeführt, so hat es der Besitzer vor der ersten Ingebrauchnahme im Inland nach Absatz 2 prüfen zu lassen.

§ 7a
Verwendungsverbot

Pflanzenschutzgeräte im Sinne des § 7 Abs. 1 Satz 2, die keiner vorgeschriebenen Prüfung unterzogen worden oder nicht mit einer gültigen Prüfplakette versehen sind, dürfen nicht verwendet werden.

§ 7b
Ordnungswidrigkeiten

Ordnungswidrig im Sinne des § 40 Abs. 1 Nr. 1 Buchstabe a des Pflanzenschutzgesetzes handelt, wer vorsätzlich oder fahrlässig entgegen § 7a ein Pflanzenschutzgerät verwendet.

Dritter Abschnitt
Schlußvorschriften
§ 8
Inkrafttreten

Diese Verordnung tritt am Tage nach der Verkündigung in Kraft.

Anlage 1 (zu § 4 Abs. 1 und § 7 Abs. 2 Satz 1)

Beschaffenheit der Pflanzenschutzgeräte

(1) Pflanzenschutzgeräte müssen so beschaffen sein, daß

1. sie zuverlässig funktionieren,
2. sie sich bestimmungsgemäß und sachgerecht verwenden lassen,
3. sie ausreichend genau dosieren und verteilen,
4. bei bestimmungsgemäßer und sachgerechter Verwendung das Pflanzenschutzmittel am Zielobjekt ausreichend abgelagert wird,
5. Teile, die sich bei Gebrauch des Pflanzenschutzgerätes erhitzen, beim Befüllen oder Entleeren des Gerätes von Pflanzenschutzmitteln nicht getroffen werden,

6. sie sich sicher befüllen lassen,
7. sie gegen Verschmutzung so gesichert sind, daß ihre Funktion nicht beeinträchtigt wird,
8. Überschreitungs- und Unterschreitungsgrenzen der zu befüllenden Behälter leicht erkennbar sind,
9. ein ausreichender Sicherheitsabstand zwischen Nennvolumen und Gesamtvolumen der zu befüllenden Behälter vorhanden ist,
10. Pflanzenschutzmittel nicht unbeabsichtigt austreten können,
11. der Vorrat an Pflanzenschutzmitteln leicht erkennbar ist,
12. sie sich leicht, genügend genau und reproduzierbar einstellen lassen,
13. sie ausreichend mit genügend genau anzeigenden Betriebsmeßeinrichtungen ausgestattet sind,
14. sie sich vom Arbeitsplatz sicher bedienen, kontrollieren und sofort abstellen lassen,
15. sie sich sicher, leicht und völlig entleeren lassen,
16. sie sich leicht und gründlich reinigen lassen,
17. sich Verschleißteile austauschen lassen,
18. Meßgeräte zu ihrer Prüfung angeschlossen werden können.

(2) An Pflanzenschutzgeräten sind ausreichende, leicht lesbare Dosierhinweise (Aufwandtabellen oder -diagramme) in dauerhafter Form anzubringen oder, sofern die Außenfläche eines Pflanzenschutzgerätes nicht ausreicht oder ungeeignet ist, in dauerhafter Form mitzuliefern. An Pflanzenschutzgeräten ist die jeweilige Typenbezeichnung oder Zugehörigkeit zum Gerätetyp anzugeben und das Baujahr zu kennzeichnen. Zerstäuber sind so zu kennzeichnen, daß Bauart, Größe und wichtige Betriebsdaten erkennbar sind.

Anlage 2 (zu § 6 Abs. 2)

Gebrauchsanleitung

Die Gebrauchsanleitung muß Angaben enthalten

1. über die bestimmungsgemäße Ausstattung des Pflanzenschutzgerätes,
1a. für die sachgerechte Einstellung des Pflanzenschutzgerätes,
2. für das Befüllen des Gerätes und über Vorsichtsmaßnahmen,
3. über Betriebs- und Einstellbereiche des Gerätes,
4. über die Restmenge, die das Gerät nicht mehr bestimmungsgemäß ausbringt,
5. für das Entleeren und Reinigen des Gerätes,
6. für die Überprüfung der Dosierung,
7. über die Maschenweite der Filter,
8. über Abstände, nach denen das Pflanzenschutzgerät auf Funktionstauglichkeit sowie Dosierungs- und Verteilgenauigkeit zu überprüfen ist,
9. über Einschränkungen der Verwendung bestimmter Pflanzenschutzmittel,
10. für das Umstellen auf andere Rüstzustände des Pflanzenschutzgerätes,
11. über Möglichkeiten der Verbindung mit anderen Maschinen und Geräten einschließlich Sicherheitsmaßnahmen,
12. für die Prüfung des Pflanzenschutzgerätes.

Anlage 3 (zu § 7 Abs. 2 Satz 2)

Zu prüfende Teile

1. Antrieb,
2. Pumpe,
3. Rührwerk,

4. Spritzflüssigkeitsbehälter,
5. Armaturen,
6. Leitungssystem,
7. Filterung,
8. Spritz- oder Sprühgestänge,
9. Düsen.

Anlage 4 (zu § 7 Abs. 4 Satz 1)

Muster der Prüfplakette

Wird die Prüfung durch eine nach Landesrecht amtlich anerkannte Kontrollwerkstätte durchgeführt, so treten an die Stelle der Wörter "Amtliche Kontrollstelle" die Wörter "Amtlich anerkannte Kontrollwerkstätte".

Anlage 5 (zu § 1c Abs. 5)

Anerkennungsbescheinigung

Die Versuchseinrichtung ______________________________
(Name)

mit Hauptsitz in ______________________________
(Adresse)

und organisatorisch zugehörigen Arbeitseinheiten in ______________________________
(Orte)

des Trägers der Versuchseinrichtung ______________________________
(Name)

ist auf Antrag vom ______________________________
(Datum)

und durchgeführter Besichtigung vom ______________________________
(Datum)

durch ______________________________
(zuständige Behörde)

von der ______________________________ am ______________
(Anerkennungsbehörde) (Datum)

amtlich anerkannt worden im Sinne des § 1c Abs. 5 der Pflanzenschutzmittelverordnung.

Recognition Certificate

The testing facility ______________________________
(name)
with headquarters in ______________________________
(address)
and subsidiary testing units in ______________________________
(location)
supported by ______________________________
(name)
has been officially recognized under paragraph (5) of Article 1c of the Plant Protection Products Ordinance
following its application dated______________
(date)
and pre-inspection of ______________
(date)
by ______________________________
(competent authority)
from the ______________________________ on ______________
(recognizing body) (date)

8.3 Pflanzenschutz-Sachkundeverordnung

Hinweis: Neben dem Sachkundenachweis "Pflanzenschutz" ist beim Verkauf von Pflanzenschutzmitteln, die nach der Chemikalien-Verbotsverordnung (siehe unten) mit den Gefahrensymbolen T (giftig), T+ (sehr giftig) eine Erlaubnis der zuständigen Behörde, sowie ein Sachkundenachweis nach § 5 Chemikalien-Verbotsverordnung (früher als "Giftprüfung" bezeichnet) notwendig.

Pflanzenschutz-Sachkundeverordnung

Vom 28. Juli 1987 (BGBl. I S. 1752)

geändert durch **Artikel 2 der Verordnung** vom 14. Oktober 1993 (BGBl. I S. 1720) (muß wegen des Pflanzenschutz-Änderungsgesetzes überarbeitet werden, beispielsweise für den Sachkunde-Nachweis **für gewerbliche Berater**)

Auf Grund des § 10 Abs. 3 Satz 2 und des § 22 Abs. 3 Satz 2 des Pflanzenschutzgesetzes vom 15. September 1986 (BGBl. I S. 1505) verordnet die Bundesregierung mit Zustimmung des Bundesrates:

§ 1

Sachkundenachweis für die Anwendung von Pflanzenschutzmitteln

(1) Der Nachweis der erforderlichen fachlichen Kenntnisse und Fertigkeiten

1. für die Anwendung von Pflanzenschutzmitteln

   a) in einem Betrieb der Landwirtschaft, des Gartenbaus oder der Forstwirtschaft oder
   b) für andere - außer gelegentlicher Nachbarschaftshilfe - oder

2. für die Anleitung oder Beaufsichtigung von Personen, die eine Tätigkeit nach Nummer 1 im Rahmen eines Ausbildungsverhältnisses ausüben,

kann durch Vorlage eines Abschlußzeugnisses nach Absatz 2 oder durch eine Prüfung nach § 2 erbracht werden. Die zuständige Behörde kann auch den erfolgreichen Abschluß in einer anderen Aus-, Fort- oder Weiterbildung als Nachweis der erforderlichen fachlichen Kenntnisse und Fertigkeiten anerkennen, wenn die Vermittlung solcher Kenntnisse und Fertigkeiten Gegenstand der Aus-, Fort- oder Weiterbildung gewesen ist.

(2) Abschlußzeugnis im Sinne des Absatzes 1 Satz 1 ist ein Zeugnis über

1. eine bestandene Abschlußprüfung in den Berufen Landwirt, Gärtner, Winzer, Forstwirt, Pflanzenschutzlaborant, landwirtschaftlicher Laborant, landwirtschaftlich-technischer Assistent,
2. eine bestandene Fortbildungsprüfung zum Fachagrarwirt Landtechnik oder
3. ein abgeschlossenes Hochschulstudium oder Fachhochschulstudium im Bereich der Agrar-, Gartenbau- oder Forstwissenschaften.

§ 2
Prüfung

(1) Die Prüfung besteht aus einem fachtheoretischen und einem fachpraktischen Teil. Die Prüfung im fachtheoretischen Teil wird schriftlich und mündlich abgelegt.

(2) Durch die Prüfung wird festgestellt, ob der Prüfling die erforderlichen Kenntnisse und Fertigkeiten guter fachlicher Praxis im Pflanzenschutz hat; sie erstreckt sich auf folgende Prüfungsgebiete:

1. im Bereich der Kenntnisse:
   a) integrierter Pflanzenschutz.
   b) Schadursachen bei Pflanzen und Pflanzenerzeugnissen,
   c) indirekte und direkte Pflanzenschutzmaßnahmen,
   d) Eigenschaften von Pflanzenschutzmitteln,
   e) Verfahren der Ausbringung von Pflanzenschutzmitteln und Umgang mit Pflanzenschutzgeräten,
   f) Schutzmaßnahmen zur Vermeidung gesundheitlicher Gefahren (insbesondere Verwenden von Schutzkleidung oder Atemschutz), Sofortmaßnahmen bei Unfällen,
   g) Verhüten schädlicher Auswirkungen von Pflanzenschutzmaßnahmen auf Mensch, Tier und Naturhaushalt,
   h) Aufbewahren und Lagern von Pflanzenschutzmitteln,
   i) sachgerechtes Beseitigen von Pflanzenschutzmittelresten und -behältnissen,
   j) Rechtsvorschriften (insbesondere aus dem Pflanzenschutz-, Arbeitsschutz-, Lebensmittel-, Wasser-, Umweltschutz- und Naturschutzrecht);
2. im Bereich der Fertigkeiten:
   a) sachgemäßer Umgang mit Pflanzenschutzmitteln,
   b) Verwenden und Warten von Pflanzenschutzgeräten.

(3) Die Prüfung ist bestanden, wenn jeweils im fachtheoretischen und fachpraktischen Teil mindestens ausreichende Leistungen erbracht worden sind.

(4) Die zuständige Behörde oder die nach Landesrecht beauftragten Stellen erteilen dem Prüfungsteilnehmer ein Zeugnis über die bestandene oder einen Bescheid über die nicht bestandene Prüfung.

(5) Eine nicht bestandene Prüfung kann wiederholt werden; die zuständige Behörde oder die nach Landesrecht beauftragten Stellen weisen in ihrem Bescheid darauf hin.

§ 3
Sachkundenachweis für die Abgabe von Pflanzenschutzmitteln

(1) Für den Nachweis der erforderlichen fachlichen Kenntnisse für die Abgabe von Pflanzenschutzmitteln im Einzelhandel gelten die §§ 1 und 2 entsprechend mit folgender Maßgabe:

1. Abweichend von § 2 Abs. 2 wird durch die Prüfung festgestellt, ob der Prüfling die für eine sachgerechte Unterrichtung des Erwerbers über die Anwendung der Pflanzenschutzmittel und die damit verbundenen Gefahren erforderlichen fachlichen Kenntnisse hat.
2. Die zuständige Behörde kann auch eine bestandene Prüfung nach § 13 Abs. 2 der Gefahrstoffverordnung vom 26. August 1986 (BGBl. I S. 1470) in der bis zum 31. Oktober 1993 gültigen Fassung oder eine Prüfung nach § 5 Abs. 2 der Chemikalien-Verbotsverordnung als Nachweis der erforderlichen fachlichen Kenntnisse anerkennen, wenn die Kenntnisse nach Nummer 1 Gegenstand der Prüfung gewesen sind.

(2) Der Nachweis der erforderlichen fachlichen Kenntnisse wird ferner erbracht durch

1. die Approbation als Apotheker
2. die Erlaubnis zur Ausübung der Tätigkeit unter der Berufsbezeichnung pharmazeutisch-technischer Assistent.

§ 4
Länderbefugnis

Die Befugnis der Länder, nach § 10 Abs. 3 Satz 3, auch in Verbindung mit § 22 Abs. 3 Satz 2, des Pflanzenschutzgesetzes nähere Vorschriften über das Verfahren der Prüfung nach § 2 zu erlassen, bleibt unberührt.

§ 5
Inkrafttreten

Diese Verordnung tritt am 1. Juli 1988 in Kraft. Bereits vor Inkrafttreten dieser Verordnung können die für die Nachweise nach § 1 Abs. 1 oder § 3 erforderlichen Abschlußzeugnisse vorgelegt, Prüfungen abgelegt und Anerkennungen erteilt werden.

8.4 Pflanzenschutz-Anwendungsverordnung

Hinweis: Der Verkäufer und der Anwender von Pflanzenschutzmitteln muß wissen, daß die Vorschriften der **Gefahrstoffverordnung** grundsätzlich auch für Pflanzenschutzmittel gelten. Dabei ist aber im § 2 Abs. 5 der Gefahrstoffverordnung ausdrücklich darauf hingewiesen, daß § 16 Abs. 2 nicht für die Verwendung zugelassener Pflanzenschutzmittel gilt.
Das im § 14 geforderte Sicherheitsdatenblatt gilt gemäß § 14 Abs. 1 aber nicht für zugelassene Pflanzenschutzmittel, da die notwendigen Angaben schon nach dem Pflanzenschutzge-

setz als Kennzeichnung für die abgabefertige Packung (und Gebrauchsanleitung) gefordert werden.
Die Gewerbeaufsichtsämter haben die Zuständigkeit für die Umsetzung der Gefahrstoffverordnung.

Verordnung über Anwendungsverbote für Pflanzenschutzmittel

(Pflanzenschutz-Anwendungsverordnung)

Vom 10. November 1992 (BGBl. I S. 1887)

zuletzt geändert durch **Artikel 1 der Zweiten Verordnung** zur Änderung der Pflanzenschutz-Anwendungsverordnung vom 24. Januar 1997 (BGBl. I S. 60).

§ 1
Vollständiges Anwendungsverbot

Pflanzenschutzmittel, die aus einem in Anlage 1 aufgeführten Stoff bestehen oder einen solchen Stoff enthalten, dürfen nicht angewandt werden.

§ 2
Eingeschränktes Anwendungsverbot

(1) Pflanzenschutzmittel, die aus einem in Anlage 2 aufgeführten Stoff bestehen oder einen solchen Stoff enthalten, dürfen nur angewandt werden, soweit dies nach Anlage 2 Spalte 3 zulässig ist.

(2) Obst von Flächen, die mit Aldicarb (Anlage 2 Nr. 1) behandelt worden sind, darf im Behandlungsjahr nicht verwertet werden.

§ 3
Anwendungsbeschränkungen

(1) Pflanzenschutzmittel, die aus einem in Anlage 3 Abschnitt A aufgeführten Stoff bestehen oder einen solchen Stoff enthalten, dürfen nicht angewandt werden, soweit dies nach Spalte 3 verboten ist.

(2) Pflanzenschutzmittel, die aus einem in Anlage 3 Abschnitt B aufgeführten Stoff bestehen oder einen solchen Stoff enthalten, dürfen nicht in Wasserschutzgebieten und Heilquellenschutzgebieten angewandt werden, soweit nicht

1. sich aus Spalte 3 etwas anderes ergibt oder
2. das Pflanzenschutzmittel in Unkrautstäben, gebrauchsfertig in Sprühdosen, zur Anwendung nach Wasserzugabe in Handzerstäubern oder als Stäbchen oder Zäpfchen zur Anwendung an Topfpflanzen in den Verkehr gebracht wird oder
3. eine Anwendung in der Schutzregelung ausdrücklich gestattet ist.

(3) Die zuständige Behörde kann anordnen, daß Pflanzenschutzmittel, die aus einem in Anlage 2 Nr. 1, 4, 5 und 6 oder in Anlage 3 Abschnitt B aufgeführten Stoff bestehen oder einen solchen Stoff enthalten, auch außerhalb von Wasserschutzgebieten und Heilquellenschutzgebieten in bestimmt abgegrenzten

1. Einzugsgebieten von Trinkwassergewinnungsanlagen oder Heilquellen oder
2. sonstigen Gebieten zum Schutz des Grundwassers

nicht angewandt werden dürfen.

§ 4
Verbot der Anwendung in Naturschutzgebieten und Nationalparks

Pflanzenschutzmittel, die aus einem in Anlage 2 oder 3 aufgeführten Stoff bestehen oder einen solchen Stoff enthalten, dürfen in Naturschutzgebieten und Nationalparken und Naturdenkmalen sowie auf Flächen, die auf Grund des § 20 c des Bundesnaturschutzgesetzes landesrechtlich geschützt sind, nicht angewandt werden, es sei denn, daß eine Anwendung in der Schutzregelung ausdrücklich gestattet ist oder die Naturschutzbehörde die Anwendung ausdrücklich gestattet.

§ 5
Einfuhrverbote

(1) Pflanzgut, in oder auf dem ein Pflanzenschutzmittel vorhanden ist, das aus einem in Anlage 1 aufgeführten Stoff besteht oder einen solchen Stoff enthält, darf nicht eingeführt werden.

(2) Saat- oder Pflanzgut oder Kultursubstrat, in oder auf dem ein Pflanzenschutzmittel vorhanden ist, das aus einem in Anlage 2 aufgeführten Stoff besteht oder einen solchen Stoff enthält, darf nicht eingeführt werden. Dies gilt nicht, soweit nach Anlage 2 Spalte 3 die Anwendung des Stoffes zur Behandlung des Saat- oder Pflanzgutes oder Kultursubstrats ausdrücklich zulässig ist und nicht der Zustimmung der zuständigen Behörde bedarf.

§ 6
Verunreinigungen

Im Rahmen der §§ 1 bis 4 bleiben produktionstechnisch bedingte, geringfügige Verunreinigungen mit in den Anlagen aufgeführten Stoffen unberücksichtigt, soweit dadurch nicht der Schutz der menschlichen Gesundheit oder die Abwehr von Gefahren, insbesondere für die Gesundheit von Mensch und Tier und für den Naturhaushalt, beeinträchtigt wird.

§ 7
Ausnahmen

(1) Die Biologische Bundesanstalt für Land- und Forstwirtschaft kann die Anwendung von Pflanzenschutzmitteln außerhalb von Wasserschutzgebieten und Heilquellenschutzgebieten sowie die Einfuhr von Saat- oder Pflanzgut oder Kultursubstrat in Einzelfällen abweichend von den §§ 1 bis 3 und 5 für Forschungs-, Untersuchungs- oder Versuchszwecke genehmigen.

(2) Die zuständige Behörde kann im Einzelfall genehmigen, daß

1. in Gewächshäusern oder ähnlich geschlossenen Systemen abweichend von
   a) § 2 Abs. 1 Pflanzenschutzmittel, die aus einem in Anlage 2 aufgeführten Stoff, der in Wasserschutzgebieten oder Heilquellenschutzgebieten nicht angewandt werden darf,
   b) § 3 Abs. 2 Pflanzenschutzmittel, die aus einem in Anlage 3 Abschnitt B aufgeführten Stoff

   bestehen oder einen solchen Stoff enthalten, in einem Wasserschutzgebiet oder Heilquellenschutzgebiet angewandt werden, soweit durch Schutzvorkehrungen sichergestellt ist, daß die Pflanzenschutzmittel oder ihre Abbauprodukte nicht abgeschwemmt werden oder in das Erdreich versickern können;

2. im Einvernehmen mit der nach Wasserrecht zuständigen Behörde abweichend von
   a) § 2 Abs. 1 Pflanzenschutzmittel, die aus einem in Anlage 2 aufgeführten Stoff, der in Wasserschutzgebieten oder Heilquellenschutzgebieten nicht angewandt werden darf
   b) § 3 Abs. 2 Pflanzenschutzmittel, die aus einem in Anlage 3 Abschnitt B aufgeführten Stoff bestehen oder einen solchen Stoff enthalten, in einem Wasserschutzgebiet oder Heilquellenschutzgebiet angewandt werden, wenn sichergestellt ist, daß dadurch der Schutz der Gesundheit von Mensch und Tier und der Schutz des Grundwassers und des Naturhaushaltes nicht beeinträchtigt wird.

§ 8
Ordnungswidrigkeiten

(1) Ordnungswidrig im Sinne des § 40 Abs. 1 Nr. 1 Buchstabe b des Pflanzenschutzgesetzes handelt, wer vorsätzlich oder fahrlässig

1. entgegen § 1, § 2 Abs. 1, § 3 Abs. 1, 2 oder § 4 ein Pflanzenschutzmittel anwendet,
2. entgegen § 2 Abs. 2 Obst verwertet oder
3. entgegen § 5 Abs. 1 oder 2 Satz 1 Pflanzgut, Saatgut oder Kultursubstrat einführt.

(2) Ordnungswidrig im Sinne des § 40 Abs. 1 Nr. 2 Buchstabe b des Pflanzenschutzgesetzes handelt, wer vorsätzlich oder fahrlässig einer vollziehbaren Anordnung nach § 3 Abs. 3 zuwiderhandelt.

§ 9
Inkrafttreten, Außerkrafttreten

Diese Verordnung tritt am ersten Tage des auf die Verkündung folgenden Kalendermonats in Kraft.

Anlage 1 (zu den §§ 1 und 5 Abs. 1)

Vollständiges Anwendungsverbot

Nummer	Stoff
1	2
1	Acrylnitril
2	Aldrin
3	Aramit
4	Arsenverbindungen
5	Atrazin
6	Binapacryl
7	Bleiverbindungen
7a	Bromacil
8	Cadmiumverbindungen
9	Captafol
10	Carbaryl
11	Chlordan
12	Chlordecone (Kepone)
13	Chlordimeform
14	Chloroform
15	Chlorpikrin
16	Crimidin
16a	DDT (1,1,1-Trichlor-2,2-bis-(4-chlorphenyl)-ethan und seine Isomeren)
17	1.2-Dibromethan
18	1.2-Dichlorethan
19	1.3-Dichlorpropen
20	Dicofol mit einem Gehalt von weniger als 780 g je kg p.p.-Dicofol oder mehr als 1g je kg DDT oder DDT-Verbindungen
21	Dieldrin

Nummer	Stoff
1	2
22	Dinoseb, seine Acetate und Salze
23	Endrin
24	Ethylenoxid
25	Fluoressigsäure und ihre Derivate
26	HCH, technisch
27	Heptachlor
28	Hexachlorbenzol
29	Isobenzan
30	Isodrin
31	Kelevan
	Maleinsäurehydrazid und seine Salze, andere als Cholin-, Kalium und Natriumsalz
32	Maleinsäurehydrazid-, Cholin-, Kalium- und Natriumsalz mit einem Gehalt von mehr als 1 mg je kg freies Hydrazin, ausgedrückt als Säureäquivalent
34	Morfamquat
35	Nitrofen
36	Pentachlorphenol
37	Polychlorterpene
38	Quecksilberverbindungen
39	Quintozen
39a	- gestrichen
40	Selenverbindungen
41	2,4,5-T
42	Tetrachlorkohlenstoff

Anlage 2 (zu den §§ 2, 4 und 5 Abs. 2)

Eingeschränktes Anwendungsverbot

Nr.	Stoff	Anwendung nur zulässig
1	2	3
1	Aldicarb	zur Bodenbehandlung außerhalb von Wasserschutzgebieten und Heilquellenschutzgebieten im Zierpflanzen- und Zuckerrübenbau, in Baumschulen, Rebschulen und Erdbeervermehrungsanlagen
2	Blausäure und Blausäure entwickelnde Verbindung	zur Begasung 1. in Mühlen, in Lagerräumen, in Vorratsräumen und anderen Räumen in Lebensmittelbetrieben und in Transportmitteln und -behältern gegen Vorratsschädlinge; 2. von Pflanzen in Vegetationsruhe; 3. in Gewächshäusern
3	- gestrichen -	
4	Deiquat	1. zur Krautabtötung bei Kartoffeln; 2. zur Abreifebeschleunigung a) bei Raps, Ackerbohnen und Futtererbsen b) bei Leguminosen, Ölrettich, Lein und Phacelia, deren Samen zur Saatguterzeugung bestimmt sind; 3. zum Hopfenputzen, auch mit gleichzeitiger Unkrautbekämpfung; in der Zeit vom 1. Juli bis 31. August.
5	Methylbromid (Monobrommethan)	1. zur Begasung in Mühlen, in Lagerräumen,) in Vorratsräumen und anderen Räumen in Lebensmittelbetrieben, in Vakuumkammern, in gasdichten Kleinsilos, in Trans-

Nr.	Stoff	Anwendung nur zulässig
1	2	3
5	Methylbromid (Monobrommethan)	portmitteln und -behältern und unter gasdichten Planen gegen Vorratsschädlinge; 2. zur Bodenbehandlung außerhalb von Wasserschutzgebieten und Heilquellenschutzgebieten im Zierpflanzenbau, in Baumschulen, in Rebschulen und bei der Erzeugung von Pflanzkartoffeln in Zuchtgärten
5a	Paraquat	1. zur Behandlung a) gegen Unkräuter und Deckfrüchte im Mais- und Zuckerrübenbau vor Auflaufen der Saat oder vor dem; auf derselben Fläche jedes vierte Jahr; b) gegen Unkräuter in Baumschul-Saatbeeten auf derselben Fläche jedes vierte Jahr; c) gegen Unkräuter im Weinbau im Pflanzjahr und bis zum dritten Standjahr der Reben 2. zur Abreifebeschleunigung bei Kulturgräsern, deren Samen zur Saatguterzeugung bestimmt sind.
6	Phosphorwasserstoff entwickelnde Verbindungen, ausgen. Zinkphosphid als rodentizides Ködermittel	zur Begasung 1. in Lagerräumen, Vorratsräumen, Silozellen, Transportmitteln und -behältern und unter gasdichten Planen gegen Vorratsschädlinge; 2. außerhalb von Wasserschutzgebieten und Heilquellenschutzgebieten a) gegen die Schermaus (Arvicola terrestris L.); b) gegen den Hamster (Cricetus cricetus L.) und den Maulwurf (Talpa europaea L.); nur mit Zustimmung der zuständigen Behörde
7	Schwefelkohlenstoff	Zur Bodenbehandlung im Weinbau gegen Befallsherde der Reblaus (Dakylosphaira vitifoliae Fitch) nur mit Zustimmung der zuständigen Behörde
8	Thallium-I-sulfat	in geschlossenen Räumen
9	Zinkphosphid	in Ködern; außerhalb von Forsten nur in verdeckt ausgebrachten Ködern

Anlage 3 (zu den §§ 3 und 4)

Anwendungsbeschränkungen

Nr.	Stoff	Besondere Bestimmungen
1	2	3
	Abschnitt A	
1	Amitrol	Die Anwendung ist verboten 1. von Luftfahrzeugen aus, 2. in der Zeit vom 1. September bis 30. April, 3. mit einem Aufwand von mehr als 4 kg Wirkstoff je Hektar

Nr.	Stoff	Besondere Bestimmungen
1	2	3
2	Daminozid	Die Anwendung an Pflanzen, die zur Erzeugung oder Herstellung von Lebensmitteln bestimmt sind, ist verboten
2a	Diuron	Die Anwendung ist verboten 1. auf Gleisanlagen, 2. auf nicht versiegelten Flächen, die mit Schlacke, Splitt, Kies und ähnlichen Materialien befestigt sind (Wege, Plätze und sonstiges Nichtkulturland), von denen die Gefahr einer unmittelbaren oder mittelbaren Abschwemmung in Gewässer oder in Kanalisation, Drainagen, Straßenabläufe sowie Regen- und Schmutzwasserkanäle möglich ist,. 3. auf oder unmittelbar an Flächen, die mit Beton, Bitumen, Pflaster, Platten und ähnlichen Materialien versiegelt sind (Wege, Plätze und sonstiges Nichtkulturland), von denen die Gefahr einer unmittelbaren oder mittelbaren Abschwemmung in Gewässer oder in Kanalisation, Drainagen, Straßenabläufe sowie Regen- und Schmutzwasserkanäle möglich ist.
3	Lindan	Die Anwendung in Mühlen, in Mehlsilos, in Vorräten von Getreide und Getreideerzeugnissen ist verboten
4	- gestrichen -	
5	Parathion)	Die Anwendung im Getreidebau mit einer Aufwandmenge von mehr als 250 g Wirkstoffe ha und Vegetationsperiode ist verboten
6	Parathion-methyl)	
7	Quarzmehl	Die Anwendung in Vorräten von Getreide und in Räumen, die der Lagerung von Getreide dienen, ist verboten

Anwendungsbeschränkungen (Fortsetzung)

Besondere Bestimmungen

Nummer	Stoff	Nummer	Stoff
1	2	1	2
	Abschnitt B		Abschnitt B
1	Alloxydim	11	- gestrichen -
2	- gestrichen -	12	- gestrichen -
3	Asulam	13	Chloramben
4	Benalaxyl	14	Chlorthiamid
5	Benazolin	15	Cyanazin
6	Bendiocarb	16	- gestrichen -
7	- gestrichen -	17	Diazinon
8	- gestrichen -	18	- gestrichen -
9	Calciumcarbid	19	Dichlobenil
10	- gestrichen -	20	Dikegulac

Nummer	Stoff
1	2
	Abschnitt B
21	- gestrichen -
22	- gestrichen -
23	Dinoterb
24	DNOC
25	Ethidimuron
26	Ethiofencarb
27	Ethoprofos
28	Etrimfos
29	Flamprop
30	- gestrichen -
31	- gestrichen -
32	Haloxyfop
33	Hexazinon
34	Isocarbamid
35	Karbutilat
36	Lindan[1]
37	Mefluidid
38	Metalaxyl
39	- gestrichen -
40	- gestrichen -
41	Methamidophos[2]
42	Methomyl
43	- gestrichen -
44	- gestrichen -
45	Monochlorbenzol
46	- gestrichen -
47	Natriumchlorat
48	Nitrothal-isopropyl
49	Obstbaumkarbolineum (Anthracenöl)
50	Oxadixyl
51	Oxamyl
52	Oxycarboxin
53	Picloram
54	Propachlor
55	Propazin
56	- gestrichen -

Nummer	Stoff
1	2
	Abschnitt B
57	Prothoat
58	- gestrichen -
59	S 421(Synergist)
60	Sethoxydim
61	Simazin
62	TCA
63	Tebuthiuron
64	Terbacil
65	Terbumeton
66	Thiazafluron
67	Thiofanox
68	Triclopyr

[1] zu 36: Die Beschränkung gilt nur für die Anwendung
1. gegen Borkenkäfer in geschälter Rinde und
2. als Gieß- und Streumittel.

[2] zu 41: Die Beschränkung gilt nur für die Anwendung als Gießmittel.

8.5 Pflanzenbeschauverordnung

Vom 10. Mai 1989 (BGBl. I S. 905); zuletzt geändert durch die **Fünfte Verordnung zur Änderung der Pflanzenbeschauverordnung vom 22. Mai 1998** (BGBl. I S. 1083), sowie durch den Artikel 2 der Verordnung vom 17. August 1998 (BGBl. I S. 2156).

8.6 Bienenschutzverordnung

Verordnung über die Anwendung bienengefährlicher Pflanzenschutzmittel

Vom 22. Juli 1992 (BGBl. I S. 1410)

Der Bundesminister für Ernährung, Landwirtschaft und Forsten verordnet auf Grund des § 3 Abs. 1 Nr. 1 des Pflanzenschutzgesetzes vom 15. September l986 (BGBl. I S. 1505) sowie auf Grund des § 3 Abs. 1 Nr. 16 in Verbindung mit Abs. 2 des Pflanzenschutzgesetzes sowie in Verbindung mit Artikel 56 des Zuständigkeitsanpassungs-Gesetz vom 18. März 1975 (BGBl. I S. 705) und dem Organisationserlaß vom 23. Januar 1991(BGBl. I S. 530) im Einvernehmen mit den Bundesministern für Gesundheit und für Umwelt, Naturschutz und Reaktorsicherheit:

§ 1
Begriffsbestimmung

Im Sinne dieser Verordnung sind

1. bienengefährliche Pflanzenschutzmittel:
   a) Pflanzenschutzmittel, die die Biologische Bundesanstalt für Land- und Forstwirtschaft (Biologische Bundesanstalt) mit der Auflage zugelassen hat, sie als "bienengefährlich" zu kennzeichnen,
   b) andere zugelassene Pflanzenschutzmittel in einer höheren als der höchsten in der Gebrauchsanleitung vorgesehenen
      aa) Aufwandmenge oder
      bb) Konzentration, falls eine Aufwandmenge nicht vorgesehen ist;
2. blühende Pflanzen:
   Pflanzen, an denen sich geöffnete Blüten befinden, außer Hopfen und Kartoffeln.

§ 2
Anwendung

(1) Bienengefährliche Pflanzenschutzmittel dürfen nicht an

1. blühenden Pflanzen,
2. anderen Pflanzen, wenn sie von Bienen beflogen werden,

angewandt werden.

(2) Bienengefährliche Pflanzenschutzmittel dürfen nicht so angewandt werden, daß Pflanzen nach Absatz 1 mitgetroffen werden.

(3) Innerhalb eines Umkreises von 60 Metern um einen Bienenstand dürfen bienengefährliche Pflanzenschutzmittel innerhalb der Zeit des täglichen Bienenflugs nur mit Zustimmung des Imkers angewandt werden.

(4) Bienengefährliche Pflanzenschutzmittel dürfen nicht so gehandhabt, aufbewahrt oder beseitigt werden, daß Bienen mit ihnen in Berührung kommen können.

(5) Die Absätze 1 bis 4 gelten nicht für die Anwendung, Handhabung und Aufbewahrung bienengefährlicher Pflanzenschutzmittel in bienensicher umschlossenen Räumen.

(6) Ist ein bienengefährliches Pflanzenschutzmittel entsprechend einer von der Biologischen Bundesanstalt erteilten Auflage mit der Angabe "bienengefährlich, außer bei Anwendung nach dem Ende des täglichen Bienenfluges bis 23.00 Uhr (auch unter Zusatz der Worte "mitteleuropäischer Zeit" oder der Abkürzung "MEZ") in dem zu behandelnden Bestand" versehen, so gelten die Absätze 1 und 2 nicht für die Anwendung dieses Pflanzenschutzmittels während der angegebenen Tageszeit.

§ 3
Ausnahmen

Die zuständige Behörde kann Ausnahmen zulassen

1. von § 2 Abs. 1 für Forschungs-, Untersuchungs- und Versuchszwecke,
2. von § 2 Abs. 1 bis 3, soweit es zur Verhütung schwerer Schäden oder Verluste an Pflanzen durch Schadorganismen erforderlich ist.

Sie hat die Ausnahmegenehmigung mit den erforderlichen Auflagen zu verbinden, um sicherzustellen, daß die Imker, deren Bienenstände sich im Umkreis von 3 Kilometern befinden, spätestens 48 Stunden vor Beginn der Anwendung des Pflanzenschutzmittels unterrichtet werden. Sie kann die Ausnahmegenehmigung mit Auflagen zur Sicherstellung der Belange des Naturschutzes und der Landschaftspflege versehen.

§ 4
Ordnungswidrigkeiten

(1) Ordnungswidrig im Sinne des § 40 Abs. 1 Nr. 1 Buchstabe a des Pflanzenschutzgesetzes handelt, wer vorsätzlich oder fahrlässig

1. entgegen § 2 Abs. 1, 2 oder 3 ein bienengefährliches Pflanzenschutzmittel anwendet oder
2. entgegen § 2 Abs. 4 ein bienengefährliches Pflanzenschutzmittel handhabt, aufbewahrt oder beseitigt.

(2) Ordnungswidrig im Sinne des § 40 Abs. 1 Nr. 2 Buchstabe b des Pflanzenschutzgesetzes handelt, wer vorsätzlich oder fahrlässig einer vollziehbaren Auflage nach § 3 Satz 2 zuwiderhandelt.

§ 5
Inkrafttreten, abgelöste Vorschrift

(1) Diese Verordnung tritt am Tage nach der Verkündung in Kraft.

(2) Gleichzeitig tritt die Bienenschutzverordnung vom 19. Dezember 1972 (BGBl. I S. 2515), geändert durch Artikel 3 der Verordnung vom 22. März 1991 (BGBl. I S. 796), außer Kraft.

8.7 Verordnungen zu bestimmten Schaderregern

Verordnung über das Inverkehrbringen von Anbaumaterial von Gemüse-, Obst- und Zierpflanzenarten sowie zur Aufhebung der Verordnung zur Bekämpfung von Viruskrankheiten im Obstbau vom 16. Juni 1998 (BGBl I S. 1322).

Verordnung zur Bekämpfung der Scharkakrankheit vom 7. Juni 1971 (BGBl. I S. 804), zuletzt geändert durch die **Verordnung vom 10. Nov. 1992** (BGBl. I S. 1887).

Verordnung zur Bekämpfung der Feuerbrandkrankheit vom 20. Dezember 1985 (BGBl. I S. 2551), zuletzt geändert durch die **Verordnung vom 10. Nov. 1992** (BGBl. I S. 1887).

Bekanntmachung über hochanfällige Wirtspflanzen für die Feuerbrandkrankheit vom **8. Juli 1986** (Bundesanzeiger 1986, S. 9396).

Verordnung zur Bekämpfung der San-José-Schildlaus vom 20. April 1972 (BGBl. I S. 629), zuletzt geändert durch die **Verordnung vom 10. Nov. 1992** (BGBl. I, S. 1887).

Verordnung zur Bekämpfung der Reblaus vom 27.7.1988 (BGBl. I S. 1203); geändert durch die **Verordnung vom 10. Nov. 1992** (BGBl. I S. 1887).

Verordnung zur Bekämpfung der Blauschimmelkrankheit des Tabaks vom 13. April 1978 (BGBl. I S. 502), zuletzt geändert durch die **Verordnung vom 10. Nov. 1992** (BGBl. I S. 1887).

Kartoffelschutzverordnung vom 10. November 1992 (BGBl I S. 1887), geändert durch die **Erste Verordnung zur Änderung der Kartoffelschutzverordnung vom 23. Oktober 1997** (BGBl I S. 2601), in der Fassung der **Bekanntmachung der Neufassung der Kartoffelschutzverordnung vom 29. Oktober 1997** (BGBl I. S. 2604).

Verordnung zur Bekämpfung des Bisams vom 20. Mai 1988 (BGBl. I S. 640), geändert durch die **Verordnung vom 10. November 1992** (BGBl. I S. 1887), aufgehoben durch **Artikel 4 Abs. 3** des **Ersten Gesetzes zur Änderung des Pflanzenschutzgesetzes vom 16. Juni 1998** (BGBl I S. 1527) mit Wirkung zum Ablauf des 31. Dezember 1999.

Verordnung zur Bekämpfung von Nelkenwicklern vom 3. Mai 1976 (BGBl. I S. 1149), geändert durch § 5 der **Verordnung vom 20. Mai 1988** (BGBl. I S. 640), i.d.F. der **Änderung** vom 10. November 1992 (BGBl. I S. 1887).

Nur für NRW: Vorschrift zur Sicherung des Waldes gegen Schäden, Schadorganismen und Waldkrankheiten (WaSi 81) in RdErl des MELF **vom 28.7.1981** (MBl NW 1981 S. 1595); zur Zeit in Überarbeitung.

8.8 Chemikalien-Recht

Gesetz zum Schutz vor gefährlichen Stoffen in der Fassung der **Bekanntmachung vom 25. Juli 1994** (BGBl. I S. 1705); zuletzt geändert durch **Artikel 2** des Gesetzes vom 14. Mai 1998 (BGBl I S. 950).

Bekanntmachung der Neufassung der Chemikalien-Verbotsverordnung

vom 19. Juli 1996 (BGBl. I S. 1151)

Auszug

§ 2
Erlaubnis- und Anzeigepflicht

(1) Wer gewerbsmäßig oder selbständig im Rahmen einer wirtschaftlichen Unternehmung Stoffe oder Zubereitungen in den Verkehr bringt, die nach der Gefahrstoffverordnung mit den Gefahrensymbolen **T (giftig)** oder **T+ (sehr giftig)** zu kennzeichnen sind, bedarf der Erlaubnis der zuständigen Behörde.

(2) Die **Erlaubnis** nach Absatz 1 erhält, wer

1. **die Sachkenntnis nach § 5** nachgewiesen hat,
2. die erforderliche Zuverlässigkeit besitzt und
3. mindestens 18 Jahre alt ist.

(3) Unternehmen erhalten für ihre Einrichtungen und Betriebe die Erlaubnis nach Absatz 1, wenn sie über Personen verfügen, die die Anforderungen nach Absatz 2 erfüllen. Bei Unternehmen mit mehreren Betrieben muß in jedem Betrieb eine Person nach Satz 1 vorhanden sein. Jeder Wechsel dieser Personen ist der zuständigen Behörde unverzüglich anzuzeigen.

(4) Die **Erlaubnis kann** auf einzelne gefährliche Stoffe und Zubereitungen nach Absatz 1 oder **auf Gruppen von gefährlichen Stoffen und Zubereitungen beschränkt werden.** Sie kann unter Auflagen erteilt werden. Auflagen können auch nachträglich angeordnet werden.

(5) Keiner Erlaubnis nach Absatz 1 bedürfen

1. Apotheken,
2. Hersteller, Einführer und Händler, die Stoffe und Zubereitungen nach Absatz 1 nur an Wiederverkäufer, gewerbliche Verbraucher oder öffentliche Forschungs-, Untersuchungs- oder Lehranstalten abgeben, sowie
3. Tankstellen und sonstige Betankungseinrichtungen, soweit sie Ottokraftstoffe zum unmittelbaren Verbrauch abgeben.

(6) Wer nach Absatz 5 Nr. 2 keiner Erlaubnis bedarf, hat der zuständigen Behörde das erstmalige Inverkehrbringen von Stoffen oder Zubereitungen nach Absatz 1 vor Aufnahme dieser Tätigkeit schriftlich anzuzeigen. In der Anzeige ist mindestens eine Person zu benennen, die die Anforderungen nach Absatz 2 erfüllt. Jeder Wechsel dieser Person ist der zuständigen Behörde unverzüglich schriftlich anzuzeigen.

(7) Eine nach früheren Rechtsvorschriften erteilte Erlaubnis, die einer Erlaubnis nach Absatz 1 entspricht, gilt im erteilten Umfang fort. Eine nach § 11 Abs. 7 oder § 45 Abs. 8 der Gefahrstoffverordnung in der bis zum 31. Oktober 1993 geltenden Fassung oder nach Anlage 1 Kapitel VIII Sachgebiet B Abschnitt III Nr. 14 Buchstabe g des Einigungsvertrages erstattete Anzeige gilt als Anzeige nach Absatz 6.

§ 5
Sachkunde

(1) Die erforderliche **Sachkenntnis nach § 2 Abs. 2 Nr.** 1 hat nachgewiesen, wer

1. die von der zuständigen Behörde durchgeführte Prüfung nach Absatz 2 bestanden hat,

2. die Approbation als Apotheker besitzt,
3. die Berechtigung hat, die Berufsbezeichnung Apothekerassistent oder Pharmazieingenieur zu führen,
4. die Erlaubnis zur Ausübung der Tätigkeit unter der Berufsbezeichnung pharmazeutisch-technischer Assistent oder Apothekenassistent besitzt,
5. die Abschlußprüfung nach der Verordnung über die Berufsausbildung zum Drogist/zur Drogistin vom 30. Juni 1992 (BGBl. I S. 1197) bestanden hat, sofern die Abschlußprüfung der Prüfung nach Absatz 2 entspricht,
6. die Prüfung zum anerkannten Abschluß Geprüfter Schädlingsbekämpfer/Geprüfte Schädlingsbekämpferin bestanden hat,
7. im Rahmen eines Hochschulstudiums ausweislich des Zeugnisses der Zwischenprüfung oder der Abschlußprüfung nach Teilnahme an entsprechenden Lehrveranstaltungen eine Prüfung bestanden hat, die der Prüfung nach Absatz 2 entspricht, oder
8. nach früheren Vorschriften eine Prüfung bestanden hat, die der Prüfung nach Absatz 2 entspricht.

(2) Die Prüfung der Sachkenntnis erstreckt sich auf die allgemeinen Kenntnisse über die wesentlichen Eigenschaften der gefährlichen Stoffe und Zubereitungen nach § 3 Abs. 1 Satz 1 über die mit ihrer Verwendung verbundenen Gefahren und auf die Kenntnis der einschlägigen Vorschriften. Sie kann auf Gruppen von gefährlichen Stoffen und Zubereitungen beschränkt werden. Sie kann auch unter Berücksichtigung nachgewiesener fachlicher Vorkenntnisse auf die Kenntnis der einschlägigen Vorschriften beschränkt werden. **Eine Anerkennung oder ein Zeugnis nach der Pflanzenschutz-Sachkundeverordnung** vom 28. Juli 1987 (BGBl. I S. 1752) **kann als Nachweis der Sachkenntnis für die Abgabe von Pflanzenschutzmitteln anerkannt werden**, auf die § 3 Abs. 1 Satz 1 Anwendung findet. Über die Prüfung wird ein Zeugnis ausgestellt.

(3) Der Sachkenntnisnachweis gilt als erbracht

1. für Personen aus den Mitgliedstaaten der Europäischen Gemeinschaften oder anderen Vertragsstaaten des Abkommens über den Europäischen Wirtschaftsraum, wenn sie der zuständigen Behörde nachgewiesen haben, daß sie die Voraussetzung des Artikels 2 der Richtlinie 74/556/EWG des Rates vom 4. Juni 1974 über die Einzelheiten der Übergangsmaßnahmen auf dem Gebiet der Tätigkeiten des Handels mit und der Verteilung von Giftstoffen und der Tätigkeiten, die die berufliche Verwendung dieser Stoffe umfassen, einschließlich der Vermittlertätigkeiten (ABl. EG Nr. L 307 S. 1) erfüllen, sowie
2. für Personen, die in einer Anzeige nach § 11 Abs 7 der Gefahrstoffverordnung in der bis zum 31. Oktober 1993 geltenden Fassung benannt wurden.

Verordnung zum Schutz vor gefährlichen Stoffen (Gefahrstoffverordnung - GefStoffV) i.d.F. der Bekanntmachung in **Artikel 1** des Gesetzes vom 26. Oktober 1993 (BGBl. I S. 1782), zuletzt geändert durch **Artikel 1** der **Verordnung** vom 12. Juni 1998 (BGBl. I S. 1286).
Zweck dieser Verordnung ist es, durch Regelungen über die Einstufung, über die Kennzeichnung und Verpackung von gefährlichen Stoffen, Zubereitungen und bestimmten Erzeugnis-

sen sowie über den Umgang mit Gefahrstoffen den Menschen vor arbeitsbedingten und sonstigen Gesundheitsgefahren und die Umwelt vor stoffbedingten Schädigungen zu schützen, insbesondere sie erkennbar zu machen, sie abzuwenden und ihrer Entstehung vorzubeugen, soweit nicht in anderen Rechtsvorschriften besondere Regelungen getroffen sind.

Die wichtigsten Passagen wurden in der letzten Ausgabe dieses Taschenbuches zum Abdruck gebracht. Sie wurden aus Platzgründen in dieser Ausgabe gestrichen.

Giftinformationsverordnung vom 17. Juli 1990 (BGBl. I S. 1224), zuletzt geändert durch die **Verordnung vom 8. Juli 1996** (BGBl. I S. 948).

8.9 Biozid-Richtlinie

Richtlinie 98/8/EG des Europäischen Parlaments und des Rates **vom 16. Februar 1998 über das Inverkehrbringen von Biozid-Produkten** (Abl L 123 vom 24.4.1998, S. 1). Diese Richtlinie, die am 20. Tag nach der Veröffentlichung in Kraft tritt, muß innerhalb von 24 Monaten nach Inkrafttreten in nationales Recht umgesetzt werden. **Biozid-Produkte** sind die **nicht landwirtschaftlich genutzten Schädlingsbekämpfungmittel**. Es werden damit auch für diese Produkte -wie für Pflanzenschutzmittel - eine **Zulassung** und eine **Kontrolle des Vertriebs** eingeführt.

8.10 Beförderung gefährlicher Güter

Gesetz über die Beförderung gefährlicher Güter vom 6. August 1975 (BGBl. I S. 2121), zuletzt geändert durch **Artikel 1** des Gesetzes vom 6. August 1998 (BGBl. I S. 2037).

Gefahrgutverordnung Straße (GGVS) i.d.F. der **Verordnung über die innerstaatliche und grenzüberschreitende Beförderung gefährlicher Güter auf der Straße vom 12. Dezember 1996** (BGBl. I S. 1886).

Gefahrgut-Ausnahmeverordnung vom 23. Juni 1993 (BGBl. I S. 994), zuletzt geändert durch **Artikel 1** der Verordnung vom 22. Juni 1997 (BGBl. I S. 1509).

Verordnung über die Kontrollen von Gefahrguttransporten auf der Straße und in Unternehmen (Gefahrgut-Kontrollverordnung - GGKontrollV) vom 27. Mai 1997 (BGBl. I S. 1306).

Verordnung über die Bestellung von Gefahrgutbeauftragten und die Schulung der beauftragten Personen in Unternehmen und Betrieben (Gefahrgutbeauftragtenverordnung - GbV) vom 12. Dezember 1989 (BGBl. I S. 2185), geändert durch **Artikel 1** der Verordnung **vom 26. März 1998** (BGBl I S. 640).

8.11 Lebensmittel-Recht

Gesetz über den Verkehr mit Lebensmitteln, Tabakerzeugnissen, kosmetischen Mitteln und sonstigen Bedarfsgegenständen in der Fassung der **Bekanntmachung vom 9. September 1997** (BGBl. I S. 2296), geändert durch **Artikel 2, § 22** des Gesetzes vom 22. Dezember 1997 (BGBl I S. 3224).

Verordnung über Höchstmengen an Rückständen von Pflanzenschutz- und Schädlingsbekämpfungsmitteln, Düngemitteln und sonstigen Mitteln in oder auf Lebensmitteln und Tabakerzeugnissen (Rückstands-Höchstmengenverordnung - RHmV) vom 1. September 1994 (BGBl. I S. 2299), zuletzt geändert durch **Artikel 1** der Verordnung vom 26. September 1997 (BGBl I S. 2366).

8.12 Trinkwasserverordnung

Verordnung über Trinkwasser und über Wasser für Lebensmittelbetriebe vom 22. Mai 1986 (BGBl. I S. 760);. in der Neufassung der **Bekanntmachung** vom 5. Dezember 1990 (BGBl. I S. 2612); zuletzt geändert durch die Verordnung vom 1. April 1998 (BGBl I S. 699).

8.13 Naturschutz und Bodenschutz

Gesetz über Naturschutz und Landschaftspflege vom 20. Dezember 1976 (BGBl. I S. 3574), in der Fassung der **Bekanntmachung der Neufassung des Bundesnaturschutzgesetzes vom 12. März 1987** (BGBl. I S. 889) zuletzt geändert durch **Artikel 1** des Gesetzes **vom 30. April 1998** (BGBl. I S. 823).

Gesetz zur Sicherung des Naturhaushalts und zur Entwicklung der Landschaft (Landschaftsgesetz - LG), i.d.F. der Bekanntmachung **vom 15. August 1994** (GV. NW. S. 710), geändert durch **Artikel 3** des Gesetzes vom 2. Mai 1995 (GV. NW. S. 382).

Gesetz zum Schutz des Bodens vom 17. März 1998 (BGBl I S. 502).

Verordnung zum Schutz wildlebender Tier- und Pflanzenarten vom 19. Dezember 1986 (BGBl. I S.. 2705), in der **ab 1. August 1989 geltenden Neufassung** (BGBl. I S. 1677), zuletzt geändert durch **Artikel 1** der Verordnung vom 6. Juni 1997 (BGBl I S. 1327).

Freisetzen von (gebietsfremden) Tierarten zum biologischen Pflanzenschutz. Schreiben der Bezirksregierung Münster **vom 18. Juli 1996**, Erlaß des MURL **vom 25. Juni 1996** (III B1.-615.11.00.00) mit Hinweis auf § 61 Abs. 3 LG.NW. und **Anlage** des Schreibens des Bundesamtes für Naturschutz vom 28.11.1995 (II 3-472/112-56/95) an den BMU.

Handel mit künstlich vermehrten Pflanzen, die unter das Washingtoner Artenschutzübereinkommen fallen. Erlaß des MURL **vom 14.3.1995** (III B1-1.15.12.20/07)
hier: Erteilung von **Pflanzengesundheitszeugnissen** für die Ausfuhr künstlich vermehrter besonders geschützter Pflanzen und Pflanzenteile **anstelle** einer **CITES-Bescheinigung**.

8.14 Umweltinformationsgesetz

Artikel 1 des Gesetzes zur Umsetzung der Richtlinie 90/313/EWG des Rates vom 7. Juni 1990 über den freien Zugang zu Informationen über die Umwelt vom 8. Juli 1994 (BGBl. I S. 1490).

8.15 Saatgut-Recht

Saatgutverkehrsgesetz vom 20. August 1985 (BGBl. I S. 1633), zuletzt geändert durch **Artikel 1** des Gesetzes vom 17. Juli 1997 (BGBl I S. 1854), in der Fassung der **Bekanntmachung der Neufassung des Sortenschutzgesetzes** vom 19. Dezember 1997 (BGBl I S. 3164).

Gesetz über forstliches Saat- und Pflanzgut i.d.F. der **Bekanntmachung vom 26. Juli 1979** (BGBl. I S. 1242), zuletzt geändert durch **Artikel 22** des **Gesetzes** vom 2. August 1994 (BGBl. I S. 2018).

Verordnung über den Verkehr mit Saatgut landwirtschaftlicher Arten und von Gemüsearten (Saatgutverordnung) vom 21. Januar 1986 (BGBl. I S. 146), zuletzt geändert durch **Artikel 2** der **Verordnung** vom 6. August 1998 (BGBl. I S. 2090).

Sortenschutzgesetz vom 11. Dezember 1985 (BGBl. I S. 2170), zuletzt geändert durch **Artikel 1** des Gesetzes vom 17. Juli 1997 (BGBl. I S. 1997).

Pflanzkartoffelverordnung vom 21. Januar 1986 (BGBl. I S. 192), zuletzt geändert durch **Artikel 2** der **Verordnung** vom 23. Juli 1997 (BGBl. I S. 1906).

8.16 Gentechnik-Recht

Gentechnikgesetz i.d.F. der Bekanntmachung **vom 16. Dezember 1993** (BGBl. I S. 2066), geändert durch **Artikel 5 (§ 1)** des Gesetzes vom 24. Juni 1994 (BGBl. I S. 1416).

Verordnung über die Zentrale Kommission für Biologische Sicherheit vom 30. Oktober 1990 (BGBl. I S. 2418), zuletzt geändert durch **Artikel 5 (§ 2)** des Gesetzes vom 24. Juni 1994 (BGBl. I S. 1416).

Gentechnik-Sicherheitsverordnung vom 24. Oktober 1990 (BGBl. I S. 2340), geändert durch **Artikel 5 (§ 3)** des Gesetzes vom 24. Juni 1994 (BGBl. I S. 1416).

Bundeskostengesetz zum Gentechnikgesetz vom 9. Oktober 1991 (BGBl. I S. 1972), geändert durch **Artikel 5 (§ 4)** des Gesetzes vom 24. Juni 1994 (BGBl. I S. 1416).

8.17 Berufsausbildungsverordnungen

Verordnung über die Berufsausbildung zum Landwirt/Landwirtin vom 31. Januar 1995 (BGBl. I S. 168).

Verordnung über die berufliche Umschulung zum Geprüften Schädlingsbekämpfer/zur Geprüften Schädlingsbekämpferin vom 18. Februar 1997 (BGBl. I S. 275).

Verordnung über die Prüfung zum anerkannten Abschluß Geprüfter Fachagrarwirt/Geprüfte Fachagrarwirtin - Baumpflege und Baumsanierung vom 29 Juni 1993 (BGBl. I S. 1114).

Verordnung über die Prüfung zum anerkannten Abschluß Geprüfter Natur- und Landschaftspfleger/Geprüfte Natur- und Landschaftspflegerin vom 6. März 1998 (BGBl I S. 435).

Verordnung über die Prüfung zum anerkannten Abschluß Geprüfter Kundenberater/Geprüfte Kundenberaterin - Gartenbau vom 12. Juli 1994 (BGBl. I S. 1593).

Verordnung über die Berufsausbildung zum Gärtner/zur Gärtnerin vom 6. März 1996 (BGBl. I S. 376).

Verordnung über die Eignung der Ausbildungsstätte für die Berufsausbildung zum Gärtner/zur Gärtnerin vom 12. August 1997.

Verordnung über die Anforderungen in der Meisterprüfung für den Beruf Gärtner/Gärtnerin vom 12. August 1997 (BGBl. I S. 2046).

8.18 Gesetzliche Bestimmungen - Einfuhr, Vertrieb und Anwendung

Gesetzliche Bestimmungen zur Einfuhr, zum Vertrieb und zur Anwendung von Pflanzenschutzmitteln in der Praxis (Pflanzenschutzgesetz vom 14. Mai 1998) siehe auch die "Pflanzenschutz-Sachkundeverordnung"

Einfuhr und Vertrieb von Pflanzenschutzmitteln

Nach § 11 des **Pflanzenschutzgesetzes** dürfen Pflanzenschutzmittel "**nur eingeführt oder in den Verkehr gebracht werden, wenn sie** von der Biologischen Bundesanstalt für Land- und Forstwirtschaft (Biologische Bundesanstalt) **zugelassen sind**". § 20 Abs. 2 bestimmt, daß zusätzlich zu der Kennzeichnung nach dem § 13 und 14 des Chemikaliengesetzes auf den Behältnissen und abgabefertigen Packungen in deutscher Sprache und in deutlich sichtbarer, leicht lesbarer Schrift unverwischbar folgende Angaben gemacht werden müssen:

1. Bezeichnung des Pflanzenschutzmittels,
2. die Zulassungsnummer,
3. Name und die Anschrift des Zulassungsinhabers und desjenigen, der das Pflanzenschutzmittel zur Abgabe an den Anwender verpackt und kennzeichnet, soweit dieser nicht der Zulassungsinhaber ist,
4. die Wirkstoffe nach Art und Menge,
5. das Verfallsdatum bei Pflanzenschutzmitteln mit längstens zweijähriger Haltbarkeit,
6. die "**Gebrauchsanleitung**"
   a) mit den festgesetzten Anwendungsgebieten und Anwendungsbestimmungen
   b) mit den Auflagen für die sachgerechte Anwendung sowie zum Schutz der Gesundheit von Mensch und Tier und zum Schutz vor sonstigen schädlichen Auswirkungen, insbesondere auf den Naturhaushalt
   c) mit der Angabe "Anwendung im Haus- und Kleingarten zulässig", soweit diese Eignung durch die Biologische Bundesanstalt mit der Zulassung festgestellt wurde.

7. festgesetzte Verbote oder Beschränkungen.

Dabei kann die Biologische Bundesanstalt, soweit es für die aufgeführten Schutzzwecke erforderlich ist, Anwendungsbestimmungen festsetzen, die in die Gebrauchsanleitung unter der Überschrift: **"Von der Biologischen Bundesanstalt für Land- und Forstwirtschaft festgesetzte Anwendungsbestimmungen"** deutlich getrennt von den übrigen Angaben und sonstigen Aufschriften aufzunehmen und mit einem Hinweis auf die **Androhung von Geldbuße bei Verstößen** zu versehen sind.
Beim Inverkehrbringen von Pflanzenschutzmitteln zu gewerblichen Zwecken oder im Rahmen sonstiger wirtschaftlicher Unternehmungen oder in der Werbung für Pflanzenschutzmittel dürfen keine anderen Angaben verwendet werden, als sich aus der Gebrauchsanleitung oder der bekanntgemachten Genehmigung nach § 18a Abs. 4 ergeben.

Inverkehrbringen von Pflanzenschutzmitteln

Anzeigepflicht: Wer Pflanzenschutzmittel zu gewerblichen Zwecken oder im Rahmen sonstiger wirtschaftlicher Unternehmungen in den Verkehr bringen oder zu gewerblichen Zwekken einführen will, hat dies der für den Betriebssitz und den Ort der Tätigkeit zuständigen Behörde vor Aufnahme der Tätigkeit anzuzeigen.
Verbot der Selbstbedienung: Pflanzenschutzmittel dürfen nicht durch Automaten oder andere Formen der Selbstbedienung in den Verkehr gebracht werden.
Beratungspflicht: Bei der Abgabe im Einzel- und Versandhandel haben der Gewerbetreibende und derjenige, der für ihn die Pflanzenschutzmittel abgibt, den Erwerber über die Anwendung des Pflanzenschutzmittels, **insbesondere über Verbote und Beschränkungen** zu unterrichten.
Sachkunde-Nachweis: Die erforderlichen Kenntnisse sind der zuständigen Behörde auf Verlangen nachzuweisen.

Importe von identischen Pflanzenschutzmitteln

Pflanzenschutzmittel, die in Deutschland zugelassen wurden, gibt es häufig im Ausland als identische Produkte. Diese dürfen **innerhalb der EU** frei gehandelt werden. Wenn Sie in Deutschland vertrieben werden sollen, müssen Sie mit der gleichen Gebrauchsanleitung in deutscher Sprache, einschließlich aller gesetzlichen Kennzeichnungsauflagen versehen sein. Bei diesen Importen werden viele Fehler gemacht.

Im folgenden sollen daher noch einmal die rechtlichen Möglichkeiten aufgezeigt werden:

1. Pflanzenschutzmittel dürfen nur in den Verkehr gebracht oder eingeführt werden, wenn sie von der Biologischen Bundesanstalt zugelassen sind (§ 11 Abs. 1 PflSchG).
2. Auch die Einfuhr von z.B. niederländischen Pflanzenschutzmitteln zur Anwendung auf von Niederländern bewirtschafteten Flächen auf deutschem Hoheitsgebiet unterliegt dem deutschen Pflanzenschutzrecht (§ 11 Abs. 1 PflSchG).
3. Falls ein Pflanzenschutzmittel von der Biologischen Bundesanstalt zugelassen worden ist, darf ein für das Ausland produziertes identisches Pflanzenschutzmittel (gleicher Hersteller, gleiche Wirkstoffgehalte, gleiche Anwendungsgebiete) in die Bundesrepublik eingeführt werden. Nach derzeitiger Rechtsprechung ist die Zulassungs-Nr. produktbezogen; bei der Einfuhr muß daher diese Zulassungs-Nr. auf dem Behältnis angebracht sein, damit das Produkt identifizierbar ist.

- Wenn der Anwender dieses Pflanzenschutzmittel **für den eigenen Gebrauch** einführt und nicht vertreibt, muß das Produkt nach dem neuen Pflanzenschutzgesetz **jetzt auch eine deutsche Gebrauchsanleitung** haben.
- Es müssen auf den Behältnissen und abgabefertigen Packungen in deutscher Sprache die gleichen Kennzeichnungen und die gleiche Gebrauchsanleitung angegeben sein wie für das identische deutsche Handelsprodukt (§ 20 PflSchG).

Bei der Um-Etikettierung identischer ausländischer Produkte für den Vertrieb in Deutschland muß nicht nur das Pflanzenschutzgesetz, sondern auch die Kennzeichnung nach der deutschen Gefahrstoffverordnung beachtet werden.
Jeder Importeur identischer Produkte aus anderen EU-Staaten tut daher gut daran, sich vor dem Import bei der Biologischen Bundesanstalt für Land- und Forstwirtschaft, Braunschweig, eine Identitätsbescheinigung ausstellen zu lassen und auch die Kennzeichnung nach den Zulassungsauflagen sorgfältig vorzunehmen. Zur Zeit ist eine Verwaltungsvorschrift des Bundes-Landwirtschaftsministeriums in Vorbereitung, die weitere Möglichkeiten der Identitätsprüfung aufzeigt.
Illegal importierte und illegal vertriebene Pflanzenschutzmittel müssen aus dem Geltungsbereich des Gesetzes verbracht werden. Daneben drohen Geldbußen bis zu DM 100.000,-.

Anwendung von Pflanzenschutzmitteln

Der **§ 6** regelt die allgemeinen **Anwendungsvorschriften** für Pflanzenschutzmittel wie folgt:
"(1) Bei der Anwendung von Pflanzenschutzmitteln ist nach guter fachlicher Praxis zu verfahren. Pflanzenschutzmittel dürfen nicht angewandt werden, soweit der Anwender damit rechnen muß, daß ihre Anwendung im Einzelfall schädliche Auswirkungen auf die Gesundheit von Mensch und Tier oder auf Grundwasser oder sonstige erhebliche schädliche Auswirkungen, insbesondere auf den Naturhaushalt, hat. Die zuständige Behörde kann Maßnahmen anordnen, die zur Erfüllung der in den Sätzen 1 und 2 genannten Anforderungen erforderlich sind.

(2) Pflanzenschutzmittel dürfen auf Freilandflächen nur angewandt werden, soweit diese landwirtschaftlich, forstwirtschaftlich oder gärtnerisch genutzt werden. Sie dürfen jedoch nicht in oder unmittelbar an oberirdischen Gewässern und Küstengewässern angewandt werden.

(3) Die zuständige Behörde kann Ausnahmen von Absatz 2 genehmigen, wenn der angestrebte Zweck vordringlich ist und mit zumutbarem Aufwand auf andere Weise nicht erzielt werden kann und überwiegende öffentliche Interessen, insbesondere des Schutzes von Tier- und Pflanzenarten, nicht entgegenstehen".

Besondere Anwendungsvorschriften wurden mit dem neuen Pflanzenschutzgesetz in § 6a eingeführt, z.B.

- die Anwendung ist nur in den in der Zulassung festgesetzten und in der Gebrauchsanleitung angegebenen Anwendungsgebieten (Indikationen) und entsprechend den festgesetzten Anwendungsbestimmungen erlaubt; die Beachtung der Anwendungsgebiete wird zum **1.7.2001** wirksam.
- Pflanzenschutzmittel, die im Haus- und Kleingartenbereich angewendet werden sollen, dürfen nur dann hier angewendet werden, wenn sie entsprechend hierfür zugelassen wurden; dieses wird zum **1.7.1999** wirksam.

- Präparate, deren Zulassung beendet ist, dürfen noch bis zum Ablauf des zweiten auf das Ende der Zulassung folgenden Jahres angewendet werden.
- Für im eigenen Betrieb hergestellte Pflanzenschutzmittel gibt es in § 6a Abs. 4 Nr. 3 Ausnahmen von der Zulassungspflicht.
- Stoffe und Zubereitungen, die nach den Vorschriften der EU bei der Erzeugung von Produkten aus ökologischem Anbau angewendet werden dürfen, werden in einer Liste der Biologischen Bundesanstalt aufgeführt.

Anwendung von Pflanzenschutzmitteln für andere und Beratungstätigkeit

Die **Anzeigepflicht** für Personen, die "Pflanzenbehandlungsmittel gewerbsmäßig oder sonst für andere anwenden" oder beraten wollen, wurde **im § 9 gefaßt:**

"Wer Pflanzenschutzmittel für andere - außer gelegentlicher Nachbarschaftshilfe - anwenden oder zu gewerblichen Zwecken oder im Rahmen sonstiger wirtschaftlicher Unternehmungen andere über die Anwendung von Pflanzenschutzmitteln beraten will, hat dies der für den Betriebssitz **und** der für den Ort der Tätigkeit zuständigen Behörde **vor Aufnahme der Tätigkeit** anzuzeigen. Die Landesregierungen werden ermächtigt, durch Rechtsverordnung die näheren Vorschriften über die Anzeige und das Anzeigeverfahren zu erlassen. Sie können durch Rechtsverordnung diese Befugnis auf oberste Landesbehörden übertragen."

Sachkundenachweis für Anwender von Pflanzenschutzmitteln

Für die Anwendung von Pflanzenschutzmitteln stellt das Pflanzenschutzgesetz im **§ 10 Persönliche Anforderungen:**

"(1) Wer

1. Pflanzenschutzmittel in einem Betrieb
   a) der Landwirtschaft einschließlich des Gartenbaus oder der Forstwirtschaft oder
   b) zum Zwecke des Vorratsschutzes
   anwendet,
2. eine nach § 9 anzeigepflichtige Tätigkeit ausübt oder
3. Personen anleitet oder beaufsichtigt, die Pflanzenschutzmittel im Rahmen eines Ausbildungsverhältnisses anwenden, soweit dies zur Ausbildung gehört,

muß die dafür erforderliche Zuverlässigkeit und die dafür erforderlichen Kenntnisse und Fertigkeiten haben und dadurch die Gewähr dafür bieten, daß durch die Anwendung von Pflanzenschutzmitteln keine vermeidbaren schädlichen Auswirkungen auf die Gesundheit von Mensch oder Tier oder keine sonstigen vermeidbaren schädlichen Auswirkungen, insbesondere auf den Naturhaushalt, auftreten.

(2) Die zuständige Behörde kann die in Absatz 1 bezeichneten Tätigkeiten ganz oder teilweise untersagen, wenn Tatsachen die Annahme rechtfertigen, daß derjenige, der diese Tätigkeiten ausübt, die dort genannten Voraussetzungen nicht erfüllt.

(3) **Die erforderlichen fachlichen Kenntnisse und Fertigkeiten sind der zuständigen Behörde auf Verlangen nachzuweisen.** Die Bundesregierung wird ermächtigt, durch Rechtsverordnung mit Zustimmung des Bundesrates nähere Vorschriften über Art und Umfang der erforderlichen fachlichen Kenntnisse und Fertigkeiten sowie über das Verfahren für deren Nachweis zu erlassen. Die Landeregierungen werden ermächtigt,

1. Rechtsverordnungen nach Satz 2 zu erlassen, soweit die Bundesregierung von ihrer Befugnis keinen Gebrauch macht,
2. durch Rechtsverordnung, soweit es zur Erfüllung der in § 1 genannten Zwecke erforderlich ist, den Anwendungsbereich des Absatzes 1 auf Personen auszudehnen, die Pflanzenschutzmittel auf Grundstücken anwenden, die im Besitz juristischer Personen des öffentlichen Rechts stehen.

Die Landesregierungen können diese Befugnis durch Rechtsverordnung auf andere Behörden übertragen."

Weitere Vorgaben für die Anwendung von Pflanzenschutzmitteln

Die **Pflanzenschutzmittel-Höchstmengenverordnung** legt fest, welche Rückstände von Pflanzenbehandlungsmitteln auf oder in Lebensmitteln pflanzlicher Herkunft vorhanden sein dürfen, ohne daß dadurch die menschliche Gesundheit gefährdet wird. Der Erzeuger macht sich strafbar, wenn er Lebensmittel in den Verkehr bringt, auf oder in denen höhere Rückstände vorhanden sind als nach der Verordnung erlaubt ist. Bei Anwendung der Präparate in der vorgeschriebenen Konzentration und Aufwandmenge sowie Einhaltung der Wartezeiten ist eine Überschreitung der Toleranzwerte nicht zu befürchten.

In der **Verordnung über Anwendungsverbote und -beschränkungen für Pflanzenschutzmittel** wurden für zahlreiche Wirkstoffe Anwendungsverbote oder Anwendungsbeschränkungen ausgesprochen. Aus diesem Grunde wurde die gesamte Verordnung hier abgedruckt!

Anwendung zu Versuchszwecken

Pflanzenschutzmittel dürfen zu Versuchszwecken nur angewandt werden, wenn der Anwender die dafür erforderlichen fachlichen Kenntnisse und Fertigkeiten der zuständigen Behörde nachgewiesen hat. Diese Vorschrift wird wirksam zum **1.7.2000**.

9 Informationsquellen - Pflanzenschutz

9.1 Bücher

Alexopoulos, C. J.: Einführung in die Mykologie. Übersetzt von M. L. Farr. 495 S., 194 Abb., Stuttgart 1966. (Englische Originalausgabe 1979 in 3. Aufl. erschienen.).

Alford, D.V.: Farbatlas der Schädlinge an Zierpflanzen. Übersicht von J.B.M. Alford. 477 S., Deutsche Ausgabe, Stuttgart 1997

Amann, G.: Kerfe des Waldes. 284 S., zahlr. Abb., Melsungen 1959.

Arx, J. A. von: Pilzkunde. Ein kurzer Abriß der Mykologie. 3. Aufl. 296 S., 122 Abb., Vaduz 1976.

Baumeister W., u.a.: Immissionswirkungen an Pflanzen. Zur Erfassung und Beurteilung von Schadstoffen in Belastungsgebieten. - Schriftenreihe für Naturschutz und Landschaftspflege, Bd. 9, 1. Aufl., München 1979.

Blumer, S.: Rost- und Brandpilze auf Kulturpflanzen. Ein Bestimmungsbuch für die in Mitteleuropa vorkommenden Arten. 379 S., 90 Abb., Jena 1963.
Echte Mehltaupilze (Erysiphaceae). Ein Bestimmungsbuch für die in Europa vorkommenden Arten. 436 S., 120 Abb., 15 Tab., Jena 1967.

Böhmer, B.: Ratgeber für Pflanzenschutz und Unkrautbekämpfung im Zierpflanzenbau (Gärtnerische Berufspraxis "Reihe A" Heft 45). 2. Aufl., ca. 144 S., 14 Zeichnungen, 34 Tab., Hamburg 1984.

Börner, H.: Pflanzenkrankheiten und Pflanzenschutz, 6. erw. Aufl., 464 S., 85 Abb., Stuttgart 1990.

Bosse, G., F. Escher, E. Gugenhan, O. Kneipp und Th. Steib: Hauptkulturen im Zierpflanzenbau. Handbuch des Erwerbsgärtners. Bd. XI., 2. Aufl., 508 S., 96 Abb., zahlr. Tab., Stuttgart 1981.

Büchel, K. H.: Pflanzenschutz und Schädlingsbekämpfung. 263 S., 46 Tab., 6 Abb., Stuttgart 1977.

Bürki, M., B. Frutschi und W. Scholz: Pflanzenschutz an Zier- und Nutzpflanzen. 2. Aufl., 253 S., zahlr. Abb., Münsingen 1990.

Butin, H.: Krankheiten der Wald- und Parkbäume. 3. neubearb. und erw. Aufl., 261 S., zahlr. Abb., Stuttgart 1996.

Cevat, H. N.: Was fehlt denn meiner Zimmerpflanze? 134 S., 70 Abb., München 1983.

Decker, H.: Phytonematologie. Biologie und Bekämpfung pflanzenparasitärer Nematoden. 526 S., 198 Abb., Berlin 1969.

Evers, G.: Die Anwendung von Bioregulatoren im Zierpflanzenbau. 143 S., 23 Abb. (Gärtnerische Berufspraxis "Reihe A", Heft 50), Hamburg 1987.

Flachs, K.: Leitfaden zur Bestimmung der wichtigeren parasitären Pilze an landwirtschaftlichen und gärtnerischen Kulturgewächsen sowie im Obstbau. 180 S., 158 Abb., München 1953.

Fröhlich, G.: Wörterbücher der Biologie: Phytopathologie und Pflanzenschutz. 2. Aufl., 366 S., 104 Abb., Jena 1991.

Godan, D.: Schadschnecken und ihre Bekämpfung. 467 S., 203 Abb., Stuttgart 1980.

Harmuth, P., u.a.: Sachkundenachweis Pflanzenschutz. 206 S., 59 Abb., 39 Tab., Stuttgart 1990.

Heitefuß, R.: Pflanzenschutz. Grundlagen der praktischen Phytomedizin. 2. Aufl., 342 S., 87 Abb., 22 Tab., Stuttgart 1987.

Hentig, W.-U. von: Kulturkartei für den Zierpflanzenbau. Komplett: 126 Karteikarten. Berlin 1969-1981.

Hoffmann, G.M., F. Nienhaus, H.M. Poehling, F. Schönbeck, H.C. Weltzien und H. Wilbert: Lehrbuch der Phytomedizin. 3. Aufl., 542 S., Hamburg 1994.

Horst, R. K.: Westcott's Plant Disease Handbook. 5. Aufl., 953 S., New York 1990.

Industrieverband Agrar e.V.: Wirkstoffe in Pflanzenschutz- und Schädlingsbekämpfungsmitteln: Physikalisch-chemische und toxikologische Daten. 2. neubarb. Aufl., München 1990.

Jeske, A.: Pflanzenschutztechnik, 428 S., 237 Abb., 72 Tab., Berlin 1978.

Klimmer, O. R.: Pflanzenschutz- und Schädlingsbekämpfungsmittel. Abriß einer Toxikologie und Therapie von Vergiftungen. 2. Aufl., 216 S., Hattingen (Ruhr) 1971.

Klinkowski, M., u.a.: Pflanzliche Virologie.
Bd. IV. Die Virosen an Zierpflanzen, Gehölzen und Wildpflanzen in Europa. 3. Aufl., 528 S., 398 Abb., Berlin 1977.

Koch, W. und K. Hurle: Grundlagen der Unkrautbekämpfung. 207 S., 50 Abb., 25 Tab., Stuttgart 1978.

Kock, Th., B. Bendel und U. Gehlhar: Pflanzenschutzrecht - Heft 11 der Schriftenreihe "Recht in der Landwirtschaft". 1. Aufl. 1987, 190 S., Selbstverlag Landwirtschaftskammer Westfalen-Lippe, Münster. Neuauflage geplant.

König, K., W. Klein und W. Grabler: Sachkundig im Pflanzenschutz. 5. überarb. Aufl., 119 S., München 1994.

Krüssmann, G.: Die Baumschule. Ein praktisches Handbuch für Anzucht, Vermehrung, Kultur und Absatz der Baumschulpflanzen. 6. völlig überarb. Auflage, 982 S., 609 Abb., Berlin 1997.

Krüssmann, G.: Rosen, Rosen, Rosen. 459 S., 343 Abb., 59 Tafeln, Hamburg 1974.

Menzinger, W. und H. Sanftleben: Parasitäre Krankheiten und Schäden an Gehölzen. - Symptome, Biologie, Bekämpfung. 264 S., 39 Abb., Berlin 1980. Mit zweiter Neufassung des Anhanges. Stand Nov. 1987.

Meyer, E., F. Emschermann, J. Frahm, D. Gebel, D. Hänisch, M. Klug, L. Knott, Th. Kock, G. Meinert und G. Schruft: Taschenbuch des Pflanzenarztes (jährliche Erscheinungsweise). Münster 1998.

Meyer-Kahsnitz, S.: Angewandte Pflanzenvirologie. 218 S., 108 Abb., Braunschweig 1993.

Michel, H.G., H. Umgelter und F. Merz: Pflanzenschutz im Garten. 2. neubearb. Aufl., 287 S., 126 Farbf., 77 Schwarzweißf., 47 Zeichn., Stuttgart 1991.

Müller, E. W.: Pflanzenschutz bei Blumen und Zierpflanzen. 4. erw. Aufl., 408 S., 362 Fotos, Berlin 1974.

Müller, K. W.: Biologische Grundlagen des gärtnerischen Pflanzenschutzes. 207 S., 66 Abb., München 1966.

Nienhaus, F., H. Butin und B. Böhmer: Farbatlas Gehölzkrankheiten - Ziersträucher und Parkbäume. 280 S., 429 Farbf., Stuttgart 1992.

Nienhaus, F. und L. Kiewnik: Pflanzenschutz bei Ziergehölzen. 460 S, 98 Fotos, 250 Abb., Stuttgart 1998.

Pape, H.: Krankheiten und Schädlinge der Zierpflanzen und ihre Bekämpfung. 5., vollst. neubearb. und erw. Aufl., 637 S., 515 Abb., 8 Farbtaf., Berlin 1964.

Pflanzenschutzamt Oldenburg: Pflanzenschutz in Baumschulen, 232 S., 3. Aufl. Oldenburg 1993.

Plate, H. P. und E. Frömming: Die tierischen Schädlinge unserer Gewächshauspflanzen, ihre Lebensweise und Bekämpfung. 288 S., 126 Abb., Berlin 1953.

Schiwy, P. (Hrsg): Kommentar Deutsches Pflanzenschutzrecht. Sammlung des gesamten Pflanzenschutzrechts des Bundes und der Länder sowie der internationalen Pflanzenschutzbestimmungen (22. Ergänzungslieferung), Starnberg 1996.

Schlösser, E.: Allgemeine Phytopathologie. 280 S., 115 Abb., 64 Tab., Stuttgart 1983.

Stahl, M. u. H. Umgelter: Pflanzenschutz im Zierpflanzenbau, 396 S., 71 Farbf. u. Tafeln, 185 Abb., Stuttgart 1993.

Vlasveld, W. P. N.: Gids voor ziekten- en onkruidbestrijding in land- en tuinbouw. 8. Aufl., 448 S., Consulentschappen voor plantenziekten bestrijding, Wageningen/Niederlande 1981.

Wittmann, W.: Atlas der Zierpflanzen-Krankheiten. 171 S., 214 Abb., Berlin 1995.

Woessner, D.: Rosenkrankheiten. 3. ergänzte Aufl., 167 S., zahlr. Abb., Stuttgart 1987.

Zander, R. Handwörterbuch der Pflanzennamen. (Hrsg. Encke, F., G. Buchheim und S. Seybold). 14. Aufl., etwa 850 S., Stuttgart 1993.

9.2 Zeit- und Informationsschriften, Merkblätter

Anzeiger für Schädlingskunde, Pflanzenschutz, Umweltschutz. Begründet 1925, Blackwell Wissenschaftsverlag GmbH, Hamburg.

baumschulpraxis. Verlag: Euraflora Verlag, Aachen.

Biologische Bundesanstalt für Land- und Forstwirtschaft Berlin/Braunschweig:

Datenbank PHYTOMED der Biologischen Bundesanstalt für Land- und Forstwirtschaft: siehe Kapitel 7. "Information und Beratung, Dienststellen und Organisationen".

Bibliographie der Pflanzenschutz-Literatur - Neue Folge -, Zusammenstellung der internationalen Fachliteratur der Phytomedizin, erschienen bis Ende 1995. Jährlich über

16000 Literaturzitate, erschlossen durch Inhaltsverzeichnis, Schlagwortregister und Autorenregister. Vier Hefte jährlich. Bezug durch: Verlag Paul Parey, Berlin und Hamburg.

Amtliche Pflanzenschutzbestimmungen, Neue Folge. - Sammlung deutscher und internationaler Gesetze und Verordnungen zum Pflanzenschutz (erscheint nach Bedarf).

Berichte aus der Biologischen Bundesanstalt für Land und Forstwirtschaft.

Merkblätter der Biologischen Bundesanstalt Braunschweig und Berlin-Dahlem.

Richtlinien für die amtliche Prüfung von Pflanzenschutzmitteln. (Loseblattsammlung; Einzelrichtlinien seit 1979).

Pflanzenschutzmittel-Verzeichnis (44. Aufl., in Teilausgaben, Braunschweig 1996).

Bezug aller Merkblätter einschließlich der Amtlichen Pflanzenschutzmittelverzeichnisse durch: Saphir Verlag, Ribbesbüttel.

Mitteilungen aus der Biologischen Bundesanstalt für Land- und Forstwirtschaft, Berlin-Dahlem. Begründet 1906. Bezug durch: Blackwell Wissenschaftsverlag GmbH, Berlin.

Biologische Schädlingsbekämpfung - Arbeitshilfen für Beratung und Betriebsführung. Ministerium f. Ländl. Raum, Ernährung, Landwirtschaft u. Forsten, Stuttgart.

Der Erwerbsgärtner. Verlag: Eugen Ulmer, Stuttgart.

Deutsche Baumschule. Verlag: Dr. R. Georgi, Aachen.

Deutscher Gartenbau. Verlag: Eugen Ulmer, Stuttgart.

Gärtnerbörse, vormals **Gartenwelt (Gb + Gw).** Zeitschrift für Produktion und Dienstleistung im Erwerbsgartenbau. Verlag Dr. R. Georgi, Aachen.

Gesunde Pflanzen - Pflanzenschutz, Verbraucherschutz, Umweltschutz. Blackwell Wissenschaftsverlag GmbH, Berlin.

Informationsschriften, Warnmeldungen für Pflanzenschutz. Bezugsquelle: Pflanzenschutzdienststellen.

Informationsdienst Weihenstephan (Referate). Bearbeitet von den Fachbereichen Gartenbau und Landespflege/Forstwirtschaft der Fachhochschule Weihenstephan. Obst- und Gartenbauverlag, München.

Nachrichtenblatt des Deutschen Pflanzenschutzdienstes (Braunschweig). Verlag: Eugen Ulmer, Stuttgart.

Phytopathologische Zeitschrift - Journal of Phytopathology - mit Acta Phytomedica. Begründet 1930. Blackwell Wissenschaftsverlag Hamburg.

Rheinische Monatsschrift für Gemüse, Obst, Schnittblumen. Rheinischer Landwirtschafts-Verlag GmbH, Bonn.

zb. - Zierpflanzenbau mit internationaler Gartenbautechnik. Euroflora-Klette-Verlag, Aachen.

Zeitschrift für Pflanzenkrankheiten und Pflanzenschutz. Verlag: Eugen Ulmer, Stuttgart.

9.3 Online-Informationen

Diese Zusammenstellung enthält einige Internet-Adressen von Online-Informationen zum Bereich der Phytomedizin. Da das Internetangebot einem raschen Wandel und Informationszuwachs unterliegt, kann diese Liste nur bedingt den tatsächlichen Stand der Angebote darstellen. Auf die Nennung von Firmenangeboten wurde weitgehend verzichtet, um keine Produktwerbung zu betreiben. Über Anregungen zur Vervollständigung dieser Übersicht sind die Autoren sehr dankbar.

Beratungsstelle bei Vergiftungen, Klinische Toxikologie, Universitätsklinikum, Mainz

Vergiftungsdokumentationssystem ADAM, Antidotarium Mainz (Intoxikationen, bei denen ein Antidot existiert), Umfangreiche Informationen zum Thema Vergiftungen

Internet: http://www.giftinfo.uni-mainz.de

Biologische Bundesanstalt für Land- und Forstwirtschaft, Berlin/Braunschweig

Pflanzenschutzmitteldatenbank, Datenbanken PHYTOMED und PHYTOMED select, Nachrichtenbl. Deut. Pflanzenschutzd., Jahresberichte, Forschungsprojekte, Presseinformationen u.a.

Internet: http://www.bba.de

Deutsche Phytomedizinische Gesellschaft (DPG)

Mitteilungsorgan PHYTOMEDIZIN, Schriftenreihe der DPG, u.a.

Internet: http://www.ifgb.uni-hannover.de/extern/dpg/publ/

EPPO/OEPP (Europäische Pflanzenschutzorganisation), Paris

Hinweise auf Publikationen und Software (EPPO-Richtlinien, PQR-Quarantäneschädlinge, Bayer Code System)

Internet: http://www.eppo.org/

Giftinformationszentrum-Nord (GIZ-Nord), Zentrum Pharmakologie und Toxikologie der Universität Göttingen

Umfangreiche Informationen zum Thema Vergiftungen einschließlich Pflanzenschutzmittelvergiftungen

Internet: http://www.giz-nord.de

Informationszentrale gegen Vergiftungen, Zentrum für Kinderheilkunde der Universität Bonn

Umfangreiche Informationen zum Thema Vergiftungen einschließlich Pflanzenschutzmittelvergiftungen

Internet: http://www.meb.uni-bonn.de/giftzentrale/

Institut für Pflanzenkrankheiten der Universität Bonn

Pflanzenkrankheiten, Entomologie, Phytomedizin in Bodenökosystemen, Forschungsschwerpunkte (Diagnose, Biologischer Pflanzenschutz, aktuelle Pflanzenschutzprobleme u.a.)

Internet: http://ibm.rhrz.uni-bonn.de:80/pflanzenkrankheiten/

Institut für Pflanzenkrankheiten der Universität Hannover

Lehre und Forschung, Forschungsgruppen (Angewandte Entomologie, Phytopathologie/ Epidemiologie, Induzierte Resistenz/Mycorrhiza, Molekulare Pflanzenpathologie/ Virologie)

Internet: http://ibm.rhrz.uni-bonn.de:80/pflanzenkrankheiten/

Koppert B.V., Berkel en Rodenrijs, Niederlande
Biologische Bekämpfung und Nützlingseinsatz
Internet: http://www.koppert.nl

Landwirtschaftskammer Westfalen-Lippe, Münster
Pflanzenschutzinformationen zum Haus- und Kleingarten u.a.
Internet: http://www.lk-wl.de

Pflanzenschutzamt Mecklenburg-Vorpommern
Pflanzenschutzrechtliche Bestimmungen einschließlich des Handels mit Pflanzen, regionaler Pflanzenschutz- Warn- und Informationsdienst
Internet: http://www.mvnet.de/inmv/landw/schutz.htm

Plant Pathology Internet Guide Book (PPIGB)
Informationsdrehscheibe zu internationalen, phytomedizinischen Informationen im Internet (Organisationen, Datenbanken, Forschungsprojekte, Zeitschriften u.a.)
Internet: http://www.ifgb.uni-hannover.de/extern/ppigb/menu.htm

ZADI, Bonn
Deutsches Agrarinformationsnetz (DAINet), Informationsdrehscheibe zu Agrarwissenschaftlichen Informationsangeboten im Internet einschließlich Pflanzenschutz (Adressen, Datenbanken, Forschungsprojekte)
Internet: http://www.dainet.de

10 Register

Erläuterungen zu den nachfolgenden Registerlisten

In den Registerlisten sind Kurzbezeichnungen für die Hersteller- bzw. Vertriebsfirmen, für die Gefahrenbezeichnungen, für die Bienengefährlichkeit und für die Wasserschutzauflagen aufgenommen. Diese Bezeichnungsweise ist in den Erläuterungen zur Pflanzenschutzmittelübersicht näher erklärt. In der jeweils letzten Spalte befinden sich Kurzbezeichnungen für die Wirkungsbereiche (Buchstaben vor dem Bindestrich) und für die Einsatzgebiete (Buchstaben hinter dem Bindestrich in Klammern). Die Bedeutung der Buchstaben ist im Folgenden erläutert.

Beispiel: F - (A,G) bedeutet: Wirkungsbereich: Fungizid, Einsatzgebiete: Ackerbau, Gemüsebau.

Im Register sind im Gegensatz zur Pflanzenschutzmittelübersicht auch Präparate und Wirkstoffe mit Ausweisung für andere Anwendungsgebiete als Zierpflanzenbau und Baumschulen berücksichtigt, um eine Gesamtübersicht über alle zugelassenen Präparate und Wirkstoffe zu bieten.

Wirkungsbereiche

A = Akarizid
B = Bakterizid
D = Dünger
E = Pheromon
F = Fungizid
H = Herbizid
I = Insektizid
K = Keimhemmungsmittel
L = Leime, Wachse, Baumharze
M = Molluskizid
N = Nematizid
P = Repellent, Wildschadenverhütungsmittel
R = Rodentizid
V = Virizid
W = Pflanzenwachstumsregulator
Z = Zusatzstoff

Einsatzgebiete

A = Ackerbau
B = Baumschulen
F = Forst
G = Gemüsebau
H = Hopfenbau
N = Nichtkulturland
O = Obstbau
Q = Quarantänezwecke
R = Grünland
S = Sonderkulturen
V = Vorratsschutz
W = Weinbau
X = alle Einsatzgebiete
Z = Zierpflanzenbau

10.1 Liste der zugelassenen Pflanzenschutzmittel

10.1.1 Präparate - Wirkstoffe

Die Liste enthält alle am 11. September 1998 bestandeskräftig zugelassenen Handelpräparate. Die Angabe des Wirkstoffes oder der Wirkstoffkombination ermöglicht es, sich unter "Register - Wirkstoffe - Präparate" über alle Präparate mit dem gleichen Wirkstoff sowie über deren Wirkungsbereiche und Einsatzgebiete zu informieren.

Präparate	Wirkstoffe	Wirkungsbereich/Einsatzgebiet
"Der Gute" Unkrautvernichter mit Rasendünger, GFG	2,4-D, 7 g/kg	HD-(Z)
	Dicamba, 1 g/kg	
AAgrano GF 2000, ASU, F, B3	Imazalil, 35 g/l	F-(A)
Aagrano GW 2000, ASU, B3	Imazalil, 30 g/l	F-(A)
Aagrano UW 2000, ASU, Xn, B3	Carbendazim, 300 g/l	F-(A)
	Imazalil, 30 g/l	
AAherba M, ASU, Xn, B4	MCPA, 500 g/l	H-(A,R)
Aaherba-Combi, ASU, Xn, B4	2,4-D, 250 g/l	H-(A,R)
	MCPA, 250 g/l	H-(A,R)
Aapirol Staub, ASU, Xn, B3	Thiram, 98 g/kg	F-(G)
Aatiram, ASU, Xn, B3	Thiram, 656,6 g/kg	F-(A,G,Z)
Abavit UF, AVO, Xi, B3	Carboxin, 400 g/l	F-(A)
	Prochloraz, 80 g/l	
Abavit UT mit Beizhaftmittel, SCH, B3	Carboxin, 479,2 g/kg	F-(A)
	Prochloraz, 95,2 g/kg	
Acrobat Plus, CYD, Xi	Dimethomorph, 90 g/kg	F-(A)
	Mancozeb, 600 g/kg	
ACROBAT, CYD	Dimethomorph, 500 g/kg	F-(A)
Actellic 50, ZNC, Xn, B3	Pirimiphos-methyl, 500 g/l	I-(V)
Adimethoat 40 EC, ASU, Xn, B1	Dimethoat, 400 g/l	IA-(A,G,O,Z)
Adimitrol WG Neu, ASU, Xn	Diuron, 270 g/kg	H-(N,O,W,Z)
	Glyphosat, 144 g/kg	
AGENT, NAD, Xn	Fenpropidin, 448,2 g/l	F-(A)
	Propiconazol, 124,5 g/l	
Agermin, NAD, ASU, B3	Propham, 10 g/kg	W-(A)
AGIL, CGD, Xn	Propaquizafop, 100 g/l	H-(A)
Agrilon, AVO, Xn	Amidosulfuron, 15 g/kg	H-(A)
	Isoproturon, 600 g/kg	
AGRITOX, NUF, Xn, B4	MCPA, 500 g/l	H-(A,R)
Aktuan SC, CYD, Xn	Cymoxanil, 200 g/l	F-(H,W)
	Dithianon, 333 g/l	
Aktuan, CYD, Xi	Cymoxanil, 100 g/kg	F-(H,W)
	Dithianon, 250 g/kg	
Akzent, RPA, Xn, B3	Guazatin, 199 g/l	F-(A)
	Tebuconazol, 15,1 g/l	
Aliette, RPA, Xi	Fosetyl, 746 g/kg	F-(G,H,O,Z)
alpharatan RAT-disk, MIC, B3	Warfarin, 0,75 g/kg	R-(V)
alpharatan RAT-dust, MIC, B3	Warfarin, 4,8 g/kg	R-(V)
alpharatan RAT-granule, MIC, B3	Warfarin, 0,4 g/kg	R-(V)
alpharatan-MOUSE-disk-novel, MIC, B3	Difenacoum, 0,075 g/kg	R-(V)
Alsystin flüssig, BAY, B1	Triflumuron, 480 g/l	I-(F)
Alsystin, BAY, B1	Triflumuron, 250 g/kg	I-(O,Z)
Alto 100 SL, SAD	Cyproconazol, 100 g/l	F-(A)
Alto D, CYD, Xn	Cyproconazol, 40 g/l	F-(A)
	Dithianon, 275 g/l	
Ambush, ZNC, COM, Xi, B1	Permethrin, 250 g/l	I-(A,G)
Ameisen Streu- und Gießmittel, FSC, B1	Chlorpyrifos, 20 g/kg	I-(N,Z)
Ameisenmittel Bayer, BAY, B1	Phoxim, 35 g/kg	I-(Z)
Ameisenmittel HORTEX, CEL, B1	Chlorpyrifos, 20 g/kg	I-(N,Z)
Ameisenmittel-forte-DowElanco, DOW, B1	Chlorpyrifos, 20 g/kg	I-(N,Z)
Ameisenmittel-N-DowElanco, DOW, B1	Chlorpyrifos, 10 g/kg	I-(Z)
Amistar, ZNC	Azoxystrobin, 250 g/l	F-(A)
Anofex 500 flüssig, CGD, B3	Chlortoluron, 167 g/l	H-(A)
	Terbutryn, 326 g/l	
Antischneck Schnecken-Korn, NEU, B3	Metaldehyd, 60 g/kg	M-(A,G,O,Z)
Antracol WG, BAY	Propineb, 705 g/kg	F-(A,G,H,O,W,Z)
Apollo, AVO	Clofentezin, 500 g/l	A-(O,W,Z)
Applaud, ZNC, B3	Buprofezin, 250 g/l	I-(G,Z)

Präparate	Wirkstoffe	Wirkungsbereich/Einsatzgebiet
Apron T 69, CGD, B3	Metalaxyl, 450 g/kg	F-(A,G)
	Thiabendazol, 240 g/kg	
Arbin, ASU, Xn, B3	Verbißmittel	P-(A,G,O,Z)
Arbinol B, ASU	Verbißmittel	P-(F)
Arbosan GW, CGD, B3	Carboxin, 225 g/l	F-(A)
	Imazalil, 15 g/l	
Arcotal B, ASU	Verbißmittel	P-(F)
Arcotal, ASU, Xn, B3	Thiram, 277,4 g/l	P-(F,Z)
	Verbißmittel	
Arcotin, ASU, B3	Verbißmittel	P-(F)
Arelon flüssig, AVO, Xn	Isoproturon, 500 g/l	H-(A)
Arena C, BAY, Xi, B3	Fludioxonil, 25,1 g/l	F-(A)
	Tebuconazol, 5,04 g/l	F-(A)
Arena, BAY, B3	Fenpiclonil, 100,6 g/l	F-(A)
	Tebuconazol, 5,08 g/l	F-(A)
Arrex E Köder, CYD, Xn, B3	Zinkphosphid, 30 g/kg	R-(F)
Arrex M Köder klein, CYD, Xn, B3	Zinkphosphid, 20 g/kg	R-(F)
Artett, BAS, NAD, Xi	Bentazon, 150 g/l	H-(A)
	Terbuthylazin, 150 g/l	
ASEF MOOSVERNICHTER MIT RASENDÜNGER, ASF, Xi	Eisen-II-sulfat, 175,7 g/kg	HD-(Z)
	Eisen-III-sulfat, 75,3 g/kg	
ASEF UNKRAUTVERNICHTER MIT RASENDÜNGER, ASF, B3	2,4-D, 8,45 g/kg	HD-(Z)
	Dicamba, 1,15 g/kg	
Asulfa WG, ASU, B4	Schwefel, 800 g/kg	F-(A,F,G,H,O,W,Z)
Atlas, CGD, B3	Fludioxonil, 25 g/l	F-(A)
ATOL, DOW, Xn	Fluroxypyr, 100 g/l	H-(A)
	Metosulam, 10 g/l	
Atout 10, ZNC, B3	Flutriafol, 5 g/kg	F-(A)
Atrinal, CGD, SPI, URA, B3	Dikegulac, 185,2 g/l	W-(Z)
Austrieb-Spritzmittel Weißöl FL, CEL, B4	Mineralöle, 654 g/l	AI-(O,W,Z)
Austrieb-Spritzmittel Weißöl, CEL	Mineralöle, 546 g/l	AI-(O,W,Z)
Auxuran PD, URA, SPI, Xn	Diuron, 400 g/kg	H-(Z)
	Propyzamid, 100 g/kg	
Avadex 480, MOT, SPI, Xi, B3	Triallat, 480 g/l	H-(A)
AVO 01024 H O WG, AVO, Xn	Fluoroglycofen, 14 g/kg	H-(A)
	Isoproturon, 600 g/kg	
AZUR, RPA, Xn, B4	Diflufenican, 20 g/l	H-(A)
	Ioxynil, 100 g/l	
	Isoproturon, 400 g/l	
Bacara, RPA	Diflufenican, 100 g/l	H-(A)
	Flurtamone, 250 g/l	
Bach's Moosvernichter mit Rasendünger "Rasofert", BAC, Xi, B4	Eisen-II-sulfat, 140 g/kg	HD-(Z)
Bach's Rasen-Unkrautvernichtung und Düngung, BAC	Chlorflurenol, 1,66 g/kg	HD-(Z)
	MCPA, 4,71 g/kg	
Bactospeine FC, AVO, B4	Bacillus thuringiensis, 20 g/kg	I-(G,O,W,Z)
Bactospeine XL, ABB, AVO	Bacillus thuringiensis, 22 g/kg	I-(G,O,W,Z)
Bandur, RPA, CYD, B3	Aclonifen, 600 g/l	H-(A)
Banvel 4 S, SAD, AVO, Xi	Dicamba, 480 g/l	H-(A)
BANVEL M, SAD, AVO, Xn	Dicamba, 30 g/l	H-(A,N,R,Z)
	MCPA, 340 g/l	
Bardos Neu, NAD, Xi	Difenoconazol, 250 g/l	F-(A)
Bardos, NAD	Difenoconazol, 100 g/l	F-(A,G)
BAS 49303 F, BAS, Xn	Epoxiconazol, 125 g/l	F-(A)
	Fenpropimorph, 150 g/l	
	Kresoxim-methyl, 125 g/l	
Basacel, BAS, COM, SPI, URA, B3	Chlormequat, 310 g/l	W-(Z)

Präparate	Wirkstoffe	Wirkungsbereich/Einsatzgebiet
Basagran DP, BAS, Xn	Bentazon, 333 g/l Dichlorprop-P, 233 g/l Bentazon, 870 g/kg	H-(A)
Basagran Ultra, BAS, Xn	Bentazon, 250 g/l Dichlorprop-P, 235 g/l Ioxynil, 85 g/l	H-(A)
Basagran, BAS, Xn	Bentazon, 480 g/l	H-(A,G)
Basamid Granulat, BAS, COM, AVO, Xn, B3	Dazomet, 970 g/kg	FHN(B,G,Z)
BASF-Grünkupfer, BAS	Kupferoxychlorid, 756 g/kg	F-(A,G,H,O,W,Z)
BASF-Maneb-Spritzpulver, RHD, BAS, Xi	Maneb, 800 g/kg	F-(A,F,G,Z)
BASTA, AVO, NAD, Xn	Glufosinat, 183 g/l	H-(A,B,F,G,N,O,W,Z)
Baum-Wundplast, FSC, B3	Baumwachse, Wundbehandlungsmittel	L-(O,Z)
Baumwachs "Brunonia", FSC, B3	Baumwachse, Wundbehandlungsmittel	L-(O,Z)
Baumwachs flüssig, FSC, B3	Baumwachse, Wundbehandlungsmittel	L-(O,Z)
Baumwachs Pomona kaltstreichbar, ASU, B3	Baumwachse, Wundbehandlungsmittel	L-(O,Z)
Baumwachs Pomona warmstreichbar, ASU, B3	Baumwachse, Wundbehandlungsmittel	L-(O,Z)
Bavistin FL, BAS, Xn	Carbendazim, 360 g/l	F-(A)
BAY 12040 F, BAY, Xi, B3	Dichlofluanid, 500 g/kg	F-(A)
BAY 13 180 I, Carbofuran-Wirkstoff zur Rübenpillierung, BAY, T+, B3	Carbofuran, 500,6 g/l	I-(A)
BAY-12980-F, BAY, Xi, B3	Pencycuron, 75 g/kg Tolylfluanid, 100 g/kg	F-(A)
Baycor-Spritzpulver, BAY	Bitertanol, 250 g/kg	F-(A,O)
Bayfidan spezial WG, BAY	Triadimenol, 52 g/kg	F-(G,O,W)
Bayfidan, BAY, Xn	Triadimenol, 250,7 g/l	F-(A,G)
Bayleton Spritzpulver, BAY, Xi, B4	Triadimefon, 250 g/kg	F-(A)
Bayleton-Rindenwundverschluß, BAY, Xi, B3	Triadimefon, 22 g/kg	F-(O,Z)
Baymat flüssig, BAY, Xi	Bitertanol, 300,2 g/l	F-(Z)
Baymat Rosenspritzmittel, BAY, Xi	Bitertanol, 300,2 g/l	F-(Z)
Baymat Zierpflanzenspray, BAY, B4	Bitertanol, 0,75 g/kg	F-(Z)
Baytan universal Flüssigbeize, BAY, B3	Fuberidazol, 9,1 g/l Imazalil, 10,06 g/l Triadimenol, 75 g/l	F-(A)
Baytan Universal mit Haftmittel, BAY, B3	Fuberidazol, 30 g/kg Imazalil, 33 g/kg Triadimenol, 220 g/kg	F-(A)
Baythion EC, BAV, Xn, B3	Phoxim, 510 g/l	I-(V)
Baythroid 50, BAY, Xn, B1	Cyfluthrin, 51,3 g/l	I-(A,G,H,O,Z)
Baythroid Schädlingsfrei, BAY, Xn, B1	Cyfluthrin, 51,3 g/l	I-(A,G,H,O,Z)
Beckhorn Moosvernichter plus Rasendünger, BEC, Xi	Eisen-II-sulfat, 175,7 g/kg Eisen-III-sulfat, 75,3 g/kg	HD-(Z)
Beckhorn Unkrautvernichter plus Rasendünger, BEC, B3	2,4-D, 8,45 g/kg Dicamba, 1,15 g/kg	HD-(Z)
Belgran Super, RPA, Xn	Diflufenican, 14 g/l Ioxynil, 71 g/l Isoproturon, 285 g/l	H-(A)
Benocap, DPB, CYD, Xn	Flusilazol, 200 g/kg	F-(O)
Berghoff MCPA, CBA, Xn, B4	MCPA, 500 g/l	H-(A,R,W)
Berghoff Optica DP, CBA, Xn, B4	Dichlorprop-P, 600 g/l	H-(A)
Berghoff Optica MP, CBA, Xn	Mecoprop-P, 600 g/l	H-(A,R,W)
Bertram Cumarin - Festköderblock, BER, B3	Coumatetralyl, 0,375 g/kg	R-(V)
Bertram Cumarin Fertigköder, BER, B3	Coumatetralyl, 0,375 g/kg	R-(V)
Betanal Plus, AVO, Xi, B4	Phenmedipham, 160 g/l	H-(A)
Betanal Progress OF, AVO, Xi	Desmedipham, 25,2 g/l Ethofumesat, 150,9 g/l Phenmedipham, 75,5 g/l	H-(A)

Präparate	Wirkstoffe	Wirkungsbereich/Einsatzgebiet
Betanal Progress, AVO	Desmedipham, 16 g/l	H-(A)
	Ethofumesat, 128 g/l	
	Phenmedipham, 62 g/l	
Betanal Trio, AVO, Xi	Ethofumesat, 51 g/l	H-(A)
	Metamitron, 153 g/l	
	Phenmedipham, 51 g/l	H-(A)
Betanal, AVO, Xn	Phenmedipham, 157 g/l	H-(A,G,O)
Betaren, KVA, Xn, B4	Phenmedipham, 160 g/l	H-(A)
Betasana, ESK, DLH, Xn, B4	Phenmedipham, 161,3 g/l	H-(A)
Betosip, ASU, Xn	Phenmedipham, 157 g/l	H-(A,B,O)
Bi 58 Combi-Stäbchen, COM, B3	Dimethoat, 3,8 g/kg	ID-(Z)
Bi 58 Spray, COM, F+, B1	Dimethoat, 1 g/kg	I-(Z)
Bi 58, BIT, BAS, Xn, B1	Dimethoat, 400 g/l	AI-(A,G,O,Z)
Bifenal, RPA, Xi, B4	Bifenox, 250 g/l	H-(A)
	Mecoprop-P, 308 g/l	
BIO 1020, BAY, Xi, B3	Metarhizium anisopliae, 1000 g/kg	I-(W,Z)
Bio Insektenfrei, SPI, URA, B4	Piperonylbutoxid, 445 g/l	I-(O,Z)
	Pyrethrine, 48 g/l	
Bio-Myctan-Zimmerpflanzenspray, NEU, B3	Lecithin, 0,7 g/l	FIA(Z)
	Piperonylbutoxid, 0,29 g/l	
	Pyrethrine, 0,09 g/l	FIA(Z)
BIOBIT (BBN 0017), ABB, CEM, B4	Bacillus thuringiensis, 20 g/kg	I-(G,O,W,Z)
BioBlatt-Mehltaumittel, NEU	Lecithin, 488,8 g/l	F-(G,O,Z)
BioBlatt-Mehltauspray, NEU	Lecithin, 0,353 g/kg	F-(Z)
Birlane Granulat, CYD, Xn, B3	Chlorfenvinphos, 100 g/kg	I-(G,Z)
Birlane-Fluid, CYD, T, B2	Chlorfenvinphos, 240 g/l	I-(A,G)
Bladafum II, BAY, T	Sulfotep, 185 g/kg	AI-(G,Z)
Blattlaus-frei Spiess-Urania für Rosen- und Zierpflanzen, SPI, URA, B4	Butocarboxim, 0,81 g/kg	I-(Z)
Blattlaus-frei Spiess-Urania, SPI, F+, B1	Dimethoat, 1 g/kg	I-(Z)
Blattlausfrei Neu Spiess-Urania, SPI, URA, B4	Butocarboxim, 1,09 g/kg	I-(Z)
Blattlausfrei Pirimor G, CEL, Xn	Pirimicarb, 500 g/kg	I-(A,F,G,O,Z)
Blattlausfrei-Pflaster, CEL, B3	Dimethoat, 16,3 g/kg	I-(Z)
blitol Insektenfrei, URA, SPI, B4	Piperonylbutoxid, 445 g/l	I-(O,Z)
	Pyrethrine, 48 g/l	
Blituran Neu Sprühschutz gegen Blattläuse, SPI, URA, B1	Butocarboxim, 1 g/kg	I-(Z)
Blumetta Rasen-Unrautvernichtung und Düngung, FGG	Chlorflurenol, 1,66 g/kg	HD-(Z)
	MCPA, 4,71 g/kg	
Blusana Pflanzen Sprühmittel, LEN	Kali-Seife, 10,2 g/l	AI-(G,O,Z)
Blusana Pflanzenschutz, LEN, B4	Kali-Seife, 10,2 g/l	AI-(G,O,Z)
Blusana Systemschutz D-Hydro, LEN, Xi, B3	Butocarboxim, 50 g/l	I-(Z)
Boson, BAY, Xn, B3	Guazatin, 199 g/l	F-(A)
	Tebuconazol, 15,1 g/l	
Botrylon, AVO, Xn	Carbendazim, 250 g/kg	F-(W)
	Diethofencarb, 250 g/kg	
Boxer EW, ZNC, BAY, Xi, B3	Prosulfocarb, 800 g/l	H-(A)
Boxer, ZNC, Xi, B3	Prosulfocarb, 800 g/l	H-(A,Z)
Brasan, NAD, Xn	Clomazone, 40 g/l	H-(A)
	Dimethachlor, 500 g/l	
Bravo 500, SAD, Xn, B4	Chlorthalonil, 500 g/l	F-(A)
Brennessel-Granulat Spiess-Urania, URA, SPI, B3	MCPA, 40 g/kg	H-(O,R)
	Mecoprop-P, 24 g/kg	
Brestan flüssig, AVO, Xn	Fentin-hydroxid, 502 g/l	F-(A)
Brio, BAS, Xn	Fenpropimorph, 300 g/l	F-(A)
	Kresoxim-methyl, 150 g/l	
Brodifacoum - 0,25% flüssig, ZNC, T, B3	Brodifacoum, 2,5 g/l	R-(V)
Bromadiolone Lipha 0,25, LIP, Xn, B3	Bromadiolon, 2,34 g/l	R-(V)
Bromotril 235 EC, MAC, ASU, Xn	Bromoxynil, 235 g/l	H-(A)

Präparate	Wirkstoffe	Wirkungsbereich/Einsatzgebiet
Bromotril 250 SC, MAC, ASU, Xn	Bromoxynil, 250 g/l	H-(A)
Brumolin Fix Fertig, SCH, CYD, B3	Bromadiolon, 0,05 g/kg	R-(V)
	Sulfachinoxalin, 0,19 g/kg	
Brumolin Ultra, AVO, B3	Difethialon, 0,025 g/kg	R-(V)
	Sulfachinoxalin, 0,19 g/kg	
BUCTRIL, RPA, Xn	Bromoxynil, 225 g/l	H-(A)
Bulldock Gemüseschädlingsfrei, BAY, Xn, B2	beta-Cyfluthrin, 25,8 g/l	I-(A,G,O,Z)
Bulldock, BAY, Xn, B2	beta-Cyfluthrin, 25,8 g/l	I-(A,G,O,Z)
Bumper P, MAC, Xi	Prochloraz, 400 g/l	F-(A)
	Propiconazol, 90 g/l	
Bumper, MAC	Propiconazol, 250 g/l	F-(A)
Butisan Star, BAS, COM, Xi	Metazachlor, 333 g/l	H-(A)
	Quinmerac, 83 g/l	
Butisan Top, BAS, COM, Xi	Metazachlor, 375 g/l	H-(A)
	Quinmerac, 125 g/l	
Butisan, BAS, Xn	Metazachlor, 500 g/l	H-(A,G)
Calixin, BAS, BAY, NAD, T	Tridemorph, 750 g/l	F-(A)
Camaro, RHD, SPI, URA, NAD, Xi	Fenbuconazol, 37,5 g/l	F-(A)
	Fenpropimorph, 281 g/l	
Camposan-Extra, BIT, RPA, Xi	Ethephon, 660 g/l	W-(A)
CAPEX 2, CEM	Schalenwickler-Granulosevirus, 5 g/l	I-(O)
CAPITAN, DPB, Xn	Flusilazol, 250 g/l	F-(A)
Capriflor Unkrautvernichter plus Rasendünger, FLR	2,4-D, 7 g/kg	HD-(Z)
	Dicamba, 1 g/kg	
Carbosip, SCM, Xn, B3	Carbofuran, 50 g/kg	I-(A,G,Z)
Carbosulfan techn., SAT, T, B3	Carbosulfan, 865 g/kg	I-(A)
Cardinal, MOT, Xi	Glyphosat, 355,7 g/l	H-(A,B,F,O,R,W,Z)
Casit F, AVO, CYD, B3	Chlorphacinon, 0,075 g/kg	R-(A,O,R)
Casoron G, AVO, W	Dichlobenil, 67,5 g/kg	H-(F,R,Z)
Castellan, AVO, Xn	Fluquinconazol, 250 g/kg	F-(W)
Castrix D Mäusekorn, BAV, B3	Difenacoum, 0,05 g/kg	R-(V)
CATO, DPB, Xn, B4	Rimsulfuron, 261 g/kg	H-(A)
CCC 720 Feinchemie, FSG, Xn	Chlormequat, 558 g/l	W-(A)
Celaflor Unkrautfrei, CEL, Xn	Glufosinat, 183 g/l	H-(A,B,F,G,N,O,W,Z)
Cercobin FL, BAS, Xn	Thiophanat-methyl, 500 g/l	F-(A,O)
Cerone, RPA, Xi	Ethephon, 480 g/l	W-(A)
Certosan, FLU	Verbißmittel	P-(F)
Certrol 40, SPI, URA, Xn	Ioxynil, 517 g/l	H-(A)
CERTROL B, CFP, SPI, Xn	Bromoxynil, 235 g/l	H-(A)
Cervacol extra, AVO, B3	Verbißmittel	P-(F)
CheckMate CM, CSP, SPI, URA	Codlemone, 123,6 g/kg	E-(O)
Chlortoluron Agan 500 flüssig, MAC, B4	Chlortoluron, 500 g/l	H-(A)
Chorus, NAD, SPI, URA	Cyprodinil, 500 g/kg	F-(O)
Chrysal Mehltauspray, POK, BRA, B3	Pyrazophos, 1 g/kg	F-(Z)
CHRYSAL Moosvernichter mit Rasendünger, POK	Eisen-II-sulfat, 238 g/kg	HD-(Z)
CHRYSAL Pflanzen-Pump-Spray, BRA, B4	Kali-Seife, 10 g/kg	AI-(G,O,Z)
Chrysal Pflanzenspray, BRA, B3	Piperonylbutoxid, 6 g/kg	I-(Z)
	Pyrethrine, 1,2 g/kg	
Chrysal Rosenspray, POK, B4	Fenarimol, 0,06 g/kg	F-(Z)
CHRYSAL Schildlaus Pumpspray, BRA, B3	Mineralöle, 22,8 g/l	AI-(Z)
Chrysal Unkrautvernichter mit Rasendünger, POK	2,4-D, 7 g/kg	HD-(Z)
	Dicamba, 1 g/kg	
Chryzoplus grau 0.8 %, RHI, HUB, B3	4-(-3-Indol)buttersäure, 8 g/kg	W-(Z)
Chryzopon rosa 0.1 %, RHI, HUB, B3	4-(-3-Indol)buttersäure, 1 g/kg	W-(Z)
Chryzosan weiss 0.6 %, RHI, HUB, B3	4-(-3-Indol)buttersäure, 6 g/kg	W-(Z)
Chryzotek beige 0.4 %, RHI, HUB, B3	4-(-3-Indol)buttersäure, 4 g/kg	W-(Z)
Chryzotop grün 0.25 %, RHI, HUB, B3	4-(-3-Indol)buttersäure, 2,5 g/kg	W-(Z)
CILUAN, CYD, Xi	Cymoxanil, 60 g/kg	F-(A)
	Mancozeb, 560 g/kg	

Präparate	Wirkstoffe	Wirkungsbereich/Einsatzgebiet
CIRRUS 50 WP, FMC, NAD, F, B3	Clomazone, 500 g/kg	H-(A)
COLSTAR, DPB, Xn	Fenpropimorph, 382,5 g/l	F-(A)
	Flusilazol, 163,3 g/l	
Colt, BAY, T	Triadimenol, 125,1 g/l	F-(A)
	Tridemorph, 375,4 g/l	
Combi-Stäbchen Hortex Plus, CEL, B3	Imidacloprid, 25 g/kg	I-(Z)
Combi-Stäbchen Neu, CEL, B4	Butoxycarboxim, 29 g/kg	I-(Z)
Combi-Stäbchen, CEL, B3	Dimethoat, 3,8 g/kg	ID-(Z)
Compete "neu", RHD	Fluoroglycofen, 187 g/kg	H-(A)
COMPO Blattlaus-frei, COM, B3	Ethiofencarb, 100 g/kg	I-(Z)
COMPO Gartenunkraut-Vernichter, COM, W	Dichlobenil, 67,5 g/kg	H-(F,R,Z)
COMPO Hasen-Schreck, COM, B4	Parfuemöl Daphne, 16,8 g/kg	P-(G,O,Z)
	Verbißmittel	
COMPO Insekten-Spray, COM	Piperonylbutoxid, 0,29 g/l	I-(Z)
	Pyrethrine, 0,09 g/l	
COMPO Insektenmittel, COM, Xi, B1	Permethrin, 50 g/l	I-(G,O,Z)
COMPO Kartoffelkäfer-frei, COM, Xi, B1	Permethrin, 250 g/l	I-(A,G)
COMPO Mehltau-frei Kumulus WG, COM, B4	Schwefel, 800 g/kg	F-(A,F,G,H,O,W,Z)
COMPO Moos-Vernichter, COM, Xi, B4	Eisen-II-sulfat, 644 g/kg	HD-(Z)
COMPO Pflanzenschutz-Stäbchen, COM, B3	Dimethoat, 3,8 g/kg	I-(Z)
COMPO Pilz-frei Polyram WG, COM, Xi, B4	Metiram, 700 g/kg	F-(A,G,H,O,W,Z)
COMPO Rasenunkraut-frei, COM, Xn	2,4-D, 160 g/l	H-(A,R,Z)
	Mecoprop-P, 350 g/l	
COMPO Rosen-Schutz N, COM, Xn, B4	Fenarimol, 120 g/l	F-(O,Z)
COMPO Rosen-Schutz, COM, Xi	Bitertanol, 300,2 g/l	F-(Z)
COMPO Rosen-Spray N, COM, B4	Fenarimol, 0,06 g/kg	F-(Z)
COMPO Rosen-Spray, COM, B4	Bitertanol, 0,75 g/kg	F-(Z)
COMPO Schildlaus-Spray, COM, F+, B1	Dimethoat, 1 g/kg	I-(Z)
COMPO Schneckenkorn, COM, B3	Metaldehyd, 40 g/kg	M-(A,G,O,Z)
COMPO Schädlings-frei, COM	Piperonylbutoxid, 144 g/l	I-(O,Z)
	Pyrethrine, 36 g/l	
COMPO Spezial-Unkrautvernichter Filatex, COM, Xi	Glyphosat, 355,7 g/l	H-(A,B,F,O,R,W,Z)
COMPO Unkrautvernichter mit Rasendünger, COM	Chlorflurenol, 1,66 g/kg	HD-(Z)
	MCPA, 4,71 g/kg	
COMPO Zierpflanzen-Spray D, COM, F+, B1	Dimethoat, 1 g/kg	I-(Z)
COMPO Zierpflanzen-Spray, COM, B1	Omethoat, 2 g/kg	AI-(Z)
Concert, DPB, AVO	Metsulfuron, 65,6 g/kg	H-(A)
	Thifensulfuron, 657,3 g/kg	
Confidor WG 70, BAY, B1	Imidacloprid, 665 g/kg	I-(H,O,Z)
Contans WG, PBP, B3	Coniothyrium minitans, 100 g/kg	F-(G)
Contrax-top-Konzentrat, FRO, Xn, B3	Bromadiolon, 2,34 g/l	R-(V)
Contrax-top-Köder H, FRO, B3	Bromadiolon, 0,05 g/kg	R-(V)
Contur Flüssigbeize, BAY, Xn, B3	Cyfluthrin, 106 g/l	I-(A)
Contur plus, BAY, Xn, B2	beta-Cyfluthrin, 125,1 g/l	I-(A,Z)
Corbel, BAS, Xn	Fenpropimorph, 750 g/l	F-(A,G)
Cornufera Moosvernichter plus Rasendünger, GUN, Xi	Eisen-II-sulfat, 175,7 g/kg	HD-(Z)
	Eisen-III-sulfat, 75,3 g/kg	
Cornufera UV Unkrautvernichter + Rasendünger neu, GUN, B3	2,4-D, 8,45 g/kg	HD-(Z)
	Dicamba, 1,15 g/kg	
Cornufera UV Unkrautvernichter + Rasendünger, GUN	Chlorflurenol, 1,66 g/kg	HD-(Z)
	MCPA, 4,71 g/kg	
Cortil, HOR, SPI, URA, B4	Fenpropimorph, 300 g/l	F-(A)
	Propiconazol, 125 g/l	
Cosan 80 Netzschwefel, AVO, B4	Schwefel, 796 g/kg	F-(A,F,G,H,O,W,Z)
Counter SG, CYD, DOW, AVO, T, B3	Terbufos, 20 g/kg	I-(A)
Croneton-Blattlausfrei, BAY, B1, W	Ethiofencarb, 51 g/l	I-(G,O,Z)
Croneton-Granulat, BAY, B3	Ethiofencarb, 100 g/kg	I-(Z)
Cumarax Fertigköder, SPI, URA, B3	Warfarin, 0,4 g/kg	R-(V)
Cumarax Köder- und Streumittel, SPI, URA, T, B3	Warfarin, 7,5 g/kg	R-(V)

Präparate	Wirkstoffe	Wirkungsbereich/Einsatzgebiet
Cumarax Rattenring, SPI, URA, B3	Warfarin, 0,4 g/kg	R-(V)
Cumarax Spezial Fertigköder, SPI, URA, B3	Sulfachinoxalin, 0,25 g/kg Warfarin, 0,55 g/kg	R-(V)
Cumarax Spezial Rattenring, SPI, URA, B3	Sulfachinoxalin, 0,25 g/kg Warfarin, 0,55 g/kg	R-(V)
Cumatol WG, SPI, Xn	Amitrol, 400 g/kg Diuron, 400 g/kg	H-(O,W)
Cuprasol, SPI, URA, B4	Kupferoxychlorid, 852 g/kg	F-(H,W)
Cupravit OB 21, BAY	Kupferoxychlorid, 756 g/kg	F-(A,G,H,O,W,Z)
Cuproxat Flowable, AGL, BAS, B4	Kupfersulfat,basisch, 345 g/l	F-(W)
Cuproxat flüssig, BAS, B4	Kupfersulfat,basisch, 345 g/l	F-(W)
Cuprozin WP, URA, B4	Kupferhydroxid, 691 g/kg	F-(O)
Curaterr Granulat, BAY, Xn, B3	Carbofuran, 50 g/kg	IN-(A,G,Z)
Curattin Rattenscheiben, HEN, B3	Warfarin, 0,75 g/kg	R-(V)
CURATTIN-Granulat, HEN, B3	Warfarin, 0,4 g/kg	R-(V)
CURATTIN-Haftstreupuder, HEN, B3	Warfarin, 4,8 g/kg	R-(V)
Curol, SPI, URA, Xn, B4	Fenarimol, 120 g/l	F-(O,Z)
CUSTOS WG, DPB, Xn	Carbendazim, 600 g/kg	F-(A)
CUTERYL D Moosvernichter, BAY, Xi, B4	Eisen-II-sulfat, 191 g/l	HD-(Z)
Cyanosil, DGS, T+, F+, B3	Blausäure, 490 g/kg	I-(Q,V)
Cycocel 720, BAS, Xn, B4	Chlormequat, 558 g/l	W-(A)
Cyperkill 10, FSG, Xi, B2	Cypermethrin, 100 g/l	I-(A)
Cyperkill 40, FSG, Xn, B1	Cypermethrin, 400 g/l	I-(F)
Cypon-Fertigköder, VLO, B3	Warfarin, 0,8 g/kg	R-(V)
Daconil 2787 Extra, SDS, CGD, SPI, URA, Xn	Chlorthalonil, 500 g/l	F-(A)
DANADIM 400 EC, CHE, Xn, B1	Dimethoat, 400 g/l	AI-(A,G,O,Z)
Danadim Dimethoat 40, CHE, STI, Xn, B1	Dimethoat, 400 g/l	IA-(A,G,O,Z)
DEBUT, DPB, Xn	Triflusulfuron, 485,7 g/kg	H-(A)
Decis flüssig, AVO, CEL, Xn, B2	Deltamethrin, 25 g/l	I-(A,F,G,O,R,W,Z)
Degesch Plate, DGS, T+, F, B3	Magnesiumphosphid, 560 g/kg	I-(V)
DEGESCH-MAGTOXIN, DET, DGS, T+, F, B3	Magnesiumphosphid, 660 g/kg	I-(V)
Degesch-Strip, DET, DGS, DEG, T+, F, B3	Magnesiumphosphid, 560 g/kg	I-(V)
degro Unkrautvernichter plus Rasendünger, DEN	Chlorflurenol, 1,66 g/kg MCPA, 4,71 g/kg	HD-(Z)
Dehner Moosvernichter mit Rasendünger, DEN, Xi, B4	Eisen-II-sulfat, 140 g/kg	HD-(Z)
Dehner Unkrautvernichter plus Rasendünger NEU, DEN	2,4-D, 7 g/kg Dicamba, 1 g/kg	HD-(Z)
Dehner Unkrautvernichter plus Rasendünger, DEN	Chlorflurenol, 1,66 g/kg MCPA, 4,71 g/kg	HD-(Z)
Dehner Zierpflanzenspray, DEN, F+, B1	Dimethoat, 1 g/kg	I-(Z)
Delan SC 750, CYD, Xn	Dithianon, 750 g/l	F-(H,O,W)
Delfin, SAD, AVO, Xi	Bacillus thuringiensis, 64 g/kg	I-(W)
Delicia - Gastoxin - Pellets, DDZ, T+, F, B3	Aluminiumphosphid, 560 g/kg	I-(V)
Delicia - Gastoxin - Tabletten, DDZ, T+, F, B3	Aluminiumphosphid, 560 g/kg	I-(V)
DELU Schneckenkorn, GEI, B3	Metaldehyd, 60 g/kg	M-(A,G,O,Z)
DELU Wühlmaus-Gas, GEI, Xi, F, B3, W	Calciumcarbid, 800 g/kg	R-(A,G,O,R,Z)
DELU Wühlmausköder, GEI, T+, B3	Zinkphosphid, 30,4 g/kg	R-(A,G,O,R,Z)
Demeril 480 EC, ASU, Xn, B3	Trifluralin, 480 g/l	H-(A,G)
Dendrosan, SDL, B3	Baumwachse, Wundbehandlungsmittel	L-(O,Z)
Depon Super, HOE, Xi, B4	Fenoxaprop-P, 63,6 g/l	H-(A,G)
Derosal flüssig, AVO, Xn	Carbendazim, 360 g/l	F-(A)
Desgan, CGD, HOE, Xn, B1	Propiconazol, 125 g/l Pyrazophos, 295 g/l	F-(A)
Desmel Duo, NAD, Xn	Propiconazol, 150 g/l Tebuconazol, 250 g/l	F-(A)
Desmel WG, CGD	Propiconazol, 250 g/kg	F-(A)
Desmel, CGD, Xi, B4	Propiconazol, 250 g/l	F-(A)
Detia Baumwachs, DET, B3	Baumwachse, Wundbehandlungsmittel	L-(O,Z)
Detia Beutelrolle, DET, DGS, T+, F, B3	Aluminiumphosphid, 570 g/kg	I-(V)

Präparate	Wirkstoffe	Wirkungsbereich/Einsatzgebiet
Detia Gas-Ex-B forte, DET, DEG, DGS, T+, F, B3	Magnesiumphosphid, 660 g/kg	I-(V)
Detia Gas-Ex-B, DET, T+, F, B3	Aluminiumphosphid, 570 g/kg	I-(V)
Detia Gas-Ex-M, DET, DGS, DEG, T+, B3	Methylbromid, 997 g/kg	I-(V)
DETIA GAS-EX-P, DET, DGS, T+, F, B3	Aluminiumphosphid, 560 g/kg	I-(V)
Detia Gas-Ex-T, DET, T+, F, B3	Aluminiumphosphid, 560 g/kg	I-(V)
Detia Insekten Strip, DET, Xn, B3	Dichlorvos, 367 g/kg	I-(V)
Detia Kartoffelkeimfrei, DEL, GGG, B3	Propham, 10 g/kg	W-(A)
Detia Magphos, DET, T+, F, B3	Magnesiumphosphid, 660 g/kg	I-(V)
Detia Mäuse Giftkörner, DET, GGG, T+, B3	Zinkphosphid, 30,4 g/kg	R-(A,F,G,O,R,Z)
Detia Pflanzen - Pilzfrei Pilzol, DET, Xi	Mancozeb, 800 g/kg	F-(A,F,G,O,W,Z)
Detia Pflanzen-Ungezieferfrei-Dimecron, DET, GGG, T, B1	Phosphamidon, 195 g/l	AI-(A,O,Z)
Detia Pflanzen-Universal-Staub, DET, B4	Piperonylbutoxid, 10 g/kg	I-(A,G,Z)
	Pyrethrine, 3 g/kg	
Detia Pflanzenschutz-Spray, DET, F+, B1	Dimethoat, 1 g/kg	I-(Z)
Detia Pflanzenschutz-Stäbchen, DET, B3	Dimethoat, 4,009 g/kg	I-(Z)
Detia Professional Nebelautomat, DET, VOR, Xn, B3	Dichlorvos, 100,3 g/kg	I-(V)
	Piperonylbutoxid, 3,45 g/kg	
	Pyrethrine, 1,73 g/kg	
Detia Professional Raumnebel M, DET, B3	Piperonylbutoxid, 22 g/l	I-(V)
	Pyrethrine, 4 g/l	I-(V)
Detia Professional Raumnebel XL, VOR, B3	Piperonylbutoxid, 19,8 g/l	I-(V)
	Pyrethrine, 3,85 g/l	
Detia Rasenrein mit Moosvernichter und Dünger, DET, Xi	Eisen-II-sulfat, 175,7 g/kg	HD-(Z)
	Eisen-III-sulfat, 75,3 g/kg	
Detia Rasenrein mit Unkrautvernichter und Dünger, DET, B3	2,4-D, 8,57 g/kg	HD-(Z)
	Dicamba, 1,05 g/kg	
Detia Rosen- und Zierpflanzen Spray gegen Blattläuse, DET, B4	Butocarboxim, 0,81 g/kg	I-(Z)
Detia Rosen- und Zierpflanzenspray Blattlaus-Frei, DET, B1	Butocarboxim, 1 g/kg	I-(Z)
Detia Rosen- und Zierpflanzenspray Pilzfrei, DET, B4	Fenarimol, 0,06 g/kg	F-(Z)
Detia Total - Neu Unkrautmittel, DET	Glyphosat, 360 g/l	H-(A,F,N,O,R,W,Z)
Detia Wühlmaus-Killer, DET, T+, F, B3, W	Aluminiumphosphid, 560 g/kg	R-(A,G,O,R,Z)
Detia Wühlmausköder, DET, T+, B3	Zinkphosphid, 30,4 g/kg	R-(A,G,O,R,Z)
Detmolin P, FRO, B3	Piperonylbutoxid, 19,8 g/l	I-(V)
	Pyrethrine, 3,85 g/l	
Devrinol FL, ZNC, BAS, B3	Napropamid, 450 g/l	H-(A)
Devrinol Kombi CS, ZNC, B3	Napropamid, 190 g/l	H-(A)
	Trifluralin, 240 g/l	
DGS Wühlmauskiller, DGS, T+, F, B3, W	Aluminiumphosphid, 560 g/kg	R-(A,G,O,R,Z)
Dibavit ST mit Beizhaftmittel, SCH, Xn, B3	Carbendazim, 383,3 g/kg	F-(A)
	Prochloraz, 95,2 g/kg	
Dicuran 500 flüssig, NAD, B4	Chlortoluron, 500 g/l	H-(A)
Dicuran 700 flüssig, NAD, B4	Chlortoluron, 700 g/l	H-(A)
Dicuran 75 WDG, NAD	Chlortoluron, 750 g/kg	H-(A)
Difenacoum - 0,25% flüssig, ZNC, Xn, B3	Difenacoum, 2,5 g/kg	R-(V)
Difenard, REN, B3	Difenacoum, 0,1 g/kg	R-(V)
Difontan, AVO, Xn	Glufosinat, 183 g/l	H-(A,B,F,G,N,O,W,Z)
Dimanin-Spezial, BAV, Xn, B3	Didecyldimethyl-ammoniumchlorid, 307 g/l	BFH(Z)
Dimecron 20, CGD, T, B1	Phosphamidon, 195 g/l	AI-(A,O,Z)
Dimilin 80 WG, AVO	Diflubenzuron, 800 g/kg	I-(F,G)
Dipel 2 X, ASU, B4	Bacillus thuringiensis, 64 g/kg	I-(A,F,G,O,W,Z)
Dipel ES, ASU	Bacillus thuringiensis, 33,2 g/l	I-(A,F,G,O,W,Z)
Dipel, ASU, B4	Bacillus thuringiensis, 32 g/kg	I-(A,F,G,O,W,Z)
Dipterex MR, BAY, T, B1	Oxydemeton-methyl, 216,5 g/l	I-(A)
	Trichlorfon, 409,5 g/l	

Präparate	Wirkstoffe	Wirkungsbereich/Einsatzgebiet
Discus, BAS, Xn	Kresoxim-methyl, 500 g/kg	F-(O,W)
Dithane LFS, RHD, Xi	Mancozeb, 455 g/l	F-(A)
Dithane Ultra Spiess-Urania, SPI, URA, Xi	Mancozeb, 800 g/kg	F-(A,F,G,O,W,Z)
Dithane Ultra WG CIBA-GEIGY, CGD, Xi	Mancozeb, 750 g/kg	F-(A,G,O,W,Z)
Dithane Ultra WG Hoechst, AVO, Xi	Mancozeb, 750 g/kg	F-(A,G,O,W,Z)
Dithane Ultra WG Spiess-Urania, SPI, Xi	Mancozeb, 750 g/kg	F-(A,G,O,W,Z)
Dithane Ultra WG, RHD, AVO, SPI, URA, Xi	Mancozeb, 750 g/kg	F-(A,G,O,W,Z)
Dithane Ultra WP, RHD, SPI, URA, Xi	Mancozeb, 800 g/kg	F-(A,F,G,O,W,Z)
Diuron Bayer, BAY, Xn	Diuron, 800 g/kg	H-(Z)
Domino, BAY, AVO, Xi	Ethofumesat, 65 g/kg	H-(A)
	Metamitron, 280 g/kg	
	Phenmedipham, 65 g/kg	
Dorado, NAD, Xi	Pyrifenox, 200 g/l	F-(W)
Drawipas, WAC, DOW, CEL, B3	Thiabendazol, 10 g/kg	FL-(F,O,Z)
Drawisan, DOW, B4	Fenarimol, 60 g/kg	F-(H)
Du Pont Benomyl, DPB, AVO, SPI, Xn, F	Benomyl, 524 g/kg	F-(A,O)
Du Pont Ciluan, DPB, Xi	Cymoxanil, 60 g/kg	F-(A)
	Mancozeb, 560 g/kg	
DUOGRANOL, NAD, RPA, Xn	Bromoxynil, 100 g/kg	H-(A)
	Pyridat, 300 g/kg	H-(A)
Duplosan DP, BAS, BAY, Xn, B4	Dichlorprop-P, 600 g/l	H-(A)
Duplosan KV, BAS, BAY, Xn, B4	Mecoprop-P, 600 g/l	H-(A,R,W)
Duplosan KV-Combi, BAS, BAY, CBA, NAD, COM, DPB, Xn	2,4-D, 160 g/l	H-(A,R,Z)
	Mecoprop-P, 350 g/l	
DURANO, MOT, Xi	Glyphosat, 355,7 g/l	H-(A,B,F,O,R,W,Z)
Dursban fest, DOW, B3	Chlorpyrifos, 10 g/kg	I-(G)
Dusturan Kornkäferpuder, URA, SPI, B3	Piperonylbutoxid, 26,6 g/kg	I-(V)
	Pyrethrine, 1,65 g/kg	
E 605 forte, BAY, T+, B1	Parathion, 507,5 g/l	AI-(A,G,O,R,W,Z)
E Combi, BAY, T+, B1	Oxydemeton-methyl, 213,8 g/l	AI-(A,G)
	Parathion, 178,2 g/l	
ECLAT, NAD, Xn	Bromoxynil, 600 g/kg	H-(A)
	Prosulfuron, 30 g/kg	
ECONAL, RPA	Chlortoluron, 500 g/l	H-(A)
	Diflufenican, 50 g/l	
egesa Unkrautvernichter Neu mit Rasendünger, EGE	2,4-D, 7 g/kg	HD-(Z)
	Dicamba, 1 g/kg	
egesa-Pflanzen-Insekten-Spray NEU, EGE, B1	Piperonylbutoxid, 1,5 g/kg	AI-(Z)
	Pyrethrine, 0,5 g/kg	
Egret, MOT, Xi	Glyphosat, 355,7 g/l	H-(A,B,F,O,R,W,Z)
Einfach Sagenhaft Moosvernichter plus Rasendünger, SAF, Xi	Eisen-II-sulfat, 175,7 g/kg	HD-(Z)
	Eisen-III-sulfat, 75,3 g/kg	
Einfach Sagenhaft Unkrautvernichter plus Rasendünger, SAF, B3	2,4-D, 8,45 g/kg	HD-(Z)
	Dicamba, 1,15 g/kg	
Elanco Beize flüssig, DOW, Xi, B3	Imazalil, 15 g/l	F-(A)
	Nuarimol, 100 g/l	
Elancolan K SC, DOW, B3	Napropamid, 190 g/l	H-(A)
	Trifluralin, 240 g/l	
Elancolan, DOW, Xn, B3	Trifluralin, 480 g/l	H-(A,G)
ELEFANT-SOMMERÖL, EPL	Mineralöle, 807 g/l	AI-(Z)
Elital, DOW	Fenarimol, 120 g/l	F-(O,W)
EPYRIN plus Rattenköder, HYG, B3	Difenacoum, 0,05 g/kg	R-(V)
	Sulfachinoxalin, 0,2 g/kg	
EPYRIN plus Rattenriegel, HYG, B3	Difenacoum, 0,05 g/kg	R-(F,V)
	Sulfachinoxalin, 0,2 g/kg	
Estrad, BAS, Xn	Dichlorprop-P, 485 g/kg	H-(A)
	Fluoroglycofen, 14 g/kg	
Ethosat 500, FSG	Ethofumesat, 500 g/l	H-(A)

Präparate	Wirkstoffe	Wirkungsbereich/Einsatzgebiet
Etilon GW, CGD, B3	Imazalil, 30 g/l	F-(A)
ETISSO Blattlaus-frei, FRU, Xn	Pirimicarb, 500 g/kg	I-(A,F,G,O,Z)
ETISSO Blattlaus-Spray, FRU, CEL	Piperonylbutoxid, 0,29 g/l Pyrethrine, 0,09 g/l	I-(Z)
Etisso Blattlaus-Sticks, FRU, CEL, B3	Dimethoat, 3,8 g/kg	I-(Z)
Etisso Combi-Düngerstäbchen, CEL, B3	Dimethoat, 3,8 g/kg	ID-(Z)
Etisso Schneckenfrei, FRU, B3	Metaldehyd, 60 g/kg	M-(A,G,O,Z)
Etisso Total Unkrautfrei, FRU	Glyphosat, 360 g/l	H-(A,F,N,O,R,W,Z)
ETISSO-Kartoffelkäfer-frei, FRU, Xi, B1	Permethrin, 250 g/l	I-(A,G)
EUFLOR Rasen - Unkrautvernichter und Dünger, EUF	Chlorflurenol, 1,66 g/kg MCPA, 4,71 g/kg	HD-(Z)
EUFLOR Sanguano Moosvernichter mit Rasendünger, EUF, Xi, B4	Eisen-II-sulfat, 140 g/kg	HD-(Z)
Euparen M WG, BAY, Xi	Tolylfluanid, 505 g/kg	F-(G,O,W)
Euparen M, BAY, Xn, B4	Tolylfluanid, 500 g/kg	FA-(O)
Euparen WG, BAY, Xi, B4	Dichlofluanid, 515 g/kg	F-(A,G,H,O,W,Z)
Euparen, BAY, Xi, B4	Dichlofluanid, 500 g/kg	F-(G,H,O,W,Z)
Exakt-Unkrautfrei Madit, CEL, Xn	Glufosinat, 183 g/l	H-(A,B,F,G,N,O,W,Z)
Extoll, BAS, Xn	Bentazon, 250 g/l Bromoxynil, 100 g/l	H-(A)
Falimorph 750, CYD, T	Tridemorph, 750 g/l	F-(A)
FASTAC FORST, CYD, Xi, B3	alpha-Cypermethrin, 15 g/l	I-(F,Z)
FASTAC SC, CYD, Xi	alpha-Cypermethrin, 100 g/l	I-(A)
FCH 60 I rot,blau,weiss,gelb, FCH, B3	Verbißmittel	P-(F)
FCH 909 (Wildschadenverhütungsmittel), FCH, Xi, F, B3	Parfuemöl Daphne, 5,4 g/l Verbißmittel	P-(F)
Fegesol, ASU, B4	Verbißmittel	P-(F)
Fegol, FCH, B3	Verbißmittel	P-(F)
FENIKAN, RPA, AVO, Xn	Diflufenican, 62,5 g/l Isoproturon, 500 g/l	H-(A)
Fentrol Gel, REN, Xn, B3	Difenacoum, 1 g/l	R-(V)
Fentrol, REN, B3	Difenacoum, 0,05 g/kg	R-(V)
Ferramol Schneckenkorn, NEU, B3	Eisen-III-phosphat, 10 g/kg	M-(G,O,Z)
Flamenco, AVO, Xn	Fluquinconazol, 100 g/l	F-(A)
FLEXIDOR, DOW	Isoxaben, 500 g/l	H-(B,F)
Flordimex 420, BIT, RPA, Xi, B3	Ethephon, 420 g/l	W-(Z)
Florestin Pflanzenschutz mit Langzeitwirkung, IHR, B3	Dimethoat, 4,009 g/kg	I-(Z)
Florestin Pflanzenspray, LUS	Piperonylbutoxid, 0,29 g/l Pyrethrine, 0,09 g/l	I-(Z)
Flügel's Verbißschutzpaste, FLU, B3	Verbißmittel	P-(F)
Flügel's Verbißschutzpulver, FLU, B3	Verbißmittel	P-(F)
Flügol - weiß, FLU, B4	Verbißmittel	P-(F)
Flügolla 62, FLU, B3	Verbißmittel	P-(F)
Focus Ultra, BAS, Xi, B4	Cycloxydim, 100 g/l	H-(A)
Folicur E, BAY, Xi	Dichlofluanid, 400 g/kg Tebuconazol, 100 g/kg	F-(W)
Folicur EM, BAY, Xi	Tebuconazol, 100 g/kg Tolylfluanid, 400 g/kg	F-(W) F-(W)
Folicur, BAY, Xn	Tebuconazol, 251,2 g/l	F-(A)
Folimat-Rosenspray, BAY, B1	Omethoat, 2 g/kg	AI-(Z)
Fonganil Neu, NAD, Xi, B3	Metalaxyl, 240 g/l	F-(Z)
FORAY 48B, ABB, AVO, Xi	Bacillus thuringiensis, 21,2 g/kg	I-(F)
Forst Tervanol, ASU, B3	Azaconazol, 10 g/kg Imazalil, 20 g/kg	FP-(F,O,Z)
FORTRESS DUO, DOW, Xi	Fenpropimorph, 232,5 g/l Quinoxyfen, 64,7 g/l	F-(A)
FORTRESS, DOW, Xi	Quinoxyfen, 500 g/l	F-(A)
FORUM, CYD, Xn	Dimethomorph, 150 g/l	F-(W)

Präparate	Wirkstoffe	Wirkungsbereich/Einsatzgebiet
FOXTRIL SUPER, RPA, CYD, Xn	Bifenox, 250 g/l Ioxynil, 76,6 g/l Mecoprop-P, 292 g/l	H-(A)
Frankol Baumpflaster, FRA, B3	Baumwachse, Wundbehandlungsmittel	L-(O,Z)
FRANKOL-Spezial-Granulat NEU, FRA, W	Dichlobenil, 67,5 g/kg	H-(F,R,Z)
Frisin, SER, T+, B3	Phosphorwasserstoff, 20,7 g/kg	I-(V)
FRONTIER, BAS, Xi	Dimethenamid, 900 g/l	H-(A)
frunax - Mäuseköder, FRU, B3	Difenacoum, 0,05 g/kg	R-(V)
frunax-DS Ratten-Fertigköder, FRU, B3	Difenacoum, 0,05 g/kg Sulfachinoxalin, 0,2 g/kg	R-(V)
frunax-DS Rattenriegel, FRU, B3	Difenacoum, 0,05 g/kg Sulfachinoxalin, 0,2 g/kg	R-(F,V)
frunax-R+M, FRU, B3	Brodifacoum, 0,05 g/kg	R-(V)
FS-Garant 60, FLU, B3	Verbißmittel	P-(F)
Funguran, URA, SPI	Kupferoxychlorid, 756 g/kg	F-(A,G,H,O,W,Z)
Funguran-OH, URA, SPI, B4	Kupferhydroxid, 691 g/kg	F-(O)
Fusilade ME, ZNC, BAS	Fluazifop-P, 107 g/l	H-(A,B,F,G,O,Z)
Förster Zeller'sche Blutsalbe, ZED, B3	Verbißmittel	P-(F)
Gabi Ameisenmittel, GAB, B1	Chlorpyrifos, 20 g/kg	I-(N,Z)
Gabi Pflanzenspray, GAB, F+, B1	Dimethoat, 1 g/kg	I-(Z)
Gabi Rasen-Unkrautvernichter plus Dünger, GAB	Chlorflurenol, 1,66 g/kg MCPA, 4,71 g/kg	HD-(Z)
Gabi Rasenunkraut-Vernichter, GAB, Xn	Dicamba, 30 g/l MCPA, 340 g/l	H-(A,N,R,Z)
Gabi Unkrautvernichter, GAB	Glyphosat, 360 g/l	H-(A,F,N,O,R,W,Z)
Gabi Wühlmaus-Gas, GAB, Xi, F, B3, W	Calciumcarbid, 800 g/kg	R-(A,G,O,R,Z)
Gabi-Anti-Moos-S, GAB, Xi, B1	Eisen-II-sulfat, 588 g/kg	HD-(Z)
Gabi-Antimoos, flüssig, GAB, Xi, B4	Eisen-II-sulfat, 191 g/l	HD-(Z)
Gabi-Combi-Pflanzenschutz-Düngestäbchen, GAB, B3	Dimethoat, 4,009 g/kg	I-(Z)
GALBAS, CGD, B3	Fenpiclonil, 50 g/l	F-(A)
Gallant Super, DOW, Xi	Haloxyfop-R, 100,1 g/l	H-(A)
Gallup, POL, BCL, CEM, Xi, B4	Glyphosat, 355,7 g/l	H-(A,R)
Gambit, CGD, B3	Fenpiclonil, 400 g/l	F-(A)
Garda Schneckenkorn, GGG, B3	Metaldehyd, 50,5 g/kg	M-(A,G,O,Z)
GARDOBUC, NAD, Xn	Bromoxynil, 150 g/l Terbuthylazin, 333 g/l	H-(A)
Gardoprim 500 flüssig, NAD, Xn, B4	Terbuthylazin, 490 g/l	H-(A)
Gardoprim plus, NAD, CYD, AVO, Xi	Metolachlor, 333 g/l Terbuthylazin, 167 g/l	H-(A)
GARLON 2, DOW, Xn	Triclopyr, 240 g/l	H-(R)
Garten-Loxiran, NEU, B1	Chlorpyrifos, 10 g/kg	I-(Z)
Garten-Schädlingsspray, BRA	Piperonylbutoxid, 0,29 g/l Pyrethrine, 0,09 g/l	I-(Z)
Gartencenter Moosvernichter mit Spezial-Rasendünger und Stickstoff-Langzeitwirkung, EUF, Xi, B4	Eisen-II-sulfat, 140 g/kg	HD-(Z)
Gartengrün Unkrautvernichter mit Rasendünger, GRT	2,4-D, 7 g/kg Dicamba, 1 g/kg	HD-(Z)
Gartenkrone Rasenunkrautvernichter und Dünger, HAG	Chlorflurenol, 1,66 g/kg MCPA, 4,71 g/kg	HD-(Z)
Gartenspray Hortex, CEL	Piperonylbutoxid, 0,29 g/l Pyrethrine, 0,09 g/l	I-(Z)
Gartenspray Parexan, CEL	Piperonylbutoxid, 0,29 g/l Pyrethrine, 0,09 g/l	I-(Z)
Gartenspray Pyreth, ASU	Piperonylbutoxid, 0,29 g/l Pyrethrine, 0,09 g/l	I-(Z)
Gaucho 350 FS, BAY, Xn, B3	Imidacloprid, 349,9 g/l	I-(A)
Gaucho 600 FS, BAY, Xn, B3	Imidacloprid, 600 g/l	I-(A)
Gaucho, BAY, Xi, B3	Imidacloprid, 700 g/kg	I-(A)
Gehölze-Unkraut-frei, FLO, W	Dichlobenil, 67,5 g/kg	H-(F,R,Z)

Präparate	Wirkstoffe	Wirkungsbereich/Einsatzgebiet
Gemüse-Spritzmittel Polyram WG, CEL, Xi, B4	Metiram, 700 g/kg	F-(A,G,H,O,W,Z)
Gesatop 2 Granulat, NAD, SPI, Xn, W	Simazin, 20 g/kg	H-(B,F,O)
Giftweizen Fischar, FIA, Xn, B3	Zinkphosphid, 24 g/kg	R-(A,F,G,O,R,Z)
Giftweizen Neudorff, NEU, T+, B3	Zinkphosphid, 25 g/kg	R-(A,F,G,O,R,Z)
Giftweizen P 140, ASU, T+, B3	Zinkphosphid, 24 g/kg	R-(A,G,O,R,Z)
Gladio, NAD, Xi	Fenpropidin, 375 g/l Propiconazol, 125 g/l Tebuconazol, 125 g/l	F-(A)
Glanzit Schneckenkorn, GLA, B3	Metaldehyd, 60 g/kg	M-(A,G,O,Z)
Gligram, POL, Xi, B4	Glyphosat, 355,7 g/l	H-(A,R)
GLYFOS, CHE, CYD	Glyphosat, 360 g/l	H-(A,F,N,O,R,W,Z)
Glyper, AUS, DOW, Xi	Glyphosat, 355,7 g/l	H-(A,B,F,O,R,W,Z)
Goltix compact, BAY	Metamitron, 900 g/kg	H-(A,O)
Goltix WG, BAY	Metamitron, 710 g/kg	H-(A,O)
Gralan, CGD, RPA, Xn	Iprodion, 250 g/l Propiconazol, 62,5 g/l	F-(A)
Graminon 500 flüssig, NAD, Xn	Isoproturon, 500 g/l	H-(A)
GRANIT PLUS, RPA, Xn	Bromuconazol, 133 g/l Iprodion, 266 g/l	F-(A)
Granit, RPA	Bromuconazol, 200 g/l	F-(A)
Granupom N, NEU, Xi	Apfelwickler-Granulosevirus, 486 g/l	I-(O)
GRANUPOM, AVO, Xi	Apfelwickler-Granulosevirus, 486 g/l	I-(O)
GREENMASTER Fine Turf Extra, FHD, ASP, BEC, FLR, GFG, GPS, MAI, SHO, B3	2,4-D, 8,45 g/kg Dicamba, 1,15 g/kg	HD-(Z)
Greenmaster Mosskiller, FHD, Xi	Eisen-II-sulfat, 175,7 g/kg Eisen-III-sulfat, 75,3 g/kg	HD-(Z)
GRID PLUS, DPB, Xn	Rimsulfuron, 500 g/kg Thifensulfuron, 240,9 g/kg	H-(A)
Gropper, DPB, SPI, URA, B4	Metsulfuron, 179 g/kg	H-(A)
Grüne Welle Unkrautvernichter plus Rasendünger, BAW, B3	2,4-D, 8,45 g/kg Dicamba, 1,15 g/kg	HD-(Z)
Gärtner's Unkrautvernichter mit Rasendünger, KDI, B3	2,4-D, 8,45 g/kg Dicamba, 1,15 g/kg	HD-(Z)
Hagebau Gartenkrone Moosvernichter und Rasendünger, EUF, Xi, B4	Eisen-II-sulfat, 140 g/kg	HD-(Z)
HARMONY 75 DF, DPB, B4	Thifensulfuron, 722,5 g/kg	H-(A,R)
HARPUN, CGD, Xi	Metolachlor, 300 g/l Pendimethalin, 200 g/l	H-(A)
HARVESAN, DPB, Xn	Carbendazim, 125 g/l Flusilazol, 250 g/l	F-(A)
HaTe 1, SAG, F, C, B4	Parfuemöl Daphne, 10 g/kg Verbißmittel	P-(F)
HaTe A, CYD	Chinolinderivate, 20 g/kg Parfuemöl Daphne, 10 g/kg Verbißmittel	P-(F)
HaTe F, SAG, Xi, B4	Parfuemöl Daphne, 3,8 g/l Verbißmittel Verbißmittel	P-(F)
HaTe-PELLACOL, CYD, Xn	Thiram, 121,1 g/l	PF-(F,O,Z)
Hedomat Rasenunkrautfrei, BAY, Xn	Dicamba, 30 g/l MCPA, 340 g/l	H-(A,N,R,Z)
Herba-Vetyl neu flüssig, VET	Piperonylbutoxid, 140 g/l Pyrethrine, 35 g/l	AI-(O,Z)
Herba-Vetyl-Staub neu, VET	Piperonylbutoxid, 8,5 g/kg Pyrethrine, 3 g/kg	I-(A,G,Z)
Herbasan, KVK, ASU	Phenmedipham, 160 g/l	H-(A)
Herbizid M DU PONT, DPB, Xn, B4	MCPA, 500 g/l	H-(A,R,W)
Herburan A, URA, Xn	Glyphosat-trimesium, 480 g/l	H-(A,F,O,W,Z)
Herburan TD, URA, Xn	Glyphosat-trimesium, 480 g/l	H-(N,Z)

Präparate	Wirkstoffe	Wirkungsbereich/Einsatzgebiet
Herkules E, NAD, Xn	Bromoxynil, 600 g/kg	H-(A)
	Primisulfuron, 20 g/kg	
Herold, BAY, Xn	Diflufenican, 200 g/kg	H-(A)
	Flufenacet, 400 g/kg	
Hoestar, AVO	Amidosulfuron, 750 g/kg	H-(A,R)
HORA FLO, NAD, Xn	Isoproturon, 500 g/l	H-(A)
HORA Gerstenbeize, HOR, B3	Cyproconazol, 5 g/l	F-(A)
	Imazalil, 20 g/l	
HORA Imazalil, HOR, B3	Imazalil, 30 g/l	F-(A)
HORA M, HOR, Xn	MCPA, 500 g/l	H-(A,O,R,W)
HORA Propiconazol, HOR, Xi, B4	Propiconazol, 250 g/l	F-(A)
HORA Thiovit, HOR, B4	Schwefel, 800 g/kg	F-(A,F,G,H,O,W,Z)
HORA-Chlortoluron 500 flüssig, HOR, B4	Chlortoluron, 500 g/l	H-(A)
HORA-Curan 500 flüssig, HOR, B4	Chlortoluron, 500 g/l	H-(A)
HORA-Curan 700 flüssig, HOR, B4	Chlortoluron, 700 g/l	H-(A)
HORA-Terbutryn 500 flüssig, HOR, B4	Terbutryn, 490 g/l	H-(A,G)
HORA-Tryn 500 flüssig, HOR, B4	Terbutryn, 490 g/l	H-(A,G)
HORA-Turon 500 fluessig, HOR, Xn, B4	Isoproturon, 500 g/l	H-(A)
Hostathion, AVO, T, B1	Triazophos, 400 g/l	AI-(G,Z)
Hydra, NAD	Fluoroglycofen, 112,4 g/kg	H-(A)
	Triasulfuron, 24 g/kg	
Hörnig Baumwachs, HRN, Xi, B3	Baumwachse, Wundbehandlungsmittel	L-(O)
Igran 500 flüssig, CGD, B4	Terbutryn, 490 g/l	H-(A,G)
Ilbex, NAD, BAS, T	Propiconazol, 125 g/l	F-(A)
	Tridemorph, 375 g/l	
Illoxan, AVO, Xi, B4	Diclofop, 362,5 g/l	H-(A,G)
Impulse, BAY, Xn	Spiroxamine, 499 g/l	F-(A)
Indar 5 EC, RHD, Xi	Fenbuconazol, 50 g/l	F-(A)
Insegar, CGD, SPI, URA, B1	Fenoxycarb, 250 g/kg	I-(O,W)
Insekten-Spritzmittel Roxion, CEL, Xn, B1	Dimethoat, 400 g/l	AI-(A,G,O,Z)
Insekten-Streumittel NEXION NEU, CEL, B3	Chlorpyrifos, 10 g/kg	I-(G)
Insekten-Stäubemittel Hortex NEU, CEL, B4	Piperonylbutoxid, 10 g/kg	I-(A,G,Z)
	Pyrethrine, 3 g/kg	
Insekten-Stäubemittel Hortex, CEL	Piperonylbutoxid, 8,5 g/kg	I-(A,G,Z)
	Pyrethrine, 3 g/kg	
Insektenil-DCV-Spray, HEN, Xn, B3	Dichlorvos, 100,3 g/kg	I-(V)
	Piperonylbutoxid, 3,45 g/kg	
	Pyrethrine, 1,73 g/kg	
Insektenil-Raumnebel-DCV, HEN, Xn, B3	Dichlorvos, 37,89 g/kg	I-(V)
INSEKTENIL-Raumnebel-forte, HEN, B3	Piperonylbutoxid, 22 g/l	I-(V)
	Pyrethrine, 4 g/l	
INSEKTENIL-Raumnebel-forte-trocken, HEN, Xn, B3	Piperonylbutoxid, 22 g/l	I-(V)
	Pyrethrine, 4 g/l	
INSEKTENIL-Raumnebel-forte-trocken-DDVP, HEN, Xn, B3	Dichlorvos, 36 g/l	I-(V)
	Piperonylbutoxid, 0,8 g/l	
	Pyrethrine, 0,5 g/l	
Ipifluor, IPC, HOR, Xn	Trifluralin, 480 g/l	H-(A)
Juwel, BAS, Xn	Epoxiconazol, 125 g/l	F-(A)
	Kresoxim-methyl, 125 g/l	
KARATE WG FORST, ZNC, Xn	lambda-Cyhalothrin, 50 g/kg	I-(F,Z)
Karate WG, ZNC, Xn	lambda-Cyhalothrin, 50 g/kg	I-(A,R)
Karate, ZNC, BAS, Xn, B2	lambda-Cyhalothrin, 50 g/l	I-(A,H,R,Z)
Kartoffelkäfer-Frei Ambush, CEL, Xi, B1	Permethrin, 250 g/l	I-(A,G)
Kartoffelschutz Tixit, CEL, B3	Propham, 10 g/kg	W-(A)
Keeper Unkrautfrei, BAY	Glyphosat, 360 g/l	H-(A,F,N,O,R,W,Z)
KEMIRA PHENMEDIPHAM, KIR, Xn, B4	Phenmedipham, 160 g/l	H-(A)
Kerb 50 W, RHD, Xn	Propyzamid, 500 g/kg	H-(A,G,O,W,Z)
Kerb WDG, URA, SPI, Xn	Propyzamid, 500 g/kg	H-(A,B,Z)
Kerb-Streugranulat, URA, SPI, B3	Propyzamid, 6,25 g/kg	H-(Z)

Präparate	Wirkstoffe	Wirkungsbereich/Einsatzgebiet
Kiron, AVO, Xi	Fenpyroximat, 51,3 g/l	A-(W,Z)
Klerat-Haferflockenköder, ZNC, B3	Brodifacoum, 0,05 g/kg	R-(V)
Klerat-Wachsblock, ZNC, KGM, B3	Brodifacoum, 0,05 g/kg	R-(V)
Kohlendioxid, AGA, B3	Kohlendioxid, 999,5 g/kg	AI-(V)
Kohlendioxyd zur Druckentwesung von Nutzpflanzen, GUT, B3	Kohlendioxid, 995 g/kg	AI-(V)
Kohlensäure BUSE, BUS, B3	Kohlendioxid, 995 g/kg	IA-(V)
Komet RP, ZNC, Xi, B3	Tefluthrin, 200 g/l	I-(A)
Konker R, BAS, Xn, B4	Thiophanat-methyl, 250 g/l Vinclozolin, 250 g/l	F-(A)
Kontakt 320 SC, FSG	Phenmedipham, 320 g/l	H-(A)
Kontakt Feinchemie, FSG, Xn, B1	Phenmedipham, 157 g/l	H-(A)
Kontakttwin, FSG, Xi	Ethofumesat, 94 g/l Phenmedipham, 97 g/l	H-(A)
Korax, URA, SPI, Xn	Glyphosat-trimesium, 480 g/l	H-(N,Z)
Kornitol, VOP, Xn, B3	Verbißmittel	P-(A,G,O,Z)
Kraft Blattlaus-Killer mit Langzeitschutz, KRF, B3	Dimethoat, 4,009 g/kg	I-(Z)
Kumulus WG, BAS, B4	Schwefel, 800 g/kg	F-(A,F,G,H,O,W,Z)
Kupfer 83 V, URA, SPI, DOW, B4	Kupferoxychlorid, 424 g/kg Schwefel, 153 g/kg	F-(H,O,W)
Kupfer Konzentrat 45, ASU	Kupferoxychlorid, 756 g/kg	F-(A,G,H,O,W,Z)
Kupfer-flüssig 450 FW, WAC, DOW, Xn, B4	Kupferoxychlorid, 757 g/l	F-(W)
Kupferkalk Atempo, NEU	Kupferoxychlorid, 756 g/kg	F-(A,G,H,O,W,Z)
Kupferkalk Bayer, BAY, B4	Kupferoxychlorid, 284 g/kg	F-(W)
Kupferkalk Ciba-Geigy, CGD, B4	Kupferoxychlorid, 284 g/kg	F-(W)
Kupferkalk Hoechst, HOE, B4	Kupferoxychlorid, 284 g/kg	F-(W)
Kupferkalk Spiess-Urania, SPI, URA	Kupferoxychlorid, 261,3 g/kg	F-(W)
Kupferkalk Wacker, WAC, B4	Kupferoxychlorid, 284 g/kg	F-(W)
Kupferspritzmittel Funguran, URA, SPI	Kupferoxychlorid, 756 g/kg	F-(A,G,H,O,W,Z)
Kupferspritzmittel Schacht, FSC	Kupferoxychlorid, 756 g/kg	F-(A,G,H,O,W,Z)
Lac Balsam plus F, CEL, B3	Azaconazol, 10 g/kg Imazalil, 20 g/kg	FP-(F,O,Z)
LacBalsam, SDL, B3	Baumwachse, Wundbehandlungsmittel	L-(F,O,Z)
Landor C, CGD, B3	Difenoconazol, 100 g/l Fludioxonil, 25 g/l	F-(A)
Landor CT, CGD, B3	Difenoconazol, 20 g/l Fludioxonil, 25 g/l Tebuconazol, 5 g/l	F-(A)
Landor, CGD, B3	Difenoconazol, 50 g/l Fenpiclonil, 50 g/l	F-(A)
Largo, BAS	Chloridazon, 300 g/l Phenmedipham, 100 g/l Quinmerac, 42 g/l	H-(A)
LARIN, CGD, B3	Fenpiclonil, 100 g/l Imazalil, 20 g/l Tebuconazol, 15 g/l	F-(A) F-(A)
Lauril Baumwachs, NEU, B3	Baumwachse, Wundbehandlungsmittel	L-(O,Z)
Lauril Wundwachs, NEU, B3	Baumwachse, Wundbehandlungsmittel	L-(O,Z)
Lebaycid, BAY, Xn, B1	Fenthion, 535,5 g/l	I-(O)
LEGAT, RPA, Xn, B3	Guazatin, 150 g/l Triticonazol, 12,5 g/l	F-(A)
Lentagran 450 EC, AGL, CYD, Xn, B4	Pyridat, 450 g/l	H-(A)
Lentagran EC neu, AGL, CYD, Xi	Pyridat, 450 g/l	H-(A)
Lentagran WP, SAD, Xi	Pyridat, 450 g/kg	H-(A,G)
Lentipur CL 700, NLI, B3	Chlortoluron, 700 g/l	H-(A)
Lepit-Feldmausköder, SCH, B3	Chlorphacinon, 0,075 g/kg	R-(A,O,R)
Lepit-Forstpellet, SCH, B3	Chlorphacinon, 0,075 g/kg	R-(F)
LEXUS CLASS, DPB, Xi	Carfentrazone, 310 g/kg Flupyrsulfuron-methyl, 160 g/kg	H-(A)

Präparate	Wirkstoffe	Wirkungsbereich/Einsatzgebiet
LIBERTY, AVO, Xn	Glufosinat, 183 g/l	H-(A)
Lido SC, NAD, NAD, Xi	Pyridat, 160 g/l	H-(A)
	Terbuthylazin, 250 g/l	
Lido WP, NAD, Xi	Pyridat, 250 g/kg	H-(A)
	Terbuthylazin, 200 g/kg	
Lindogen, LID, B3	Stickstoff, 1000 g/kg	I-(V)
Lizetan Neu Zierpflanzenspray, BAY, F+, B1	Imidacloprid, 0,25 g/kg	I-(Z)
Lizetan Plus Zierpflanzenspray, BAY, F+, B1	Imidacloprid, 0,25 g/kg	I-(Z)
	Methiocarb, 0,5 g/kg	
Lizetan-Combistäbchen, BAY, B3	Imidacloprid, 25 g/kg	I-(Z)
Lizetan-Zierpflanzenspray, BAY, B1	Omethoat, 2 g/kg	AI-(Z)
LONTREL 100, DOW	Clopyralid, 100 g/l	H-(A)
LOREDO, RPA, Xi	Diflufenican, 33,3 g/l	H-(A)
	Mecoprop-P, 500 g/l	
Lumeton, NAD, Xn	Fluoroglycofen, 14,6 g/kg	H-(A)
	Isoproturon, 481,2 g/kg	
	Triasulfuron, 3 g/kg	
LUXAN GRO-STOP BASIS, LUX, Xi, B3	Chlorpropham, 300,3 g/l	W-(A)
Luxan GRO-STOP FOG, LUX, Xn, B3	Chlorpropham, 300 g/l	W-(A)
M 52 DB, AVO, Xn	MCPA, 500 g/l	H-(A,O,R,W)
M&ENNO-TER-forte, VDZ, MEN, Xn, B3	Didecyldimethyl-ammoniumchlorid, 307 g/l	BFH(Z)
MADEX 3, CEM	Apfelwickler-Granulosevirus, 4 g/l	I-(O)
Mafu-Nebelautomat, BAV, Xn, B3	Dichlorvos, 121,6 g/l	I-(V)
Magister 200 SC, DOW, SPI, URA, Xn	Fenazaquin, 200 g/l	A-(O,Z)
Malvin, TOM, Xn	Captan, 832 g/kg	F-(O)
MAMBA, FSG, Xn, B3	Trifluralin, 480 g/l	H-(A)
Manconex, GRF, Xi	Mancozeb, 455 g/l	F-(A)
Maneb "Schacht", FSC, Xi	Maneb, 800 g/kg	F-(A,F,G,Z)
Maneb 350 SC, ASU, Xi	Maneb, 350 g/l	F-(A)
MANEX, GRI, FSG, Xi	Maneb, 481,5 g/l	F-(A)
MANNADUR Moosvernichter mit Rasendünger, MAN, Xi, B4	Eisen-II-sulfat, 140 g/kg	HD-(Z)
MANNADUR UV, Rasendünger, MAN	Chlorflurenol, 1,66 g/kg	HD-(Z)
	MCPA, 4,71 g/kg	
Manta Plus, BAY, B3	Fuberidazol, 7,22 g/l	FI-(A)
	Imazalil, 5,97 g/l	
	Triadimenol, 60,05 g/l	
Marks M HERBICIDE, AHM, CBA, DPB, Xn, B4	MCPA, 500 g/l	H-(A,R,W)
MARKS OPTICA DP n, AHM, CBA, DPB, Xn, B4	Dichlorprop-P, 600 g/l	H-(A)
Marks Optica DP, AHM, Xn, B4	Dichlorprop-P, 600 g/l	H-(A)
Marks Optica MP Combi, AHM, Xn	2,4-D, 160 g/l	H-(A,R,Z)
	Mecoprop-P, 350 g/l	
Marks Optica MP k, AHM, CBA, DPB, Xn	Mecoprop-P, 600 g/l	H-(A,R,W)
Marks Optica MP, AHM, Xn, B4	Mecoprop-P, 600 g/l	H-(A,R,W)
Marnis Ratten- und Mäuseköder, MRN, B3	Warfarin, 0,8 g/kg	R-(V)
Marshal 25 EC, FMC, T, B1	Carbosulfan, 250 g/l	I-(H)
MASAI, CYD, Xn	Tebufenpyrad, 200 g/kg	A-(O,W,Z)
Matador 300, BAY	Tebuconazol, 224,5 g/l	F-(A)
	Triadimenol, 75,19 g/l	
Matador, BAY, DOW, Xi	Tebuconazol, 251,7 g/l	F-(A)
	Triadimenol, 125,8 g/l	
MausEX-Duo, FRO, B3	Difethialon, 0,025 g/kg	R-(V)
MausEX-Köder, FRO, B3	Bromadiolon, 0,05 g/kg	R-(V)
MAVRIK, SAD, SPI, URA, Xn	tau-Fluvalinat, 240 g/l	I-(A)
Maxim AP, NAD, B3	Fludioxonil, 25 g/l	F-(A)
	Metalaxyl, 20 g/l	
Maywax-Baumwachs, FSC, MEY, TRI, B3	Baumwachse, Wundbehandlungsmittel	L-(O,Z)
ME 605 Spritzpulver, BAY, T, B1	Parathion-methyl, 405 g/kg	I-(A,O,W)

Präparate	Wirkstoffe	Wirkungsbereich/Einsatzgebiet
MEGA-M, NUF, Xn, B4	MCPA, 500 g/l	H-(A,R)
MEGA-MD, NUF, Xn, B4	2,4-D, 250 g/l MCPA, 250 g/l	H-(A,R)
Merz-Cumarin-Fertigköder, MRZ, B3	Warfarin, 0,8 g/kg	R-(V)
Mesurol flüssig, BAY, T, B3	Methiocarb, 500,4 g/l	IP-(A,Z)
Mesurol Schneckenkorn, BAY, B3	Methiocarb, 20 g/kg	M-(A,G,O,Z)
Metam-Fluid 510 g/l BASF, BAS, ASU, CYD, Xn, B3	Metam, 420 g/l	N-(A)
METAREX, LON, B3	Metaldehyd, 49 g/kg	M-(A)
Metasystox (I), BAY, T, B1	Demeton-S-methyl, 283 g/l	AI-(A)
Metasystox R spezial, BAY, Xn, B1	Oxydemeton-methyl, 110 g/l	AI-(G,O,Z)
Metasystox R, BAY, T, B1	Oxydemeton-methyl, 275,6 g/l	AI-(A,G,O,W,Z)
METHOPHAM, STE, Xi	Ethofumesat, 100 g/l Metamitron, 300 g/l Phenmedipham, 100 g/l	H-(A)
Methylbromid, DEA, T+, B3	Methylbromid, 1000 g/kg	AI-(V)
Mextrol DP, CFP, URA, Xn	Dichlorprop-P, 500 g/l Ioxynil, 116 g/l	H-(A)
microsol-pyrho-fluid, MIC, B3	Piperonylbutoxid, 22 g/l Pyrethrine, 4 g/l	I-(V)
microsol-pyrho-fluid-dry, MIC, Xn, B3	Piperonylbutoxid, 22 g/l Pyrethrine, 4 g/l	I-(V)
microsol-vos autofog, MIC, Xn, B3	Dichlorvos, 100,3 g/kg Piperonylbutoxid, 3,45 g/kg Pyrethrine, 1,73 g/kg	I-(V)
microsol-vos-fluid, MIC, Xn, B3	Dichlorvos, 37,89 g/kg	I-(V)
microsol-vos-fluid-dry, MIC, Xn, B3	Dichlorvos, 36 g/l Piperonylbutoxid, 0,8 g/l Pyrethrine, 0,5 g/l	I-(V)
Mikado, ZNC, Xi	Sulcotrion, 300 g/l	H-(A)
MIKAL MZ, RPA, AVO, Xi	Fosetyl, 410 g/kg Mancozeb, 260 g/kg	F-(W)
Mimic, RHD, AVO	Tebufenozid, 240 g/l	I-(O,W)
Mirage 45 EC, MAC	Prochloraz, 450 g/l	F-(A)
MISTRAL 700, FSG, B4	Chlortoluron, 700 g/l	H-(A)
Mitac, AVO, RPA, Xn	Amitraz, 200 g/l	AI-(H,O)
MitoFOG, FRO, Xn, B3	Chlorpropham, 320 g/l	W-(A)
Moddus, NAD, Xn	Trinexapac, 222 g/l	W-(A)
Mogeton, ASU, Xn	Quinoclamin, 250 g/kg	H-(Z)
Monceren Flüssigbeize, BAY, B3	Pencycuron, 250,8 g/l	F-(A)
Monceren, BAY, B3	Pencycuron, 125 g/kg	F-(A)
Moos K.O., NEU, Xi, B4	Eisen-II-sulfat, 644 g/kg	HD-(Z)
Moos-Tod, NEN, Xi, B4	Eisen-II-sulfat, 546 g/kg	H-(Z)
Moosvernichter mit Rasendünger, SCO, Xi, B4	Eisen-II-sulfat, 140 g/kg	HD-(Z)
Moosvernichter plus Rasendünger, FLO, Xi, B4	Eisen-II-sulfat, 140 g/kg	HD-(Z)
Moosvertilger Gesamoos flüssig, CEL, Xi, B4	Eisen-II-sulfat, 191 g/l	HD-(Z)
Moosvertilger Schacht, FSC, NEN, Xi, B4	Eisen-II-sulfat, 546 g/kg	H-(Z)
Morestan, BAY, Xi	Chinomethionat, 260 g/kg	AF-(G,O,Z)
Morsuvin, FLU, Xi, B3	Verbißmittel	P-(F)
Motivell, BAS, Xn	Nicosulfuron, 40 g/l	H-(A)
MV RASEN FLORANID, COM	Eisen-II-sulfat, 238 g/kg	HD-(Z)
MYOCURATTIN-FCM-Festköder, HEN, B3	Difenacoum, 0,075 g/kg	R-(V)
Mäusegiftweizen "Schacht", FSC, T+, B3	Zinkphosphid, 24 g/kg	R-(A,G,O,R,Z)
Mäusekorn, NEU, B3	Difenacoum, 0,05 g/kg	R-(V)
Mäuseköder-Box, CEL, B3	Difenacoum, 0,05 g/kg	R-(V)
Natürliche CARBO Kohlensäure, CAK, B3	Kohlendioxid, 1000 g/kg	AI-(V)
NECTEC Paste, JPA, CYD, FLU, CEL, B3	Azaconazol, 10 g/kg Imazalil, 20 g/kg	FP-(F,O,Z)
Nenninger's Baumwachs, kaltstreichbar, NEN, B3	Baumwachse, Wundbehandlungsmittel	L-(O,Z)

Präparate	Wirkstoffe	Wirkungsbereich/Einsatzgebiet
Nenninger's flüssiger Wundverschluß ARBAL, NEN, B3	Baumwachse, Wundbehandlungsmittel	L-(O,Z)
Nenninger's Wundwachs, NEN, B3	Baumwachse, Wundbehandlungsmittel	L-(O,Z)
Nenninger`s Baumharz warmflüssig, NEN, B3	Baumwachse, Wundbehandlungsmittel	L-(O,Z)
Netz-Schwefelit WG, NEU, B4	Schwefel, 800 g/kg	F-(A,F,G,H,O,W,Z)
Netz-Schwefelit, NEU, B4	Schwefel, 796 g/kg	F-(A,F,G,H,O,W,Z)
Netzschwefel "Schacht", FSC, B4	Schwefel, 796 g/kg	F-(A,F,G,H,O,W,Z)
Netzschwefel 80 WP, ASU, B4	Schwefel, 796 g/kg	F-(A,F,G,H,O,W,Z)
Netzschwefel Stulln, JUL, B4	Schwefel, 796 g/kg	F-(A,F,G,H,O,W,Z)
Netzschwefel WG, CEL, B4	Schwefel, 800 g/kg	F-(A,F,G,H,O,W,Z)
NEU 1131 L, NEU, B3	Baumwachse, Wundbehandlungsmittel	L-(O,Z)
NEUDO-Phosphid S, NEU, T+, F, B3, W	Aluminiumphosphid, 560 g/kg	R-(A,G,O,R,Z)
Neudorffs Raupenspritzmittel, NEU, B4	Bacillus thuringiensis, 32 g/kg	I-(A,F,G,O,W,Z)
Neudorffs Wundverschluß, NEU, B3	Baumwachse, Wundbehandlungsmittel	L-(O,Z)
Neudosan AF Neu, NEU	Kali-Seife, 10,2 g/l	AI-(G,O,Z)
Neudosan AF, NEU, B4	Kali-Seife, 10 g/kg	AI-(G,O,Z)
Neudosan Neu, NEU	Kali-Seife, 515 g/l	AI-(G,O,Z)
Neudosan, NEU	Kali-Seife, 515 g/l	AI-(G,O,Z)
Nimbus, BAS, Xi	Clomazone, 33,3 g/l Metazachlor, 250 g/l	H-(A)
NOMOLT, CYD, B1	Teflubenzuron, 150 g/l	I-(Z)
Nortron 500 SC, ASU, B4	Ethofumesat, 500 g/l	H-(A)
Nortron Tandem, AVO, B4	Ethofumesat, 94 g/l Phenmedipham, 97 g/l	H-(A)
Novaril Rot, ASU, B3	Baumwachse, Wundbehandlungsmittel	L-(O,Z)
NOVODOR FC, ABB, CEM	Bacillus thuringiensis, 20 g/kg	I-(A)
Obst-Spritzmittel WG, CEL, Xi, B4	Dichlofluanid, 515 g/kg	F-(A,G,H,O,W,Z)
Obstmadenfrei Granupom, CEL, Xi	Apfelwickler-Granulosevirus, 486 g/l	I-(O)
Octave, AVO, B4	Prochloraz, 461 g/kg	F-(A)
Oftanol T, BAY, T, B3	Isofenphos, 400 g/kg Thiram, 110 g/kg	FI-(A,R) FI-(A,R)
OHAYO, ISK, Xi	Fluazinam, 500 g/l	
OLIOCIN Austriebsspritzmittel, BAY	Mineralöle, 546 g/l	AI-(O,W,Z)
Omnex plus, CGD, Xi, B4	Mancozeb, 600 g/kg Penconazol, 25 g/kg	F-(O)
Omnex, CGD	Penconazol, 100 g/kg	F-(O)
Oncol 20 EC, SPI, URA, T, B1, W	Benfuracarb, 200 g/l	I-(A)
Oncol 5 G, SPI, URA, B3, W	Benfuracarb, 50 g/kg	I-(A)
Opus Forte, BAS, T	Epoxiconazol, 125 g/l Tridemorph, 375 g/l	F-(A)
Opus Top, BAS, Xn	Epoxiconazol, 84 g/l Fenpropimorph, 250 g/l	F-(A)
Opus, BAS, Xn	Epoxiconazol, 125 g/l	F-(A)
Orbitox DP, URA, Xn	Dichlorprop-P, 600 g/l	H-(A)
Orbitox M, URA, URA, Xn	MCPA, 500 g/l	H-(A,O,R,W)
Ordoval, BAS	Hexythiazox, 100 g/kg	A-(G,H,O,W,Z)
ORKAN, RPA, BAS, Xn	Diflufenican, 25 g/l Ioxynil, 187,5 g/l Mecoprop-P, 234 g/l	H-(A)
P-O-X, ASU, T+, B1	Parathion, 507,5 g/l	AI-(A,G,O,R,W,Z)
Panoctin 35, RPA, Xn, B3	Guazatin, 232,2 g/l	F-(A)
Panoctin G, RPA, Xn, B3	Guazatin, 199 g/l Imazalil, 20 g/l	F-(A)
Panoctin GF, RPA, CYD, Xn, B3	Fenfuram, 200 g/l Guazatin, 132,7 g/l Imazalil, 20 g/l	F-(A)
Panoctin Spezial, RPA, KEN, Xn, B3	Fenfuram, 100 g/l Guazatin, 199 g/l	F-(A)

Präparate	Wirkstoffe	Wirkungsbereich/Einsatzgebiet
Panogen, CGD, CYD, Xn, B3	Guazatin, 199 g/l Propiconazol, 5 g/l	F-(A)
Para-Sommer, ASU, B4	Mineralöle, 654 g/l	AI-(O,W,Z)
Parano 450 EC, ASU, Xn, B1	Prochloraz, 451,1 g/l	F-(A)
park UV neu + Rasendünger, PGS	2,4-D, 7 g/kg Dicamba, 1 g/kg	HD-(Z)
Patoran CB, CGD, BAS, B3	Metobromuron, 500 g/kg	H-(A,S)
Patoran FL, BAS, Xn, B3	Metobromuron, 500 g/l	H-(A,G,S)
Peak E, NAD	Prosulfuron, 750 g/kg	H-(A)
PENDIMOX, CFP, Xn	Bromoxynil, 75 g/l Pendimethalin, 300 g/l	H-(A)
Pendiron flüssig, NAD, BAS, CYD, SPI, URA	Chlortoluron, 300 g/l Pendimethalin, 200 g/l	H-(A)
Penncozeb, ELF, Xi	Mancozeb, 800 g/kg	F-(A,Z)
PERFEKTHION, BAS, Xn, B1	Dimethoat, 400 g/l	AI-(A,G,O,Z)
Peropal, BAY, T+	Azocyclotin, 255 g/kg	A-(G)
Pflanzen Paral Blattlaus-Frei, JOH, THO, B1	Butocarboxim, 1 g/kg	I-(Z)
Pflanzen Paral Blattlausspray 143, JOH, THO, B4	Butocarboxim, 1,09 g/kg	I-(Z)
Pflanzen Paral für Balkonpflanzen, JOH, THO, B4	Butocarboxim, 0,81 g/kg	I-(Z)
Pflanzen Paral für Gartenpflanzen, JOH, THO, B4	Butocarboxim, 0,81 g/kg	I-(Z)
Pflanzen Paral für Topfpflanzen, JOH, CEL	Piperonylbutoxid, 0,29 g/l Pyrethrine, 0,09 g/l	I-(Z)
Pflanzen Paral gegen Blattläuse an Zierpflanzen NEU, JOH, THO, B4	Butocarboxim, 0,7 g/kg	I-(Z)
Pflanzen Paral gegen Blattläuse NEU, JOH, THO, B4	Butocarboxim, 0,81 g/kg	I-(Z)
Pflanzen Paral gegen Pilzkrankheiten an Balkonpflanzen, JOH, B4	Fenarimol, 0,06 g/kg	F-(Z)
Pflanzen Paral gegen Pilzkrankheiten an Zierpflanzen NEU, JOH, THO, B4	Fenarimol, 0,05 g/kg	F-(Z)
Pflanzen Paral gegen Pilzkrankheiten, JOH, THO, B4	Fenarimol, 0,06 g/kg	F-(Z)
Pflanzen Paral Kombi-Stick, JOH, THO, B4	Butoxycarboxim, 29 g/kg	I-(Z)
Pflanzen Paral Pflanzenschutz-Zäpfchen, JOH, THO, B4	Butoxycarboxim, 98 g/kg	I-(Z)
Pflanzen Paral Pilz-Frei N, JOH, THO, B4	Fenarimol, 0,06 g/kg	F-(Z)
Pflanzen Paral Pilzspray 140, JOH, THO, B4	Fenarimol, 0,06 g/kg	F-(Z)
Pflanzen Paral Schädlings-Frei, JOH, THO, B4	Kali-Seife, 10 g/kg	AI-(G,O,Z)
Pflanzenschutz-Zäpfchen, CEL, B3	Dimethoat, 3,8 g/kg	I-(Z)
Pflanzenspray Hortex Neu, CEL, B1	Piperonylbutoxid, 1,5 g/kg Pyrethrine, 0,5 g/kg	AI-(Z)
Pflanzol Blattlaus-Ex, DDZ, Xn	Pirimicarb, 500 g/kg	I-(A,F,G,O,Z)
Pflanzol Combi-Düngerstäbchen, DDZ, B3	Dimethoat, 3,8 g/kg	ID-(Z)
Pflanzol Kartoffelkäfer-Ex, DDZ, Xi, B1	Permethrin, 250 g/l	I-(A,G)
Pflanzol Pflanzenschutz-Zäpfchen, DDZ, B3	Dimethoat, 3,8 g/kg	I-(Z)
Pflanzol Schnecken-Ex, DDZ, B3	Metaldehyd, 60 g/kg	M-(A,G,O,Z)
Pflanzol-Blattlaus-Spray, DDZ	Piperonylbutoxid, 0,29 g/l Pyrethrine, 0,09 g/l	I-(Z)
Phenmedipham Biochemicals, BIO, Xn, B1	Phenmedipham, 157 g/l	H-(A)
Phostoxin Pellets, DET, T+, F, B3	Aluminiumphosphid, 560 g/kg	I-(V)
PHOSTOXIN Tabletten, DET, DEG, T+, F, B3	Aluminiumphosphid, 560 g/kg	I-(V)
Phostoxin WM, DET, T+, F, B3, W	Aluminiumphosphid, 560 g/kg	R-(A,G,O,R,Z)
Pilz-frei Spiess-Urania, SPI, URA, B4	Fenarimol, 0,06 g/kg	F-(Z)
Pilzfrei Saprol F, CEL, Xn, B4	Fenarimol, 120 g/l	F-(O,Z)
Pilzfrei Saprol Neu, CEL, Xi	Triforin, 190 g/l	F-(A,G,H,O,Z)
Pirimor-Granulat zum Auflösen in Wasser, ZNC, BAS, CEL, SPI, URA, Xn	Pirimicarb, 500 g/kg	I-(A,F,G,O,Z)
Pistol, RPA, FSG, Xn, B1	Phenmedipham, 157 g/l	H-(A)
Plant pin combi, WAC, THO, B4	Butoxycarboxim, 29 g/kg	I-(Z)
Plant pin, WAC, DOW, THO, B4	Butoxycarboxim, 98 g/kg	I-(Z)
Platform, FMC, DPB, Xi	Carfentrazone, 463,4 g/kg	H-(A)

Präparate	Wirkstoffe	Wirkungsbereich/Einsatzgebiet
PLENUM, NAD	Pymetrozin, 250 g/kg	I-(H)
POINTER, DPB, Xi	Tribenuron, 723,2 g/kg	H-(A)
Pollux Giftkörner, CFW, Xn, B3	Zinkphosphid, 24 g/kg	R-(A,F,G,O,R,Z)
POLY-PLANT Pflanzenschutzstäbchen, DEW, B3	Dimethoat, 4,009 g/kg	I-(Z)
Polyram WG, BAS, COM, Xi, B4	Metiram, 700 g/kg	F-(A,G,H,O,W,Z)
Polytanol, CFW, T+, B3, W	Calciumphosphid, 280 g/kg	R-(A,G,O,R,Z)
POWERTAX, CFP, Xi	Ethephon, 480 g/l	W-(A)
Powertwin, FSG, Xi	Ethofumesat, 200 g/l Phenmedipham, 200 g/l	H-(A)
PP 140 F, ASU, B3	8-Hydroxichinolin, 1 g/kg	F-(W)
Pradone Kombi, RPA	Carbetamid, 500 g/kg Dimefuron, 250 g/kg	H-(A)
Prefix G Neu, CYD, W	Dichlobenil, 67,5 g/kg	H-(F,R,Z)
Prelude FS, AVO, B3	Prochloraz, 200 g/l	F-(A)
Prelude UW, AVO, B3	Carboxin, 333 g/l Prochloraz, 63,64 g/l	F-(A)
Previcur N, AVO	Propamocarb, 604 g/l	F-(G,Z)
PRIDE ULTRA, DOE, Xn	Fenazaquin, 200 g/l	A-(O,Z)
Prisma, AVO, Xn	Cyproconazol, 80 g/l Prochloraz, 300 g/l	F-(A)
Pro-Limax, ASU, B3	Metaldehyd, 60 g/kg	M-(A,G,O,Z)
Promanal AF Neu, NEU, B3	Mineralöle, 12 g/l	AI-(Z)
Promanal AF, NEU, B3	Mineralöle, 22,8 g/l	AI-(Z)
Promanal Neu, NEU	Mineralöle, 546 g/l	AI-(O,W,Z)
Pronto PLUS, BAY, Xn	Spiroxamine, 249,9 g/l Tebuconazol, 133,3 g/l	F-(A)
Pronto, BAY, Xn	Fenpropidin, 299,9 g/l Tebuconazol, 199,9 g/l	F-(A)
Proxuran-Streugranulat, URA, SPI	Isoxaben, 1 g/kg Propyzamid, 8 g/kg	H-(Z)
Pulsfog K, STA, Xn, B3	Chlorpropham, 320 g/l	W-(A)
Pyramin WG, BAS, RPA, B4	Chloridazon, 650 g/kg	H-(A,G)
Pyreth, ASU	Piperonylbutoxid, 144 g/l Pyrethrine, 36 g/l	I-(O,Z)
Pyrol, CGD, B3	Fenpiclonil, 50 g/l Imazalil, 10 g/l	F-(A)
QuickPhos AlP-Preßkörper, PSA, T+, F, B3	Aluminiumphosphid, 570 g/kg	I-(V)
QuickPhos Begasungsbeutel, PSA, T+, F, B3	Aluminiumphosphid, 570 g/kg	I-(V)
Quiritox, NEU, B3	Warfarin, 1,3 g/kg	R-(G,O,R,Z)
RA-15-NEU, HEN, Xn	Diuron, 400 g/kg	H-(Z)
RA-200-flüssig, HEN, Xn	Glufosinat, 183 g/l	H-(A,B,F,G,N,O,W,Z)
RA-4000-Granulat, HEN, W	Dichlobenil, 67,5 g/kg	H-(F,R,Z)
Racer CS, ZNC, B3	Flurochloridon, 250 g/l	H-(A)
Racumin Fertigköder, BAV, B3	Coumatetralyl, 0,377 g/kg	R-(V)
Racumin-Pulver, BAV, B3	Coumatetralyl, 7,55 g/kg	R-(V)
Radam 60, RPA, Xn, B4	Guazatin, 398 g/l	F-(A)
Raiffeisen Gartenkraft Moosvernichter mit Rasendünger, EUF, Xi, B4	Eisen-II-sulfat, 140 g/kg	HD-(Z)
Raiffeisen Unkrautvernichter mit Rasendünger, RAI	2,4-D, 7 g/kg Dicamba, 1 g/kg	HD-(Z)
Raiffeisen-Gartenkraft Unkrautvernichter plus Rasendünger, DRW	Chlorflurenol, 1,66 g/kg MCPA, 4,71 g/kg	HD-(Z)
RAK 1 + 2, BAS	(E)7-(Z)9-Dodecadienylacetat,E7Z9-12Ac, 48 g/kg Z-9-Dodecenylacetat, 75 g/kg	E-(W)
RAK 1 Plus Einbindiger Traubenwickler, BAS	Z-9-Dodecenylacetat, 90 g/kg	E-(W)
RAK 3 + 4, BAS	(Z)11-Tetradecen-1-yl-acetat, 36 g/kg Codlemone, 32 g/kg	E-(O)

Präparate	Wirkstoffe	Wirkungsbereich/Einsatzgebiet
RAK 7, BAS	(Z,Z)-3,13-Octadecadien-1-yl-acetat, 26 g/kg	E-(O)
Rako-Binol, BAY, B3	Rapsöl, 899,1 g/l Zusatzstoffe	Z-(A)
Ralon Super, AVO	Fenoxaprop-P, 66 g/l Mefenpyr, 75 g/l	H-(A)
Rapir Neu, BAY, Xn	Amitrol, 400 g/kg Diuron, 400 g/kg	H-(O,W)
Rapir, BAY, Xn	Diuron, 270 g/kg Glyphosat, 144 g/kg	H-(N,O,W,Z)
Rasen Unkrautfrei Utox, SPI, URA, Xn	Dicamba, 30 g/l MCPA, 340 g/l	H-(A,R,Z)
Rasen-Duplosan, BAY, Xn	2,4-D, 160 g/l Mecoprop-P, 350 g/l	H-(A,R,Z)
Rasen-Floranid Rasendünger mit Moosvernichter, COM, Xi	Eisen-II-sulfat, 175,7 g/kg Eisen-III-sulfat, 75,3 g/kg	HD-(Z)
RASEN-RA-6, HEN, Xn	2,4-D, 160 g/l Mecoprop-P, 350 g/l	H-(A,R,Z)
Rasen-schön, SRC, Xi, B4	Eisen-II-sulfat, 191 g/l	HD-(Z)
Rasen-Unkrautvernichter Astix MPD, CEL, Xn	2,4-D, 160 g/l Mecoprop-P, 350 g/l	H-(A,R,Z)
Rasen-Unkrautvernichter Banvel M, CEL, Xn	Dicamba, 30 g/l MCPA, 340 g/l	H-(A,N,R,Z)
Rasen-Utox flüssig, SPI, URA, Xn	Dicamba, 30 g/l MCPA, 340 g/l	H-(A,N,R,Z)
Rasendünger mit Moosvernichter, EGE, Xi	Eisen-II-sulfat, 175,7 g/kg Eisen-III-sulfat, 75,3 g/kg	HD-(Z)
Rasenunkrautfrei Rasunex, ASU, Xn	Dicamba, 30 g/l MCPA, 340 g/l	H-(A,N,R,Z)
Ratak, ZNC, B3	Difenacoum, 0,05 g/kg	R-(V)
Ratak-Rattenfertigköder, ZNC, B3	Difenacoum, 0,05 g/kg Sulfachinoxalin, 0,2 g/kg	R-(V)
Ratak-Rattenriegel, ZNC, B3	Difenacoum, 0,05 g/kg Sulfachinoxalin, 0,2 g/kg	R-(F,V)
Ratron - Feldmausköder, DDZ, B3	Chlorphacinon, 0,075 g/kg	R-(A,F,O,R,Z)
Ratron-Giftweizen, DDZ, Xn, B3	Zinkphosphid, 25 g/kg	R-(A,G,O,R,Z)
Ratron-Mäuseköder, DDZ, B3	Difenacoum, 0,05 g/kg	R-(V)
Ratron-Pellets "F", DDZ, B3	Chlorphacinon, 0,075 g/kg	R-(A,F,O,R,Z)
Rattekal-plus, DDZ, T+, B3	Zinkphosphid, 56 g/kg	R-(G,O,V,Z)
Rattomix Fertigköder, BRE, B3	Warfarin, 0,8 g/kg	R-(V)
Raxil S, BAY, B3	Tebuconazol, 20 g/l Triazoxid, 21,2 g/l	F-(A)
Rebell, BAS	Chloridazon, 400 g/l Quinmerac, 50 g/l	H-(A)
Rebwachs WF, ASU, B3	8-Hydroxichinolin, 1 g/kg Baumwachse, Wundbehandlungsmittel Dichlorbenzoesäure-methylester, 0,035 g/kg	L-(W)
recozit Pflanzenspray, REC, F+, B1	Dimethoat, 1 g/kg	I-(Z)
recozit Wühlmaus-Gas, REC, Xi, F, B3, W	Calciumcarbid, 800 g/kg	R-(A,G,O,R,Z)
Recozit-Mäusefeind, Giftweizen, REC, Xn, B3	Zinkphosphid, 24 g/kg	R-(A,F,G,O,R,Z)
REFINE EXTRA, DPB, Xi	Thifensulfuron, 481,7 g/kg Tribenuron, 241,1 g/kg	H-(A)
Reglone, ZNC, Xn	Deiquat, 200 g/l	H-(A)
Rhizopon A 0.7 %, RHI, HUB, B3	3-Indolessigsäure, 7 g/kg	W-(Z)
Rhizopon A 1.0 %, RHI, HUB, B3	3-Indolessigsäure, 10 g/kg	W-(Z)
Rhizopon A Pflanzenwuchsstoffe, RHI, HUB, B3	3-Indolessigsäure, 5 g/kg	W-(Z)
Rhizopon A Tabletten, RHI, HUB, B3	3-Indolessigsäure, 200 g/kg	W-(Z)
Rhizopon AA 0.5, RHI, HUB, B3	4-(-3-Indol)buttersäure, 5 g/kg	W-(Z)

Präparate	Wirkstoffe	Wirkungsbereich/Einsatzgebiet
RHIZOPON AA 1, RHI, HUB, B3	4-(-3-Indol)buttersäure, 10 g/kg	W-(Z)
Rhizopon AA 2, RHI, HUB, B3	4-(-3-Indol)buttersäure, 20 g/kg	W-(Z)
Rhizopon AA 4 %, RHI, HUB, B3	4-(-3-Indol)buttersäure, 40 g/kg	W-(Z)
Rhizopon AA 8 %, RHI, HUB, B3	4-(-3-Indol)buttersäure, 80 g/kg	W-(Z)
RHIZOPON AA TABLETTEN, RHI, HUB, B3	4-(-3-Indol)buttersäure, 200 g/kg	W-(Z)
Rhizopon B 0.1, RHI, HUB, B3	1-Naphthylessigsäure, 1 g/kg	W-(Z)
Rhizopon B 0.2, RHI, HUB, B3	1-Naphthylessigsäure, 2 g/kg	W-(Z)
Rhizopon B Tabletten, RHI, HUB, B3	1-Naphthylessigsäure, 100 g/kg	W-(Z)
Ribinol N, ASU, Xi, B1	Permethrin, 250 g/l	I-(A,G)
Ridder Gemüsefliegenmittel, BAY, B3	Chlorpyrifos, 10 g/kg	I-(G)
Ridomil Gold MZ, NAD, Xi	Mancozeb, 640 g/kg	F-(A)
	Metalaxyl-M, 40 g/kg	
Ridomil Granulat, NAD	Metalaxyl, 50 g/kg	F-(H)
Ridomil MZ Super, NAD, Xi, W	Mancozeb, 600 g/kg	F-(A)
	Metalaxyl, 100 g/kg	
Ridomil TK, NAD, Xi	Mancozeb, 450 g/kg	F-(A)
	Metalaxyl, 150 g/kg	
Ripcord 10, CYD, SPI, Xn, B2	Cypermethrin, 100 g/l	I-(A,G)
Ripcord 40, CYD, Xn, B1	Cypermethrin, 400 g/l	I-(A,F,G)
Risolex flüssig, SUD, URA, B3	Tolclofos-methyl, 250 g/l	F-(A)
Risolex, SCD, URA, B3	Tolclofos-methyl, 100 g/kg	F-(A)
Rody, SCD, T, B3	Fenpropathrin, 100 g/l	AI-(G,Z)
Rogor 40 L, ISA, Xn, B1	Dimethoat, 400 g/l	AI-(A,G,O,Z)
Rogor, SPI, URA, Xn, B1	Dimethoat, 404 g/l	AI-(A,G,O,Z)
Ronilan FL, BAS, SPI, URA, Xn	Vinclozolin, 500 g/l	F-(A)
Ronilan WG, BAS, Xn, B4	Vinclozolin, 500 g/kg	F-(A,G,O,W,Z)
Rosen-Pflaster, CEL, B3	Dimethoat, 16,3 g/kg	I-(Z)
Rosenspray Saprol F, CEL, B4	Fenarimol, 0,06 g/kg	F-(Z)
Roundup 2000, MOT, B3	Glyphosat, 400 g/l	H-(A)
Roundup Alphee, MOT, CYD, B4	Glyphosat, 7,2 g/l	H-(O,Z)
Roundup Alphée Tablette, MOT	Glyphosat, 600 g/kg	H-(O,Z)
Roundup Gran, MOT	Glyphosat, 420 g/kg	H-(A,B,F,O,R,W,Z)
Roundup LB Plus, MOT	Glyphosat, 360 g/l	H-(A,B,F,O,R,W,Z)
Roundup LB, MOT, CEL	Glyphosat, 355,7 g/l	H-(B,O,Z)
Roundup Ultra, MOT	Glyphosat, 360 g/l	H-(A,B,F,O,R,W,Z)
Roundup Ultragran, MOT	Glyphosat, 420 g/kg	H-(A,B,F,O,R,W,Z)
Roundup, MOT, SPI, URA, Xi	Glyphosat, 355,7 g/l	H-(A,B,F,O,R,W,Z)
Rovral UFB, RPA, Xn, B3	Carbendazim, 175 g/l	F-(A)
	Iprodion, 350 g/l	
ROVRAL, RPA, Xn	Iprodion, 500 g/kg	F-(G,O,W,Z)
Roxion, CYD, Xn, B1	Dimethoat, 400 g/l	AI-(A,G,O,Z)
RPA 03681 H, RPA	Bifenox, 480 g/l	H-(A)
RPA 10371 F, RPA, Xi	Bromuconazol, 200 g/l	F-(A)
	Prochloraz, 400 g/l	
RPA 4167O H, RPA, B4	Diflufenican, 250 g/l	H-(A)
Rubenal ES, AVO, Xn	Phenmedipham, 157 g/l	H-(A,G,O)
Rubenal, AVO, Xn, B4	Phenmedipham, 160 g/l	H-(A)
Rubetram 500, AVO, B4	Ethofumesat, 500 g/l	H-(A)
RUBIGAN SC, DOW, URA	Fenarimol, 120 g/l	F-(O,W)
Rubigan, DOW, SPI, URA, Xn, B4	Fenarimol, 120 g/l	F-(O,Z)
Runol, FCH, B3	Verbißmittel	P-(F)
SAKARAT, KGM, B3	Difenacoum, 0,05 g/kg	R-(V)
Saki, MOT, ASU, SOS, Xi	Glyphosat, 355,7 g/l	H-(A,B,F,O,R,W,Z)
Sambarin WG, CGD, Xn	Chlorthalonil, 500 g/kg	F-(A)
	Propiconazol, 83 g/kg	
Sambarin, CGD, Xn, B4	Chlorthalonil, 375 g/l	F-(A)
	Propiconazol, 62,5 g/l	
Santar SM Neu, SAD, SPI, URA, B3	Baumwachse, Wundbehandlungsmittel	L-(O,Z)
	Carbendazim, 20,16 g/kg	

Präparate	Wirkstoffe	Wirkungsbereich/Einsatzgebiet
SAPROL NEU, CYD, Xi	Triforin, 190 g/l	F-(A,G,H,O,Z)
Sartax C, CFP, Xn	Chlormequat, 237 g/l Ethephon, 155 g/l	W-(A)
Sartax, CFP, SPI, URA, Xi	Ethephon, 480 g/l	W-(A)
Scala, AVO	Pyrimethanil, 400 g/l	F-(O,W)
Schaumstopp, WAC, DOW	Zusatzstoffe	Z-(X)
Schneckenkorn degro, DEN, B3	Metaldehyd, 60 g/kg	M-(A,G,O,Z)
Schneckenkorn Dehner, DEN, B3	Metaldehyd, 60 g/kg	M-(A,G,O,Z)
Schneckenkorn Helarion, FHD, CYD, B3	Metaldehyd, 50,5 g/kg	M-(A,G,O,Z)
Schneckenkorn Limex Neu, CEL, B3	Metaldehyd, 58,8 g/kg	M-(G,O,Z)
Schneckenkorn Limex, CEL, B3	Metaldehyd, 60 g/kg	M-(A,G,O,Z)
Schneckenkorn Mesurol, BAY, Xn, B3	Methiocarb, 40 g/kg	M-(A,G,O,Z)
Schneckenkorn Spiess-Urania, URA, SPI, B3	Metaldehyd, 40 g/kg	M-(A,G,O,Z)
Schneckenkorn Super, VOR, B3	Metaldehyd, 50,5 g/kg	M-(A,G,O,Z)
SCHNECKENKORN, DET, VOR, GGG, B3	Metaldehyd, 60 g/kg	M-(A,G,O,Z)
Schneckentod, FSC, B3	Metaldehyd, 60 g/kg	M-(A,G,O,Z)
Schädlings-Vernichter Decis, CEL, Xn, B2	Deltamethrin, 25 g/l	I-(A,F,G,O,R,W,Z)
SCHÄDLINGSFREI NATUREN AF, TEM, CEL	Rapsöl, 15,58 g/l	AI-(G,O,Z)
Schädlingsfrei Naturen, CEL	Rapsöl, 777 g/l	AI-(G,O,W,Z)
Schädlingsfrei Parexan, CEL, B4	Piperonylbutoxid, 445 g/l Pyrethrine, 48 g/l	I-(O,Z)
Scirocco, FSG, Xn, B3	Trifluralin, 480 g/l	H-(A)
Scooter, BAY, Xi, B3	Imidacloprid, 700 g/kg	I-(A)
Scotts Moosvernichter mit Langzeitrasendünger, SCO, Xi, B4	Eisen-II-sulfat, 140 g/kg	HD-(Z)
Scotts Rasenunkrautvernichter, SCO	2,4-D, 29,7 g/kg Dicamba, 4,7 g/kg	H-(Z)
Scotts Unkrautvernichter mit Rasendünger, SCO	2,4-D, 8 g/kg Dicamba, 1,2 g/kg	HD-(Z)
Seedoxin FHL, ASU, Xn, B3	Bendiocarb, 480 g/l	IP-(A)
Segetan Giftweizen, SPI, URA, T+, B3	Zinkphosphid, 24 g/kg	R-(A,F,G,O,R,Z)
Sencor WG, BAY, DPB, ZNC	Metribuzin, 700 g/kg	H-(A,G)
Shirlan, ZNC, Xi	Fluazinam, 500 g/l	F-(A)
Sibutol Flüssigbeize, BAY, B3	Bitertanol, 375,1 g/l Fuberidazol, 23,31 g/l	F-(A)
Sibutol mit Haftmittel, BAY, B3	Bitertanol, 375 g/kg Fuberidazol, 23 g/kg	F-(A)
Sibutol-Morkit-Flüssigbeize, BAY, B3	Anthrachinon, 170 g/l Bitertanol, 190 g/l Fuberidazol, 15 g/l	F-(A)
SILICO-SEC, CEM, ABP, B3	Kieselgur, 965 g/kg	I-(V)
Simbo, CGD, BAS, B4	Fenpropimorph, 300 g/l Propiconazol, 125 g/l	F-(A)
Skipper, RPA, Xn	Thiodicarb, 40 g/kg	M-(A)
Snek-Vetyl "neu", VET, B3	Metaldehyd, 60 g/kg	M-(A,G,O,Z)
SOLITÄR, NAD, B3	Cyprodinil, 25 g/l Fludioxonil, 25 g/l Tebuconazol, 10 g/l	F-(A)
Solstis, POL, Xi, B4	Glyphosat, 355,7 g/l	H-(A,R)
Spezial-Pilzfrei Aliette, CEL, Xi	Fosetyl, 746 g/kg	F-(G,H,O,Z)
Spezial-Unkrautvernichter Weedex, CEL, Xi	Glyphosat, 355,7 g/l	H-(A,B,F,O,R,W,Z)
Sportak Alpha, AVO, Xn	Carbendazim, 80 g/l Prochloraz, 300 g/l	F-(A)
Sportak Delta, AVO, RPA, Xi	Cyproconazol, 48 g/l Prochloraz, 360 g/l	F-(A)
Sportak Plus, AVO, Xn, B1	Fluquinconazol, 100 g/l Prochloraz, 267 g/l	F-(A)
Sportak, AVO, RPA, Xn	Prochloraz, 400 g/l	F-(A)

Präparate	Wirkstoffe	Wirkungsbereich/Einsatzgebiet
Sprint, AVO, NAD, Xi	Fenpropimorph, 281 g/l Prochloraz, 200 g/l	F-(A)
Spritz-Hormin 500 00, NLI, Xn	2,4-D, 500 g/l	H-(A,R)
Spruzit-flüssig, NEU, ASU, DET, FSC	Piperonylbutoxid, 144 g/l Pyrethrine, 36 g/l	I-(O,Z)
Spruzit-Gartenspray, NEU	Piperonylbutoxid, 0,29 g/l Pyrethrine, 0,09 g/l	I-(Z)
Spruzit-Staub, NEU, B4	Piperonylbutoxid, 10 g/kg Pyrethrine, 3 g/kg	I-(A,G,Z)
Spruzit-Zimmerpflanzenspray, NEU	Piperonylbutoxid, 0,29 g/l Pyrethrine, 0,09 g/l	I-(Z)
Starane 180, DOW, Xi, B4	Fluroxypyr, 180 g/l	H-(A,R)
Starane 400 EW, DOW	Fluroxypyr, 400 g/l	H-(A,R)
Stefes CCC 720, STE, Xn	Chlormequat, 558 g/l	W-(A)
STEFES ETHO 500, STE, B4	Ethofumesat, 500 g/l	H-(A)
Stefes FUNGI, STE, Xn	Prochloraz, 400 g/l	F-(A)
Stefes HALMSTÄRKER, STE, Xi	Ethephon, 480 g/l	W-(A)
Stefes INSTANT, STE, B4	Schwefel, 796 g/kg	F-(A,F,G,H,O,W,Z)
Stefes IPU 500, STE, Xn	Isoproturon, 500 g/l	H-(A)
Stefes IPU 700, STE, Xn	Isoproturon, 700 g/l	H-(A)
Stefes MagicTandem, STE	Ethofumesat, 190 g/l Phenmedipham, 200 g/l	H-(A)
STEFES MAMBA, AUS, STE, Xi, B4	Glyphosat, 355,7 g/l	H-(A,B,F,O,R,W,Z)
Stefes MANCOFOL, STE, Xi	Mancozeb, 750 g/kg	F-(A,G,O,W,Z)
STEFES Matador, STE, Xi	Tebuconazol, 251,7 g/l Triadimenol, 125,8 g/l	F-(A)
Stefes METRON, STE	Metamitron, 700 g/l	H-(A)
Stefes MONSUN, STE, B4	Chlortoluron, 700 g/l	H-(A)
STEFES PMP, STE, Xn	Phenmedipham, 157 g/l	H-(A,G,O)
Stefes TANDEM, STE, B4	Ethofumesat, 94 g/l Phenmedipham, 97 g/l	H-(A)
STEFES TRIFLURALIN, STE, Xn, B3	Trifluralin, 480 g/l	H-(A)
Stefes-Terbutryn 500 flüssig, STE, B4	Terbutryn, 490 g/l	H-(A,G)
Stempor-Granulat zum Auflösen in Wasser, ZNC, Xn	Carbendazim, 600 g/kg	F-(A)
Stentan, NAD, Xn	Metolachlor, 250 g/l Pendimethalin, 165 g/l Terbuthylazin, 125 g/l	H-(A)
Stickstoff MES, MES, B3	Stickstoff, 995 g/kg	I-(V)
Stodiek Moosvernichter mit Rasendünger, STD, COM	Eisen-II-sulfat, 238 g/kg	HD-(Z)
STOMP SC, CYD	Pendimethalin, 400 g/l	H-(A,G)
STORM Ratten- und Mäusehappen, CYD, B3	Flocoumafen, 0,05 g/kg	R-(V)
Sufran WG, SPI, URA, B4	Schwefel, 800 g/kg	F-(A,F,G,H,O,W,Z)
Sugan-Rattenköder, NEU, B3	Warfarin, 0,8 g/kg	R-(V)
Sugan-Streumittel, NEU, T, B3	Warfarin, 7,9 g/kg	R-(V)
Sumicidin 10, SCD, Xn, B2	Fenvalerat, 100 g/l	I-(A)
Sumicidin Alpha EC, SCD, CYD, Xn, B2	Esfenvalerat, 50 g/l	I-(A)
Super Schachtox, FSC, T+, F, B3, W	Aluminiumphosphid, 560 g/kg	R-(A,G,O,R,Z)
Supersix, KCC, B4	Schwefel, 725 g/l	F-(A,W)
SWING, MOT, AVO, Xi, B4	Glyphosat, 178 g/l	H-(A,O,W)
SWITCH, NAD	Cyprodinil, 375 g/kg Fludioxonil, 250 g/kg	F-(O,W)
Systemschutz D-Hydro, WAC, DOW, LEN, Xi, B3	Butocarboxim, 50 g/l	I-(Z)
Systhane 6W, RHD, Xi	Myclobutanil, 60 g/kg	F-(O)
TACCO, DOW, Xn	Metosulam, 100 g/l	H-(A)
Tachigaren 70 W.P., SUD, Xi, B3	Hymexazol, 700 g/kg	F-(A)
Taifun 180, FSG, Xi	Glyphosat, 180 g/l	H-(A)
Taifun forte, FSG, Xi	Glyphosat, 360 g/l	H-(A,R)
Talcord 5, SAG, Xi, B1	Permethrin, 50 g/l	I-(G,O,Z)
Tamaron, BAY, T+, B1	Methamidophos, 605 g/l	IA-(A,G,Z)

Präparate	Wirkstoffe	Wirkungsbereich/Einsatzgebiet
Targa Super, RPA, Xi	Quizalofop-P, 46,3 g/l	H-(A)
Tarsol Neu, AVO, Xi	Triforin, 190 g/l	F-(A,G,H,O,Z)
Taspa, CGD, Xi	Difenoconazol, 250 g/l Propiconazol, 250 g/l	F-(A)
Tattoo, AVO, Xi	Mancozeb, 301,6 g/l Propamocarb, 207,8 g/l	F-(A)
TELMION, TEM, AVO	Rapsöl, 777 g/l	AI-(G,O,W,Z)
Tender GB Ultra, MOT, BAY, URA	Glyphosat, 356 g/l	H-(N)
Terano, BAY, Xn, B3	Flufenacet, 600 g/kg Metosulam, 25 g/kg	H-(A)
Terlin DF, SBC, ASU	Chloridazon, 650 g/kg	H-(A)
TERLIN WG, SBC, B4	Chloridazon, 650 g/kg	H-(A,G)
Terpal C, BAS, CBA, RPA, Xn	Chlormequat, 237 g/l Ethephon, 155 g/l	W-(A)
Tervanol 3 F, ASU, Xi, B3	Azaconazol, 10 g/kg Imazalil, 20 g/kg Thiabendazol, 10,1 g/kg	F-(O,Z)
Tervanol F, ASU, B3	Thiabendazol, 10 g/kg	F-(O,Z)
Tervanol Rot, ASU, B3	Baumwachse, Wundbehandlungsmittel	L-(O,Z)
Tervanol, ASU, B3	Baumwachse, Wundbehandlungsmittel	L-(O,Z)
Tetan Rattenköder, HAW, B3	Warfarin, 0,8 g/kg	R-(V)
TF 5 grau, FCH, B3	Verbißmittel	P-(F)
THIOVIT, NAD, B4	Schwefel, 800 g/kg	F-(A,F,G,H,O,W,Z)
Tiptor S, NAD, Xi	Cyproconazol, 48 g/l Prochloraz, 360 g/l	F-(A)
Tiptor, NAD, AVO, Xn	Cyproconazol, 80 g/l Prochloraz, 300 g/l	F-(A)
TITUS, DPB	Rimsulfuron, 250 g/kg	H-(A)
Tixit, CYD, CEL, B3	Propham, 10 g/kg	W-(A)
TMTD 98% Satec, SAT, Xn, B3	Thiram, 980 g/kg	F-(A,G)
TOLKAN FLO, RPA, Xn	Isoproturon, 500 g/l	H-(A)
TOPAS, NAD, Xi	Penconazol, 100 g/l	F-(W)
TOPFLOR, DOW, URA, Xi	Flurprimidol, 15 g/l	W-(Z)
Topik, NAD, Xi	Clodinafop, 71,3 g/l Cloquintocet, 14,15 g/l	H-(A)
TORNADO, FSG	Metamitron, 700 g/l	H-(A)
Touchdown TD, ZNC, Xn	Glyphosat-trimesium, 480 g/l	H-(N,Z)
Touchdown, ZNC, Xn	Glyphosat-trimesium, 480 g/l	H-(A,F,O,W,Z)
Tox - Vetyl neu "Fertigköder", VET, B3	Warfarin, 0,792 g/kg	R-(V)
Tox-Vetyl neu "Streupuder", VET, T, B3	Warfarin, 7,92 g/kg	R-(V)
Tramat 500, SCH, B4	Ethofumesat, 500 g/l	H-(A)
Trevespan, RPA, CYD, Xn	Ioxynil, 380 g/l	H-(A)
Triflurex, MAC, Xn, B3	Trifluralin, 480 g/l	H-(A)
Trigol-Baumwachs warmflüssig, FSC, TRI, B3	Baumwachse, Wundbehandlungsmittel	L-(O,Z)
TRIMANGOL, ELF, Xi	Maneb, 800 g/kg	F-(A)
Trimona Baumwachs, kaltstreichbar, FSC, MEY, NEN, TRI, B3	Baumwachse, Wundbehandlungsmittel	L-(O,Z)
Tristar, DOW, Xn	Bromoxynil, 100 g/l Fluroxypyr, 100 g/l Ioxynil, 100 g/l	H-(A)
Triticol WDG Spiess-Urania, SPI, URA, Xn	Carbendazim, 600 g/kg	F-(A)
TRUMP, CYD, Xn	Isoproturon, 236 g/l Pendimethalin, 236 g/l	H-(A)
Turex, CGD	Bacillus thuringiensis, 500 g/kg	I-(G,O,W)
Tuta-DU Unkrautvernichter und Rasendünger, VGM, B3	2,4-D, 8,45 g/kg Dicamba, 1,15 g/kg	HD-(Z)
Tuta-DU-Rasenunkrautvernichter und Rasendünger, VGM	2,4-D, 7 g/kg Dicamba, 1 g/kg	HD-(Z)

Präparate	Wirkstoffe	Wirkungsbereich/Einsatzgebiet
Tuta-Super Neu, VGM, Xn	Diuron, 270 g/kg Glyphosat, 144 g/kg	H-(N,O,W,Z)
Tutakorn-ZA, VGM, W	Dichlobenil, 67,5 g/kg	H-(F,R,Z)
Tutan Flüssigbeize, CGD, Xn, B3	Thiram, 500 g/l	F-(A,G)
U 46 D-Fluid, BAS, DOW, Xn	2,4-D, 500 g/l	H-(A,R)
U 46 M-Fluid, BAS, NAD, DOW, ZNC, Xn	MCPA, 500 g/l	H-(A,O,R,W)
UCB-CCC-720, DMA, Xn	Chlormequat, 558 g/l	W-(A)
ULTRACID 40 CIBA-GEIGY, CGD, T, B1	Methidathion, 400 g/kg	I-(A,H,W)
Unden flüssig, BAY, T, B1	Propoxur, 203,7 g/l	I-(A,G,O,Z)
Unix, NAD	Cyprodinil, 750 g/kg	F-(A)
Unkraut-Stop Herbenta G, ASU, W	Dichlobenil, 67,5 g/kg	H-(F,R,Z)
Unkraut-Stop, NEU	Glyphosat, 360 g/l	H-(A,F,N,O,R,W,Z)
Unkrautfrei Ektorex G, CEL, W	Dichlobenil, 67,5 g/kg	H-(F,R,Z)
Unkrautfrei Weedex, CEL, Xn	Glufosinat, 183 g/l	H-(A,B,F,G,N,O,W,Z)
Unkrautvernichter plus Rasendünger, FLO	2,4-D, 7 g/kg Dicamba, 1 g/kg	HD-(Z)
Unkrautvernichter Spiess mit Rasendünger, SPI, URA	2,4-D, 7 g/kg Dicamba, 1 g/kg	HD-(Z)
Ustinex G neu, BAY, Xn	Diuron, 270 g/kg Glyphosat, 144 g/kg	H-(N,O,W,Z)
Ustinex-CN-Streumittel, BAY, W	Dichlobenil, 67,5 g/kg	H-(F,R,Z)
Utox M, SPI, URA, Xn	MCPA, 500 g/l	H-(A,O,R,W)
UV RASEN FLORANID, BAS, COM	2,4-D, 7 g/kg Dicamba, 1 g/kg	HD-(Z)
VERISAN, RPA, Xn	Iprodion, 255 g/l	F-(A)
Vermitox Rattenköder, VER, B3	Warfarin, 0,8 g/kg	R-(V)
Vertimec Hopfen, NAD, Xn, B1	Abamectin, 18 g/l	AI-(G,H,Z)
Vertimec, NAD, Xn, B1	Abamectin, 18 g/l	AI-(G,H,Z)
Vetyl Unkraut-frei-Neu, VET, Xn	Diuron, 400 g/kg	H-(Z)
Vincit FS, ZNC, B3	Flutriafol, 37,5 g/l Imazalil, 15 g/l Thiabendazol, 25 g/l	F-(A)
Vinuran, URA, SPI, W	Dichlobenil, 67,5 g/kg	H-(F,R,Z)
Vision, AVO, Xn	Fluquinconazol, 50 g/l Pyrimethanil, 200 g/l	F-(O)
VONDAC DG, ELF, Xi	Maneb, 770 g/kg	F-(A)
Vorox flüssig, URA, SPI, Xn	Glyphosat-trimesium, 480 g/l	H-(N,Z)
Vorox G, URA, SPI, Xn	Diuron, 270 g/kg Glyphosat, 144 g/kg	H-(N,O,W,Z)
Vorox WPD, URA, SPI, Xn	Diuron, 400 g/kg Propyzamid, 100 g/kg	H-(Z)
Weißteer TS 300, FLU, Xn, B3	Verbißmittel	P-(F)
Wildverbißschutz, FSC, B4	Parfuemöl Daphne, 16,8 g/kg Verbißmittel	P-(G,O,Z)
WOLF Moosvernichter mit Rasendünger, WGB, Xi, B4	Eisen-II-sulfat, 140 g/kg	HD-(Z)
Wolf Moosvernichter plus Rasendünger, WGB, Xi	Eisen-II-sulfat, 175,7 g/kg Eisen-III-sulfat, 75,3 g/kg	HD-(Z)
Wolf Moosvernichter und Rasendünger, WGB	Eisen-II-sulfat, 238 g/kg	HD-(Z)
WOLF Unkrautvernichter mit Rasendünger, WGB	Chlorflurenol, 1,66 g/kg MCPA, 4,71 g/kg	HD-(Z)
Wolf Unkrautvernichter plus Rasendünger, WGB	2,4-D, 7 g/kg Dicamba, 1 g/kg	HD-(Z)
Wolf Unkrautvernichter und Rasendünger, WGB, B3	2,4-D, 8,45 g/kg Dicamba, 1,15 g/kg	HD-(Z)
Wundbalsam, WGB, B3	Baumwachse, Wundbehandlungsmittel	L-(F,O,Z)
Wundtinktur NEU, FSC, B3	Baumwachse, Wundbehandlungsmittel	L-(O,Z)
Wundverschluß Drawipas, CEL, B3	Thiabendazol, 10 g/kg	FL-(F,O,Z)
Wundverschluß Spisin, SPI, URA, B3	Thiabendazol, 10 g/kg	FL-(F,O,Z)
Wundwachs Schacht "NEU", FSC, B3	Baumwachse, Wundbehandlungsmittel	L-(O,Z)

Präparate	Wirkstoffe	Wirkungsbereich/Einsatzgebiet
Wundwachs Schacht, FSC, B3	Baumwachse, Wundbehandlungsmittel	L-(O,Z)
Wöbra, BBM, B3	Verbißmittel	P-(F)
Wühlmaus-Patrone Arrex Patrone, CEL, B3, W	Begasungsmittel	R-(A,G,O,R,Z)
Wühlmauspille, ASU, T+, F, B3, W	Aluminiumphosphid, 560 g/kg	R-(A,G,O,R,Z)
XenTari, BAY, Xi	Bacillus thuringiensis, 540 g/kg	I-(G,O,W)
ZARDEX GERSTE, CYD, B3	Cyproconazol, 5 g/l Imazalil, 20 g/l	F-(A)
Zardex W, RPA, Xn, B3	Cyproconazol, 2,5 g/l Guazatin, 199,6 g/l	F-(A)
Zedesa-Blausäure, DEA, T+, F+, B3	Blausäure, 490 g/kg	I-(Q,V)
Zenit M, NAD, Xn	Fenpropidin, 750 g/l	F-(A)
ZERA - Halmstärker, ZEI, Xi	Ethephon, 480 g/l	W-(A)
ZERA-Chlortoluron 700 fl, ZER, B3	Chlortoluron, 700 g/l	H-(A)
ZERA-Gram, STE, Xn, B3	Trifluralin, 480 g/l	H-(A)
ZERA-Terbutryn 500 flüssig, HOR, B4	Terbutryn, 490 g/l	H-(A,G)
ZERA-Trifluralin, STE, Xn, B3	Trifluralin, 480 g/l	H-(A)
ZINTAN, NAD, Xi, B1	Metolachlor, 214,3 g/kg Pyridat, 142,9 g/kg Terbuthylazin, 142,9 g/kg	H-(A)

10.1.2 Wirkstoffe - Präparate

Die Liste enthält alle am 11. September 1998 bestandeskräftig zugelassenen Wirkstoffe in alphabetischer Reihenfolge. Enthält ein Präparat mehrere Wirkstoffe, so ist es unter jedem der Wirkstoffe aufgeführt.

Wirkstoffe	Präparate	Wirkungsbereich/Einsatzgebiet
(E)7-(Z)9-Dodecadienylacetat,E7Z9-12Ac, 48 g/kg	RAK 1 + 2, BAS	E-(W)
(Z)11-Tetradecen-1-yl-acetat, 36 g/kg	RAK 3 + 4, BAS	E-(O)
(Z,Z)-3,13-Octadecadien-1-yl-acetat, 26 g/kg	RAK 7, BAS	E-(O)
1-Naphthylessigsäure, 1 g/kg	Rhizopon B 0.1, RHI, HUB, B3	W-(Z)
1-Naphthylessigsäure, 100 g/kg	Rhizopon B Tabletten, RHI, HUB, B3	W-(Z)
1-Naphthylessigsäure, 2 g/kg	Rhizopon B 0.2, RHI, HUB, B3	W-(Z)
2,4-D, 160 g/l	COMPO Rasenunkraut-frei, COM, Xn	H-(A,R,Z)
	Duplosan KV-Combi, BAS, BAY, CBA, NAD, COM, DPB, Xn	H-(A,R,Z)
	Marks Optica MP Combi, AHM, Xn	H-(A,R,Z)
	Rasen-Duplosan, BAY, Xn	H-(A,R,Z)
	RASEN-RA-6, HEN, Xn	H-(A,R,Z)
	Rasen-Unkrautvernichter Astix MPD, CEL, Xn	H-(A,R,Z)
2,4-D, 250 g/l	Aaherba-Combi, ASU, Xn, B4	H-(A,R)
	MEGA-MD, NUF, Xn, B4	H-(A,R)
2,4-D, 29,7 g/kg	Scotts Rasenunkrautvernichter, SCO	H-(Z)
2,4-D, 500 g/l	Spritz-Hormin 500 00, NLI, Xn	H-(A,R)
	U 46 D-Fluid, BAS, DOW, Xn	H-(A,R)
2,4-D, 7 g/kg	"Der Gute" Unkrautvernichter mit Rasendünger, GFG	HD-(Z)
	Capriflor Unkrautvernichter plus Rasendünger,FLR	HD-(Z)
	Chrysal Unkrautvernichter mit Rasendünger, POK	HD-(Z)
	Dehner Unkrautvernichter plus Rasendünger NEU, DEN	HD-(Z)
	egesa Unkrautvernichter Neu mit Rasendünger, EGE	HD-(Z)
	Gartengrün Unkrautvernichter mit Rasendünger, GRT	HD-(Z)
	park UV neu + Rasendünger, PGS	HD-(Z)

Wirkstoffe	Präparate	Wirkungsbereich/Einsatzgebiet
2,4-D, 7 g/kg	Raiffeisen Unkrautvernichter mit Rasendünger,RAI	HD-(Z)
	Tuta-DU-Rasenunkrautvernichter und Rasendünger, VGM	HD-(Z)
	Unkrautvernichter plus Rasendünger, FLO	HD-(Z)
	Unkrautvernichter Spiess mit Rasendünger, SPI, URA	HD-(Z)
	UV RASEN FLORANID, BAS, COM	HD-(Z)
	Wolf Unkrautvernichter plus Rasendünger, WGB	HD-(Z)
2,4-D, 8 g/kg	Scotts Unkrautvernichter mit Rasendünger, SCO	HD-(Z)
2,4-D, 8,45 g/kg	ASEF UNKRAUTVERNICHTER MIT RASENDÜNGER, ASF, B3	HD-(Z)
	Beckhorn Unkrautvernichter plus Rasendünger, BEC, B3	HD-(Z)
	Cornufera UV Unkrautvernichter + Rasendünger neu, GUN, B3	HD-(Z)
	Einfach Sagenhaft Unkrautvernichter plus Rasendünger, SAF, B3	HD-(Z)
	GREENMASTER Fine Turf Extra, FHD, ASP, BEC, FLR, GFG, GPS, MAI, SHO, B3	HD-(Z)
	Grüne Welle Unkrautvernichter plus Rasendünger, BAW, B3	HD-(Z)
	Gärtner's Unkrautvernichter mit Rasendünger, KDI, B3	HD-(Z)
	Tuta-DU Unkrautvernichter und Rasendünger, VGM, B3	HD-(Z)
	Wolf Unkrautvernichter und Rasendünger,WGB,B3	HD-(Z)
2,4-D, 8,57 g/kg	Detia Rasenrein mit Unkrautvernichter und Dünger, DET, B3	HD-(Z)
3-Indolessigsäure, 10 g/kg	Rhizopon A 1.0 %, RHI, HUB, B3	W-(Z)
3-Indolessigsäure, 200 g/kg	Rhizopon A Tabletten, RHI, HUB, B3	W-(Z)
3-Indolessigsäure, 5 g/kg	Rhizopon A Pflanzenwuchsstoffe, RHI, HUB, B3	W-(Z)
3-Indolessigsäure, 7 g/kg	Rhizopon A 0.7 %, RHI, HUB, B3	W-(Z)
4-(-3-Indol)buttersäure, 1 g/kg	Chryzopon rosa 0.1 %, RHI, HUB, B3	W-(Z)
4-(-3-Indol)buttersäure, 10 g/kg	RHIZOPON AA 1, RHI, HUB, B3	W-(Z)
4-(-3-Indol)buttersäure, 2,5 g/kg	Chryzotop grün 0.25 %, RHI, HUB, B3	W-(Z)
4-(-3-Indol)buttersäure, 20 g/kg	Rhizopon AA 2, RHI, HUB, B3	W-(Z)
4-(-3-Indol)buttersäure, 200 g/kg	RHIZOPON AA TABLETTEN, RHI, HUB, B3	W-(Z)
4-(-3-Indol)buttersäure, 4 g/kg	Chryzotek beige 0.4 %, RHI, HUB, B3	W-(Z)
4-(-3-Indol)buttersäure, 40 g/kg	Rhizopon AA 4 %, RHI, HUB, B3	W-(Z)
4-(-3-Indol)buttersäure, 5 g/kg	Rhizopon AA 0.5, RHI, HUB, B3	W-(Z)
4-(-3-Indol)buttersäure, 6 g/kg	Chryzosan weiss 0.6 %, RHI, HUB, B3	W-(Z)
4-(-3-Indol)buttersäure, 8 g/kg	Chryzoplus grau 0.8 %, RHI, HUB, B3	W-(Z)
4-(-3-Indol)buttersäure, 80 g/kg	Rhizopon AA 8 %, RHI, HUB, B3	W-(Z)
8-Hydroxichinolin, 1 g/kg	PP 140 F, ASU, B3	F-(W)
	Rebwachs WF, ASU, B3	L-(W)
Abamectin, 18 g/l	Vertimec Hopfen, NAD, Xn, B1	AI-(G,H,Z)
	Vertimec, NAD, Xn, B1	AI-(G,H,Z)
Aclonifen, 600 g/l	Bandur, RPA, CYD, B3	H-(A)
alpha-Cypermethrin, 100 g/l	FASTAC SC, CYD, Xi	I-(A)
alpha-Cypermethrin, 15 g/l	FASTAC FORST, CYD, Xi, B3	I-(F,Z)
Aluminiumphosphid, 560 g/kg	Delicia - Gastoxin - Pellets, DDZ, T+, F, B3	I-(V)
	Delicia - Gastoxin - Tabletten, DDZ, T+, F, B3	I-(V)
	DETIA GAS-EX-P, DET, DGS, T+, F, B3	I-(V)
	Detia Gas-Ex-T, DET, T+, F, B3	I-(V)
	Detia Wühlmaus-Killer, DET, T+, F, B3, W	R-(A,G,O,R,Z)
	DGS Wühlmauskiller, DGS, T+, F, B3, W	R-(A,G,O,R,Z)
	NEUDO-Phosphid S, NEU, T+, F, B3, W	R-(A,G,O,R,Z)
	Phostoxin Pellets, DET, T+, F, B3	I-(V)
	PHOSTOXIN Tabletten, DET, DEG, T+, F, B3	I-(V)
	Phostoxin WM, DET, T+, F, B3, W	R-(A,G,O,R,Z)
	Super Schachtox, FSC, T+, F, B3, W	R-(A,G,O,R,Z)

Wirkstoffe	Präparate	Wirkungsbereich/Einsatzgebiet
Aluminiumphosphid, 560 g/kg	Wühlmauspille, ASU, T+, F, B3, W	R-(A,G,O,R,Z)
Aluminiumphosphid, 570 g/kg	Detia Beutelrolle, DET, DGS, T+, F, B3	I-(V)
	Detia Gas-Ex-B, DET, T+, F, B3	I-(V)
	QuickPhos AlP-Preßkörper, PSA, T+, F, B3	I-(V)
	QuickPhos Begasungsbeutel, PSA, T+, F, B3	I-(V)
Amidosulfuron, 15 g/kg	Agrilon, AVO, Xn	H-(A)
Amidosulfuron, 750 g/kg	Hoestar, AVO	H-(A,R)
Amitraz, 200 g/l	Mitac, AVO, RPA, Xn	AI-(H,O)
Amitrol, 400 g/kg	Cumatol WG, SPI, Xn	H-(O,W)
	Rapir Neu, BAY, Xn	H-(O,W)
Anthrachinon, 170 g/l	Sibutol-Morkit-Flüssigbeize, BAY, B3	F-(A)
Apfelwickler-Granulosevirus, 4 g/l	MADEX 3, CEM	I-(O)
Apfelwickler-Granulosevirus, 486 g/l	Granupom N, NEU, Xi	I-(O)
	GRANUPOM, AVO, Xi	I-(O)
	Obstmadenfrei Granupom, CEL, Xi	I-(O)
Azaconazol, 10 g/kg	Forst Tervanol, ASU, B3	FP-(F,O,Z)
	Lac Balsam plus F, CEL, B3	FP-(F,O,Z)
	NECTEC Paste, JPA, CYD, FLU, CEL, B3	FP-(F,O,Z)
	Tervanol 3 F, ASU, Xi, B3	F-(O,Z)
Azocyclotin, 255 g/kg	Peropal, BAY, T+	A-(G)
Azoxystrobin, 250 g/l	Amistar, ZNC	F-(A)
Bacillus thuringiensis, 20 g/kg	Bactospeine FC, AVO, B4	I-(G,O,W,Z)
	BIOBIT (BBN 0017), ABB, CEM, B4	I-(G,O,W,Z)
	NOVODOR FC, ABB, CEM	I-(A)
Bacillus thuringiensis, 21,2 g/kg	FORAY 48B, ABB, AVO, Xi	I-(F)
Bacillus thuringiensis, 22 g/kg	Bactospeine XL, ABB, AVO	I-(G,O,W,Z)
Bacillus thuringiensis, 32 g/kg	Dipel, ASU, B4	I-(A,F,G,O,W,Z)
	Neudorffs Raupenspritzmittel, NEU, B4	I-(A,F,G,O,W,Z)
Bacillus thuringiensis, 33,2 g/l	Dipel ES, ASU	I-(A,F,G,O,W,Z)
Bacillus thuringiensis, 500 g/kg	Turex, CGD	I-(G,O,W)
Bacillus thuringiensis, 540 g/kg	XenTari, BAY, Xi	I-(G,O,W)
Bacillus thuringiensis, 64 g/kg	Delfin, SAD, AVO, Xi	I-(W)
	Dipel 2 X, ASU, B4	I-(A,F,G,O,W,Z)
Baumwachse, Wundbehandlungsmittel	Baum-Wundplast, FSC, B3	L-(O,Z)
	Baumwachs "Brunonia", FSC, B3	L-(O,Z)
	Baumwachs flüssig, FSC, B3	L-(O,Z)
	Frankol Baumpflaster, FRA, B3	L-(O,Z)
	LacBalsam, SDL, B3	L-(F,O,Z)
	Lauril Baumwachs, NEU, B3	L-(O,Z)
	Maywax-Baumwachs, FSC, MEY, TRI, B3	L-(O,Z)
	Nenninger's Baumwachs, kaltstreichbar, NEN, B3	L-(O,Z)
	Nenninger's flüssiger Wundverschluß ARBAL, NEN, B3	L-(O,Z)
	Nenninger's Wundwachs, NEN, B3	L-(O,Z)
	Nenninger`s Baumharz warmflüssig, NEN, B3	L-(O,Z)
	Neudorffs Wundverschluß, NEU, B3	L-(O,Z)
	Rebwachs WF, ASU, B3	L-(W)
	Santar SM Neu, SAD, SPI, URA, B3	L-(O,Z)
	Tervanol Rot, ASU, B3	L-(O,Z)
	Tervanol, ASU, B3	L-(O,Z)
	Trigol-Baumwachs warmflüssig, FSC, TRI, B3	L-(O,Z)
	Trimona Baumwachs, kaltstreichbar, FSC, MEY, NEN, TRI, B3	L-(O,Z)
	Wundbalsam, WGB, B3	L-(F,O,Z)
	Wundtinktur NEU, FSC, B3	L-(O,Z)
	Wundwachs Schacht "NEU", FSC, B3	L-(O,Z)
Baumwachse, Wundbehandlungsmittel	Baumwachs Pomona kaltstreichbar, ASU, B3	L-(O,Z)
	Baumwachs Pomona warmstreichbar, ASU, B3	L-(O,Z)
	Dendrosan, SDL, B3	L-(O,Z)

Wirkstoffe	Präparate	Wirkungsbereich/Einsatzgebiet
Baumwachse, Wundbehandlungsmittel	Detia Baumwachs, DET, B3	L-(O,Z)
	Hörnig Baumwachs, HRN, Xi, B3	L-(O)
	Lauril Wundwachs, NEU, B3	L-(O,Z)
	NEU 1131 L, NEU, B3	L-(O,Z)
	Novaril Rot, ASU, B3	L-(O,Z)
	Wundwachs Schacht, FSC, B3	L-(O,Z)
Begasungsmittel	Wühlmaus-Patrone Arrex Patrone, CEL, B3, W	R-(A,G,O,R,Z)
Bendiocarb, 480 g/l	Seedoxin FHL, ASU, Xn, B3	IP-(A)
Benfuracarb, 200 g/l	Oncol 20 EC, SPI, URA, T, B1, W	I-(A)
Benfuracarb, 50 g/kg	Oncol 5 G, SPI, URA, B3, W	I-(A)
Benomyl, 524 g/kg	Du Pont Benomyl, DPB, AVO, SPI, Xn, F	F-(A,O)
Bentazon, 150 g/l	Artett, BAS, NAD, Xi	H-(A)
Bentazon, 250 g/l	Basagran Ultra, BAS, Xn	H-(A)
	Extoll, BAS, Xn	H-(A)
Bentazon, 333 g/l	Basagran DP, BAS, Xn	H-(A)
Bentazon, 480 g/l	Basagran, BAS, Xn	H-(A,G)
Bentazon, 870 g/kg	Basagran Dryflo, BAS, Xi	H-(G)
beta-Cyfluthrin, 125,1 g/l	Contur plus, BAY, Xn, B2	I-(A,Z)
beta-Cyfluthrin, 25,8 g/l	Bulldock Gemüseschädlingsfrei, BAY, Xn, B2	I-(A,G,O,Z)
	Bulldock, BAY, Xn, B2	I-(A,G,O,Z)
Bifenox, 250 g/l	Bifenal, RPA, Xi, B4	H-(A)
	FOXTRIL SUPER, RPA, CYD, Xn	H-(A)
Bifenox, 480 g/l	RPA 03681 H, RPA	H-(A)
Bitertanol, 0,75 g/kg	Baymat Zierpflanzenspray, BAY, B4	F-(Z)
	COMPO Rosen-Spray, COM, B4	F-(Z)
Bitertanol, 190 g/l	Sibutol-Morkit-Flüssigbeize, BAY, B3	F-(A)
Bitertanol, 250 g/kg	Baycor-Spritzpulver, BAY	F-(A,O)
Bitertanol, 300,2 g/l	Baymat flüssig, BAY, Xi	F-(Z)
	Baymat Rosenspritzmittel, BAY, Xi	F-(Z)
	COMPO Rosen-Schutz, COM, Xi	F-(Z)
Bitertanol, 375 g/kg	Sibutol mit Haftmittel, BAY, B3	F-(A)
Bitertanol, 375,1 g/l	Sibutol Flüssigbeize, BAY, B3	F-(A)
Blausäure, 490 g/kg	Cyanosil, DGS, T+, F+, B3	I-(Q,V)
	Zedesa-Blausäure, DEA, T+, F+, B3	I-(Q,V)
Brodifacoum, 0,05 g/kg	frunax-R+M, FRU, B3	R-(V)
	Klerat-Haferflockenköder, ZNC, B3	R-(V)
	Klerat-Wachsblock, ZNC, KGM, B3	R-(V)
Brodifacoum, 2,5 g/l	Brodifacoum - 0,25% flüssig, ZNC, T, B3	R-(V)
Bromadiolon, 0,05 g/kg	Brumolin Fix Fertig, SCH, CYD, B3	R-(V)
	Contrax-top-Köder H, FRO, B3	R-(V)
	MausEX-Köder, FRO, B3	R-(V)
Bromadiolon, 2,34 g/l	Bromadiolone Lipha 0,25, LIP, Xn, B3	R-(V)
	Contrax-top-Konzentrat, FRO, Xn, B3	R-(V)
Bromoxynil, 100 g/kg	DUOGRANOL, NAD, RPA, Xn	H-(A)
Bromoxynil, 100 g/l	Extoll, BAS, Xn	H-(A)
	Tristar, DOW, Xn	H-(A)
Bromoxynil, 150 g/l	GARDOBUC, NAD, Xn	H-(A)
Bromoxynil, 225 g/l	BUCTRIL, RPA, Xn	H-(A)
Bromoxynil, 235 g/l	Bromotril 235 EC, MAC, ASU, Xn	H-(A)
	CERTROL B, CFP, SPI, Xn	H-(A)
Bromoxynil, 250 g/l	Bromotril 250 SC, MAC, ASU, Xn	H-(A)
Bromoxynil, 600 g/kg	ECLAT, NAD, Xn	H-(A)
	Herkules E, NAD, Xn	H-(A)
Bromoxynil, 75 g/l	PENDIMOX, CFP, Xn	H-(A)
Bromuconazol, 133 g/l	GRANIT PLUS, RPA, Xn	F-(A)
Bromuconazol, 200 g/l	Granit, RPA	F-(A)
	RPA 10371 F, RPA, Xi	F-(A)
Buprofezin, 250 g/l	Applaud, ZNC, B3	I-(G,Z)

Wirkstoffe	Präparate	Wirkungsbereich/Einsatzgebiet
Butocarboxim, 0,7 g/kg	Pflanzen Paral gegen Blattläuse an Zierpflanzen NEU, JOH, THO, B4	I-(Z)
Butocarboxim, 0,81 g/kg	Blattlaus-frei Spiess-Urania für Rosen- und Zierpflanzen, SPI, URA, B4	I-(Z)
	Detia Rosen- und Zierpflanzen Spray gegen Blattläuse, DET, B4	I-(Z)
	Pflanzen Paral für Balkonpflanzen, JOH, THO, B4	I-(Z)
	Pflanzen Paral für Gartenpflanzen, JOH, THO, B4	I-(Z)
	Pflanzen Paral gegen Blattläuse NEU, JOH, THO, B4	I-(Z)
Butocarboxim, 1 g/kg	Blituran Neu Sprühschutz gegen Blattläuse, SPI, URA, B1	I-(Z)
	Detia Rosen- und Zierpflanzenspray Blattlaus-Frei, DET, B1	I-(Z)
	Pflanzen Paral Blattlaus-Frei, JOH, THO, B1	I-(Z)
Butocarboxim, 1,09 g/kg	Blattlausfrei Neu Spiess-Urania, SPI, URA, B4	I-(Z)
	Pflanzen Paral Blattlausspray 143, JOH, THO, B4	I-(Z)
Butocarboxim, 50 g/l	Blusana Systemschutz D-Hydro, LEN, Xi, B3	I-(Z)
	Systemschutz D-Hydro, WAC, DOW, LEN, Xi, B3	I-(Z)
Butoxycarboxim, 29 g/kg	Combi-Stäbchen Neu, CEL, B4	I-(Z)
	Pflanzen Paral Kombi-Stick, JOH, THO, B4	I-(Z)
	Plant pin combi, WAC, THO, B4	I-(Z)
Butoxycarboxim, 98 g/kg	Pflanzen Paral Pflanzenschutz-Zäpfchen, JOH, THO, B4	I-(Z)
	Plant pin, WAC, DOW, THO, B4	I-(Z)
Calciumcarbid, 800 g/kg	DELU Wühlmaus-Gas, GEI, Xi, F, B3, W	R-(A,G,O,R,Z)
	Gabi Wühlmaus-Gas, GAB, Xi, F, B3, W	R-(A,G,O,R,Z)
	recozit Wühlmaus-Gas, REC, Xi, F, B3, W	R-(A,G,O,R,Z)
Calciumphosphid, 280 g/kg	Polytanol, CFW, T+, B3, W	R-(A,G,O,R,Z)
Captan, 832 g/kg	Malvin, TOM, Xn	F-(O)
Carbendazim, 125 g/l	HARVESAN, DPB, Xn	F-(A)
Carbendazim, 175 g/l	Rovral UFB, RPA, Xn, B3	F-(A)
Carbendazim, 20,16 g/kg	Santar SM Neu, SAD, SPI, URA, B3	L-(O,Z)
Carbendazim, 250 g/kg	Botrylon, AVO, Xn	F-(W)
Carbendazim, 300 g/l	Aagrano UW 2000, ASU, Xn, B3	F-(A)
Carbendazim, 360 g/l	Bavistin FL, BAS, Xn	F-(A)
	Derosal flüssig, AVO, Xn	F-(A)
Carbendazim, 383,3 g/kg	Dibavit ST mit Beizhaftmittel, SCH, Xn, B3	F-(A)
Carbendazim, 600 g/kg	CUSTOS WG, DPB, Xn	F-(A)
	Stempor-Granulat zum Auflösen in Wasser, ZNC, Xn	F-(A)
	Triticol WDG Spiess-Urania, SPI, URA, Xn	F-(A)
Carbendazim, 80 g/l	Sportak Alpha, AVO, Xn	F-(A)
Carbetamid, 500 g/kg	Pradone Kombi, RPA	H-(A)
Carbofuran, 50 g/kg	Carbosip, SCM, Xn, B3	I-(A,G,Z)
	Curaterr Granulat, BAY, Xn, B3	IN-(A,G,Z)
Carbofuran, 500,6 g/l	BAY 13 180 I, Carbofuran-Wirkstoff zur Rübenpillierung, BAY, T+, B3	I-(A)
Carbosulfan, 250 g/l	Marshal 25 EC, FMC, T, B1	I-(H)
Carbosulfan, 865 g/kg	Carbosulfan techn., SAT, T, B3	I-(A)
Carboxin, 225 g/l	Arbosan GW, CGD, B3	F-(A)
Carboxin, 333 g/l	Prelude UW, AVO, B3	F-(A)
Carboxin, 400 g/l	Abavit UF, AVO, Xi, B3	F-(A)
Carboxin, 479,2 g/kg	Abavit UT mit Beizhaftmittel, SCH, B3	F-(A)
Carfentrazone, 310 g/kg	LEXUS CLASS, DPB, Xi	H-(A)
Carfentrazone, 463,4 g/kg	Platform, FMC, DPB, Xi	H-(A)
Chinolinderivate, 20 g/kg	HaTe A, CYD	P-(F)
Chinomethionat, 260 g/kg	Morestan, BAY, Xi	AF-(G,O,Z)
Chlorfenvinphos, 100 g/kg	Birlane Granulat, CYD, Xn, B3	I-(G,Z)
Chlorfenvinphos, 240 g/l	Birlane-Fluid, CYD, T, B2	I-(A,G)
Chlorflurenol, 1,66 g/kg	Bach's Rasen-Unkrautvernichtung u Düngung,BAC	HD-(Z)

Wirkstoffe	Präparate	Wirkungsbereich/Einsatzgebiet
Chlorflurenol, 1,66 g/kg	Blumetta Rasen-Unrautvernichtung und Düngung, FGG	HD-(Z)
	COMPO Unkrautvernichter mit Rasendünger,COM	HD-(Z)
	Cornufera UV Unkrautvernichter+Rasendünger, GUN	HD-(Z)
	degro Unkrautvernichter plus Rasendünger, DEN	HD-(Z)
	Dehner Unkrautvernichter plus Rasendünger, DEN	HD-(Z)
	EUFLOR Rasen-Unkrautvernichter u. Dünger,EUF	HD-(Z)
	Gabi Rasen-Unkrautvernichter plus Dünger, GAB	HD-(Z)
	Gartenkrone Rasenunkrautvernichter und Dünger, HAG	HD-(Z)
	MANNADUR UV, Rasendünger, MAN	HD-(Z)
	Raiffeisen-Gartenkraft Unkrautvernichter plus Rasendünger, DRW	HD-(Z)
	WOLF Unkrautvernichter mit Rasendünger, WGB	HD-(Z)
Chloridazon, 300 g/l	Largo, BAS	H-(A)
Chloridazon, 400 g/l	Rebell, BAS	H-(A)
Chloridazon, 650 g/kg	Pyramin WG, BAS, RPA, B4	H-(A,G)
	Terlin DF, SBC, ASU	H-(A)
	TERLIN WG, SBC, B4	H-(A,G)
Chlormequat, 237 g/l	Sartax C, CFP, Xn	W-(A)
	Terpal C, BAS, CBA, RPA, Xn	W-(A)
Chlormequat, 310 g/l	Basacel, BAS, COM, SPI, URA, B3	W-(Z)
Chlormequat, 558 g/l	CCC 720 Feinchemie, FSG, Xn	W-(A)
	Cycocel 720, BAS, Xn, B4	W-(A)
	Stefes CCC 720, STE, Xn	W-(A)
	UCB-CCC-720, DMA, Xn	W-(A)
Chlorphacinon, 0,075 g/kg	Casit F, AVO, CYD, B3	R-(A,O,R)
	Lepit-Feldmausköder, SCH, B3	R-(A,O,R)
	Lepit-Forstpellet, SCH, B3	R-(F)
	Ratron - Feldmausköder, DDZ, B3	R-(A,F,O,R,Z)
	Ratron-Pellets "F", DDZ, B3	R-(A,F,O,R,Z)
Chlorpropham, 300 g/l	Luxan GRO-STOP FOG, LUX, Xn, B3	W-(A)
Chlorpropham, 300,3 g/l	LUXAN GRO-STOP BASIS, LUX, Xi, B3	W-(A)
Chlorpropham, 320 g/l	MitoFOG, FRO, Xn, B3	W-(A)
	Pulsfog K, STA, Xn, B3	W-(A)
Chlorpyrifos, 10 g/kg	Ameisenmittel-N-DowElanco, DOW, B1	I-(Z)
	Dursban fest, DOW, B3	I-(G)
	Garten-Loxiran, NEU, B1	I-(Z)
	Insekten-Streumittel NEXION NEU, CEL, B3	I-(G)
	Ridder Gemüsefliegenmittel, BAY, B3	I-(G)
Chlorpyrifos, 20 g/kg	Ameisen Streu- und Gießmittel, FSC, B1	I-(N,Z)
	Ameisenmittel HORTEX, CEL, B1	I-(N,Z)
	Ameisenmittel-forte-DowElanco, DOW, B1	I-(N,Z)
	Gabi Ameisenmittel, GAB, B1	I-(N,Z)
Chlorthalonil, 375 g/l	Sambarin, CGD, Xn, B4	F-(A)
Chlorthalonil, 500 g/kg	Sambarin WG, CGD, Xn	F-(A)
Chlorthalonil, 500 g/l	Bravo 500, SAD, Xn, B4	F-(A)
	Daconil 2787 Extra, SDS, CGD, SPI, URA, Xn	F-(A)
Chlortoluron, 167 g/l	Anofex 500 flüssig, CGD, B3	H-(A)
Chlortoluron, 300 g/l	Pendiron flüssig, NAD, BAS, CYD, SPI, URA	H-(A)
Chlortoluron, 500 g/l	Chlortoluron Agan 500 flüssig, MAC, B4	H-(A)
	Dicuran 500 flüssig, NAD, B4	H-(A)
	ECONAL, RPA	H-(A)
	HORA-Chlortoluron 500 flüssig, HOR, B4	H-(A)
	HORA-Curan 500 flüssig, HOR, B4	H-(A)
Chlortoluron, 700 g/l	Dicuran 700 flüssig, NAD, B4	H-(A)
	HORA-Curan 700 flüssig, HOR, B4	H-(A)
	Lentipur CL 700, NLI, B3	H-(A)
	MISTRAL 700, FSG, B4	H-(A)
	Stefes MONSUN, STE, B4	H-(A)

Wirkstoffe	Präparate	Wirkungsbereich/Einsatzgebiet
Chlortoluron, 700 g/	ZERA-Chlortoluron 700 fl, ZER, B3	H-(A)
Chlortoluron, 750 g/kg	Dicuran 75 WDG, NAD	H-(A)
Clodinafop, 71,3 g/l	Topik, NAD, Xi	H-(A)
Clofentezin, 500 g/l	Apollo, AVO	A-(O,W,Z)
Clomazone, 33,3 g/l	Nimbus, BAS, Xi	H-(A)
Clomazone, 40 g/l	Brasan, NAD, Xn	H-(A)
Clomazone, 500 g/kg	CIRRUS 50 WP, FMC, NAD, F, B3	H-(A)
Clopyralid, 100 g/l	LONTREL 100, DOW	H-(A)
Cloquintocet, 14,15 g/l	Topik, NAD, Xi	H-(A)
Codlemone, 123,6 g/kg	CheckMate CM, CSP, SPI, URA	E-(O)
Codlemone, 32 g/kg	RAK 3 + 4, BAS	E-(O)
Coniothyrium minitans, 100 g/kg	Contans WG, PBP, B3	F-(G)
Coumatetralyl, 0,375 g/kg	Bertram Cumarin - Festköderblock, BER, B3	R-(V)
	Bertram Cumarin Fertigköder, BER, B3	R-(V)
Coumatetralyl, 0,377 g/kg	Racumin Fertigköder, BAV, B3	R-(V)
Coumatetralyl, 7,55 g/kg	Racumin-Pulver, BAV, B3	R-(V)
Cycloxydim, 100 g/l	Focus Ultra, BAS, Xi, B4	H-(A)
Cyfluthrin, 106 g/l	Contur Flüssigbeize, BAY, Xn, B3	I-(A)
Cyfluthrin, 51,3 g/l	Baythroid 50, BAY, Xn, B1	I-(A,G,H,O,Z)
	Baythroid Schädlingsfrei, BAY, Xn, B1	I-(A,G,H,O,Z)
Cymoxanil, 100 g/kg	Aktuan, CYD, Xi	F-(H,W)
Cymoxanil, 200 g/l	Aktuan SC, CYD, Xn	F-(H,W)
Cymoxanil, 60 g/kg	CILUAN, CYD, Xi	F-(A)
	Du Pont Ciluan, DPB, Xi	F-(A)
Cypermethrin, 100 g/l	Cyperkill 10, FSG, Xi, B2	I-(A)
	Ripcord 10, CYD, SPI, Xn, B2	I-(A,G)
Cypermethrin, 400 g/l	Cyperkill 40, FSG, Xn, B1	I-(F)
	Ripcord 40, CYD, Xn, B1	I-(A,F,G)
Cyproconazol, 100 g/l	Alto 100 SL, SAD	F-(A)
Cyproconazol, 2,5 g/l	Zardex W, RPA, Xn, B3	F-(A)
Cyproconazol, 40 g/l	Alto D, CYD, Xn	F-(A)
Cyproconazol, 48 g/l	Sportak Delta, AVO, RPA, Xi	F-(A)
	Tiptor S, NAD, Xi	F-(A)
Cyproconazol, 5 g/l	HORA Gerstenbeize, HOR, B3	F-(A)
	ZARDEX GERSTE, CYD, B3	F-(A)
Cyproconazol, 80 g/l	Prisma, AVO, Xn	F-(A)
	Tiptor, NAD, AVO, Xn	F-(A)
Cyprodinil, 25 g/l	SOLITÄR, NAD, B3	F-(A)
Cyprodinil, 375 g/kg	SWITCH, NAD	F-(O,W)
Cyprodinil, 500 g/kg	Chorus, NAD, SPI, URA	F-(O)
Cyprodinil, 750 g/kg	Unix, NAD	F-(A)
Dazomet, 970 g/kg	Basamid Granulat, BAS, COM, AVO, Xn, B3	FHN(B,G,Z)
Deiquat, 200 g/l	Reglone, ZNC, Xn	H-(A)
Deltamethrin, 25 g/l	Decis flüssig, AVO, CEL, Xn, B2	I-(A,F,G,O,R,W,Z)
	Schädlings-Vernichter Decis, CEL, Xn, B2	I-(A,F,G,O,R,W,Z)
Demeton-S-methyl, 283 g/l	Metasystox (I), BAY, T, B1	AI-(A)
Desmedipham, 16 g/l	Betanal Progress, AVO	H-(A)
Desmedipham, 25,2 g/l	Betanal Progress OF, AVO, Xi	H-(A)
Dicamba, 1 g/kg	Der GuteUnkrautvernichter mit Rasendünger, GFG	HD-(Z)
	Capriflor Unkrautvernichter plus Rasendünger,FLR	HD-(Z)
	Chrysal Unkrautvernichter mit Rasendünger, POK	HD-(Z)
	Dehner Unkrautvernichter plus Rasendünger NEU, DEN	HD-(Z)
	egesa Unkrautvernichter Neu mit Rasendünger, EGE	HD-(Z)
	Gartengrün Unkrautvernichter mit Rasendünger, GRT	HD-(Z)
	park UV neu + Rasendünger, PGS	HD-(Z)
	Raiffeisen Unkrautvernichter mit Rasendünger,RAI	HD-(Z)
	Tuta-DU-Rasenunkrautvernichter und Rasendünger, VGM	HD-(Z)

Wirkstoffe	Präparate	Wirkungsbereich/Einsatzgebiet
Dicamba, 1 g/kg	Unkrautvernichter plus Rasendünger, FLO	HD-(Z)
	Unkrautvernichter Spiess mit Rasendünger, SPI, URA	HD-(Z)
	UV RASEN FLORANID, BAS, COM	HD-(Z)
	Wolf Unkrautvernichter plus Rasendünger, WGB	HD-(Z)
Dicamba, 1,05 g/kg	Detia Rasenrein mit Unkrautvernichter und Dünger, DET, B3	HD-(Z)
Dicamba, 1,15 g/kg	ASEF UNKRAUTVERNICHTER MIT RASENDÜNGER, ASF, B3	HD-(Z)
	Beckhorn Unkrautvernichter plus Rasendünger, BEC, B3	HD-(Z)
	Cornufera UV Unkrautvernichter + Rasendünger neu, GUN, B3	HD-(Z)
	Einfach Sagenhaft Unkrautvernichter plus Rasendünger, SAF, B3	HD-(Z)
	GREENMASTER Fine Turf Extra, FHD, ASP, BEC, FLR, GFG, GPS, MAI, SHO, B3	HD-(Z)
	Grüne Welle Unkrautvernichter plus Rasendünger, BAW, B3	HD-(Z)
	Gärtner's Unkrautvernichter mit Rasendünger, KDI, B3	HD-(Z)
	Tuta-DU Unkrautvernichter und Rasendünger, VGM, B3	HD-(Z)
	Wolf Unkrautvernichter u. Rasendünger, WGB,B3	HD-(Z)
Dicamba, 1,2 g/kg	Scotts Unkrautvernichter mit Rasendünger, SCO	HD-(Z)
Dicamba, 30 g/l	BANVEL M, SAD, AVO, Xn	H-(A,N,R,Z)
	Gabi Rasenunkraut-Vernichter, GAB, Xn	H-(A,N,R,Z)
	Hedomat Rasenunkrautfrei, BAY, Xn	H-(A,N,R,Z)
	Rasen Unkrautfrei Utox, SPI, URA, Xn	H-(A,R,Z)
	Rasen-Unkrautvernichter Banvel M, CEL, Xn	H-(A,N,R,Z)
	Rasen-Utox flüssig, SPI, URA, Xn	H-(A,N,R,Z)
	Rasenunkrautfrei Rasunex, ASU, Xn	H-(A,N,R,Z)
Dicamba, 4,7 g/kg	Scotts Rasenunkrautvernichter, SCO	H-(Z)
Dicamba, 480 g/l	Banvel 4 S, SAD, AVO, Xi	H-(A)
Dichlobenil, 67,5 g/kg	Casoron G, AVO, W	H-(F,R,Z)
	COMPO Gartenunkraut-Vernichter, COM, W	H-(F,R,Z)
	FRANKOL-Spezial-Granulat NEU, FRA, W	H-(F,R,Z)
	Gehölze-Unkraut-frei, FLO, W	H-(F,R,Z)
	Prefix G Neu, CYD, W	H-(F,R,Z)
	RA-4000-Granulat, HEN, W	H-(F,R,Z)
	Tutakorn-ZA, VGM, W	H-(F,R,Z)
	Unkraut-Stop Herbenta G, ASU, W	H-(F,R,Z)
	Unkrautfrei Ektorex G, CEL, W	H-(F,R,Z)
	Ustinex-CN-Streumittel, BAY, W	H-(F,R,Z)
	Vinuran, URA, SPI, W	H-(F,R,Z)
Dichlofluanid, 400 g/kg	Folicur E, BAY, Xi	F-(W)
Dichlofluanid, 500 g/kg	BAY 12040 F, BAY, Xi, B3	F-(A)
	Euparen, BAY, Xi, B4	F-(G,H,O,W,Z)
Dichlofluanid, 515 g/kg	Euparen WG, BAY, Xi, B4	F-(A,G,H,O,W,Z)
	Obst-Spritzmittel WG, CEL, Xi, B4	F-(A,G,H,O,W,Z)
Dichlorbenzoesäure-methylester, 0,035 g/kg	Rebwachs WF, ASU, B3	L-(W)
Dichlorprop-P, 233 g/l	Basagran DP, BAS, Xn	H-(A)
Dichlorprop-P, 235 g/l	Basagran Ultra, BAS, Xn	H-(A)
Dichlorprop-P, 485 g/kg	Estrad, BAS, Xn	H-(A)
Dichlorprop-P, 500 g/l	Mextrol DP, CFP, URA, Xn	H-(A)
Dichlorprop-P, 600 g/l	Berghoff Optica DP, CBA, Xn, B4	H-(A)
	Duplosan DP, BAS, BAY, Xn, B4	H-(A)
	MARKS OPTICA DP n, AHM, CBA, DPB, Xn, B4	H-(A)
	Marks Optica DP, AHM, Xn, B4	H-(A)
	Orbitox DP, URA, Xn	H-(A)

Wirkstoffe	Präparate	Wirkungsbereich/Einsatzgebiet
Dichlorvos, 100,3 g/kg	Detia Professional Nebelautomat,DET, VOR,Xn,B3	I-(V)
	Insektenil-DCV-Spray, HEN, Xn, B3	I-(V)
	microsol-vos autofog, MIC, Xn, B3	I-(V)
Dichlorvos, 121,6 g/l	Mafu-Nebelautomat, BAV, Xn, B3	I-(V)
Dichlorvos, 36 g/l	INSEKTENIL-Raumnebel-forte-trocken-DDVP, HEN, Xn, B3	I-(V)
	microsol-vos-fluid-dry, MIC, Xn, B3	I-(V)
Dichlorvos, 367 g/kg	Detia Insekten Strip, DET, Xn, B3	I-(V)
Dichlorvos, 37,89 g/kg	Insektenil-Raumnebel-DCV, HEN, Xn, B3	I-(V)
	microsol-vos-fluid, MIC, Xn, B3	I-(V)
Diclofop, 362,5 g/l	Illoxan, AVO, Xi, B4	H-(A,G)
Didecyldimethyl-ammoniumchlorid, 307 g/l	Dimanin-Spezial, BAV, Xn, B3	BFH(Z)
	M&ENNO-TER-forte, VDZ, MEN, Xn, B3	BFH(Z)
Diethofencarb, 250 g/kg	Botrylon, AVO, Xn	F-(W)
Difenacoum, 0,05 g/kg	Castrix D Mäusekorn, BAV, B3	R-(V)
	EPYRIN plus Rattenköder, HYG, B3	R-(V)
	EPYRIN plus Rattenriegel, HYG, B3	R-(F,V)
	Fentrol, REN, B3	R-(V)
	frunax - Mäuseköder, FRU, B3	R-(V)
	frunax-DS Ratten-Fertigköder, FRU, B3	R-(V)
	frunax-DS Rattenriegel, FRU, B3	R-(F,V)
	Mäusekorn, NEU, B3	R-(V)
	Mäuseköder-Box, CEL, B3	R-(V)
	Ratak, ZNC, B3	R-(V)
	Ratak-Rattenfertigköder, ZNC, B3	R-(V)
	Ratak-Rattenriegel, ZNC, B3	R-(F,V)
	Ratron-Mäuseköder, DDZ, B3	R-(V)
	SAKARAT, KGM, B3	R-(V)
Difenacoum, 0,075 g/kg	alpharatan-MOUSE-disk-novel, MIC, B3	R-(V)
	MYOCURATTIN-FCM-Festköder, HEN, B3	R-(V)
Difenacoum, 0,1 g/kg	Difenard, REN, B3	R-(V)
Difenacoum, 1 g/l	Fentrol Gel, REN, Xn, B3	R-(V)
Difenacoum, 2,5 g/kg	Difenacoum - 0,25% flüssig, ZNC, Xn, B3	R-(V)
Difenoconazol, 100 g/l	Bardos, NAD	F-(A,G)
	Landor C, CGD, B3	F-(A)
Difenoconazol, 20 g/l	Landor CT, CGD, B3	F-(A)
Difenoconazol, 250 g/l	Bardos Neu, NAD, Xi	F-(A)
	Taspa, CGD, Xi	F-(A)
Difenoconazol, 50 g/l	Landor, CGD, B3	F-(A)
Difethialon, 0,025 g/kg	Brumolin Ultra, AVO, B3	R-(V)
	MausEX-Duo, FRO, B3	R-(V)
Diflubenzuron, 800 g/kg	Dimilin 80 WG, AVO	I-(F,G)
Diflufenican, 100 g/l	Bacara, RPA	H-(A)
Diflufenican, 14 g/l	Belgran Super, RPA, Xn	H-(A)
Diflufenican, 20 g/l	AZUR, RPA, Xn, B4	H-(A)
Diflufenican, 200 g/kg	Herold, BAY, Xn	H-(A)
Diflufenican, 25 g/l	ORKAN, RPA, BAS, Xn	H-(A)
Diflufenican, 250 g/l	RPA 4167O H, RPA, B4	H-(A)
Diflufenican, 33,3 g/l	LOREDO, RPA, Xi	H-(A)
Diflufenican, 50 g/l	ECONAL, RPA	H-(A)
Diflufenican, 62,5 g/l	FENIKAN, RPA, AVO, Xn	H-(A)
Dikegulac, 185,2 g/l	Atrinal, CGD, SPI, URA, B3	W-(Z)
Dimefuron, 250 g/kg	Pradone Kombi, RPA	H-(A)
Dimethachlor, 500 g/l	Brasan, NAD, Xn	H-(A)
Dimethenamid, 900 g/l	FRONTIER, BAS, Xi	H-(A)
Dimethoat, 1 g/kg	Bi 58 Spray, COM, F+, B1	I-(Z)
	Blattlaus-frei Spiess-Urania, SPI, F+, B1	I-(Z)
	COMPO Schildlaus-Spray, COM, F+, B1	I-(Z)

Wirkstoffe	Präparate	Wirkungsbereich/Einsatzgebiet
Dimethoat, 1 g/kg	COMPO Zierpflanzen-Spray D, COM, F+, B1	I-(Z)
	Dehner Zierpflanzenspray, DEN, F+, B1	I-(Z)
	Detia Pflanzenschutz-Spray, DET, F+, B1	I-(Z)
	Gabi Pflanzenspray, GAB, F+, B1	I-(Z)
	recozit Pflanzenspray, REC, F+, B1	I-(Z)
Dimethoat, 16,3 g/kg	Blattlausfrei-Pflaster, CEL, B3	I-(Z)
	Rosen-Pflaster, CEL, B3	I-(Z)
Dimethoat, 3,8 g/kg	Bi 58 Combi-Stäbchen, COM, B3	ID-(Z)
	Combi-Stäbchen, CEL, B3	ID-(Z)
	COMPO Pflanzenschutz-Stäbchen, COM, B3	I-(Z)
	Etisso Blattlaus-Sticks, FRU, CEL, B3	I-(Z)
	Etisso Combi-Düngerstäbchen, CEL, B3	ID-(Z)
	Pflanzenschutz-Zäpfchen, CEL, B3	I-(Z)
	Pflanzol Combi-Düngerstäbchen, DDZ, B3	ID-(Z)
	Pflanzol Pflanzenschutz-Zäpfchen, DDZ, B3	I-(Z)
Dimethoat, 4,009 g/kg	Detia Pflanzenschutz-Stäbchen, DET, B3	I-(Z)
	Florestin Pflanzenschutz mit Langzeitw., IHR, B3	I-(Z)
	Gabi-Combi-Pflanzenschutz-Düngestäb., GAB, B3	I-(Z)
	Kraft Blattlaus-Killer mit Langzeitschutz, KRF, B3	I-(Z)
	POLY-PLANT Pflanzenschutzstäbchen, DEW, B3	I-(Z)
Dimethoat, 400 g/l	Adimethoat 40 EC, ASU, Xn, B1	IA-(A,G,O,Z)
	Bi 58, BIT, BAS, Xn, B1	AI-(A,G,O,Z)
	DANADIM 400 EC, CHE, Xn, B1	AI-(A,G,O,Z)
	Danadim Dimethoat 40, CHE, STI, Xn, B1	IA-(A,G,O,Z)
	Insekten-Spritzmittel Roxion, CEL, Xn, B1	AI-(A,G,O,Z)
	PERFEKTHION, BAS, Xn, B1	AI-(A,G,O,Z)
	Rogor 40 L, ISA, Xn, B1	AI-(A,G,O,Z)
	Roxion, CYD, Xn, B1	AI-(A,G,O,Z)
Dimethoat, 404 g/l	Rogor, SPI, URA, Xn, B1	AI-(A,G,O,Z)
Dimethomorph, 150 g/l	FORUM, CYD, Xn	F-(W)
Dimethomorph, 500 g/kg	ACROBAT, CYD	F-(A)
Dimethomorph, 90 g/kg	Acrobat Plus, CYD, Xi	F-(A)
Dithianon, 250 g/kg	Aktuan, CYD, Xi	F-(H,W)
Dithianon, 275 g/l	Alto D, CYD, Xn	F-(A)
Dithianon, 333 g/l	Aktuan SC, CYD, Xn	F-(H,W)
Dithianon, 750 g/l	Delan SC 750, CYD, Xn	F-(H,O,W)
Diuron, 270 g/kg	Adimitrol WG Neu, ASU, Xn	H-(N,O,W,Z)
	Rapir, BAY, Xn	H-(N,O,W,Z)
	Tuta-Super Neu, VGM, Xn	H-(N,O,W,Z)
	Ustinex G neu, BAY, Xn	H-(N,O,W,Z)
	Vorox G, URA, SPI, Xn	H-(N,O,W,Z)
Diuron, 400 g/kg	Auxuran PD, URA, SPI, Xn	H-(Z)
	Cumatol WG, SPI, Xn	H-(O,W)
	RA-15-NEU, HEN, Xn	H-(Z)
	Rapir Neu, BAY, Xn	H-(O,W)
	Vetyl Unkraut-frei-Neu, VET, Xn	H-(Z)
	Vorox WPD, URA, SPI, Xn	H-(Z)
Diuron, 800 g/kg	Diuron Bayer, BAY, Xn	H-(Z)
Eisen-II-sulfat, 140 g/kg	Bach's Moosvernichter mit Rasendünger "Rasofert", BAC, Xi, B4	HD-(Z)
	Dehner Moosvernichter mit Rasendünger, DEN, Xi, B4	HD-(Z)
	EUFLOR Sanguano Moosvernichter mit Rasendünger, EUF, Xi, B4	HD-(Z)
	Gartencenter Moosvernichter mit Spezial-Rasendünger und Stickstoff-Langzeitwirkung, EUF, Xi, B4	HD-(Z)
	Hagebau Gartenkrone Moosvernichter und Rasendünger, EUF, Xi, B4	HD-(Z)
	MANNADUR Moosvernichter mit Rasendünger, MAN, Xi, B4	HD-(Z)

Wirkstoffe	Präparate	Wirkungsbereich/Einsatzgebiet
Eisen-II-sulfat, 140 g/kg	Moosvernichter mit Rasendünger, SCO, Xi, B4	HD-(Z)
	Moosvernichter plus Rasendünger, FLO, Xi, B4	HD-(Z)
	Raiffeisen Gartenkraft Moosvernichter mit Rasendünger, EUF, Xi, B4	HD-(Z)
	Scotts Moosvernichter mit Langzeitrasendünger, SCO, Xi, B4	HD-(Z)
	WOLF Moosvernichter mit Rasendünger, WGB, Xi, B4	HD-(Z)
Eisen-II-sulfat, 175,7 g/kg	ASEF MOOSVERNICHTER MIT RASENDÜNGER, ASF, Xi	HD-(Z)
	Beckhorn Moosvernichter plus Rasendünger, BEC, Xi	HD-(Z)
	Cornufera Moosvernichter p. Rasendünger,GUN,Xi	HD-(Z)
	Detia Rasenrein mit Moosvernichter und Dünger, DET, Xi	HD-(Z)
	Einfach Sagenhaft Moosvernichter plus Rasendünger, SAF, Xi	HD-(Z)
	Greenmaster Mosskiller, FHD, Xi	HD-(Z)
	Rasen-Floranid Rasendünger mit Moosvernichter, COM, Xi	HD-(Z)
	Rasendünger mit Moosvernichter, EGE, Xi	HD-(Z)
	Wolf Moosvernichter plus Rasendünger, WGB, Xi	HD-(Z)
Eisen-II-sulfat, 191 g/l	CUTERYL D Moosvernichter, BAY, Xi, B4	HD-(Z)
	Gabi-Antimoos, flüssig, GAB, Xi, B4	HD-(Z)
	Moosvertilger Gesamoos flüssig, CEL, Xi, B4	HD-(Z)
	Rasen-schön, SRC, Xi, B4	HD-(Z)
Eisen-II-sulfat, 238 g/kg	CHRYSAL Moosvernichter mit Rasendünger, POK	HD-(Z)
	MV RASEN FLORANID, COM	HD-(Z)
	Stodiek Moosvernichter Rasendünger,STD,COM	HD-(Z)
	Wolf Moosvernichter und Rasendünger, WGB	HD-(Z)
Eisen-II-sulfat, 546 g/kg	Moos-Tod, NEN, Xi, B4	H-(Z)
	Moosvertilger Schacht, FSC, NEN, Xi, B4	H-(Z)
Eisen-II-sulfat, 588 g/kg	Gabi-Anti-Moos-S, GAB, Xi, B1	HD-(Z)
Eisen-II-sulfat, 644 g/kg	COMPO Moos-Vernichter, COM, Xi, B4	HD-(Z)
	Moos K.O., NEU, Xi, B4	HD-(Z)
Eisen-III-phosphat, 10 g/kg	Ferramol Schneckenkorn, NEU, B3	M-(G,O,Z)
Eisen-III-sulfat, 75,3 g/kg	ASEF MOOSVERNICHTER MIT RASENDÜNGER, ASF, Xi	HD-(Z)
	Beckhorn Moosvernichter p.Rasendünger, BEC, Xi	HD-(Z)
	Cornufera Moosvernichter p. Rasendünger,GUN,Xi	HD-(Z)
	Detia Rasenrein mit Moosvernichter und Dünger, DET, Xi	HD-(Z)
	Einfach Sagenhaft Moosvernichter plus Rasendünger, SAF, Xi	HD-(Z)
	Greenmaster Mosskiller, FHD, Xi	HD-(Z)
	Rasen-Floranid Rasendünger mit Moosvernichter, COM, Xi	HD-(Z)
	Rasendünger mit Moosvernichter, EGE, Xi	HD-(Z)
	Wolf Moosvernichter plus Rasendünger, WGB, Xi	HD-(Z)
Epoxiconazol, 125 g/l	BAS 49303 F, BAS, Xn	F-(A)
	Juwel, BAS, Xn	F-(A)
	Opus Forte, BAS, T	F-(A)
	Opus, BAS, Xn	F-(A)
Epoxiconazol, 84 g/l	Opus Top, BAS, Xn	F-(A)
Esfenvalerat, 50 g/l	Sumicidin Alpha EC, SCD, CYD, Xn, B2	I-(A)
Ethephon, 155 g/l	Sartax C, CFP, Xn	W-(A)
	Terpal C, BAS, CBA, RPA, Xn	W-(A)
Ethephon, 420 g/l	Flordimex 420, BIT, RPA, Xi, B3	W-(Z)
Ethephon, 480 g/l	Cerone, RPA, Xi	W-(A)
	POWERTAX, CFP, Xi	W-(A)
	Sartax, CFP, SPI, URA, Xi	W-(A)

Wirkstoffe	Präparate	Wirkungsbereich/Einsatzgebiet
Ethephon, 480 g/l	Stefes HALMSTÄRKER, STE, Xi	W-(A)
	ZERA - Halmstärker, ZEI, Xi	W-(A)
Ethephon, 660 g/l	Camposan-Extra, BIT, RPA, Xi	W-(A)
Ethiofencarb, 100 g/kg	COMPO Blattlaus-frei, COM, B3	I-(Z)
	Croneton-Granulat, BAY, B3	I-(Z)
Ethiofencarb, 51 g/l	Croneton-Blattlausfrei, BAY, B1, W	I-(G,O,Z)
Ethofumesat, 100 g/l	METHOPHAM, STE, Xi	H-(A)
Ethofumesat, 128 g/l	Betanal Progress, AVO	H-(A)
Ethofumesat, 150,9 g/l	Betanal Progress OF, AVO, Xi	H-(A)
Ethofumesat, 190 g/l	Stefes MagicTandem, STE	H-(A)
Ethofumesat, 200 g/l	Powertwin, FSG, Xi	H-(A)
Ethofumesat, 500 g/l	Ethosat 500, FSG	H-(A)
	Nortron 500 SC, ASU, B4	H-(A)
	Rubetram 500, AVO, B4	H-(A)
	STEFES ETHO 500, STE, B4	H-(A)
	Tramat 500, SCH, B4	H-(A)
Ethofumesat, 51 g/l	Betanal Trio, AVO, Xi	H-(A)
Ethofumesat, 65 g/kg	Domino, BAY, AVO, Xi	H-(A)
Ethofumesat, 94 g/l	Kontakttwin, FSG, Xi	H-(A)
	Nortron Tandem, AVO, B4	H-(A)
	Stefes TANDEM, STE, B4	H-(A)
Fenarimol, 0,05 g/kg	Pflanzen Paral gegen Pilzkrankheiten an Zierpflanzen NEU, JOH, THO, B4	F-(Z)
Fenarimol, 0,06 g/kg	Chrysal Rosenspray, POK, B4	F-(Z)
	COMPO Rosen-Spray N, COM, B4	F-(Z)
	Detia Rosen- und Zierpflanzenspray Pilzfrei, DET, B4	F-(Z)
	Pflanzen Paral gegen Pilzkrankheiten an Balkonpflanzen, JOH, B4	F-(Z)
	Pflanzen Paral gegen Pilzkrankheiten, JOH, THO, B4	F-(Z)
	Pflanzen Paral Pilz-Frei N, JOH, THO, B4	F-(Z)
	Pflanzen Paral Pilzspray 140, JOH, THO, B4	F-(Z)
	Pilz-frei Spiess-Urania, SPI, URA, B4	F-(Z)
	Rosenspray Saprol F, CEL, B4	F-(Z)
Fenarimol, 120 g/l	COMPO Rosen-Schutz N, COM, Xn, B4	F-(O,Z)
	Curol, SPI, URA, Xn, B4	F-(O,Z)
	Elital, DOW	F-(O,W)
	Pilzfrei Saprol F, CEL, Xn, B4	F-(O,Z)
	RUBIGAN SC, DOW, URA	F-(O,W)
	Rubigan, DOW, SPI, URA, Xn, B4	F-(O,Z)
Fenarimol, 60 g/kg	Drawisan, DOW, B4	F-(H)
Fenazaquin, 200 g/l	Magister 200 SC, DOW, SPI, URA, Xn	A-(O,Z)
	PRIDE ULTRA, DOE, Xn	A-(O,Z)
Fenbuconazol, 37,5 g/l	Camaro, RHD, SPI, URA, NAD, Xi	F-(A)
Fenbuconazol, 50 g/l	Indar 5 EC, RHD, Xi	F-(A)
Fenfuram, 100 g/l	Panoctin Spezial, RPA, KEN, Xn, B3	F-(A)
Fenfuram, 200 g/l	Panoctin GF, RPA, CYD, Xn, B3	F-(A)
Fenoxaprop-P, 63,6 g/l	Depon Super, HOE, Xi, B4	H-(A,G)
Fenoxaprop-P, 66 g/l	Ralon Super, AVO	H-(A)
Fenoxycarb, 250 g/kg	Insegar, CGD, SPI, URA, B1	I-(O,W)
Fenpiclonil, 100 g/l	LARIN, CGD, B3	F-(A)
Fenpiclonil, 100,6 g/l	Arena, BAY, B3	F-(A)
Fenpiclonil, 400 g/l	Gambit, CGD, B3	F-(A)
Fenpiclonil, 50 g/l	GALBAS, CGD, B3	F-(A)
	Landor, CGD, B3	F-(A)
	Pyrol, CGD, B3	F-(A)
Fenpropathrin, 100 g/l	Rody, SCD, T, B3	AI-(G,Z)
Fenpropidin, 299,9 g/l	Pronto, BAY, Xn	F-(A)
Fenpropidin, 375 g/l	Gladio, NAD, Xi	F-(A)
Fenpropidin, 448,2 g/l	AGENT, NAD, Xn	F-(A)

Wirkstoffe	Präparate	Wirkungsbereich/Einsatzgebiet
Fenpropidin, 750 g/l	Zenit M, NAD, Xn	F-(A)
Fenpropimorph, 150 g/l	BAS 49303 F, BAS, Xn	F-(A)
Fenpropimorph, 232,5 g/l	FORTRESS DUO, DOW, Xi	F-(A)
Fenpropimorph, 250 g/l	Opus Top, BAS, Xn	F-(A)
Fenpropimorph, 281 g/l	Camaro, RHD, SPI, URA, NAD, Xi	F-(A)
	Sprint, AVO, NAD, Xi	F-(A)
Fenpropimorph, 300 g/l	Brio, BAS, Xn	F-(A)
	Cortil, HOR, SPI, URA, B4	F-(A)
	Simbo, CGD, BAS, B4	F-(A)
Fenpropimorph, 382,5 g/l	COLSTAR, DPB, Xn	F-(A)
Fenpropimorph, 750 g/l	Corbel, BAS, Xn	F-(A,G)
Fenpyroximat, 51,3 g/l	Kiron, AVO, Xi	A-(W,Z)
Fenthion, 535,5 g/l	Lebaycid, BAY, Xn, B1	I-(O)
Fentin-hydroxid, 502 g/l	Brestan flüssig, AVO, Xn	F-(A)
Fenvalerat, 100 g/l	Sumicidin 10, SCD, Xn, B2	I-(A)
Flocoumafen, 0,05 g/kg	STORM Ratten- und Mäusehappen, CYD, B3	R-(V)
Fluazifop-P, 107 g/l	Fusilade ME, ZNC, BAS	H-(A,B,F,G,O,Z)
Fluazinam, 500 g/l	OHAYO, ISK, Xi	F-(A)
	Shirlan, ZNC, Xi	F-(A)
Fludioxonil, 25 g/l	Atlas, CGD, B3	F-(A)
	Landor C, CGD, B3	F-(A)
	Landor CT, CGD, B3	F-(A)
	Maxim AP, NAD, B3	F-(A)
	SOLITÄR, NAD, B3	F-(A)
Fludioxonil, 25,1 g/l	Arena C, BAY, Xi, B3	F-(A)
Fludioxonil, 250 g/kg	SWITCH, NAD	F-(O,W)
Flufenacet, 400 g/kg	Herold, BAY, Xn	H-(A)
Flufenacet, 600 g/kg	Terano, BAY, Xn, B3	H-(A)
Fluoroglycofen, 112,4 g/kg	Hydra, NAD	H-(A)
Fluoroglycofen, 14 g/kg	AVO 01024 H O WG, AVO, Xn	H-(A)
	Estrad, BAS, Xn	H-(A)
Fluoroglycofen, 14,6 g/kg	Lumeton, NAD, Xn	H-(A)
Fluoroglycofen, 187 g/kg	Compete "neu", RHD	H-(A)
Flupyrsulfuron-methyl, 160 g/kg	LEXUS CLASS, DPB, Xi	H-(A)
Fluquinconazol, 100 g/l	Flamenco, AVO, Xn	F-(A)
	Sportak Plus, AVO, Xn, B1	F-(A)
Fluquinconazol, 250 g/kg	Castellan, AVO, Xn	F-(W)
Fluquinconazol, 50 g/l	Vision, AVO, Xn	F-(O)
Flurochloridon, 250 g/l	Racer CS, ZNC, B3	H-(A)
Fluroxypyr, 100 g/l	ATOL, DOW, Xn	H-(A)
	Tristar, DOW, Xn	H-(A)
Fluroxypyr, 180 g/l	Starane 180, DOW, Xi, B4	H-(A,R)
Fluroxypyr, 400 g/l	Starane 400 EW, DOW	H-(A,R)
Flurprimidol, 15 g/l	TOPFLOR, DOW, URA, Xi	W-(Z)
Flurtamone, 250 g/l	Bacara, RPA	H-(A)
Flusilazol, 163,3 g/l	COLSTAR, DPB, Xn	F-(A)
Flusilazol, 200 g/kg	Benocap, DPB, CYD, Xn	F-(O)
Flusilazol, 250 g/l	CAPITAN, DPB, Xn	F-(A)
	HARVESAN, DPB, Xn	F-(A)
Flutriafol, 37,5 g/l	Vincit FS, ZNC, B3	F-(A)
Flutriafol, 5 g/kg	Atout 10, ZNC, B3	F-(A)
Fosetyl, 410 g/kg	MIKAL MZ, RPA, AVO, Xi	F-(W)
Fosetyl, 746 g/kg	Aliette, RPA, Xi	F-(G,H,O,Z)
	Spezial-Pilzfrei Aliette, CEL, Xi	F-(G,H,O,Z)
Fuberidazol, 15 g/l	Sibutol-Morkit-Flüssigbeize, BAY, B3	F-(A)
Fuberidazol, 23 g/kg	Sibutol mit Haftmittel, BAY, B3	F-(A)
Fuberidazol, 23,31 g/l	Sibutol Flüssigbeize, BAY, B3	F-(A)
Fuberidazol, 30 g/kg	Baytan Universal mit Haftmittel, BAY, B3	F-(A)
Fuberidazol, 7,22 g/l	Manta Plus, BAY, B3	FI-(A)

Wirkstoffe	Präparate	Wirkungsbereich/Einsatzgebiet
Fuberidazol, 9,1 g/l	Baytan universal Flüssigbeize, BAY, B3	F-(A)
Glufosinat, 183 g/l	BASTA, AVO, NAD, Xn	H-(A,B,F,G,N,O,W,Z)
	Celaflor Unkrautfrei, CEL, Xn	H-(A,B,F,G,N,O,W,Z)
	Difontan, AVO, Xn	H-(A,B,F,G,N,O,W,Z)
	Exakt-Unkrautfrei Madit, CEL, Xn	H-(A,B,F,G,N,O,W,Z)
	LIBERTY, AVO, Xn	H-(A)
	RA-200-flüssig, HEN, Xn	H-(A,B,F,G,N,O,W,Z)
	Unkrautfrei Weedex, CEL, Xn	H-(A,B,F,G,N,O,W,Z)
Glyphosat, 144 g/kg	Adimitrol WG Neu, ASU, Xn	H-(N,O,W,Z)
	Rapir, BAY, Xn	H-(N,O,W,Z)
	Tuta-Super Neu, VGM, Xn	H-(N,O,W,Z)
	Ustinex G neu, BAY, Xn	H-(N,O,W,Z)
	Vorox G, URA, SPI, Xn	H-(N,O,W,Z)
Glyphosat, 178 g/l	SWING, MOT, AVO, Xi, B4	H-(A,O,W)
Glyphosat, 180 g/l	Taifun 180, FSG, Xi	H-(A)
Glyphosat, 355,7 g/l	Cardinal, MOT, Xi	H-(A,B,F,O,R,W,Z)
	COMPO Spezial-Unkrautvernichter Filatex, COM, Xi	H-(A,B,F,O,R,W,Z)
	DURANO, MOT, Xi	H-(A,B,F,O,R,W,Z)
	Egret, MOT, Xi	H-(A,B,F,O,R,W,Z)
	Gallup, POL, BCL, CEM, Xi, B4	H-(A,R)
	Gligram, POL, Xi, B4	H-(A,R)
	Glyper, AUS, DOW, Xi	H-(A,B,F,O,R,W,Z)
	Roundup LB, MOT, CEL	H-(B,O,Z)
	Roundup, MOT, SPI, URA, Xi	H-(A,B,F,O,R,W,Z)
	Saki, MOT, ASU, SOS, Xi	H-(A,B,F,O,R,W,Z)
	Solstis, POL, Xi, B4	H-(A,R)
	Spezial-Unkrautvernichter Weedex, CEL, Xi	H-(A,B,F,O,R,W,Z)
	STEFES MAMBA, AUS, STE, Xi, B4	H-(A,B,F,O,R,W,Z)
Glyphosat, 356 g/l	Tender GB Ultra, MOT, BAY, URA	H-(N)
Glyphosat, 360 g/l	Detia Total - Neu Unkrautmittel, DET	H-(A,F,N,O,R,W,Z)
	Etisso Total Unkrautfrei, FRU	H-(A,F,N,O,R,W,Z)
	Gabi Unkrautvernichter, GAB	H-(A,F,N,O,R,W,Z)
	GLYFOS, CHE, CYD	H-(A,F,N,O,R,W,Z)
	Keeper Unkrautfrei, BAY	H-(A,F,N,O,R,W,Z)
	Roundup LB Plus, MOT	H-(A,B,F,O,R,W,Z)
	Roundup Ultra, MOT	H-(A,B,F,O,R,W,Z)
	Taifun forte, FSG, Xi	H-(A,R)
	Unkraut-Stop, NEU	H-(A,F,N,O,R,W,Z)
Glyphosat, 400 g/l	Roundup 2000, MOT, B3	H-(A)
Glyphosat, 420 g/kg	Roundup Gran, MOT	H-(A,B,F,O,R,W,Z)
	Roundup Ultragran, MOT	H-(A,B,F,O,R,W,Z)
Glyphosat, 600 g/kg	Roundup Alphée Tablette, MOT	H-(O,Z)
Glyphosat, 7,2 g/l	Roundup Alphee, MOT, CYD, B4	H-(O,Z)
Glyphosat-trimesium, 480 g/l	Herburan A, URA, Xn	H-(A,F,O,W,Z)
	Herburan TD, URA, Xn	H-(N,Z)
	Korax, URA, SPI, Xn	H-(N,Z)
	Touchdown TD, ZNC, Xn	H-(N,Z)
	Touchdown, ZNC, Xn	H-(A,F,O,W,Z)
	Vorox flüssig, URA, SPI, Xn	H-(N,Z)
Guazatin, 132,7 g/l	Panoctin GF, RPA, CYD, Xn, B3	F-(A)
Guazatin, 150 g/l	LEGAT, RPA, Xn, B3	F-(A)
Guazatin, 199 g/l	Akzent, RPA, Xn, B3	F-(A)
	Boson, BAY, Xn, B3	F-(A)
	Panoctin G, RPA, Xn, B3	F-(A)
	Panoctin Spezial, RPA, KEN, Xn, B3	F-(A)
	Panogen, CGD, CYD, Xn, B3	F-(A)
Guazatin, 199,6 g/l	Zardex W, RPA, Xn, B3	F-(A)
Guazatin, 232,2 g/l	Panoctin 35, RPA, Xn, B3	F-(A)
Guazatin, 398 g/l	Radam 60, RPA, Xn, B4	F-(A)

Wirkstoffe	Präparate	Wirkungsbereich/Einsatzgebiet
Haloxyfop-R, 100,1 g/l	Gallant Super, DOW, Xi	H-(A)
Hexythiazox, 100 g/kg	Ordoval, BAS	A-(G,H,O,W,Z)
Hymexazol, 700 g/kg	Tachigaren 70 W.P., SUD, Xi, B3	F-(A)
Imazalil, 10 g/l	Pyrol, CGD, B3	F-(A)
Imazalil, 10,06 g/l	Baytan universal Flüssigbeize, BAY, B3	F-(A)
Imazalil, 15 g/l	Arbosan GW, CGD, B3	F-(A)
	Elanco Beize flüssig, DOW, Xi, B3	F-(A)
	Vincit FS, ZNC, B3	F-(A)
Imazalil, 20 g/kg	Forst Tervanol, ASU, B3	FP-(F,O,Z)
	Lac Balsam plus F, CEL, B3	FP-(F,O,Z)
	NECTEC Paste, JPA, CYD, FLU, CEL, B3	FP-(F,O,Z)
	Tervanol 3 F, ASU, Xi, B3	F-(O,Z)
Imazalil, 20 g/l	HORA Gerstenbeize, HOR, B3	F-(A)
	LARIN, CGD, B3	F-(A)
	Panoctin G, RPA, Xn, B3	F-(A)
	Panoctin GF, RPA, CYD, Xn, B3	F-(A)
	ZARDEX GERSTE, CYD, B3	F-(A)
Imazalil, 30 g/l	Aagrano GW 2000, ASU, B3	F-(A)
	Aagrano UW 2000, ASU, Xn, B3	F-(A)
	Etilon GW, CGD, B3	F-(A)
	HORA Imazalil, HOR, B3	F-(A)
Imazalil, 33 g/kg	Baytan Universal mit Haftmittel, BAY, B3	F-(A)
Imazalil, 35 g/l	AAgrano GF 2000, ASU, F, B3	F-(A)
Imazalil, 5,97 g/l	Manta Plus, BAY, B3	FI-(A)
Imidacloprid, 0,25 g/kg	Lizetan Neu Zierpflanzenspray, BAY, F+, B1	I-(Z)
	Lizetan Plus Zierpflanzenspray, BAY, F+, B1	I-(Z)
Imidacloprid, 25 g/kg	Combi-Stäbchen Hortex Plus, CEL, B3	I-(Z)
	Lizetan-Combistäbchen, BAY, B3	I-(Z)
Imidacloprid, 349,9 g/l	Gaucho 350 FS, BAY, Xn, B3	I-(A)
Imidacloprid, 600 g/l	Gaucho 600 FS, BAY, Xn, B3	I-(A)
Imidacloprid, 665 g/kg	Confidor WG 70, BAY, B1	I-(H,O,Z)
Imidacloprid, 700 g/kg	Gaucho, BAY, Xi, B3	I-(A)
	Scooter, BAY, Xi, B3	I-(A)
Ioxynil, 100 g/l	AZUR, RPA, Xn, B4	H-(A)
	Tristar, DOW, Xn	H-(A)
Ioxynil, 116 g/l	Mextrol DP, CFP, URA, Xn	H-(A)
Ioxynil, 187,5 g/l	ORKAN, RPA, BAS, Xn	H-(A)
Ioxynil, 380 g/l	Trevespan, RPA, CYD, Xn	H-(A)
Ioxynil, 517 g/l	Certrol 40, SPI, URA, Xn	H-(A)
Ioxynil, 71 g/l	Belgran Super, RPA, Xn	H-(A)
Ioxynil, 76,6 g/l	FOXTRIL SUPER, RPA, CYD, Xn	H-(A)
Ioxynil, 85 g/l	Basagran Ultra, BAS, Xn	H-(A)
Iprodion, 250 g/l	Gralan, CGD, RPA, Xn	F-(A)
Iprodion, 255 g/l	VERISAN, RPA, Xn	F-(A)
Iprodion, 266 g/l	GRANIT PLUS, RPA, Xn	F-(A)
Iprodion, 350 g/l	Rovral UFB, RPA, Xn, B3	F-(A)
Iprodion, 500 g/kg	ROVRAL, RPA, Xn	F-(G,O,W,Z)
Isofenphos, 400 g/kg	Oftanol T, BAY, T, B3	FI-(A,R)
Isoproturon, 236 g/l	TRUMP, CYD, Xn	H-(A)
Isoproturon, 285 g/l	Belgran Super, RPA, Xn	H-(A)
Isoproturon, 400 g/l	AZUR, RPA, Xn, B4	H-(A)
Isoproturon, 481,2 g/kg	Lumeton, NAD, Xn	H-(A)
Isoproturon, 500 g/l	Arelon flüssig, AVO, Xn	H-(A)
	FENIKAN, RPA, AVO, Xn	H-(A)
	Graminon 500 flüssig, NAD, Xn	H-(A)
	HORA FLO, NAD, Xn	H-(A)
	HORA-Turon 500 fluessig, HOR, Xn, B4	H-(A)
	Stefes IPU 500, STE, Xn	H-(A)
	TOLKAN FLO, RPA, Xn	H-(A)

Wirkstoffe	Präparate	Wirkungsbereich/Einsatzgebiet
Isoproturon, 600 g/kg	Agrilon, AVO, Xn	H-(A)
	AVO 01024 H O WG, AVO, Xn	H-(A)
Isoproturon, 700 g/l	Stefes IPU 700, STE, Xn	H-(A)
Isoxaben, 1 g/kg	Proxuran-Streugranulat, URA, SPI	H-(Z)
Isoxaben, 500 g/l	FLEXIDOR, DOW	H-(B,F)
Kali-Seife, 10 g/kg	CHRYSAL Pflanzen-Pump-Spray, BRA, B4	AI-(G,O,Z)
	Neudosan AF, NEU, B4	AI-(G,O,Z)
	Pflanzen Paral Schädlings-Frei, JOH, THO, B4	AI-(G,O,Z)
Kali-Seife, 10,2 g/l	Blusana Pflanzen Sprühmittel, LEN	AI-(G,O,Z)
	Blusana Pflanzenschutz, LEN, B4	AI-(G,O,Z)
	Neudosan AF Neu, NEU	AI-(G,O,Z)
Kali-Seife, 515 g/l	Neudosan Neu, NEU	AI-(G,O,Z)
	Neudosan, NEU	AI-(G,O,Z)
Kieselgur, 965 g/kg	SILICO-SEC, CEM, ABP, B3	I-(V)
Kohlendioxid, 1000 g/kg	Natürliche CARBO Kohlensäure, CAK, B3	AI-(V)
Kohlendioxid, 995 g/kg	Kohlendioxyd zur Druckentwesung von Nutzpflanzen, GUT, B3	AI-(V)
	Kohlensäure BUSE, BUS, B3	IA-(V)
Kohlendioxid, 999,5 g/kg	Kohlendioxid, AGA, B3	AI-(V)
Kresoxim-methyl, 125 g/l	BAS 49303 F, BAS, Xn	F-(A)
	Juwel, BAS, Xn	F-(A)
Kresoxim-methyl, 150 g/l	Brio, BAS, Xn	F-(A)
Kresoxim-methyl, 500 g/kg	Discus, BAS, Xn	F-(O,W)
Kupferhydroxid, 691 g/kg	Cuprozin WP, URA, B4	F-(O)
	Funguran-OH, URA, SPI, B4	F-(O)
Kupferoxychlorid, 261,3 g/kg	Kupferkalk Spiess-Urania, SPI, URA	F-(W)
Kupferoxychlorid, 284 g/kg	Kupferkalk Bayer, BAY, B4	F-(W)
	Kupferkalk Ciba-Geigy, CGD, B4	F-(W)
	Kupferkalk Hoechst, HOE, B4	F-(W)
	Kupferkalk Wacker, WAC, B4	F-(W)
Kupferoxychlorid, 424 g/kg	Kupfer 83 V, URA, SPI, DOW, B4	F-(H,O,W)
Kupferoxychlorid, 756 g/kg	BASF-Grünkupfer, BAS	F-(A,G,H,O,W,Z)
	Cupravit OB 21, BAY	F-(A,G,H,O,W,Z)
	Funguran, URA, SPI	F-(A,G,H,O,W,Z)
	Kupfer Konzentrat 45, ASU	F-(A,G,H,O,W,Z)
	Kupferkalk Atempo, NEU	F-(A,G,H,O,W,Z)
	Kupferspritzmittel Funguran, URA, SPI	F-(A,G,H,O,W,Z)
	Kupferspritzmittel Schacht, FSC	F-(A,G,H,O,W,Z)
Kupferoxychlorid, 757 g/l	Kupfer-flüssig 450 FW, WAC, DOW, Xn, B4	F-(W)
Kupferoxychlorid, 852 g/kg	Cuprasol, SPI, URA, B4	F-(H,W)
Kupfersulfat,basisch, 345 g/l	Cuproxat Flowable, AGL, BAS, B4	F-(W)
	Cuproxat flüssig, BAS, B4	F-(W)
lambda-Cyhalothrin, 50 g/kg	KARATE WG FORST, ZNC, Xn	I-(F,Z)
	Karate WG, ZNC, Xn	I-(A,R)
lambda-Cyhalothrin, 50 g/l	Karate, ZNC, BAS, Xn, B2	I-(A,H,R,Z)
Lecithin, 0,353 g/kg	BioBlatt-Mehltauspray, NEU	F-(Z)
Lecithin, 0,7 g/l	Bio-Myctan-Zimmerpflanzenspray, NEU, B3	FIA(Z)
Lecithin, 488,8 g/l	BioBlatt-Mehltaumittel, NEU	F-(G,O,Z)
Magnesiumphosphid, 560 g/kg	Degesch Plate, DGS, T+, F, B3	I-(V)
	Degesch-Strip, DET, DGS, DEG, T+, F, B3	I-(V)
Magnesiumphosphid, 660 g/kg	DEGESCH-MAGTOXIN, DET, DGS, T+, F, B3	I-(V)
	Detia Gas-Ex-B forte, DET, DEG, DGS, T+, F, B3	I-(V)
	Detia Magphos, DET, T+, F, B3	I-(V)
Mancozeb, 260 g/kg	MIKAL MZ, RPA, AVO, Xi	F-(W)
Mancozeb, 301,6 g/l	Tattoo, AVO, Xi	F-(A)
Mancozeb, 450 g/kg	Ridomil TK, NAD, Xi	F-(A)
Mancozeb, 455 g/l	Dithane LFS, RHD, Xi	F-(A)
	Manconex, GRF, Xi	F-(A)
Mancozeb, 560 g/kg	CILUAN, CYD, Xi	F-(A)

Wirkstoffe	Präparate	Wirkungsbereich/Einsatzgebiet
Mancozeb, 560 g/kg	Du Pont Ciluan, DPB, Xi	F-(A)
Mancozeb, 600 g/kg	Acrobat Plus, CYD, Xi	F-(A)
	Omnex plus, CGD, Xi, B4	F-(O)
	Ridomil MZ Super, NAD, Xi, W	F-(A)
Mancozeb, 640 g/kg	Ridomil Gold MZ, NAD, Xi	F-(A)
Mancozeb, 750 g/kg	Dithane Ultra WG CIBA-GEIGY, CGD, Xi	F-(A,G,O,W,Z)
	Dithane Ultra WG Hoechst, AVO, Xi	F-(A,G,O,W,Z)
	Dithane Ultra WG Spiess-Urania, SPI, Xi	F-(A,G,O,W,Z)
	Dithane Ultra WG, RHD, AVO, SPI, URA, Xi	F-(A,G,O,W,Z)
	Stefes MANCOFOL, STE, Xi	F-(A,G,O,W,Z)
Mancozeb, 800 g/kg	Detia Pflanzen - Pilzfrei Pilzol, DET, Xi	F-(A,F,G,O,W,Z)
	Dithane Ultra Spiess-Urania, SPI, URA, Xi	F-(A,F,G,O,W,Z)
	Dithane Ultra WP, RHD, SPI, URA, Xi	F-(A,F,G,O,W,Z)
	Penncozeb, ELF, Xi	F-(A,Z)
Maneb, 350 g/l	Maneb 350 SC, ASU, Xi	F-(A)
Maneb, 481,5 g/l	MANEX, GRI, FSG, Xi	F-(A)
Maneb, 770 g/kg	VONDAC DG, ELF, Xi	F-(A)
Maneb, 800 g/kg	BASF-Maneb-Spritzpulver, RHD, BAS, Xi	F-(A,F,G,Z)
	Maneb "Schacht", FSC, Xi	F-(A,F,G,Z)
	TRIMANGOL, ELF, Xi	F-(A)
MCPA, 250 g/l	Aaherba-Combi, ASU, Xn, B4	H-(A,R)
	MEGA-MD, NUF, Xn, B4	H-(A,R)
MCPA, 340 g/l	BANVEL M, SAD, AVO, Xn	H-(A,N,R,Z)
	Gabi Rasenunkraut-Vernichter, GAB, Xn	H-(A,N,R,Z)
	Hedomat Rasenunkrautfrei, BAY, Xn	H-(A,N,R,Z)
	Rasen Unkrautfrei Utox, SPI, URA, Xn	H-(A,R,Z)
	Rasen-Unkrautvernichter Banvel M, CEL, Xn	H-(A,N,R,Z)
	Rasen-Utox flüssig, SPI, URA, Xn	H-(A,N,R,Z)
	Rasenunkrautfrei Rasunex, ASU, Xn	H-(A,N,R,Z)
MCPA, 4,71 g/kg	Bach's Rasen-Unkrautvernichtung u.Düngung,BAC	HD-(Z)
	Blumetta Rasen-Unrautvernichtung und Düngung, FGG	HD-(Z)
	COMPO Unkrautvernichter mit Rasendünger,COM	HD-(Z)
	Cornufera UV Unkrautvernichter + Rasendünger, GUN	HD-(Z)
	degro Unkrautvernichter plus Rasendünger, DEN	HD-(Z)
	Dehner Unkrautvernichter plus Rasendünger, DEN	HD-(Z)
	EUFLOR Rasen - Unkrautvernichter und Dünger, EUF	HD-(Z)
	Gabi Rasen-Unkrautvernichter plus Dünger, GAB	HD-(Z)
	Gartenkrone Rasenunkrautvern. u. Dünger,HAG	HD-(Z)
	MANNADUR UV, Rasendünger, MAN	HD-(Z)
	Raiffeisen-Gartenkraft Unkrautvernichter plus Rasendünger, DRW	HD-(Z)
	WOLF Unkrautvernichter mit Rasendünger, WGB	HD-(Z)
MCPA, 40 g/kg	Brennessel-Granulat Spiess-Urania, URA, SPI, B3	H-(O,R)
MCPA, 500 g/l	AAherba M, ASU, Xn, B4	H-(A,R)
	AGRITOX, NUF, Xn, B4	H-(A,R)
	Berghoff MCPA, CBA, Xn, B4	H-(A,R,W)
	Herbizid M DU PONT, DPB, Xn, B4	H-(A,R,W)
	HORA M, HOR, Xn	H-(A,O,R,W)
	M 52 DB, AVO, Xn	H-(A,O,R,W)
	Marks M HERBICIDE, AHM, CBA, DPB, Xn, B4	H-(A,R,W)
	MEGA-M, NUF, Xn, B4	H-(A,R)
	Orbitox M, URA, URA, Xn	H-(A,O,R,W)
	U 46 M-Fluid, BAS, NAD, DOW, ZNC, Xn	H-(A,O,R,W)
	Utox M, SPI, URA, Xn	H-(A,O,R,W)
Mecoprop-P, 234 g/l	ORKAN, RPA, BAS, Xn	H-(A)
Mecoprop-P, 24 g/kg	Brennessel-Granulat Spiess-Urania, URA, SPI, B3	H-(O,R)
Mecoprop-P, 292 g/l	FOXTRIL SUPER, RPA, CYD, Xn	H-(A)
Mecoprop-P, 308 g/l	Bifenal, RPA, Xi, B4	H-(A)

Wirkstoffe	Präparate	Wirkungsbereich/Einsatzgebiet
Mecoprop-P, 350 g/l	COMPO Rasenunkraut-frei, COM, Xn	H-(A,R,Z)
	Duplosan KV-Combi, BAS, BAY, CBA, NAD, COM, DPB, Xn	H-(A,R,Z)
	Marks Optica MP Combi, AHM, Xn	H-(A,R,Z)
	Rasen-Duplosan, BAY, Xn	H-(A,R,Z)
	RASEN-RA-6, HEN, Xn	H-(A,R,Z)
	Rasen-Unkrautvernichter Astix MPD, CEL, Xn	H-(A,R,Z)
Mecoprop-P, 500 g/l	LOREDO, RPA, Xi	H-(A)
Mecoprop-P, 600 g/l	Berghoff Optica MP, CBA, Xn	H-(A,R,W)
	Duplosan KV, BAS, BAY, Xn, B4	H-(A,R,W)
	Marks Optica MP k, AHM, CBA, DPB, Xn	H-(A,R,W)
	Marks Optica MP, AHM, Xn, B4	H-(A,R,W)
Mefenpyr, 75 g/l	Ralon Super, AVO	H-(A)
Metalaxyl, 100 g/kg	Ridomil MZ Super, NAD, Xi, W	F-(A)
Metalaxyl, 150 g/kg	Ridomil TK, NAD, Xi	F-(A)
Metalaxyl, 20 g/l	Maxim AP, NAD, B3	F-(A)
Metalaxyl, 240 g/l	Fonganil Neu, NAD, Xi, B3	F-(Z)
Metalaxyl, 450 g/kg	Apron T 69, CGD, B3	F-(A,G)
Metalaxyl, 50 g/kg	Ridomil Granulat, NAD	F-(H)
Metalaxyl-M, 40 g/kg	Ridomil Gold MZ, NAD, Xi	F-(A)
Metaldehyd, 40 g/kg	COMPO Schneckenkorn, COM, B3	M-(A,G,O,Z)
	Schneckenkorn Spiess-Urania, URA, SPI, B3	M-(A,G,O,Z)
Metaldehyd, 49 g/kg	METAREX, LON, B3	M-(A)
Metaldehyd, 50,5 g/kg	Garda Schneckenkorn, GGG, B3	M-(A,G,O,Z)
	Schneckenkorn Helarion, FHD, CYD, B3	M-(A,G,O,Z)
	Schneckenkorn Super, VOR, B3	M-(A,G,O,Z)
Metaldehyd, 58,8 g/kg	Schneckenkorn Limex Neu, CEL, B3	M-(G,O,Z)
Metaldehyd, 60 g/kg	Antischneck Schnecken-Korn, NEU, B3	M-(A,G,O,Z)
	DELU Schneckenkorn, GEI, B3	M-(A,G,O,Z)
	Etisso Schneckenfrei, FRU, B3	M-(A,G,O,Z)
	Glanzit Schneckenkorn, GLA, B3	M-(A,G,O,Z)
	Pflanzol Schnecken-Ex, DDZ, B3	M-(A,G,O,Z)
	Pro-Limax, ASU, B3	M-(A,G,O,Z)
	Schneckenkorn degro, DEN, B3	M-(A,G,O,Z)
	Schneckenkorn Dehner, DEN, B3	M-(A,G,O,Z)
	Schneckenkorn Limex, CEL, B3	M-(A,G,O,Z)
	SCHNECKENKORN, DET, VOR, GGG, B3	M-(A,G,O,Z)
	Schneckentod, FSC, B3	M-(A,G,O,Z)
	Snek-Vetyl "neu", VET, B3	M-(A,G,O,Z)
Metam, 420 g/l	Metam-Fluid 510 g/l BASF, BAS, ASU, CYD, Xn, B3	N-(A)
Metamitron, 153 g/l	Betanal Trio, AVO, Xi	H-(A)
Metamitron, 280 g/kg	Domino, BAY, AVO, Xi	H-(A)
Metamitron, 300 g/l	METHOPHAM, STE, Xi	H-(A)
Metamitron, 700 g/l	Stefes METRON, STE	H-(A)
	TORNADO, FSG	H-(A)
Metamitron, 710 g/kg	Goltix WG, BAY	H-(A,O)
Metamitron, 900 g/kg	Goltix compact, BAY	H-(A,O)
Metarhizium anisopliae, 1000 g/kg	BIO 1020, BAY, Xi, B3	I-(W,Z)
Metazachlor, 250 g/l	Nimbus, BAS, Xi	H-(A)
Metazachlor, 333 g/l	Butisan Star, BAS, COM, Xi	H-(A)
Metazachlor, 375 g/l	Butisan Top, BAS, COM, Xi	H-(A)
Metazachlor, 500 g/l	Butisan, BAS, Xn	H-(A,G)
Methamidophos, 605 g/l	Tamaron, BAY, T+, B1	IA-(A,G,Z)
Methidathion, 400 g/kg	ULTRACID 40 CIBA-GEIGY, CGD, T, B1	I-(A,H,W)
Methiocarb, 0,5 g/kg	Lizetan Plus Zierpflanzenspray, BAY, F+, B1	I-(Z)
Methiocarb, 20 g/kg	Mesurol Schneckenkorn, BAY, B3	M-(A,G,O,Z)
Methiocarb, 40 g/kg	Schneckenkorn Mesurol, BAY, Xn, B3	M-(A,G,O,Z)
Methiocarb, 500,4 g/l	Mesurol flüssig, BAY, T, B3	IP-(A,Z)
Methylbromid, 1000 g/kg	Methylbromid, DEA, T+, B3	AI-(V)

Wirkstoffe	Präparate	Wirkungsbereich/Einsatzgebiet
Methylbromid, 997 g/kg	Detia Gas-Ex-M, DET, DGS, DEG, T+, B3	I-(V)
Metiram, 700 g/kg	COMPO Pilz-frei Polyram WG, COM, Xi, B4	F-(A,G,H,O,W,Z)
	Gemüse-Spritzmittel Polyram WG, CEL, Xi, B4	F-(A,G,H,O,W,Z)
	Polyram WG, BAS, COM, Xi, B4	F-(A,G,H,O,W,Z)
Metobromuron, 500 g/kg	Patoran CB, CGD, BAS, B3	H-(A,S)
Metobromuron, 500 g/l	Patoran FL, BAS, Xn, B3	H-(A,G,S)
Metolachlor, 214,3 g/kg	ZINTAN, NAD, Xi, B1	H-(A)
Metolachlor, 250 g/l	Stentan, NAD, Xn	H-(A)
Metolachlor, 300 g/l	HARPUN, CGD, Xi	H-(A)
Metolachlor, 333 g/l	Gardoprim plus, NAD, CYD, AVO, Xi	H-(A)
Metosulam, 10 g/l	ATOL, DOW, Xn	H-(A)
Metosulam, 100 g/l	TACCO, DOW, Xn	H-(A)
Metosulam, 25 g/kg	Terano, BAY, Xn, B3	H-(A)
Metribuzin, 700 g/kg	Sencor WG, BAY, DPB, ZNC	H-(A,G)
Metsulfuron, 179 g/kg	Gropper, DPB, SPI, URA, B4	H-(A)
Metsulfuron, 65,6 g/kg	Concert, DPB, AVO	H-(A)
Mineralöle, 12 g/l	Promanal AF Neu, NEU, B3	AI-(Z)
Mineralöle, 22,8 g/l	CHRYSAL Schildlaus Pumpspray, BRA, B3	AI-(Z)
	Promanal AF, NEU, B3	AI-(Z)
Mineralöle, 546 g/l	Austrieb-Spritzmittel Weißöl, CEL	AI-(O,W,Z)
	OLIOCIN Austriebsspritzmittel, BAY	AI-(O,W,Z)
	Promanal Neu, NEU	AI-(O,W,Z)
Mineralöle, 654 g/l	Austrieb-Spritzmittel Weißöl FL, CEL, B4	AI-(O,W,Z)
	Para-Sommer, ASU, B4	AI-(O,W,Z)
Mineralöle, 807 g/l	ELEFANT-SOMMERÖL, EPL	AI-(Z)
Myclobutanil, 60 g/kg	Systhane 6W, RHD, Xi	F-(O)
Napropamid, 190 g/l	Devrinol Kombi CS, ZNC, B3	H-(A)
	Elancolan K SC, DOW, B3	H-(A)
Napropamid, 450 g/l	Devrinol FL, ZNC, BAS, B3	H-(A)
Nicosulfuron, 40 g/l	Motivell, BAS, Xn	H-(A)
Nuarimol, 100 g/l	Elanco Beize flüssig, DOW, Xi, B3	F-(A)
Omethoat, 2 g/kg	COMPO Zierpflanzen-Spray, COM, B1	AI-(Z)
	Folimat-Rosenspray, BAY, B1	AI-(Z)
	Lizetan-Zierpflanzenspray, BAY, B1	AI-(Z)
Oxydemeton-methyl, 110 g/l	Metasystox R spezial, BAY, Xn, B1	AI-(G,O,Z)
Oxydemeton-methyl, 213,8 g/l	E Combi, BAY, T+, B1	AI-(A,G)
Oxydemeton-methyl, 216,5 g/l	Dipterex MR, BAY, T, B1	I-(A)
Oxydemeton-methyl, 275,6 g/l	Metasystox R, BAY, T, B1	AI-(A,G,O,W,Z)
Parathion, 178,2 g/l	E Combi, BAY, T+, B1	AI-(A,G)
Parathion, 507,5 g/l	E 605 forte, BAY, T+, B1	AI-(A,G,O,R,W,Z)
	P-O-X, ASU, T+, B1	AI-(A,G,O,R,W,Z)
Parathion-methyl, 405 g/kg	ME 605 Spritzpulver, BAY, T, B1	I-(A,O,W)
Parfuemöl Daphne, 10 g/kg	HaTe 1, SAG, F, C, B4	P-(F)
	HaTe A, CYD	P-(F)
Parfuemöl Daphne, 16,8 g/kg	COMPO Hasen-Schreck, COM, B4	P-(G,O,Z)
	Wildverbißschutz, FSC, B4	P-(G,O,Z)
Parfuemöl Daphne, 3,8 g/l	HaTe F, SAG, Xi, B4	P-(F)
Parfuemöl Daphne, 5,4 g/l	FCH 909 (Wildschadenverhütungsmittel), FCH, Xi, F, B3	P-(F)
Penconazol, 100 g/kg	Omnex, CGD	F-(O)
Penconazol, 100 g/l	TOPAS, NAD, Xi	F-(W)
Penconazol, 25 g/kg	Omnex plus, CGD, Xi, B4	F-(O)
Pencycuron, 125 g/kg	Monceren, BAY, B3	F-(A)
Pencycuron, 250,8 g/l	Monceren Flüssigbeize, BAY, B3	F-(A)
Pencycuron, 75 g/kg	BAY-12980-F, BAY, Xi, B3	F-(A)
Pendimethalin, 165 g/l	Stentan, NAD, Xn	H-(A)
Pendimethalin, 200 g/l	HARPUN, CGD, Xi	H-(A)
	Pendiron flüssig, NAD, BAS, CYD, SPI, URA	H-(A)
Pendimethalin, 236 g/l	TRUMP, CYD, Xn	H-(A)

Wirkstoffe	Präparate	Wirkungsbereich/Einsatzgebiet
Pendimethalin, 300 g/l	PENDIMOX, CFP, Xn	H-(A)
Pendimethalin, 400 g/l	STOMP SC, CYD	H-(A,G)
Permethrin, 250 g/l	Ambush, ZNC, COM, Xi, B1	I-(A,G)
	COMPO Kartoffelkäfer-frei, COM, Xi, B1	I-(A,G)
	ETISSO-Kartoffelkäfer-frei, FRU, Xi, B1	I-(A,G)
	Kartoffelkäfer-Frei Ambush, CEL, Xi, B1	I-(A,G)
	Pflanzol Kartoffelkäfer-Ex, DDZ, Xi, B1	I-(A,G)
	Ribinol N, ASU, Xi, B1	I-(A,G)
Permethrin, 50 g/l	COMPO Insektenmittel, COM, Xi, B1	I-(G,O,Z)
	Talcord 5, SAG, Xi, B1	I-(G,O,Z)
Phenmedipham, 100 g/l	Largo, BAS	H-(A)
	METHOPHAM, STE, Xi	H-(A)
Phenmedipham, 157 g/l	Betanal, AVO, Xn	H-(A,G,O)
	Betosip, ASU, Xn	H-(A,B,O)
	Kontakt Feinchemie, FSG, Xn, B1	H-(A)
	Phenmedipham Biochemicals, BIO, Xn, B1	H-(A)
	Pistol, RPA, FSG, Xn, B1	H-(A)
	Rubenal ES, AVO, Xn	H-(A,G,O)
	STEFES PMP, STE, Xn	H-(A,G,O)
Phenmedipham, 160 g/l	Betanal Plus, AVO, Xi, B4	H-(A)
	Betaren, KVA, Xn, B4	H-(A)
	Herbasan, KVK, ASU	H-(A)
	KEMIRA PHENMEDIPHAM, KIR, Xn, B4	H-(A)
	Rubenal, AVO, Xn, B4	H-(A)
Phenmedipham, 161,3 g/l	Betasana, ESK, DLH, Xn, B4	H-(A)
Phenmedipham, 200 g/l	Powertwin, FSG, Xi	H-(A)
	Stefes MagicTandem, STE	H-(A)
Phenmedipham, 320 g/l	Kontakt 320 SC, FSG	H-(A)
Phenmedipham, 51 g/l	Betanal Trio, AVO, Xi	H-(A)
Phenmedipham, 62 g/l	Betanal Progress, AVO	H-(A)
Phenmedipham, 65 g/kg	Domino, BAY, AVO, Xi	H-(A)
Phenmedipham, 75,5 g/l	Betanal Progress OF, AVO, Xi	H-(A)
Phenmedipham, 97 g/l	Kontakttwin, FSG, Xi	H-(A)
	Nortron Tandem, AVO, B4	H-(A)
	Stefes TANDEM, STE, B4	H-(A)
Phosphamidon, 195 g/l	Detia Pflanzen-Ungezieferfrei-Dimecron, DET, GGG, T, B1	AI-(A,O,Z)
	Dimecron 20, CGD, T, B1	AI-(A,O,Z)
Phosphorwasserstoff, 20,7 g/kg	Frisin, SER, T+, B3	I-(V)
Phoxim, 35 g/kg	Ameisenmittel Bayer, BAY, B1	I-(Z)
Phoxim, 510 g/l	Baythion EC, BAV, Xn, B3	I-(V)
Piperonylbutoxid, 0,29 g/l	Bio-Myctan-Zimmerpflanzenspray, NEU, B3	FIA(Z)
	COMPO Insekten-Spray, COM	I-(Z)
	ETISSO Blattlaus-Spray, FRU, CEL	I-(Z)
	Florestin Pflanzenspray, LUS	I-(Z)
	Garten-Schädlingsspray, BRA	I-(Z)
	Gartenspray Hortex, CEL	I-(Z)
	Gartenspray Parexan, CEL	I-(Z)
	Gartenspray Pyreth, ASU	I-(Z)
	Pflanzen Paral für Topfpflanzen, JOH, CEL	I-(Z)
	Pflanzol-Blattlaus-Spray, DDZ	I-(Z)
	Spruzit-Gartenspray, NEU	I-(Z)
	Spruzit-Zimmerpflanzenspray, NEU	I-(Z)
Piperonylbutoxid, 0,8 g/l	INSEKTENIL-Raumnebel-forte-trocken-DDVP, HEN, Xn, B3	I-(V)
	microsol-vos-fluid-dry, MIC, Xn, B3	I-(V)
Piperonylbutoxid, 1,5 g/kg	egesa-Pflanzen-Insekten-Spray NEU, EGE, B1	AI-(Z)
	Pflanzenspray Hortex Neu, CEL, B1	AI-(Z)
Piperonylbutoxid, 10 g/kg	Detia Pflanzen-Universal-Staub, DET, B4	I-(A,G,Z)

Wirkstoffe	Präparate	Wirkungsbereich/Einsatzgebiet
Piperonylbutoxid, 10 g/kg	Insekten-Stäubemittel Hortex NEU, CEL, B4	I-(A,G,Z)
	Spruzit-Staub, NEU, B4	I-(A,G,Z)
Piperonylbutoxid, 140 g/l	Herba-Vetyl neu flüssig, VET	AI-(O,Z)
Piperonylbutoxid, 144 g/l	COMPO Schädlings-frei, COM	I-(O,Z)
	Pyreth, ASU	I-(O,Z)
	Spruzit-flüssig, NEU, ASU, DET, FSC	I-(O,Z)
Piperonylbutoxid, 19,8 g/l	Detia Professional Raumnebel XL, VOR, B3	I-(V)
	Detmolin P, FRO, B3	I-(V)
Piperonylbutoxid, 22 g/l	Detia Professional Raumnebel M, DET, B3	I-(V)
	INSEKTENIL-Raumnebel-forte, HEN, B3	I-(V)
	INSEKTENIL-Raumnebel-forte-trocken, HEN, Xn, B3	I-(V)
	microsol-pyrho-fluid, MIC, B3	I-(V)
	microsol-pyrho-fluid-dry, MIC, Xn, B3	I-(V)
Piperonylbutoxid, 26,6 g/kg	Dusturan Kornkäferpuder, URA, SPI, B3	I-(V)
Piperonylbutoxid, 3,45 g/kg	Detia Professional Nebelautomat, DET, VOR, Xn, B3	I-(V)
	Insektenil-DCV-Spray, HEN, Xn, B3	I-(V)
	microsol-vos autofog, MIC, Xn, B3	I-(V)
Piperonylbutoxid, 445 g/l	Bio Insektenfrei, SPI, URA, B4	I-(O,Z)
	blitol Insektenfrei, URA, SPI, B4	I-(O,Z)
	Schädlingsfrei Parexan, CEL, B4	I-(O,Z)
Piperonylbutoxid, 6 g/kg	Chrysal Pflanzenspray, BRA, B3	I-(Z)
Piperonylbutoxid, 8,5 g/kg	Herba-Vetyl-Staub neu, VET	I-(A,G,Z)
	Insekten-Stäubemittel Hortex, CEL	I-(A,G,Z)
Pirimicarb, 500 g/kg	Blattlausfrei Pirimor G, CEL, Xn	I-(A,F,G,O,Z)
	ETISSO Blattlaus-frei, FRU, Xn	I-(A,F,G,O,Z)
	Pflanzol Blattlaus-Ex, DDZ, Xn	I-(A,F,G,O,Z)
	Pirimor-Granulat zum Auflösen in Wasser, ZNC, BAS, CEL, SPI, URA, Xn	I-(A,F,G,O,Z)
Pirimiphos-methyl, 500 g/l	Actellic 50, ZNC, Xn, B3	I-(V)
Primisulfuron, 20 g/kg	Herkules E, NAD, Xn	H-(A)
Prochloraz, 200 g/l	Prelude FS, AVO, B3	F-(A)
	Sprint, AVO, NAD, Xi	F-(A)
Prochloraz, 267 g/l	Sportak Plus, AVO, Xn, B1	F-(A)
Prochloraz, 300 g/l	Prisma, AVO, Xn	F-(A)
	Sportak Alpha, AVO, Xn	F-(A)
	Tiptor, NAD, AVO, Xn	F-(A)
Prochloraz, 360 g/l	Sportak Delta, AVO, RPA, Xi	F-(A)
	Tiptor S, NAD, Xi	F-(A)
Prochloraz, 400 g/l	Bumper P, MAC, Xi	F-(A)
	RPA 10371 F, RPA, Xi	F-(A)
	Sportak, AVO, RPA, Xn	F-(A)
	Stefes FUNGI, STE, Xn	F-(A)
Prochloraz, 450 g/l	Mirage 45 EC, MAC	F-(A)
Prochloraz, 451,1 g/l	Parano 450 EC, ASU, Xn, B1	F-(A)
Prochloraz, 461 g/kg	Octave, AVO, B4	F-(A)
Prochloraz, 63,64 g/l	Prelude UW, AVO, B3	F-(A)
Prochloraz, 80 g/l	Abavit UF, AVO, Xi, B3	F-(A)
Prochloraz, 95,2 g/kg	Abavit UT mit Beizhaftmittel, SCH, B3	F-(A)
	Dibavit ST mit Beizhaftmittel, SCH, Xn, B3	F-(A)
Propamocarb, 207,8 g/l	Tattoo, AVO, Xi	F-(A)
Propamocarb, 604 g/l	Previcur N, AVO	F-(G,Z)
Propaquizafop, 100 g/l	AGIL, CGD, Xn	H-(A)
Propham, 10 g/kg	Agermin, NAD, ASU, B3	W-(A)
	Detia Kartoffelkeimfrei, DEL, GGG, B3	W-(A)
	Kartoffelschutz Tixit, CEL, B3	W-(A)
	Tixit, CYD, CEL, B3	W-(A)
Propiconazol, 124,5 g/l	AGENT, NAD, Xn	F-(A)
Propiconazol, 125 g/l	Cortil, HOR, SPI, URA, B4	F-(A)
	Desgan, CGD, HOE, Xn, B1	F-(A)

Wirkstoffe	Präparate	Wirkungsbereich/Einsatzgebiet
Propiconazol, 125 g/l	Gladio, NAD, Xi	F-(A)
	Ilbex, NAD, BAS, T	F-(A)
	Simbo, CGD, BAS, B4	F-(A)
Propiconazol, 150 g/l	Desmel Duo, NAD, Xn	F-(A)
Propiconazol, 250 g/kg	Desmel WG, CGD	F-(A)
Propiconazol, 250 g/l	Bumper, MAC	F-(A)
	Desmel, CGD, Xi, B4	F-(A)
	HORA Propiconazol, HOR, Xi, B4	F-(A)
	Taspa, CGD, Xi	F-(A)
Propiconazol, 5 g/l	Panogen, CGD, CYD, Xn, B3	F-(A)
Propiconazol, 62,5 g/l	Gralan, CGD, RPA, Xn	F-(A)
	Sambarin, CGD, Xn, B4	F-(A)
Propiconazol, 83 g/kg	Sambarin WG, CGD, Xn	F-(A)
Propiconazol, 90 g/l	Bumper P, MAC, Xi	F-(A)
Propineb, 705 g/kg	Antracol WG, BAY	F-(A,G,H,O,W,Z)
Propoxur, 203,7 g/l	Unden flüssig, BAY, T, B1	I-(A,G,O,Z)
Propyzamid, 100 g/kg	Auxuran PD, URA, SPI, Xn	H-(Z)
	Vorox WPD, URA, SPI, Xn	H-(Z)
Propyzamid, 500 g/kg	Kerb 50 W, RHD, Xn	H-(A,G,O,W,Z)
	Kerb WDG, URA, SPI, Xn	H-(A,B,Z)
Propyzamid, 6,25 g/kg	Kerb-Streugranulat, URA, SPI, B3	H-(Z)
Propyzamid, 8 g/kg	Proxuran-Streugranulat, URA, SPI	H-(Z)
Prosulfocarb, 800 g/l	Boxer EW, ZNC, BAY, Xi, B3	H-(A)
	Boxer, ZNC, Xi, B3	H-(A,Z)
Prosulfuron, 30 g/kg	ECLAT, NAD, Xn	H-(A)
Prosulfuron, 750 g/kg	Peak E, NAD	H-(A)
Pymetrozin, 250 g/kg	PLENUM, NAD	I-(H)
Pyrazophos, 1 g/kg	Chrysal Mehltauspray, POK, BRA, B3	F-(Z)
Pyrazophos, 295 g/l	Desgan, CGD, HOE, Xn, B1	F-(A)
Pyrethrine, 0,09 g/l	Bio-Myctan-Zimmerpflanzenspray, NEU, B3	FIA(Z)
	COMPO Insekten-Spray, COM	I-(Z)
	ETISSO Blattlaus-Spray, FRU, CEL	I-(Z)
	Florestin Pflanzenspray, LUS	I-(Z)
	Garten-Schädlingsspray, BRA	I-(Z)
	Gartenspray Hortex, CEL	I-(Z)
	Gartenspray Parexan, CEL	I-(Z)
	Gartenspray Pyreth, ASU	I-(Z)
	Pflanzen Paral für Topfpflanzen, JOH, CEL	I-(Z)
	Pflanzol-Blattlaus-Spray, DDZ	I-(Z)
	Spruzit-Gartenspray, NEU	I-(Z)
	Spruzit-Zimmerpflanzenspray, NEU	I-(Z)
Pyrethrine, 0,5 g/kg	egesa-Pflanzen-Insekten-Spray NEU, EGE, B1	AI-(Z)
	Pflanzenspray Hortex Neu, CEL, B1	AI-(Z)
Pyrethrine, 0,5 g/l	INSEKTENIL-Raumnebel-forte-trocken-DDVP, HEN, Xn, B3	I-(V)
	microsol-vos-fluid-dry, MIC, Xn, B3	I-(V)
Pyrethrine, 1,2 g/kg	Chrysal Pflanzenspray, BRA, B3	I-(Z)
Pyrethrine, 1,65 g/kg	Dusturan Kornkäferpuder, URA, SPI, B3	I-(V)
Pyrethrine, 1,73 g/kg	Detia Professional Nebelautomat, DET, VOR, Xn, B3	I-(V)
	Insektenil-DCV-Spray, HEN, Xn, B3	I-(V)
	microsol-vos autofog, MIC, Xn, B3	I-(V)
Pyrethrine, 3 g/kg	Detia Pflanzen-Universal-Staub, DET, B4	I-(A,G,Z)
	Herba-Vetyl-Staub neu, VET	I-(A,G,Z)
	Insekten-Stäubemittel Hortex NEU, CEL, B4	I-(A,G,Z)
	Insekten-Stäubemittel Hortex, CEL	I-(A,G,Z)
	Spruzit-Staub, NEU, B4	I-(A,G,Z)
Pyrethrine, 3,85 g/l	Detia Professional Raumnebel XL, VOR, B3	I-(V)
	Detmolin P, FRO, B3	I-(V)
Pyrethrine, 35 g/l	Herba-Vetyl neu flüssig, VET	AI-(O,Z)

Wirkstoffe	Präparate	Wirkungsbereich/Einsatzgebiet
Pyrethrine, 36 g/l	COMPO Schädlings-frei, COM	I-(O,Z)
	Pyreth, ASU	I-(O,Z)
	Spruzit-flüssig, NEU, ASU, DET, FSC	I-(O,Z)
Pyrethrine, 4 g/l	Detia Professional Raumnebel M, DET, B3	I-(V)
	INSEKTENIL-Raumnebel-forte, HEN, B3	I-(V)
	INSEKTENIL-Raumnebel-forte-trocken, HEN, Xn, B3	I-(V)
	microsol-pyrho-fluid, MIC, B3	I-(V)
	microsol-pyrho-fluid-dry, MIC, Xn, B3	I-(V)
Pyrethrine, 48 g/l	Bio Insektenfrei, SPI, URA, B4	I-(O,Z)
	blitol Insektenfrei, URA, SPI, B4	I-(O,Z)
	Schädlingsfrei Parexan, CEL, B4	I-(O,Z)
Pyridat, 142,9 g/kg	ZINTAN, NAD, Xi, B1	H-(A)
Pyridat, 160 g/l	Lido SC, NAD, NAD, Xi	H-(A)
Pyridat, 250 g/kg	Lido WP, NAD, Xi	H-(A)
Pyridat, 300 g/kg	DUOGRANOL, NAD, RPA, Xn	H-(A)
Pyridat, 450 g/kg	Lentagran WP, SAD, Xi	H-(A,G)
Pyridat, 450 g/l	Lentagran 450 EC, AGL, CYD, Xn, B4	H-(A)
	Lentagran EC neu, AGL, CYD, Xi	H-(A)
Pyrifenox, 200 g/l	Dorado, NAD, Xi	F-(W)
Pyrimethanil, 200 g/l	Vision, AVO, Xn	F-(O)
Pyrimethanil, 400 g/l	Scala, AVO	F-(O,W)
Quinmerac, 125 g/l	Butisan Top, BAS, COM, Xi	H-(A)
Quinmerac, 42 g/l	Largo, BAS	H-(A)
Quinmerac, 50 g/l	Rebell, BAS	H-(A)
Quinmerac, 83 g/l	Butisan Star, BAS, COM, Xi	H-(A)
Quinoclamin, 250 g/kg	Mogeton, ASU, Xn	H-(Z)
Quinoxyfen, 500 g/l	FORTRESS, DOW, Xi	F-(A)
Quinoxyfen, 64,7 g/l	FORTRESS DUO, DOW, Xi	F-(A)
Quizalofop-P, 46,3 g/l	Targa Super, RPA, Xi	H-(A)
Rapsöl, 15,58 g/l	SCHÄDLINGSFREI NATUREN AF, TEM, CEL	AI-(G,O,Z)
Rapsöl, 777 g/l	Schädlingsfrei Naturen, CEL	AI-(G,O,W,Z)
	TELMION, TEM, AVO	AI-(G,O,W,Z)
Rapsöl, 899,1 g/l	Rako-Binol, BAY, B3	Z-(A)
Rimsulfuron, 250 g/kg	TITUS, DPB	H-(A)
Rimsulfuron, 261 g/kg	CATO, DPB, Xn, B4	H-(A)
Rimsulfuron, 500 g/kg	GRID PLUS, DPB, Xn	H-(A)
Schalenwickler-Granulosevirus, 5 g/l	CAPEX 2, CEM	I-(O)
Schwefel, 153 g/kg	Kupfer 83 V, URA, SPI, DOW, B4	F-(H,O,W)
Schwefel, 725 g/l	Supersix, KCC, B4	F-(A,W)
Schwefel, 796 g/kg	Cosan 80 Netzschwefel, AVO, B4	F-(A,F,G,H,O,W,Z)
	Netz-Schwefelit, NEU, B4	F-(A,F,G,H,O,W,Z)
	Netzschwefel "Schacht", FSC, B4	F-(A,F,G,H,O,W,Z)
	Netzschwefel 80 WP, ASU, B4	F-(A,F,G,H,O,W,Z)
	Netzschwefel Stulln, JUL, B4	F-(A,F,G,H,O,W,Z)
	Stefes INSTANT, STE, B4	F-(A,F,G,H,O,W,Z)
Schwefel, 800 g/kg	Asulfa WG, ASU, B4	F-(A,F,G,H,O,W,Z)
	COMPO Mehltau-frei Kumulus WG, COM, B4	F-(A,F,G,H,O,W,Z)
	HORA Thiovit, HOR, B4	F-(A,F,G,H,O,W,Z)
	Kumulus WG, BAS, B4	F-(A,F,G,H,O,W,Z)
	Netz-Schwefelit WG, NEU, B4	F-(A,F,G,H,O,W,Z)
	Netzschwefel WG, CEL, B4	F-(A,F,G,H,O,W,Z)
	Sufran WG, SPI, URA, B4	F-(A,F,G,H,O,W,Z)
	THIOVIT, NAD, B4	F-(A,F,G,H,O,W,Z)
Simazin, 20 g/kg	Gesatop 2 Granulat, NAD, SPI, Xn, W	H-(B,F,O)
Spiroxamine, 249,9 g/l	Pronto PLUS, BAY, Xn	F-(A)
Spiroxamine, 499 g/l	Impulse, BAY, Xn	F-(A)
Stickstoff, 1000 g/kg	Lindogen, LID, B3	I-(V)
Stickstoff, 995 g/kg	Stickstoff MES, MES, B3	I-(V)
Sulcotrion, 300 g/l	Mikado, ZNC, Xi	H-(A)

Wirkstoffe	Präparate	Wirkungsbereich/Einsatzgebiet
Sulfachinoxalin, 0,19 g/kg	Brumolin Fix Fertig, SCH, CYD, B3	R-(V)
	Brumolin Ultra, AVO, B3	R-(V)
Sulfachinoxalin, 0,2 g/kg	EPYRIN plus Rattenköder, HYG, B3	R-(V)
	EPYRIN plus Rattenriegel, HYG, B3	R-(F,V)
	frunax-DS Ratten-Fertigköder, FRU, B3	R-(V)
	frunax-DS Rattenriegel, FRU, B3	R-(F,V)
	Ratak-Rattenfertigköder, ZNC, B3	R-(V)
	Ratak-Rattenriegel, ZNC, B3	R-(F,V)
Sulfachinoxalin, 0,25 g/kg	Cumarax Spezial Fertigköder, SPI, URA, B3	R-(V)
	Cumarax Spezial Rattenring, SPI, URA, B3	R-(V)
Sulfotep, 185 g/kg	Bladafum II, BAY, T	AI-(G,Z)
tau-Fluvalinat, 240 g/l	MAVRIK, SAD, SPI, URA, Xn	I-(A)
Tebuconazol, 10 g/l	SOLITÄR, NAD, B3	F-(A)
Tebuconazol, 100 g/kg	Folicur E, BAY, Xi	F-(W)
	Folicur EM, BAY, Xi	F-(W)
Tebuconazol, 125 g/l	Gladio, NAD, Xi	F-(A)
Tebuconazol, 133,3 g/l	Pronto PLUS, BAY, Xn	F-(A)
Tebuconazol, 15 g/l	LARIN, CGD, B3	F-(A)
Tebuconazol, 15,1 g/l	Akzent, RPA, Xn, B3	F-(A)
	Boson, BAY, Xn, B3	F-(A)
Tebuconazol, 199,9 g/l	Pronto, BAY, Xn	F-(A)
Tebuconazol, 20 g/l	Raxil S, BAY, B3	F-(A)
Tebuconazol, 224,5 g/l	Matador 300, BAY	F-(A)
Tebuconazol, 250 g/l	Desmel Duo, NAD, Xn	F-(A)
Tebuconazol, 251,2 g/l	Folicur, BAY, Xn	F-(A)
Tebuconazol, 251,7 g/l	Matador, BAY, DOW, Xi	F-(A)
	STEFES Matador, STE, Xi	F-(A)
Tebuconazol, 5 g/l	Landor CT, CGD, B3	F-(A)
Tebuconazol, 5,04 g/l	Arena C, BAY, Xi, B3	F-(A)
Tebuconazol, 5,08 g/l	Arena, BAY, B3	F-(A)
Tebufenozid, 240 g/l	Mimic, RHD, AVO	I-(O,W)
Tebufenpyrad, 200 g/kg	MASAI, CYD, Xn	A-(O,W,Z)
Teflubenzuron, 150 g/l	NOMOLT, CYD, B1	I-(Z)
Tefluthrin, 200 g/l	Komet RP, ZNC, Xi, B3	I-(A)
Terbufos, 20 g/kg	Counter SG, CYD, DOW, AVO, T, B3	I-(A)
Terbuthylazin, 125 g/l	Stentan, NAD, Xn	H-(A)
Terbuthylazin, 142,9 g/kg	ZINTAN, NAD, Xi, B1	H-(A)
Terbuthylazin, 150 g/l	Artett, BAS, NAD, Xi	H-(A)
Terbuthylazin, 167 g/l	Gardoprim plus, NAD, CYD, AVO, Xi	H-(A)
Terbuthylazin, 200 g/kg	Lido WP, NAD, Xi	H-(A)
Terbuthylazin, 250 g/l	Lido SC, NAD, NAD, Xi	H-(A)
Terbuthylazin, 333 g/l	GARDOBUC, NAD, Xn	H-(A)
Terbuthylazin, 490 g/l	Gardoprim 500 flüssig, NAD, Xn, B4	H-(A)
Terbutryn, 326 g/l	Anofex 500 flüssig, CGD, B3	H-(A)
Terbutryn, 490 g/l	HORA-Terbutryn 500 flüssig, HOR, B4	H-(A,G)
	HORA-Tryn 500 flüssig, HOR, B4	H-(A,G)
	Igran 500 flüssig, CGD, B4	H-(A,G)
	Stefes-Terbutryn 500 flüssig, STE, B4	H-(A,G)
	ZERA-Terbutryn 500 flüssig, HOR, B4	H-(A,G)
Thiabendazol, 10 g/kg	Drawipas, WAC, DOW, CEL, B3	FL-(F,O,Z)
	Tervanol F, ASU, B3	F-(O,Z)
	Wundverschluß Drawipas, CEL, B3	FL-(F,O,Z)
	Wundverschluß Spisin, SPI, URA, B3	FL-(F,O,Z)
Thiabendazol, 10,1 g/kg	Tervanol 3 F, ASU, Xi, B3	F-(O,Z)
Thiabendazol, 240 g/kg	Apron T 69, CGD, B3	F-(A,G)
Thiabendazol, 25 g/l	Vincit FS, ZNC, B3	F-(A)
Thifensulfuron, 240,9 g/kg	GRID PLUS, DPB, Xn	H-(A)
Thifensulfuron, 481,7 g/kg	REFINE EXTRA, DPB, Xi	H-(A)

Wirkstoffe	Präparate	Wirkungsbereich/Einsatzgebiet
Thifensulfuron, 657,3 g/kg	Concert, DPB, AVO	H-(A)
Thifensulfuron, 722,5 g/kg	HARMONY 75 DF, DPB, B4	H-(A,R)
Thiodicarb, 40 g/kg	Skipper, RPA, Xn	M-(A)
Thiophanat-methyl, 250 g/l	Konker R, BAS, Xn, B4	F-(A)
Thiophanat-methyl, 500 g/l	Cercobin FL, BAS, Xn	F-(A,O)
Thiram, 110 g/kg	Oftanol T, BAY, T, B3	FI-(A,R)
Thiram, 121,1 g/l	HaTe-PELLACOL, CYD, Xn	PF-(F,O,Z)
Thiram, 277,4 g/l	Arcotal, ASU, Xn, B3	P-(F,Z)
Thiram, 500 g/l	Tutan Flüssigbeize, CGD, Xn, B3	F-(A,G)
Thiram, 656,6 g/kg	Aatiram, ASU, Xn, B3	F-(A,G,Z)
Thiram, 98 g/kg	Aapirol Staub, ASU, Xn, B3	F-(G)
Thiram, 980 g/kg	TMTD 98% Satec, SAT, Xn, B3	F-(A,G)
Tolclofos-methyl, 100 g/kg	Risolex, SCD, URA, B3	F-(A)
Tolclofos-methyl, 250 g/l	Risolex flüssig, SUD, URA, B3	F-(A)
Tolylfluanid, 100 g/kg	BAY-12980-F, BAY, Xi, B3	F-(A)
Tolylfluanid, 400 g/kg	Folicur EM, BAY, Xi	F-(W)
Tolylfluanid, 500 g/kg	Euparen M, BAY, Xn, B4	FA-(O)
Tolylfluanid, 505 g/kg	Euparen M WG, BAY, Xi	F-(G,O,W)
Triadimefon, 22 g/kg	Bayleton-Rindenwundverschluß, BAY, Xi, B3	F-(O,Z)
Triadimefon, 250 g/kg	Bayleton Spritzpulver, BAY, Xi, B4	F-(A)
Triadimenol, 125,1 g/l	Colt, BAY, T	F-(A)
Triadimenol, 125,8 g/l	Matador, BAY, DOW, Xi	F-(A)
	STEFES Matador, STE, Xi	F-(A)
Triadimenol, 220 g/kg	Baytan Universal mit Haftmittel, BAY, B3	F-(A)
Triadimenol, 250,7 g/l	Bayfidan, BAY, Xn	F-(A,G)
Triadimenol, 52 g/kg	Bayfidan spezial WG, BAY	F-(G,O,W)
Triadimenol, 60,05 g/l	Manta Plus, BAY, B3	FI-(A)
Triadimenol, 75 g/l	Baytan universal Flüssigbeize, BAY, B3	F-(A)
Triadimenol, 75,19 g/l	Matador 300, BAY	F-(A)
Triallat, 480 g/l	Avadex 480, MOT, SPI, Xi, B3	H-(A)
Triasulfuron, 24 g/kg	Hydra, NAD	H-(A)
Triasulfuron, 3 g/kg	Lumeton, NAD, Xn	H-(A)
Triazophos, 400 g/l	Hostathion, AVO, T, B1	AI-(G,Z)
Triazoxid, 21,2 g/l	Raxil S, BAY, B3	F-(A)
Tribenuron, 241,1 g/kg	REFINE EXTRA, DPB, Xi	H-(A)
Tribenuron, 723,2 g/kg	POINTER, DPB, Xi	H-(A)
Trichlorfon, 409,5 g/l	Dipterex MR, BAY, T, B1	I-(A)
Triclopyr, 240 g/l	GARLON 2, DOW, Xn	H-(R)
Tridemorph, 375 g/l	Ilbex, NAD, BAS, T	F-(A)
	Opus Forte, BAS, T	F-(A)
Tridemorph, 375,4 g/l	Colt, BAY, T	F-(A)
Tridemorph, 750 g/l	Calixin, BAS, BAY, NAD, T	F-(A)
	Falimorph 750, CYD, T	F-(A)
Triflumuron, 250 g/kg	Alsystin, BAY, B1	I-(O,Z)
Triflumuron, 480 g/l	Alsystin flüssig, BAY, B1	I-(F)
Trifluralin, 240 g/l	Devrinol Kombi CS, ZNC, B3	H-(A)
	Elancolan K SC, DOW, B3	H-(A)
Trifluralin, 480 g/l	Demeril 480 EC, ASU, Xn, B3	H-(A,G)
	Elancolan, DOW, Xn, B3	H-(A,G)
	Ipifluor, IPC, HOR, Xn	H-(A)
	MAMBA, FSG, Xn, B3	H-(A)
	Scirocco, FSG, Xn, B3	H-(A)
	STEFES TRIFLURALIN, STE, Xn, B3	H-(A)
	Triflurex, MAC, Xn, B3	H-(A)
	ZERA-Gram, STE, Xn, B3	H-(A)
	ZERA-Trifluralin, STE, Xn, B3	H-(A)
Triflusulfuron, 485,7 g/kg	DEBUT, DPB, Xn	H-(A)
Triforin, 190 g/l	Pilzfrei Saprol Neu, CEL, Xi	F-(A,G,H,O,Z)
	SAPROL NEU, CYD, Xi	F-(A,G,H,O,Z)

Wirkstoffe	Präparate	Wirkungsbereich/Einsatzgebiet
Triforin, 190 g/l	Tarsol Neu, AVO, Xi	F-(A,G,H,O,Z)
Trinexapac, 222 g/l	Moddus, NAD, Xn	W-(A)
Triticonazol, 12,5 g/l	LEGAT, RPA, Xn, B3	F-(A)
Verbißmittel	Arbinol B, ASU	P-(F)
	Arcotal B, ASU	P-(F)
	Arcotal, ASU, Xn, B3	P-(F,Z)
	Arcotin, ASU, B3	P-(F)
	Arbin, ASU, Xn, B3	P-(A,G,O,Z)
	Certosan, FLU	P-(F)
	Cervacol extra, AVO, B3	P-(F)
	COMPO Hasen-Schreck, COM, B4	P-(G,O,Z)
	FCH 60 I rot,blau,weiss,gelb, FCH, B3	P-(F)
	FCH 909 (Wildschadenverhütungsmittel), FCH, Xi, F, B3	P-(F)
	Fegesol, ASU, B4	P-(F)
	Fegol, FCH, B3	P-(F)
	Flügel's Verbißschutzpaste, FLU, B3	P-(F)
	Flügel's Verbißschutzpulver, FLU, B3	P-(F)
	Flügol - weiß, FLU, B4	P-(F)
	Flügolla 62, FLU, B3	P-(F)
	FS-Garant 60, FLU, B3	P-(F)
	Förster Zeller'sche Blutsalbe, ZED, B3	P-(F)
	HaTe 1, SAG, F, C, B4	P-(F)
	HaTe A, CYD	P-(F)
	HaTe F, SAG, Xi, B4	P-(F)
	Kornitol, VOP, Xn, B3	P-(A,G,O,Z)
	Morsuvin, FLU, Xi, B3	P-(F)
	Runol, FCH, B3	P-(F)
	TF 5 grau, FCH, B3	P-(F)
	Wildverbißschutz, FSC, B4	P-(O,Z)
	Weißteer TS 300, FLU, Xn, B3	P-(F)
	Wildverbißschutz, FSC, B4	P-(G)
	Wöbra, BBM, B3	P-(F)
Vinclozolin, 250 g/l	Konker R, BAS, Xn, B4	F-(A)
Vinclozolin, 500 g/kg	Ronilan WG, BAS, Xn, B4	F-(A,G,O,W,Z)
Vinclozolin, 500 g/l	Ronilan FL, BAS, SPI, URA, Xn	F-(A)
Warfarin, 0,4 g/kg	alpharatan RAT-granule, MIC, B3	R-(V)
	Cumarax Fertigköder, SPI, URA, B3	R-(V)
	Cumarax Rattenring, SPI, URA, B3	R-(V)
	CURATTIN-Granulat, HEN, B3	R-(V)
Warfarin, 0,55 g/kg	Cumarax Spezial Fertigköder, SPI, URA, B3	R-(V)
	Cumarax Spezial Rattenring, SPI, URA, B3	R-(V)
Warfarin, 0,75 g/kg	alpharatan RAT-disk, MIC, B3	R-(V)
	Curattin Rattenscheiben, HEN, B3	R-(V)
Warfarin, 0,792 g/kg	Tox - Vetyl neu "Fertigköder", VET, B3	R-(V)
Warfarin, 0,8 g/kg	Cypon-Fertigköder, VLO, B3	R-(V)
	Marnis Ratten- und Mäuseköder, MRN, B3	R-(V)
	Merz-Cumarin-Fertigköder, MRZ, B3	R-(V)
	Rattomix Fertigköder, BRE, B3	R-(V)
	Sugan-Rattenköder, NEU, B3	R-(V)
	Tetan Rattenköder, HAW, B3	R-(V)
	Vermitox Rattenköder, VER, B3	R-(V)
Warfarin, 1,3 g/kg	Quiritox, NEU, B3	R-(G,O,R,Z)
Warfarin, 4,8 g/kg	alpharatan RAT-dust, MIC, B3	R-(V)
	CURATTIN-Haftstreupuder, HEN, B3	R-(V)
Warfarin, 7,5 g/kg	Cumarax Köder- und Streumittel, SPI, URA, T, B3	R-(V)
Warfarin, 7,9 g/kg	Sugan-Streumittel, NEU, T, B3	R-(V)
Warfarin, 7,92 g/kg	Tox-Vetyl neu "Streupuder", VET, T, B3	R-(V)

Wirkstoffe	Präparate	Wirkungsbereich/Einsatzgebiet
Z-9-Dodecenylacetat, 75 g/kg	RAK 1 + 2, BAS	E-(W)
Z-9-Dodecenylacetat, 90 g/kg	RAK 1 Plus Einbindiger Traubenwickler, BAS	E-(W)
Zinkphosphid, 20 g/kg	Arrex M Köder klein, CYD, Xn, B3	R-(F)
Zinkphosphid, 24 g/kg	Giftweizen Fischar, FIA, Xn, B3	R-(A,F,G,O,R,Z)
	Giftweizen P 140, ASU, T+, B3	R-(A,G,O,R,Z)
	Mäusegiftweizen "Schacht", FSC, T+, B3	R-(A,G,O,R,Z)
	Pollux Giftkörner, CFW, Xn, B3	R-(A,F,G,O,R,Z)
	Recozit-Mäusefeind Giftweizen, REC, Xn, B3	R-(A,F,G,O,R,Z)
	Segetan Giftweizen, SPI, URA, T+, B3	R-(A,F,G,O,R,Z)
Zinkphosphid, 25 g/kg	Giftweizen Neudorff, NEU, T+, B3	R-(A,F,G,O,R,Z)
	Ratron-Giftweizen, DDZ, Xn, B3	R-(A,G,O,R,Z)
Zinkphosphid, 30 g/kg	Arrex E Köder, CYD, Xn, B3	R-(F)
Zinkphosphid, 30,4 g/kg	DELU Wühlmausköder, GEI, T+, B3	R-(A,G,O,R,Z)
	Detia Mäuse Giftkörner, DET, GGG, T+, B3	R-(A,F,G,O,R,Z)
	Detia Wühlmausköder, DET, T+, B3	R-(A,G,O,R,Z)
Zinkphosphid, 56 g/kg	Rattekal-plus, DDZ, T+, B3	R-(G,O,V,Z)
Zusatzstoffe	Rako-Binol, BAY, B3	Z-(A)
	Schaumstopp, WAC, DOW	Z-(X)

10.2 Liste der Pflanzenschutzmittel mit Zulassungsunterbrechung

Die nachfolgende Liste enthält Pflanzenschutzmittel, deren Zulassung beendet ist, aber nach vorliegenden Informationen der Antragsteller bzw. Vertriebsfirmen eine Wiederzulassung betrieben wird.
Bei den aufgeführten Herbiziden handelt es sich zum Teil um Präparate, die zwischenzeitlich durch neue Formulierungen ersetzt worden sind.
Es sind **nur** Präparate enthalten, die in den Kapiteln "Allgemeiner Teil", "Spezieller Teil zu Schadursachen an Zierpflanzen" und "Unkrautbekämpfung" mit folgender Kennzeichnung erwähnt worden sind:

(1) = **Präparat** ist zur Zeit nicht zugelassen. Im Betrieb befindliche Restmengen können dort noch bis zum Ablauf des zweiten auf das Ende der Zulassung folgenden Jahres noch aufgebraucht werden.

Präparate	Wirkstoffe	Wirkungsbereich/Einsatzgebiet
Afalon	Linuron	H
Austriebsspritzmittel Weißöl	Parafinöl	I
COMPO Pilz-frei	Metiram	F
Cropotex	Flubenzimine,	A
Dimilin 25 WP	Diflubenzuron	I
Fusilade 2000	Fluazifop	H
Gallant	Haloxyfop	H
Lentagran	Pyridat	H
Phytox Super	Metiram	F
Promanal	Parafinöl	I
Thuricide HP	Bacillus thuringiensis	I
Tecto FL	Thiabendazol	F

10.3 Liste von Pflanzenschutzmitteln (Bescheid nicht bestandeskräftig)

Für Pflanzenschutzmittel, deren Zulassungsbescheide zur Zeit des auf der Datendiskette angegebenen Datums nicht bestandeskräftig sind, stellt die Biologische Bundesanstalt derzeit Informationen über deren Anwendungsgebiete per Datendiskette nicht zur Verfügung, so daß diese im Kapitel "Pflanzenschutzmittelübersicht" nicht berücksichtigt werden können. Dies betrifft sowohl **Neuzulassungen** als auch **Änderungen** hinsichtlich einer Ergänzung von Anwendungsgebieten oder Auflagen.

Die nachfolgende Liste enthält nur solche **Pflanzenschutzmittel mit Anwendungsgebieten im Zierpflanzenbau**, die in dieser Weise betroffen und aus Mangel an verfügbaren Daten nicht vollständig im Taschenbuch darstellbar sind.

Präparate - Wirkstoffe

Präparate	Wirkstoffe		Bemerkungen
Dimanin-Spezial, BAV, Xn, B3	Didecyldimethyl-ammoniumchlorid, 307 g/l	BFH	Gegen Algen im Außenbereich eingeschränkte Anwendungsbedingungen, gegen bakterielle und pilzliche Schaderreger im Zierpflanzenbau unverändert.
MENNO Florades, MEN, Xi	Benzoesäure, 90 g/l	BVF	neu zugelassen zur Desinfektion im Zierpflanzenbau.
Torque, CYD, Xn	Fenbutatin-oxid, 500 g/kg	A	--

10.4 Sachregister

Notizen

Notizen

Notizen

Notizen

Notizen